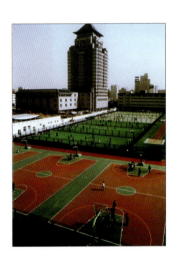

PEKING UNIVERSITY

北京大学年鉴

北京大学年鉴编委会

2001

北京大学出版社

图书在版编目（CIP）数据

北京大学年鉴.2001/《北京大学年鉴》编委会编著.北京：北京大学出版社，2002.4
ISBN 7-301-05477-7

Ⅰ.北… Ⅱ.北… Ⅲ.北京大学－年鉴－2001 Ⅳ.G649.281-54

中国版本图书馆CIP数据核字（2002）第002737号

书　　　名：北京大学年鉴（2001）
著作责任者：《北京大学年鉴》编委会
责 任 编 辑：刘乐坚
摄　影　者：李中新　王文泉等
标 准 书 号：ISBN 7-301-05477-7/Z·0078
出　版　者：北京大学出版社
地　　　址：北京市海淀区中关村北京大学校内　100871
网　　　址：http://cbs.pku.edu.cn
电　　　话：发行部62754140　邮购部62752019　编辑部62752032
电子信箱：zpup@pup.pku.edu.cn
排　版　者：北京大学印刷厂
印　刷　者：北京大学印刷厂
发　行　者：北京大学出版社
经　销　者：新华书店
　　　　　　787毫米×1092毫米　16开本　43.25印张　1380千字
　　　　　　2002年4月第1版　2002年4月第1次印刷
定　　　价：100.00元

4月3日,原北京大学与原北京医科大学合并大会在办公楼礼堂举行

李岚清副总理在两校合并大会上讲话

教育部部长陈至立在两校合并大会上讲话

卫生部部长张文康在两校合并大会上讲话

北京市市长刘淇在两校合并大会上讲话

北京大学党委书记王德炳在两校合并大会上讲话

北京大学校长许智宏在两校合并大会上讲话

两校合并庆祝晚会

5月4日,许智宏校长与韩启德副校长为北京大学医学部揭牌

12月12日,北京大学生物医学跨学科研究中心成立

10月17日，北京大学召开"三讲"教育动员大会

10月19日，校级领导班子进行"三讲"教育集中学习

11月3日,李岚清副总理与教育部部长陈至立、科技部部长朱丽兰在理科楼听取刘忠范教授介绍纳米科学研究领域取得的进展

11月3日,李岚清副总理与教育部部长陈至立在生命科学学院视察

11月16日,北京大学召开陈岱孙先生诞辰一百周年纪念座谈会

6月21日,北京大学举办波斯语言文化研讨会

WTO与中国民族产业高级论坛

北京大学邓小平理论研究中心基地建设报告会

3月31日,北京大学中文系建系九十周年庆祝大会在办公楼礼堂举行

5月26日,北京大学国际政治学系建系四十周年暨建院五周年庆祝大会在办公楼礼堂举行

12月28日,心理学教学100周年纪念及学术研讨会在交流中心召开

10月25日,北京大学教育学院挂牌成立

10月27日,北京大学举办纳米科学与技术研究中心三周年暨学术讨论会

"九五"国家科技攻关项目97-759鉴定验收会

10月，在美国获得世界自然基金颁发的Paul Getty奖的潘文石教授向校领导介绍科研成果

11月11日，北京大学举办企业管理案例研究中心案例教学与编写研讨会

现代中国第一本国际上发行的经济学和金融学英文学术期刊 Annals of Economics and Finance 新闻发布会

陈尔强博士获 ICTAC-Perkin Elmer 青年科学家奖

"二十世纪中国的世界史研究"学术讨论会

2000年北京大学优秀博士学位论文世顺奖颁奖典礼

7月4日,许智宏校长与2000年毕业研究生合影

5月30日，印度总统纳拉亚南到北大图书馆演讲，图为纳拉亚南总统与常务副校长迟惠生交谈

6月23日，伊朗伊斯兰共和国总统赛义德·穆罕默德·哈塔米到北大演讲

8月24日，联合国教科文总干事长松浦晃一郎在北大访问

9月29日，意大利众议院院长卢恰诺·维兰奥特在北大访问

9月15日,党委书记王德炳和湛江市签署工作协议书

7月7日,常务副书记兼副校长闵维方向谢国民先生颁发名誉董事铜牌和教育贡献奖

3月14日,北京大学师生代表与宁夏代表团座谈

11月2日,金庸先生为北大学生签名留念

3月8日,北京大学与中国工商银行签署银校合作协议

11月8日,北京大学与中国银行签署全面合作协议

2000年开学典礼

北京大学迎新报告会

北京大学第二十六次学生代表大会

9月30日，北京大学在百周年纪念讲堂前广场举行贺奥运迎国庆联欢会

5月19日，湖南卫视《快乐大本营》节目组与北大学子共同录制《我们一同走过》

12月22日，北京大学召开1999-2000学年度三好学生先进集体表彰大会

毕业生与用人单位洽谈

2000年毕业生就业洽谈会

5月26日,北京大学召开"三代党员共话三个代表"座谈会

6月28日,北京大学举行优秀共产党员、先进党支部表彰暨新党员宣誓大会

11月19日,北京大学举办"四个如何认识"学习报告会

1月28日，北京大学召开学生思想政治工作会议

3月23日，北京大学第四届教职工代表大会暨第十六次工会代表大会开幕

4月28日，北京大学召开学生干部大会

5月13日，北京大学举办"邓小平理论与二十一世纪中国"研讨会

北京大学2000级代表座谈会

5月4日,北京大学举办"二十世纪北京大学著名学者墨迹展"

12月29日,北大部分校领导参加离退休老同志迎接新世纪联欢会

9月29日,德国音乐山庄铜管乐团在办公楼礼堂演出

9月4日，校领导在校史馆模型前讨论建馆情况

10月28日，北大科技大楼开工

校领导视察装修一新的艺园餐厅

新建成的网络机房

《北京大学年鉴》(2001)编辑委员会

顾　问：王学珍　陈佳洱　吴树青　郝　斌　王义遒　张学书
　　　　王效挺　马树孚　梁　柱　李安模

主　任：王德炳　许智宏

副主任：闵维方　迟惠生　韩启德　赵存生　岳素兰　王登峰
　　　　陈章良　何芳川　林钧敬　林久祥　吕兆丰　郝　平
　　　　王丽梅

委　员：鞠传进　吴志攀　林建华　肖东发　刘宇辉　张　彦
　　　　赵为民　岳庆平　薛松岩　李　鹰　郭　海　张　芳
　　　　魏国英　夏文斌　缪劲翔　梁　枫

《北京大学年鉴》(2001)编辑部

主　编：赵存生

副主编：刘宇辉　张　彦　薛松岩　李　鹰　魏国英　夏文斌

学术顾问：肖东发

编　委：缪劲翔　梁　枫　张西峰　倪　斌　李　胜　余　浚
　　　　程贵权　孙晓华　李晓霓　李润生　王兆怡　白玉光

编辑说明

《北京大学年鉴》(2001)是北京大学建校以来的第三本年鉴,反映了北京大学2000年度在教学改革、学科建设、科学研究、对外交流等各方面的发展进程和最新成就。

《北京大学年鉴》(2001)以文章和条目为基本体裁,以条目为主。全书共分特载,专文,北大概况,机构与干部,院系情况,教育教学与学科建设,科学研究与产业开发,管理与后勤保障,党建与思想政治工作,人物,北京大学党发、校发文件,表彰与奖励,2000年毕业生,2000年大事记等基本栏目。

2000年是北京大学发展史上至关重要的一年。2000年4月3日,原北京大学与原北京医科大学合并,组建了新的北京大学;2000年下半年,北京大学在全校处级以上领导班子、领导干部中开展了以"讲学习、讲政治、讲正气"为主要内容的党性党风教育。两校合并与"三讲"教育有力地推动了北京大学创建世界一流大学的步伐。对这两部分内容,本卷设置特载一栏加以记述。

本年鉴所收录的各院、系、所、中心等单位的资料,基本上按照发展概况、学科建设、科研活动等条目编写。统计数字附在相关内容之后。

本年鉴所刊内容由各单位确定专人负责提供,并经本单位领导审定。

本年鉴采用双重检索系统。书前有目录,书后有索引。索引采用内容分析主题法,按汉语拼音排序,读者还可以通过书眉查检所需资料。

本年鉴主要收录了各单位2000年1月1日至2000年12月31日期间发生的重大事件,部分内容依据实际情况在时限上略有延伸。作为两校合并后的第一部年鉴,医学部内容对合并前的发展略有回溯。

《北京大学年鉴》(2001)由北京大学党委办公室、校长办公室组织编写,在编写过程中,得到了各有关单位和部门的大力支持,在此谨表衷心感谢。

《北京大学年鉴》编辑部
2001年11月

目 录

·特 载· ……………………………… (1)
原北京大学与北京医科大学合并组建新的
北京大学 …………………………… (1)
 综述 ………………………………… (1)
 江泽民总书记的贺信 ……………… (4)
 中共中央政治局常委、国务院副总理李岚清
  在北京大学与北京医科大学合并大会上的
  讲话 ……………………………… (4)
 附录：教育部部长陈至立在北京大学与北京医
  科大学合并大会上的讲话 …………… (6)
 卫生部部长张文康在北京大学与北京医
  科大学合并大会上的讲话 …………… (7)
 北京市市长刘淇在北京大学与北京医科
  大学合并大会上的讲话 ……………… (7)
 党委书记王德炳在北京大学与北京医科
  大学合并大会上的讲话 ……………… (8)
 校长许智宏在北京大学与北京医科大学
  合并大会上的讲话 …………………… (9)
北京大学开展"三讲"教育 …………………… (10)
 综述 ………………………………… (10)
 附录：党委书记王德炳在"三讲"教育动员大会
  上的讲话 …………………………… (12)
 "三讲"教育巡视组组长曾繁仁在"三讲"
  教育动员大会上的讲话 ……………… (17)
 校长许智宏在"三讲"教育整改方案
  通报会上的讲话 …………………… (20)
 党委书记王德炳在"三讲"教育总结
  大会上的讲话 ……………………… (24)

·专 文· ……………………………… (29)
党委书记任彦申在春季全校干部大会上的讲话
…………………………………………… (29)
校长许智宏在春季全校干部大会上的讲话 … (34)
党委书记王德炳在秋季全校干部大会上的讲话
…………………………………………… (39)
校长许智宏在秋季全校干部大会上的讲话 … (45)
校长许智宏在秋季全校干部大会上的总结讲话
…………………………………………… (54)

·北大概况· ……………………………… (58)

·机构与干部· ……………………………… (67)
校级领导干部 …………………………… (67)
学术委员会暨教师职务评审委员会 ……… (68)
专业技术职务评审委员会 ………………… (69)
学位评定委员会 ………………………… (69)
学部学术委员会 ………………………… (70)
第四届校教职工代表大会执行委员会 …… (71)
医学部负责人 …………………………… (71)
校机关各部门、工会、团委负责人 ………… (71)
各院、系、所、中心负责人 ………………… (74)
直属、附属单位负责人 …………………… (77)
各民主党派和归国华侨联合会负责人 …… (78)

·院系情况· ……………………………… (79)
数学科学学院 …………………………… (79)
力学与工程科学系 ……………………… (80)
物理学系 ………………………………… (82)
地球物理学系 …………………………… (85)
天文学系 ………………………………… (87)
技术物理系 ……………………………… (89)
电子学系 ………………………………… (91)
计算机科学技术系 ……………………… (93)
化学与分子工程学院 …………………… (94)
生命科学学院 …………………………… (98)
地质学系 ………………………………… (101)
城市与环境学系 ………………………… (103)
心理学系 ………………………………… (107)
中国语言文学系 ………………………… (109)
历史学系 ………………………………… (111)
考古文博院 ……………………………… (113)
哲学系（含宗教学系） …………………… (115)
国际关系学院 …………………………… (119)
政治学与行政管理系 …………………… (121)
经济学院 ………………………………… (123)
光华管理学院 …………………………… (124)
法学院 …………………………………… (126)
信息管理系 ……………………………… (127)
社会学系 ………………………………… (128)
外国语学院 ……………………………… (129)
马克思主义学院 ………………………… (132)

教育学院 …………………………………… (132)
艺术学系 …………………………………… (133)
重离子物理研究所 ………………………… (135)
计算机科学技术研究所 …………………… (136)
中国经济研究中心 ………………………… (139)
高等教育科学研究所 ……………………… (140)
人口研究所 ………………………………… (141)
社会学人类学研究所 ……………………… (142)
信息科学中心 ……………………………… (143)
环境科学中心 ……………………………… (145)
基础医学院 ………………………………… (147)
药学院 ……………………………………… (149)
公共卫生学院 ……………………………… (150)
护理学院 …………………………………… (151)
第一临床医学院 …………………………… (152)
第二临床医学院 …………………………… (156)
第三临床医学院 …………………………… (163)
口腔医学院 ………………………………… (165)
临床肿瘤学院 ……………………………… (168)
精神卫生研究所 …………………………… (171)
医学部外语教学部 ………………………… (173)
医学部社会科学与人文科学教学部 ……… (173)
临床药理研究所 …………………………… (174)
中国药物依赖性研究所 …………………… (176)
生育健康研究所 …………………………… (177)

· 教育教学与学科建设 ·……………………… (181)
本科生教育教学 ……………………………… (181)
　推进教学改革 ……………………………… (181)
　本科生科研 ………………………………… (181)
　课程建设与教改项目 ……………………… (181)
　境外办学 …………………………………… (182)
　设立电子商务双学位 ……………………… (182)
　教学评估 …………………………………… (182)
　教材建设 …………………………………… (182)
　招生工作 …………………………………… (183)
　推出毕业证书验证系统 …………………… (183)
　教务管理与服务 …………………………… (183)
　"两课"教学 ………………………………… (183)
　艺术教学 …………………………………… (184)
　体育教学 …………………………………… (185)
　医学部本、专科生教育教学 ……………… (186)
　附录:本科专业目录 ……………………… (191)
　　本科课程目录(1999—2000) ………… (192)
　　本科课程目录(2000—2001) ………… (207)
　　2000年录取文科第一名名单 ………… (223)
　　2000年录取理科第一名名单 ………… (224)

　　2000年录取国际奥林匹克竞赛金牌
　　　得主名单 ……………………………… (225)
　　2000年教务工作有关数据 ……………… (225)
　　2000年体育运动成绩 …………………… (227)
　　北京大学田径记录 ……………………… (229)
　　北京大学游泳记录 ……………………… (231)
　　2000年课余体育活动 …………………… (231)
研究生教育 …………………………………… (233)
　概况 ………………………………………… (233)
　招生工作 …………………………………… (233)
　培养工作 …………………………………… (234)
　学位工作 …………………………………… (236)
　表彰优秀博士学位论文作者及导师 ……… (236)
　调查研究 …………………………………… (236)
　学位信息处理工作站 ……………………… (236)
　中国研究生院院长联席会秘书处 ………… (237)
　医学部研究生教育 ………………………… (237)
　附录:2000年度研究生课程建设立项表
　　(理科) ………………………………… (242)
　　2000年度研究生课程建设立项表
　　(文科) ………………………………… (244)
　　2000年医学部研究生课程建设项目表
　　………………………………………… (245)
　　2000年北京大学在岗博士生指导教师
　　………………………………………… (247)
　　北京大学有博士、硕士学位授予权的
　　学科专业目录 ………………………… (250)
　　2000年全国优秀博士学位论文 ……… (254)
　　2000年在校研究生统计 ……………… (254)
成人教育 ……………………………………… (255)
　概况 ………………………………………… (255)
　推行学分制工作 …………………………… (255)
　北京市教委到北大调研指导 ……………… (256)
　学籍管理 …………………………………… (256)
　高层次继续教育 …………………………… (256)
　普通层次非学历培训 ……………………… (256)
　自学考试工作 ……………………………… (257)
　现代远程教育的新发展 …………………… (257)
　成人教育学院建设与发展 ………………… (257)
　成人教育研究与交流 ……………………… (258)
　海峡两岸继续教育论坛 …………………… (258)
　医学部成人教育 …………………………… (258)
　附录:成人高等学历教育在校生统计 …… (260)
　　成人学历教育招生录取人数统计 …… (261)
　　非学历教育和高层次继续教育在校生
　　统计 …………………………………… (261)
海外教育 ……………………………………… (261)

概况 …………………………………… (261)
对外汉语教学 ………………………… (261)
附录:2000年在校外国留学生统计 ……… (262)
　　　2000年秋季留学生招生统计 ………… (263)
　　　2000年医学部留学生统计 …………… (264)

·科学研究与产业开发· ……… (265)

理科科研 ……………………………… (265)
概况 …………………………………… (265)
科研基地建设 ………………………… (265)
交叉学科与新兴学科建设 …………… (266)
科研项目与科研经费 ………………… (266)
科研论文 ……………………………… (269)
科技成果 ……………………………… (270)
附录:国家重点实验室 ………………… (270)
　　　国防重点实验室 ………………… (270)
　　　教育部重点实验室 ……………… (270)
　　　国家工程研究中心 ……………… (271)
　　　1999年SCI和EI检索科技论文统计
　　　　………………………………… (271)
　　　2000年度通过鉴定、评审科技成果
　　　　………………………………… (271)
　　　2000年申请的专利项目 ………… (273)
　　　2000年授权专利 ………………… (273)
　　　2000年理科出版的科学专、译著作
　　　　………………………………… (274)
　　　2000年理科获奖情况 …………… (275)
　　　2000年理科各单位发表学术论文统计
　　　　………………………………… (276)
　　　2000年理科在研项目统计 ……… (277)
　　　2000年理科科研经费统计 ……… (278)
　　　2000年理科在研项目来源示意图 … (278)
　　　2000年理科科研经费来源示意图 … (278)

文科科研 ……………………………… (279)
概况 …………………………………… (279)
教育部重点研究基地 ………………… (279)
科研项目 ……………………………… (282)
获奖成果 ……………………………… (282)
主要获奖成果简介 …………………… (288)
部分学术会议简介 …………………… (290)
资助出版 ……………………………… (291)

医科科研 ……………………………… (292)
概况 …………………………………… (292)
科研项目 ……………………………… (292)
科技成果 ……………………………… (293)
科技开发 ……………………………… (293)
重点实验室 …………………………… (293)
附录:医学部国家重点实验室 ………… (293)
　　　医学部卫生部开放实验室 ……… (293)
　　　医学部卫生部工程研究中心 …… (293)
　　　2000年医学部获得国家自然科学基金
　　　　项目情况表 …………………… (293)
　　　2000年医学部科技开发合同及经费情
　　　　况表 …………………………… (294)
　　　医学部科研机构情况表 ………… (294)
　　　2000年医学部各单位科研项目
　　　　统计表 ………………………… (295)
　　　2000年医学部各单位科研经费
　　　　统计表 ………………………… (295)
　　　医学部国家杰出青年科学基金 … (295)
　　　2000年医学部科技获奖情况 …… (295)
　　　2000年医学部授权的专利项目 … (297)
　　　2000年医学部各单位发表论文及出版
　　　　专著情况 ……………………… (297)
　　　医学部"985"学科建设项目一览表
　　　　………………………………… (297)

科技开发、产业管理与国内合作 ……… (298)
概况 …………………………………… (298)
科技开发 ……………………………… (300)
校企改制 ……………………………… (301)
银校合作 ……………………………… (302)
大学科技园 …………………………… (302)
国内合作 ……………………………… (303)
深港产学研基地 ……………………… (304)
医学部产业管理 ……………………… (306)
附录:校办高科技产业业绩增长图 …… (307)
　　　2000年科技开发部合同额统计总表
　　　　………………………………… (307)
　　　2000年科技开发部合同到款额统计
　　　　总表 …………………………… (307)
　　　2000年各院、系、所合作签订的主要技术
　　　　合同项目 ……………………… (308)
　　　医学部企业名录 ………………… (309)

主要高科技企业 ……………………… (309)
北大方正集团公司 …………………… (309)
北大青鸟集团 ………………………… (314)
北大未名生物工程集团 ……………… (318)
北大资源集团 ………………………… (318)

主要教学科研服务设施 ……………… (320)
北京大学图书馆 ……………………… (320)
北京大学医学图书馆 ………………… (324)
北京大学出版社 ……………………… (325)
北京医科大学出版社 ………………… (333)

北京大学档案馆 ……………………… (336)
医学部档案馆 ……………………… (338)
北京大学赛克勒考古与艺术博物馆 …… (339)
电教中心 …………………………… (339)
医学部教育技术中心 ……………… (341)
计算中心 …………………………… (342)
医学部信息中心 …………………… (344)
医药卫生分析中心 ………………… (345)
实验动物科学部 …………………… (346)
附属医院与教学医院 ………………… (347)
  医院管理 …………………………… (347)
  教学医院 …………………………… (349)
    北京积水潭医院(北京大学第四临床医学院) ……………………… (349)
    卫生部北京医院(北京大学第五临床医学院) ……………………… (350)
    中日友好医院(北京大学中日友好临床医学院) ……………………… (351)
    北京邮电总医院(北京大学第八临床医学院) ……………………… (351)
    北京铁路总医院(北京大学第九临床医学院) ……………………… (352)
    北京地坛医院(北京大学地坛医院教学医院) ……………………… (352)
    中国民用航空总医院(北京大学民航总医院教学医院) ……………………… (353)
    中国航天中心医院(北京大学航天中心医院教学医院) ……………………… (353)
    首都儿科研究所(北京大学首都儿科研究所教学医院) ……………………… (354)
    首钢总医院(北京大学首钢总医院教学医院) ……………………… (354)
    北京矿务局总医院(北京大学北京矿务局总医院教学医院) ……………………… (355)
    北京仁和医院(北京大学北京仁和医院教学医院) ……………………… (355)

· 管理与后勤保障 · …………… (356)
发展规划工作 ………………………… (356)
  概况 ………………………………… (356)
  规划工作 …………………………… (357)
  专题研究 …………………………… (357)
  环保工作 …………………………… (358)
  附录:北京大学规划委员会工作章程 … (358)
       北京大学规划委员会组成名单 … (358)
       北京大学学科规划委员会工作章程 ……………………… (358)
       北京大学学科规划委员会组成名单 ……………………… (359)
       北京大学事业规划委员会工作章程 ……………………… (359)
       北京大学事业规划委员会组成名单 ……………………… (359)
       北京大学校园规划委员会工作章程 ……………………… (359)
       北京大学校园规划委员会组成名单 ……………………… (359)
       北京大学关于校属实体机构设置或调整申请与审批程序的规定 …… (359)
       北京大学发展规划专家组成员名单 ……………………… (360)
       北京大学辐射防护领导小组 …… (360)
       北京大学辐射防护专业小组 …… (360)
对外交流与合作 ……………………… (360)
  概况 ………………………………… (360)
  校际交流与合作 …………………… (361)
  派出工作 …………………………… (361)
  专家工作 …………………………… (361)
  医学部对外交流与合作 …………… (361)
  附录:2000年因公出国(境)人员统计 … (362)
       2000年自费出国(境)人员统计表 … (364)
       北京大学校本部校际交流学校一览表 ……………………… (364)
       2000年医学部因公出国人员统计表 ……………………… (369)
       2000年医学部赴港澳台情况表 …… (370)
       医学部校际交流院校一览表 …… (370)
人事管理 ……………………………… (371)
  概况 ………………………………… (371)
  编制核定 …………………………… (371)
  教职工队伍状况 …………………… (372)
  劳动计划执行情况 ………………… (372)
  减员情况 …………………………… (373)
  "长江学者"的聘任与人才工程建设 … (373)
  奖教金评审工作 …………………… (374)
  出国派出及教师培训工作 ………… (374)
  青年教师流动公寓 ………………… (375)
  院系岗位设置与人员聘任 ………… (375)
  专业技术职务聘任 ………………… (376)
  建立流动编制 ……………………… (377)
  工资与福利 ………………………… (377)
  离退休人员工作 …………………… (377)
  博士后流动站 ……………………… (378)
  人事档案管理 ……………………… (378)

医学部人事管理 …………………………… (379)	2000年北京大学接受国外捐赠科教
财务与审计 ………………………………… (387)	用品一览表 ……………………… (408)
财务工作 …………………………………… (387)	2000年北京大学校内开放大型仪器
总体财务状况 …………………………… (387)	设备清单 ………………………… (409)
财务状况专题分析 ……………………… (387)	2000年北京大学实验室基本情况 … (410)
财务管理工作 …………………………… (388)	北京大学历年仪器设备增长情况
医学部财务工作 ………………………… (389)	示意图 …………………………… (410)
审计工作 …………………………………… (391)	2000年北京大学医学部实验室
概况 ……………………………………… (391)	基本情况 ………………………… (411)
审计队伍建设 …………………………… (392)	北京大学医学部正常进口仪器设备
医学部审计工作 ………………………… (392)	一览表(1996—2000年) ………… (411)
资产管理 …………………………………… (393)	北京大学医学部"211工程"进口仪器
概况 ………………………………………… (393)	设备一览表(1996—2000年) …… (414)
房地产管理 ………………………………… (393)	**基建与后勤** ………………………………… (417)
房改工作 …………………………………… (395)	基建工作 …………………………………… (417)
蓝旗营小区入住 ………………………… (395)	"211工程"建设项目及成果 ……… (417)
魏公村售房模式 ………………………… (395)	其他建设项目及成果 …………… (417)
人防工程管理 ……………………………… (396)	总务系统工作 ……………………………… (418)
仪器设备管理 ……………………………… (396)	总务部工作 ……………………… (418)
设备采购 …………………………………… (397)	餐饮中心 ………………………… (420)
实验室建设与管理 ………………………… (397)	水电中心 ………………………… (420)
世行贷款"高教发展项目" ………………… (398)	供暖中心 ………………………… (421)
北京核磁共振中心建设 …………………… (398)	校园管理服务中心 ……………… (421)
无形资产管理 ……………………………… (398)	学生宿舍管理服务中心 ………… (422)
医学部资产管理 …………………………… (399)	运输中心 ………………………… (422)
附录:2000年北京大学土地资源基本情况	幼教中心 ………………………… (423)
汇总表 …………………………………… (400)	节能办公室 ……………………… (423)
2000年北京大学房屋基本情况	后勤党委 ………………………… (423)
汇总表 …………………………… (400)	医学部后勤工作 ………………… (424)
2000年北京大学公用房验收情况	附录:北京大学后勤社会化改革方案 …… (427)
一览表 …………………………… (401)	总务部2000年基础设施改造工程
2000年北京大学教职工住宅现状	一览表 …………………………… (429)
情况表 …………………………… (401)	"九五"期间北京大学"211工程"投资
2000年北京大学成套家属房汇总	完成统计表 ……………………… (430)
统计表 …………………………… (401)	"九五"期间北京大学"211工程"项目
2000年北京大学人防工程(含普通	投资完成一览表 ………………… (430)
地下室)统计表 …………………… (402)	"九五"期间北京大学"211工程"基础
北京大学出售公有住宅楼房情况	设施项目完成投资一览表 ……… (430)
一览表 …………………………… (402)	2000年北京大学基建投资计划完成
2000年北京大学"211工程"进口仪器	统计表 …………………………… (431)
设备一览表 ……………………… (402)	2000年北京大学教育振兴行动计划
2000年北京大学"985项目"进口仪器	基础设施建设计划完成统计表 … (431)
设备一览表 ……………………… (403)	2000年抗震加固及教育振兴行动计划
2000年北京大学世行贷款"高教发展	专项资金(基础设施)完成投资
项目"进口仪器设备一览表 ……… (405)	统计表 …………………………… (431)
2000年北京大学正常进口仪器设备	**教育基金会与校友会工作** ………………… (433)
一览表 …………………………… (407)	概况 ………………………………………… (433)

附录:2000年奖学金、奖教金、助学金、研究
　　基金概表 …………………………… (433)
会议中心 ………………………………………… (436)
　概况 …………………………………………… (436)
　勺园 …………………………………………… (436)
　会议与学术交流部 …………………………… (437)
　百周年纪念讲堂 ……………………………… (437)
燕园社区服务中心 ……………………………… (438)
燕园街道办事处 ………………………………… (441)
北京大学校医院 ………………………………… (443)
北京大学附属中学 ……………………………… (444)
北京大学附属小学 ……………………………… (445)

·党建和思想政治工作· …………… (448)

组织工作 ………………………………………… (448)
　概况 …………………………………………… (448)
　理论学习 ……………………………………… (448)
　基层组织建设 ………………………………… (448)
　发展党员工作 ………………………………… (448)
　干部培训 ……………………………………… (449)
　机关干部考核 ………………………………… (449)
　班子换届与干部选拔 ………………………… (449)
　医学部组织工作 ……………………………… (450)
宣传工作 ………………………………………… (452)
　概况 …………………………………………… (452)
　校园文化 ……………………………………… (452)
　思想理论工作 ………………………………… (453)
　北大教授宣讲团宣讲"四个如何认识" …… (453)
　调查研究 ……………………………………… (454)
　校刊工作 ……………………………………… (454)
　广播电视台 …………………………………… (455)
　医学部宣传工作 ……………………………… (455)
统战工作 ………………………………………… (456)
　概况 …………………………………………… (456)
　主要工作 ……………………………………… (457)
　医学部统战工作 ……………………………… (458)
纪检监察工作 …………………………………… (460)
　概况 …………………………………………… (460)
　党风廉政建设 ………………………………… (461)
　党纪监督工作 ………………………………… (461)
　宣传教育 ……………………………………… (462)
　信访与案件检查 ……………………………… (462)
　医学部纪检监察工作 ………………………… (463)
保卫工作 ………………………………………… (465)
　概况 …………………………………………… (465)
　校园稳定与治安防范 ………………………… (465)
　保密工作 ……………………………………… (466)
　消防工作 ……………………………………… (466)
　交通工作 ……………………………………… (467)
　校园环境整治 ………………………………… (467)
　医学部保卫工作 ……………………………… (468)
工会与教代会工作 ……………………………… (469)
　概况 …………………………………………… (469)
　第四届教代会暨第十六次工代会 …………… (469)
　第六届教书育人研讨会 ……………………… (470)
　组织宣传工作 ………………………………… (470)
　文体活动 ……………………………………… (471)
　青年工作 ……………………………………… (471)
　女教职工工作 ………………………………… (472)
　生活福利工作 ………………………………… (472)
　医学部工会工作 ……………………………… (472)
学生工作 ………………………………………… (474)
　概况 …………………………………………… (474)
　思想政治教育 ………………………………… (474)
　助学体系 ……………………………………… (475)
　学生日常管理 ………………………………… (476)
　学生素质综合测评 …………………………… (476)
　国防教育与国防定向奖学金 ………………… (476)
　本专科毕业生就业指导 ……………………… (476)
　毕业研究生就业指导 ………………………… (478)
　医学部学生工作 ……………………………… (480)
共青团工作 ……………………………………… (484)
　概况 …………………………………………… (484)
　基层组织建设与骨干培养 …………………… (484)
　理论与宣传 …………………………………… (485)
　学术科技与社会实践 ………………………… (486)
　社团建设与文体工作 ………………………… (486)
　青年志愿者活动 ……………………………… (487)
　学生会与研究生会 …………………………… (487)
　医学部共青团工作 …………………………… (488)

·人 物· ……………………………… (492)

北京大学医学部历届负责人 …………………… (492)
北京大学医学部历届全国人民代表大会代表、
　北京市人民代表大会代表 …………………… (495)
北京大学医学部历届全国政协委员、北京市
　政协委员 ……………………………………… (496)
建国以来北京大学医学部曾任各民主党派
　中央、北京市委负责人 ……………………… (497)
在校院士简介 …………………………………… (498)
教授名录 ………………………………………… (513)
2000年逝世人物 ………………………………… (520)

·2000年北京大学党发、校发文件·
……………………………………… (521)

·表彰与奖励· ……………… (528)
奖教金获得者 ……………………… (528)
优秀德育奖 ………………………… (530)
优秀班主任奖 ……………………… (530)
学生奖励获得者 …………………… (531)
奖学金获得者 ……………………… (539)
医学部表彰与奖励 ………………… (553)

·毕业生名单· ……………… (563)

本科毕业生 ………………………… (563)
硕士毕业生 ………………………… (570)
博士毕业生 ………………………… (574)
成人高等学历教育毕业生 ………… (576)
毕业留学生 ………………………… (584)

·2000年大事记· …………… (587)

·附　录· …………………… (608)
北京大学聘请的名誉教授与客座教授 ……… (608)
报刊报道有关北大主要消息索引 …………… (614)

·索　引· …………………… (625)

2000年北京大学党政、教改文件

.... (513)

资料与统计

基金会情况 .... (525)
出版物介绍 .... (547)
校办企业介绍 .... (550)
主要国际交流 .... (580)
党政领导名录 .... (583)
教学科研机构 .... (593)
教职工名录 .... (599)
毕业生名录 .... (658)

本科毕业生 .... (659)
研究生毕业生 .... (737)
专科毕业生 .... (806)
成人高等学历教育毕业生 .... (811)
留学生毕业生 .... (862)

2000年大事记

.... (867)

附录

北京大学百年校庆的卓越贡献者 .... (898)
《北京大学》校志主要编撰者 .... (902)

索引

.... (903)

Contents

Specials (1)
The Mergence of PKU and Beijing Medicine University (1)
- Overview (1)
- General Secretary Jiang Zemin's Congratulation Letter (4)
- Vice Premier Li Lanqing's Speech at the Meeting of the Mergence of PKU and Beijing Medicine University (4)
PKU's Education of "Three Advocates" (10)
- Overview (10)

Speeches (29)
- CCP Secretary Ren Yanshen in the Spring Cadre Conference of PKU (29)
- President Xu Zhihong in the Spring Cadre Conference of PKU (34)
- CCP Secretary Wang Debing in the Autumn Cadre Conference of PKU (39)
- President Xu Zhihong in the Autumn Cadre Conference of PKU (45)
- President Xu Zhihong's Concluding Remarks in the Autumn Cadre Conference of PKU (54)

Peking University Survey (58)

Body and Leadership Lists (67)
- University leaders (67)
- Academic committee and teaching-post evaluation committee (68)
- Evaluation committee of Professional Posts (69)
- Academic degree evaluation committee (69)
- Board of Academic committees (70)
- The 4th Executive committee of Faculty and Staff Representative Congress (71)
- Leaders of Medical Department (71)
- Leaders of Administrative bodies, Worker's Union and Youth League (71)
- Leaders of Schools, Departments and Research Centers (74)
- Leaders of directly subordinate and affiliated organizations (77)
- Leaders of democratic parties and the Union of Returning Overseas Chinese (78)

Schools and Departments (79)
- Mathematics (79)
- Mechanics and Engineering (80)
- Physics (82)
- Geophysics (85)
- Astronomy (87)
- Technical Physics (89)
- Electronics (91)
- Computer Science (93)
- Chemistry and Molecule Project (94)
- Life Science (98)
- Geology (101)
- Urban Environment Science (103)
- Psychology (107)
- Chinese Language and Literature (109)
- History (111)
- Archaeology (113)
- Philosophy (Religious Studies) (115)
- International Studies (119)
- Political Science and Management (121)
- Economics (123)
- Guanghua School of Management (124)
- Law (126)
- Information Science Management (127)
- Sociology (128)
- School of Foreign Languages (129)
- Marxist Studies (132)
- Education School (132)
- Fine Arts (133)
- Institute of Heavy Ion Science (135)
- Research Institute of Computer Science and Technology (136)
- Research Center of Chinese Economy (139)
- Research Institute of Higher Education (140)
- Research Institute of Demographics (141)
- Research Institute of Sociology and Anthropology (142)

Center of Information Science (143)
Research Center of Environmental Science (145)
Basic Medical School (147)
Pharmacy School (149)
Public Health School (150)
Nursing School (151)
the First College of Medicine (152)
the Second College of Medicine (156)
the Third College of Medicine (163)
College of Stomatology (165)
College of Oncology (168)
Institute of Mental Health (171)
Foreign Languages Teaching Center of Medical Department (173)
Social Science and Humanity Teaching Center of Medical Department (173)
Clinic Pharmacology Institute (174)
China's Medicines Dependency Institute (176)
Bearing Care Institute (177)

Teaching and Disciplinary Buildup
(181)

Undergraduate Students Education and Instruction (181)
 A general survey to teaching reform (181)
 Undergraduates research (181)
 Teaching-course planning and projects of curriculum reform (181)
 Setting up schools abroad (182)
 Setting up E-business double-degree (182)
 Teaching evaluation (182)
 Teaching material compilation (182)
 Admission (183)
 Verification system for diploma and certificates (183)
 Teaching administration and service (183)
 Basic/professional course teaching reform (183)
 Fine arts education (184)
 Physical education (185)
 Undergraduate/Special Students Instruction in Medical Department (186)
Graduate Education (233)
 A general survey (233)
 Admission (233)
 Training (234)
 Degree granting (236)

Excellent dissertation appraisal (236)
Investigation and Research (236)
Work station of degree information processing (237)
Secretary Center of directors of China's Graduate Colleges (237)
Graduate education in Medical Department (237)
Adult Education (255)
 A general survey (255)
 Credit systems (255)
 Beijing Education Committee investigating in PKU (256)
 Credit profile management (256)
 Post-college higher education (256)
 Public training without degree certificates (256)
 Self-study testing (257)
 Long-distance education network (257)
 Advances in College of PKU Adult Education (257)
 Adult education research and exchanges (258)
 Forums on further education of Taiwan and mainland (258)
 Adult education in Medical Department (258)
Overseas Education (261)
 A general survey (261)
 Chinese Language Instruction Abroad (261)

Academic Research and Hi-tech Enterprises
(265)

Science Research (265)
 A general survey (265)
 Building of scientific bases (265)
 Building of cross-disciplines and new disciplines (266)
 Research projects and funds (266)
 Science and Technology articles (269)
 Scientific research achievements (270)
Humanity Research (279)
 A general survey (279)
 Major research bases granted by Education Committee (279)
 Scientific research projects (282)
 Awarded achievements (282)
 A brief view to major awarded

Contents

    achievements .... (288)
    Academic conferences .... (290)
    Funding publication .... (291)
Medical Research .... (292)
    A general survey .... (292)
    Scientific research projects .... (292)
    Scientific research achievements .... (292)
    Scientific research development .... (293)
    Major research labs .... (293)
University-owned Hi-tech Enterprises and National Cooperation .... (298)
    A general survey .... (298)
    Development of science and technology .... (300)
    University-owned enterprise reform .... (301)
    Inter-university cooperation .... (302)
    University Sci-tech campus .... (302)
    National cooperation .... (303)
    Academic and Research bases .... (304)
    Enterprise management in Medical Department .... (306)
    Main University-owned Hi-tech enterprises .... (309)
Major Teaching and Research Facilities .... (320)
    Peking University Library .... (320)
    Peking University Health Science Libary .... (324)
    Peking University Press .... (325)
    Beijing Medical university Press .... (333)
    Peking University's Archives .... (336)
    Archives of Medical Department .... (338)
    A. M. Sackler Museum of Arts and Archeology at Peking University .... (339)
    Audio-visual Education Center .... (339)
    Education Technology Center of Medical Department .... (341)
    Computer Center .... (342)
    Information Center of Medical Department .... (344)
    Medical Health Analysis Center .... (345)
    Scientific Department of Experimental Animals .... (346)
Affiliated Hospitals and Instruction Hospitals .... (347)

Administration and Service Provisions
.... (356)

Development and Planning .... (356)
    A general survey .... (356)
    Planning .... (357)
    Seminar research .... (357)
    Environmental Protection .... (358)
International Exchanges and Cooperation .... (360)
    A general survey .... (360)
    Inter-university exchanges and cooperation .... (361)
    Working abroad .... (361)
    Foreign experts .... (361)
    International Exchanges and Cooperation of Medical Department .... (361)
Personnel Work .... (371)
    A general survey .... (371)
    Verification of PKU personnel .... (371)
    Status of PKU faculty and staff .... (372)
    Executive status of labour planning .... (372)
    Status of staff cutdown .... (373)
    Initiatives of the Changjiang Scholars and qualified personnel projects .... (373)
    Excellent teacher appraisal and evaluation .... (374)
    Training and sending teachers abroad .... (374)
    Movable flats of young teachers .... (375)
    Appointment of departmental and administrative posts .... (375)
    Appointment of professional and technological posts .... (376)
    Setting up moving posts .... (377)
    Wages and welfare .... (377)
    Retired staff .... (377)
    Post-doc research stations .... (378)
    Personnel archives management .... (378)
    Personnel work of Medical Department .... (379)
Finance and Audition .... (387)
    Financial affairs .... (387)
    Auditioning work .... (391)
Property Management .... (393)
    A general survey .... (393)
    Real estate management .... (393)
    Housing reform .... (395)
    Housing of District Lanqiying .... (395)
    House-selling model of Weigong Village .... (395)
    People's air-raid management .... (396)
    Utilities and equipment management .... (396)
    Equipment purchase .... (397)

Labs building and management (397)
The world Bank Load for the "Higher Education Development Projects" (398)
Establishment of the Beijing Nuclear-magnetic Synergy Center (398)
Formless estate management (398)
Property management of Medical Department (399)

Basic Construction and Services (417)
Basic constructions (417)
Public affairs systems (418)

Fund Committee and Alumni Associations (433)

Conference Centers (436)
Shao Yuan Hotel (436)
Meeting and academic exchange services (437)
Centennial Hall (437)

Yan Yuan Community Services (438)

Yan Yuan Subdistrict Office (441)

Peking University Hospital (443)

Affiliated High School (444)

Affiliated Primary School (445)

The CCP Construction and Ideology Education (448)

Organization (448)
A general survey (448)
Political studies (448)
Organization setup (448)
CCP members development (448)
Cadre training (449)
Administrative Cadres testing (449)
Cadre shifting and promotion (449)
Organization in Medical Department (450)

Public education (452)
A general survey (452)
Campus culture (452)
CCP ideology education (453)
PKU Professors talking about "Four Hows" (453)
Investigations and surveys (454)
School journals (454)
Broadcasting (455)
Public education in Medical Department (455)

United Front (456)
A general survey (456)
Main efforts (457)
United front in Medical Department (458)

Discipline Inspections and Supervision (460)
A general survey (460)
CCP work style and clean governing construction (461)
CCP supervision systems (461)
Public education (462)
Letters, calls and case dealing (462)
Discipline Inspections and Supervision in Medical Department (463)

Security (465)
A general survey (465)
Safety and security (465)
Secrecy (466)
Fire-safety (466)
Transportation (467)
Campus and surrounding ordering (467)
Safeguard in Medical Department (468)

Labor Union and Teacher Representative Congress (469)
A general survey (469)
The 4th Faculty Representative Congress and the 16th Union Congress (469)
The 6th Seminar for Teaching and Training (470)
Organization and Propaganda (470)
Recreational activities (471)
Youth management (471)
Female teachers management (472)
Welfare project (472)
Labor Union in Medical Department (472)

Student Management (474)
A general survey (474)
Political education (474)
Scholarship system (475)
Daily life management (476)
Comprehensive evaluation of students' quality (476)
National defense education and rewards (476)
Job directory for undergraduates (476)
Job directory for graduates (478)
Student management in Medical Department (480)

Communist Youth League (484)
A general survey (484)
Construction of basic organizations and their key member training (484)

Contents

Theory and publicity ············· (485)
Scientific and technological projects ········ (486)
Associations and recreations ············· (486)
Youth Volunteers Activities ············· (487)
Students' Unions and Graduate Students'
   Union ············· (487)
Youth League in Medical Department ······ (488)

Profiles ············· (492)
Leaders of Medical Department ············· (492)
Representatives of NPC and Beijing People's Congress who were elected fromr Medical Department ············· (495)
Representatives of CPPCC and Beijing Committee of CPPCC who were elected from Medical Department ············· (496)
Leaders of Democratic Parties, CPC Central Committee, and Beijing Committee who were elected from Medical Department ············· (497)
An Overview to PKU Academicians ············· (498)
List of Professors ············· (513)
Late Persons in 2000 ············· (520)

2000 CCP and Collegiate Documents in PKU ············· (521)

Awards and Appraisals Conferred by PKU, 2000 ············· (528)
Excellent teachers ············· (528)
Excellent moral education courses ············· (530)
Excellent directors in charge of classes ········ (530)
Excellent students ············· (531)
Scholarship winners ············· (539)
Awards and Appraisals in Medical Department ············· (553)

Lists of Graduates in 2000 ············· (563)
Undergraduates ············· (563)
Graduates ············· (570)
Ph. D. candidates ············· (574)
Students pursuing adult education degree ······ (576)
Foreign students ············· (584)

Event Chronicles in 2000 ············· (587)

Appendixes ············· (608)
PKU Honorable professors and visiting professors invited by PKU ············· (608)
Index on Briefs on PKU in Newspapers and Journals ············· (614)

Indexes ············· (625)

· 特 载 ·

原北京大学与北京医科大学
合并组建新的北京大学

综 述

北京大学是一所有着百年历史、享誉中外的著名学府,有着光荣的革命传统和优良的学术传统,作为我国重要的教育学术文化阵地,为祖国培养了一代又一代优秀人才,在自然科学和社会科学领域创造了许多重大成果,为我国革命、建设和改革开放事业做出了重大贡献。北京医科大学成立88年来,也为我国培养出了一批又一批的著名医学家和卫生事业管理者,对我国医药卫生事业的发展做出了重大贡献,享誉海内外。这样两所国内一流、国际知名的大学,有着相似的学风和校训,也曾有过一段共同相处的历史渊源,创建世界一流大学这一共同的奋斗目标又把两校更为紧密地联系在了一起,强强合并成为大势所趋,人心所向。正如李岚清副总理指出的那样:"两校合并,是水到渠成的结果,是在优势互补、合理配置和充分利用教育资源基础上的强强联合,是我国高校管理体制改革和布局结构调整的又一重大举措。"

原北京大学与原北京医科大学从1994年起,经过五年多的时间,从签订联合办学协议、成立以北京医科大学为基础的"北京大学医学中心",再到组成两校合并筹备小组,直至2000年4月3日正式合校,两校本着实事求是、积极稳妥的工作原则,在互聘教授、科研合作到共同培养长学制医学生等方面,有效地推进了合校工作。所有这些年来所付出的努力,是符合两校长远发展的实际与国家教育改革方针的。两校合并是我国科教发展史上的一件大事,也是为建设世界一流大学所采取的重大举措。

从1994年两校签订联合办学协议到2000年正式合并,直至实现平稳过渡,双方师生员工为这一强强结合做出了不懈的努力。

原北京医科大学自1952年独立建校以来,经过几十年的发展,成为全国重点大学之一。为进一步增强发展实力,克服医学院校完全脱离综合大学对学科、教学、科研发展带来的不利因素,从1994年4月份就开始与北京大学进行了多层次的接触,经充分酝酿,反复磋商,于1994年7月20日召开校务委员会扩大会,广泛听取意见后,与北京大学初步达成了《北京大学与北京医科大学联合办学协议(送审稿)》,由双方分头请示原国家教委和卫生部,获得正式批准后,于1995年2月28日在北京大学举行了两校联合办学协议签字仪式,为加强医学生全面素质的培养拓宽了道路。在此协议中,提出了两校联合办学以加强合作,共同发展,创建国际一流知名大学为目标;在原则上,坚持优势互补、平等互利,通过共商、共享、共建等多种形式,进行全面合作;体制上,两校现行隶属关系不变,并准备积极创造条件,经过充分论证后,以北京医科大学为基础,正式成立北京大学医学中心;内容上双方商定实行:教师互聘、互选课程、共建学科群等;组织上由两校党政领导组成联合办学委员会,负责制定联合办学的方针、政策,审定重大举措,解决联合办学中出现的重要问题。

在磋商联合办学以来,两校相关职能部门在经过多次接触和洽谈之后,陆续在本科生、研究生和成人教育方面,科学研究、科技与产业开发、图书信息资料、电化教学等合作方面取得共识。联合办学协议签订后,正式开始了两校联合培养长学制医学班学生、互选课程和教师互聘方面的工作,对于联合办学中发挥两校优势互补,发展新兴、交叉学科和高新技术方面进行实质性的合作达成了明确的意见。

1995年9月,原北京医科大学60名临床医学专业学士、硕士连读班新生进驻北京大学,这预示着北医大发挥北京大学社会人文学科和自然科学学科等综合优势,培养跨世纪医学人才进入一个新的尝试阶段。为进一步推动联合办学工作,两校于1995年11月10日和1996年1月30日召开了两次联合办学会议,经过慎重考虑和认真研究,决定正式成立北京大学医学中心。经报原国家教委和卫生部批准,1996年6月12日北京大学、北京医科大学共同成立北京大学医学中心,原北京医科大学校长王德炳教授兼任中心主任。

1998年1月,北京大学与原北京医科大学校领导在十五大精神指导下,学习了李岚清副总理关于高等教育改革的一系列讲话,总结了联合办学共建医学中心的经验,达成了把两校的联合推上一个新的层次,实现两校合并的共识。1998年2月5日,北发[1998]31号、北医大校改字[1998]037号文件《关于北京大学与北京医科大学联合组建新的北京大学的请示》提出,以共同创办世界一流综合大学为目标,两校联合组建新的北京大学。1998年11月20日,教育部、卫生部根据国务院领导同志的批示精神,为保证合并工作的顺利开展,成立了北京大学、北京医科大学合并筹备小组,由北京大学校长陈佳洱担任组长,原北京医科大学校长王德炳担任副组长。合并筹备小组分别于1999年2月8日、3月5日和7月5日召开三次工作会议,在学习中央有关精神,进行充分调研、考察的基础上,进一步坚定了合校的信念,并对将要组建的新北京大学的管理体制方案进行了深入的探讨、研究。1999年10月,两校将合并后管理体制的初步构想,以及相关问题再次向教育部和卫生部报告。在党中央、国务院的关心、支持与李岚清副总理的直接指导下,在教育部、卫生部及两校师生员工的共同努力下,2000年4月3日,北京大学与原北京医科大学合并大会在北京大学隆重举行!

中共中央政治局常委、国务院副总理李岚清,中共中央政治局委员、北京市委书记贾庆林,全国人大常委会副委员长吴阶平,全国政协副主席罗豪才,教育部部长陈至立,卫生部部长张文康,北京市市长刘淇,中组部副部长黄晴宜,国家科教领导小组办公室专职副主任李主其,教育部党组副书记、副部长吕福源,中科院副院长白春礼,北京市委副书记李志坚,北京市委常委、市委教育工委书记徐锡安等领导同志出席大会。北京大学党委书记王德炳、校长许智宏,以及北京大学前任党委书记任彦申等也在大会主席台就座。大会由教育部副部长周远清主持。

上午9:00,大会正式开始。教育部副部长吕福源首先宣读了中共中央总书记、国家主席江泽民在大会开始之前发来的热情洋溢的贺信,并宣布两校合并的决定。

江泽民总书记在贺信中首先对两校的合并表示祝贺,并希望北京大学的师生们继承和发扬光荣的革命传统与优良的学术精神,抓住机遇,改革创新,朝着建设世界一流大学的目标继续奋斗。

随后,中组部副部长黄晴宜宣布了中央的任免通知,任命王德炳为北京大学党委书记,许智宏继续留任北京大学校长。

教育部部长陈至立代表中共教育部党组和教育部宣布了新的北京大学领导的任命并讲话。她首先代表教育部向新北京大学的全体师生员工表示热烈祝贺并对两校的合并给予了高度的评价。她说,实现两校的实质性合并,将有利于实现学科的互补,发挥学科综合的优势,符合世界高等教育发展的趋势,也是适应科学技术发展潮流的需要。两校合并,有利于学校面向21世纪培养优秀人才,搞好知识创新和加快学科的发展,有利于学校尽快向具有世界先进水平的一流大学行列迈进。两校的合并,标志着新的北京大学在发展和改革上迈出了历史性的一步。陈至立同时指出,要充分估计到改革的艰巨性和复杂性,全校上下要进一步统一思想,提高认识,团结一致、坚定不移地推进改革,探索在更综合的学科氛围里,人才培养和科学研究的新机制。以适应新世纪创建世界一流大学的要求。处理好改革、发展与稳定的关系,珍惜和维护学校稳定的局面,要做到人心不散、秩序不乱、工作不断,切实保证学校工作的正常运行,保证改革的平稳进行,以顺利实现预期的改革目标。陈至立同志也对学校新一任领导班子提出了要求和期望,要求大家团结全校师生员工,为使北京大学早日进入世界一流大学行列共同奋斗。陈至立还表示,国家高度重视对建设一流大学的投入,两校合并后,在优化资源配置、使其产生更大效益的同时,有关部门将以多种方式加大对北京大学的投入和政策倾斜,为北京大学的改革和发展创造良好条件,支持北京大学早日跨入世界一流大学行列,为我国高等教育事业的发展做出更大贡献,为科教兴国、为中华民族伟大复兴做出新的贡献。

卫生部部长张文康在讲话中指出,北京大学与北京医科大学合并组建新的北京大学,标志着教育管理体制的改革取得了重大突破,也标志着北京大学力争在新世纪建成世界一流大学的宏伟构想取得了重大进展,这将对我国高等教育的改革与发展产生重要而深远的影响。他表示,尽管合并后管理体制发生了变化,但卫生部将继续关心和支持北京大学的发展,特别是其医学部分的发展。卫生部将继续依靠和发挥新的北京大学在专业人才、医学教育、科学研究、医疗工作中的优势,为我国卫生事业的改革和发展做出新的贡献。新的北京大学医学部分作为全国医学教育中坚力量的地位不会改变,卫生部和新的北京大学的内在关系不会改变,希望新的北京大学为我国卫生事业的改革发展做出更大贡献。

北京市市长刘淇代表中共北京市委、北京市人民政府对两校的合并致以热烈祝贺。并指出,两校实现强强联合,对于推进我国高等教育的改革和发展具有重大意义。北京市委、市政府坚决拥护党中央、国务院的重大决策,将一如既往地支持北京大学的发展,在建设世界一流大学的进程中做出应有的贡献。他还希望新的北京大学继续为推动北京市的经济建设和社会发展多做贡献,积极参加中关村科技园区建设,在党建和思想政治工作、教育教学改革、内部管理体制改革等各方面,创造出新的经验,进一步为北京市和全国的高等教育改革和发展发挥示范作用。

北京大学党委书记王德炳、校长许智宏等也先后讲话。

最后,中共中央政治局常委、国务院副总理李岚清同志发表了重要讲话。他首先对北京大学与北京医科大学合并组建新的北京大学表示热烈祝贺,并从历史渊源与长远发展等多方面对两校合并的重大历史与现实意义作了深入阐释。他说:"北京大学和北京医科大学在历史上曾经是一家,两校学风相似、学科互补,在长期的办学历程中合作密切、关系融洽,特别是1994年开始酝酿联合办学以来,两校间的融合不断深入,为今天的合并打下了良好的基础。两校合并,是水到渠成的结果,是在优势互补、合理配置和充分利用教育资源基础上的强强联合,是我国高校管理体制改革和布局结构调整的又一重大举措。组建学科更加齐全、结构更加优化、综合实力更强、办学效益更高的北京大学,是北京大学和北京医科大学全体师生员工的共同心愿,也体现了建设具有世界一流水平的综合性大学的必然要求。北京大学与北京医科大学的合并,顺应了世界高等教育和当代科学技术发展的趋势,为向世界一流大学的目标奋进迈出了重要的一步,也是当前高校管理体制改革和布局结构调整的一个标志性成果,意义重大,备受瞩目。因此,学校要切实做好各方面的工作,在全国高校体制改革和调整中起到示范和带动作用。"

李岚清在讲话中特别强调,两校合并后要加强团结,"团结就是力量,团结也是做好工作的基本保障,没有团结,就没有凝聚力和战斗力。"他还指出,北京大学在国内外具有重要的特殊地位,合并后全校师生要珍惜来之不易的稳定局面,学校领导更要切实负起维护稳定的责任,在稳定中推进各项工作。

李岚清在讲话最后指出:"希望北京大学不辜负党和人民的期望,抓住机遇,开拓进取,加快发展,早日实现宏伟的蓝图。我相信合并后的北京大学,一定会在校党委和校行政领导的带领下,团结一致,努力拼搏,为民族的复兴、国家的富强、社会的进步做出新的更大的贡献!"

合并大会后,新一任北京大学领导班子召开第一次全体会议。王德炳、许智宏等学校领导纷纷表示,一定要认真学习、贯彻江泽民总书记的贺信和李岚清副总理讲话中的重要指示,以及教育部、卫生部和北京市有关领导的讲话精神,团结一致,开拓进取,带领北京大学全体师生共同为创建世界一流大学的宏伟目标而努力奋斗。

新组建的北京大学,学科门类比较齐全,包含人文科学、社会科学、自然科学、技术与工程科学以及医药卫生科学等,学校总体的发展目标是:把北京大学建设成为培养和造就高素质的创造性人才的摇篮,成为认识未知世界、探求客观真理、发展科学文化的前沿;成为技术创新、促进科技成果转化的重要力量;成为进行高水平医学科学研究和提供高质量医疗保健的重要基地;成为党和政府制定重大决策、为解决社会发展的重大问题提供科学依据的思想库和智囊团;成为中华民族优秀文化同世界文明成果交流借鉴的桥梁。

要完成这一总体目标,其任务是长期和艰巨的,要靠几代人的共同努力和所有北大师生员工的聪明智慧与团结合作。但在党和国家的亲切关怀和支持下,在教育部的直接领导下,在北京大学全体师生员工的共同努力下,从2000年4月3日合并以来,新的北京大学不但实现了平稳的过渡,而且还取得了一些重大的进展。

2000年4月10日,北京大学第一次部处长联席会议在北京大学召开,会上宣布了校领导和校长助理的分工,医学部领导的任命及其分工,明确医学部的职责是在北京大学统一领导下,行使对医学部的领导,原级别不变,同时强调了两校干部要统一思想,增强团结,促进发展。4月17日,北京大学校领导到医学部听取情况汇报,并视察了中心实验室、第三医院及精神卫生研究所。5月4日,北京大学医学部成立大会在原北京医科大学举行,标志着合并的第一阶段工作顺利结束,为以后进一步的合并工作打下了良好的基础。

2000年5月22日,学校下发了《北京大学医学部关于岗位设置及人员聘任实施方案》。5月30日,召开公开招聘职员动员会,医学部定岗定编工作全面展开。经校党委常委会和2000年第二次校长办公会的研究决定,原北京医科大学党政职能部门、所属学院、医院和所辖科研机构、直属单位实行更名,5月30日,医学部举行了二级单位、机关各部处的授牌、授章仪式。2000年暑假,学校召开了工作研讨会,医学部机构的调整、设置全部完成,对外机制也已明确,即医学部主任作为学校授权法人代表,对外可以直接以北京大学的名义工作,直接以北京大学名义签署文件。10月岗位津贴落实。11月1日,医学部召开发展规划研讨会,根据创建世界一流大学的目标,在北京大学总体规划下,确定了医学部的发展目标。12月1日,医学部举行仪式,正式启动了"创建世界一流大学规划"学科建设项目。12月12日,横贯生物医学、自然科学、应用科学和社会科学的交叉学科研究机构——"北京大学生物医学跨学科研究中心"成立。

4月3日合并以来,两校已经实现了平稳过渡,拥有了统一的领导班子、统一的学术委员会、统一的学位委员会、统一的大政方针以及统一的政策规定。对于行政部门,医学部仍然保留了原来北医大的职能部处,学校主要通过垂直模式实现对医学部的领导。与此同时,校本部各职能部均与医学部的相应职能部处保持密切的上下级联系,医学部职能部处处长都在校本部相应部门担任副职。在学科融合方面也采取了谨慎的做法,先从内容做起,使内容超前于形式。同时在平稳过渡中,学校有了很大的发展,并将继续以改革、创新的精神将合并的工作深入下去,实现实质性的融合。

下一步要做的工作主要有:第一,管理框架和运转机制,应更加适应合并后一个学校统一的管理需要,并改革与此相抵触的部分。第二,学科和科研机构应有更多的融合。比如医学部的社文部、外语部、体育部和数学、物理教研室等从实际情况出发,与校本部实行进一步融合。基础医学院的生化与分子生物学系、细胞生物学系、生理学系以及生物物理学系,均与校本部生命科学院中的系有重叠,需要做认真分析,根据具体情况,采取不同的措施,最后消除学科的重复设置。总的来说,就是利用两校的优势资源,按照一个学校的思想统筹安排。第三,注意人类疾病基因中心、干细胞研究中心、中医药现代研究中心与校本部的关系,尽量吸收校本部有关学科的力量。第四,加强教师的联合培养。医学部的青年教师,应争取到校本部,特别是交叉学科进修或取得学位。医学部也应欢迎校本部的青年教师学习与医学有关的学科知识。第五,在学生培养中,充分借助综合性大学优势。医学专业本科生,要在校本部接受更长时间的科学基础与人文社会科学的教育;研究生培养中,要在交叉学科间,增加免试推荐生源,组织跨学科研究生班,鼓励跨学科联合指导研究生,并采取切实措施,促进医学部与校本部交叉学科间的研究生课程互选。第六,实行医学图书馆与校本部图书馆间的信息库与服务软件共享。第七,在有线电视、网络、校刊、通讯等各种宣传媒体方面,加强整合、协调,建立学校的整体宣传体系等。

(梁　枫)

江泽民总书记的贺信

北京大学和北京医科大学合并组建新的北京大学,以提高综合实力和办学效益,这是我国高等教育体制改革中的一件喜事。

国之兴旺,教育为本。教育在经济社会发展中具有不可替代的基础性和先导性的作用,全社会都要高度重视,都要关心和支持。综合性大学在人才培养、科学传播、知识创新等方面具有十分重要的作用,应该成为科教兴国的生力军。

希望北京大学的师生们继承和发扬光荣的革命传统与优良的学术精神,抓住机遇,改革创新,朝着建设世界一流大学的目标继续奋斗。希望全国教育战线的同志们,坚定不移地贯彻党的教育方针,教书育人,勤奋工作,为改革开放和社会主义现代化建设,为中华民族的伟大复兴作出新的更大的贡献。

江泽民
二〇〇〇年四月二日

中共中央政治局常委、国务院副总理李岚清在北京大学与北京医科大学合并大会上的讲话

(2000年4月3日)

各位老师,同学们,同志们:

今天,我很高兴来参加北京大学、北京医科大学合并大会。首先,我向大家表示热烈祝贺!

党中央、国务院对此事十分重视,江泽民同志还专此致信,寄以厚望。我们大家都要认真学习领会,并坚决贯彻执行。

北京大学是一所名扬中外的著名学府,在一百多年的发展历程中,形成了爱国、进步、民主、科学的光荣传统和勤奋、严谨、求实、创新的优良学风,培养了一代又一代优秀人才,产生了一批又一批重大学术和科技成果,为我国的革命、建设和改革事业做出了多方面的重要贡献。北京医科大学在近九十年的发展过程中,积极进取,不断开拓,逐渐形成了以坚定正确的政治方向、严谨求实的治学态度、热忱献身的服务精神为主要内容的优良校风,培养了一批又一批著名的医学家和优秀的医药卫生人才,取得了许多重要的高水平的科研成果,成为我国医科大学中的排头兵,在海内外享有良好声誉,为我国医药卫生事业的发展做出了重要贡献。北京大学和北京医科大学在历史上曾经是一家,两校学风相似、学科互补,在长期的办学历程中合作密切、关系融洽,特别是1994年开始酝酿联合办学以来,两校间的融合不断深入,为今天的合并打下了良好的基础。两校合并,是水到渠成的结果,是在优势互补、合理配置和充分利用教育资源基础上的强强联合,是我国高校管理体制改革和布局结构调整的又一重大举措。

教育作为培养人才的摇篮和知识传播、创新和应

用的基地,已经成为经济和社会发展的战略制高点,教育的兴衰决定着综合国力竞争的成败。是否拥有世界先进水平的一流大学,是一个国家高等教育发展水平的重要标志,也是国家综合实力的反映。在即将进入21世纪的时候,江泽民同志高瞻远瞩,站在民族复兴的高度,在北京大学百年校庆大会上提出:"为了实现现代化,我国要有若干所具有世界先进水平的一流大学"。组建学科更加齐全、结构更加优化、综合实力更强、办学效益更高的新的北京大学,是北京大学和北京医科大学全体师生员工的共同心愿,也体现了建设具有世界一流水平的综合大学的必然要求。为了创建世界一流大学,党和政府在现有条件下,相对集中资金投入,对创建世界一流大学给予了较大力度的支持。

改革是我国高等教育发展的必由之路。我们在加大教育投入的同时,必须加大改革力度,对现有教育资源进行合理调整和配置,使其充分发挥效用。我国正在进行的高等学校管理体制改革和布局结构调整,是一项经过充分论证的重大决策,将对我国高等教育改革和发展产生重要影响,并为构筑21世纪我国高等教育体制的基本框架打下良好基础。同时,这一改革和调整,为提高我国高等教育的质量和效益,为我国创建世界一流大学,提供了良好的机遇和条件。当今世界,高等教育的发展趋势呈现出多学科交叉的特点。一批学术水平一流、杰出人才荟萃、在国际上有重要地位和影响的著名大学,基本上都是综合大学,世界一流的医学院绝大多数都建在综合大学,著名的综合大学绝大多数都有高水平的医学院。北京大学与北京医科大学的合并,顺应了世界高等教育和当代科学技术发展的趋势,为向世界一流大学的目标奋进迈出了重要的一步,也是当前高校管理体制改革和布局结构调整的一个标志性成果,意义重大,备受瞩目。因此,学校要切实做好各方面的工作,在全国高校体制改革和调整中起到示范和带动作用。

在两校合并的筹备过程中,教育部、卫生部和北京市积极推进并加强了对合并工作的领导,筹备小组做了大量的研究论证工作,原两校干部和广大师生顾全大局,同心同德,表现出很高的风格和素质,为并校后的进一步建设和发展奠定了比较扎实的基础。改革是一项艰巨的事业,还有大量艰苦细致的工作要做,新组建的北京大学领导班子要以高度的历史责任感,承担起工作的重任,带领全校师生员工,坚定不移地推进校内各项改革,制定学校新的发展规划,进行校内资源的优化重组,形成新的运行机制。要以改革的思路和创新的精神解决学校面临的新矛盾和新问题,真正达到提高学术水平、教育质量和办学效益的目的,为国家强盛、民族复兴提供高质量的人才支持和高水平的创新知识贡献,使新的北京大学向世界一流大学的目标迈出更加坚实的步伐。

我们已经跨进了新世纪的门槛。我们都得好好考虑一下,21世纪的高等教育应当是什么样的?我们从事的高等教育的目标应当是什么样的?我们的指导思想应当是什么样的?我们的学科建设应当是什么样的?甚至,我们都应考虑一下,我们的校园应当是什么样的?也许我说得不够确切,但是从我的感觉上来看,中国的高等学校的校园从自有高等学校以来没有发生根本的变化。我们面临的是一个崭新的时代,科学技术高度发达的时代,我们新中国的高等学校的校园应当是什么样的?我们的传统的布局还能不能完全适应这样的一个新的要求。今天借这个机会,请北大首先考虑一下。21世纪的图书馆应当是什么样的?21世纪的教学楼应当是什么样的?我们处于网络时代,新的知识经济时代,我们的校园应当是什么样的?当然,毫无疑问,我们要继承我们的优秀传统,要发扬我们上百年来形成的学术传统,但是,我们还要创新,要赶上世界科学技术发展潮流。这两个东西必须结合起来。国务院、教育部、卫生部,国务院各部门,北京市,我们都支持北京大学给我们21世纪高等教育的模式开创一个新的前景。当前最紧迫的任务,就是后勤一定要社会化。我们不能再继续保持计划经济时代给我们留下来的大学去办社会的局面。在这方面,北京市、教育部与学校已经进行了研究,我希望我们能积极地推动,尽快地推动。这样使得我们高等学校领导本身能用更多的精力来培育人才,把更多的精力放在学术、放在创造更多的学术和科技成果上来,放到培育德智体美全面发展的人才方面,而不要把我们的精力分散到很多的应当是社会来承担的事情方面。所以,一个是学校的内部改革,一个是我们合并以后我们的资源的优化重组,不用再搞重复建设,我们要集中力量。另外,在学科比较齐全的基础上要产生新的学科。这方面都是摆在我们面前非常艰巨的任务。我们要把目标确定下来,但是步子是要一步一步走。

希望两校合并后要加强团结。团结就是力量,团结也是做好工作的基本保障,没有团结,就没有凝聚力和战斗力。全校师生,特别是各级党政领导干部,要像爱护自己的眼睛一样,维护团结。稳定是各项工作的前提,是改革、建设、发展的基础。北京大学在国内外具有重要影响,北京大学的稳定、北京大学的一举一动,都受到高校乃至整个社会的关注。全校师生要珍惜来之不易的稳定局面,学校党政领导更要切实负起维护稳定的责任,在稳定中推进各项工作。

党中央、国务院对北京大学寄予厚望,教育部、卫生部、北京市人民政府要坚定不移、一如既往地给予北京大学强有力的支持,为创建具有世界先进水平的一流大学营造良好的外部环境。希望北京大学不辜负党和人民的期望,抓住机遇,开拓进取,加快发展,早日实现宏伟的蓝图。我相信合并后的北京大学,一定会在校党委和校行政领导的带领下,团结一致,努力拼搏,为民族的复兴、国家的富强、社会的进步做出新的更大的贡献!

祝愿北京大学以崭新的面貌出现在新的世纪,谱写新的篇章!

谢谢大家。

附录

教育部部长陈至立在北京大学与北京医科大学合并大会上的讲话

(2000年4月3日)

李岚清副总理,各位领导,各位尊敬的来宾,
老师们,同学们,同志们:

在燕园的一片融融春光之中,我们在这里举行隆重仪式,宣告北京大学、北京医科大学合并共同组建成新的北京大学,这是我国高等教育史上具有里程碑意义的一件大事。党中央和国务院对两校合并高度重视,并寄予殷切希望。江泽民总书记专门发来了贺信,李岚清副总理出席今天的仪式并将作重要讲话。这都使我们备受鼓舞和鞭策。在这里,请允许我代表教育部,向新的北京大学的全体师生员工表示热烈的祝贺!

下面,我代表中共教育部党组、教育部宣读新的北京大学的有关任职通知。刚才中组部副部长黄晴宜同志已经宣读了主要领导的任免,我主要宣读副校长和党委常委的任免。

经研究,并与中共北京市委商得一致,任命闵维方、赵存生、岳素兰、王登峰同志为中共北京大学委员会委员、常委、副书记;许智宏、迟惠生、何芳川、林钧敬、林久祥、韩启德、吕兆丰、王丽梅同志为中共北京大学委员会委员、常委;王丽梅同志为中共北京大学纪律检查委员会委员、书记。中共教育部党组,2000年3月31日。

经研究决定,任命闵维方、迟惠生、陈章良、何芳川、林钧敬、林久祥、韩启德、吕兆丰为北京大学副校长。教育部,2000年3月30日。

各位来宾,老师们,同学们,同志们,在党中央、国务院,特别是李岚清副总理的直接关心和支持下,经过北京大学、北京医科大学两校一年多来的充分酝酿和卫生部、北京市委、市政府以及教育部共同的努力,北京大学、北京医科大学这两所具有同一历史渊源、在我国具有重要历史地位和影响的高等院校实行合并,组建成高层次、高水平的真正意义上的综合性大学,这是落实江泽民总书记在庆祝北京大学建校一百周年大会讲话中提出的"为了实现现代化,我国要有若干所具有世界先进水平的一流大学"的宏伟目标而采取的重要举措,也将会对我国高等教育事业的发展产生深远的影响,对全国的高教管理体制改革和布局结构调整也必将产生积极的推动和示范作用。

北京大学、北京医科大学的合并,是两校师生员工的共同愿望。1994年以来,两校加强了联合办学,并深刻地认识到,北京大学要建成世界一流的综合性大学,需要有高水平的医学学科,而现代医学学科的进一步发展,也离不开强大的基础学科的支撑和相关学科的交叉和综合。因此,实现两校的实质性合并,将有利于实现学科的互补,发挥学科综合的优势,符合世界高等教育发展的趋势,也是适应科学技术发展潮流的需要。两校合并,有利于学校面向21世纪,培养优秀人才,搞好知识创新,加快学科的发展;有利于学校尽快向具有世界先进水平的世界一流大学迈进。基于这样的共识,两校郑重提出了进行实质性合并的建议报告。教育部、卫生部认真分析了北京大学、北京医科大学两校合并的重大意义和已经具备的合并基础和条件,经过慎重的研究和决策,并报国务院领导同意,决定支持两校合并,并且开展了大量的研究和论证工作。两校合并筹备小组经过一年多的细致工作,确定了两校合并的基本原则,为合并的顺利实施作了较充分的准备。因此可以说,北京大学和北京医科大学今天的顺利合并,倾注了中央领导、有关主管部门、北京市以及两校广大干部和教职员工的大量心血,是瓜熟蒂落、水到渠成的结果,是众望所归的重大举措。这将为北京大学向世界一流大学迈进奠定坚实的基础。

长期以来,在中央的关心支持下,在有关部门的具体指导下,两校历届党政领导班子带领北京大学、北京医科大学的广大教职员工,在教学科研的岗位上辛勤耕耘,艰苦探索,为国家培养了一大批优秀人才,取得了一大批高水平的科研成果,为国家的经济社会发展和各项事业做出了卓越的贡献。特别是近几年来,两校改革和发展的成就更是十分显著。北京大学在我国高等教育事业发展中有着不可取代的地位,北京医科大学是全国医学院校的领头雁。有着如此重要地位和影响的两所学校的合并,一定会产生不可估量的影响,对于实现我国高等教育资源的优化配置,也具有重要的示范作用。在党中央、国务院、北京市委、市政府、教育部、卫生部和有关部门的共同关心、支持和领导下,通过全校师生员工的努力奋斗,北京大学一定会建设成为一所学科结构更加合理、综合实力更强、更能适应21世纪高素质创新人才培养和科技发展趋势要求的

新型大学,向世界一流大学的奋斗目标前进。

同志们,两校的合并,标志着新的北京大学在发展和改革上迈出了历史性的一步,同时,我们也要充分的估计到改革的艰巨性和复杂性。学校领导班子,广大干部和全校师生员工要进一步统一思想、提高认识、团结一致、坚定不移地推进改革,探索在更综合的学科氛围里人才培养和科学研究工作的新机制,以适应新世纪创建一流大学的要求。同时,要处理好改革、发展和稳定的关系,珍惜和维护学校稳定的局面。在改革过程中,一定要做到人心不散,秩序不乱,工作不断,切实保证学校工作的正常运行,保证改革的平稳进行,以顺利实现预期的改革和发展的目标。新组建的北京大学的领导班子,担负着领导北京大学进一步实现跨世纪腾飞目标的光荣历史使命。我们相信,这个领导班子,一定会成为团结、务实、开拓、廉洁、奋进的坚强有力的领导核心,高举邓小平理论伟大旗帜,全面贯彻党的教育方针,带领全体师生员工,朝着新的、更高的奋斗目标前进。希望全校广大教职员工团结一致,同心同德,讲大局,识大体,继续发扬努力拼搏、勇攀科学高峰的精神,为使北京大学早日进入世界一流大学行列而共同奋斗。

把北京大学建设成为世界一流的大学,不仅是北京大学师生员工的光荣任务,也是我们落实科教兴国战略的重要举措,国家高度重视对建设一流大学的投入。两校合并后,在优化资源配置,使其产生更大效益的同时,在国务院领导下,教育部和有关部门将更加重视以各种方式加大对北京大学的投入和政策倾斜,为北京大学的改革和发展创造良好的条件,支持北京大学早日迈入世界一流大学的行列,为我国高等教育事业的发展做出新的更大贡献,为科教兴国,为中华民族的伟大复兴做出新的贡献。

祝北京大学迎来更加辉煌灿烂的明天!

谢谢。

卫生部部长张文康在北京大学与北京医科大学合并大会上的讲话

(2000年4月3日)

尊敬的李岚清副总理,
各位领导,各位来宾,老师们,同学们:

北京大学和北京医科大学合并组建新的北京大学,因其意义深远而倍受国内外关注,今天在这里隆重集会,举行仪式,这标志着我国高等教育管理体制改革取得了一个重大突破,也标志着新的北京大学力争在新世纪建成世界一流大学的宏伟构想取得一个重大进展。这将对我国高等教育的发展产生重要而深远的影响,在这个历史时刻,我代表卫生部,向新的北京大学的全体师生员工表示最热烈的祝贺!

北京大学和北京医科大学均为我国有着重要地位、作用和影响的高等学校。由两校共同组建一所高层次、高水平、具有世界水平的一流综合大学,是贯彻落实江泽民主席在北京大学百年校庆大会上的讲话精神的重大举措,是我国高校管理体制改革所取得的又一重大的标志性成果。两校合并,不仅顺应了21世纪世界教育科技发展趋势的要求,而且关系到我国21世纪高素质人才的培养,关系到科教兴国伟大战略的实施,相信也会对我国卫生事业的改革和发展产生深刻的积极影响。

北京大学和北京医科大学的合并充分体现了党中央和国务院对教育卫生事业的关心。早在1998年教育部、卫生部向国务院报送有关北京大学与北京医科大学合并意见的请示上,李岚清副总理就有明确的批示。卫生部一贯拥护党中央、国务院关于高教改革的一系列的方针政策。作为当时北京医科大学的主管部门,我们按照李岚清副总理的指示精神在做了大量调查研究的基础上,和教育部一起积极稳妥地推进了北京大学和北京医科大学的合并工作。尽管合并后管理体制发生了变化,但我们将继续关心支持新的北京大学,特别是其医学部分的发展,继续依靠和发挥新的北京大学在专业人才、医学教育、科学研究、医疗工作中的优势,为我国卫生事业的改革和发展做出新的贡献。我相信,新的北京大学医学部分作为全国医学教育的中坚力量的地位不会改变,我相信卫生部和新的北京大学的内在关系不会改变,希望新的北京大学为我国卫生事业的改革和发展做出新的更大贡献。

2000年是千年伊始、世纪交替之年,也是新的北京大学在新世纪建设世界一流大学的新起点。祝愿新的北京大学在新的千年、新的世纪取得更大的辉煌,为我国的社会主义现代化建设事业做出新的更大的贡献!

谢谢。

北京市市长刘淇在北京大学与北京医科大学合并大会上的讲话

(2000年4月3日)

同志们:

经国务院批准,北京大学、北京医科大学合并,由此开创了北京大学发展的一个崭新阶段。我谨代表中共北京市委、北京市人民政府致以最热烈的祝贺!

江泽民主席提出,为了实现现代化,我国要有若干所具有世界先进水平的一流大学。走过了一个世纪的北京大学和有近百年历史的北京医科大学都是我国高等教育中具有重要地位和影响的大学。这两所全国重点高校实行"强强联合",形成新的发展优势,这是我国高等教育体制改革取得的又一重要成果,是党中央、国务院实施科教兴国战略,加速建设世界一流大学的重大举措,对于推进高等教育的改革和发展具有重大的意义,在国内外将产生深远的影响。北京市委、市政府坚决拥护党中央、国务院的这一重大决策,我们将一如既往地支持北京大学的建设和发展,在建设世界一流大学的过程中作出我们应有的贡献。

建设世界一流大学是一项光荣而又艰巨的任务,希望合并后的北京大学继续以江泽民同志在北大百年校庆上的讲话的精神为指导,发挥新优势,开创新业绩,同心同德,艰苦奋斗,更加出色地担负起培养高素质创造性人才、推进知识创新和科技成果向现实生产力转化、促进民族优秀文化与世界先进文明成果交流等诸多方面的重要历史使命。我们相信并衷心希望新的北京大学能在已有的规划基础上走改革创新之路,加速和深化两校的融合,建成一批具有一流水平的学科,造就一支具有一流水平的师资队伍,培养一大批高素质的创造性人才。

创建世界一流大学需要强有力的思想和组织保证,希望学校党委发扬光荣传统,继续以锲而不舍的精神进一步抓好党的建设和思想政治工作,认真学习江泽民总书记关于教育问题的谈话精神,坚持不懈地做好深入细致的思想政治工作,充分发挥各级党组织的作用,加强师德建设,加强对学生的思想政治教育,稳步实施并校的各项工作,确保学校的安定团结和持续稳步的前进。北京大学和北京医科大学长期以来为首都的经济社会发展做出了重要的贡献,我们希望新的北京大学继续为推动北京市的经济建设和社会发展多做贡献,积极参加中关村科技园区建设,在党建和思想政治工作、教育教学改革、内部管理体制改革各方面创造出新的经验,进一步为北京市和全国的高等教育发展发挥示范作用。在2000年这个世纪交替之年,新的事物不断涌现,富有创新精神和优良传统的北京大学广大师生员工在学校领导班子的带领下,一定会创造出更加辉煌的业绩。

谢谢。

党委书记王德炳在北京大学与北京医科大学合并大会上的讲话

(2000年4月3日)

尊敬的各位领导、各位来宾、各位老师、同学和朋友们:

非常高兴有这么多的领导、同行、两校师生代表和各界朋友们在这里隆重聚会,共同庆祝由北京医科大学和北京大学合并组建的新北京大学成立仪式。

我们两校从1994年起,经过五年多的时间,从签订联合办学协议、成立以北京医科大学为基础的"北京大学医学中心"到组成两校合并筹备小组,直至今天的正式合校,我们本着实事求是、积极稳妥的工作原则,在互聘教授、科研合作到共同培养长学制医学生等方面,有效地推进合校的工作。我们这些年来所付出的努力,是符合两校长远发展的实际与国家教育改革的方针。两校合并是我国科教发展史上的一件大事,也是为建设世界一流大学所采取的重大举措。

众所周知,北京大学是一所有着百年历史、享誉中外的著名学府,有着光荣的革命传统和优良的学术传统,作为我国重要的教育学术文化阵地,为祖国培养了一代又一代优秀人才,在自然科学和社会科学领域创造了许多重大成果,为我国革命、建设和改革事业作出了重大贡献。北京医科大学成立八十八年来,为我国培养出一批又一批的著名医学家和卫生事业管理者,对我国医药卫生事业的发展做出了重大贡献,享誉海内外。北医大从建校初期的9名教工、72名首批学生,发展到今天的万余名师生员工,凝聚了历代北医人的心血。这样两所国内一流、国际知名的大学,有着相似的学风和校训,有一段曾经共同的历史渊源,有创建世界一流大学的共同目标,因此,这种强强合并而成的新北京大学,任重而道远。

新组建的北京大学,学科门类将比较齐全,包含人文科学、社会科学、自然科学、技术与工程科学以及医药卫生科学等,其总体发展目标是:把北京大学建设成为培养和造就高素质的创造性人才的摇篮;成为认识未知世界、探求客观真理、发展科学文化的前沿;成为技术创新、促进科技成果转化的重要力量;成为进行高水平医学科学研究和提供高质量医疗保健的重要基地;成为党和政府制定重大决策、为解决社会发展的重大问题提供科学依据的思想库和智囊团;成为中华民族优秀文化同世界文明成果交流借鉴的桥梁。要完成这一总体目标,其任务是长期和艰巨的,要靠几代人的共同努力和所有北大师生员工的聪明智慧与团结合作。

今天我站在这个讲台上,接受北京大学党委书记的任命,感到压力巨大。因为对于北大的情况,我知之甚少。我从1960年从北医医疗系毕业后,一直在临床一线做一名医生和教师,尽管从1991、1993年起先后担任北京医科大学校长、党委书记的职务,但这毕竟只是在相对比较单一的学校工作,还有许多同志的帮助,与综合大学相比,特别是北京大学,我既感到能力有限,又感到责任重大。我从来没有想过会在北医学习、工作、生活四十五年后,成为北京大学的党委书记。但是不管我个人怎么样,既然党和国家把我推到这个位子上,我只有竭尽全力,虚心求教,向同志们学习,依靠领导班子集体的智慧和力量,扎扎实实、勤勤恳恳地为广大师生员工服务,不辜负党和人民对新组建的北京大学的厚望。

北京大学已经度过了百年的历史,北京医科大学也走过了八十八年的历程,今天,两校合并组建新的北京大学,将在新的历史条件下,面向21世纪,团结奋进,开拓创新,谱写新的历史篇章,为创造世界一流大学而奋斗。我坚信,在党和国家的亲切关怀和支持下,在教育部的直接领导下,在全体师生员工的共同努力下,新的北京大学一定会创出新的辉煌。

谢谢大家!

校长许智宏在北京大学与北京医科大学合并大会上的讲话

(2000年4月3日)

尊敬的岚清副总理,

各位领导、各位来宾、同志们、朋友们:

首先,请允许我代表北京大学向到会的中央和各部委领导以及京津兄弟院校的各位领导及到会的老师和同学们表示热烈的欢迎和衷心的感谢!

北京大学和北京医科大学分别是我国最好的综合性大学和医科大学之一,在国际上也都有一定的地位和影响。国外的许多综合性大学都有医学院。岚清副总理在不少场合曾经说过,世界一流的综合性大学,都有医学院,世界一流的大学的医学院绝大多数也都在综合性大学里。北京医科大学的前身曾是北京大学医学院,1952年从北京大学独立出来,成为北京医学院,1985年更名为北京医科大学。几十年来,北京医科大学在国家和卫生部的大力支持下,取得了很大的发展。在医学和生命科学研究领域有着很强的实力,在保障人民健康方面具有不可替代的重要作用。北京大学刚跨过第二个百年的第一年,在一百多年的发展过程中,特别是建国以来,北京大学已逐步发展成为一个在自然科学、技术科学、人文科学、社会科学等方面学科齐全,师资雄厚的综合性大学,成为为国家培养高级专门人才,发展科学文化,开拓高新技术的重要基地。两校在发展过程中,都为国家的发展、社会的进步做出了重大贡献。正是在岚清副总理的亲自过问、重视和关心下,在教育部、卫生部、北京市等有关部门的领导下,自1994年以来就开始了联合办学,在办学体制改革等方面进行了积极的探索。1998年又成立了以陈佳洱校长、王德炳校长为领导的北京大学、北京医科大学合并筹备小组。这一切都为两校的合并奠定了良好的基础。

北京大学与北京医科大学两校通过"强强"结合,将实现优势互补,对于拓宽学科结构、促进学科交叉,对于推进科学研究以及科技成果的转化;对于新组建的北京大学提高综合实力,具有重要意义。两校的合并,符合世界教育和科技发展的趋势,也是北大创建世界一流大学计划中至关重要的一步。这不仅是国家现代化建设的需要,也是历史赋予我们的使命。

北京大学和北京医科大学合并组建新的北京大学,是积极探索新的办学体制的重大举措。在这方面我们还缺乏经验,我们应虚心学习兄弟院校在这方面的经验,必须从两校的历史和现状出发,精心规划、审慎操作,双方要相互理解、相互支持,做到平稳过渡,本着"精心、冷静、稳妥"的精神全力做好合校工作。今后,我们就是一家人,没有你我之分。我们要借鉴国外经验,立足中国实际,实事求是,大胆创新,争取在办学体制改革方面创造新的模式和运行机制,积累新的经验。搞好两校合并,应成为全校师生员工自觉的行动。我们要珍惜北大十年来来之不易的稳定局面。没有稳定,就没有我们的发展。全校师生员工,特别是领导干部一定要顾全大局、讲团结,要从各方面为学校的改革和发展创造良好的氛围。

我到北大工作深深感到肩上的责任重大。虽然我来北大才三个多月,但北大的教职工、同学们对我的工作提出了不少宝贵的意见和建议。我是教育战线上的一名新兵,不少事情需要花时间去学习,去了解。我十分感谢大家对我工作的支持。我也要特别感谢两校党委、行政领导和师生员工多年来为两校改革、发展、稳定所做出的巨大贡献。这为两校合并后的新北大的发展奠定了坚实的基础。创建世界一流大学的目标,需要我们大家的共同努力。我也相信我们的工作会继续得到教育部、卫生部、北京市的指导和支持。在此,我也诚恳地希望新组建的北大全体师生员工支持我们新的领导班子的工作,继续做好目前的各项工作。

我相信,从今天开始新组建的北京大学一定不会辜负党和人民对我们的期望,在教育部、卫生部、北京市等有关部门的领导和支持下,全校师生员工一定会精诚团结,通力合作,优势互补,携手共进,为创建世界一流大学而奋发努力!

谢谢大家。

北京大学开展"三讲"教育

综　述

根据《中共中央关于在县级以上党政领导班子、领导干部中深入开展以"讲学习、讲政治、讲正气"为主要内容的党性党风教育的意见》(中发[1998]17号)文件精神以及教育部党组、北京市委有关文件要求,按上级统一部署,从2000年10月17日到2001年1月中旬,北京大学在全校处级以上领导班子、领导干部中开展以"讲学习、讲政治、讲正气"为主要内容的党性党风教育。

学校党委对"三讲"教育高度重视,一致认为这是加强新时期的党的建设和干部队伍建设的重大举措,对于进一步增强党的号召力、凝聚力和战斗力,建设高素质的干部队伍,具有深远的历史意义。北京大学正值原北大与北医大合并不足半年,新的领导班子组建不久,学校工作还处于进一步调整之中,全校创建世界一流大学的工作正处于关键时刻,在此之际开展"三讲"教育,对于两校合并后进一步加强班子建设,推进深度融合,提高效益和水平,更具有紧迫的现实意义。根据中央、教育部党组和北京市委的文件精神,在调查研究的基础上,学校党委制定了《北京大学校级领导班子和领导干部"三讲"教育实施方案》,明确了北京大学开展"三讲"教育的指导思想、目标、范围、基本要求、工作原则和计划安排。为加强组织领导,保证"三讲"教育顺利进行,学校成立"三讲"教育领导小组,党委书记王德炳任组长,校长许智宏、常务副书记兼副校长闵维方、副书记岳素兰任副组长,成员有常务副校长迟惠生、常务副校长、医学部主任韩启德,党委副书记赵存生,副校长、医学部党委书记兼副主任林久祥。领导小组下设办公室,校党委副书记岳素兰兼任办公室主任,校纪委书记王丽梅任副主任。办公室内设文秘组、整改组、宣传组、联络组。学校明确规定,北大"三讲"教育,要自觉接受教育部、北京市委教育工委的领导以及巡视组的督促、检查、帮助和指导,在校党委的领导下,由"三讲"教育领导小组制定具体计划并组织实施。10月10日,以曾繁仁为组长、孙祖国为副组长的"三讲"教育巡视组进驻北京大学,成员有金平一、曾铁凯、侯慧君、高小军等4位同志。在"三讲"教育工作准备期间,学校"三讲"教育领导小组办公室就在学校不同的人员范围内召开了11个座谈会,初步查摆了学校领导班子和领导干部在党性党风方面存在的突出问题,为开好"三讲"教育动员大会做了比较充分的准备。

"三讲"教育的重点是校级领导班子和党员领导干部。校级领导班子和领导干部的"三讲"教育从2000年10月17日开始到2000年12月中旬,经过了"思想发动,学习提高"、"自我剖析、听取意见"、"交流思想、开展批评"和"认真整改、巩固成果"等四个阶段的工作;中层领导班子、领导干部"三讲"教育从2000年11月中旬到2001年1月中旬,分三个阶段进行。

一、"思想发动,学习提高"阶段

从10月17日到11月5日,北京大学"三讲"教育进行了第一阶段的工作,主要完成了发动群众、统一思想、学习理论、提高认识、听取意见、查摆问题等任务。

10月17日,学校召开了"三讲"教育动员大会。学校的党政领导、院士、教授代表,现职副处级以上干部,校工会、教代会和共青团主要负责人,民主党派负责人,离退休老同志代表,校办企业和经济实体负责人等近500人参加了大会。会上,党委书记王德炳传达了中央、教育部党组和北京市委关于深入开展"三讲"教育的要求,阐明了北京大学开展"三讲"教育的重要性和必要性,初步查摆了学校领导班子在党性党风方面和工作中存在的突出问题,对学校的"三讲"教育表明了态度并作出了具体部署。巡视组组长曾繁仁同志对北大"三讲"教育工作提出了指导性意见和要求。动员大会进一步提高大家了对"三讲"教育工作的重要性和必要性的认识。

动员大会之后,学校"三讲"教育领导小组办公室向各方面代表共324人下发了《征求意见表》,回收317份,回收率达97.8%。经统计,共收集到对校级领导班子和领导干部的意见和建议2284条,近18万字。其中对领导班子的意见和建议559条,对领导干部个人的意见和建议1725条。为更广泛听取群众意见,学校还在校本部五个地点设立了10个意见箱,在医学部和各附属医院设立了14个意见箱,开通了"三讲"教育征求意见专线电话。从10月23日至11月2日,巡视组的同志和"三讲"教育领导小组办公室整改组的同志分别以个别访谈和座谈会的形式,听取了来自北大前任校领导、院士、长江特聘教授和文科知名学者、机关职能部门负责人、中青年教师、离退休人员、民主党派、工会、教代会等各方面代表200余人的意见。征集到的意见表明，广大干部和教师对学校的"三讲"教育非常关注，参与的积极性十分高涨，所提的大多为建设性意见和建议，十分中肯，切中要害，鞭辟入里。

从10月19日至22日，校领导班子成员围绕"理解'三讲'精神，明确目的意义"、"坚定理想信念，提高理论素养"、"贯彻中央精神，增强政治意识"、"贯彻教育方针，深化教育改革"、"坚持民主集中制，贯彻群众路线"、"倡导求真务实，干部廉洁自律"等六个专题，采取集中与分散相结合、阅读原著与专题教育相结合、个人自学与讨论交流相结合等方法，认真学习了中央和北京市委规定的文件、著作和中央领导同志的重要讲话，联系我国改革开放和现代化建设的实际，结合北大改革发展以及领导班子和个人工作思想的实际，针对北京大学近几年工作中反映出来的突出问题，深入总结经验教训，进行理性思考，并动手撰写了学习心得体会文章。这次学习的显著特点，是把江泽民同志提出的"三讲"要求与"三个代表"重要思想紧密结合起来；把坚持"三讲"、落实"三个代表"与北京大学创建世界一流大学的实践紧密结合起来；从领导班子整体的工作全局着眼，从个人分管的工作领域着手，把学习理论、武装头脑与整顿思想、改进作风、推动工作紧密结合起来。通过学习，大家更加深刻地领会到了开展"三讲"教育的必要性和重要性，进一步增强了坚持"三讲"、实践"三个代表"、创建世界一流大学的信心和决心，为"三讲"教育以后各阶段工作的顺利开展提供了必要的前提和良好的基础。

二、"自我剖析，听取意见"阶段

这一阶段从11月6日到11月25日，主要完成了反馈群众意见，找准突出问题，明确努力方向，写好剖析材料，组织民主评议和民主测评等任务。

在此阶段，在继续广泛征求并反馈干部、教师对领导班子和领导班子成员的意见和建议的基础上，通过深刻反思，深入剖析，形成了《北京大学领导班子剖析材料》和领导干部个人的《自我剖析材料》，并精心组织了民主评议和民主测评。参加评议和测评的共300人，评议表和测评表的回收率为100%。大家对领导班子剖析材料的满意率为87%，对领导干部剖析材料的满意率也大多在90%以上。在随后进行的领导班子成员所在支部的测评中，每一位班子成员也都顺利通过。经过统计和汇总，通过评议表反馈回来的评议意见共1432条、11万多字，其中对领导班子的意见和建议157条、16000多字。从评议的内容看，大家对学校前一阶段的"三讲"教育工作、对领导班子和领导干部通过前一阶段的学习和反思对自己所作的剖析总体上认同，也提出了很多意见和建议，其中有些比前一阶段的意见、建议更为具体，更为深刻。

三、"交流思想，开展批评"阶段

这一阶段从11月26日到12月5日。主要完成了深入开展谈心活动，积极进行思想交流，开好民主生活会等任务。

学校党委把坚持学习理论和认真开展谈心活动作为开好民主生活会、顺利完成第三阶段任务的重要基础工作。从11月27日开始，领导班子成员在学习理论和自我剖析的基础上，用近一个星期的时间，通过有组织地开展个别谈心活动，交换了意见，融洽了感情，增进了了解，增强了团结。同时，领导班子成员还与自己的主管部门的负责同志进行了谈心或座谈，对工作中和思想上的一些问题听取了意见，交流了思想，统一了认识。

在充分交流思想的基础上，领导成员认真准备了民主生活会的个人发言材料。12月4日至5日，学校党委利用两天的时间召开了领导班子民主生活会。北京市委党委、教工委书记徐锡安和教育部人事司副司长李志军等领导同志也参加了此次会议。会上，大家从落实"三个代表"重要思想、创建世界一流大学的高度，对领导班子的问题及个所应承担的责任作了明确表态，重点对前一阶段通过"自己找、群众提、上级点、互相帮"的方法找到的自身在党性党风方面和工作中存在的突出问题，作了一次严肃的、深刻的自我剖析和自我批评，同时也对班子其他成员的问题进行了客观坦率的批评。这次民主生活会对于两校合并后刚刚组建的领导集体来说，意义深远而重大。通过这种与人为善、着眼于发展和建设的批评和自我批评，每一个班子成员都更加清醒地看到了自身存在的问题，找准了努力的方向，明确了改进的措施，进一步增强了领导班子的凝聚力和战斗力，有利于领导班子更有力地承提起带领北京大学的全体师生员工创建世界一流大学的历史使命。

四、"认真整改，巩固成果"阶段

这一阶段从12月6日到12月15日，主要完成了制定整改方案等任务。

整改是"三讲"教育的最后一个阶段，也是"三讲"教育中最重要的一个环节。能否通过整改来解决领导班子在党性党风和工作中存在的突出问题，积极促进学校的改革发展，是"三讲"教育能否取得成效的重要标志。

在虚心听取意见、认真学习文件的基础上，领导班子用了两天时间，集体讨论制定了整改方案，并召开了9个座谈会征求意见，反复修改后才最后定稿。整改方案的制定，既有比较广泛的群众基础，也是领导班子通过一段时期集中思想、集思广益的结果。

整改方案分为两个部分。第一部分是关于学校的总体发展思路;第二部分是具体的整改措施。学校用"一、二、三、四"来概括今后的发展思想,即:"一个目标、两个工程、三大功能、四项基本工作"。一个目标,即创建世界一流大学。两个工程即"211工程"和"985工程",这两大工程是北京大学90年代发展建设的牵引力。三大功能,即人才培养、科学研究、社会服务。四项基本工作,即推进学科建设、加强队伍建设、增强办学实力、加强和改善党建和思想政治工作,这些构成了学校工作的基本内容。创建世界一流大学的目标,要通过两大工程来实现;两大工程的实施,就是为了更好地发挥三大功能;要发挥三大功能,就必须做好四项基本性工作。

具体的整改措施主要包括全面推进以学科建设和教学科研为中心的创建世界一流大学进程;加强校级领导班子建设,坚持群众路线,大力改进党建与思想政治工作;关心群众生活,解决热点问题,为教职员工办实事等三个方面,共64条,每一条都规定了工作时限、负责同志和承办部门。整改方案在一定意义上成为学校各项建设的指南。

从11月15日开始,中层领导班子和领导干部的"三讲"教育也全面展开。经过三个阶段的工作,到2001年1月中旬,完成了预定的各项任务,取得了良好的效果。

2001年2月20日,北京大学召开了"三讲"教育总结大会。党委书记王德炳同志对校系两级领导班子和领导干部集中开展的"三讲"教育作了总结报告。北京大学副处以上领导干部和老同志、院士、教授、工会教代会和共青团代表350余人参加了会议。王德炳同志在报告中总结了北大开展"三讲"教育的做法和体会,介绍了"三讲"教育这一面向21世纪推进党的建设的新的伟大工程带给领导班子和领导干部的教益和收获,同时也指出了存在的不足。他指出,"三讲"集中教育结束以后,落实整改的任务将十分繁重,要有足够的思想准备和工作准备;"三讲"教育工作虽然已经结束,但"讲学习、讲政治、讲正气"的要求应时时体现在我们的思想上,贯穿于我们的工作中。

总之,通过"三讲"教育,北京大学领导班子和领导干部受到了一次深刻的马克思主义理论教育,政治意识、责任意识、大局观念有了明显增强,查找了领导班子、领导干部党性党风方面和工作中存在的突出问题,并从世界观上深入剖析,进一步明确了努力方向;领导干部受到一次生动的群众路线和群众观点的再教育,进一步密切了和广大干部、教师之间的关系,增强了廉洁自律和接受群众监督的意识;在发扬批评与自我批评的优良传统方面有了明显进步,健全、活跃了党内生活,增强了领导班子的团结,增加了领导集体的凝聚力;激发了进取精神,促进了作风转变,推动了各项工作,产生了积极反响。

(缪劲翔)

党委书记王德炳
在"三讲"教育动员大会上的讲话

(2000年10月17日)

同志们:

按照中共北京市委和教育部党组的部署,我校从10月中旬开始,用三个月左右的时间,在全校处级以上领导班子、领导干部中开展以"讲学习、讲政治、讲正气"为主要内容的党性党风教育。这次是北京市高校的第三批"三讲"教育,共有12所学校参加。今天,我们在这里召开动员大会,有两个目的:一是动员校系两级干部积极参加"三讲"教育;二是广泛发动群众,帮助领导班子和领导干部查摆问题,以利整改。

为搞好"三讲"教育,校党委进行了认真的研究和准备,制定了具体实施方案,并得到了北京市委教育工委的批准。教育部党组和北京市委对我校"三讲"教育非常重视,派出了以曾繁仁同志为组长的巡视组,对我校"三讲"教育进行检查、指导、督促、把关。充分发挥巡视组的作用,既是搞好"三讲"教育的重要保证,也是"三讲"教育的一条基本经验和一个十分显著的特点。曾繁仁同志将在今天的会上作重要讲话。

下面我代表校党委,对搞好我校"三讲"教育工作讲几点意见。

一、深入学习,提高认识,不断增强搞好"三讲"教育的自觉性、主动性和紧迫感

江泽民同志强调指出,进行"三讲"教育"是在新的历史条件下保持党的先进性和纯洁性,提高领导水平、执政水平,增强拒腐防变、抵御风险能力的需要;是从思想上、政治上、组织上、作风上全面推进党的建设,提高干部素质的需要;是我们党团结带领人民按照十五大的战略部署,全面推进建设有中国特色社会主义伟大事业的需要。切实搞好'三讲'教育,其意义和影响将是重大而深远的。"深入学习领会江泽民同志讲话和中央文件精神,对于搞好"三讲"教育具有重要意义。

第一,要从事关党和国家前途命运的高度,充分认识开展"三讲"教育的必要性。

世纪之交,百业俱兴。建设有中国特色社会主义的伟大事业正在全面向前推进。我国的改革已经进入攻坚阶段,面临的国际环境也错综复杂。对此,最根本的还是要发展自己,迅速增强综合国力和国际竞争力。要实现这样的目标,最重要的仍然在于坚持党的基本理论和基本路线不动摇,努力实践江泽民同志提出的"三个代表"重要思想,建设一支适应改革开放和现代化建设事业要求的,既有很高的领导水平和执政水平,又有很强的拒腐防变、抵御风险能力的高素质干部队伍。中央决定深入开展"三讲"教育,正是在总结新时期党建基本经验,全面分析我国跨世纪发展面临的新形势新任务的基础上,作出的一项事关党和国家前途命运、事业成败的重大决策。

第二,要从科教兴国的历史使命出发,充分认识在高校开展"三讲"教育的重要性。

当前,随着科技革命的飞速发展和知识经济的迅速兴起,高等学校的社会作用正在发生历史性的变化,在推动经济与社会发展、增强综合国力上具有相当重要的基础性地位。高等学校应该成为培养高素质创造性人才的摇篮;成为知识创新和发展科学文化的前沿;成为技术创新、促进科技成果向现实生产力转化的基地;成为中国文化与世界文明成果互相交流借鉴的桥梁。

高等学校要承担起科教兴国的历史重任,关键在于加强党的领导和党的建设,尤其是要使学校领导班子和干部队伍真正成为坚强核心和战斗集体。今年召开的中央思想政治工作会议和第九次全国高校党建工作会议,对高等学校在21世纪的改革和发展具有重要意义。目前,摆在高校面前的矛盾和问题很多,既有难得的机遇,又有严峻的挑战。学校改革与发展的任务繁重而艰巨,形势和任务对领导班子和领导干部的素质,特别是政治素质和驾驭全局的能力提出了更高的要求。因此,要通过"三讲"教育,使学校的领导班子和领导干部普遍受到一次马克思主义基本理论和党性党风教育,经受一次严格的党内政治生活锻炼,以切实提高政治觉悟和领导工作水平,为加强和改善党对学校工作的领导,为科教兴国做出应有的贡献。

第三,要从我校的实际情况出发,充分认识在北大进行"三讲"教育的特殊意义。

搞好"三讲"教育,一方面要严格按照党中央、教育部和北京市委的要求部署去做;另一方面一定要从实际出发,充分考虑我校的特点。一百多年来,北大形成了"爱国、进步、民主、科学"的优秀传统和"勤奋、严谨、求实、创新"的优良学风,在国内外有一定的影响。改革开放特别是90年代以来,北大进入了前所未有的大发展大建设时期,各项事业有了长足的进步。形势与任务表明,北大正处在新世纪发展建设的关键时刻,主要表现在:

1. 创建世界一流大学的规划已经启动,责任和压力十分巨大。1998年5月,北大成功地举办了百年校庆,江泽民同志在庆祝大会上发出科教兴国动员令,提出了"为了实现现代化,我国要有若干所具有世界先进水平的一流大学"的战略号召,使北大进入到科教兴国和创建世界一流大学的最前沿。在党和国家的大力支持下,北大适时启动了创建世界一流大学规划。这是国家和民族赋予我们的神圣使命,是北大面向21世纪振兴发展的必然选择。这个规划凝聚了几代北大人的梦想和智慧,既是我们的奋斗目标,又是我们的精神支柱和工作蓝图。

这项规划的启动已经一年有余,总体运行是顺利的、正常的。但也要看到,作为国家重点支持的学校,党和国家以及社会各界对我们寄予了殷切的期望,我们承担着巨大的责任和压力。我们必须拿出过硬的成果来,否则就无以面对人民的厚望。这需要学校的党政领导和全校党员、干部、师生员工共同奋斗,迈出最关键的一步。

2. 原北京大学与原北京医科大学已经顺利合并,强强联合、优势互补的潜力还有待进一步挖掘。两校合并是瓜熟蒂落、水到渠成的结果。从合并后的情况看,原两校领导和师生从大局出发,相互体谅,过渡平稳顺利,为加速创建世界一流大学提供了难得的机遇和条件,受到上级部门的表扬。

同时也要看到,深入磨合的任务还相当繁重,合并的优势还有待进一步体现出来,在加强医科与文理科的交叉融合方面还有很多工作要做,应该不断开拓新领域,形成新的生长点,使合并真正成为创建世界一流大学所必需的坚实基础、强大动力和有力支持。

3. 北大作为科学文化和意识形态领域的重镇,担负着为社会主义现代化事业培养建设者和接班人,为党和国家决策提供科学依据的人才基地和思想库、智囊团的历史重任,同时又是学习、研究、传播马克思主义理论和建设社会主义精神文明的重要阵地,工作重要、要求高、难度大。作为一所对外交流广泛、人文社会科学占有重要地位的综合性大学,北大一直受到社会各方面的关注,政治敏感性非常强,各种政治力量和思潮、观点在学校都有所表现和反映,工作稍有不慎,就可能产生意想不到的影响。对此,我们必须有清醒的认识和主动自觉的工作,保证学校改革、发展、稳定的大局和各项工作的健康发展。

展望新的世纪,挑战与机遇同在,困难与希望共存。面对如此艰巨和重大的责任,我们必须解放思想、转变观念,振奋精神,知难而上,同心同德,艰苦奋斗。领导班子和领导干部是政治核心和骨干,务必要通过"三讲"教育,真正提高全面素质和驾驭全局的能力,这样才能把握前进方向,凝聚全校力量,实现创建世界一流大学的宏伟目标。

第四,要清醒地分析我校领导班子现状和存在的问题，充分认识在处级以上领导干部中，特别是在校级领导干部中开展"三讲"教育的特殊必要性。

目前，一些领导干部对"三讲"教育还存在着模糊认识：一是觉得必要性不大，认为高校是"清水衙门"，与其它行业相比已经相当自律了，无啥可讲；二是怕影响工作进展，认为高校任务如此繁重，而且很多干部有自己的业务，没有时间搞"三讲"；三是担心走过场，对社会上的某些传言将信将疑，对搞好"三讲"教育缺乏信心。

对此，一是要加强引导教育，打消疑虑，为搞好"三讲"教育营造积极认真的氛围；二是要实事求是地分析领导班子现状，看看有无整改的必要。至于"三讲"教育是否会走过场，主动权就掌握在我们自己手里，关键在于领导班子和领导干部，特别是校级领导班子和领导干部是否认真对待，是否从思想上真正重视。

为使"三讲"教育更有针对性，在此之前，校党委常委会初步分析了学校和院系两级领导班子在党性党风方面存在的突出问题，重点查摆了校级班子的问题，并召开干部、教师、教代会代表、民主党派负责人、离退休老同志等方面人员参加的11个座谈会征求意见。院系领导班子在理想信念、办学方向、勤政廉政等方面还有不少需要解决的问题，这在今后的"三讲"教育中都要重点整改。从校级领导班子的情况来看，1992年以来，尽管班子成员从不同角度为学校的改革和发展做出了不同程度的努力，也取得了大家看得到的为各方面所公认的成绩。但是，以社会主义政治家、教育家的标准来衡量，按照"三讲"教育和建设世界一流大学的目标来要求，班子中存在的不足和问题是明显的，主要表现在：

1. 在讲学习、讲政治方面，作为在中国最早传播马克思主义和中国共产党最初活动基地的北京大学的领导班子和领导成员，作为意识形态和政治理论交锋的前沿阵地以及文理医综合的著名学府的领导班子和领导成员，我们系统深入地学习马列主义、毛泽东思想和邓小平理论明显不够，综合运用马克思主义的立场、观点和方法分析解决复杂问题的能力不高，距离社会主义政治家、教育家的要求还有相当大的差距，对于履行创建世界一流大学的历史职责缺乏远见卓识和应有的魄力，对一些事关政治方向和意识形态的问题也不够敏感。

2. 在坚持社会主义办学方向、贯彻党的教育方针、占领马克思主义理论阵地和舆论阵地、全面进行素质教育、充分发挥党组织和党员作用等方面，还有许多需要加强和改进的地方。对思想政治素质是最重要的素质缺乏深刻的认识，对新时期思想政治工作任务的艰巨性、内容的复杂性、方式的多样性缺乏深入研究，表现出很大程度上的不适应。学生思想政治教育与教学科研脱节的问题，教育内容和方法、手段跟不上形势的问题仍然明显存在。教师思想政治工作薄弱，缺乏有效的工作机制和工作方式，在有些单位还没有提到应有的议事日程上来。干部队伍建设和优秀拔尖人才培养、引进缺乏突破性进展，基层党组织建设状况不够平衡，缺乏战斗力现象还比较明显。

3. 领导班子驾驭全局的能力与所担负的重任不相适应，还没有形成强有力的在群众中有威望的领导核心。学校党政主要领导在短时间内频繁更换，校内没有建立起正常有效的干部交替机制，新到任的同志需要时间来了解和熟悉情况，对学校改革发展缺乏连续思考，影响决策；两校合并后，学校的摊子很大，群众的期望值很高，领导班子成员虽然主观上比较努力，但时隔半年尚未明确整体目标和作出整体规划，思路尚不清晰，工作气势不大，缺乏与创建世界一流大学相匹配的创新和进取精神，存在畏难情绪，总体推动工作不力，重大措施不多，班子成员之间也需进一步磨合；抓学校的教学科研中心工作不够理想，在处理其它工作和学校中心工作的关系方面存在问题，推进教学科研和学科建设缺乏得力的措施，与创建世界一流大学的要求还有很大距离，领导班子分工也不够科学合理，分管教学科研的领导力量不够集中，产业管理等方面的工作又牵涉多位领导的精力；领导班子制度化建设不够，存在一定程度的软和散的现象，班子成员精力比较分散，教学科研任务重、应酬多、出国出差多，集中时间和精力议大事、抓大事不够。

4. 在坚持民主集中制方面，民主和集中都不够；有时议而不决，工作效率不高，有时决而不议，重大决策缺乏充分讨论。对有些问题如建立学院、产业改制、理顺合并后的管理体制等虽议论很长时间甚至多年，但进展缓慢，尚未迈出实质性的步伐。管理始终是北大的一个薄弱环节，通过改革虽有变化，但还没有形成高效运转的体制和机制，校级领导班子在管理威信和管理能力方面存在的明显差距，对院系和职能部门有直接影响，使得管理成为制约北大下一步发展的瓶颈问题。

5. 领导班子在工作作风上应有的群众观点不够，在贯彻全心全意为人民服务的宗旨上还有明显差距。师生员工多年呼吁的希望校领导深入院系、开展调查研究的老问题，尽管形成了一些制度，但没有从根本上得到改进。领导干部平时忙于各自的事务性工作，对群众疾苦缺乏足够的关心，虽然生活在群众之中，但脱离群众的问题还在一定程度上存在着，有时甚至在一些事关师生员工切身利益的重要工作上也存在领导精力不到位、工作不到位、措施不到位的现象。党风廉政责任制虽然已经制定，但落实得不够，清正廉洁、遏制腐败是需要我们高度重视和身体力行的大事。

上述所列问题,只是一个初步查摆。随着"三讲"教育的深入进行,还将采取各种方式听取意见。我们要通过"三讲"教育,认真找出和解决突出问题,使领导班子和领导干部能够切实担负起领导创建世界一流大学的重任。

二、规范步骤,抓住重点,严格按照上级的要求开展"三讲"教育

按照中央、教育部和北京市委的统一部署,校党委制定了"三讲"教育实施方案,已经下发,我在这里仅作一简要说明。

(一)"三讲"教育的指导思想

我校"三讲"教育的指导思想是,以邓小平理论、江泽民同志"三个代表"的重要思想、党的十五大和十五届五中全会精神为指导,紧紧围绕创建世界一流大学的奋斗目标,抓住两校合并的发展机遇,用整风精神着力解决党性党风方面和工作中存在的突出问题,提高领导班子的战斗力和凝聚力。要把"三讲"教育的全过程作为马列主义、毛泽东思想和邓小平理论的学习过程,作为党的基本理论、基本路线、基本纲领和方针的教育过程,作为领导班子提高整体水平和解决自身问题能力的过程。领导干部要以社会主义政治家、教育家的标准要求自己,进一步提高贯彻党的基本路线和教育方针的自觉性、坚定性,奋发有为地推进学校的改革与发展。

(二)"三讲"教育的目标与要求

"三讲"教育主要解决领导班子和领导干部1992年以来在党性党风方面和工作中存在的突出问题,提高领导班子和领导干部的素质,使领导班子成为政治坚定、团结实干、开拓创新、清正廉洁的坚强领导集体;使领导干部在思想上有明显提高,政治上有明显进步、作风上有明显转变、纪律上有明显增强,为全面贯彻党的基本路线和教育方针,推进素质教育,提高办学水平和办学效益,把北京大学办成世界一流大学提供坚实的思想和组织保证,从而更好地完成党和国家赋予我们的历史使命。

这次"三讲"教育要在以下四个方面收到实效:

1. 认真加强马列主义、毛泽东思想特别是邓小平理论的学习,树立正确的世界观、人生观、价值观,坚定社会主义、共产主义的理想与信念。

2. 全面贯彻执行党的基本路线和教育方针,加强思想政治工作,坚持社会主义的办学方向,全面推进素质教育。

3. 坚持和完善党委领导下的校长负责制,贯彻民主集中制原则。

4. 牢固树立全心全意为人民服务的根本宗旨,大力弘扬求真务实、言行一致的优良作风。

(三)"三讲"教育的计划安排与参加的人员范围

这次"三讲"教育从今天正式开始,分为四个阶段,即:第一阶段是思想发动,学习提高;第二阶段是自我剖析,听取意见;第三阶段是交流思想,开展批评;第四阶段是认真整改,巩固成果。

参加"三讲"教育的范围,主要是学校和院系、部处两级领导班子和领导干部。校级领导班子和领导干部是重点,从10月中旬到12月中旬,要严格按照"三讲"教育的四个阶段进行。中层处级领导干部以正面教育为主,从11月中旬到明年1月中旬进行,分三个阶段进行,即:集中学习;听取意见并召开民主生活会;进行整改。

(四)要抓住几个关键环节搞好"三讲"教育

第一,要统一思想,提高认识,把用理论武装头脑放在首位。

马克思主义理论素质是领导素质的灵魂,决定着领导水平和能力的提高。讲学习是讲政治的前提,"三讲"教育必须始终着眼于学习提高。我校一些干部由于长期忙于具体事务性工作,或多或少地存在忽视理论学习的倾向;现在45岁以下的年轻干部超过了一半,他们大多数都没有接受过马克思主义的系统理论教育。因此,学习理论、武装头脑是摆在我们面前的首要而急迫的任务。

"三讲"教育安排的第一个阶段就是理论学习,而且集中学习的时间不能少于30个小时。一定要认真研读马克思主义的基本理论著作和这次"三讲"教育规定的必读书目,努力提高从政治上观察问题、分清原则是非的能力。理论学习务必要联系实际,认真总结工作中的经验教训,深入进行理论思考。在掌握理论的精神实质上,特别要注意联系北大改革、发展、稳定的实际,联系校系两级干部存在的突出问题,做到边读书,边总结,边思考,边写体会文章。

第二,要实事求是、一分为二地剖析自身。

自我剖析是"三讲"教育的中心环节、重中之重。能否以整风精神切实解决领导班子和领导干部中在党性党风方面存在的突出问题,是"三讲"能否取得实效、检验"三讲"教育搞得好不好的重要标志,也是教职员工关注"三讲"的主要原因之一。找准问题,则是关键中的关键。只有找准了问题,开展批评与自我批评才有了基础,整改才有了方向。

要找准问题,首要一点是要端正态度。干部要从增强党性和改造世界观的高度来深刻认识找准问题的极端重要性,打消顾虑,克服畏难情绪,不要怕缺点、问题说多了会影响自己的形象和进步,一定要摒弃私心杂念,严肃认真地查找,相信绝大多数群众是公正的,是有是非标准的。

查找问题要突出重点。必须查摆理想信念和办方向等事关长远的重大政治问题的认识和表现,必须查摆贯彻执行党委领导下校长负责制的认识和表现，必须查摆广大教职工反映强烈的热点、难点问题上的认识和表现，必须查摆廉洁自律、勤政廉政问题上的认识和表现。

在找准问题之后，还要进行深入剖析，形成书面材料。面对查摆出来的问题，个人要表明态度，从世界观、人生观、价值观的深处剖析产生问题的根源并深刻认识其严重性和危害性，做到见微知著、防微杜渐。

第三，要广泛听取群众意见，坚持"开门"搞"三讲"。

相信群众、依靠群众、充分发扬民主，是搞好"三讲"教育的成功经验。领导干部直接来自基层，要认真听取群众的呼声、意见、批评和建议。领导和群众发生了矛盾，领导是矛盾的主要方面，解决矛盾的主要责任也在领导。广大教职员工对这次"三讲"教育非常关注，这是搞好"三讲"教育的重要基础。每一位干部都要珍惜这次难得的机会，自觉接受群众监督，密切干群关系。

接受群众的批评和意见，可以采取多种方式。既可以向学校领导班子集体提意见，也可以向班子成员个人提意见；既可以把意见反映到"三讲"教育办公室，也可以反映到巡视组。既可以当面反映，也可以通过电话、意见箱等形式反映。意见箱今天就会摆放到校本部、医学部以及各附属医院的明显位置，每天责成专人开启，学校"三讲"教育的专线电话24小时有人值班，号码是：62751201、62751301。巡视组的办公地点在勺园8号楼425房间，电话是：62756115。

真诚地欢迎全校同志对我们提出意见和批评，如果哪一位同志因此而受到打击报复，学校将严肃查处，对打击报复的人绝不姑息。

第四，要勇于拿起批评与自我批评的武器，开好民主生活会。

能不能经常地自觉地拿起批评与自我批评的武器，开展积极健康的思想斗争，是衡量一个领导班子是否坚强有力、一个领导干部是否具有一身正气的重要尺度。现在，不少班子和干部丢掉了批评与自我批评的武器，好人主义、自由主义、庸俗关系学盛行，一定要通过"三讲"教育这个难得的机会，重新拾起批评与自我批评的武器，扫除不良风气。

参加"三讲"教育的同志要在召开民主生活会之前，广泛开展谈心活动，营造一个开展批评与自我批评的良好氛围。在民主生活会上，所有同志都要本着对党对同志高度负责的精神，紧紧抓住讲政治这个核心，着眼于大是大非，讲真话、讲实话、讲心里话。无论批评还是自我批评，都要顾全大局，以诚相待，襟怀坦白，与人为善。

第五，要认真进行整改，确保"三讲"取得实效。

整改是"三讲"教育的标志杆、试金石。"三讲"教育是否贯彻了整风精神，是否取得了实效，最终要落实在整改上，体现在整改上。教职员工衡量和评价"三讲"教育，也主要是看整改结果。

为了搞好整改，"三讲"教育一开始就注意梳理各方面意见，抓住突出问题，能整改的就及时整改，使教职员工实实在在地感受到"三讲"教育的实际效果。在集中整改阶段，领导班子要集中时间和精力，抓住群众最关心、反映最强烈的问题，依靠集体智慧，充分征求群众意见，提出整改措施，拿出令人满意和切实可行的整改方案。根据整改方案，能改的马上就改，抓紧时间落实；一时难以解决的，也要向群众说明，给大家一个负责任的交待。只要我们态度诚恳，诚心实意，广大教职员工会与我们同舟共济，一起奋斗的。

三、加强领导，精心组织，高质量完成"三讲"教育

"三讲"教育是下半年学校党建方面最主要的工作。校、院系两级主要领导干部要率先垂范、尽职尽责，确保"三讲"教育达到预期目的，取得实效。

第一，要加强"三讲"教育的组织领导工作。

为加强对"三讲"教育的领导，校党委决定成立"三讲"教育领导小组，我担任组长；校长许智宏、常务副书记、副校长闵维方，副书记岳素兰任副组长；成员有常务副校长迟惠生，常务副校长、医学部主任韩启德，党委副书记赵存生，副校长、医学部党委书记林久祥。领导小组下设办公室，办公室主任由岳素兰副书记兼任，纪委书记王丽梅任副主任；办公室成员有党委办公室、校长办公室主任刘宇辉，宣传部部长赵为民，医学部组织部长管仲军，组织部副部长贺飞，发展规划部副部长王武召。办公室下设文秘组、整改组、宣传组、联络组，负责相关具体工作。根据工作需要，医学部也成立了"三讲"教育工作领导小组及其办公室，制定实施意见并负责组织落实。

我们要认真听取巡视组的意见，虚心接受巡视组的检查、指导、督促、把关，也希望巡视组对我们严格要求，确保"三讲"教育取得实效。

第二，要正确处理"三讲"教育与日常工作的关系，做到两不误、两促进。

现在有一种传闻，认为搞"三讲"要把所有日常工作停下来。这种把"三讲"教育与日常工作对立起来的看法是错误的。学校在安排各个阶段的日程时，强调边学边改，边查边改，就是为了使"三讲"教育与日常工作结合起来，相互促进。同时，使"三讲"教育的成效尽快在工作中显示出来，让教职员工满意，不断增强领导班子和领导干部的事业心和责任感。另外，创建世界一流大学的计划已经启动，一天都不能停止。如果因为搞"三讲"教育而影响了创建世界一流大学的建设步伐，不仅有违我们的初衷，也是"三讲"教育本身所不允许的。各级领导班子和领导干部要做好安排,围绕中心,抓住重点,统筹兼顾,弹好"钢琴",做到"三讲"教育与日常工作两不误、两促进。

第三,要注意掌握政策界限,在稳定的前提下进行"三讲"教育。

"三讲"教育是一次马克思主义理论的自我教育过程,不是搞什么"政治运动"、"整人运动"。发动教职员工提出意见和建议,是为了帮助领导班子和领导干部整改,绝不是为了弄垮哪个班子或哪个干部。各级党组织一定要注意掌握政策界限,既不能不理不睬,也不能无限上纲。要始终围绕有利于创建世界一流大学这条主线进行,把握住分寸。当然,如果确实发现或证实哪个班子、哪个干部存在明显问题,不适宜继续工作下去,学校会按照正常的组织程序进行处理,这与搞运动是有本质区别的。

"三讲"教育务必要在稳定环境和条件下进行。稳定对于北大具有特殊的意义。北大进入90年代以来,之所以有了较大幅度的发展,正是因为有了较长时期的稳定环境。事实证明,丢掉了稳定,就丢掉了一切。全校教职员工要像珍惜自己的眼睛一样,珍惜来之不易的稳定局面。使"三讲"真正讲出团结,讲出干劲,讲出凝聚力。

第四,要充分发挥巡视组的作用。

以曾繁仁同志为组长的巡视组各位同志,都是长期在高校工作的同志,他们政治上比较强,政策水平高,有高度的责任感。充分发挥巡视组的作用,是搞好我校"三讲"教育的重要组织保证。

最后,我代表学校领导班子明确表态。诚恳地希望全校同志帮助我们找出、找准存在的突出问题,这既是对党的事业和学校工作负责的表现,也是对干部政治上的关心和爱护。北大的发展,关键在党,关键在人,关键在领导班子。全体班子成员一定会聚精会神地搞好"三讲"教育,诚心诚意地接受大家的意见,做到虚怀若谷、从严要求、有则改之、无则加勉,正确对待批评和意见,多从自身找原因。希望通过这次"三讲"教育,把领导班子和领导成员的问题找出来、找准确,然后大家齐心协力,共同奋斗,做出成绩,不辜负党和人民的期望。

北大实行的是党委领导下的校长负责制,对于学校存在的各种问题,我负有不可推卸的第一责任。就我个人来讲,在两校合并大会上我就表过态,我从没想到在北医学习、工作、生活了45年之后,会成为北京大学的党委书记,我感到巨大的压力。半年来,我更深刻地体会到了这一点。我在几个场合都讲过,个人的理论水平不高,缺乏驾驭全局的能力,开拓创新不够,很多地方不适应。尽管我从主观上比较努力,想把工作做好,但实际效果并不尽人意。

作为党委书记,我是"三讲"教育的第一责任人,不仅要带头在"三讲"教育中接受教育,还要领导和组织好学校的总体"三讲"教育工作。在这里,我诚恳地向大家表示,愿意接受同志们的批评帮助,正确对待各种意见,绝不打击报复,集中精力,全力以赴,以实际行动和领导班子全体同志一道,虚心听取意见,不怕亮丑,深刻剖析,扎实整改,确保实效。

同志们,北大"三讲"教育搞得如何,直接关系到学校领导班子建设和干部素质提高,直接关系到创建世界一流大学目标的最终实现。我们相信,在北京市委和教育部党组的领导下,在巡视组全体同志的大力协助指导下,在全校党员干部和师生员工的共同努力下,北大的"三讲"教育一定会取得预期的成果,达到我们预期的目标,为北大在新世纪的建设和发展打下坚实的基础。

"三讲"教育巡视组组长曾繁仁 在"三讲"教育动员大会上的讲话

2000年10月17日

同志们:

按照党中央的部署,在县级以上党政领导班子和领导干部中,以"讲学习、讲政治、讲正气"为主要内容的党性党风教育正在全党深入地展开。北京大学作为第三批进行"三讲"教育的十二个院校之一,从今天起,要集中两个多月的时间,在校、院(系、处)两级领导班子和领导干部中,重点是在校级领导班子和领导干部中深入开展以"讲学习、讲政治、讲正气"为主要内容的党性党风教育。刚才校党委书记王德炳同志作了动员报告,阐明了在高等学校开展"三讲"教育的必要性和重要性,明确了开展"三讲"教育的指导思想、目标要求和基本原则。对开展"三讲"教育四个阶段的工作作出了具体的部署,初步查摆了学校领导班子中存在的问题,并代表学校领导班子对搞好"三讲"教育的大家表明了鲜明的态度:一定要集中时间、集中精力,严格按照上级的要求,紧紧依靠全校教职员工,虚心听取意见,严格要求和认真剖析自己,保证以整风精神深入开展"三讲"教育,并取得实效。对王德炳同志的讲话,我完全同意。

我们六位同志受教育部党组、北京市委的委托组成"三讲"教育巡视组,参加北京大学的"三讲"教育。10月9日,我们巡视组到北大来以后,通过与北大校级领导的交谈,听了学校领导关于开展"三讲"教育的准备工作情况的介绍,并进行了座谈。我们感到,北京大学是一所具有百年历史的著名高等学府,为兴学图强进行了艰苦卓绝的努力,铸就了光辉业绩。特别是作为国家科教兴国战略的一个重要举措,启动了建设一流大学计划，北京大学正在经历一场前所未有的深刻变革。学校在党的建设、教育教学改革以及两校合并等方面都有了新的发展，综合办学实力显著增强。所有这些，都是在党中央的正确领导下，学校党政领导班子和全体师生员工共同努力的结果。学校党委和领导班子特别是书记、校长对这次"三讲"工作非常重视，成立了以校党委书记为第一责任人的"三讲"教育领导小组和"三讲"办公室，制定了"三讲"教育实施方案，对各项工作都作了认真的准备和周密的安排，这都为搞好"三讲"教育打下了良好基础。全校广大学员、干部和教职员工积极支持，对"三讲"教育寄予很高的期望。这都说明，北大的广大党员、干部和教职员工的思想觉悟、政治素质是很高的。我们相信，在上级党组织和学校党委的有力领导下，北京大学的"三讲"教育一定能顺利健康地开展，取得明显的效果，促进学校党的建设和改革发展。

按照党中央和北京市委的要求，北京大学的"三讲"教育是在学校党委的领导下进行，党委书记是第一责任人。我们巡视组的职责和任务，就是严格按照党中央和市委的要求，帮助学校党委对"三讲"教育的全过程进行检查、指导、督促、把关。我们巡视组将充分发挥学校党委的领导作用和党委书记物第一责任人的作用，紧紧依靠广大党员和干部群众开展工作，切实做到帮助不包办，指导不代替，认真负责，努力工作，坦诚相见，和学校领导班子、广大干部群众共同完成好这次"三讲"教育任务，保证质量，不走过场。下面我就如何搞好这次"三讲"教育，再强调几点意见：

一、领导干部思想认识到们和实际行动到位是确保"三讲"教育质量的关键

党中央十分重视"三讲"教育，把"三讲"教育作为党的建设工作的重中之重。江总书记指出："集中一段时间，以整风精神深入开展'三讲'教育，解决好党性党风方面存在的问题，是我们党加强自身建设而进行一个新的创造性探索。这是在新的历史条件下保持党的先进性和纯洁性，提高领导水平、执政水平，增强拒腐防变、抵御风险能力的需要；是从思想上、政治上、组织上、作风上全面推进党的建设，提高干部队伍素质的需要；我们党团结带领人民按照十五大的战略部署，全面推进建设有中国特色社会主义伟大事业的需要。"江总书记的这一重要讲话，深刻阐明了集中一段时间开展"三讲"教育的必要性、重要性和紧迫性。我们将面临新的世纪、新的形势、新的任务。在社会主义市场经济和对外开放的新形势下，各级党组织、广大党员、干部特别是领导干部面临新的课题和严峻的考验，党的建设显得愈加重要和紧迫。在这样的形势下开展一次以"三讲"为主要内容的党性党风教育，是关系党和国家前途命运和事业成败的大事。我们广大同志，特别是领导干

部应从这一高度认识"三讲"教育的重要意义。在这一事关全局的重大教育活动中同党中央保持一致。

这次"三讲"教育对北京大学具有特殊意义。江总书记在北大百年校庆大会上提出了"为了实现现代化，我国要有若干所具有世界先进水平的一流大学"的战略号召，北京大学为科教兴国和创建世界一流大学肩负历史重任。这是一个宏伟的目标，也是一个艰巨的任务。这就更加要求学校领导班子能从大方向上驾驭全局，抓住机遇，完善机制，加快发展，迈出实质性步伐；同时，为落实党中央关于高教管理体制改革的决策，原北京大学同原北京医科大学顺利实现了合并，组建新的北京大学。这在全国高等教育体制改革中具有举足轻重的作用。这就更加需要学校领导班子进一步振奋精神，增加凝聚力，同心同德，不失时机地进行战略规划和结构调整，使新的北京大学能够按党中央的要求和高教规律更加顺利地发展，在全国的高教体制改革中起到示范作用。这次"三讲"教育为新北大的领导班子提高政治素质和领导水平，增强凝聚力和驾驭全局能力提供了极好机遇。我们相信，北大党政领导班子通过这次"三讲"教育按照政治家、教育家的目标严格要求，解决存在的突出问题，必将成为更加坚强有力的领导集体。北京地区已经开展"三讲"教育的高等院校都取得了明显的成效：一是党员领导干部普遍受到了一次深刻的马克思主义教育，进一步坚定了理想信念，增强了以"三个代表"重要思想指导高校工作的自觉性、责任感和使命感；二是找准和剖析了存在的突出问题，明确了努力方向；三是恢复和发扬了批评与自我批评的优良传统，增强了理解和沟通，促进了领导班子的团结；四是受到了一次全心全意为人民服务的宗旨教育，进一步增强了执行党的群众路线的自觉性和主动性；五是振奋了精神，增强了信心，推动了工作。

只要北大领导干部对"三讲"教育的重要性和必要性的思想认识到位了，行动就能自觉、积极、主动；就能把"三讲"教育摆到领导班子的主要议事日程上来；就能以高度的政治责任心、足够的精力和良好的精神状态去参与"三讲"教育；就能以整风精神，紧紧依靠干部、群众，联系学校的工作实际和自己的思想实际，抓出成效。

二、坚持整风精神是搞好"三讲"教育必须遵循的重要原则

整风精神是我们党的优良传统，在"三讲"教育中，自始至终贯彻整风精神是"三讲"教育教育必须遵循的重要原则。以整风精神搞好"三讲"教育要着重抓好以下几个环节。

第一，贯彻整风精神，必须把理论学习贯彻始终，这是搞好"三讲"教育的前提和基础。这次"三讲"教育是新形势下对党员特别是对党员领导干部，进行一次

普遍的马克思主义教育。因此,领导班子一定要学好"三讲"教育的必读书目,只有学好了,才能为落实"三讲"教育打下坚实的思想基础。保证"三讲"教育不走过场,首先要保证理论学习不走过场。

第二,贯彻整风精神,必须充分发扬党内民主,走群众路线,相信和依靠广大教职员工开门搞"三讲"。这次"三讲"教育,虽然主要是发动和依靠领导班子、领导干部进行自我教育,但要充分发扬民主,坚持走群众路线,切忌关起门来搞教育。要自始至终开门搞"三讲",尽力扩大干部群众的参与面,这是中央的要求,也是保证"三讲"教育取得成效的基本方法。一是领导干部查找问题时,一定要以诚心诚意的态度,采取切实有效的措施,尽量创造条件让群众讲话,发表意见。二是领导班子和领导干部的自我剖析,不仅要在同级领导班子和下级主要领导干部中征求意见,还要采取多种方式广泛征求意见。三是领导班子和领导干部的民主生活会,要认真开展批评与自我批评,并以适当方式向干部群众进行通报。四是整改方案要在一定的范围内交给干部群众讨论。

第三,贯彻整风精神,必须拿起批评与自我批评的武器。开展批评与自我批评,进行积极健康的思想斗争,是我们党的优良传统和作风,是解决党内矛盾,增强党内团结的法宝,也是我们搞好"三讲"教育的有力武器。我们一定要恢复和发扬党的这一光荣传统,使我们党永远保持生机和活力,始终代表先进社会生产力的发展要求、先进文化的前进方向、最广大人民群众的根本利益。只要党政领导班子高度重视,做好深入细致的思想沟通工作,主要领导带头,领导班子成员人人率先垂范,严格进行自我剖析,有针对性地开展坦诚相见、开诚布公的谈心活动,就一定能够认真开展批评与自我批评,取得较好的效果,真正达到进一步增强团结、统一思想、解决问题的目的。

第四,贯彻整风精神,必须坚持边学边改、边整边改。党政领导干部一定要按照党的十五大精神,紧紧围绕培养社会主义的高素质合格人才这一根本任务和创建世界一流大学这个目标,认真查找影响学校改革、发展、稳定的突出问题。坚持在整改上狠下工夫,要把边学边改、边整边改贯穿于"三讲"教育的全过程,对查找出来的问题要认认真真地进行梳理和分析,坚持进行整改。能解决而又容易解决的问题要马上改,一时解决不了的问题,要制定切实的整改措施并规定整改的期限,对于确实没有条件经过努力也解决不了的问题,要在适当的时候、适当的场合向干部群众讲清楚,让广大干部群众真正看到"三讲"教育的成果。

三、找准和解决领导班子和领导干部中存在的突出问题是衡量"三讲"教育取得成效的重要标志。

按照党中央的要求,通过"三讲"教育,使我们的领导班子和领导干部在思想上有明显提高,政治上有明显进步,作风上有明显改变,纪律上有明显增强。要达到这个要求,必须结合北京大学的实际,下决心、花功夫,认真找准并切实解决领导班子和领导干部在党性党风方面存在的突出问题,尤其是那些影响学校改革、发展、稳定,影响领导班子发挥整体合力,影响党群、干群关系的问题。这是衡量"三讲"教育不走过场和收到实效的重要标准。每位领导干部都要认真按中央和市委的要求对照检查,广泛征求干部群众的意见,认真分析群众意见大、反映强烈的问题,认真分析本单位的薄弱环节,研究总结正反两方面的经验教训,找出思想上、工作上、作风上的差距和问题,从党性党风和世界观人生观上进行剖析,明确努力方向。

当然,这次"三讲"教育的时间有限,要求解决当前领导班子和领导干部在党性党风方面和工作中存在的全部问题是不现实的。但是,一定要解决几个突出问题,这是必须做到的,也是能够做到的。"三讲"教育搞得怎么样,是不是有成效,就要用这一条来衡量。总之,一定要按照中央和北京市委的要求,"三讲"教育坚持保证质量,时间和进度要服从质量,每一个阶段都有明确的要求,达不到标准的不能转入下一个阶段,每一阶段都不能走过场,坚持克服和防止形式主义。

四、几点希望和要求

1. 要严格遵守执行中央、市委和上级的有关要求。这次高校在系处级以上领导班子和领导干部中深入开展"三讲"教育,重点是校级领导班子和领导干部。解决的主要问题是领导班子和领导干部1992年以来在党性党风方面的突出问题。已参加过"三讲"教育的领导干部,可不参加集中学习,不再参加自我剖析、民主评议、民主测评以及进行个人总结,但也应听取群众意见,参加民主生活会。许校长对学校"三讲"教育态度积极,认为是提出领导班子政治素质、建设世界一流大学的极好机遇,也是自己进行党性党风教育的极好机会,他热情欢迎同志们对他提出批评建议,并积极参加民主生活会。上级规定,合并院校的校级领导干部,应以听取原单位群众的意见和建议为主,对校级领导干部,既要听取对合并后班子的意见,还要听取对合并前班子的意见。陈章良副校长作为非中共校级领导干部,只参加学习,不参加其他活动。

2. 要充分相信和依靠广大群众。这次"三讲"教育一定要依靠广大党员干部和教职员工,充分调动他们的积极性。北京大学素有光荣的革命传统,广大党员和教职员工有着很高的政治觉悟和良好的政治素质。我们希望并相信,北大的广大党员、干部和教职员工一定会按照党中央的要求,积极参加这次"三讲"教育,表现出高度的政治热情以及对学校党的建设和长远发展的热切的关心。一定会认真填写在本次动员大会后发放的征求意见表和第二阶段将要发放的民主评议和测评表,并对党性党风建设和建设世界一流大学提出极有价值的宝贵意见。

3. "三讲"教育一定要始终确保学校的稳定。"三讲"教育与日常工作做到"两不误、两促进"。只有稳定,才能保证"三讲"教育的顺利进行,而"三讲"教育的顺利开展,加强了党的建设,又一定会进一步促进稳定。同时,我们还要处理好"三讲"教育与日常教学、科研和其他工作的关系,力争做到"两不误、两促进"。

4. 要严格遵守"三讲"教育的有关纪律。"三讲"教育是党中央在新时期加强党的建设的重大举措,是重要的政治任务和党内的重要政治生活。"三讲"教育活动有着严格的组织纪律。要求在集中开展"三讲"教育的这段时间内,校级领导班子成员必须集中精力、保证时间,一般情况下不安排外出,确因工作需要,要遵守请假制度,需征得"三讲"教育第一责任人的同意,还要报请上级"三讲"办批准。系处级干部也要遵守请假制度,保证集中精力,参加"三讲"教育。

5. "三讲"教育要充分发挥学校党委的领导作用和巡视组的作用。根据上级党委的要求,这次"三讲"教育在学校党委统一领导下进行,党委书记是第一责任人,应该做到精力、措施、工作到位,党政主要负责同志都要在"三讲"教育中起带头示范作用。我们巡视组协助党委指导和推动"三讲"教育,当好党委的参谋和助手。我们将通过召开座谈会、个别征求意见、登门拜访、设置意见箱和专线电话等多种方式听取北大广大干部、党员和教职员工对于此次"三讲"教育的建议和意见,对学校领导班子和领导干部在党性党风方面的意见。我们深知自己能力水平有限,工作中难免出现不足和缺点,也热情欢迎大家批评、监督。我们巡视组六位同志有幸到北大参加"三讲"教育,不仅为我们本人提供了一次党性党风教育的机会,也为我们提供了一次向北大同志学习的机会。我们一定会在上级和北大党委的领导下,兢兢业业地工作。我们相信,具有光荣革命传统和很高学术声望的北京大学的各级党组织和广大党员一定不负众望,顺利完成"三讲"教育任务,交上一份优秀的答卷。

同志们,现在搞好"三讲"教育的有利条件很多,有中央和市委的领导,又有兄弟院校开展"三讲"教育的成功经验,更有北京大学党委和党政领导干部的坚定决心和广大教职员工的积极参与,我们相信,在教育部党组、北京市委和发和市教育工委的领导下,在北京大学党委的直接领导下,北京大学的"三讲"教育在起点高要求高的条件下一定能够健康发展,取得更加丰硕的成果,达到预期的目的。通过此次"三讲"教育使我们北大的党组织和各级领导班子建设得更好,成为贯彻党的基本路线和教育方针、坚持社会主义办学方向、建设

世界一流大学的坚强有力的领导核心。

谢谢大家!

校长许智宏在"三讲"教育整改方案通报会上的讲话

(2000年12月17日)

同志们:

校级领导班子的"三讲"教育从10月中旬开始,到现在已经两个多月,接近尾声了。今天,我受领导班子的委托,向同志们通报校级领导班子制定"三讲"教育整改方案的有关情况。

"三讲"教育活动开展以来,在上级党组织的领导和巡视组的指导下,在全校教职员工的帮助下,经过班子成员的共同努力,我们比较好地完成了四个阶段的任务,精神面貌发生了很大的变化,基本上达到了"思想上有明显提高,政治上有明显进步,作风上有明显转变,纪律上有明显增强"的要求和目的。1月中旬,中层干部"三讲"教育结束后,我们还将召开全校性的总结大会。

我到北大任职已经有一年的时间了,在来之前已经参加了中科院的"三讲"教育,这次又参加了北大的"三讲"教育,特别是参加了班子成员之间互相谈心、通过不同方式听取意见、民主生活会、制定整改方案等。在较短的时间内,参加两次"三讲"教育,使我深受教育;特别是北大的"三讲"教育,全校上下都很认真,严格贯彻中央和教育部、北京市的文件精神,主动性和自觉性很强,环节和步骤精心安排,不走过场,对我的教育和触动非常之大。大家对我也提出了很多的批评、意见和建议,我从内心十分感激。我感到北大人很认真,很坦诚,也很难得。从这些批评、意见和建议中,我看到了全校教职员工对学校改革发展的热切期望和急迫心情,看到了对领导班子和我个人的善意帮助和真诚指点。大家盼望着创建世界一流大学的目标早日实现,这与领导班子和我个人的想法是完全一致的。有全校上下有共同的愿望和坚定的信心,任何困难都是可以克服的。每当想到这些,我的心情就豁然开朗,就会把大家的批评和意见化为动力,以更饱满的精神状态投入到工作中去。其实,这不仅仅是我个人的感受和认识,班子中的其他同志也是这样。我们的共同想法就是,诚心诚意地对待同志们的批评意见,认认真真地制定整改方案,扎扎实实地落实在今后的工作之中。

下面,我代表领导班子讲三个问题。

第一个问题,整改方案制定的有关情况。

整改是"三讲"教育的最后一个阶段,也是"三讲"教育中最重要的一个环节。能否通过整改来解决领导

班子在党性党风和工作中存在的突出问题，积极促进学校的改革发展，是"三讲"教育能否取得成效的重要标志。

为了提高认识，统一思想，更有针对性地进行整改，领导班子重温了江泽民同志关于"三个代表"的重要思想和"三讲"教育的有关文件精神。班子成员深切感受到，搞好整改是全校教职员工的迫切希望，是取信于民的郑重承诺，是推进工作、提高水平、转变作风、争创一流的最好契机。

在虚心听取意见、认真学习文件的基础上，领导班子用了两整天的时间，集体讨论制定了整改方案，并召开了九个座谈会征求意见，反复修改后才最后定稿。实际上，从"三讲"教育一开始甚至更早的时间，领导班子就开始关注整改问题了，并作了比较充分的准备。整改方案的制定，既有比较广泛的群众基础，也是领导班子通过这一段时期的思考、集思广益的结果。

在制定整改方案的过程中，我们注意把握三条原则。第一，必须坚持江泽民同志"三个代表"的重要思想和"三讲"教育的有关文件精神，这是前提和基础；第二，必须紧紧围绕创建世界一流大学的主题，这是理想和目标；第三，主要对照群众在"三讲"教育过程中提出的意见、建议和要求，针对领导班子在党性党风和工作中存在的突出问题，有重点地提出具体解决措施，这是方法和步骤。

特别需要说明的是，整改方案不是全面的工作规划，也不是工作总结。因此，我们没有面面俱到地把所有工作都罗列进去。

本着总体安排、分步实施的原则，整改大体上分为长期、中期、近期三个层次。就长期发展来看，要深入调查研究，采取措施，提出明确的战略思想和构想；就中期改革而言，要确定改革目标、实施途径和时限要求；就近期整改而言，要针对问题，规定完成整改的具体时间和措施。在这三个层次上，都要落实责任制、责任人和承办部门。对超出学校目前能力范围，受客观条件限制，一时无力解决的问题，要向群众作出说明。有些问题可以按计划纳入学校的常规性工作进行整改，就没有列入方案中。

在内容结构上，整改方案大体分为两个部分。第一部分是关于学校的总体发展思路；第二部分是具体的整改措施。下面，我分别作一说明。

第二个问题，学校下一步发展的总体思路。

百年校庆以后，北大制定了创建世界一流大学的规划，明确了今后的发展方向和目标。李岚清副总理最近视察北大时，明确指出要从"三个代表"的高度来认识创建世界一流大学。北大的一切工作都要围绕创一流大学来展开，这是我们今后所有工作的重心，也是北大最大的政治。

今后的发展思路可以用"一、二、三、四"来概括，即："一个目标、两个工程、三大功能、四项基本工作"。

一个目标，即创建世界一流大学。这是经过我校第十次党代会决议通过的奋斗目标，是党和国家赋予我们的庄严使命，是北京大学面向21世纪振兴发展的必然要求，是全体北大人梦寐以求的共同理想。陈佳洱校长在任时，确定了这个目标并启动了这项工作；在我的任期中，要努力促进这项事业的发展，扎实工作，为今后的腾飞打好基础。

创建世界一流大学，是江泽民同志在北大百年校庆大会上首先提出来的，已经写进了21世纪教育振兴行动计划之中。这不仅仅是我们学校的大事，更是国家和民族的大事。每一位同志都要认识到，这是我们必须始终坚持而不可动摇的战略选择。

两个工程，即"211工程"和"985工程"，这两大工程是北京大学90年代发展建设的牵引力。回顾十年历程，我们不难发现，是这两大工程把学校的各项事业贯穿了起来，推动着学校的改革建设，并指明了未来的发展方向。

原北京大学是首批进入"211工程"的国家重点扶持的两所学校之一，原北京医科大学也是首批进入"211工程"的重点学校，各自完成了相关的建设项目。"211工程"的投入力度在90年代前期是史无前例的，极大地推动了教学科研的发展和基础设施的建设。目前，国家正在准备启动"211工程"的二期工程。教育部表示，要给合并后的北京大学1+1>2的高投入。我们相信，"211工程"二期工程将会发挥出更大的效用。

1999年开始起动的"985工程"，即创建世界一流大学规划，是北京大学面向新世纪发展建设的行动纲领，提出并开始实施了分两步走的战略构想。第一步，从1999年到2005年，完成体制和结构调整，组建真正意义上的综合性大学，在人才培养、科学研究、社会服务等方面取得一批标志性成果，使办学条件和教职工生活待遇得到改善，为下一步的发展奠定坚实的基础；第二步，从2006年到2015年，按照国际公认的世界一流大学标准，全面推进各项事业，争取进入世界一流大学行列。我们现在就处在第一步战略发展的关键时刻。

三大功能，即人才培养、科学研究、社会服务。这三大功能是现代大学的基本功能，其水平和效益如何，是体现北京大学价值以及国家和社会衡量我校工作的主要指标。创建世界一流大学也主要是从这三个方面进行规划的。三个方面的功能，不可偏废任何一项。

四项基本工作，即推进学科建设、加强队伍建设、增强办学实力、加强和改善党建和思想政治工作，这些构成了学校工作的基本内容。

学科建设和教学科研是学校的中心工作。在资源配置、政策导向上，要优先考虑学科建设和教学科研工作,为培养人才服务,全面推进素质教育。在建成一批具有国际先进水平的基础学科的同时,巩固和加强应用学科,大力发展交叉学科和边缘学科,努力为社会主义现代化建设服务。

队伍建设是关键。创建世界一流大学,关键在人,任何工作都是由人来完成。要以人为本,进一步树立"尊重知识,尊重人才"、"人才难得"、"以人为本"、"德才兼备"的观念,坚持"压缩总量、改善结构、加强管理、减员增效、优才优用、优劳优得"的方针,在我校人才队伍具有强大实力和巨大潜力的基础上,通过人事改革和人事工作制度化建设,切实抓好学术和管理两支队伍建设。处理好国外校外引进人才与校内培养人才的关系,加大对拔尖人才的引进、培养、支持力度。鼓励年轻的拔尖人才脱颖而出。

增强办学实力是创一流的基础,包括筹措办学资金、加强基础设施和运行保障两大方面的工作。没有强大的办学实力,学科建设和队伍建设就是一句空话,就达不到预期的目标。在一流大学的起步阶段,这项工作显得更为重要。

党建和思想政治工作则是各项工作的最重要的保证。

这个发展思路是我校在多年的实际工作中摸索出来的。创建世界一流大学的目标,要通过两大工程来实现;两大工程的实施,就是为了更好地发挥三大功能;要发挥三大功能,就必须做好四项基本性工作。

创建世界一流大学的计划已经启动两年,取得了初步成效,为下一步的发展奠定了必要的基础,也可以说是开了一个好头。在"三讲"教育过程中,李岚清副总理和陈至立部长都到北大来视察工作,对我们的工作给予了充分的肯定,也提出了具体的希望和要求。我们正处在世界交替的历史时刻,工作一刻都不能放松,必须向党和人民交一份满意的答卷。

第三个问题,具体的整改措施。

具体的整改措施已经制定出来,分为三个方面:(一)以改革为动力,以发展为目的,加速推进以学科建设和教学科研为中心的创建世界一流大学进程;(二)加强校级领导班子建设,坚持群众路线,大力改进党建与思想政治工作;(三)关心群众生活,解决热点问题,为教职员工办实事。三个方面共列出了64条具体措施,每一条都有完成时间、负责领导和承办部门。这个方案将下发全校,我不打算在会上一一全讲了,只谈谈其中比较重要的几点。

第一,加强校级领导班子自身建设。群众对这个非常关心,提出了很多意见和建议,也引起了我们的高度重视。加强班子建设,首要一点是精神状态问题。通过"三讲"教育,班子成员一致认识到这个问题的重要性,一定会振奋精神,鼓足干劲,减少事务性工作和出差出国次数,集中精力抓大事,切实做好分管工作,并加强相互间大协调,带领全校师生员工努力奋斗。

要坚持党委领导下的校长负责制,认真贯彻执行民主集中制原则。调整校领导分工,确保教学科研的领导力量,修订和完善党委常委会和校长办公会的议事规则。进一步完善校领导联系基层制度并组织实施,校领导要定期召开基层党委书记、院系主要行政负责人、职能部门和直属附属单位主要负责人工作会议,沟通情况,交流经验,研讨工作,每学期至少两次,形成制度。

第二,在原北京大学规划的基础上,根据两校合并后的实际情况,全面修订《北京大学创建世界一流大学规划》,这是全校都很关心的事情。规划内容分为学科规划、事业规划、校园规划三部分,要对学科建设、人才培养、体制框架、管理模式、基础设施等若干涉及学校发展的重大问题作出明确回答。原来北大就已制定了发展规划,但由于宣传和沟通不到位,不少同志反映不了解规划的基本内容,不知道下一步该干什么,这种情况必须改变。这次的新规划要于2001年2月前修订出征求意见稿后,下发全校广泛征求意见,发挥各方面的才智共同修改,并于2001年5月定稿。我们希望通过这次修订规划,进一步使全校教职工统一认识,明确目标,增强信心和凝聚力。

第三,要突出中心,抓住学科建设和教学科研不放松。在这方面要做几件事:

1. 为促进学科交叉和整合,成立北京大学生物医学跨学科研究中心、结构生物学(结构基因组学)研究中心、微处理器研究中心、高性能科学计算研究中心等,并积极参与国家纳米中心的筹建。其中的北京大学生物医学跨学科研究中心在本周二已经挂牌。其它几个中心要在2001年5月前成立。

2. 发挥北大多学科的综合优势,认真做好"十五"重大项目申报工作,增强对外争取科研经费的竞争力。凡争取到国家重大项目的院系,学校将予以必要的配套支持。

3. 加强国家和省部级重点实验室、工程研究中心和文科基地的建设和领导,认真研究管理体制。启动实验室和工程研究中心主任机动金,对评为A级的实验室和工程研究中心、做出突出成绩的文科基地,学校要予以重奖。

4. 学校经过认真研究,决定加大文科建设的力度。在保持传统优势学科的同时,要根据我国建设有中国特色社会主义事业的需要,进一步调整学科规划和布局,争取有重要学术价值与现实意义的科研成果。我在后面还要提到,随着基础设施的不断完善,学校已决定筹建文科楼群,从根本上解决文科的办学条件问题。

5. 不断深化教育教学改革,从下学期开始,对100

多门通选课和公共选修课采取新的选课办法。逐步推行有指导的以学生自由选课为基础的学分制。

6. 认真研究和解决各类学生,特别是医学和与医学相关的学生的培养模式和学制问题。这件事情,我和德炳书记都向教育部的领导作过汇报,部里也表示支持,要求我们尽快拿出方案。

7. 针对今年招生工作中出现的问题,决定成立本科生招生工作领导小组,对2001年本科生招生的规模、模式、政策、宣传和队伍建设进行科学论证,作出统一安排。招生的问题大家比较关注,提出了不少的建议和要求。实际上从今年招生结束之后,学校就已经着手安排有关工作了,最近有关部门又专门研究了一次,提出了一些新的想法。

8. 在深入调查研究的基础上,在2001年4月召开全校学位与研究生教育工作会议,提出全面改进学位和研究生培养工作的措施。

第四,深化人事制度改革,加强两支队伍建设。继续实施"高层次创造性人才工程",设立人才培养和引进基金,预留人才房,加大引进人才力度,提供配套措施,建立起1000人左右的学术骨干队伍和200人左右的管理骨干队伍。加大投入力度,用好明年的队伍建设经费。

第五,发展高科技,推动产学研,增强办学实力。进一步明确校办高科技企业的产权结构,理顺产权关系,在2001年内摸清企业所占用的学校资源(人员、资金、房屋、土地、无形资产等),确保学校权益,保证企业对学校的合理回报。要确保今年企业上交学校4200万,以后要逐年增加。方正、青鸟、未名、资源四大集团争取在2001年内完成转制。北大科技园要在2001年内完成征地、拆迁、总体设计和某些单体的建设,2005年前建成一流的现代化高科技产业孵化器基地。同时开始启动深圳北大校区工作。

第六,理顺管理体制。这包括几个方面的内容,主要是两项:一是在2001年暑假前,理顺校本部与医学部的管理关系;二是下决心推进校、院、系三级建制、二级管理体制,在2001年内取得明显进展。此外,在2001年上半年,理顺附属医院的管理体制,切实加强对附属医院的领导。

第七,拓宽筹款渠道,严格财政管理。加大多渠道筹措办学经费的力度,建立一支较强的筹款和基金管理专业队伍。2001年要完成1亿元的筹款和基金管理收益额度,以后逐年递增。建立基建工程项目审计和干部离任审计制度。重申校内各单位未经批准不得在银行单独开户,形成"资金体外循环"。

第八,加快基础设施建设。在周密考虑还贷能力的前提下,充分利用银行资金,采用灵活方式,集中投入,力争在3—5年内基本改变基础设施陈旧落后、师生住房紧张的状况,为下一步的更大更快发展创造必要的条件。今明两年陆续启动理科4号楼、国际关系学院大楼、考古文博大楼、科技大厦、医学部游泳馆等建设项目。在2001年完成文科楼群、新化学南楼、医学部新教学楼等项目的立项。文科楼群的位置初步定在一体与8公寓之间。

加快学生公寓建设,已经启动的在万柳小区和今天上午我刚参加奠基的五道口各10万平方米学生公寓项目,要争取在2002年交付使用。明年暑假前在校内再建成一栋新学生宿舍楼,即45号甲楼。同时,启动新农园餐厅的建设项目,争取明年秋季投入使用。该餐厅面积为9482平方米,是学校现有食堂面积总和的79%,建成后将极大缓解就餐压力。

第九,加强和完善党建和思想政治工作。这方面采取了很多措施,如:定于明年3月召开北京大学师德建设研讨会,中层正职干部每年至少集中学习一次,制定《北京大学校务公开实施办法》,健全北京大学党风廉政建设责任制等,我就不一一列举了。

最后,我再讲一下群众关心的几个热点问题:

第一,为解决教职工住房难的问题,在两年内,争取采用贷款机制,在西二旗洽商经济适用房,大约1100套左右。与此同时,进一步开发房源。

第二,进一步采取措施,督促蓝旗营小区的设计单位、施工单位、监理单位进行必要及及时的返修,尽可能解决教职工的利益损失问题。学校仍将随时收集群众意见,反映群众的合理要求。学校将在与清华大学沟通后,总结经验教训,在适当场合向教职工说明有关情况,并决定进行竣工委托审计。

第三,进一步加强和改进离退休人员和老干部工作,加大经费支持力度。在2001年3月前,成立由主管领导牵头的离退休工作委员会。在2001年暑假前,积极解决他们在活动场地等方面的特殊困难。

第四,解决广大教职工看病难问题,组织附属医院在校本部开设专家门诊;在校本部医院为102门诊和其他离休老同志单独开辟门诊;采取有力措施,改善服务态度,减少挂号、收费、报销等排队现象。

在这里,我还要强调一个问题。创建世界一流大学是一个长期任务,要发挥各方面的积极性,要坚持不懈奋斗。各级干部要肩负起各自的使命,真正负责起责任,层层分解任务,共同推进。

同志们,21世纪已经曙光初现。面对艰巨的任务,让我们团结起来,振奋精神,鼓足干劲,同心同德,为创建世界一流大学而努力奋斗。北京大学在过去一百多年中做出了辉煌的成就,在新的世纪里也一定会再现辉煌!

党委书记王德炳
在"三讲"教育总结大会上的讲话

（2001年2月20日）

同志们：

按照《北京大学校级领导班子和领导干部"三讲"教育实施方案》和《北京大学中层领导班子、领导干部"三讲"教育工作计划》的安排，校级领导班子和领导干部的"三讲"教育从2000年10月17日开始到12月中旬，中层领导班子、领导干部"三讲"教育从11月中旬到2001年1月中旬，分别经过了"思想发动，学习提高"、"自我剖析、听取意见"、"交流思想、开展批评"和"认真整改、巩固成果"等阶段的工作，平稳、顺利地完成了预定的各项任务。

北京大学开展"三讲"教育有两个重要的背景，一是正值原北大与北医大合并不足半年，新的领导班子组建不久，学校工作还处于进一步调整之中；二是适逢世纪之交，全校创建世界一流大学的工作正处于关键时刻，因此这次"三讲"教育对我们北京大学，对北京大学的领导班子来讲，意义格外重大，影响格外深远。

在这次集中进行的"三讲"教育中，学校不仅把这一过程作为新时期加强党的建设的重要举措，而且把"三讲"教育作为进一步动员广大干部教师凝聚力量创建世界一流大学的重要机遇，作为两校合并后进一步加强班子建设，推进深度融合，提高效益和水平的重要机遇。按照这一思想，学校党委将中央精神与北大实际相结合，突出"讲政治"这个核心，紧扣建设高素质班子、创建世界一流大学这一主题，使我校"三讲"教育工作基本达到中央17号文件以及教育部党组和北京市委的要求，取得了比较明显的成效。主要表现在以下五个方面：

第一，领导班子和领导干部受到了一次深刻的马克思主义理论教育，政治意识、大局观念有了明显增强。

加强理论学习是贯穿"三讲"教育始终的首位任务。在这次"三讲"教育中，从校级领导到中层领导班子的各位同志，大家对照社会主义政治家、教育家的标准衡量自己的理论素养，明确了要求，看到了差距，激发了学习的自觉性。过去，我们有些同志陷于繁杂的日常事务之中，学习理论不够自觉，不注意全面把握理论的科学体系，不能自觉地用科学理论解决现实问题。在这次"三讲"教育中，大家联系实际深入学习马列主义、毛泽东思想和邓小平理论，以及江泽民同志的一些重要论述，认真回顾近些年来领导班子和个人的理论学习与工作实践，立足于总结经验教训，反思了过去在思想上、工作中存在的问题。特别是，大家把江泽民同志提出的"三讲"要求与"三个代表"重要思想紧密结合起来，把坚持"三讲"、落实"三个代表"与北京大学正在进行的创建世界一流大学的实践紧密结合起来，把学习理论、武装头脑与整顿思想、改进作风、推动工作紧密结合起来，增强了责任感、紧迫感、使命感，强化了政治意识和大局观念，更加深刻地领会到了开展"三讲"教育的必要性和重要性，进一步坚定了坚持"三讲"、实践"三个代表"、创建世界一流大学的信心和决心。这些进步，对提高领导水平，做好今后工作是非常重要的。

第二，查找了领导班子、领导干部党性党风方面和工作中存在的突出问题，并从世界观上深入剖析，进一步明确了努力方向。

在学习理论、武装头脑的基础上，学校领导班子和中层领导干部广开言路，积极听取群众意见，通过自我查摆、群众评议等方式，找出了要着重加以解决的领导班子和领导干部在党性党风方面和工作中存在的突出问题。校级领导班子并针对这些问题，形成了近万字的《北京大学领导班子剖析材料》。在这份剖析材料中，查摆了领导班子存在的六个方面的问题：（1）学校改革发展的重大举措不多，前进步伐较慢，不能适应创建世界一流大学的需要；（2）学科建设和教学科研在学校工作中的中心地位还没有完全确立，尚未形成创建世界一流大学所应有的态势；（3）领导班子建设存在明显不足，不能适应带领全校师生员工创建世界一流大学的历史重任；（4）管理薄弱，效率不高，成为影响创建世界一流大学的瓶颈；（5）党建和思想政治工作尚待加强和改进，还不能及时有效地为创建世界一流大学提供坚强有力的保证；（6）领导班子工作作风不深入，群众观点不强，没有充分调动起全校教职员工创建世界一流大学的积极性。这份《剖析材料》还深入剖析了问题产生的原因，明确了今后的努力方向。领导班子成员的剖析材料，也在学校领导班子内部、巡视组和分管部门负责同志之间充分交换了意见，数易其稿。学校领导班子和领导成员对待大家的批评和意见，态度是端正、严肃、认真的。大家查摆问题基本比较实在，没有就事论事，而是进一步从世界观、人生观、价值观和党性党风方面找原因。不少同志在严肃查摆自己存在的问题时，剖析了思想方法上的主观主义和形而上学，又剖析了自己面对矛盾和问题患得患失等思想认识上的根源，进一步明确了今后努力的方向。

在中层干部的"三讲"过程中，一些单位感到仅仅通过设立意见箱，召开支部会议听取意见还不够，又向全体同志发放了书面的征求意见表，从而更加全面、真实地听到了广大干部教师的意见和要求。

第三，领导干部受到一次生动的群众路线和群众观点的再教育，进一步密切了我们和广大干部、教师之间的关系，增强了廉洁自律和接受群众监督的意识。

在这次"三讲"教育过程中,我们严格按照上级党组织的指示,坚持开门搞"三讲"教育,采取多种形式,在较大范围内征求群众意见。许多过去群众不敢讲、不愿讲的意见讲出来了,我们过去听不到、不愿听的话听进去了。这使我们和广大干部、教师之间扩大了交流,增进了了解,加深了感情,也对领导班子和领导干部查找和正确对待自己存在的问题起了重要的促进作用。有的同志感慨地说,原来以为自己就生活在群众之中,绝对没有脱离群众的道理,通过"三讲"教育才发现,自己正在离群众越来越远,值得警醒;有的同志看了群众的评议材料,面对一些比较尖锐的意见,思想上震动很大,开始觉得不好接受,后来经过反思,感到这些意见是符合实际的,是对自己的爱护,对自己难得的教育。我们的领导班子和领导干部像这次这样大范围征求群众意见,接受群众的批评和监督,是多年来未有的,大家普遍受到了一次具体生动的马克思主义群众观点的再教育,增强了群众观念,提高了接受群众监督的自觉性。很多同志表示,要把坚持党的群众路线,时刻欢迎群众监督,作为提高自身素质的一个重要课题,不断努力解决好。

第四,在发扬批评与自我批评的优良传统方面有了明显进步,健全、活跃了党内生活,增强了领导班子的团结,增加了领导集体的凝聚力。

在这次"三讲"教育期间,我校领导班子和领导干部以及中层领导干部充分发扬党内民主,拿起批评和自我批评的武器,开展了积极健康的思想斗争。大家从落实"三个代表"精神、创建世界一流大学的高度,对领导班子和领导干部党性党风方面和在工作中存在的不适应创建世界一流大学要求的问题,尤其是对照群众意见比较集中、反映比较强烈的问题进行了集中的自我批评和相互批评。在这一过程中,大家讲原则、讲党性,出以公心,坦诚相见。通过这次集中开展批评与自我批评,大家对各方面批评的心理承受能力增强了。过去听到批评意见不舒服,现在认识到开展批评很必要,很正常,也很有好处。一些同志也借此机会倾吐了埋藏心中的苦衷,进一步增进了彼此之间的了解和信任。我们有个别院系的个别领导成员之间原来有一些矛盾和摩擦,通过深入的批评与自我批评,大家把话谈开了,问题拿到了桌面上,反而容易解决了,对工作是一个有力的促进。特别北京大学新的领导班子刚刚组建不久,通过这种与人为善、着眼于发展和建设的批评与自我批评,每一个班子成员都更加清醒地看到自身存在的问题,找准了努力的方向,明确了改进的措施,促进了我们班子的相互理解与信任,进一步增强了我们的凝聚力和战斗力,更有力地承担起带领北京大学的全校师生员工创建世界一流大学的历史使命。

第五,激发了进取精神,促进了作风转变,推动了各项工作,产生了积极反响。

通过"三讲"教育,我们领导干部的精神状态和思想作风、工作作风已经开始出现一些可喜的变化和进步。大家在思想上逐步克服临时观念和畏难情绪,增强了使命感和危机感,振奋了精神,树立了大局意识和群众观点,也采取了措施克服"软、散、慢"等弊端。这次集中开展"三讲"教育的整个过程中,我们高度重视保持学校稳定的重要性,较好处理了"三讲"教育与开展正常工作的关系,尽量合理安排,弹好钢琴。同时,把"三讲"教育中激发出来的进取精神,转化为物质力量,努力做好各项工作,坚持边整边改,能改的马上改,做到"两不误、两促进"。从目前反馈的情况看,广大干部教师对学校进行"三讲"教育工作的评价基本是积极的,肯定的,认为我们的"三讲"教育工作认真扎实,围绕中心工作,着眼于解决实际问题,没有走过场。

作为"三讲"教育的重要成果之一,我们制定了《北京大学领导班子整改方案》,主要包括全面推进以学科建设和教学科研为中心的创建世界一流大学进程;加强校级领导班子建设,坚持群众路线,大力改进党建与思想政治工作;关心群众生活,解决热点问题,为教职员工办实事等三个方面,共64条,作为学校下一步发展、建设的行动指南。许校长已就这份《整改方案》做过专题报告,并作为正式文件下发给校内各单位。

在集中进行的"三讲"教育过程中,"三讲"巡视组和学校"三讲"办公室还收到群众来信和来访材料56件,其中校本部36件,医学部20件。学校有关部门对这些材料逐件进行了认真调查、核实,并已作出了相应处理。

北京大学"三讲"教育工作应当说一直是在平稳、有序、健康、顺利地进行,取得了一定的积极成效。我们的一些做法和体会主要有以下方面:

一、将中央精神与北大实际相结合,突出"讲政治"这个核心,紧扣建设高素质班子、创建世界一流大学这一主题,这是北大"三讲"教育收到明显成效的关键。

在集中进行"三讲"教育的筹备阶段,学校党委通过认真研讨,统一了思想,认为"三讲"教育收到实效的关键是能否将党中央有关"三讲"教育的指示精神与高校实际特别是北大实际结合起来。据此,我们提出,北大"三讲"教育的主题就是建设高素质的领导班子、创建世界一流大学。

创建世界一流大学是江泽民总书记于1998年5月4日在北大百年校庆大会上作为"科教兴国"重大举措提出的。2000年11月3日,李岚清同志视察北大清华时又明确指出,应从"三个代表"的高度认识创建世界一流大学的重要意义。因此,将这一目标确定为我们进行"三讲"教育的主题本身就是"讲政治"的具体体现。

同时,创建世界一流大学也是全体北大人的共同理想和奋斗目标,在北京大学有极高的共识度。广大师生员工不仅关心"三讲"教育对领导干部的思想和理论水平有多少提高,更关心通过"三讲"教育,北大创建世界一流大学的进程能否扎扎实实向前推进。这是群众衡量我们的"三讲"教育是否走了过场、是否取得实效的关键所在。

在集中进行的"三讲"教育中,学校党委将这一主题与各个阶段的任务有机结合,贯彻始终。学习阶段,着重从"三个代表"的高度认识创建世界一流大学的重要意义;剖析阶段,着重从创建世界一流大学的高度查摆班子和个人所存在的问题;在批评与自我批评阶段,着重围绕创建世界一流大学中的认识和表现展开;整改阶段,从实现创建一流大学的目标出发制订了整改措施。

二、把思想发动和理论学习作为搞好"三讲"教育的前提与基础来抓,始终立足于教育和提高是"三讲"教育取得成效的前提条件。

"三讲"教育开始时,有些同志心存疑虑,担心流于形式走过场,影响团结,影响稳定,影响工作等等。针对这些思想障碍,领导干部带头学习中央文件,学习江泽民同志及其他中央领导同志关于"三讲"教育的重要讲话,用中央精神统一思想,不断提高对"三讲"教育重要性、必要性和可行性的认识。同时,我们在10月17日召开"三讲"教育动员大会,在全校范围内进行了充分的思想发动和动员。学校的党政领导,院士、教授代表,现职副处以上干部,校工会、教代会和共青团主要负责人,民主党派负责人,离退休老同志代表,校办企业和经济实体负责人等近500人参加了大会。会上,传达了中央、教育部党组和北京市委关于深入开展"三讲"教育的要求,联系北大的实际,阐明"三讲"教育的重要性和必要性;并初步查摆了学校领导班子中存在的突出问题,代表领导班子表明了态度,对我校的"三讲"教育作出了具体部署。巡视组组长曾繁仁同志在会上做了重要讲话,对我校进行"三讲"教育工作提出了指导性意见和要求。从会后大家的反映看,我们的动员大会取得了预期效果。大部分同志对动员报告和讲话反应积极热烈,认为从中看到了党中央和北京市委对北京大学"三讲"教育的高度重视,看到了学校领导班子和领导干部搞好"三讲"教育的态度和决心,进一步提高了对"三讲"教育工作的重要性和必要性的认识。各中层领导班子在开始"三讲"前也分别在本单位内部召开了动员会议。

"三讲"教育是一次普遍的马克思主义理论教育,须把学习马列主义、毛泽东思想,特别是邓小平理论和江泽民同志有关"三个代表"和"三讲"的重要指示贯穿始终。通过学习理论武装思想,为剖析问题、总结经验教训奠定思想基础。只有理论上的成熟,才能保持政治上的清醒和坚定。我们在"三讲"教育一开始就形成了严肃认真的学习氛围,并坚持把学习理论、武装头脑同整顿思想、改进作风结合起来,贯穿教育活动的全过程。特别在校级领导10月19—22日集中学习的四天中,全体同志聚精会神地研读指定著作和文件,勤奋读书,认真思考,写出了读书笔记和心得体会。大家表现出了很高的自觉性,学习十分刻苦、投入。有的同志在集中学习期间有工作安排,任务结束后,马上回来进行补课,每个人的集中学习时间都超过了40个小时。在一些同志的心得中写到,"这是一次难得的充电机会",是一次"精神享受",感到"意犹未尽"。充分"务虚",思想先行,是"三讲"教育取得成效的前提条件。

三、充分发扬民主,相信和依靠群众,坚持以整风精神开门搞"三讲"教育,是"三讲"得以高质量完成的重要保证。

充分走群众路线,开门搞"三讲"教育,是"三讲"教育工作取得成功的宝贵经验。在"三讲"教育准备阶段,学校党委就在学校不同的人员范围内召开了11个座谈会,初步查摆了学校领导班子和领导干部在党性党风方面存在的突出问题。动员大会之后,学校"三讲"教育办公室向各方面代表共324人发放了《征求意见表》,回收317份,回收率达97.8%。经过汇总,共收集到对校级领导班子和领导班子成员的意见和建议2284条,近18万字。其中对领导班子的意见和建议559条,对领导班子成员的意见和建议1725条。为更广泛听取群众意见,学校还在校内五个地点设立了十个意见箱,在医学部和各附属医院设立了十四个意见箱,开通了"三讲"教育征求意见专线电话。从10月23日开始,由巡视组和学校"三讲"教育办公室分别进行个别访谈和召开座谈会,听取了我校前任校领导、院士、长江特聘教授和知名学者代表、机关职能部门负责人、中青年教师、离退休人员、民主党派、工会、教代会等各方面代表200余人的意见。剖析材料形成以后,我们采用民主评议和民主测评的方式听取了各方面代表300人的评议意见,共1432条,11万多字,其中对领导班子的意见和建议157条,16000多字。我们召开了民主生活会以后,又召开会议,向干部、教师代表通报了有关情况,进一步征求意见。在我们整改方案形成的前前后后,我们又召开了六次座谈会,听取了院士、教授、民主党派、院系与机关负责人等方方面面代表的意见和建议,并在整改方案通报会上向教职工代表做了汇报。

在整个"三讲"教育过程中,我们强烈感觉到,广大干部和教师对学校的"三讲"教育非常关注,参与的积极性十分高涨,所提意见和建议积极中肯,切中要害,富于建设性,既有尖锐的批评又与人为善。从大家所提意见的内容上看,涉及到创建世界一流大学的办学思路与办学方向,领导班子的自身建设,教学科研,管理工作,党建和思想政治工作,群众路线等方方面面。紧紧围绕着北大如何创建世界一流大学和建设高素质领导班子这一主题,没有纠缠细枝末节。其中一些比较尖锐的批评意见,直接指向我们在党性党风方面和工作中存在的突出问题,也指明了我们努力的方向,一针见血,刻骨铭心,使我们的头脑更加清醒,深感责任重大。

广大干部和教师的积极参与,所提出的批评与建议,对于帮助领导班子和领导干部找准、抓住突出问题,从思想深处进行剖析,制定科学可行的整改方案,起了重要的推动作用。事实证明,只要坚定地相信和依靠广大干部、教师,满腔热情地欢迎大家的帮助,虚怀若谷地听取大家的意见,诚心诚意地对待大家的批评,查摆问题就比较准确,剖析就比较深刻,整改就比较扎实,班子建设就会不断取得进步,"三讲"教育就不会走过场。

四、拿起和用好批评与自我批评的武器,开展积极健康的思想斗争,弄清思想、增强团结是加强班子建设、实现"三讲"教育目的的重要环节。

中央在部署这次"三讲"教育时,特别强调各级领导班子、领导干部要充分交流思想,认真开展批评和自我批评。开展批评和自我批评是我们党区别于其他任何政党的显著标志之一,也是加强党的自身建设特别是领导班子建设、健全党内生活、解决党内矛盾、增强党的团结、帮助党员和干部不断进步的一个重要法宝。

对于我们北京大学的校级领导班子来讲,更具有现实意义。我们的班子组建刚半年,思想上交流还不够,一团和气,"好人主义"的问题也有所反映。一些同志在理论学习心得体会和剖析材料中,提到了自己坚持原则不够,对班子和其他同志批评不够等问题,并表达了坚决改正的愿望。针对这种情况,领导班子成员通过学习中央和教育部、北京市委"三讲"教育文件以及毛泽东、邓小平和江泽民等领导同志关于做好批评与自我批评工作的重要著作与论述,进一步提高了认识,端正了态度,为开好民主生活会奠定了思想认识基础。同时,领导班子成员在会前广泛开展了谈心活动,进行了积极的思想交流,为开好民主生活会营造了良好的氛围。在谈心过程中,同志们敞开思想,坦诚相见,互相促进,互相帮助,收获很大。如此高密度、高质量的谈心活动,在北京大学近年来的班子建设中是少见的。尤其是在两校合并后不久,开展这样的谈心活动更为重要。

在民主生活会上,大家坚持高标准,严格要求,以实施创建世界一流大学计划为目标和要求来衡量自身,看看到底有多大差距,如何缩短这些差距。由于标准明确严格,班子成员都能自觉检讨自己在党性党风和工作中存在的缺点和不足,诚恳接受大家的批评帮助。民主生活会的气氛是融洽的、积极的、健康的。这次民主生活会是一次高标准的党内政治生活,继承和发扬了党的优良传统,较好地落实了中央关于开展"三讲"教育的原则精神;进一步明确了领导班子和领导干部存在的突出问题及其根源,明确了努力方向,增强了解决自身矛盾和问题的能力;领导班子振奋了精神,凝聚了士气,增强了团结和信心,促进了合并后的进一步融合;同时,这次民主生活会着眼于改,着眼于做实事,也为整改工作打下了良好基础。

各基层单位也开展了积极、健康的批评与自我批评,比如技物系的领导班子,用9个小时的时间召开了一次高质量的民主生活会,大家敞开心扉,坦诚相见,融洽了感情,促进了工作。

五、把边整边改作为一个重要的指导思想贯穿始终,把开展"三讲"教育同推进当前工作紧密结合起来。认真制订整改方案,进一步取信于民是"三讲"教育取得成效的重要标志。

在"三讲"教育中,整改工作既贯穿始终,又是一个专门阶段。整改是整个"三讲"教育的着眼点和落脚点。衡量"三讲"教育是不是达到了预期目的,走没走过场,领导班子和领导干部在认识上是不是真正有明显提高,政治上是不是真正有明显进步,作风上是不是真正有明显转变,纪律上是不是真正有明显增强,最终体现在整改上,落实在整改上。广大干部、教师衡量和评价我校这次"三讲"教育的成效,最终也是看整改效果如何。因此,整改阶段是前三个阶段成果的实际检验和巩固,只有紧紧抓住整改这个关键环节,通过制定、落实整改方案、整改措施来解决党性党风方面存在的突出问题,才能从根本上确保"三讲"教育取得实效。搞好整改也是促进学校发展建设的迫切需要和教职工的迫切要求。整改是"三讲"教育与推进学校工作的重要结合点,领导班子和领导干部党性党风方面存在的突出问题,在很大程度上制约着学校的发展,影响着北京大学创建世界一流大学的步伐。通过"三讲"教育整改阶段及落实整改的工作,切实解决这些问题,对于我们创建一流大学,多出优秀人才和高水平的成果,为国家的发展与建设服务,具有重大的意义。在"三讲"教育的前三个阶段,领导班子和领导干部都深切地感受到,全校广大教职工对我们的意见和批评,集中到一点就是关心学校的建设和发展,关心两校合并后取得的实质性进展,关心学校创建世界一流大学计划如何能更加有力地向前推进。对北京大学来讲,搞好整改工作,解决好教职工最关心、反映最强烈的问题,才能够更好地凝聚大家的力量,上下同心同德,共同迎接跨世纪的各种挑战,共同完成创建一流大学的伟业。这也是我们取信于广大干部、教师的关键所在。

我们按照江泽民同志"三个代表"的重要思想和"三讲"教育的有关文件精神,紧紧围绕创建世界一流大学的主题,对照群众在"三讲"教育过程中提出的意见、建议和要求,针对领导班子和领导干部在党性党风方面和工作中存在的主要问题,认真制定了整改方案。从座谈会和整改方案通报会的情况看,广大干部、教师对我们的整改方案基本是肯定和认同的,这也将督促和鞭策我们按照整改方案的要求,认真抓好落实,不负师生厚望。

六、充分发挥各单位党委的领导作用、书记的第一责任人作用和行政首长及班子其他成员的表率作用,是"三讲"教育顺利完成的根本原因。

这次"三讲"教育尽管运用开门整风方式,但不同于过去阶级斗争为纲的所谓"整党",而是要进一步增强各级党组织的战斗力,增强党员领导干部党性修养的一次马克思主义教育。因此,党中央要求,这次"三讲"教育是一次有组织有领导的党内自我教育,必须充分发挥各级党组织对"三讲"教育的领导作用,发挥党委书记的第一责任人作用,发挥领导班子成员的带头表率作用。

在我们"三讲"教育过程中,从学校党委到各基层党组织,正是充分发挥了这样"三个作用",才保证了"三讲"教育的健康发展,促进了班子建设和学校发展,收到明显成效。

学校党委把开展好"三讲"教育工作作为事关学校发展建设全局的中心工作来抓,在全体班子成员中统一思想,统一认识,并对"三讲"教育的每一个环节切实加强领导,抓好落实工作。在"三讲"教育筹备阶段,我们成立了"三讲"教育领导小组,明确了党委书记为第一责任人,全面负责对北京大学这次"三讲"教育工作的领导,领导小组下设办公室,负责各个具体环节的操作和各项具体事务的落实。领导小组和办公室的同志一起认真制定了"三讲"教育的实施方案和各个阶段的实施计划,对指导思想、目标要求、工作原则、方法步骤和时间安排都做了明确说明,并在实际操作的每一个环节中抓好落实。在我们领导班子中,大家思想认识一致,党政配合密切。许智宏同志虽然参加了中科院的"三讲"教育活动,他仍然对自己高标准严要求,以高度的党性觉悟和敬业精神,投入到我校的"三讲"教育中,认真与大家交流思想,开展批评与自我批评。其他同志也能够主动、自觉地克服困难,确保时间,确保精力,协调好与日常工作的关系,全身心投入到"三讲"教育工作中。许多院系,比如地质系、图书馆、马克思主义学院等,领导责任到位,方案明确,步骤扎实,党委书记和院长、系主任带头开展批评和自我批评,使本单位的"三讲"工作开展积极而有成效。在这里还要特别提到"三讲"教育办公室的同志们,他们在完成自己的本职工作以外,发扬连续作战的精神,加班加点、夜以继日、日以继夜地做了大量工作,从文件起草、简报编印、收集、汇总、梳理、反馈各种意见,到每一次会议和集中学习的精心准备与安排,为我校"三讲"教育工作顺利进行提供了强有力的保证。我作为"三讲"教育的第一责任人,感谢大家的支持和配合。

这里还要感谢以曾繁仁同志为组长、孙祖国同志为副组长的巡视组各位同志,他们政治上强,政策水平高,敬业负责,作风严谨,一丝不苟,是我们学习的榜样,受到了全校师生员工的好评。对于确保我校"三讲"教育质量,保证"三讲"顺利健康进行,发挥了不可替代的作用。一是指导有方。不仅帮助我们制定工作方案,而且对"三讲"教育的转段、搞好自我剖析、开好民主生活会、做好整改都进行了及时有效的指导。二是作风深入,广泛听取了各方面意见,帮助我们领导班子及领导干部找准、抓住、解决好突出问题。巡视组的各位同志与上百名干部、教师代表进行了谈话,收集到大量意见,为我们搞好"三讲"教育奠定了基础。三是把关严格。我们领导班子和领导干部的每一份剖析材料,我们上报的每一份总结,我们在大会上的每一次讲话,包括我们的整改方案,都经巡视组的同志们细心审阅过,发现的不足,给我们及时指出,并提出负责的修改意见,发挥了把关作用。我们的"三讲"教育取得今天的成效,是与他们的辛勤努力分不开的,在此向巡视组的各位同志表示衷心感谢。

我们在看到我校"三讲"教育取得成绩的同时,还应当看到存在的不足,对已取得的成效不能估计过高。从目前情况看,中层领导班子开展"三讲"教育的情况不够平衡,个别单位的整改方案还未落实,一些领导虽然在民主生活会上进行了批评与自我批评,但班子内部的问题并未彻底解决。在今后一段时间里,落实整改的任务也将十分繁重,有些问题解决的难度很大,我们要克服的困难还很多,必须对此有足够的思想准备和工作准备。

同志们,在集中进行"三讲"教育的近半年时间里,教育部党组和北京市委教育工委等上级部门以及巡视组同志们给予我们很多及时有效的帮助、指导;学校"三讲"教育领导小组办公室的各位同志也为"三讲"教育的顺利进行做了大量卓有成效的工作;学校广大干部、教师更给予我们极大的关心和爱护,信任与支持,在此,我代表学校党委对所有关心、支持我们"三讲"教育工作的同志们表示衷心感谢。

集中一段时间开展"三讲"教育已经结束,但"讲学习,讲政治,讲正气"的要求应时时体现在我们的思想上,贯穿于我们的工作中。我们还将继续加强学习,坚持落实好整改措施。希望通过这次"三讲"教育,真正把我们的班子凝聚起来,把大家的士气振奋起来,把全校师生员工的聪明才智集中起来,把干劲激发出来,共同为实现北京大学创建世界一流大学的宏伟目标而不断奋斗!

· 专 文 ·

党委书记任彦申在春季全校干部大会上的讲话

(2000年3月9日)

寒假期间,学校的党政领导班子用五天时间,分两阶段召开了工作会议,听取了各职能部门去年工作的汇报,研究分析了学校面临的新形势、新机遇和新挑战,研究了2000年学校工作的指导原则和一些重点工作,并就领导的分工、责任做了必要的调整。会议虚实结合,议题非常广泛。有些问题有议有决,确定了下来;有些问题形成了明确的思路,有待于进一步的细化、具体化;有些问题议而未决,先通通气,有待以后商定。我和许校长就会议讨论的主要问题分头加以说明。

一、工作的简要回顾

创建世界一流大学是北大师生员工多年来追求的理想,也是北大在21世纪振兴发展的必然选择。80年代我们学校就曾提出过这种口号,但当时内外条件都不具备。1994年在北大第九次党代会上第一次正式提出创建世界一流社会主义大学的远景目标,但那时还只是学校行为。百年校庆之后,北大创建世界一流大学计划才正式纳入国家计划,得到政府的认可和高强度的支持。前些年,我们所做的各项工作,在某种意义上说就是为确定创建世界一流大学计划做必要的前期准备,奠定基础。回头去看,前些年,我们做了这样一些重要的基础性的工作:

第一,始终把维护学校的稳定作为首要的政治责任,保持了北大持续十一年的安定团结局面。这种安定团结的局面,不仅是改革建设的必要前提,也是人才健康成长的重要环境。坚持以经济建设为中心,下决心不再搞运动,这是贯彻党的基本路线的第一要义。过去连绵不断的政治运动和几次学潮给北大造成的干扰和创伤比其他单位都严重,因此北大的干部和师生员工应当比别人更加珍惜来之不易的安定团结局面,彻底抛弃在以阶级斗争为纲和以政治运动为中心时期形成的那种思维方式、行为方式和价值尺度。我们应当感谢为维护学校稳定而付出辛勤劳动的同志们,特别是学生工作队伍和保卫工作队伍,今后还要坚持不懈地去巩固和发展学校的安定团结局面。

第二,坚持以邓小平科教兴国理论为指导,密切适应我国社会主义现代化建设的需要,顺应世界教育改革的大趋势,以促进教育、科技和经济的结合为重点,以创新为灵魂,切实地转变和革新办学思想,确立北大改革发展的明确思路,并以此为基础形成共识和合力。如果我们在办学思想上落后于时代要求,那就不可能成为世界一流大学。江泽民总书记在北大百年校庆大会的演讲中,指出了面向21世纪教育改革发展的方向和世界一流大学应当具备的四大功能,我们在表述时有时也说是五个功能:人才摇篮、科学前沿、转化基地、文化桥梁、思想库和智囊团,为我们统一办学思想提供了重要的指导原则。

第三,我们比较好地抓住和利用了三个重大机遇,使北大的发展迈上了一个新台阶。一是"211工程"的启动,二是百年校庆,三是启动《面向21世纪教育振兴行动计划》及北大创建世界一流大学计划。"211工程"标志着我国高教发展中择优扶重战略的开始。百年校庆是北大发展史上一个重要里程碑,它的最大收获是把北大创建世界一流大学的计划提升为国家战略的一部分,为北大在21世纪的全面振兴开辟了良好的国内外环境并得到了高强度的支持。随着创建世界一流大学计划的正式实施,北大进入了一个前所未有的大改革、大建设、大发展的时期。

第四,我们始终把学科建设和教学改革作为学校改革发展的核心。1993年适时而又稳妥地调整了军训的时间和方式。不断调整和优化专业结构和学科布局,目前北大的基础学科、应用学科和高新技术学科及交叉学科,形成了三分天下的格局。同时持续推进面向21世纪的教学改革,使北大在师资水平、培养学生的质量、科学研究水平和发展高科技、实行产业化等方面,保持了总体优势和良好的社会声誉。这是创建世界一流大学最重要的基础。

第五,我们在办学中坚持以人为本,较早地开始实施跨世纪人才工程。北大是在全国最早倡导跨世纪人才工程的单位之一。对老的学术骨干采取了较为宽松和有弹性的退休政策，着重扶植中青年学术骨干和管理骨干，使队伍的年龄结构、学历结构和学缘结构得到了明显改善。目前教师队伍的平均年龄为43岁。教师中拥有博士学位的人占35%，在全国比例最高，其中留学归国的、来自兄弟院校的和本校自己培养的大约各占1/3。教师中有1800余人，即约占教师总数70%的人有过在国外半年以上进修提高或工作的经历。多数院系初步解决了师资断层、青黄不接和人才外流的问题。在长江特聘学者、国家杰出青年基金、人事部百千万工程、教育部跨世纪人才工程等国家级人才计划中，北大的入选人数均名列前茅。

第六，我们坚持多渠道筹措办学经费，千方百计地改善办学条件。在方向和规划确定之后，学校领导要花大力气聚拢人才、筹措资金，国外的大学无不如此。通过"211工程"、创建世界一流大学计划和各种基地建设计划，我们在1995—2001年7年中争取到的国家重点专项投入约有23亿元。从90年代以来，特别是通过百年校庆，我们争取到的海内外捐赠约6亿多元。近几年，学校的办学收入也大幅度增长。学校的日常运作经费大部分靠自筹。正是有了这样较大强度的比较集中的投入，才使得我们在改善办学条件方面、吸引人才方面做成了几件大事。近十年中，学校新建的各类用房有50多万平方米，教工住宅和学生教室有了较大改善。通讯、网络、供电、供热、供水等基础设施也得到了改善。教职工的收入也有不同程度和较大幅度的增长。学校对离退休人员一直非常关心，他们为学校贡献了自己的智慧和力量，学校应尽可能使他们的晚年少一点后顾之忧。1998年，国家拨款的离退休人员经费为1500万元，学校补贴1600万元，用于离退休人员的总投入3100万元。1999年，学校用于离退休人员的经费为4100多万元，比上年增加962万，增幅23%，是各项支出中增幅最高的。预计2000年，学校用于离退休人员的经费将达到5160万元，其中大部分是学校创收的经费。由于过去在办学条件和师生生活条件方面欠账太多，我们这些年的努力在很大程度上是在还历史的欠账，同时尽量少欠新账。今后学校还将继续千方百计筹措资金，用于改善办学条件和师生员工的工作、生活、学习条件。实现北大"门槛要高，进来待遇要好"的目标。

第七，我们不断加强和推进新时期党的建设和社会主义精神文明建设，坚持把用邓小平理论武装头脑、指导办学作为最根本的建设，推动邓小平理论的"三进"工作，努力把握住在改革、发展、稳定的大局，力求不发生重大决策失误、方向性错误和局面失控的状况。努力建设一个良好的综合育人环境，其中包括优良的校风、正确的舆论导向、丰富的校园文化、浓厚的学术气氛、良好的道德风尚和优美清洁的校园。

这些年，我们工作的最大成果，就是在创建世界一流大学这个关系北大兴衰的问题上，完成了从前期策划、制定规划、编制行动计划、争取国家立项到付诸实施的过程，为北大在21世纪的全面振兴奠定了基础。学校发生的最有意义的变化，不仅在于物质条件的变化，更重要的是人的变化，是精神状态的变化。何芳川同志在学校的党政会议上谈到，这些年北大最重要的变化是心气、士气上来了，北大人找到了自己的自尊、自强和自豪。这些进步，有赖于党中央、国务院对北大的特殊关怀和特殊政策，有赖于教育部和北京市委市政府对北大的及时指导和鼎力支持。在对北大的重点扶植上，教育部的领导承受了不少压力，我们非常感谢。这也是全校师生员工团结奋斗、艰苦创业、奋发进取的结果。这几届党政领导班子为创建世界一流大学计划得以实施，继往开来，不懈努力。尽管作为个人互有长短，但都能顾全大局，团结共事。领导班子中，有些同志耽误了自己的学问，甚至牺牲了自己的健康，也是不容易的。但是面对着迅速变化的形势和繁重艰难的改革发展任务，学校的领导层在很多方面都还不适应，力不从心。有些机遇利用得好一些，有些机遇利用得不够好；有些问题解决得好一些，有些问题还解决得不好。在解决问题的同时也还在不断出现新的问题。成绩积累到一定程度，学校会发生飞跃；问题积累到一定程度，也会在某个时间爆发。不管怎么样，北大没有落伍，没有衰落下去，而是走出了困难的处境，迎来了蓬勃发展的局面。

刚刚过去的1999年，是很不平凡的一年。去年，我国大事多，喜事多，突发事件也比较多。我们成功地举行了建国50周年庆典，迎接澳门回归和庆祝新世纪新千年的活动。参加这些活动的北大师生，刻苦训练，文明守纪，圆满地完成了任务。他们夏练三伏、冬练三九，也是非常不容易的。去年，我国还经历了反对以美国为首的北约轰炸我驻南使馆的暴行，反对李登辉鼓吹"两国论"，企图分裂祖国的行径以及依法坚决取缔"法轮功"邪教组织这三场重大政治斗争。在这三大政治斗争中，北大师生又经受了考验，保持了大局稳定。特别是在抗议以美国为首的北约轰炸我驻南使馆的斗争中，我校的学生表现了高度的爱国热忱和良好的法纪观念，他们提出的"中国不能软，中国不能乱，中国不能变"的口号，受到中央和社会的高度赞扬，反映了当代大学生的良好的政治觉悟和精神风貌。

去年我国在推进科教兴国战略方面又采取了许多重大举措。相继召开了改革开放以来第三次全国科技创新大会和第三次全国教育工作会议，党中央和国务院先后作出了《关于加强技术创新、发展高科技、实行产业化的决定》和《关于深化教育体制改革、全面推进素质教育的决定》。国务院批准实施《面向21世纪教育振兴行动计划》，决定在本届政府任期内在中央本级财政中每年增加一个百分点用于教育事业。今年初，江泽民总书记又发表了《关于教育问题的谈话》。这些重大举措，为21世纪教育的改革和发展开辟了广阔的前景。

去年，北大的头等大事是创建世界一流大学计划作为国家项目正式实施。去年也是北大的体制改革迈出重大步伐、取得重大突破的一年。在教育管理体制改革方面采取了一些重要举措，包括同清华大学在八个领域实行办学合作，同北航共建北大工程研究院，同中国科学院共建天体物理中心，同国家文物局共建北大文博研究院。北医大与北大的合并在一些主要问题上也达成了共识。同时，我校还同北京市政府共建首都发展研究院，同深圳市政府和香港科技大学共建深港产学研基地，等等。通过同国内大学和科研单位的合作或合并，同地方政府的共建，同国内外企业的结合，同国外大学的合作交流，我们正在把北大的资源同国内外的信息资源、人才资源、科技资源、资金资源、物质资源等更好地利用起来，从而增强了学校的活力和实力，提高了办学的效益和水平。

去年震动比较大、社会反响比较大的是内部管理体制的改革。其中清华、北大的人事分配改革被评为中国教育界十大新闻之一。我校的内部管理体制改革首先从校部机关开始，本着"理顺关系，革新设置，减员增效"的思路，将学校党政职能部门从41个精简为19个，机关工作人员从原来的609人定编为390人，目前招聘上岗357人。重要的是实行了全员聘任制和领导干部竞争上岗、实行任期制。接着又按照"财力集中，财权下放，一级核算，两级管理，逐步推进财会人员派驻制，严格收支两条线"等原则，实施财务管理改革，增加了宏观调控能力，提高了资金使用效益，使经济活动更加规范。按照"着眼一流，立足改革，淡化身份，强化岗位，突出人才，优劳优酬，存量不动，增量拉开"的原则，学校出台了人事分配改革方案。这次改革不是普调工资，更不是滥发奖金，而是对优秀人才、关键岗位实施激励计划，实行重点倾斜。这次改革运筹了多年，实施了半年，主要内容是通过竞争择优的方式分层次精选出学校的骨干队伍，以水平、责任和业绩为依据，初步建立起体现优劳优酬和多劳多得的新的分配格局。通过竞争择优，进入校级关键岗位和院系重点岗位的有2208人，约占在编教职工总数的32%，其中进入A类岗的804人，占教职工总数的11.76%，其中年津贴5万元进入1级岗的100人，占教职工总数的1.5%。朱镕基总理在政府工作报告中讲了一段话："改革和完善优秀人才的收入分配制度，形成竞争机制。对在国家关键领域和岗位工作的科技人员，要采取特殊措施改善他们的工作和生活条件。"我们的做法符合朱总理工作报告的要求，北大只是先走了一步，有不完善的地方以后改进。李岚清副总理在同教育界的同志座谈中再次肯定了清华、北大的人事分配改革，指出："清华、北大突破了，突破就有风险。最重要的是不能再搞'大锅饭'，分配要拉开档次，同水平、贡献挂钩。他们不突破，大家都捆在一起，谁也动不了。要在此基础上，认真总结经验。"陈至立部长在几次会上说过："要继续跟踪北大、清华的做法，总结他们的经验，以利推广。"我们这一步迈得是对的。

学校去年各方面工作都取得了新的进展。我今天不再报账单，学校已经印发一本小册子，向大家报告学校各方面的工作。

去年的工作中也暴露了许多问题。一是思想政治工作比较薄弱，围绕创建世界一流大学的主题和改革重大举措进行政治动员、宣传解释以及化解矛盾、凝聚力量的工作都不够得力。在思想理论领域接连发生了几起干扰方向、误导学生、引起不良社会反响的事情。二是管理水平不高，宏观调控能力不够。对一些改革发展的重大方案，民主科学决策不够，顶层设计和配套措施不够周细。有些事长期议而不决，决策太慢。有些事决断了，一遇阻力和不同意见，又退缩不前，造成政令不畅。不少管理制度不健全，机构改革后职能的调整和转变还没有完成，形成了一些管理的空档。学校领导的分工不够合理，责权还不够明确和统一，再加上头绪多，精力分散，影响了管理效率。一些院系，也存在疏于管理、各行其是的现象，管理上的漏洞比较多，也发生了一些问题。

过去的一年，对北大来说，确实是机遇非常好，压力非常大，任务也非常重，无论是投入的强度，还是改革的力度、发展的速度，都是前所未有的。许多同志以高度的责任感，不畏惧艰难和风险，勤奋刻苦，任劳任怨地工作，表现了很好的精神状态和工作状态，从他们身上我也受到很大的教育和鼓舞。

二、今年的几项重点工作和应当注意的问题

2000年北大仍然处于改革攻坚阶段和发展的关键时期。今年是"211工程"总结验收之年，北大是第一批要总结验收的单位；是实施创建世界一流大学计划、实行"3、6、9"重度投入的第二年，是非常关键的一年；也是"九五"计划的最后一年，制定"十五"计划、申报"十五"项目的关键之年。今年工作的状况，对"211工程"和创建世界一流大学的计划的可持续发展，对"十五"计划乃至北大在新世纪的开局都具有十分重要的意义，务必把工作抓好。学校在做各项经常性工作的同时，要切实抓好这样六件事情，这六件事情至关重要、事关全局。

第一，认真学习贯彻《中共中央国务院关于深化教育体制改革、全面推进素质教育的决定》和江泽民总书记今年2月1日关于教育问题的谈话,以德育为灵魂,以提高学生的创新精神、实践能力和创业精神为重点,全面推进素质教育。教学改革、培养人才是学校的中心任务,是最重要的事情。李岚清同志在最近的几次会上都谈到,一个世纪以来,我们在办学培养模式上几乎没有什么根本的突破。我们要树立新时期的教育观、质量观和人才观,实施《新世纪高等教育教学改革工程》,在培养模式、课程体系、教学内容、教材建设、教学手段以及教学管理等方面,要推出一些带有创新性、突破性的重大措施。在教学改革上,北大要勇开风气之先,要出精品,出经验,出名师名课。

第二,认真搞好"211工程"项目的总结验收,精心组织实施创建世界一流大学计划的有关项目,在统筹兼顾的前提下,加大择优扶重的力度,力争取得一些突破。在反映一个学校人才培养质量、科研成果、学术水平、服务国家战略和对社会贡献的有可比性和显示度的指标上要有较大幅度的提高。

第三,切实搞好北京医科大学同北京大学的合并。这是北大发展史上的一件大事,对增强学校的综合实力、优化学科结构、提高办学效益都具有重大意义。上半年将完成这项改革。全校的干部和师生员工都要认清意义,顾全大局,注意政策,大度大气,积极参与和促进两校的合并,不利合并的话不要说,不利合并的事不要做。

第四,学校内部管理体制的改革要坚定不移、积极稳妥地向前推进。已经出台的机构改革、人事分配改革、财务改革方案要巩固、到位、完善、深化,达到改革的预期效果。后续的改革方案,如后勤社会化的改革,校办产业改组、改制等试点工作,也要不失时机地推出。不能后退,在坚持中完善。如果朝令夕改,以后改革就无法进行了。可以不断调整,不断完善,要巩固改革的成果。

第五,中关村科技园区的大规模开发建设为北大跨世纪的发展提供了难得的历史机遇。这是中央为迎接知识经济挑战而采取的重大战略举措,其意义可以同80年代开发深圳、90年代开发浦东相提并论。北京市决定把开发中关村园区作为经济振兴的龙头。国家教育部和科技部已批准把北大科学园作为全国高校15个科技园之一。中关村园区的开发和北大科学园的建设,对推动技术创新,对促进产学研结合和高科技成果产业化,对培养高质量的创新人才,对建设发展文明社区,对拓展北大的发展空间,重新规划校园,都具有重大意义。我们务必抓住机遇,搞好规划,把北大的发展战略同中关村开发战略结合起来,在北京市和海淀区的支持下,下决心把北大周边的一些土地征下来。

第六,认真贯彻《中共中央关于加强和改进思想政治工作的若干意见》,把加强德育作为全面推进学生素质教育的核心,把加强教师的思想政治工作提到重要日程上来,思想政治工作的重心要适当上移。全面加强党的思想建设、组织建设和作风建设,以"三讲"的精神搞好校院系领导班子的建设,为改革发展稳定提供正确的舆论导向和精神动力、思想保证。校、院、系领导班子的"三讲"工作,教育部明确规定,要在北医与北大合并后,下半年进行。

在2000年的工作中,要注意这样三个问题:

一是注意处理好改革力度、发展速度和群众承受程度的关系,确保学校大局的稳定。稳定问题要年年讲,月月讲,时刻不能掉以轻心。

二是在投入大幅度增加的情况下,必须注意坚持规模、结构、质量、效益相统一的发展观。规模和数量的扩大固然是发展,而结构的优化、质量效益的提高是更重要的发展。我们追求的办学目标是世界一流大学,北大必须以此定位,始终追求卓越,追求一流,以质取胜。在教育上没有质量的数量,在科研上低水平的重复是没有价值的。现在,大家都在争项目、争钱,都充满了一种发展的冲动。在当前特别要加强宏观调控,建立自我发展、自我约束的观念和机制。千万不能头脑发热、全面出击、盲目扩张。形势好的时候也是容易犯错误的时候。

三是当前我国高等教育正处于大发展、大调整、大改革的过程中,形势发展很快,规划赶不上变化。从制定改革发展纲要到"211工程",到创建世界一流大学计划,学校年年制定规划,学校的功能不断拓展,战线很长。因此,要继续注意抓规划、抓管理、抓落实、抓重点突破,集中力量办成几件大事。要利用增量投入的机会,促进结构调整,加强择优扶重。在循序渐进的同时,一定要注意跨越式发展。我们不能老跟在别人身后,说差一年、差两年,那样永远追不上。在21世纪的若干科学前沿领域和有望对国家战略提供重大技术支撑的领域,北大要取得一席之地,校院系两级领导班子成员应当集中精力,连续地思考和工作,狠抓落实,层层建立起责任制。

三、关于加强和改进思想政治工作问题

去年7月,中共中央发布了《关于加强和改进思想政治工作的若干意见》。近一时期,江泽民等中央领导同志就加强思想政治工作问题作了一系列重要的批示和讲话。今年2月,中宣部又编辑出版了《毛泽东、邓小平、江泽民论思想政治工作》一书。今年夏季,中央还将召开思想政治工作的专项会议。我们要认真学习、领会、贯彻中央的精神和决议,把加强思想政治工作作为今年的一个工作重点,提到重要的日程上来。

改革开放以来,我们在继承中创新,在改进中加强,在思想政治工作方面积累了一些重要的经验,比如:高举旗帜,坚定信念;围绕中心,服务大局;着眼育人,立足建设;弘扬主旋律,发展多样化,等等。这些在改革开放中形成经验,今后还要坚持。在加强和改进思想政治工作方面,要重点抓好这样几项工作:一是推进素质教育中的德育工作。今年2月1日,江泽民同志就浙江省一名中学生杀死母亲、两名中学生砍死另一名学生等事件发表了《关于教育问题的谈话》。去年,在我校也发生了一名博士生杀人并自杀的恶性案件,令人怵目惊心。正像江总书记指出的"正确引导和帮助青少年学生健康成长,使他们能够德、智、体、美全面发展,是一个关系我国教育发展方向的重大问题。"

在德育工作中,要把用科学理论武装人作为首要任务,把理想信念教育作为核心内容,继续做好邓小平理论"进课堂、进教材、进学生头脑"的工作,认真搞好马克思主义理论课和思想品德课的教学改革。其他的哲学社会科学的课程,也要坚持以马列主义、毛泽东思想和邓小平理论为指导,不能搞指导思想多元化。今年初,学校召开了德育研讨会,就如何加强和改进德育工作问题拟定了十来个文件,学校要抓紧修改,下发执行。要注意加强对学生的升学和就业指导,引导学生树立扎根祖国、艰苦创业、服务人民、奉献社会的人生观,鼓励学生到祖国急需的地方和关键岗位去建功立业。

二是紧紧围绕着创建世界一流大学的主题,针对改革攻坚阶段和发展关键时期出现的种种困难、矛盾和阻力,做好宣传教育、解疑释惑、理顺情绪的工作。当前正在进行的内部管理体制改革,改变了几十年形成的体制和观念,涉及到广泛的权力和利益关系的调整,尽管大家从理性上都知道非改不可,但在实际进程中总有理解或不理解的、满意或不满意的、心理平衡或不平衡。学校的各级干部,党组织和共产党员,教代会和工会、学生会、研究生会,都应当做改革的促进派,积极主动地开展思想政治工作,为改革发展创造一个较为宽松的舆论环境和心理环境,确保改革发展在安定团结的局面下进行。

三是把教师的思想政治工作提到重要日程上来。推进学生的全面素质教育要求教师必须全面提高自身的素质。我们学校的教师绝大多数爱岗敬业,师德师风是好的,但近一时期也不断听到学生和校内外的人对某些教师的批评意见。有的教师责任心不够,放松对自己的要求,精力不在校内,不认真备课,课堂上应付学生,甚至讲课时不关BP机,打手机。有的教师在课堂、讲座和发表的文章中,散布了许多出格的言论,看来不是偶然的失误,而是比较连贯、比较系统地否定马克思主义的指导地位,在一系列政治问题上同党和政府唱反调,流露出一种离心离德甚至怨恨的情绪。许多同志反映,他们走得太远了,远远超出了学术的范围。作为一个人民教师,必须担负起教书育人的责任。研究无禁区,但讲台有纪律,不允许利用讲台传播有意背离马克思主义指导思想、背离主旋律的声音。北大的教师,不是自由职业者,不是自由撰稿人,不能随心所欲地做有损北大声誉、损害北大大局的事情。大家都很珍惜宽松而自由的学术环境,越是这样,越要加强自律。如果没有正确的指导思想,不讲真理的标准和对社会负责的精神,不讲严谨的学风,学术自由一定会走偏方向。最近一些领导同志也一再提醒北大,一定要吸取过去的深刻教训,必须用马列主义、毛泽东思想、邓小平理论来掌握思想理论阵地,决不允许在这一根本问题上唱反调。在事关方向、事关指导思想、事关培养人的问题上,必须旗帜鲜明,不能听之任之,否则,既不利于国家和学校的大局,也不利于他们个人。有的年轻人有些才华,希望他们把才华用到正地方,不要走偏了方向。我校参加"两会"的代表和委员在临行前同学校领导座谈,主题就是教师的素质问题,也强烈呼吁提高教师的全面素质,狠抓师德建设,大力提高博士生导师的水平,呼吁对教师和博导建立择优竞争,能进能出的机制。

为了建设一支能同创建世界一流大学的目标任务相适应的教师队伍,学校已决定从今年起有计划、有步骤地对教师进行旨在提高全面素质的培训,一是以党中央、国务院《关于深化教育体制改革,全面推进素质教育的决定》、全国第三次教育会议的精神、江泽民同志《关于教育问题的谈话》等文件为基本内容,就教育观、人才观、质量观等问题开展大学习、大讨论、大落实。二是对教师特别是中青年教师进行现代教学方式、教学手段的培训,如多媒体教学、网络课程等培训。同时选择一些精品课程和一些教学效果优异的教师进行示范教学,推广他们的经验。还要重视对教师的管理,在选留教师、职务晋升、岗位聘任、年度考核和各种评奖中,一定要坚持德才兼备的原则,把师德、学风作为一个重要的条件。

加强和改进思想政治工作关键在党组织,在校院系领导班子。领导干部不管分工哪项工作,都应当有政治责任感,坚持讲学习、讲政治、讲正气,增强大局意识和责任感,注意从政治上观察和处理问题。要层层担负政治责任。我想讲政治不是喊口号、讲空话,更不是要天天学习文件,而是把政治的原则和宗旨贯彻和体现在各项实际工作中。这是最好的讲政治。

四、其他几个问题

(一)关于队伍建设问题

去年实施的人事分配制度的改革要认真总结经验教训,抓规范到位,抓补充完善,抓年度考核,抓关键岗和重点岗的管理。要坚持"合格方能上岗,上岗必须合格"的原则,如果有的人上岗了,但还不合格,就要赶快补救、争取达标。北大的A类岗,总的情况比较好,进入理科关键岗的40多个教师,人均负责的科研项目有三个,人均科研经费347万元。但也有少数一些同志,单就其填写的报表,看不出承担了什么重大科研任务、教学任务,有什么重大成果。对年度考核中达不到责任目标的,应黄牌警告,扣减30％部分的津贴。连续两年考核都达不到责任目标的,必须离开现聘岗位。年内将公布若干重要岗位,打破院系界限,向全校公开招聘,向社会公开招聘。人事工作要一手抓好人才工程,一手抓好转岗分流。要进一步抓好人才智力引进工作,力争能引进几位院士和高水平的长江特聘教授。对长江特聘教授和著名的学科带头人,要实行"以人为本,全面配套"的政策,适当给他们一些用人、招生和资金使用的发言权和自主权。

(二)关于后勤社会化改革

今年后勤工作任务依然十分繁重。基建仍处在高峰时期,蓝旗营住宅区应按时竣工,保证质量。青年教师住宅解困和解决筒子楼问题要高度重视,达到规定要求。随着大批新楼房的投入使用,电力不足又成为突出问题。学校已决定投入几千万元解决电站增容问题。供暖煤改气问题也提到了日程上,不仅要增加设备费,运行成本预计要增加4倍。要大力发展社区服务,妥善解决劳动服务公司的转制问题。加大校园整治和美化绿化的力度,争取三年内使校园面貌有一个大的改观。

后勤工作的头等大事是推进社会化改革。按照教育部的要求,用三年左右时间基本实现后勤社会化,实现高校后勤管理模式和运行机制的根本转变。后勤改革包括三个部分,一是学生后勤改革,二是教工后勤改革,三是教学、科研、行政管理的后勤改革。当前后勤改革的重点是学生后勤改革,特别是学生公寓的建设和转制。我校后勤社会化改革的方案已初步形成,近期将召开后勤社会化改革的专项会议,布置这项改革。

(三)关于加强科技创新、发展科技产业问题

今年上半年,学校将召开科技创新会议,贯彻落实党中央国务院《关于加强技术创新、发展高科技、实行产业化的决定》。学校决定,今年要集中力量抓好几件事情,一是北大科学园的规划、申报立项和征用周边土地工作;二是组建"北大在线",大力发展网络基础设施,搞好网络技术创新和信息服务;三是搞好三个制药基地的建设;四是对校办科技企业进行现代企业制度的改革试点;五是探索学生创业和教师创业的模式,抓好试点,制定相应的政策。

(四)关于昌平园区问题

今年暑期后,大一文科新生将不再去昌平园区就读。撤回学校本部有很多困难,昌平园区撤回800多名学生,我们今年还要扩招,研究生数量预计达到3100名,本科生和大专生的数量预计达到2800名,困难确实很大。但学校要克服困难,回来的日程不能再变了。昌平园区将建设成为继续教育的基地、培训基地和办会的地方。昌平园区是个好地方,一定要很好地规划、利用并适当扩充,为学校在21世纪的发展预留空间。

(五)上半年的主要工作日程

3月份,召开教代会,这是在学校改革发展关键时期召开的一次教代会,也是教代会换届大会。一定要高度重视,把会开好。

4月份,举行学校思想政治工作会议,研究如何贯彻中央《关于加强和改进思想政治工作的若干意见》,重点研究提高教师全面素质的问题和思想理论领域的问题。

上半年,还要召开全校后勤社会化改革会议和加强技术创新、促进高科技产业化的会议,待准备工作就绪后再确定日程。

以上我所讲的,有些地方还很不周全,希望大家提出意见。谢谢大家!

校长许智宏在春季全校干部大会上的讲话

(2000年3月9日)

同志们:

历史已经进入新的千年。在新的世纪里,北大如何发展,是每个老师和同学都非常关注的。最近我在美国遇到很多北大的校友,他们也都非常关注北大改革的走向。我们北大人在贯彻实施建设世界一流大学计划中,需要对北大的发展战略进行深刻的思考。在新世纪中,我国将在全面实现小康目标的基础上,迈开奔向中等发达国家、实现第三步发展战略目标的历史步伐,中华民族将实现伟大的腾飞。国家振兴,科教为本。国家兴亡,匹夫有责。具有光荣历史传统的北京大学正肩负着历史的重托。这是中国国情对我们提出的要求,也是国际大趋势对我们提出的要求。

我国正在加快实施科教兴国战略。教育的改革与发展也已进入了一个新的发展时期。"211工程"计划、"面向21世纪教育振兴行动计划"、基础学科人才基地建设计划、"长江学者奖励计划"、国家建设中关村科

园区战略等的实施，都为北大的发展提供了前所未有的机遇。只要我们的工作做得好，我相信随着国家经济建设的发展，国家财政状况的好转，国家对科学、对教育的支持肯定会越来越增加，而不是减少。

今年也是北大发展的关键的一年。创建世界一流大学计划作为国家战略已正式启动。在办学体制改革方面，我们在上半年将完成北京医科大学与北大的合并，各项改革要进一步深化和推进，也将出台一些新的改革措施。

因此，全校师生要有高度的历史责任感，抓住机遇，为北大的改革和发展作出贡献。更要有紧迫感，要有只争朝夕、奋发进取的精神。校领导、校机关、各院系等部门要有忧患意识，要有危机感。过去，北大在高校中独领风骚的状况已经改变，清华大学的工作有很多方面值得我们学习，许多兄弟院校也在急起直追、迅速发展。国家给了我们很多支持，但要看到我们还存在的问题，看到我们与创建世界一流大学还有很大的距离。目前，校领导感到巨大的压力，这种压力应该变成促进我们工作的巨大动力。我们应通过各部门、各院系的领导使我校全体教职员工们也感到这种压力。我们要落实责任，各级都要分担压力，要上下一致、同心同德。北大的各项改革，北大的发展，不是靠哪几个人和哪几个部门就可以做好的，而必须依靠全校的广大干部和师生员工。我很赞赏季羡林老先生的话，北大是国家的北大，是12亿人民的北大，北大的成就关系到国家的命运和前途。因此，大家必须清醒地认识到，面对充满机遇和挑战的新世纪，每个北大人应该也能够为北大的发展和民族的振兴做出自己的贡献。我们应该把建设世界一流大学的总体任务层层分解，分步实施。北大应在改革的过程中，不断总结经验，既充分认识到改革的困难，又勇于面对和克服困难，勇于创新，扎实工作。这是国家和民族赋予每个北大人义不容辞的责任。

一、关于1999年的主要工作

刚刚过去的1999年是北大历史上第二个百年的第一年，也是积极推进落实创建世界一流大学计划的第一年。从去年12月13日我到北大赴任以来，所见所闻给我的感受是，一年来全校教职工和同学们在中央精神指引和教育部领导下，以高度的政治责任感和历史使命感，在创建世界一流大学计划的鼓舞下，积极探索北大改革之路，各方面工作取得了很好的成绩，为今年及以后的工作打下了很好的基础。全校配合创建世界一流大学计划的启动工作，周密设计、认真准备、分步实施、全力以赴。首批一流大学建设项目已经确定，部分已经启动。

（一）在教育体制改革方面，取得了长足的进展。去年在教育部和卫生部的领导和支持下，在陈佳洱校长领导下，组成了由北京医科大学与北京大学的双方领导组成的筹备小组，合并筹备阶段已经结束，国务院已经批准，即将开始实质性操作。这对于提高北京大学的综合实力、跻身世界一流大学具有重要意义。另外，与北航、清华合作办学，与北京、深圳、云南、青岛等省市的合作都取得了不少进展。学校积极参与了中关村科技园区的建设，与中国科学院的共建也有所发展。

（二）教学、科研工作。围绕培养高素质创造性人才的目标，制订了有利于培养创新人才的课程体系和教学计划，在创建高水平的人才培养基地、文理科重大标志性项目的确定、知识创新基地和产学研结合基地的建设、积极参加教育部"高层次创造性人才工程"、建设高水平的师资和干部队伍等方面均进行了大量的工作。招生质量稳中有升，研究生工作克服了压力大、任务重的困难，取得了良好的效果，去年全校共录取了本专科新生2660名、研究生2593名，使在校本专科学生达到9600多人，研究生6907人。去年，学校成立了素质教育委员会，把学生的全面素质教育按中央工作会议的精神提到一个新的水平。抓好素质教育，特别是重视学生思想政治素质教育，鼓励创新，注重实践，注重德智体美全面发展，为北大推进素质教育和保持稳定做了大量基础性工作。

启动了一批一流大学教学、科研和科技成果转化项目的立项工作。在自然科学和人文科学方面都出现了一些重要成果。去年化学学科国家重点及部门开放实验室评估，我校稀土材料化学国家重点实验室经评定首次获得优秀，为学校赢得了荣誉。去年国家首次对"六五"以来的全国哲学社会科学基金项目进行评奖，在153项获奖项目中，北大获8项（包括2项合作项目）奖励，充分反映了我校在全国人文社会科学研究方面的地位和贡献。

（三）在校内管理体制改革方面，取得了可喜成绩。校机关改革在较短的时间里初步达到了结构调整、减员增效、加强管理的目标。财务改革在坚持"严格、透明、公平、效益、服务"的方针下，使财务行为规范化、制度化，基本达到了"宏观管好、微观搞活"的目标。人事和分配制度的改革走出了艰难而重要的一步，队伍建设也大大向前推进了一步。特别是分配制度的改革，在全校和社会上以至在国外都产生了较大反响。由于这次分配制度的改革，可以说是建国以来力度最大的一次改革，且是在时间紧、任务重的情况下出台和实施的，虽然还需要不断完善，但人事和分配制度的改革在总体上达到了建立竞争和激励机制、强化岗位、突出人才、增量拉开的基本目标。

（四）国际合作与交流。学校通过积极开展国际交流与合作，加强了与国外知名院校和科研院所的合作，去年接待了5位国家元首、70多位知名大学校长。通过交流，促进了我校与国外在科技、文化和教育方面的合作,也为我们学习国外的先进经验,为北大建设一流大学提供了借鉴。同时,积极加强与国外著名企业和科研机构的合作,一批外国大公司总裁到我校访问,在合作方面取得了良好的成效,帕卡德国际公寓已顺利投入使用,IBM在我校设立了技术中心。留学生工作取得了新的进展,去年招收留学生500人,在校人数达到了历史最高水平,现长期留学人员已达1100多人,另外还接收了1200多名短期留学生,这些都进一步扩大了北大在国际上的影响。

在这里,我也要特别提一下我校基金会的工作,通过我校各方面的支持以及基金会同志们的努力,这几年我校每年的筹款均在人民币0.8亿~1亿元左右,为我校的建设和发展作出了很大的贡献。

(五)科技产业与产学研工作。我校的高科技产业在全国高校中继续保持领先地位,以信息产业、生物技术等为主的高新技术产业正在稳步发展,深圳北大生物谷建设已经启动,今年1月24日江总书记又专门视察了中关村高新技术园区,给我校方正集团公司以很大的鼓舞。我校高新技术的产业化及产学研工作,在最近召开的教育部创新大会上受到有关领导多次赞扬。学校认真学习了全国与教育部技术创新大会精神,已决定进一步结合我校实际,以便加快知识创新、技术创新和高科技产业化的步伐。积极规划和启动我校科技园的建设,并准备召开学校创新大会,进一步推动产学研结合、发展高科技产业,并在校办科技企业的改组改制和建立现代企业制度方面进一步探讨。

(六)后勤、基建工作。去年,后勤广大职工在为教学、科研、产业和全校师生员工服务上取得了新的成绩,做出了新的贡献。在水、电、煤和资金短缺的情况下,为全校的正常运转作出了最大努力,分管后勤工作的领导和干部以及后勤广大职工在后勤改革,特别是贯彻国务院后勤社会化会议精神方面付出了辛勤的劳动,保证了学校的正常运行。基本建设方面,去年开复工规模近30万平方米,竣工11.6万平方米。

另外,思想政治工作和党的建设为保证学校稳定的大局,保证以建设一流大学为中心的各项改革发挥了重要作用。任彦申书记刚才的讲话在这方面已有更全面的总结,我就不多讲了。由于我到北大的时间不长,上面提到的工作不一定全面和准确,难免挂一漏万,请大家指正。但就我所了解的这些工作,已经给了我很大的鼓舞。

二、进一步明确创建世界一流大学的发展目标

在我校第十次党代会通过以及其后上报教育部的建设世界一流大学计划中,已经确定了我校的建设目标,其总体目标是:

用大约17年的时间,把北京大学建设成为培养和造就高素质的创造性人才的摇篮,成为认识未知世界、探求客观真理、发展科学文化的前沿,成为技术创新、促进科技成果转化的重要力量,成为党和政府制定重大决策、为解决社会发展的重大问题提供科学依据的思想库和智囊团,成为中华民族优秀文化同世界文明成果交流借鉴的桥梁。

为了实现这一目标,初步确定了实施步骤:按照统一规划、分步实施、重点突破、全面推进的工作思路,逐步展开。具体工作拟分为2个阶段:第一阶段是:基础性准备阶段(1999—2006年),第二阶段是:完善和全面推进阶段(2006—2015年)。

在第一阶段,我们要完成学科的整合和优化。使整合后的北大成为包括人文科学、社会科学、自然科学、技术与工程科学以及医药科学等几大门类的更为综合性的大学;建立适应国家需求和国际竞争的新的管理体系和运行机制;建设一支高水平的一定规模的学术和管理队伍;大大改善办学条件,明显提高师生工作、学习和生活待遇;大力支持教育改革、知识创新、高科技研究开发、高科技成果转化;进一步扩大北大在国际上的影响和联系。

党和国家对于北京大学寄予了殷切的希望,江泽民主席在北大百周年庆典上的讲话以及最近关于教育问题的谈话,使自己深感责任重大。虽然我们在去年迈出了可喜的一步,但与世界一流大学相比,与党和国家对我们的要求相比,北大还有很大差距。要实现这一目标,必须坚持不懈,克服许多困难。这些困难和问题具体表现在:

(1)教师中有世界影响的一流学者人数还很少,我校在一些学科领域内在国内的优势地位受到挑战。吸引和汇聚拔尖人才的机制亟待完善,即使已回来的优秀青年人才不少也处于各自奋斗的状况,缺少从整个北大的发展层面上的思考。一些学者反映,相关的配套措施在落实时贯彻不力。

(2)科学上有重大创新的研究成果和对社会经济发展有重大价值的开发成果较少,被SCI或SSCI收录的论文无论在质量上还是在数量上均有待提高。根据最近公布的去年SCI排名,清华已一跃而居第一,南大第二,而我校已落到第三,虽然SCI文章不是衡量一个科研机构和学校整体优势的唯一指标,但这不能不引起我们的极大关注。北大的综合优势并未真正发挥出来,我们的潜力还未释放出来,部分院、系、中心之间研究方向重复,使资源进一步紧缺,新的学科前沿、交叉学科难以成长。

(3)教育方面也面临新的挑战。我校有一流的学生,但如何全面贯彻落实素质教育,把他们培养成对国家能做出贡献的跨世纪创新人才,仍有不少问题。我校虽有一批精品课程、优秀教材,但不少同学反映部分教师对教育不够重视,讲课质量不高或课程重复设置,学生选课的余地不大。研究生教育管理在导师的学术责任、论文评审和答辩等方面也还存在不少问题。

(4)长期经费投入不足,教学科研基础设施落后。不少教职工的居住条件仍待改善,随着扩招,学生生活设施上的困难和问题也已更加凸显出来。

(5)科学的管理观念和管理水平还有待大大提高。我校在创建一流大学的过程中必须重管理。不少同志认为,我校与其他院校的差距主要也是在管理上。

建设世界一流大学必须要有世界一流的学科。而建设世界一流学科,就必须要有一流的人才。建设世界一流大学的核心是建设世界一流的学科和培养高素质具有创新能力的人才。为了达到这一目标,创建世界一流大学也必须要有一流的管理。而这一切都是要有人去做的。管理的核心是对人的管理,要使每个人有明确的目标和责任,要有一套很好的评估和激励机制,完善干部的考核制度,也要改变目前我们对干部只注意使用、不注意培养的状况。

世界一流大学都是经过长期的建设形成的。建设世界一流大学是学校领导、教师和学生长年累月辛勤奋斗的结果。办成一流的大学要有一定的历史过程,要经过社会实践的考验。因此,要坚持不懈地努力,脚踏实地地工作,打好扎实的基础。

三、2000年的工作重点

今年的重点工作要紧紧围绕创建世界一流大学目标这一中心工作,刚才任书记已根据寒假校领导会议的讨论,列举了全校今年要做的六件大事,我想再作一些说明和补充:

(一)教育体制改革

北医与北大的合并是我校今年上半年的重要工作,这是中央的决定,也是两校领导和师生员工的意愿。要力争在本学期把学校体制和管理系统调整好,并促进学科的整合及科研项目的合作,能够形成一些新的学科生长点。在具体操作过程中,可能还会有不少问题出现,希望学校各主管部门及早考虑。除继续加强与清华、北航等兄弟院校的合作以外,在与中国科学院、九院的合作方面要迈出新的步伐;与北京市、云南、深圳、青岛等省市的合作也积极向前推进,同时要探索与国外合作办学的可能性。远程教育、网络教育、虚拟大学,都反映了信息科学技术对教育所产生的深刻影响。北大应充分利用学校在这方面的优势,推动教育体制的改革。在教育体制改革中,还要注重调整内部结构,充分挖潜,努力办好各种形式的继续教育。

(二)教学与科研工作

要全面贯彻以德育为中心、德智体美全面发展的素质教育方针。学校的教育应重在基础,重在培养学生提出问题、分析问题和解决问题的能力。北大要真正培养出有创新能力的德才兼优的人才,还需全校各部门、各单位继续努力。加强教师队伍的建设,特别是青年教师的培养是重要一环。全校教师应该树立高度的责任感,注意师德、教书育人,同时要不断钻研教学,注重提高教育质量,要采取有力措施,使更多的知名学者,如在A类岗位上的教授参与主干基础课的教学。青年教师要花精力研究教育问题,向老教师学习。要使更多的课程成为"精品课程",并根据学科的发展和国家、社会的需求注意调整我们的课程设置;也要充分利用网络等现代化教育手段,提高基础课的教学质量。今年,教育部根据国家的需求,全国本专科生招生总量将从1999年的160万增至今年的180万人,研究生从1999年的8.9万增至今年的12万人。据此,我校今年的招生规模也要进一步扩大,本专科生达2800人,研究生达3000多人,今年新入学的文科一年级学生也不再安排到昌平园区学习。今后学校本科生和研究生的学生比例将控制在1:1。作为研究型大学,北大也要努力增加博士后的总数(现我校仅有博士后19人,而清华现已有280人,并准备今年扩大到400人),以确保好地完成承担的各项科研项目。博士生和博士后是我们科研工作的重要力量。没有他们,要成为研究型大学是不可能的。

科研工作要择优扶重,点面结合。在学科建设上,积极推进院系的调整,改变一些院系之间专业设置雷同、机构重复的状况。充分发挥多学科的综合优势,促进学科交叉、文理结合。要特别注意组织进行跨学科的、战略性的研究,也要注意学科新生长点、新学科前沿的培植。这对确立北大在重大问题上的发言权具有重要意义。为此,要改进我校的科研管理,特别是在理科,要下大决心改变"个体经营"、大型仪器设备不能公用,各自为政、自我完善的方式,这不是现代科学研究的方式,也影响了我们提高科研水平,出大的科研成果。文科也要注意社会经济发展中的重大问题,抓基地建设、抓院系、抓项目,并落到实处。各系均必须建立自我约束的机制,避免在调整过程中又过度膨胀。理科还要抓好重点实验室的申报以及数理学科重点实验室的评估工作,重视争取"973"、"十五"规划和"S863"等重大或重点项目工作。SCI和SSCI以及其它重要系统收录的论文应引起重视,今年要分解落实。我校应有很大的潜力,如果我们出SCI论文的几个大院系(如物理、化学等)努力一下,如果我们全校的博士生、博士后进一步努力一下,我们是可以做得更好的。外文质量问题,可以请人帮忙。关键是要重视,要有措施。这一点科研部已在考虑。

(三)进一步推进人事分配制度的改革,加大吸引优秀人才的力度。

世界一流大学的重要标志是要有世界一流的人才。田长霖教授最近在清华的一次讲话中说Berkeley

由于有了劳伦斯发明加速器,先后使17人获得诺贝尔奖,才使其他人知道了什么叫世界一流。所以学校的工作,要进一步深化我们的人事制度改革,在加大吸引优秀人才的力度上花功夫。同时,要注意营造培养高水平人才的环境和氛围。要按照创建世界一流大学计划,进一步深化人事分配制度的改革,年底之前要认真组织检查和评估。为此,要尽快制订考核评估体系,以落实各级岗位的聘后考核工作,同时也要落实对各院系领导班子目标责任制的考核。今年,应在各单位定编、定岗的基础上,实施职务晋升和人员增补的公开招聘制度,今后的职称评定工作,应按按需设岗、按岗聘任的管理模式进行。去年总体情况令人满意,但也还存在一定的问题。这些问题的出现,绝大部分是与各院系领导的工作态度与作风有关,今年要总结经验,力争改进和完善。按照创一流大学的目标,对年轻的一代应有更高的要求,根据我校这些年教师队伍建设的状况,我想今后年轻教师晋升高级职称一般应有博士学位。请人事部在总结经验的基础上,尽快提出具体的实施办法。

实施创建世界一流大学的目标,最主要的是有没有一支高素质的教师队伍,而关键又在教师队伍中有没有一批高水平的学科带队人,所以要争取多种方式(包括兼职等),加大力度吸引高层次的人才(院士、杰出青年人才)到我校工作,要完善措施和配套政策。

(四)加强管理

一流的大学要有一流的管理。朱镕基总理在今年国务院第5次会议上的讲话中强调,今年要"严"字当头,把工作重点放到加强管理上面来。为此,我校要制订和完善各项工作规章制度;要建立科学的决策、实施的机制;要充分利用网络,建立快捷有效的信息沟通系统;校领导和职能部门的工作职能、分工要进一步明确。最近在寒假校领导工作会议上,已进一步明确我校实行校、院、系三级建制两级管理的管理体制,应加紧实施。

在这里,我想要特别提一下加强财务管理的问题。改革需要成本,需要投入,我们要优化资源的配置,用好经费,为推动我校的改革和科研教育服务。随着国家对我校经费投入的增加,开发创收工作的发展,各类科技经费来源的拓展,我校包括各院系经手的资金额大幅度增加。为此,各级领导一定要增强法制观念,严格执行国家的财经法规,强化财务管理,严格会计管理制度,规范收支行为,加强审计监督。在这方面,北大应成为遵纪守法的模范。

对新上任的职能部门领导和院系主任,应进行必要的上岗培训,提高他们的管理和政策水平。

经教育部批准,北大一行15人的管理干部由闵校长带队上月已开始在U.C. Berkeley学习大学的管理。希望在他们回校后,对我校的管理能有所帮助,能对改进我们的管理有所借鉴。

(五)产学研、高科技产业和科学园建设

陈至立部长在高校技术创新大会上强调,高等学校在国家技术创新中起着不可替代的作用,搞好高校技术创新工作,要着重解决好机制创新问题,建立有利于科技成果转化的分配机制、激励机制,探索出一条适合我国高校特点的技术创新的路子。我们要切实贯彻全国技术创新大会和高校技术创新大会的精神,鼓励技术创新和高技术成果产业化。要响应中央的号召,为西部开发做出贡献。为此,要在调研的基础上落实措施。同时要及时抓住机遇,积极在中关村科技园区建设中发挥作用。要综合利用我校的科技优势,调动社会资金。也要进一步加强与地方的联合,使我校在促进地方经济发展中发挥更大的作用。昨天下午,我参加了无锡市高新技术产业合作恳谈会,很高兴我校青鸟集团公司与无锡市签订了两个合作协议。要促进新生长点的形成,如"北大在线"的成长,将为我校的教学和研究工作提供更大的支持。上半年完成组建北大在线公司,集中北大信息研究和产业的优势,争取在因特网产业中占有一席地位。要加快校办高技术企业的改组改制。产业的改制,要按照现代企业的规范,建立现代企业制度,可以先从产权简单的公司入手,抓一两个试点,取得经验再全面铺开。

教育部最近确定了全国15所高校建立科学园,北大是首都两所之一。应该抓住国家对中关村建设的大好时机,拓展北大的发展空间。要认真规划,广开资金渠道,积极与北京市和教育部有关部门沟通,力争年内完成学校周边地区的征地任务,发展北大科学园。

(六)后勤社会化改革

贯彻落实"全国高等学校后勤社会化改革工作会议"精神,根据北京市提出的"政府主导、因校制宜、区域联合、加强组织、务求实效"的方针,逐步建立适应市场经济体制,符合创建世界一流大学需要的后勤保障体系。今年后勤社会化改革进行三个阶段的第一阶段,实体与后勤管理职能部门形成契约关系,明晰产权,明确责、权、利,并改变学校与此相关的预算拨款体制。校领导已决定成立后勤社会化改革领导小组,以加强统筹协调,推动工作。我在此还想特别谈一下学生公寓的问题。随着我校招生规模的扩大,学生的居住状况、食堂的问题会更趋紧张,后勤社会化改革势在必行。要充分利用社会资源来推动我们的改革,加速学生公寓的改造和建设,以尽快改善学生的居住和生活条件。昨天我已代表北大与中国工商银行签订了银校合作协议,希望后勤、基建等管理部门能仔细研究后提出方案。

最后,我还想提一下北大的对外形象问题。教师、学生都要提倡现代文明,注意塑造新时代北大人的形象,要充分利用网络,加强对外宣传。我校在国内外的一批校友是一支重要的力量,他们愿意以各种方式帮助和支持北大的改革和创新,建议在将来的北大在线上开辟一个北大校友专栏。

今年是创建一流大学第一期任务中的关键一年,也是"九五"最后一年,"十五"即将开始,要注意国家和社会的需求,要与国家主管方面加强沟通,做好工作,积极争取多承担国家的重大科技任务,各级领导一定要抓住时机。

要进一步深入改革,巩固改革的成果,最根本的是要以邓小平理论和中央的战略方针为指导,统一各级领导班子的思想。我们在学校工作的领导干部首先要严格要求自己,以身作则,同时要关心和支持各职能部门和院系领导的工作。我们一定要加强与职能部门的沟通,与师生员工的沟通。各级领导要反复向本单位的干部职工说明学校的意图,形成共识,化解消极因素,增进各方面人员之间的理解,增强信心,齐心协力抓住学校的中心工作。

我到北大已经两个多月了。在这一段时间内,学校的各级领导,不少教职工,还有我校的不少同学以不同的方式对学校的工作向我提出了许多中肯的意见和建议,乃至批评,我十分感谢大家对我工作的支持。为了把工作做好,我也希望在下一阶段能有更多的时间到机关各部门、院系去进一步了解情况,向大家学习。

建设世界一流大学的任务是长期和艰巨的,这种机遇也是千载难逢的。同志们都感到北大需要振奋人心,需要凝聚大家的力量,需要调整我们的步伐。大家都期盼着北大能再上一个新台阶。我相信,我们全校教职工和同学们一定不会辜负历史的重托。我也有信心与大家一起,发扬北大的光荣传统,脚踏实地,为把北大建设成为世界一流大学而共同努力奋斗。

谢谢大家!

党委书记王德炳在秋季全校干部大会上的讲话

2000 年 8 月 31 日

同志们:

暑假期间,学校的党政领导和有关职能部门的负责同志用四天时间召开了工作会议,认真总结了学校上半年的工作,研究分析了北京大学目前面临的新形势、新机遇和新挑战,并就学校的整体发展规划、学科建设、人事分配制度改革、机关机构的改革、管理体制的改革、后勤、产业、财务、党建和思想政治工作等内容进行了逐项的、细致深入的研讨,并就有关重要问题进行了决策。这是原北京大学和原北京医科大学合并后召开的首次假期校领导工作会议。从我个人来讲,通过这个会议,对北大的许多情况有了更新、更全面、更深入地了解,会议作出的决议,对学校今后一个时期的发展建设也将产生重要影响。会议开得非常紧凑,也很有成效,进一步明确了北京大学创办世界一流大学的目标、任务,实事求是地摆出了我们目前面临的一些困难,也通过对这些问题、困难的分析,有针对性地制定了工作的对策,坚定了我们的信心。

关于会议作出的一些决定,和下学期学校的具体工作,以及大家关心的比如招生等问题,一会儿许校长会详细谈,我先从学校党委的角度,谈四个问题。

第一个问题:我们面临的形势

对形势的正确分析和判断是做好工作的出发点,只有对我们所面临的形势有正确清醒的认识,我们才能采取切实可行的、符合实际的工作态度和工作措施。在这个问题上,我们既不能盲目乐观,也不应妄自菲薄,要实事求是地看待成绩,看待问题。

首先,我们要看到面临的大好机遇,看到工作中的成绩和我们的事业取得的进展。

1998 年,北京大学庆祝了百年校庆以后,创建世界一流大学的目标已成为国家战略和政府行为,成为凝聚全校师生团结奋斗的纽带。从去年开始,国家从有限的财政中,给予北大、清华三年 18 个亿的高强度支持,目前时间已经过半。这一年半来,北大在教育部和北京市委的直接领导下,认真贯彻落实科教兴国战略,全面推进创建世界一流大学计划的各项工作,克服各种困难,在体制改革、学科建设、后勤工作等方面都取得了较好的进展。从总体上讲,我们的工作是积极而富有成效的,基本按照计划完成了各项任务。

今年上半年,我们最重大的一项工作,是完成了原北京大学与原北京医科大学的合并,这是北京大学体制改革迈出的重要步伐,受到党中央和教育部、卫生部、北京市的高度重视,在社会上引起了很大反响。两校的平稳合并本身就是北大创建世界一流大学计划的重要内容。江泽民总书记写来贺信,李岚清副总理亲临会场并发表重要讲话。8 月 1 日,我和许校长、闵校长到教育部汇报工作,陈至立部长对北大和北医合并后的工作给予了较高的评价,她说,"这么大的两所学校合并,困难是很多的,越大越不容易。而你们的合并总体来讲是平稳的,顺利的,新的班子在工作和考验中建立了威信,树立了良好的形象。北大的各项工作有条不紊地进行,有了一个好的开局。你们的顺利合并,对全国高教体制改革做出了历史性贡献,带动了医学院校与综合院校的合并,顺应了潮流,起到了示范带头作用。"从合并以后我们学校本部和医学部工作的情况看,合并是比较成功的。各院系、各职能部门的同志从大局出发,互相理解和支持,积极平稳地推进工作,没有出现不必要的内耗、摩擦,两边的工作不但没有受到影响,而且在教学、科研、管理等方面有了一定程度的融合和交叉,合并效益已经开始逐渐体现。我们要进一步加强医学与生命科学和其他学科的合作与融合,形成新的生长点,开拓新的领域,争取在生命科学和生物技术科学等领域尽早取得突破。历史将证明,两校的合并对北京大学创建世界一流大学的进程将产生积极、深远的影响。

此外,按照我们创建一流大学计划安排,学科的发展与建设也在有关校领导和部门的积极主持、指导下,有条不紊地向前推进,在刚刚结束的文科基地评审中,上级部门及兄弟院校对北大文科的地位给予了充分肯定和高度评价。我参加了几个基地评审的汇报过程,感到非常振奋。

我们的机关机构改革和人事分配制度的改革也在社会各界的关注下取得了很大进展,获得了宝贵的经验财富。在上学期末学校有关部门进行的调研中,各院系的领导和教师对学校进行的改革总体是持积极肯定态度的,大家普遍认为,这次定岗改革体现了党和政府对教育、教师、人才的尊重和支持,希望将这一制度尽快固定下来,使它成为学校的基本制度。这次改革改变了许多教职员工的精神面貌,提高了教师们的教学和科研的积极性,一些院系出现了老师争着上岗的现象;此外,岗位津贴的发放对于一些基础学科来说是大大减轻了院系领导的工作压力,可以把精力投入教学、科研等中心工作。当然在设岗、定编、聘任、评估等具体问题上,我们还必须大力改进。

后勤社会化迈出了可喜的一步。7月,学校在办公楼礼堂召开了后勤社会化工作会议,宣布了后勤社会化改革的方案,力争从现在起到2002年底,通过三个阶段,组建不同的服务实体,积极帮助、扶持实体提高服务质量,壮大实力,争取发育成为北京市高校后勤社会化改革的龙头实体,并按照北京市的统一部署,区别不同情况,把校内实体通过"并入、托管、联办、连锁、股份合作"等形式进入高校或社会后勤集团,完成校际之间的区域联合以及社会与学校联合办后勤,实现后勤社会化。

此外,在大力开展国际、国内合作,多渠道筹措办学资金,加强学校党建与思想政治工作等方面近年我们都有不小的进展。应该说,有党和政府的大力支持,有北大雄厚的实力做基础,通过全体师生员工奋发有为地工作,我们正在向创建世界一流大学的目标扎扎实实地迈进。

但是在看到成绩的同时,我们也要清醒地看到我们面临的问题和不足。实事求是地讲,北京大学独领风骚、全面领先的局面已经不存在了,我们面临着来自方方面面的竞争挑战,国际、国内,文科、理科、医科,教学、科研、产业……很多同志心中都有一种沉甸甸的压力。一些同志在和我讨论工作的时候,都表达了一种急迫的心情。这种心情完全可以理解,这说明我们的同志有很强烈的责任感和使命感。的确,创建世界一流大学的道路不是一条坦途,要实现这一目标,要克服重重困难,甚至需要几代北大人的不懈努力。

目前摆在我们面前的问题不容忽视。学科建设上,我们领先的学科在逐渐减少,领先的优势在逐渐丧失,个别学科与国际、国内同类学科的差距在不断增大;师资队伍上,尽管这几年我们在人才引进和培养方面做了大量工作,也取得一定进展,但在国际上有重大影响的大师、名教授、权威学者还不多,真正重量级的学者还没有出现;我们的领导班子刚刚组建,还需要一段时间的磨合,还需要时间和实践的考验得到大家的认可。在班子中也还存在办事效率不高、民主科学决策不够、重大措施不多等问题。就我个人而言,缺乏远见卓识、驾驭全局的能力,缺乏魄力和勇气,对北大的情况,还只是一知半解;学校管理工作薄弱,缺乏先进的管理理念和不断创新的管理思路、管理手段,管理队伍的建设要进一步加强;基础设施太差,特别是学生的生活、学习条件欠账太多,虽然近年来后勤部门也在不断努力,确实也很辛苦,但距离上级部门和同学们的要求相差太远,同学们对此意见也比较集中。此外如青年教师的待遇、住房等问题,虽有一定改善,但仍然困扰着我们。

目前摆在我们面前最急迫的问题是,党和政府给予我们这么大的支持,现在三年已经过半,到时候我们拿什么成果来向中央交代。教育部领导的几次谈话中都提到这个问题。在这件事情上,教育部领导也是有压力的。当然,我们可以讲教学和科研工作都要讲求规律,不可能强求一蹴而就,更不能急功近利,但是我想每一位同志都清楚,如果三年或者更长一点儿的时间,我们一点儿标志性的成果都拿不出,任何亮点也没有凸现,在人才引进、培养上没有丝毫进展,我们到时候怎么面对中央和教育部领导的信任?怎么回复全国人民的期待?我们现在并没有在哪个项目上就说十分有把握了,必须以时不我待、只争朝夕的精神,加倍努力工作做出成绩,这是我们最现实、最紧迫的任务。

目前的形势对北京大学来讲,机遇非常好,压力、挑战也非常大,任务更是相当重。无论是投入的强度,改革的力度,还是发展的速度,面临挑战的难度,都是前所未有的。重要的是,我们要实事求是地对待成绩和问题,正确分析形势,既要坚定信心,又要增强忧患意识,增强紧迫感和危机感。8月29日上午,学校组织了一个座谈会,请学校的一些老教师、老领导和我们一起分析一下形势,为学校的未来发展出谋划策。会上大家对学校方方面面的工作提出了很好的建议和意见,我听了以后特别有感触。有的教授说北大现在没什么可骄傲的,一定要放下架子,转变作风,要"放下包袱,开动机器",这个包袱是"老大自居"的包袱;有的教授形象地说,我们不能"抱着金牌子,成了破落户",要通过我们卓有成效的工作去战胜困难,迎接挑战。

第二个问题:正确处理改革、发展、稳定的关系

创建世界一流大学是我们全校师生员工的共同奋斗目标,是党和国家对我们寄予的厚望。无论发生什么事情,都不能动摇这一目标,这是全体北大人的共同理想。在创建一流大学的进程中,既要有长远计划,也要有分步实施的具体方案。在考虑学校工作全局的时候,一定要处理好改革、发展、稳定的关系。

首先"发展才是硬道理"。面对各种困难、挑战和问题,一定要以北大的发展来凝聚大家的斗志,凝聚共同的理想和目标,来处理问题、渡过难关。我认为在学校发展中要抓住几个关键问题。

(一)学科建设是衡量一流大学的重要标志之一。一流的大学要有一流的学科,学科建设是一流大学计划的重中之重。培育一流的学科就要确定重点,有所取舍。既要重视北大原有的优势学科,又要加强新兴学科建设,加强文、理、医学科的交叉,培养新的增长点。我们要一个学科一个学科地调查研究,了解现状和发展前景,要和国际国内的同类学科进行比较,做到知己知彼,以便瞄准世界科技发展的前沿,在我们自己原来的基础上寻找更高起点的跳跃式发展,力争有所突破。我们有很多领域可以去冲、去闯。比如信息科学,生命科学和医学,人文社会科学等等,这些我们一定要优先发展,重点保证,基础设施建设、岗位津贴的发放、投入等都要围绕学科发展进行。田长霖教授曾在一次报告中指出,一所大学最重要的标志是她学科发展水平,这也是决定大学影响、地位和水平的重要因素。在加强学科建设的问题上,我们必须全力以赴。

(二)人才培养是大学的重要功能和根本任务。一流大学一定要培养出一流的人才。一些世界著名大学之所以成名,就在于她培养出来的学生对国家的贡献以及在海内外的重大影响。我们要充分利用综合性大学基础学科力量雄厚、学科相对齐全的优势,大力加强学生的基础课和基础训练,培养学生的实践本领,解决问题的能力和创新精神,要坚持让我们的知名教授和优秀教师都能够走上讲堂,切不能重研究轻教学。许多世界一流大学成功的秘诀是让那些从事创造性探索的学者们直接去教学生,其实这样做,受益的不仅仅是学生。在与学生的直接交流对话中,教学相长,研究者本身的学术也会大大丰富,而学生也能够直接获取最前沿的知识。目前我校学术造诣高深的教授上第一线任课的问题还没有很好解决,要认真研究落实。北京大学是一所研究型大学,但是培养人才是我们的根本任务,我们一定要对教学工作给予高度重视,教学内容的更新需要科研工作的推动和支持,要把科研的成果和从事科研工作的思维随时引进课堂。如果培养不出一流人才,我们就始终无法跻身世界一流大学之列。

(三)师资队伍建设。一流大学要有一流师资队伍,要有大师和名教授。师资队伍建设是我们的战略任务,学科建设的关键是人才,学科竞争的根本也是人才竞争。从某种意义上讲,有了一个优秀的人才,可能就会带动起一个学科的发展。我们当前要把人才引进的重点放在引进大师、名教授和权威学者上,在引进人才时要注意全面素质,除了要注意学术水平外,还要注意奉献精神和团结协作的团队精神。要注意形成人才的梯队,处理好老中青关系,特别要注意青年学者的培养、选拔和引进。这是我们工作的永恒主题,也是我们的战略性任务,在这个问题上,我们一定要考虑到学校的长远发展。

(四)发展规模与条件。学校要保持一个稳定的局面,要真正做到内涵发展,必须要注意规模。要制定合理的发展规划,包括事业发展规划、学科发展规划和校园发展规划等。要统筹安排,突出重点,合理调配资源。只有先制定了合理的、科学的规划,事业才能沿着正确的方向,有条不紊、按部就班地向前推进。特别是事业的规划,一定要实事求是,要注重质量的提高,要围绕学科的发展要求来进行。

发展一定要靠改革,改革是发展的动力。当前学校的改革要注意以下问题。

第一,要通过人事制度的改革,形成竞争机制,吸引、稳定优秀人才,增强我们的办学实力,重现北大历史上名家辈出、群星灿烂的局面。第二,要通过学科结构的改革,促进新兴学科之间的交叉和融合,促进文科与理科之间、理科与医科之间、文科与医科之间的密切结合,创造和培育新的生长点。这项工作在两校合并之前就已在进行,合并后又有了一些新的进展,但力度还不够,成果还不明显;第三,要通过学校管理体制的改革,建立校、院两级管理的体制,强化学院的管理职能和系里的学术职能,成熟一个推进一个。对此学校的态度非常明确。当然医学部的情况比较特殊,是一个实体,不同于其他四个学部;第四,要通过机关机构的改革,建立起精干、高效的管理队伍,逐步确立服务育人、管理育人的思想,学校领导要直接与院系领导经常对话,讨论工作,机关职能部门要贯彻学校的决定,为教学科研工作服好务;通过财务政策的改革,建立积极主动又稳健有序的积极财政政策;通过后勤改革,提高后勤服务水平和质量,增加后勤实体的自身实力,早日实现后勤社会化。

在对待改革的问题上,首先要有改革的精神,敢想、敢干,不拘成法,有危机感,有责任感;其次要有改革的思路,在充分调查研究的基础上,提出切实可行的、科学的改革方案。

保持稳定是推进改革,求得发展的根本保障。在积极推动改革、促进发展的同时,我们务必抓好稳定工作。作为学校,我们稳定的基础还相对脆弱,维护稳定的任务非常艰巨。北京大学的老师和学生都非常敏感,国际、国内的重大政治事件,不断出现的社会思潮,深化改革引起的各种利益的调整,学校周边及校内的刑事治安事件、意外事故,管理和后勤工作中的薄弱环节,工作不细、考虑不周等,都会在我校师生特别是学生中引起强烈反映。教育引导的不及时或处置不当,都可能会成为危害稳定的导火索。特别对与学生密切相关的伙食、住宿、就业等切身利益问题,与教师相关的岗位、津贴、待遇等问题,一定要引起我们的高度重视。只要是合理又能解决的,一定要尽快解决,把矛盾和纠纷化解在萌芽状态。同时,我们也要高度重视改革、发展中带来的不稳定因素,通过认真细致的思想政治工作,理顺情绪,化解矛盾。要注意优化我们学校的周边环境,加强校内的治安管理,保护好师生的生命财产安全。

说到这里,很多同志可能都会想起上个学期发生的邱庆枫事件。今年5月19日,政治学与行政管理系的女学生邱庆枫在从燕园返回昌平园的途中不幸遇害。一起发生在校外的恶性刑事案件引发了校内近千人的聚集,这一事件从发生到处理持续了近两个星期,给学校的工作造成极大影响,也引起了中央、教育部、北京市有关领导及社会各界的极大关注。

这件事发生在我到北京大学工作一个多月的时间,确实让我很好地经受了一次锻炼和考验。当然这一事件能够最终平息下来,应当感谢上级领导的及时指导和支持,更要感谢学校有关院系和部门的同志们,特别是学工、保卫系统的同志们所做的艰苦工作。透过这一事件,认真地进行反思,暴露出我们在管理、后勤、思想政治工作等方面存在的诸多问题。

——后勤保障方面,多年来我们欠学生的账实在太多了,宿舍问题、食堂问题、浴室问题、教室问题……从学生们聚集时提出的要求就知道,在某种意义上,他们实际是在通过这个事情,为自己简单的生活条件和待遇"讨说法",如果这些问题没有很好的解决方案,恐怕今天不出事,明天也很危险;

——在管理上,我们的反应机制、工作手段、宣传渠道都已明显不能适应网络时代给我们提出的新要求,同时对燕园与昌平园的往来交通、转系考试的有关安排等也在不同程度上暴露出我们管理上存在薄弱环节;

——在思想政治工作上,个别学生,甚至包括个别教师,不是从真诚悼念同学、维护稳定大局出发,而是唯恐天下不乱,故意制造事端,说明我们的思想政治工作在这种关键时刻,还不能完全跟得上去。

除了邱庆枫事件以外,上学期我们校园内外各种案件的发案率比较高,有关部门一定要想办法解决。同时,我们也要加强对学生的心理健康教育,增加学生的自我保护意识。在座的各位同志,特别是各院系的领导同志,一定要对这一问题有足够认识,及时掌握师生思想动态,防患于未然。发展建设必须有一个稳定的环境和气氛。从某种意义上说,没有稳定,我们的改革和发展就无从谈起。邱庆枫事件就是一个深刻教训,那几天全校的中心工作都是围绕这一事件展开的,没有时间、精力去抓教学和科研,这就是不稳定要付出的代价。我们学校近年来保持持续快速发展的原因之一,就是保持了相对稳定的局面,大家要珍惜这来之不易的局面,共同维护稳定,这是全校上下的共同责任。

大学无小事,大学不是世外桃源,北大更是如此。我们既要全力加快我们学科建设的步伐,也要在管理、后勤保障、思想教育等等方面,做大量细致的工作。

第三个问题:加强党建和思想政治工作

党建和思想政治工作直接关系到人才的培养,关系到我国社会主义现代化建设的大局。江泽民总书记、李岚清副总理分别在中央思想政治工作会议及第九次全国高校党建工作会议上,就此问题作了重要讲话,深刻分析了党的思想政治工作面临的新形势、新情况,强调了思想政治工作在党和国家全局工作中的重要地位和作用,阐述了当前影响干部群众思想活动的重大理论问题和实际问题,提出了加强和改进党的思想政治工作的任务和要求。江泽民同志在讲话中深刻指出,党的思想政治工作是经济工作和其他一切工作的生命线,是团结全党和全国各族人民实现党和国家各项任务的中心环节,是我党和社会主义国家的重要政治优势。陈至立部长在第九次全国高等学校党的建设工作会议上的报告中也指出,"作为高等学校,我们培养的人才是未来社会中十分重要的群体。他们的素质,对民族素质的提高和民族凝聚力的加强具有十分重要的意义。因此,培养既有创新能力和较高科学文化素质,又有坚定地走建设有中国特色社会主义道路的理想信念,有热爱祖国、报效祖国的崇高志向,有辨别是非、抵御腐朽思想文化能力的现代化建设事业建设者和接班人,是高校的战略任务,也是高校党建和思想政治工作的根本任务。"

对于我们北京大学来讲,党建和思想政治工作是创建一流大学的根本保证,是学校的重要工作,只能加强,不能削弱。特别是当前,国际、国内形势的发展、变化,以及学校改革发展的要求,对我们做好党建和思想政治工作提出了新的、更高的要求。北京大学是坚持马克思主义邓小平理论教育的重要阵地,也是各种思想和文化容易在此相互交汇和激荡的场所。我们必须认真学习和贯彻江泽民同志的重要讲话精神,以马列主义、毛泽东思想和邓小平理论为指导,研究党建和思想政治工作面临的新情况新问题,在内容、形式、方法、手段、机制等方面不断创新和改进,在加强针对性、实效性、主动性上下功夫,努力开创新局面。

目前,我校教育管理体制改革正在深化,学科建设顺利推进,各项工作不断发展,这是同我们多年来,对党建和思想政治工作的重视和加强分不开的。今天对大家已经取得的成绩和经验就不多讲了,主要谈一谈通过这几个月的接触、了解,我们各个部门需要认真对待的一些问题和现象,请大家一起思考和研究。

——对思想政治工作的重要性认识有待进一步提高,还不同程度存在着"一手硬、一手软"现象。有的部门、院系领导对教学、科研、产业等行政工作非常重视,却轻视甚至忽视党的建设和思想政治工作,一些学术水平高、在师生中有较高威望的同志愿意担任行政负责人,却不愿意从事党务工作。

——思想政治教育与教学科研相脱节。政治理论教育和形势政策教育在某种程度上停留在一般化、表面化,脱离于日常教学和科研实践,不能及时发现并有效解决广大师生深层次的思想认识问题,个别教师忘记了自己教书育人的职责,"只教书不育人",甚至在讲坛上用错误的思想观点误导学生。个别教师和学生对科学与伪科学不辨良莠,我校至今还有人在"法轮功"的问题上执迷不悟,当然只是个别现象。

——思想工作的手段单一,反应不快。面对信息技术的突飞猛进,计算机与网络的日益普及,信息传播渠道与速度的不断拓展与提高,我们有些思想政治工作者不适应,反应迟钝,对如何积极占领网络宣传阵地,如何更新思想政治工作的手段和方法,缺乏创新、缺乏有力措施。

——个别教师利用讲座和书刊散布政治错误言论,造成不良影响。在第九次全国高校党建会议上,李岚清副总理和陈至立部长都不同程度地批评了我校某教授在讲座和书刊上宣扬资产阶级自由化和一些错误言论等问题。学校为此事多次专门进行研究,并与有关院系的负责同志也多次交换意见。现在校、系领导都与这位教授谈过话,进行了批评帮助。这位教授表示要"回去对自己的言论和问题思考一下",并为自己给学校和系里"添了麻烦表示歉意"。一方面,我们要继续深入细致地做他的工作。同时,在这个会议上提出的目的,是要请大家举一反三,注意自己所在的部门、院系有没有这种情况,特别要注意防止有人利用北大的讲坛散布各种不负责任的、甚至是资产阶级自由化言论的现象。对学术问题,可以百花齐放、百家争鸣,但对政治问题,我们必须态度坚决、旗帜鲜明。研究无禁区,讲课和宣传是有规定、有纪律的。

——青年教师中党员发展工作乏力的现象。目前,我校青年教师在全校教师中的比例已越来越高,但青年教师党员在教师党员中的比例却偏低,有的院系甚至越来越低。一些单位的基层组织忽视对教师中积极分子的发现和培养,只看重业务,不重视思想教育,致使一些基本符合党员条件的优秀骨干教师和学术带头人长期游离于党组织的大门之外。一些青年教师缺乏对党的性质、纲领的正确认识,缺乏向党组织靠拢的热情,个别人甚至对要求入党的积极分子冷嘲热讽。

上述问题虽然只是一些局部现象,但它提醒我们,千万不能满足于已取得的成绩而放松努力。在此千年交替、世纪更迭的重要历史时刻,世界正在发生前所未有的深刻变化,我国正在进行完善和发展社会主义制度的自我变革,我们党建和思想政治工作面临的形势更复杂、任务更繁重、工作更艰巨。在新形势和新挑战面前,我们党建和思想政治工作只能加强而决不能削弱。我们一定要增强紧迫感,切实转变观念,改进作风,把面临的形势分析透,把工作中的问题研究透,把师生的思想状况调查透,有针对性地采取措施,把我校党建和思想政治工作提高到一个新的水平。

根据以上情况,我们确定了今年下半年党建和思想政治工作的要点。

1. 按照要求,做好"三讲"工作。目前北京只有12所高校没有进行"三讲"工作,人大、清华等院校都已进行完毕,而且取得了很好的效果。我们进行"三讲"教育的时间初步是在今年的10月至12月,用三个月的时间集中进行。我们要充分把握"三讲"这个契机,按照"三个代表"的要求,本着"从严治党"的精神,全面加强我校领导班子的思想建设、政治建设、组织建设和作风建设。首先要把加强邓小平理论以及"三个代表"重要思想的学习,提高我们的政治理论水平,作为加强领导班子建设的治本措施,使每一位领导干部都始终保持政治上的清醒和坚定,提高与党中央保持一致的自觉性,切实增强班子的凝聚力、战斗力和创造力。其次,要按照"三个代表"的要求,认真研究制定整改措施。通过"三讲",要真正达到"思想上有明显提高,政治上有明显进步,作风上有明显改变,纪律上有明显增强"的要求。关于"三讲"工作的具体要求和安排,学校将召开专门会议布置。

2. 学习贯彻第三次全教会、全国思想政治工作会议精神，全国高校第九次党建会精神，以及北京市委下达的《关于加强高等学校党的建设若干意见》的通知精神，召开以加强师德建设为重点的北京大学思想政治工作会议。要把开展四个如何认识的宣讲活动、把"三个代表"精神贯彻在思想政治工作的始终。

3. 结合邓小平研究中心的成立和建设，两课教学改革，进一步开展对邓小平理论的学习、研究和宣传，推进邓小平理论"三进"工作。

4. 修订北京大学教师教学工作管理办法和北大教师职业道德规范，加强教师思想政治和业务培训。

5. 研究解决学生思想政治工作队伍建设迫切需要解决的问题，教师思想政治工作体制和机制的建设问题，马克思主义理论队伍和"两课"教师队伍建设中的迫切问题。在暑期的学校领导干部研讨会上，学校已经原则同意学生工作部门提出的学工干部选留、任用的做法，具体人数和录用程序由学工部门与人事部门商定。今后，要充分发挥学生骨干的作用，形成新的学生工作机制。

6. 制定、实施北京大学关于情况沟通、学校领导深入实际，联系群众，以及校务公开的办法，加强信息交流，改进领导作风，加强民主管理与监督。

7. 在校园文化建设中进一步弘扬爱国主义、集体主义和社会主义的主旋律，加强学生社团和社会实践工作。办好教师节文艺晚会、"一二·九"合唱节、新年联欢会等活动。

8. 加强工会、教代会、共青团、学生会的工作，加强民主党派和无党派人士的工作，群策群力，办好学校。

9. 坚持马克思主义立场，运用世界眼光，立足中国实际，加强网上舆论宣传和网站管理。

第四个问题：校务公开，改进工作作风

目前已经形成了一个《北京大学校务公开实施办法》的草稿，目前还在讨论、修改之中。许校长任校务公开委员会的主任。

为什么实行校务公开？实施校务公开是新形势下学校贯彻落实十五大有关加强基层民主建设要求的重要举措，也是全面落实全心全意依靠教职工办学方针的具体体现。做好校务公开工作，有利于调动广大师生员工关心和参与学校民主管理、民主监督的积极性；有利于促进学校各级领导干部和职能部门规范办事行为，提高工作水平和效率，接受各方面的监督，加强党风廉政建设；有利于增进社会各界对我校的了解和认识，争取更多的外部支持，提高办学能力；有利于推进学校的改革、发展和稳定，尽快把北京大学建成世界一流大学。

关于实行校务公开应遵循的具体原则、主要内容、公开的途径和方式等问题，目前还在广泛征求意见，做进一步修改。本届学校党政班子已将推行校务公开制度纳入本届任期管理责任目标。

实行校务公开制度，不是摆形式、走过场，更不能敷衍塞责、应付了事。要通过推行校务公开的做法，切实改进我们的工作作风，增强学校各部门工作的透明度，提高工作效率和服务水平，各级领导也要树立服务第一的观念，经常深入基层，了解师生的脉搏和动向，倾听群众的意见和呼声，真正调动起全校师生员工共同管理学校、建设学校的热情和积极性，发动全校师生智慧，上下一心，为创建世界一流大学的目标共同奋斗！

从4月3日，北大与北医召开合并大会到今天，已经近5个月的时间了。这一百多天以来，发生在北大的每一件事情，面对的每一项工作，都在加深我对北大的了解和认识，北京大学的工作确实有很大的特殊性，对我个人是一个很大的锻炼和考验，我确确实实感觉到肩上担子的沉重。可以说是如履薄冰，诚惶诚恐。但好在我们有一个精诚团结的党政班子，有在座各位同志的鼎力支持，有北大的光荣传统、优良的校风和学风，有百年北大深厚的学术和文化底蕴，有党和政府对我们的大力扶持，尽管我们面临不小的困难和挑战，但是面对正在向世界一流大学迈进的北京大学赋予我们的神圣职责，我们责无旁贷，充满信心！

到北大的时间不长，以上谈到的内容有不全面、不正确的地方，希望大家指正。在这里，我也要向合校几个月来，同志们对我本人工作的配合和支持，表示衷心的感谢。大家对我个人的工作有哪些意见和建议，也欢迎大家直接向我提出来，我们共同探讨，不断改进。

谢谢大家。

校长许智宏在秋季全校干部大会上的讲话

(2000年8月31日)

同志们：

今天,在新学期开始的时候,我们召开全校干部大会,主要是部署下半年的工作。刚才德炳书记就学校面临的形势,如何处理改革、发展与稳定的关系,党建和思想政治工作等问题作了讲话,我完全同意。今年暑假,学校党政领导召开了工作会议,就有关问题进行了深入讨论。下面,我主要结合今年校领导暑期工作会议的精神谈几个问题：

第一个问题：关于上半年的工作

进入新千年以来,北大在教育部和北京市的直接领导下,深入贯彻科教兴国战略,全面启动了创建世界一流大学计划。尽管在具体工作中遇到了一些预想不到的困难,但在办学体制、教学科研、基本建设等方面都取得了较好的进展。全校教职员工锐意进取,奋发有为,表现出良好的精神面貌。从总体上讲,上半年的工作是积极的,富有成效的,基本完成了各项预定的任务。

在7月11日的全校干部会上,我对上半年的工作已经作了总结,提纲挈领地谈了几项主要工作。例如：国家重点实验室评估和教育部文科基地验收、理科楼群交付使用、后勤社会化改革启动、学生公寓建设方案基本敲定、管理干部赴美学习考察、北大在线开通、校办高科技产业改制以及与地方合作的进展等。应该说,各个部门和院系的工作都有不同程度的进展,我就不再重复和罗列了。在此,我向全校教职员工的辛勤劳动,向同志们对我本人工作的配合和支持,表示衷心的感谢。

上学期我校也出现了几个重大事件。首先是完成了原北京大学与原北京医科大学的合并。这是酝酿好多年的结果,已经对全国高校的整合起到了很好的作用。暑假期间,我和王德炳书记拜访了北京市贾庆林书记、刘淇市长、卫生部张文康部长、教育部陈至立部长等领导同志,向他们汇报了合并后的情况。他们都非常赞赏原北大与北医这么两个大的重点学校的联合、整合。从总的方面看,工作是比较平稳的。双方从大局出发,互相体谅,稳步地推进工作。这方面工作的顺利进行,为下一步学校的学科建设和调整奠定了很好的基础,学校正在考虑、酝酿这方面新的学科生长点。大家都讲下个世纪是生命科学和生物工程的世纪,合并后的北大有了更强的实力和基础,没有理由不在这些方面取得更好的成绩和进步。上学期,学校领导考察了医学部的教学、科研和医院,我感到医学部的力量是相当强的。今后要加强医学同文理科的交叉和融合,形成新的生长点,开拓新的领域。这是合并后最紧要的任务,担子很重。我已经请韩启德副校长负责这项工作,希望加快进程。

刚才德炳书记已经谈到,上学期学校不幸地发生了邱庆枫同学遇害的事件。总的来看,这件事情处理得比较稳妥。这是我校进入90年代以来影响最大的一个突发事件,所暴露出的许多问题值得反思和总结。事情出现以后,学校安排相关的系领导和班主任及时到昌平开展工作,与公安部和北京市公安局联系,希望尽快破案；派系领导到四川把学生父母家长接到北京,妥善处理后事；对昌平园区的安全工作进行检查,及时改进工作。但很快网上就出现了学校不许开追悼会、不许戴白花等谣言,触发了一场不该出现的风波。学校在各级领导的支持下,经过各院系的努力,做好了同学们的工作,使这一事件没有激化,没有发展成为影响社会稳定的因素。

在处理事件过程中,学校也听取了各个院系学生代表的意见。学生集中反映了生活设施、教育质量等方面的问题,的确暴露了学校管理当中存在的不足。从这个意义上讲,促进了学校改进工作。通过这个事情,学校也向北京市主管部门提出了改善学校周边治安和安全环境的问题。大家已经看到,市政府承诺的白颐路的两个过街天桥可以在近期完工,北京市也已经加强了对高等学校周边安全的监控。这个事件也反映了学校内部的一些问题：第一,学生的基本学习、生活条件太差,多年来没有根本性改变；第二,近年来,学校事业发展很快,但管理工作跟不上,积累了一定的矛盾,而且上下沟通机制没有建立起来,一旦有突破口,就会爆发。即使没有这次邱庆枫事件,如果不注意改进我们的工作,迟早也会出现类似事件；第三,宣传思想工作跟不上网络信息飞速发展的形势,信息不畅；第四,学生的思想教育工作还有很多需要改进的地方,要从思想和工作体制上进一步落实素质教育中的灵魂——德育的问题。

因此说,邱庆枫事件对于北大来讲,不是一起简单的学生遇害事件,是多年来管理、思想教育以及基本建设等有关工作不到位、不落实而使矛盾逐渐积累,最终爆发的结果。我这样讲,不是要批评哪个人、哪个部门,或者来追究哪个人的责任。大学无小事,北大更没有小事。全校各个部门、各个院系都要从中反省自身,看看本部门、本院系还存在哪些问题、哪些矛盾,哪些解决了,解决得怎么样了,哪些没解决,为什么没解决。通过举一反三,就可以对我们的工作有一个正确地对待。全校几万双眼睛都在盯着我们,肩上的担子很重,这一点请大家切记。

当然,出了事并不可怕,关键是能否把坏事变成好事。我们既要有承认失误的勇气,更要有改进工作的决心和行动。通过这次事件,至少要做到:务必重视和改进学校的管理工作;务必把德育工作放在首位,探索新时期学生工作的新途径、新办法,使德育与智育有机地统一起来;务必要建设一支精干高效、反应迅速的学工干部队伍和保卫干部队伍,从平时的一点一滴入手,防患于未然;务必要加强信息和宣传工作。

回顾上半年的工作,说心里话,我是喜忧参半。"喜"自不必说,学校毕竟在创建世界一流大学的征途上迈出了关键的一步;但是也有很多忧虑。这并不仅仅是因为发生了一些本不该发生的事情,更是一种急迫的心情,急迫的是我们能否按照既定的步骤,实现学校的目标。怀有这种急迫心情的,并不是我一个人,很多同志都向我表达过这种心情,都盼望北大尽快摆脱一些不必要的干扰,尽早实现跨世纪的腾飞。我很珍视这种心情,这是北大人特有的忧患意识,更是我们做好下一步工作的思想基础。

第二个问题:关于目标和信心问题

关于今年本科生招生,我想利用这个机会向大家做些说明。今年本部计划招生 2420 人,实际录取了 2450 人,连同医学部,北大今年共招收本科生和一部分专科生 3330 人。在今年北大本部的保送生中,有 145 人为全国数、理、化、生竞赛获奖的学生,其中有 9 人是国际奥林匹克竞赛的金牌得主。今年校本部录取了全国文、理科总分第一名共 51 人,是历年来最多的。从总体上看,北大本部本科生录取质量是有保证的。当然,我校今年在北京首次出现缺档情况,特别是经中央电视台现场直播后,在全国产生了较大的负面影响,引起了对北大的关注,甚至连海外的留学生都写信给我关注此事,提了不少的意见和建议。

医学部的招生遇到了前所未有的困难。在北京地区,第一志愿缺少生源近 51%,甚至只能从首都医科大学接收分流下来的第二志愿学生,用医学部同志的话讲是"从来没有过的情况,是奇耻大辱",医学部在外地的招生,也遇到了类似情况。

对于今年全校的招生工作,现在议论较多,各种传言也很多,有的还很难听,有些是与事实严重不符的。有的报纸的大标题就是"各省市理科前10名,7人进清华;部分省市文科,北大还占优势"。人们对北大的这次招生失利进行了各种猜测和分析,有的从合并的角度来分析,有的从与清华对比的角度来分析,有的从高考填报志愿的角度来分析,也有的从学校自身工作的角度来分析,都有一定的道理。学校高度重视这件事,开学初的第一次校长办公会就安排了招生工作汇报的议题。我已责成迟惠生副校长和有关部门对今年招生工作进行全面总结,9月中旬以后要向学校报告。暑期,学校领导到各地考察,也听到了地方对北大招生的反映,关键是全校各级领导要高度重视招生工作,这方面与清华比,我们的确还存在着很多不足。清华的校领导、院系都派了得力的干部到各地去宣传。我收到湖南校友的反映,说在湖南山沟里的一些中学都收到清华一些院系的宣传资料。我看到他寄来清华的宣传材料,装潢印制都很精美。当然,这方面北大也做了一些工作,最近我到山东去,见了山东分管科教的副省长,他说北大在山东的招生工作做得非常细致,对那些高分的学生,深入到家里去做工作,动员他们报考北大。招生工作涉及到能否把优秀的学生招收到北大来,是我们能否培养出高质量学生的前提。我希望学校的领导、院系的领导和各个行政主管部门,高度重视招生工作。对医学部的招生工作,要进行专门研究。今年,从学校领导角度,对两校合并后的招生工作复杂性估计不足,以致产生了这样严重的问题。我希望通过总结,能提前对明年的招生工作进行部署,做好各种准备,积极对外宣传,消除负面影响,以确保明年的招生工作顺利进行。

还有一件事,我想利用这个机会说一下。很多同志向我反映校内建筑的维修问题,认为百年校庆刚刚装修过一次,现在又大兴土木,校内到处都是工地,乱糟糟的,劳民伤财。这件事,我在上学期末的干部会上讲了一次,再多说几句。暑期学校对办公楼和教室进行维修,是根据国家地震部门提出的在今年年底以前把首都重要古建筑的抗震加固工作完成的要求来布置的。据地震部门预测分析,首都圈地区未来几年仍然处在地震活动期,国家下达的首都圈抗震减灾专项资金,重点用于二三十年代仿古建筑及 50 年代大屋顶建筑。我校的许多建筑都属于这个范围。学校据此精神,把这笔经费与创建世界一流大学的专项经费这两笔钱放在一起,从今年暑期开始进行这批项目。学校考虑配合抗震加固,对各类建筑的内部结构也进行整修,使我们的实验条件和上课条件得到适当的改善。

这些工程共分三类:一是抗震加固工程,暑期共有 5 项,其中 4 项已基本完成,另一项将在 9 月中旬完成。第二期工程将在 9 月中旬开工。二是加固及改造工程,暑期安排的共 11 项,绝大多数已完工,有的教学楼正在安装桌椅。第二期工程将在 9 月中旬开工。第三是维修改造工程,对前几年已经加固但需修缮的建筑,对各类管线腐蚀严重、需要更新的项目进行维修改造。暑期里已经改造了多项,第二期也在9月中旬开工。9月中旬开工的项目,将分别在10—12月完工。这些工程都是必须要做的,既有上级的工作要求,也是学校教学、科研的基本需要。这里面有个误解,很多同志以为百年校庆时刚刚修缮,为什么才一两年又大动?需要说明的是,百年校庆时的修缮,主要是各个建筑的表面粉刷,不是进行内部结构加固和线路更新,与这次工程是有很大区别的。凡是在校庆时已经加固维修的建筑,这次没有安排大修。

整个暑期,后勤和基建部门基本没有休息,是很辛苦的,这一点要充分肯定。当然,这么多工程同时开工,也给师生的学习、工作和生活带来一些不便。我们一方面要求后勤部门妥善安排,尽快施工,尽量减少对教学科研的影响,另一方面也请全校领导和同志们从大局出发,理解、支持这方面的工作。

上述提到的一些问题,有的确实程度不同地存在,也有的是由于沟通不够造成的误解。应该清醒地认识到,一段时间以来,学校的工作确实存在不尽如人意的地方,必须改进工作、解决问题。

随着这些问题的出现,有些同志对北大的奋斗目标产生了疑问,认为北大在走下坡路,不是创世界一流的问题,而是国内一流大学的位置都保不住了。在上学期末的干部会上,我分析了北大的形势,这里我还想展开谈谈这个问题,目的就是为大家更好地鼓劲,更好地做好学校的工作,特别要在师生员工中做好工作,凝聚大家的力量。

第一,建设世界一流大学是北大坚定不移的目标,任何力量、任何困难都阻挡不了,我们要为此持续不懈地奋斗下去,直到目标完全实现。确定这样的目标,不是哪一届领导好大喜功拍脑袋想出来的,而是党和政府对北大的厚望,是历史赋予北大的神圣使命,是几代北大人心中不灭的理想,是经过充分论证、并制订了详细规划的。中央在财政十分困难的情况下,拿出18个亿来支持北大、清华做这项工作,并且正式列入了国家"面向二十一世纪教育振兴行动计划"之中,我们没有任何理由产生动摇,没有任何理由辜负人民的殷切期望。江主席在庆祝北京大学建校一百周年大会上的讲话中,提出要在中国建成若干所具有世界先进水平的一流大学。北大能纳入这个计划,是学校的光荣,也是北大的历史使命,全体北大人都要聚集在这面旗帜之下。谁放下这面旗帜,谁就是北大历史上的千古罪人。现在是创建世界一流大学计划的启动时期,不可避免地要遇到一些问题和困难,更需要我们坚定信念,绝不可半途而废。

第二,我们要正视问题和困难。这些问题和困难,是前进中的问题和困难,既不能漠然视之,也不能被其吓倒,更不能由此而丧失前进的动力和勇气。北大要经得起摔打,不能太脆弱了。我们不能因为今天媒介发表一个评价,明天网上发个消息,对北大说三道四,就使自己无所适从。北大要正确分析优势,正视自身的问题。北大有自己的特点,并不是"一塌糊涂",不能因为遇到了困难和问题就把北大说得一无是处。每个学校都有各自的特色,不要被别人牵着鼻子走。通过一段时间的研讨和广泛听取群众的意见,学校已经在规划、学科建设、基本设施建设、党建和思想政治工作等方面作出了决策,只要我们同心协力,坚决贯彻,是一定能够达到目的的。不要低估北大人面对问题和困难的勇气以及解决问题、战胜困难的能力和毅力,如果北大被眼前的这点问题和困难吓倒了,那北大就不能称其为北大了。全体北大人要有信心、有决心一道共渡难关,再创辉煌。

第三,面对问题和困难,回答疑问和议论,最有力的武器还是团结一致,做出成绩来,用实际行动来证明北大是有实力的,是能够为国家做出贡献的。学校的师生员工和各级领导应该以创建世界一流大学为目标,加强重点学科的建设,增强对重点科研项目的支持力度,使他们尽快地出成果。当然,出成果要符合科学规律,不能急功近利,拔苗助长,基础学科的成果是需要长期积累的。但我们也知道许多院系的科学研究,已有了多年的积累,这些工作如果能够给予重点支持,我相信短期内还是可以出一些重要成果的。从一流大学计划的启动情况看,各个项目的进展基本正常,我希望教学部门和科研部门要抓紧落实,加强监督,每个人都要有紧迫感。

第四,发展建设必须有一个稳定的环境和气氛。多少年来的实践证明,没有稳定就没有建设和发展。一个邱庆枫事件,从发生到基本平定下来,前后持续了两个多星期,影响至今还没有完全消失,耽误了我们很多工作。我非常同意王书记刚才讲的,我们一定要保持清醒的头脑,维护北大的稳定、团结。保持稳定不仅是学生部门、保卫部门的责任,也是全校各级领导、教职工的责任。因为稳定也不是孤立的,要在改革发展中求得稳定。同时,每个单位都要做好排查问题、化解矛盾的工作,大力开展思想政治工作,做好人的工作,把不稳定因素消化在萌芽状态。局面稳定了,人心才能齐,凝聚力才会大,创造力才会发挥出来。我们要通过努力,团结全校的力量,增强信心。这里我想引用美国伊利诺伊大学东亚研究系的一位学者对北大现状的评价,非常恰当。他说,"我们在透视北京大学时,可以视其为一面平躺在地上的碎成千百片的镜子,每一片碎片都闪闪发光,其总体效果是惊人的。可是,更重要的是要想一想,如果每一片碎片都稍微倾斜一点点,会有什么效果。每一片碎片，无需移动，只需朝某个方向斜一点，一旦它们都朝某一个方向倾斜，其反射的光线将汇集到一个点，也就是说，一个目标上。这股汇聚的光线的力量，将能够熔化任何一块坚硬的岩石。想像一下，如果能够让其他学校的反射光线汇进这股力量，威力将会是多么的大。"这段话非常形象地指出了我们北大存在着的问题和巨大的潜力。虽然我们存在不少问题，但我们是一所百年老校，各个院系和部门，只要稍微把工作改进一下，围绕北大的核心工作，把教学科研搞上去，就拥有不可摧毁的力量。我们还可以团结、联合全国的许多院校，和北大一道为国家的科教兴国战略做贡献。

第三个问题：关于下半年的工作部署

最近，中央召开了思想政治工作会议，江总书记作了重要讲话。教育部也召开了全国高校党建工作会议，李岚清副总理和陈至立部长都到会讲了话。这些讲话和会议精神对高校工作有直接的针对性，我们要认真学习领会。刚才德炳书记已经进行了传达和布置。这里我主要围绕暑期党政领导工作会议的决定做一些说明。创建世界一流大学计划已经实施了一年，在以后的两年中，仍然要按照创建世界一流大学的总体计划，下决心在学科和院系调整、人事制度改革、基础设施建设、后勤社会化、理顺产业关系等方面把基础打实打牢，为后续的整体腾飞做好充分的准备。这些基础性的工作，北大已经做过一些，但还远远不够。暑期召开的校领导工作会议，对这些问题进行了认真的研究，集思广益，作出了若干重要决策。下面我作一简要说明。

(一) 规划问题

北京大学创建世界一流大学计划是经过充分论证和审慎编制的，得到了教育部的批准，其基本原则和基本思路是可行的，不宜做大的改动。但根据学校的实际情况，要做必要的修改和充实。一是考虑到两校合并的实际情况，必须增加有关医学部分的内容，把医学部的发展纳入到学校的整体规划中来；二是考虑到学科建设的新发展，两校合并后的新情况，以及近年来引进优秀人才情况，为了支持新的生长点，要对一些项目作出调整和补充。

规划是一项非常重要、非常严肃的工作，牵扯到整体布局，必须及早确定，确定下来就要严格执行。北大的规划，大体分成三个部分，即：学科规划、事业规划、校园规划。暑期的校领导工作会议，对这个问题讨论得最多，形成了一个基本意见，目前正修改整体规划，要求在9月底前完成。

——关于学科规划。学科规划涉及到学科建设这个核心问题。关于学科建设，每次会议都作强调和要求。北大在许多传统学科中有自己的优势；改革开放以来，在新兴学科中也形成了新的优势。但存在许多潜在的问题，一些领域的优势正在丧失。必须根据国家的需求，根据学校的基础，对学科布局进行适当的调整，确保优势，促进新的学科和新的生长点的成长，满足社会发展的需求。否则会影响到学校创建世界一流大学目标的实现，也影响到学校的社会影响力。目前在科研中，还存在着力量分散，某些科学研究与社会需要相脱离的问题，都应该在推进工作中加以解决。经费的投入必须有明确的方向和重点，要加强重点学科、重点实验室和文科基地的建设，确保重点科研项目的完成，注意促进跨学科研究的成长。

学科建设在很大的程度上是个人才问题，人才问题要以改革的精神和方式来解决。这些年来，北大中青年教师在学科建设中发挥了重要作用，人才引进也取得了很大成绩，在与清华大学可以对比的指标中，只有这一项可见的优势还很明显。但也要看到，北大还缺乏一批在国际上有影响的学者。北大招聘的长江学者到目前可以达到35位左右，但考虑到学校的规模，还是远远不够。因此必须加大引进人才的力度，充分利用创建世界一流大学计划，加快引进国内外优秀人才来校工作，同时要使来校的青年人才真正发挥作用，融入北大的群体之中。

要继续推行校、院两级管理体制，本着成熟一个建立一个的精神，积极向前推进。这次会议原则通过了有关部门提出的文、理、医三部分学院建制方案，下学期开学后将此方案提交学术委员会讨论，进行必要的修改后，提交校长办公会正式通过。这项工作，北大早已作了决定，但至今推进得很不理想，存在各种复杂的因素。这次要下决心全面推进，不能以哪个人、哪一些人的意志为进退，而要按照整体学科建设和改进学校管理体制的要求来进行。要把学院一级建设好，使系一级能够集中精力抓教学科研，不再受行政事务的干扰，更好地促进相关学科的交流和渗透。

下半年要对学校和各院系的研究中心和研究所进行全面整顿，重新登记，不符合条件、不能正常开展研究工作的应予以撤销，具体工作由科研部门落实。北大的研究中心、研究所太多了，哪个领导都说不清到底有多少，有哪些能真正发挥作用。有些研究中心实际上已经名存实亡，有些也只是过几年开一次国际研讨会而已，它们占用了学校的资产和房子，发挥作用太少。从理论上讲，建立一个研究中心，是促进学科的联合，从一定意义上看，具有虚拟的性质。在一个院系能够解决的问题，没有必要成立研究中心。在国外，为促进大学之间的研究和产业的合作，才成立研究中心。在学校内部，为促进多学科的交叉，经过充分的论证，可以设立若干有利于学科融合、渗透的研究中心，对它的目标、任务必须有明确的要求，必须进行定期的检查。下一步的清理，目的也就是理顺学校各方面的关系。

这里我想谈一点教育问题,要稳步地推进教育体制改革。最近岚清副总理在视察中关村园区时讲到教育问题。他说,北京的招生数不能像外地那么大,重点是提高质量和水平。作为北大,必须注意如何进一步提高我们的教育质量,注意教材建设,注意青年教师培养。在暑假,我收到不少同学来信,反映教育质量方面存在的问题,提出了很多很好的建议。他们建议学校要建立一套有效的教育激励机制和监督机制。同学们反映,有一些教师责任心不够强,强烈呼吁学校在这方面有一个有效的机制。上学期,学校也在教师中间召开了许多座谈会,对教育质量存在的问题进行了研究。这个学期,我希望教学部门要采取切实措施,改进教育质量问题。

——关于事业规划。学校发展必须有一定的规模,但规模不能失控。学校目前的发展势头已经突破了创建世界一流大学计划的最高限定,超过了学校的实际承受能力,使许多工作陷于被动。我刚到学校时,听到有一个对燕园校区学生规模的评估,说该校区学生的最大容量是12000人。实际上去年就已经超过,达到17000人。这学期,学生数将会突破20000名,对学生宿舍、餐厅、浴室、文体设施等基础设施都造成了很大的压力。从现在起到2005年,必须严格控制学校的规模。各级领导要就学校规模达成共识,各部门、各单位都不能自我膨胀。今后招生规模要报校长办公会审定,这一两年可以考虑适当减少一些招生数量。北大不能单纯以数量取胜,而应以质量取胜。学校的编制要留有余地,用在最关键的地方。去年为了扩大招生,同时也考虑生源质量不错,学校招收一批走读生。对这部分同学,讲明不由学校解决住宿问题。在开学以后,空了一些学生宿舍,就同部分走读生签订了一年的住宿合同,今年新生入学后搬出。结果在暑假中还是造成了一场风波,在网络上连续对学校领导提出质问,为什么把他们赶出来,甚至个别学生声称如果要他们搬出去的话,拿刀子等待我们。所以要使全校的师生员工理解到目前的实际困难,再也不能盲目扩大招生规模,包括研究生规模。今年刚开学,就有研究生写信给我,说在校外寻找宿舍的困难,要求学校解决住房。这些问题,各部门要互相协调,不能多招了学生很痛快,招完了留下一大堆问题。

这次会议讨论了2005—2010年的事业发展规划,原则同意了2005年、2010年教职工与在校学生的规模,待有关部门作进一步修订后再报校长办公会议定,然后向全校公布,共同监督执行。

医学部提出了学制改革问题,多数同志同意今后不再招收5年制学生,应全部改为7年制。这个问题已向教育部、卫生部作了口头汇报,陈至立等同志也原则同意,待正式向教育部请示得到批准后再实行。陈至立同志还谈到,医学的公共基础课学习时间,一年太短,至少两年。要加强一点医生的基础知识学习。这些意见请医学部的同志充分考虑。

——关于园区规划。学校规划委员会提出了海淀校区和科学园总体规划方案和功能分区的设想,这个规划已酝酿了比较长的时间,基本得到了认可,但要作进一步的修订。岚清同志对未来中关村大学园区提出了要求,他说,现在的大学校园,距离21世纪的要求相差太远,这需要逐步来解决。现在的北京大学与一百年前的大学没有什么差别,无非是建立了几个大型的设施,图书馆、教学楼,还混杂着教师员工的宿舍和学生宿舍。传统图书馆的概念没有改变,21世纪的图书馆应该有新的概念,不应该再花那么多的钱,相互重复地去买书、藏书,而要用数字网络技术,有效地共享资源。我们要按照知识经济和网络经济发展的要求,逐步对校园进行规划和改造,这也需要当地政府的充分理解和支持。所以创建世界一流大学的园区规划,既要有近期的考虑,也必须有长远的设想。燕园校区已经成为北京的一个风景点,暑假中,全国有那么多的中学生每天都来参观,报纸上也作了很多宣传。这对扩大北大的影响有好处,但要作好安排。北大有传统的风貌,同时也应该有现代化的气息,我们的校园必须针对这些需求和长远发展的要求作出规划。暑期会议确定的园区规划提出,保留学校古建风貌,逐步把理科集中在东区,作为新区;图书馆的西边,逐步改造,新建一批文科的楼群,使之与古典园林特点相一致,成为人文社会科学的园区。当然昌平园区和医学部的校园规划还要进一步论证。园区规划和建设不是单纯的设计,必须与总体功能、特别是与学科建设结合起来,这一点在作规划时要重点考虑。

大家都很关注学生宿舍的建设问题,学生的生活设施确实是差了一些,存在不少问题,这是长期以来国家对学校投入不足造成的后果,但也有管理体制上的问题。这些年来,通过各方面的努力,新建了许多设施,如图书馆、理科楼群等,改善了教育科研和办公条件。但学生宿舍还没有得到真正的改善。学生对学校工作的意见,也主要集中在这方面。燕园南区宿舍太集中,密度太大,学生活动的基础设施缺乏。在暑期工作会议通过的校园规划中,提出对学校南区学生宿舍进行改建,在燕园地区保留6万平方米或多一点的学生宿舍,在校外建设20万平方米。校外的20万平方米,经过多方争取,在北京市的支持下已经落实,万柳小区和五道口各10万平方米,预计在2002年暑期可以交付使用。在2002年之前,学生的住房状况将会是很严峻的。医学部为了翻修学生公寓,许多学生都要住到防空洞改建的房间中去,也十分困难。所以各级领导,都要重视这些问题,体谅学生们的困难,帮助他们解决困难,也要向他们解释清楚。渡过着两年的难关,学校的情况会有很大的好转。

另外学校还考虑利用社会资源来改建北大的留学生和外国专家公寓。北大勺园作为留学生公寓,在首都高校中也是比较差的。每年大约2000个外国留学生在北大读书,但有更多的外国留学生希望到北大学习、做研究,苦于基础设施、住宿条件的限制。作为一流大学,在美国,外国留学生要占到学生总数的15%—20%,有些学校更高。实际上,招收外国留学生,为学校提供了发展的资金来源。希望通过基础设施的建设,改善住宿条件,扩大外国留学生的招生规模,更好地促进北大作为开放型大学的发展,促进北大的国际交往和对外联络。这是个大项目,要求有关部门抓紧立项工作。这次会议还批准了青鸟大楼和方正大楼的建设方案。医学部的建设项目,也要抓紧推进。

(二)人事制度改革问题

人事分配制度改革是大家关注的又一个热点问题。人事改革进行了一年,总体情况是要肯定的,效果是积极的。在这次会议上,人事部门提交了《关于深化人事制度改革的实施意见》、《关于教师聘任的基本政策》、《关于专项岗位设置与人员聘任的规定》、《2000年编制核定方案》、《1999年应聘上岗人员年度考核办法》等文件,做了很多努力,对定编定岗、职称评审、人事任用制度、评估与激励晋升机制、择优择重扶持教学科研重要岗位等问题都作了规定。学校认为,人事部提出的人事制度改革总体设想是积极的、实事求是的。

目前,人事改革最主要的工作就是定岗定编,并在此基础上进行岗位考核和续聘。人事部假期一直在修改有关文件,8月下旬已经开始与各院系谈编制问题。这项工作还要继续抓紧,力争在9月底之前把定岗定编和岗位的考核续聘工作全部完成。下半年的任务很多很重,同时还要进行处级以上干部的"三讲"教育,各项工作都要抓紧时间进行。

今后,也要抓紧进行各级部门和院系领导的考核工作,各级领导的工作做好了,学校的工作就会进入正轨。只有各级领导负起责任,一流大学的目标才能实现。机关管理岗位的考核续聘工作,也要在开学后同时进行。考虑到院系行政人员与教学科研人员工作性质的差别,从今年起,院系行政人员参照校部机关人员的定岗考核办法执行,不再走教研人员的系列。医学部的岗位设置与聘任工作也正在进行之中。医学部A岗的聘任方案已被学校批准,B、C岗和行政岗位的聘任工作还要抓紧进行。

关于今年的职称评审工作,医学部已经完成,校本部9月中旬进行最后一次全校性的职称晋升评审工作。今后将不再进行每年一次大规模集中的职称晋升评审工作,而是根据学科发展的实际需要和申报人员的实际水平进行评审,严格按照"按需设岗,按岗聘任"的原则进行工作。人事部门最近出台的人事制度改革方案也是本着这种精神来完善的。不要以为今年是最后一班车,都来争着抢着上车。这样做并不是停止职称评审,而是为了更好地使职称评审同学校教学科研改革密切结合起来,保证评审质量,使真正优秀的人才脱颖而出。

(三)机关改革问题

一年来,机关改革工作收到了成效,为学校的总体改革带了头。机关改革锻炼了干部,理顺了关系,激发了积极性,在全国高校中引起了很大反响。与此同时,也存在着顶层设计不够、配套措施不周细、职能调整和转变还没有完全实现、思想政治工作比较薄弱、工作进程也比较急促等问题,也造成了机关改革中的具体困难。本着实事求是的原则,在总体不变的前提下,学校决定对原机关改革方案进行微调,具体方案是:

1. 恢复设立社会科学部。原来把文理科两个科研部门合在一起,有一定的道理,是为了更好地促进文理科的交叉。但合并后学校受到了来自各个方面,包括校内尤其是文科老师以及上级行政主管部门的意见,认为北大不重视文科。事实上,据我所知,这几年学校还是十分重视文科发展的,在最近文科基地建设中,学校投入了极大的精力和资源。但无论如何,大家还存在着不少疑虑,使我们在具体工作中很被动。考虑到这些因素,多数同志同意恢复设立文理科两个科研部门,同时要求主管教学科研的副校长今后要定期召开文、理、医科研部门的联席会议,加强沟通,促进联合。

2. 研究生院下属各办公室提升为副处级。这也是参照多数高校的做法。

3. 撤销纪检监察审计部建制。恢复设立审计室,直接归主管副校长负责;纪委与监察室仍然合署办公。审计工作越来越重要,工作量也越来越大,例如需要加强各级领导的离任审计。

4. 撤销产业管理部建制。其职能由校办产业管理委员会办公室行使。最近学校改组了校办产业管理委员会的组成,其办公室负责具体日常工作,这是一项比较大的变动,下面我还要谈到。

5. 撤销科研部中的科研开发部建制,其功能整体并入校办产业管理委员会办公室。原来的科研开发部和产业管理部之间缺乏沟通,不利于科技成果的转化。

6. 资产部的实验室管理职能部分,由分管教学科研的副校长主管;该部的房地产管理职能部分,由分管后勤的副校长主管。这两部分的功能差别较大,在实际工作中很难整合到一起。

7. 成立国有资产办公室,设在财务部下面。

8. 基本同意医学部的机关改革方案,但要求继续保留医学部的党委统战部。统战工作是北大的一项重要工作,很有特色,工作量大,层次高,校本部和医学部必须进一步加强统战工作。

这次会议还作出一个决定,医学部职能部门的正职干部,担任校本部相应职能部门的副职,以促进校本部与医学部的融合。

为有利于医学部的工作,会议还授权韩启德副校长可以处理医学部需要以北京大学名义出面联系的工作。经韩启德副校长签字的文件可以加盖北京大学的公章,同时抄报校本部党办校办备案。

在这里,我还要强调一点,有关职能部门要进一步转变职能,改进作风,促进不同院系、不同学科的师生能够经常在一起研讨,加强融合,多出成果。同时,北大各级领导和各个部门还要改变工作方式,不要总是等人家来找你,要主动上门,多到主管部委走动走动,请示工作,加强沟通,以利打开局面,争取社会各方面对北大的支持。

(四)后勤社会化问题

一年来,后勤有关部门克服重重困难,做了大量工作,保证了学校支撑体系的正常运转。由于多年来学校基础设施"欠账"过多等原因,后勤部门在为师生服务、为教学科研服务的过程中,面临着很多困难,工作有一定的复杂性,全校师生员工要充分理解。后勤社会化改革是学校的一件大事,各单位都要关心、支持。后勤社会化改革要按照教育部和北京市的部署,本着积极稳妥的方针,加快向前推进。后勤部门和后勤工作人员要改变观念,提供优质服务,在服务中获取应得的报酬。

住房改革仍然是一个瓶颈问题,现在教职工住房问题仍然相当严峻,青年教师、离退休职工的住房问题更大,困难更多,远未根本解决。有关部门要尽快向校长办公会提出可供决策的方案,以缓解住房难的现状。货币化分房从长远讲是我国住房改革的方向,但具体方案要在考虑学校人力、财力的基础上进一步完善,待条件成熟时再推行。货币化分房可以考虑先在新入校的教职工中推行,以期取得经验后推行。

后勤所辖各实体仍然属于北京大学,经济上独立核算,实体的负责同志保留行政级别,以利稳定人心,增加凝聚力。对各实体所缺骨干,人事部门要按学校的人事政策负责协助解决。

水、电是困扰学校发展的问题,后勤部门正在策划变电站、地热井的建设问题,这对改善学校水、电、热供应非常重要,学校已经批准或正在审议相关项目。上学期,学校进行了电力增容,电容量增加了50%,但仍然存在缺口。今年校本部的水、电改造费用达到700万,学校负担十分沉重。校园周边地区大量的施工工程,也经常造成停水、停电,给职工生活和教学科研造成了困难。我们也积极呼吁北京市帮助解决。在增加供给的同时,学校希望全校师生员工树立节约的观念,水、电、热都是需要很好节约的资源。

公用房使用是各单位关注的又一个问题。一方面,房源紧张;另一方面,存在很多使用浪费、分配不合理的现象。据说,有的单位还把公用房出租,赚几个小钱;有的单位人员已经退休,但房子就是腾不出来,这都是不应该出现的问题。今年理科楼群投入使用,学校增加8.6万平方米的办公用房,试验、办公条件应该说是大大改善。但仍存在许多问题,希望各院系都要顾全大局,充分合理地使用学校的办公用房。今后,公用房使用必须照章行事,必须规范。学校已原则通过了资产管理部提出的公用房管理条例和实施细则,待修改后正式提交校长办公会讨论通过,然后发布全校实行,大家照章办事。

医学部的后勤与校本部的情况不同,后勤工作不一定急于归并,但社会化改革也要积极稳妥地向前推进。

(五)产业、科研开发和国内合作问题

促进科研成果的转化和高科技产业的发展是现代高校发展的重要内容,学校各级领导必须充分认识其在创一流大学中的重要地位。随着知识经济的发展,随着全球经济一体化,高校的作用也在逐步地发生转化,高校不再是传统意义上只进行教育、科研和知识传播的场所,现代的高校为社会服务的功能已大大增强。在国际上,大学同社会的联系,不再是简单的创造知识的作用,更多的是同社会经济的发展密切地联系在一起。北大必须在国家科教兴国、科研成果转化、高新技术企业发展中发挥自己的作用。学校经过慎重讨论,决定调整科研开发和校办产业的管理体制,改组校办产业管理委员会。调整后的校办产业管理委员会,由我担任主任,闵维方、陈章良和医学部的吕忠生同志担任副主任,具体工作由章良同志来抓。产管会下设办公室,取代原产业管理部的职能。对于学校重大的科研项目的转化、科研开发的重大问题(包括人事事项),由学校产业管理委员会决定。由于校办高科技产业与科研开发有很多联系,性质上也有相通和类似之处,为有利于工作,学校决定撤销科研部中的科研开发部建制,整体并入产管会办公室。

学校也必须加强国内的合作,为此重新组建了国内合作委员会,我担任主任,迟惠生、陈章良、吕兆丰担任副主任。国内合作委员会下设办公室,负责具体工作。国内合作委员会办公室与产管会办公室合署办公,协调国内合作和产业开发工作。国内合作不仅是科研开发工作,也有大量的项目与教育有关,因此也吸收了学校其他有关部门参与。

这是调整后形成的新的科研开发、校办产业与国内合作的管理架构。学校希望这个新的领导体系能有力地推动科研成果的转化、产业发展和国内合作,使工作更加有条理、更加清晰，担负起相关工作的统一协调重任。

最近学校召开了学校产业工作会议。产业改制是下半年的重点工作。学校目前有很多产业，前一段时间没有人能说出来北大究竟有多少公司。最近的调查表明，挂北大名字的公司大概有90多个，的确需要整顿。校办产业发展的关键是理顺关系，明晰产权，改变目前这种产权关系模糊、学校承担无限责任和风险的状况。校办产业也面临着激烈的竞争，要进一步通过改革，使企业有更大的自主权，但一定要规范。企业同学校的关系，同各个院系的关系都必须明确。目前的状况是学校的领导和部分院系的领导过多地介入了产业工作，不利于学校管理层把更多精力放到学校科研和教学工作中。通过改革理顺关系的同时，原则上不再批准院系一级办公司，学校的科研成果可以同学校的主管部门一起，通过经营知识产权的操作、专利的操作，进行科研开发。院系要投入更多的精力开展教学科研组织工作。当然在科技开发活动中，学校也要确保院系的利益，使各方面的工作做得更加规范。对现在以北大的名义经营的公司，要进一步清理整顿。"北大"这个名字是无形资产，许多公司以北大冠名，占用了北大的资源，多年不给北大上交利润，必须进行整顿。今后凡用北大名义设立公司，学校必须进行严格审批。我们也希望从事科技开发工作的同志要十分珍惜北大的声誉。

要抓住中关村高科技园区建设的大好时机，加快北大科学园建设，积极参与中关村高科技园区的工作，使学校的企业在科学园中找到相应的位置。世界上很少有地方像中关村这样集中了大批的高等学校和科研院所，北京市把该地区作为近期重点发展的基地，作为新的生长点。市领导对北大清华的积极参与寄予厚望。北大在科技产业、教育、医疗等各方面都可以发挥作用。我们已经向北京市政府汇报，准备在中关村高科技园区筹建北京大学总医院，希望它是起点高，集科研、教学、医疗于一体的新型医院。我相信，这可以把北大的工作提高到一个新的层次。

深圳产学研基地要充分利用深圳的有利条件，继续扎实工作。暑假中，王书记、韩副校长和几个医院院长到深圳考察，希望尽快推动深圳北大医院的共建，从医学教育科研等方面直接参与深圳大学城的建设。学校同国内许多其他地区的合作也在继续推进。最近校领导到青岛考察合作项目。青岛市政府非常关注与北大的合作，希望北大到青岛去办学，目前已经无偿提供了六栋小楼，来办国际培训中心。市政府也在积极为北大安排用地，希望办分校。暑假期间，学校同内蒙古大学、内蒙古医学院签订了合作协议，加强教育方面的联合和合作。当年内蒙古大学成立时，北大就在师资等方面给予了很大的支援，因此与北大有良好的合作历史。

北大和北大医学部在国家开发西部的战略中要把内蒙古大学和内蒙古医学院作为重点的合作院校。暑期期间，我带队到新疆进行了考察，与新疆自治区政府签订了全面合作协议，在教育、科研和成果开发等方面进行合作。我希望学校各级主管部门要抓紧时间落实这些协议，促进北大与各地的合作，提高北大在社会中的影响，同时也促进我们的教育科研工作。

(六) 财务问题

这次暑期工作讨论会，闵副校长对学校的财务工作做了详细的报告，我们都非常赞成这个报告。报告中提出的财务工作原则，一要量入为出，二要积极主动。在统一规划之下，要采取积极稳妥的措施，加快学校建设，在努力争取国家资金的同时，继续坚持多渠道筹措办学经费。近几年来，财务工作坚持这些基本方针，取得了很大成绩，保证了学校发展的基本需要。

必须看到，经费是学校下一步发展建设的最大问题。教育部给学校下达的事业费在校本部也就是不到1.5亿，而本部的开支（不包括创一流的专项开支）就达到4亿多。也就是说学校要花很大的努力，从另外的渠道去筹钱。最近五年，在北大本部共收学费7000多万元，对学生支付的奖学金、助学金和其他资助9800万。网上经常有学生说我们交了学费，为什么没有这个权利那个待遇；产业部门也在问，我们每年上缴的4000多万元到哪里去了。北大学生人均花费在去年是28000元，每个学生的收费是3500元，今年提高到4800元，与学校的教育成本相比是很小的一部分。学校运行经费还在以每年4000万的幅度增长，学校要通过艰苦的努力来筹集到办学经费，使学校正常运行。大家必须理解学校筹集经费的困难。学校每年从校外集资的项目（包括港澳地区）大约5000万。学校的楼群、图书馆，很大一部分都是靠捐来的专项资金建设的。当然中国的基建，很多是钓鱼工程，超预算严重，今后要严格审核。无论如何，没有这些资金支持，北大楼群无法建起来。学校现在也希望把海外的捐款纳入北大统一预算中，分轻重缓急，有目的地去建设。必须看到，筹集经费是北大下一步发展的最大问题，不在这个问题上走出一条新路来，就难以摆脱学校发展建设的困境。学校基础设施的改造，也可以慢慢搞，但要花相当长的时间，校领导每年都要卷入这种经营基本建设的事务当中。长痛不如短痛，学校下决心在仔细规划和审议的基础上，对一些必需的重要的基本建设项目（如学生公寓）通过贷款尽快完成。岚清副总理、至立部长也在不同场合下支持这种思路，加速高校的建设，尽快摆脱高校发展中的困境。暑假工作会议上经过慎重讨论，学校作出重要决策:基本建设在充分考虑还贷能力的前提下，充分利用银行资金，采用贷款的方式，集中投入，力争用5年或更短一些时间基本改变基础设施陈旧落后、师生住房紧张的状况,为第二阶段创世界一流目标创造必要的条件。会议决定成立贷款小组,加强领导,统一规划,分步实施。在作出这项决策的同时,学校充分考虑了借贷风险,对还贷和支付利息问题已经作出妥善安排。在向教育部领导汇报工作时,我们重点谈了这个问题,得到了陈至立等领导同志的鼓励和支持,使学校进一步坚定了信心。当然,学校要根据总体规划,分步分批贷款。

也要加强北大教育基金会的建设。基金会在人员很少的情况下,最近几年为北大筹措了相当可观的经费。为更好地筹措经费,暑假期间,基金会策划、安排我到香港进行了考察,主要是与香港支持北大的老朋友见面,希望他们继续关照北大的发展。我的感觉是,北大在香港的确有很好的基础。香港成立了"北大之友",邀请大批企业家参加我们的酒会,安排与企业家会谈,使我增强了信心。不仅在国内,而且在海外,有那么多的北大人,有那么多关怀北大的人,北大发展很有希望。在这方面学校工作的余地仍然很大。在美国许多大学,校长就是抓钱、抓人,基金会规模也很大。下半年,要充实改组教育基金会,抓紧工作,在海内外为北大的发展筹集更多的资金。

目前,学校财务工作还面临很多的困难,校本部有4亿基建缺口,医学部还有2.42亿。一定要勤俭办学,开源节流。要利用好创建世界一流大学经费,以此为杠杆,整顿财政纪律,贯彻国家一系列的财政政策,促进财务改革,尽快摆脱财政困境。今后还要进一步加强审计工作,干部离任审计应该成为一种制度。

(七)党建与思想政治工作

刚才,王德炳书记已经就这个问题讲了很多,我都同意。这里就网络问题再说几句。网络是我们工作中无法回避的。通过网络可以造谣、可以乱发议论、可以进行人身攻击等等,这是网络带来的弊端。但网络毕竟为这个社会,为我们大家带来了崭新的世界。网络技术为教学和科研提供了新的机遇,许多好处恐怕现在还很难预料。一些人提出,下一个世纪是网络化校园,学生似乎可以躺在床上就能听课。这是一种充满浪漫的设想。但无论如何,网络时代的到来会改变我们一切,改变我们的工作和生活方式,改变我们的教学方法和教育模式,对此应有充分的估计。我已经建议迟惠生副校长在合适的时候召开专门的研讨会,研究大学如何迎接这种挑战。要加强对网络的管理,使学校的网站有一种蓬勃向上的势头,不要像西方报纸那样,总是讲坏事情。我们不反对老师们、同学们对学校的工作提出批评和建议。上学期在北大在线上开辟了校长信箱,的确对各个职能部门带来了很大的压力。但总体上说,同学们的态度还是积极端正的。通过校长信箱,我们对同学们的要求和管理中存在的问题有了了解。对同学们的要求,能解决的希望能尽快解决,不能解决的也能及时进行沟通。它的社会影响是巨大的。最近连续收到海外的来信,他们都称赞"校长信箱"是良好的开端,愿意通过校长信箱对北大的工作提出建议和意见。他们并不由于信箱中个别同学对学校领导提出了不切实际的要求,或者在网上散布了一些人身攻击而否定"校长信箱"的必要性。我相信,绝大部分师生会正确利用网络为北大发展、建设服务,促进教育科研的进步。我们要使网络成为弘扬优良校风的思想阵地。只有这样,网络才可以成为一种凝聚力,成为同学之间、师生之间进行良好沟通的渠道。我希望主管领导在开学后要仔细研究这个问题,我也希望在开学后听一听同学们的意见,来改进网络工作,使网络更好地发挥积极作用。

(八)校长分工的问题

利用这个机会通报一个情况。暑假期间,学校接到教育部的任命通知:任命闵维方同志为校党委常务副书记(兼副校长),迟惠生、韩启德为常务副校长。

根据实际工作需要和情况变化,我们对校长的分工作了必要调整。

我本人继续全面主持学校行政工作。

闵维方副校长:原分工基本不变,主要负责人事、财政、资产管理,分管两办,并继续担任校办产业管理委员会副主任。

迟惠生副校长:原分工不变,负责教学、科研和国际合作,担任国内合作委员会副主任。

韩启德副校长:担任研究生院院长、医学部主任,在教学科研上分管医学部以及医学与理、文的交叉与融合。

陈章良副校长:担任校办产业管理委员会副主任,分管产管会办公室、科学园、北大在线的工作。不再分管理科科研工作,继续担任教学科研委员会成员。

何芳川副校长:原分工不变,主要分管文科的教学科研和继续教育,包括档案馆、图书馆等。

林钧敬副校长:原分工基本不变,只是不再负责原分管的校团委工作,改由党委副书记王登峰负责。

林久祥副校长和吕兆丰副校长:原分工不变。

今天,我主要是通报暑假期间党政领导工作会议的情况,希望通过大家向广大师生员工说明这次会议作出的重要决定。我们的任务已经明确,需要的是脚踏实地地去落实。希望各个工作部门、各个院系,抓紧工作,在各自工作岗位上和工作范围内,扎扎实实的工作,为把北京大学早日建成世界一流大学而努力奋斗。

谢谢大家。

校长许智宏在秋季全校干部大会上的总结讲话

(2000年9月1日)

同志们：

　　昨天大家讨论时，提出了许多问题。不少同志觉得对这学期的工作安排还不是很明确。昨天，把暑期校领导工作会上对学校重大问题的讨论和这学期要开展的工作融合在一起讲了，有些地方可能讲得不是很清楚。今天，我想再归纳一下。

　　在这之前，我想就昨天我们各组讨论的要点强调几点。第一，虽然学校目前的工作存在着各种各样的问题，但从总的情况来讲，通过国家"211工程"、创建一流大学计划的支持，在全校师生员工的努力下，学校还是取得了很大的成绩。我们应该看到光明的一面。北大是个百年老校，由于我们的努力，得到了中央和教育部的大力支持，这是当前的一个有利因素。如果看不到这些有利因素，只看到存在的一些问题，势必会丧失信心。所以当前很重要的一个问题就是要给大家鼓劲。校、院系领导要形成一个核心，把全校师生员工团结起来，增强信心，把注意力集中到创建世界一流大学的目标上来。这样才能使各方面的闪光点真正凝聚成一束很强的激光，真正地为国家和社会发展做出贡献。第二，昨天的讨论比较集中地涉及到校领导分工和管理体制的问题。从去年开始，北大进行了机关机构改革，但不可能一下子完善。改革后，工作过程中发现了各种各样的问题。今年对包括领导分工在内的一些问题进行了调整，希望通过调整逐步到位。我们会认真听取大家的意见，加强对教育、科研的领导，这对学校是非常重要的。第三，关于学生思想政治工作。上学期出现的问题，的确反映了我们工作中的失误、缺陷以及长期以来积累的一些问题，也可以看到我们在政治思想工作方面存在的问题。去年12月发生的博士生杀人、自杀事件，就暴露出学生的思想问题。我们要扎扎实实地做好学生的思想工作，特别是做好可能产生问题的同学的工作。我了解到，有些同学比较内向，有的处于父母离异的家庭中。在做学生思想工作时，我们要充分了解每个学生的个性，关心他们，把他们的注意力引导到学习、工作上来。这样我们的工作才会做得更好。大学中的政治思想工作是非常重要的。上学期博士后被刺事件，调查结果表明也是我们学校学生内部的矛盾造成的，这就从一个侧面反映一些年轻同志的思想状况。当然，一些社会不安定因素，我们要通过市里帮助解决，或双方共同来解决，但针对学生的思想状况，我们

要及时发现问题，做好防范工作。北大自由、活跃的传统是好的，如果我们不能把这种自由、活跃的气氛正确地引导到重视学术探讨、重视科学研究的学风上，也是很危险的。不少老师、同学写信给我表达了这种担心。

　　对这学期的工作，我想做几点说明。

　　这个学期的工作是很繁重的，对我们创建世界一流大学的第一期是非常关键的。创建世界一流大学的工作是从去年开始的，到后年应该结束第一期的任务，留给我们的时间并不长。如果今年的工作做得不好，就不可能给国家、教育部一个很好的交代。我们拿什么交账？我们拿到了18个亿，3年过去了，18个亿切掉，我们怎么办？当然，我们应该有信心把工作做好，继续得到国家的支持，但这并不是一句空话。举个例子，科学院比我们早一年开始知识创新工作，到今年年底第一期就将结束。他们也在考虑怎么给国家交账，他们的闪光点在哪里？各个所调整得怎么样？必须给国家一个交代，然后再考虑第二期知识创新工作，对国家要什么条件。前提是工作必须做好。我们与清华也要协调。中国作为一个大国，不能只有一个北大，而要至少有几个世界一流大学。北大与清华既有竞争，又要更好地合作。在大的政策问题上，我们希望两校的领导能协调、沟通，共同为推动两校创建世界一流大学的工作、推进我国高等教育事业的发展做出贡献。

　　本学期，我们要重点抓的工作有以下七点：

　　一、完成两校合并后创建世界一流大学规划的修订和调整。这项工作不能再拖了。如果做不好会牵涉到下一步学校整体工作的安排，如经费、人才引进等。原计划在9月份完成两校合并后创建世界一流大学规划的修订和调整，包括事业规划、学科规划、园区规划等，为明年的工作做好充分的准备。现在这项工作正在进行，我们会在听取大家意见的基础上做好这项工作。

　　二、关于学科建设。这也是昨天讨论中提到最多的一个问题。大家的问题都很尖锐，关键问题是要怎么做。大家谈到，创建世界一流大学计划的经费，落实到学科就没多少了，不像清华，一个学科就可以投入1000万、2000万。实际上，就近几年的规划来看，我校用于学科建设的经费不少于总数的三分之一，但问题是我们的面比较宽，清华则是集中在几个点上：海外归国的优秀人才、理科和文科的一部分。而工科部分承担的通常是国家的大项目，国家的投入很多，学校相对不

需要太多的投入，这样就可以高强度地向需要发展的学科投入。但北大必须兼顾，我们既有一些传统的学科，如数理化、文史哲，又有一些新兴的领域，相对来讲，我们的投入强度就不可能像清华那样大。怎样用好这笔钱？北大作为一所百年老校，既要有"面"的兼顾，也要在此基础上有侧重点。在这方面，我们做得还不够。比如，对引进的人才，学校有些承诺还没有到位。这就影响了一部分同志的积极性，包括一些院士，据说清华引进院士时就比较简单，直接下拨经费，不需要再定什么繁琐的手续。我们下一步的工作就要注意调整政策，解决好这些问题。

另外，我们要注意发挥北大的综合优势，没有这些优势我们的特点就会丧失。国家在发展，社会经济状况也在发展，国家对我们的需求也不断地变化，我们的学科不能一成不变。随着科学本身的进步和社会的发展，我们要不断地调整学科。北大的教育要和社会需求相结合，否则北大的社会地位就会面临挑战与危机。我当学生时，是计划经济时代，法律、经济等学科不可能很发达，但现在，法律、经济、工商管理等学科大大地发展了。为什么？就是适应国家的需求。所以，北大的学科建设必须考虑到外部环境的变化，调整我们的格局。

暑期领导工作会议上，各位主管校领导已经对学科调整，推进校、院两级管理的工作提出了一个初步意见，开学后，我们会尽快召开学术委员会会议，希望在听取学术委员会意见的基础上，通过校领导审核后，推进院系的调整工作。这项工作，前两任校长都已决定了的，但没有完成，因为有一定的难度。校领导班子经过讨论，一致认为还是要加速推进这项工作。当然，各学科的情况不一样，要有区分，成熟一个推进一个。要有一个机制来鼓励他们。联合就是要有效地利用北大的人力、财力等资源，就是要有助于促进学术、教育。我们的工作要积极稳妥地推进，不是简单地把几个院系归并一起，而是希望通过这种联合为北大的学科建设作出更大的贡献，能够更具有竞争力，并且在此基础上能够得到国家和社会各方面更大的支持。

许多同志都反映，北大的确有很多闪光点，但就像有些领导讲的，北大只有高原没有高峰，这确应该引起我们的反思。本学期，主管校领导要听取学校重点科研项目的进展情况，并在此基础上，通过讨论，针对近期更有希望取得重大突破的科研项目，调整支持方向。我们应该在创一流大学的经费中留出一部分，重点支持一些有可能出成果的项目，使它们尽快取得突破。这样就可以既顾到"面"，又能促使优秀成果的尽快完成。本学期，我们一定要做好这项工作。明年是"十五"的开始，一般来讲，我国的大计划五年一轮，我们必须在本学期花大精力组织教师研究，根据国家的需求我们可以争取哪些大的项目，包括基础学科研究、应用科学研究，包括文科、理科和医学方面。如果我们不做好准备，就会又陷于被动。北大最大的问题在于，很多教师的业务，从个人而言，都相当强，但缺少凝聚力。我们在组织大项目时，就会暴露出这个弱点，你一部分，我一部分，最后都组织不起来。所以，本学期必须花大力气，及时地组织我们的队伍，同时也和有关部委及时沟通，了解动态，一旦开始招标，及时申报项目，避免处于被动。北大作为一个在全国具有相当影响力的大学，如果在国家的重大科研项目中没有地位，而满足小的课题，北大的社会影响同样会受到挑战。在这方面我们一定不能疏忽，一定下决心把我们的骨干队伍组织起来，只有这样，北大的综合实力才会体现出来。

这个学期，要整顿院系的研究中心，以充分利用学校有限的资源。北大应该存在一些非常灵活的、能够凝聚不同学科研究的中心，但这些中心应该是一种虚拟机构，而不是实体的研究中心。北大有院、系和各种研究组、实验室，再有很多实体的中心，管理上就会出现困难。所以我们要在听取有关院系领导意见基础上进行调整。

三、关于人事体制改革工作。本学期，这项工作很繁重。暑假期间，人事部开始召开部分院系教师参加的座谈会，听取意见。下星期，学校将召开党委常委扩大会，听取人事部关于本学期主要人事工作安排的汇报：一年试聘期满后的续聘工作、定编定岗工作、职称评审工作。人事部在听取大家意见的基础上制定出一个办法，提请党委常委扩大会讨论批准后，由人事部向各院系布置、执行。学校体制改革中，人事体制改革是核心。业务上以学术为本，整体的管理体制中则以人事体制的改革为中心。整个国家的情况也如此。这直接关系到能否调动各类人员的积极性。创世界一流大学，一要出成果，二要出人才。能不能为国家培养更多的人才，与我们的人事体制有很大的关系。这是一点。第二点，我们的人事体制改革必须服务于学科建设，而不是孤立的。我们引进的人才，都应与北大的学科建设、调整和发展紧密结合起来。这是人事体制改革的一个基本指导原则。改革的思路酝酿了几年，要建立制度化、规范化的人才管理模式，使各层面都能发挥作用，使各项工作都有一定规范可以依循。我们既要大胆探索、构建一种理想的人事模式，又要切实结合北大的实际情况，稳步推进。人事体制改革涉及到每个人的切身利益，非常敏感。在我国这种情况下，人事制度改革不可能一次完成，因为牵扯到了社会大环境的变化。人事体制改革必须和社会配套改革相配合，北京的社会保障体系还很不完善，所以不可能一步到位，而是一个逐步完善的过程。

基于这几点，本学期在人事改革问题上，我们急需要做的三件事是：

（一）试聘期满后的续聘工作。必须对试聘的同志进行考核，对过去一年中的工作做一个交代。考核的标准主要依据去年聘任协议上规定的职责。应该看到，在我们过去一年中，也出现了一些问题，如教学和科研的矛盾，对教学的重视不够等。我们要有针对地进行协调，使其完善，在今年的工作中进行调整，鼓励A类岗的同志到第一线任课，对于优秀的教师，无论年老、年轻，都要鼓励他们上讲台。学生评价学校，很大程度上从教师授课的水准上看，教育质量直接与能否有一批好的授课教师相关。因此，我们有必要做一些调整。暑假期间人事部已在各院系的领导中征求了意见，现在正在根据这些意见进行修改，在校领导干部会专门讨论通过后进行布置。

（二）定编定岗工作。这牵扯到各院系今后怎样发展的问题，非常重要。所谓的定编定岗，并非一成不变，但在一个阶段要相对稳定。使每个院系的领导都要了解有多少编制，应该怎样发展学科，有宏观制约机制。每增加一个人，就要有增大笔经费支持。因此北大必须有一个自我约束机制，只有这样才能有序地发展。因此，各院系定编定岗工作是势在必行的。当然这也要依据各院系承担的工作情况、教学任务、承担国家重大项目的状况等等来进行综合考虑。这项工作是非常复杂的，要与各院系充分对话后进行。岗位的设置随着学校的发展而发展，比如争取到了大的项目，但没有人做，这种情况下，学校必须采取灵活的机制支持，如采取合同聘任制，项目完成，合同结束，等等。逐步使北大的管理体制趋向完善。

（三）职称评审工作。这是大家都很关心的。本学期的职称评审是最后一次计划性的职称评审。这也许是中国特色的职称评审，国外没有哪一所大学是这样每年评定一次职称。最近人事部的文件规定，必须要按需设岗、按岗聘任，国家不再限定宏观上的职称数，等等，关键是要根据学校的财政状况、人员状况、工作任务等进行自我约束。我们必须改变当前这种每年一次的、计划性的评审。从明年开始，将使之成为一种常规工作，希望逐步过渡到各个院系能够自主地掌握，根据需要自主地聘任，学校只是审议备案。当然，要以年末的考核，特别是应聘人员的考核为基础，这样，使评审工作变成学校和院系的常规性的经常性的工作。而且，我们的职称评审应该由封闭式的内部评审转变为公开的评审。现在很多科研院所都已经开始采取公开聘任的办法。北大作为一所开放性的大学，我们应该鼓励各个院系通过公开竞争聘任我们的教师，增强教师队伍的活力。过去那种一个教授退了，下面一个副教授顶上来的做法，对于整个学校的发展是极为不利的。这可能会有一个过程，学校也不会一刀切，但会鼓励向这个方向努力。与此有关的是，学校本学期要建立制度化的考核评估和激励机制。对各类人员，通过考核、评估，若没有合适的激励机制，他们的积极性就不能持久。

本学期，人事方面还有以下几项工作：（一）通过调研，逐步完善以聘任制为核心的人事政策。人事部正在对过去的人事政策进行修改，完善后推行。（二）规范以往的各项人事政策。过去学校制定过一些人事政策，随着国家的改革发展，有些政策还可以用，有一些已经不适应目前的状况。必须对其进行修改。（三）怎样对优秀的青年骨干、重点课题加强支持。要建立起扶优扶重的特殊的人事政策，对某些领域、优秀人才进行支持。

这是本学期主要的几项人事工作。这个工作不能拖，一定要抓紧进行。

四、吸引优秀人才的工作也要抓紧进行。北大在引进长江学者，引进优秀人才问题上，在全国名列前茅，但也有很多忧虑。前几年，学校作了很大努力，准备了房源，给予了许多政策支持，吸引了一批优秀的年轻人才。但据我了解，我们手中的资源基本都用完了，没有机动的房源，其他各方面的条件，如实验室等都有问题。这学期，要抓紧这项工作。要花大力气争取房源，在房改、货币分房没有实施以前，如果忽视了这项工作，就会在吸引人才方面处于不利地位。另外，在实验条件、资金支持等方面必须制定配套政策，确保每年有一批优秀的青年学者到北大来。随着大批的老教师退休，我们处于一个很严峻的转折点，对各种层面的人员都有不同程度的需求，要安排好这些人员。对于初级的管理人员、研究人员可以采取合同聘任制的办法。要针对这种处于退休高峰的状况，对全校的人员结构的变动制定完善的政策，使我们的引进人才工作以及正常的教学、科研工作的开展都有一个好的保证。

五、关于后勤工作。学校要配合市政府，做好有关后勤社会化的一系列工作。本学期要继续把后勤社会化工作作为后勤改革的一个非常重要的方面。具体来讲，本学期学校还有相当一部分基建项目要完成，如抗震加固，工作量很大，要抓紧完成。特别是与师生生活相关的工作更要抓紧进行，其中包括学生公寓的建设，初步定于2002年交付使用。医学部的学生公寓在改建，住在地下室绝不是长久之计，这项工作一定要争取在寒假之前完成。今年本部增加了2000多学生，食堂非常紧张。根据后勤部门的规划，农园食堂马上就要进行改建，预计明年暑期秋季学期开学之前投入使用，确保学生的用餐环境能够有一个较好的改善。

六、关于产业工作。本学期要对校办产业进行整顿、改制，特别是对几个大型的公司进行改制，对各院系的中小企业，在目前的基础上同样要推进改制，使校办企业建立一个比较好的管理模式。否则校、院系领导都会承担太多的工作，牵扯太多的精力，实际又管不好。这个问题，需要做大量的工作。

七、本学期的一项重要工作是干部的"三讲"教育,10月中旬开始,前后会进行三个月。这次学习会占用一定的时间,所以一定要切实安排好学校的各项工作。党委到时还会具体安排,这里就不展开了。

学校还有许多具体工作,常规性的工作如迎接国庆、元旦等重要活动都要照常进行,这里就不一一列举了。

北 大 概 况

北京大学创办于1898年,初名京师大学堂。中国在甲午战争中失败后,为了救亡图存,康有为、梁启超、谭嗣同等发起变法维新的改良运动,特别提出维新变法,须从废科举、兴学校开始。作为中国第一所现代高等学府和最高教育行政机关,京师大学堂应运而生。1898年6月,光绪皇帝在《明定国是诏》中宣布"京师大学堂为各行省之倡,尤应首先举办"。维新志士梁启超等人起草了京师大学堂章程。虽然戊戌变法运动很快失败,所有新政措施几乎全部被废除,但京师大学堂却成为硕果仅存的变法成果得以保留,并于1898年12月正式开学,当时有学生近百人。

辛亥革命推翻了清王朝的统治。1912年5月,京师大学堂改名为北京大学,严复为北京大学第一任校长。

北京大学的创立,在我国高等教育史上具有里程碑式的意义。她在中国走向现代化的历史进程中起到了重要的先锋作用,形成了光荣的革命传统和优良的学术传统。作为新文化运动的中心和"五四"运动的发源地,作为中国最早传播马克思主义和科学民主思想的发祥地,作为中国共产党最早的活动基地,北京大学为民族的振兴和解放、国家的建设和发展、社会的文明和进步做出了重大的贡献。爱国、进步、民主、科学的精神在这里生生不息,勤奋、严谨、求实、创新的学风在这里代代相传。

1917年,蔡元培出任北大校长,这是一项对北大有至关重要影响的任命。这位著名的民主主义革命家、思想家、教育家"循思想自由原则,取兼容并包主义",对北大进行了卓有成效的改革,促进了思想解放和学术繁荣。蔡元培延聘陈独秀担任文科学长,陈独秀是新文化运动的领袖之一,他主办的《新青年》杂志,提出反对封建复古主义,主张民主与科学。他任文科学长后,许多北大教授成为《新青年》的编辑,实现了《新青年》与北大的结合,使北大成为当时新文化运动的中心。李大钊出任图书馆主任,他是中国第一个接受并传播马克思主义的人。鲁迅、胡适等一大批学者前来任教,毛泽东也曾在校任职。1919年,伟大的"五四"爱国运动爆发,北京大学是其策源地。中国共产党在北方的第一个支部是1920年9月在北大建立的,参加中共一大的13位代表中有5位曾在北大学习或任职。可以说北京大学对中国近现代的历史进程产生过重要影响,为中国的革命和进步事业做出了显著贡献。

1927年,奉系军阀统治北京时,悍然决定取消北京大学,将北京的国立9所学校合并,成立所谓京师大学校。国民党新军阀统治后,又将京师大学校改为中华大学,不久又改为北平大学。由于北大师生的强烈反对,1929年8月,恢复了北京大学。

抗日战争爆发后,北京大学师生辗转南下,与清华大学、南开大学共同组成长沙临时大学。1938年4月,由长沙迁到昆明,改名为国立西南联合大学,设立文、理、工、法、师范5个学院26个学系。在抗日战争的艰苦环境下,西南联大仍继续坚持着教育文化事业,每年在校学生一般保持在3000人左右,为国家和民族培养了许多优秀人才。

抗日战争胜利后,西南联合大学于1946年5月宣告结束,北京大学在北平复校,同年10月正式开学。当时设有文、理、法、医、农、工6个学院和1个文科研究所,学生总数为3400多人。

1949年2月,北平和平解放,北京大学获得了新生。

中华人民共和国成立后,北京大学逐步发展成为一所新型的社会主义大学。为了继承和发扬"五四"光荣传统,北大将校庆日由过去的每年12月17日改为每年的5月4日(此前,5月4日已成为校友返校日)。党和国家非常关怀北大的发展,毛泽东主席亲自为北大题写校名并曾三次写信鼓励师生团结起来,为建设新中国而奋斗。周恩来总理曾先后6次亲临北大视察或做报告。1951年6月,国务院任命著名经济学家、教育家马寅初为解放后北京大学第一任校长。

1952年,全国高等院校进行院系调整,北京大学的医、工、农学院以及其他部分学科或分出去单独成立高等学校,或并入了其他大学。清华大学、燕京大学的文、理、法科以及辅仁大学、浙江大学、中法大学等高校的有关系科并入北大。北大的校址也从北京市内的沙滩等地迁移到了位于北京西北郊著名园林风景区的原燕京大学校址,即"燕园"。院系调整后,北京大学成为一所侧重于文理基础科学的教学和科学研究的综合大学,为后来的学术发展和领先地位奠定了基础。当时全校共有12个系,33个专业,到1965年发展到18个系、53个专业。学校规模也不断扩大,1962年在校本科生曾达到10671人,研究生为280人。从1949年到1965年的16年间,北京大学共为国家培养了3万多名本科毕业生和2000多名毕业研究生。他们大部分成为我国各个领域的骨干。据不完全统计,在北大学习或工作过的师生中有396位中国科学院和中国工程院院士,中科院数理学部2/3的院士来自北大,地质系一个系培养了53位院士,数学系54级毕业生中出了6位院士,技术物理系56级毕业生中出了4位院士,中国哲学界有影响的4位大师级学者全部出自北大。蒋筑英、雷雨顺等作为中国知识分子的杰出代表,也正是北大培养的众多毕业生的缩影和写照。1955年,北大成立了中国第一个原子能系,为国防科技战线培养了一批骨干,在"两弹一星"的研制中发挥了重要的作用。60年代,与兄弟单位联手研制成功的人工合成牛胰岛素是国内基础研究方面的重大突破,对生命科学研究具有重大的理论意义和实践意义。1973年,中国第一台每秒运算百万次的电子计算机在北大诞生。

党的十一届三中全会以来,我们国家进入了以经济建设为中心,改革开放,建设有中国特色社会主义的新的历史时期,北京大学也进入了在改革开放中振兴和发展的新阶段。邓小平同志曾亲自过问北大的拨乱反正和恢复、发展工作,并于1978年为北京大学图书馆题写了馆名,1987年还为《今日北大》一书题写了书名。陈云同志为北大革命烈士纪念碑题写碑名。以江泽民同志为核心的党中央十分关心北大的改革、建设和发展,中央领导同志多次视察北大。

近十几年来,特别是邓小平同志视察南方发表重要谈话以来,北京大学不断解放思想,深化改革,加速发展,取得了历史上前所未有的建设成就。北大积极探索和进一步明确了各个领域的改革思路,陆续出台了各项改革措施,并逐步形成和完善了改革发展的总体思路。1994年7月,北大成功地召开了第九次党代会,确定了到21世纪初叶把北大建设成为世界一流大学的奋斗目标,通过了《北京大学改革发展纲要》,标志着北大的改革发展进入了一个新阶段。经过近三年的规划论证和申报审批,北大于1996年10月得到国家的正式批准,成为国家"211工程"实施中首批重点支持的两所高校之一。1998年5月,北京大学成功地举办了百年校庆活动。江泽民同志亲临学校视察,并为学校题词,还在校庆大会上发表了重要讲话,提出了建设具有世界先进水平的一流大学的任务。1999年北大成为国家创建世界一流大学计划的两所重点高校之一,得到了国家的大力支持。

2000年是北京大学创建世界一流大学过程中至关重要的一年。在这一年里,北京大学全体教职员工高举邓小平理论的伟大旗帜,贯彻落实科教兴国战略,紧紧围绕创建世界一流大学这个中心任务,抓住机遇,深化改革,实质性地促进了学校各项事业的发展,并在各方面取得了新的进展。

原北京大学与原北京医科大学合并组建成为新北京大学

2000年4月3日,原北京大学和原北京医科大学实现了强强合并,组建成为新北京大学。这是北京大学体制改革迈出的重要步伐,受到党中央和教育部、卫生部、北京市的高度重视,江泽民同志发来贺信,李岚清同志在合并大会上讲话,两校合并在社会上引起了很大反响。合并以来,北京大学进一步加强了医学与生命科学和其他学科的合作与融合,形成了一些新的学科生长点,并在不断开拓新的领域,争取在生命科学和生物技术科学等领域尽早取得突破性成果。

两校合并绝非偶然,是两校长期合作,联合办学的结果,也是共创世界一流大学的需要,同时两校还有历史上的渊源,原北京医科大学在发展的历史中曾一度成为北京大学医学院。

两校合并后,校本部和医学部加快融合的各项工作进展平稳、顺利,各职能部门之间主动加强协调,不但未出现无原则性的摩擦和内耗,而且各方面的合作不断加强、日益紧密;特别是在学科建设和教学改革方面,校本部与医学部充分发挥各自的优势,大力加强学科的交叉整合,为进一步拓展北大的学科领域,增强科技创新能力,奠定了坚实的基础,也为下一步的深度融合做了良好的铺垫。两校的成功合并以及各方面融合速度的加快将对北京大学创建世界一流大学的进程产生积极而深远的影响,也将对全国高教体制改革做出历史性贡献。

"三讲"教育成效显著

根据中共中央办公厅转发的教育部党组《关于普通高等学校领导班子、领导成员深入开展"三讲"教育的实施意见》和中共北京市委《关于贯彻〈中共中央关于在县级以上党政领导班子、领导干部中深入开展以"讲学习、讲政治、讲正气"为主要内容的党性党风教育的意见〉的实施意见》精神,按照《北京大学校级领导班子和领导干部"三讲"教育实施方案》和《北京大学中层领导班子、领导干部"三讲"教育工作计划》的安排,北京大学校级领导班子和领导干部的"三讲"教育从2000年10月17日开始到12月中旬,中层领导班子、领导干部"三讲"教育从11月中旬到2001年1月中旬,分别经过了"思想发动,学习提高"、"自我剖析、听取意见"、"交流思想、开展批评"和"认真整改、巩固成果"等阶段的工作,平稳、顺利地完成了预定各项任务,取得明显成效。

在这次集中进行的"三讲"教育中,北京大学不仅把这一过程作为新时期加强党的建设的重要举措,而且把"三讲"教育作为进一步动员广大干部教师凝聚力量创建世界一流大学的重要机遇,作为两校合并后进一步加强班子建设,推进深度融合,提高效益和水平的重要机遇。按照这一思想,北京大学党委将中央精神与北大实际相结合,突出"讲政治"这个核心,紧扣建设高素质班子、创建世界一流大学这一主题,使北京大学"三讲"教育工作取得了比较明显的成效,主要体现在五个方面:一是领导班子和领导干部受到了一次深刻的马克思主义理论教育,政治意识、大局观念有了明显增强;二是查找了领导班子、领导干部党性党风方面和工作中存在的突出问题,并从世界观上深入剖析,进一步明确了努力方向;三是领导干部受到一次生动的群众路线和群众观点的再教育,进一步密切了和广大干部、教师之间的关系,增强了廉洁自律和接受群众监督的意识;四是在发扬批评与自我批评的优良传统方面有了明显进步,健全、活跃了党内生活,增强了领导班子的团结,增加了领导集体的凝聚力;五是激发了改革进取精神,促进了作风转变,推动了各项工作,产生了积极反响。

北京大学"三讲"教育始终是在平稳、有序、健康、顺利的过程中进行,通过"三讲"教育,进一步增强了领导班子的凝聚力和战斗力,增强了创建世界一流大学的自觉性与责任感,在思想上和组织上为今后学校的建设和发展提供了有力的保障。

面向未来,修订创建世界一流大学规划

《北京大学创建世界一流大学规划》是根据科教兴国战略和江泽民同志在庆祝北京大学建校一百周年大会上的重要讲话制定的到21世纪初叶把北京大学建成世界一流大学的中长期发展战略规划,是国家知识创新体系和教育部《面向21世纪教育振兴行动计划》中的一个重要内容,是原北京大学和原北京医科大学"211工程"建设规划在新时期的继续丰富和提高。

1998年百年校庆以来,创建世界一流大学已经成为北京大学全校师生的共同理想和奋斗目标。2000年,在"三讲"教育中,北京大学广大党员干部认真学习江泽民总书记关于"三讲"的重要论述和"三个代表"的重要思想,进一步认识到北京大学师生员工当前最大的政治就是创建世界一流大学。学校党政领导和发展规划部等有关职能部门在深入开展"三讲"教育的同时,紧紧围绕创建世界一流大学这一中心工作,根据形势的变化,总结过去,规划未来,做好规划的阶段性总结和修订工作,努力为创建世界一流大学制定更加科学可行的发展战略。

原北大与原北医顺利合并,组建了新北京大学,北大进入了新的发展阶段。面对新的形势,一方面需要认真研究如何发挥强强联合、优势互补的巨大潜力,促进学科的交叉整合,提高办学效益和质量;另一方面需要将医学部的发展规划纳入学校的整体发展规划之中,从而使规划更加科学、全面,为学校在21世纪的改革与发展提供行动依据。因此,修订规划迫在眉睫,学校领导对规划的修订工作非常重视,参加了关于信息科学与电子学、纳米科学、地球与环境、人文社科重点学科等学科发展研讨会,会同院系有关专家,认真研讨北大在有关学科领域重点应该发展哪些研究方向、预计可产生哪些重大标志性成果,以及学校如何组织和支持这些重点领域等重要问题。

为了更广泛地征求意见,集思广益,动员广大师生为学校下一步的改革和发展献计献策,发展规划部连续主持召开了6个修订创建世界一流大学规划专题研讨会,先后邀请校内著名专家学者、各职能部门和院系负责人、工会代表、教代会代表、民主党派和无党派代表、教师和学生代表共计100余人进行座谈。此后,发展规划部又深入基层,深入群众,进行个别征求意见。广大师生对规划的修订提出了500余条意见,共计2万余字。许多意见非常中肯,很有针对性。

截至2000年底,医学部发展规划已经制定出来。发展规划部将在学校领导下,在广泛征求意见、认真研究论证的基础上合理归纳大家提出的意见,认真修改规划,力争尽快拿出科学、完整的北京大学创建世界一流大学规划。

人事制度改革稳步向前

2000年是北京大学落实"985"计划,全面实施岗位聘任制的关键一年,北京大学人事部根据学校创建世界一流大学的统一规划,进一步落实人事、分配制度改革的政策和措施,为在学校形成"能上能下、能出能进、能高能低"的激励竞争机制奠定了切实可行的政策保障和物质基础。2000年人事管理工作的重点在于完善1999年人事改革政策,在总结经验的基础上进一步全面推进岗位聘任、工资改革的步伐。2000下半年根据学校统一部署,校人事部对教学科研单位进行了1992年以来最大规模的编制核定工作,此项核编工作与1999年下半年学校内部管理机构改革相配套,进一步理顺了校内管理体制,对形成有利于更多高素质创造性人才尽快成长的制度环境进行了有益的探索。

北大文科"985"学科建设取得阶段性成果

"985"计划是我国"面向21世纪教育振兴行动计划"的重要组成部分。"985"计划的落实,为校内18个校一级文科科研基地提供了较充裕的物质条件,分管文科的校长亲自抓"大船工程",经过一年努力,如跨学科研究项目《中华文明史》、《中国古代刻画符号的收集、整理与研究》、"盛唐工程",应用学科重大研究项目如"法制:中国与世界"、"中国企业管理案例库"、《北京大学国际问题论坛丛书》、"公共政策数据库"等,都已取得部分阶段性成果,推动了科研带动教学、科研培养高素质人才的工作。

理科科研成果不断增加,科研水平有了新的发展

2000年是北京大学科学研究取得全方位进展的一年。北大科研以坚实的基础研究为后盾,发挥多学科的综合优势,推进高新技术的研究和开发,科学研究蓬勃发展。2000年,全校理科到校科研经费3亿元,比1999年的1.6亿元增长近一倍;国家科技部2000年公布的1999年度科技论文统计报告中,北京大学发表的科技论文被"科学引文索引(Science Citation Index)"收录791篇,名列全国高校之首(不包括医学部179篇);2000年获得国家自然科学基金委员会新批准项目资助总额超过4000万元,居全国高校榜首。科研基地、新兴学科和交叉学科的建设取得进展,新建三个教育部重点实验室和一个交叉学科研究中心。一流科研成果在国际重要刊物发表;一批基础研究、应用科学研究成果通过国家鉴定;获得一批国家、部委科学技术奖励。2000年度是科技部第一期"863"计划项目陆续进入总结验收的重要时期。在总共47项的研究项目中,有40项完成了总结验收工作,其中部分优秀成果入选科技部863计划十五周年成就展。

科技开发成绩喜人,促进科技开发和成果转化方面再创佳绩

2000年,北京大学科技产业系统认真贯彻和落实江泽民总书记提出的"三个代表"重要思想,自觉把"三讲"教育的成果融入到创办世界一流大学的教学、科研和社会服务中去,大力加强科技开发和企业改革,推动先进生产力的发展,科技产业产值再创历史新高。校办高科技产业年销售额总计约120亿元人民币,比1999年增长近34%,实现了历史性突破。其中校办支柱企业方正集团年销售额101亿元人民币,青鸟集团6亿元人民币,资源集团6.5亿元人民币,未名集团2亿元人民币,医学部产业1亿元人民币。共签订各类技术合同108项,合同总额逾2.3亿元人民币,合同到款总额约2.19亿元人民币。如包括医学部,则北京大学共签订各类技术合同117项,合同总额约2.74亿元人民币,合同到款总额近2.26亿元人民币。科技产业收入居全国高校之首,约占全国高校科技产业总收入(约300亿元人民币)的40%,显示了北京大学在科技产业方面强大的实力。科技产业(不包括出版社)上缴学校6130万元人民币,强有力地支持了学校的教学、科研建设。北大依托基础研究和应用的强大优势,在已经形成的具有北大特色的、产学研相结合的高科技产业格局的基础上,将在科研产业方面继续发展,争取取得更好的经济效益。

校企改制初见成效,银校合作全面启动

2000年,北京大学召开校办产业工作会议,提出加大校企管理体制改革,实现校办高科技企业持续健康稳定的发展。根据学校的实际变化和创建世界一流大学的实际需要,进行了产业管理委员会换届工作。在完成产业管理委员会换届工作的同时,进行了科技开发部与产业管理部改制工作。取消北京大学产业管理部建制,设立北京大学校办产业管理委员会办公室,并把北京大学科技开发部整体并入,同时实现与北京大学国内合作委员会办公室合署办公。产业与科技开发合为一体有利于不断创新的产学研体系的形成,有利于克服北京大学教育、科研与经济相脱节,有利于加快科技成果产业化的过程,并逐渐表现出它的优势和活力。

2000年,北京大学还继续秉承银校合作模式。继与华夏银行签订了5个亿的《银校合作协议》之后,又先后与中国建设银行、中国农业银行、中国工商银行分别签订了各30亿元人民币、与中国银行签订了70多亿元人民币的全面合作协议,同时在高交会期间与招商银行签订了10亿元人民币的合作协议,贷款授信额达175亿元人民币,与各银行建立起面向21世纪的长期稳定、优势互补的战略合作关系。对北京大学的发展和银行业务空间的拓宽以及中关村科技园区的建设具有重要意义。

广泛开展对外交流与合作,交流、合作的层次和成效进一步提高

2000年,在科教兴国、建设世界一流大学的总体目标指引之下,北京大学大力开展交流与合作,掀起了一轮新的热潮,有力地支持了北大国际形象、国际地位的迅速提升。从总体上来说,2000年的国际交流与合作形成了以下几种突出的形式:首先,"校长论坛"成为重要交流形式之一。2000年5月、8月、10月,中国与丹麦、泰国、日本高校的第一次校长会议分别在北京、昆明和日本东京召开。"校长论坛"的推广和延伸,加强了不同国家高校之间的沟通和合作。第二种形式是"企业的注入"。2000年下半年,日本理光公司资助北大计算机系950万日元,支持开发专项计算机软件项目;11月,希腊Costamare船务公司总裁、希腊船王V. C. Costantakopoulos及其朋友捐资52.5万美元,资助北大设立希腊学研究中心;台湾光华基金会总干事尹衍梁先生拟再次出资2000万美金,与北大合作兴办光华医院。企业的支持,为北大的教学科研和国际交流,创造了更多的宝贵机会,提供了坚强的后盾。第三种新颖的形式是"艺术的交流"。"艺术的交流"不仅引进了新的交流形式,同时也为北大学生的素质教育创造了良好的氛围。在校际交流与合作方面,截止到2000年底,北京大学已经同遍及世界47个国家和地区的205所大学建立了校际交流关系,比上年增长近10%。北京大学注重同世界各国大学的交流,有利于北京大学创建世界一流大学的总体目标的实现。另外,2000年北京大学继续健全外国专家的聘请、管理和评估制度,通过强强合作促进科研水平的提高,在国际舞台上加强学术活动,扩大北京

校园综合育人环境不断改善，群众性精神文明创建活动不断拓展

2000年，北京大学校园文化活动既丰富多彩，又体现了主旋律。在支持北京申奥、喜迎新世纪、"博士团西部行"等一系列重大的活动中，北大学生表现出的良好素质和精神风貌，给世人留下了深刻的印象。北大宣传策划并组织了"奥运健儿，为你喝彩——北大学生支持中国奥运代表团签名活动"、"北京大学国庆前夕奥运夜万人联欢活动"、"迎奥运健儿凯旋"等活动，受到了中央电视台等各大媒体的关注，得到了人们的好评。2000年北京大学学生志愿者暑期"三下乡"暨"博士团西部行"社会实践活动，以关注西部大开发和考察高新产业区为主线，奔赴祖国西部进行实地考察，引起当地社会各界的强烈反响，学生暑期文化、科技、卫生"三下乡"社会实践活动内涵更为丰富，形式更为多样，实践课题的广度和深度较往年有了重大突破，整个工作又上了一个新的台阶。同时，学校更加重视德育工作，充分发挥德育在培养人才中的主导作用，开展了具有北大特色的高品位、多层次，既体现主旋律，形式又多样化的校园文化活动，良好的校园文化环境对学生的健康成长产生了积极的影响。

（倪斌、梁星）

北京大学医学部概况

一、医学部发展概况

北京大学医学部的前身是国立北京医学专门学校，创建于1912年10月26日。1903年，清朝政府在京师大学堂设立了医学实业馆，虽在四年后停办，但为创立国立北京医学专门学校提供了条件。1911年，辛亥革命一举推翻了清王朝，建立了中华民国，在当时向西方学习的风潮下，西医在中国的地位有了明显的变化。1912年9月，中华民国教育部电召从日本留学归来正在筹建浙江省立医学专门学校的杭州人汤尔和到京，筹划创立医学校事宜。教育部以价银10000两购买了已经停办的医学馆馆舍，划拨给国立北京医学专门学校使用，10月26日，中华民国教育部任命组织学教授汤尔和先生为北京医学专门学校校长，至此，中国第一所国立西医学校正式诞生。当时教职工9人，首批学生72人。

汤尔和校长于1912年10月26日上任后，11月24日便呈文教育部请求公布《解剖条例》。因尸体解剖在当时是犯禁的，这以前还没有人敢向政府请求颁布法令允许进行尸体解剖。汤尔和校长在近三千言的呈文中，强调了医学的基础在于解剖，仅凭图画模型决不能对人体有精细的了解，他在呈文中回顾了中外有关历史，列举了当时欧洲各国收集尸体的途径，最后，结合中国的国情制定了中国的《解剖条例》，呈请教育部予以公布。但当时政府观念陈旧，害怕舆论，没有及时应允，经汤尔和校长一再请求，历时一年，公文往返14次，政府才于1913年11月22日，以内务部令51号公布了《解剖条例》。这是中国自己的第一个解剖法令，是北京医学专门学校对中国医学教育的一大贡献。从此，中国革除了几千年的封建禁令，有了自己的解剖法，使中国医学的发展，真正建立在科学的基础上。

1923年9月，国立北京医学专门学校奉命改建为国立北京医科大学校。学制分预科两年、本科四年，总计六年。原四年制停止招生。这是我国最早改为六年制的医学校，对中国医学教育的发展，起到了积极作用。

在此后的年代里，中国社会动荡不安，学校发展极尽艰辛。但教师们恪尽职守，努力编写和翻译医书进行教学，主要出版的著作有《解剖学粹（附图）》(1924)、《组织学》(1914)、《生理学讲义》(1924)、《传染病讲义及免疫学大纲》(1924)等十余种；主要译著有《局部解剖》、《胎生学》、《诊断学》等20余种。

到了20世纪三四十年代，学校一度名为北平大学医学院。抗日战争开始以后，北平大学医学院部分师生迁往西安，称国立西北医学院；部分师生留在北京。

1946年7月，北京大学在北京复校，胡适任校长。在抗日战争时期艰难发展的北平临时大学补习班第六分班连同附属医院一同并入北京大学，成为北京大学医学院。并入时，医学院有教员180人，学生610人，下设医学、药学和牙医系，附设的医院有职工321人，病床120张，日门诊量500人次，另外还有高级护士职业学校和附属药厂。医学院院长先后为解剖学教授马文昭先生、生理学教授沈钧淇先生和皮肤科学教授胡传揆先生。胡传揆教授任医学院院长同时，还任医学院附属医院（亦称北大医院）院长。从此，学校作为北京大学的一部分，开始了新的历程。

新中国建立后，根据当时的经济条件和卫生事业发展需要，1950年1月4日，中央人民政府政务院决定北大医学院划归中央卫生部管辖。1952年，全国教育院系调整，北京大学医学院脱离北京大学，独立建院名为北京医学院，院长为胡传揆教授。直属中央卫生部领导，办学经费由中央财政转中央卫生部拨付。此后，医学院开始了较大的发展，并被国家明确为重点建设和发展的学校，奠定了在中国医学教育领域里的地位。

1959年3月，中央指定包括北京医学院在内的全国十六所高等学校为重点院校。6月30日，国务院第二办公室主任张际春，召集北京市委、卫生部、教育部、中共中央宣传部卫生处及北京医学院负责人开会,研究北医被确定为全国重点学校后的学制以及北京市要求北医增加医疗系招生名额问题。北京市由于医疗卫生人员不足,要求增加医疗系招生名额,但是根据中央关于确定为全国重点学校"从现在起,即应着重提高质量,非经中央同意,不得再扩大学校规模,不得增加在校学生数目和增设科系"的指示精神,为了更好地解决北京市的实际困难,会议提出了应急办法。1960年上半年,经中央主管部门批准,建立北京第二医学院。北京医学院抽调了大批业务骨干和党政干部,包括院长、党委书记、基础医学各个教研室主任、各个层次教师和技术人员等,成龙配套,援建新校。同时还支援了大批标本、切片及部分器材、图书等。在此之前,北医还先后抽调了一批骨干,支援内蒙古、洛阳等地方医学院的建设。

北医党的工作在新民主主义革命时期就有很好的基础。20年代,以贺诚同志为代表的地下党员,在校内开展了地下革命斗争;30年代的"一二九"运动;40年代的反饥饿、反内战、反迫害的斗争;50年代的抗美援朝以及解放后各个时期的革命运动,学校党的组织领导全校师生员工,都站在革命斗争的前列,发挥了重要作用。

改革开放以来,学校始终围绕着坚持社会主义办学方向,坚决贯彻党的基本路线和教育方针,结合学校实际,确定奋斗目标:1980年9月第六次党代会提出:力争在本世纪末,把北医办成具有世界先进水平的社会主义大学;第七次、第八次、第九次党代会,都在不同的历史阶段,结合学校的实际,把创建具有中国特色的国际知名的一流医科大学作为学校的奋斗目标。从1979年至1983年,院长为医学教育家马旭研究员。

1984年经国务院批准,在全国重点建设10所大学,北京医学院是唯一的一所医科学校,1985年学校更名为北京医科大学,从1983年至1991年,运动医学专家曲绵域教授出任院长、校长。

进入90年代中期,中国政府确立了教育发展改革纲要,明确提出"211工程",即重点建设若干所大学,使之接近、达到或超过世界一流水平。1996年8月28日,北京医科大学正式通过了国家首批"211工程"建设项目的论证,再次成为国家重点支持的医科大学。从1991年至2000年4月,校长为血液病学专家王德炳教授。

2000年4月3日,北京医科大学与北京大学正式合并,组建新的北京大学。2000年5月4日,北京大学正式成立北京大学医学部。中国科学院院士、病理生理学专家韩启德教授出任北京大学常务副校长并兼医学部主任。

在89年的办学实践中,北医形成了"勤奋、严谨、求实、创新"的学风和"坚定正确的政治方向,严谨求实的治学态度,热忱献身的服务精神"的校风。

学校从创建中国医学教育之日起,遵循严谨求实的科学态度,设学造士,鼎新革故,顽强地推动中国医学教育向前发展。1913年以内务部公布的《解剖条例》,是北京医学专门学校对中国医学教育的一大贡献。几十年来,学校始终站在医药卫生人才培养、医药卫生学科的建设与发展、医学科技成果开发应用以及临床医疗、医院管理和公共卫生服务等方面的前列,特别是在生命科学研究以及临床新技术创新领域等都有许多建树:免疫教研室在国内首先成功地揭示了胸腺内T细胞功能发育程序;生理教研室率先将心钠素用于心功能不全的实验治疗;血液病研究所首先在国内开展骨髓移植治疗白血病并始终在其领域保持前列;肝病研究所首先在国内开展了乙型肝炎血源疫苗的研制及有关分离、提取、检测技术;第三医院将激光技术运用于冠状动脉成型术填补了我国心血管疾病治疗的一项空白;我国第一台液电冲击波体外碎石机由医学部应用碎石技术研究所牵头研制成功;大陆首例试管婴儿的诞生则是基础和临床多年合作的产物;病理解剖教研室在免疫缺陷动物——裸鼠体内接种人大肠腺癌、肺癌细胞并首先在国内筛选建立高转移癌系;临床药理研究所在研究中发现TMP(三甲氧苄氨嘧啶)对抗生素有增效作用并重新开发成功呋苄青霉素,研制成酰脲类青霉素;药学院生药教研室主持领导的协作组承担的"123种中药材品种质量评价"课题等等,为我国医药卫生事业和人民群众的健康做出了积极贡献。

2000年,医学部有教职工(含5所临床医院)10880人,其中专业技术人员9187人,占学部全体教工总数的84%,具有高级职称人员1672人,其中10名中科院院士和工程院院士,9名国务院学位委员会学科评议组成员,174名博士生导师。各类在校学生9631人,其中博士生600人,硕士生749人,本科生3126人,高职高专生481人,成人教育学生4568人,留学生107人。

北京大学医学部学科及专业齐全,现有基础医学、临床医学、预防医学、口腔医学、药学、护理学、医学检验。现有36个博士学位授权点和46个硕士学位授权点,以培养本科生、研究生为主体,同时又是毕业后医学教育和继续医学教育的培训基地。基础医学院被国家教育部确定为基础理科人才培养基地。北京大学医学部被国家教育部确定为全国大学生文化素质教育的基地之一。

北京大学医学部有6个博士后科研流动站,可以接受各个学科毕业博士生进站从事科研课题的研究工作。经国务院学位委员会批准,北医分别具有自行审批硕士点和硕士生导师权以及自行审批增列博士生导师权。

医学部有11个国家级重点学科点,1个国家级重点实验室，8个卫生部级重点实验室，11个联合研究中心，19个校级研究所。连续多年在完成科研课题和所获各类科研基金以及在SCI与国内刊物上发表论文数量等方面均名列全国医学院校首位。

医学部在教学、科研、医疗、管理等诸多方面与世界各地广泛交流，与世界卫生组织（WHO）、联合国儿童基金（UNICEF）、美国疾病控制中心（CDC）、美国中华医学基金会（CMB）等国际组织保持良好的合作关系，并与十几个国家和地区的20多所大学及大学医学院建立了良好的校际交流关系。医学部先后聘请了225名世界著名学者为客座教授、名誉教授，其中3人是诺贝尔奖获得者。

医学部建立至今，已培养出专业医学人才30000余人，其中研究生4000余人，博士生占1500余人。北医毕业生遍布国内外，大部分成为医药卫生领域里的骨干。

二、医学部2000年主要工作

2000年，对医学部的发展是至为重要的一年。原北京医科大学与北京大学合并组建成新的北京大学，为创建世界一流大学奠定了基础，也为医学部的发展提供了难得的机遇。5月4日，北京大学医学部成立。医学部根据学校创建世界一流大学的总体规划目标制定了发展目标：全面贯彻党的教育方针，深化改革，调整结构，进一步提高教育质量和办学效益，力争在21世纪初叶，把医学部建设成为培养高层次医药卫生专门人才、进行高水平医学科学研究和提供高质量医疗保健的重要基地，成为能够持续地追踪世界前沿科学发展和我国卫生政策制定的科学技术咨询和指导中心。

合并后，医学部启动了"985规划"（北京大学创建世界一流大学规划）医学部建设项目，其中包括人才队伍建设、学科建设、基础设施建设、教学基础条件及学生素质提高等方面。随着岗位设置与人员聘任工作的开展，重新调整了各职能部门办公室机构的设置，使其职责更加明确。在全体干部及全体师生的共同努力下，医学部的管理体制完成了平稳过渡，机构设置和调整已经完成，两校的合并开始向深层次推进。

（一）教育教学工作

2000年，医学部承担的15项教育部、卫生部面向21世纪的教改课题结题工作全部完成，北京市教改课题5项及北京市卫生局项目28项，校级教改课题18项也正在结题阶段。2000年共申报北京市教委组织的16项教学成果奖，有9项获奖，其中一等奖5项（申报国家一等奖1项，国家二等奖4项），二等奖4项。

为了加大临床教学中学生实践的机会，与首钢总医院、北京矿务局医院、北京仁和医院确立了教学共建关系；同时对已完成教学基地检查的15所临床医学院和教学医院，开始了第二期教学建设过程。为了进一步落实教育教学改革的成果，不断提高教育质量和教学效果，学校又组织医学部临床各学院中最具权威的专家学者，启动了学校第一套自编的临床专业课程的特色教材。6月，全国高等学校教学研究中心委托专家组，对基础医学院"国家理科基地创建名牌课程项目"中的基础医学专业人才培养基地进行了中期评估。

2000年举办素质教育讲座8讲，艺术类讲座10讲。2000年评选出北京市三好学生、优秀学生干部14名，1064名学生获校级各类奖学金。

在研究生培养工作中，下发了《北京大学医学部临床医学专业学位现行各渠道实行合轨培养的试行办法》。为了提高博士生培养的质量，对2000年以后入学的科研型博士生，要求在SCI影响因子大于0.5的杂志上发表一篇论文，才可以获得科研博士学位。2000年11月首次进行了临床医学专业学位的阶段考核工作；2000年被批准为口腔医学博士、硕士专业学位首批试点单位；继续做好优秀博士学位论文评选工作，有3篇获2000年度全国优秀博士学位论文。2000年顺利完成医学部第九批博士生导师的初选工作，进一步完善导师培训制度。在学位授权点建设中，申报了内科学、外科学、临床检验诊断学、社会医学与卫生事业管理4个二级学科博士点。目前医学部二级学科博士点达38个。2000年进站博士后29名，现在站47名。建立了与企业合作培养人才、科学研究的关系，招收第一个企业博士后进站工作。

2000年，医学部共举办（含国家级继续医学教育项目）各类学习班213个，参加培训人员9783人。举办由国家教育部批准的高级研讨班2个，助教进修班3个。制定了继续医学教育评估指标体系；遴选了4个国家级继续医学教育、远程教育试点项目。2000年，医学部被卫生部授予"全国继续医学教育先进单位"荣誉称号。

合校以后，医学部对外办学工作有较大发展，组建了医学教育海外交流中心。在校留学生人数有较大增加，共有本科生75人，研究生7人，进修生10人，汉语生20人（包括预科生7人），短期生23人，港澳台学生17人。

（二）学科建设及"985"规划项目

合校后，医学部继续抓紧学科的调整和建设，坚持以项目带动学科，促进医学领域中各个学科之间的交叉与融合，并以点带面，促使学科建设整体发展。根据国际上生命科学领域中的发展趋势，结合原有学科建设和科研基础，确立了以人类疾病基因研究、干细胞研究和中医药现代研究三项科研项目为重点，并带动与此相关学科。

2000年，医学部得到北京大学"985规划"经费中的1.58亿元。根据国家和学校的有关规定，明确"985规划"经费使用的原则,并启动了"985规划"建设项目。

医学部"985项目"学科部分,2000年建设经费7000万元。资助项目分成六类:1.医学部重点研究项目,如人类疾病基因研究、干细胞研究与中医药现代研究;2.重大临床医学项目,如建立器官移植中心、心血管病中心与辅助生育中心等;3.科研公共设施,如实验动物部新楼建设、图书馆多功能电子阅览室以及激光共聚焦显微镜等大型公用仪器等;4.各学院的重点学科建设项目;5.对获得国家级以上的重点科研项目负责人的配套奖励基金;6.研究生助研、助教、助管经费,等等。

(三)科研工作

2000年,医学部各类基金中标项目及获资助金额保持稳定增长:共获得国家自然科学基金委员会基金资助项目44项,获资助经费978万元,比去年略有增长。获准教育部博士点基金10项,资助金额40万元;973项目24项,首期金额1952.8万元;北京市自然科学基金重点项目2项,获资助金额73万元。

2000年是取消部委奖励的第一年,医学部申报科技奖励的主渠道变为北京市。共上报北京市科技进步奖项目37项,获奖项目32项,获奖率达86.4%;完成国家科技攻关项目和"九五"攻关课题研究38项。据中国科学技术信息研究所科技论文统计结果显示,医学部1999年国内论文数1485篇,居全国高校第7位,比1998年增长273篇;国内论文被引用次数2241次,为全国高校第3名,比1998年增长445次,SCI收录论文数137篇,居全国高校第19名,比1998年增加19篇;国际论文被引用篇244次,为全国高校第17名,比1998年增加50次。

(四)医疗工作

按主要综合医疗指标以及对照卫生部三甲医院的标准,2000年医学部三所综合医院的入出院诊断符合率、手术前后诊断符合率、临床与病理诊断符合率、无菌手术切口甲级愈合率、出院者平均住院日、病床周转次数、院内感染率等七项均已达标;危重病人病房抢救成功率、危重病人急诊抢救成功率部分达标。与1999年同期相比,六所医院出院总人次上升10.56%,门诊总人次上升11.91%,急诊总人次上升12.37%。

2000年,国务院8部委在"关于城镇医药卫生体制改革的指导意见"中提出"鼓励各类医疗机构合作、合并,并建医疗服务集团"。三所综合医院在与原有协作的北京地区中小医院的基础上,先后组建了地区型医疗集团。北医系统的医院之间也加强联系,建立了院与院之间的绿色通道,方便北医系统内院际会诊、转诊等医疗联系。

医疗工作重视现代医学技术项目的推进与发展,三所综合医院先后成功开展了肝移植手术29例。在为社会服务方面,2000年医学部两所医院参加了"健康快车"工作。先后在贵州遵义、广西河池、青海平安驿、河北平山、四川宜宾、宁夏银川、山西临汾共完成7262例白内障复明手术。

(五)外事工作

2000年共举办了3个国际会议:2000国际灵芝专题研讨会、第四届海峡两岸暨香港地区医学教育研讨会和肿瘤免疫学及免疫治疗学研讨会。与国外26所院校,7所港台院校,8个国际组织保持了密切合作关系;与国外7所院校签订了实质性的合作协议;组织由外国专家主讲的学术报告会8次;协助完成国际资助科研和教育项目4个,获得资助金额150万美元。

(六)管理工作

合校后的医学部,在管理体制上进行了调整和转变。按照世界一流大学中医学管理的现有模式,构建符合实际情况的管理机制。调整和加强管理中的各个委员会的功能,明确医学部的职能部门,重心转向服务,在服务中加强科学管理。

2000年初,合校前的北京医科大学已对内部机构进行了精简,使机关管理部门由原来的27个精简到18个。与此同时,在反复酝酿和论证的基础上,对现行学科体系进行了调整和重组,将原来的45个系、教研室,通过学科融合重组为21个。两校合并后,在学校的领导下,医学部的各行政职能部门于2000年5月开始进行岗位设置与人员聘任工作,并注意加强与学校职能部门融合。

在后勤管理改革中,合校前北医党委讨论并原则通过了后勤改革与社会化的方案。后勤部于2000年3月底实现了甲乙方分开。以后勤服务部门为基础组建了后勤服务总公司,从学校行政管理系统中分离出来,作为乙方以企业方式运做,实行独立核算,自主经营,自负盈亏,自我约束,自我发展。后勤部成为甲方,代表学校行使规划、监督、规范管理职能,在管理体制改革方面实行了后勤实体与学校初步规范分离。

在设备与实验室管理方面,截至2000年底,医学部本部共采购仪器设备总金额3333万元,采购金额比去年增加了38%。在增加了实验室管理职能后,全面展开对医学部实验室基本情况的调查。

在基本建设方面,目前,医学部本部已竣工建筑和改建面积25307平方米。医学部本部正在施工建筑和改建面积34148平方米。医学部本部待开工建筑和改建面积25478平方米。

(七)党的建设和思想政治工作

按照学校党委的统一部署,医学部党委从11月上旬开始用两个多月的时间,分三个阶段,在现职副处以上领导班子、领导干部中开展"三讲"教育。结合"三讲"教育工作,宣传部门自10月至2001年1月分三个阶段、四个层次、五个专题组织了"三个代表"和"四个如何认识"的专题学习。组织了四场辅导报告,还为学生党员干部举办了"四个如何认识"的辅导报告,本科生、研究生200余人参加了报告会,起到了很好的作用。

为落实江泽民同志"三个代表"的重要思想,2000年医学部党委宣传部在继续坚持引进高雅艺术进校园的基础上,力争在繁荣和提高文化活动的水平上下功夫。与北大宣传部共同组织了一台由两校师生共同参与演出的《同唱一首歌》文艺演出。通过演出,双方增进了了解。

医学部积极推进党风廉政建设责任制的贯彻落实,在制定党风廉政建设责任制实施办法的基础上,医学部所属各单位相继制定了实施细则。结合"三讲"教育,医学部各级党委,召开党政领导班子廉洁自律自查自纠专题民主生活会,征求群众意见,监督领导干部行为。按照市教育纪工委和北京大学纪委的要求,对用公款为领导干部住宅配备电脑和支付上网费用情况进行了清理。对《北京大学医学部各部门收入管理办法》执行情况进行监督,纪委监察室下发了《关于强化监督认真贯彻落实〈关于加强医学部财务管理的通知〉的通知》(北医纪发[2000]14号)。继续加强和完善对医院科处室自管资金管理。

工会在医学部党委的指导下,围绕着学校的中心工作,以建立健全二级单位教代会制度为重点,充分利用教代会这一民主管理学校的形式,调动、发挥广大教职工的积极性,以主人翁的精神搞好医、教、研、管理、服务等各项工作。

医学部党委还注重做好统战工作、老干部工作等,及时向民主党派和党外代表通报学校改革和发展中的重大问题,并注意加强与老同志的沟通,关心离退休人员的生活,注意发挥共青团的作用,不断加强青年教师和青年的思想政治教育。

经过近一个世纪的发展,在21世纪初叶,北京大学医学部将迎来她百岁的生日。这所由中国政府创立的第一所医学院校,将在党的领导下,在国家的大力支持下,在国内外有关企业和有识之士的鼎力相助下,一定会实现她自己的最高目标:尽其所能,为了人类健康事业的发展,创造世界一流的医学教育事业。

(李鹰)

机构与干部

校级领导干部

(2000年4月合并前北京大学校级领导班子)
党委书记 任彦申
校　　长 许智宏
党委副书记 赵存生　岳素兰　王登峰
副 校 长 闵维方　迟惠生　陈章良　何芳川　林钧敬
纪委书记 王丽梅
校长助理 陈文申　郝　平　鞠传进　吴志攀

(2000年4月北京大学与北京医科大学合并后任命的新北京大学校级领导班子)
党委书记 王德炳
校　　长 许智宏
党委常务副书记 闵维方(2000年8月任常务副书记)
党委副书记 赵存生　岳素兰　王登峰
常务副校长 迟惠生(2000年8月任常务副校长)
　　　　　　 韩启德(2000年8月任常务副校长)
副 校 长 闵维方(兼)　陈章良　何芳川　林钧敬　林久祥　吕兆丰
纪委书记 王丽梅
校长助理 陈文申　郝　平　鞠传进　吴志攀　李立明

学术委员会暨教师职务评审委员会

(2000年10月30日)

职 务	姓 名	性别	出生年月	职 称	专 业
主 任	许智宏	男	1942年10月	教授/院士	生物学
副主任	闵维方	男	1950年10月	教授	高等教育
	迟惠生	男	1941年5月	教授	信息
	韩启德	男	1945年7月	教授/院士	病理生理学
委 员	王德炳	男	1937年11月	教授	白血病研究
	陈佳洱	男	1934年10月	教授/院士	核物理
	吴树青	男	1932年1月	教授	经济学
	王义遒	男	1932年9月	教授	无线电
	林久祥	男	1945年12月	教授	口腔医学
	陈章良	男	1961年2月	教授	基因工程
	何芳川	男	1939年1月	教授	世界近现代史
	吴志攀	男	1956年12月	教授	法学
	丁伟岳	男	1945年4月	教授/院士	数学
	张恭庆	男	1936年5月	教授/院士	数学
	甘子钊	男	1938年4月	教授/院士	物理
	欧阳颀	男	1955年7月	特聘教授	物理
	黎乐民	男	1935年12月	教授/院士	化学
	赵新生	男	1961年1月	特聘教授	化学
	陈建生	男	1938年7月	教授/院士	天文学
	陈晓非	男	1958年2月	特聘教授	地球物理
	周力平	男	1957年8月	特聘教授	自然地理
	朱作言	男	1941年11月	教授/院士	分子遗传、基因工程
	王甦	男	1931年10月	教授	心理学
	黄琳	男	1935年11月	教授	力学
	佘振苏	男	1962年8月	特聘教授	力学
	杨芙清	女	1932年11月	教授/院士	计算机
	李晓明	男	1957年5月	教授	计算机
	袁行霈	男	1936年4月	教授	中文
	叶朗	男	1938年10月	教授	美学
	申丹	女	1958年4月	教授	英语
	宁骚	男	1943年5月	教授	政治学
	梁守德	男	1936年3月	教授	国际政治
	厉以宁	男	1930年11月	教授	比较经济学
	林毅夫	男	1952年10月	教授	经济学
	朱苏力	男	1955年4月	教授	法学
	马戎	男	1950年3月	教授	社会学
	王夔	男	1928年5月	教授/院士	无机药物化学
	陈慰峰	男	1935年11月	教授/院士	免疫学
	郭应禄	男	1930年5月	教授/院士	泌尿和男科学

专业技术职务评审委员会

(共 21 人, 2000 年 10 月 30 日)

职 务	姓 名	性别	出生年月	职 称	专 业
主 任	许智宏	男	1942 年 10 月	教授	生物学
副主任	闵维方	男	1950 年 10 月	教授	高等教育
	迟惠生	男	1941 年 5 月	教授	信息
	韩启德	男	1945 年 7 月	教授	医学
委 员	王德炳	男	1937 年 11 月	教授	医学
	王义遒	男	1932 年 9 月	教授	无线电
	郝 斌	男	1939 年 8 月	研究员	近代史
	岳素兰	女	1949 年 11 月	副教授	稀土化学
	吕兆丰	男	1956 年 7 月	研究员	教育管理
	李安模	男	1935 年 10 月	教授	分析化学
	陆正飞	男	1963 年 11 月	教授	企业管理
	温儒敏	男	1946 年 2 月	教授	中文
	戴龙基	男	1947 年 2 月	研究馆员	图书馆学
	吴慰慈	男	1937 年 7 月	教授	图书馆学
	王兴邦	男	1946 年 7 月	研究员	地球物理
	沈定予	男	1941 年 9 月	正高工	技术物理
	廖陶琴	女	1944 年 10 月	高会	会计学
	王慧芳	女	1938 年 1 月	主任医师	医疗
	唐镇松	男	1934 年 12 月	教授	无线电电子
	李月东	男	1949 年 6 月	研究员	教育管理
	周岳明	男	1946 年 10 月	副教授	物理学

学位评定委员会

主 席　许智宏
副主席　韩启德　迟惠生
委 员　何芳川　周其凤　袁行霈　甘子钊　厉以宁　杨芙清　文 兰　王敏中　薛增泉
　　　　赵进东　曾贻善　陶 澍　黄嘉佑　赵敦华　潘国华　王邦维　吴志攀　魏丽惠
　　　　王 夔　章友康　俞光岩　韩济生

学部学术委员会

人文学部学术委员会

主　任：袁行霈
副主任：赵敦华　申　丹
委　员：裘锡圭　陆俭明　叶　朗　陈　来　吴国盛　高　毅　阎步克
　　　　严文明　安美华　王逢鑫　仲跻昆　张玉书　赵振江　李毓榛
　　　　张玉安　王邦维　王文融　赵存生　何芳川　李克安

社会科学部学术委员会

主　任：厉以宁
副主任：吴志攀　黄宗良
委　员：吴树青　梁　柱　张纯元　刘　伟　易　纲　梁守德　陆庭恩
　　　　龚文庠　宁　骚　张国有　李士坤　魏振瀛　刘世定　王　余
　　　　吴慰慈　闵维方　程郁缀

理学部学术委员会

主　任：甘子钊
副主任：姜伯驹　赵新生　赵进东
委　员：张恭庆　耿　直　高崇寿　欧阳颀　黎乐民　来鲁华　陶　澍
　　　　方精云　濮祖荫　陈建生　陈晓非　刘元方　方家训　江栋兴
　　　　郑亚东　郝守刚　朱作言　朱玉贤　迟惠生

信息与工程科学部学术委员会

主　任：杨芙清
副主任：佘振苏　王子宇
委　员：王阳元　石青云　陈　珂　阳振坤　黄　琳　陈　滨　俞孔坚
　　　　唐孝炎　许卓群　程　旭　薛增泉　梁庆林　史树中　张永和
　　　　韩启德　陈章良　周其凤　羌　笛　朱　星

医学部学术委员会

主　任：韩启德
副主任：王　夔　黎晓新
委　员：王志新　王　宪　王海燕　王　夔　张礼和　陈明哲　汤　健
　　　　沈渔邨　陆道培　陈慰峰　张震康　林久祥　柯　杨　秦伯益
　　　　郭应禄　郭　岩　秦　炯　党耕町　高晓明　强伯勤　韩启德
　　　　韩济生　蔡少青　翟中和　黎晓新

第四届校教职工代表大会执行委员会

主　任：赵存生
副主任：林钧敬　陈淑敏
委　员：（以姓氏笔画为序）
　　　　王　磊　朱庆之　刘永福　刘张炬　许保良　陈淑敏　张宝岭
　　　　张　彦　林钧敬　赵存生　胡　坚　梁　燕　曾　辉

医学部负责人

主　　任　韩启德（兼）
副 主 任　林久祥（兼）　　吕兆丰（兼）　　李立明（2000.4—2000.10）
　　　　　魏丽惠　　王　宇（2000.4—2000.9）　　史录文
党委书记　林久祥（兼）
党委副书记　吕兆丰（兼）　　马焕章（兼）　　吴建伟
纪委书记　马焕章

校机关各部门、工会、团委负责人

校　本　部

党委办公室校长办公室	主任	刘宇辉
发展规划部	部长	岳庆平
纪检监察审计部	部长	王丽梅（兼，2000.7撤消建制）
党委组织部	部长	王　杰（兼）
党委宣传部	部长	赵为民
党委统战部	部长	卢咸池
学生工作部	部长	关成华（2000.1免）
		陈建龙（2000.2任）
保卫部	部长	张　虹
监察室	主任	叶静漪（兼，与纪委办公室合署办公）
教务部	部长	李克安
科学研究部	部长	朱　星
社会科学部	部长	程郁缀（2000.9恢复建制）
研究生院	院长	陈佳洱（2000.4免）
		韩启德（2000.4任，兼）

研究生院	常务副院长	周其凤
继续教育部	部长	李国斌
人事部	部长	陈文申(2000.9免)
		周岳明(2000.9任)
财务部	部长	廖陶琴
国际合作部	部长	郝 平
总务部	部长	鞠传进(兼)
资产管理部	部长	史守旭(2000.1免)
基建工程部	部长	鞠传进(兼)
产业管理部	部长	苏东波(2000.9免,撤消建制)
产业管理委员会办公室	主任	姜玉祥(2000.9任)
审计室	主任	(空缺)2000.7恢复建制)
工会	主席	赵存生(兼)
工会	常务副主席	陈淑敏
团委	书记	关成华(2000.1免)
		张 彦(2000.2任)
机关一党委	书记	王丽梅(兼)
机关二党委	书记	仇守银
后勤党委	书记	张宝岭
产业工委	书记	隋凤花

医 学 部

(2000年2月以后)

党委办公室、主任办公室	主任	李 鹰
纪检监察审计办公室	主任	孔凡红
党委组织部	部长	管仲军
党委宣传部	部长	李海峰
党委统战部	部长	金 纯
保卫处	处长	王振铎
老干部处	处长	谢连孝
工会	主席	马焕章
工会	常务副主席	王春虎
学工部	部长	辛 兵
团委	书记	迟春霞
机关党委	书记	刘淑英
后勤党委	副书记	郭富堂
产业总支	副书记	侯利平
党校	校长	吴建伟
人事处	处长	林 丛
人才培训与服务中心	主任	乔 力
教育处	处长	辛 兵
科学研究处	处长	方伟岗
研究生院	常务副院长	李春英
继续教育学院	副院长	张成兰
医院管理处	处长	英立平
计划财务处	处长	孙瑞霞

国际合作处	处长	董　哲
设备与实验室管理处	处长	周文平
产业管理办公室	主任	侯建新
后勤部	主任	史录文
后勤服务总公司	党委书记	郭富堂
后勤服务总公司	经理	徐善东
(2000年2月前)		
党委办公室校长办公室	主任	李　鹰
纪检监察办公室	主任	马焕章
党委组织部	常务副部长	孔凡红
党委宣传部	部长	李海峰
党委统战部	部长	李海峰
学生工作部	部长	王　倩
保卫处	处长	王振铎
老干部处	处长	谢连孝
工会	主席	马焕章
工会	常务副主席	王春虎
团委	代理书记	白玉光
机关党委	书记	刘淑英
后勤	党委书记	李东方
产业总支	副书记	侯利平
党校	校长	徐天民
校刊	副主任	方红韬
人事处	处长	林　丛
人才培训与服务中心	主任	乔　力
教育处	处长	王　倩
科研处	处长	王　宇
研究生院	院长	韩启德
研究生院综合处	处长	郭述贤
研究生院招生分配处	处长	刘秀英
研究生院培养处	副处长	侯　卉
研究生院学位办公室	主任	李　均
研究生思想工作部	副部长	辛　兵
继续教育学院	院长	程伯基
继续教育学院	副院长	张成兰
外事处	处长	强正富
留办	主任	马长中
医院管理处	处长	英立平
计财处	处长	孙瑞霞
物资处	处长	李桂芬
产业管理办公室	主任	侯建新
后勤部	主任	史录文

各院、系、所、中心负责人

校 本 部

数学科学学院	党委书记	刘和平
	院长	张继平
力学与工程科学系	党委书记	于年才
	主任	方 竞
物理学系	党委书记	周岳明(兼)
	主任	甘子钊
地球物理系	党委书记	仲维英
	主任	黄嘉佑
天文学系	主任	陈建生(2000.6任)
技术物理系	党委书记	白郁华
	主任	叶沿林
重离子物理研究所	所长	陈佳洱(兼)
电子学系	党委书记	郭 瑛
	主任	项海格
计算机科学技术系	党委书记	魏引树
	主任	李晓明
化学与分子工程学院	党委书记	关烨第(2000.6免)
		刘 锋(2000.6任)
	院长	林建华
生命科学学院	党委书记	李松岗
	院长	周曾铨
地质学系	党委书记	宋振清
	主任	潘 懋
城市与环境学系	党委书记	吴月照(2000.7免)
		莫多闻(2000.7任)
	主任	杨开忠
遥感与地理信息系统研究所	所长	杨开忠(兼)
心理学系	党委书记	肖 健
	主任	王 垒
计算机科学技术研究所	所长	王 选
环境科学中心	党总支书记	栾胜基
	主任	张远航
信息科学中心	主任	唐世渭
计算中心	主任	张兴华
中国语言文学系	党委书记	李小凡
	主任	温儒敏
历史学系	党委书记	王春梅
	主任	王天有
中古史研究中心	主任	王天有(兼)
考古系	党委书记	赵朝洪

	主任	李伯谦（2000.3免）
		高崇文（2000.3任）
哲学系/宗教学系	党委书记	丰子义
	主任	叶　朗
国际关系学院	党委书记	邱恩田
	院长	钱其琛（兼）
	常务副院长	潘国华
经济学院	党委书记	睢国余
	院长	晏智杰
光华管理学院	党委书记	王其文
	院长	厉以宁
人口研究所	所长	郑晓瑛
法学院	党委书记	刘守芬
	院长	吴志攀
信息管理系	党委书记	刘兹恒
	主任	吴慰慈
社会学系	党委书记	吴宝科
	主任	王思斌（2000.6免）
		马　戎（2000.6任）
社会学人类学研究所	所长	马　戎（兼, 2000.6任）
政治学与行政管理系	党委书记	陈庆云（2000.7免）
		江荣海（2000.7任）
	主任	王浦劬
外国语学院	党委书记	吴新英
	院长	胡家峦
艺术学系	直属支部书记	彭吉象
	主任	叶　朗（兼）
马克思主义学院	党委书记	杨　河
	院长	陈占安
高等教育研究所	所长	闵维方（兼, 2000.10撤消建制）
教育学院	院长	闵维方（兼, 2000.10任）
体育教研部	主任	田敏月

医　学　部

（2000年2月后）

基础医学院	党委书记	于恩华
	院长	贾弘禔
药学院	党委书记	洪和根
	院长	彭师奇
公共卫生学院	党委书记	郭　岩
	院长	胡永华
护理学院	总支书记	吕凤英
	院长	郑修霞
第一医院	党委书记	唐朝枢（2000年7月免）
		蒋学祥（2000年7月任）

	院长	章友康
人民医院	党委书记	魏丽惠
	院长	吕厚山
第三医院	党委书记	贾建文
	院长	侯宽永
口腔医院	党委书记	俞光岩
	院长	俞光岩
肿瘤医院	党委书记	李吉友
	院长	徐光炜
精神卫生研究所	党委书记	周东丰
	副所长（主持工作）	于 欣
社文部	总支书记	胡佩诚
	主任	徐天民
外语部	主任	董 哲
体育部	主任	宝海荣

（2000年2月前）

基础医学院	党委书记	于恩华
	院长	贾弘禔
药学院	党委书记	洪和根
	院长	彭师奇
公共卫生学院	代理党委书记	李立明
	院长	李立明
护理学院	总支书记	邵集中
	院长	郑修霞
第一医院	党委书记	唐朝枢
	院长	章友康
人民医院	党委书记	魏丽惠
	院长	吕厚山
第三医院	党委书记	贾建文
	院长	侯宽永
口腔医院	党委书记	俞光岩
	院长	俞光岩
肿瘤医院	党委书记	李吉友
	院长	徐光炜
精神卫生研究所	党委书记	周东丰
	副所长（主持工作）	崔玉华
社文部	总支书记	胡佩诚
	主任	徐天民
外语部	主任	董 哲
体育部	主任	宝海荣

直属、附属单位负责人

校 本 部

图书馆	党委书记	高倬贤
	馆长	戴龙基
出版社	党委书记	王明舟
	社长	彭松建
	总编辑(代)	王明舟
档案馆	馆长	何芳川(兼,2000.11任)
	常务副馆长	赵岚明(2000.11任)
昌平园区	工委书记	张荫春(2000.9撤销建制)
成人教育学院	党工委	(空缺)(2000.9建立)
	院长	魏常海
电教中心	主任	殷金生(2000.10撤销建制)
校医院	党委书记	付 新
	院长	张宏印
街道	工委书记	何敬仁
	主任	张书仁
附中	党委书记	董灵生
	校长	赵钰林
附小	直属支部书记	李建新
会议中心	主任	范 强
燕园社区服务中心	主任	赵桂莲
餐饮中心	主任	崔芳菊

医 学 部

(2000年2月后)

图书馆	馆长	廉志坚
档案馆	副馆长	李润生
实验动物部	主任	王兆卓
教育技术中心	主任	许连陆
信息中心	主任	杜嘉祺(2000年4月免)
	副主任	张 翎
医药卫生分析中心	主任	崔玉新
出版社	社长	陆银道
学报编辑部	主任	周传敬

(2000年2月前)

图书馆	馆长	廉志坚
档案馆	馆长	廉志坚
实验动物部	主任	王兆卓
教育技术中心	主任	许连陆
信息中心	主任	杜嘉祺

医药卫生分析中心	主任	崔玉新
出版社	社长	冯传汉
学报编辑部	主任	周传敬

各民主党派和归国华侨联合会负责人

中国国民党革命委员会北京大学支部委员会	主任委员	韩汝琦			
	副主任委员	陈月华	吴泰然		
中国民主同盟北京大学委员会	主任委员	王晓秋			
	副主任委员	黄嘉佑	沈正华	孟广礼	
中国民主建国会北京大学支部委员会	主任委员	晏懋洵			
	副主任委员	邱建国			
中国民主促进会北京大学委员会	主任委员	高巧君			
	副主任委员	胡军	佟新	潘燕生	
中国致公党北京大学支部委员会	主任委员	李崇熙			
	副主任委员	马军			
九三学社北京大学委员会	主任委员	许保良			
	副主任委员	陈恢钦	姚孟臣		
北京大学归国华侨联合会	主席	王德煌			
	副主席	王佩瑛	李安山		
九三学社北京医科大学委员会	主任委员	林琬生			
	副主任委员	王荫华	张波	李安良	屈汉庭
中国农工民主党北京大学医学部总支委员会	主任委员	刘平			
	副主任委员	赵瑞琳	张国良	刘胜文	施秉修
中国民主同盟北京大学医学部委员会	主任委员	王耐勤			
	副主任委员	张梅颖	范家栋		
北京大学医学部归国华侨联合会	主席	林琼光			
	副主席	刘国魂	董超仁	潘竞先	

· 院 系 情 况 ·

数学科学学院

【发展概况】 作为我国数学研究和教育发展历史的缩影,北京大学的数学学科已走过了87年的风雨路程。1913年北京大学设立数学门,成为我国现代第一个数学系科。1919年改称数学系。1952年我国高校院系调整后称数学力学系。1995年在原数学系与概率统计系的基础上成立了北京大学数学科学学院,简称数学学院。学院首任院长为姜伯驹教授,现任院长为张继平教授。

数学科学学院有2个一级学科:数学、统计学。下设5个系:数学系、概率统计系、科学与工程计算系、信息科学系、金融数学系。数学科学学院是全国首批具有按照一级学科(数学)授予博士学位权的单位。学院有4个博士专业:基础数学,应用数学,计算数学,概率统计。每个博士专业都设有博士后流动站。

数学科学学院有9个院属实验室、研究所与中心:学院中心实验室、信息实验室、计算数学实验室、数理统计实验室、北大-联证金融数学实验室、金融信息实验室、数理统计研究所、几何分析中心、金科网络研究与开发中心。

数学科学学院编辑出版4种数学杂志:《数学进展》、《逼近论极其应用》(英文)、《北京数学》、《数理统计与管理》。

挂靠在数学科学学院的单位有:北京大学数学研究所,教育部数学与应用数学开放实验室,全国高校数学研究与高等人才培养中心。

【教师队伍】 2000年数学学院新聘教职员工6人,其中丁伟岳院士来自中科院,接替张恭庆院士任北京大学数学研究所所长;3名副教授晋升为教授,4名讲师晋升为副教授。截止到2000年年底,数学学院在编人员168人,其中教学科研人员139人,党政管理、实验技术、教辅人员26人,中科院院士5名,第三世界科学院院士2名,长江学者5名,博士生导师45名,教授63名,副教授47名,讲师16名。教师中具有博士学位的95人,45岁以下中青年教师98人。2000年9月,就任关键岗位的教师进行了年度评审和续聘,计A类岗61人,B类岗41人,C类岗22人。另有12名党政管理、教辅人员按职员系列评定岗位。2000年博士后流动站出站5人,进站7人,在站12人。

【喜迁新楼】 2000年春,新建的理科楼群正式投入使用,数学学院告别一院,于6月1日前迁入新楼。

数学学院位于理科一号楼一至六层的东南部分和二号楼五层的西南两侧,建筑面积7000多平方米,其中大部分为教员办公室。每位教授和大部分副教授都有个人单独使用的办公室,配备了全新的办公桌椅、书柜、电脑和空调,改变了过去以教研室为单位共用一个办公室的拥挤局面,学院制定并颁布了办公室使用管理规定。为方便交流切磋,在各层都安排了小型报告厅,在一楼大报告厅里安装了最新的投影设备。

数学科学学院图书馆在原数学系资料室和概率统计系资料室的基础上合并组建,位于理科一号楼,建筑面积350平方米,现有数学类图书5000册,各类杂志105种,配备了联网检索用的计算机。数学科学学院图书馆现在主要是学校图书馆的补充,2001年将成为校图书馆的一个分馆。

2000年6月,数学学院将原来分散在三地的五个院属实验室一并迁入理科二号楼,实行集约化管理。设立研究生专用机房,沿用原统计实验室和计算数学实验室的做法,让学生自行管理,自由上机。利用"985"工程拨款,新添80台微机和2台服务器,奔腾III芯片和17英寸显示屏成为微机的标准配置,网络服务功能得到加强,网页制作步入正轨。截止到2000年年底,学院的固定资产总计金额达1050万元。

为适应新的办公条件,数学学院将原来院办公室一分为二,分设教学科研办公室和综合办公室,对所有工作岗位实行院内公开招聘,根据个人意愿和工作能力等综合因素作了较大幅度的调整,收到良好的效果,服务水平明显提高。

【教学工作】 数学科学学院在教学规模上是北大理科最大的院系,承担外系的教学任务在全校也是最繁重的院系之一(仅次于外语学院)。2000年春季开设93门本科生课程,24门研究生课程;秋季开设73门本科生课程,35门研究生课程。2000年数学学院的学生基本情况如表5-1。其中

表 5-1　数学科学学院 2000 年学生基本情况

	秋季在校人数	招生人数	毕业人数	获学位人数
本科生	715	185	155	学士 142
研究生	178	69	43	硕士 45
博士生	87	22	26	博士 26

表 5-2　数学科学学院 2000 年获奖情况

获奖者	奖　励　等　级
张继平	教育部长江学者奖励计划
张继平	北京市第四届北京十大杰出青年
王诗宬	教育部高等学校科技进步奖一等奖
刘培东	"求是"杰出青年学者奖
王长平	国务院颁发的政府津贴
耿直	国家统计局科研成果二等奖
张平文	霍英东教育基金会 第七届高等院校青年教师奖（研究类）
张平文	教育部高等学校优秀青年教师教学科研奖励计划青年教师奖

博士生中含 2 名外国留学生。2000年硕士研究生招生规模达到历史最高水平；本科生招生形势喜人，在北京地区的录取最低分为 610 分。

数学学院非常重视教学工作和教学改革。学院选择在世纪之交召开教学工作研讨会，在全院范围开展大讨论；和北京大学出版社一起正式启动了出版"北京大学数学科学学院教材"和教学参考书的项目。学院加强了对本科生综合培养的力度，使学生尽早参与科研活动，目前开设了四个低年级学生的科研讨论班。在硬件方面，学院为本科生开辟了专门的阅览室和计算机室；为部分博士生配备了办公桌，允许部分参与学术研究项目的研究生一定期间内包用计算机。学院理科人才基地建设及李忠、周建莹、应隆安、雷功炎、刘西垣等主持的项目获 5 项"北京市教学成果一等奖"，并被北京市推荐申报国家特等奖或二等奖；丘维声、张顺燕获二等奖；段学复、丁石孙等编写的《高等代数》教材获北京市优秀教材一等奖。在全国大学生数学建模比赛中，数学学院代表队又一次获总分第一名。

由田刚教授主持、王长平教授组织的第三届北京大学数学特别讲座受到各方面的热烈欢迎，来自全国各地的学员达 200 人，远远超过前两届的规模。该项活动影响日益扩大，成为国内数学界夏天进行学术交流的一项重要内容，培养了一批学术新人。

由田刚教授和林小松教授倡议，得到国家自然科学基金委数理学部及数学天元基金领导小组的支持，数学学院承办的首届"数学之星"夏令营于 2000 年 7 月 27 日至 8 月 8 日在北京大学举办。丁石孙副委员长以及在京的 6 位中科院院士参加了开营式，营员是来自全国部分省市重点中学的 120 多名优秀高中生。姜伯驹、林晓松等国内外数学家为营员们作了构思精巧、内容广泛、生动有趣的数学报告。

【科研活动】 2000 年数学学院承担自然科学基金项目共 97 项，发表论文 141 篇，其中 SCI 论文 72 篇（名列全国数学系第一，据教育部科技司统计），EI 论文 5 篇；出版专著和教材 24 部，获得各类奖励 8 项。获奖情况如表 5-2。

在 2000 年 5 月国家自然科学基金委员会组织的评估检查中，以张恭庆院士为主任、数学学院部分教师为主体的教育部数学和应用开放实验室被评为国家级 A 级实验室，超过大多数参评的国家重点实验室。为此学校奖励该实验室 100 万元活动经费。

2000 年 12 月，国家重点基础研究发展规划"核心数学中的前沿问题"项目正式启动，这是代表国内最高水平的一项研究计划。该项目分为 9 个课题组，姜伯驹院士任项目首席科学家，并和丁伟岳、文兰分别担任相关课题组组长。数学学院共有 15 人被聘为课题组成员，约占该项目总人数的五分之一。学院另有 8 人参与其他"973"项目，其中张平文、李治平、林作铨为课题组组长。

数学学院 2000 年教师出国/出境进行学术交流合作 79 人次，参加国际会议 43 人次，国外来访专家 28 人次，举办学术报告会 162 场，组织学术会议一次。与香港浸会大学数学系，德国柏林工业大学数学系签署了院系间合作协议。2000 年 11 月，数学学院代表团一行 10 人前往台湾出席"第三届海峡两岸数学研讨会"，并访问了台湾大学、清华大学、交通大学、中研院数学所、淡江大学，就两岸数学研究与教育达成合作交流协议或意向。

（刘华荣）

力学与工程科学系

【发展概况】 力学与工程科学系下设流体力学教研室、固体力学教研室、一般力学教研室、结构工程教研室、计算力学与应用数学教研室、空气动力学实验室、计算机教学实验室、测试分析室、系图书馆、湍流及复杂系统研究国家重点实验室和北京大学力学博士后流动站,是国家理科基础科学研究和教学人才培养基地。

系图书馆使用面积350平方米,内有藏书室和阅览室。馆中有藏书22293册,有国内外核心期刊339种47543册。自1978年开始收藏学士、硕士和博士学位论文,现有论文共2010篇。

全系有在职教工98人,其中教师系列54人,教辅系列31人,党政管理系列8人,工勤系列5人;其中教授29人(包括长江特聘教授2人、讲座教授2人、博士生导师21人),副教授15人,讲师11人,研究员1人,高级工程师和高级实验师8人,工程师和实验师17人,助理工程师3人;博士后9人。自1992年采用室、系两级面试向社会公开招聘教师以来,共接收中青年教师28人(不包括调出人员)。现有45岁以下教师30人,占教师人数的68%。

2000年招收本科生76名,硕士生39名,博士生20名,招生人数是建系以来最多的一次。现全系有本科生283名,硕士生81名,博士生38名。2000年本科毕业生66名,其中33名读硕士研究生,19名就业,14名出国。2000年毕业博士生4名、硕士生24名。

2000年9月至2001年8月的岗位聘任工作:聘任总人数81人,其中教学科研系列岗位44人,党政管理与教学辅助系列岗位36人。聘任审批结果是:A1级3人,A2级7人,A3级14人,B1级11人,B2级8人,B3级9人,C1级13人,C2级8人,C3级1人。7名党政管理人员实行职员制岗位津贴。

【教学科研工作】 2000年7月,力学与工程科学系编写并印制了《本科教学手册》(2000版),重新调整了教学计划与大纲。为加强理论力学教学,成立了由陈滨教授(负责人)、于年才教授、刘才山副教授组成的理论力学教学与课程建设小组。由教育部批准,力学与工程科学系理论力学课程列为"国家理科基地创建名牌课程项目",得到教育部经费资助。理论力学网络课程得到教育部批准立项。2000年度,有黄筑平教授负责的"共混/填充高聚物体系的动态力学行为";佘振苏教授的"非均匀可压缩湍流层次结构研究"和王大钧教授参加的"挠性结构及其控制问题研究"课题作为国家自然科学基金重点项目获得资助。黄永念教授获准参加国家重点基础研究发展规划("973"计划)"非线性科学中的若干前沿问题"项目的研究工作并担任"斑图的形成、演化及动力学特征"研究课题组长。刘凯欣研究员的"冲击动力学问题的研究"课题获国家自然科学基金杰出青年科学基金资助。颜大椿教授的"自然对流边界层的热转换机制和流动不稳定性问题";刘凯欣的"灾害性地震下钢筋混凝土结构的破坏机理及抗震措施";王建祥教授的"非均质材料的非线性细观弹性研究";谭文长副教授的"复杂血管内流动的分叉现象及其对大分子传质的影响";唐少强副教授的"相变演化的计算研究"和蔡庆东副教授的"任意网格上高精度数值方法的研究"获国家自然科学基金会项目资助。黄克服副教授的"非线性动力系统的数值方法";谭文长副教授和苏卫东副教授的"弯曲血管内脉动流的分叉现象及其对传质影响的理论和实验研究";耿志勇副教授的"混合摄动动力系统的鲁棒控制"项目获高等学校骨干教师资助计划支持。国家自然科学基金面上项目获准率50%,重点项目获准率100%。

2000年12月,经国务院学位办公室批准新增了"控制理论与控制工程"硕士点。

【教学科研成果】由陈滨教授和于年才教授主持的教育部高等教育"面向21世纪教学内容和课程体系改革研究计划"项目"面向21世纪理科力学课程结构和教学内容体系改革研究"已通过专家鉴定,获得北京大学优秀教学成果一等奖、北京市优秀教学成果一等奖,并被北京市教育委员会向国家教育部推荐申请国家级教学成果奖二等奖。2000年8月,袁明武教授赴美国出席"国际工程与科学计算2000年会议",会上获"T. H. H. Pian Medal"(卞学鐄奖)。严宗毅教授和苏卫东副教授的"面向21世纪改革流体力学教学"获北京市教学成果奖二等奖。2000年3月,叶庆凯教授编写的《矩阵设计工具MXTOOL》一书由北京大学出版社出版。

2000年9月,在全国举行的"第四届全国周培源大学生力学竞赛"上,力学与工程科学系代表队获团体优胜奖。98级力学班本科生程天锦获第四届全国周培源大学生力学竞赛理论力学全国第一名和总成绩全国二等奖;98级力学班本科生周迪文获总成绩全国三等奖;97级工程班本科生杨勇、97级力学班本科生周春锋和98级硕士生张立新获总成绩全国优胜奖;97级力学班本科生史可天获理论力学单项全国第7名。5月,力学与工程科学系团委被北京大学团委评为"北京大学先进团委"。力学与工程科学系获2000年度北京大学"挑战杯"团体三等奖。9月,在北京大学学工部举行的评选中,98级本科工程班获"北京大学优秀班集体";98级本科力学班获"北京大学先进学风班"奖;98级工程班本科生朱波被评为"北京市三好学生"。2000年度有45名同学获得学校奖励,有47名同学获得学校各类奖学金。

【外事活动】 2000年度,分别派教师到"美国Akron大学"、"澳大利亚新南威尔士大学"、"日本京都大学防灾研究所"和"德国康斯坦兹大学数学系"进行合作研究。有1人到"新加坡国立大学"短期讲学；1人到葡萄牙"里斯本理工大学"短期讲学。3人出国短期访问。

有1人参加了在德国召开的"第8届国际双曲会议"；4人参加了在美国召开的"第20届国际理论与应用力学大会"；1人参加了在香港举办的"第5届亚太地区工程塑性和应用会议"；1人参加了在加拿大召开的"第6届国际流动控制、测量与显示学术会议"；2人参加了在英国召开的"第9届国际流动显示会议"；2人参加了在韩国召开的"第4届固体材料强度与断裂国际学术会议"；1人参加了在美国召开的"国际计算工程与科学大会"；1人到台湾参加了"第3届海峡两岸计算流体力学会议"；1人参加了在日本举办的"第4届中日湍流研讨会"；1人参加了在北京召开的"中日机械历史国际会议"；4人参加了在香港召开的"第19届中国控制会议"。

2000年，邀请德国Wuppertal大学教授，德国原联邦教育部部长Prof. K. H. Laermann 等5位外国教授、学者来进行学术交流。

【湍流及复杂系统研究国家重点实验室】 湍流及复杂系统研究国家重点实验室(以下简称湍流室)有18名教职工,其中教授8名(包括长江特聘教授2名),副教授3名,讲师1名,工程师和实验师4名,助理程师工1名,秘书1名。佘振苏教授任室主任。湍流室原名"湍流研究国家重点实验室",2000年10月26日国家科学技术部批复同意改名为"湍流及复杂系统研究国家重点实验室(暂定)"。

2000年4月10—12日国家科技部委托自然科学基金委员会组织专家对湍流室进行了评估。8月湍流室召开临时学术委员会,汇报评估工作以及讨论湍流室的整改方案。

2000年12月湍流室建成湍流2号并行机群,由128台微机组成,峰值速度896亿次/秒,实际测试运算速度516亿次/秒,硬盘阵列集中存储容量达770G,分布式存储容量达2T以上,单机内存512M,网络内存64G。

(李正华)

物理学系

【概况】 2000年物理学系在编总人数为197人(含电镜室8人及博士后10人)。其中教研、工程技术岗位人员137人(中科院院士3人,长江学者2人,正高级职称56人,副高级职称50人,中级职称30人)。

2000年在校的本科生总人数418人。招收来自23个省市自治区和澳门行政特区及韩国的新生112人,包括保送生63人,韩国留学生1人。其中,获得国际奥林匹克物理竞赛金牌者2人,银牌者1人；获全国奥林匹克物理竞赛一等奖者8人,二等奖20人,三等奖11人。他们的高考成绩为：900分制的最高分为850分,最低分为757分；750分制的最高分为660分,最低分为599分。

2000年共有研究生214人。其中博士生47人,硕士生167人。2000年招收新生72人。其中,硕士生61人(保送19人),博士生11人。毕业42人,其中硕士生29人,博士生13人。

【教学与教改】 2000年物理学系为本系及物理类系、理科非物理类系、医学部及面向文科各系开出16门主干基础课,其中A、B、C类和理论物理的各门课程都开了若干个班次,上课学生约为45万人时数；限定选修课12门,上课学生约为3.6万人时数。面向文科各系学生新开设的"今日物理"课程,由高崇寿教授主讲。该课程尽可能系统、完整、准确地讲解经典物理学与近代物理学的主要进展和成就,包括基本知识、基本概念、基本规律、基本方法,同时又注入科技发展的新观点和方法,介绍物理学的现代发展,使学生既能掌握物理学的基础知识,又能了解本学科的前沿课题和研究动向,提高了学生的科学素质,受到学生们的热烈欢迎,上课学生约为1.2万人时数。为保证教学质量,对各课程组的主持人和主讲人进行跨系聘任,有16名教师被聘为主持人,70多名教师被聘为主讲人。

物理系开设的《光学》与《电动力学》两门课程被列入教育部"名牌课程"。

在2000年12月校学生会组织的"我爱我师"——评选最受欢迎的"十佳"教师活动中,舒幼生教授被学生评为最受欢迎的教师。这是北大学生给予老师的最高荣誉。

物理系的基础物理教学实验中心承担着2门全校性的主干基础课,即普通物理实验课和近代物理实验课。该中心成立后,通过对过去四年本科教学中各门物理实验课的全面审视,认为一些老的基本知识、方法和技能已不适应科技的飞速发展。教师们更新教育观念,对教学内容、课程体系等进行了改革：在普通物理实验课中,坚决淘汰了与中学课程重复并在现代科研和生产中已过时的内容、方法和设备,补充了一些在物理学科中有代表性、有应用价值的先进的实验内容、方法和手段以及从科研成果转化来的实验,丰富了实验内容,提高了实验的总体水平；在近代物理实验教学中,坚持理论与技术并重、理论和技术结合,并吸收学校和本系的科研成果,使教学工作既选题先进又和科研前沿紧密结合,取得了很好的教学效果,同时也能节约资金,充分利用科研闲置设备。在课程体系的改革上,打破了过去普物实验课分块进行的格式,统一按训练的层次循序渐进,分段安排,激发了学生的学习兴趣,增强了实践能力,使学生的创造能力得到充分发挥。因此,吕斯骅教授领导的"普物实验改革"获2000年北京市优秀教学成果一等奖。除此之外,由物理系和北大出版社组织主编的《北京大学物理学丛书》及赵凯华教授编著的《热学》同时获得2000年北京市优秀教学成果一等奖。

为全面提高学生素质、活跃学习气氛、加深学生对所学知识的正确掌握和理解,给学生提供一个能有效地将其所学变为所用的自由驰骋空间,培养同学们的创新精神和意识,并为促进教学改革提供有益的尝试,物理系于2000年9月18日在本系99级本科生中开展了"实创杯"演示实验方案设计大赛。要求参赛者将电磁学、超导电性以及计算机(作为辅助工具)诸方面知识有机地结合起来,演示基本的物理现象、规律、原理。由物理系有关方面的专家、教授组成了大赛评审委员会。提交的应征设计方案构思巧妙、设计新颖,表现出了同学们对所学知识的充分理解和深刻把握。2000年12月8日"实创杯"演示实验方案大赛颁奖仪式在理教217室举行。迟惠生副校长代表校领导讲话。

【科研工作】 2000年物理系承担科研项目共99项,科研经费约650万元。其中重大科研项目17项。在国内外各类专业刊物和国际会议上发表论文约250多篇,其中SCI文章110篇。

2000年5月,科技部委托国家自然科学基金委对物理系的国家重点实验室进行了评估,评比结果为良好。在数理学部22个参与评估的实验室中排名第13位。该实验室的"氮化物蓝光、绿光LED的研究和开发课题组"在Ⅲ—Ⅴ氮化物半导体材料生长、性质研究、高亮度蓝光LED制备以及研究成果转化方面一直处于国内领先水平,并进入国际先进行列。他们在GaN/Al_2O_3复合材料在Ⅲ族氮化物外延生长中作衬底的方法的基础上,成功地生长出了高质量的GaN、InGaN、AlGaN 和 InGaN/GaN多量子阱。这一技术于1999年被授权为国家发明专利。他们在国际上首次提出了在高温下进行Si&Zn共掺杂来提高InGaN发光效率的方法,该方法使得InGaN有源区的发光效率提高了两个量级。这项技术于2000年8月被授权为国家发明专利。该课题组完善和掌握了从材料生长、器件结构设计,到包括外延片减薄、管芯分割、透明电极、欧姆接触和光刻等关键技术在内的氮化物LED制备整套工艺,制备出了实用化的高亮度蓝光LED。这一成果已进入国际先进水平行列。该项目已进行了成果转化,在上海成立了北大蓝光科技有限公司,开始了蓝光LED的产业化,并已列入国家计委高科技产业化示范工程。

"高温超导射频量子干涉仪及其应用"是"863"计划中的一个子项目课题。该课题组经过多年努力,课题任务已经完成。2000年12月14日,由教育部主持,在北京大学召开了"高温超导射频量子干涉仪"科技成果鉴定会。鉴定专家委员会认为,该课题组研制的HT_c rf SQUID系统所使用的关键技术具有自己独到的特色,整个系统的磁场分辨率优于$64fT/Hz^{1/2}$,磁通分辨率优于$2.07 \times 10^{-5}\phi_0/Hz^{1/2}$,摆率大于$1 \times 10_6 \phi_0/s$,这些指标已达到国际上高温超导量子干涉仪($HT_c$ SQUID)的先进水平。

非线性与生物技术实验室在非线性动力学方面的研究成果主要是在空间开放反应器中对螺旋波的动力学行为进行了实验研究,发现了两种重要的失稳现象,即Doppler失稳和Eckhaus失稳。在生物技术研究方面,开发了一种新型基因检测技术。该技术将实现基因的高灵敏度检测。

物理系研制的BH—3000型计算机直接制版系统于2000年11月21日通过了由信息产业部组织的科技成果鉴定。鉴定委员会一致认为,该系统是光机电一体化的高科技产品,扫描方式先进,制版精度高,市场覆盖面宽,适应性强,属国内首创,达到国外90年代末同类产品的水平。它是我国自己设计、自行研制的直接制版系统,对我国普及CTP技术、发展印前技术装备产业有重要意义。

"光学微腔器件物理探索"课题组经过三年的研究完成了这一项目。本项目以可见波段发光的光学微腔为主要研究对象,分别对有机法布里-珀罗平面型微腔和有机与半导体圆盘型微腔进行了探索。发展了光学微腔制备技术,首次研制成功包括稀土铕(发红光)和铽(发绿光)配合物薄膜平面型半波谐振的有机微腔,半导体InGaP图钉式微盘与掺稀土配合物的聚合物、InGaAlP和Ⅲ—氮化物及AlGaN/GaN和InGaN/GaN多量子阱圆台式微盘等;并对其微腔效应和微腔模式进行了深入研究。如:在半波共振的有机平面微腔中实现自发发射的增强、光模式选择性和寿命减短的微腔效应;微盘型微腔中自发发射的增强、光谱窄化和超快速载流子衰减的抑制以及应变的缓解作用,以及光学微盘中两种模式的空间和光谱特征及其耦合输出等。2000年6月经国家自然科学基金委信息科学部遴选,确定为"1991—1997年'信息技术、自动化技术、激光技术'领域高技术新概念、新构思探索项目"的优秀成果。

超导及纳米材料研制组在2000年成功制备了纳米级YBCO高温超导粉,粒度在20—100nm,

表 5-3 物理学系 2000 年出版科学著作一览表

姓名	著作名称	出版社	出版时间	备注
朱星	Near-field Optics. Principles and Applications	World Scientific Press Co Ltd	2000.10	第 1 版
阎守胜	固体物理基础	北京大学出版社	2000.11	第 1 版
朱允伦	模拟物理概论	河南科学技术出版社	2000.6	第 1 版
李政道 朱允伦	对称与不对称	清华大学出版社暨南大学出版社	2000.5	第 1 版
曾谨言	量子力学（现代物理学丛书）卷 I	科学出版社	2000.1	第 3 版
曾谨言	量子力学（现代物理学丛书）卷 II	科学出版社	2000.7	第 3 版
曾谨言	量子力学导论	北京大学出版社	2000.9	第 2 版
曾谨言	量子力学新进展（第一辑）	北京大学出版社	2000.7	第 1 版
曾谨言	量子力学习题精选与剖析（上下）	科学出版社	2000.3	第 2 版

超导转化温度 80K 以上。目前该项目正与有色金属研究总院合作进行新一代高温超导带材的研究实验。另外该课题组还成功制备了纳米 α-Fe_2O_3，这一成果引起了国外有关行业的重视。现正与美国合作进行医疗器械 CT 导航的研究。

马伯强、俞大鹏获国家自然科学基金会国家杰出青年基金资助。

凝聚态物理博士生杨金波获 2000 年全国优秀博士论文奖。

根据中国科学技术信息研究所于 2000 年 12 月发布的科技论文统计结果显示，盖峥教授获 1999 年国际论文被引用篇数全国个人第六名。物理学系 2000 年出版科学著作情况见表 5-3。

【实验室建设】 基础物理实验中心利用世界银行贷款，逐步改善实验教学的条件。用"世行"资助的项目购置了价值 2438609 元人民币的 26 种仪器，共 285 台。目前到货的所有仪器设备均已投入教学，且教学效果好，深受学生欢迎。同时，也以该贷款项目的实施带动实验室建设、实验教学及实验室管理的微机化。目前正在筹措建立一个网上选课系统。另外，利用"985"项目的 350 万元经费，对实验室房舍、水电、消防设施等进行了全面、彻底的加固、改造，并在照明、消防、安全检测等方面均达到国家标准。

2000 年 12 月物理系承担的北大"211 工程"功能材料学科群光子学实验室（投资 360 万元）建设项目顺利通过学校验收，并得到很好的评价。

【国际会议】 由物理系主办的第 17 届国际拉曼光谱学大会（ICORS 2000）于 2000 年 8 月 20—25 日在北京大学举行。来自五大洲 36 个国家和地区的约 630 人参加了大会。大会邀请到诺贝尔物理学奖得主及 6 位工作在最前沿的杰出学者作重点报告，保证了最新学术成果的及时反映，使大会在学术上达到了极高的水平。诺贝尔物理学奖获得者朱棣文所作的演讲 "The Use of Raman Transitions in Laser Cooling and Atom Interferometer（用于激光冷却和原子干涉仪的拉曼跃迁）"，不仅介绍了他获得诺贝尔奖的工作，更报告了他的最新研究成果。另外，通过组织"世纪之交的拉曼光谱学"和"庆祝黄昆八十寿辰"两个专题讲座，又邀请到各领域的资深权威学者作大会邀请报告，使大会在学术上有高屋建瓴之势和总结展望的内容。大会共发表包含 14 个大会和 55 个分会邀请报告在内的论文 570 篇。

大会除学术报告外，还举行了仪器展览，共有国外 9 家著名厂商租用 13 个展间参展，其规模是上届大会无法比拟的。厂商和代表一致认为内容和布展都达到了国际水平，对展览效果也表示十分满意。

【电镜室】 电子显微镜实验室原来隶属学校设备处，2000 年 1 月挂靠物理系，俞大鹏教授任主任。现有教授 1 名，副教授 1 名，高工 2 名，工程师、实验师 4 名，博士后 1 名。该实验室目前承担国家自然科学基金项目 1 项、国家自然科学基金主任基金项目 1 项，并承担学校有关研究课题的一系列研究任务。

【党建与学生工作】 物理系现有 15 个党支部（电镜室党支部于 2000 年 7 月挂靠在物理系），172 名党员。其中教工党支部 12 个，党员 109 名（包括离退休党员），约占全系教工人数的 50% 左右；学生党支部 3 个（本科生、硕士生、博士生各 1 个），党员 62 名，约占学生总人数的 10%。2000 年发展学生党员 5 名。

物理系设在河北易县的社会实践基地被评为"首都大学生社会实践示范基地"。部分学生曾于 3 月 24—26 日到该基地为受资助的学生颁发奖学金。

2000 年物理系的学生工作取得了喜人的成绩。本科生获校级奖励者 73 人，获奖学金者 86 人，新生奖学金获得者 44 人。获得市级、校级优秀团支部、班集体称号的有 8 个班级；校级优秀学生干部、团干部 4 人；校级优秀团员 4 人；校级社会工作奖获得者 9 人；北京市三好学生 1 人；校级三好学生 29 人；校级学习优秀奖获得者 26 人；校级创新奖获得者 3 人；北大研究生"学术十杰"1 人；获得全美大学生数学建模赛一等奖者 3 人；全国大学生数学建模赛北京赛区获奖者18人，其中6人被推荐参加全国评奖，12人获得二等奖；北京市大学生（非数学专业）数学竞赛获二等奖者3人，三等奖者4人；获北大"挑战杯"校级二等奖者1人，"挑战杯"系级一等奖4人，二等奖2人；获物理系"实创杯"超导实验方案大赛一等奖者3人，二等奖1人，三等奖6人。另外，物理系2000级新生获学校学费减免5人，获助学金者6人，申请国家助学贷款者3人，通过其他渠道获得资助12人，其中北京市金五星商场资助8人，台商资助4人。本科其他三个年级获学校减免学费25人，获助学金18人，申请国家助学贷款4人。

【科技开发】 物理系在科研成果转化方面做了许多工作。

（1）2000年承担了世界银行教育贷款中标的8个项目347件套的设计新颖、科技含量高的教学仪器设备的生产。产品分别售给26所重点高校，总产值559万元，得到了教育部贷款办的好评。

（2）"北大华通"BH3000型计算机直接制版系统通过了由信息产业部组织的科技成果鉴定，被评为国内首创，达国际同类产品水平。

（3）"北大中核磁业有限公司"经过一年的运作，实现产值600多万元，利润100多万元，2001年将再扩大规模。

（4）"北大蓝光科技有限公司"2000年3月在上海成立，总投资7000万元，现正在建设中。

（5）杨应昌院士研究的钕铁氮磁性材料生产企业正在组建，总投资6000万元。

除此之外，各科研组也有新的科技开发项目：如：与北京市卫生部门签约百万的生物低温储存系统合同，正在紧张实施中；光学镀膜开发出适合市场需要的新产品，订货合同不断上升；腔内倍频的紫外氦氖激光器出口美国，进入该国高校；国家"863"项目研究成果"高温超导量子射频干涉仪"，已具备小批量生产能力。

（赵秀荣）

地球物理学系

【发展概况】 北京大学地球物理学系1958年建系，原有3个本科生专业：地球物理学、大气科学、天文学；5个硕士学位授予点：固体地球物理学、大气物理学与大气环境、气象学、空间物理学、天文学；5个博士学位授予点：固体地球物理学、大气物理学与大气环境、气象学、空间物理、天文学。地球物理学系原有3个一级学科：地球物理学、大气科学、天文学。

北京大学2000年6月2日第3次（总第419次）校长办公会研究决定，同意与中国科学院合办天文学系（实体），任命陈建生为天文学系主任。原地球物理学系天体物理教研室人员调整为天文学系人员。由此，地球物理学系自2000年6月起学科状况为：2个本科生专业：地球物理学、大气科学；4个硕士学位授予点：固体地球物理学、大气物理学与大气环境、气象学、空间物理；4个博士学位授予点：固体地球物理学、大气物理学与大气环境、气象学、空间物理。地球物理学系目前有2个一级学科：地球物理学、大气科学；3个研究机构：北京大学自然灾害研究中心、北京大学大气科学研究所、地球动力学中心；1个国家重点实验室：国家暴雨监测与预测重点实验室；1个基础人才培养基地：国家理科基础科学研究和教学人才培养基地；2个博士后流动站：大气科学博士后流动站、地球物理学博士后流动站。

地球物理学系现有4个教研室：地球物理教研室、大气物理教研室、天气动力教研室、空间物理教研室。截至2000年底，教职员工85人，其中教学与科研岗位73人，辅助机构12人。全系人员中正高级职称25人，副高级职称28人，中级职称25人，中国科学院院士2人，博士生导师17人。

2000年地球物理学系在校学生366人，其中博士生52人，硕士生92人，本科生223人。2000年度招收本科生50人，硕士生39人，博士生21人；2000年毕业本科生54人，硕士生22人，博士生11人。

【学科建设】 2000—2001年度由地球物理学系开设的本科课程有：电磁学、C语言、数据结构、电子线路、实测天体物理、地震学、弹性力学、地球物理观测与实验、磁层与太阳风物理基础、大气探测学、天气学、大气动力学基础、数值算法与程序设计、等离子体物理学基础、大气物理实验、天气诊断分析、统计气象学、英语专业阅读、基础天文、普通天体物理、高层大气物理、大气物理学基础、弹性力学、理论天体物理学、地磁与地电、地热与重力、电离层物理与电波传播基础、射电天文学、大气遥感与遥测、数值天气预报、微机应用、原子物理、机械制图、环境生态学等。

由外系为地球物理学系开设的课程主要有：大学英语、体育、军事理论、高等数学、力学、思想品德修养、马克思主义哲学、光学、数学物理方法、马克思主义政治经济学原理、概率统计、热力学、电动力学、大学语文、线性代数、理论力学等。

由地球物理学系开设的研究生课程有：天体物理方法、天体物理中的辐射机制、恒星结构和演化、气体星云和活动星系核物理、高等大气环流、高等大气动力学、特殊函数、非线形动力学和湍流、气候模拟、近代统计动力学分析和预报、大气化学、中尺度气象学、对流天气和超短期预报、大气科学进展、大气化学、大气辐射和光学、现代应用物理学、理论地震学、地球介质力学与流变学、高等大地构造学、空间等离子体物理学、电离层物理学与电波传播、空间探测原理和技术、高中层大气物理学和化学、地球物理学中的反演问题、震源物理、地球物理学进展、大气化学、大气遥感、污染气象学、大气科学的数值模拟、大气气溶胶、城市边界层气候和数值模拟、地球流体力学、气候动力学、行星际和磁层物理学、空间科学与应用概论、恒星结构和演化、分子天体物理学、物理宇宙学等。本学年招收本科生50人，硕士生39人，博士生21人，本学年完成了教学计划的修订工作，《地球物理学系本科生教学手册》(2000年版)发至每个教师和本科生。教学手册的内容包括地球物理学系概况、教学管理人员、师资力量、教学设备与设施、专业简介和课程设置与介绍。

【科研情况】 2000年地球物理学系在科研工作上承上启下，各方面均取得了可喜的成果。本年度在研科研项目76项，总经费达2574万元，当年拨到北京大学财务部经费5773698.6元，创地球物理学系有史以来的最高记录。其中具有代表意义的项目为重点科学基金：陈受钧教授主持的"中尺度强对流动力学研究"，王绍武教授主持的"20世纪中国与全球气候变率研究"，毛节泰教授主持的"中国地区气溶胶辐射特性的研究"；还有重大科学基金：赵柏林院士主持的"淮河流域能量与水循环实验和研究"，陈家宜教授主持的"半干旱草原土壤-植被-大气输送过程研究"；以及陈晓非教授主持的青年科学基金"非均匀介质中波的激发与传播理论及其应用"等等。

2000年对地球物理学系的科研来说是至关重要的一年，地球物理学系承担的"985"项目"灾害中心"的建设在紧锣密鼓地进行，基础设施基本完善，逐步转入攻坚阶段，可望取得比预期更好的成果；地球物理学系很多教员均不同层次地参与研究的3个(全国总共10个)科学技术部重大基础研究项目也进入了关键的一年，取得了一系列非常有意义的科研成果，在某些领域达到了国际领先水平，为创建世界一流的地球物理学系打下了坚实的基础。设在地球物理学系的国家重点实验室也正在调改之中，以期建设成为一流的重点实验室。

当年申请获得国家自然科学基金6项，教育部博士点基金2项；地球物理学系濮祖荫教授主持的"磁层能量传输与释放研究"荣获2000年教育部"中国高校科学技术奖"一等奖，涂传诒教授的"回旋波供能的太阳风的多元流体模型"荣获北京市科技进步奖，王绍武教授主持的"短期气候预测系统的研究"项目荣获中国气象局优秀奖，王绍武教授本人也荣获个人优秀奖。

【岗位聘任】 2000年地球物理学系按照北京大学人事部的部署，重新调整了地球物理学系岗位聘任委员会，共由9人组成，成员包括系主任、党委书记、副系主任、学术委员会主任及教师代表。成员涵盖了地球物理学系的四个教研室，由于北京大学天文学系的成立，原地球物理学系天文专业的教职工调整进入天文学系，天文学系单独成立了岗位聘任委员会。经过地球物理学系岗位聘任委员会集体讨论投票决定，再经北京大学岗位聘任委员会批准，最终地球物理学系设置A1岗位3人，A2岗位6人，A3岗位12人，B、C岗位34人，一般岗位1人，共计56个岗位。

【毕业生就业】 2000年地球物理学系毕业本科生54人，其中考取研究生29人；申请出国留学5人；申请不参加就业3人；实际参加就业人数14人，在实际参加就业的毕业生中落实就业单位的11人，回省二分3人；留级及其他未毕业人数3人。参加就业的毕业生就业流向为：中央、部委及省级机关1人，教学和科研机构2人，国有大中型企业(公司)2人，外资合资企业2人，其他(含民营公司等)4人。

【在职研究生课程进修】 在"科教兴国，教育为先"思想的指导下，地球物理学系从1997年开始，利用现有的师资力量，经北京大学研究生院批准，先后与中国气象局、中国民航总局、中国人民解放军海军气象处、中国科学院空间中心等单位合作，于1997—2000年间举办了5期在职研究生课程进修班，为用人单位培养了一批留得住、用得上的高级人才。地球物理学系高水平的教学管理以及周到的后勤服务，受到了学生和用人单位的信任，有许多单位前来联系，希望有更多的机会与地球物理学系合作，共同为国家培养更多的高级技术人才。此举对培养人才、对地球物理学系的建设，以及教员的成长和系教职工福利的改善都起到了积极作用。

【清产核资】 根据北京大学资产部的部署，地球物理学系从2000年6月15日开始进行清产核资工作。经过系器材室和各实验室及有关人员的共同努力，这项工作顺利结束，取得了预期的成果。

(1)全面、细致地清理了地球物理学系的仪器设备。地球物理学系各专业的主要研究对象是大自然，因而需要大量的观测仪器和实验设备。由于科技的进步、时代的变迁，使一些仪器设备已经过时，但因实验经费不足，使一些老旧仪器设备缺乏维修及更新换代，因此大量的旧仪器，包括一些坏仪器存放在实验室里。经过此次认真细致的清理工作，不仅剔除了废旧的仪器设备，而且腾出了实验室的使用空间。经过此次清理，弄清了家底(见表5-4)。共上报废旧仪器500

表 5-4 地球物理学系清产核资情况表

名称	上交废仪器	盘盈仪器	盘亏仪器	在用仪器
数量(件)	500	17	7	460
价值(万元)	300	8.5	3.7	530

(制表:牛砚华)

多件,价值约人民币300万元;核实在用仪器共400多件,约合人民币500多万元。

(2)发现了问题及应注意的事项。通过此次清产核资工作,暴露出以下一些问题:①实验室主任变更后,没有进行认真的交接,造成责任不清。②管理不到位,借物手续不严格。③仪器虽已更新换代,但老旧仪器不能及时处理。

今后,系领导要将物资管理作为日常工作内容,加强实验室管理队伍的建设,保护国有资产增值、不流失,为教学科研工作服务。

【评奖获奖情况】 (1)2000年度地球物理学系奖教金评选结果:

萧 佐	桐山奖
宁杰远	正大奖
赵春生	树仁奖
赵永红	宝洁奖
陶祖钰	摩托罗拉奖

(2)1999—2000学年教学优秀奖获得者:刘式适。

(3)1999—2000学年度优秀德育奖获得者:吴月芳;优秀班主任二等奖获得者:张焱;优秀班主任三等奖获得者:朱亚芬、肖佐、谢伦。

(4)地球物理学系工会2000年12月被评为1998—2000年度北京大学工会工作先进集体二等奖。安金珍、陈振华被评为北京大学校级工会工作积极分子。王革新、赵丽明、陈国棉、山惠珍、王保琴、王建华、刘树华被评为地球物理学系级工会工作积极分子。

(5)地球物理学系获得2000年度安全保卫工作先进集体。

【离退休人员联络网】 地球物理学系离退休人员逐年增加,到2000年12月离退休人员为74人。他们都是地球物理学系创建以来就在系里工作,为地球物理学系的发展倾注了自己的青春年华,贡献了毕生的精力,现在因年龄而退,但是还有些事情依然由系里负责,为了减轻各个基层单位的负担,便于工作,地球物理学系于1998年指定专人管理这方面的工作,这一松散但又紧密的组织被称为离退休人员联络网。

联络网的工作主要是配合系和学校各职能部门对离退休人员相关事宜进行处理,及时反映离退休人员的希望、要求、困难。联络网的工作基本上做到上情下达、下情上报。联络网管理人员做了大量工作,离退休人员反映良好。

(于超美)

天文学系

【概况】 天文学系前身是北京大学地球物理学系天文专业。2000年6月正式成立天文学系,聘请中科院院士陈建生担任系主任。四十年来,北京大学天文学科已为国家培养了数百名优秀毕业生,这些人中,已有3人成为中国科学院院士,4人先后担任了国家天文观测中心主任、天文台台长、副台长。相当一部分毕业生成为目前天文学界的重要学术骨干,为我国天文事业的发展做出了重要贡献。新组建的天文学系与北京大学和中国科学院共建的北京天体物理中心构成了一个有机的整体。由大学和科研院所共建大学天文系和研究中心是为适应创办世界一流大学的需要,在教学、科研和人才培养方面所进行的有益探索,也是我国科技与教育体制改革的一种新尝试。联合办学充分发挥了双方各自的优势,进一步增强了师资力量,改善了办学条件。天文学系和北京天体物理中心必将在新的世纪里为我国天文事业的发展做出更大贡献。

天文学系设有硕士点、博士点和博士后流动站,面向全国招收本科生、研究生和博士后。现有教授6人(其中院士2人、长江特聘教授1人、博士生导师5人),副教授5人。已聘请十余名国内外著名学者为兼职和客座教授。天文学系的教师在宇宙学、星系形成和演化、高能天体物理学、分子天文学、恒星物理和星际介质物理等领域的研究中取得了多项重要研究成果,有的达到国际先进水平。天文学系与美国、德国、法国、英国、澳大利亚、加拿大、俄罗斯等国的天文学家建立了密切的合作关系。

【研究领域】 天文学系以当代天体物理学的重大前沿领域,如宇宙学与星系物理、高能天体物理、射电天体物理及气体星云物理等作为学科主要方向,并开展对天文技术和方法的研究。

宇宙学与星系物理 由陈建生院士主持的国家重点基础研究发展规划(973)项目"21世纪天体物理重大问题:星系形成和演化"已经启动。在宇宙模型、星系形成与演化、宇宙大尺度结构与活动星系核等方面正在做出有重要影响的结果。利用国内设备开展了有特色的BATC巡天,与俄罗斯亚美尼亚天文台合作开展高红移天体等样本研究,开展深度星系面源测光,利用星族合成,开展星系演化,利用天体的SED样本,开展测光红移、星系团光度函数、大尺度结构等观测宇宙学研究。

气体星云物理 本课题致力于研究发射线气体星云中的基本物理过程、辐射机制和元素丰度的测定，与英国伦敦大学物理学院天文系合作，发展了一整套利用重元素离子光学复合线测定星云元素丰度的方法，并给出了相关的原子参数。用这种新方法对一些行星状星云利用地面和空间设备从紫外到远红外的高精度分光观测分析得到的星云的重元素丰度，如 C、N、O、Ne 等，系统地高于用传统禁线方法测出的值，在极端情形下偏差超过一个数量级。研究同时表明，巨大的偏差无法用星云中可能存在的温度、密度起伏来解释，从而提出了星云中可能存在贫氢团块的理论。这一系列观测理论结果对发射线气体星云的理论基础提出了巨大的挑战，并可能直接影响到当今对恒星、星系的形成及其演化，恒星核合成，以及宇宙大爆炸理论的理解和理论基础，结果发表后得到了国际同行的高度重视，并引发了一系列观测和理论研究。

高能天体物理 本课题教师在射电脉冲星的观测和理论、X 射线天体物理学、致密天体吸积盘理论、活动星系核以及宇宙伽马射线暴动力学等研究方面均有丰富的积累，取得了许多有影响的研究成果。目前正在从事的研究主要包括：脉冲星偏振观测和对银河系磁场和结构的分析；对高偏振射电源进行特殊脉冲星的搜寻；中子星和奇异星结构的研究；射电脉冲星的逆康普顿散射模型；黑洞-脉冲星双星系统的物理特性；高能天体吸积盘内各种物理过程；X 射线双星、伽马射线暴动力学、类星体与活动星系核的多波段观测和理论研究等。

射电天体物理 本课题重要研究内容有：射电脉冲星观测、分子天文与恒星形成、超新星遗迹。这三个方面的研究都有紧密的国际合作关系，有相当多的科学研究积累，在国内都有自己的观测基地：脉冲星观测基地是乌鲁木齐天文站 25 米射电望远镜；超新星遗迹观测基地是北京天文台密云综合孔径射电望远镜；分子天文观测基地是紫金山天文台德林哈 13.6 米射电望远镜和乌站的 25 米射电望远镜，已经有一批观测成果在国际重要刊物发表。观测研究中已发现一些新天体、新现象、偶发稀少事件。今后可能会有更多发现，并可能在解释某些新现象做出有创见的理论研究成果。

天文技术和方法 本课题正在从事与我国空间太阳望远镜有关的天文技术和方法的研究。目前已发展了一种用于空间太阳望远镜高精度定位系统的算法。新算法克服了传统算法在对低对比度稀疏面源定位时产生的困难，同时该算法易于用硬件实现，因此避免了在空间环境中使用高速计算机，提高了系统的可靠性。而且用硬件的运算速度约比软件运算快一个数量级，这为高精度定位提供了基础。

【**学生培养**】**本科生培养** 目前天文学系设有天体物理和天文高新技术及其应用两个培养方向，学制 4 年，毕业授予理学学士学位。天文学系本科生培养目标是培养德、智、体全面发展的人才，为从事基础研究攀登科学高峰准备优秀的后备队伍，为从事高新技术开发培养既有雄厚基础理论又掌握现代相关领域高技术知识的复合型人才，为高校培养高层次、高素质的教师队伍。天体物理方向的培养目标是使学生掌握广泛坚实的数学、物理基础和丰富的天文学知识，并在计算机、外语和其它专业技能方面受到严格训练，具有从事科学研究的初步能力。毕业后可从事科研工作和到高校任教。天文高新技术及其应用方向的学生除达到上述培养目标外，还将掌握天文新技术及其应用的有关知识。由于天文新技术在相应领域的超前性，该方向的毕业生可从事高新技术的开发应用或大型工程项目的管理工作，并能适应多方面工作的需要。必修课有：恒星物理、恒星大气理论、星系物理、实测天体物理、天体物理前沿。选修课有：天体物理辐射机制、星云物理、致密天体与活动星系核、天文文献阅读、太阳物理、物理宇宙学、等离子物理。

硕士研究生培养 硕士生的培养目标是培养德、智、体全面发展，掌握现代天体物理的基础理论和基本观测事实，了解天体物理前沿领域的基本问题和最新动向；能在天体物理的一个分支领域独立开展研究工作，具有开拓精神和创新能力；有较高的外语水平、计算机基础知识和较强的计算机应用能力。毕业后能适应在科研机构从事科学研究及在高校从事教学和科研工作的需要。必修课有：恒星物理、恒星大气理论、星系物理、实测天体物理、天体物理前沿。选修课有：天体物理辐射机制、星云物理、致密天体与活动星系核、天文文献阅读、太阳物理、物理宇宙学、等离子物理。

博士研究生培养 博士生的培养目标是培养德、智、体全面发展，具有扎实的数学、物理基础，有熟练应用计算机的能力、良好的外语水平，有良好的专业基础知识，对所研究及相关的天体物理领域的基础知识有较清楚的了解，有观测及资料处理的技能；对所研究领域的现状、发展前景及可能的突破方向及存在的问题有清楚的了解；对所选择课题的意义、研究和处理方法有清楚的了解，掌握必要的理论分析及观测资料处理技能，有较强的独立工作能力。有选题能力和独创精神。必修课有：天体物理前沿、致密天体物理、星系形成演化与宇宙学。选修课有：太阳物理及空间天文学。

（罗绍光）

技术物理系

【发展概况】 1955年,为了发展原子能事业,周恩来总理批准在北京大学建立了我国第一个核科技专门人才培养基地——物理研究室,1958年发展成为原子能系,1960年更名为技术物理系。现有2个本科生专业:粒子物理与原子核物理专业、放射化学专业;4个硕士生专业:粒子物理与原子核物理、核技术及应用、无机化学、环境科学;3个博士生专业:粒子物理与原子核物理、核技术应用、无机化学专业;2个博士后流动站:粒子物理与原子核物理、无机化学。

技术物理系的实体单位现有1个研究所:重离子物理研究所;1个中心:核物理与核技术中心;5个教研室:核理论教研室、放射化学与药物化学教研室、环境化学教研室、功能材料化学教研室、辐射材料化学教研室;截至2000年底,有教职工140人,其中教学科研岗位111人,教辅人员29人。各类人员中正高职称36人(博士生导师16人),副高职称48人,中级职称31人,初级职称2人,其他工作人员23人;其中中国科学院院士2人,"长江学者奖励计划"特聘教授1人,博士后5人(见表5-5)。

(丰伟静、浑秀荷、洪小明)

【学科建设】 2000年,技术物理系应用化学学科建设迈出重要步伐。应用化学专业硕士点申报成功,使多年来在无机化学(原为放射化学)名下招收应用化学研究生的局面得到初步改善,应用化学专业博士点建设规划也已上报学校。应用化学学科从日本引进人才,与国家大型企业中信公司开展了横向合作,到2000年年底已经得到300万元资助,国际标准的高水平的实验室建设已经初步完成。

粒子物理与核物理学科成功申请到国家"973"项目,招聘到"长江学者奖励计划"特聘教授1名,并有1人入选国家杰出青年。由"211工程"支持的辐射探测实验室基本建成,为完成基金委国际合作重大项目打下了基础。

核技术及其应用学科在超导加速器研制中取得关键性重大进展;参加的国家自然科学基金重大项目、国家科技攻关计划专题"夏商周断代工程"于9月15日通过了科技部和国家基金委联合组织的验收。技术物理系承担的加速器质谱计测年(AMS)经过设备更新改造、调试,使测年精度由以前的10%达到0.3%~0.5%;RFQ研制重点项目通过验收。

在建设一流大学计划中,技术物理系获得的经费支持大幅度增加,包括"放射性核束物理基础建设"、"放射化学实验室建设"以及两项人才经费的支持。

(沈兴海)

【教学工作】 技术物理系本科生教学分应用化学及粒子物理与核物理2个专业,应用化学教学注重基础,拓宽应用,在按照基础化学类专业进行教学的同时,又增加了突出应用特色的课程及实验,开设了化工原理、环境、材料、放射化学及药物化学等应用型课程,同时重点建设了化学工程、电化学、放射化学及药物化学等实验室。粒子物理与核物理专业的教学计划在物理学教学计划的基础上,突出了本专业的特色,开设了原子核物理、粒子物理导论、辐射物理、核电子学及人类生存发展与核科学等课程,加强了原子物理实验、核电子学、加速器及计算机应用等实验室的建设。技术物理系2000年本科生开设了8门主干基础课,8门限选课,13门任选课;为研究生开设了30门课程。

(郭华、丰伟静、李善珍)

【科研工作】 2000年,技术物理系项目总经费共7784919.23元,在研项目共51项,其中,来源于科技部的"九五"攀登项目子课题2项,科技部的国家攻关项目1项,国家自然科学基金委重大项目1项,重点基金1项,国家自然科学基金委面上基金21项,国务院其他部门18项,横向6项,北京大学"985"项目4项(详见表5-7)。

发表学术论文189篇,其中,发表在国外学术刊物上69篇、全国性核心刊物上116篇,地方性学术刊物上4篇,其中被SCI收录38篇,被EI收录20篇。以第一作者出版的著作有:王德民编著《神奇的预测:趣谈量子化学》,王文清编著《物理化学习题精解》(上),王文清编著《《统计力学在物理化学中

表5-5 技术物理系岗位聘任情况一览表

	A1	A2	A3	B1	B2	B3	C1	C2	C3	行政	合计
技术物理系	3	7	10	12	8	16	7	10	5	6	84
重离子物理所	2	4	7	6	7		5			40	
总计	5	11	17	18	15	21	14	10	5	8	124

表5-6 2000年技术物理系职工分布一览表

	正高职称	副高职称	中级职称	初级职称	其他工作人员	博士后	合计
技术物理系	22	32	21	1	21	5	97
重离子物理所	14	16	10	1	2	43	
总计	36	8	31	1	23		140

应用〉习题精选与解答》。

2000年获得各类奖项情况：陈金象"核武器测试用评价激光函数库"获国防科学技术奖二等奖，孟杰的"奇特原子核及新集体转动模式研究"获中国高校科学技术奖一等奖，许甫荣的"原子核高自旋态的研究"获胡济民教育科学奖，姚淑德的"新型光电材料GaN的离子束辐照改性与结构分析"获北京核学会和《原子能科学技术》编辑部优秀论文奖。

2000年技术物理系共聘请了来自德国、日本、美国、瑞士、罗马尼亚、俄罗斯的短期专家6名到该系进行短期讲学和科研合作交流。

【党建与学生工作】 技术物理系共有党员185名，其中在职党员64名，退休党员52名，约占职工总人数的48%；学生党员69名，约占学生总数的16.8%。共有党支部11个，其中退休党支部3个，学生党支部3个（本科生2个，研究生1个）。2000年发展新党员12名，其中教师2名，学生10名。马经国、浑秀荷、翟茂林、蔡建新等4名党员被评为校级先进党员，12名党员被评为系级优秀党员；应化二支部被评为校先进党支部，本科生党支部被评为系级先进党支部。

2000年年底在校学生410人，其中博士生38人，硕士生101人，本科生271人。2000年技术物理系招收各类新生124名，其中博士生17名，硕士生37名，本科生70名，本科生中应用化学专业38名，核物理专业32名（全部为免试推荐），在这些新生中有6名为国防定向生（其中应用化学1名，核物理5名）。2000年毕业本科生68人，硕士生25人，博士生2人。

（丰伟静、刘德英、李善珍）

【两岸大学生科技夏令营】 7月24日至8月1日技术物理系纪丽丽、尤臻、潘志、王佳、唐亮等5名本科生参加了由中国核学会与台湾核能科技协进会在台湾举办的"跨世纪两岸大学生科技夏令营"，本次夏令营旨在通过两岸大学生共同生活和学习，交换经验，以促进两岸青年相互了解和建立友谊，认识高新技术对现代文明的贡献，并期望未来两岸青年能够携手共创跨世纪新事业。夏令营营员由两岸各选派30名优秀大学生组成。

（丰伟静、刘德英）

【举办"第二届全国物理学研究生暑期学校"】 由教育部和国家自然科学基金委员会联合主办、北京大学承办的"第二届全国物理学研究生暑期学校"于7月16日至8月12日在北京大学举办。本届暑期学校共邀请了国内十多个单位的40位专家和美国、加拿大的6位专家参加授课，共开设4门主要必修课程、32门其他课程和专题报告。参加本届暑期学校的学员共202名（其中粒子物理方向120名，核物理方向82名），来自全国29所大学和科研单位，获得结业证书的学员148名，其中20名学员被评为"优秀学员"。本届暑期学校的教学内容以标准模型为基础，不仅对粒子物理与原子核物理的一些主要基础知识进行较为系统的讲授，而且对这一领域的前沿发展及热点研究课题进行较为广泛的介绍，即着重基础性，又强调前沿性，使学员在掌握粒子物理与核物理基础知识的同时，还能对本学科的前沿研究有所了解，开阔了他们的知识面，激发他们日后在前沿领域开展研究工作的兴趣。

（张胜群、潘青、丰伟静）

【重要事项】 5月，技术物理系行政班子换届，叶沿林任系主任，郭华、沈兴海、谢景林、郭之虞任副系主任。

5月，孟杰被聘为"长江学者奖励计划"特聘教授，并获得国家杰出青年科学基金资助。

6月，"放射性核束物理与核天体物理"被批准为国家科技部

表5-7 技术物理系在研重大科研项目一览表

项目名称	起止时间	负责人	总经费(万元)	任务来源
低能离子注入生物体的原初物理过程研究	1998.5—2002.5	赵渭江	100	重点科学基金
高亮度连续波导加速器样机研制	1998.1—2001.12	赵夔	75	重点科学基金
超导加速器腔技术研究	1996—2000	赵夔	185	"863"项目
加速器质谱计的改进与^{14}C测年方法的完善	1996.1—2000.12	郭之虞	280	国家攻关项目
丰中子核结构和反应研究	2000—2004	叶沿林	270	国家重点基础研究发展规划项目（"973"项目）
放射性核束物理与核天体物理的理论研究	2000—2004	孟杰	80	国家重点基础研究发展规划项目（"973"项目）
RPC研制	1999—2003	叶沿林	180	基金重大项目

（潘青、丰伟静、洪小明）

"973"项目,叶沿林、孟杰为其中两个课题的主持人。

10月,在中国核物理学会第六届代表大会暨第十一届全国核物理大会上,技术物理系叶沿林当选为第七届理事会副理事长,孟杰当选为理事会理事。

12月,技术物理系工会被评为北京市教育工会先进集体。

12月,王文清荣获北京大学"十佳优秀教师"。

(丰伟静)

电子学系

【发展概况】 北京大学无线电电子学系是1958年在北京大学物理系的无线电物理专业、电子物理专业及波谱专门化基础上成立的,1996年更名为电子学系。

电子学系共有教职工103人。其中教授28人,内有中科院院士1人,博士生导师19人,副教授25人,讲师17人,助教3人,高级工程师6人,工程师7人,助工2人,高级实验师1人,实验师3人,助理实验师1人,职员8人,工人2人。现有客座教授4名,兼职教授14名。有学生546人,其中本科生376人,硕士研究生126人,博士研究生44人。2000年入学本科生117人,硕士研究生55人,博士研究生26人。

2000年全系迁入新楼——理科2号楼(逸夫苑),使用面积8000余平方米,新增价值600多万元的大型仪器设备,系网站总体工作基本完成,全系实现联网,教学和科研环境得到显著改善。

为贯彻面向21世纪教育振兴计划,实现创办世界一流大学的目标,在"三讲"教育活动中,电子学系全系教职工就学科建设、教学改革和队伍建设等问题进行剖析和讨论,并初步拟定出电子学系近期改革方案和面向21世纪发展规划。

【学科建设】 电子学系专业设置有:(1)学士授权点:电子信息科学与技术;(2)硕士授权点:通信与信息系统、信号与信息处理、物理电子学、无线电物理、电路与系统、电磁与微波技术、声学;(3)博士授权点:通信与信息系统、信号与信息处理、物理电子学、无线电物理、声学;(4)博士后流动站:通信与信息系统、电子科学与技术、物理学。其中电子科学与技术是新批准的一级学科博士点,电磁场与微波技术是新批准的二级学科硕士点。

在学校"创建世界一流大学计划"、"211工程"和世界银行贷款的支持下,2000年购进600余万元的大型仪器设备,研究条件得到很大改善。在"211工程"资助下,电子物理实验室购进价值250万元人民币的计算机站,用于计算纳米电子学的研究。在"211工程"资助下,区域光纤通信网与新型光通信系统国家重点实验室购进价值180万元人民币的10Gbit/s误码测试仪,该仪器是设计10Gbit/s误码仪的关键设备。在"创建世界一流大学计划"资助下,通信与信息处理研究中心购进价值110万元人民币的测试设备,用于卫星通信、无线通信和图像处理研究。在"211工程"资助下,量子电子学实验室购进价值60万元人民币的GPS接收机、波长计等设备,用于铷原子钟、激光卫星通信和原子喷泉频标等研究。

【实验室建设】 本系设有:区域光纤通信网与新型光通信系统国家重点实验室,基础教学实验室,11个专业实验室。2000年又新成立了量子信息与测量教育部重点实验室。

实验室建设取得较大进展。800元以上的仪器设备的固定资产总额已达2000余万元。其中单价20万元以上的大型仪器设备17台(套),总额1026万元(约占固定资产总额的50%)。"电子信息科学基础实验中心"基本建成。该中心使用面积1850余平方米,改建扩建了11个教学实验室,详见表5-8。其中,EDA、DSP、微机原理与接口、信息处理和基础电子学实验室具有高水平的设备和条件。

该系区域光纤通信网与新型光通信系统国家重点实验室和卫星通信实验室联合微电子所、化学学院和物理系给学校"创建世界一流大学计划"提交的综合学科发展计划"新型光波器件研制与应用基地"已经启动。

【教学工作】 2000年,电子学系在教师队伍建设、课程建设、教学改革和教材建设等方面取得新的进展。

教学队伍建设取得进展。完成新一轮主干基础课主讲教师的聘任工作,一支电子信息技术、物理和计算机三大类课程稳定的教师队伍基本形成。基础实验中心继续聘任教学经验丰富的老教授主持实验教学讨论。一支由30名中青年教师组成的实验课教师队伍已经形成。

实验室建设取得较大进展。电子信息科学基础实验中心基本建成。2000年新建了"计算机辅助分析实验室"、"电路开放实验室"和"信息处理实验室"等3个实验室。"计算机辅助分析实验室"具有80台计算机,分别为"(电类)电子线路实验"、"(非电类)电子线路实验"、"数字逻辑电路实验"、"计算机网络"、"数字信号处理"、"微波技术"、"通信原理"、"信息论"等8门课程提供软件设备,为学生课外学习、做上机习题和论文工作提供硬件和软件条件。"电路开放实验室"有30套先进的示波器等测量设备,开设了相关课程"电子工艺和测量"和"电子系统设计"。"信息处理实验室"有15台计算机及相关配套设备,开设了相关课程"可

表 5-8 电子信息科学基础实验中心组成表

电子信息科学基础实验中心	基础电子学实验室	第一实验室
		第二实验室
		第三实验室
		虚拟仪器实验室
	电路系统实验室	DSP 实验室
		微机接口实验室
	计算机辅助分析实验室	
	电路开放实验室	第一实验室
		第二实验室
	EDA 实验室	
	信息处理实验室	第一实验室
		第二实验室
	现代电子学实验室	＊通信技术实验室
		＊微波技术实验室
		＊光电子技术实验室

注：加"＊"者为正在筹建

编程逻辑设计"并接纳"图像处理"等信息处理学科的本科生和研究生从事论文工作。在完成国家自然科学资金重大项目过程中，为北大因特网扩容的光信号出口设备在区域光纤通信网与新型光通信系统国家重点实验室完成安装。

课程建设取得新的进展。"（电类）电子线路实验"、"（非电类）电子线路实验"、"数字逻辑电路实验"、"数字信号处理实验"等实验课程进行了完善和改造。在"（电类）电子线路实验"和"数字逻辑电路实验"中增添了"计算机辅助分析"的新内容，让学生学会使用 pspice、protel 等软件对模拟电路、数字电路进行计算机分析和设计，并进行实验验证，提高了学生学习效率，加深了对课程内容的理解，同时也掌握了现代电子学的基本工具和方法。"（非电类）电子线路实验"增加了"计算机辅助分析"与"虚拟仪器"的内容，使非电类专业的学生既能接触现代电子设计的基本手段，又能掌握现代电子测量的方法。"数字信号处理实验"及时更新 JTI 公司 DSP 最新的教学实验系统和开发系统（C54、C62、C67 系列），这是该实验室 1996 年开课以来的第四次更新换代，使学生能尽快掌握和使用当前 DSP 的最新技术。新建了"电子工艺和测量"课，使学生从一年级起就受到电子技术的基本训练。

教材建设和教改项目成绩显著。王楚教授主持编写的由教育部向全国推荐的"面向 21 世纪课程"教材已陆续出版，在 1999 年出版 4 册，即《数字逻辑电路》（王楚、沈伯弘）、《基础物理中的数学方法》（王楚、吴锦雷、刘志雄、周乐柱）、《力学》（王楚、李椿、周乐柱）和《电磁学》（王楚、李椿、周乐柱）后，2000 年又出版了 3 册：《电路分析原理》（王楚、余道衡）、《原子物理》（郑乐民）和《热学》（王楚、李椿、徐安士）。编写教材《电子线路实验》、《电子测量》等。由沈伯弘教授主持的教育部项目"高等教育面向 21 世纪教学内容和课程体系改革——信息与电子科学专业教学内容和课程体系改革"（项目号：02－12－19）通过教育部组织的国家级专家组评审。

1999 年修订全系各专业博士生和硕士生培养方案提交的增加电磁场与微波技术和电路与系统二专业的博士和硕士点的计划，得到批准。

电子科学与技术被批准为一级学科博士点，电磁场与微波技术被批准为二级学科硕士点。

硕士研究生已由计划招收 42 名增加到 55 名。博士研究生已由计划招收 10 名增加到 22 名。

成立了以年轻博士为负责人、以专业为基础的研究生教学研讨组。

彭练矛、殷洪喜、赵玉萍、陈章渊和陈徐宗等年轻教员获 2000 年研究生课程基金资助。

物理电子学专业侯士敏获北京大学优秀博士论文世顺二等奖，张玉峰获北京大学优秀博士论文世顺三等奖。他们的指导老师薛增泉同时获北京大学优秀博士论文指导教师二等奖和三等奖。

【科研工作】 2000 年引进科研项目经费 14475124 元，较 1999 年有较大幅度提高。在研科研项目 65 项，其中基础研究 16 项，应用基础研究 38 项，横向开发 8 项，科技服务 3 项。新立项 27 项，其中：国家自然科学基金（面上项目）5 项，教育部重点科学研究项目 2 项，教育部高等学校骨干教师基金 6 项，教育部博士点基金 1 项，国防科技重点实验室、预研基金 3 项，联合实验室基金 3 项，北京市自然科学基金 1 项，北京大学自然科学预研基金 1 项，北京大学"985"项目基金 2 项，横向科技服务 3 项。发表论文 114 篇，其中国外学术刊物 60 篇，国内学术刊物 54 篇。被 EI 收录 22 篇，SCI 收录 12 篇。

科研成果有：吴锦雷、吴全德、刘维敏、薛增泉等 2000 年获北京市科学技术进步三等奖一项。科研项目结题 20 项。鉴定 3 项：(1)TV－Rb 频标；(2)复杂目标电磁散射计算的 IPO－FDTD 混合方法研究；(3)网络安全性研究。

对外交流：2000 年度出国访问 19 人次。其中，出国三个月以上 4 人，出国参加国际会议 8 人次。共同举办中韩双边国际会议（The 5th Annual Join Workshop on modern Electronic Technology and Applications）一次。来访 4 人。接

计算机科学技术系

【发展概况】 计算机科学技术系成立于1978年12月。2000年在职员工183人(计算机学科94人,微电子学科89人)。其中有院士2人,博士生导师24人,教授(含正高工、研究员)35人,副教授(含高工、副研究员)48人,讲师等中级职称69人,其他人员31人。当年新上岗教师18人,离退休5人。计算机科学技术系设计算机科学与技术和微电子学2个专业。2000年在校本科生660人,毕业本科生164人,大专2人,辅修班人数131人,电子商务班165人;在校硕士生208人,毕业生67人;博士生99人,毕业生14人;另有IBM证书班15人,进修教师15人。

按照学校人事制度改革的部署和要求,2000年9月,对全体教职员工进行考核,重新聘任定岗,情况如表5-9。

【教学工作】 计算机科学技术系根据培养目标,全面修订本科生和研究生培养计划,同时在教材建设、网上教学、实验室建设等各个环节深入进行改革。按照一级学科的培养目标,确定计算机科学技术专业的基础课、专业基础课、专业课的课程体系,加强了基础和学生素质教育。减少总学分,降低总学时,给学生更多的自主钻研和学习时间。总学分由159降为150,每门专业课由4学分降为3学分,选修课由3学分降为2学分。减少必修课,增加限选和选修课以适应各种学生的需要。仅最近一年,新开设本科生限选和选修课12门。增加了实践环节的训练。主要措施是:第一是增加上机实习课程;第二是改善实践环境。软件实验室更新设备110台,每天从早上8点至晚上9点自由开放,同时改善硬件实验室条件,增加硬件实验。鼓励教师开发教学课件。专业课程由于课程教学内容更新速度快,大部分配合采用多媒体教学手段。在学校教材建设资金资助和出版社大力支持下,近两年编著和翻译了多部本科生教材。有的课程直接使用英文原版教材。

修订后的本科生培养方案规定,计算机科学与技术专业部分开设必修课14门,67学分;限选课23门,23学分;微电子学专业必修课18门,75学分;限选课18门,24学分。修订后的研究生培养方案规定,计算机科学与技术专业硕士生有39个科研方向,开设有专业课程46门。微电子学与固体电子学专业硕士生有7个研究方向,开设有专业课程23门。博士生计算机科学与技术专业有41个研究方向,微电子专业与固体电子学有6个研究方向。

【科研工作】 计算机科学技术系承担了大量国家重大科研项目,2000年新立项的科研项目共42项,其中计算机学科承担22项,科研经费1186.1万元;微电子研究所承担20项,科研经费4336.9万元,项目分类如表5-10。鉴定验收、结题项目26项,其中"九五"攻关项目3项。"863"专题6项,国防科技预研项目12项,其他5项。

2000年共发表论文172篇,其中中文109篇,外文63篇。2000年获专利2项:"民兵网络战训练系统";"硅/硅键合质量测试仪"。

1999年论文被EI收录20篇;被SCI收录9篇。

2000年出版专著、译著、教材10本,详见表5-11。

【重要学术外事活动】 1月4日,在计算机网络与分布式处理领域邀请美国NPAC at Syracuse University大学Bryan Carpenter博士到系作为期半个月的学术交流活动,期间作了有关并行计算方向的讲座,北大、清华、中科院、北京北方计算中心等单位参加了此项活动。

受短期专家4人,接受进修教师1人,国内访问学者2人。接受博士后3人,出站1人。现有博士后5人。

【学生工作】 学生工作取得良好成绩,学生活动活跃。(1)本科生11—12月举办了"大学生看网络"论坛活动,先后进行了"电子商务"、"门户网站"、"垂直网站"和"在线教育"等4次论坛,还进行了3场质量较高的演讲。(2)研究生会12月举办了第一届研究生学术年会,由部分博士生现场作报告,并制作了论文集。(3)连续第六年开展团校活动,本届新生有三分之一的同学参加。团校活动对新生进行了教育,培养了学生骨干,效果很好。(4)系网站总体工作基本完成。网站主页有系内简介、实验室介绍、教职工介绍、学科介绍、招生招聘和学生工作等常规项目,也有新闻、活动预告、论文检索和论坛等时效性项目,还有视频等其他项目。(5)2000年学生获得的奖励有:98级一班获校优秀班集体称号和北京市"先锋杯"团支部称号;个人称号有,三好学生标兵4人,三好学生24人,单项奖35人,优秀学生干部2人,创新奖3人;竞赛奖有:97级本科生扬帆同学获"挑战杯"科技竞赛二等奖,95级本科生王文佳、赵兵、张志峰和武宁同学组成的队获"DSP"设计大赛2等奖。获奖学金人数81人,助学金人数16人次。(6)毕业生分配情况。本科生毕业69人,其中推荐研究生27人,自费出国16人,就业19人,报考研究生5人,不愿就业2人;硕士研究生毕业31人,其中自费出国10人,就业20人,读博1人;博士研究生毕业3人,其中自费出国2人,就业1人。

(栾桂冬)

表 5-9 计算机科学技术系 2000 年聘任定岗情况

岗位类别\学科	A1	A2	A3	B1	B2	B3	C1	C2	C3	行政	合计
计算机科学技术	3	11	5	10	9	17	10	11	4	10	90
微电子学	3	8	11	5	9	8	6	35			85
合计	6	19	16	15	18	25	16	46	4	10	175

注：计算机学科和微电子学研究所因出国等原因各有 4 人未聘

表 5-10 计算机科学技术系承担科研项目

项目分类	项目数
国家"九五"攻关	1
国家自然科学基金	7
科技部重大基础研究（"973"）	7
国家科委"863"专题	6
国防科技预研基金	7
教育部骨干教师计划等	8
IBM－北大创新研究院	3
横向合作项目等	3
共　计	42

表 5-11 计算机科学技术系 2000 年著作出版情况

专著、译著名称	作者	出版社
用于 VLSI 模拟的小尺寸 MOS 器件模型	张兴、李映雪	科学出版社
数字化艺术	龙晓苑	北京大学出版社
计算理论基础（译著）	张立昂、刘田	清华大学出版社
计算理论导引（译著）	张立昂、王捍贫、黄雄	北京大学出版社
面向对象的网络协议（译著）	陈葆珏、严伟	机械工业出版社

3 月 24 日，与贝尔实验室联合举办题为"Themes of Operating Systems Research at Bell Labs"学术讲座，主讲人为贝尔实验室杰出科学家、图灵奖获得者 Dennis M. Ritchie，同时来访的还有著名计算机科学家 Afred Aho。4 月 16 日，在中国计算机学会第七届理事会上，杨芙清院士当选为副理事长，李晓明教授当选为常务理事，俞士汶、邵维忠教授分别当选为理事。5 月，在北京由北京大学微电子研究所承办全国第四届 SOI 技术学术会议。

5 月 18 日—6 月 6 日，中国中文信息学会与北大计算语言研究所联合举办"信息时代的文明与古籍数字化"系列讲座，主讲人为台湾中研院谢清俊教授。

7 月 14 日，"北京大学计算机科学技术系－长达电子商务联合实验室"签字仪式在北大交流中心新闻发布厅举行。

7 月 18 日，北京大学与 IBM 中国有限公司联合创新研究院在北大交流中心举行签字仪式。

计算机科学技术系 81 届本科优秀毕业生、美国洛杉矶加州大学教授丛京生被选为"长江学者奖励计划"北京大学讲座教授。

8 月 24 日，计算机科学技术系系统结构领域与清华大学、美国洛杉矶加州大学、圣芭芭拉加州大学、台湾清华大学、台湾交通大学等单位有关研究部门就共同成立"国际系统芯片中心"达成协议，共同合作开展系统芯片等国际前沿的研究工作。

11 月 23 日，国家重点基础研究发展规划项目（"973"）"系统芯片（System On A Chip）中新器件新工艺的基础研究"的第一次实施会议在北京大学召开。

12 月 22 日，杨芙清院士主持的国家"九五"科技攻关项目"软件工程环境工业化生产技术及系统的研究开发"（二期工程）通过科技部验收。许智宏校长、科技部林泉秘书长和教育部、信息产业部等有关领导参加了验收。

【学生工作】 计算机科学技术系团委在连续两年获得"北京大学红旗团委"后，于 2000 年又获得"北京大学先进团委"称号。

2000 年，计算机科学技术系获得北京市优秀毕业生称号 8 人，市三好生 1 人，优秀学生干部 1 人。

在本年本科生招生中，有 4 名理科状元考入计算机科学技术系。

计算机系学生蝉联"北大杯"足球赛冠军；新生分别获得"新生杯"羽毛球、乒乓球亚军、足球赛季军。

【行政工作】 计算机科学技术系计算机部分于 5—7 月全部搬至理科一号楼，微电子学教学部分全部搬至理科二号楼，教学、科研、办公条件得到很大的改善。

（魏引树）

化学与分子工程学院

【发展概况】 化学与分子工程学院前身为北京大学化学系，始建于

1910年,是我国高等院校中建立最早的化学系之一,1994年发展成为化学与分子工程学院(简称化学学院)。90年来,化学学院培养了8000多名本科生、1000多名硕士生和400多名博士生。学院目前设有化学系、材料化学系、高分子科学与工程系,以及若干研究所、研究中心、专业实验室,有2个国家重点实验室和1个教育部重点实验室。学院拥有一支学识渊博、治学严谨的师资队伍。截止到2000年底,有教职工290人(包括博士后),其中中科院院士8人,教授63人,副教授61人,博士生导师39人。有3人被教育部聘为"长江学者奖励计划"特聘教授。近十几年来,大批年轻的博士、硕士陆续充实到教师队伍中来,现有教职工中具有博士学位的有120人,占总数的41.4%。

学院每年招收本科生约180人,硕士生和博士生约100人。学院重视教学、注重学生素质的培养,注重扎实系统的基础理论教学和严格系统的实验训练是化学学院的优良传统。现有无机、有机、分析、物化、综合五大基础课实验室,总面积为3500多平方米。全院拥有总价值6600多万元的各种仪器设备。自1986年起建立博士后流动站,共进站博士后133人(截至2000年底)。学院有5个二级学科(无机化学、有机化学、分析化学、物理化学、高分子化学与物理),均于1989年被教育部首批认定为重点学科。这些学科均设有硕士点、博士点和博士后流动站。1978—1998年,全院共出版专著、译著、教材50多部,其中先后被评为国家级优秀教材特等奖1部、国家级优秀奖6部、国家教委一、二等奖共9部;共有5项教学成果获得国家级奖励。

学院注重基础理论与应用基础理论研究,开展了多项应用与开发研究,2000年从国家和省部委获得科研经费2400多万元。1994—2000年有10人获得国家自然科学杰出青年基金资助,1人获得教育部首届教学与科研奖励基金,4人获得教育部跨世纪人才基金,7人获得教育部优秀年轻教师基金,6人被列为国家级百千万工程。1978—2000年共获科研成果奖150项(不含北京大学校级奖),其中国家自然科学奖和国家科技进步奖共17项。1994—2000年在国内外核心学术刊物上发表论文共2000余篇,其中被SCI收录1313篇(从1999年起使用SCI扩展版)。

2000年配合国家"创建世界一流大学规划"("985"规划),化学学院继续贯彻执行了学院的目标责任书,进行了1999年岗位考核及2000年岗位续聘,共聘A类岗位57人,B类岗位78人,C类岗位51人。本年度化学学科"985"专项经费1000万元已经基本执行完毕,购置国内外先进仪器设备近20余套。根据"985"规划,化学大楼的整体改造一期工程(南区和西区)和化学南楼的抗震加固工作在2000年完成,化学学院的工作和实验条件得到了极大的改善。

【学科、专业设置】 本科生学位授予专业设置:化学专业、材料化学专业。

硕士生学位授予专业设置及研究方向分别为:

(1)无机化学:稳定同位素化学、稀土化学、无机固态化学、无机材料化学、物理无机化学。

(2)分析化学:电化学分析法、色谱分析法、光学分析及生化分析法、生化分析及痕量物质的分离、原子吸收光谱分析。

(3)有机化学:天然产物有机化学(含多肽合成)、生物有机化学、有机合成化学、元素有机化学、物理有机化学、有机结构分析。

(4)物理化学:化学动力学、电化学与光电智能材料、溶液化学(含生物热化学)、催化化学、胶体化学及表面化学、结构化学(含结晶化学、表面结构化学、生命过程中的重要化学问题、功能体系的分子工程学)、量子化学、纳米化学及有序组装膜化学、固体物理化学(含分子筛、复合氧化物等功能材料)、计算化学。

(5)高分子化学与物理:高分子合成与分子设计、医用和功能高分子、高分子多相体系与拉胀材

表5-12 化学与分子工程学院结构及研究机构图

化学与分子工程学院									
化学系		材料化学系	高分子科学与工程系			院后勤、机关		院工厂、公司	
教学及研究机构									
无机化学研究所	北京大学稀土化学研究中心	有机化学研究所	分析化学研究所	北京大学物理化学研究所	现代物理化学研究中心	高分子化学与物理研究所	北京大学分析测试中心	北京大学化学基础教学实验中心	生命化学研究中心
重点实验室									
稀土材料化学及应用国家重点实验室			分子动态与稳态结构国家重点实验室				生物有机与分子工程教育部重点实验室			

料、感光与液晶高分子、生物降解与环境友好高分子。

博士生学位授予专业设置及研究方向：

（1）无机化学：稳定同位素化学及原子量测定、稀土化学、配位化学及生物无机化学、稀土配位化学及材料化学、稀土材料化学及稀土分离化学、无机固体和材料化学、物理无机化学与应用量子化学、配位化学、无机合成及全碳分子化学。

（2）分析化学：生化分析、生化分析及有机试剂。

（3）有机化学：天然产物与有机合成、有机天然产物及有机反应、有机合成与多肽化学、有机合成与生物有机化学。

（4）物理化学：结构生物学与功能体系分子工程学、动力学（含分子反应动力学）与激光化学、生物大分子结构与药物分子设计、纳米化学及有序组装膜化学、固态表面分散体系结构与功能关系的研究、非晶体氧化物结构与小分子活化、纳米离子超晶格的结构化学和分子工程学研究、功能分子（分子磁体、纳米分子、抗癌药物）的设计、合成、结构和性能研究、固体表面结构与功能、量子化学与物理无机化学、理论化学、固体物理化学、电化学和光电智能材料、胶体与界面化学、化学信息学。

（5）高分子化学与物理：高分子化学、感光功能高分子与精细高分子、新型高分子合成与液晶高分子、液晶高分子（及光学活性高分子、特殊结构高分子）、中孔材料合成、聚合物凝聚态物理。

【教学工作】 继续调整课程体系，改革教学内容；编写本科生教学手册，调整教学计划。将原来本科生的毕业学分由156减少到150，其中公共必修课34学分，院系必修课78学分，43门课；专业限选课7学分，13门课；任选课22学分，其中学校通选课16学分；本科生毕业论文学分由原来的10学分减为8学分；生产实习1学分。取消原各专业实验课，为97级本科生开设综合化学实验；调整定量分析及实验课和有机化学实验课的开课时间。

进行研究生招生改革实验，招收具有学士学位（或同等学力）五年制博士研究生。制订出"五年制博士研究生培养试行办法"；调整了硕士学习阶段课程。化学学院齐利民博士的学位论文"基于两亲分子有序组合体的纳米材料合成"入选2000年全国优秀博士论文。

2名教师荣获"北京大学优秀教学奖"，7名教师获北京大学"奖教金"。5篇博士生学位论文获北京大学优秀博士论文奖。出版教材6部，教学光盘2张。

本年度共招收本科生178人，保送生38名。4名国际化学奥林匹克化学竞赛奖牌获得者（2金2银）全部进入化学学院学习。招收五年制博士研究生62人，普通博士生43人。有149名本科生毕业，其中142人获得学士学位。有79名研究生毕业，其中48人获得硕士学位，28人获得博士学位。接受进修教师3名，访问学者8名。

7月14—18日，化学学院组织召开了全国首届化学信息学研讨会，国内38个单位（高教、科研、产业部门）的62人参加。

"结构化学"和"分析化学"课程代表参加了教育部高教司组织召开的"国家理科基地创建名牌课程项目"总结交流会，"结构化学"课程被邀请作大会发言。

7月16—19日，在吉林大学举办的"第二届全国大学生化学实验竞赛"中，北京大学代表队获团体第一名，参赛的3名同学获得2枚金牌和1枚银牌。

化学学院在5个学科点的博士后流动站共进站博士后28人，18位博士后出站。截止到2000年底在站博士后共42人。2000年共获得11项博士后科学基金。

2000年在校团委、学生会组织的"我爱我师"评选活动中化学学院裴伟伟老师被评为"十佳教师"。

【学生工作】 2000年化学学院被评为"学生工作先进系"和"优秀团委"。98博士生班被评为北京市先进班集体和北京大学优秀党支部，99硕士生班、99本科1班被评为先进学风班。在第八届挑战杯竞赛中，有5位同学获一等奖，2位同学获2等奖，2位同学获鼓励奖。有158名同学获得各种荣誉称号和奖学金。在各项文体活动中化学学院也取得很好的名次。化学学院学生会主办的刊物"泼墨"获北京大学优秀学生刊物。

4月14—22日举办了第三届化学文化节。

暑假期间，化学学院97级本科生120人到燕山石化公司进行了生产实习。参观了橡胶厂、炼油厂和化工二厂。分析专业的40名学生参观了国家兴奋剂检测中心等北京市内五家科研单位。

【成果统计】 2000年化学学院出版专著5部，申请专利5项；在国内、外学术刊物共发表论文约600余篇，其中被SCI收录394篇（以SCI扩展版统计）。

获奖情况：

吴瑾光、徐光宪等的"分子光谱研究生物分子，生物医学及其应用"，获教育部中国高校科学技术奖一等奖；

赵新生等的"与环境、大气有关的若干重要分子的光谱和反应机理"，获教育部中国高校科学技术奖二等奖；

宛新华教授获首届教育部高等学校优秀教师教学科研奖；

慈云祥教授的学术论文，获国家自然科学基金委员会优秀学术论文奖；

李克安、黄承志、赵凤林、童沈阳的"光散射技术及其在生物大分子分析中的应用"，获中国分析测试协会CAIA奖一等奖。

出版著作情况：《物理化学（生物类）》，北京大学出版社，高月英、戴乐蓉、程虎民，2000年9月。

《步入化学新天地》（当代青年科普文库丛书之一卷），河北科学技术出版社，郭国霖，2000年3月。

《气相色谱方法及应用》，化学工业出版社，刘虎威，2000年10月。

《色素型结石（Pigment Gall Stone）在胆囊及胆道疾病》，Marcel Dekker Inc., R. D. Soloway 吴谨光，2000年8月。

《超分子建筑》，科学技术文献出版社，徐筱杰，2000年3月。

申请专利5项：

1. 抗吗啡单抗细胞株的建立和吗啡双面检测试纸的制作方法（王能东、陈家华、张秀、金声）；

表5-13　化学与分子工程学院2000年承担的主要科研项目

项目名称	起止时间	负责人	总经费(万元)	任务来源
1. 稀土化学中若干重大问题的基础研究	1997.12—2000.12	严纯华	1500	"973"项目
2. SO2和NOX的吸附富集固态化学	1999.10—2004.09	寇元	175	"973"项目
3. 凝聚相、表面和界面复杂体系的动力学研究	1999.12—2004.11	赵新生	120	"973"项目
4. 创造新物质的分子工程学研究——高表界面固体的分子工程与纳米结构设计、制备与组装	2000.4—2004.12	王远	280	"973"项目
5. 功能体系的分子工程学研究	1997.12—2000	桂琳琳	150	国家科委攀登计划
6. 生命过程中重要化学问题研究	1997.12—2000.12	来鲁华	150	国家科委攀登计划
7. 蛋白质分子设计方法研究	1996.10—2000.12	韩玉真	60	国家科委"863"项目
8. 重元素化合物计算方法及应用	1998.3—2001.12	黎乐民	30	基金委重大项目
9. 有机/无机复合纳米隧道的构建及室温	1998.4—2002.3	刘忠范	95	基金委重大项目
10. 化学反应及控制理论研究	1998.4—2001.12	赵新生	30	基金委重大项目
11. 有序高级结构分子聚集体的结构、构筑和性能研究	1999.1—2002.12	宛新华	50	基金委重大项目
12. 生物有机中若干功能体系的研究	1997.1—2000.12	金声	70	基金委重点项目
13. 某些新材料的制备、结构与性能关系研究	1998.1—2001.12	吴念祖	70	基金委重点项目
14. 高分子光敏材料基础研究—高新技术光敏材料	1997.1—2000.12	曹维孝	80	基金委重点项目
15. 溶液中两亲分子有序组合体的形成、特性与功能	1998.1—2001.12	马季铭	80	基金委重点项目
16. 杰出青年科学基金项目	1996—2000	严纯华	100	基金委
17. 杰出青年科学基金项目	1996—2000	来鲁华	80	基金委
18. 杰出青年科学基金项目	1997—2000	林建华	80	基金委
19. 杰出青年科学基金项目	1999—2001	席振峰	60	基金委
20. 杰出青年科学基金项目	1999—2001	甘良兵	60	基金委
21. 杰出青年科学基金项目	2000—2003	王远	80	基金委杰出青年
22. 海外青年合作基金项目	1999—2001	危岩	30	基金委
23. 海外青年合作基金项目	2000—2003	李中汉	40	基金委
24. 海外青年合作基金项目	2000—2003	杨伟涛	40	基金委
25. 纳米组装体系中的室温单电子现象及器件原理	1998.1—2000.12	刘忠范	30	教育部重点项目
26. 教育部跨世纪人才基金项目	1998.1—2000.12	李元宗	20	教育部
27. 教育部跨世纪人才基金项目		宛新华		教育部
28. 教育部优秀青年教师奖励基金项目	2000—2004	宛新华	50	教育部
29. 教育部优秀年轻教师基金项目	2000—2002	高松	9	教育部

2. 一种锂离子电池的封装外壳（慈云祥、周恒辉、陈继涛、岳载）；

3. 铜铝-铈铝复合氧化物燃烧催化剂及其制备和用途（林炳雄、张婉静、刘英俊、李士杰、李能）；

4. 一种仅在254nm紫外光激发下发光复合材料（杨丽敏、徐怡庄、田文、孙文秀、吴谨光、徐光宪）；

5. 一种同时消除空气中二氧化硫合氮氧化物的催化剂（杨锡尧、马骏）；同时消除空气中二氧化硫和氮氧化物的复合氧化物催化剂（杨锡尧、马骏）。

【科研工作】 2000年化学学院共承担科研项目148项，其中"973"项目4项（化学学院负责1项），国家科委重大基础研究（攀登计划）2项（均由化学学院负责），"863"项目2项，国家自然科学基金委重大、重点8项（5项由化学学院负责），国家自然科学基金委杰出青年基金项目6项，海外青年学者合作基金3项，国家自然科学基金委面上基金（含青年基金）58项（见表5-13）。共有9人获得教育部首批骨干教师基金资助每人每年12万元。当年完成项目45项，仍在进行中项目103项。

【学术交流】 为促进学术交流，提高研究生和本科生的科研兴趣、创造良好的学术环境，化学学院继续举办了面向研究生的"兴大科学系列报告"和面向本科生的"今日化学"讲座。2000年化学学院共举办兴大科学系列报告17讲和今日化学讲座6讲。

由化学学院主办，邀请医学部药学院参加，2000年8月23日—25日在金海湖"紫岳闻涛"举行了"第二届北京大学化学学院、药学院学术报告会"。会议共收到论文141篇，收录到会议论文预印集。共有75人在会上报告了各自一年来的科研最新进展。

化学学院2000年度由学校批准并支持的来校讲学、合作研究的外国及港澳台专家共7人。他们是：台湾中兴大学杨登贵教授，瑞典德隆大学 Folke Tjerneld 教授，日本北海道大学高桥保教授，日本北海道大学德田昌生教授，澳大利亚科学院高级研究员余龙博士，美国乔治理工化学与生物学激光动力实验室莫斯塔弗·艾依谢德教授，美国卡内基米龙大学化学系马亚斯基教授。

（卢英先）

生命科学学院

【发展概况】 北京大学生命科学学院的前身是创办于1925年的北京大学生物学系，它是我国高等学校中最早建立的一批生物学系之一。1952年院系调整时，与清华大学和燕京大学两校生物学系合并，成立了新的北京大学生物学系。几十年来，经过几代人的长期努力，已形成师资力量雄厚，物资设备齐全的教学、科学研究和技术开发三结合的基地。新中国成立以来，已培养出7000余名生命科学工作者。他们在生命科学领域的教学、科学研究和管理工作等方面做出了突出的成绩。其中一批人已成为教学、科学研究和生物产业战线的骨干和学术带头人，先后有26人成为中国科学院院士和中国工程院院士。为了适应现代生命科学的迅速发展，培养新世纪的专业人才，生物学系于1993年11月扩展为生命科学学院。

生命科学学院现设6个系，即：生物化学及分子生物学系，细胞生物学及遗传学系，生理学及生物物理学系，植物分子及发育生物学系，环境生物学及生态学系，生物技术系；3个研究中心，即：生命科学研究测试中心，生物科学教学实验中心和大熊猫及野生动物保护研究中心；2个研究所，即：分子生物学研究所和细胞生物学研究所；2个国家重点实验室即蛋白质工程及植物基因工程国家重点实验室和生物膜及膜生物工程国家重点实验室（部分）。

生命科学学院有一支学识渊博、治学严谨的师资队伍，全院现有教职工179人，其中教授36人（教授中有中国科学院院士3人，在岗博士生导师30人，博导中含退休后返聘教授4人），副教授30人。教师和管理队伍建设的关键在于人才的引进。依照长江学者奖励计划，学院延聘了程和平、罗明、舒红兵、邓兴旺、邓宏魁和赵进东等教授为特聘教授。学院有9位国家杰出青年科研基金获得者，他们正活跃在教学和科学研究的第一线。

生命科学学院2000年度岗位聘任情况如下：

A类：共34人（A1/4人，A2/10人，A3/20人）；

B类：共70人（B1/21人，B2/22人，B3/27人；

C类：共48人（C1/32人，C2/16人。

学院每年入学的学生也都是各校出类拔萃的毕业生，2000年招收的本科生中，有11名各省市高考状元（全校理科共18名），1名国际奥林匹克生物学竞赛金牌获得者，其他都是以高分录取的。现有在校博士生254人，硕士生160人，本科生839人；博士后研究人员17人，进修教师5人。

学院拥有面积为4730平方米的专业实验室和总值达7000万元的仪器设备，其中单价万元以上大型仪器71台（件）。2000年添置了面向社会开放的大型仪器10件，包括：瑞典产高效双向电泳仪2台，美国产DNA序列分析仪3台，生物工作台1台，凝胶图像分析仪1台，显微图像分析系统1台，德国产荧光显微镜1台、研究用显微镜1台。

面临着生命科学的迅猛发展的形势和教学及科研的紧迫需要,几年来,学院一直呼吁尽快建设新的生命科学大楼,学校已同意建设,并希望多渠道筹集经费。经过学校和学院的共同努力,已完成新楼设计方案,将于2001年开始施工建造。

2000年,生命科学学院召开了学院教职工代表大会,促进了组织教职工对全院工作进行民主管理和民主监督的工作。

【学科建设】 生命科学学院本科教育分生物科学专业和生物技术专业,目前生物科学专业每年招收四年制本科生100人,生物技术专业20人。按照教学计划,全院各专业前三年共同学习有关的基础课,包括:高等数学,物理学,无机化学,分析化学,物理化学,计算机概论,植物生理学,动物生理学,微生物学,细胞生物学,遗传学,生物化学,基础分子生物学,生态学概论等;后期则根据自己的意向选修不同的专业课程,专业大实验和进行毕业论文科研训练。生命科学学院雄厚的师资力量和良好的教学条件为同学们广泛地摄取生物学知识,了解生命科学的发展历史,现状及未来的发展趋势创造了一个良好的环境。尤其是近几年,利用"211工程"国家理科人才培养基地的建设经费以及世界银行的贷款,补充、更新了大量实验教学设备,改善了实验室环境,使同学们不仅可以在课堂上通过老师的讲解学习生物学的基本知识,了解生命科学的发展动态,而且可以在实验室中通过自己动手,自己观察,了解生命世界的奥秘,培养从事科学研究的基本技能和素质。此外,野外教学实习也是深受同学欢迎的一个教学环节,在实习过程中,同学们在亲身感受生命与环境间的密切关系,了解自然界丰富的生物多样性的同时,也接受大自然的洗礼,开阔胸怀,陶冶情操。

表 5-14 生命科学学院 2000 年承担的重要科研项目

项目名称	负责人
一、863 专题项目	
TMV 外壳蛋白突变体对病毒粒子组装和突变体外	李 毅
分子生物信息的研究开发和利用	罗静初
水稻联合固氮工程菌的研究	王忆平
优质高产抗病转基因马铃薯开发利用	林忠平
转基因藻及药物产品开发技术	周先碗
转基因抗稻瘟病水稻	瞿礼嘉
6C6 人源化抗体的特性研究及在乳腺癌淋巴转	李二秋
Cre-lox 定位重组系统的建立	林忠平
抗虫棉实用化技术研究	许崇任
转基因抗食心虫大豆的选育与大田试验	朱玉贤
拟南芥突变体库的建立	顾红雅
环保生物技术	王忆平
二、攻关项目	
丙肝艾滋病等单抗诊断试剂核素标记	茹炳根
藻类细胞大规模培养生长生物活性物质金属硫蛋白	茹炳根
金属硫蛋白—新型功能性食品添加剂的开发和研究	茹炳根
一种对治疗老年痴呆症有效药的研究	帖建科
重组水蛭素	朱圣庚
三、国家杰出青年基金项目	
国家杰出青年基金项目	朱玉贤
国家杰出青年基金项目	舒红兵
国家杰出青年基金项目	王忆平
海外青年学者合作研究基金	王玉田（合作者于龙川）
水稻重要性状的功能基因组学研究	白书农
四、国家科委转基因项目	
农作物高效利用光抗逆基因的克隆与转化	赵进东
利用拟南芥突变体库大规模分离/克隆功能基因	陈章良
水稻抗白叶枯及稻瘟病基因的克隆及其功能研究	顾红雅
玉米抗矮缩病毒基因的克隆和转化	李 毅
棉花纤维功能基因的克隆与转化	朱玉贤
五、国家重点基础研究发展规划("973")项目	
细胞重大生命活动的基础与应用研究	丁明孝
重大畜禽病原大分子结构与功能研究	陈建国
光合作用中的转能机理项目	赵进东
细胞、器官衰老与重大老年疾病发病机理的基础研究	程和平

项目名称	负责人
作物抗逆性与水分、养分、高效利用的生理及分子基础	苏都莫日根
水稻重要性状的功能基因组学研究	白书农、瞿礼嘉
长江流域生物多样性变化、可持续利用与区域生态安全	顾红雅
农作物重大病虫害成灾机理及调控基础的研究	陈章良
农业动物遗传育种与克隆的分子生物学基础研究	朱作言
六、科技开发项目	
蚓激酶胶囊生产技术	茹炳根
重组人胃安素的生产技术	茹炳根
金属硫蛋白工业制取技术	茹炳根
七、国家计委项目	
分子生物信息资源镜像系统	罗静初
八、各省市项目	
酿酒酵母 MT	林稚兰
优质、抗病性转基因马铃薯良种	李 毅
高效低毒微生物农药	朱玉贤
花卉花色基因工程育种	李 毅
与印尼金光集团合作项目	林忠平
与印尼金光集团合作项目	吴光耀
与印尼金光集团合作项目	陈德元
九、重点科学基金项目	
非细胞体系核重建(装配)的研究	翟中和
细胞因子在细胞分化与胚胎发育过程中的信号转导	尚克刚
植物特征性基因的分子进化及其在系统发育中的应用	顾红雅

表 5-15 生命科学学院 2000 年出版专著和教材情况

书 名	作 者	出版社	类别
《理论生态学研究》	张大勇、雷光春等	高等教育出版社 施普林格出版社	专著
《细胞生物学》	翟中和、王喜忠、丁明孝	高等教育出版社	教材
《心肌细胞电生理学》	刘泰槰	北京大学出版社	专著
《生命科学导论》	北京大学生命科学院编写组(高崇明、田清涞、尚玉昌、樊启昶、程红、张昀)	高等教育出版社	教材
《生物科学》(四册)	吴相钰、尚玉昌	北京出版社	教材

表 5-16 生命科学学院 2000 年度科研成果获奖项目

项 目	获奖者	奖 项
非细胞体系核重建(装配)的系统研究	翟中和、张传茂、张博、蔡树涛、曲健、蒋争凡、赵介	教育部中国高等学校科学技术进步一等奖
甜菜坏死黄脉病毒 RNA3 致病的分子生物学和细胞病理学研究	李毅、魏春红、陈章良	北京市科学技术进步三等奖

随着人类基因组及其他生物基因组的结构的破译,功能基因组学、功能蛋白组学的研究日益受到重视。生命科学关系到人类的生存、健康、环境等等重大的问题,因而自然科学其他学科、人文社会科学等都对生命科学的发展予以极大关怀。他们纷纷投入到生命科学研究课题中来,多学科交叉研究已是现实。生命科学中各学科也面临重新组合,形成各类技术平台、共同研究课题。

2000 年 8 月,北京大学与美国耶鲁大学签订了成立北京大学-耶鲁大学植物分子遗传发育生物学及农业生物技术联合研究中心的协议,由北大"长江学者奖励计划"特聘教授邓兴旺博士任中心主任,联合中心指导委员会主席由陈章良教授担任,并由国内外著名生物学家组成咨询委员会,其中有校长许智宏院士。学院有 5 位年轻教授担任中心的 PI。

学院具有博士学位授予权的学科 8 个,即生物化学、生理学、生物物理学、动物学、植物学、植物生理学、细胞生物学和昆虫学等;具有硕士学位授予权的学科 12 个,除上述 8 个学科外,另有分子生物学、微生物学、遗传学和生态学。各系设有博士后流动站。生物化学、生理学、植物生理学和细胞生物学等 4 个学科被评为教育部重点学科。全院共开设本科生必修课 54 门,限制性选修课 18 门,非限制性选修课 25 门;研究生必修课 20 门,限制性选修课 24 门和非限制性选修课 1 门。2000 年,全院获北京市教学成果一等奖 3 项,二等奖 2 项,北京大学教学成果一等奖 4 项,正在向国家申报教学成果一等奖 2 项。

【科学研究】 生命科学学院的科学研究,注意了学科的组合并形成了植物分子遗传发育生物学及农业生物技术、分子细胞发育生物学、保护生物学及生态学、脑功能的研究和生物高技术应用于医药的研究等技术平台，计划建立北大-耶鲁中心和中国生物信息库。在基因结构生物学、干细胞分化的研究、保护生物学、钙火花的研究以及可兴奋细胞及非兴奋性细胞中的发展研究等方面取得了进展。此外，还建立了生物科学之间的交叉和与数学、物理学、化学、计算机科学、信息学等学科的横向交叉。国家增加了科研经费资助力度，全年到位科研经费6300万元。经过全院师生员工的努力，已形成一个学术气氛浓厚，宽松和谐的研究环境，初步建成一支以优秀中青年教师为主的具有一定特色，结构优化，素质优良的学术梯队，日益受到社会的瞩目。

2000年，全院承担国家攻关项目5项，科技部"863"项目13项，教育部科研项目4项，教育部理科博士点基金研究项目4项，科技部研究项目6项，科技部重大研究项目4项，国家杰出青年基金研究项目7项，自然科学基金研究项目21项，重点自然科学基金研究项目3项，留学归国启动研究基金项目5项，校内基金3项，开发协作项目11项，此外，还有科技部转基因项目10项，攀登项目1项，973研究项目17项，国家重点基础研究发展规划项目9项和其他研究项目9项。在此期间，还广泛开展了国内外学术交流，建立了合作研究关系。蛋白质工程及植物基因工程国家重点实验室在蛋白质工程、植物基因工程和生物信息学与蛋白质高级结构研究等方面都取得了明显的进展；生物膜及膜生物工程国家重点实验室则在膜脂/蛋白相互作用及膜蛋白结构与功能研究、细胞跨膜信号转导与离子通道性研究、生物膜能量转换的研究和膜生物工程的研究等领域的研究中取得新的进展。邀请国外及港澳台知名学者十余人来校进行学术交流，95人次在国际学术会议上应邀做特邀报告或大会报告。

2000年，全院出版专著和教材5部（详见表5-15），在国内外学术刊物上发表学术论文123篇，其中有77篇被《科技文献索引》（SCI）收录；2项研究成果分别获教育部中国高等学校科学技术一等奖和北京市科技进步三等奖（详见表5-16）。1992年以来，全院授权中国发明专利15项，申请发明专利1项。

（王世珍）

【学生工作】 2000年生命科学学院的学生工作搞得生动活泼。组织了一系列社会实践活动，参观了以诺和诺德（天津）生物技术公司为重点的天津泰康经济技术开发区、北京京郊新农村——韩村河镇，还有10名师生赴河南参加了"保护母亲河"交流考察团活动，并圆满完成任务。院团委获1999—2000年度先进团委称号；在5月份举行的北京大学康佳杯第二届"学术十佳"评选活动中，孙英丽同学光荣当选，同时学院获集体三等奖；孙英丽和俞立等同学分别获得北京大学第八届"挑战杯"五四青年科学奖一、二、三等奖并获集体三等奖；李倩如等128名同学和97、98生物技术班、98植环班在北京大学1999—2000年度三好学生、先进集体表彰大会上受到表彰。在1999—2000年度北京大学优秀德育奖和优秀班主任奖的评选中，杨国华等7位老师光荣获奖。此外，在组织业余党校学习、军政训练、国防教育周活动和文体活动中都取得出色成绩。

（沈扬、杨国华）

地质学系

【发展概况】 地质学系创办于1909年，是我国设立最早的地质教育和科学研究机构，也是北京大学建立最早的理科系之一。在91年的历程中，为国家培养了大批杰出的地质学家，其中有48位当选中国科学院院士，3位当选为中国工程院院士。中国地质事业的开创者章鸿钊、丁文江、翁文灏、李四光等都曾在地质学系任教。地质学系1993年被原国家教委批准为国家理科基础科学研究和教学人才培养基地。1999年11月在教育部理科基础科学研究与教学人才培养基地检查评比中，被评为优秀基地。

截至2000年底，地质学系有教职工100人，其中院士1人，教授24人（其中博士生导师22人），副教授30人，讲师4人，实验技术、图书资料和行政管理岗位上的高级职称人员有13人，中级职称19人，其他10人。

地质学系办公机构包括行政办公室、人事与党委办公室、教务办公室、教辅办公室。研究机构设有：岩石圈研究所、石油与天然气研究中心、应用地质研究所。实验室方面设有：研究实验中心、教学实验中心。其他有图书资料室、地质博物档案馆（陈列馆、档案馆）、宝石鉴定中心等机构。

2000年地质学系毕业本科生28人，硕士研究生22人，博士研究生7人。2000年地质学系招生超额完成了原各项招生指标，共招收新生123名，其中本科生39人（地球化学专业22人，地质学专业17人）；硕士生39人，大庆石油管理局委培研究生班27人，博士生18人。近二十年来，地质系广泛开展国内外学术交流与合作，承担了数百项国家、部委及横向的科研与生产任务，创造出了一大批具有国际先进水平的科研成果，不少项目荣获国家或部委级的奖励。

地质系图书资料室创建于1955年，现馆藏面积约230平方米，设有书库、阅览室和网络、光盘检索室，馆藏各类文献5万余种册。馆藏外文现刊78种、中文期刊150种，国内外重要的专业核心期刊馆内均有收藏。地质学系历届毕业生学位论文和地质矿产图件资料的收藏是地质学系图书资料室的特色。馆内现配备高档计算机和部分光盘版专题文献数据库，资料室已联网并开展网上资源的检索与利用。

地质档案馆在争取到学校部分"211工程"配套资金的基础上，投资建立了面积约1800平方米的亚洲最大的地质档案馆，把本系教员多年科研积累的重要标本存放起来，结合已完成的科研成果进行展示。

地质陈列馆历史悠久，创立于1909年，是中国最早的地学专业陈列馆。八十多年来行政机构多变，大量展品调拨到其他单位。现在陈列的展品主要是1955年地质学专业恢复招生以后积累的精品，馆内珍藏各种岩石、矿物、化石等标本共10万件。陈列馆面向全校师生及社会开放，已成为北京大学对外交流的一个重要窗口。

【学科建设】 地质学系正围绕着人类所面临的资源、环境和灾害等重大地学问题，进行人才培养、课程体系和学科建设等系列改革。经过几年来的调整，现在已基本完成了由以培养专业口径较窄的专门人才为主向以培养知识面宽、基础扎实的高层次人才为主的转变。同时，对延续多年的本科和研究生专业设置进行了大幅度的调整。年内编撰印制了2000版北京大学地质学系本科生教学手册。

地质系现有2个本科生专业：地质学、地球化学；4个硕士生与博士生专业：构造地质学，古生物学及地层学，岩石、矿物及矿床学，地球化学。有1个地质学博士后流动站。有9个研究领域：古生物学、地层学、构造地质学、矿物学、岩石学、资源地质学、环境地质学、灾害地质学、地球化学。

地质学系现有构造地质学、古生物学及地层学、岩石学与矿物学、地球化学、资源地质学和环境与灾害地质学6个教研室。

为促进教学改革、提高教学质量、发挥现有资源整体优势、加强统一管理，1998年11月成立教学实验中心，负责全系与教学有关的实习、实验工作。教学实验中心设有基础计算机实习室、网络化计算机实验室、显微图像实验室、多媒体教学实验室，1999年12月教学实验中心高质量地通过了北京市教委的检查评估，确定为北京市基础教学实验室。

为适应地质科学的发展和教学的需要，普通地质学野外实习和区域地质学野外实习购置了新三大件：数码相机、笔记本电脑、GPS（全球卫星定位系统）。野外教学和实习设备与工具的更新，提高了教学质量和学生学习的主观能动性。

地质学系现有2个野外教学实习基地：周口店普通地质实习基地和秦皇岛区域地质测量实习基地。

【对外交流】 地质学系1999—2000年度短期出国参加国际会议、访问考察、合作交流等活动共计24人次；校际交流出国访问进修2人（朱永峰副教授赴日本早稻田大学、张立飞教授赴澳大利亚国立大学），时间1年。

聘请外籍专家、学者来系短期访问讲学5人次，其中岩石学矿物学教研室聘请的英国学者Dr. Mason教授来系为研究生讲授"变质岩石学及其新进展"，为期5个月（3—7月）。

地质学系于2000年与蒙古国立大学地球科学学院互派10名学生到对方境内进行野外实习。我系选派的是一年级的学生，带队教师为白志强。同时，蒙古国立大学地球科学学院派学生来北京地区进行野外实习，带队教师为Byamba J.。

【科研、学术活动】 12月4—5日"中国古陆块构造演化与超大陆旋回"专题学术会议在北京大学召开。会议由北京大学地质学系发起，与IGCP440项中国国家工作组、中国地质学会构造地质学专业委员会、前寒武纪地质学专业委员会、西北大学地质学系、地质科学院天津地质矿产研究所、中国科学院地质地球物理研究所、地质科学院地质力学研究所、石油大学及南京大学地球科学系等单位共同组织和举办。在地质学领域，超大陆旋回的研究是近年来前寒武纪地质学及大地构造学热点问题，极大地推动了不同古大陆构造演化的对比及板块构造理论的发展，目前至少提出了4次超大陆存在时期（太古代末期、中元古代初期、中元古代末期以及古生代末期），超大陆的聚合与裂解事件及其构造演化过程的研究成为地球科学领域具有挑战性的前沿领域。其中，元古代Rodinia超大陆的研究成为IGCP440项（1999—2002）主要研究内容。任纪舜、张国伟院士等90人出席会议。

2001年1月10日地质学系2000年度学术报告会举行。地质学系每年都举行年度学术报告会，同时邀请国家自然科学基金委有关领导和国内重要学术刊物的编辑参加会议。内容是对各类基金项目结题和在研项目及准备重点、重大课题申请、立项的论证等进行交流，以加强基金项目的管理，提高地质学系的科研和学术水平。本届会议由李茂松教授和刘树文副系主任主持。地质学系主任潘懋教授致辞，国家自然科学基金委领导讲话，郑亚东、曾贻善、齐文同教授等17位教师作了学术交流。国内重要学术刊物《中国科学》、《科学通报》、《岩石学报》、《自然科学进展》期刊编辑部的有关人员也参加了学术报告会。

【科研成果】 2000年地质学系在

科研项目、科研经费和取得科研成果方面都有明显提高。各类在研项目55项,其中国家攻关项目3项;教育部和博士点基金项目8项(含教育部重点项目1项);国家自然科学基金项目29项(重点科学基金项目1项);各省市基金4项;行业基金3项;科技部基金2项;校长基金2项。共获得科研经费593.4万元。

沈凤副教授获斯伦贝谢奖(Schlumberger, Schlumberger Stichting Fund法国总部设立,奖励世界范围青年教职人员)。张进江副教授获北京大学优秀博士论文一等奖,江大勇讲师获优秀博士论文三等奖;张进江同时获得2000年度教育部优秀博士论文奖。郑亚东教授主持的基金项目"华北中生代板内特大型推覆构造及相关变质核杂岩"(参加者有张进江、刘树文、左国朝、王玉芳、刘瑞珣)获中国高校自然科学奖二等奖。郑亚东教授获教育部优秀博士论文导师奖。

李江海副教授在华北太古宙地质的研究中取得了多项突破性进展。2000年5月,在冀东进行的中美联合野外考察中,李江海博士首先在岩石露头上识别出席状岩墙杂岩,这是大洋地壳残片最重要的证据之一,经进一步实验研究证实,这一古老的大洋地壳残片的年代约为27亿年。国际岩石圈委员会主席、美国科学院院士Kevin Burke教授对这一发现给予了高度评价。12月22日美国《科学》杂志发表了科学评论,对中美科学家在华北冀东发现的太古蛇绿岩套(大洋地壳残片)给予了很高评价,称"中国人的发现推动了板块构造"。国际学术界认为,该发现对地球早期构造演化历史、板块构造最早出现的时间等问题的认识都具有重要的科学意义。

2000年地质学系在各类刊物上发表论文123篇,其中被美国《科学引文索引》(SCI)收录39篇。朱永峰副教授出版《矿产资源经济学》学术专著1部。

【实验室建设】 为适应学科长远发展规划,创建世界一流地质学系的奋斗目标,1999年12月在系分析测试中心的基础上成立研究实验中心。中心在2000年继续加大实验室建设投入,1999年引进了国内第一台VG Axiom高分辨多接收等离子质谱仪,2000年7至8月建成HR-MC-ICP-MS高分辨多接收等离子质谱实验室。引进了世界上最先进的电子探针仪(JAX-8100)。研究实验中心拥有高分辨率等离子质谱、等离子直读光谱、原子吸收光谱、原子荧光光谱、电子探针、X射线衍射仪、红外光谱仪、气相色谱、离子色谱、高温高压水热试验系统、常规K-Ar定年系统,分步加热和激光显微探针Ar-Ar定年系统,C, H, O稳定同位素和宇宙成因核素分析及地质信息系统等实验室。目前中心拥有数百万元的精密仪器设备,中心开放的机制使多台大型仪器被纳入北京地区联合测试网,不仅可以满足系内科研和教学的需要,还向社会开放。研究试验中心依托全系教学科研力量,以一大批现代大型分析测试仪器为技术支撑,主攻大陆动力学,朝着教育部和国家重点实验室的目标发展建设。

12月,地质系建成了全国第一家环境二噁英研究专用实验室,二噁英实验室为北京大学"985"重点项目之一,主要研究环境中的扰乱内分泌化学物质(俗称环境荷尔蒙物质)——二噁英类(Dioxins,简称二噁英,被称为历史上毒性之最),以及它们的发生机制,独特的生物毒性(急性中毒、致癌、生殖毒性、免疫毒性等)和不容坐视的大范围环境污染现状。还将从地球化学的角度探讨和描述工业现代化环境荷尔蒙物质的产生及其演化,同时对我国的二噁英污染现状进行研究。

【学生工作】 系学生工作组和团委组织了一系列活动。3月16日和21日,中科院从柏林、叶大年院士分别为师生作了题为"大陆深俯冲——新地球观"、"城市的对称分布与城市化趋势预测"的科学讲演。两报告均纳入北京大学科学研究部组织的系列讲座。

组织学生积极参加"挑战杯"竞赛活动,在2000年第八届"挑战杯"竞赛中地质学系获得集体三等奖和组织奖,并有5名同学获得个人奖。在3月"首都高校创业方案竞赛"活动中,98、99级研究生陈华勇、隋颖慧同学的两篇论文获第四届全国青年地质工作者学术论文奖。98级本科生唐国军获得2000年度箐政科研奖助金,98级本科生赵睿萱获得泰兆科研奖助金。

4月22日,在国土资源部"地球日"宣传活动中,地质系学生在校内以图片、宣传材料、有奖问答等形式开展了"地质环境保护"的主题宣传。

5月4日,校庆活动期间组织学生结合专业开展了"奇石展"活动,5月4日《中国矿业报》对同学们举办的奇石展进行了报道。

5月,在北京大学举办的"五月的鲜花"歌咏比赛中,地质学系和城环系师生联合组队参加,获得一等奖。

(李凤棠)

城市与环境学系

【发展概况】 城市与环境学系的前身是1904年成立的京师大学堂中文学科大学中外地理学门(文学院地理学系)。1952年全国院系调整中,由清华大学地学系地理组和燕京大学部分教员联合成立北京大学地质地理系。1978年撤销地质地理学系，分别成立地质学系和地理学系。1988年在坚持基础研究和教学的同时，为适应环境保护、城市与区域规划等应用方向发展的需要，易名为城市与环境学系。目前，城市与环境学系的教学与科研已经形成了人文地理（城市、区域科学与规划）、地理信息科学以及自然地理与环境科学的格局。

城市与环境学系师资力量雄厚，有教授34人（其中院士1人），副教授28人，讲师17人，还有一批国内外著名学者任兼职教授。现设5个本科生专业（地理科学、资源环境与城乡规划管理、环境科学、地理信息系统、城市规划），8个硕士生专业（自然地理学、人文地理学、地图学与地理信息系统、第四纪地质学、区域经济学、历史地理、环境科学、生态学），4个博士生专业和博士后流动站（自然地理学、人文地理学、区域经济学、地图学与地理信息系统）。城环系是地理学国家基础科学人才培养基地，其中人文地理是国家在该领域唯一设立的重点学科点。

2000年底各类在校学生770人，其中本科生380人，硕士生248人，博士生142人。

城环系设有全球变化研究实验室，土壤一环境一生态实验室，遥感与地理信息系统实验室。研究机构设有地理研究所、区域科学中心、土地科学中心、历史地理研究中心、生态学研究与教学中心、城市规划设计中心、不动产鉴定中心、景观规划设计中心、世界遗产研究中心、地理信息系统中心。

【教育部重点实验室建设】 随着我国环境污染、生态破坏以及自然灾害问题的日趋严重，地表自然和人为过程对生态系统及人类的危害已成为国家和公众关注的焦点之一。解决上述问题不仅需要加强管理、增加投入、改进技术，同样需要在基础理论和应用基础理论层面上开展深入研究。这样的研究既可为各层次管理部门建立相关法规、标准和政策提供科学依据，也能为开发经济适用的控制技术提供新思路。

城环系在地理学研究方面始终处于国内领先地位，具有很好的研究基础和条件，在此基础上，2000年城环系若干专业联合申请教育部地表过程分析与模拟重点实验室，并获得成功。该实验室的建立将为北京大学在地理学领域继续保持国内领先地位，并迅速赶上国际先进水平创造有利条件。

本实验室的研究方向包括以下四个方面：(1)地表物理过程与环境演变，研究地表侵蚀、沉积过程及相应的自然灾害，探索不同时间尺度上全球气候变化的机制，区域响应和环境效应。(2)生物多样性开发保育。重点研究我国生物多样性的大尺度格局及生态系统功能。(3)环境生物地球化学过程与效应。研究生命元素和污染物的特征、环境行为和归宿、地球化学循环、迁移转化动力学和界面行为以及环境效应和评估方法学。(4)土地利用与土地覆被变化。以土地利用和土地覆被变化机制作为重点，以变化的驱动力分析为突破口，以调整土地利用对策，进而合理利用和保护土地资源以至全球环境为目标，研究土地系统与土地资源形成演化机理、土地利用与土地覆被变化及驱动力，以及区域土地资源优化调控与持续利用模式。

【科研项目】 2000年城市与环境学系承担各类科研项目共79项，其中各部委省市项目17项，攻关项目1项，教育部博士点基金项目3项，教育部项目11页，科学基金面上项目29项，科学基金重大项目2项，科学基金重点项目2项，杰出海外青年基金项目4项，科学基金协作项目4项，校内基金2项，其他项目4页（详见表5-17）。

【科研成果】 2000年城环系出版专著8部，教材6部，译著2部（详见表5-18），教学录像带6盒，在核心刊物上以第一作者发表论文134篇，其中被美国《科学引文索引》收录25篇，获得各类科技奖3项（详见表5-19）。

【学术活动】 中日水环境研讨会是由中国环境科学学会和日本水环境学会联合主办的中日水环境学术领域唯一的正式学术交流渠道。第一届研讨会于1997年在清华大学召开，第二届研讨会于1998年在同济大学召开。5月8日，由城环系承办，在北京大学召开了第三届中日水环境研讨会，其主题为："水环境中有害有毒化学物质的控制"。

本次会议日方派出以国际水环境安全研究的权威、日本水环境学会会长真柄泰基教授为首的7人代表团参加，中方代表包括清华大学环境科学与工程系钱易院士、中科院生态环境研究中心汤鸿宵院士、中国环境科学学会副理事长叶汝求以及中科院、大学的专家学者12人参加会议。北京大学副校长迟惠生到会致词。

【成人教育】 2000年城环系培训部共招生162人，其中区域经济学房地产硕士研究生班（北京）55人；区域经济学旅游开发与管理硕士研究生班（新疆）60人；人文地理硕士研究生班（山西）47人。

【图书资料】 2000年城环系资料室采购期刊251种，其中中文期刊168种，外文期刊83种。图书540种668册。现库存中外期刊9897册，中外图书19488册，光盘125盘，录像带37种81盒。

【学生活动】 城环系学生会以"在继承中创新，在实践中为同学服务"为宗旨，开展了"我爱我系"讲座、"一二·九"知识竞赛、"我能帮你吗？"问卷调查、迎新晚会、扫盲舞会、"体育系列赛与健身月"等一系列活动。城环系团委从98级和99级本科生中挑选10名责任心强的同学，为新生设立"班级辅导员",帮助新生解决生活学习上的实际困难;组织全系师生并号召全校学生为97级城市班患病学生刘成捐款;与系各党支部配合,进行常规性的"推优入党"工作。

(贾振邦)

表 5-17 城市与环境学系科研项目表

项目名称	负责人	项目来源分类	开始时间	结题时间
山西大同盆地活动断层研究及工程建设环境评价	李树德	各省市	1998.7	2000.7
昆明旅游圈发展规划优化研究	于希贤	各省市	1998.7	2001.12
天津开发区城区建设发展研究	吕 斌	各省市	1999	2000
中国北方饮用水灭菌工艺中有机氮化机理研究	陶 澍	各省市	1999.1	2000.12
"十五"期间北京市城市绿化生态环境问题研究	李迪华	各省市	1999.3	2000.3
包头市地价指数与基准地价更新研究	冯长春	各省市	1999.4	2000.3
中关村空间布局研究	杨开忠	各省市	1999.4	2000
绍兴市旅游业发展总体规划	王仰麟	各省市	1999.5	2000
中华儒商经济园总体策划	吴必虎	各省市	1999.5	2000
即墨市土地定级估价	董黎明	各省市	1999.6	2000
北京大学海淀区主校区结构规划及成府校区修建性详细规划	吕 斌	各省市	1999.6	2000
长江中下游地区基于生态区的生物多样性保护规划	方精云	各省市	1999.7	2001.12
北京市高校科技产业发展规划研究	李国平	各省市	1999.8	2000.7
深圳市土地开发供应计划综合研究	王仰麟	各省市	1999.8	2000.7
河南洛阳市旅游发展规划	杨开忠	各省市	1999.8	2000.2
浙江德清县县域城镇体系规划	柴彦威	各省市	1999.10	2000.2
天津开发区城区建设发展研究	吕 斌	各省市	1999.12	2000.12
子专题:CITYSTAR软件的可视化二次开发	邬 伦	攻关项目	1998.12	2000.9
京津水资源可持续管理研究	陶 澍	国际合作	1997.1	2002.9
中国北部边疆的人与环境	唐晓峰	国际合作	1998.7	2001
国家杰出青年科学基金	陶 澍	国家杰出青年基金	1996.1	2000.12
国家杰出青年科学基金	胡建英	国家杰出青年基金	2000.1	2003.12
国家杰出青年科学基金	周力平	国家杰出青年基金	2000.1	2003.12
内蒙巨型风蚀地貌形成的动力机制与季风强度及边界重建	崔之久	教育部博士点基金	1999.1	2001.12
伊春地区消化道肿瘤发病率与饮水污染关系研究	陶 澍	教育部博士点基金	1999.1	2001.12
中全新世环境演变的区域差异对古文化发展的影响	莫多闻	教育部博士点基金	2000.1	2001.12
教委1995年度"跨世纪优秀人才计划"基金	王学军	教育部项目	1997.1	2000
教育部1998年度"跨世纪优秀人才计划"基金	杨开忠	教育部项目	1999.1	2001.12
植被系统对季风气候季蒸发—突变和年际波动的影响	陈效逑	教育部优秀青年教师基金	1999.1	2001.12
城市居民交通出行行为及其规划的时间地理学研究	柴彦威	教育部优秀青年教师基金	2000.1	2002.12
我国湿润山地植物物种多样性空间格局研究	方精云	教育部重点项目	1999.12	2001.12
中国北方植物物候和生长季节对可能气候变化的响应研究	陈效逑	科学基金项目	1998.1	2000.12
北方农牧交错地带区域历史文化景观演变的比较研究	邓 辉	科学基金项目	1998.1	2000.12
湖南副牙形石组织学,地球化学及全球副牙形石地理分区	董熙平	科学基金项目	1998.1	2000.12
水库区人力资源特征及其开发与管理研究	韩光辉	科学基金项目	1998.1	2000.12
从被动陆缘到前陆盆地的演化:以闽西南地区三叠纪为例	李培军	科学基金项目	1998.1	2000.12

项目名称	负责人	项目来源分类	开始时间	结题时间
全新世环境演变对古人类活动之影响的区域对比研究	莫多闻	科学基金项目	1998.1	2000.12
新产业区理论及其在我国的应用研究	王缉慈	科学基金项目	1998.1	2000.12
土壤污染物空间分布模式的模拟及成因研究	王学军	科学基金项目	1998.1	2000.12
滇东黔西旅游地域结构与资源持续利用途径研究	吴必虎	科学基金项目	1998.1	2000.12
黄河中下游地区新旧石器文化过渡的环境背景研究	夏正楷	科学基金项目	1998.1	2000.12
黄河三角洲重大开发活动的环境效应追踪及调控机理研究	许学工	科学基金项目	1998.1	2000.12
经济快速增长地区城乡规划中的生态格局理论与案例	俞孔坚	科学基金项目	1998.1	2000.12
开放条件下中国城市体系的空间结构	周一星	科学基金项目	1998.1	2000.12
我国农业可持续发展的区域战略及其操作手段研究	蔡运龙	科学基金项目	1999.1	2001.12
太白山、五台山高山林线对气象变化的响应	崔海亭	科学基金项目	1999.1	2001.12
清代以来我国人口空间过程的特点及其环境后果研究	韩光辉	科学基金项目	1999.1	2001.12
华北平原南部全新世古径流状况的研究	王红亚	科学基金项目	1999.1	2001.12
中国可持续城市水系绿色通道设计的景观生态学途径	俞孔坚	科学基金项目	1999.1	2001.12
深圳—东莞快速城市化地区景观复合分析及优化设计研究	曾辉	科学基金项目	1999.1	2001.12
地层中与油气扩散有关的热释光变化规律的研究	郑公望	科学基金项目	2000.1	2002.12
我国河流沉积物重金属质量基准研究	陈静生	科学基金项目	2000.1	2002.12
我国水青冈属植物生态解剖特征的量化研究	方精云	科学基金项目	2000.1	2002.12
我国东部山地植物物种多样性垂直格局的比较研究	方精云	科学基金项目	2000.1	2002.12
污染农业土壤中微量有机物的活性和生物有效性	陶澍	科学基金项目	2000.1	2002.12
半干旱农业景观空间结构演变规律及其机理的模型研究	王仰麟	科学基金项目	2000.1	2002.12
浅水湖泊生态结构动力学变化的模拟研究	徐福留	科学基金项目	2000.1	2002.12
区域复杂空间格局演化规律的研究	杨开忠	科学基金项目	2000.1	2002.12
中国乡镇企业的集聚动力与激励方式	曹广忠	科学基金项目	2000.1	2002.12
城市道路交通噪声预测与评价的微观模型	李本纲	科学基金项目	2000.1	2002.12
基金协作(中科院生态中心负责,1999—)	蔡运龙	科学基金协作	1999.1	
重大基金协作(倪晋仁负责)	莫多闻	科学基金协作	1999.1	2000.12
港澳回归与珠江三角洲地区协调发展(中山大学负责)	杨开忠	留学人员科研启动金	1999.1	2001.12
在中日籍企业投资动机与区位选择研究	李国平	留学人员科研启动金	1998.3	2000.3
可持续性城市成长管理的规划设计体系研究	吕斌	留学人员科研启动金	1998.3	2000.3
污染农业土壤中微量有机物的活性和生物有效性	徐福留	留学人员科研启动金	1998.11	2000.11
自然保护区管理研究	许学工	留学人员科研启动金	1999.12	2000.12
利用动植物遗存推断森林草原过渡带古生态系统状况	刘鸿雁	留学人员科研启动金	2000	2002
莫斯科建筑学院建筑学教育研究	韩林飞	留学人员科研启动金	2000	2002
环境中的内分泌干扰物质的监测、危害性评价及对策	胡建英	校长基金	1999.11	2001.11
裂隙密度的空间成像研究	沈凤	校长基金	1999.11	2001.11
山西大同盆地活动断层研究及工程建设环境评价	李树德	行业基金	1999.1	2001.12
我国北方历史时期人地关系相互作用机制	崔之久	重点科学基金	1999.1	2002.12
台湾海峡两岸生物地理格局及其与古地理的关系(中科院水生物所转拨)	方精云	重点科学基金	1999.1	2002.12

表 5-18 城市与环境学系科技成果获奖情况

姓　名	成果名称	奖项名称	获奖等级
蔡运龙、王仰麟	矿区土地资源复垦技术与利用研究	国家环保总局科技进步奖	二等奖
贾振邦、黄润华、夏正楷	为了地球的明天(环境教育系列片)	第三届全国优秀教育音像制品奖	一等奖
陈静生	水体颗粒物和难降解有机物的特性及控制技术原理	中科院环境科学	一等奖

表 5-19 城市与环境学系出版科技专著、教材情况

作者姓名	著作名称	著作类别	出版社
蔡运龙	自然资源学原理	教材	科学出版社
蔡运龙等	人与土地	专著	辽宁人民出版社
蔡运龙等	地球科学导论	教材	高等教育出版社
蔡运龙等	哲学与人文地理学	译著	商务印书馆
蔡运龙等	地理学学科综合水平全国统一考试大纲及指南	教材	高等教育出版社
蔡运龙等	区域发展新思维	专著	经济时报出版社
许学工等	加拿大的自然保护区管理(中英文)	专著	北京大学出版社
贾振邦	地球在呻吟(录像带)	教材	高等教育电子音像出版社
贾振邦	水污染(录像带)	教材	高等教育电子音像出版社
贾振邦	城市生态与环境(录像带)	教材	高等教育电子音像出版社
贾振邦	清洁生产(录像带)	教材	高等教育电子音像出版社
黄润华	水资源(录像带)	教材	高等教育电子音像出版社
夏正楷	固体废物(录像带)	教材	高等教育电子音像出版社
王学军	清洁生产概论	专著	检察出版社
柴彦威	城市空间	专著	科学出版社
俞孔坚	景观设计学	译著	建筑工业出版社
冯长春	房地产开发	教材	辽宁大学出版社
杨开忠	持续首都	专著	广东教育出版社
周一星	中国沿海城镇密集地区空间集聚与扩散研究	专著	科学出版社
周一星	北京的郊区化及其对策	专著	科学出版社
吕斌	城市规划原理(全国注册城市规划师执业考试指定用书)	教材	中国建筑工业出版社
方精云	全球生态学——气候变化与植被反应	教材	高等教育出版社

心理学系

【科研与学术交流】 继 1999 年取得较大进步之后,心理学系的科研工作在 2000 年走上了稳步发展的轨道。无论是在科研基金申请、科学观点讨论,还是在论文发表、突出贡献奖励,心理学系都建立了一整套制度。

在科研基金申请方面,心理学系取得了可喜成绩。有 2 位教授获得了教育部高等学校骨干教师研究资助;4 位教师获得了 5 项国家自然科学基金,其中 3 项面上项目占了所有心理学项目的 38%;1 位教授获得学校"985"研究计划的资助,对生理心理学实验室进行了彻底的改造和扩建。2000 年,心理学系继续执行支持年轻教师科研的政策,从系财政中拨款 4 万元,支持 7 名年轻教师的课题。另外筹措 8 万元支持教学骨干从事科研和教改。同时,北京大学—香港中文大学心理学合作研究计划出资 10 万港币,支持了 4 项合作研究项目。

心理学系经常性的学术活动包括每星期一次的午餐学术活动。

上台演讲的学者除本系教师之外，还有来自英国、美国、加拿大和巴西的科学家。

2000年心理学系教师在国内外学术期刊上共发表论文57篇，与1999年持平，但以第一作者发表在国内一级刊物的论文比1999年增长了50%，显示了研究水平的提高。

2000年是心理学系历史上国内外学术交流合作最活跃和成果最丰富的一年。前来访问和讲学的学者达30多人次，其中欧洲18人，美国12人，其他地区4人。

本年度学术活动的一个突出举动是，7月11—14日心理学系在北京亚运村国际会议中心成功地举办了第16届国际行为发展学会双年学术大会，孟昭兰、王垒教授分别担任大会主席和组委会主席，750位正式和非正式代表参加了此次大会。这是有史以来在中国举办的最高规格、最大规模的国际性心理学大会，也是北大心理学系第一次举办如此规模的大会。大会取得了极大的成功，赢得国内外极高的评价和赞誉。会前还在北京大学会议中心举办了研讨班，10位行为发展领域的著名学者开办了为期3天的讲座，来自世界各地的约100位学生和学者参加了研讨班。

10月中旬，心理学系承办了中国心理学会普通心理学与实验心理学专业委员会"面向21世纪心理学发展趋势高级研讨会"，来自国内的40余位学者参加了研讨会。

12月初，心理学系主办的中德认知神经科学及心理学高级研讨会在北京大学交流中心成功举行，14位来自德国的学者参加了研讨会，这是历史上中德心理学界最大规模的学术交流，也是德国学者对1999年该系学者访问德国的回访。该系20余教师及50多位国内各单位学者出席了研讨会。此次研讨会期间，双方就进一步合作研究事宜进行了详细磋商。

在参与国际学术活动方面，7月下旬心理学系派出了国内阵容最齐整的队伍（27人）去瑞典首都斯德哥尔摩参加了第27届国际心理学大会，宣读了近30篇学术论文，其中周晓林教授、王垒教授分别担任了两个分会的主席。这是心理学界的奥林匹克盛会，每四年一次，此次共有5000余人参加了大会。此外，周晓林教授应邀参加了在德国举行的纪念西方活字印刷术发明人的国际会议，受到了德国总统的接见。

（周晓林、王垒）

【教学及学生工作】 日常教学工作在调整中稳步发展和前进。本科生招生人数从20人上升到30人，接受了4名转系生插入99级班，招收硕士研究生24人，博士研究生12人，为该系增加了新鲜血液。

美国密歇根大学安纳堡分校Jeffrey Hutsler博士于5月29日抵京，为学生讲授为期一个月的认知神经科学课程及脑成像研究。此次Hutsler博士来北大是执行两系学术交流计划。北大心理学系与密大安纳堡分校心理学系有长期合作。安纳堡的心理学系是世界上拥有教研人员最多的超级心理学系，也是全美排行居第一、第二名的心理学系。本年是两系交流计划的第17个年度。

为配合国务院学位办专业目录的调整、学科发展和社会需求，该系组织全系老师对本科生和研究生的教学计划进行了较大程度的修订，并结合学校的教学安排和要求，提出了本系对各层次学生的要求。

为充分发挥应用心理学专业服务社会的作用，继98、99年成功地举办人力资源管理方向研究生课程进修班之后，2000年度分别在北京举办了一个面向全社会招生的课程班以及和经贸委培训司合作的课程班；在深圳与深港产研基地合作举办人力资源管理方向研究生课程进修班。同时在北京与中国人民解放军总医院合作举办了基础心理学专业临床心理咨询与治疗方向研究生课程进修班。四个班共招收学员将近300人，形成了一定的教育规模和效益。

北京大学是中国心理学的重要发源地，自1900年起系统教授心理学课程，1917年在蔡元培校长的支持下建立中国第一个科学心理学实验室，1926年建立心理学系，1952年院系调整集中了北京大学、燕京大学、清华大学等心理学队伍和资源，在北京大学哲学系成立了当时国内唯一的心理学专业，1977年在国内率先恢复心理学系，至2000年已整整经历了一个世纪，心理学系于12月28日举行了隆重的纪念活动。

2000年与香港台湾学生间的交流也取得了可喜发展。北大心理学系与香港中文大学心理学系是签订学术交流合作的姊妹系，多年一直有大量友好往来。2000年5月香港中文大学心理学系学生访问团（4名本科生，2名硕士研究生）在陈卫教授带领下在北京大学访问了5天。北大心理学系学生代表团（本科生、硕士生和博士生各2名）在苏彦捷教授带领下于8月18日—22日回访了香港中文大学心理学系，增进了相互了解和友谊。双方决定今后每年举行学生交流，并由双方共同资助。由台湾筑梦教育基金会执行长刘岳龙先生等率领的台湾心理学大学生代表一行16人（学生14人）于10月15—20日来心理学系进行友好访问和学术交流。双方学生就学习、生活各方面进行了充分沟通。这次活动是由台湾教育基金会和心理学系共同资助的。北京大学心理学系将组成学生代表团于2001年回访台湾。两岸和香港学生间的交流不仅开阔了学生视野，丰富了教育形式，也对促进内地与香港、台湾学生的了解和友谊起到了应有的作用。

心理系部分学生和老师组队在12月参加了全校纪念"一二·九"歌咏比赛,大家的热情和努力获得了鼓励奖。

(苏彦捷)

【行政人事】 为了加强财务管理,提高资金的使用效率,心理学系在原有的基础上又做了一些改革。首先在审批方面实行"一支笔"制度,系里一切经费的开支必须经过主管财务的系主任签字才能报销,800元以上的开支须经系务会讨论,控制经费的统一使用。其次,继续坚持财务公开制度,每年年初进行财务预算,年底进行决算,并向全系公布,听取群众意见,接受群众监督。第三是广开财源,多渠道筹集资金。截至2000年底,心理学系通过横向办学和科技开发,财政收益达到500多万元,比1999年又增加200多万元,创系历史上最高记录,上缴学校120多万元。

师资队伍建设方面在原有的基础上又取得较大的进展,学校和系里出资,从加拿大多伦多大学引进了年轻教授李量博士(加拿大籍)。李量在生理心理方面有较高的造诣,来到北大心理学系后,努力工作,建立了达标动物实验室,大大促进了该系基础心理学的发展。另外还分别引入了中科院心理所与北师大2名应届博士毕业生,加强并充实了师资力量。

按照学校的布置,8—9月份进行了定编定岗和岗位考核和续聘的工作。为了做好这些工作,系里成立了领导小组,并根据学校的要求,在全系进行了动员和认真的讨论,根据具体情况,该系教员定编33人,职工11人。另外,根据1999年制定的教职工考评制度,对全系教职工进行了认真的考核,在此基础上顺利地完成了下轮的聘任工作。

(肖 健)

中国语言文学系

【发展概况】 中国语言文学系(简称中文系)的前身是京师大学堂文科的中国文学门。1898年京师大学堂创办之初,在师范馆已有"中文"、"文学"等科目,1903年又设置"中国文学门"一类课程,但尚未形成独立的系科。1910年3月31日,京师大学堂分科大学成立,"中国文学门"正式作为文科的一个教学建制。这是我国最早的中文系,其建立标志着中国语言文学开始形成现代的独立的学科。

1912年京师大学堂更名为北京大学。1919年北大废门改系,中国文学门改为国文系,实行选科制。1925年又实施分类专修制,分"语言文字"、"文学"与"整理国故"等三大类科目。此后,教学体制虽时有变动,系名也几度更迭(国文学系、国文系、中国文学系、中国语言文学系),但总体框架基本不变。

北大中文系在其历史发展的每一阶段,都吸纳和涌现过一批著名的学者,如林纾、陈独秀、鲁迅、刘师培、吴梅、周作人、黄侃、钱玄同、杨振声、刘半农、胡适、孙楷第、罗常培、杨晦、游国恩、王力、冯沅君、俞平伯、唐兰、魏建功、废名、沈从文、浦江清、吴组缃、杨伯峻、高名凯、周祖谟、王瑶、朱德熙,等等,都曾在北大中文系任教。

目前,北大中文系已发展成为全国中文学科中规模最大、学科最全的一个系。拥有3个专业(中国文学、汉语言学、古典文献),设9个教研室(古代文学、现代文学、当代文学、文艺理论、民间文学、现代汉语、古代汉语、语言学、古典文献),3个研究所(北京大学古籍整理研究所、北京大学比较文学与比较文化研究所、北京大学中国语言文学研究所),1个实验室(语言学实验室);中文系有5个国家重点学科(古代文学、现当代文学、汉语史、现代汉语、古典文献学),7个博士点,1个博士后流动站。北大中文系是国家文科基础学科人才培养和科研基地。

据不完全统计,2000年,中文系教学科研人员出版各类学术著作64种;承担科研项目65项,完成13项,正在进行之中的有52项;中文系教学科研人员积极参加国内外各种学术活动,约160人次应邀参加各种学术会议、学术讲座的;中文系教师获科研奖约30项,其中获省部级以上13项。

2000年学校重新核定编制后中文系编制总额为129人,其中教师85人,科研32人,实验2人,图书资料2人,党政管理8人。

中文系现有在编教职工115人,其中教授45人,副教授39人。

(任师、邹研)

【90周年系庆活动】 3月31日是北京大学中文系建系90周年纪念日,围绕着"弘扬传统,稳步推进改革"这一主题,中文系举办了一系列活动。

当天下午3时在校办公楼礼堂举行了建系90周年庆祝大会。校长许智宏院士与会并致辞。系主任温儒敏在讲话中回顾了中文系建系以来所取得的成就,指出中文系未来建设要在坚持正确的办学方针的基础上,继续弘扬良好的学风,适当调整学科结构,稳步推进教学改革,启动多层次办学的渠道。中文系教授林焘先生、袁行霈先生,中文系校友、中国作家协会书记处书记陈建功,以及南京大学中文系主任赵宪章、北京大学中文系学生代表王冬玲等在会上发言。社科院语言研究所、清华大学中文系、北京师范大学中文系、中国人民大学新闻学院、南开大学中文系、武汉大学中文系、中央人民广播电台、新加坡国立大学中文系、日本大学中文系、澳门特别行政区马万祺先生等发来了贺信、贺电。清华大学、南京大学、复旦大学、中国人民大学、南开大学、武汉大学、首都师范大学等院校中文系系主任亲自到会祝贺。北京大学副校长何芳川、党委副书记赵存生以及校内外各界校友近600人出席了大会。出席大会的系友有社科院语言研究所所长沈家煊、中国人民解放军南京政治学院院长毕文波、中国作家协会副主席张烔、北京市人大副主任段柄仁、中央党校副校长杨春贵等。人民日报、光明日报、中央电视台、北京电视台等新闻单位的记者也到会采访。

系庆当天,《北京大学校刊》推出8版中文系系庆专刊,既有中文系历史介绍、名家小传、学术成果介绍,也有教授笔谈、学生心语、系友风采,内容充实、生动,图文并茂,材料详尽。

配合系庆活动,中文系还举办了"子民学术论坛"系列学术讲座、未名湖诗歌朗诵会、中文系系友教学科研成果展和中文系90周年系庆专场演出。

(蒋朗朗)

【纪念王力先生诞辰100周年语言学国际学术研讨会】 8月15日(农历七月十六)是已故北京大学教授王力先生的100周年诞辰。王力先生(1900—1986)是我国当代杰出的语言学家,是中国现代语言学的奠基人之一。他学贯古今,汇通中外,既继承了我国两千多年来语文学的优良传统,又吸收了现代语言学的理论、方法,为建立中国现代语言学的学科体系做出了多方面的、开创性的贡献。他以毕生的精力从事汉语研究,发表了上千万字的学术论著,为我国的汉语和语言学研究做出了卓越的贡献,他的学术思想的影响遍及海内外。他从事教育事业五十余年,培养出了大批语言学方面的专门人才,其中不少人已经成为知名的学者。

8月14日至16日,由北京大学中文系、北京大学汉语语言学研究中心、商务印书馆、山东教育出版社联合主办了为期3天的纪念王力先生百年诞辰语言学国际学术研讨会。参加研讨会的国内外学者近200人,北京大学中文系部分学生和汉语专业的研究生也参加了研讨会。

8月14日上午9时,纪念王力先生诞辰一百周年语言学国际学术研讨会开幕式暨第八届"北京大学王力语言学奖"颁奖仪式在北京大学对外交流中心大厅举行。大会由中文系蒋绍愚教授主持,中文系主任温儒敏教授致开幕辞,北大副校长何芳川教授,季羡林教授,全国人大副委员长丁石孙、许嘉璐先生,教育部副部长、国家语委主任王湛先生,中国社会科学院副院长江蓝生研究员,清华大学党委副书记、人文学院院长胡显章教授,中国语言学会会长侯精一研究员,北京市语言学会会长胡明扬教授,中国社科院语言研究所所长沈家煊研究员,著名语言学家吴宗济教授,日本东京大学名誉教授、早稻田大学教授平山久雄教授,香港大学中文系系主任单周尧教授,北京大学中文系学生代表赵彤在会上讲话,王力先生家属代表王缉志先生也在会上讲话。出席开幕式的还有王力先生的夫人夏蔚霞女士、国内外知名学者以及北京大学中文系研究生共计300余人。

在开幕式上,举行了第八届北京大学王力语言学奖的颁奖仪式,北京大学王力语言学奖评奖委员会负责人郭锡良教授宣布了获奖名单,获奖代表姚振武在会上发言。

会议共收到论文140多篇,是本世纪末在中国境内举行的语言学方面最大的一次国际学术会议。论文数量多,论题多样。其中一部分论文是论述王力先生对我国语言学事业的贡献和阐发王力先生语言学学术思想的。大部分论文内容涉及古代汉语、近代汉语和现代汉语的音韵、方言、语法、词汇、文字、少数民族语、语言学理论,以及汉语信息处理、语言政策等各领域中的诸多方面。

本次讨论会的论文有两个特点:(1)注重对本领域内某类现象、尤其是常见现象或专书文献语料进行集中发掘,通过细致的观察来提出问题,并通过深入分析来解决。(2)注重相关学科领域之间的比较与综合研究。例如注重古代汉语和现代汉语的贯通研究,注重现代方言研究和古音韵研究的结合,注重汉语和少数民族语之间的相互影响关系的比较研究,注重语义研究和语法研究的结合,注重应用与理论的结合,注重国外语言学家对汉语的认识与汉语实际的比照研究等。论文的质量普遍较高,体现了王力先生所具有的严谨、求实、创新的学风。

(张猛)

【学生工作】 中文系本年度的学生工作开展了形式多样的活动。

1. 组织暑期社会实践团赴陕西西安、延安等地,了解当地民俗和风土人情,考察文化发展状况。实践拓宽了同学们视野,增长了知识。实践团被学校评选为社会实践优秀集体,领队老师被评为先进个人。

2. 组织参与学校"一二·九"歌咏比赛,获得大赛三等奖及优秀组织奖。

3. 举办了"师生同迎新世纪"元旦文艺晚会。同学们在活动中增进了友谊,加强了联系,更增强了老师与学生的交流和沟通。

新生入学教育 对于刚刚进入大学学习的2000级新生,先后在入学初、中秋、元旦组织了系列活动,加强新老同学的联系。并结合专业教育,先后为新生组织讲座,对新生尽快适应大学学习生活提供了指导与帮助。

毕业生就业工作 在进行必

要的就业指导的同时，加强了与用人单位的联系，组织了系内各类招聘会多次，毕业生就业工作顺利完成。本科毕业生共88人，录取研究生41人（其中在本系攻读硕士32人，推荐到外系外校攻读硕士9人）；出国、出境自费留学8人；去机关、学校6人，新闻出版单位15人；经营性单位12人；回省就业5人；回澳门1人。毕业研究生总数49人，其中硕士生33人，博士生16人。硕士毕业生的去向是：定向委培2人；录取博士生9人（本系）；高等院校4人；新闻出版单位4人；国家机关4人；部队1人；公司5人。博士毕业生的去向是：在职2人；委培2人；高等院校9人；新闻出版单位1人；国家机关1人；回本省1人。

获奖情况　学生所获荣誉有：三好学生标兵5人；三好学生36人；优秀学生干部2人；创新奖4人；学习奖33人；社会工作奖9人；红楼艺术奖1人；获各类奖学金113人次。此外，中文系还荣获优秀班集体1个，先进学风班3个。

获资助情况　2人获减免当年全部学费；16人获减免当年1/2学费；11人获国家助学贷款；18人获各种助学金，其中获晨兴助学金4人，郑格如助学金3人，奔驰助学金9人，曾宪梓助学金2人，汇凯助学金1人。

（金永兵）

历史学系

【发展概况】　历史学系的前身可溯至1902年秋京师大学堂设立的史学堂，是近代中国最早建立的史学教学科系。1903年改为中国史学门和万国史学门。1910年3月，京师大学堂分科大学（相当于今制本科）的中国史学门开始招生。1919年8月校评议会依新制将中国史学门改为史学系。历史学系现有2个国家重点学科，1994年被评为国家首批人文学科教学与人才培养基地，1997年在全国人文学科基地检查评比中，被评为优秀基地。1998年又顺利通过了国家一级学科的评审。

历史学系现有在编教职工73人，其中教师61人（含教学人员50、中古史中心科研人员11人），教辅人员5人，党政管理人员6人，工人1人。61名教师中有教授28人，副教授18人，讲师15人。

历史学系有1个实体研究中心（中国古代史研究中心），6个教研室（中国古代史教研室、中国近代史教研室、中国现代史教研室、世界古代史教研室、欧美史教研室、亚非史教研室），1个研究室（世界史研究室），3个党政管理办公室（行政办公室、教务办公室、党委办公室），1个资料室，1个多媒体实验室；挂靠有9个虚体研究机构（欧洲研究中心、世界现代化研究中心、中外妇女问题研究中心、现代史料研究中心、当代企业文化研究所、东北亚研究所、中外关系史研究所、孙中山思想国际研究中心、希腊研究中心）。

历史学系设有2个本科专业：历史学（中国史）和世界史；4个硕士专业：史学理论及史学史、中国古代史、中国近现代史、世界史；3个博士专业：中国古代史、中国近现代史、世界史；与考古系合设博士后流动站。2000年在册本科生248人（含留学生44人），硕士生194人（含港、澳、台及外国留学生），博士生125人（含港、澳、台及外国留学生），博士后3人，中国古代史专业研究生课程进修生12人，国内访问学者及进修生22人，国外访问学者及进修生28人。2000年招收本科生44人（含留学生7人），硕士生54人（含留学生7人），博士生38人（含留学生3人）。

2000年资料室购图书662种，共772册；购期刊194种，其中中文期刊154种、人大复印报刊资料20种、报纸16种、外文期刊20种；接受中、外文赠书60余册；接受国内外中、外文赠刊37种2782册。

（马春英）

【学科建设】　2000年中，中国中古史中心申报国家中国古代史重点研究基地成功，此举大大改善了中心的财政状况，为今后中国古代史研究更上一层楼提供了重要保障。

历史学系的世界史专业本科教学工作经近几年的持续努力，水平有了很大提高，主要表现在建立了一套相当完整的课程体系（包括基础课、限制性选修课、任意选修课三个层次和通史、地区史、国别史、专题史四个方面），并开出了一些特色鲜明的新课程，如作为西方中世纪史核心内容之一的"教会史"，由留美多年的教会史博士讲授，在我国世界古代史领域独树一帜；"近代欧洲的兴起"、"文艺复兴史"、"资本主义史"诸课，着重从文化、社会和经济、政治诸要素互动的角度阐述资本主义近代文明的兴起与发展；"冷战史"课运用美苏最新解密资料剖析战后大国关系的演进；"人类发展与环境变迁"课从历史角度探讨环境与人的依存关系；"东北亚历史发展进程"从韩国、日本方面为我国现代化事业寻求借鉴；等等。同时还在以科研支持教学、改进教学手段与方法等方面加强了努力。

为利用当代高科技提高科研和教学水平，历史学系积极响应学校的号召，对全系45岁以下的教师进行了Powerpoint培训，使大家初步掌握了制作多媒体课件的基本功。不少教师已经在自己的教学过程中积极利用Powerpoint技术，取得了可喜的成效。系里安排他们在全系大会上展示了自己的成果,介绍了经验,发展多媒体教学已蔚然成风。目前,系里正在组织力量,开发《中国通史》和《世界通史》两个大型多媒体教学平台。

鉴于研究生数量的迅速增长,提高研究生培养水平已成为当务之急。2001年年初,历史学系专门召开全系研究生培养工作研讨会。会上,许多德高望重的退休博导介绍了自己培养博士生的经验,一些从国外留学多年回国的博士也介绍了国外大学在这方面的好的做法,同时对目前研究生培养中存在的问题和改进的方法作了深入细致的探讨。在大家提出的许多合理化建议中,实行不减年限的"硕博连读"被认为可能是提高博士生培养质量的一条重要途径。这次研讨会使全体硕士、博士生导师明确了今后的努力方向,将对本系研究生培养工作产生重大促进作用。

(高毅)

【国际学术交流】 2000年历史学系教职工有56人次赴美国、韩国、德国、挪威、奥地利、马来西亚、法国、新加坡等国家和香港、台湾访问、讲学、进修或参加学术会议。有7位外国专家学者在历史学系任教或合作研究,接待邀请或顺访的境外专家学者32人,举办26场报告会或演讲等学术交流活动。2000年历史学系举办、合办7次国际学术会议:4月,在北京大学举办有150多位专家学者参加的"面向21世纪的世界历史"大会;5月,东北亚研究所与中国日本史学会等单位联合在四川大学举办"东亚区域意识与和平发展"国际学术讨论会,有120多名中外学者参加会议;8月,现代史料研究中心与北京东方历史学会联合在成都举办"冷战与中国"国际学术研讨会,来自美国、日本、中国内地与台湾的学者40余人参加了会议;8月,与故宫博物院等单位联合举办"国际清史学术讨论会",有中外学者百余人与会;9月,中外关系史研究所举办"近现代中外关系"国际学术讨论会,来自法国、美国、日本、波兰、奥地利等国的中外学者50多人参加了会议;9月,与美国"日本侵华史学会"联合召开"抗日战争与中日关系"研讨会,有20余位著名学者参加了研讨会;12月,举办许大龄教授《明清史论集》出版纪念暨学术座谈会,有近百人参加了会议。

(马春英)

【党务工作】 历史学系现有党员193人,其中教工党员80人,学生党员113人;有6个教工党支部、10个学生党支部;全年发展党员24人,转正11人,26名党员转入组织关系,15名党员转出组织关系;有29名入党申请人参加了北京大学初高级党校培训。"七一"期间,召开了纪念中国共产党成立79周年暨表彰优秀党员、先进党支部大会,有16名党员和5个党支部受到校、系两级表彰。下半年,组织全系教职工进行"资本主义发展历程"的讨论,何顺果、牛大勇两位教授作了主题发言;组织教职工和学生党员近80人参观了首钢;党政班子成员按学校要求进行了"三讲"学习,召开了学术与学位委员会负责人及党支部书记、教研室与科室负责人、民主党派与离退休教师、学生代表参加的4个座谈会听取意见,召开民主生活会,12月29日,召开"三讲"工作总结会,提出整改报告;选举产生了新一届工会委员会,主席王美秀,副主席高岱。

(马春英)

【学生工作】 历史学系有4个本科生班、1个文科试验班、3个硕士生班、3个博士生班,均配备班主任指导工作。学生工作以"学习为中心,成才为目的",努力提高学生的全面素质,把新生和毕业生工作作为工作重心,积极开展学生的思想政治教育工作,创造良好的育人环境。2000年学生工作取得了可喜成绩,在五四评优活动中,有3名同学分获北京大学"挑战杯"学术竞赛二、三等奖;有2名同学获北京大学"学术希望之星";97级本科生王宇同学获得北京大学五四奖章;99级硕士生王伟同学被评为北京大学共青团标兵;97级本科团支部被评为首都高校"先锋杯"团支部;97、98本科生团支部被评为北京大学优秀团支部。另外,96级本科生周青丰被评为北京市优秀毕业生;99级博士生班被评为优秀班集体,99级硕士生班被评为先进学风班等;在纪念"一二·九"师生歌咏比赛中,历史学系获得一等奖和优秀组织奖。全年共有176人次获各级各类奖励。

学生工作以开展学生学术活动为重点,在五四学术活动月中集中举办了"传统文化与现代化"系列讲座、学习辅导等;学生自发地组织"台湾问题"和"西部论坛"等学术沙龙;为揭露日本军国主义侵华罪行,邀请《东史郎日记》作者、前侵华日军士兵东史郎作主题为"东史郎裁判案"的报告,同时举办《一个人的抗战》读书座谈会,与作者樊进川先生就日本右翼势力篡改历史等问题进行了交流;为纪念孙中山先生逝世75周年,召开孙中山思想学术研讨会。历史学系还注重学生参加社会实践活动,特别是利用专业特长,将党的基础知识教育、传统教育、"三讲"教育和普及中国近现代史知识相结合,以硕士生党支部为主与河北省唐山市党史研究室合作,编纂《中华英烈》一书;98级硕士生班部分同学暑期赴贵州考察,把自己所学的知识用于社会实践,均取得了良好的社会效果。坚持学生学术刊物《燕园史学》的编辑出版。

(马春英)

【科研工作】 据不完全统计,2000年历史学系教学科研人员共出版学术专著14部,其他各类学术著作和教材15部,发表论文168余篇,其中有3部著作、5篇论文获市、校两级奖励。承担各类科研项目51项,其中国家社会科学计划基金项目18项(2000年新获3项),国家教委人文社会科学研究规划项目17项,其他省部级以上项目2项,批准各类研究项目总金额近450万元,本年度完成项目10项,正在进行的项目41项。2000年历史学系的明清史、盛唐工程、世界现代化进程三个研究方向成为北京大学"985"规划重点资助项目,资助金额350万元。

(马春英)

考古文博院

【发展概况】 考古文博院的发展经过了三个阶段:1952年成立考古专业,1983年成立考古系,1998年4月8日成立考古文博院。考古文博院现有在编教职员工54人(含考古研究中心科研人员及教辅人员),其中教授15人,副教授13人,讲师4人,助教1人。2000年春,考古文博院领导机构换届,高崇文任系主任,刘绪、孙华、赵辉任副系主任。

考古文博院经过几十年的不懈努力,已经建成了比较完善的教学体系和学术梯队。现有博士生导师10人。设有考古专业(下属3个教研室)、博物馆专业(下属1个教研室)、古代建筑专业(外聘教员授课)和文物保护专业。1个实验室(科技考古与文物保护)、1个技术室、1个资料室和北京大学赛克勒考古与艺术博物馆、陶瓷考古研究所(虚体机构)。

考古文博院(考古系)是1981年国务院学位委员会批准的首批博士点。现有在读博士研究生32人、硕士研究生67人(其中在职申请学位研究生14人)、本科生111人,在站博士后3人。为了加强学生的基础知识、提高研究能力,对本科生的教学框架作了调整,研究生的教学进一步规范化。

6—7月,考古文博院领导对"211工程"、"985"工程的投入设备情况进行了检查。在此基础上,进一步完善管理制度、加强专门管理者的责任,使各种仪器设备发挥更大作用。

【教学活动】 8月10日至9月25日,考古文博院、重庆市文化局(重庆市文物局)与重庆师范学院联合举办了考古与博物馆专业西南地区在职研究生课程进修班。办学宗旨是为了适应21世纪文博事业发展的需要,提高重庆及西南地区文博队伍的专业、技术素质。

10月至12月,北京大学考古文博院由李伯谦教授带队与陕西省考古研究所合作对晋侯墓地进行了钻探和发掘,并取得重要成果。本次发掘面积400平方米,发掘了2座西周甲字型大墓以及打破这两座大墓的五座汉墓。这两座甲字型大墓编号分别为M113和M114,从墓葬的规模、位置以及出土物判断,这是又一组晋侯及夫人墓。

9月至2001年1月,新石器教研组老师带领98级本科生、部分研究生以及外国留学生在河南邓州八里冈进行毕业实习。发掘面积1200平方米,有房子6座、墓葬60座;同时还发现有骨器、玉器、石器等文物。通过实习,使学生对仰韶中晚期聚落的布局有了进一步了解。

【教学成果奖】 9月30日,新石器时代—商周教研室集体申报的"新石器时代考古的教学实践与成果"获北京大学教学成果奖一等奖,12月又获北京市教学成果一等奖,获奖者为:严文明、赵朝洪、张江凯、赵辉、张弛、樊力。

"新石器时代考古"是考古教学与科研的重要内容,是北京大学考古系最早开设的专业基础课之一。课程分课堂讲授和田野考古实习两个单元,由针对学生不同学习阶段特点设置的十余门课组成,教学内容覆盖了考古学理论、方法和技术、新石器时代考古通论、研究史、专题研究、田野考古学等主要学科领域。教研组借助田野考古教学实习探讨聚落考古等前沿课题,随着这些课题的深入开展,也不断为教学提供新资料、新观点。教学中大量引进计算机、GPS和电子测绘系统、国家地理信息分析系统等先进科技手段,并将相关内容充实到教学中去。这些在高校考古教学中率先开展的改革创新措施,在国内外学术界、教育界产生了广泛影响。

【科研工作】 2000年立项课题4个,结项课题4个。正在研究的项目共28个,其中纵向课题14项,横向课题13项。科研获奖4项。教师发表文章(论文、论著、发掘报告、译文、书评)共140篇。

2000年有国家社科立项项目2项:"酒泉干骨崖墓地——附河西走廊考古调查报告",该项目为一般纵向课题;"马可波罗以前的中亚民族与宗教",该项目是与中国社会科学院共同研究的重大课题。

"夏商周断代工程"在延续项目"河南新砦考古研究"(1999)、"周原遗址的考古分期与碳十四测年"(1999)已经开题的基础上,"晋侯墓地的发掘"(2000)相继开题。

2000年经国家文物局批准的项目1项:"古代丝织品保存状况分析及糟朽丝织品的加固保护研究"开题,该项目为纵向课题。

2000年,邹衡教授研究并主编的《天马—曲村》课题结项。著作《天马—曲村》计字数为350万字,由科学出版社于2000年10月出版。

7月26日,国家社会科学基金项目"磁州窑研究"经全国哲学社会科学规划办公室审核准予结项。

表 5-20　2000年考古文博院在职人员在岗总体情况分布表

院各教研室、科室	总人数	教学、科研					教辅人员					工人	学历			博导
		小计	教授	副教授	讲师	助教	小计	高级	中级	初级	其他		博士	硕士	本科	
旧石器考古	3	3	2		1								2	1		1
新石器—商周考古	12	12	6	4	2								1	8	3	5
汉唐考古	10	10	5	4	1								3	6	1	3
博物馆学	5	5	1	4									3	1	1	
科技考古—文物保护	5	1		1			4		1		3		1			
陶瓷研究所	2	2	1		1								1		1	
技术室	3						3	2	1				1	1		
资料室	2						2		2							
办公室	4						4		3	2					1	
(赛克勒)博物馆	7						7		4	1	2	1			3	
总计人数	53	33	15	13	5		20	2	11	3	5	1				

表 5-21　考古文博院本科生、研究生教学的框架结构配置内容表
（1999年9月—2000年7月）

各教研室名称	本科生课程设置/门数	研究生课程设置/门数
旧石器	2	
新石器—商周考古	6	8
汉唐考古	7	11
博物馆	8	3
科技考古与文物保护	4	3
考古技术	2	
古代建筑（外请教员）	10	

11月12日，国家教委人文社会科学研究项目"中国西部新石器—青铜时代考古学文化研究"结项。

2000年，国家自然科学基金"牙化石（珐琅）的电子自旋共振测年测定中国早更新世古人类遗址年代"结项。

9月15日，"九五"国家科技攻关项目"夏商周断代工程"通过验收。北京大学是该项目的重要承担单位之一。在21位专家组成的专家组中，北大就有7位。考古文博院李伯谦教授任专家组副组长，是四位首席科学家之一。"夏商周断代工程"共设9个课题44个专题。北京大学以文理学科齐全的优势承担和参加了20个专题。考古文博院承担课题1项，子课题6项，参加主持课题1项、子课题5项。承担的课题是"夏代年代学研究"。子课题有"天马—曲村晋文化遗址分期与年代测定"、"晋侯墓地分期与年代测定"、"新砦遗址考古研究"、"东先贤遗址文化分期与年代测定"、"骨制样品制备研究"等。所承担的课题研究，为夏商周断代提供了重要的依据。

【科研获奖】　2000年科研获奖4项。

"夏商周断代工程"由中国21位专家组成专家组，是集体共同创造的成果，是自然科学和人文社会科学相结合联合攻关的结果。成果公布之后，先后被评为2000年中国十大科技新闻、2000年中国十大国内新闻、2000年十大基础研究重大成果、"九五"国家科技攻关计划重大成果。考古文博院有17人参加了这一重大科研课题。

12月7日，张弛副教授荣获"霍英东教育基金会青年教师"三等奖。

12月，宿白教授著作《藏传佛教寺院考古》荣获北京市哲学社会科学优秀成果学术专著一等奖；李仰松教授著作《民族考古学论文集》荣获北京市哲学社会科学优秀成果学术专著二等奖。

【学术会议及学术交流】　2000年，考古文博院教师参加国际学术交流40人次，参加国内（港、澳、台）学术交流17人次，参加国内外受聘讲学7人次，参加社会调查3人次。参加合作研究7人次。先后有加拿大、日本、德国三国的专家学者来到北京大学考古系进行学术交流和合作研究工作。

（1）3—7月，香港特别行政区民政事务局古物古迹办事处邀请北京大学考古学系学者，对屯门扫管笏遗址进行了合作研究和发掘。

(2) 7月5—9日,"汉唐之间"第二次国际学术研讨会在北京大学举行。会议主题为"汉唐之间的文化互动与交融",主办单位北京大学考古学系特印制了《论文汇编》、《论文内容摘要》供与会学者交流。会议正式提交的论文共19篇。参加研讨会共32人,内地17人,台湾2人,美国10人,澳大利亚2人,英国1人。

(3) 8月19—22日"新出简帛国际学术研讨会"在北京达园宾馆召开。会议由北京大学中国考古学研究中心、北京大学古代文明研究中心、北京大学考古文博院主办,合办单位是美国达慕思大学和中国社会科学院历史研究所。参加研讨会共130人,分别来自中国(含台湾、香港、澳门)、美国、加拿大、英国、德国、法国、韩国、新加坡、比利时、匈牙利等10个国家。会议主题:最新出土的简牍与帛书材料、新公布的马王堆汉墓帛书《式法》(旧题《篆书阴阳五行》)、上海博物馆新近购藏的战国竹简与郭店楚墓竹简等。

(4) 11月1—6日,"中国古代玉器与玉文化研究"会议在北京大学考古文博院博物馆召开。与会代表共39人,分别来自中国(含台湾)、日本、美国三个国家。

(5) 10月11—14日,"中国民窑艺术国际研讨会"由北京大学考古文博院主办,合办单位:中国艺术研究院。国内、国外共有29人参加。

(6) 4月,北京大学考古文博院第二届学生学术研讨会召开。考古文博院为研讨会编辑了《第二届学生学术研讨会论文汇编》。研讨会对东北亚地区早期铜镜、文物的保护价值、《尧典》"日短星昴"年代新证、丝路南道上的佛塔等问题进行了较深的论证。研讨会提高了学生的研究水平。

(李淑霞)

哲学系(含宗教学系)

【发展概况】 哲学系始建于1914年,是中国高等院校中最早成立的哲学系,创立之初为文科哲学门,亦称"中国哲学门",1919年更名为哲学系。1937年因抗日战争随学校南迁云南昆明,与清华大学、南开大学的相关系科合组为西南联合大学哲学系,1946年回迁北京,恢复为北京大学哲学系。1952年全国院系调整,部分高校哲学骨干教师汇入哲学系,成为全国唯一的大学哲学系。1979年,心理学专业从哲学系分出,独立为心理学系。1995年宗教学由原来与哲学、逻辑学并列的专业独立成系,按照一种新的办学模式,宗教学系与哲学系联体运作,以求协力发展。

哲学系是国家人文学科教学与人才培养基地(1994起)和国家一级学科单位(1998年起),有3个国家重点学科:马克思主义哲学、中国哲学和西方哲学,设有博士后流动站(1998年起)。

根据教育部关于按二级学科划分教研室的精神和哲学的现状及发展需要,2001年1月起,哲学系对原来的10个教研室进行了改组。原马克思主义哲学原理、马克思主义哲学史和现代中国哲学3个教研室合并为新的马克思主义哲学教研室;原东方哲学教研室与西方哲学教研室合并为新的外国哲学教研室;原现代中国哲学和东方哲学的部分教师根据专业方向分流到中国哲学教研室及宗教学系。哲学系现有7个教研室为:马克思主义哲学、中国哲学、外国哲学、美学、科学技术哲学、逻辑学、伦理学。此外有一个与系结合的研究所:外国哲学研究所。宗教学系暂设2个教研室:佛教与道教、基督教与宗教学原理。此外设有办公室、教务室、人事室、外事室、交流室、资料室和计算机室。

哲学系(含宗教学系)现有教师62人(其中1人为出站博士后,2人调入),博士后2人,资料3人,行政10人。教师中,教授28人(其中博士生导师24人),副教授27人,讲师7人。教师中有国家级有突出贡献专家2人,国务院哲学学科评议组成员1人,全国政协常委1人,全国优秀教师2人。

(席大民、束鸿俊)

【教学改革动态】 哲学系为响应创办世界一流大学的号召,于1999年召开学科建设与教学改革研讨会,并制定了新的教学改革方案。突出素质教育,发挥哲学系在全校学生素质教育中的作用是其中的重要内容。在上年开始试行哲学系各专业新的教学方案的基础上,2000—2001学年,又开始实施面向全校学生的教学改革新举措。(1) 招收辅修专业学生。从本校非哲学主修专业的二、三年级中招收哲学辅修学生(其本专业必修课成绩须平均在75分以上)。分为三年制辅修哲学第二学位和二年制一般辅修两种。前者在三年内按规定修完必修课24学分、选修课16学分,成绩合格者授予哲学第二学士学位;后者在二年内修完必修课16学分、选修课14学分,成绩合格者给予哲学专业辅修毕业证书。辅修学生的必修课安排在周六上课,选修课随哲学系主修学生在平时上课。2000—2001学年已招收哲学第二学位辅修学生20人、一般辅修学生5人。(2) 开设哲学通选课。面向全校非哲学专业学生开设哲学通选课的计划已于2000—2001学年开始实施。哲学系经认真研究开列了课程目录,并选派知名教授授课。第一学期开始实施的首批课程有:"中国哲学史"(李中华)、"西方哲学史"(张翔龙)、《人文学科导论》(何怀宏)。第二学期开设的课程有《西方哲学导论》(赵敦华)、

《知识论》(陈嘉映)、《应用伦理学引论》(何怀宏)、《艺术与人生》(张中秋)、《基督教与中国文化》(孙尚扬)、《哲学与当代中国》(聂锦芳)、《逻辑导论》(邢滔滔)、《中国佛教史》(李四龙)等。

(李少华、席大民)

【科研进展及成果】 哲学系教师2000年完成的科研项目有：陈嘉映主持的"九五"国家重点项目、国家社会科学基金资助项目(25000元)《从语言哲学回归传统》。

哲学系2000年获奖的项目有：王东的专著《邓小平理论与跨世纪中国》获北京大学第四届哲学社会科学优秀成果一等奖；赵家祥的论文《社会主义初级阶段及其基本特征》获北京大学第三次学习邓小平理论征文一等奖；尚新建的专著《重新发现直觉主义——柏格森哲学新探》获北京大学优秀著作二等奖；吴国盛的专著《时间的观念》获"中国社会科学院第三届青年优秀科研成果奖"专著类二等奖；刘华杰获中国自然辩证法研究会"第二届反伪科学突出贡献奖"；周北海获金岳霖学术奖(逻辑学科)一等奖；陈波的专著《奎因哲学研究——从逻辑和语言的观点看》获北京大学文科优秀科研成果奖二等奖；朱良志的专著《扁舟一叶——理学与中国画学研究》获安徽图书奖。

2000年哲学系教师出版的学术著作有：赵敦华的《现代西方哲学新编》(北京大学出版社)、《西方哲学简史》(北京大学出版社)，王东的《中国龙的新发现——中华神龙论》(北京大学出版社)，聂锦芳的《经邦济世——周恩来评传》(中国经济出版社)，靳希平的《洛克》(香港中华书局)、陈嘉映的《思远道》(福建教育出版社)，韩林合的《〈逻辑哲学论〉研究》(商务印书馆)，章启群的《魏晋自然观——中国艺术自觉的哲学考察》(北京大学出版社)，彭锋的《美学的意蕴》(中国人民大学出版社)，陈少峰的《伦理学的意蕴》(中国人民大学出版社)，吴国盛的《科学的世纪》(法律出版社)，刘华杰的《以科学的名义》(福建教育出版社)，陈波的《逻辑哲学导论》(中国人民大学出版社)，张学智的《明代哲学史》(北京大学出版社)，朱德生的《燕园沉思》(中国青年出版社)，王海明的《公正、平等、人道：社会治理的道德原则体系》(北京大学出版社)，朱良志的《国学通鉴》(安徽人民出版社)，魏常海的《空海》(台湾三民书局)等。

2000年出版的哲学系教师主编或翻译的著作有：杜小真等译《巴什拉评传》(上海东方出版中心)，杜小真主编《观点丛书》之《理性史》、《科学哲学》(北京大学出版社)，赵敦华主编《欧洲哲学与美国宗教讲演录》(北京大学出版社)，苏贤贵译《科学与宗教》(上海复旦大学出版社)，李四龙译《当代学术入门：神学》(香港牛津大学出版社)，李超杰译《西方哲学讲演录》(商务印书馆)，魏常海主编《韩国哲学思想资料选编》(国际文化出版社)。

(束鸿俊、席大民)

【《哲学门》杂志创刊】 5月4日，哲学系主办的学术杂志《哲学门》创刊。哲学系当日在北京大学举办该杂志的首发式。学校有关领导、全国各知名大学哲学院、系、所的负责人、哲学界著名学者及北京大学哲学系师生近百人出席了首发式。杂志主编、哲学系主任叶朗致发刊词，出版单位湖北教育出版社总编袁定坤，著名哲学家黄楠森、张世英、朱德生、黄心川等致辞祝贺。

叶朗在发刊词中指出：创办《哲学门》杂志是哲学系创办世界一流哲学系的一项重要举措，是1999年哲学学科建设讨论会制定的发展规划的一项重要内容。"哲学门"的刊名有着丰富的寓意：北京大学哲学系建立之初称"哲学门"或"中国哲学门"，是中国近代史上第一个哲学教学、研究机构，纪念这个称谓有继承北大传统、传承北大学派之意；"门"是入口，也是道路的开端，寓意鼓励原创性研究成果的问世，开辟哲学研究的新局面；"门"也是沟通的方式和途径，希望通过这扇门沟通国内外、海内外华语哲学界和中外哲学界。世界上很多著名大学都有自己的哲学刊物。如美国芝加哥大学的《伦理学》(Ethics)、英国牛津大学的《心灵》(Mind)、美国哥伦比亚大学的《哲学杂志》(Philosophical The Journal of Philosophy)、美国康乃尔大学的《哲学评论》(Philosophical Review)等。这些杂志都有上百年的历史，培养了一代又一代哲学家，并促进了20世纪哲学学派的繁荣。北京大学哲学系在世纪之交创办这样一个哲学专业杂志的目标，就是希望展现华文世界最高哲学研究成果，成为中国哲学界乃至世界华语哲学界最高水平的标志性刊物。为此《哲学门》以原创性、学术性和批判性为宗旨，力图推出代表一流水平的原创性的哲学学术论文和评论文章，推进北大乃至中国哲学的现代化、国际化进程，真正成为创办世界一流大学哲学系的重要步骤和历史见证。

《哲学门》不仅发表北京大学哲学系教师的论文，也欢迎国内外、海内外的优秀论文。编委会由国内知名大学哲学系主任组成。采取国际通行的"双盲"审稿制度，选题涉及哲学学科的各个门类。每年出版1卷2册，5月和10月出版，每册约25万字。2000年卷的第一册和第二册如期出版。已经引起学术界的关注。

(席大民)

【第四届冯友兰学术思想研讨会】 为了缅怀这位哲学大师对于中国哲学研究的业绩，弘扬中华优秀传统文化，探讨中国哲学未来的发展趋势，寻找中西哲学和文化融合与创新的途径，北京大学哲学系、清华大学哲学系、中国社会科学院哲学所、北京社会科学院哲学所、国际儒联、北京大学出版社和冯友兰专业研究会于12月9—10日在北京大学联合举办了"传统与创新——第四届冯友兰学术思想研讨会"。北大及有关单位的领导及张岱年、任继愈、丁石孙、朱伯、黄楠森、余敦康、蔡仲德、汤一介、羊涤生、李德顺、周桂钿、胡军等百余名专家学者出席了研讨会。

张岱年先生在发言中说，冯友兰的一生是不断追求真理的一生，他在学术上作出了很大的贡献。我们要学习他不断追求真理的精神。任继愈先生在发言中就传统与创新的关系认为，研究中国哲学必须研究中国国情。哲学必须深入生活，研究生活。冯友兰常讲研究哲学不是照着讲，我们研究哲学应当接着讲，要结合现实。冯友兰先生作为20世纪老一辈爱国的哲学家，他一生追求的理念是振兴中华，希望古老的文明之邦走上现代化的道路，用他自己的话说，即"旧邦新命"。他通过自己的专业中国哲学的研究以实现这一理念。他的代表著作六书和三史都体现了这一精神。这次研讨会的主题为"传统与创新"，正是缅怀冯先生所追求的"旧邦新命"的文化内涵。冯先生一生的学术实践表明，在哲学和文化领域，他尊重传统并以弘扬传统为己任，但并不因袭传统，而是适应时代前进的要求，吸收新思维、新概念，对传统的东西进行新的诠释，推陈以致其新，从而丰富了中华文化的内容。正因为如此，冯先生逝世十年来，他的著述愈来愈受到关心中国文化问题的学人重视，在海内外学术界兴起了研究冯友兰学术思想的热潮。到目前为止，据不完全统计，已出版的专著有12部，公开发表的论文有300余篇。这些论著为冯学的研究开辟了新的途径。

这次研讨会，不仅依据冯先生的原著，而且结合近年来冯学研究的成果和问题，探讨传统与创新的关系，从中汲取智慧和经验教训，使中华文化的优秀传统得以发扬光大，以迎接21世纪中华民族复兴时代的来临，为中国哲学的研究增添新的篇章。研讨会上，学者们各陈己见，相互切磋。余敦康论述了"冯友兰关于传统与现代化的思考"；蔡仲德总结了"冯学十年回顾"；蒙培元"评冯友兰的中国哲学史总结"；郑家栋论析"冯友兰'抽象继承法'"；李玉梅"解读冯友兰念清华学人文化符之'仁'与'成仁'"；张文儒谈"冯友兰《中国现代哲学史》读后"；等等。

会上，河南大学出版社举行了《世纪哲人冯友兰》画册捐赠仪式，河南人民出版社举行了《三松堂全集》（第二版）首发式。

【科技与人性文化节】 4月下旬至6月上旬，哲学系举办了"科技与人性"哲学文化节。截止至2000年5月，哲学系已连续5年举办主题文化节。在文化节的筹办过程中，哲学系一直坚持学术性与现实性相结合、出精品、出导向的原则，力求届届推出高品质的文化节。

本届文化节旨在反思目前炙手可热的高科技及其利弊的双面性，通过倡导对科技与人的关系的深入思考，为保持人与自然的和谐发展，营造更美好的人类栖息氛围呐喊。文化节邀请了数位中科院院士、社科院研究员、著名哲学家担任学术顾问，活动内容包括：系列讲座、"科技与人性"主题电影展、出版文化节专刊、发放宣传手册、进行问卷调查等活动。其中，作为文化节主体内容的讲座包括三个部分：(1)科学家谈哲学（由中科院院士与研究员主讲）；(2)哲学家谈科技（由社科院研究员、北大哲学系教授主讲）；(3)科学家与哲学家的对话（由清华大学、社科院、北大的科学家、哲学家主讲）。许智宏校长出席文化节开幕式并讲话。在一个半月的时间中平均每周安排两个讲座，讲座内容丰富、时代感强，形式新颖、思想性强，受到学生的欢迎。文化节受到中央电视台、人民日报、中国教育报、中国日报、北京青年报、中国科技报、北京日报、科技日报、信息产业报、香港信报、新东方杂志社等十余家新闻单位关注，产生了良好的社会影响。

【学生工作】 一年来，哲学系学工组在上级主管部门及系党委的指导、支持下，认真贯彻中央精神及学校指示，积极进取，努力工作，在原有的基础上有所提高。

哲学系学生工作有一套较为完整的工作制度，如例会制度、团支部团日活动申请经费及汇报制度、推优入党制度、学生会工作制度、团委工作制度、学工助理工作制度、青年志愿者服务制度、学生骨干培训制度等。

本科生每周二晚召开团委及学生工作例会，本科生学工组长、系团委各部门主要负责人、各班班长、团支书、系刊主编、系学生会主席等主要学生干部参加会议；研究生隔周二晚召开学生工作会议，主管学生工作的副书记、各班班长、党支书、研究生会主要负责干部参加会议。

针对各班活动经费困难问题，哲学系学工组制定了班级活动经费申请汇报制度。团支部推优入党工作也进展良好。哲学系还建立了学生骨干系内培训制度。系学工组认真指导、严格管理学生会、研究生会工作。系学工组还以班级为依托，开展志愿者社区服务活动。系学工组积极支持学校工作，一年中除认真完成上级各主管部门布置的常规工作以外，还参加了中华世纪坛、庆祝澳门回归天安门庆祝活动、升旗仪式、中日青年友好长走比赛及多种座谈会、报告会等活动，并保质保量地完成了任务。

哲学系以认真负责的态度做好奖、助、减、贷工作。重视毕业生就业指导工作。重视基层班级建设。繁荣校园文化，举办主题文化节。活跃学生课外生活。同时，哲学系还出版学生刊物。除班级出版的班刊外，系学工组直接指导的学生刊物有系刊《共青苑》、研究生学术刊物《学园》。举办丰富多彩的文体活动是学生工作必不可少的内容。

哲学系1999－2000年度连续第三次获北京大学学生工作先进系称号，本科1998级获北京市优秀班集体称号，哲学系团委获北京大学红旗团委称号。

【学术交流】 前来哲学系访问、讲学的国外学者有：北伊利诺伊大学教授西奥多·克兹尔，讲学内容为海德格尔《存在与时间》之死等。

剑桥大学教授大卫·弗兰克·福尔德，讲学内容为自我和拯救；本体转变等。

剑桥大学教授大卫·福特，讲学内容为当代宗教研究里的自我理论等。

东京大学教授佐佐木健一，讲学内容为美学与艺术的综合性表现等。

哈伯莱大学研究员贾格林，讲学内容为书法与道教等。

世界哲学联合会副会长雅各·亨迪卡教授，讲学内容为游戏语义学与IF逻辑等。

韩国佛教学会副会长金永斗教授，讲学内容为21世纪道德教育方向及世界化和相生伦理等。

哲学系学者出访讲学、进修、参加国际学术会议的有：韩林合赴英国牛津大学英国学术院；何怀宏赴台湾"中央文哲研究所"；彭高翔赴台湾中央大学哲学研究所；张祥龙赴美国布法罗大学学术座谈（美国哲学年会）；靳希平赴比利时卢汶大学访问考察；魏常海赴日本东北大学学院科学研究中心学术访问；王博赴韩国大同哲学会议釜山大学校人文大学哲学系；吴玉萍赴美国文化更新研究中心和北美中国基督教学者协会参加"中国基督教和宗教学研究的回顾和展望"；李中华、王守常、陈少峰、王博、杨立华、彭锋赴台湾中华易经学会"首届海峡两岸青年易学论文发表会"；尚新建赴比利时卢汶大学访问考察；杜小真赴法国合作研究（驻法使馆文化科技合作处及法国人文科学之家国际交流中心）；吴增定赴港汉语基督教文化研究所；汤一介赴马来西亚华社研究中心"传统文化与社会变迁"国际研讨会；汤一介赴台湾"中央研究院"中国文哲研究所学术讲演；何怀宏赴台湾"中央研究院"中国文哲研究所学术访问；楼宇烈赴韩国粟谷学会主办"粟谷思想国际学术会议"；王博赴美国芝加哥大学东亚系"古代中国文明"讨论活动；孙小礼赴维也纳出席欧洲华人学会"展望21世纪之中国"国际学术研讨会；苏贤贵赴美国伊利诺伊大学；张晓黎赴韩国访问；葛path赴新加坡南洋学会马来西亚南亚学院；徐春赴美国；周学农赴美国亚联董伯克利加州大学基督教校区；彭锋赴美国耶鲁大学；韩水法赴德国图宾根大学讲学；王博赴美国哈佛大学；许抗生赴韩国成均馆大学儒学系短期讲学；楼宇烈赴韩国圆光大学"未来社会与宗教"国际大会；彭燕韩赴香港孔教学院参加"2551孔圣诞环球庆祝大典暨孔教学院七十周年院庆"及孔子思想与中国统一大业国际学术研讨会；陈来赴日本思想史学会"东亚的儒教——21世纪思想史研究"；汤一介赴法国色尔热-庞都瓦大学和波罗尼亚大学学术会议"中欧大学远距离教学的框架即有关互动认知的理论问题"；朱德生赴澳门"应用伦理学"；赵敦华赴辅仁大学哲学系"基督宗教哲学与中华文化交流"研讨会；何怀宏赴南极考察；汤一介赴东海大学"哲学与中西文化'反省与创新'"学术研讨会；赵敦华赴香港浸会大学"基督宗教思想与21世纪挑战"学术会议；孙尚扬赴香港浸会大学。

（束鸿俊、席大民）

【比利时鲁汶大学三教授主持西方政治哲学研讨班】 作为比利时王国教育部对华交流项目，9月12日至30日，鲁汶大学派比利时科学院院士、哲学系教授Carlos Steel教授，以及William Desmond教授和Bart Raymaekers教授来北大讲学，主持哲学系西方政治哲学原著选读研讨班。其间，William Desmond教授、Carlos Steel教授、Bart Raymaekers教授分别作了题为"有限与无限之间：黑格尔的理性与帕斯卡的心"、"哲学及其相关问题（特别参考黑格尔的绝对精神）"、"好人与好公民：论亚里士多德政治学与伦理学的关系"、"'我们能期望什么？'康德哲学中的伦理学与政治学"的导读报告。在三位教授的指导下，哲学系师生三十余人研读了亚里士多德、康德和黑格尔的有关原文原著，并开展了深入的交流。该研讨班的工作语言为英语。

（靳希平）

【马克思主义文献研究中心成立】
5月5日，在马克思诞辰纪念日这一天上午，北京大学马克思主义文献研究中心宣告成立。成立这个中心是哲学系1999年确定的"教学改革和人才培养方案"中提出的一项重要举措。在学校领导的支持下，在中共中央编译局及德国艾伯特基金会和德国特里尔马克思故居研究所的帮助下，经过哲学系的努力，中心终于宣告成立。

参加中心成立大会的有中宣部理论局、中央编译局、教育部高教司和北大的领导，有中共中央党校、中央编译局、中国社会科学院、全国十余所大学和北大研究马克思主义的著名专家学者60余人。参加成立大会的还有德国艾伯特基金会驻北京办事处主任雷迪斯和德国驻华使馆文化参赞格林。德国特里尔马克思故居研究所所长佩尔格博士发来贺信并寄来他们新近出版的马克思研究资料丛书。中心主任由哲学系主任叶朗兼任。叶朗在中心成立大会上发表讲话指出:中心的成立有其历史的必然性,一方面它是北京大学研究马克思主义的历史传统在 21 世纪的继续和发展,另一方面,它又是我们在 21 世纪实现创建世界一流大学的必然要求。

研究中心的宗旨和任务为:(1)继承和发扬北京大学研究和传播马克思主义的光荣传统,提高北京大学马克思主义教学和研究的水平,使北京大学逐步成为国内最重要的马克思主义经典文本的文献中心和研究中心。(2)推动国内学术界对马克思主义经典文本的研究,以便对马克思主义哲学作出新的、更加准确的理解和阐释。(3)加强和国际学术界在马克思主义经典文本研究方面的学术交流,及时吸收国际学术界在马克思主义经典文本研究方面的新成果。(4)加快培养新一代高素质的创造性的马克思主义哲学的教学研究人才。

(席大民)

【《共产党宣言》与全球化学术研讨会】 在《共产党宣言》中文版问世 80 周年之际,由北大哲学系暨马克思主义文献研究中心举办的"《共产党宣言》与全球化"学术研讨会于 10 月 27—28 日在北大召开。来自中共中央编译局、中共中央党校、中国社会科学院、北京大学、中国人民大学、北京师范大学、吉林大学、复旦大学、南开大学、中山大学、山东大学等单位的领导和专家学者等 80 余人参加了会议。会议由北大哲学系党委书记、马克思主义文献研究中心副主任丰子义教授主持,北大哲学系主任、马克思主义文献研究中心主任叶朗教授致开幕词。北大副校长何芳川

教授到会讲话。德国艾伯特基金会、德国特里尔马克思故居研究所向会议发来贺信。会议期间,有关专家首先介绍了《马克思恩格斯全集》中文版第一、二版翻译、编辑和出版工作;《马克思恩格斯全集》历史考证版的编辑和出版情况;国外有关《共产党宣言》的产生、版本和观点方面的研究;《宣言》在中国的翻译、出版和传播的情况;以及前苏联对马克思恩格斯文献资料特别是《宣言》的收集、出版和考证情况和 80 年代中后期对《宣言》的评价。与会专家还围绕首次体现在马克思恩格斯合著的《德意志意识形态》中,并在《共产党宣言》中得到进一步发挥的"世界历史"思想的理论来源、方法论原则及现实意义进行了交流,并由此出发,就如何认识全球化的性质,中国这样的发展中国家如何应付全球化,加入世贸组织对中国社会发展带来的影响等问题发表了各自的意见。此外,与会专家还围绕如何看待 20 世纪以来社会主义的历程,如何认识民主社会主义的历史和现状,今天应如何界定社会主义和资本主义,社会主义和资本主义能否长期并存等问题,考察了"社会主义"和"共产主义"两个名称在马克思恩格斯著作中的历史演变,重新审视了《共产党宣言》的价值取向,以期引发进一步的研讨。

(张立波)

【哲学系、宗教学系出台"加强博士研究生培养工作的若干要求"】 哲学系、宗教学系在 1999 年就博士研究生的培养问题多次召开讨论会,认为博士研究生的培养在创办世界一流大学中有重要的作用,博士研究生的水平代表了学科的发展水平。针对博士研究生培养仍然存在的一些问题,2 月,哲学系、宗教学系提出了《关于加强博士研究生培养工作的若干要求》。《要求》共 21 条。在招生方面,要求提出加强对考生科研能力的考察,考

生应提交 1 篇论文和 1 份研究计划。入学考试试题应有一定难度,经主管系主任审阅。严格掌握评分标准,出题和阅卷不能少于 2 名教师等。在课程设置和管理方面,由系组织 2 门跨学科选修课,一门是学科前沿的介绍和研究,一门是治学方法和治学经验。综合考试要严格,不能走过场。论文答辩之前,学生要在核心期刊发表 3 篇论文。导师对学位论文的选题要严格把关,要有新意并结合学科建设的需要,避免大而全和低水平重复的题目。在论文答辩方面,评阅专家及答辩委员可以由导师推荐,但最后由系决定人选,并指定专人送取有关资料。论文答辩实行导师回避制。论文答辩前 3 个月要举行预答辩。每年论文在 5 月 15 日前提交,以便答辩委员有充分的时间审阅论文。系里要成立专门的专家小组检查博士论文质量,达不到要求者,坚决不予通过,对留学生的博士论文要同样严格要求。此 21 条要求已在 2000 年实施。

(席大民)

国际关系学院

【发展概况】 北京大学国际关系学院是中国综合性大学中建立最早的国际关系学院(简称国关学院),是我国培养国际问题和外交、涉外工作应用、研究和教学专门人才的重要基地。学院成立于 1996 年,其前身是 1960 年建立的北京大学政治学系(1963 年改名为国际政治学系)。学院现有三系(国际政治系、外交学与外事管理系、国际传播与文化交流系)三所(国际关系研究所、亚非研究所、世界社会主义研究所),以及美国研究中心、日本研究中心、非洲研究中心等众多学术研究机构。学院师资力量较强,知识结构合理,梯队整齐,

现有教师73名,其中教授26名(含博士生导师14名),副教授34名,讲师13名;各类学生1088名(内含各层次的留学生157名),其中本科生487名,硕士生333名,博士生151名,政治学专科生117人。

【教学工作】 2000年,国关学院进一步严格管理制度,加强对学生的学风、考风教育,顺利完成学校及学院的各项教学任务。一年来,学院进一步充实完善了师资队伍建设,引进了大量国外专家教授来校上课,形成了本院教师、国内兼职教授及国外兼职教授相结合的多层次的教员队伍体系。学院还着重加强了外语教学的力度,全院学生的英语口语课一律聘请外国教师任教,部分研究生的英语精读课程也聘请了外籍教师上课。在此基础上,学院与国外院校展开了形式多样的交流活动,选派多名本科生和研究生赴国外进修、学习。在课程设置方面,7月,在总结各相关系、所教学、科研计划的基础上,本科生国际政治专业和外交学专业的教学计划再度修改,进一步明确了各个不同专业学生的培养目标,使课程的安排、学分和学时分布更加合理。9月,学院高薪聘请校外人文社会科学方面的知名专家13人共同为本科生开设"政治与文化"一课,加强对广大同学的文史知识教育,大力拓宽学生的知识面,取得了预想的效果。与此同时,由离退休老教授所组成的学院专家听课组,抽样检查了"中国外交思想史研究"和"国际关系理论比较研究"两门研究生课程,以及"俄罗斯政治与外交"和"台湾概论"两门本科生课程,采取听课、开座谈会、发教学检查通报等形式,努力改进全院教学工作,进一步督促教学质量、教学水平的提高,受到了老师和同学们的欢迎和肯定。此外,学院所有本科课程全部参加学校教学评估室组织的教学评估活动,有力地推动了学院教学工作的顺利开展。本年度,国际政治系王联讲师荣获北京大学优秀教学奖。

【科研活动】 截至2000年底,学院教师承担的国家科研项目、教育部项目及国际合作或海外基金资助课题有32项,其中国家及国务院各部门项目10项,国家社会科学基金项目10项,其中包括在2000年国家哲学社会科学基金项目评审中中标的4项课题,即:"全球化与中国特色社会主义"(主持人:世界社会主义研究所黄宗良教授)和"非政府组织在国际关系中的地位与作用"(主持人:国际政治系王杰教授)、"地缘政治与中国对外战略"(主持人:外交学系王福春副教授)和"经济全球化对21世纪初中美关系的影响"(主持人:国际关系研究所王勇副教授)。

国际关系学院所属各科研机构在学院的统一领导下,开展了大量的学术科研活动,举办了一系列国际国内学术会议。其中国际学术会议3次:2月,国际关系研究所在日本东京与哈佛大学、东京大学的美日著名学者举行第二次"哈佛大学—北京大学—东京大学"关于1945—2000年中日美关系的学术会议;3月,亚非研究所与日本卡乐B研究基金在北大联合举办"21世纪的中国、日本与亚洲"国际研讨会;8月,非洲研究中心举办"中国与非洲国家关系论坛"国际研讨会;国内学术会议4次:1月,非洲研究中心协助教育部举办"智力援非工作的发展与前景"讨论会;5—7月,亚非研究所协助教育部举办"中国与亚洲国家关系及教育文化交流"系列研讨会;9月,国际政治系与中央统战部和《中国西藏》杂志社共同举办的"国际关系与西藏问题"研讨会;12月,社会党研究中心、世界社会主义研究所和德国艾伯特基金会驻北京办事处联合举办"大众传媒信息技术与政党政治"学术讨论会。

12月16—17日,学院召开科研工作会议,许智宏校长、何芳川副校长以及社会科学部程郁缀部长出席会议并讲话。全院30多位教师在会上围绕国际关系研究的基础问题、重点问题和科研工作重点等进行了深入讨论和交流,对学院今后的科研工作提出了许多具体设想。据统计,全院教员2000年共出版学术著作12部(含译著5部),发表论文210余篇。在北京大学第七届文科科研成果评奖中,国际政治系方连庆、王炳元教授和国际关系研究所刘金质教授主编的著作《战后国际关系史》(上下)、亚非研究所李安山教授的著作《非洲华侨华人史》、世界社会主义研究所孔凡君教授的著作《科索沃危机的历史根源及大国背景》以及国际关系研究所罗艳华副教授的著作《东方人看人权》荣获著作类二等奖,国际政治系李义虎教授的论文《科索沃战争所带来的国际政治思考》获论文类二等奖。

【外事活动】 2000年,国际关系学院教师和学生共有57人次到国外访问、讲学、进修或参加学术会议,接待8位外国专家在国际关系学院任教,以及21位短期来访的外国专家。本年度国际关系学院保持和建立友好交流关系的外国和港澳地区院校有:日本东京大学、日本大学、成蹊大学、信州大学、新大学、名古屋大学、美国美利坚大学、法国波尔多第四大学、香港城市理工大学和香港大学等。除与上述大学展开友好合作外,10月21—28日,与日本成蹊大学在东京举行了"21世纪东亚国际新秩序"学术研讨会,来自两校的专家教授10多人与会。

【党的建设与学生工作】 2000年,国际关系学院共有党员390人(包括预备党员73人),其中教工党员113人,学生党员277人(其中本科生党员112人,研究生党员165人),党支部19个。在学校党委及学生工作部的领导下,国际关系学院党委坚持"全面育人"的方针,深入开展"三讲"教育,并在全院师生的共同努力下,取得了一定的成果,全院学生的综合素质不断提高。学院坚持以服务师生为指导思想,依据不同年级特点,围绕全面成材的目标,全面推进素质教育,多渠道深入开展邓小平理论学习,加强党团组织建设。一年来,全院共获三好学生、学习优秀奖等奖励90名,光彩、五四、汇凯、光华等项奖学金116名;另有20位同学被评为北京大学优秀毕业生,其中5名同学被评为北京市优秀毕业生。在1999—2000学年里,院团委被评为北京大学"红旗团委",97级本科班获北京大学班级"五四奖杯"和"北京市优秀班集体"称号,98和99级本科班被评为北京大学先进学风班,学院也被评为北京大学学生工作先进单位。

【5周年院庆】 5月26日,国际关系学院在北大办公楼礼堂召开大会,庆祝北大国际政治系建系40周年暨国际关系学院建院5周年,中共中央政治局委员、国务院副总理、北大国际关系学院院长钱其琛出席大会,并就当前国际关系研究中的若干重点问题为全院师生及返校校友作了报告。钱院长首先就当前国际关系研究中应注意的信息社会、经济全球化、宗教和人权理论等四个问题作了阐述。他指出,我国的改革开放、社会主义现代化建设正处在一个新时期,国际形势日益复杂多变,迫切需要适应新形势加强对国际关系的研究和专门人才的培养。北京大学国际关系学院在这方面担负着重任,希望学院全体师生共同努力,建立起科学的、高质量的教学体系,为国家培养出更多更优秀的、有创新能力的国际关系专门人才,并产生高水平的学术成果。在报告中,钱院长还就当前的台海局势作了重要指示。出席大会的领导同志还有全国人大常委会原副委员长雷洁琼,中共中央联络部副部长蔡武,北京市委统战部部长、市政协副主席沈仁道,北大党委书记王德炳,校长许智宏等。来自教育部外事司、中联部、中国国际问题研究所、中国现代国际关系研究所、中央编译局、外交学院、中国人民大学国际关系学院等有关部门和院校的代表,北大其他校领导、校机关各部门和院系的代表,香港城市大学、香港陈国钜有限公司、香港高阳科技有限公司等单位的代表,国际关系学院返校校友和在校师生代表近千人出席了庆祝大会。

【《海峡风云》获社会热烈反响】 2月,由国际关系学院与北京电视台联合摄制的七集电视专题片《海峡风云》完成拍摄工作,自3月下旬开始在北京电视台一台黄金时段播出。该片具有很强的思想性、政治性、艺术性和可视性,是国内学术界和电视工作者进行合作的有益尝试。播出后引起社会各界强烈反响,受到有关部门和报刊的高度评价,认为该片是台湾选举结束后第一部反映台湾问题和两岸关系的力作。国务院台办、北京市台办、空军、海军和有关高校都对该片的学术价值和现实意义给予了高度肯定。

(王联)

政治学与行政管理系

【发展概况】 北京大学政治学与行政管理系的前身可以上溯至京师大学堂创建之初的仕学院。1919年,北京大学废科改门为系后,才正式定名为政治学系。此后,政治学系几经变革,1988年始获重建,定名为政治学与行政管理系。2000年,政治学与行政管理系共有教职员工43人,其中教员32人(包括教授11人,副教授16人,讲师5人),行政人员9名。在校本科生共有225名,研究生262名。此外,该系在各地招收的函授学生还有千余人。现任系主任为王浦劬,副主任为周志忍、关海庭和时和兴,党委书记为江荣海,副书记为杨松。

【全国高校政治学科系主任联席会议】 受教育部高教司和全国高校政治学学科教学指导委员会委托,政治学与行政管理系和国际关系学院联合承办了全国高校政治学学科教学指导委员会暨第16届政治学、行政学、国际政治系主任联席会议,会议于7月22—27日在北大召开。政治学学科教学指导委员会的全体委员和来自全国近50所高校的系主任、专家学者出席了会议。会议的主题为:面向21世纪的政治学、行政学、国际政治学科建设和发展。教育部高教司和北大校领导对这次会议的召开都非常重视。教育部高教司副司长刘凤泰、北大副校长何芳川出席开幕式并讲话。

这次会议有两个明显的特点:第一,会议规模大,参加人员多,涉及面广泛。会议正式代表87人,是历届系主任联席会议中参加人数最多的一届。共计有37个相关单位代表,其中包括各高校和社科院政治学所、国家行政学院,高教出版社、政治学研究编辑部、行政学研究编辑部等单位代表。第二,会议讨论问题深入,有较强的学术性。会议召开前半年,就已将会议讨论的议题发给与会的单位和代表。特别是大会主题发言的13个单位,做了充分的准备,围绕着跨世纪的学科建设,就各学科的有关问题,从各个不同角度进行了有深度、有意义的探讨。这次会议分大会交流和小组讨论两个阶段。在大会上,北京大学、中国人民大学、复旦大学、中山大学、厦门大学、武汉大学、吉林大学、天津师范大学等先后就政治学科专业人才培养探讨问题;当前国际关系研究中的若干重大理论问题与院系的学科建设;关于当代中国政治研究的几种理论与方法;面向新世纪如何进一步推进政治学理论研究;抓住机遇,创造条件,加强国际关系学科建设;行政学学科建设与人才培养模式探析以及面向21世纪西方政治思想史学科的建设与发展等为主题,进行了各自的经验交流。大会发言后,分政治学、行政学、国际政治三个组进行了讨论。讨论主要涉及以下几方面问题:教学的特色问题;课程设置问题;政治学教材编写方面的问题;行政管理、公共事业管理的学科基础和支撑问题;行政学专业建设及人才培养问题;国际政治学学科基本问题的思考;学科之间的融合问题等等。

【申报国家政治学研究基地】
2000年,政治学系抓住学校申报国家政治学研究基地的契机,积极参与政治发展与政府管理研究所的组建工作。经过辛勤的努力,北京大学政治发展与政府管理研究所在政治学理论的研究方面和研究深入发展所需的资源条件方面,都已经具备了雄厚的基础。12月26日,教育部批准了北京大学基地建设的申请,全国首家政治学研究基地落户燕园。该基地在政治学理论的学术研究方面具有如下特点:(1)理论研究深厚扎实。始终以马克思主义政治学理论为指导,立足中国的本土文化,并在此基础上追踪国际学术前沿。1982年,北京大学赵宝煦教授主编出版了改革开放后中国第一本政治学理论教材《政治学概论》,奠定了中国马克思主义政治学体系的基础。其后,李景鹏教授的《权力政治学》、王浦劬教授的《政治学基础》等,都在这方面做出了重要贡献。(2)方法严谨并不断创新。本所始终坚持以历史唯物主义为政治学理论研究的方法论基础,兼容规范与实证、历史与逻辑、行为与制度等多种方法,并在定量方法和社会调查方法方面的研究方面取得了不少进展。(3)研究视野开阔。从学术研究的广度看,该所目前的研究不仅注重于政治学应有的学科领域,而且新兴学科、交叉学科和边缘性学科有很大发展。(4)综合优势明显。从学术研究的深度看,不仅政治学学科的传统问题研究相当深入,而且着力追赶当前国际学术前沿性领域。基地的建设目标是成为我国政治学理论方面的学术研究中心、学术交流中心、人才培养中心和咨询服务中心。

【教学工作】 2000年,政治学与行政管理系共招收74名本科生,比计划扩招24人,其中5名是留学生;招收硕士研究生50人,博士生14人;夜大、函授招生516人,超出计划216人。为了确保教学质量,政治学系加强了教学管理:一方面加大教学评估的力度,要求所有的课程都参加评估,另一方面组织部分离退休教师组成了"督导团",随机旁听专业课,并提出相应的意见和建议,供系里参考,改进教学质量。目前,已确立了7门本科主干基础课,并面向全校学生开出5门通选课。5门通选课包括:陈庆云教授的"现代管理科学",李强教授的"西方社会政治思想史",关海庭教授的"中国近现代政治发展史论",徐湘林副教授的"中国政治与政府过程",燕继荣副教授的"政治学原理"。本年度,杨明副教授荣获北京大学教学优秀奖。

【科学研究】 政治学与行政管理系在2000年共出版、发表了64项科研成果。其中学术著作6部,主编论文集2部,编著1部,论文49篇。在黑龙江人民出版社出版了5部学术专著,分别是李景鹏教授的《中国政治发展的理论研究纲要》,萧超然、晓韦主编的《当代中国政党制度论纲》,金安平副教授的《从批判的武器到武器的批判》,黄恒学教授的《我国事业单位管理体制改革研究》,赵成根副教授的《民主与公共决策研究》。在北京大学出版社出版的有王丽萍副教授的《联邦制与世界秩序》。论文集包括王浦劬教授、时和兴副教授主编的《政治与行政管理论丛》第二辑,王浦劬教授、徐湘林副教授主编的《经济体制转型中的政府作用》。另有姚礼明副教授编著的教材《马克思主义政治学著作选读》在北京大学出版社出版。有4项成果申报了北京市哲学社会科学优秀成果奖,其中3项著作类成果全部获奖:陈哲夫教授等合著的《现代中国政治思想流派》获得一等奖;周志忍、陈庆云教授合著的《自律与他律》,黄恒学教授的《中国事业管理体制改革研究》分别获二等奖。

在2000年度国家社会科学基金项目申报中,该系有2项获得批准,徐湘林副教授的课题"中国渐进的政治体制改革及其成果研究"立为一般项目,时和兴副教授的课题"国家与社会关系的微观解析——聚焦城市社区治理模式"立为青年项目。

为了促进科研工作的发展,政治学系还实行了系级研究项目资助计划。经过申报、评审等环节,共立项22项,支持经费为50万元。

【对外交流】 2000年,政治学与行政管理系对外交流活动频繁,取得了丰富的成果。本年度共接待8位国外知名学者的访问。5月9日,美国伯克利加州大学的公共政策系主任MICHAEL NACHT教授作题为"当代美国公共行政学的最新发展"的学术报告;5月17日,世界著名学者艾森斯塔德教授访问该系,并作了"当代社会学理论的最新发展"和"社会信任与社会资本"的报告,产生了较大影响;5月22日,部分研究生参加了奥特兰大学前新西兰总督关于亚太问题的报告会;10月9日,澳大利亚墨尔本大学布鲁斯教授来系访问,商谈了关于两校进行MPA教学合作事宜并达成了初步协议;10月

21日，美国哈佛大学肯尼迪政治学院 KENNETH WINSTON 教授来访，面向研究生和本科生作了两个案例教学的示范和演讲，并和部分老师进行了"如何通过案例方法进行道德教育"的座谈；12月9日，日本庆应大学曾根泰教授到访，作"关于日本行政改革"、"关于市民社会"和"关于全球化背景下的政府治理"三个学术报告；12月23日，接待以日本千叶商科大学加藤宽校长为首的代表团，并达成了进行国际合作的初步意向。

【党团工作与学生工作】 6月，政治学与行政管理系党委进行了换届选举。江荣海、王浦劬、陈庆云、杨松、关海庭、时和兴、李凤兰当选为新一届党委委员，江荣海当选为书记，杨松当选为副书记。新一届党委于7月15日正式开始工作。各基层支部的换届工作也相继展开。目前，政治学系建立了11个党支部，其中教师支部4个，学生支部7个。9月份，北京大学"三讲"教育工作全面展开，新一届党委领导了本系的"三讲"教育工作。本次参加"三讲"教育的系领导有江荣海、王浦劬、周志忍、关海庭、时和兴、杨松。通过学习、征求意见、批评与自我批评、整改等系统的教育，"三讲"教育取得了预期的效果，对该系工作有所促进。

5月，系团委被评为北京市"红旗团委"，这是北京大学院系团委本年度所获得的最高荣誉。颁奖仪式于5月4日在天安门广场举行，系团委书记杨松参加了仪式并领取证书。9月份，系团委换届，党委副书记杨松继续兼任团委书记，张鑫为团委常务副书记，王征宇任团委副书记。系学生会进行换届选举，林俊当选为主席，阮草、汤杰当选为副主席；研究生会也进行了换届选举，安卫华当选为主席，尚志民、林挺进当选为副主席。为了整合系学生工作队伍，按照学校有关文件的精神，系组建了学生工作办公室，由党委副书记杨松担任主任，博士生党支部书记林震、团委常务副书记张鑫担任副主任，全面负责系学生工作。

（杨松、佟福玲、胡华）

经济学院

【发展概况】 经济学院的前身是北京大学经济学系。经济学系始建于1912年，是中国高等学校中建立最早的经济系科，源于1898年戊戌维新运动中创办的京师大学堂商学科，至今已有百余年历史。著名学者、中国共产党的创始人之一李大钊曾在经济学系任教。我国经济学界老前辈马寅初（解放后曾任北京大学校长）是经济学系的早期负责人和教授。1952年全国院系调整后，著名经济学家陈岱孙教授长期担任经济学系主任。1985年5月，北京大学经济学院正式成立，下设经济学系、国际经济系和经济管理系。1993年12月，经济学院进行了调整和扩充。

学院现有经济学系、国际经济与贸易系、金融学系、保险学系、财政学系（2000年新设）等5个本科系及少量专科。设有7个教研室和4个科研机构。经济学院师资力量雄厚，不仅拥有一批造诣深湛、享誉国内外的教授和学术带头人，还有众多近年来在学术上崭露头角的中青年学者。现有教师51人，其中教授15人（博士生导师12人），副教授17人，讲师19人，另外还有离退休后仍在教学第一线的博士生导师、资深教授10余人。

经济学院拥有完整的学士——硕士——博士——博士后人才培养体系，是国家经济学基础人才培养的重要基地之一。在本科生培养方面，实行四年学制，坚持"注重基础，拓宽专业，加强实践，因材施教"的原则，自80年代中期开始实行学分制。在研究生培养方面，形成了鼓励优秀人才脱颖而出的制度和方法。"勤奋、严谨、求实、创新"是学院一贯倡导的学风。

2000—2001学年度，经济学院共有学生6002人，其中博士后5人，博士生120人，硕士生276人，普通进修生及访问学者49人，本科生661人，留学生97人，研究生课程进修生770人，成人教育部本科、专科学历教育学生3171人，成人教育部非学历高级课程进修班、中国企业家特训班学生853人。

【学科建设】 经济学院的根本任务是为我国经济理论界、经济决策部门和企业界培养适应社会主义经济改革和建设及对外开放需要，德智体全面发展，既有扎实的经济理论基础，又有较强的实际工作能力的专门人才。同时经济学院还承担着相关学科的大量学术研究任务。学院的教学、学术研究等各项工作坚持以建设有中国特色的社会主义理论为指导，坚持面向实际、面向世界、面向未来的办学方向，积极探索和实施与建立社会主义市场经济体制相适应的各项教学制度、方法和课程，并加强与国家职能部门及企业界的密切合作。在充分发挥原有的史论见长的传统优势的同时，大力拓展对现实经济问题的教学与研究。

在学生培养方面，学院既重视提高学生的理论素质，又强调应用性学科和实际操作能力的训练。面对经济全球化的新格局和中国转向社会主义市场经济的现实挑战，学院正在为造就适应新世纪的经济人才而努力奋斗。

经济学院下设经济学教研室、国际经济与贸易教研室、金融学教研室、保险学教研室、财政学教研室、中国经济史与中国经济思想史教研室、外国经济史与外国经济思想史教研室等7个教学机构。

经济学院是我国最早设立博士点的高等院校之一，现有经济思想史、西方经济学、经济史、政治经济学、世界经济、金融学等6个博士点,其中外国经济思想史和西方经济学是国家重点学科,此外还设有经济学博士后流动站。学院有政治经济学、西方经济学、经济思想、经济史、世界经济、金融学等6个硕士点和经济学、国际经济与贸易、金融学、保险学、财政学等5个本科专业。此外,学院成人教育部有3个兼读制本科专业和3个兼读制专科专业。兼读制学生由学院设在全国各地的函授站和远程教育站管理,教学由本院承担。

本科生必修课程、选修课程主要有:经济学基础、高等数学、会计学、统计学、宏观经济学、微观经济学、财政学、国际经济、货币银行学、国际贸易、国际金融、发展经济学、产业经济学、经济计量学、经济法、经济学说史、国际营销学、国际投资学、区域经济学、电子商务、英语、计算机、体育、文化艺术和自然科学课程等。

【科研工作】 经济学院是国内经济学研究的重要基地。学院素有史论见长的传统学术优势,同时十分注重对我国改革与建设的理论和对策的研究。1978年以来,学院教师出版各种专著、译著、教材、参考工具书数百部,发表论文数千篇。自80年代以来,获奖著作30多部,论文40多篇。其中2000年获各种优秀成果奖4项。1996年以来经济学院承担了60项科研项目,其中全国文科博士生科研项目22项,国家"七五"社会科学研究项目10项,国家"八五"社会科学研究项目10项,2000年又接受国家社科项目2项,国家教育部青年科研项目6项。1999年,出版著作29部(其中专著8部、合著20部、译著1部),发表文章55篇。2000年,出版12部专著、5部译著、4部教材,发表61篇论文,10项科研成果问世。这些科学研究对我国改革与建设的理论实践起到了积极作用。

学院现有国外经济学说研究中心、市场经济研究中心、经济研究所、国际经济研究所等学术研究机构。2000年举行国际学术研讨会1次、国内学术研讨会2次。

《经济科学》杂志是经济学院主办的国家级经济理论刊物,1979年创刊,面向国内外公开发行。其办刊宗旨是坚持四项基本原则,贯彻"双百"方针,繁荣经济理论,促进学术交流,为教学和科研服务,为改革开放与社会主义现代化服务。主要内容包括经济学、经济管理、国际经济、经济史、经济思想史等。

1978年以来,经济学院一直努力贯彻对外开放的方针,广泛开展国内合作与国际交流并取得了丰硕成果。1994年初,北京大学经济学院与原国家经济体制改革委员会正式建立了合作办学关系。双方商定在教学、科研、信息开发等多项领域切实合作,实现优势互补,积极研究建立社会主义市场经济体制的各项重大理论和实践课题,并探索新形势下开展经济科学教学与研究的新思路。

改革开放以来,经济学院先后派出多人次出国短期讲学,参加国际学术会议与长期进修。2000年有17人次被派出参加学术会议、受聘讲学、社科考察和合作研究。也多次邀请国外专家来院讲学或短期工作,与多所海外大学与科研机构建立了合作关系,其中有奥地利维也纳经济与管理大学、日本北海学园北见大学、日本信州大学、日本新大学、台湾省淡江大学等。

经济学院注重探索与企业界协力办学的合作方式。1994年以来先后有海内外的若干企业家资助学院。为加强同社会各界联系及充实教学力量,经济学院先后聘请了于光远、薛暮桥、乌杰、戎文佐、高尚全、蒋震、龚如心、伊安·罗兰等海内外数十名专家、学者及政府、企业界人士担任兼职教授或顾问教授。

(肖治合、丁国香)

光华管理学院

【发展概况】 光华管理学院的前身是北京大学工商管理学院,1993年12月在原北京大学经济学院经济管理系和北京大学管理科学中心的基础上成立。1994年9月18日,北京大学与光华教育基金会签订合作办学协议,工商管理学院更名为光华管理学院。学院现有11000多平方米的教学科研楼,教学科研设备一流,教室、会议室、教师办公室、图书资料室和设备先进的计算机实验室,为教师和学生提供了良好的教学科研条件。

著名经济学家厉以宁任学院院长,张维迎、王其文和朱善利任学院副院长。2000年,学院引进教师8人,都有博士学位;招聘博士后15人。截至12月31日,学院共有在编教师59人,其中教授24人,副教授20人,讲师15人;45岁以下教师42人,占教师总数的72.4%;教师中有33人获得博士学位(9人在国外获得博士学位),占教师总数的56.9%;共有在站博士后20人;在编党政管理人员9人;在编教辅人员9人。此外,学院还聘请了一批学术造诣深厚和富有实际管理经验的专家学者作为学院的兼职教授。

为了体现交叉学科的特点,光华管理学院多年坚持文理兼收的原则招收学生。2000年,学院招收各类新生共计684人,其中:本科生110人,MBA学生508人(含深圳MBA班85人),硕士研究生82人,博士研究生26人,留学生10人,进修和访问学者33人。截至2000年底共有各类在册学生、进修生、访问学者2484人,其中本科生477人,MBA学生1183人(含

MBA 学位班 302 人),其他硕士生 241 人,博士生 84 人,留学生 32 人,还有 467 名函授生和其他各种形式的在职培训学员。

2000 年光华管理学院共有各类毕业生 795 人,其中:本科毕业生 152 人(其中:出国留学 13 人,35 人继续攻读硕士学位);MBA 毕业生 219 人,其他硕士毕业生 49 人,其中有 1 人继续攻读博士学位;博士毕业生 18 人;留学生毕业生 5 人;函授、进修与访问学者毕业生 352 人。

此外,2000 年诺基亚、润迅等单位的 546 人报名参加了光华管理学院培训中心所提供的课程培训。截至 2000 年 12 月 31 日该中心已为 1150 名高级经理和管理人员提供了培训服务。

【学科建设】 光华管理学院设 6 个系:应用经济学系、组织与战略管理系、财务金融系、会计学系、市场营销系、管理科学与管理信息系统系;8 个学术研究机构:北京大学管理科学中心、北京大学金融与证券研究中心、北京大学国际会计与财务研究中心、北京大学工商管理研究所、北京大学国际经营管理研究所、北京大学 21 世纪创业投资研究中心、北京大学中国中小企业促进中心、北京大学网络经济研究中心;1 个实验室:社会—经济系统分析与模拟实验室;有应用经济学博士后流动站和工商管理博士后流动站。

目前,光华管理学院本科设 5 个专业:财务学、会计学、市场营销、工商管理、金融学(货币银行方向);硕士研究生设 8 个专业:国民经济学、金融学、产业经济学、管理统计、管理科学与工程、会计学、企业管理、工商管理(MBA);博士研究生有 4 个专业:国民经济学、金融学、产业经济学、企业管理。

11 月 21 日,全国 MBA 教育指导委员会对光华管理学院 MBA 教学工作进行了教学评估。专家组对学院的教学设施、教学组织和教学效果给予很高的评价,学院以较好的成绩通过评估。

【科研与学术活动】 截至 2000 年 12 月 31 日,光华管理学院教学科研人员共承担各类科研项目 56 项,其中 19 项为国家自然科学基金、国家社会科学基金以及"九五"国家重点攻关项目,10 项为省部级项目,新立项的项目 3 项。出版各类学术著作 56 部,发表论文 178 篇,其中在各类书刊发表 160 篇,在各类学术会议上发表 18 篇。

本年度光华管理学院教员参加各种学术会议 37 人次,其中国际性学术会议 21 人次;举办各种类型的学术讲座、报告会和大型学术会议 40 次,中外著名学者与跨国公司的 CEO 如美国斯坦福大学的经济学家 Masahiko Aoki 教授、巴克曼实验室总裁及董事长 IncRobert H. Buckman 先生先后应邀到学院作学术报告和举办讲座。

5 月 4 日,由国家自然科学基金委和光华管理学院联合主办的、旨在加强我国金融领域的研究和国际交流与合作的"金融数学论坛"在光华管理学院开幕,来自国内外的 16 位知名专家应邀到会作了专题讲演。

10 月 16 至 20 日,以董事长兼首席执行官出井伸之为首的五位索尼公司总裁级人物,相继登上北京大学光华管理学院讲台,进行了以"网络时代的营销"为主题的系列讲座,在国内外引起强烈反响。

【科研与教学获奖】 曹凤岐教授的专著《股份制与现代企业制度》、陆正飞教授的专著《企业发展的财务战略》、雷明教授的专著《可持续发展下绿色核算——资源经济环境综合核算》均获 2000 年度北京市第六届哲学与社会科学优秀成果二等奖;雷明教授还获北京大学人文社会科学一等奖,曹凤岐和陆正飞还获北京大学人文与社会科学二等奖。

12 月 25 日,光华管理学院朱善利、王其文、章铮主持的"适应国际化要求的工商管理本科教学体系创新"和王其文、张国有、葛锐、吴安主持的"企业竞争模拟教学软件开发与应用"获北京市高等教育教学成果一等奖。此软件是教育部高教司 2000 年主办的大学生电脑节企业经营决策比赛使用的软件。

【MBA 职业服务中心】 为适应市场对人才的需求,光华管理学院成立了专门的 MBA 职业服务中心,负责 MBA 在校生、毕业生与用人企业之间的沟通和联系,为 MBA 学生寻找能充分发挥自己才能的全职、兼职或实习单位提供咨询服务。

3 月 30 日,光华管理学院与 16 家国内外著名企业签订联合举办 MBA 学生实习基地协议,MBA 职业服务中心成为学院 MBA 与企业间的纽带与桥梁。

【交流与合作】 光华管理学院与美国西北大学凯洛格商学院、曼隆学院,加拿大、欧洲、新加坡等国和香港、台湾的多所大学建立了密切的学术交流与合作关系,并陆续派出教师到凯洛格商学院以及其他商学院进修或访问,学习先进的教学内容与方法,以提高教学质量;同时还派出学生进行交流。此外学院与国家经济管理部门和工商界保持着密切的联系,承担多方面的研究课题。

2000 年,光华管理管理学院派出 4 名教师到美国西北大学凯洛格商学院进修,10 名学生前往美国曼隆学院学习,另有多名教师出国访问。截至 2000 年底,光华管理学院共派出了 33 名教员出国访问进修,30 名学生出国学习。

【其他】 12 月 19 日,长江证券向光华管理学院捐资设立"经济学讲座教授"的签约仪式举行,这是该公司与著名高校寻求优势互补,振兴国内经济学教育和研究的一次有意义的探索。

11月25日起，光华管理学院根据学校党委部署开展了"三讲"教育活动，学院师生对学院院级党员干部在党性、党风和工作中存在的问题提出了意见和建议。学院在听取意见的基础上，提出了工作的整改方案。

(徐俊华)

法 学 院

【发展概况】 北京大学法学院在中国法学教育中历史最为悠久。早在1898年，京师大学堂从一开始就在其专门学第三门"高等政治学"内设有法律学课程。1904年1月修订大学堂章程，改大学专门学科为分科大学堂，在政法科大学堂内设法律学门，1919年又将法科法律学门改为法律学系。西南联大时期，北京大学法律学系的部分师生编入西南联大法商学院，历时8年。1946年5月，西南联大结束，北京大学重迁北平，于是年秋开学时，法律学系与政治学系、经济学系合并组建为法学院。1952年院系调整时，北京大学法律学系并入北京政法学院。1954年，在政务院副总理、中央政法委员会主任董必武的直接指导下，北京大学法律学系得以重建。司法部教育司司长陈守一受命出任重建的法律学系第一届主任。1954年9月12日，北京大学校长马寅初教授郑重宣布法律学系重新成立。

"文化大革命"中，法律学系受到严重冲击。1977年，随着正常的招生制度在全国得以恢复，法律学系迎来新的转机，特别是党的十一届三中全会以后，法律学系进入了大发展的新时期。

1999年5月26日，法律学系更名为北京大学法学院。建院后，取消了国内通行的学科教研室建制，组成了四大学科群，即民商经济法(含民法、商法、经济法、民诉法、知识产权法、环境法、劳动与社会保障法等)、法理宪政法史(含法理、宪法、行政法、立法学、法律史等)、刑事法(含刑法、刑事诉讼法、犯罪学、刑事侦查学等)和国际法(含国际法、国际私法、国际经济法等)，旨在顺应科技整合的世界潮流，集中融合各学科学术研究力量，强化组织的学术研究功能，利于开展大型科研项目以及对外交流。

该院现设有法律图书馆、《中外法学》编辑部、比较法和法律社会学研究所、国际法研究所、经济法研究所、劳动法和社会保障法研究所、刑事法理论研究所、国际经济法研究所、民商法研究所、环境与资源法研究所、犯罪问题研究中心、港澳台法律研究中心、科技法研究中心、司法研究中心、税法研究中心、中日法律研究与交流中心、金融法研究中心、立法学研究中心、公法研究中心、法制信息中心、妇女法律研究与服务中心、中国犯罪学会、司法鉴定室等。

法学院图书馆也是北京大学的法律文献信息中心，全馆使用面积1100平方米，馆内设有期刊、图书、电子阅览室、中文和外文书库，藏书8万余册，中外文期刊500余种。馆内电子阅览室有41台电脑与国际联网，并已开展国际远程教育。2000年该馆被联合国确定为"联合国资料保存馆"。

法学学术性双月刊《中外法学》(Peking University Law Journal)每期20万字，面向国内外公开发行，是享有盛誉的中国法学类核心期刊之一。

2000年法学院在职教职人员112人，其中教授35人(博士生导师26人)，副教授34人，讲师14人，教辅、党政管理人员29人，在站博士后4人。2000年引进人才3人(博导2人，教授1人)。

2000年在校学历教育各类学生1701人，其中本科生746人(含留学生81人)，硕士生720人，博士生235人。2000年招收本科生170人(含留学生18人)，硕士生232人(含留学生2人)，博士生84人。2000年毕业本科生212人(含留学生15人)，203人获学士学位；毕业硕士研究生163人并获硕士学位；毕业博士生12人并获博士学位。现有各类继续教育学生1300多人。

(王磊、朴文丹、刘连廷、臧文素、叶元生)

【学科建设】 目前法学专业教学主体架构仍为法学专业本科、硕士研究生、博士研究生三个层次。与此相应，除对符合条件的本科毕业生授予法学学士学位外，有权授予法学理论、法律史、宪法学与行政法学、刑法学、民商法学、诉讼法学、经济法学、环境与资源保护法学、国际法学、法律硕士共10个专业硕士学位；有权对法学理论、法律史、宪法学与行政法学、刑法学、经济法学、环境法与资源保护法学、国际法学7个专业授予博士学位。法理学、国际法学是全国重点学科。经过近几年的努力建设，经济法学、宪法学与行政法学、刑法学、民商法学、诉讼法学的学术梯队趋于合理，导师力量雄厚，科研成果突出，正在迅速发展。

(王健、李印生)

【科研与学术活动】 法学院教学科研环境良好，学术研究气氛浓厚，学术成果丰硕。据本年不完全统计，全院教员在全国核心刊物上发表论文100多篇。2000年学院承担了"985"项目，王轶承担了国家社科基金青年项目。吴志攀荣获北京市第四批"跨世纪人才"。陈兴良的《刑法的人性基础》获北京市第六届哲学与社会科学优秀成果一等奖，王小能的《中国票据法律制度研究》、王世洲的《德国经济犯罪与刑法研究》获二等奖。张守文获教育部高等学校优秀青年教师教学科研究奖。10人获北京大学文科优秀科研成果奖：陈兴良的《刑罚的价值构造》、梁根林的《刑法结构论》和邵景春的《欧洲联盟的法律与制度》获著作一等奖；王小能的《中国票据法律制度研究》、汪劲的《环境法的理念与价值追求》获著作二等奖；郭自力的《论张子强李育辉两案的司法管辖权》、刘燕的《验资报告的'虚假'与'真实'》、张守文的《"第一税案"与财税法之补缺》、孙东东的《我国医疗事故鉴定体制的弊端与改革之管见》获论文二等奖；刘剑文获安子介奖一等奖。

2000年法学院对外学术交流活动频繁，海外学者、专家和国际知名人士来访和进行学术交流共71人次，举办学术讲座19次，有3位外国学者来法学院做访问学者。3月，台湾"中央研究院"张伟仁教授来本院进行为期4个月的讲学，并获授北京大学客座教授。3月27—28日，耶鲁法学院著名民法、经济法教授舒尔茨（Alan Schwartz）来访，举办了主题为"从美国经济学、社会学的角度比较分析中国新合同法"的著名教授研讨会。6月19日，美国最高法院大法官肯尼迪（Justice Kennedy）为本院学生作题为"美国最具争议案件的处理和法律解释"的演讲。6月28日，美国明尼苏达大学校长乔治·尤德夫（George Yudof）来访，并获授北京大学法学院名誉客座教授，该大学法学院院长苏力文（Edward Thomas Sullivan）到本院进行访问。10月16日，国际著名的多边贸易体制法律问题专家、被誉为"GATT之父"的乔治敦城大学教授约翰·杰克逊（John Jackson）受本院邀请来北大作题为"WTO与中国"的演讲。10—11月，台湾东吴大学法学院院长杨桢教授为本院研究生开设"英美契约法"课程。10月19日，台湾大学著名民法学教授王泽鉴先生为本院学生作

"物权法上的自由与限制"主题报告。11月9日，由台湾著名学者、北大客座教授张伟仁倡议并设立的首届法家拂士奖助计划正式启动。

法学院积极开展对外培训和教学活动。5月22日，为期3周的第二期美国密苏里—堪萨斯城（UMKC）法学院中国法讲习班开学，北大法学院教员以英语讲授中国法律课程。11月13—17日，法学院为香港律政司举办第一期中国法律培训班，香港律政司有10名政府法律专员、检控官及政府律师参加了培训班。

（李印生、赵焕、殷铭）

信息管理系

【发展概况】 信息管理系创建于1947年，是我国自己创办的最早的图书馆学情报学教育基地之一。经过半个世纪的建设和发展，在几代人的不懈努力下，逐步壮大为一个多学科、多层次、全日制与继续教育相结合的新型专业教育中心，以及培养高层次信息管理人才的摇篮。2000年有教职员47人，其中教授12人（博士生导师6人），副教授18人，讲师10人。其中图书馆学博士生导师4人，情报学博士生导师2人，兼职导师4人。另外，聘有国外客座教授3人，国内兼职教授多人。系内设有4个教研室（图书馆学、情报学、信息经济与立法、编辑出版学），1个研究所（信息传播研究所），2个实验室（电子图书馆实验室、计算机信息管理应用实验室），还设有实习室、资料室、党委办公室、行政办公室、函授办公室、教务办公室等机构。

【学科建设】 在专业设置方面，经过多年的调整和发展，已形成一个以信息管理为核心的，专业门类较齐全的专业体系。本科设有：信息管理与信息系统专业、图书馆学专业、编辑出版学专业，每年招生60人。博士生和硕士研究生设有2个专业：图书馆学、情报学。2000年，获得图书馆学、情报学与档案管理一级学科博士授予权。2000年在校全日制本科生人数达296人，硕士生72人，博士生35人。此外招收进修教师与访问学者29人。生源比较充足，就业状况良好。

教学改革是一个系健康发展和永葆青春的重要机制。1996年，以贯彻学校部署的全面修订教学计划的任务为契机，开展了新一轮教改工作，重点解决学科发展方向和优化课程设置问题。经过全系师生广泛深入的调查研究和讨论、论证，确定了今后的学科发展方向：面向大信息，以信息资源管理和信息技术应用为核心的发展重点，为国家信息化培养合格人才。学科定位在信息资源建设和信息传播与服务的教学与研究方面。拓宽专业口径，逐步转向信息管理，从技术、经济、政策与法律、人文等不同角度来切入此领域。图书馆学专业也要突破传统的学科范围，重点转向文献信息管理。编辑学专业要向出版领域扩展，培养新型的以选题策划和电子出版见长的编辑出版人才。关键是要转变观念，把信息管理、图书馆和编辑出版学视为一个密切相关的学科组合体，均属于信息生命周期中的学科，是一个整体。还提出，要特别关注网络信息资源建设与管理问题。未来的信息管理学科还将与传播逐渐融合，形成新的信息传播学科群。

在培养目标上，强调基础宽厚，自我发展和应变能力强，提出要培养信息主管（CIO）、信息经纪人、数据库工程师等新型人才。研究生专业的研究方向也作了调整，图书馆学专业下设图书馆学理论、文献资源建设、目录学、信息存贮与检索、信息技术应用和咨询学等5个方向。在课程设置和教学内容改革方面，确立了一些新的指导原

则和思路。例如,强调课程设置要讲求科学性和系统性,完善课程的论证和审议制度,加强信息管理和信息技术应用方面的课程,改造和优化那些必要的传统课程,提倡文理兼容主选。认为信息管理专业学生的知识结构应包括7个方面:专业理论、信息增值知识和技能、信息服务与市场营销知识和技能、信息系统开发与管理知识与技能、坚实的数理基础知识、必要的人文社科知识、语言交际能力。

【科研工作】 2000年,该系主持的学校"211工程"子项目"网络化数字化信息资源开发管理环境"经过一年的规划建设,建成了系网站、网络信息资源管理平台和多媒体教学与研究平台。该年度获国家社科基金项目2项,国家自然科学基金3项,资助金额50余万元;与安邦咨询公司共建"北大—安邦信息研修中心";与日本爱知淑德大学的共同研究项目基本完成。

在学术交流方面,该系是国际图联、中国图书馆学会、中国科技情报学会、中国社科情报学会、中国信息协会、中国信息经济学会、全国科技传播研究会等重要学术团体的机构会员,并在其中担任了常务理事或副理事长等重要学术职务。与国内外一些著名大学的信息管理系或其他相关院系有密切的交往,每年都接待一定数量的国内外专家学者访问或讲学,选派若干名教师出国进修、访问或参加学术会议。

【成人教育】 在成人教育方面,自1956年开办函授班以来,至今已有40多年的历史,为国家培养了近8000名函授毕业生,为图书馆界输送了大批实用人才,并为函授教育摸索和积累了许多有益的经验。目前正在开办的成人教育专业有3个:图书馆学(专升本)、计算机信息管理(大专)、编辑出版(脱产大专)。每年共招生500多人,正在学习的学生有1600多人。另一方面,鉴于成人教育的高层次化趋势,该系从1994年起每年都开办研究生课程进修班,为社会上具有同等学力要申请硕士学位的人员提供进修学习机会。2000年,招收"知识管理与咨询策划"研究生课程进修班218人。在澳门开设的大专班有学生76人,并获准在香港中文大学开办"图书与资讯管理"专业。

(王余光)

社会学系

【发展概况】 北京大学社会学系1982年正式建系。2000年,与学校的改革相一致,社会学系在机构和学科建设方面也进行了调整,一个重大的举措即是按照北京大学校发[2000]110号文件的决定,对社会学系与社会学人类学研究所实行系所结合的管理体制,由统一的领导班子对教学、科研、学科布局、基地建设等工作实行统一管理,但保留原系、所的名称与编制,人员可以双向流动。

目前,社会学系全系(含所)教学、科研、教辅和行政人员的总数达到48人。在36名教师中,有教授12人(其中9人为博士生导师),副教授14人,讲师10人;其中25人拥有博士学位。

社会学系现设4个教研室和1个中心,即:社会学理论教研室、社会学方法教研室、应用社会学教研室、社会工作教研室和北京大学社会调查研究中心。还拥有一个专业书籍比较齐全的资料室和一个设备较为完善的计算机室,为本系的教学和科研工作提供了有力的支持。社会学系(含所)现设有社会学、人口学和人类学3个博士点,有社会学、人类学、人口学和社会保障4个硕士点,有社会学和社会工作2个本科专业。2000年,社会学系(含所)招收博士研究生15人、硕士研究生41人、本科生44人。除此之外,还有4名博士后研究人员在站从事法律社会学、军事社会学、组织社会学、人类学等专业方向的研究工作。社会学系在校学生规模的扩大,在一定意义上也表明了社会对于本系学生的积极需求。从2000年的情况来看,因为在校期间受到扎实的专业训练,社会学系不少学生尤其是研究生毕业后被美、欧和香港知名大学录取而在学术上深造,更多学生毕业之后则被国内知名的研究机构、新闻单位、企业集团以及党政机关积极录用,从事学术和实践工作。

【学科建设】 2000年是社会学系发展的一个转折点,教学和科研基本延续了以往成熟的方向,在此基础上,也在酝酿课程体系等方面的调整和改革。与此同时,社会学系教师负责的研究课题继续保持了较大的数量,除了"农村家族、家族活动现状及其对现代化影响的研究"、"社会理论研究"、"中国社区发展的战略和策略"、"中国工人职业生涯研究"、"北京市建设征地农转居问题研究"等国家或北京市社会科学基金资助的一些项目之外,又有"欧洲社会心理学研究的新进展"和"企业改制与工人阶级地位稳定性研究"2项课题获得国家社科基金的资助,显示了社会学系雄厚的专业研究实力。

与"农村劳动力流动"、"劳动力市场整合:城市职工与农村移民"、"当今中国城市失业和下岗工人的社会保障"、"中日社会福利政策比较"、"中国城市社会网络比较研究"、"农村基层政权案例研究"、"重大历史事件与'知青'生命历程"等一些横向合作项目相关联,社会学系教师与美国、法国、日本、韩国等国家和香港、台湾的学术交流也都在积极进行之中。2000年9月,社会学系、所共同申报的全国重点文科研究基地"中国社会与发展研究中心"正式获得批准。这将进一步拓宽系所的学术研究领域，提升系所的学术研究水平。2000年社会学系（所）出版的教材有《人口社会学》、《市场调查》。出版学术专著共计10本，系（所）教师发表学术论文百余篇。学生科研工作也显示了雄厚的实力，在2000年北京大学举办的"挑战杯"比赛中，社会学系的学生获得了团体一等奖，另外还获得了2个一等奖，1个二等奖和1个三等奖的好成绩。

在稳步推进学术工作的同时，社会学系也不懈地开展思想政治工作并取得了很大的成绩。2000年，社会学系共发展学生党员31名，本科生党支部被评为校级先进党支部，系党委书记获得"优秀德育奖"。

【袁方教授不幸逝世】 2000年6月14日，我国著名社会学家、北京大学社会学系创始人袁方教授因病不幸逝世。袁方教授长期从事社会学、人口学、劳动经济学等领域广泛的研究，生前曾担任过中国社会学会会长、中国社会工作教育协会会长、中国劳动学会副会长、中国社会工作者协会副会长等职务，对社会学等学科的发展做出了重大的贡献。袁方教授一生致力于学术，把自己全部的精力、才智、经验和时间献给了社会学事业。为了纪念袁方教授对北京大学社会学系的建设和发展做出的巨大贡献，表达师生对袁方教授的敬爱，社会学系建立了袁方教授纪念基金。

（曲庆云）

外国语学院

【发展概况】 北京大学外国语学院成立于1999年6月22日。它是由原北京大学东方学系、西语系、英语系和俄语系合并而成的北京大学第一个多系、多学科的学院，下设英语系、俄语系、法语系、德语系、西班牙语系、东语系、日语系和阿拉伯语系等8个系，以及东方学研究院、翻译中心、世界文学中心3个研究机构，包括英语、俄语、法语、德语、西班牙语、日语、阿拉伯语、蒙古语、朝鲜语、越南语、泰国语、缅甸语、印尼语、菲律宾语、印地语、梵巴语、乌尔都语、波斯语、希伯来语等19个语种，共有9个博士点，1个博士后流动站。

学院现有教职工286人，其中教授55人（博士生导师32人），副教授81人，讲师87人。现有学生976人，其中本科生675人（其中留学生4人），硕士研究生238人，博士研究生63人。2000年招收新生300人，其中本科生182人，硕士研究生98人，博士研究生20人。

学院办有3种学术刊物：《国外文学》、《北京大学学报（外国语言文学专刊）》和《东方研究》。另外，学院还有26个虚体研究机构和学术团体，如英语语言文学研究所、加拿大研究中心、澳大利亚研究中心、德语国家研究中心、意大利研究中心、俄罗斯学研究中心、中俄比较文学学会、普希金研究会、莎士比亚研究学会北京大学分会、中外妇女文学研究会、世界传记中心、语言学研究所、文学与翻译学会、北京大学英语教学研究会、东方文化研究所、日本文化研究所、阿拉伯—伊斯兰文化研究所、印尼—马来文化研究所、南亚文化研究所、朝鲜文化研究所、伊朗文化研究所、东南亚文化研究所、希伯来文化研究所、泰国研究所和古代东方研究所等。外语学院主办的北大"星光外语教学电台"面向全校进行英语广播。

【学科建设】 2000年，外语学院共开设318门课程，其中研究生课程117门，本科生课程172门（主干基础课74门），辅修课程15门，全校性选修课14门。英语系大学英语教研室和研究生公共英语教研室分别负责全校本科生、硕士研究生公共英语教学。

有18名长期外国专家、近20名短期专家在外语学院教授本科生和研究生课程。

11月10—11日，召开外语学院组建以来的第一次教学研讨会"北京大学外国语学院教学研讨会"。校长许智宏，校党委副书记赵存生，副校长何芳川、林久祥和学校有关部门的代表与外语学院200余名教师出席。韩敏中等11位教师分别就教材建设、教学与科研的关系、远程教学、本科生课程建设、研究生学位论文的要求和规范以及教师梯队建设与教学等问题作了大会交流报告。

法语系王庭荣教授和英语系汪海涛讲师获得2000年北京大学优秀教学奖。西班牙语系段若川教授主持的"西班牙语精读课"被评为北京大学优秀主干基础课。由法语系王东亮教授主持的北京大学教学科研项目"大学法语计算机辅助教学软件CAI开发"项目取得初步成果，得到了学校和学院的进一步支持。青年教师吴杰伟获得北京市高校青年教师多媒体教学比赛三等奖。

5月，西班牙语系青年教师王军在西班牙马德里大学获得博士学位。

【科研活动】 2000年，外语学院共承担各类科研项目共29项，其中国家哲学社会科学"九五"规划重大项目2项，国家哲学社会科学年度基金项目10项，教育部人文科学研究"九五"规划项目5项，教育部留学回国人员科研启动基金项目12项。另外，外语学院教师还承担合作研究课题13项，其中国际5项，国内5项，与港澳台地区合作3项。

东语系张鸿年、曾延生、叶奕良、李湘、滕慧珠等5位教师获得伊朗伊斯兰共和国总统颁发的"波斯语言文学突出奖"。

表 5-22　外国语学院科研项目一览表

项目名称	负责人	立项时间	任务来源
新编德国文学史	范大灿	1996年	国家哲学社会科学"九五"规划项目
二十世纪外国文学史	陶 洁	1997年	国家哲学社会科学"九五"规划项目
英汉比较语义学	王逢鑫	1997年	国家哲学社会科学年度基金项目
明末清初的翻译文学研究	刘树森	1997年	国家哲学社会科学年度基金项目
蒙古族目莲救母故事与汉族目连戏的比较研究	陈岗龙	1997年	国家哲学社会科学年度基金项目
中古英语文学研究	沈 弘	1998年	国家哲学社会科学年度基金项目
中西宗教与现代文学	喻天舒	1999年	国家哲学社会科学年度基金项目
"他化者"：东方文艺创作的误区	林丰民	2000年	国家哲学社会科学年度基金项目
二十世纪伊斯兰世界的文化思潮与文学	刘曙雄	2000年	国家哲学社会科学年度基金项目
互文性问题研究	秦海鹰	2000年	国家哲学社会科学年度基金项目
大学生英语学习社会心理：学习动机、文化认同与人格建构	高一虹	2000年	国家哲学社会科学年度基金项目
汉语、阿拉伯语文化语言之比较	傅志明	2000年	国家哲学社会科学年度基金项目
泰戈尔及其作品研究	唐仁虎	1996年	教育部人文科学研究"九五"规划项目
英国诗歌与基督教传统	胡家峦	1998年	教育部人文科学研究"九五"规划项目
佛经翻译文学研究	王邦维	1998年	教育部人文科学研究"九五"规划项目
印度戏剧研究	姜景奎	1998年	教育部人文科学研究"九五"规划项目
喀尔喀蒙古英雄史诗研究	陈岗龙	1998年	教育部人文科学研究"九五"规划项目
俄国"白银时代的文学与文学评论"研究	赵桂莲	1997年	教育部留学回国人员科研启动基金项目
日汉四字成语对比研究	彭广陆	1998年	教育部留学回国人员科研启动基金项目
法国现代小说专题	田庆生	1998年	教育部留学回国人员科研启动基金项目
中日茶文化交流史	滕 军	1998年	教育部留学回国人员科研启动基金项目
德国十九世纪小说	谷 裕	1998年	教育部留学回国人员科研启动基金项目
中古英语文学史研究	沈 弘	1998年	教育部留学回国人员科研启动基金项目
俄语词汇的民族文化语义	褚 敏	1999年	教育部留学回国人员科研启动基金项目
美国研究导论	齐小新	1999年	教育部留学回国人员科研启动基金项目
德国戏剧从传统到现代	王 建	2000年	教育部留学回国人员科研启动基金项目
俄语对别连词的研究	王立刚	2000年	教育部留学回国人员科研启动基金项目
罗伯特·弗洛斯特诗歌艺术研究	黄宗英	2000年	教育部留学回国人员科研启动基金项目
《史集·中国史》校注及研究	王一丹	2000年	教育部留学回国人员科研启动基金项目

东语系教师刘安武的《普列姆昌德评传》、英语系教师申丹的《叙述学与小说文体学研究》获得北京市第6届哲学社会科学优秀成果奖。

9位教师获北京大学第7届文科优秀科研成果奖，其中龚人放等人合作的《俄汉文学翻译词典》和吴贻翼所著《现代俄语复合句法学》获著作一等奖，彭广陆的《以复合连体格名词为从属词的词组》获得论文一等奖。

日语系教师滕军所著《茶文化思想背景之研究—从植物至精神文化的历程（日文）》荣获宋庆龄基金会第二届孙平化日本学学术奖励基金会专著二等奖。东语系教师史习成所著《蒙古现代文学》获2000年华夏英才学术著作出版基金资助。

为推动教学与科研的开展，外语学院主办了13次国际和国内学术会议。4月27—29日，文学、宗教、人文暨印度文学研讨会；4月28日，庆祝《俄汉文学翻译词典》出版暨恭贺龚人放教授85华诞大会；5月3—4日，'2000汉日对比语言研讨会；6月22—23日，波斯

表 5-23　外国语学院 2000 年外事活动一览表

时间	活动内容
1月7日	为在外语学院工作的外国专家、外籍教师及其家属举办"辞旧迎新"招待会
2月28日	应英语系邀请，美国专家司珂腾教授来校学术访问一周
3月10日	泰语专业师生10人参加在人民大会堂举行的欢迎泰国诗琳通公主的活动
3月30日	180名师生在校图书馆参加为欢迎秘鲁外长费尔南多·德特拉塞涅格斯而举行的《沙漠之梦》中文版介绍仪式
4月1日	日本早稻田大学教授铃木义昭先生来日语系进行合作研究
4月13日	印尼—马来语言文化专业师生18人应邀参加外交部集邮协会在钓鱼台举办的中—印尼建交50周年纪念邮票发行仪式
4月14日	缅甸文化语言专业师生18人应邀参加缅甸驻华使馆举办的泼水节庆祝活动
4月20日	俄罗斯作协代表团一行3人来校与俄语系师生座谈
4月21日	俄罗斯外交部国际文化交流处两位专家来访俄语系
4月24日	印尼—马来语言文化专业4名学生赴上海为上海市政府举办的印尼—中国贸易洽谈会担任翻译
4月25日	俄语系师生20人参加俄罗斯驻华使馆为参加圣彼得堡钢琴比赛获奖人员举行的汇报演出
4月28日	俄罗斯驻华大使罗高寿、文化参赞、俄中友协副主席与中国对外友协会长、中俄友协会长陈昊苏等参加俄语系举办的"庆祝《俄汉文学翻译词典》出版暨恭贺龚人放教授85华诞大会"
5月17日	日本名古屋东浓企业界访华团一行13人来访
5月17—28日	应英语系邀请，美国 Ouachita Baptist University 大学一行5人来访并与英语系教员联合举办学术研讨会
5月20—28日	美国威斯康星大学西班牙语文学教授 Birutė Ciplijauscaité 应邀到访讲学
5月30日	印地和乌尔都语言文化专业师生40人参加欢迎印度总统科切里尔—拉曼—纳拉亚的活动，参加印度文学家泰戈尔铜像揭幕仪式；60名师生出席印度总统演讲报告会
6月1—4日	台湾元智大学应用外语系忻爱莉、陈心华两位教师访问北大，观摩英语课并与公共英语教研室教师座谈
6月19日	印度驻华大使夫妇等参加为庆祝中印建交50周年，印地语言文化专业师生与在京的部分印度留学生举行的作文比赛颁奖仪式及庆祝活动
9月3日	西班牙作家代表团一行7人来访，与西班牙语师生座谈
9月5—15日	日本关西大学教授鸟井克之先生来日语系讲学
9月14日	俄罗斯莫斯科大学国际教育中心主任尼古拉耶奇先生、副主任鲍里索维奇先生和莫斯科大学中心叶莲娜女士来访
9月27日	诺贝尔文学奖获得者、日本著名作家大江健三郎出席日语系与清华大学中文系联合举办的讲演会，作精彩讲演并回答提问
10月13—23日	日本大学文理学部教授曾根博义先生应邀为日语系师生开设日本文学讲座
10月18日—11月1日	德语系16名本科生在外教的带领下，赴德国波恩、柏林、法兰克福、海德堡等11城市，参加纪念歌德诞辰250周年戏剧演出
10月23日	印尼万隆马拉纳达基督大学校长率6人代表团来访
10月24日	马来西亚驻华大使、马来西亚国立大学校长率5人代表团参加由孔远志教授用马来文撰写、由马来西亚国立大学出版社出版的《郑和下西洋和马来国家》一书的首发式

语言文化研讨会；7月7日，"现代化进程中的中泰关系"学术研讨会；7月7—10日，《北大英语精读》教材研讨会；7月14—16日，中国非通用语教学研讨会暨第8次学术研讨会；8月26—28日，中美文化研究与比较研讨会；9月7—9日，"面向21世纪的东南亚"国际学术研讨会；9月25—26日，奥地利20世纪著名作家、戏剧家托马斯·伯恩哈德国际学术研讨会；10月14—15日，日本文学教学研讨会、日语语法研讨会；10月19—21日，"惠特曼2000：全球化语境中的美国诗歌"国际学术研讨会。

【对外交流】　2000年，外语学院193人次参加在国内外举办的国际学术会议，共提交论文41篇；89人次参加国内学术会议，提交论文47篇；21人次参加港澳台地区学术会议，提交论文1篇；外语学院教师受聘外出讲学24人次，其中国际9人次，国内15人次；接待访问学者21人次，其中国际16人次，国内4人次，港澳台学校1人次；学术考察派出9人次，其中国际6人次，国内2人次，赴港澳台地区1人次；接待学术考察来访33人次，其中国际20人次，国内10人次，港澳台地区3人次；教师进修学习派出17人次，其中国际15人次，国内1人次，港澳台地区1人次；接待进修学习来访4人次，其中国际3人次，国内1人次；合作研究派出8人次，其中国际3人次，国内4人次，港澳台地区1人次；接待合作研究来访7人次，其中国际2人次，国内5人次。

【继续教育】　为了更好地利用北大雄厚的师资和教学条件为社会提供外语教育服务，外语学院成立继续教育办公室。目前，采用自办与合作办学相结合、脱产与在职相结合的方式，设有英语自考专科项目、英语自考专升本项目、BEC培训项目、函授英语项目、英语口语训练项目，先后开办了博士生入学英语考试辅导班、基础英语强化班、考研英语辅导班、英语四六级辅导班、托福英语班、新概念英语班、德语强化班、暑期中美文化研习班等。2000年总计有1万多人次接受外语培训。

【学生工作】 外语学院荣获本年度北京大学"红旗团委"和"学生工作先进学院"荣誉称号。3月，在校篮球联赛中，院女队赢得冠军，男队获得第三名。4月，英语系张嵩同学参加"21世纪杯全国大学生英语演讲比赛"获得第三名。朝鲜语专业学生参加"韩国文化演讲比赛"获得三等奖。德语系邱萍同学被评为北京大学"共青团标兵"，5个支部获得"优秀团支部"和"先进团支部"称号，13名学生获得"优秀团干部"和"优秀团员"称号。5个团日活动获得最佳团日奖励。1/8（英文）报被校团委评为优秀团刊。5月，东语系陈永利同学获得"五四"奖章。5月12—27日，成功举办首届"外语文化节"，许智宏校长、何芳川副校长、王登峰副书记到会祝贺。12月，获得"一二·九"歌咏比赛一等奖。俄语系马宇娇同学获得北京大学"十佳讲演比赛"第二名。一年中，学生们还参加了多次外事活动和国际会议等社会实践活动。学生还有刊物《缪斯》。

（马建钧）

马克思主义学院

【发展概况】 马克思主义学院成立于1992年。学院的教学科研单位有中国革命史（毛泽东思想）教研室、哲学教研室、经济学（邓小平理论）教研室、当代世界经济与政治教研室、社会发展研究所、德育研究所（思想政治教育专业），有邓小平理论研究中心、社会经济与文化研究中心、港澳研究中心和台湾研究中心等4个研究中心（虚体）。设有行政办公室、党委办公室、教务办公室、培训办公室、资料室等机构。学院现有中共党史、哲学、经济学、科学社会主义、思想政治教育等5个硕士点，有科学社会主义和马克思主义理论与思想政治教育2个博士点。在成人教育和培训方面，有金融与贸易、企业管理、国际金融贸易等专科专业，金融与贸易、思想政治教育2个本科专业，经济学、思想政治教育2个硕士专业。学院现有教职工63人，其中教员54人，行政人员9人。教员中有教授19人（博士生导师11人），副教授24人，讲师11人；行政人员中有副研究员2人，馆员3人。

【学科建设】 2000年，挂靠在学院的"北京大学邓小平理论研究中心"通过教育部"人文社会科学重点研究基地"的评审，并批准中心申报的2个重点研究课题。在三年中，每年获教育部支持的科研经费30万元。2000年9月，学院"马克思主义理论与思想政治教育"博士点申报获得批准，成为经国务院学位办批准的该学科全国7个博士点之一。

【教学工作】 7月，学院承担教育部委托的"高等学校两课教师在职攻读硕士学位"培养工作正式实施，第一批录取全国各高校的教师学员60多名。学院为学员开设的课程和教学工作受到学员和教育部领导的好评和肯定。9月，学院在校教务部的指导和支持下，对"毛泽东思想概论"课试行学生自由选择教师和课堂的教学试点工作，激励教师进一步提高教学质量，调动学生学习的积极性和主动性，取得了较好的成效。12月，学院开设的"邓小平理论概论"课，获北京市优秀教学成果一等奖，被推荐申报国家级优秀教学成果特等奖。学院教师江长仁获北京大学教学优秀奖；陈德民获北京大学青年教师"现代教育技术比武"优秀奖。学院组织百余人的师生合唱队参加学校"一二·九"大型歌咏比赛，获得组织工作奖和歌唱二等奖。

【科研工作】 2000年，学院教学科研人员承担的科研项目有：

（一）2000年度国家社会科学基金项目：(1)"党史、党建学科调研"（沙健孙）；(2)"马克思劳动价值论与中国特色社会主义"（李顺荣）；(3)"建国50周年马克思主义哲学发展史研究"（杨河）；(4)"中国共产党执政50年防灾救灾经验"（康沛竹）；

（二）2000年度北京市社会科学项目："改革开放20年哲学热点问题研究"（林娅）；

（三）北京大学"985规划"科研项目："马克思主义与当代现实"（陈占安、杨河），子课题：(1)"唯物史观与现代西方社会发展理论比较研究"（林娅）；(2)"马克思主义和儒家思想比较研究"（张守民）；(3)"中共第一代领导集体与社会主义时期毛泽东思想的发展"（仝华）；(4)"当代时代主题与当代时代问题研究"（李淑珍）；(5)"马克思主义与当代经济全球化问题研究"（邱尊社）；(6)"从马克思到邓小平——马克思基本经济理论发展研究"（孙蚌珠）；(7)"当代大学生思想道德修养的理论与实践"（李毅红）；(8)"当代社会主义的理论和实践"（李青宜）；(9)"马克思主义现代化理论研究"（尹保云）。

2000年，学院教学科研人员与韩国、波兰等国的学者，在北京大学就"东亚的现代化发展"、"当代资本市场的发展"等问题进行了多次学术交流活动。

（黄南平）

教育学院

【发展概况】 教育学院成立于2000年10月25日，是在原高等教育科学研究所、教育经济研究所和电化教学中心的基础上组建而成。

首任院长由北京大学常务副书记兼副校长闵维方教授兼任。学院的目标是力争用十年或更短一点的时间建成国际一流的教育学院。主要开展教育科学领域重大的基础理论和应用研究，力争做出具有创造性的理论研究成果和对我国教育实践产生重要影响的应用性研究成果；培养教育学、教育经济学、国际与比较教育、教育管理与教育政策分析、教育技术、人力资源开发、课程设计与现代教学理论等方面的研究生；为中央、北京市的教育决策部门及北大管理部门提供有关的决策支持研究和咨询服务；为教育管理人员及教师提供在职培训；与国内外有关组织开展合作研究、教育培训与服务工作。

教育学院有教育与人类发展系、教育经济与管理系、教育技术系、高等教育研究所和教育经济研究所。经过教育部有关部门以及专门教育专家小组的实地考察和评审，教育部社政司于2000年9月批准将教育经济学研究所列入普通高等教育人文社会科学重点建设研究基地。

教育学院设立的教学科研辅助单位主要有院行政及教务办公室、图书及信息资料中心、计算机室、全国高等教育情报网总站（挂靠单位）和全国高校教育技术信息中心（挂靠单位）。

（教育学院供稿）

艺术学系

【发展概况】 北京大学艺术学系正式成立于1997年4月，其前身是北京大学艺术教研室，成立于1986年，主要面向全校开设艺术类公共选修课，辅导学生艺术团体，1995年开始招收广告学专业本科生。艺术学系已决定从2001年开始招收影视编导专业本科生。

北京大学艺术学系现设4个本科专业和2个硕士专业。即：广告学专业本科、影视编导专业本科、艺术学专业辅修本科、文化艺术管理专业本科，以及艺术学专业硕士点（分为艺术教育、艺术批评、美术学、广告学、文化艺术管理等五个专业方向）、电影学专业硕士点。此外，艺术学专业还开设了文化艺术管理方向和古代艺术品（书画）鉴定方向的研究生课程班。

艺术学系承担了北京大学艺术类公共选修课的教学任务。1991年，北京大学率先在全国作出每个在校生需至少修满艺术类公共选修课2个学分才能毕业的决定。目前，艺术学系每年接纳公选课学生人数均在3000人左右。

艺术学系还负责北京大学学生艺术总团的日常管理及艺术指导工作。总团下属学生合唱团、学生交响团、学生舞蹈团、学生民乐团4个分团。

艺术学系现有教职员工22人。其中教授5人，副教授9人，讲师5人，资料员1人，教务员2人。

艺术学系现有学生人数为广告学本科85人，艺术学辅修本科90人，研究生31人，研究生课程班150余人。学生艺术团四个分团的总人数280余人。

【学科建设】 艺术学系自成立以后，一直把加强学科建设，提高教学质量作为全系工作的重点，并多方面开展了工作。2000年1月，艺术学系经多次反复商讨，制定了"北京大学艺术学系人才培养与学科建设方案"，规定了艺术学系的近期目标和长远规划，此规划已经送达学校有关部门和领导，并开始着手实施。

广告学是一门新兴的交叉学科，在现代社会的经济文化生活中起着日益重要的作用。为了适应社会急需，经原国家教委批准，北京大学艺术教研室自1993年和1995年起开始分别招收广告学专业大专生与广告学专业本科生。

影视编导本科专业是艺术学系为适应社会的迫切需求而设立的新专业。在学校的大力支持下，经国家教委批准，影视编导本科专业将从2001年秋季学期开始正式招生，首次招收本科生30人。

艺术学系艺术学专业硕士点分艺术批评、艺术教育、美术学、广告学、文化艺术管理等研究方向。这是目前全国仅有的两个艺术学专业硕士点之一。此外还设有电影学方向硕士点。

为了充分发挥艺术学系所应有的提高大学生文化修养和艺术素质的功能，1998年11月，经教育部批准，北大艺术学系在全国首次试办艺术学辅修专业，即从1999—2000学年度第一学期开始，在全校学生（从主修专业第二学年开始）中招收辅修学生攻读艺术学双学士学位。1999年9月，来自全校各个院系的学生50余人，开始进入艺术学系正式攻读艺术学双学士学位。2000年9月，艺术学系招收了第二届艺术学本科辅修专业，同时增设了艺术学本科辅修专业影视学方向，共约40人。艺术学系制订了艺术学辅修专业较为详尽的教学计划，并着手实施。遵循江泽民总书记提出的教育要为社会主义建设主战场服务的精神，从1998年起，艺术学系与北京电视台联合举办文化艺术管理研究生课程班，现已开办3届。参加人员来自北京电视台、解放军总政治部、中央电视台、文化部等单位，共40余人，相当一部分为文化艺术界的优秀骨干和知名人士。2000年10月，艺术学系又招收了第三届文化艺术管理研究生课程班，人数达60人。2000年10月，艺术学系与故宫博物院合作，举办艺术学专业古代艺术品（书画）鉴定方向

【影视编导本科专业】 北京大学的研究生课程班，招生学员50余人，学员已正式入学。艺术学系从

表 5-24　北京大学学生艺术团 2000 年演出活动

一、学生艺术团联合演出	
1 月	在人民大会堂参加宋庆龄基金会主办的《科教扶贫工程——2000 大型文艺晚会》。
2 月 26 日—3 月 25 日	"新千年南粤行"巡回演出
5 月 4 日	参加"五四"校庆演出。
5 月 15、16 日	参加北京大学与北京医科大学合并联欢晚会。
9 月 13 日	参加外国语学院东方学国际研讨会演出。
12 月 14 日	参加北京贸易促进会各国使节新春团拜会。
二、学生艺术团各分团演出	
(一)学生合唱团	
4 月 15 日	在北京剧院与旧金山合唱团举办了合唱音乐会
6 月 8 日	在北京大学与耶鲁大学女子合唱团进行了交流演出
6 月 10—20 日	参加"我们一同走过"大型电视节目的排练、录音和录像
7 月 11 日	在五洲大酒店国际会议中心为庆贺世界心理学大会在中国的召开举办合唱
12 月 14 日	举办学生合唱团十周年合唱专场音乐会
(二)学生交响乐团	
6 月 10 日	在北大办公楼礼堂举办交响乐专场演出
9 月 30 日	在北大办公楼礼堂与德国莱福山庄管乐团同台演出
10 月 12 日	在国际会议中心举办交响乐专场演出
12 月 13 日	在北大大讲堂交响乐团大提琴声部参加中央电视台春节晚会录像、录音
(三)学生舞蹈团：	
	录制完成舞蹈团 VCD 专辑 1 的出版工作，收录舞蹈团经典舞蹈 10 余个
7 月	赴福州演出
	参加国庆节北京市团委组织的高校赴密云演出
12 月 19 日	迎接新世纪舞蹈团学期末舞蹈专场汇报演出
12 月下旬	参加学校教务部新春联欢晚会
12 月底	参加北京大学外国专家、留学生参加的新春联谊晚会
(四)学生民乐团	
5 月	为北京大学 102 周年校庆校友大会演出
6 月	在世纪剧院与美国加州大学联合演出
7 月 14 日	在北京丰台区京丰宾馆礼堂为全国青联九届一次全委会和全国学联二十三大闭幕演出
9 月	为国际合作部颐和园中秋节招待会演出
10 月	赴北京盲童学校慰问演出
10 月	参加交流中心外国语学院英语系纪念英国诗人惠特曼演出
7 月	参加厉以宁教授诗词朗诵会演出
12 月	参加基金会团拜会及一些新年演出

2001 年起增设影视编导本科专业，学制 4 年，授予文学学士学位，面向全国招生，招生人数为 30 人。

影视艺术是在声、光、电、电子等科学技术高度发展的基础上产生并迅猛发展起来的新兴艺术，它聚合了众多的前沿科技、人文学科和社会生活的方方面面，有着非常广阔的发展前途。

影视编导专业依托北京大学雄厚的人文学科优势，借鉴世界各国影视艺术教育的先进经验，利用现代的教学手段，进行开放的、面向社会、着眼未来的教学实践，体现高质量的教学水平。

影视编导专业致力于为全国各电影厂、电视台、影视制作、影视报刊、音像出版等单位或部门，培养从事影视创作、编导、影视艺术教学与研究、影视策划、管理、出版等方面工作的，德、智、体、美全面发展的人才。

开设的课程有：艺术学概论、美学概论、影视艺术概论、戏剧艺术概论、世界电影史、中国电影史、影视导演、影视编剧、影视语言、影视节目策划等几十门。

【科研活动】 艺术学系自成立以来，重视科研工作和教材建设。2000 年 1 月，艺术学系教师负责主编的"人文学科与人文精神"丛书正式出版，已出版的有《艺术的意蕴》、《美学的意蕴》等。此外，艺术学系教师撰写的《美术心理学》、《没有人是艺术家，也没有人不是艺术家》、《舞台艺术生态研究》、《20 世纪欧美音乐风格》、《音乐理论与管弦乐基础》等理论专著、教材以及《注视被忽视的事物——景物画四论》等译著也于年内正式出版。同时还在几十家全国人文社会科学核心期刊上发表科研论文 40 余篇。

【艺术学的人才培养与学科建设研讨会】 为推动中国高等艺术院校和综合性大学艺术学专业及相关专业的学科建设，2000 年 1 月 22

—24日，由北京大学艺术学系和北京电影学院联合主办的"艺术学的人才培养和学科建设研讨会"在北京举行。来自全国各艺术院校、科研单位如中央美术学院、中央音乐学院、中国音乐学院、中央戏剧学院、上海音乐学院、武汉音乐学院、东南大学艺术学系、北京师范大学艺术系、中国艺术研究院等单位的领导和专家约30人参加了会议。

会议就目前各高等院校艺术学专业及相关专业的人才培养、学科建设的情况、经验和存在的问题，艺术学专业本、硕、博专业的培养目标和课程设置，艺术学领域学术研究的前沿课题，如何推动艺术学的国内、国际学术交流等问题，开展了热烈而深入的讨论，并在某些问题上达成共识，取得了若干建设性的成果。

【艺术教育工作】 艺术学系承担了对北京大学学生进行艺术教育的各项工作。这些工作主要包括：为全校学生开设艺术类公共选修课和艺术类通选课；为全校学生中部分对艺术感兴趣的同学举办艺术学辅修（双学位）的教学工作；具体承办面向全校，实施美育和艺术教育的普及化的"美育精品系列讲座"；负责在业务上及艺术上管理及指导学生艺术团的工作，在校内外及国内外进行各项文艺演出，繁荣校园文化建设。

（陈旭光）

重离子物理研究所

【发展概况】 经教育部批准，北京大学重离子物理研究所于1983年成立。著名物理学家虞福春教授任第一任所长。原北京大学校长、现任国家自然科学基金委主任、中科院院士陈佳洱兼研究所所长。研究所位于成府路201号的加速器大楼内，占有的实验室面积约为5000余平方米。

【理事会和学术委员会工作】 研究所理事会和学术委员年度会议于3月31日在北京大学加速器楼408教室举行，会期一天。上午的会议由理事长王乃彦院士主持，听取了重离子物理研究所副所长郭之虞代表研究所作的工作报告。郭之虞系统地汇报了北大重离子物理所、教育部北大重离子物理重点实验室和北大肿瘤物理诊疗技术研究中心一年来在科研、教学等方面所做的工作和教学、科研工作所取得的进展，并提出了2001年的工作任务和今后的发展思路，这些情况和发展的计划得到了理事会认可，决定作为重离子所2001年工作的指导思想。会议讨论的重点是如何迎接教育部对重点学科的评估，以及研究所今后的发展思路。包尚联教授代表北大肿瘤物理诊疗技术研究中心，赵夔教授代表超大加速器课题组，刘克新副教授代表加速器质谱计课题组分别报告了有关方面一年来的工作。下午分组讨论学科的发展，会后各组分别在全体会议上交流。下午的会议分别由胡仁宇、方守贤院士主持。会上大家对研究所今后的发展提出了很多很好的意见。

【人员编制和人事工作】 1999—2000年度，重离子物理研究所在学校统一领导下重新对所有的岗位进行了审查，进行了新一期聘任工作。在总编制70人不变的情况下，确定了新的岗位数为51名，其中管理岗位3个，1个放在技术物理系，另外2个放在所里并由学校统一聘任。其余47个岗位，实际聘任的岗位数39个，其中校聘岗位14个，所聘25个。重离子物理研究所正在招聘高水平的学术带头人。

【科学研究和成果】 在裂变和中子物理方面，落实了国防口的数据评价和测量任务，原来激发函数库的评价工作获得国防科工委科技进步二等奖。加速器质谱计组承担的国家自然科学基金重大项目"夏商周断代工程"项目顺利结题，基金会于6月4日对项目进行验收。验收组认为：该课题组对北京大学加速器质谱计关键技术和设备进行了重大改进，通过盲检、标准样品检测和国际、国内比对，证明我们对 ^{14}C 的测量精度从1%提高到优于0.5%的水平，达到世界先进水平。形成了对 ^{14}C 规范测量方法，测量样品249个，达到了项目的预定目标，验收结果是优。超导加速器组在十多年工作积累的基础上，于2000年12月在 $2\times 6MV$ EN 串列静电加速器上建成了我国第一台超导加速器装置，并完成了对质子束的加速实验。在连续波的模式下，当馈入功率达到 $5\sim 6W$ 时，束线上的加速器梯度达到 $3MV/m$ 以上，质子束增能 $500keV$，达到了国际载束超导加速器同等水平。该项研究成果填补了我国在该领域的空白，实验室在整体上达到世界先进水平。

研制整体分离环型重离子 RFQ 加速器组的工作主要为设计用于超净核能源装置的 RFQ 加速器进行调研和理论计算。

离子束材料物理研究小组用多种实验方法系统研究了 MeV 能区重离子在各种介质中的阻止本领及能量歧离，发现在很多情况下，用 ZBL 半经验模型和 TRIM 程序等传统方法推广到重离子时，计算的结果与实验结果相比有10%到50%的偏差。还发现低电荷态重离子在固体薄膜中的阻止本领与膜厚之间存在强烈的依赖关系；阻止本领随膜厚的增加而增加，最后达到一饱和值。还找到了能量歧离随表面粗糙度变化的定量关系。实验中发展了新的方法，并进行了理论分析。在 Phys. Rev. B, Nucl. Instr. Meth. 等刊物上发表了系列文章。该小组还制备出 $InP:C_aF_2$ 等多种半导体包埋团簇膜,观察到随团簇尺寸的减小,发生吸收边兰移、较强的光激荧光、光学非线性等效应;铁磁性团簇膜的单畴效应和巨磁阻效应;贵金属Cu等团簇的快速光电响应(响应时间<150fs),可用于新一代的光子光学器件和磁记录、磁感应器件。

医学物理研究小组。从事医学影像和放疗物理和技术的研究工作,本年内又把研究内容进一步向图像处理方向发展,增加了对PACS、虚拟现实计算机辅助诊断和手术模拟工作。原来的研究工作已经结题的是北京市自然科学基金项目,北京市基金会对该项目进行了验收。验收意见认为该课题组在优化各种算法的基础上,实现了基于Monte Carlo定参数和解析公式计算体内剂量分布的算法,并把该算法编成程序,实现了对北京医疗器械研究所6MV电子直线加速器剂量计算的工作。在改进随机数产生器的基础上,用MC模拟程序EGS4计算了北京医疗器械研究所6MV电子直线加速器产生的X射线能谱,而且证明方法是可行的,程序是可靠的。把MC和解析计算结果和在水体模内的离轴比和深度百分剂量的实验测量数据进行比较,符合较好。测量了人体组织等效体模内的剂量分布,不同射野下散射对剂量分布的影响等。这些测量数据与解析及MC计算结果也符合较好。该课题组还把研究成果转化成今后可以应用的软件包。这个软件包在三维图像显示、图像分割和内插、剂量计算三个方面有几个创新点。

2000年全所努力迎接对教育部重点实验室的评估,评估结果为B。

【确定2001年工作重点】 重离子物理研究所把管理工作的重点放在国务院对重点学科的评审,对学科进行进一步的整合,把相关学科的人员联合起来,主要是吸收原来技术物理系化学部分的辐射化学和北大医院核医学部分的力量,联合申请重点学科。科研方面要进一步争取在国家计划、各种基金和横向项目方面立项。同时完成对科玛技术发展中心的股份制改造。在队伍建设方面重点吸引新的优秀年轻学科带头人,加强对年轻人队伍的建设。

【主要设备】 (1)2×6MV串列静电加速器,在完成"夏商周断代工程"项目中做出了极大贡献。全年运行时间为1800小时。

(2)4.5MV静电加速器,在"211工程"项目的资助下,目前正在对该加速器的头部聚焦和脉冲化系统进行改造。全年运行时间约800小时。

【学科建设】 2000年在学科建设方面,进一步扩大研究生的招生范围,在医学物理研究方向上开办了一个在职研究生班,为满足医院对物理师的需求作出了积极的响应。为了适合社会需求,在研究生的课程设置和研究生培养计划方面做出了新的改进。

(包尚联)

计算机科学技术研究所

【发展概况】 北京大学计算机科学技术研究所的前身是北京大学文字信息处理技术研究室,始建于1977年9月,1983年正式成立计算机科学技术研究所。所内建有博士、硕士研究生培养点和博士后流动站,并以研究所为依托建有文字信息处理技术国家重点实验室和电子出版新技术国家工程研究中心。80年代后期计算机研究所与北达科技服务部(北大方正集团公司前身)通过技术转让形式建立合作关系,研制和销售激光照排系统。1995年,经北京大学批准,计算机研究所与北大方正集团公司共同组建北大方正技术研究院,实现了组织与管理机构一体化。现有工作人员300余人,副高级职称以上人员近30人,博士18人,硕士150人。研究所位于海淀区上地信息产业基地方正大厦内,距中关村约7公里,总建筑面积近10000平方米,各种仪器设备900余台套。现任所长为中科院院士、中国工程院院士、第三世界科学院院士、著名计算机应用专家王选教授,副所长为刘秋云、阳振坤教授。

计算机研究所是中国最早从事汉字信息处理技术研究的单位之一,多年来一直走在电子出版技术发展的前沿,成为全球最大的中文电子出版系统研究基地和最主要的多文种电子出版系统研究基地之一。1975年,研究所在王选带领下承担了国家重点科技攻关项目"汉字信息处理工程"(又称"748工程")中"汉字精密照排系统"的研究开发,大胆越过当时日本流行的光机式二代机和欧美流行的阴极射线管式三代机,直接研制当时国外尚无商品的第四代激光照排系统,获得了欧洲专利和8项中国专利。以这些技术为核心的华光和方正中文电子出版系统处于国内外领先地位,占领了国内报业99%和书刊(黑白)出版业90%的市场,以及80%的海外华文报业市场,取得了巨大的经济效益和社会效益,获得国家科技进步一等奖及中国十大科技成就等国内外奖励20余项,引发了我国报业和印刷业一场"告别铅与火、迈入光与电"的技术革命,使我国沿用了上百年的铅字印刷得到了彻底改造。

其后,研究所紧紧把握世界先进技术潮流,相继实现了我国出版印刷行业"告别报纸传真机"、"告别传统的电子分色机"以及"告别纸与笔"的技术革新,使中国报业出版技术和应用水平处于世界前列,极大地促进了印刷行业生产力的提高。同时,方正出版系统进入日本和韩国市场,创下了中国自有品牌软件产品批量出口的记录,先进的 RIP 技术已打入欧美和东南亚市场。

多年来,研究所重视技术与市场相结合,着眼于研究开发有国际竞争力的产品,研究方向除包括多文种集成排版、图形与图像的计算机处理、栅格图像处理技术外,还涉及各类新闻出版与传媒单位(如报社、出版社、电台、电视台)综合业务处理系统、数字媒体技术、地理信息系统、以及 Internet/ Intranet 上的应用技术的研究与开发等,推出了一大批新成果,创造了良好的经济效益和社会效益。1998 年,以研究所为主体的方正技术研究院被国家经贸委指定为国家级企业技术中心,负责方正集团的技术发展研究和新产品的研制开发,同时承担着部分基础研究工作,形成了从基础研究、成果转化到销售服务的一条龙体制,为高科技成果转化为现实生产力,以及产学研的有机结合创出了一条成功之路。

【学科建设】 计算机研究所设有博士后流动站、计算机应用技术博士点和硕士点,每年招收计划内硕士生 8 人,博士生 4—8 人。现有博士生导师 4 人(王选、陈堃銶、肖建国、阳振坤);硕士生导师 12 人,(王选、陈堃銶、肖建国、阳振坤、邹维、陈晓鸥、周秉峰、汤帜、李平立、郭宗明、吴中海、刘志红)。周秉峰研究员在北大计算机系为研究生开设"软件设计工具"课程。2000 年博士生毕业 4 人,硕士生毕业 22 人,招收博士生 4 人、硕士生 14 人。2000 年在读博士生 5 人,在读硕士生 54 人

1996 年由方正集团出资设立"方正研究生班",每届招生 10 名,学制 3 年,学籍属北大计算机系,毕业证书、学位证书均由北大计算机系授予,毕业后留方正研究院工作。

研究所充分发挥博士和硕士研究生的作用,在学习期间培养独立从事科研工作的能力以及敏锐的市场意识,毕业后在科研工作中能独当一面。同时重视对青年科技工作者尤其是学术骨干的培养,通过一系列有效措施激发研究人员的创新精神,使年轻的科研人才迅速成为主要研究方向的学术带头人。肖建国、阳振坤、陈晓鸥、汤帜、李平立、郭宗明、吴中海、伍江等就是这方面的突出代表。

2000 年研究所特别加强了学术理论研究,在国内外各类学术刊物上发表论文 27 篇。

【科研成果及应用】 2000 年,随着互联网技术的飞速发展,电子传播的范围从传统的媒体传播进一步扩大到教育、医疗卫生、商业、广告业以及政府部门等多种领域,计算机研究所充分抓住这一机遇,利用自身在传统媒体上的产品和技术优势,提出 E-media 策略,把研究开发"基于新一代互联网技术的电子传播软件"作为战略目标,在对传统产品进步技术改造的同时,开发出一系列新技术新产品,取得了可观的经济和社会效益。

通过技术鉴定的软件产品

(1)基于 INTERNET 全数字化一体化的跨媒体新闻信息综合业务管理系统。1999 年 4 月与中国最大的报业集团《广州日报》合作开发,整个系统由版面流程管理、新闻采编、图片管理、广告管理、电子新闻制作与发布、远程输出管理、信息仓储等子系统组成,适用于大型新闻出版单位对新闻稿件、图片及广告的收集、存储管理、编辑处理、排版、版面远程传送、网上发布等全部出版业务的计算机网络化管理。2000 年 3 月 25 日该系统通过了由国家新闻出版署主持的国家级鉴定,鉴定认为系统在全球中文新闻信息跨媒体出版领域居国际领先水平。同年获北京市科技进步三等奖。

(2)《科技日报》计算机集成报业系统。是我国第一家将 CIMS 理念引入新闻出版行业的示范工程,它将报纸生产管理中的信息采集、存储、编辑加工、信息发布进行总体规划、优化集成,极大地提高效率,节约成本,增强竞争力,一旦应用于新闻出版行业的生产管理,将产生十分巨大的经济效益和社会效益。1999 年工程完成第一阶段,建立了一体化跨媒体柔性新闻生产系统,并对现有系统进行了技术改造;2000 年完成第二阶段,全面整合《科技日报》的各个信息系统,形成完整的企业信息系统框架。11月 20 日,该工程以优异成绩通过了国家"863"专家的验收。

(3)方正渊博报业信息仓储系统 2.0。1999 年 2 月开始开发,是运行于 Windows 平台的基于 Internet 的报业信息管理系统,以信息仓储的形式管理用户的文本、图片、版面、相关以及修改记录等信息,采用 XML 数据标准及超文本技术,具有信息全、关联多、自动化的功能特点,为用户的生产经营和信息管理提供强有力的支持。2000年 4 月 29 日,该系统通过了由信息产业部主持的鉴定会,投放市场后取得了很好的经济效益。

(4)方正 GB18030 字库、超大字库。2000 年 12 月,计算机研究所开发的五款 GB18030 书宋体、黑体、楷体、仿宋体、宋一体曲线字库通过了信息处理产品标准符合性检测中心的测试;2001 年 2 月 16日,该字库与又一产品"方正宋一超大字库"又通过了由国家新闻出版署、国家语委和全国印刷字体工作委员会联合主持的国家级审定,是国内首家通过国家级审定的同类字库产品。方正 GB18030 字库收录了 GB18030-2000 标准规定的 27000 多个汉字,方正宋一超大字库收录了 70244 个汉字。专家认为这两款字库符合国家用字规范和印刷标准,汉字数量充足、字形

优美,具有良好的通用性、兼容性和一致性,符合国际流行的工业标准。计算机研究所是国内最早从事专业造字研究与开发的机构,相继开发了 GB、GBK、BIG5、748、GB18030 编码字库,形成了"方正兰亭"、"方正妙手"(分别为 Windows 和 Mac 的 TrueType 字库)、"方正文韵"、"方正天舒"(分别用于 PS 打印机和照排机)等全系列、跨平台、多文种的字库体系。

(5)智绘地理信息系统。2000 年采用业界领先的 COM 技术和 UML 设计方法,推出二次开发平台 Mirage GIS、三维分析系统 Mirage 3D、地图组件 Mirage X、网上地图发布服务器 Mirage Web 等产品,为传统 GIS 领域和商业应用领域提供了全面的 e-Spatial 解决方案,为 e 时代的电子商务、CRM、ASP、移动通信 WAP 定位服务和导航提供强大的技术支撑平台。方正智绘 2000 年继 1998、1999 年后再次被国家科技部评为国产优秀地理信息系统软件,并通过了国家科技部科技成果鉴定。

传统技术改造创新成果

(1)印前技术和产品。计算机研究所从事 RIP(栅格图像处理器)开发已经有 20 多年历史,截至 1999 年自主开发了七代 RIP。2000 年,开始着手开发第 8 代 RIP,其核心是研制一个稳定的、高质量的 PS 解释内核,并将这个解释内核根据不同市场的需求包装成不同产品,它采用服务器/客户端结构,客户端可以运行于多种平台,因此在质量、速度、兼容性等方面比现有的 RIP 产品有显著提高。研究所还开发出专门针对北美、欧洲和东南亚市场的软件产品 Eagle RIP,2000 年 10 月参加在荷兰阿姆斯特丹举办的 2000 年国际报业展,获得好评并打开了销路。此外还开发了一套印前领域全数字化工作流程系统 Elec Roc,这是一个基于 WEB 浏览器的分布式智能化应用软件,采用了四种当今世界先进的技术及标准,即 JDF、XML、数据库、PDF 和 Internet,在提高产品质量和效益的同时,大大推动了传统出版印刷行业数字化、网络化的进程。

(2)报纸和书刊排版系统。用于报业排版的"飞腾"排版系统 2000 年间根据市场方向和用户需求进行了新的技术改造,年销售量大大高于 1999 年同期水平。研究所还为香港《明报》量身定做了繁体飞腾 3.5 版本,到 2000 年 12 月为止,《明报》已购买了 220 套飞腾系统。用于书刊排版的书版软件 2000 年 10 月推出书版 9.01,提供完整的超大字库解决方案,并扩充了更贴近时代要求的新功能,在易用性和稳定性方面有较大增强。在日文排版软件的开发方面,2000 年 4 月,日本第四大报社《每日新闻》采用方正日文飞腾软件排报,为进一步开拓日本报业排版市场奠定了基础。研究所还针对日本报纸的排版习惯和制作流程,开发了新一代日文报纸排版系统 Megalith,在 2000 年的日本展示会上引起用户热烈反响,目前已被十余家中小报社采用。

(3)奥思多媒体创作工具。该软件在国内同类软件中知名度和市场占有率一直居前列。2000 年相继推出了奥思教育快车 2000、奥思 5.0、奥思 5.0 网络版等基于新版框架的产品。新版奥思突出了对教育行业和网络发布的支持,从而为多媒体创作和发布者提供了更为全面的系列产品和解决方案。

进军广电领域初战告捷 "电视台数字化系统"和"虚拟演播室系统中的实用 VR 技术"是计算机研究所的两个"863"研究课题。2000 年为亚洲电视台、北京电视台、江苏电视台、南京电视台等 20 多家电视台开发的数字化新闻系统取得阶段性应用成果,正在全国范围内大规模推广;与全球著名的视频硬件厂家 Pinnacle 公司和 Matrox 公司合作,在其硬件平台上开发数字化视音频制作系统,1999 年完成基于 M-Jpeg 的正式版本,性能指标基本达到国际同类产品水平,正在研制基于 MPEG-II 的视音频制作系统;为亚洲电视台开发的基于视频网络和视频服务器技术的广告自动播出系统已正式交付使用,在国内已经成功地开发出湖南经济电视台新闻频道的数字播控系统和河南省电视台的全台数字播控系统,为国内电视台播出系统数字化改造提供了成功范例。"虚拟演播室系统中的实用 VR 技术" 2000 年改进了技术指标,向市场推出 20 多套系统。此外,无限非线性编辑系统、虚拟布景系统等也相继推出了新版本,市场前景看好。

开拓新技术新产品 (1)"快速反应及灾难恢复"研究课题被列入"863"计划。2000 年 7 月,计算机研究所信息安全实验室的研究课题"快速反应及灾难恢复"被列入科技部国家高技术研究发展计划("863"计划)的信息安全应急计划之中。该课题分别对入侵检测(IDS)和灾难恢复进行了研究。目前,已经完成了一个基于 Linux 操作系统的 IDS 的原型系统,该系统运用了特征库来描述入侵模式的特征信息,并设计了插件接口来处理那些特征库中无法描述的复杂入侵行为,因而具有良好的可扩充性。目前针对入侵行为的统计分析已经实现,可以用来检测诸如端口扫描、拒绝服务等常规手段不易检测的入侵模式。此外还开发了一套自主版权的加密库,并应用于方正的 eBook 产品中。

(2)Apabi eBbook 解决方案。网络出版(eBook)是互联网时代一种新的出版和销售数字出版物的信息传播方式,它以数字版权保护(DRM)技术为核心,通过 Internet 实现电子图书的制作、出版、发行、销售和阅读,从而保护作者、出版者、分销者、网络书店和读者的共同利益,是出版行业新的经济增长点。计算机研究所于2000年6月开发Apabi eBbook解决方案,12月在北大校园网投入试运行,引起北大师生极大关注,第一天就下载各类电子图书800多部。该技术可为电子书从制作、上载、发行、阅读提供全种解决方案,为出版社、网络书店,读者提供相应的系列软件,兼顾网络出版商业链各个环节,成为E-Media策略下开拓网络出版领域的第一个成熟产品,填补了我国"eBook"软件领域的空白。

(3)SHARKS鲨鱼群网站整体解决方案(Secure High-Available Remote K(C)luster Solution)。是针对互联网开发的新技术,被列为国家技术创新项目,2000年1月立项,2000年底交付完成。为Internet服务提供了一个安全、可靠、可伸缩且易于远程管理的集群平台,为国家和政府网站以及中大规模的电子商务网站的建设提供了可靠的安全保障,已成功运用于2008申奥网站等重要领域。

(丛中笑)

中国经济研究中心

【发展概况】 北京大学中国经济研究中心成立于1994年,是集教学、科研和培训为一体的实体单位。现有教职员工24人,其中专职教学科研人员16人(教授9人,副教授7人),行政办公及教辅人员6人,在站博士后32人。专职教学人员均在国外著名大学取得博士学位,著名经济学家林毅夫教授任中心主任,海闻教授任常务副主任。

2000年,中国经济研究中心本着"与国际接轨,创世界一流"的方针,进一步加强了经济学双学位辅修项目、研究生培养及国际MBA项目的管理工作,引进了毕业于日本大阪大学经济系的施建淮博士到中心工作。中心全年共有经济学双学位毕业生277人、辅修毕业生44人,其中有30%的学生从事经济类工作或读研;有硕士毕业生11人,其中出国留学5人,到国内金融单位工作6人;博士毕业生3人,全部到国家金融机构工作;国际MBA项目从2000开始增设了"高级经理班"(BiEMBA),设立了"西部MBA奖学金"项目。在基础建设方面,由台湾亚陆投资公司董事长万众先生捐资修建的"万众苑"工程于5月开工,到年底已完成主体结构施工,预计2001年9月投入使用。2000年7月,中心举办了首届"全国经济学优秀大学生夏令营",从全国各地十几所大学经济系选拔的34位优秀学生参加了这次夏令营。

【学科建设】 中国经济研究中心设有政治经济学、经济史、西方经济学、世界经济和国际金融专业5个博士点和政治经济学、经济史、西方经济学、世界经济和国际金融专业5个硕士点,现有博士研究生19名,硕士研究生81名。在校经济学双学位及辅修(本科)学生1138名,开设了微观经济学、宏观经济学、计量经济学、国际经济学、产业组织、人口经济、城市经济、环境经济、中国经济问题等10多门专业课。北大国际MBA在总结前两年联合办学经验的基础上,于2000年进一步扩大招生,全日班34人,在职班40人,高层管理班104人。为了提高学员解决实际问题的能力,使项目尽可能达到国际水平,国际MBA项目先后举办了"总裁晚餐演讲会"、"领军人物演讲系列"等,先后邀请了新希望集团总裁刘永好先生、著名摄影大师陈长芬先生等知名企业家或艺术家作演讲。首批来自西部省区的10名优秀学员经过三个月培训,回到原单位后均成为专业骨干。第一届38名毕业生走上新工作岗位,接受高级经理职位的占35%。

【学术交流】 2000年,中国经济研究中心成功地与亚洲协会举办了"中国经济:新千年中的机遇与挑战"研讨会;与美国国家经济研究局(NBER)和上海社科院联合举办了"中国经济改革与发展"研讨会;与台湾"中央研究院"经济研究所合作举行了"两岸经济发展研讨会";与亚洲开发银行联合举办了"亚洲开发银行长期发展战略框架"咨询座谈会。全年共派人参加各类国际学术会议20多人次,并先后接待了中外著名经济学者、官员30多人次。

【科学研究】 2000年中国经济研究中心教师在国内外学术刊物上发表论文20余篇;出版面向国内政府经济决策研究和新闻单位发行的简报90期,大多受到政府部门重视或被新闻机构采用;出版反映中心研究成果的中英文内部讨论稿共33篇。林毅夫教授的专著《再论制度、技术与中国农业发展》获得北京大学第7届哲学与社会科学科研著作一等奖;1992年发表于《美国经济评论》上的《中国的农村改革及农业增长》一文被美国科学信息研究所(SCI,SCCI)评为1980至1998年内发表于国际经济学界刊物上被同行引用次数最高的论文之一,获经典引文奖,是国内经济学界唯一获奖者。梁能教授的专著《公司治理结构:中国的实践和美国的经验》在国内出版。中心目前承担的研究项目主要有:香港特区政府中央政策组的"中国'十五计划'对香港经济发展的影响",教育部社会科学基金项目,可口可乐公司"可口可乐罐装系统对中国经济的影响"等。由中国经济研究中心主办的中国经济学教育科研网于5月正式运行,现已成为国内从事经济学教学科研人员及政府经济部门管理人员相互交流的窗口。

【培训项目】 中国经济研究中心与《财经》杂志联合举办了财经记者培训项目;与世界银行合作举办了经济学管理学培训班;与平安保险公司合作进行了平安高级经理短期培训班;同时还独立举办了西部开发工商管理(MBA)师资培训班等。

(陈曦、张佳利)

高等教育科学研究所

【概况】 北京大学高等教育科学研究所初建于1980年,当时为高等教育研究室,1984年经教育部批准建所。其任务为从事高等教育领域的研究及研究生的培养,同时为教育机构和教育决策部门提供决策咨询。所长为闵维方教授(兼),副所长为魏新教授、陈学飞教授和陆小玉副研究员。挂靠本所建有北京大学教育经济研究所(建立于1999年1月),其任务是从事国家教育部财务司等部门所组织的"中国教育经济培训网络"的培训工作,以及有关教育经济和教育财政决策咨询研究。2000年在编人员22人,其中教授5人(博士生导师3人)、副教授5人、副研究员1人、讲师6人、助教1人、副研究馆员、馆员、研实员及职员各1人。

2000年10月25日,高等教育科学研究所与北大电教中心合并,共同组建并成立了北京大学教育学院。

【学科建设】 高等教育科学研究所从事高等教育领域的基础和应用性研究,侧重于宏观高等教育的跨学科研究,研究领域涉及高等教育学、教育经济学、教育管理、比较高等教育、中国高等教育、教育社会学和教育心理学等。研究生培养方向包括:(1)高等教育基本理论;(2)教育经济学和教育财政学;(3)中国高等教育及国际与比较高等教育;(4)教育研究方法;(5)教育管理。现设有高等教育学专业博士点(设于1990年)、硕士点(设于1983年),教育经济与管理学专业博士点(设于1997年)、硕士点(设于1995年)和教育技术学硕士点(设于2000年)。

高等教育科学研究所开设有硕士和博士课程30门;1999年度在读硕士研究生30人,博士生29人,硕士班研究生10人。1999年获博士学位1人,硕士学位9人,在职申请者并获硕士学位3人。

【科研活动】 2000年共完成研究项目18项,主要包括国家教育部人文社会科学研究"九五"规划项目(括号中为项目负责人):"通识教育研究"(汪永铨)、"20世纪的中国高等教育"(喻岳青)、"高等教育中的特困生就学问题研究"(丁晓浩)、"90年代国际高等教育发展的特点和规律研究"(陈学飞)、"战后国际高教改革经验研究"(陈学飞);全国教育科学"九五"规划项目:"社会主义市场条件下高等教育的运行机制研究"(闵维方)、"中美日德法五国高等教育国际化比较研究"(陈学飞)、"教育经费供求决策支持系统研究"(丁晓浩)、"21世纪人才素质的基本要求和课程体系改革研究"(喻岳青);另外还包括部委和国际合作项目:"高校教师调查"(丁晓浩)、"高中入学率影响因素比较分析"(阎凤桥)、"高等教育成本补偿"(陈晓宇)、"高校毕业生跟踪调查"(魏新、丁晓浩)、"欧盟高等教育国际化"(陈洪捷、陈向明)等。

2000年正在研科研项目43项,主要包括国家教育部人文社会科学研究"九五"规划和全国教育科学"九五"规划项目:"大学教学中'教'与'学'的心理问题"(喻岳青、马万华)、"初中阶段渗透职业技术教育模式研究"(陈向明)、"中国博士生培养模式研究"(汪永铨、陈洪捷)、"社会主义市场经济条件下高等教育投资体制改革对策及资源配置模式研究"(魏新)、"世界银行贷款中国贫困地区教育发展项目贫三和贫四项目"(闵维方、魏新);还有其他来源项目:"社会主义市场经济条件下人力资源配置规律与高等教育发展战略研究"(闵维方)、"21世纪的理科人才素质培养"(喻岳青)、"中美高等教育交流失衡现象研究"(陈学飞、田玲)、"'十五'期间国家贫困地区义务教育经费需求情况研究"(王蓉、丁延庆)、"社会主义市场经济的建立与完善对教育的影响"(闵维方、魏新等)、"发展教育扩大需求,增加居民教育消费对GDP增长的贡献"(闵维方、魏新等)、"中国高等学校排行榜指标体系研究"(陈向明、阎凤桥)、"高等教育规模的扩大对短期经济增长的作用"(魏新、李文利等)、"高等教育成本补偿的国际比较"(丁晓浩等)、"中国教育转移支付政策研究"(魏新、丁晓浩等)、"中英甘肃基础教育项目"(陈向明、王蓉)、"新课程推进过程中培训问题研究"(陈向明)、"新世纪高等教育教育教学改革工程"(马万华)。

【学术交流】 2000年度来高等教育科学研究所进行访问及报告的国外学者主要有:美国伯克利加州大学Norton Grubb教授来所进行短期讲学(1月4—16日),报告题目为"高等教育系统的界定和建设"、"美国高等教育财政"、"有关教育收益率研究的最新进展";美国俄克拉荷马大学数据交换分析中心主任朱运谨(Theresa Y. Smith,女)教授来所进行短期访问(3月13—25日),报告题目分别为"制度研究在高等教育研究中的角色"、"美国高等教育预算";日本广岛大学米泽彰纯来所作报告,题目为"日本私立高等教育的财政";德国卡塞尔大学高等教育与职业研究中心Juergen Enders来高教所进行短期访问（5月16—25日），报告题目分别为"在学术资本主义与国家监督之间——欧洲大学教师职业环境的变化"、"劳动力市场中的博士毕业生——从比较的角度看德国"；瑞士洛桑联邦高等工业大学高等教育中心主任Marcel L. Goldschmid教授来所进行讲学（9月23日至10月2日），报告题目分别为"课程设置和教学内容的确立"、"从教师中心到学生中心"、"招生——选择学生的标准和方法"、"对学习的评估——教学评价方法"、"信息技术在教育中的运用"、"学生的职业准备和职业发展"、"学校机构设置"。另外，9月11日，已故美国卡内基基金会主席波伊尔（Boyer）藏书捐赠仪式在高教所举行，波伊尔夫人Kathryn G. Boyer和波伊尔中心主任G. R. Bucher专程参加了捐赠仪式。

高教所参加的国际、国内学术活动主要有：丁晓浩副教授赴台湾参加"两岸青年学者论坛——海峡两岸高等教育发展与改革研讨会"；阎凤桥副教授参加了清华大学举办的"高等教育管理国际研讨会"，并作了题为"交易成本理论与中国高等教育管理模式选择"的报告；陈学飞教授参加在北京师范大学大学举行的"海峡两岸高等教育理念"研讨会；王蓉博士赴上海参加全国民办教育发展研讨会；田玲博士参加由北京市教育学会和美国环球教育公司等举办的"新世纪教育展望2000年中美教育研究研讨会"；陈洪捷副教授赴德国柏林洪堡大学进行为期6个月的研究；喻岳青教授参加教育部主办的"远程教育研讨会"；陈向明博士赴英国剑桥教育发展协会主办的"改革的声誉"研讨会，代表中英甘肃教育项目介绍教师培训情况；喻岳青教授和马万华副教授赴上海参加教育部"21世纪高等教育教学改革工程"课题开题会；魏新教授、丁晓浩教授、李文利博士和丁延庆讲师参加全国教育经济学年会；马万华副教授参加由中国国际交流协会举办的首届"中国教育国际论坛"会议；喻岳青教授参加由北京市教委和北京教科院主办的"中国高等教育高层论坛"；陈向明副教授受中欧高等教育合作项目邀请赴德国参加欧洲高等教育年会。陈向明副教授和王蓉博士先后9次赴兰州参加英国国际发展部基础教育项目的研究考察工作。

受联合国教科文组织的委托，5月2—3日举办了题为"高等教育研究在改革中的作用"国际研讨会。与会者约50人，其中包括来自日本、澳大利亚、印度、泰国和菲律宾以及国内的有关专家。在此会议上，联合国教科文组织宣布在高教所设立"联合国教科文组织亚太地区高等教育教席"。

【获奖情况】 魏新教授等人的研究报告《扩大高等教育规模对短期经济增长的作用》获北京市第六届哲学社会科学优秀科研成果一等奖；陈学飞教授主编的《中国高等教育研究50年》获北京大学第7届文科优秀科研成果二等奖和北京市第6届哲学社会科学优秀成果二等奖；陈学飞教授获1999—2000年度北京大学奖教金—桐山奖；丁晓浩副教授获1999—2000年度奖教金—正大奖；陈洪捷副教授获1999—2000年度北京大学教学优秀奖；陈向明副教授著《质的研究方法与社会科学研究》获北京大学第7届文科优秀科研成果二等奖；陈晓宇讲师获北京大学优秀博士论文三等奖；王蓉博士获北京大学树仁奖教金。

（陈洪捷）

人口研究所

【发展概况】 北京大学人口研究所前身是1979年成立的北京大学经济系人口研究室，1984年经教育部批准扩建为北京大学人口研究所。现有教职工22人，其中教授7人，副教授6人，讲师2人；人口所中青年教师都有博士学位；科研与教学都达到了较高的水平。该所拥有自己的资料室和计算机室，此外还出版《市场与人口分析》双月刊杂志。

2000年，全所教员在应用数理人口学、高龄老人健康长寿、中国人口出生缺陷综合干预工程等研究领域共发表研究论文91篇，其中专著6部，204.6万字。几年来共为国内外培养博士研究生14人，硕士研究生59人；先后有9人来该所做博士后研究工作；接纳进修教师4人；聘请外国专家到该所讲学、进行国际合作研究31人次。几年来人口研究所先后派出20多人次出国讲学、留学，其中14人已学成回国，在教学和科研中发挥了骨干作用。

【学科建设】 人口研究所是一个多学科交叉的人口科学研究与培训机构，其主要研究方向是：人口经济学；人口与健康；人口社会学；人口地理学；老年人口学；人口分析方法与应用、生殖健康的社会科学研究；工商人口学、区域管理人口学、家庭人口学、人口、资源与环境经济学。

1991年初，人口研究所被命名为"世界卫生组织生育健康与人口科学合作研究中心"。在中国政府与国际人口组织的支持与资助下，同时招收中国与外国研究生。

人口研究所不招收本科生，只承担培养人口学博士和人口学、经济学、人口资源与环境、经济学专业硕士研究生任务。作为北大社会科学博士后流动站的一个分站，人口所还接受博士后研究人员来所工作。研究所现有博士生10人，硕士生24人，博士后研究人员2人。

人口研究所硕士研究生开设

的课程主要有：人口经济学，人口社会学，人口分析方法与应用，生殖健康的社会科学研究，社会科学研究方法，计算机软件统计分析，工商人口学，区域管理人口学，人口学概论，人口学著作精读，人口科学系列讲座，人口地理学等。

博士研究生开设的课程主要有：人口经典著作选读、人口健康与卫生经济学研讨、人口经济学专题研讨。

另外开有世界人口（选修课）和人口学概论（全校公共选修课）。

【英语教学】 1992年，经国务院学位办批准，人口所创办了人口科学硕士学位国际培训项目。该项目同时面向国内外招生，全部课程用英语授课，留学生用英语撰写毕业论文。自1992年以来共招收19名外国留学生，其中12名已获得硕士学位。人口所现有研究生课程大多采用英语授课，包括：人口与社会导论、人口分析方法与应用、社会科学研究方法、生育健康的社会科学研究、人口与经济导论、计算机软件与统计分析、计算机应用、工商人口学、世界人口等。这些课程不但提高了学生英语听、说、读、写能力，而且使学生熟悉与掌握了国内外最新人口科学动态，因而受到了政府部门、科研机构、高校等用人单位的广泛赞誉和高度好评。

【科研活动】 人口所正在承担的科研项目主要有：国家社会科学规划基金课题3项："村民自治新形式下计划生育民主管理研究"、"老年教育问题研究"、"中国出生缺陷综合干预工程"；教育部人文社会科学研究课题10项："城市购买力指数评估研究"、"中国农村养老模式及其优化研究"、"计划生育政策与管理研究"、"新型IUD的引入性实验研究—评估"、"出生缺陷干预工程—引入性试验"、"中国妇女健康管理系统评估与培训"、"人类健康：药物滥用人群与防治"、"计划生育服务机构与网络"、"低生育水平下后果研究"、"西部开发人口问题研究"；国际合作课题8项："中国卫生管理加强项目外部评审"、"中国高龄老人健康长寿研究"、"中国女童辍学研究"、"城市外来青年女工的生育健康状况与需求研究"、"中、印、美人口增长消费与土地利用研究"、"贫困地区妇女生殖健康需求研究"、"迁移对中国农村妇女地位和生育健康的影响研究"、"人口增长消费与海洋资源关系研究"、"中国1990年普查访问百岁老人追踪调查研究"。其他项目7项："妇女组织在社区建设中的组织形式和工作方法研究"、"中低龄老人健康调查状况"、"中低龄老人社会责任义务研究"、"云南综合发展项目：人口学课题"、"全国老年人口状况调查的北京子项目"、"北京市人口老龄化趋势研究"。2000年人口所课题科研经费达600多万元。

2000年，郑晓瑛教授获首届中国优秀博士后奖和国家自然科学基金奖；蒋耒文获北大文科科研成果著作一等奖；楚军红获北大优秀博士论文三等奖。陆杰华副教授晋升为教授；蒋耒文讲师晋升为副教授。

(景来明)

社会学人类学研究所

【历史沿革】 北京大学社会学人类学研究所成立于1985年3月，当时名称为北京大学社会学研究所，由费孝通教授创建并出任所长，是一个以研究工作为主，并负担一定教学任务的机构。1987年被列为国家教委文科重点研究所，同年设立社会学博士后流动站。为适应学科建设的需要和发挥特色，1992年4月，更名为北京大学社会学人类学研究所。在费孝通教授的指导下，研究所自成立以来有近50项研究成果和个人先后在国内外获奖。2000年8月，研究所以"中国社会与发展研究中心"的名义，申请教育部文科重点研究基地获得成功。2000年6月，与北大社会学系合并。

【发展概况】 研究所现仍由费孝通教授任名誉所长，马戎教授任所长兼系主任，刘世定教授、佟新副教授任副所长兼副系主任。2000年在编员工21人，其中专职科研人员16人。专职科研人员中有教授7人（博士生导师5人：费孝通，社会学、人类学；马戎，民族社会学、城乡社会学；周星，社会文化人类学；刘世定，经济社会学、城乡社区研究；郭志刚，人口社会学、社会统计学），副教授6人，讲师3人。获得博士学位者14人，占87%。年龄在45岁以下的13人，占81%。另有博士后研究人员2人，博士研究生23人，硕士研究生24人。海内外进修访问学者8人。设有：城乡社区研究室、人类学与民俗研究室、民族社会学与人口研究室、家庭与妇女研究室、环境与发展研究室、文化与传播研究室、区域综合开发室、图书情报资料室、信息分析室、行政办公室、北京大学人类学与民俗研究中心秘书处、中国社会学会民族社会学专业委员会秘书处、中国社会学会社区研究专业委员会秘书处，以及由费孝通学术基金支持的"北京大学学生社区研究奖"评审委员会。编辑出版《人类学与民俗研究通讯》、《城乡发展研究通讯》、《民族社会学研究通讯》三种学术通讯和不定期的研究论文系列，2000年起编辑出版《北京大学社会学人类学年刊》，并在全国20多个省市设立了实地调查点。

研究所与社会学系合并后，在新班子的领导下，全所认真贯彻江泽民主席"三个代表"和科技创新的讲话精神，继续发扬"团队精神"，在学科建设、科学研究、人才培养及内部管理等方面做出了以下努力:(1)2000年9月,被国家教育部正式批准成为全国文科重点研究基地之一;(2)从海内外引进学术基础深厚、研究能力强的专业人才,进一步充实了教学科研实力;(3)参与社会学系教学大纲和教学计划的讨论;(4)全所有两人分别获北京市哲学社会科学优秀成果一、二等奖,1人获北京大学优秀成果奖。

【学术思路】 立足于中国社会实际国情,现实问题与学术问题相结合,多学科交叉研究,社区研究-类型比较-定性定量分析结合,历史观点和追踪研究,注重运作过程和机制研究。为适应改革开放和学科建设的需要,研究所近年来不断拓展研究领域。主要研究领域有:社会学与人类学学科建设,城乡社会发展研究,边区与民族地区发展研究,人类学与民俗研究,社区研究的理论、方法和运用,乡镇组织的制度结构与运作机制研究,企业研究,家庭与社会问题研究,中国民族关系研究,人口迁移与城镇化研究,环境与社会经济发展,城乡教育发展、文化与传播研究等。

【博士后流动站】 研究所于1987年设立了当时全国唯一的文科博士后流动站。在费孝通、袁方等教授的指导下,先后招收博士后研究人员22名,至2000年底,研究所博士后人员共参加国家级项目8个,国际国内合作项目9个,发表论文100余篇,出版或即将出版的专著10余部,有8篇论文或专著在国内外获奖。有14人获博士后科研科学基金资助金,1人获"国氏"博士后奖励基金。1人获第二届全国青年优秀社科成果优秀奖(最高奖)。

【课程与专业设置】 研究所与社会学系共同设立了社会学博士、硕士点。1998年设立了人类学博士、硕士点。除了现有的5位博导外,全所教学科研骨干组成研究生指导小组共同培养指导博士、硕士研究生。至2000年底,全所教师先后为研究生开设了"民族社会学"、"社会文化人类学理论与方法"、"社会人类学与中国研究"、"中国人类学研究"、"迁移与城市化"、"企业组织与运行"、"经济社会学"、"文化社会学"、"比较社会学"、"环境社会学"、"社区研究理论与方法"、"中国少数民族专题研究"、"民俗学研究"、"西方社会"、"传媒与文化"、"影视人类学"等22门专业课程,有些课程由海外归国学者用英语讲授。指导培养博士、硕士研究生30余人,海内外进修访问学者29人。

【图书资料室、信息分析室】 社会学所图书资料室现有中文图书15000册,外文图书4500册,中文报刊200种,外文现报刊38种,中文过刊400余种,外文过刊84种;并积累了大批课题资料、上万份调查问卷档案资料及诸多地方调查报告和声像资料。信息分析室于2000年6月建立了所、系信息传输局域网,更新了20多台计算机,进一步方便了研究人员和研究生进行调查数据的处理分析、资料检索、联网通讯以及论文的写作。

【学术交流】 全年共组织举办各类学术讲座、研讨10余次,邀请了美国、日本等国专家学者来所,就学科前沿及诸多社会现实问题进行讲演讨论,对促进学科创新、人才培养和信息交流起了较好的作用。此外,与厦门大学合作,成功举办了"教育部第五届社会文化人类学高级研讨班",费孝通等海内外有关学者作了主题发言并参加研讨,收到了良好效果。

【教学科研】 2000年全所完成和在研各类课题24项,其中由费孝通教授主持的教育部"九五"重大项目"社会人类学的理论与方法"、马戎教授主持的跨世纪人才项目"民族社会学的学科建设"等都已接近尾声。本所受何芳川副校长委托,承担组织的北大创世界一流文科"大船"项目:"世纪之交的中国社会变迁研究"正在顺利按计划进行并取得了较好的进展。此外,与美国未来研究所合作的"中国生活方式研究"等国际合作项目顺利完成,受到美方合作者的好评。受国家民委委托的"中国人口较少民族社会经济发展研究"课题取得了可喜的阶段性成果。在陆续出版了16部《社会与发展研究丛书》及20余部其他学术著作的基础上,2000年又出版了《社会学人类学论丛》4卷,《社会学人类学译丛》1卷,发表论文70余篇。

继续编印《研究论文》(working paper)系列,及时反映研究所工作人员近期的科研成果和正在进行的研究工作。至2000年底已编印了28期。新开设了"社会学与经济学"、"西方社会"、"法律社会学"、"人口社会学"、"城市社会学"等5门课程。5位硕士、2位博士研究生通过论文答辩。2名博士后人员圆满完成研究。由教师和博士、硕士研究生共同组织的"读书会"每周活动一次。

(于惠芳)

信息科学中心

【发展概况】 信息科学中心是由数学系、计算机系、电子学系等10个系(所)于1985年联合筹备建立的,体现了多学科的交叉与结合。以此为基础于1988年建立的视觉与听觉信息处理国家重点实验室是北京大学的第一个国家重点实验室。

信息科学中心和视觉与听觉信息处理国家重点实验室主要从事计算机视觉、图像处理与模式识别,计算机听觉、语音处理与说话人识别,视觉与听觉信息处理的心理和生理学基础研究及神经计算模型,以及智能信息系统与知识工程等方面的应用基础研究,是信息科学领域多学科交叉、综合研究的重要基地。

信息科学中心有硕士点、博士点和博士后流动站,现有固定编制人员29人,其中研究人员19人,(院士1人,"长江教授"1人,博导6人),技术人员7人,管理人员3人,另有博士后3人,博士研究生7人,硕士研究生54人。

信息科学中心和视觉与听觉信息处理国家重点实验室主任是唐世渭教授,信息科学中心学术委员会主任是石青云院士,视觉与听觉信息处理国家重点实验室学术委员会主任是中科院高能所研究员唐孝威院士。信息科学中心设有学术委员会和学位委员会。视觉与听觉信息处理国家重点实验室设有学术委员会。

信息科学中心的重要特点是:多学科交叉、开放与联合。科学研究实体部分包括:视觉研究室;听觉研究室;信息系统研究室;生理心理研究室(虚实结合,与心理系联合)。已建或正在筹建的科学研究联合体包括:智能工程联合研究中心(与香港中文大学联合);空间信息关键技术试验基地(校内联合);数字图书馆研究所(校内联合);北京大学IBM公司联合创新研究院(北大与IBM公司联合)。

信息科学中心下设行政办公室,负责人事、教务、行政等事务工作。信息科学中心设有党支部和学生工作组,负责中心教职工与学生的全面政治思想工作和学生的日常管理工作。信息科学中心研究生已连续7年被评为北京大学优秀班集体。2000年度,教职工4人,学生12人获得各类奖教金、奖学金及被授予其他奖励。信息科学中心的机房,负责中心和实验室设备的管理维护工作。

视觉与听觉信息处理国家重点实验室学术委员会由国内著名专家学者组成,指导实验室的研究发展方向。实验室每年按开放课题基金指南,执行开放课题研究计划,还吸收国内外访问学者到实验室从事研究工作。

信息科学中心与国家重点实验室拥有一批先进的实验设备和良好的实验环境,具有一支结构合理充满生机活力的科研队伍,并与多个在相关领域中处于国际先进水平的国外研究机构建立了良好的交流与合作关系。

2000年6月信息科学中心从哲学楼搬迁至新建立的理科2号楼群,面积由原来的700多平方米增加到1800多平方米,研究环境和条件得到了极大的改善。

【学科建设】 开展多学科综合研究是信息科学中心的优势和特色。信息科学中心作为多学科研究(尤其是多学科综合研究)和高层次人才(研究生、尤其是博士生、博士后)培养的基地,其研究工作侧重于应用基础研究和重大工程中关键技术研究方面。因此,信息科学中心和视觉与听觉信息处理国家重点实验室,在今后一段时间内,将重点建设以下学科方向:

(1) 机器视觉和图像信息处理,包括:①图像压缩;②信息安全,包括信息隐藏、数字水印和生物测定学;③图像理解和计算机视觉的研究。

(2) 机器听觉及语音信号处理,包括:①统计学习方法和人工神经网络的研究极其在语言信号处理和生物测定学中的应用;②语音信号处理和听觉模型及其在说话人识别中的应用;③智能语音信息系统。

(3) 智能信息系统与多媒体信息系统,包括:①数据库与多媒体信息系统;②智能化多媒体信息终端;③数据仓库、数据挖掘与数据库中的知识发现技术。

(4) 视听觉信息处理的心理学和生理学基础研究与神经计算模型,包括:①视听觉的神经生理学和心理学基础研究;②视听觉信息处理的神经计算模型;③神经网络的学习和识别机制研究。

在学科基地建设方面通过选拔、推荐、引进等多种渠道,吸引国内外高水平青年学术带头人到实验室工作,为他们积极创造良好的教学与科研条件,通过他们培养和带动一批年轻的学术骨干,推动学科发展,进一步提高实验室的学术水平,此外积极与国内外著名大学和研究机构开展学术交流与合作研究,努力把实验室建成具有国际先进水平的学科基地。实验室聘请多名国内外著名学者到实验室讲学,举办学术报告,开展学术交流,还多次派遣青年研究人员参加国内外各种学术会议。2000年9月,聘请日本九州工业大学石川真澄教授为北京大学客座教授。

在课程建设方面,重点建设好下列核心课程:计算机视觉,图像处理与模式识别,图像压缩技术,图像分析,语音信号处理,人工神经网络原理,数据库新技术,多媒体信息系统。另外从相关专业中选择一批优秀课程作为本专业的核心课程。如:认知神经学概论,计算语言学,信息论,还开设了具有特色的研讨班。

【科研工作】 信息科学中心和实验室充分发挥多学科综合交叉的优势,注重从视觉与听觉信息处理中提出新问题,并进一步开发出信息处理的新方法,承担了多项有关的国家攻关项目、攀登项目、"863"项目、"973"项目、国家自然科学基金项目,取得了多项重要成果。2000年信息科学中心的主要在研项目有:(1)"973"课题:"信息安全、传输与可靠性研究","基于先进网络的新一代交互式多媒体远程教育系统","面向内容的海量信息的集成,分析处理和服务";(2)科技攻关专题:"空间信息压缩及网络传输技术研究","集成电路产

品设计:特定说话人语音控制器",
"空间信息共享技术研究"。(3)重
点基金项目:"小波分析理论及其
在图像处理中的应用","听觉计算
模型及其在说话人识别中的应
用","中文数据库查询语言及界面
研究"。(4)航天"863"项目:"以遥
现为背景的图像压缩与解压专用
硬件实现"等。

2000 年信息科学中心在国内
外刊物及会议发表论文 58 篇,申
请专利 2 项。航天"863"项目"以遥
现为背景的图像压缩与解压专用
硬件实现"于 2000 年 5 月通过专
家组验收。国家自然科学基金重点
项目"听觉计算模型及其在说话人
识别中的应用"于 2000 年 4 月,
"中文数据库查询语言及界面研
究"于 2000 年 3 月通过专家验收
和鉴定。国家科技攻关项目"国家
空间信息基础设施关键技术研究"
于 2000 年 1 月通过了教育部主持
的鉴定和验收,被评价为"研究起
点高、难度大,具有创新性,在技术
上具有当前国际先进水平"。该项
成果在 2000 年 12 月获得中国高
等学校科学技术进步二等奖,并被
评为 2000 年中国高等学校十大科
技进展之一。

【成果转化】 信息科学中心非常
重视把科研成果及时转化为生产
力,把指纹识别技术、语音识别技
术、智能信息系统技术等的研究成
果及时运用到实际项目的应用开
发上,并积极推进产品化。目前,以
这些研究成果为核心技术的应用
系统已经在公安、银行、保险、政府
部门等领域获得实际应用,取得了
良好的社会效益和经济效益。2000
年 8 月在"863"研究项目基础上,
与大唐电信股份公司签订了联合
开发视频产品协议。

【体制改革】 为了实现创造世界
一流大学的目标,依据学科建设和
队伍建设的需要,信息科学中心在
体制上实施开放、流动、联合的原
则。在编制上"虚实结合",研究人
员既有在编固定人员,也有非在编
的流动人员;既有固定研究人员,
也有客座研究人员;既与国内有关
单位或人员进行合作,又与国外有
关机构或专家进行合作;流动研究
人员与客座研究人员在实验室的
工作时间也可长可短。为了积极推
进多学科交叉与结合,除了中心现
有研究室,还将在中心内设立具有
多学科性质的研究所(室),其人员
编制实行虚实结合,同时积极参与
(与其他单位联合)建立多学科性
质的研究机构。2000 年 9 月成立了
北京大学 IBM 公司联合创新研究
院。

(李林)

环境科学中心

【发展概况】 环境科学中心作为
一个系级建制单位成立于 1982
年。现有环境化学、污染气象学、环
境生态学、环境规划与管理学和可
持续发展共 5 个教研室,下辖"环
境模拟与污染控制"国家重点联合
实验室大气环境模拟分室,中国持
续发展研究中心,环境工程研究所
及所属水沙科学教育部重点实验
室。

环境科学中心拥有一支以中
青年学者为学术骨干、新老结合的
环境科学与工程学术队伍。目前专
职教学科研人员达到 40 人,其中
中国工程院院士 1 人,正高职称 8
人,副高职称 13 人,具有博士学位
的教师 17 人,有硕士学位的教师
14 人。中心有博士后流动站 1 个,
现有 8 名在站研究人员。中心设有
环境科学与工程一级学科,拥有环
境科学、环境工程两个博士点,设
有环境科学、环境工程、大气物理
与大气环境、环境生态学硕士点 4
个。目前有环境规划与管理本科生
专业,并与城市与环境学系合办环
境科学本科生专业。

中心现有博士生导师 9 人,在
校博士生 51 人,硕士生 105 人,
97、98 本科生两届共 42 人,研究生
进修班 70 人。中心计划每年招收
博士生 20 人,硕士生 50 人。2000
年环境中心本科、硕士、博士在校
学生总数为 198 人。中心研究生毕
业后除少数出国继续深造外,大部
分都在国家和地方各级部门从事
环境保护研究和管理工作。

【研究方向】 大气环境化学:研究
大气中痕量组分的来源和去除过
程,并通过对大气气态和颗粒物成
分在对流层和平流层的迁移、转化
规律的研究,探索大气化学反应动
力学机制、酸沉降、光化学烟雾和
平流层臭氧耗损等的化学过程,为
大气污染控制提供理论基础。

水污染与控制:以各种水体
(如河流、湖泊和海洋等)为对象,
研究污染物质在水环境中的迁移、
转化和归宿及其对水体水质、底质
和水生生态系统的影响与危害;研
究水污染控制的途径、手段和方
法。

水治理理论与技术:运用现代
生物、物理、化学的理论与方法和
计算机技术研究水沙运动过程的
机理与模拟、水污染机理、旱涝灾
害的形成机理和相互关系,以及各
类污水的生物处理技术、物理化学
处理技术、土地处理技术和水污染
控制工程的系统设计等。为水资源
的合理利用、污水的治理和水灾害
的防治等提供理论、方法和技术。

大气污染控制:以大气化学、
物理学、气象学、流体力学等为基
础,研究控制、改善和治理大气环
境质量的基础原理,为大气污染控
制决策提供理论依据;研究去除工
业生产活动排放出的大气污染物
的先进理论与高新技术,开发治理
污染的成套装置与设备。

环境规划与管理学:研究环境
管理的理论和方法,为区域、流域、
国家以及全球的环境管理和决策
提供决策依据与方法,通过研究环

境与经济、社会协调发展的理论、方法以及在区域和流域范围内的规划实践，为区域和流域的可持续发展（即环境与经济协调发展）提供规划理论、方法。

环境经济学：在研究社会－经济－环境系统相互作用规律和机制的基础上，研究环境资源的配置理论、环境资源价值及其评估方法、环境经济分析理论和方法、环境经济政策及其作用机制。

环境系统分析理论与技术：主要研究环境工程自动控制系统的设计和开发，大型工程项目（如水利、地下工程）环境条件的数值模拟、评估、计算机信息系统管理及工程设计结构的可视化，以及水沙灾害（如风沙、水土流失、泥石流和泥沙淤积等）对环境影响的相似性模拟研究等。

环境与健康：以环境化学、污染气象学、统计学、流行病学、毒理学和经济学为基础，研究有毒有害污染物在各种环境介质中的常规和痕量方法及分布和迁移规律、环境和人群暴露评价方法、毒性和致癌性、环境风险评估，为制定环境质量标准和环境控制对策提供科学依据。

环境社会系统发展学：主要研究环境系统与社会系统之间的相互作用规律和机制，进而探讨如何调整社会系统的结构和运行，以寻求两大系统和谐协同的理论方法和具体途径与手段。

【教学与科研】 环境科学中心作为中国最早从事环境科学研究和教学机构之一，为中国环境保护事业做出了突出贡献。目前已建成了门类较为齐全的环境科学教育和研究体系，一些领域如大气环境化学、理论环境学、环境规划学、环境管理学、环境经济学等的研究长期居于国内前列，建成了我国大气环境领域的国家重点实验室。伴随着环境工程研究所的发展，在水资源可持续利用、水沙环境规律研究、

水灾害形成机理与防治方法及多目标决策等方面确立了地位。

建成了完善的硕士生、博士生、博士后及国家环保干部和各类在职人员的培训体系。在环境科学学科建设方面，形成了以环境管理、大气环境、可持续发展和环境工程四个学科方向为支柱的学科框架，以及相应的基础科学体系，包括环境化学、大气物理、生态学、环境管理学、环境规划学、环境经济学、环境信息系统、环境人文学、环境社会系统发展学、环境评价学、环境法学等，并相应建立了本科——硕士——博士——博士后的教学体系。

2000年，环境科学中心的行政领导班子进行了换届，张远航继续担任中心主任，倪晋仁和邵敏任中心副主任，徐岩被聘为行政办公室主任。顺利完成了第一期岗位的考核和第二期岗位的评定工作。过去一年中，全体在岗人员比较好地完成了岗位职责目标，在这个基础上比较顺利的完成新年度的岗位聘任工作。有9名教师定为校级关键岗位，其中一级岗3人、二级岗2人、三级岗4人。中青年教师有7人进入A类岗。

环境科学中心保持了传统的在科学研究和国际交往方面的强势，在国家科教兴国战略和北京大学建设世界一流大学战略鼓舞下，在教学、科研、学科建设工作中取得了以下进展：

（1）环境科学中心认真组织了教育部一级学科点的申报工作，中心申请的环境科学与工程一级学科点通过了教育部的评议和批准，获得了环境科学与工程一级学科，由此中心新增了环境工程的博士点和环境工程硕士点。目前正在制订环境工程学科点的发展规划，至此，北京大学在环境领域的学科体系已基本完备，学科体系的建设和提升是今后工作的重点。

（2）通过了国家对"大气环境

模拟国家重点联合实验室"的评估验收工作，取得了B类的好成绩。

（3）为加强环境科学与工程学科体系的建设，环境科学中心建立了学科协调人制度，设立三个方向的学科协调人，统一考虑各学科的发展和规划。学科协调人的设置情况为：朱彤为环境化学方面的学科协调人，栾胜基为环境管理学方面的学科协调人，倪晋仁为环境工程方面的学科协调人。

（4）北京大学拥有我国迄今最大的环境模拟直流风洞，为推进环境风洞的建设，加速培养年轻的学术带头人，环境科学中心成立了大气环境与风工程研究组，该研究组在"大气环境模拟国家重点实验室"和大气环境室具体领导下开展工作。该组对外以"北京大学环境科学中心大气环境与风工程研究室"名义开展活动。研究组由叶文虎担任组长，张伯寅任常务副组长。

（5）建立了教育部"水沙环境"重点实验室。"水沙科学教育部重点实验室"是北京大学、清华大学、北京师范大学和武汉大学四校联合实验室，每校独立设一分室。实验室成立于2000年8月。北京大学水沙科学实验室主要以水沙动力学、地表过程动力学、水沙环境和水沙灾害研究为主。北大分室主任是倪晋仁教授。

（6）环境科学中心承担了2项建设世界一流大学（"985"计划）项目。一项是大气环境模拟与污染控制，项目的总经费为160万元，主要用于购置大气污染模拟的仪器设备和实验室建设；另一项是与北京大学医学部合作的环境与健康交叉研究项目，目前已开始启动。

（7）2000年9月4号，北大与加拿大Regina大学签署了联合成立"中国-加拿大草业生态研究中心"（China-Canada Center for Grassland Ecosystem Research, CGER）备忘录。该中心重点关注

我国西部的生态保护和可持续发展问题,旨在推动两校在草地生态系统保护技术与管理方面的交叉学科研究,推广加拿大草地生态系统保护方面的成功经验,促进中加两国企业间的技术转让和商业活动。Regina 大学和北大作为中心的创立成员,将负责中心的管理和协调活动。中心将在两校分别成立分支机构,并联络中加两国有关政府部门和组织机构支持中心及其活动。该中心的成立对我国西部开发的环境保护问题具有重要意义。

(8)开设本科生和研究生课程36门次,计103学时。其中新开课程 5 门:环境中物质的循环与转化,系统分析与仿真,荒漠化研究,气溶胶原理与技术,全球环境问题。

在全体教职员工的共同努力下,2000 年环境科学中心的科研取得了明显进展,共发表论文(不包括论文集)75 篇(环境科学中心为第一作者单位),其中 SCI 论文 6 篇,出版专著 2 部,译著 1 部;科研项目(包括纵向和横向)70 余项,实际到位科研经费 592.5 万元。其中,张远航和倪晋仁的年度科研经费均超过 100 万元。由倪晋仁负责的国家基金委和水利部联合资助重大项目"江河泥沙灾害形成机理及其防治研究"以优秀的成绩顺利通过中期检查。

2000 年,唐孝炎院士获中国环境保护杰出贡献奖,朱彤被教育部批准为"长江学者奖励计划"特聘教授。李文军荣获 UNESCO 生态学部 UNESCO 人和生物圈计划青年科学家奖。

【其他】 环境科学中心较好地解决了绿地公司的问题,成立了绿色科技公司,并从环境中心剥离,增资扩股,环境中心及北大相对控股,以环境科学中心和化学学院作为技术支持的产学研基地。

2000 年 10 月 11 日,国际工程科技大会在北京人民大会堂举行,江泽民主席出席了大会,环境中心 20 多名代表参加了大会,唐孝炎院士为大会环境分会执行主席。

加拿大 Regina 大学的查克麦、黄国和被聘为环境科学中心兼职教授。

(庞岩、邵敏)

基础医学院

【发展概况】 基础医学院创建于 1954 年 9 月 14 日。初建时称"基础医学部"(简称基础部),归属北京医学院领导,相当系级建制。下设 12 个基础学科,其中 7 个主要学科是北京医学院故有的基础医学类学科,此外有 3 个普通基础学科和原属于北京大学理学院的医预科部分的 2 个公共学科。1960 年 2 月,在北京医学院成为全国重点大学之后,基础部改称基础医学系,至 1985 年 4 月,基础医学系迅速发展,先后增设了 4 个基础医学学科,并于 1985 年又创建了基础医学研究所、1 个研究中心、13 个研究室及 3 个中心实验室。1985 年 5 月,基础医学系更名为基础医学院。2000 年 4 月,北京大学与北京医科大学合并成立新的北京大学后,北京医科大学基础医学院更名为北京大学基础医学院。基础医学院是理科人才培养基地,1996 年国家教委授权建设"国家理科基础科学教学和研究人才培养基地"以来,基础医学专业的培养条件得到了较大改善;生物化学与分子生物学系、生理学系,分别于 1998 年、1999 年被教育部批准为"名牌课程"建设单位。基础医学院是继续教育的基地,平均每年举办各种类型 10 项继续教育项目,招收进修学员 200 余人次,接受国内访问学者及零散进修学员 40 余人次。平均承担继续教育约 69 人/年。

基础医学院现有教师 254 人,其中教授 65 人、副教授 70 人、讲师 65 人、助教 54 人。教师队伍中 44 人有博士学位,73 人有硕士学

表 5-25　2000 年基础医学院获准科研项目与经费情况

项 目 类 别	获准数量	经费
"973"国家重点基础研究项目	3 项	384 万元
国家自然科学基金项目	10 项	172 万元
教育部博士点科学基金项目	2 项	8 万元
教育部留学回国人员科研基金	3 项	13.5 万元
教育部骨干教师资助计划项目	2 项	36 万元
北京市自然科学基金项目	2 项	39 万元
国家新药研究基金项目	1 项	15 万元
"863"计划项目	1 项	20 万元
中医药管理局科学基金项目	1 项	10 万元
国际资助与合作项目	5 项	412 万元
国内科研合作项目	13 项	50 万元
科技开发项目	2 项	25 万元
科技服务项目	1 项	35 万元
北京大学医学部"985"项目	11 项	330 万元
北京大学基因研究中心项目	7 项	65 万元

位,具有高级职称者90%以上曾出国留学、进修;现有教学辅助人员、科学实验技术人员171人,其中副主任技师11人,主管技师84人,技师39人,技士29人,技术工8人,90%以上接受过本科、大专教育;现有管理职员24人(包括负责学生工作人员5人),90%以上接受过本科、大专教育。

基础医学院拥有一批国内外著名的专家和学者,其中中国科学院院士4人,获国家人事部和卫生部授予有突出贡献中青年科技专家称号的8人,国家杰出青年科学基金获得者2人,教育部跨世纪优秀人才3人,长江计划特聘教授2人,全国优秀教师奖获得者3人,北京市优秀教师奖获得者10人,北京医科大学桃李奖获得者10人,享受国务院颁发政府特殊津贴29人,并有100余人次在国际学术机构及国内一、二级学术团体内担任职。

基础医学院现设人体解剖学与组织胚胎学系、生理学与病理生理学系、生物化学与分子生物学系、细胞生物学与遗传学系、生物物理学系、病理学系、药理学系、免疫学系、病原微生物学系和神经生物学系10个系,教学包括机能教学综合实验室、形态教学综合实验室、生物化学与分子生物学教学综合实验室、免疫病原学教学综合实验室、细胞生物及遗传学教学综合实验室在内的生物医学实验教学中心。

基础医学院现拥有2个一级学科(生物学、基础医学),2个博士后科学研究流动站(生物学、基础医学),9个博士学位授权点(人体解剖学与组织胚胎学,免疫学,病原生物学,病理学与病理生理学,生理学,细胞生物学,生物化学与分子生物学,生物物理学,药理学),12个硕士学位授权点(除上述博士点外,另有遗传学、放射医学、中西医结合基础);4个国家重点学科(生理学、生物物理学、组织胚胎学、病理学)及2个部级重点实验室(卫生部神经科学重点实验室、卫生部免疫学重点实验室)。

【教学活动】 2000年,基础医学院基础医学专业毕业学生33名,招收新生28名;医学实验专业毕业学生22名,招收新生26名;基础医学院毕业研究生51名,其中博士生28名,硕士生23名;招收研究生99名,其中博士生44名,硕士生55名;现有在校硕士研究生124名,博士研究生106名,博士后13名。2000年毕业的研究生中生理学和免疫学专业授权点培养的2名博士研究生的论文被评为2000年全国优秀博士学位论文。4月25—27日,教育部组织"国家理科人才培养基地"中期评估,基础医学院被评为合格基地;7月1日,基础医学院举行了首届教师电子教案讲课大赛,共有20名教师参赛,其中病理学系刘从容讲师被选拔参加北京市青年教师讲课竞赛,并获北京市二等奖;11月29日—12月3日全国高等医学教育学会基础医学教育分会年会在西安第四军医大学召开,基础医学院院长贾弘禔教授当选为新一届分会主任委员;2000年,基础医学院有32名教师被评为医学部优秀教师,计算机应用教研室被评为医学部教学优秀集体奖一等奖;基础医学院申报的教学成果奖"培养创新型医学人才的基础医学教学模式"获北京大学教学成果奖一等奖、北京市教学成果奖一等奖;由基础医学院高子芬副院长牵头的教改项目"医科基础课程改革的研究和实践"申请教育部"21世纪初高等教育教学改革项目",获准立项,资助经费7万元。

【科研活动】 2000年基础医学院共获准各类科研课题65项,共获科研经费1614.5万元,比往年大幅增长;发表科技论文、著作387篇(本),其中:国际刊物22篇,全国刊物253篇,专著16本,国际会议33篇,国内会议40篇,被SCI收录的论文有36篇;申报国家专利3项,国际专利1项,已被受理。

2000年基础医学院获省部级科研成果奖4项;3月,中枢八肽胆囊收缩素决定针刺镇痛和吗啡镇痛的有效性于获国家自然科学二等奖。"八肽胆囊收缩素",简称CCK,北京大学神经科学研究所韩济生院士等对CCK的抗阿片作用进行了15年的系统研究,发表论文40篇,其中29篇为SCI论文。

(谷涛、王晓民)

表5-26 基础医学院2000年获奖科研成果

主持人	奖励名称	等级	成果名称	项目来源	单 位
文宗曜	北京市科技进步奖	2	红细胞的微观流变学特性研究	国家自然科学基金	生物物理学系
周柔丽	北京市科技进步奖	2	层粘连蛋白总糖肽的抗癌细胞转移作用	国家自然科学基金	细胞生物学与遗传学系
石爱荣	北京市科技进步奖	3	大鼠胚胎及生后发育时期胃肠胰胰岛蛋粉样多肽的定位研究	国家自然科学基金	人体解剖学与组织胚胎学系
庄 辉	北京市科技进步奖	3	乙型肝炎病毒表面抗原胶体金试剂的研制	国家自然科学基金	病原生物学系

表 5-27 基础医学院 2000 年主办国际学术会议

会议名称	主办单位	负责人	时间	地点	人数	
					国外	国内
第四届东西方疼痛会议	神经科学研究所 中华医学会疼痛学会	韩济生	4月10—14日	北京	30	170
2000海内外中青年学者神经科学研讨会	中国生理学会 中国神经科学学会	王晓民	7月7—10日	合肥	42	72
国际灵芝专题研讨会	药理学系 中国食用菌协会	林志彬	10月12—14日	北京	15	65
肿瘤免疫学和免疫治疗学国际研讨会	免疫学系 Ludwig 癌症研究所	陈慰峰	11月1—4日	北京	18	80

药学院

【发展概况】 药学院始建于1941年,原为北京大学中药研究所,1943年以此为基础建立了北京大学医学院药学系,设本草专业和制药专业。1952年医学院独立建院后,改名为北京医学院药学系,设药学、药物化学、应用化学(医药)3个专业。1985年随北京医科大学建立更名为药学院,设药学、药物化学、药理学3个专业。2000年4月原北京医科大学和北京大学合并组建新的北京大学后,更名为北京大学药学院。

药学院现有在职职工220名,其中教授40名、副教授37名,有博士生导师16名、硕士生导师43名,具有博士学位的44名,占全职工总数的20%。有院士2名,"长江学者奖励计划"特聘教授1名。

药学院现设有化学生物学系、药物化学系、天然药物学系、药剂学系、分子与细胞药理学系、药事管理与临床药学系、实验教学中心、应用药物研究所,有1个国家首批建立的重点实验室——天然药物与仿生药物国家重点实验室,1个国家重点学科——生药学科。

药学院现有药物化学、生药学、药剂学3个博士点,药物化学、生药学、药剂学、药物分析学和无机化学5个硕士点;药学作为一级学科为药学博士后流动站和"大药学"博士点。

60年来药学院培养了4000多名本科生,近400名研究生。现在每年招收本科生120名、研究生59名(博士后8名,博士生16名,硕士生35名)、专科生282名。现有在校生1203名,其中研究生139名(博士后14名,博士生47名,硕士生78名)、本科生507名、专科生142名、成教本科生43名、成教专科生372名。

1996—2000年共发表论文958篇,其中被SCI收录149篇;编写国家统编教材4部、特色教材7部、专著2部;获科研成果奖18项,其中国家级2项(国家"八五"科技攻关重大科技成果奖、国家重大科技成果奖),部、委、局、北京市级16项;获国家各级各类科研经费("纵向")1924万元,国际国内科研院所、制药企业合作研究经费1000万元人民币及30万美元。药学院高度注重药学科学的基础研究和应用研究。从1996至2000年,药学院获得包括"973"、"863"、攀登计划、"1035"等国家科研基金65项,科研经费近2000万元,获得科研成果奖18项。

药学院与美国、日本、荷兰等国家的十几所大学或公司建立了友好合作关系,对外合作、交流的扩大和加深促进了药学院整体地位与水平的稳步提高。

从1999年开始,药学院对当年发表在国外的SCI论文进行表彰并设立4个奖项,分别是:小组SCI论文篇数最多奖,单篇影响因子最高奖,小组影响因子之和最高奖和首次发表奖。

药学院现有教学科研用房建筑面积约12000平方米,有500兆和300兆核磁共振仪、液质联用仪、顺磁共振仪、红外、紫外、原子吸收、氨基酸分析仪、旋光光谱仪和高压液相仪等一大批较先进的仪器设备。

【教学活动】 2000年编写国家统编教材1部;共开出必修课、选修课147门。"大药学教育改革与实践"获北京市一等奖,"通过药物化学改革培养学生的创新能力"获北京市二等奖。有2名教师获北京大学优秀教师奖,16名教师获医学部优秀教师奖,1名教师获优秀青年教师称号,2个教学组获教学优秀集体奖。获得教育部"新世纪高等教育教学改革工程"项目立项2个。

药学院努力进行教学教育改革,注重对学生进行全面素质和创新能力的培养,进一步加强了督学制度,实施了院系两级对教学过程的管理和评估。强化了学生在教学改革中的作用,更加密切了学与教的关系。

【学科建设】 坚持以理科教育为特征的药学教育改革是近五年来药学院学科建设的基本原则。2000年初完成了以系为建制的第二次教学科研体制改革,在原有改革的基础上加强学科融合,重新组建了化学生物学系、药物化学系、天然药物学系、药剂学系、分子与细胞药理学系、药事管理与临床药学系,系内按研究方向设课题组。按大药学招生与培养,使不少于80%的本科生进入研究生培养阶段的目标正在稳步落实。

【科研工作】 药学院高度注重药学科学的基础研究和应用研究。1996年,学院的"现代药学与新药研制"成为北京医科大学"211工程"重点建设的三个学科群之一,并取得了标志性的成果。学院以治疗肿瘤、心脑血管、老年性等三大疾病为目标在核酸、多肽、寡糖和微量元素四大内源性物质的研究、天然药物的研究和新型给药系统的研究方面都形成了自己的特色,取得了重要的进展和显著的成果。在新药开发方面,目前有一个一类新药进入Ⅱ期临床,三个一类和三个二类新药正在进行临床前的研究。

2000年度药学院共获得12项国家科研基金,经费计290万元;获教育部、北京市科技进步奖共5项;国外SCI论文数和开发创收经费居北京大学医学部所属单位之首。

(杜永香)

公共卫生学院

【发展概况】 北京大学公共卫生学院的前身是北京大学医学院公共卫生系,创建于1950年5月,是中国高等院校中建立最早的公共卫生专业教育基地之一。1956年更名为北京医学院卫生系,1985年更名为北京医科大学公共卫生学院,2000年更名为北京大学公共卫生学院。50年来,公共卫生学院已为国家培养出2782名本科生、294名硕士生、55名博士生及350名本、专科卫生事业管理干部。学院开设的预防医学函授部至今已为卫生防疫部门培养了860名大学专科和9000余名专业证书毕业生。

公共卫生学院现有在职职工160名,其中副教授以上54名、中级职称59名。学院设有预防医学(原公共卫生学)、卫生事业管理和妇幼卫生3个本科专业,设有流行病学与卫生统计学、劳动卫生与环境卫生学、妇女与儿童青少年卫生学、卫生毒理学、社会医学与卫生管理学和营养与食品卫生学6个硕士点,设有流行病学与卫生统计学、劳动卫生与环境卫生学、妇女与儿童青少年卫生学、毒理学和社会医学与卫生管理学5个博士点,拥有博士生导师8名、硕士生导师38名。自1996年以来,获国家、部委、国际合作及各类协作与委托科研项目186项,项目总金额3000万元,获各类科研成果奖16项,发表论文1416篇,出版论著74部。

【学科建设】 2000年上半年初步完成了学科重组工作,在原有13个教研室、4个研究室、2个研究所基础上组建了劳动卫生与环境卫生学系、流行病学与卫生统计学系、妇女与儿童青少年卫生学系、营养与食品卫生学系、卫生政策与管理学系、毒理学系以及学院中心仪器室。

5月,北京大学公共卫生学院与青岛市疾病控制中心共建科研教学基地在青岛市举行揭牌仪式。这是继学院房山基地后建立的第二个教学基地。

6月,学院承担的培养高层次基层卫生防疫管理人才的联合国儿童基金会资助项目"应用型研究生培养"通过了卫生部组织的终期评估。经过3年学习,已有24名应用型研究生毕业回到原单位。

10月,联合国儿童基金会委派美国疾病控制中心和美国卫生部专家、联合国儿童基金会驻华代表处项目官员与我国卫生部疾病控制司组成的专家组来院评估应用型公共卫生硕士研究生项目。各位专家充分肯定了学院在培养应用型公共卫生硕士研究生方面所做的工作和取得的成绩,认为这种教育模式符合中国国情。

【科研工作】 2000年公共卫生学院获国家基金3项,金额46万元;获卫生部专项基金9项,金额96.5万元;获法国达能营养基金资助2项,金额39万元;获卫生部监督司保健食品课题2项,金额4万元;获教育部高等院校青年骨干教师资助项目1项,金额6万元;获教育部高等医学院校博士点专项基金1项,金额6万元;获医学部"985规划"学科建设项目启动基金100万元;国家重点项目配套资金40万元;获国际合作项目8项,总金额为480多万元,包括美国中华医学基金资助项目1项,与日本国立环境研究所、日本公害基金会合作项目"大气污染与健康研究",与日本川崎病研究中心合作研究项目"川崎病中日合作流行病学研究",与英国利物浦大学合作项目"卫生方法与妇幼保健研究",世界卫生组织、联合国儿童基金会等资助项目"私人医疗服务范围和利用"、"学校控制吸烟"等。学院各系还与中华医学会、北京市科委、北京社保局、清华大学、抗癌协会、长城集团、燕化公司、劳卫所等单位进行"知识人群健康状况调查"、"医疗保健信息系统"等9项科研合作,金额180多万元。继续启动青年基金,4名青年教师获得基金资助。

2000年是卫生部"九五"科技攻关项目验收年,流行病学与卫生统计学系承担的"原发性高血压社区综合防治研究"课题在卫生部主持的项目验收评审会上被评为优秀项目。

与北京大学合并以后,学院各系加强了与北京大学相关学科的科研与教学协作,流行病学与北京大学数学院的合作、卫生统计学与北京大学人口所的合作、社会医学与北京大学社会学系的合作等已经开展,卫生法规学科与北京大学法学院的合作也在酝酿之中。

2000年,公共卫生学院李立明获"亚太地区公共卫生杰出贡献奖"和"北京市先进工作者"称号,刘世杰获"全国职业卫生先进工作者"称号,吕姿之获"全国预防与控制艾滋病先进个人"称号。

【对外交流】 学院每年出国参加国际会议、讲课、进修都达30—40多人次,接待国外来访的外宾约50人次,聘请了20多名国外著名教授为客座教授。学院先后与美国俄克拉荷马大学、TULAN大学、夏威夷大学、澳大利亚GRIFFITH大学、韩国汉城大学、南汉城大学、泰国MAHIDOLL大学签订双边合作协议;与美国、加拿大、日本、德国等国家和地区的24所大学、学院建立友好关系;与美国疾病控制中心、美国福特基金会、美国洛克菲洛基金会、日本老年病研究所、日本国家环境卫生研究所、日本产业医学综合研究所、日本森永乳业株式会社会、英国皇家统计协会、德国国际生态统计协会、瑞士诺华制药公司等开展广泛的科研协作。学院与联合国儿童基金会、世界卫生组织、世界银行、联合国粮食署、联合国开发计划署、国际原子能机构等国际组织建立了良好关系,积极承担相关领域科研项目。

(冯皓、周小平)

护理学院

【发展概况】 护理学院是由原北京医科大学护理系及北京医科大学卫生学校于1999年7月6日组建成的,2000年4月3日,北京医科大学和北京大学合并成立新的北京大学后更名为北京大学护理学院。北京医科大学护理系建于1984年,是中国首批恢复高等护理教育的院校之一,1985年开始招收首批护理本科生。1990年经国务院学位委员会批准成为中国第一个护理专业硕士学位授权单位,1992年正式招收护理专业硕士研究生,是国家护理事业重要的人才培养基地和科研基地。北京医科大学卫生学校创办于1915年,"文革"期间停止招生,1979年恢复建制后成为卫生部直属的中等卫生学校,1994年被评为部属A级学校,设有护理、药剂、检验、口腔技术、助产士、卫生统计6个专业。

护理学院现设有办公室、教学办公室、学生办公室及综合办公室等4个行政办公室,内外科护理学教研室、妇儿科护理学教研室、护理学基础教研室和护理学人文教研室等4个教研室。护理学院现有教职工50人,其中高级职称12人、中级职称22人、初级职称13人、其他3人。在26名专职教师中,有教授6人、副教授2人、讲师11人、助教5人。护理学院聘请美国乔治美森大学护理学院刘周婉教授、美国旧金山加州大学护理学院Anne J. Davis教授、美国密歇根大学护理学院院长Ada Sue Hinshaw教授、美国密歇根大学护理学院Deborah J. Oakley教授等4位外籍护理专家担任客座教授。

护理学院承担4个层次(硕士、本科、大专、中专)和8个轨道(研究生、在职研究生、本科、高专、高职、夜大专升本、夜大专科、中专)的护理专业教学任务。其中中专教育根据北京市教委"压缩中专,发展高职"的文件精神,已于1999年停止招生,最后一届学生将于2002年7月走上临床工作岗位。护理专业各层次教学共开设公共基础课程11门、医学基础课程21门、护理专业课程34门。

护理学院培养护理教育、护理科研、护理管理、临床管理和临床护理方面的高级人才,并承担各类护理人员的继续教育。2000年共有在校生1252人。

护理学院与世界十余个国家及港、澳、台地区建立了交流与合作关系。先后与美国HOPE基金会、中华医学基金会(CMB)等国际组织保持合作,并与美国密歇根大学护理学院、瑞典Ersta大学护理学院及香港理工大学医疗科学系建立了姊妹学校关系。2000年来院讲学的国际护理专家8人,接待国内外来访11批83人。

(杜彩霞)

【学科建设】 4月30日,护理学院在原有13个教学组的基础上,根据学科特点成立了4个教研室,统一承担临床护理学的教学科研任务。11月1日,护理学院对早在1998年成立的护理专业教育委员会进行调整,吸收了临床教学人员,突出护理教学与临床实践的相结合。

5月,成立临床护理教研室,承担护理学院临床实习教学任务。

为推动现代教育技术——多媒体教学在护理教学中的应用,10月14日组织了北京大学护理学院青年教师教学基本功比赛,并选派陆虹、李湘萍参加了北京大学医学部10月举行的"2000年青年教师教学基本功比赛",2人均获二等奖。

2000年护理学院为全国29个省市的44所学校、27个医院培养了352名护理师资和护理研究人才。护理学院是海淀区护士注册继续教育教学基地,2000年完成1570人次的学分教育。

【科研活动】 2000年参加北京市教育科学研究课题"护理学本科专业课程体系和教学内容改革与实践"获得北京市二等奖。在国内学

表 5-28　护理学院 2000 年科研项目

项目名称	协作单位	时间（年）
感染控制	3M 公司	1999—2000；2000—2001
社区护理	美国密歇根大学护理学院	2000—2003；2001—2002；2002—2003
老年痴呆的病人护理	美国密歇根大学护理学院	1999—2000
护理学本科专业体系和教学内容改革与实践	北京市"九五"规划课题	1995—2000

（陈新民）

术刊物共发表论文 93 篇，其中发表在一类杂志的论文 6 篇。主编各层次教材 6 本。

（陈新民）

【学院纪事】 庆祝护士节系列活动　5月，护理学院学生会、团总支举办了庆祝"5.12 国际护士节"的"天使之城"系列活动。内容包括聘请专家教授举办科学美容知识讲座；用展板和签名等多种形式宣传护理事业，普及护理知识；在市民中进行广泛的卫生宣传及义诊活动；举行舞会和电影晚会。

举行授帽仪式　护理学院于 6 月 23 日在北京大学医学部会议中心举行 96 级学生授帽仪式。中华护理学会王春生理事长、国际护士会首席执行官 Judith Oulton 和原护理系主任赵炳华教授为 23 名同学授帽。北大常务副校长、医学部主任韩启德院士到会并讲话。护理学院全体师生、北京大学各医院护理部及医学部各部处来宾 130 余人参加了此次活动。

（杜彩霞）

第一临床医学院
（北京大学第一医院）

【发展概况】 第一临床医学院（北京大学第一医院）的前身是创建于 1915 年的北京医科专门学校附设诊察所，为国内首批建立的临床医学院。1927 年 4 月，改建为北京医科大学校附属医院，1927 年 8 月，北京医科大学校与其他 8 校合，易名为京师大学堂医科，附属医院随之更名。1928 年 6 月，京师大学堂改组为北平大学，医科改称医学院，医院遂称北平大学医学院附属医院，京城百姓惯称为"平大医院"。1937 年 7 月 7 日，抗日战争爆发，北平大学等迁至西安，组成西北临时联合大学，医学院改称临大医学院。1946 年，医学院合并于北京大学，医院随之易名北京大学医学院附属医院，"北大医院"从此得名。1952 年，北京医学院独立建制，医院随之更名为北京医学院附属医院。1958 年，改称北京医学院第一附属医院。1985 年，医院随学校易名北京医科大学第一医院。1987 年，医科大学撤销医疗系建制，遂设该院为北京医科大学第一临床医学院。1991 年 6 月，医院设立北京医科大学第一临床医学院妇儿医院。2000 年 4 月 3 日，北京大学与北京医科大学合并，成立新北京大学，医院更名为北京大学第一医院。

北京大学第一医院是一所融医疗、教学、科研、预防为一体的大型综合性医院，1993 年分别被卫生部、世界卫生组织（WHO）审定为三级甲等医院和爱婴医院。

全院共有 44 个病房，1147 张病床，设有 29 个临床科室和 12 个医疗技术科室。日均门急诊量 4000 人次，年收治病人 23000 余人，手术万余例。医院承担 200 多个合同单位和 512 个大病统筹单位，计 28.1 万名职工的直接就医和 7 个基层医院 105 万人的转诊与会诊，以及占北京十分之一的干部保健任务（包括中办、国办、人大、政协、国家计委、科技部、经贸部、卫生部等）。截止到 2000 年底，现有职工 2483 人，其中专业技术人员 2122 人，占 85.46％。

医院拥有 26080 万元的诊疗设备，其中代表当代医学水平的高、精、尖设备 6678 台（件）。占地面积 88752 平方米，建筑面积 113900 平方米。

为满足社会需求，促进学科发展，适应医疗、教学和科研工作的需要，医院还设有多专业、多层次、高质量的 50 个特需门诊和 400 多个专家门诊及 103 个专业门诊。按照预防为主的方针，医院设有专门的预防保健机构，负责医院附近社区内 5 万余人的传染病防治、计划免疫、妇幼保健、定期体检、卫生宣教等工作。

医学教育实行本科生、研究生、进修生三条教育轨道。研究生教育有 4 个国家级重点学科，18 个博士点，24 个硕士点，1 个临床博士后流动站。建国以来，为国家培养各类高级医学人才近 7000 人。从 1978 年恢复研究生制度以来已培养研究生 706 人，其中获博士学位的 430 人。目前在培研究生 456 人，在院本科生 438 人（包括五年制和七年制）。年举办专业进修班 20-30 期，20 年来共培养进修医师 12000 余人。此外还为一些国家培养了留学生。

科学研究设有 6 个研究所、10 个研究中心、1 个部级重点实验室、14 个研究室、5 个实验室、6 个科研辅助科室、1 个国家药品临床研究基地和 12 个专业。有 8 个学科首批进入国家"211 工程"。目前全院正在进行的国家重点科研项目和科研课题 200 余项。从 90 年代以来共获科研成果114项(国家级4项,部委级85项),发表论文3693篇(中华系列及国家级杂志发表2664篇,国外及国际医务杂志发表261篇)。根据国家科技部下达由中国科技信息研究所承担的中国科技人员在国内外发表论文数量和论文被引用情况的统计报道,第一医院1996年、1997年连续两年居全国各大医疗机构第三名,地方医疗机构第一名。1998、1999年在全国各大医疗机构排名中居第五位、第八位(两年均居地方医疗机构第二位);1999年论文被SCI收录占全国医疗机构第二位,论文被引用次数占全国医疗机构第三位(地方第二位)。医院科技人员在国内外医学学术团体中任职的共有367人次,其中任常委以上职务的189人次,在国际学术团体中任职13人次。

医院学科齐全,综合诊疗水平较高,尤其对肾脏内科、心血管内科、泌尿外科及男科、外科、神经内科、妇产科、小儿科、皮肤性病科等各类常见病、多发病、疑难重症的救治均具有丰富的经验。其中介入疗法治疗冠心病,肾小球疾病的研治,肝、肾移植手术,体外冲击波碎石,胰十二指肠切除术,全盆脏器切除术,门脉分流断流术,胃癌扩大根治术,心脏搭桥术,腔镜及显微手术,关节置换术和青光眼,儿童弱视、斜视的治疗,小儿神经、小儿肾脏、小儿心血管,新生儿等疾病的防治与研究均居国内前列或为世界先进水平。

北大医院驰名海内外,国际交流与合作发展迅速、广泛。70年代以来,每年都有十几个国家和地区的20多个团到医院参观、访问、讲学。改革开放以来已接待了300多个团,万余人次到访。医院也不断派出专家和骨干到国外考察、讲学、进修,每年均有50人左右出国留学,到2000年底共派出1100余人,有400余人学成归国。医院还与20多个国家和地区的20余所大学和医院建立了友好合作关系。

(高树宽、关力达)

【医疗工作】 北京大学第一医院是一所大型综合性医院,承担着近200个合同单位、512个大病统筹单位,约计28.1万人的医疗和7个基层医院管辖的约105万人口,以及全市乃至全国各地疑难重症的转诊、会诊和120个单位近8000余人的高干保健任务。

2000年医院门、急诊量为1190993人次,年收治病人25280人,年手术量12750例,同时承担党和国家重要会议的医疗保健,中央首长会诊,援外支边等任务。按照预防为主的方针,医院设有专门的预防保健机构,负责医院附近社区内的机关、学校、工厂、托幼机构和居民约5万余人的传染病防治、计划免疫、妇幼保健、定期体检、卫生宣教等工作。出院者平均住院日低于全国同类医院,从1991年的23.3天缩短为1999年的14.8天,2000年为15天。医院目前有门诊疑难病会诊中心8个。

北京大学第一医院设备先进、齐全,2000年,北大医院800元以上固定资产的仪器设备共有7493台,总价值2.478亿元。其中万元以上设备1830台,价值2.254亿元,占总价值的91%;50万元以上设备65台,价值0.977亿元,占总价值的39%。

北京大学第一医院从1978年起就高度重视新技术的开发与应用,截止到2000年,全院共引进、开发、应用新技术、新疗法1170项。

作为国家级的重点医院,北京大学第一医院曾于1975、1991、1998和1999年多次以国家医疗队名义奔赴安徽、湖南、湖北等受灾地区,参加抗洪抢险,为受灾群众防病治病,同时还完成了援外、支边、定点扶贫等任务。

为了满足人民群众对医疗、保健的需求,医院不断改善患者就医环境。继1999年施工后,医院将原药理楼改造为新急诊留观病房,增加了急诊用房面积1300平方米。2000年3月,急诊新留观病床正式投入使用,共扩大急诊病床39张,改善了急诊就诊环境,不仅进一步满足了病人的需求,还为医院急救医学学科的建设与发展创造了有利条件。

医院大力加强对急诊科工作的支持力度,为开通急诊工作的绿色通道,补充调整了急诊科领导和人员的配备,完善了抢救设备,使之形成了一支相对独立、有一定规模的急救队伍。在神经内科、心脏内科共同努力下,医院开展了脑梗塞、急性心肌梗塞的溶栓治疗及急诊的PTCA工作,为急诊绿色通道的畅通起到了有力的保障作用。2000年2月28日,急诊科收治了来自海淀区的81名误用亚硝酸盐患者,全部救治成功,得到北京市卫生局的表扬。

医院在现有基础上调整、扩大了部分科室的生产用房。同时,还采取多种措施,方便患者就医,如:建立了门诊集中采血室;缩短了特殊检查、化验的预约、发报告时间;严格门诊管理,取消进修医门诊,全面推行专业和专家、主治医门诊;增设特需门诊出诊专家的人员及次数,开展假日门诊等。

医院还严格规章制度,开展规范化服务。为进一步加强处方的管理,从2000年10月份起,实行处方加盖名章的管理制度,对处方书写质量、用药合理性等提出了严格要求。2000年,医院进一步完善医疗管理制度12项,并加强了对临床、医技各科室落实各项医疗管理制度情况的检查。从2000年开始,医院实行单病种质量控制管理。

2000年医院开展了一系列高难度的手术:心外科完成院内冠状动脉搭桥术101例;泌尿科成功完成肾移植术28例;普外完成肝移

植 5 例。医院还启动成立了生殖与遗传中心。

在护理工作方面，随着传统医学模式向现代医学模式转变，医院早在 70 年代末、80 年代初就在国内率先试行对患者身心的整体护理。1996—1999 年，已全方位建立起整体化护理病房。

北大医院医疗集团 根据市政府有关文件精神及医疗改革形势的迫切需要，充分合理利用卫生资源，真正做到"小病在社区，大病在医院"。2000 年 6 月 27 日，第一医院在北医系统率先成立了北大医院医疗集团。集团成员地跨西城、丰台、密云、门头沟等 4 个区县，由 7 所不同级别的医疗机构组成。医疗集团采取"以人为本、建立互相转诊制度、开放绿色通道"的方针。集团成立后，医院与各个集团医院建立了双向转诊的运行机制。

随着医疗集团的成立和发展，医院开始了跨省、市的医疗集团的合作，先后与内蒙古包头中心医院、内蒙古伊克昭盟医院、内蒙古赤峰市二院、宁夏银川市第一人民医院和宁夏医学院附属医院和海南省妇幼保健院等建立了协作关系。

北大医院赴西北医疗队 2000 年为积极响应党中央支援西部大开发的号召，医院派选 18 名专家组成的医疗队，由章友康院长、朱天岳副院长亲自带队，于 6 月 30 日抵达银川市，在当地医疗队进行了为期两周的医疗服务活动，参加"七一"街头义诊咨询的群众近千人，开展了一系列学术讲座、手术演示及教学查房等活动。他们在那里参加并表演了许多当地无法完成的手术，参加门诊、会诊、查房、示教，开展各种学术讲座等，深受当地群众及医务界同行的欢迎和高度赞扬。

健康快车医疗队 受卫生部委托，医院派出健康快车医疗队，为老、少、边、穷地区白内障患者实施复明手术。"健康快车"开赴四川宜宾、宁夏银川、山西临汾的老少边穷地区，实行白内障复明工程。历时 267 天，为 3131 例患者（3212 只眼）进行了白内障超声乳化摘除人工晶体植入手术，其年龄从 6 个月到 88 岁，自始至终未发生 1 例感染及严重并发症，脱盲率达到 100%，脱残率达到 85%，超额完成了预定任务。

（金克荣）

【教学工作】 在教学方面，医院实行本科生、研究生、住院医师、继续教育、进修医师成人教育六条教育轨道。本科生教育设有 17 个临床专业教研组，临床教学设桥梁课、系统课、中小科及生产实习、选科实习五个阶段，教学的主要形式有集体授课、分组讨论、见习、实习、教学查房等。在本科生临床教学、研究生教育、住院医师培养、进修医师教学及成人教育的长期实践中，对临床思维及技能的训练，好的医疗作风及素质的养成，创新精神的培养等方面都有丰富的经验。全院的教学意识比较强，远在三四十年代就已形成了很好的风气和独特的风格，一直保持着浓厚的学术空气和热诚服务献身医学的优良校风。

针对第一临床医学院医学教育的现状和存在的问题，医院加强了本科生临床教学的改革力度。从加强临床医学生主体性培养入手，针对目前临床医学教学现状，对眼、耳、皮三个科室的临床疾病教学模式进行了新的尝试——教学讨论教学模式。为了让学生尽早直接接触临床工作，充分发挥临床各级大夫的教学作用，解决临床授课与见习脱离的问题，变内外妇儿过去的一轮讲课为现在的三轮讲课；变过去的以脱产带教教师带教为主为现在的以临床教学组带教为主，脱产带教教师为辅；临床见习过程变过去的教师教为主为现在的学生学为主；见习体征方面，变过去的以一组学生见习一个病人为主为现在的一个学生见习一个病人为主。本着加强学生临床技能的培养、配合相应教学模式的改革指导思想，对学生考核模式也进行了改革。

在研究生教育方面，自 1978 年至 2000 年北京大学第一医院共招收 1269 人，包括留学生及港澳台生 9 人。现在医院研究生 303 人（其中博士生 128 人，硕士生 167 人，博士后流动站 8 人）。在职工作人员申请学位的工作是在 1986 年开始，也呈上升趋势，从原来的 1-2 人到现在的 89 人，在医学部招收研究生人数中名列前茅。

第一医院是 1981 年国务院学位委员会批准的首批博士学位、硕士学位授权单位，同时成立了学位评定分委员会。截至 2000 年有硕士授予权专业 24 个，博士授予权专业 18 个，按二级学科授权的博士点 11 个。2001 年在岗的博士生指导教师 25 人。截至 2000 年授予学位 786 人，其中博士学位 324 人，硕士学位 462 人，包括以同等学力在职工作人员申请学位 33 人，其中博士学位 17 人，硕士学位 16 人。

为推进研究生教育的改革与发展，不断提高研究生的教育质量，在招生制度上，医院贯彻执行德智体全面衡量的原则，择优录取。在研究生培养上，严格执行国务院学位委员会颁发的临床医学专业学位的培养方案以及北医颁发的学位与培养的各项规定，并强调学习专业前沿的新知识、新技术，努力培养研究生的创新能力。为确保研究生的培养质量，研究生办公室不定期召开与导师们沟通研究生培养情况的座谈会。北大医院的导师们以他们广博的理论基础，精深的专业知识，尤其是高度的责任心和奉献精神培养出了一代又一代的研究生，他们承担着全

表 5-29　北大医院 2000 年医疗工作完成的数量指标:

	2000 年	1999 年	对比
门诊量(人次)	1121353	964620	156733
急诊量(人次)	69640	63364	6272
出院病人数(人次)	25280	24420	860
病房床位使用率%	91.3	87.5	3.8
床位周转率(次)	22.1	22.4	-0.3
手术开展例数(例)	12750	11628	1122
平均住院日(天)	15	14.8	0.2

表 5-30　医疗工作质量指标(2000 年 1-12 月)

	2000 年	1999 年	对比(%)
治愈率	62.6	61.7	0.8
好转率	26	27.4	-1.4
无菌手术切口甲级愈合率	99	98.3	0.7
院内感染率	3.3	3.43	-0.13
危重病人抢救成功率	95	92	2.9

表 5-31　北大医院 1996-2000 年课题经费统计表

年度	课题			
	申报数	中标数	中标率(%)	经费(万元)
1996	125	40	32.0	265.2
1997	67	14	20.0	94.5
1998	118	34	28.8	237.2
1999	74	20	27.0	238.2
2000	77	20	25.9	322.4
总计	461	128		1157.5
项目	2000 年度			
	申报数	中标数	中标率(%)	经费(万元)
973	1	1	100	3000
985	27	14	51.8	135

表 5-32　北大医院 1996-2000 年成果统计表

年度	获奖成果	
	总数	部委级以上成果
1996	13	13
1997	7	7
1998	8	8
1999	9	9
2000	16	12
总计	53	49

表 5-33　北大医院接待国境外来访情况

时间	批次	国家数	人次
1996 年	41	17	262
1997 年	45	12	122
1998 年	53	18	258
1999 年	60	17	380
2000 年	58	18	230

国各地许多医院的医疗、教学、科研工作,很多人已成为各单位的业务骨干和学术带头人。

(刘玉村、孟繁荣)

【科研工作】 北京大学第一医院有高等学校重点学科 4 个,首批进入"211 工程"的学科 8 个,卫生部实验室 1 个,有 6 个研究所、8 个研究中心、14 个临床研究室、5 个实验室、6 个科研辅助科室,并且是国家药品监督管理局确定的"国家药理临床研究基地",承担心血管、呼吸、消化、肝病、肾病、泌尿、内分泌、神经、麻醉、放疗、妇产及生育调节、皮肤 12 个专业的药品临床实验。

1996 年以来承担国家部委级项目 143 项,总经费 4292.5 万元。其中:国家攻关项目 18 项,获经费 221.5 万元;"863"高科技项目 3 项,获经费 49 万元;跨世纪优秀人才项目 2 项,获经费 60 万元;"973"项目 1 项,获经费 3000 万元;"985"项目 14 项,获经费 135 万元

1996 年以来承担横向项目 37 项,获经费 176 万元。

第一医院 1996 年以来获国家级、部委级科技奖励成果 49 项,校级奖励 4 项。其中:国家级奖励 3 项,(二等奖 1 项,三等奖 2 项),部委、校级奖励 50 项(一等奖 4 项,二等奖 17 项,三等奖 29 项)。第一医院从 1996 年以来发表论文总数 2990 篇,其中:国际刊物发表 107 篇,中华系列发表 1322 篇,国家级刊物发表 1546 篇,地方刊物发表 15 篇,2000 年度出版专著及译著共 4 部。

【国际交流与合作】 北大医院国际交流与合作发展迅速。从 20 世纪 70 年代末起,每年都有十几个国家和地区,40 几个团次到医院参观访问、讲学交流,开展合作。改革开放以来,有 300 多个团万余人次来院。医院也不断派出专

表 5-34 北大医院在中国医疗机构科技论文排行情况

年度	SCI 收录论文数(篇)	位次	国内论文被引用情况(篇)	位次	国内论文发表情况(篇)	位次
1996					237	3
1997					270	3
1998			383	5	311	5
1999	26	2	567	3	385	8

(谢图)

家和骨干到国外考察、讲学、进修。每年均有 50 人左右到国外留学。到 1999 年底共派 1000 余人,有 400 余人学成归国。并与 20 多个国家和地区的 20 所大学和医院建立了友好合作关系。

2000 年 5 月 22 日,北大医学部与法国南锡亨利庞卡莱大学在第一医院举行中法心血管疾病合作协议签字仪式。1996-2000 年,医院心内科、心外科、麻科共 13 人次先后赴法国进行为期一个月至二年的进修培训或高层访问。2000 年 5 月 11 日受 WHO 驻华代表季卿礼博士委托,WHO 官员 Dr. Edward Hoeksdra 向北大医院妇儿中心授牌,命名为"世界卫生组织妇儿保健研究培训合作中心"。

(李苏梅)

【医院管理】 医院实行院长负责制,定期召开院长办公会,坚持医院决策的科学化、民主化、系统化。

1999 年初,医院党政领导班子先后换届完毕。新领导班子上任伊始,面临着严峻的医疗改革形势和医疗市场激烈的竞争,章友康院长提出了"闯难关、求生存、求发展"的九字方针,意在调整自我,强化医院综合管理水平,提高医院医疗质量和服务水平,使北大医院真正成为社会和患者所信赖的一流医院。

2000 年年初,章友康院长提出以"抓质量、抓服务、抓管理、创一流、迎挑战"为医院工作的主题,将医院定位在创造六个一流上,即"一流学科、一流人才、一流技术、一流设备、一流质量、一流服务",坚持"以病人为中心",以提高"优质、高效、低耗、便捷"服务为宗旨,去赢得更广大的医疗市场。

医院从 1999 年开始,精简机构,调整职能部门干部配备,将 21 个党政职能处室合并为 19 个。对 24 个临床医技科室的领导逐步进行了调整,涉及人员 70 余人。

1999 年开始,医院实行科室全成本核算试点工作。在 1999 年经过 9 个科室 5 个月的成本核算方案试点后,自 2000 年 3 月 1 日起,全院大部分临床、医技科室(除放射科、一部手术室、心外科、中医科、中西医结合科、放化疗病房、放疗科、急诊科 8 个科室外,)实施了新的成本核算方案。

2000 年与上年同期对比,出院病人数增加 11.04%;门诊人次增加 16.25%;专家人次增加 21.45%;急诊人次增加 9.90%,日均门诊为 4026.4 人次,增加 16.46%;平均住院日 15 天;床位使用率 91.3%;急诊入院率 20.1%,增加 2.55%;总手术量 14807 例,增长 5.2%,其中大手术增长 12.19%。

2000 年全院总收入 5.5 亿,同比增加 17.80%,其中医疗收入同比增加 25.19%;药品收入同比增加 15.59%。

(高树宽、关力达)

【85 周年院庆和二部扩建工程开工奠基】 2000 年 4 月,北大医院迎来了建院 85 周年院庆,国务院副总理李岚清、卫生部部长张文康分别为医院致信祝贺。在院庆活动中,同步举行了作为国家重点工程的北大医院第二住院部改扩建工程奠基仪式和医院被正式命名为"北京大学第一医院"、"北京大学第一临床医学院"的挂牌仪式。

彭珮云副委员长出席院庆典礼,并与国家自然科学基金委主任陈佳洱,卫生部副部长彭玉、北京大学领导王德炳、闵维方、韩启德等共同为医院第二住院部病房楼扩建工程破土奠基。此项改造工程,国家投资 4 亿多元,建筑面积达 6 万多平方米。

在医院揭牌仪式上,彭珮云副委员长、卫生部彭玉副部长、北京大学副校长兼北大医学部主任韩启德等为北京大学第一医院和北京大学第一临床医学院的挂牌仪式揭彩。

(高树宽、关力达)

第二临床医学院
(北京大学人民医院)

【发展概况】 第二临床医学院(北京大学人民医院)的前身是北京中央医院,于 1916 年动工,1917 年末落成使用,1918 年 1 月正式开院,当时坐落在阜成门内,是在伍连德博士倡议下由中国人自己集资兴建的第一所大型综合医院。首任院长由伍连德博士担任。

人民医院在八十多年的发展过程中曾几易其名,依次为北京中央医院(1918—1946)、中和医院(1946—1950)、中央人民医院(1950—1956)、北京人民医院(1956—1958)、北京医学院人民医院(第二附属医院,1958—1985)、北京医科大学人民医院(第二临床医学院,1985—2000)、北京大学人民医院(第二临床医学院,2000)。

1941 年底,珍珠港事件后,日本侵占北京,关闭了协和医院,钟惠澜、司徒展、林巧稚、关颂韬、谢元甫、谢志光、孟继懋等著名专家从协和医院来到中央医院任职，并对医院进行了改组。1945年起钟惠澜博士任医院院长，他以协和医院的传统管理医院，为中国培养出大批医学骨干。八十多年来，人民医院为祖国医疗卫生事业培养和输送了大批优秀人才。

随着医院的迅速发展，1984年动工在西直门立交桥西南侧建设6万余平方米的新医院，1991年4月全面投入使用。1998年底，和卫生部毗邻的10层共18000平方米的科教楼竣工启用，为人民医院教学科研工作的进一步发展提供了更加完善和便利的条件。全院建筑面积现已达10万平方米。目前，建筑面积为4万平方米的20层新病房楼已完成设计，即将动工，预计2004年投入使用。

截至2000年12月底，人民医院开放的病床由建院初期的120张到1050张，日门诊量由200人次到4180人次。在职职工2139名，其中正高级职称87人，副高级职称185人。人民医院现有临床科室36个，医技科室11个，职能处室18个，还有4个研究室。承担公费医疗和大病统筹管理单位1623个、24万余人的医疗保健任务。

此外，北京大学血液病研究所、北京大学肝病研究所、北京大学应用碎石技术研究所、北京大学关节病研究所等4个科研机构设在人民医院。

近十年中，人民医院承担了62项国家自然科学基金、16项高校博士点基金、40项卫生部基金的科研项目。2000年度共申请到各类国家省部级科研基金22项，其中国家自然科学基金6项，教育部博士点基金2项，教育部回国人员启动基金1项，卫生部科研基金1项。

人民医院承担着北京大学医学部临床医学、医学检验、护理本科及护理高职学生的临床教学及实习任务，还承担医学硕士、博士学位研究生教育及部分临床医学7年制学生的二级学科阶段教育。人民医院现有博士生导师21人，硕士生导师97人。此外，医院还承担着培养进修医师的任务，自1991年以来，共接收全国各地各类进修医师3576人、进修护士661人。2000年接收进修医师677人，进修护士181人。

人民医院发展迅速，1993年被卫生部审定为三级甲等医院。同年，被世界卫生组织（WHO）、联合国儿童发展基金会、卫生部联合审定为爱婴医院。1995年，作为卫生部试点单位，与卫生部医院管理研究所合作在人民医院建成了国内第一个大型医院信息系统（HIS），该系统于1996年9月正式运行，1997年3月通过国家鉴定。

人民医院有着自力更生、重视人才、严谨求实、团结奋斗的光荣传统，多年来，依照"爱心、奉献、求精、创新"的院训，不断总结经验，实事求是，加强管理，取得了许多成绩。

（戴谷音、戴清）

【医疗工作】 2000年全院在出院人数、手术例数、门急诊人数和平均住院日等方面都达到了新高度，许多科室创出了人民医院历史上的多项第一。

器官移植 2000年全院器官移植水平跃居国内一流。血液病研究所继续保持总体领先水平。2000年完成造血干细胞移植93例，其中非血缘关系骨髓移植10例，非血缘关系脐血移植4例，HLA配型不合移植3例，创历史新高，不仅在数量上领先，而且在无病生存率、移植难度等方面保持领先水平。在国际上首先采用两份脐血治疗超大体重成人白血病获得成功，为从根本上解决国内供者缺乏的状况，充分利用脐血库奠定了基础。肝胆外科实现了零的突破，全年完成肝移植13例，手术死亡率为零。居北京市2000年移植数量首位。泌尿外科完成肾移植20例。眼科完成角膜移植60例。

胸痛"绿色通道"开通 2000年人民医院心内科、心外科、急诊科、麻醉科等多学科联合开通"绿色通道"，使心内科、心外科收治病人数大幅度上升，许多危重病人得到及时救治。2000年心外科完成冠脉搭桥205例，其中90%以上为非体外循环下冠脉搭桥，冠脉搭桥手术中心脏射血分数最低的仅为6%，创社会效益与经济效益双丰收。卫生部张文康部长亲临医院看望经"绿色通道"救治的患者，对绿色通道给予"绿色通道就是生命通道"的高度赞誉，新华社也就这一专题进行了采访报道。

眼科 眼科在视网膜玻璃体领域和电生理领域继续保持国内领先、国际先进的水平。2000年完成国内首例黄斑转位手术，同时采用玻璃体切割手术联合自体浓缩血小板封闭黄斑裂孔治愈55例黄斑裂孔患者，特别是成功治愈我驻南使馆曹荣飞同志的外伤性黄斑裂孔，使其视力得以提高，受到国务院、卫生部的好评，新华社做了专题报道。

人工关节置换 北京大学关节病研究所在国内率先开展屈膝畸形超过60°的人工关节置换术、双膝关节同时置换术、一侧髋、膝、踝关节同时置换术。2000年完成人工髋、膝关节置换手术400余例，在技术难度和手术例数上居全国之首。2000年6月24日，中央电视台和陕西电视台联合制作的《为了九亿农民的健康——送医、送药、送知识下乡特别节目》首次现场直播了一台手术。人民医院骨关节科寇伯龙副教授主刀为陕西省小学教师郑树岗行人工关节置换术，院长吕厚山教授应邀到中央电视台做嘉宾主持，人大副委员长彭

表 5-35　人民医院 1996—2000 年综合医疗指标完成情况

	1996年	1997年	1998年	1999年	2000年
出院人数总计	17434	18968	21659	22726	25618
病床周转率%	17.3	18.9	20.8	21.7	24.4
病床使用率%	89.2	89.4	95.1	98.0	100.9
出院者平均住院日	19.0	17.4	16.7	16.5	15.1
门诊人次	986364	983332	955511	968458	1049088
急诊人次	115721	110809	118289	101150	118360
日均门诊	3868	3808	3762	3783	4180
日均急诊	316	304	324	277	323

（戴谷音）

表 5-36　1996 年以来人民医院教学工作情况

	1996年	1997年	1998年	1999年	2000年
在校生	246	256	267	233	351
毕业学生	56	55	57	52	67
进修医师	350	377	464	503	677
进修护士	51	59	99	132	181
国家级继教项目	4	6	6个	9个	10个

（王杉、戴清）

珮云,卫生部部长张文康、副部长彭玉等都在中央电视台直播间观看了现场直播。

肿瘤治疗的新方法　北京大学应用碎石研究所何申戌教授历经八年努力,研制成功的 FEP-BYO1 型高能聚焦超声腹盆腔肿瘤治疗机于 1998 年正式投入临床使用。目前治疗肿瘤病种已达 20 余种,2000 余名患者受益。超声聚焦热疗仪的研制成功为肿瘤病人提供了手术、放疗、化疗以外的新的治疗手段。2000 年 12 月卫生部科技司组织专业评委进行了综合评审,认为此项技术的研究和运用,在肿瘤热疗领域达到国际领先水平。

增强服务意识　提高医疗质量　人民医院"以病人为中心"开展了一系列工作。

在门诊设立导医护士:门诊护士规范服务,每天开诊前向患者介绍当日出诊医生,方便患者就诊。挂号时间提前至 7:00,静脉抽血时间延长至 11:00,取消门诊午休,全天候为患者服务。医院实行计算机收费划价一体,减少了病人的排队时间。2000 年设立分检中心,对周边医院开放化验项目和其他检查项目。急诊科开设专家急诊,保证每周七天都有专家在一线接诊,提高急诊医疗质量。调整大内科值班结构,形成大内科住院总医师负责制。调整护士值班班次,加强晨晚间护理工作,根据专科特点制定培训计划,提高专科护理质量。

2001 年在门诊开设专家特需门诊,满足不同层次的需求。

组织选派各类医疗队　多年来,人民医院一直承担着中央保健局和卫生部派出的保健医疗任务,如全国政协赴外地考察的医疗保健工作、"两会"期间的保健任务等,2000 年共派出 19 支医疗队,56 人次,圆满完成各项任务。

1999 年 11 月 23 日-2000 年 11 月 12 日,人民医院派出了健康快车医疗队,在历时一年的时间里,转战贵州遵义、广西河池、青海平安驿、河北平山,克服了许多难以想象的困难,为老区人民做白内障手术 4050 例,并创下了自 1997 年健康快车工作以来 5 支医疗队中 6 个之最,即手术例数最多(4050 例);日手术量最多(32 例);个人手术例数最多(李明武医师做了 1580 例);白内障围手术期单病种费用最低;手术感染率最低(0例);医护人员平均年龄最低(28 岁)。他们的工作得到当地政府、群众的赞誉,也受到卫生部的表彰。

人民医院医疗集团　为充分利用现有的卫生资源,2000 年 6 月 28 日以松散形式成立了人民医院医疗服务集团,集团由人民医院和展览路医院、德外医院、丰盛医院、二龙路医院、平安医院、门头沟医院、昌平区医院、怀柔县第一医院组成。

【教学工作】　1946 年,人民医院开始接收北平大学医学院最后一年的部分学生做实习医师。1954 年人民医院开始承担北京医学院的临床教学任务,以后每年有一班的学生在人民医院进行临床实习。1958 年人民医院正式划归为北京医学院作为教学医院,1960 年人民医院建立教学办公室,负责医疗系的临床教学工作,各科室相应地成立教研组,有一名副主任负责教学,从此人民医院的教学工作逐步走向正轨。

最初,人民医院的教学工作只有一个轨道,即临床医学专业一个班学生临床阶段的学习与实习,同时负责这些学生的思想教育及学籍管理。1989 年起人民医院的教学轨道逐渐增加,包括口腔医学 6 年制本科(86、87 级,1989 年-1990 年)、口腔医学 7 年制(88 级-92级,1991 年-1996 年)、精神卫生专业(92 级-94 级,1995 年-1999 年)、妇幼卫生专业生产实习(1995 年)、部分护理专业生产实习(1997 年至今)、临床检验专业专科实习(1992 年至今)、部分临床医学 7 年制学生二级学科培养阶段(1993 年至今)、药学专业专科实习(1998 至今)、临床护理高职(4＋2,2000 年至今)、夜大学(2000 年至今)等。

原北京医科大学第一届临床

检验专业（89级，1992—1994年）临床阶段的教学任务安排及学生思想教育、学籍管理均由人民医院完成。人民医院在课程设置、实习安排、学生管理等方面做了大量的工作，为以后临床检验专业的临床教学积累了宝贵的经验。

自1993年起，人民医院开始承担原北京医科大学临床医学7年制（88级）部分学生的二级学科培养，至2000年，人民医院共接收7年制本硕连读硕士生47人，已毕业28人。

恢复高考后，人民医院共培养了909名临床医学专业毕业生和25名临床检验专业毕业生。

2000年人民医院承担6个轨道246名学生的临床教学任务。全年授课794学时，其中副高职称以上授课时数占83%；全院有187人参与授课，其中副高职称以上占80.5%，有硕士、博士学位者占42%；首次承担了临床夜大、护理高职的教学任务。

2000年人民医院共招收研究生67人，其中博士生35人，硕士生32人。在院研究生总数为176人，其中博士生101人，硕士生75人。2000年共毕业研究生54人，其中博士生26人，硕士生21人。

医院为加强对研究生的思想教育工作，组织参观中国人民抗日战争纪念馆，进行临床医学专业学位研究生入科前医疗安全教育、医德医风教育。组织暑期社会实践，到宁夏地区医院和宁夏医学院附属医院及红军长征地六盘山地区进行义诊和讲学活动。

人民医院重视教学质量，1997年成立了由离退休老专家组成的医院教学研究小组，负责教学质量监督。1999年初完成了各科教研室的重组工作，并于6月份召开了人民医院1999年教学工作研讨会，此次会议达成了在确保教学质量的前提下稳步进行教学改革的共识，增强了全员教学意识。

人民医院积极稳妥地推进教学改革工作的开展，在教改方面作了许多尝试，如：课程内容的调整（内容增减与融合）、授课方式改革（以症状带疾病的授课方式、讨论式讲课、中英文融合讲课及使用多媒体教学）、考试方法改革（放射诊断学考试率先使用多媒体）、开设临床阶段选修课及基于网络的医学英语课等。人民医院的教学改革工作富有成效，1997年，由外科教研室祝学光、于永祥、顾晋、李澍、栗光明等完成的"系统外科临床教学模式的改革"项目获1997年北医大、北京市教学成果一等奖、国家教委教学成果二等奖（成果名为"加强实践与逻辑思维，提高临床教学质量"）。1996年以来人民医院共发表教学论文18篇，承担各级教学研究课题17个。

2000年人民医院进行了两次内外科的课程融合（"肝硬变-门脉高压症"，"甲亢-甲状腺肿瘤"）并取得了成功；教改课题"深化教学改革，提高学生素质——思辨式外科教学模式的实践与总结"、"精讲多练，加强考核，提高体格检查技能的优质达标率"获北京大学教学成果一等奖；多媒体教学技术进一步广泛应用，2000年将医97级系统课的电子教案实行院内上网，首次使用多媒体进行放射诊断学的考试，内外科亦开始制作多媒体教学课件，同时与医学部外语教研室合作开设了基于网络的医学英语教学课程。

人民医院教学工作有一套较完整的教学质量评估体系，包括讲课质量评估、实习质量评估、生产实习效果的评估等，对教学质量起到了有效的监控作用。

人民医院举办了数届青年教师讲课比赛，采用集体备课、编写补充教材、循环带教等方式培训师资，保证授课及实习质量。

人民医院重视对学生的全面素质培养，自1998年起开展了有计划的、系统的素质教育活动，组织学生进行暑期社会实践，并邀请中国著名体育节目主持人宋世雄、著名表演艺术家颜彼德来院为学生举办讲座。

继续医学教育工作是医院教学工作的一个重要组成部分。1988年起人民医院开始有计划、有目的、分层次、按梯队对全院初中高级医务工作者进行继续教育。1990年12月成立继续教育办公室，分管住院医师和进修医师的管理工作，1991年6月，成立了北京医科大学人民医院住院医师培训委员会，1998年，又成立了新的人民医院住院医师培训委员会，并健全了大内科和大外科督学组（1996年成立），定期组织病例讨论和"医疗沙龙"，设立了出科考试。

人民医院自1991年以来共接受来自全国各地的进修医师3576人，1996年以来完成国家级继续教育项目35个，88个长期进修班，20个短期进修班。对进修医师开展岗前教育，组织他们参加医院学术活动，并对他们进行计算机、英语培训，同时对优秀进修医师进行表彰。

2000年人民医院完成了北京市全科医师培训工作的规范班（儿、外）和骨干班的培训任务，以及西城区全科医师培训的儿科、外科的授课任务。

2000年对全院工作人员的继续教育工作围绕着四新（新理论、新知识、新技术、新方法）进行了形式多样的活动，2000年1月至11月共举办医师系列讲座42次，参加人数达5024人次；请国内外专家讲课13次，参加人数1042人次；组织英文病例讨论3次，参加人数为45人次；举办护士系列讲座58次，参加人数3960人次；组织管理系列活动18次，参加人数为1060次；组织技师系列讲座6次，参加340人次。

表5-37　1996年至2000年科研工作一览表

年度\项目	基金	成果(不含校级奖)	发表论文数	研究生招生数	在校生数
1996年	822.2万元	4项	387篇	57名	157
1997年	124.5万元	2项	299篇	62名	150
1998年	159.3万元	3项	303篇	63名	171
1999年	482万元	3项	348篇	61名	179
2000年	517万元	5项	384篇	67名	184

（刘五华）

【医院管理】 人民医院的管理体制为院长负责制，"管理出效益"是人民医院历届领导班子的共识。建院八十多年来的发展充分体现了管理的力量。数年来，医院规范了一系列规章制度，规范了每周的院长书记会和每月的党委会与支部书记会。2000年人民医院以"量化管理，调整分配，发展学科，迎接挑战"为全院工作切入点，先后引入一批学术带头人，使相关科室的发展出现了良好的势头。

从1992年开始，人民医院每年年初召开全院科主任、科护士长、机关职能部处科以上干部的医院工作研讨会，每年的研讨会历时2—3天，参会人员180人左右。研讨会上各位主管院长分别总结医疗、教学、科研、后勤、行政、人事等方面的工作，提出新一年的工作设想。参会人员分四组讨论，统一思想，达成共识，由院长进行大会总结。自1992年至今已召开10届医院工作研讨会。

（戴谷音）

【科研工作】 经过长期努力，人民医院科研工作的发展势头良好。科研基金获准金额稳步上升，发表文章总数三度进入全国综合医院的前20名，科技成果数量也呈上升趋势，医院的研究生教育规模稳定，专业学位培养体系完善，医院新图书馆于1999年正式使用并形成良性运转，增设了计算机检索系统，方便读者借阅，使图书馆的使用率明显增加，2000年共接待读者22923人次。2000年人民医院顺利完成了科研管理体制的改革，实验室实现了科研用地有偿使用和基金奖励相结合的新体制。

1999年12月，国家药品临床研究基地在人民医院正式挂牌，并在老医院建成了临床药理一期实验室，为医院临床药理工作的发展奠定了良好的基础。2000年人民医院承担新药临床实验7项，其中牵头2项，参加5项。

由人民医院妇产科和肾内科主办的《中国妇产科临床》和《中国血液净化》两种学术期刊于2000年创刊。

2000年人民医院共发表论文384篇，出版图书8部，参加学术会议101人次。

科研基金 2000年度共申请到各类国家、省部级科研基金22项，共517万元。各类科研基金获准情况如下：

(1)国家自然科学基金5项；
(2)教育部博士点基金2项；
(3)教育部回国人员启动基金1项；
(4)教育部高等学校骨干教师资助计划3项；
(5)卫生部科研基金1项；
(6)国家高科技研究发展计划生物技术领域中试项目1项；
(7)北京市科委科技项目2项；
(8)北京市自然科学基金1项；
(9)北京大学人类疾病基因研究中心科研基金2项；
(10)北京大学医学部科研基金1项；
(11)国家杰出青年基金1项；
(12)首都医学发展科研基金(重点学科)1项；
(13)教育部科研技术研究重点项目1项。

科研成果 2000年人民医院有5项科研成果获北京市科技进步奖。

【国际交流】 人民医院和国外医学界的交流与合作日益频繁。1991年至2000年间共有2463人次的外国专家来院交流，平均每年约有246人次专家来访。2000年，国外来访人员59批共计225人次，人民医院与美国华盛顿Swedish医疗中心和韩国Catholic University St Mary's医院分别签署了双方合作协议。除此之外，人民医院还积极派出工作人员到先进国家学习、交流，1991年以来，共派出938人次出国进行短期学习交流，2000年共计派出121人次出国学习交流。

（张罗姣）

【北京大学血液病研究所】 北京大学设在人民医院的血液病研究所是北京大学的重点二级学科单位。其前身为1918年创建的北京医科大学人民医院(原名中央医院，后改为中央人民医院)内科。1957年成立血液科。1981年正式成立血液病研究所，陆道培院士任所长。80余年来，已发展成为颇具规模的内科血液学医、教、研中心。下设3个血液病房，85张普通病床，24张骨髓移植床位。现有11个实验室，占地面积约1400平方米。研究所还拥有国内最大规模的脐带血库及首家获得卫生部及国家药品监督管理局批准，开展细胞生物治疗的免疫细胞治疗相关实验室(GLP实验室)。

血液病研究所现有在编教师34人，其中工程院院士1名，正高级职称5人，副高级职称8人，有博士后资质的教师1名，有博士学位者8人，有硕士学位者8人，在读研究生5人。5年内共计38批47人次公派出国参加国际学术会议,其中10人次在重大国际学术会议上作大会报告。5年内有中青年教师11人次到国外进修或短期工作。

血液病研究所成立以来,承担着临床医学五年制、七年制学生的临床教学任务。近5年内培养毕业硕士研究生31人,毕业博士研究生37人。博士后出站1人。2000年在站博士后2人,在校博士10人,在校硕士13人,累计培养进修生130人。

北京大学血液病研究所是国内最大的造血干细胞移植中心和血液病及相关肿瘤治疗研究中心。

至2000年已完成异体造血干细胞移植443例,自体移植56例,疗效达国际先进水平;急、慢白血病长期生存率均达70%以上。由台湾、韩国来源的非血缘异基因骨髓移植也进展迅速,至2000年已成功实施14例。非血缘关系脐血库自1996年开始筹建,目前已达到国际先进水平。全库现冻存脐带血超过4000份,实现国际标准化管理,全部实行HLA基因配型。在此基础上,针对异体骨髓来源相对匮乏的问题积极开展脐带血移植。1999年成功完成1例成人同胞间脐血移植后,2000年已完成非血缘关系脐血移植10例。北京大学血液病研究所首次在国内发现3种遗传性血液疾病。白血病的免疫学与基因诊断、化疗和细胞生物学治疗一直居国内、国际领先或先进地位。尤其引人注目的是硫化砷(As_4S_4)单独治疗急性早幼粒细胞白血病(APL),可使初治和复发患者获得细胞遗传学和基因学缓解,以Kaplan-Maiev统计其疗效优于造血干细胞移植治疗APL,预期的5年生存率超过90%。血液病研究所还在国内率先开展CIK细胞置备和研究,在国际上首先成功地将CIK细胞免疫治疗应用于临床(1995年),除有效地预防和治疗移植后白血病复发外,在其他实体瘤的免疫治疗及病毒性肝炎的治疗均取得良好的效果。

血液病研究所目前承担着10余项国家、省部级重点科研项目,获各类科研经费上千万元。1996年以来全所在国内外杂志上发表论文已达百篇。2000届硕士、博士研究生在国家一级刊物上共发表论文10余篇。

1979年人民医院血液科(血液病研究所的前身)被批准为硕士学位授予单位,1986年被批准为博士学位授予单位和博士后流动站。至2000年血液病研究所共拥有博士后流动站1个、博士学位授予点4个,硕士学位授予点4个。

2000年血液病研究所国际学术交流不断。分别有人员参加日本第62届血液学年会、和第二届亚洲血液学现代治疗会议、第四届国际造血干细胞移植学会议及第七届亚太地区骨髓移植协作组会议等。2000年底,陆道培院士率队,有6位资深的血液病研究人员参加了在美国举行的第42届美国血液学年会。

(江滨、杨申森)

【北京大学肝病研究所】 北京大学肝病研究所成立于1984年,现任所长为王宇教授。北京大学肝病研究所迄今已发展成为集实验研究、临床治疗、临床检验和新型诊断技术研发为一体的综合性研究所。研究所以肝炎病毒和所致疾病与相关疾病的诊断、治疗以及预防为主要研究方向,是卫生部肝炎诊断试剂中心和临床药理基地,并是消化内科专业、肝病学博士点和博士后流动站。

从"六五"开始,肝病研究所在对肝炎病毒分子生物学、免疫学以及诊断技术的研究方面一直承担着多项国家重点科技攻关、"863"、"973"高技术研究发展计划项目、国家自然科学基金重点项目等。先后参加和主持了肝炎病毒基因分子生物学、肝炎病毒诊断试剂、病毒性肝炎发病机制、基因工程疫苗等重点研究课题。特别是1975年率先在国内研制成功乙型肝炎血源疫苗。迄今,肝病研究所已取得了多项重要研究成果,共获得国家、卫生部和北京市科技进步奖等80余次,在国内外发表了大量研究论文,数次在国际会议上交流。

研究所在长期实验室研究和常规临床治疗的基础上,重点开展了用新的生物技术治疗慢性病毒性肝炎和肝癌的研究,不仅在研究中有突破,应用于临床也有重要进展。

肝病研究所设有临床部,现有病床60张,依托着快速、准确的检测技术支持和先进的治疗手段,收治各型肝炎患者。作为国家卫生部抗肝炎药物临床实验基地,长期承担着国内外重点新药的临床疗效观察。并结合临床病例,开展了多项发病机制和新疗法的研究。

为了便于科技成果的转化,加强研究所的自我发展能力,1992年在国家卫生部指导下建立了卫生部肝炎试剂中心。现已发展成为研究所高新诊断技术转化和产品开发基地,向全国各省市、地区提供了基因诊断、免疫诊断试剂盒,创造了良好的社会、经济效益。

肝病研究所与国内外同行有着广泛、密切的科技合作和友好学术交流关系。与日本、美国、澳大利亚和欧共体国家等有着多项科技合作和交流。

2000年继续承担国家及省部级重点科研项目,拨入研究经费到达款额230万元。国家"九五"攻关课题(新型基因扩增诊断试剂)在2000年结题,获评分最高级。同时,国家自然科学基金重点项目中期检查也获评分最高级。2000年发表论文26篇,其中英文5篇,SCI收录1篇。

2000年7月4日,在北京市卫

生局、北京市卫生防疫站的验证过程中，肝病研究所抗-HIV检测成为全市仅有的两家免检单位之一，获得艾滋病初筛实验室证书。

(魏来)

【北京大学碎石技术应用研究所】

北京大学碎石技术应用研究所创建于1986年，何申戍教授任所长。何申戍教授主持研制出中国第一台液电冲击波体外碎石机，在全国得到推广，收到显著的疗效，并在此基础上指导研究生，进一步开发出压电陶瓷型体外超声碎石机和电磁体外碎石机，填补了国内的空白。

1990年又开展对胆总管结石的体外碎石和经皮经腹腔胆镜治疗的临床研究和治疗，取得了良好的结果，并在《中华普外临床》杂志发表了有关体外碎石技术治疗胆总管和经皮胆镜治疗胆囊结石5年疗效随访观察报告，取得了良好的结果。

1992年，何申戍教授带领全所人员主持了高能聚焦超声（High Intensive Focus Ultrasound，HIFU）技术研究，用八年的时间攻下了高能超声体外聚焦热疗技术治疗肿瘤的世界性难题，研制成功FEP-BY01型HIFU治疗机，使中晚期癌症病人避免了开刀或放化疗带来的痛苦，延长了生命和提高了生活质量。现在HIFU治疗机进入临床应用两年半，在全国已推广到18个省市地区，34家医院，治疗28个病种，到目前已总结出治疗腹部各种类型的中晚期癌症千例报告，使中国在这一领域跨到了世界的前列。在《中国医学工程》、《北京医科大学学报》、《中国超声杂志》和中国肝胆胰武汉全国学术研讨会等学术活动中发表多篇论文，为此获得北京市科技进步二等奖。目前正在此基础上进一步开发第二代机型。2000年底，卫生部科技司组织了十几名国家级多专业评委进行了综合评审，评审结论认为，这项研究工作立意新颖，资料翔实，在临床上已治疗腹盆腔肿瘤800余病例，20余病种，在核心技术上拥有我国自主的知识产权，该项HIFU技术研究与应用，在肿瘤热疗领域达到国际领先水平。

十几年来，北京大学碎石技术应用研究所从单纯治疗泌尿结石逐步开拓结石、胆结石、肿瘤治疗等有特色的综合治疗体系，取得了巨大的社会效益和经济效益，培养了一批年轻的技术骨干，在临床和科研工作中发挥出重要作用。

(何申戍)

【北京大学关节病研究所】 北京大学关节病研究所原名为北京医科大学人民医院关节病诊疗研究中心，成立于1990年，由骨关节科、风湿免疫科、中医科和实验室组成，2000年5月更名为北京大学关节病研究所，吕厚山教授任所长。10年来，关节病研究所已发展成为以风湿性疾病的内外科治疗为发展方向的综合性诊疗研究机构，在关节病的诊断、外科治疗、发病机理、人工关节及配套器械的研制开发、普及推广人工关节技术等方面开展了大量的科研、教学工作。

关节病研究所先后承担并主持12项国家自然科学基金等科研项目。十年来，关节病研究所在国内核心期刊上发表论文约140篇，国外期刊近20篇，主编或参与编写论（译）著14部。2000年度北京大学关节病研究所在各类专业核心刊物上共发表文章15篇，出版专著6集。

关节病研究所成立至今的10年间，经治的全部近千余例患者髋、膝、踝共2400多个关节平均超过5年，最长达10年以上，病人术后满意率达98%。并率先开展系统性红斑狼疮性髋关节炎和血友病性膝关节炎的人工关节置换术；并在国内率先建立了风湿病外科围手术期处理常规。

北京大学关节病研究所发挥临床与基础科研优势，在相关领域进一步研究的基础上，在2000年度取得国家自然科学基金2项面上项目的支持，又联合申请并取得2000年度国家自然科学基金重点项目研究课题"STAT信号通路在系统性风湿性自身免疫病中的作用"。

关节病研究所现有研究生9名，其中博士生5名，硕士生2名。近4年中，共承担5项科研课题，总金额为293万元，步态仪实验室也已正式运行。博士生导师栗占国教授获得2000年度国家杰出青年基金。

医疗工作一直是关节病研究所常抓不懈的基础工作之一，2000年骨关节科前11个月床位使用率103.6%，平均住院天数由去年的17.9天减少到今年的16.9天，手术777台，门诊量63455人次。风湿免疫科门诊量11000人次，住院病人超过300例，从2000年起，风湿免疫实验室已成为国内开展风湿病实验检查项目最多（24项）的试验室，为关节炎和风湿病的临床及基础研究的开展提供了条件。

关节病研究所关节置换组2000年共完成各类关节置换手术500余例，其中膝关节置换术已突破300例，比1999年增加100%，其数量、难度及效果仍占全国首位；关节镜组共完成近200余例关节镜手术。

关节病研究所先后招收硕士研究生22名，博士研究生17名，CMB资助研修生5名。在全国建立了7家关节病诊疗研究分中心；并分别同美国史赛克公司及瑞士普鲁斯公司建立了国内首家关节技术培训基地。

(孙铁铮)

第三临床医学院
（北京大学第三医院）

【发展概况】 第三临床医学院（北京大学第三医院）始建于1958年，开院时称北京医学院附属第三医院，隶属卫生部，1985年由于北京医学院更名为北京医科大学，故更名为北京医科大学第三医院，2000年4月3日北京大学与北京医科大学两校合并后，改称北京大学第三医院，现随北京大学隶属教育部，是一所集医疗、教学、科研为一体的现代化医院，总建筑面积76171.71平方米。设有29个临床科室，11个医技科室，72个专业，4个重症监护病房，5个研究所，5个研究中心，9个研究室，1个中心实验室，现有职工1,780人，其中教授96人，副教授188人，中共党员636人，党支部34个，5个民主党派63人。2000年实际开放床位数856张，年门诊量123.98万人次，出院19553人次，入院19549人次，急诊病人127853人次，手术病人8163次，平均住院日15.3天，连续5年门诊量为北京市之首，急诊量居北京市第二位。北医三院是国家药理临床研究基地，卫生部核事故医学应急中心设在北医三院。医院拥有博士授权点12个，硕士授权点21个，和博士后流动站。有国家重点学科2个，部级重点学科2个。享受国务院颁发的政府特殊津贴者72人，担任国家级学会职务者77人，担任国际学会职务者6人。

建院42年来医院已经形成了门类较齐全的专业体系，此外还发展了一批高水平的学科，同时涌现了一批国内有较高声誉的专家教授，如朱洪荫、杨克勤、李凤鸣、曲绵域、张丽珠、王大玫、陈明哲、党耕町、王世俊、韩启德、王宪等。在医疗方面取得许多新进展、新成果。诸多领域的先进技术和研究成果标志着医院在国内外的重要地位。为满足人民群众对医疗卫生服务日益增长的需要，增强医院竞争力，医院陆续购置了大批先进医疗设备，现万元以上大型设备6441台，设备资产达2.1亿元。雄厚先进的设备基础大大提高了医教研的质量。

【医疗工作】 北京大学第三医院以病人为中心，以改善服务态度、提高医疗质量为重点，在改善就医环境、满足患者需求等方面做了大量的具体工作，在新技术、新疗法的研究与应用方面取得了可喜的成绩。1988年，中国内地首例试管婴儿在三院诞生，同年由陈明哲教授成功完成了第一例经皮激光冠状动脉及外周血管成形术，为冠心病治疗开辟了新的途径，此项手术达到了国际先进水平。1993年，三院成功完成了国内首例肝内胆管膨胀性金属内支架留置术。1996年，国内首例腹腔食管裂孔疝修补胃底折叠术在三院获得成功。1997年，心内心外专家同台操作完成国内首例在开胸搭桥术中的冠脉激光成形术。1998年，三院首例肾移植成功。1999年，三院骨科成功为病人切除脊索瘤。2000年，三院实行首例肝移植成功，到目前共实行肝移植手术11例；陆续建立了心脏外科和辅助生殖医学中心，为鼓励重点学科的发展创造了条件；同年9月手术室完成843例手术，创建院以来月手术量最高水平；年平均住院日降至15.3天；为加强疑难病例的会诊，提高三日确诊率，医院成立了首届专家委员会。

医院历来重视精神文明建设，1987年被卫生部授予"精神文明医院"称号；1989年被卫生部批准为首批三级甲等医院；1990年在第11届亚运会医疗服务工作中做出突出贡献，受到卫生部、北京市政府嘉奖；1994年在公费医疗管理改革工作中取得优良成绩，受到北京市卫生局、北京市财政局奖励；同年还被北京市卫生局评为健康教育达标优秀医疗单位；2000年在首都创建文明行业活动中被首都精神文明建设委员会授予规范化服务达标三级医院；同年医院

表5-38 1996—2000年医疗业务工作统计

	1996年	1997年	1998年	1999年	2000年
床位编制数（张）	945	945	945	945	945
实际开放床位数（张）	843	852.9	854	859	856
门诊量（人次）	1003092	1077827	1124484	1089617	1239813
急诊量（人次）	95735	104022	122069	117627	127853
入院人数（人次）	13028	14126	15367	17330	19549
出院人数（人次）	12984	14136	15411	17330	19553
手术人次（人次）	5710	5927	6064	6920	8163
平均住院日（天）	22.1	21	19	17.4	15.3
平均床位工作日（天）	342	343.3	344.8	347.6	346.0
病床使用率（%）	93.4	94	94.5	95.2	94.5
病床周转率（次/年）	16.0	16.6	18.0	20.8	22.9

表 5-39　2000年各类优秀学生奖学金评选情况

奖项	获奖人数	奖项	获奖人数
特等奖	1	一等奖	3
联邦医学奖	2	二等奖	4
光华奖	1	三等奖	9
医药奖	2	单项奖	4
市三好	1	优秀毕业生	2

表 5-40　1996－2000年本科生教学任务表

年度	专业数	班级数	学生总人数	其中留学生人数
1996	8	17	406	20
1997	5	13	246	28
1998	5	14	283	29
1999	5	15	232	32
2000	5	11	248	33

表 5-41　1996－2000年度各项科研基金申报、中标情况统计

年度	国家自然科学基金(项)		博士点基金(项)		卫生部基金(项)		"863"青年基金(项)		体委青年基金(项)		中标金额	横向基金	总计
	申报	中标	申报	中标	申报	中标	申报	中标	申报	中标			
1996	32	8	10	5	36	9					131	30	161
1997	39	12	8	2	17	1			4	3	225	42	267
1998	27	6	8	5	36	10	3		3		170	45	215
1999	35	8	8	4			1		1		134	46	180
2000	43	7	8	2	1		1						

表 5-42　1996－1999年度科技成果统计表

年度	卫生部科技进步奖	教育部科技进步奖	国家体育总局体育科技进步奖	国家中医药科技进步奖	北京市科技进步奖	小川直秀及胡传揆成果奖	校级	合计(项)
1996	三等	三等					5项	7
1997			二,二等			4项		6
1998	一等	一,三等		三等			5项	9
1999	三,三等				三等			5

表 5-43　近年科技论文在全国医疗机构排名情况（进入前20名）

年度	国内论文发表数			国内论文被引用数			SCI收录论文数		
	篇数	排名	北医排名	篇数	排名	北医排名	篇数	排名	北医排名
1998	213	16	2	235	11	2			
1999				322	12	2	14	8	2

共青团委获北京市"五四红旗团委"称号和"杰出青年志愿者服务集团"称号。

医疗改革的深入开展,给医院提供了更大的发展空间,为充分合理利用卫生资源,适应医疗市场需求,医院组建了全国性的"北京大学第三医院跨省市医疗协作网"和北京大学第三医院医疗集团,其中医疗协作网由9个省市的12家医院和1个研究会组成,医疗集团由北京市8家医院组成。同时,医疗市场的竞争更提出了新的考验,所以人才的培养及学科梯队建设是医院高度重视的问题之一,在现有477人的医师队伍中,具有硕士学位84人,博士学位67人。在现有科室主任中博导占25%,护理队伍中,大专、本科、研究生学历也已占20%,为发展重点学科医院积极大胆引进人才,为培养中青年骨干,医院设立了优秀中青年人员培养专项基金每年100万元,为鼓励有志医院发展的人才脱颖而出,医院公开招聘从院长助理至职能处室干部,奠定了医院可持续发展的人才基础。发展中医院基本建设落后的矛盾日渐突出,总建筑面积76171平方米中,门诊、急诊、住院部等七项建筑面积为56764平方米,床位平均面积61.4平方米,教学2050平方米,科研4379.8平方米,医教研比例极不协调。医院积极组织基建设计和项目申请,2000年卫生部批准兴建外科大楼、门诊大楼、科研楼和教学楼项目,设计总投资5.6亿人民币,项目完成后医院硬件设施将在今后数十年内处于国内外先进水平,面积达13.72万平方米,可以适应中关村科技园区的发展需求。

【教学工作】 自1958年建院以来,医院主要承担原北京医科大学卫生系学生的临床教学任务及部分医疗系学生的生产实习任务。从1977年全国普通高等学校恢复统一招生工作以来,相继承担了预防医学、基础医学、临床医学、卫生事业管理、精神卫生、妇幼卫生、护理专业和临床医学专业七年制部分学生二级学科培养等临床教学任务。1975年至2000年,共接收38个国家的188名留学生。医院为国家输送了大批优秀的医疗卫生人才,共22届9个专业,2,588人。1997－2000年,医院重点承担临床医学(五年制)临床科和七年制临床医学部分学生后两年二级学科硕士临床课程培养的教学任务。从

1985年开始承担了原北京医科大学护理系部分本科生的生产实习任务。1990年开始成为护理自考大专生的临床实习基地。2000年建立临床护理教研室,拥有一支优秀的教师队伍。建院以来至今,培养大批中专生、大专生300人,本科生102人,推荐免试研究生2人。1987年开展了责任制护理,1997年开展了整体护理试点工作,1998年有2个病房被原北京医科大学评为整体护理的模式病房,2000年全院全面开展整体护理。2000年先后派9人出国进修,13人出国参观考察,还接待了多批外国友人和外国留学生数十名。

每年在院学生人数为250人左右。在教学过程中,医院重点坚持实行"三级教学质量评估考核制度"和深化教学改革工作。1989年始聘请专家成立了院教学质量管理委员会。医院坚持把学生的职业道德教育放在首位,全面提高学生的基本素质,促进了临床教学质量的不断提高,同时培养了一支德才兼备的教师队伍。医院的多媒体教学在1998年度完成了基本建设并初步开展,经过2年基础工作医院多媒体技术教学发展了起来,2000年医院举办了25期培训班,500余位工作人员参加了多媒体技术制作及应用的培训,放射科、超声科、核医学科用多媒体技术给医院医97-5班、妇幼97级学生进行了以病例为中心的联合教学。两位教师参加北大医学部教学讲课比赛,妇产科乔杰获一等奖,消化科段丽萍获二等奖。全院以科室为单位设立16个教研室。专业理论科教师队伍正高职称占34.7%,副高职称占44.7%,中级职称占20.6%,硕士以上学历占23.6%。治学严谨,学风正派,要求严格,重视德育教育是医院的传统教学作风。医院培养的大批毕业生、进修生受到兄弟医院及全国各地的广泛欢迎,其中不少人已成为学科带头人和业务骨干,为国家卫生事业的发展输送了人才。

【科研工作】 医院科研工作是医院长久发展的动力,也是医院工作的重点之一。2000年共获各类科研基金约1000万元,其中横向经费46.8万元。医院为部委级以上科研基金实行匹配制度,本年度基金匹配达90万元。获部委级以上科研基金26项,累计金额约400余万元。北京大学各类基金587.5万元。医院设立了优秀中青年出国留学专项基金;同时设立了优秀留学回国人员科研启动基金。医院对全院各学科发展的方向、计划、梯队建设进行了广泛的调研;2000年创办了《中国微创外科杂志》。2000年度出版专著及译著共4部,1998年韩启德获何梁何利基金科学与技术进步奖;余家阔获中华医学基金优秀青年奖;王宪获杰出青年学者奖;1999年王宪获中华医学基金优秀青年奖;2000年曲绵域获何梁何利基金科学与技术进步奖,张惠蓉获中华眼科金钥匙奖。

【对外交流】 改革开放和信息时代的发展,促进了医院对外学术交流的开展,攻读学位、考察、访问和参加国际会议,以多种方式跟踪国际医学发展的动态,并与美国、英国、日本、荷兰、加拿大等国家建立了较为固定的院际交流关系,1996-2000年短期出国学术交流547人,来院讲学交流66批301人,参观学习85批643人,举办国际会议18次,有力促进了医院医教研水平,开阔了视野。

【北京大学运动医学研究所】 1959年1月运动医学研究所在北医三院正式成立。1981年被批准为硕士学位授权点,1984年定为博士学位授权点,1991年成为博士后流动站。设有运动创伤、运动营养、运动康复、医务监督4个专业,为我国运动员夺金取银、提高运动成绩、保证运动员健康做出了突出贡献。学科带头人曲绵域教授曾任国际运动医学联合会副主席,世界卫生组织康复医学专家组顾问。运动医学曾获国家、部级以上科研成果奖27项,在国际国内发表论文500余篇,出版著作200余部。

【北京大学血管医学研究所】 血管医学研究所是北京大学医学部"卫生部心血管分子生物学和调节肽重点实验室"的一部分,也是"211工程"北京大学医学部心血管重点建设学科的牵头单位。在重点实验室主任韩启德院士和前任所长陈明哲教授的领导下,逐渐形成了一支研究实力雄厚、学术知识与年龄结构合理,基础与临床相结合的心血管研究队伍。十年来,研究所承担了国家"七五"、"八五"、"九五"攻关项目、国家自然科学基金重点项目和国家杰出青年科学基金以及中华医学基金等项目,近三年研究总经费累计400多万元,研究成果达到国内领先水平,在国际上也处于先进水平,曾8次获国家和部级科技进步成果奖。目前正在申请心血管病发病和防治的国家重大基础研究"973"项目。

(阎高毅、齐红)

口腔医学院
(北京大学口腔医院)

【发展概况】 口腔医学院(北京大学口腔医院)的前身为北平大学医学院附属医院齿科诊疗室,始建于1942年;1943年正式创建齿学系,并于1945年更名为牙医学系;1948年建立牙医学系门诊部;1950年成立北京大学医学院口腔医学系;1956年设立口腔颌面外科病房,1958年平安医院划归口腔系做综合临床教学医院,创建中国口腔医学教育模式;1962年建立北京医学院附属口腔医院。1978年成立口腔医学研究所;1984年新建口腔医院(现址海淀区魏公村);1985年经国家教委、卫生部批准,原口腔医学系、口腔医院正式扩编,更名为北京医科大学口腔医学院、口腔医院和口腔医学研究所。2000年4月,北京医科大学和北京大学合并后,更名为北京大学口腔医学院、口腔医学研究所和口腔医院。

口腔医学院占地面积35426平方米,建筑面积31483平方米,有口腔综合治疗台310台,住院病床115张。设临床科室15个,医技科室10个,口腔门诊部2所,口腔技工中心1个。有治疗、研究中心7个:正颌外科中心、颞下颌关节病及口面痛治疗中心、颅面生长发育研究中心、唇腭裂治疗中心、口腔颌面种植中心、颌面创伤研究中心,计算机应用研究中心。口腔医学教研室10个,研究室6个,实验室7个;行政后勤职能处室11个。卫生部应用工程技术研究中心1个,国家教委批准的重点学科1个。

目前全院在岗职工723人,正高级职称58人,副高级职称94人。具有研究生学历者133人,其中博士81人,硕士52人。

口腔医学院集医疗、教学、科研、预防四项功能于一体,拥有一批国内著名、国际知名的口腔医学专家及一批年富力强的中青年技术骨干,学术梯队结构合理,技术力量雄厚,医疗综合水平居国内口腔界领先,部分医疗技术已达国际先进水平。目前年收治住院病人2000余人次,年门诊量67万人次,日均门诊量2300余人次。

口腔医学院是中国高层次口腔医学人才的培训基地,每年平均完成近250名在校生的教学工作,其中包括本科生、研究生、大专班和护理班等,年总课时约5700学时,生产实习约83周。1981年被授予口腔医学硕士、博士点,1990年被授予临床医学博士后流动站。

自1984年以来共承担各类课题174项,获科研基金1610万元,获部级各项科研成果奖59项,发表学术论文共计2,498篇,其中在国际杂志上发表115篇。先后主办10余次大型国际口腔学术会议及30余次全国性学术会议。

口腔医学院先后与30多个国家和地区的口腔医学院和相关学术机构建立了合作关系及合作项目。其中包括与日本合作建立口腔综合治疗科;与日本明海大学、朝日大学建立长期的姊妹学校关系。每年暑假期间,与日本姊妹学校的学生进行学生之间的互访和交流,已进行6年。国际间的学术交流频繁,除有计划地选送优秀技术骨干出国学习、研修和邀请国际知名专家来院讲学之外,还接待大量来访外宾,正日益成为中国口腔医学对外的窗口和国际交流中心。

口腔医学院1981年被批准为世界卫生组织预防牙医学科研与合作培训中心,是诸多全国性口腔学术机构的挂靠单位,其中包括中华口腔医学会,是会长及其下属14个专业委员会中的7个专业委员会的主任委员单位;全国牙病防治指导组及全国牙病防治指导组办公室主任委员单位;中国牙病防治基金会理事长单位等。

承担全国牙病防治指导组的具体工作,先后主持制定了"中国2000年口腔卫生保健工作目标"、"中国农村和城市口腔卫生保健指标"、"全国学生龋齿与牙周病综合预防方案"和"中国学龄前儿童口腔保健方案"等一系列全国性口腔卫生预防保健目标和措施,组织进行了全国口腔病流行病学调查。发动并组织了10年"全国爱牙日"活动和为期一年的"牙防新长征"活动,为规范和发展中国口腔预防医学和牙病防治事业发挥了主导作用。

【医疗工作】 口腔医院承担着北京市和全国口腔颌面部疾患的诊治工作,同时承担着党和国家领导人、离退休老干部及驻京地区外宾、港澳台同胞及海外侨胞的口腔医疗保健与服务。现有主任医师49人,副主任医师81人,主治医师89人。拥有口腔CT、1000mAX线机、扫描及透射电子显微镜等国内外先进医疗设备。1996年以来共完成门诊医疗60506757人次和急诊医疗267665人次,其中接待党和国家领导人就诊近450人次,接待外宾、港澳台同胞及海外侨胞就诊11000余人次。收治住院病人19494次,完成住院手术17212例次。2000年完成门诊632765人次及急诊38712人次,收治病人2004人次,手术1810人次。

口腔医院各医疗科室大都以高精尖项目形成专业医疗特色。其中临床新技术新疗法五年中开展128项。口腔颌面外科由肿瘤、正颌、成形、创伤及口腔外科等临床专业组或亚科构成。正颌外科组近年来开展了内置式颌骨牵引成骨技术的临床应用与实验研究,至今已进行了7个病种86例各类口腔颌面部发育不全或软硬组织缺失病例的牵引成骨矫治,并同时研制成功7种适用于不同颌骨部位、不同年龄、不同治疗需求的设计更为合理的内置式颌骨牵引器。该项目已经中华医学会评选为"九五"期间中国医学科技12项最新进展项目之一上报国家科技部。肿瘤外科组近两年开展了自体血管化颌下腺移植治疗角结膜干燥症14例,为解决严重眼干病人的痛苦提供了的新的治疗方法。口腔正畸科率先在国内采用舌侧正畸矫治技术治疗了十余例特殊职业的错畸形成年病人,解决患者因矫治器暴露于口唇面而无法工作的难题。配合颌面外科开展了正颌外科及唇腭裂病人术前术后正畸治疗,以及睡眠呼吸暂停综合症的临床系列研究与治疗。口腔种植科截至2000年底已完成种植牙2100颗,五年累计存活率达98.2%。该科将多种植骨技术、上颌窦底提升种植技术、即刻种植技术、种植区域软组织美学处理技术、功能性颌骨重建种植技术等多种外科技术成功应用于种植系列治疗。修复专业开展的活动固定联合修复用于千余例牙列缺失、牙列缺损的病例治疗，率先将纯钛铸造技术用于义齿修复。牙周科开展的根向复位瓣手术和引导性组织再生术用于因牙周病所致的根分叉病变及牙槽骨垂直吸收病例，很好地保留了一部分中重度牙周病人的牙齿。该科还开展了牙龈整容手术和牙冠延长术等新技术。口腔放射科在涎腺非肿瘤疾患、颞下颌关节疾病影像诊断及开展介入放射学和颞下颌关节造影的介入治疗等方面取得了令国内同行瞩目的好成绩。以上项目均居国内领先水平，部分项目达国际先进水平。

口腔医院承担为党和国家领导人提供口腔医疗保健的任务。自1992年以来，已有20多位党和国家领导人在医院就诊，先后接受了牙髓牙周联合病系列治疗、复杂疑难根管治疗、复杂疑难义齿修复等治疗。5年来先后有5人受到中央保健委员会的奖励。

承接并完成了医院管理的有关课题与工作研究。完成中国价格学会《我国医疗服务补偿机制与医疗收费的改革意见》中《口腔医疗服务价格补偿模式》的课题，参加"北京放开收费"试点医院工作，并由此带动全国口腔医疗服务的价格改革；在调查全国235所口腔医疗机构的基础上，提出并确立了口腔诊椅使用率的效率指标；完成卫生部医疗机构分级管理标准和口腔医疗质量控制指标的起草工作；完成口腔医疗收费项目规范的课题并由国家计委统一下发执行；承担全国口腔医疗事故纠纷及部分民事案件、刑事案件的专家技术咨询与论证。

口腔医院作为北京市口腔类别医师资格实践技能指定考点及组长单位，承担并完成了全国口腔医师资格实践技能考试大纲的编写及《执业医师法》颁布以来的200余名考生的口腔实践技能考试。口腔医院也是外国医师在京行医资格（口腔类别）的北京市指定考点及组长单位，10年来共完成20余名外国医师的行医资格考试。

【教学工作】 20世纪80年代初，口腔医学院在全国首先引进德国卡瓦公司牙科教学专用设备，建成第一批现代化的口腔前期教学实习室；80年代末，首批参与招收和培养七年制学硕连读生。学制曾设有本科五年制、六年制、七年制学硕连读、三年制专科。2000年口腔医学院招收新生49名，在校学生达262名；毕业学生77人，其中学硕连读生15名，五年制本科生40名，修复技工大专生15名。完成理论授课859学时，前期实习课616学时，生产实习课45周。2000年口腔医学院的招生工作作了重大调整，将同时招收五年制本科生和七年制学硕连读生改为全部招收七年制学硕连读生。

目前学院设有7个基础教研室（组）和6个临床教研室，它们是口腔组织病理教研室、口腔局部解剖教研室、口腔生物教研室、口腔材料教研室、口腔咀嚼生理教研室、口腔药物教研组、口腔设备教研组、口腔放射教研室、口腔内科教研室、口腔颌面外科教研室、口腔修复教研室、口腔正畸教研室、口腔预防教研室。

现有教授、副教授139人，讲师120人，助教79人。开设20门口腔医学专业课，并正在引进和探索具有国际先进水平的教学方法，如：固有体位诱导下的牙科体位教学法、以问题为中心的教学法等。

课程设置有：口腔医学导论课、专业英语、口腔组织病理学、牙体解剖学、口腔生理学、口腔应用解剖学、口腔颌面影像诊断学、牙体牙髓病学、儿童牙病学、牙周病学、口腔粘膜病学、口腔颌面外科学、口腔修复学、口腔正畸学、口腔预防保健学。教学特色：口腔医学教学分为三段式，基础医学、临床医学和口腔医学。1997年建立口腔预防医学农村实习基地。1998年口腔医学专业生产实习开始实行综合轮转，旨在加强学生临床能力的培养。1999年将生产实习改进为先分科实习，后综合轮转实习。2000年建成拥有30台终端的多媒体网络教室并投入使用，采用多媒体课件授课。装配日本森田公司赠送的PD牙科教学系统。

教材建设：在16部全国口腔医学专业统编教材中，担任6部教材的主编。90年代后期承担国家教育部"面向21世纪教改课题"，由王嘉德教授主持并联合国内六所口腔医学院校共同进行的"中国高等口腔医学教育课程和教学模式体系改革"获得北京大学教育成果一等奖和北京市高等教育教学成果一等奖，并被推荐为国家教育部一等奖候选者。口腔正畸科周彦恒医师获得了2000年"霍英东教育基金会"二等奖。电化教育制作节目75部，共1554分钟；播放节目985场次，1187小时，观众人数62450人次。

2000年以前已为国家培养各类高级口腔医学专业人才2577人。其中1995年以前口腔医学毕业生总数2264人。

先后设各级各类奖学金14项，1996年以来共有387名学生获奖学金，总计27万余元。

1960年，招收国内第一批口腔医学研究生，包括口腔病理学和口腔正畸学等专业。"文革"前共培养研究生12名。"文革"期间中断招生，1978年恢复招收医学硕士研究生；1981年被国家教委授权招收国内第一批医学博士研究生；1984年招收中国第一批临床技能型研究生；1989年建立临床医学博士后流动站。研究生包括科学研究型和临床技能型，硕士生学制3年，博士生学制4-5年。

1981年"文革后"第一批硕士研究生毕业；1984年培养出中国第一位医学博士，2000年前已毕业博士研究生133人，硕士研究生139人，博士后2人。在读研究生91人，其中博士研究生38人，硕士研究生51人，博士后3人，平均每年招收研究生30人左右。

目前，设有硕士学位点5个、博士学位点5个，分别是：口腔病理学、口腔内科学、口腔颌面外科学、口腔修复学、口腔正畸学。有博士后流动站一个，共进站5人，2人已出站，3人在站。

研究生课程有：颌学、颅面生长发育、X线投影测量、口腔生物力学、口腔组织病理学、口腔内科学、口腔颌面外科学、口腔修复学、口腔正畸学、口腔材料学、颌面修复学以及三级学科专业课。

现拥有博士生指导教师23人，硕士生指导教师71人。

1978-2000年研究生入学471人，其中：博士201人，硕士270人。

1981-2000年研究生毕业272人，其中：博士133人，硕士139人。

1996年-2000年毕业研究生99人，其中博士17人，硕士8人。

研究生奖学金项目逐年增多，目前有7项。2000年研究生奖学金获得者有24名。

【科研工作】 口腔医学研究所1978年经北京市教委批准正式成立，原名为北京医学院口腔医学研究所。研究所所长由口腔医学院院长兼任，著名口腔病理学专家郑麟蕃教授、口腔颌面外科专家张震康教授曾任所长，现任所长俞光岩教授。口腔医学研究所下设口腔病理研究室、口腔材料研究室、口腔颌面外科研究室、防龋研究室、口腔咀嚼生理研究室和口腔正畸研究室。其中口腔病理研究室1963年经卫生部批准建立，是中国最早建立的口腔医学研究室之一，1989年被国家教委批准为国家级重点学科。1996年又以口腔病理学科为依托，拓展为包括口腔颌面外科（含放射）、口腔正畸科在内的口腔医学学科，率先进入"211工程"重点学科。口腔颌面外科研究室是1977年率先在国内建立的，口腔材料研究室是1988年通过国家计量合格验收的国家医药管理局口腔材料质量检测中心，它还承担着全国口腔材料的标准制定及标准检测任务。另有牙体牙髓科实验室、牙周科实验室、儿童牙科实验室、中医粘膜科实验室、口腔预防科实验室、口腔放射科实验室、口腔生物力学实验室。

口腔医学研究所的主要研究方向为探索口腔医学领域基础及临床应用的新理论、新材料、新技术、新方法。1984年科研经费实行基金制以来，共获得各种经费资助1776.94万元，其中获各种科研基金及人才基金141项，1373.78万元，国际合作12项，344万元。尤其是1991年以来，通过组织优势学科进行多学科协作攻关，先后获准6项大的科研项目（有国家自然科学基金重点项目、卫生部重点项目、卫生部临床重点学科建设项目等），每项资助强度均在40万元以上。1995年申请到国家计委专项资助的重点实验室建设项目经费数百万元，成为科研经费的主要基础。

2000年，口腔医学院新承担部市级以上科研项目15项，获科研经费269万元，其中国家自然科学基金3项，其它重大科研项目2项（首都医学科研发展基金和北京大学"985"项目）。发表科研论文234篇，其中国际杂志23篇，被SCI收录4篇；出版专著4本。获省部级奖6项，俞光岩等的"涎腺肿瘤的临床病理研究"项目获教育部中国高校自然科学一等奖。

口腔医学院是《中华口腔医学杂志》、《现代口腔医学杂志》、《口腔正畸学杂志》、《中国牙科研究杂志》（英文版）及《中国口腔医学继续教育杂志》的主编单位。

【国际交流】 "美国微笑列车"是资助边远贫困地区唇腭裂患者接受医疗服务的全球性机构，作为该机构的主要发起人和组织者，美国前总统布什先生专程来访，旨在推进这一国际慈善活动在中国的全面展开。布什先生和夫人芭芭拉女士等一行于2000年3月2日对北京大学口腔医学院作了专程参观访问，了解目前中国唇腭裂患者的发病和医疗现状，并出席"美国微笑列车"与中华慈善总会签署有关中国贫困地区唇腭裂患者的医疗、相关科学研究以及专业医师培训等合作协议的签字仪式。

2000年口腔医学院主办大型国际学术会议5次，包括Sino-Dentech 2000口腔医学新进展学习班（6月，马绪臣教授主持）、第三届亚洲口腔颌面放射学会议（7月，马绪臣教授主持）、第四届亚洲口腔预防医学会议（9月，张博学教授主持）、中华口腔医学会与世界牙科联盟（CSA与FDI）口腔医学研讨会（9月，张震康教授主持）和第一届北京国际种植学术会议（10月，王兴教授、林野教授主持）。

（王渤、李铁军）

临床肿瘤学院
（北京肿瘤医院）

【发展概况】 临床肿瘤学院（北京肿瘤医院）的前身是在原北医一院（现北京大学第一医院）肿瘤科的基础上发展起来的北京市肿瘤防治研究所。

"文革"期间,北京医学院(后北京医科大学、现北京大学医学部)下放在北京市。1969年,为响应国务院总理周恩来有关攻克癌症的指示,北京医学院以北医第一医院外科部分医师为主,另从妇科、内科、放射科、口腔外科及北京医学院基础部抽调20余名科技医护人员,组建了有35张病床及相应研究室的肿瘤科,隶属于北医一院。当时北医一院的外科副主任徐光炜兼任肿瘤科主任。

为加强肿瘤防治工作,北京市政府(即"文革"期间的北京市革命委员会)于1972年12月25日正式批复:同意成立北京市肿瘤防治研究所。在北医一院肿瘤科的基础上,在北医一院第二住院部(西城区大红罗厂街1号)院内修建北京市肿瘤防治研究所。

1976年8月,经三年筹建,拥有6个基础研究室、7个临床科室和100张病床的北京市肿瘤防治研究所初步建成,形成一个医、教、研相结合的实体。"文革"结束后,北京医学院回归卫生部,有关肿瘤所的归属问题出现了分歧。经当时主管卫生工作的市领导白介夫作深入调查,从发展北京市的肿瘤事业出发,提出北京市肿瘤防治研究所属北医及市卫生局双管单位,委托北医代管,党的关系由北医直接领导的意见,并得到北医的同意和市卫生局的认可。

1993年,研究所正式确定为北京医科大学临床肿瘤学院,成为国内颇具影响的肿瘤专业单位。

1995年,由于事业发展的需要,在西郊将肿瘤所扩建为新的北京肿瘤医院。医院的隶属关系问题经市政府副秘书长、市文教办主任兰天柱听取双方意见,深入了解情况后,写出调查报告,由当时的市委副书记李志坚决定,仍维持原有的双管领导体制,以利事业的发展。至此,北京市肿瘤防治研究所由原北医一院肿瘤科发展成为一个现代化的肿瘤专科三级甲等医院,集医、教、研为一体,预防、治疗、康复相结合的一个单位、三个名称的肿瘤防治研究中心,在国内肿瘤界有较高学术水平,居领先地位。

2000年4月,为创建世界一流的大学,北京大学和北京医科大学合并为新的北京大学,北京医科大学临床肿瘤学院更名为北京大学临床肿瘤学院,在教育部、北京大学、北大医学部和北京市政府各级领导的关怀和领导下,为把医院建成亚洲一流的肿瘤专科医院而努力。

医院现有床位430张,年门诊量6万人次,年住院病人5000人次。医院面向社会全方位开放,病房配有中央空调、中心吸引、中心供氧等先进设施。患者来自全国各省、市、自治区以及东南亚地区。医院科室齐全,设有15个临床科室,8个医技科室:肿瘤外科、肿瘤内科、放射治疗科、肿瘤妇科、肿瘤头颈科、肿瘤中医科、介入治疗科、康复科、影像诊断科、病理科、核医学科、检验科、B超室、内窥镜室、防癌普查科、预防保健科、综合门诊(内科、外科、儿科、妇科、中医科、神经内科、口腔、耳鼻喉科、眼科、急诊室)等临床诊断治疗科室。医院还设有:北京肿瘤医院(北京抗癌协会肿瘤病理专业委员会)远程病理会诊中心、北京市乳癌防治中心、北京市胃癌防治中心、北京市影像介入治疗中心、国家药品临床研究基地。另外,中国抗癌协会、中国抗癌协会癌症康复会、中国抗癌协会胃癌专业委员会、中华慈善癌症康复工程、北京抗癌协会、北京癌症康复会、北京市肿瘤防治研究所办公室也挂靠在北京肿瘤医院。

医院现有职工713人,其中:专业技术人员561人,占职工总数的78.7%,专业人员中,高级职称99人(正高职43人),占专业人员总数的17.6%。在高级职称中,有博士生导师11人,硕士生导师78人,国家级有突出贡献专家3人,享受政府特殊津贴人员23人,获国家杰出青年基金2人,入选国家"百千万人才"3人,市科技新星6人,入选北京市跨世纪优秀人才5人。在临床诊疗科室及各研究室的27位科室主任中,留学归来人员达23位(85.2%)。承担了北京大学医学部本科生、研究生、进修生的肿瘤学教学培养工作,是全国肿瘤学科博士后授权点。

医院专长于胃癌、乳腺癌、肺癌、大肠癌、肝癌、食管癌、血液淋巴系统肿瘤的诊治、治疗及研究工作。开展的"胃癌导向手术研究"、"肺癌耐药逆转治疗"、"小细胞肺癌综合治疗"、"化疗与放疗综合治疗咽淋巴环非何杰金氏淋巴瘤"、"光动力学诊治消化道癌"、"谷胱甘肽还原酶抑环法测定血浆谷胱甘肽含量在肿瘤化疗中的意义"等项目被同行专家评为国际水平项目。"胃癌综合治疗疗效"、"乳腺癌ER、PR检测(DCC法)"、"抗人雌激素受体单克隆抗体的制备及应用"、"多发性骨髓瘤实验研究与综合治疗"、"I期乳腺癌预后因素研究"等项目居国内领先水平。

医院响应WHO的号召,开展"止痛疗法",给予肿瘤患者"全程、无痛、根治性综合治疗"是北京肿瘤医院追求的目标。北京肿瘤医院在国内率先建立了预防科、康复科,为广大群众进行癌症普查和科普教育,提供心理治疗、体疗、针灸、气功、"话疗"的服务,并设有中西医结合病房、介入治疗科病房和止痛门诊。

医院拥有核磁、螺旋CT、彩色B超、血管造影机、全自动生化测定仪、超声聚焦刀、快中子加速器等各种先进的医疗诊断设备和科研仪器。仪器设备总值8.95亿元。

研究所有6个专业研究室,1个中心实验室,科研工作与临床工作紧密结合,实力雄厚。具备有从细胞生物学、分子生物学和整体水平进行科研的相应条件和技术业务水平的北京市高科技实验室——北京肿瘤分子生物实验室设在北京市肿瘤防治研究所内。建所以来，该所主要以中国常见恶性肿瘤，特别是胃癌、肺癌、乳腺癌作为科研重点，围绕癌变机理的研究、肿瘤的预防和控制研究、肿瘤易感性和恶性生物学行为的研究和肿瘤生物治疗研究等四个主要科研方向，各基础研究室和临床研究室开展了大量基础性研究和应用性研究工作，在胃癌转化基因克隆、癌基因抑癌基因研究、基因工程抗体、人胃粘膜上皮细胞癌变研究、胃癌癌前病变等若干重要领域居国内领先地位。乳癌方面，率先在国内开展乳癌二级预防研究、抗人雌孕激素受体抗体的制备、应用及乳腺癌综合疗效均具国内领先水平。与美国NCI合作的"关于胃癌癌前病变及干预研究"的中美合作课题在胃癌高发区山东临朐已进行了十余年。小细胞肺癌的治疗水平亦居国内领先水平。

【医疗工作】 1995年肿瘤所扩建为新的肿瘤医院后，将肿瘤内、外科按病种分成10个病区，并在原有的科室基础上，又新增了ICU、介入治疗科、急诊、化疗中心等临床科室，检验科、药剂科、康复科、地段保健科、核磁、内窥镜室、中心供应室等医技科室。随着医院规模的扩大、环境的改善、病床的增加，门急诊、住院病人等逐年上升。医院继续保持、发扬其优势——乳腺癌、胃癌、小细胞肺癌等病种，开发、加强薄弱环节，医疗工作得到迅速发展。近5年来，共收治病人15859人次，门诊病人达270275人次，急诊11194人次。

2000年，北京肿瘤医院开放床位420张，收治病人4934人次，床位使用率97.2%，床位周转率11.8次，平均住院日29.5天；日均门诊量达300人次，较往年明显增多，门诊病人达76749人次，急诊2291人次；手术2471例，其中大手术1541例。

2000年，医院继续贯彻"一切以病人为中心"的宗旨，为使病人得到更及时的诊断及治疗，缩短了医技科室预约和出检查报告的时间，并开通了手术病人绿色通道。

2000年，继续加强医疗质量管理。各项医疗质量指标均达到三级甲等医院工作标准，其中出入院诊断符合率98.7%，临床与病理诊断符合率为99%，手术前后诊断符合率为98.3%，治愈率43.9%，好转率40.3%，病死率7.5%。

在抓医疗质量的同时，北京肿瘤医院始终将精神文明建设作为重点工作来抓。在建院之初，徐光炜院长提出了"奉献创新、敬业乐群、爱心济世、律己育人"的院训，全院职工树立"一切以病人为中心"的宗旨，推出一系列方便病人的服务措施。

医院制定了《医务人员医德规范》、《关于严禁医务人员收取红包、物品等问题的规定》、《关于经济活动中收取回扣问题的管理规定》，并定期检查、不定期抽查，做到每季度对门诊、住院病人进行满意度调查、讲评，对病人提出的意见逐条落实，及时改进。医院将医德医风考核作为年终考核的重要内容，并在北医系统率先建立个人医德医风档案，将医德医风考核结果作为职称晋升、评选先进、晋升工资奖金的重要依据。

2000年肿瘤医院获"全国卫生系统行业作风建设先进集体"称号(北京市4个，全国44个)。2000年，以病人满意率99.5%的高分通过北京市文明达标复验，获北京市"规范化服务达标三级医院"称号。

【科研工作】 建所以来，共负责并承担国家肿瘤攻关课题17项("六五"4项、"七五"4项、"八五"7项、"九五"2项)、"863"10项、"973"2项，国家杰出青年基金课题2项、国家自然科学基金课题40项、省部级课题94项，国际合作研究课题3项，与美国国家癌症研究所合作研究长达十余年。共获国家级成果奖5项，省部级成果奖91项，近五年获专利10项。1983年，首次研制成功国内第一个抗肿瘤单抗。1986年在国际上首次在胃癌中发现H-ras基因的突变。1980年在国内首次有计划地开展胃癌放射免疫导向手术。近5年年均获得科研经费近800万元。建所以来，在国内外杂志上共发表论文2000余篇。加强论文的管理工作，2000年共发表论文120余篇幅。

2000年，北京肿瘤医院(所)共组织申报各类课题50余项，中标15项，共获科研经费688万元；组织申报3项成果评定；1999年申报的成果经2000复评获北京市科技进步二等奖1项，三等奖1项。

为调动临床医生的科研积极性，自1997年建立院内基金，至2000年共立课题63项，已有22项结题，有的显示了较好的社会效益与经济效益。2000年，北京肿瘤医院加强管理，不断完善基金的管理办法，逐步明确资助方向，发挥其最优效果。

【教学工作】 1996年以来，北京肿瘤医院共招收研究生98人，培养进修医师413人，举办国家级继续教育项目17个，培训910人。

2000年共招收研究生29名，其中博士生11名，硕士生18名，目前在读研究生共有72名，2000年1名博士后进站工作和学习。共有12名研究生获得学位(其中博士2名、硕士10名)，1名博士生出国继续深造，2名研究生毕业后留院工作，3名硕士生继续在本院攻读博士学位。

2000年，医院针对研究生特点，组织研究生学术活动：如读书报告会、英文查房、讨论，把各专业的新进展、新知识向全院介绍，加强临床科室和基础研究室的结合，促进科研成果的转化;组织研究生调研座谈会,了解学生学习、生活情况,解决问题,创造良好的学习、生活环境。

自1993年以来,北京肿瘤医院新毕业的住院医师按北京大学医学部要求进行为期5年的规范化培训。现已完成培训10人,8人完成第一阶段培训后转攻博士学位,目前正在参加培训的21人。

2000年,医院加强在院职工的继续教育工作,把每周三下午定为继续教育活动时间,由各职能处室根据培训对象的特点和要求安排学习和活动,教学院长定期进行监督、检查。由职能处室安排学术报告、讲座、交流等活动共计40余次,医院医、研、药、护系列参加继续教育共205人,100%完成了25学分,管理人员、技术人员继续学分制度为试行,2001年将纳入正式考核。

2000年,北京肿瘤医院共承办国家级继续教育项目4个,培训人员达120余人,总共100多课时。作为卫生部继续教育备案项目,北京肿瘤医院每年举办全国肿瘤临床医师进修班,2000年培训来自全国各省市的肿瘤专业医师近80余名。另外,接受外省市培养学科带头人3人。

【医院管理】 2000年,肿瘤医院机构、人事制度改革又迈出新步伐。经上级批准,于7月将人事处正式更名为人力资源处,其职能将重点向人才梯队建设、人才引进、人才开发、参与院(所)学科建设发展决策方面转移;成立医疗保险服务处,突出服务职能以适应医改形势及患者的需求变化;将继续医学教育职能划归医务处,并更名为医务与教育处,科教处更名为科研处。

对全院15名病区护士长、护理部主任助理、门诊总护士长全部实行竞聘上岗。

对全院214名职工实行人事代理,到2000年末,全院合同制人员和已实行人事代理的人员中共有40%的职工已由单位人变为社会人。

【国际交流】 自1979年以来,共有来自捷克、美国、德国、日本、瑞典、加拿大、法国、意大利、伊朗、荷兰、芬兰、俄罗斯、英国、波兰、奥地利、墨西哥等近20个国家及港、澳、台的400名医学专家来院访问、交流;派出专业技术人员、学者到美国、日本、法国、希腊、挪威、加拿大、巴基斯坦、新加坡等20多个国家进行国际间的学术交流、访问和专业培训,参加国际会议287人次。

(章玉、胡爱珍)

精神卫生研究所
(北京大学第六医院)

【发展概况】 北京大学精神卫生研究所即北京大学第六医院,系一个单位、一套班子、两块牌子,是集医疗、教学、科研为一体的精神病专科医院,是精神病学和精神卫生学的临床医疗、人才培训与科学研究基地,是世界卫生组织在北京的精神卫生研究与培训协作中心。精神卫生研究所成立于1980年3月。精神卫生专业创建于1942年,当时为北平大学医学院附属医院设立的神经精神科;1951年为北京大学医学院第一附属医院的精神病院;1966年迁至北京医学院第三附属医院精神科;1980年3月扩建为北京医学院精神卫生研究所,由沈渔邨任所长。1982年2月26日被世界卫生组织确定为精神卫生研究与培训协作中心;1989—1995年设立精神卫生学系;1989年被确定为卫生部新药临床试验基地;1993年12月卫生部批准成立部级精神卫生学重点实验室。1992年10月6日新所落成使用,同时增加北京医科大学第六医院名称。1997年被评为三级甲等医院;1997年11月沈渔邨教授当选为中国工程院院士,是中国精神病学界惟一的工程院院士;1999年医院被授予"规范化服务达标"称号;2000年4月,北京大学与北京医科大学合并成立新的北京大学后,更名为北京大学精神卫生研究所、北京大学第六医院。占地面积11985.50平方米,建筑面积12680平方米,现有病床200张。

《中国心理卫生杂志》编辑部、北京市孤独症儿童康复协会、中国康复医学会精神卫生康复专业委员会、中国心理卫生协会大学生心理咨询与心理治疗专业委员会挂靠在精神卫生研究所。

研究所现有职工234人,其中卫生技术人员170人,占总人数73%,包括正高职14人,副高职23人,中级44人,医师、护师、技师48人,护士、技士、检验员44人。行政人员18人,工勤人员29人,占总人数20%;其它专业人员17人,占总人数7%。机构设置:临床有普通一科、普通二科、儿童科、老年科、临床心理科、特诊科、门诊、工娱治疗室;医技科室有药剂科、检验科、住院处、病案室、心电B超室、脑电图室、X光室、营养食堂等;科研有精神生化研究室、儿童精神病学研究室、电生理研究室、司法精神病学研究室、临床精神病学研究室、中西医结合研究室、社会精神病学研究室、老年精神病学研究室、临床精神药理研究室等9个研究室;行政管理部门设有院办公室、党委办公室、人事处、医务处、护理部、科教办公室、总务处、计财处、监察审计室、工会、团总支等。

【医疗工作】 北京大学第六医院的服务对象和主要任务是诊治北京市及其全国以及海内外各种精神疾病患者,不仅可以诊治普通精神病,同时还可以诊治老年精神病及老年期精神障碍,如老年痴呆、记忆障碍等；儿童精神障碍与儿童精神卫生，如儿童孤独症、儿童学习困难、儿童注意力不集中；心理咨询与心理治疗，如青少年心理咨询、婚姻家庭、学习障碍等；精神病的临床用药咨询；进食障碍；酒药依赖；性心理障碍及人格障碍；气功所致精神障碍；精神病的法定能力评定（包括劳动能力）及相关法律问题等。

研究所建立健全了各种医疗质量管理委员会，完善了各级各类人员（医师、药剂、检验、病案、统计、营养、住院、收费等）的岗位职责、医院的各项规章制度与行为规范及精神病的诊疗护理常规。医疗部门设有医疗质量管理委员会、药事管理委员会、病案管理委员会、医院感染管理委员会、药物不良反应小组，制定了各项医疗工作的规章制度、精神病诊疗护理常规，完善了医疗三级查房制度、科主任负责制，明确了窗口的规范化服务标准与行为规范。为提高医疗质量，每年都组织全院疑难病例讨论，门诊还积极开展多专家会诊服务。在全院开展文明规范服务教育，以病人为中心，不断改善服务态度和就医环境，调整了门诊时间，增加周日门诊，加强了周六日门诊力量，积极鼓励专家出门诊，增加了咨询台、导医台，开通了咨询电话，为减少病人挂号难度，积极参加北京市医院挂号一卡通服务，病人可在家里电话或上网预约挂号。1999年研究所被评为精神文明服务规范化达标单位。

2000年精神卫生研究所紧紧围绕实现医院规范化服务达标工作的复查和"创卫生文明行业、展白衣天使风采"的活动，有效地带动和促进了医疗工作。认真坚持医疗三级查房、疑难病历讨论、病历检查、危重病人抢救等一套提高医疗质量的规章制度，不断改善服务态度，采取多种便民措施，改善就医环境，使更多患者前来诊治。门诊病人80029人次，日均317.6人次；入院病人1033人，出院病人1013人，病床使用率达103.6%；治愈好转率89.8%，死亡率为0；出入院诊断符合率99%；急诊41人次；开展门诊专家会诊服务179人次。共收到表扬信44封，锦旗23面，拒收红包26人次，约13300元，拒收礼品8人次。

2000年10月10日是第九个世界精神卫生日。精神卫生研究所举行了大规模的义诊活动、向全社会开放病房和举办大型讲座，全天共有640多人前来就诊和咨询，创建所以来日门诊量的最高记录。

随着中国社会经济文化的巨大变化，生活之中的各种应激因素、心理问题不断增加，人们呼唤更加广泛的心理卫生服务。2000年3月，研究所首先向社会推出了心理卫生专业网站——"心桥"，在社会上产生了很大反响，中央电视台、北京电视台、人民日报、北京晚报、北京青年报、健康报等几十家媒体予以报道。"心桥"网与国内著名网站"网易"建立并保持了长期的合作关系。"心桥"网上开办了咨询论坛，有许多知名精神病学教授主持了有关咨询并与近万名病人和家属进行网上交流。今后还将积极筹备开展新的特需服务与继续教育项目。

【科研工作】 精神卫生研究所有一支实力较强的科研队伍，其中有国内著名教授、学科带头人和技术骨干等。多年来，围绕常见精神疾病，如精神分裂症、抑郁症等，在生化、药理、免疫、分子遗传、电生理、中西医结合、流行病学等领域从病因学、发病机理到临床诊断、新药开发等方面进行了大量深入的研究。精神卫生研究所是"211工程"精神病学和精神卫生学重点学科子项目的承建单位。

2000年继续巩固和发展科研成果，完成了卫生部重点学科建设项目的验收和北京大学医学部"211工程"建设的验收工作，取得89分的好成绩。为卫生部和国家科技部撰写了《精神卫生"十五"发展规划》，参与了北京市科委有关规划的制定。1999年获得科研课题6项，其中有国家科技部、自然科学基金、北京大学"985"、北大基因中心等方面的项目，获经费121万元。延续至2000年的课题7项，分属于国家高技术研究"863"、"973"，国家新药研究基金，国家自然科学基金，卫生部等。其它协作课题有4项。

2000年发表论文38篇，其中：《中国心理卫生杂志》10篇、《中华精神科杂志》8篇、《中国药物依赖杂志》3篇、外文杂志7篇、其他杂志10篇；出版科普著作2本。大型参考书《精神病学》即将出版。汇编了1999-2000年《北京大学精神卫生研究所论文集》第二册。举办各类讲习班5次，分别是："心理治疗讲习班"、"中小学生心理辅导"、"结构式家庭心理治疗高级培训班"、"WHO/北京灾害应激及其心理社会干预研讨会"、"2000年精神卫生新进展高级讲习班"，共有484人参加。邀请外国专家、教授进行学术报告会6次。2000年有3名外籍教授受聘为北京大学精神卫生研究所的名誉顾问，1名受聘为北京大学医学部的客座教授。

【教学工作】 2000年精神卫生研究所扩大了招生名额，共招收博士生、硕士生20名，是历年来招生人数最多的一年，为今后培养更多的人才创造了条件。现有在读研究生44名，博士生24人、硕士生20人，有3名医师获得了临床医学博士学位，为精神卫生事业的发展培养了高级人才。完成了医学部96级6个班，97级预防医学、卫生管理、妇幼卫生3个班，97级护理系的本科生教学。2000年共招收进修医师、护士71人，授课210学时。在职职工161人完成了规定的25学分的继续教育任务。

【医院管理】 2000年对医疗系统的科室主任、药剂科副主任及总务处下属科室共9个单位的领导实行了公开招聘。进一步修订完善了改革方案、奖金分配方案、办公电话管理办法等。首次在药品采购方面进行了公开招标,吸引了二十多家医药公司前来投标。完成了重点实验室的维修和改造任务。

随着医院信息管理网络的全面铺开,门诊、病房、收费、住院、后勤、财务、药房等十几个科室逐步由手工计算发展到计算机应用,病房医嘱全部用计算机录入,病人的部分信息和费用支出情况全部用计算机处理。医学部校园网也开始运行,8月份图书资料信息可从网上查询,12月份部分行政科室接通了校园网。为方便病人就诊,开展了网上预约挂号,并在门诊大厅安装了电子显示屏。完成了电力增容工作,在病房、门诊及办公区域安装了空调,极大地改善了病人的住院环境和工作人员的工作条件。11月13日,第六医院被确认为北京市基本医疗保障定点医疗机构。

(李玲莉)

医学部外语教学部

【发展概况】 外语教学部的前身是英语教研室、二外(日语、德语)教研室,1991年合并为外语教学部,2000年5月北医与北京大学合并后更名为北京大学医学部外语教学部,该部是教学单位,主要承担全校本、专科生的大学英语、硕士博士研究生英语、本、专科生及硕士博士研究生的日语、德语的教学任务,同时担任校本部及临床附属医院的成人英语培训工作(每年的培训人数在500人左右)以及海外留学生的汉语培训任务(每年的培训人数在100人左右),开设的课程包括大学英语必选课及包括六级辅导、高级口语、英美文学欣赏、日语(初级)德语(初级)、日语(高级)、德语(高级)等在内的多门选修课。

2000年在编教职员工34人,其中教师28人,教学辅助人员6人。教师中有教授2人,副教授8人,讲师9人,助教9人。目前在职攻读硕士学位的有4人。

【学科建设】 2000年,专业英语教学取得很大进展,利用网络系统由外语部教师与临床教师相结合的专业英语授课模式在国家教委专家组的检查中得到了肯定。在原来教改的基础上,进一步完善了选修课的教学工作,扩展了辅助教学的范围。建立了局域化计算机成绩管理系统,提高了成绩管理的效率。

受中华医学基金会资助的生物医学英语写作课程在国内处于领先地位,服务面将逐步扩展至整个东亚地区。

【科研活动】 2000年,经教育部批准的大学英语无纸化题库项目初步启动。发表论文约10篇,出版教材3部。医学英语写作项目本年结束,效果良好。网上医学教育项目初见成效,医学教育网站内容丰富多彩,学生点击人数每月高达1万人次。

(卢凤香)

医学部社会科学与人文科学教学部

【发展概况】 社会科学与人文科学教学部始建于1953年,当时称为新民主主义论教研组;1954年成立了马列主义基础教研组;同年,新民主主义论教研组改名为中国革命史教研组;1956年成立了哲学教研组并建立了资料室;1976年在哲学教研组中又成立了自然辩证法教研组,以上合称为马列主义教研室,主要承担全校学生的中国革命史、政治经济学、哲学、自然辩证法等课程的教学任务。1985年3月,在原马列主义教研室的基础上,又增加了思想政治教研室、医学心理学教研室、医学史教研室,1988年又成立了医学伦理学教研室,以上共同建立了社会科学与人文科学教学部(简称社文部)。2000年4月3日北京大学与北京医科大学合并后,称为医学部社会科学与人文科学部。

社会科学与人文科学部设有1个博士点,3个硕士点,2000年在编教职员工39人(兼职1人)。其中教授(含相应职称,下同)8人,副教授15人,讲师13人。社文部负责医学部的专科生、本科生、研究生、进修生、留学生的教学任务,开设马克思主义哲学、马克思主义政治经济学原理、邓小平理论概论、毛泽东思想概论、自然辩证法概论(内含医学辩证法)、医学伦理学、医学心理学、医学史等课程及社会科学、人文科学选修课程。社文部设有2个中心(医学史研究中心和心理咨询与治疗培训中心),7个教研室和1个教学组,1个办公室,1个资料室。

(王荣丽)

【教学工作】 2000年,社文部在职教师考取博士研究生1名;招收硕士研究生3名,毕业硕士研究生2名;在读研究生9名(博士生1名,硕士生8名);与医学部党校联合,招收北京市委党校北医分部行政管理专业本科生19名,经济管理专业专科生51名;招收进修生14名。3月16—25日,社文部举办了第13期全国性心理咨询与治疗培训班1期,培训学员45人,有26人旁听学习;6月16—24日,中国性学会在医学部举办第14期全国性男科学与性传播疾病治疗班1次,培训学员67人;10月17—26日,举办全国性心理治疗提高班1期,特聘美国著名精神分析治疗家

Edward-Robins 主讲，培训学员44人，另有35人旁听学习。

【科研活动】 2000年，社文部新开科研课题4个，正在进行的科研课题7个，完成科研课题13个。发表学术论文50篇，科普文章23篇；参加完成专著8部，科普著作9部，译著3部，参编教材16部，编写教学工具书15部。应邀参加电视台、电台关于学术或科普教育的专访6人次；出国参加国内性或校际间的学术讨论会16人次；参加日本、芬兰、瑞典、英国等国际性医学法学与伦理学、生命伦理学、性医学等学术会议，年会等16人次。10月9—14日在医学部举办了中国与波兰社会学、伦理学和经济学的研讨会，7名波兰外宾参加会议，医学伦理学教研室、政治经济学教研室、自然辩证法教研室、革命史教研室的教师撰写了论文并参加研讨。会议期间组织外宾参观了北大校本部，并在北京大学马克思主义学院参加座谈。12月10—17日与医学部教育处在医学部联合举办"诺贝尔医学奖百年回顾展"展览；11月26—30日，中国性学会在海南省海口市举办第二届性心理学学术研讨会；11月29日，中国性学会与中国艾滋病协会，在医学部举办了有专家咨询和报告会的世界性病、艾滋病日活动；12月17—21日，中国性学会在广东省韶关市举办学会工作会议和"性文化、媒体工作新世纪展望研讨会"。

（王荣丽、刘秀芝、孙曼霞、尚玉芬）

临床药理研究所

【发展概况】 北京大学临床药理研究所原名为北京医科大学临床药理研究所，是中国第一个临床药理研究所，也是中国临床药理研究高级学术机构和抗生素研究中心之一。1980年3月24日在北京医学院附属第一医院抗菌素研究室的基础上创建成立，1988年成为北京医科大学直属研究所。1983年，卫生部在研究所建立临床药理基地，成为最早的卫生部抗感染药物临床药理基地。1995年，国家科委、卫生部和国家医药管理局共同确定在北京医科大学临床药理研究所筹建国家抗感染新药临床试验研究中心。1999年12月通过了国家科技部验收，确定为"国家新药（抗感染药）临床试验研究中心"。2000年初，经国家药品监督管理局论证确认为"国家药品临床研究基地（抗感染药物）"。北京大学临床药理研究所从事抗生素与抗菌药物药理、临床药理研究、抗感染化学治疗和抗感染药物临床试验研究和新药开发与评价近40年，为发展临床药理学科、促进中国新药开发研究、加强药品审评管理、培养造就新药临床药理研究人才、提高医师合理用药水平、推动医学和药学事业发展作出了积极的贡献。主要任务有以下6个方面：(1)新抗生素与抗菌药物的实验研究、临床试验研究评价；(2)上市药物安全性与有效性再评价；(3)细菌耐药性监测与耐药机制研究；(4)教学与培训；(5)医疗与会诊；(6)咨询与服务。任务来源包括国家药品监督管理局下达的新药与进口药研究评价；国家攻关任务；各省市卫生厅局委托的新药验证任务；国内外制药企业与CRO公司委托的新药开发研究任务；国家科学基金任务；以及横向的国内外科研协作任务等。临床药理研究所通过多种形式向卫生部、科技部、国家药品监督管理局、全国各GCP中心，药品临床研究基地及新药研究开发单位、药品生产和使用的有关专业人员以及国内外制药公司提供了大量的技术咨询和社会服务。1981年在卫生部李朝进局长带领下，李家泰所长对美、日临床药理与药品审评概况考察后，起草了有关新药临床试验的附件和抗菌药物临床研究指导原则。1985年起李家泰教授应聘担任卫生部药品审评委员会委员，先后兼西药分委员会主任委员和抗感染药物专业审评委员会主任委员，连续担任3届(10年)新药审评工作和进口药审评委员会委员工作。1989年8月，李家泰教授兼任北京医科大学临床药理研究中心主任；1992年，担任国家基本药物领导小组成员和国家基本药物办公室成员。1994年，作为GCP小组成员参加GCP起草。近年来参加SDA新药审批办法等法规英文版的翻译工作。

1986年研究所获得世界银行二期贷款，卫生部与北京医科大学共同投资为临床药理研究所，建设3000平方米的新科研楼。临床药理研究所本部与所属研究室和I期病房于1997年11月迁入新址。研究所抗感染病房为II期病房，仍设在北京医科大学第一医院内，由北京医科大学第一医院与本所共同领导和管理。研究所实行所长负责制，设所长办公室、学术委员会、抗生素研究室、毒理研究室、药代动力学研究室、I期病房、II期病房（抗感染病房）及《中国临床药理学杂志》编辑部。

全所现有职工50名，其中教授与兼职教授9名，英藉名誉教授1名，副高级研究人员5名，中层研究骨干14名，博士与博士后3名。研究人员已实现了多专业结构模式，专业面较广，包括药理学、临床药理学、临床医学、临床微生物学、生物学、生物化学、药物化学、医学检验等专业。

【成果和交流】 研究所对磺胺类抗菌药—增效联磺片、酰脲类广谱抗绿脓杆菌半合成青霉素—呋苄西林、氨基糖苷类抗生素—依替米星及抗真菌药庐山霉素的研制与

表 5-44　2000 年临床药理研究所承担的课题项目

签约时间	项目名称	项目来源
2000.1	头孢呋辛临床试验(四类药)(深圳九新研制)	国家药品监督管理局
2000.3	盐酸加替沙星片Ⅰ期临床试验(一类药)(浙江新昌研制)	国家药品监督管理局
2000.5	BAY12-8039Ⅱ期临床试验(一类药)(德国拜耳研制)	国家药品监督管理局
2000.6	左氧氟沙星片剂的生物等效性研究	日本第一制药企业委托
2000.6	细菌耐药酶比例分析及动态观察	辉瑞制药公司委托
2000.7	注射用美洛西林钠舒巴坦钠临床研究(山东瑞阳研制)	国家药品监督管理局
2000.8	盐酸加替沙星片Ⅱ期临床试验(一类药)(浙江新昌研制)	国家药品监督管理局

开发作出了创造性的贡献。自建所以来共完成 76 个药品品种的科研开发任务,几乎包括所有种类的抗生素,有 3 项属创造性贡献,获得 28 项奖励,其中国家级Ⅱ等奖 1 项,部省市级一等奖 5 项。发表 300 余篇研究论著,在国外交流及发表的论文达 80 多篇。先后承办了 1987 年"北京国际临床药理学术会议"、1988 年"第 5 届东南亚西太地区药理学大会—临床药理综述会议"、1995 年"第 1 届全国抗菌药物临床药理学术会议",以后每两年举办一次。2000 年筹办了"第 7 届西太平洋化疗及传染病会议后北京国际抗生素研讨会"。1985 年 3 月创刊的《中国临床药理学杂志》是公开发行的国内一级学术刊物,已刊出国内外研究论文 1120 多篇。1991 年人民卫生出版社出版发行了李家泰教授主编的大型参考书《临床药理学》,1998 年再版问世。在完成科研任务的同时,研究所还做了大量的医疗及教学,对外咨询与服务工作。2000 年发表研究论文及综述 12 篇,其中 1 篇发表在国外杂志上,国际会议论文 30 余篇,30 余人次参加 6 次国际学术会议。完成《中国临床药理学杂志》的编辑、出版及发行工作。

【科研工作】 抗生素研究室已建立多种常规的药效学与分子生物学研究方法,包括体外抗菌作用研究、体内抗菌作用研究、酶稳定性试验、抑酶保护增效作用、酶纯化与酶动力学研究、靶蛋白 PBP 亲和力比较研究、细菌外膜通透性研究、PCR 技术检测细菌结构基因、调控基因及基因 DNA 测序等。

毒理研究室已建立的研究方法有急性毒性试验、长期毒性试验、蓄积毒性试验、Ames 试验;染色体畸变试验、姐妹染色体交换试验、精子畸变试验、生殖毒性试验、围产期毒性试验、细胞毒性试验及肝微粒体酶 P450 测定等。

药代动力学研究室已建立化学方法与生物法检测人体血、尿、唾液、粪便的药物浓度以及动物组织中药物浓度并建立了生物等效性、生物利用度、药代动力学以及药效药代相关性研究方法等。

分子临床药理学是国际临床药理学术界的前沿研究领域和重要研究方向,研究所近年来一直致力于研究甲氧西林耐药金葡菌(MRSA)的耐药机制和抗 MRSA 新抗菌药物的临床评价。采用 PCR 技术建立 MRSA 菌株特异靶蛋白 PBP2a 的结构基因 mecA 的测定方法,将此方法用于 MRSA 菌株的确诊,在抗 MRSA 新药替考拉宁与万古霉素的临床对照试验中显著提高了该项临床试验研究的质量。根据专业与统计学要求,把入选病例的细菌阳性率标准规定为 80% 以上,以确保入选病例为细菌感染的把握度达到 80% 以上。目前国内抗感染新药的临床试验均按此标准实施,该标准在国际上仍处于领先地位。

Ⅰ期临床试验病房有 12 张床位,建立了单次给药与连续给药耐受性试验方法和生物等效性药代动力学研究方法,并建立了血液生化各项指标检测方法。抗感染病房(Ⅱ病房)有 18 张床位,已建立各类新药与进口药临床试验研究方法,包括Ⅱ期随机对照临床试验,Ⅲ期临床试验、上市后药物监察(PMS)、治疗药物监测(TDM)和药物不良反应监测(ADRs)等。同时还建立了各类药物临床试验标准操作规程与临床试验药品管理办法等。Ⅰ期病房与Ⅱ期病房按临床试验管理规范(GCP)要求进行临床试验。研究所新药临床试验与评价水平符合国内审批要求,一类新药能够达到国际上 ICH-GCP 新药临床试验与评价要求。通过组织多中心临床试验,研究所与许多临床医院、临床科室建立了友好互助的协作关系。抗感染病房建立以来,在完成临床科研任务的同时还完成了院内外重症感染疾患会诊大量医疗任务。

2000 年,国家药品监督管理局在北大医院研究所抗感染病房挂牌"国家药品临床研究基地"。1 月,卫生部临床检验中心确认研究所细菌室在 1999 年 4 次全国临床细菌学室间质量评价活动中成绩优良。

2000 年承担了由国家药品监督管理局下达及厂家委托的临床及基础课题 7 项(见表),项目金额为 280 余万元。研究所新购置了包括紫外分光光度仪、微型计算机及打印机等约 25 万元的仪器及设备。

【人才培养】 研究所承担临床医

学院及药学院学生的临床药理学（必修课）5年制和7年制本科生的教学任务。研究所先后有30余人被派往英国、美国、日本、意大利等国进行专业学习与进修。研究所为博士点，1996年增定为博士后流动站。所长李家泰教授招收抗生素药物与临床药理专业博士生、硕士生和博士后，培养了15名硕士（9名已毕业、6名在读）、8名博士（7名毕业、1名在读）和2名博士后（出站1名、1名在读）。2000年1名科研人员被派往英国伦敦进修学习1年。研究所1983年起成为卫生部的3个临床药理培训中心之一，国家药品监督管理局的6个培训中心之一。1984年起每年均举办培训班，负责培训全国临床药理基地派送的医师或药理、药学专业人员。承担临床药理学与GCP的培训任务，已举办20期高年医师、教师和药师培训班。1996年起举办7期主要研究者提高班。经研究所培训的临床药理专业人员大部分已成为国内各地临床药理研究或教学中的骨干。2000年受国家药品监督管理局委托举办了"第7届全国临床药理基地负责人提高班"及"第18，19，20三届全国临床药理进修班"参与人数200余人。

（张莉）

中国药物依赖性研究所

【发展概况】 中国药物依赖性研究所是国家专门从事有关药物依赖性研究的国家级综合性研究机构，在依赖性药物的管理与药物滥用防治等方面向国家有关部门提供技术咨询，为国家的禁毒战略目标和戒毒工作服务。

毒品问题是严重困扰全球的公害，在世界毒潮的冲击下，自1980年以来，中国一些地区相继出现药物滥用问题，引起了党和政府的高度重视。1984年，国务院批文同意卫生部在北京医科大学建立"药物依赖性研究中心"。1988年卫生部将"药物依赖性研究中心"改建为"中国药物依赖性研究所"。经过16年的发展，研究所已成为集药物依赖性研究和临床前实验、依赖性药物作用机理研究、临床研究、药物滥用流行病学研究、全国药物滥用监测、药物依赖性信息研究和出版药物依赖性杂志及相关书刊为一体的综合性研究机构。研究所有正式科研人员36名，行政人员2名，兼职研究人员10名，临时工作人员4人，在读博士生3名，硕士生6名，博士后2名。研究所下设4个职能科室：神经药理研究室、临床药理研究室、药物流行病学研究室和药物依赖信息研究室，分别承担药理实验、临床医学、社会医学研究、流行病学调查、药物滥用监测、信息研究和编辑出版任务。

中国药物依赖性研究所行政上隶属北京大学医学部。研究所成立16年来，先后完成国家禁毒委、卫生部和国家药品监督管理局等上级主管部门下达的重要课题20余项，如"麻醉药品的量刑标准"、"二氢埃托啡的精神依赖性潜力"、"精神药品的量刑的药理学依据"、"全国癌症疼痛现状调查"、"曲马多、三唑仑、丁丙诺啡及兴奋剂和咳嗽药水滥用潜力评价及滥用问题的调查"和"全国药物滥用人群监测"等。在麻醉药品和精神药物的管理、应用研究方面向国家有关部门递交了百余份技术报告；编著专业和科普图书20余部，发表科研论文、综述或调查报告等400余篇，申报新药研究报告200余份。有5项科研成果分别获国家教委和北京市科学技术进步二、三等奖。

（赵成正）

【科研工作】 神经药理研究室的工作主要包括两方面：承担依赖性药物的研究和戒毒药、镇痛药的临床前药理毒理学评价；开展与药物依赖有关的基础研究。经过十余年努力，按照国际通用标准先后建立了评价精神依赖性（模拟人的觅药行为）的大鼠、猴自身给药实验室和药物辨别实验室，基本健全了评价药物身体依赖性的动物模型。通过完成卫生部下达的"麻醉药品的量刑标准"和"二氢埃托啡的精神依赖性潜力"的评价，证明其评价结果可靠，与国际标准一致。目前实验室规模和水平仅次于美国药物滥用研究所的实验研究部。近年来，着重行为药理和细胞、分子生物学方法结合，研究精神依赖的机理和防止复吸的有效措施。

临床药理研究室分实验研究和临床研究两大部分，主要任务是对新药进行临床评价及临床应用研究，为镇痛药与戒毒药专业的国家药品临床研究基地。研究室建立了标准化的Ⅰ期临床试验病房和十余个符合GCP规范的临床药理基地，分布于全国主要大城市，可同时开展多个新药Ⅱ、Ⅲ期临床试验。近年来先后为国家镇痛药、戒毒药的临床试验制订了规范化的评价标准，特别是经过大量临床研究制定的稽延性戒断症量表在国际上属首创。该室有设备齐全的药代动力学研究室，从事依赖性药物人体样品检测和药代动力学研究。

药物流行病学研究室的任务主要分为两部分，一是从事人群中药物滥用的流行病学研究，依据国家下达的任务对药物滥用状况，特别是海洛因、冰毒、咳嗽药水的滥用问题进行调查分析。另一项任务是负责全国药物滥用情况的监测，国家药物滥用监测中心就建在该室，与省级监测站、基层或戒毒所组成覆盖全国的监测网，定期汇总药物滥用人员登记资料并出版年度报告。此外该室还和药物依赖信息研究室一起负责药物滥用预防教育和康复期心理咨询辅导工作。

药物依赖信息研究室主要收集和研究国内外有关药物依赖性研究和药物滥用防治方面的信息并承担《中国药物依赖性杂志》的编辑、出版和发行工作，编著药物依赖性专业书籍及科普丛书。既为上级有关领导机构提供技术咨询，又为基层科研人员提供信息服务。依据禁毒斗争的需要，组织全所力量面向社会做药物滥用预防教育、科普宣传和培训工作，并深入到戒毒所做心理辅导工作。

（郑继旺）

【学术活动】 研究所从筹建阶段开始就注意借鉴国际先进经验，用国际通用科学标准和先进方法来规范自己的科学研究。先后派出学术骨干到美国药物滥用研究所、英国伦敦大学成瘾行为研究中心等国际著名药物依赖性研究机构进修学习，并多次邀请国外该领域著名学者来所讲学、指导工作。结合国内实际需要，围绕国家面临的主要药物依赖性难题开展研究，解决了麻醉药品、精神药品的管理、禁毒、戒毒中提出的主要问题，并及时与国际同行交流。10余年来，研究所在依赖性药物的合理应用、依赖性药物的研究和评价、依赖性药物的作用机理等研究中逐渐成为国内公认的药物依赖性研究的领导力量。1990年研究所组织了中国药物依赖性学术委员会，以组织全国性学术活动和培训工作。1991年起以中国药物依赖性学术委员会和研究所的名义每2年召开一次全国药物依赖性学术交流大会，包括药物依赖性专业培训、有关实验研究、戒毒和新药临床试验、依赖性药物管理、药物滥用流行病学等方面的学术交流，一般规模250—350人，会期4—5天。1996年中国药物依赖性学术委员会并入中国毒理学会，成为中国毒理学会药物依赖性毒理专业委员会。除每2年一次的全国性学术会议外，专业委员会还每年召开一次专业性学术交流会，分戒毒临床实验、癌痛治疗、药物流行病、依赖性药物管理、实验研究5个专业轮流召开；专业委员会负责组织学术骨干参加每4年一次的全国毒理学学术大会和国际毒理学大会。1998年针对戒毒中的难题——复吸问题由中国科学院和工程院院士发起组织的高层科学讨论会，2000年起也转由研究所每年定期组织召开，并将参会范围扩大至港、澳、台的学术代表，对团结全国药物依赖性研究领域的研究力量，推动戒毒领域的基础和临床研究，促进国内、国际学术交流起到积极作用。

除专业性学术活动外，研究所从1998年起组织专门力量深入社区、学校进行药物滥用预防教育、科普宣传活动。

【实验研究】 2000年完成了"钙调素抑制剂对吗啡依赖性的影响"等科研工作10项；完成戒毒药等10项新药药效学评价工作；完成博士后课题1个，在读博士生课题3个，硕士研究生课题4个；完成AF-5的药代动力学研究等实验研究3项。

【临床研究】 2000年完成了Ⅰ—Ⅲ期临床试验4项，生物等效性评价2项；完成上市后再评价2项；进行中药治疗稽延性症状的预试验2项；完成"芬太尼透皮贴剂用于慢性非癌性疼痛探索性研究"等其他临床研究2项。

【流行病学研究】 2000年完成了"止咳药水滥用流行病学调查"等5项流行病学调查课题。完善了药物监测中心工作，完成《药物滥用监测报告书》，开展吸毒人员的指纹信息的研究计划。

【信息研究】 2000年完成了《中国药物依赖性杂志》等专业期刊、书籍及文章的编辑出版工作；收集检索了国内外相关信息文献；定期更新了研究所在互联网上的主页；进一步完善了图书管理系统。此外，为司法部举办《劳教戒毒管理培训班》，并组织参与多项戒毒宣传活动。

【学术成果及交流】 2000年发表科研论文、综述44篇。《中国药物依赖性杂志》获中国科协学会部自然科学基础性、高科技学术期刊经费资助。2项研究课题获北京市科技进步三等奖。5名美国研究学者来所访问并进行学术交流。11月15日朱拉蓬研究院院长泰国朱拉蓬公主一行28人参观访问研究所，并就双边科技合作问题进行了会谈。郑继旺教授以联合国国际麻醉品管制局委员的身份参加国际麻醉品管制局例会，考察韩国禁毒工作。组织参加了"6 26国际禁毒日"大型宣传教育系列活动，参与人民大会堂举办的"第二届中国禁毒、肃毒科普研讨会"，联合共青团北京朝阳区委等单位举办了"创建无毒社区，建设美好家园"的禁毒、戒毒科普预防知识宣传活动。联合北京大学等7所高校开展了以"远离毒品、健康生活"为主题，面向大学生的宣传教育活动。11月22—24日在北京举行了香山科学会议第105—3次（戒毒）研讨会。来自内地和港、澳、台地区从事药物依赖与药物滥用防治的专家、学者共40余人参加了会议。研究所有15人次参加国际会议、出国考察。2000年出站博士后1人，在站博士后1人，博士生3人，硕士生4人。

（谢湉）

生育健康研究所

【发展概况】 北京大学生育健康研究所原名为北京医科大学生育健康研究所，2000年2月成立，为校直属单位，李竹教授任所长。1991年，为了适应学科发展和对外交流的需要，北京医科大学公共卫生学院建立了保健流行病学研究室。研究室同世界卫生组织等进行了科研合作，并承担本科生、硕士生、博士生的教学和培养任务。1996年，卫生部批准建立"卫生部生育健康研究重点实验室"，聘任李竹教授为实验室主任，严仁英教授为学术委员会主任。1997年，该实验室成为国际出生缺陷情报交换所成员。

1988年，卫生部批准在北京医科大学成立中国妇婴保健中心。该中心是全国性的妇女（婴）保健指导单位，接受北京医科大学的直接领导，同时承担卫生部对全国妇女（婴）保健的服务、临床与公共卫生研究、专业技术干部培训、医学信息编译管理和开展国际学术交流与合作的咨询指导任务。中国妇婴保健中心主任为严仁英教授。80年代初，北京医科大学中国妇婴保健中心与世界卫生组织合作研究妇女围产保健的高危因素，首先报道了中国神经管畸形的高发生率和严重性，并寻求国际合作进行神经管畸形防治研究。1991年，在中美两国政府支持下，北京医科大学同美国疾病控制与预防中心签署了《中美预防神经管畸形合作项目谅解备忘录》。两国政府以中国卫生部国家"八五"重点科技攻关项目和美国卫生与人类服务部项目通知书108号文件形式，批准实施"中美预防神经管畸形合作项目"。北京医科大学中国妇婴保健中心是"中美预防神经管畸形合作项目"的中方承担机构。"中美预防神经管畸形合作项目"在河北、山西、浙江和江苏4省30个县（市）建成了覆盖2100万人口，有近18000名基层干部和卫生科技专业人员参与的，用计算机网络管理的医学流行病学研究基地。

生育健康研究所下设6个部门：办公室、流行病学研究部（含生育健康流行病学研究室、遗传流行病学研究室）、保健技术研究部、健康教育与成果推广研究部、信息技术应用研究部（含数据管理研究室、计算机管理室、软件室）和实验研究部（含发育生物学、细胞生物学、分子生物学、生物化学和病毒学实验室）。《中国优生优育》杂志编辑部设在所内。研究所与北京蒙特因技术开发公司、北京医科大学实验药厂和北京沃和赛腾卫星卫生科技教育网络技术有限公司等有着不同机制的合作关系。

全所实行全员聘任制，进行企业式管理。现有员工45人，其中高级专业技术职称12人，中级专业技术职称14人。全所员工平均年龄39岁，其中科研人员平均年龄37岁，科研辅助人员平均年龄38岁，行政管理人员平均年龄44岁。全所有条件对国内外科研机构和大学开放，为客座研究人员和流动研究人员提供研究条件。

生育健康研究所现为"中美预防出生缺陷和残疾合作项目"中方承担机构。

2000年在读博士生4名，硕士生3名。已培养博士9名，其中1名未答辩、未取得学位；硕士3名。

【学科建设】 研究所进行生育健康领域的公共卫生、基础医学、临床医学、社会科学相结合的跨学科研究，涉及流行病学、毒理学、环境卫生学、生物化学、实验胚胎学、比较胚胎学、分子胚胎学、病理学与分子病理学、病毒学、分子生物学、围产医学、儿科学、社会学、医学伦理学、人类学、人口学等多学科的交叉融合，以及智力早期开发教育等方面问题，同时研究生育健康监测信息系统，并开展研究生育健康科普教育与卫生服务等。

研究所面向全国，对专业人员进行上述有关学科、计算机应用、信息管理技术、科研方法及科研成果推广的培训；帮助国内各地同行了解国内、外生育健康研究动态，指导各地开展研究和进行预防工作；开发优生优育、妇幼保健系列保健产品，并向国内外推广；巩固、发展与CDC及其他国际卫生组织的交流与合作，引进资金、技术项目。

20世纪60年代西方一些发达国家开始了出生缺陷监测，70年代北京医科大学严仁英、连志浩等将国外先进的出生缺陷和围产保健监测知识系统介绍到国内。80年代国内部分省市相继开展了有关出生缺陷的现况调查、回顾调查和出生缺陷监测。《The Risk Approach in Perinatal Health Shunyi Country, People's Republic of China》是世界卫生组织向全球推荐的一本围产保健高危管理的书籍，介绍了1983年至1984年北京医科大学在中国北京顺义县的围产保健监测的研究成果，提出了神经管畸形等在北方地区的高发率和致围产儿死亡的严重性，在国内外学术界具有重要地位。1992年至1999年"中美预防神经管畸形合作项目"在人群的围产保健和出生缺陷监测的基础上，进行了预防神经管畸形的研究工作，推动和完善了这两项监测工作，监测内容扩大到儿童保健监测，监测工具由传统的纸张表册过渡到电子表格，并由生育健康电子监测系统将围产保健、出生缺陷和儿童保健三个监测连接起来，达到了90年代世界先进水平。

(陈新)

【科学研究】 2000年7月，《中华医学杂志》发表了李竹等《中国妇女妊娠前后单纯服用叶酸对神经管畸形的预防效果》的论文，这是1999年11月《The New England Journal of Medicine》发表的"Prevention of Neural—Tube Defects with Folic Acid in China"的中文版，也是"中美预防神经管畸形合作项目"的主要研究成果论文之一。

李勇等"五种微量元素单独/联合发育毒性及其作用机理的研

表 5-45 生育健康研究所承担的主要科研项目

编号	项目来源	负责人	项目名称	起止年限	经费（万元）
1	中美合作项目	李竹	中国妇女妊娠前后每日服用 0.4mg 叶酸增补剂预防脊柱裂和无脑畸形的人群干预效果评价研究	1991—1998	1000（美元）
2	中美合作项目	李竹	妇女增补叶酸对儿童生长发育影响的随访研究（第一、二阶段）	1999—2001	200（美元）
3	中美合作项目	李竹	先天性风疹综合征患病率监测的可行性研究	1999—2001	40（美元）
4	国家自然科学基金面上项目	李成叶	青春发育体段生物电流阻抗测定及分段追踪研究	1996—1998	6.1
5	国家自然科学基金面上项目	李勇	大鼠卵黄囊胎盘培养模型建立及在 HCXY 致畸研究中的应用	1999—2001	11
6	国家自然科学基金面上项目	李勇	同型半胱氨酸诱发神经管畸形的细胞和分子生物学机理	1999—2001	10
7	国家自然科学基金重点项目	李松	先天性心脏病相关基因的克隆	1998—2000	30
8	国家自然科学基金青年项目	朱慧萍	神经管畸形遗传易感性的流行病学研究	1999—2001	11
9	国家"八五"攻关项目	李竹	神经管畸形的病因与预防措施的研究	1991—1995	20
10	国家"九五"攻关项目	李竹	妇女增补叶酸预防神经管畸形的推广研究	1996—2000	100
11	国家"九五"攻关项目	李竹	出生人口健康素质信息系统的建立及应用研究	1996—2000	20
12	国家"九五"攻关项目	林庆	脑瘫的流行病学及病因学研究	1996—2000	50
13	卫生部基金	李勇	同型半胱氨酸对胚胎的致畸性、作用机理及干预实验研究	1999—2000	4
14	"863"高科技	李竹	神经管畸形相关基因分离、克隆等应用基础研究	1996—2000	60
15	北医大出版社基金	李勇	发育毒理学研究方法和实验技术	1999	1.6
16	世界银行卫生Ⅷ项目	李竹 陈新	加强中国贫困农村地区基本卫生服务，妇女增补叶酸预防神经管畸形	1997—2000	
17	国家"九五"重点音像出版规划项目	陈新	预防畸形儿 孕妇必须增补叶酸	1997—1998	
18	国家计生委、中国人口文化促进会项目	陈新	金友工程"计划生育三结合科普丛书"《优生手册》和《优育手册》	1998—1999	
19	中国博士后基金	刘民	中国经济发达地区生育健康十年发展规划研究	2000—2001	1
20	回国博士基金	王红	唇腭裂的分子流行病学研究	2000—2001	
2	国家高校博士点基金	叶鸿瑁 李勇	高同型半胱氨酸血症与先天性心脏病	2000—2002	6
23	国家重点基础研究发展规划（"973"项目）	李勇	心脏畸形的细胞生物学及相关基因的研究	2000—2004	350
24	国家重点基础研究发展规划（"973"项目；第五分题）	李竹	建立具有中国特色的出生缺陷生物信息库	2000—2004	250
25	国家自然科学基金重点项目（与华西医大和军事医学科学院合作）	李勇	环境类激素污染物对人类健康的影响及其作用机理研究	2001—2003	30/105

究"获卫生部科技进步二等奖，"啮齿类动物着床后全胚胎培养方法和钒砷发育毒性的研究"获解放军总后勤部科技进步二等奖（第二作者）。

刘建蒙等的"Prevalence of cerebral palsy in China"论文发表于《International Journal of Epidemiology》1999 年 28 卷，获北京大学医学部"克缇论文奖"。

陈新编著《优生手册》和《优育手册》获国家石油和化学工业局（原化工部）第六届优秀图书二等奖。

(陈新、赵平)

【成果推广】 1月，"通过大型国际合作项目引智引资，推动大学科研和卫生事业发展"论文国家外国专家局和教育部联合在南京召开的全国部分高等院校引智工作交流暨研讨会上宣读和交流。

9月，中国妇婴保健中心、北京医科大学实验药厂与中国人民保险公司签订了预防神经管畸形"斯利安"产品责任险，并联合举办新闻通报会。到2000年"斯利安"推广达27省、2100多市县，创利税1000多万元。

全国第一届、第二届"斯利安"预防神经管畸形科技成果推广经验交流会分别于1月和10月在北京召开。

【学术交流】 5月，美国哈佛大学卫生考察团来访，主要成员有流行病学和营养学家沃尔特·威利博士(Walter Churchill Willett)、迈尔·斯坦福博士(Meir Jonathan Stampfer)和马晶博士。刘建蒙等的论文"Cerebral Palsy and Multiple Births in China"发表于《International Journal of Epidemiology》(2000年第29卷)。

1月，李竹等参加了美国先天性心脏病学术会议；5月和7月，美国疾病控制中心贝聿瑞、博特兰博士、辛迪·莫尔博到访；9月，李竹等出席了在英国召开的国际出生缺陷情报交换所年会；10月，王红参加了在美国召开的唇腭裂学术研讨会。

【出版】 广东教育出版社出版了严仁英主编的《中国优生优育优教百科全书》(优生卷、优育卷和优教卷)，北京医科大学出版社出版了季成叶和李松主编的高等医药院校教材《儿童保健学》、林庆和李松主编的《小儿脑性瘫痪》以及李松和郑俊池主编的《中美预防神经管畸形合作项目·围产保健与出生缺陷监测年度报告1993》。

(陈新)

教育教学与学科建设

本科生教育教学

【推进教学改革】 2000年,为深化本科教学改革,全面推进素质教育,在本科教学发展战略小组进行大量调查研究的基础上,教务部组织各院系优秀教师开设了一种新的课程类别——通选课。此课程体系分为五个基本领域,面向全校本科学生开设,学生根据自己兴趣按通选课的要求选修。这五个基本领域分别为:A. 数学与自然科学;B. 社会科学;C. 哲学与伦理;D. 历史学;E. 语言文学与艺术。教务部要求学生在各领域至少选修2学分,在E领域至少修满4学分(其中必须有1门艺术课)。获人文与社会科学类学位的学生,在A领域至少要修满4个学分。同时,教务部要求教师在教学方法上进行改革,加大平时成绩的比例,并支持进行了通选课建设。到2000年底,通选课的门数已经达到了90多门。通选课设置的目的是为了帮助学生改善知识结构,其基本的意义在于:(1)在保持现有教学计划相对稳定的前提下,为学生提供了解其它领域知识的机会,改善本科课程设置过专的弊端。(2)充分发挥北京大学学科门类多的特点,一方面让学生能够受到本专业外其它学科原汁原味的教育,感受不同学科的特点;另一方面,通选课以课程编班,改变了专业教育以专业和年级编班的传统,为不同专业和年龄的同学提供了一个上同一门课,讨论同一个问题,从而相互学习、相互补充的机会。(3)通过通选课建设,为建立适应新的教学管理模式的课程体系打下基础。

为了实现最终自由选课的教学管理改革,教务部首先确定了自由选课的教学管理改革应当从全校性公共课开始的原则。作为第一步,首先推动政治课实现改革工作。"毛泽东思想概论"课程已经实现了有指导的自由选课制度,取得了预期的效果。

教务部将办实验班的目的从原来的"培养尖子学生"调整为为大面积培养适应新世纪国家社会经济发展需要的创新人才做实验。为此,教务部暂停了00级理科实验班,并对00级文科试验班的管理模式作了大的调整。同时,确定了01级试验班的办学原则并作好了各项准备工作。

【本科生科研】 至2000年,北京大学资助本科生进行科研活动的基金有2项:李政道1998年设立的"秦惠䇹与李政道中国大学生见习进修基金"(英文为 Hui-Chun Chin and Tsung-Dao Lee Chinese Undergraduate Research Endowment (CURE)),另一项是香港泰兆基金会1999年设立的"北京大学泰兆大学生科学研究奖助金"。2000年"䇹政基金"资助的学生为33人,资助金额为每人3000元人民币。泰兆奖助金每年资助人数为10人,每人资助金额为理科5000元人民币,文科3000元人民币。三年中,得到这两项基金资助的学生共计84人,其中41人已经完成科研计划,提交科研论文。35名同学的论文为优,6名同学的成绩为良。在35篇优秀论文中,有6篇已被公开发行的学术刊物接收,名单如下:

地质学系97级沈冰、文彦君的论文《古生物钟——探讨地外撞击事件的新途径》,于2000年9月发表于《北京大学学报(自然科学版)》;

物理学系98级孙锴的论文(英文)《小世界网络》,2000年9月被《中国物理快报》(CPL)接收;

化学与分子工程学院98级刘铭钊同学的论文《掺杂Eu3+碱土金属TTA络合物的荧光性能研究》2000年9月被《中国稀土》接收;

生命科学学院王璞月的综述论文《线虫衰老相关基因的研究进展》,2000年10月发表于《细胞生物学》;

数学学院97级钟声的论文《DNA中的数据挖掘和启动子识别》,2000年11月发表于《应用概率统计》;

物理系98级毛晓明的《反应扩散系统中螺旋波中心位置的确定》,2001年1月发表于《中国物理快报》。

【课程建设与教改项目】 在第一届主干基础课教师聘任满两年后,北京大学在2000年教师节前完成了第二届主干基础课的认定和课程主持人、主讲教师的聘任工作。全校共有252门课程被确定为主干基础课(不含公共政治课和公共外语课),86人为课程主持人,496人为主讲教师。其中教授243人,副教授247人,讲师89人。教务部对主干基础课课程建设实行立项资助。

为了落实教育部创建理科名牌课程项目,教务部组织进行了学校第一批17门名牌课程项目的建设经验交流,并在全国会议上作了汇报,得到好评。北京大学又有10门课程被评为创建理科名牌课程项目。

为了加强对国家级教改项目实施的领导和支持,教务部先后召开了"九五"项目和2000年项目主持人会议,对"九五"项目的结题、完善和推广工作作了具体的部署,对2000年项目的管理依照教育部的精神作了具体的规定,学校并给予了配套支持。

2000年,北京大学申请并得到教育部21世纪初中国高等教育人才体系研究计划立项课题10项;新世纪高等教育教学改革工程本科教育教学改革立项13项。这些立项推动了北京大学本科教学改革及教学质量的提高。

【境外办学】 境外办学是在我国实行对外开放政策的大背景下应运而生的,它标志着中国高等教育事业走出国门、走向世界,是一项全新的、亟待开拓的事业。北京大学境外办学办公室成立于1995年,是设在海外教育学院内的行政职能部门,1999年9月学校机构改革后并入国际合作部。2000年3月,为了进一步理顺关系,确保教学质量,将境外办学中的本专科部分移交教务部管理。迄今为止,在境外或港澳地区办学项目有3个:(1)与香港树仁学院在香港合作开办法律学士学位课程和经济、历史、中文、法律硕士课程。1987年,两校签署了合作办学协议书,十多年的合作为香港培养了大批法律人才。1997年7月,两校又扩大了办学项目,开设了全日制法律本科教育课程。目前有在校本科生406人,其中,全日制76人,兼读330人。(2)与新加坡东方文化学院在新加坡合办中国语言文学课程项目。1996年两校签署了合作办学协议书,招收全日制班和兼读班学生,该课程为非学历的合作项目,学生在新读完三年的课程,从中选拔出成绩优秀者来北京大学或在新插读四年级课程,考试合格,论文通过,可获得北京大学的毕业证书和学位证书。1999年2月增开中国语言文学学士学位课程。目前有在校非全日制本科生96人。(3)在澳门开办图书馆专业大专课程。1998年6月北大海外教育学院、澳门业余进修中心、澳门图书馆管理协会三方面共同签署了合作协议书。第一期学生98人,他们大多为图书馆管理人员。此外,经教育部港澳台事务办公室2000年8月24日教外港办[2000]502号文件批准,北京大学拟与香港中文大学校外进修学院合作开办图书与信息管理学大学本科课程班,经过友好协商,已在合作方式、教学管理、经费分配上初步取得共识。

【设立电子商务双学位】 随着全球信息网络的建立和完善,电子商务开始成为一股不可阻挡的潮流。发展电子商务,直接关系到我国国民经济的发展。在这种背景下,北京大学计算机科学技术系、经济学院和知识产权学院联合提出了电子商务双学士的跨学科教学计划。经过教务部协调,三院系共同举办北京大学电子商务双学位班。2000年招收本校学生110名,校外在职大学毕业生56名。这是北大首次举办跨学科专业,是人才培养的又一新的尝试。

【教学评估】 6月份,教务部布置了北京大学1999—2000学年度教学优秀奖的工作。各院系在暑假前上报了推荐名单53名(不包括医学部)。经教学科研工作委员会讨论审议,评选出1999—2000学年度北京大学优秀教师获奖者43人,其中校本部38人,医学部5人。并于教师节期间公布,每位获奖者获得荣誉证书和奖金5000元。同时批准授予计算机科学技术系王克义老师"北京大学优秀教师"荣誉称号。

北京大学2000年度教学成果奖工作于7月份布置。校本部各院系上报学校的有132项。经校教学成果奖评审工作委员会审议,评选出北京大学2000年教学成果奖84项(包括医学部),并向北京市教育委员会申报。经北京市组织的专家评审,已有53项获北京市教学成果奖。其中一等奖31项,二等奖22项。

2000年度本科通选课、限选课及专业课教学评估课程达1015门,收回问卷38000多份。根据问卷分析,有40%的被评课程非常受学生欢迎。15%的课程不受学生欢迎,其中大部分没有教材,教师不尽心,上课敷衍,学生出勤率下降,教师出差频繁,停课现象时有发生。

【教材建设】 根据"紧紧围绕教学改革,主动组织有北大风格的精品教材的编写和出版"的方针,上半年完成了年度资助教材出版的立项工作。经过个人申请、院系推荐和校教材建设委员会评审,批准50项教材立项。

11月17日至19日,北京大学教材中心、图书馆采访部与中国图书进出口(集团)总公司图书部联合在北京大学举办了首次"海外教材巡回展"。其间,教务部主持召开了以"新世纪的高等教育与外版教材"为主题的座谈会,在社会上产生了较好的影响。

经过充分调查研究,教务部负责起草了《关于北京大学近期教材建设的规划(讨论稿)》和《关于编写本科生素质教育通选课系列教材的方案(讨论稿)》,为北京大学下一步的教材建设做好了准备。

教材中心在教务部的领导下,继续强化为师生服务的经营思想,努力克服不利因素,积极创造条件增加服务项目,圆满完成了全年的教材供应任务,销售码洋达230万。

【招生工作】 2000年,北京大学和医学部首次用统一代码招生,经过努力,取得很大成绩。北京大学招收到各省市文、理、外高考第一名学生51人,超过全国总数的二分之一,是历年来"状元"最多的一年。在参加国际奥林匹克数理化生学科比赛金牌得主13人中,有10人被保送至北大。北京大学招收保送生328名,其中有146名为全国数理化生学科比赛优胜者。招收军队定向生30人。录取来自近20个国家和地区的本科留学生158人。

【推出毕业证书验证系统】 2000年教务部制作的北京大学毕业证书正式使用,采用了新的防伪技术,在全国引起较大反响。

5月,教务部推出全国第一家网上本科学历学位文凭验证系统,从而有效地维护了北京大学学历、学位文凭的权威性。

【教务管理与服务】 加强留学生、体育特长生的管理 正式发布《北京大学本科留学生教学与学籍管理的补充说明》,以保证留学生的教学质量和规范留学生的教学与教务管理。对体育特长生的招生、教学和管理作出新规定,既有利于其发挥特长为北大争得荣誉,又保证他们中的大多数人完成本科学业。

学生服务 1999年10月开始制作新规格的本科生中英文对照成绩单和经认证的中英文分列的毕业证书与学位证书复印本。2000年对此有所改进,使文本外观和质量都有提高,而且申办手续简便快捷。2000年教务部为2800多名学生制作和认证9万余份。

至2000年底,1992级以来所有本科生的学习成绩已经录入校园电子计算机网。在校生均可在校园网上查阅本人成绩。

为2000级本科新生编印的《北京大学本科生学习与生活实用手册》有很大改观,删减更换了一些条文和规定,增加了常用电话号码和校园彩色地图,大大方便了学生。

(李克安、王韬)

【"两课"教学】 "思想道德修养"课是我国普通高校设置的马克思主义理论课和思想品德课(通常简称为"两课")中的一门。它是对大学生进行以为人民服务为核心、以集体主义为原则的社会主义道德教育,以及优秀的中国传统道德和革命道德教育,培养学生高尚的理想情操和良好的道德品质,树立体现中华民族特色和时代精神的社会主义价值标准和道德规范的一门思想品德课。

北京大学的"思想道德修养"课教学的做法和体会曾经在《人民日报》上刊登过,思想政治教育教研室还获得了北京市高校德育工作先进集体奖。自1997年下半年开始,北大在本科生中开设了"邓小平理论概论"课,由12位教授组成的教学组一直工作在教学的第一线;1998年下半年开始开设"毛泽东思想概论"课,由5位教授组成的教学组同样收到了良好的教学效果。这两门课为"思想道德修养"课的新设计提供了经验。为贯彻党中央《关于加强和改进思想政治工作的若干意见》的精神,落实中宣部、教育部《关于普通高等学校"两课"课程设置的规定及其实施工作的意见》的要求,北京大学马克思主义学院从2000年上半年开始对"思想道德修养"课进行了新的设计,开始了新的试点,收到了比较好的效果。

第一,围绕课程主题,设计讲座专题。学校把"思想道德修养"课的主题定位在:"学习、进步、成才"。从指导思想上,力求使大学生通过这门课的学习,进一步了解大学生学习的一般特点,理解大学生思想道德修养的基本要求,掌握大学生健康成才的一般规律,明确大学生在建设有中国特色社会主义伟大事业中所要承担的历史使命。为此,他们把这门课在导论(讲"思想道德修养课的教学目的和学习方法")之外共设计了9个专题,其中包括:(1)当代大学生的历史使命与成才目标;(2)大学生的人生观价值观与成才;(3)大学生的理想信念与成才;(4)大学生的学习特点与学习方法;(5)大学生的人际交往与成才;(6)大学生的爱情观与事业;(7)大学生的心理素质与成才;(8)大学生的道德修养与成才;(9)大学生的审美修养与人格美的塑造。这些专题的设计,既遵循了"思想道德修养"课教学大纲的基本要求,又突出了当前大学生关心的热点问题;既保持了同学们在这门课上所使用教材的一致性,又避免了完全的重复。

第二,组织教师队伍,增加科研含量。教学的关键在教师,在教师的敬业精神和科研含量。根据所设专题的需要,参考"邓小平理论概论"、"毛泽东思想概论"两门课的做法,北大在1999年下半年以马克思主义学院的教师为主,又超出马克思主义学院甚至超出北京大学聘请任课教师,由10位教师组成了一个教学组。其中包括:主管理论宣传工作的校党委副书记、高等教育管理研究员赵存生(博士生导师);主管学生工作的校党委副书记、心理学教授王登峰(博士生导师);马克思主义学院院长、哲学教授陈占安(博士生导师);马克思主义学院思想政治教育教授仓道来,以及思想政治教育教研室的其他4位中青年专职教师祖嘉合、程立显、李毅红、秦维红。还特别聘请了共青团北京市委副书记关成华、中共北京市委教育工委宣传教育处处长冯刚开设讲座。他们既有比较深厚的政治理论功底，又有相当丰富的实际工作经验，适当担任一些大学生思想道德修养方面的课程，不仅是可能的又是必要的，它为有关领导通过教学活动直接了解学生的思想情况并做学生的思想政治工作创造了条件。这个教学组从2000年上半年开始一直工作在教学第一线上，每个学期都有课。从大的方面来讲，组织教学组的好处在于：一是适应了这种多学科交叉汇流的课程特点；二是满足（起码是部分满足）了学生希望得到更多老师特别是知名教授指导的要求；三是找到了一条既快捷又实用的培训中青年教师的路子。

第三，理论联系实际，突出案例教学。重视理论与实际的结合，这是中国共产党进行思想政治工作的一条经验，也是以往"思想道德修养"课以及整个"两课"教学的一条经验。这一次新试点，为了切实加强课堂讲授的针对性，教研室特别收集整理了北大学生在思想道德修养的理论和实践方面（涉及到人生意义与价值、人际交往与沟通、爱情与友谊、理想与现实、心理测试与人格塑造、社会现象与社会问题等等）提出来的80多个问题。教师在教学中不仅要讲清楚有关专题所涉及到的基本理论，而且要联系实际。古今中外的实际都可以联系，不过最主要的应该联系学生目前的思想实际，这样才能使教学具有较强的现实针对性。贯彻理论联系实际的原则，一个重要办法就是开展案例教学。为此，教学组收集整理了中外历史上、现实生活中的大量事例，特别是近年来在大学生中发生的一些典型事例。凡讲到一些重要观点，教师都尽可能地从剖析案例入手，分析论证，收到了较好的效果。某高校学生动机阴暗的"金属铊投毒案件"和"电子邮件事件"，使学生思想上受到极大的震动；留美学生"卢刚事件"虽然已经过去几年时间，但惨痛的教训仍久远地教育着后来的学人；某高校学生"自我毁灭事件"也留给当代大学生以深刻的反思。同时，北大学生优秀班集体"国政92"的先进事迹，北大学生李威自觉援藏的事迹，为祖国赢得巨大荣誉的上海留美学生袁和的事迹，等等，更给当代大学生的心灵以强烈的震撼。联系这些事例进行讲解，增强了科学理论的说服力和感染力，并使学生进一步认识到自觉加强思想道德修养的重要性。

第四，适应学生特点，采用多种环节。在教学中，他们除了坚持课堂教授为主要的、主导性的环节并下大气力搞好外，还根据大学生的特点，采取了其它一些辅助性、实践性的环节。其中包括：组织观看录像《钢铁是怎样炼成的》；组织教学电影《生死抉择》；举办主题为"当代大学生的历史使命与思想道德修养"的学习心得征文活动；组织专题性的课堂讨论；等等。这样做，有利于学生的参与，调动他们的积极性；有利于形成与教师的课堂教授的呼应，弥补教师讲课的不足；有利于加强学生的素质教育，提高他们分析问题和解决问题的能力。学生在他们写的观后感和征文中，表达了对这些便于他们参与的实践性环节的极大兴趣和进一步的要求。当然，实行多种环节教学是需要经费保证的，目前还是受到了很大的限制。

第五，重视教学管理，改进考试办法。没有必要的教学管理，一门课的教学不可能有正常的秩序。考虑到这门课采取的是教学组的授课方式，教研室特别安排青年教师和研究生兼做助教，承担在主讲教师和听课学生之间加强联系、保证各个教学环节正常运转、掌握学生平时到课学习情况等工作。与此同时，他们在考试办法上也进行了一些新的尝试。学生这门课的成绩由三个部分构成，即平时学习情况满分记30分；期末考试满分记60分；平时思想道德修养表现满分记10分。这样做，把工作的重点着实放在日常的教学管理上，切实减轻学生期末考试的压力。这样做，也比较符合思想道德修养课的特点，有利于促成学生把理论学习同现实表现结合起来，一致起来。

北京大学思想道德修养课的教学秩序是良好的，学生表现了比较高的学习热情。很多学生反映，他们喜欢这样的教学组织方式，感到学习这门课有新鲜感，有比较大的收获。

(陈占安)

【艺术教学】 艺术学系承担着对北京大学学生进行艺术教育的各项工作。这些工作主要包括：为全校学生开设艺术类公共选修课和艺术类通选课；为全校学生中对艺术感兴趣的同学举办艺术学辅修（双学位）的教学工作；具体承办面向全校，实施美育和艺术教育的普及化的"美育精品系列讲座"；负责在业务上及艺术上管理及指导学生艺术团的工作，在校内外及国内外进行各项文艺演出，繁荣校园文化建设。自1991年起，北京大学率先在全国作出每个在校生需至少修满艺术类公共选修课2个学分才能毕业的决定。目前，艺术学系每年接纳公选课学生人数均在3000人左右。北京大学学生艺术总团目前拥有学生合唱团、学生交响团、学生舞蹈团、学生民乐团四个分团。2000年9月，艺术学系招收了第二届艺术学本科辅修专业，同时增设了艺术学本科辅修专业影视学方向，共约40人。遵循江泽民同志提出的教育要为社会主义建设主战场服务的精神，从1998年开始，艺术学系与北京电视台联合举办"文化艺术管理研究生课程班"，现已开办第三届。2000年10

月，艺术学系与故宫博物院合作，举办了艺术学专业古代艺术品（书画）鉴定方向的研究生课程班。

（陈旭光）

【体育教学】 发展概况 2000年，北京大学体育工作继续以国务院、教育部深化教育改革精神为指导，围绕"素质教育"和"健康第一"两大主题，立足实际，解放思想，主动求变，积极推进新时期北京大学体育教育体系的建立，逐步落实体育教研部制定的《北京大学三年体育目标规划》的任务要求。

教学工作 北京大学体育教学工作在继续强化特色教学的基础上，着重加强学生自主锻炼意识的培养，建立目标管理，减少考试科目，弱化考试分数。

游泳特色教学通过为学生办课余游泳锻炼卡和辅导制度，与课上有针对性地教学相结合，使学生有选择地进行游泳学习，减少了游泳教学班的课堂压力，提高了课堂教学质量，又增加了场地的使用率、学生的练习时间。截至2000年底，游泳200米达标率98级为95％，99级为94％。在体育理论课考核方面，本着"淡化考试，简易考试办法，注重能力培养"的原则，1999—2000学年第一学期的期末考试，启用了经两年时间建立的北京大学体育理论考试试题库，该试题库共收录了13个项目850道题。8月，体育教研部《关于考核成绩变百分制为等级学分制的改革方案》上报北京大学教务部获准，自2000级开始实施。在素质考核方面，经过一年的试用与论证，12分钟跑被正式确定为北京大学体育课素质测验考核项目，并取消了实行多年的以100米、1500米、立定跳远、实心球和引体向上五项素质为主的素质测验考核内容。上述两项措施把教师从围绕考试组织教学的传统模式中解放出来，也把学生对体育课的认识从计较体育课成绩分数引导到身心健康上来，使体育课变得更加生动、有趣。在体育理论课的教学上，继续加强对学生树立终身体育观念和科学安排体育锻炼的教育。同时，体育教研部充分挖掘现有资源，增加体育专项课设置，2000年增设的项目有网球和体育舞蹈。

科研工作 由体育教研部教师李朝斌、田敏月与计算机系教师李文新合作的项目"太极拳远程教学"入选2000年悉尼奥运会"体育论坛"，并作大会报告。田敏月副教授的《对北京大学校园体育实行网络化管理的研究（兼论普通高校校园体育管理改革）》和林志超教授的《影响学生健康的社会因素及其干预对策的研究》分获2000年第六届全国大学生运动会体育科研论文报告会一、二等奖。郝光安副教授的《登山攀岩》获北京大学第七届文科科研成果二等奖。有3篇论文入选2000年教育部直属综合大学体育科报会。

代表队 2000年北京大学成功主办了第八届中国大学生健美操艺术体操锦标赛。北京大学各项目代表队参加了包括全国第六届大学生运动会、北京大学清华大学赛艇对抗赛在内的众多校际运动竞赛，获全国及北京高校比赛冠军8项、亚军11项，19项第三名、7项第四名、12项第五名、4项第六名、5项第七名、9项第八名，并获得全国第六届大学生运动会"体育贡献奖"。在运动队建设中，体育教研部依据"三年体育目标规划"要求，把现有的体育代表队划分为3个层次，被确定为第一层次的运动队有赛艇队、田径队、健美操艺术体操队，目标是立足国内，面向国际赛场，发挥体育竞赛窗口作用，宣传北大；第二层次的代表队包括乒乓球队、羽毛球队和女子篮球队，任务是在北京高校取得较好成绩，在境内外校际交流中起桥梁作用；第三层次的运动队是足球队、男子篮球队、排球队、游泳队和武术队等一些在学生中较普及、基础好的运动项目的代表队，目的是以点带面，发挥学生体育社团的作用，推动校内群众体育活动的开展。

（刘铮）

举办中国大学生两操比赛 2月15日至18日，第八届中国大学生健美操艺术体操锦标赛在北京大学百周年纪念讲堂举行，来自全国29所高校的32支代表队共300余名师生到会。其间还举办了中国大学生健美操艺术体操协会第七届论文报告会和第二届委员会第二次工作会议。北京大学是中国大学生健美操艺术体操协会所在地，北京大学副校长林钧敬任该协会主席，北大体育教研部主任田敏月为秘书长，中国大学生健美操艺术体操协会是首次在北京大学举办此项赛事。

（李德昌）

课余体育锻炼 在北大团委、北大工会和北大体育教研部共同指导下，充分发挥近30个教工、学生体育社团的作用，采用集中办好全校性体育文化节与各协会举办形式多样的体育文化活动相结合的方式，强化健康文化的宣传，鼓励校际交流，其中，山鹰社和自行车协会被评为2000年北大"十佳学生社团"。体育教研部在体育场地相对紧张的情况下，坚持设置早操辅导站，保证体育场馆开放时间和合理分配体育场馆的使用，2000年，除北大学生田径运动会因操场改造被取消外，其它活动均得以开展。

（刘铮）

对外交流 5月19日，美国麻省理工学院运动科学部李立博士（李立博士曾于1978年至1982年间就读北大物理系）来北大，在第二体育馆与体育教研部部分教师就现代体育教育模式、中美学校体育现状等问题进行了广泛的交流。5月22日至6月2日，体育教研部教师王余、戴名辉作为中国教育部体育考察团的成员，对美国高校的运动队建设进行了为期10天的考察。8月，体教部教师林志超以全国综合体协主席身份赴日本考察，并作题为"影响学生健康的社会因素"的主题报告。6月8—21日北大体教部教师、篮球国际级裁判马立军赴韩国汉城担任亚洲职业联赛的裁判工作。

(李德昌)

体育场馆 北京大学利用第20届世界大学生运动会部分足球赛事在北大举行的契机，加大体育场馆改扩建力度。其中，五四运动场改建工程于2000年5月正式开工，包括一个国际标准草坪足球场、一个标准塑胶田径场、7个篮球场、8个排球场和2个小足球场，同时扩建了600平方米的辅助设施。利用理科楼群地下室修建的2500平方米的健美操房和乒乓球室，于2000年9月正式投入使用，此举有效地改善了体育场地紧张、设施落后的局面，体育教学环境逐步提升。

师资建设 1月8日，北京大学与北京体育大学联合开办的体育人文社会学硕士研究生课程班开学；4月10日、24日，两次举办体育教研部中青年教师的专业技能比赛；1月26日，体育教研部首次举办了大规模的毕业生招聘座谈会，从注重专业技能向注重科研能力倾斜；12月12—22日，体育教研部5名教师参加了国家体育总局体操管理中心在大连辽宁师范大学举办的全国健美操国家级社会体育指导员学习班的学习，并全部通过考核。

(刘铮)

北大学生攀登珠穆朗玛峰 北京大学山鹰社成员陈科屹、陈光、蔺志坚与西藏大学两名学生共同组成的2000年ChinaRen.com中国大学生联合登山队，因有登山队相继在青海玉珠峰和西藏珠穆朗玛峰发生山难事故，在5月中旬最后冲顶珠穆朗玛峰阶段被有关部门终止活动。

(李德昌)

医学部
本、专科生教育教学

【概况】 北京大学医学部教育处为北京大学医学本专科生教育教学的教育职能管理部门。医学部教育处原为北京医科大学教育处，2000年4月北京大学与北京医科大学合并后，改为北京大学医学部教育处。1994年北京医科大学进行内部管理体制改革，为解决多年来本专科教学和学生教育管理两张皮的问题，真正实现教育过程的综合管理，学校领导决定在原来教务处、学生处、学生思想工作部的基础上组建教育处（学生思想工作部），后又从社文部分离出德育教研室，在教育处（学生思想工作部）基础上组建新的德育教研室，并将武装部与教育处合署办公。2000年9月，学校进行机构改革，教育处进行调整，形成了7个职能科室，2个教学服务中心。武装部与教育处合署办公。这样，就将与本专科教育教学有关的职能，包括教学、教育和管理、德育教育、教务、招生、就业等工作均划入教育处管理，形成了集本专科教育教学各因素、各环节和全过程的综合管理为一体的教育职能管理部门。

医学部教育处在本专科教育教学工作中注意贯彻医学部领导正确的办学方针，长期坚持把德育工作放在首位。1995年，北京医科大学被原国家教委确定为开展大学生文化素质教育的首批试点院校。1996年北京医科大学成立了学生文化素质教育指导委员会，并制定了《北京医科大学关于加强学生文化素质教育的实施方案》。1997年起，学校设立了学生素质教育专项基金，每年拨出10万元专款，用于举办素质教育讲座、建立素质教育书库、开展校园文化活动等。1999年1月获教育部批准，学校成为国家大学生文化素质教育基地。几年来，医学部教育处（学工部）在原有教育功能的基础上，承担起了推进学生素质教育过程的主要管理责任。教育处会同各学院坚持德育主渠道教育，大力推进"两课"改革的进程，使医学部学生德育教育呈现了新的气象。另外，结合行业特点，对学生加强了医德医风教育，注意在各种课堂和各种实践中陶冶学生的道德和作风，使"德为医之本"的道理深入每位医学生的心中。此外，通过修订专业教学计划、调整选修课构成比例、开设第二课堂、建设一流校园文化来创造良好文化育人氛围，利用与北大联合办学形成新的学科人才培养点等，为提高学生综合素质提供了条件。

教学活动在发挥教师主导作用的前提下，努力实现和加强以学生为主体的办学理念，并注意在教学活动

医学部教育处（学工部）机构设置情况

教育处 学生工作部 德育教研室	处办公室——教学服务部
	教学管理科
	学生教育科——学生勤工助学中心
	学生心理咨询中心
	学生法律咨询中心
	学生管理科
	成人教育管理办公室——夜大学
	培训部
	招生分配办公室——大学生就业指导中心
	教材服务中心（教材发行科）
	教室服务中心
	医学高等职业技术教育管理办公室

中把传授知识、培养能力和提高素质融为一体。通过召开一年一度主题明确的教学工作会议,在促进教育教学思想观念转变的同时,抓好各级教育教学改革的课题申请立项工作,使医学部形成了涵盖总体教育模式研究、各专业教学体系研究以及具体课程内容和方法改革研究等内容的完整的教学改革系统。根据医药卫生人才培养的需要和医学教育工作培养目标的定位修订专业教学计划,在99版教学计划修订中全面贯彻了加强基础和人文素质教育、增强学生综合实践技能的培养、扩大学生适应性的思想,实现按类招生,建立了前期趋同和后期分化的教学计划体系。全面修订了教学大纲,修订选修课目录,增加选修课程并提出新的学分要求。医学部还从1995年开始逐步将专业设置由12个调整为目前的临床医学、口腔医学、基础医学、预防医学、药学、护理学、医学检验等7个专业,将妇幼卫生专业、卫生事业管理专业合并入预防医学专业形成大预防医学专业,将药学专业、药化专业和药理专业合并成为一个大药学专业,停办了精神卫生专业。

为了保证和提高教育教学质量,医学部设立了教学委员会及各专业教学委员会、学生工作指导委员会及其下属的德育工作领导小组两个专家型工作体系,为医学部及各学院提供教学、教育咨询、研讨、评价和决策意见,两个专家型工作体系的设立为医学部教育教学工作保质保量地开展提供了保证。

经过多年努力,医学部在本专科生教育教学工作中取得了长足进展。在北京市1996年举办的第一届青年教师讲课比赛中,获得一等奖、二等奖、纪念奖(参与奖)各1名;在1998年举办的第二届比赛中获得一等奖1名(并列第一),二等奖3名,三等奖2名。1999年底学校对两名一等奖获得者给予了重奖。此外,近几年,在教育教学改革项目研究的基础上,医学部共有24项成果获得各级教学成果奖。1997年共有9项教学成果获得学校教学成果奖;2项获得北京市教学成果一等奖;3项获得北京市教学成果二等奖;1项获得国家教学成果二等奖。1999年,医学部教育处被评为全国高校优秀教务处。学校被卫生部评为德育工作先进学校,学生工作得到充分肯定。

(辛兵、李红、蔡景一)

【教育教学工作】 2000年,医学部通过认真抓好项目课题结题工作,明确医学各专业教育模式及专业教学体系,进一步形成了医学部本科教育的顶层设计。此外,2000年加大了选修课课时的比例,增加选修课课程的可选范围,积极参与学院路沿线选修课,合理安排选修课的允许学分范围,使选修课成为素质培养目标的重要补充。

各学院、学系、教研室(临床科室)在教改思想指导下,进行了稳步、有效的教学改革。如基础医学院除积极带领全体教师进行教学手段的改革,80%的基础课能够用多媒体进行授课,受到教育部有关领导的充分肯定外,还积极推动了形态学教学改革、机能实验教学改革的研究与论证工作。药学院则多次组织专业教学委员会对于"大药学"、"长学制"的问题进行论证并有了实质性进展,他们的《大药学教学改革与实践》课题获得2000年北京市教学成果一等奖并被推荐申报国家二等奖。内科教学改革主要体现在教学各阶段的融合,教学课程内容间的融合,实现了临床教学的有机结合。该项教学改革强调临床教学的相对统一性,要求学生尽早接触病人,坚持以问题为中心的教学方法。外科教学改革主要侧重临床教学方式的改变,密切结合临床,以疾病(急腹症、甲状腺疾病等)追踪讨论的方式加强讨论性和思辨式教学,强化实践中的教学过程,培养学生临床思维和自我获取知识的能力。妇产科和儿科教学改革强调见习带教中的学生早期接触病人,在教师指导下学生自主进入教学过程,在住院医师和实习医师的带领下观察病人,实现早期介入临床实际工作,加大了学生学习的积极性,得到了学生的认同。第一临床医学院对于中小科改革的思路,推动了学生自主学习的积极性,在第一轮的教学试点中取得初步成效。

为了提高教育教学水平,保证教育教学质量,2000年医学部抓了主要教学因素和条件的建设。在继续加强教师队伍建设、加强教学条件建设的同时,加强临床教学基地建设。为了扩大临床教学中学生实践的机会,2000年学校组织专家先后对首钢总医院、北京矿务局医院、北京仁和医院进行了考察及论证工作,并与三家医院确立了教学共建关系;同时对已完成教学基地建设的15所临床教学医院开始第二期教学建设过程。此外,有6所临床教学医院完成了多媒体教学条件的建设,为学生利用网络获取知识创造了条件。

2000年,医学部加强了教材建设。医学部组织了临床各学院中最具权威的专家学者启动了学校第一套自编的临床专业课程特色教材。这套教材着眼于培养新世纪的医学人才,教材的编写要求符合医学人才培养目标和教学大纲,能体现本学科的最高水平,兼顾不同学制、不同专业的适用范围,涵盖相关执业资格考试的基本要求,并充分考虑到本课程教材的配套,即课程教材、参考教材、实验实习教材等。

为抓好现代教育技术的建设和使用工作,强调教师教育理论的学习、教学方法的研究和现代教育技术使用能力的提高,2000年医学部通过组织学院级、医学部讲课比赛,通过组织主题为"教学方法的研究和现代教育技术在医学教育中的应用"的教学工作会议,积极推进教学法的研究与实践。

2000年医学部还进一步加强了教学管理工作,组织召开了首届医学部教学管理工作研讨会,着重讨论了学籍管理和教学质量监控问题。

医学部本科毕业生根据专业培养的要求，分别授予医学学士学位和理学学士学位。7年制毕业生可以获得医学学士学位和医学硕士学位。2000年共培养本科毕业生542人（其中包括93级七年制应届毕业生46人，留学生10人），525人被授予学士学位。成人高等教育夜大学专升本97级毕业生126人，94人被授予学士学位；另有96级成人高等教育夜大学毕业生43人同时授予学士学位。学硕连读七年制应届毕业生46人，其中45人被授予硕士学位。专科毕业生71名。

2000年推荐免试研究生83人，占本科毕业生的17%，校内推荐68人，校外推荐15人。办理报考研究生手续227人。

2000年本专科生学籍变动65人次。其中休学7人，复学8人，退学8人，由七年制转入五年制学习12人，专升本2人，办理试读16人，留降级8人。

（辛兵、蔡景一、马宝华、裴怡、袁红利）

【教育教学工作成果】 为做好2001年教学成果奖的申报工作，教育处积极组织各二级单位共申报教学成果奖24项，通过医学部专家评审委员会的评议，推荐16项作为北京大学教学成果奖参加北京市评选，其中获北京市一等奖5项（1项推荐申报国家级一等奖，4项推荐申报二等奖），二等奖4项。本年度所申报的成果奖项目均有教育教学改革项目研究的基础，体现了医学教育教学改革的新动向和目前的水平。教育处与医学部工会共同选拔和推荐5名教师参加了北京市第三届青年教师基本功比赛，取得1个市级一等奖第1名和4个二等奖的优异成绩；此外，2000年医学部表彰教学优秀集体10个，优秀青年教师10名，优秀教师221名。2名医学部教师被推荐为2000年度北京大学优秀师德奖。

（辛兵、蔡景一）

【临床教学基地】 临床医学院、临床教学医院是从事临床医学教学工作的主要基地，截至2000年底学校已有临床医学院9所、临床教学医院9所。学校在保证临床医学教学质量的前提下，充分利用已有卫生资源来建设和发展临床医学教育，与许多医院建立和发展了临床医学教学共建关系，根据互利和共同提高的原则在医、教、研方面进行协作。学校所属各临床医学院是学校的组成部分，在学校的领导下认真完成各类临床教学任务。非学校所属的各临床医学院和临床教学医院与学校是教学共建关系，是平等的实体，在"互惠互利"和"教学相长"的原则基础上开展各项工作，临床教学工作在学校统一领导下，按照学校的统一要求进行。各教学基地根据所承担的教学工作量和教学计划、教学要求，安排各专业临床阶段教学工作，保证教学需要的病种和必需的教室、实习室、图书馆，保证教学条件和生活条件。为保证临床教学和临床实习的质量，安排副主任医师以上教师担任课堂教学，脱产带实习教师由高年主治医师担任。各医院由一名副院长主管本项教学工作，设教学办公室为教育教学主管部门，协助教学院长进行教学管理，并处理日常教学教务和学生的管理事务。

（仝艳红）

【招生工作】 2000年是北京医科大学与北京大学合并后第一年招生，采取了一个招生计划、一个招生代码、一个招生要求、一个提档标准的方式。医学部在全国26个省、市、自治区安排了招生计划，共招收新生880人，其中本科生（含临床医学七年制、口腔医学七年制）612人，专科生（含中专起点高职）268人。新生中已加入党组织的17人，团员856名人，非党、团员7人。在新生中有应届考生829人，往届考生51名。今年医学部录取新生最高分为672分，本科录取最低分数为501分。根据录取结果统计，有42%为专业志愿调剂的考生，在录取过程中部分省区报考医学部专业的考生志愿不足，在北京市本科录取计划为172名，一志愿和可调剂志愿上线的共85名，缺档87份，占51%，通过多方调剂后，在北京市实际录取132名，完成本科招生计划的76.74%，减招本科计划40名。今年招生工作比较顺利的省区是江苏省，安排的招生计划为18名，一志愿上线率为100%。由于今年学校在该省为两个代码招生，在完成招生计划的同时又增招了7名报北大校本部的高分考生。

（郑丽云）

【学籍管理】 随着学校教育、教学的不断改革和完善，学生学籍管理的规定也从实行学年学籍处理改为学期处理，以便及时解决问题，避免学生背包袱。为激励优秀的专科学生奋发向上，制定了专转本条例，1999年、2000年已有4名专科生升入本科学习。针对学生进入大学第一年对学习环境不能很好适应的情况，一年级第一学期学籍管理放宽处理，由原来的第一学期有3门不及格退学改为现在的4门。对有1门功课不及格的学生给予试读机会。

（马宝华、裴怡）

【教学改革与研究】 本专科教学工作委员会 该委员会及其下属的各专业教学委员会是医学部所属的教学咨询、研讨、评价和提供决策意见的组织形式，1998年和2000年对委员会成员作了两次调整。该委员会对本专科教学的专业设置和学制设置、专业教学计划修订以及教学改革中有关问题进行了充分的论证，审定了99版教学大纲，研究制定和修改教材建设的规划，为医学部的本专科教学工作提供了大量的专业性意见和建议。

教学法研究与实践 教育处和工会每两年联合举办一次医学部教师教学基本功比赛，在北京市教育工会主办的青年教师教学基本功比赛中，医学部取得了优异成绩，连续三届获得了一等奖第一名。

2000年医学部为抓好现代教育

技术的建设和使用工作,强调教师教育理论的学习、教学方法的研究和现代教育技术使用能力的提高。教育处在全校范围内开展了教师教学基本功比赛,在各二级单位比赛的基础上,共推选32名选手参加了2000年医学部教师教学基本功比赛。通过讲课比赛,各教学单位的教师们对教学方法和教学技能以及现代教育技术应用方面进行了广泛的交流,医学部开始广泛制作和使用计算机辅助教学多媒体课件,应用电子教案,利用现代化教学手段提高教学效果。基础医学院目前正式出版的计算机辅助教学多媒体课件有病理学、生理学、寄生虫学、药理学、组织胚胎学,这些软件已全部应用到教学中,大大提高了教学效率。病理生理学、微生物学、免疫学计算机课件也正在制作之中。电子教案已在医学部各学院广泛使用,各学科的大课教师普遍使用Powerpoint制作电子教案,将图像、动画及文字制作成图文并茂、形象的画面,使学生能够充分理解理论知识,深受学生的欢迎。

教学改革项目 2000年陆续完成了教育部面向21世纪教学内容和课程体系改革项目的课题15项,教育部"新世纪高等教育教学改革工程"本科教育教学改革项目中的8项,卫生部同类35项课题中的课题14项。北京市教委和教育研究院的课题5项全部结题。北京市卫生局临床教学改革的28项课题以及校级教改18项课题的结题工作正在进行之中。

2000年教育部"新世纪高等教育教学改革工程"本科教育教学改革立项项目医学部中标8项(与中医药大学合作一项),这一批项目将在已有教学改革成果的基础上进行更深入的研究与实践。各层次立项课题有机结合,涵盖了从总体教育模式研究、各专业教学体系研究到具体课程内容和方法改革研究的方方面面,形成了比较完整的教改研究系统。

实验教学改革 世行高教项目用于本专科基础实验课程的建设,推动了实验教学的改革。医学部全面改革基础教学的实验课程,开设综合性和设计性实验,减少验证性实验。各类实验课程成为与相关理论课程密切结合的、又具有实验课教学特点的独立课程,以实现实验课程"知识、能力、素质"综合培养的教学目标。学校重点建设了生物医学实验教学中心;化学实验教学中心两个实验教学中心。成立了生物医学实验教学委员会和化学实验教学委员会作为实验教学的咨询、审议和监督机构。

临床教学改革 探索了临床教学阶段的融合和课程内容之间的融合,实现了临床教学的有机结合,强调临床教学的相对统一性,要求学生尽早接触病人,坚持以问题为中心的教学方法。外科教学改革主要侧重临床教学方式的改革,完成了全程跟踪的急腹症病种教学、床旁讨论式教学及思辨式教学,强化实践中的教学过程,培养学生临床思维和自我获取知识的能力。第一临床医学院对于中小科教学改革的思路,推动了学生自主学习的积极性,在第一轮的教学试点中取得初步成效。

教学工作会议 医学部每年组织一次全校教学工作会议,旨在以教育教学思想观念的转变为先导,推进教育教学改革的进程。根据医学部教学工作安排,在2000年组织召开了以教学法的研究与实践及现代教育技术在医学教育中的应用为中心议题的教学工作会议,通过专家报告、经验交流及现场教学演示,展现了医学部教学研究的成果和思路。

艺术教育 医学部于1997年6月成立了艺术教研室,除开展各类艺术社团活动外,还专门设立了艺术选修课。1997年9月"音乐欣赏"及"中国书法"开课。2000年9月增设了"舞蹈欣赏"课,制定课程为一学年。

(蔡景一、王翠先、杨晓)

【教学管理工作】 2000年组织召开了教学管理工作研讨会,着重讨论了学籍管理和教学质量监控问题,各二级单位就教学管理中的一些问题进行相互交流和沟通。针对医学部在教材使用中遇到的问题,制定了《北京大学医学部教材使用暂行规定》并开始试行。根据99版教学计划的需要和学籍管理中的问题,重新讨论修订了选修课管理规定和学籍管理规定。教育处根据99版教学计划,在近年来教学改革的基础上,对本专科各专业的课程教学大纲进行全面修订。各学院、部及相关专业教学委员会,组织各教研室、学系或学科教学组,于2000年6月完成了7个专业的13种教学大纲的修订、印刷和发放工作。

(蔡景一)

【教材建设】 医学部的教材建设方针是一方面积极参加编写并使用卫生部规划教材,同时大力发展具有医学部特色的内容科学、先进、实用的自编教材,开发和使用多媒体教材和影视教材。2000年医学部决定编写具有医学部特色的较高水平的成套教材,并启动了临床课程教材的编写。本套教材体现了创新,明确以学习者为中心,确立学生的主体地位,同时有利于训练学生临床思维能力,培养学生的创新意识,弥合"防"、"治"裂痕,将预防、治疗和后期康复有机结合,并且适应了教学过程中"双语"的要求,将必须掌握的英语专业词汇编入教材之中,并配有英语专业词汇只读光盘。此外,这套教材为教与学留有思维空间,版面有所创新,也为配套影像教材和网络媒体教材留有足够空间。

(王翠先)

【教师队伍建设】 学校强调教师教育理论的学习、教学方法的研究、外语教学能力和现代教育技术使用能力的提高,特别注重教师综合素质的培养和综合能力的提高。在CMB基金的支持下,已选送临床学院中青年骨干教师8人去国外访问学习,并聘请国外医学专家多次来学校讲学,传授教育理论和教学方法。外语部协助开办了教师英语授课培训班，并从2000年起聘请外教对教师进行培训，讲授英语授课方法与技巧，提高教师英语口语水平，以此逐步带动双语教学。

为提高高等护理教学质量，规范护理教育管理体系，合理安排护理专业的后期教学，2000年医学部在第一、二、三临床医学院组建了临床护理教研室，并委托护理学院进行了师资培训。

此外，学校把教学改革、教学建设和现代教育技术的运用情况作为先进集体和教学先进个人的重要评比条件，把教书育人的工作情况作为评选先进的必要条件。

（王翠先）

【实验教学条件建设】 原北京医科大学是世界银行贷款高等教育发展项目所支持的学校之一，该项目1999年10月6日正式启动，2000年进入执行阶段。医学部利用这项资金，全面改革医学本科层次特别是一、二年级基础实验教学的实验课程，减少了传统简单的验证性实验，增加了训练学生动脑、动手能力的综合性和自主设计性实验，使各类实验课程成为与相关理论课程密切结合又具有实验课教学特点的独立课程，从而实现实验课程"知识、能力、素质"综合培养的教学目标。同时，重新装备教学实验室，实现实验教学人力的重新组合，建立了以教学实验中心管理的新模式和实验教学运转的新机制。

（仝艳红）

【医学高等职业教育】 根据21世纪医药卫生服务市场需求的变化，结合国家医药卫生行业的改革，经教育部和北京市教委批准，学校从1999年开始正式招收高职高专学生。2000年1月27日北京医科大学职业教育学院（现北京大学医学部职业教育学院）成立。高职教育各专业的学制除临床护理中专起点二年制以外，其余均为三年。合格毕业生由学校颁发医学高等职业技术（专科）毕业证书。

高职教育目前设有临床护理（高中起点与中专起点）、应用药学和医学实验技术和口腔修复等4个专业。目前在校生共402名。

2000年，学校领导和医学部教育处多次组织教师进行高职高专教学工作讨论会，使教师充分了解北京大学医学部办高职高专教育的目的和意义，明确高职高专学生的培养定位和学校的有关政策，了解高职高专教育和学生的特点。学校还多次组织学生和教师座谈，相互沟通信息，帮助教师调整教学方法，确保教师在教学中做到因材施教。

（王晓琴、蔡景一）

【体育教学】 发展概况 医学部体育部组建于1999年12月，其前身为北京医科大学基础医学院体育教研室。体育部在以教学校长为主任的体育运动委员会的领导下，与教育处、工会、团委、学生会等部门协作，具体实施体育课教学、运动队训练、群体活动、体育科研和体育资源开发等工作。

2000年，体育部有教职工21名，其中教授1名，副教授4名，讲师7名，助教5名，教辅人员4名。具有一级以上裁判等级的教师11名，其中篮球国家级1名，排球国家级1名，田径国家级1名，一级裁判员8名。体育部的主要工作为在校本科生、研究生的体育教学、群体以及代表队的训练。结合医学院校女学生较多的特点，开设的课程除篮球、排球、足球、乒乓球、武术外，还有艺术体操、健美操和旱冰等许多适合女同学的项目。每学期承担70个教学班、2400个学时的教学任务。除正常教学任务之外，体育部还承担大量教职工群体工作，每年都举行多种形式的比赛。同时，体育部还组织各项代表队训练，参加卫生部直属高等院校和北京市高校的各种比赛。

医学部体育馆被指定为2001年第21届世界大学生运动会排球训练馆。

（张建祥）

体育教学 2000年体育部组织教师进行了每年一次的教材修改工作，丰富和完善教学内容，使体育教学更符合医学院校的特点；每周组织一次集体备课和教学研究，以不断提高教学质量。体育部2000学年开设的选修课有：体育运动专题讲座、武术理论与实践、篮球理论与实践、足球理论与实践和乒乓球理论与实践，满足了同学们各种不同兴趣的需要。体育部还正在筹建多媒体教室，以提高体育理论课的教学效果。2000年体育部共发表论文21篇，获得一项部科研二等奖。

（刘大川）

代表队 2000年体育部组织的代表队在北京市高校运动会和卫生部直属高等院校运动会上取得了较好的成绩：篮球代表队在2000年北京市大学生联赛中取得了男子乙组第4名和女子乙组第5名的好成绩；在2000CUBA北京赛区中取得男子乙组第1名和女子乙组第1名的好成绩。田径代表队在2000年北京市高校田径运动会中取得乙组团体第4名的好成绩。

群体活动 群体活动是体育部的工作重点，围绕着组织各种竞赛活动和各种达标比赛的形式开展，每学期的每一个月都安排一项群体比赛，并执行早操制度，配合团委和学生会组织各种体育项目的俱乐部，使同学们都有机会参与体育活动。医学部已连续五年获得北京市高校群体达标先进单位，2000年学生体育标准达标率达到99.34%，在北京市高校中居第一位。

（胡波）

附 录

表6-1 本科专业目录

院系名称	专业名称	院系名称	专业名称
数学科学学院	数学与应用数学	经济学院	经济学
	信息与计算科学		国际经济与贸易
	统计学		财政学
力学与工程科学系	理论与应用力学		金融学
	工程结构分析		保险
物理学系	物理学	法学院	法学
地球物理学系	地球物理学	信息管理系	编辑出版学
	大气科学		信息管理与信息系统
天文学系	天文学		图书馆学
技术物理系	物理学	社会学系	社会学
	应用化学		社会工作
电子学系	电子信息科学与技术	外国语学院	阿拉伯语
计算机科学技术系	微电子学		日语
	计算机科学与技术		波斯语
化学与分子工程学院	化学		朝鲜语
	材料化学		菲律宾语
生命科学学院	生物科学		梵语巴利语
	生物技术		印度尼西亚语
	生态学		印地语
地质学系	地质学		缅甸语
	地球化学		蒙古语
城市与环境学系	地理科学		泰语
	资源环境与城乡规划管理		乌尔都语
	地理信息系统		希伯莱语
	环境科学		越南语
心理学系	心理学		德语
	应用心理学		法语
中国语言文学系	汉语言文学		西班牙语
	汉语言		英语
	古典文献		俄语
历史学系	历史学	马克思主义学院	思想政治教育
	世界历史		
考古文博院	考古学	艺术学系	广告学
	博物馆学		广播电视编导
哲学系	哲学		艺术学
	逻辑学	政治学与行政管理系	政治学与行政学
	宗教学		行政管理
国际关系学院	科学社会主义与国际共产主义运动	医学部	基础医学
			临床医学
	国际政治		预防医学(含预防医学、卫生事业管理、妇幼卫生)
	外交学		
光华管理学院	工商管理		口腔医学
	市场营销		药学(含药学、药物化学、药理学)
	会计学		护理学
	财务管理		医学检验

表 6-2　本科课程目录（1999—2000）

序号	课程名称	年级	序号	课程名称	年级	序号	课程名称	年级
	数学科学学院		36	毕业实习	96	72	计算机(1)上机	99
1	软件形式化方法	96	37	常微与动力系统	96	73	模形式	97
2	信息科学基础	97	38	常微与动力系统	97	74	组合数学	96
3	拓扑学	97	39	常微与动力系统		75	解析数论	96
4	数学模型	97	40	数学分析(II)	99	76	测度论	96
5	数学模型	97	41	数学分析(II)	99	77	测度论	97
6	数学模型	97	42	微分几何	98	78	统计计算	97
7	数学模型	97	43	微分几何	98	79	应用多元统计分析	96
8	计算方法(B)	96	44	数学分析(II)习题	99	80	应用多元统计分析	96
9	计算方法(B)	97	45	数学分析(II)习题	99	81	应用多元统计分析	97
10	计算方法(B)	97	46	数学分析(II)习题	99	82	统计软件(SAS系统)	97
11	常微分方程解析理论	96	47	数学分析(II)习题	99	83	统计软件(SAS系统)	97
12	偏微分方程选讲	96	48	复变函数	98	84	统计软件(SAS系统)	96
13	数值代数	98	49	复变函数	98	85	讨论班(1)	97
14	最优化方法	97	50	复变函数	98	86	讨论班(2)	
15	流体力学引论	97	51	复变函数	96	87	偏微分方程数值解	97
16	基础物理(上)	99	52	复变函数	98	88	数学物理中的反问题	96
17	普通统计学(公选)		53	复变函数	98	89	常微分方程数值解	
18	利息理论与应用	98	54	复变函数	97	90	毕业讨论班	96
19	非寿险精算	97	55	高等代数(II)	99	91	毕业讨论班	96
20	偏微分方程讨论班	96	56	高等代数(II)	99	92	程序设计技术与方法	98
21	常微分方程讨论班	96	57	高等代数(II)习题	99	93	毕业实习	96
22	毕业讨论班(I)	96	58	高等代数(II)习题	99	94	毕业实习	96
23	毕业讨论班(I)	96	59	高等代数(II)习题	99	95	毕业实习	
24	毕业讨论班(I)	96	60	高等代数(II)习题	99	96	人工智能 *	96
25	毕业讨论班(I)	96	61	泛函分析	97	97	计算机网络	97
26	毕业讨论班(I)	96	62	泛函分析	97	98	软件工程	97
27	毕业讨论班(I)	96	63	泛函分析	96	99	图像数据库*	96
28	毕业讨论班(I)	96	64	泛函分析	97	100	非参数统计	96
29	毕业讨论班(I)	96	65	概率论	98	101	毕业班数学讲座	96
30	毕业讨论班(I)	96	66	概率论	98	102	集合论与图论	98
31	毕业讨论班(I)	96	67	概率论	98	103	稳健统计分析	96
32	毕业讨论班(I)	96	68	概率论	98	104	软件系统基础	98
33	毕业实习	96	69	概率论	98	105	软件系统基础	98
34	毕业实习	96	70	计算机(1)——计算概论	99	106	软件系统基础	98
35	毕业实习	96	71	计算机(1)上机	99	107	软件系统基础	98

序号	课程名称	年级	序号	课程名称	年级	序号	课程名称	年级
108	计算机图像处理	97	145	工程数学	98	182	近代物理实验(A)I	97
109	计算机图像处理	96	146	土力学与地基	97	183	今日物理	
110	大学语文	99	147	工程材料概论	96	184	电子线路基础(B)	98
111	大学语文	99	148	数学分析习题	99	185	微机原理及上机	98
112	宏观经济学	98	149	数学分析习题	99	186	大学英语(二)(3.5)	99
113	货币银行学	97	150	工程CAD(2)	96	187	大学英语(二)(3.5)	99
114	公司财务	98	151	传热传质引论	96	188	大学英语(三)(3.5)	99
115	大学英语(二)(3.5)	99	152	工程弹性力学	97	189	大学英语(三)(3.5)	99
116	大学英语(二)(3.5)	99	153	微机原理	98	190	大学英语(四)(3.5)	99
117	大学英语(二)(3.5)	99	154	振动测试及模态分析	96	191	大学英语(四)(3.5)	98
118	大学英语(三)(3.5)	99	155	普通物理实验(B)(二)	98	192	邓小平理论	97
119	大学英语(三)(3.5)	99	156	普通物理学(B) 一	99	193	毛泽东思想概论(理科)	99
120	大学英语(三)(3.5)	99	157	大学英语(二)(3.5)	99	194	体育(二)	99
121	大学英语(四)(3.5)	99	158	大学英语(二)(3.5)	99	195	体育(四)	98
122	大学英语(四)(3.5)	98	159	大学英语(三)(3.5)	99		**地球物理学系**	
123	大学英语(四)(3.5)	98	160	大学英语(四)(3.5)	98	196	高等数学(B)(二)	99
124	毛泽东思想概论(理科)	99	161	大学英语(四)(3.5)	99	197	高等数学(B)(二)习题课	99
125	毛泽东思想概论(理科)	99	162	大学英语(四)(3.5)	98	198	线性代数	98
126	邓小平理论概论	97	163	马克思主义政治经济学原理	97	199	计算方法(B)	97
127	体育(二)	99	164	毛泽东思想概论(理科)	99	200	普通物理实验(A)Ⅱ	98
128	体育(四)	98	165	体育(二)	99	201	数学物理方法(A)(二)	98
	力学与工程科学系		166	体育(四)	98	202	理论力学(B)	98
129	数学分析(二)	99		**物理学系**		203	量子力学(B)	97
130	计算方法	97	167	高等数学(B)(二)	99	204	热学	99
131	理论力学(A)(下)	98	168	高等数学(B)(二)习题课	99	205	电磁学	99
132	材料力学	98	169	高等数学(B)(二)习题课	99	206	C语言	99
133	弹性力学	97	170	热学	99	207	电磁学习题课	99
134	流体力学(A)(下)	97	171	量子物理学Ⅱ	97	208	地震学	97
135	气体力学	96	172	电磁学	99	209	弹性力学	97
136	弹性板理论	96	173	普通物理实验(A)Ⅱ	98	210	地球物理观测与实验	97
137	中国妇女文学史		174	普通物理综合实验	99	211	大气探测学	97
138	固体力学进展	97	175	普通物理综合实验	99	212	大气物理实验	97
139	流体力学进展选讲	97	176	算法与数据结构	99	213	天气学	97
140	多媒体技术基础	96	177	数学物理方法(A)(二)	98	214	大气动力学基础	97
141	结构矩阵分析	97	178	理论力学(A)	98	215	天气诊断分析	97
142	细观力学	96	179	量子力学(A)	97	216	英语专业阅读	97
143	线性代数与几何(下)	99	180	量子力学习题	97	217	统计气象学	97
144	数学物理方法	98	181	量子力学习题	97	218	磁层与太阳风物理基础	97

序号	课程名称	年级	序号	课程名称	年级	序号	课程名称	年级
219	等离子体物理学基础	97	256	理论力学(A)	98	294	体育(二)	99
220	实测天体物理	97	257	近代物理实验(A)	97	295	体育(四)	98
221	数据结构	98	258	电子电路基础及实验(二)	98		**电子学系**	
222	数值算法与程序设计	97	259	原子物理	98	296	高等数学(B)(二)	99
223	机械制图		260	普通物理(B)(一)	99	297	高等数学(B)(二)习题课	99
224	C语言		261	电工电子学及实验	98	298	计算方法(B)	99
225	环境生态学		262	机械制图	98	299	热力学与统计物理(B)	97
226	C语言上机		263	量子力学	97	300	数学物理方法	98
227	C语言上机	99	264	原子核物理	97	301	热学与分子物理学	99
228	数据结构上机	98	265	计算物理导论	97	302	电磁学	99
229	电子线路实验	98	266	核电子学及实验	97	303	原子物理学	98
230	微机原理及上机	98	267	加速器物理基础	97	304	理论力学	98
231	普通地质学	97	268	算法与数据结构	99	305	基础物理实验(II)	98
232	大学语文	99	269	算法与数据结构	99	306	电子线路(B)	98
233	大学英语(二)(3.5)	99	270	计算机软件系统	97	307	微波技术与电路	97
234	大学英语(二)(3.5)	99	271	计算机软件系统	97	308	数字信号处理(B)	97
235	大学英语(三)(3.5)	99	272	辐射物理基础	97	309	电子线路实验	98
236	大学英语(三)(3.5)	99	273	人类生存发展与核科学		310	软件系统	97
237	大学英语(四)(3.5)	98	274	有机化学(一)	99	311	微机原理与接口应用实验	97
238	大学英语(四)(3.5)	99	275	有机化学实验(一)	99	312	光电子学	97
239	大学英语(四)(3.5)	99	276	物理化学(一)	97	313	量子力学(B)	97
240	大学英语(四)(3.5)	98	277	物理化学(二)	97	314	磁共振基础(全校选修)	97
241	马克思主义政治经济学原理	97	278	物理化学实验(上)	97	315	习题课	99
242	毛泽东思想概论(理科)	99	279	结构化学	97	316	大学语文	99
243	体育(二)	99	280	仪器分析	98	317	大学英语(二)(3.5)	99
244	体育(四)	98	281	仪器分析实验	97	318	大学英语(二)(3.5)	99
	技术物理系		282	化工实验		319	大学英语(三)(3.5)	99
245	高等数学(B)(二)	99	283	环境科学导论		320	大学英语(三)(3.5)	99
246	高等数学(B)(二)习题课	99	284	仪器分析实验	98	321	大学英语(四)(3.5)	99
247	高等数学(C)(下)	99	285	大学英语(二)(3.5)	99	322	大学英语(四)(3.5)	99
248	高等数学(C)(下)习题课	99	286	大学英语(二)(3.5)	99	323	大学英语(四)(3.5)	
249	线性代数	99	287	大学英语(三)(3.5)	99	324	邓小平理论	97
250	线性代数(C)	98	288	大学英语(三)(3.5)	99	325	毛泽东思想概论(理科)	
251	热学	99	289	大学英语(四)(3.5)	99	326	体育(二)	99
252	电磁学	99	290	大学英语(四)(3.5)	98	327	体育(四)	98
253	普通物理实验(A)II	98	291	大学英语(四)(3.5)	99		**计算机科学技术系**	
254	普通物理实验(B)II	98	292	马克思主义政治经济学原理	97	328	数学分析(二)	99
255	数学物理方法(A)(二)	98	293	毛泽东思想概论(理科)	99	329	数学分析(二)	99

序号	课程名称	年级	序号	课程名称	年级	序号	课程名称	年级
330	数学分析习题课(二)	99	368	C语言		405	仪器分析	98
331	数学分析习题课(二)	99	369	物理学(B)(下)	97	406	仪器分析	98
332	数学分析习题课(二)	99	370	原子物理	98	407	仪器分析实验	98
333	高等代数(A)(下)	99	371	微机原理及上机		408	有机化学(上)	99
334	高等代数习题课(下)	99	372	微电子学概论	99	409	物理化学(A)(上)	98
335	高等代数习题课(下)	99	373	程序设计实习	99	410	生命化学基础(上)	97
336	高等数学(B)(二)	99	374	UNIX程序设计环境	98	411	有机化合物光谱鉴定	
337	高等数学(B)(二)习题课	99	375	数值分析	98	412	有机化合物光谱鉴定	97
338	量子力学(B)	97	376	人工智能概论	97	413	化学史	97
339	热学	99	377	面向对象技术引论	97	414	化学与人类、社会	99
340	热学	99	378	中文信息处理		415	化学与人类、社会	
341	电磁学	99	379	数字化艺术	97	416	有机化学实验(上)	99
342	普通物理实验(A)Ⅱ	98	380	电子电路设计制作工艺(实验)	97	417	物理化学实验(A)(下)	97
343	普通物理综合实验	99	381	大学英语(二)(3.5)	99	418	算法与数据结构	99
344	数学物理方法(B)	98	382	大学英语(二)		419	算法与数据结构上机	99
345	理论力学(B)	98	383	大学英语(三)(3.5)	99	420	材料化学导论	97
346	电子线路(B)	98	384	大学英语(三)(3.5)	99	421	天然产物化学	97
347	数据结构		385	大学英语(三)(3.5)	99	422	高分子化学	97
348	数字逻辑	99	386	大学英语(四)(3.5)	98	423	普通物理实验(B)(Ⅱ)	98
349	数字逻辑	99	387	大学英语(四)(3.5)	98	424	无机化学	97
350	数字逻辑实验	99	388	大学英语(四)(3.5)	99	425	无机化学实验	97
351	计算机组织与结构	97	389	大学英语(四)(3.5)	99	426	大学英语(二)(3.5)	99
352	计算机组织与结构	97	390	邓小平理论	97	427	大学英语(二)(3.5)	99
353	数理逻辑学	98	391	邓小平理论	97	428	大学英语(二)(3.5)	99
354	集合论与图论学	98	392	邓小平理论		429	大学英语(二)(3.5)	99
355	编译技术	98	393	毛泽东思想概论(理科)	99	430	大学英语(三)(3.5)	99
356	操作系统		394	毛泽东思想概论(理科)		431	大学英语(三)(3.5)	99
357	操作系统实习	97	395	毛泽东思想概论(理科)	99	432	大学英语(三)(3.5)	99
358	计算机图形	97	396	体育(二)		433	大学英语(四)(3.5)	
359	计算机图形		397	体育(二)	99	434	大学英语(四)(3.5)	98
360	毕业论文	96	398	体育(四)		435	大学英语(四)(3.5)	99
361	工艺原理	97		**化学与分子工程学院**		436	大学英语(四)(3.5)	99
362	汇编语言程序设计	98	399	高等数学(C)(下)	99	437	大学英语(四)(3.5)	99
363	半导体器件物理	97	400	高等数学(C)(下)习题课	99	438	邓小平理论	97
364	集合论与代数结构		401	高等数学(C)(下)习题课	99	439	邓小平理论	97
365	mos集成电路	97	402	高等数学(C)(下)习题课	99	440	毛泽东思想概论(理科)	99
366	半导体工艺实验	96	403	普通物理学(B)(一)	99	441	毛泽东思想概论(理科)	99
367	算法与数据结构	97	404	化工实验	97	442	体育(二)	99

序号	课程名称	年级	序号	课程名称	年级	序号	课程名称	年级
443	体育（四）	98	479	生理学实验（B）	97	517	大学英语（三）(3.5)	99
	生命科学学院		480	神经解剖学及实验	97	518	大学英语（三）(3.5)	99
444	高等数学（C）（下）	99	481	生物大分子晶体学基础	97	519	大学英语（四）(3.5)	99
445	高等数学（C）（下）习题课	99	482	植物胚胎学及实验	97	520	大学英语（四）(3.5)	99
446	高等数学（C）（下）习题课	99	483	昆虫学及实验	97	521	大学英语（四）(3.5)	98
447	高等数学（C）（下）习题课	99	484	生物统计学	98	522	大学英语（四）(3.5)	99
448	高等数学（C）（下）习题课	99	485	生态学概论	98	523	大学英语（四）(3.5)	98
449	高等数学（C）（下）习题课	99	486	计算概论及上机	98	524	邓小平理论	97
450	高等数学（D）（下）	99	487	计算概论及上机	98	525	邓小平理论	97
451	线性代数（C）	98	488	算法与数据结构及上机	99	526	毛泽东思想概论（理科）	99
452	物理学（C）（一）	99	489	人类的性、生育与健康		527	毛泽东思想概论（理科）	99
453	物理学（C）（一）	99	490	生物英语	98	528	毛泽东思想概论（理科）	99
454	物理学（D）	99	491	生物英语	98	529	体育（二）	99
455	普通物理实验（B）（一）	98	492	生物英语		530	体育（二）	99
456	分析化学（B）	99	493	教学实习	99	531	体育（二）	99
457	分析化学（B）	99	494	动物生物学实验	99	532	体育（四）	98
458	分析化学实验	99	495	生物技术大实验	97		**地质学系**	
459	有机化学（B）	99	496	动物生物学	99	533	高等数学（B）（二）	99
460	有机结构	98	497	微生物大实验	97	534	高等数学（B）（二）习题课	99
461	有机化学实验（B）	99	498	毕业论文	96	535	线性代数	97
462	物理化学实验	98	499	植物生理学	97	536	物理学（C）（一）	99
463	结构化学	98	500	植物生理学实验	97	537	微机原理及上机	97
464	生物化学（上）（生物分子的化学）	98	501	大学英语（二）(3.5)	99	538	地史中的生命	
465	生物化学（上）（生物分子的化学）	98	502	大学英语（二）(3.5)	99	539	构造地质学	98
			503	大学英语（二）(3.5)	99	540	结晶学与矿物学	99
466	生物化学实验	97	504	大学英语（二）(3.5)	99	541	普通岩石学（下）	98
467	遗传工程学	97	505	大学英语（二）(3.5)	99	542	地史学	98
468	免疫学	97	506	大学英语（二）(3.5)	99	543	中国区域地质学	97
469	细胞生物学	98	507	大学英语（二）(3.5)	99	544	地震地质学	97
470	细胞生物学	97	508	大学英语（二）(3.5)	99	545	古生态学与古环境分析	97
471	细胞生物学实验	97	509	大学英语（二）(3.5)	99	546	矿产经济学	
472	细胞生物学实验	98	510	大学英语（二）(3.5)	99	547	元素地球化学	96
473	遗传学	97	511	大学英语（三）(3.5)	99	548	弹性力学	97
474	遗传学实验	97	512	大学英语（三）(3.5)	99	549	地质摄影	98
475	生物伦理学		513	大学英语（三）(3.5)	99	550	岩石学研究方法	
476	生理学（B）	97	514	大学英语（三）(3.5)	99	551	计算概论	98
477	生理学（B）	97	515	大学英语（三）(3.5)	99	552	地貌与第四纪地质	97
478	生理学（B）	97	516	大学英语（三）(3.5)	99	553	新地球科学观	

序号	课程名称	年级	序号	课程名称	年级	序号	课程名称	年级
554	大学语文	99	591	植物地理学	98	628	发展心理学	97
555	大学英语(二)(3.5)	99	592	环境监测与实验	97	629	SPSS统计软件包	97
556	大学英语(二)(3.5)	99	593	环境工程原理	97	630	变态心理学	98
557	大学英语(三)(3.5)	99	594	微机应用	98	631	认知心理学	97
558	大学英语(四)(3.5)	98	595	历史地理	97	632	认知神经科学	96
559	大学英语(四)(3.5)	99	596	海岸环境、开发与管理		633	比较心理学	97
560	大学英语(四)(3.5)	98	597	人与海洋		634	生理心理实验	97
561	邓小平理论	97	598	全球变化及其对策		635	心理咨询与治疗	97
562	思想品德修养	99	599	板块构造与地震		636	心理学史	96
563	体育(二)	99	600	摄影	99	637	教育心理学	96
564	体育(四)	98	601	环境学基础		638	心身疾病	96
	城市与环境学系		602	大学语文	99	639	高级统计spss上机	97
565	高等数学(B)(二)	99	603	大学英语(二)(3.5)	99	640	大学语文	99
566	高等数学(B)(二)习题课	99	604	大学英语(二)(3.5)	99	641	大学英语(二)(3.5)	99
567	线性代数	98	605	大学英语(三)(3.5)	99	642	大学英语(三)(3.5)	99
568	物理学(C)	99	606	大学英语(三)(3.5)	99	643	大学英语(四)(3.5)	98
569	人文地理	98	607	大学英语(四)(3.5)	99	644	大学英语(四)(3.5)	99
570	城市化与城市体系	97	608	大学英语(四)(3.5)	98	645	邓小平理论	97
571	地貌学	99	609	邓小平理论	97	646	思想品德修养	99
572	计算概论	99	610	思想品德修养	99	647	体育(二)	99
573	工业地理学	98	611	体育(二)	99	648	体育(四)	98
574	空间结构与组织	97	612	体育(四)	98	649	体育(二)	99
575	建筑概论	98		**心理学系**			**中国语言文学系**	
576	城市总体规划原理	97	613	高等数学(C)(下)	99	650	古代汉语(下)	99
577	美术与制图	98	614	高等数学(C)(下)习题课	99	651	中国古代文学史(二)	98
578	城市基础设施规划	97	615	线性代数	99	652	中国古代文学史(四)	97
579	居住区规划	97	616	物理学(C)(一)	99	653	汉语音韵学	98
580	经济学概论	98	617	微机原理及上机	98	654	文字学	98
581	土壤地理学原理	98	618	生理学(B)	98	655	哲学要籍解题	
582	综合自然地理学	97	619	生理学实验(B)	98	656	目录学	98
583	资源与旅游制图	97	620	心理测量	97	657	古文献学史(上)	
584	土壤地理实验	98	621	程序设计基础	98	658	比较文学原理	97
585	水文学与水资源	98	622	程序设计基础上机	98	659	汉语修辞学	98
586	旅游地理学	97	623	实验心理学实验(下)	98	660	《庄子》选读	97
587	旅游开发与管理	97	624	普通心理学(下)	99	661	索绪尔语言学理论	98
588	应用数理统计方法	97	625	CNS解剖	99	662	语义学	97
589	环境评价	97	626	实验心理学(下)	98	663	日本中国学	97
590	环境生物学	97	627	社会心理学		664	诗经	97

序号	课程名称	年级	序号	课程名称	年级	序号	课程名称	年级
665	论语	97	703	大学英语（三）(3.5)	99	740	斯拉夫文化史	97
666	《楚辞》	97	704	大学英语（三）(3.5)	99	741	中国古代官僚政治	97
667	《左传》	97	705	大学英语（四）(3.5)	99	742	18—19世纪欧洲	97
668	语音专题研讨	98	706	大学英语（四）(3.5)	99	743	西方法制史	97
669	汉语史（下）	97	707	大学英语（四）(3.5)	98	744	拉丁文基础（上）	97
670	中国古代文化	98	708	大学英语（四）(3.5)	98	745	中国现代史	98
671	方言专题	97	709	马克思主义政治经济学原理	97	746	世界现代史	98
672	方言调查	97	710	当代世界经济与政治	98	747	英国史	97
673	敦煌文献概要	97	711	当代世界经济与政治	97	748	古代汉语（下）	99
674	台港文学研究	97	712	体育（二）	99	749	西方哲学史（A）（下）	98
675	民俗与文化	97	713	体育（四）	98	750	中国哲学史（A）（下）	98
676	古汉语词汇专题	97	714	计算机基础与应用（下）	98	751	大学英语（二）(3.5)	99
677	民间文学概论	97		**历史学系**		752	大学英语（三）(3.5)	99
678	中国当代文学	99	715	中国古代文学史（下）	98	753	大学英语（四）(3.5)	99
679	鲁迅小说研究	97	716	中国古代史（下）	99	754	大学英语（四）(3.5)	98
680	明清诗学	97	717	中国现代史	98	755	大学英语（四）(3.5)	99
681	老庄导读	97	718	中华人民共和国史	98	756	大学英语（四）(3.5)	98
682	中国现代文学名著研究	97	719	世界中古史	99	757	大学英语（四）(3.5)	98
683	汉语修辞	99	720	世界现代史	98	758	邓小平理论	97
684	汉字书法	99	721	当代世界史	98	759	邓小平理论	97
685	现代汉语（下）	99	722	史学概论	98	760	体育（二）	99
686	古代汉语（下）	98	723	中国历史地理概论	98	761	体育（二）	99
687	汉语写作	98	724	中国古代经济史专题	97	762	体育（四）	98
688	中国古代文学（二）	98	725	中国近代政治制度史	97	763	体育（四）	98
689	中国现代文学史（下）	98	726	中国近代对外关系史	97	764	体育（四）	98
690	中国古代文学（四）	97	727	中国现代对外关系史	97	765	计算机基础与应用（下）	98
691	现代汉语词汇	98	728	中国近现代文化史	97	766	计算机基础与应用（下）	99
692	中国当代文学	97	729	魏晋南北朝史专题	97		**考古文博院**	
693	现代汉语虚词	97	730	蒙元史专题	97	767	普通物理实验（B）（一）	98
694	先秦诸子概况	97	731	敦煌吐鲁番学导论	97	768	有机化学实验（B）	98
695	中国古代史（下）	99	732	美国史	97	769	算法与数据结构及上机	98
696	世界上古、中古史	99	733	苏联东欧史专题	97	770	古文字学	98
697	西方哲学史	99	734	日本史	97	771	考古测量	98
698	俄苏文学	97	735	宗教改革史	97	772	田野考古学概论	98
699	大学英语（二）(3.5)	99	736	中国通史（近代部分）		773	夏商周考古	
700	大学英语（二）(3.5)	99	737	世界通史（下）		774	战国秦汉考古	98
701	大学英语（二）(3.5)	99	738	人类发展与环境变迁	97	775	三国两晋南北朝隋唐考古	97
702	大学英语（二）(3.5)	99	739	晚清史专题	97	776	宋辽金元考古	97

序号	课程名称	年级	序号	课程名称	年级	序号	课程名称	年级
777	动物考古学	98	814	西方哲学史(A)(下)	98	851	当代世界经济与政治	98
778	现代科技与考古	97	815	现代西方哲学		852	当代世界经济与政治	98
779	中国佛教考古	97	816	中国哲学史(A)(下)	98	853	体育(二)	99
780	中国古代陶瓷	98	817	马克思主义哲学史	97	854	体育(四)	98
781	中国古代陶瓷	98	818	马列哲学著作选读	97	855	计算机基础与应用(下)	98
782	文物法规与行政管理	97	819	马列哲学著作选读	98		**国际关系学院**	
783	学年论文	97	820	科学哲学	98	856	国际政治概论	97
784	文物研究与鉴定(上)	97	821	美学原理	98	857	国际政治经济学	98
785	考古摄影	98	822	西方马克思主义专题		858	世界社会主义理论与实践	98
786	体质人类学	98	823	中国美学与中国艺术		859	国际关系与国际法	99
787	世界遗产	99	824	艺术与人生		860	国际关系与国际法	99
788	世界遗产		825	代数学引论	98	861	社会主义资本主义两制关系史论	98
789	文物保护技术概论	98	826	模态逻辑	98	862	专业英语精读	99
790	文物保护技术概论	96	827	佛教(印度,中国)(下)	98	863	专业英语精读	98
791	建筑力学与建筑结构	99	828	伊斯兰教(下)	98	864	中华人民共和国对外关系	99
792	建筑初步与建筑设计(上)	99	829	圣经导读	97	865	中华人民共和国对外关系	99
793	美术素描基础(下)	99	830	东正教	97	866	专业英语听说	99
794	美学原理	99	831	古希腊语导论(上)		867	专业英语听说	99
795	大学英语(二)(3.5)	99	832	西方哲学原著导读(形而上学原理)		868	专业英语听说	98
796	大学英语(二)(3.5)	99	833	应用伦理学(环境伦理学)		869	专业英语听说	98
797	大学英语(三)(3.5)	99	834	科学思想史		870	专业英语听说	98
798	大学英语(三)(3.5)	99	835	人与机器:心灵哲学导论		871	中国近现代对外关系	99
799	大学英语(三)(3.5)	99	836	哲学与当代中国		872	世界环境与发展	97
800	大学英语(四)(3.5)	99	837	中西伦理思想比较		873	世界政党	97
801	大学英语(四)(3.5)	98	838	部门艺术美学专题(电影美学)		874	西方国际关系理论评介	96
802	大学英语(四)(3.5)	98				875	外国政治思想史	98
803	大学英语(四)(3.5)	99	839	大学英语(二)(3.5)	99	876	中俄关系	97
804	大学英语(四)(3.5)	99	840	大学英语(二)(3.5)	99	877	中俄关系	99
805	邓小平理论	97	841	大学英语(三)(3.5)	99	878	外事管理学	97
806	毛泽东思想概论(理科)	99	842	大学英语(四)(3.5)	99	879	谈判学	98
807	当代世界经济与政治	97	843	大学英语(四)(3.5)	99	880	香港概论	98
808	当代世界经济与政治	97	844	大学英语(四)(3.5)	98	881	两岸关系与一国两制	96
809	体育(四)	98	845	大学英语(四)(3.5)	98	882	香港与世界事务	98
	哲学系		846	邓小平理论	97	883	传播学概论	97
810	概率统计(B)	98	847	邓小平理论	97	884	传播学概论	99
811	逻辑导论(文科)		848	当代世界经济与政治	97	885	跨文化交流学	99
812	逻辑导论(理科)		849	当代世界经济与政治	97	886	法国社会与文化	98
813	西方哲学史		850	当代世界经济与政治	98	887	法国社会与文化	97

序号	课程名称	年级	序号	课程名称	年级	序号	课程名称	年级
888	冷战后国际关系	98	926	体育（四）	98	962	经济学基础（下）	99
889	西方社会与文化	99		**经济学院**		963	经济学基础（下）	99
890	西方社会与文化	97	927	利息理论与应用	97	964	财政学	98
891	英文新闻写作	97	928	高等数学（微积分）（下）	99	965	公司财务	97
892	台湾四十年		929	高等数学（微积分）（下）	99	966	世界经济专题	97
893	海外华侨与华人社会	97	930	高等数学（微积分）（下）	99	967	投资银行学	97
894	海外华侨与华人社会	99	931	宏观经济学	98	968	随机过程	96
895	世界区域社会与文化	99	932	国际贸易	98	969	专业英语	97
896	中文报刊选读	99	933	货币银行学	98	970	财务管理	98
897	中文报刊选读	98	934	货币银行学	98	971	大学英语（二）(3.5)	99
898	中文报刊选读	97	935	概率论与数理统计	98	972	大学英语（二）(3.5)	99
899	中美经贸关系史	97	936	概率论与数理统计	98	973	大学英语（三）(3.5)	99
900	中美经贸关系史	96	937	习题/概率论与数理统计	98	974	大学英语（三）(3.5)	99
901	传播学研究方法	99	938	习题/概率论与数理统计	98	975	大学英语（四）(3.5)	98
902	经济外交	97	939	计量经济学	97	976	大学英语（四）(3.5)	99
903	专业汉语	97	940	外国经济史	99	977	大学英语（四）(3.5)	98
904	专业汉语	98		**光华管理学院**		978	现代社会的人生理论与实践	99
905	留学生英语	99	941	《资本论》选读	98	979	当代世界经济与政治	97
906	中外新闻事业比较	98	942	《资本论》选读	97	980	当代世界经济与政治	98
907	中外新闻事业比较	99	943	产业经济学	96	981	体育（二）	99
908	中国外交史（上）	99	944	市场营销学	97	982	体育（四）	98
909	冲突学概论	97	945	市场营销学	98	983	计算机基础与应用（上）	99
910	媒体与国际关系	99	946	投资学	96	984	计算机基础与应用（下）	98
911	媒体与国际关系	98	947	保险精算	97	985	计算机基础与应用（下）	98
912	东欧各国政治与外交	97	948	保险法		986	计算机基础与应用（下）	98
913	东南亚各国政治与外交	97	949	人寿与健康保险	98	987	计算机基础与应用（下）	98
914	日本政治与外交	98	950	国际经济学	97	988	影视编导概论	98
915	德国政治与外交	98	951	国外统计资料分析	97	989	影视编导概论	99
916	美国研究入门		952	国际信贷	98	990	军事理论与军事训练	99
917	大学英语（二）(3.5)	99	953	国际信贷	97	991	社会主义改革与建设	97
918	大学英语（二）(3.5)	99	954	国际金融专题	96	992	人力资源管理	97
919	大学英语（三）(3.5)	99	955	商务日语	96	993	会计职业道德与责任	96
920	大学英语（三）(3.5)	99	956	经济法	98	994	基础会计	99
921	大学英语（四）(3.5)	99	957	跨国公司管理	97	995	宏观经济学	98
922	大学英语（四）(3.5)	98	958	证券市场		996	民商法	98
923	大学英语（四）(3.5)	99	959	习题/高等数学（微积分）（下）	99	997	资产评估	96
924	邓小平理论	97	960	习题/高等数学（微积分）（下）	99	998	成本会计	98
925	体育（二）	99	961	习题/高等数学（微积分）（下）	99	999	统计学原理	98

序号	课程名称	年级	序号	课程名称	年级	序号	课程名称	年级
1000	产业经济学	98	1036	民事诉讼法	99	1073	大学英语（三）(3.5)	99
1001	货币金融学	98	1037	知识产权法学	98	1074	大学英语（三）(3.5)	99
1002	金融市场与金融机构	97	1038	知识产权法学	98	1075	大学英语（四）(3.5)	98
1003	国际金融	97	1039	金融法/银行法	97	1076	大学英语（四）(3.5)	98
1004	商业谈判	97	1040	劳动法与社会保障法	97	1077	大学英语（四）(3.5)	98
1005	中级财务会计（下）	98	1041	国际经济法	97	1078	大学英语（四）(3.5)	99
1006	高级财务会计	97	1042	国际经济法	97	1079	大学英语（四）(3.5)	99
1007	税法与税务会计	97	1043	专业英语（听力及口语）	96	1080	邓小平理论	97
1008	税法与税务会计	96	1044	海商法	97	1081	邓小平理论	97
1009	C语言	97	1045	国际技术转让法	97	1082	毛泽东思想概论（理科）	99
1010	金融电算	96	1046	商法总论	98	1083	当代世界经济与政治	98
1011	国际营销	97	1047	商法总论	98	1084	当代世界经济与政治	97
1012	国际税收	96	1048	司法精神病学	96	1085	体育（四）	98
1013	项目评估	96	1049	外国宪法	97	1086	计算机基础与应用（下）	98
1014	企业伦理	97	1050	外国民商法	97	1087	计算机基础与应用（下）	98
1015	财务报告分析	97	1051	青少年法学		1088	计算机基础与应用（下）	98
1016	审计学	96	1052	计算机技术的法律保护	98		**信息管理系**	
1017	消费者行为	97	1053	法律社会学	97	1089	高等数学(B)（二）	99
1018	金融衍生证券	96	1054	专业英语	96	1090	高等数学(B)（二）习题课	99
1019	大学英语（二）(3.5)	99	1055	保险法	97	1091	线性代数	99
1020	大学英语（二）(3.5)	99	1056	刑事执行法	96	1092	概率统计(C)（理科系）	98
1021	大学英语（三）(3.5)	99	1057	世界贸易组织法	96	1093	古代汉语（下）	99
1022	大学英语（三）(3.5)	99	1058	经济法学	99	1094	中国当代文学	99
1023	大学英语（四）(3.5)	98	1059	经济法学	98	1095	大学语文	99
1024	大学英语（四）(3.5)	98	1060	经济法学	98	1096	中国古代史（下）	99
1025	大学英语（四）(3.5)	99	1061	国际投资法	97	1097	世界上古、中古史	99
1026	当代世界经济与政治	98	1062	国际人权法	96	1098	西方哲学史	99
1027	当代世界经济与政治	97	1063	法学方法论	96	1099	中文工具书	98
1028	体育（四）	98	1064	外国诉讼法	96	1100	读者学（含书评研究）	
1029	中国法律思想史	99	1065	专业英语	99	1101	著作权法	97
	法学院		1066	国际公法		1102	著作权法	97
1030	中国法律思想史	98	1067	国际私法	99	1103	中国历史文献学	98
1031	中国法制史	99	1068	知识产权导论与专利法	99	1104	中国历史文献学	
1032	民事诉讼法	98	1069	大学英语（二）(3.5)	99	1105	数据库系统	98
1033	民法总论	99	1070	大学英语（二）(3.5)	99	1106	计算机情报检索	97
1034	刑法分论（刑法二）	99	1071	大学英语（二）(3.5)	99	1107	传播学原理	98
1035	外国刑法	96	1072	大学英语（三）(3.5)	99	1108	传播学原理	98

序号	课程名称	年级	序号	课程名称	年级	序号	课程名称	年级
1109	专业英语	97	1146	计算机网络上机	97	1182	社区工作	98
1110	文献计量学	97	1147	多媒体技术上机	98	1183	社会保障与社会福利	97
1111	中文信息处理	98	1148	管理学原理	98	1184	社会行政	97
1112	中文信息处理	98	1149	管理学原理	99	1185	中国社会	98
1113	信息环境学	97	1150	程序设计实习	99	1186	发展社会学	98
1114	社会实践	98	1151	广告实务	97	1187	发展社会学	97
1115	社会实践	98	1152	广告实务	98	1188	市场调查与预测	97
1116	社会实践	98	1153	程序设计实习上机	99	1189	社会人口学	98
1117	信息环境论	98	1154	电子资源的检索与利用		1190	大学英语(二)(3.5)	99
1118	毕业设计	96	1155	电子资源的检索与利用		1191	大学英语(三)(3.5)	99
1119	毕业设计	96	1156	大学英语(二)(3.5)	99	1192	大学英语(三)(3.5)	99
1120	毕业论文	96	1157	大学英语(二)(3.5)	99	1193	大学英语(四)(3.5)	98
1121	毕业论文	96	1158	大学英语(二)(3.5)	99	1194	大学英语(四)(3.5)	99
1122	文献管理(二)	98	1159	大学英语(三)(3.5)	99	1195	邓小平理论	97
1123	文献管理(二)	98	1160	大学英语(三)(3.5)	99	1196	当代世界经济与政治	97
1124	信息服务与用户	97	1161	大学英语(三)(3.5)	99	1197	当代世界经济与政治	97
1125	信息服务与用户	97	1162	大学英语(四)(3.5)	99	1198	体育(四)	98
1126	电子出版技术	97	1163	大学英语(四)(3.5)	99		**政治学与行政管理系**	
1127	电子出版技术	97	1164	大学英语(四)(3.5)	98	1199	高等数学(D)(下)	99
1128	计算机网络	97	1165	大学英语(四)(3.5)	98	1200	政治学原理	99
1129	信息与媒体	97	1166	大学英语(四)(3.5)	98	1201	中国现代政治思想	98
1130	信息与媒体	97	1167	邓小平理论	97	1202	组织与管理	98
1131	信息分析与决策	97	1168	毛泽东思想概论(理科)	99	1203	发展政治学	98
1132	出版经营管理	97	1169	毛泽东思想概论(理科)	99	1204	政党学概论	97
1133	办公自动化	97	1170	当代世界经济与政治	97	1205	监察与监督概论	97
1134	多媒体技术	98	1171	当代世界经济与政治	98	1206	中华人民共和国对外政策	97
1135	数据库系统	98	1172	体育(二)	99	1207	中国农村发展政策	96
1136	书刊编辑实务	98	1173	体育(四)	98	1208	民族政治学	97
1137	专利与专利信息	98		**社会学系**		1209	西方文官制度	98
1138	中文信息处理上机	98	1174	线性代数(D)	98	1210	政治学行政学专业英语(下)	97
1139	中文信息处理上机	98	1175	社会调查与研究方法	98	1211	行政法学	98
1140	数据库系统上机	98	1176	社会统计学	98	1212	秘书学与秘书工作	97
1141	数据库系统上机	98	1177	统计学与统计指标	98	1213	公共财政学	96
1142	计算机情报检索上机	97	1178	农村社会学	97	1214	中国政治制度史	99
1143	办公自动化上机	97	1179	人力资源开发与管理	98	1215	中国政治思想史	98
1144	电子出版技术上机	97	1180	个案工作	98	1216	西方政治思想史	99
1145	电子出版技术上机	97	1181	团体工作	97	1217	中俄体制转型的比较研究	98

序号	课程名称	年级	序号	课程名称	年级	序号	课程名称	年级
1218	大学英语（二）(3.5)	99	1254	日语文言语法	97	1291	高级菲律宾语	98
1219	大学英语（三）(3.5)	99	1255	日语作文指导	97	1292	印地语报刊阅读（四）	96
1220	大学英语（四）(3.5)	99	1256	日语报刊选读（上）	97	1293	高级印地语（下）	96
1221	大学英语（四）(3.5)	98	1257	日译汉教程	97	1294	梵语（上）	97
1222	邓小平理论	97	1258	日本文学史	97	1295	乌尔都语视听说（一）	97
1223	当代世界经济与政治	97	1259	汉译日教程（下）	96	1296	乌尔都语报刊阅读（上）	97
1224	当代世界经济与政治	98	1260	日语词汇学	98	1297	乌尔都语翻译课程（一）	97
1225	体育（四）	98	1261	日语句法	97	1298	乌尔都语写作教程（下）	97
外国语学院			1262	日本古典作品选读	97	1299	乌尔都语短篇小说	97
1226	文学概论	97	1263	日语会话（下）	99	1300	波斯语小说（二）	96
1227	中国古代文学史（下）	99	1264	中日文化交流史	98	1301	波斯文学史（下）	96
1228	中国现代文学史	98	1265	高年级日语视听说（二）	96	1302	汉语—波斯语翻译教程（下）	96
1229	东方文学史		1266	高年级日语（二）	97	1303	伊朗文化（下）	96
1230	语言学概论	99	1267	高年级日语（四）	96	1304	基础阿拉伯语（二）	99
1231	古代近东文明		1268	越南语语法（下）		1305	基础阿拉伯语（二）	99
1232	东方文学名著导读	99	1269	越南文学史	97	1306	阿拉伯语视听（一）	99
1233	实习	96	1270	越译汉教程	97	1307	阿拉伯语视听（五）	97
1234	蒙古字（下）	97	1271	越南语视听说（二）	97	1308	阿拉伯语口语（一）	99
1235	蒙古语视听说（二）	97	1272	越南报刊选读（二）	97	1309	阿拉伯语阅读（四）	97
1236	蒙古文学史（下）	97	1273	越南文学作品选读	97	1310	阿拉伯语口译（一）	97
1237	蒙古小说（下）	97	1274	基础泰语（教程）（四）	98	1311	阿拉伯语翻译教程（一）	97
1238	蒙古报刊阅读（二）	97	1275	基础泰语（教程）（四）	98	1312	阿拉伯文选（二）	97
1239	蒙古民俗概论	97	1276	初级泰语阅读（三）	98	1313	阿拉伯散文	96
1240	蒙古国的民主化进程	97	1277	泰语语法学	98	1314	阿拉伯报刊文选（二）	97
1241	汉（韩）朝翻译教程	96	1278	泰国文化（上）	98	1315	阿拉伯语应用文	97
1242	基础韩国（朝鲜）语（四）	98	1279	基础缅甸语（二）	99	1316	大学英语（二）(3.5)	99
1243	基础韩国（朝鲜）语（四）	98	1280	基础缅甸语（二）	99	1317	大学英语（三）(3.5)	99
1244	韩国（朝鲜）语视听说（下）	98	1281	基础缅甸语（二）	99	1318	大学英语（四）(3.5)	99
1245	朝鲜语（韩国语）报刊选读	97	1282	缅语会话（上）	99	1319	大学英语（四）(3.5)	98
1246	韩国（朝鲜）古代文学导读	97	1283	基础印尼语（二）	99	1320	毛泽东思想概论（理科）	99
1247	韩国（朝鲜）语方言	97	1284	基础印尼语（二）	99	1321	邓小平理论概论	97
1248	朝鲜（韩国）国际关系史	96	1285	印度尼西亚概况	99	1322	当代世界经济与政治	97
1249	基础日语（二）	99	1286	基础希伯莱语（二）	99	1323	当代世界经济与政治	98
1250	基础日语（四）	98	1287	基础希伯莱语（二）	99	1324	体育（二）	99
1251	基础日语（四）	98	1288	菲律宾语视听说（二）	98	1325	体育（四）	98
1252	日语视听说（二）	98	1289	菲律宾概况	98	1326	计算机基础与应用（下）	97
1253	日语视听说（四）	97	1290	高级菲律宾语	98	1327	中国古代文学史（下）	99

序号	课程名称	年级	序号	课程名称	年级	序号	课程名称	年级
1328	中国现代文学史	98	1365	法国报刊选读(二)	97	1402	德语笔译(1)下	97
1329	英语精读(四)	95	1366	法国报刊选读(四)	96	1403	德语笔译(2)下/写作	96
1330	英语视听(四)	95	1367	法文写作(二)	97	1404	西班牙语(1)下	99
1331	英语视听(四)	95	1368	西班牙语(六)	97	1405	西班牙语(1)下	99
1332	口语(四)	95	1369	西班牙语(六)	97	1406	西班牙语(1)下	99
1333	口语(四)	95	1370	西班牙语(六)	97	1407	西班牙语(1)下	99
1334	口语(四)	95	1371	西班牙语(六)	97	1408	德语精读(2)	99
1335	写作(二)	95	1372	西班牙语报刊选读(上)	97	1409	德语精读(2)	99
1336	写作(二)	95	1373	西班牙语作文(一)	97	1410	德语精读(4)	98
1337	大学英语(二)(3.5)	99	1374	西汉笔译(二)	95	1411	德语精读(4)	98
1338	大学英语(三)(3.5)	99	1375	西汉口译(三)	95	1412	法语精读(2)	99
1339	大学英语(四)(3.5)	99	1376	西班牙文学史和文学选读	97	1413	法语精读(2)	99
1340	大学英语(四)(3.5)	98	1377	拉丁美洲魔幻现实主义	95	1414	法语精读(4)	98
1341	思想品德修养	99	1378	公共法语(下)		1415	法语精读(4)	98
1342	毛泽东思想概论(理科)	99	1379	公共德语(2)		1416	德语泛读(2)	99
1343	邓小平理论概论	97	1380	意大利语(2)		1417	德语泛读(4)	98
1344	当代世界经济与政治	98	1381	法语(1)下	99	1418	法语泛读(2)	99
1345	当代世界经济与政治	97	1382	法语(1)下	99	1419	法语泛读(4)	98
1346	体育(二)		1383	法语(1)下	99	1420	德语视听(2)	99
1347	体育(四)	98	1384	法语(1)下	99	1421	德语视听(4)	98
1348	计算机基础与应用(下)	97	1385	法语(1)下	99	1422	法语视听(2)	99
1349	德语(三)(下)	97	1386	法语(1)下	99	1423	法语视听(2)	96
1350	德语(三)(下)	97	1387	法语(2)下	98	1424	法语视听(4)	98
1351	德语(四)(下)	96	1388	法语(2)下	98	1425	法语写作(4)	96
1352	德语(四)(下)	96	1389	法语(2)下	98	1426	法语(四)(下)	96
1353	德语报刊选读(下)	97	1390	德语(1)下	99	1427	经济法语(2)	97
1354	德语语法	98	1391	德语(1)下	99	1428	中国古代文学史(下)	99
1355	德语口语(下)	97	1392	德语(1)下	99	1429	中国现代文学史	98
1356	德语国家文学史(二)	97	1393	德语(1)下	99	1430	实践俄语(二)	99
1357	经济德语	97	1394	德语(1)下	99	1431	实践俄语(二)	99
1358	口译(二)	96	1395	德语(1)下	99	1432	俄语(二)	97
1359	口译(二)	97	1396	德语(2)下	98	1433	俄语写作(下)	97
1360	笔译(四)	96	1397	德语(2)下	98	1434	翻译(四)	96
1361	德语写作	96	1398	德语(2)下	98	1435	俄语视听说(二)	99
1362	法语语法	97	1399	德语(2)下	98	1436	俄语视听说(四)	98
1363	法语国家及地区概况	98	1400	德语(2)下	98	1437	俄罗斯文学史(二)	97
1364	商务法语(下)	97	1401	德语(2)下	98	1438	俄罗斯文学史(四)	96

序号	课程名称	年级	序号	课程名称	年级	序号	课程名称	年级
1439	俄语新闻听力(下)	97	1475	口语(二)	99	1512	计算机基础与应用(下)	98
1440	俄语报刊阅读(二)	97	1476	口语(四)	98		**马克思主义学院**	
1441	经贸俄语会话(下)	96	1477	口语(四)	98	1513	行政管理学	99
1442	俄苏诗歌(公选)		1478	口语(四)	98	1514	现代西方哲学思潮研究	
1443	俄语口译(下)	96	1479	英语语音(二)	99	1515	中国民主党派史	
1444	电影观摩	98	1480	英语语音(二)	99	1516	英语(二)	99
1445	实践俄语(四)	98	1481	英语语音(二)	99	1517	英语(二)	99
1446	俄语(四)	96	1482	英语语音(二)	99	1518	英语(四)	98
1447	俄语语法(下)	98	1483	写作(二)	98	1519	英语(四)	98
1448	翻译(二)	97	1484	写作(二)	98	1520	思想政治教育心理学	
1449	俄罗斯及独联体其他国家概况(下)	98	1485	测试(A)	98	1521	科学社会主义理论与实践	99
1450	大学英语(二)(3.5)	99	1486	英国文学史(二)	97	1522	思想政治教育原理与方法	98
1451	大学英语(三)(3.5)	99	1487	美国文学史与选读(二)	96	1523	现代新儒家哲学思想	
1452	大学英语(四)(3.5)	99	1488	二外(德)(二)	97	1524	建设有中国特色社会主义理论	98
1453	大学英语(四)(3.5)	98	1489	二外(法)(二)	97	1525	政治学概论	99
1454	马克思主义政治经济学原理	97	1490	语言学引论	99	1526	环境哲学	
1455	毛泽东思想概论(理科)	99	1491	语法语义学	99		**艺术学系**	
1456	当代世界经济与政治	98	1492	英语文化	99	1527	高等数学(D)(上)	98
1457	当代世界经济与政治	97	1493	文学形式导论	98	1528	高等数学(D)(下)	99
1458	体育(二)	99	1494	西方思想传统	98	1529	英语视听(二)	99
1459	体育(四)	98	1495	欧洲现代文学选读	98	1530	英语视听(三)	99
1460	计算机基础与应用(下)	97	1496	报刊选读	97	1531	大学英语(一)(3.5)	98
1461	英语精读(二)	99	1497	语言与文化	97	1532	大学英语(二)(3.5)	99
1462	英语精读(二)	99	1498	英语语体学	97	1533	大学英语(三)(3.5)	99
1463	英语精读(二)	99	1499	英国散文名篇		1534	大学英语(四)(3.5)	99
1464	英语精读(四)	98	1500	英国小说选读	97	1535	大学英语(四)(3.5)	98
1465	英语精读(四)	98	1501	英美女作家作品选读		1536	邓小平理论	97
1466	英语精读(四)	98	1502	美国政法体制	97	1537	思想品德修养	99
1467	英语视听(二)	99	1503	文化与翻译批评	97	1538	当代世界经济与政治	97
1468	英语视听(二)	99	1504	文学与社会	97	1539	当代世界经济与政治	98
1469	英语视听(四)	98	1505	文学中的中国与西方	97	1540	体育(二)	99
1470	英语视听(四)	98	1506	思想品德修养	99	1541	体育(四)	98
1471	阶梯阅读(二)	99	1507	邓小平理论概论	97	1542	艺术概论	
1472	口语(二)	99	1508	当代世界经济与政治	98	1543	西方音乐史及名曲欣赏	
1473	口语(二)	99	1509	当代世界经济与政治	97	1544	中国美术史及名作欣赏	
1474	口语(二)	99	1510	体育(二)	99	1545	中国美术史及名作欣赏	
			1511	体育(四)	98	1546	西方美术史及名作欣赏	

序号	课程名称	年级	序号	课程名称	年级	序号	课程名称	年级
1547	世界电影史		1582	舞蹈(初)		1613	有机化学(理科班)(上)	98
1548	世界电影史		1583	广告与市场研究	96	1614	城市总体规划原理	97
1549	声乐		1584	戏剧新探索(1)		1615	大学英语(四)(3.5)	98
1550	合唱基础		1585	西方音乐史及交响乐欣赏		1616	邓小平理论	97
1551	合唱(四)		1586	中国近现代音乐简史及名曲欣赏		1617	体育(四)	98
1552	管乐		1587	现代音乐专题		1618	计算概论	98
1553	钢琴		1588	艺术心理学	99	1669	环境管理	97
1554	广告学概论	99	1589	艺术社会学	99	1620	环境工程学基础	98
1555	广告策划	97	1590	广告心理	98	1621	环境经济学基础	97
1556	广告策划	97	1591	广告心理	98	1622	环境质量评价	98
1557	广告策划	98	**电化教学中心**			1623	专业英语	97
1558	广告策划	98	1592	计算机辅助教学		1624	计算概论习题上机	98
1559	广告管理	97	1593	高等数学 CAI		1625	生产实习	97
1560	广告文案	97	1594	传播媒体与信息技术		**教务处**		
1561	设计基础	98	1595	影视编导基础与制作技巧		1626	高等数学(B)(二)	99
1562	平面广告设计(一)	99	1596	影视编导基础与制作技巧		1627	高等数学(B)(二)习题课	99
1563	平面广告设计(二)	98	1597	因特网的最新实用技术及其应用		1628	高等数学(B)(二)习题课	99
1564	广告摄影	96	**中国经济研究中心**			1629	高等数学(B)(二)习题课	99
1565	计算机广告设计制作	98				1630	线性代数	99
1566	计算机广告设计(二)	98	1598	经济学原理		1631	普通物理学(B)(一)	99
1567	广告实例分析	96	1599	决策论		1632	数字系统与微机原理	98
1568	广告实例分析	97	1600	微积分		1633	大学化学实验	97
1569	十九世纪欧洲浪漫主义音乐		1601	线性代数		1634	名著名篇导读	96
1570	十九世纪欧洲浪漫主义音乐		1602	中级宏观经济学		1635	名著名篇导读	
1571	西方现代艺术史		1603	计量经济学		1636	外国建筑史	
1572	艺术作品鉴赏(进入艺术的途径)		1604	国际贸易		1637	外国近现代建筑史	
1573	影视鉴赏		1605	货币与银行		1638	中国近代建筑史	
1574	中国书法艺术技法		1606	经济史		1639	信号与系统	
1575	交响乐		1607	环境经济学		1640	系统仿真及虚拟现实	
1576	市场调查	98	1608	中国经济专题		1641	数据库系统概论	
1577	广告法规	97	1609	经济学前沿理论与方法		1642	国内外新材料的奇妙应用	
1579	苹果电脑设计	98	1610	制度分析基础		1643	化学与社会	
1578	广告法规	96	**环境科学中心**			1644	Java 语言基础	
1580	中国书法史及名作欣赏		1611	线性代数	98	1645	Java 语言基础	
1581	舞蹈课		1612	有机化学(理科班)(上)	97	1646	计算机信息管理基础	

表 6-3　本科课程目录（2000—2001）

序号	课程名称	年级	序号	课程名称	年级	序号	课程名称	年级
	数学科学学院		37	高等代数(I)习题	00	73	低年级讨论班(2)	97
1	边界积分法	97	38	高等代数(I)习题	00	74	低年级讨论班(3)	99
2	初等数论	99	39	高等代数(I)习题	00	75	寿险精算	98
3	微分流形	97	40	高等代数(I)习题	00	76	信息系统	98
4	计算机图形学	98	41	常微分方程	99	77	信息系统	97
5	计算机图形学	97	42	几何学	00	78	数学的精神、方法和应用	
6	数字信号处理	97	43	几何学	00	79	国际金融	97
7	代数拓扑初步	97	44	几何学习题	00	80	微观经济学	98
8	有限群	97	45	几何学习题	00	81	运筹学	98
9	运筹学	97	46	几何学习题	00	82	大学英语(三)(3.5)	99
10	数值分析	98	47	几何学习题	00	83	大学英语(三)(3.5)	99
11	数据库	98	48	实变函数	98	84	大学英语(三)(3.5)	99
12	数据库	97	49	模形式	98	85	大学英语(四)(3.5)	99
13	基础物理(下)	99	50	数理逻辑	98	86	大学英语(四)(3.5)	99
14	非线性方程组解法	98	51	微分动力系统	97	87	大学英语(四)(3.5)	99
15	实用统计方法(公选)		52	现代数学简介		88	大学英语(一)(3)	00
16	普通统计学(公选)		53	抽样调查	98	89	大学英语(一)(3)	00
17	操作系统	98	54	抽样调查	97	90	大学英语(一)(3)	00
18	操作系统	97	55	应用时间序列分析	98	91	大学英语(一)(3)	00
19	金融时间序列分析	97	56	应用时间序列分析	97	92	思想品德修养	
20	证券投资学	97	57	应用随机过程	98	93	马克思主义哲学(理科,外语)(2.0)	99
21	数学分析(I)	00	58	应用回归分析	98			
22	数学分析(I)	00	59	应用回归分析	97	94	马克思主义哲学(理科,外语)(2.0)	99
23	数学分析(III)	99	60	讨论班(2)	98	95	邓小平理论概论	98
24	数学分析(III)	99	61	理论力学	98	96	体育(一)	00
25	数学分析(I)习题	00	62	计算机代数	97	97	体育(三)	99
26	数学分析(I)习题	00	63	并行计算	97	98	军事理论	00
27	数学分析(I)习题	00	64	模拟与 Monte Carlo 方法	97		**力学与工程科学系**	
28	数学分析(I)习题	00				99	理论力学(A)(上)	99
29	数学分析(III)习题	99	65	理论计算机科学基础	97	100	流体力学(A)(上)	98
30	数学分析(III)习题	99	66	抽象代数	98	101	力学实验(上)	98
31	数学分析(III)习题	99	67	数理统计	98	102	力学实验(下)	97
32	数学分析(III)习题	99	68	风险理论	97	103	机械制图	97
33	高等代数(I)	00	69	微机原理	98	104	力学概论	00
34	高等代数(I)	00	70	计算机(II)——数据结构	99	105	计算流体力学	97
35	偏微分方程	98	71	有限元方法	97	106	粘性流体力学	97
36	偏微分方程	97	72	低年级讨论班(1)	97	107	塑性力学	97

序号	课程名称	年级	序号	课程名称	年级	序号	课程名称	年级
108	计算机图形学	98	144	高等数学(B)(一)习题课	00	182	微机原理及上机	99
109	概率与统计	97	145	高等数学(B)(一)习题课	00	183	大学英语(三)(3.5)	99
110	专业英语	98	146	高等数学(B)(一)习题课	00	184	大学英语(三)(3.5)	99
111	常微分方程	99	147	高等数学(B)(三)习题课	99	185	大学英语(四)(3.5)	99
112	数学物理方法	98	148	高等数学(B)(三)习题课	99	186	大学英语(四)(3.5)	99
113	算法与数据结构	98	149	高等数学(B)(三)习题课	99	187	大学英语(一)(3)	00
114	工程流体力学	98	150	线性代数	00	188	大学英语(一)(3)	00
115	结构力学	98	151	力学	00	189	大学英语(一)(3)	00
116	结构工程概论	00	152	光学	99	190	思想品德修养	00
117	钢结构	98	153	量子物理学(一)	98	191	思想品德修养	00
118	数学分析习题	00	154	光学习题	99	192	马克思主义哲学(理科,外语)(2.0)	99
119	数学分析习题	00	155	光学习题	99	193	马克思主义政治经济学原理	98
120	线性代数与几何	00	156	力学习题	00	194	体育(一)	00
121	结构工程分析	97	157	力学习题	00	195	体育(三)	99
122	工程CAD(1)	97	158	力学习题	00	196	军事理论	00
123	数学分析(一)	00	159	普通物理实验(A)I	99		**地球物理学系**	
124	数学分析(三)	99	160	计算概论	00	197	高等数学(B)(一)	00
125	振动理论	97	161	现代物理前沿讲座	97	198	高等数学(B)(三)	99
126	普通物理实验(B)(一)	99	162	数学物理方法(A)(一)	99	199	高等数学(B)(一)习题课	00
127	普通物理学(B)(二)	99	163	数学物理方法习题	99	200	高等数学(B)(三)习题课	99
128	大学语文	00	164	数学物理方法习题	99	201	概率统计(B)	98
129	大学英语(三)(3.5)	99	165	热力学与统计物理(A)	98	202	流体力学(B)	98
130	大学英语(三)(3.5)	99	166	电动力学(A)	98	203	力学	00
131	大学英语(四)(3.5)	99	167	电动力学习题	98	204	光学	99
132	大学英语(一)(3)	00	168	电动力学习题	98	205	光学习题	99
133	大学英语(一)(3)	00	169	热力学与统计物理习题	98	206	力学习题	00
134	思想品德修养	00	170	热力学与统计物理习题	98	207	普通物理实验(A)I	99
135	马克思主义哲学(理科,外语)(2.0)	99	171	现代固体物理	97	208	数学物理方法(A)(一)	99
			172	铁磁学	97	209	数学物理方法习题	99
136	马克思主义政治经济学原理	98	173	激光物理学	97	210	电动力学习题	98
137	体育(一)	00	174	近代物理实验(A)II	97	211	热力学与统计物理习题	98
138	体育(三)	99	175	近代物理激光实验	97	212	热力学与统计物理(B)	98
139	军事理论	00	176	近代物理材料实验	97	213	电动力学(B)	98
	物理学系		177	近代物理凝聚态实验	97	214	近代物理实验(B)	
140	高等数学(B)(一)	00	178	固体结构学	97	215	弹性力学	97
141	高等数学(B)(三)	99	179	粒子物理	97	216	地磁与地电	97
142	高等数学(B)(一)习题课	00	180	现代光学	97	217	地热与重力	97
143	高等数学(B)(一)习题课	00	181	电子线路实验	98			

序号	课程名称	年级	序号	课程名称	年级	序号	课程名称	年级
218	地球物理观测与实验	97	254	高等数学(B)(一)	00	292	放射化学	97
219	大气物理学基础	98	255	高等数学(B)(三)	99	293	放射化学实验	97
220	大气遥感和遥测	97	256	高等数学(B)(一)习题课	00	294	环境化学	97
221	云物理与大气光声电	97	257	高等数学(B)(三)习题课	99	295	辐射化学及辐射加工工艺	97
222	大气动力学精选	97	258	高等数学(C)(上)	00	296	材料化学	97
223	微机应用	97	259	高等数学(C)(上)习题课	00	297	生物化学	98
224	高层大气物理	98	260	力学	00	298	分离化学	97
225	电离层物理与电波传播基础	97	261	普通物理实验(A) I	99	299	环境科学导论	99
226	空间探测原理和实验	97	262	普通物理实验(B) I	99	300	生命起源与化学进化	99
227	普通天体物理	98	263	光学	99	301	大学语文	00
228	理论天体物理学	97	264	普通物理(B)(二)	99	302	大学语文	00
229	原子物理	98	265	电子电路基础及实验(一)	99	303	大学英语(三)(3.5)	99
230	计算机概论学	00	266	机械制图	00	304	大学英语(三)(3.5)	99
231	数值天气预报	97	267	数学物理方法(一)	99	305	大学英语(四)(3.5)	99
232	射电天文学	97	268	电动力学		306	大学英语(四)(3.5)	99
233	基础天文	00	269	热力学与统计物理	98	307	大学英语(一)(3)	00
234	机械制图		270	核物理实验	97	308	思想品德修养	00
235	自然科学中的混沌和分形		271	固体物理导论	97	309	马克思主义哲学(理科,外语)(2.0)	99
236	C语言		272	计算概论	00	310	马克思主义政治经济学原理	98
237	C语言上机		273	计算概论	00	311	体育(一)	00
238	计算机概论上机	00	274	算法与数据结构	98	312	体育(三)	99
239	环境生态学		275	算法与数据结构	98	313	军事理论	00
240	现代天文学		276	数字系统与微机原理	98		**电子学系**	
241	电子线路(B)	99	277	数字系统与微机原理	98	314	高等数学(B)(一)	00
242	大学英语(三)(3.5)	99	278	结构与物性	98	315	高等数学(B)(三)	99
243	大学英语(三)(3.5)	99	279	辐射防护基础	97	316	高等数学(B)(一)习题课	00
244	大学英语(四)(3.5)	99	280	中子物理及应用	97	317	高等数学(B)(一)习题课	00
245	大学英语(四)(3.5)	99	281	无机化学(一)	00	318	高等数学(B)(三)习题课	99
246	大学英语(一)(3)	00	282	分析化学	99	319	高等数学(B)(三)习题课	99
247	大学英语(一)(3)	00	283	无机化学实验(一)	00	320	线性代数	00
248	思想品德修养	00	284	分析化学实验	99	321	近代物理实验(B)	97
249	马克思主义哲学(理科,外语)(2.0)	99	285	有机化学(一)	99	322	基础物理中的数学方法	00
			286	有机化学(一)	99	323	概率论(B)	98
250	马克思主义政治经济学原理	98	287	物理化学(一)	98	324	力学	00
251	体育(一)	00	288	物理化学实验(上)	98	325	光学	99
252	体育(三)	99	289	物理化学实验(下)	97	326	电动力学	98
253	军事理论	00	290	结构化学	98	327	固体物理	97
	技术物理系		291	化学工程基础	98			

序号	课程名称	年级	序号	课程名称	年级	序号	课程名称	年级
328	基础物理实验(I)	99	364	高等数学(B)(一)习题课	00	402	网络实用技术实验	99
329	电路分析原理	99	365	高等数学(B)(三)习题课	99	403	计算引论	00
330	数字逻辑电路	98	366	线性代数	00	404	计算引论	00
331	信号与系统	98	367	线性代数	00	405	物理学(上)	98
332	通信原理	97	368	线性代数	00	406	物理学(上)	99
333	数字电路实验	98	369	力学	00	407	操作系统	98
334	算法与数据结构	98	370	光学	99	408	计算机网络概论	97
335	计算机基础	00	371	光学习题	99	409	数据库概论	97
336	计算机网络	97	372	力学习题	00	410	理论计算机科学技术	97
337	电子物理	97	373	普通物理实验(A)Ⅱ	99	411	软件工程	97
338	声学基础	98	374	电动力学习题	98	412	数值分析	97
339	近代声学	97	375	热力学与统计物理习题	98	413	程序设计语言概论	97
340	传感器技术	97	376	热力学与统计物理(B)	98	414	基于FPGA的电路设计实现(实验)	98
341	可编程逻辑电路实验	97	377	电动力学(B)	98	415	大学语文	00
342	数字信号处理实验	97	378	电路分析原理	99	416	大学语文	00
343	大学英语(三)(3.5)	99	379	电子线路实验	98	417	大学英语(三)(3.5)	99
344	大学英语(三)(3.5)	99	380	INTERNET与WEB技术	98	418	大学英语(三)(3.5)	99
345	大学英语(四)(3.5)	99	381	微型计算机原理	99	419	大学英语(四)(3.5)	99
346	大学英语(四)(3.5)	99	382	微型计算机原理	99	420	大学英语(四)(3.5)	99
347	大Ⅱ学英语(一)(3)	00	383	数据结构	00	421	大学英语(四)(3.5)	99
348	大学英语(一)(3)	00	384	微机实验	00	422	大学英语(一)(3)	00
349	大学英语(一)(3)	00	385	微机实验	98	423	大学英语(一)(3)	00
350	思想品德修养	00	386	数理逻辑学		424	大学英语(一)(3)	00
351	思想品德修养	00	387	集合论与图论学	99	425	大学英语(一)(3)	00
352	马克思主义哲学(理科,外语)(2.0)	99	388	代数结构与组合数学	98	426	思想品德修养	00
			389	概率统计	98	427	思想品德修养	00
353	马克思主义政治经济学原理	98	390	编译实习	98	428	马克思主义哲学(理科,外语)(2.0)	99
354	体育(一)	00	391	数据库概论	00	429	马克思主义哲学(理科,外语)(2.0)	99
355	体育(三)	99	392	计算机专业英语	98			
356	军事理论	00	393	汇编语言程序设计	00	430	马克思主义政治经济学原理	98
计算机科学技术系			394	半导体物理	98	431	马克思主义政治经济学原理	98
357	数学分析(三)	99	395	半导体物理	98	432	体育(一)	00
358	数学分析(三)	99	396	固体物理	97	433	体育(一)	00
359	高等数学(B)(一)	00	397	微电子学专业实验课	97	434	体育(三)	99
360	高等数学(B)(一)	00	398	双极集成电路	97	435	体育(三)	99
361	高等数学(B)(三)	99	399	集成电路CAD	97	436	军事理论	00
362	高等数学(B)(一)习题课	00	400	C语言	00	**化学与分子工程学院**		
363	高等数学(B)(一)习题课	00	401	数字系统设计自动化	97			

序号	课程名称	年级	序号	课程名称	年级	序号	课程名称	年级
437	高等数学(C)(上)	00	475	大学语文	00	511	无机化学(B)	00
438	高等数学(C)(上)习题课	00	476	大学英语(三)(3.5)	99	512	无机化学(B)	00
439	高等数学(C)(上)习题课	00	477	大学英语(三)(3.5)	99	513	有机化学(C)	99
440	高等数学(C)(上)习题课	00	478	大学英语(三)(3.5)	99	514	有机化学(C)	99
441	普通物理实验(B)Ⅰ	99	479	大学英语(三)(3.5)	99	515	有机化学实验(C)	99
442	普通物理学(B)二	99	480	大学英语(四)(3.5)	99	516	物理化学(生物系非生化专业)(C)	99
443	定量分析	99	481	大学英语(四)(3.5)	99	517	物理化学(生物系非生化专业)(C)	99
444	定量分析	99	482	大学英语(四)(3.5)	99	518	无机化学实验(B)	00
445	定量分析实验	99	483	大学英语(一)(3)	00	519	生物化学(下)(新陈代谢)	98
446	有机化学(下)	99	484	大学英语(一)(3)	00	520	生物化学(下)(新陈代谢)	98
447	物理化学(A)(下)	98	485	大学英语(一)(3)	00	521	基础分子生物学	98
448	结构化学	98	486	思想品德修养	00	522	生物化学实验	98
449	生命化学基础(下)	97	487	思想品德修养	00	523	微生物学	98
450	分析化学选读	97	488	马克思主义哲学(理科,外语)(2.0)	99	524	微生物学实验	98
451	物理有机化学	97	489	马克思主义政治经济学原理	98	525	蛋白质化学	97
452	分散体系物理化学	97	490	马克思主义政治经济学原理	98	526	同位素应用技术及实验	98
453	多晶X射线衍射	97	491	体育(一)	00	527	细胞生物学及遗传学大实验	97
454	环境化学	98	492	体育(三)	99	528	微生物遗传学	97
455	有机化学实验(下)	99	493	军事理论	00	529	生理学及生物物理学大实验	97
456	物理化学实验(A)(上)	98		**生命科学学院**		530	生物电子学	97
457	原子光谱分析	97	494	高等数学(C)(上)	00	531	生物电子学实验	97
458	色谱分析	97	495	高等数学(C)(上)	00	532	植物生物学实验(B)	00
459	高分子物理	97	496	高等数学(C)(上)	00	533	植物分子及发育生物学大实验	97
460	界面化学	97	497	高等数学(C)(上)	00	534	脊椎动物比较解剖学	99
461	催化化学	97	498	高等数学(C)(上)习题课	00	535	脊椎动物比较解剖学实验	99
462	结构化学选读	97	499	3高等数学(C)(上)习题课	00	536	环境生物学大实验	97
463	普通化学	00	500	高等数学(C)(上)习题课	00	537	生物进化论	97
464	普通化学实验	00	501	高等数学(C)(上)习题课	00	538	微生物发酵工程	97
465	生物电分析	97	502	高等数学(C)(上)习题课	00	539	生化及分子生物学仪器分析	97
466	化学信息学	98	503	高等数学(C)(上)习题课	00	540	计算概论及上机	00
467	计算概论	00	504	高等数学(C)(上)习题课	00	541	计算概论及上机	00
468	计算概论	00	505	高等数学(C)(上)习题课	00	542	计算概论及上机	99
469	计算机上机	00	506	物理学(C)(二)	99	543	计算概论及上机	99
470	无机材料研究法	97	507	物理学(C)(二)	99	544	算法与数据结构及上机	98
471	化学动力学	97	508	普通物理实验(C)(一)	98	545	算法与数据结构及上机	98
472	综合化学实验	97	509	无线电电子学基础	98	546	人类的性、生育与健康	
473	生物化学实验	97	510	无线电电子学基础实验	98	547	普通摄影及实验	
474	大学语文	00						

序号	课程名称	年级	序号	课程名称	年级	序号	课程名称	年级
548	现代生物学概论	00	585	大学英语(一)(3)	00	621	自然资源概论	00
549	现代生物学概论	00	586	思想品德修养	00	622	分析化学	99
550	生物英语	99	587	思想品德修养	00	623	大学英语(三)(3.5)	99
551	生物英语		588	马克思主义哲学(理科,外语)(2.0)	99	624	大学英语(三)(3.5)	99
552	普通生态学	98	589	马克思主义哲学(理科,外语)(2.0)	99	625	大学英语(四)(3.5)	99
553	可兴奋细胞的生理学及生物物理学	97	590	马克思主义政治经济学原理	98	626	大学英语(一)(3)	99
554	现代生物技术导论	97	591	马克思主义政治经济学原理	98	627	思想品德修养	00
555	生物技术制药基础	97	592	体育(一)	00	628	马克思主义哲学(理科,外语)(2.0)	99
556	植物分子生物学	97	593	体育(三)	99	629	马克思主义政治经济学原理	98
557	植物生物学	00	594	军事理论	00	630	体育(一)	00
558	发育生物学	97		**地质学系**		631	体育(三)	99
559	生物化学及分子生物学大实验	97	595	高等数学(B)(一)	00	632	军事理论	00
560	脑科学导论		596	高等数学(B)(三)	99		**城市与环境学系**	
561	化学生态学	97	597	高等数学(B)(一)习题课	00	633	高等数学(B)(一)	00
562	生理、疾病与健康		598	高等数学(B)(三)习题课	99	634	高等数学(B)(三)	99
563	生物学导论	00	599	概率统计(B)	98	635	高等数学(B)(一)习题课	00
564	普通心理学	00	600	物理学(C)(二)	99	636	高等数学(B)(一)习题课	00
565	大学语文	00	601	普通物理实验(B)(一)		637	高等数学(B)(三)习题课	99
566	公共关系学	99	602	无机化学(B)	00	638	高等数学(B)(三)习题课	99
567	大学英语(三)(3.5)	99	603	地球历史概要		639	高等数学(C)(上)	00
568	大学英语(三)(3.5)	99	604	普通地质学	00	640	高等数学(C)(上)习题课	00
569	大学英语(三)(3.5)	99	605	古生物学	99	641	概率统计(C)(理科系)	99
570	大学英语(三)(3.5)	99	606	普通岩石学(上)	99	642	无机化学(C)	00
571	大学英语(三)(3.5)	99	607	地球化学		643	无机化学实验(B)(地学)	00
572	大学英语(四)(3.5)	99	608	地球物理学	98	644	有机化学(B)	98
573	大学英语(四)(3.5)	99	609	大地构造学	98	645	经济地理学	00
574	大学英语(四)(3.5)	99	610	构造岩石学	97	646	自然地理学	00
575	大学英语(四)(3.5)	99	611	现代地层学	98	647	环境学基础	00
576	大学英语(一)(3)	00	612	粉末衍射分析	98	648	地图学	99
577	大学英语(一)(3)	00	613	固体力学基础	99	649	中国地理	99
578	大学英语(一)(3)	00	614	固体力学基础	98	650	算法与数据结构	99
579	大学英语(一)(3)	00	615	宝石学	97	651	地理信息系统	97
580	大学英语(一)(3)	00	616	成因岩石学	97	652	遥感基础与图像解译原理	98
581	大学英语(一)(3)	00	617	同位素地质学基础	97	653	地球概论	00
582	大学英语(一)(3)	00	618	算法与数据结构	98	654	气象气候学	
583	大学英语(一)(3)	00	619	矿床学	98	655	海洋资源与环境	98
584	大学英语(一)(3)	00	620	地球环境与人类社会		656	区域经济学	97

序号	课程名称	年级	序号	课程名称	年级	序号	课程名称	年级
657	城市设计	97	695	大学英语(一)(3)	00	731	思想品德修养	00
658	城市园林绿地规划	98	696	大学英语(一)(3)	00	732	马克思主义哲学(理科,外语)(2.0)	99
659	人口地理	98	697	思想品德修养	00	733	马克思主义政治经济学原理	98
660	城市道路交通规划	98	698	思想品德修养	00	734	体育(一)	00
661	城市发展与规划史	97	699	马克思主义哲学(理科,外语)(2.0)	99	735	体育(三)	99
662	房地产学导论	98	700	马克思主义政治经济学原理	98	736	军事理论	00
663	房地产估价	97	701	体育(一)	00		**中国语言文学系**	
664	建设项目经济评价	98	702	体育(三)	99	737	高等数学(D)	00
665	经济学概论	99	703	军事理论	00	738	现代汉语	00
666	自然资源学原理	98		**心理学系**		739	现代汉语(上)	00
667	土地评价与管理	97	704	高等数学(C)(上)	00	740	古代汉语(上)	00
668	农业地理学	98	705	高等数学(C)(上)习题课	00	741	中国古代文学史(一)	99
669	土地利用规划	98	706	概率统计(B)	99	742	中国古代文学史(三)	98
670	水文学与水资源	99	707	物理学(C)	99	743	中国当代文学	99
671	旅游文化	98	708	普通物理实验(B)(一)	99	744	语言学概论	99
672	普通生态学	98	709	普通生物学		745	中国文学理论批评史	98
673	环境经济学	98	710	普通生物学实验(B)	00	746	汉语方言学	98
674	环境地球化学	98	711	实验心理学实验(上)	99	747	汉语方言学	
675	应用数理统计方法	99	712	普通心理学(上)	00	748	理论语言学	97
676	环境污染与人体健康	98	713	人力资源开发与管理	97	749	古籍整理概论	00
677	应用生态学	97	714	实验心理学(上)	99	750	中文工具书使用法	99
678	仪器分析	97	715	心理统计	99	751	文学要籍解题	98
679	微机应用	99	716	生理心理学	98	752	史学要籍解题	99
680	分析化学	98	717	环境心理学	98	753	校勘学	
681	环境土壤学	99	718	组织管理心理学	98	754	古文献学史(下)	97
682	中国地貌与第四纪	98	719	计算机与心理实验	97	755	民俗学	98
683	北京历史地理		720	机器智能学	97	756	《史记》《汉书》研究	98
684	山水成因赏析		721	专业英语	98	757	聊斋志异研究	98
685	遥感概论		722	儿童心理学	97	758	现代汉语虚词研究	98
686	地理信息系统概论		723	老年心理学	97	759	现代汉语语法研究	98
687	地缘政治学		724	市场营销心理学	98	760	实验语音学基础	97
688	环境学基础		725	社会心理学	97	761	《庄子》选读	98
689	文化地理学		726	心理学概论		762	说文解字概论	98
690	大学英语(三)(3.5)	99	727	人员测评与培训	97	763	《庄子》	98
691	大学英语(三)(3.5)	99	728	大学英语(三)(3.5)	99	764	《文心雕龙》研究	98
692	大学英语(四)(3.5)	99	729	大学英语(四)(3.5)	99	765	汉语史(上)	98
693	大学英语(四)(3.5)	99	730	大学英语(一)(3)	00	766	文学原理	98
694	大学英语(一)(3)	00						

序号	课程名称	年级	序号	课程名称	年级	序号	课程名称	年级
767	中国古代文化		805	中国近代史	99	842	世界通史(上)	
768	小说的艺术	98	806	世界近代史	99	843	当代热点问题的历史探源	98
769	东亚文化史研究	98	807	中国古代史	00	844	拉丁文基础(下)	
770	《韩非子》选读	98	808	逻辑导论	99	845	基督教文明史	
771	中国古代文学史(上)	99	809	西方哲学导论(下)	99	846	欧洲文艺复兴	
772	荀子	98	810	中国哲学史(A)(上)	99	847	二十世纪世界史	
773	清代诗论	98	811	欧洲文学史	98	848	中国近代社会史	98
774	老庄导读		812	大学英语(三)(3.5)	99	849	战后美国与第三世界	98
775	子民学术论坛	98	813	大学英语(三)(3.5)	99	850	20世纪的历史学家和历史学	98
776	接受美学理论的嬗变	98	814	大学英语(三)(3.5)	99	851	西方文明的文化类型研究	98
777	二十世纪外国小说	98	815	大学英语(三)(3.5)	99	852	中国历史地理概论	99
778	中国古代诗歌选讲		816	大学英语(四)(3.5)	99	853	隋唐史专题	98
779	中国文化在世界		817	大学英语(四)(3.5)	99	854	中国历史名著选读	98
780	中文工具书及古代典籍概要		818	大学英语(一)(3)	00	855	世界文明史	98
781	汉语方言与区域文化	98	819	大学英语(一)(3)	00	856	中国历史重要问题评析	98
782	新闻学概论		820	大学英语(一)(3)	00	857	古代东方专题	98
783	玄学与文学研究	98	821	马克思主义政治经济学原理	98	858	欧洲一体化研究	98
784	两汉诗歌研究	98	822	马克思主义哲学原理	99	859	大学英语(三)(3.5)	99
785	唐诗分体研究	98	823	体育(一)	00	860	大学英语(四)(3.5)	99
786	叙事学研究	98	824	体育(三)	99	861	大学英语(一)(3)	00
787	民间歌谣学	98	825	计算机基础与应用(上)	99	862	马克思主义政治经济学原理	98
788	民俗学理论名著选读	98	826	军事理论	00	863	马克思主义哲学原理	99
789	比较诗学	98		**历史学系**		864	体育(一)	00
790	中国现代文学史	99	827	高等数学(D)(上)	00	865	体育(三)	99
791	中国现代文学史	99	828	中国古代史(上)	00	866	计算机基础与应用(上)	00
792	高级汉语	00	829	中国近代史	99	867	计算机基础与应用(上)	
793	现代汉语(上)	00	830	世界上古史	00	868	计算机基础与应用(下)	99
794	中国古代文化	97	831	世界近代史	99	869	计算机基础与应用(下)	99
795	中国古代文学(一)	99	832	中国历史文选(上)	00	870	军事理论	00
796	文字学	98	833	中国史学史	99		**考古文博院**	
797	语法研究	98	834	外国史学史	98	871	高等数学(C)(上)	00
798	中文工具书使用	98	835	中国现代政治制度史	98	872	高等数学(C)(上)习题课	00
799	中国古代文学(三)	98	836	中国近代对外关系史	98	873	高等数学(D)(上)	00
800	中国民间文学	99	837	中华民国史专题	98	874	高等数学(D)(上)	00
801	中国当代文学	98	838	印度史专题	98	875	无机化学(B)	00
802	古文选读	99	839	韩国史专题	98	876	无机化学实验(B)(生物学)	00
803	中国现代文学(上)	99	840	中国通史(古代部分)		877	环境学基础	98
804	中国古代史(上)	00	841	中国通史(古代部分)		878	世界上古史	00

序号	课程名称	年级	序号	课程名称	年级	序号	课程名称	年级
879	中国古代史(一)	00	917	体育(三)	99	954	后现代主义哲学	
880	中国古代史(一)	00	918	计算机基础与应用(上)	00	955	哲学与当代中国	
881	考古学导论	00	919	计算机基础与应用(下)	99	956	中国古代思想世界(上)	
882	考古学导论	00	920	军事理论	99	957	人文学科导论	
883	考古学导论	00		**哲学系**		958	西方哲学史	
884	考古绘图	99	921	高等代数(A)(上)	00	959	中国哲学史	
885	中国考古学(上)	99	922	高等代数习题课(上)	00	960	西方哲学原著选读	97
886	定量考古学	98	923	高等数学(D)(上)	00	961	大学英语(三)(3.5)	99
887	定量考古学	97	924	高等数学(D)(上)	00	962	大学英语(三)(3.5)	99
888	丝绸之路考古	97	925	现代汉语		963	大学英语(四)(3.5)	99
889	中西文化交流考古学	99	926	古代汉语(上)	00	964	大学英语(一)(3)	00
890	中西文化交流考古学	97	927	中国古代史(上)		965	马克思主义政治经济学原理	98
891	中国古代物质文化史	97	928	哲学概论	00	966	体育(一)	00
892	文物研究与鉴定(下)	98	929	哲学概论		967	体育(三)	99
893	文物研究与鉴定(下)	97	930	马克思主义哲学原理(上)		968	计算机基础与应用(上)	00
894	博物馆与观众	99	931	逻辑导论	00	969	计算机基础与应用(下)	99
895	博物馆与观众	00	932	西方哲学导论(上)	99	970	军事理论	00
896	汉至清历史文献	99	933	现代西方哲学(A)	98	971	军事理论	00
897	有机质文物保护	98	934	中国哲学导论(上)	99		**国际关系学院**	
898	无机质文物保护	98	935	中国现代哲学史	98	972	外交学	98
899	中国建筑史(上)	99	936	东方哲学概论	98	973	国际格局与国际组织	00
900	中国建筑史(上)	97	937	伦理学导论	98	974	国际格局与国际组织	00
901	美术色彩基础(上)	99	938	美学原理(B)		975	近代国际关系史	99
902	建筑初步与建筑设计(下)	99	939	宗教学导论	99	976	近代国际关系史	99
903	画法几何与阴影透视	00	940	西方马克思主义		977	第三世界发展学	98
904	美术素描基础(上)	00	941	环境哲学	97	978	外国政治经济制度比较	98
905	史前时代考古	99	942	管理哲学		979	专业英语精读	00
906	大学英语(三)(3.5)	99	943	西方美学史		980	专业英语精读	99
907	大学英语(三)(3.5)	99	944	素朴集合论	00	981	专业英语听说	00
908	大学英语(四)(3.5)	99	945	模态逻辑	98	982	专业英语听说	00
909	大学英语(四)(3.5)	99	946	逻辑史	98	983	专业英语听说	99
910	大学英语(四)(3.5)	99	947	印度佛教	99	984	专业英语听说	99
911	大学英语(一)(3)	00	948	伊斯兰教(上)	99	985	中国政治概论	99
912	大学英语(一)(3)	00	949	基督教和中国文化		986	中国政治概论	99
913	思想品德修养	00	950	古兰经导读	97	987	英语写作	98
914	马克思主义政治经济学原理	98	951	宗教社会学	98	988	战后国际关系史	98
915	马克思主义哲学原理	99	952	基督教史	98	989	世界政治中的民族问题	98
916	体育(一)	00	953	古希腊语导论(上)		990	西方国际关系理论评介	97

序号	课程名称	年级	序号	课程名称	年级	序号	课程名称	年级
991	涉外秘书学	99	1029	邓小平理论概论	97	1066	国际商法	98
992	涉外秘书学	99	1030	跨文化交流学		1067	国际投资学	97
993	中国涉外法律概论	98	1031	新闻传播理论与实践		1068	西方财政学	98
994	涉外企业管理	97	1032	大学英语(三)(3.5)	99	1069	经济发展比较	97
995	台湾概论	99	1033	大学英语(三)(3.5)	99	1070	习题/高等数学(微积分)(上)	00
996	台湾概论	99	1034	大学英语(四)(3.5)		1071	习题/高等数学(微积分)(上)	00
997	两岸关系与一国两制	98	1035	大学英语(四)(3.5)	99	1072	习题/线性代数	99
998	两岸关系与一国两制	97	1036	大学英语(一)(3)		1073	习题/线性代数	99
999	中美关系与台湾问题	98	1037	马克思主义政治经济学原理	98	1074	欧盟经济	98
1000	中外文化交流史	97	1038	马克思主义哲学原理	99	1075	金融市场学	97
1001	中外文化交流史	99	1039	体育(一)	00	1076	中华人民共和国经济史	00
1002	中外文化交流史	00	1040	体育(一)	00	1077	经济学原理	00
1003	传播学概论	00	1041	体育(三)	99	1078	数理经济学	98
1004	说服学	99	1042	体育(三)	99	1079	美国经济	97
1005	中西文化比较	99	1043	计算机基础与应用(上)	99	1080	马克思经济理论	00
1006	中西文化比较	00	1044	计算机基础与应用(上)	00	1081	大学英语(四)(3.5)	99
1007	世界区域社会与文化	00	1045	计算机基础与应用(下)	99	1082	大学英语(四)(3.5)	99
1008	中文报刊选读	00		**经济学院**		1083	大学英语(一)(3)	00
1009	中文报刊选读	99	1046	组织行为学	97	1084	大学英语(一)(3)	00
1010	计算机基础知识与操作	00	1047	高等数学(微积分)(上)	00	1085	大学英语(一)(3)	00
1011	中美经贸关系史	97	1048	高等数学(微积分)(上)	00	1086	大学英语(一)(3)	00
1012	毛泽东思想概论	00	1049	会计学	00	1087	马克思主义哲学原理	99
1013	毛泽东思想概论	00	1050	线性代数	99	1088	体育(三)	99
1014	专业汉语	99	1051	线性代数	99	1089	大学英语(三)(3.5)	99
1015	留学生英语	00	1052	统计学	99	1090	体育(一)	00
1016	西方外交思想概论	99	1053	微观经济学	99		**光华管理学院**	
1017	西方外交思想概论	00	1054	国际金融	98	1091	经济学	00
1018	西方外交思想概论	99	1055	专业英语	97	1092	管理学原理	00
1019	媒体与国际关系	00	1056	产业经济学	98	1093	高等数学(一)	00
1020	美国政治与外交	97	1057	产业经济学	97	1094	微观经济学	99
1021	英国政治与外交	99	1058	日本经济管理	97	1095	财务会计	99
1022	英国政治与外交	99	1059	经济学说史	98	1096	银行会计	98
1023	法国政治与外交	97	1060	风险管理学	97	1097	营销学	99
1024	中东政治与外交	98	1061	财产与责任保险	98	1098	线性代数	99
1025	国际政治概论	00	1062	财产与责任保险	97	1099	财政学	98
1026	俄罗斯政治与外交	98	1063	人寿与健康保险	98	1100	国际投资法	98
1027	邓小平理论概论	99	1064	人寿与健康保险	97	1101	国际结算	97
1028	邓小平理论概论	99	1065	国际经济学	98	1102	生产和消费理论(上)	99

序号	课程名称	年级	序号	课程名称	年级	序号	课程名称	年级
1103	生产和消费理论(上)	98	1140	宪法学	00	1178	法学流派与思潮	97
1104	生产和消费理论(上)	97	1141	行政法与行政诉讼法	00	1179	司法鉴定学	97
1105	管理思想史	98	1142	行政法与行政诉讼法	98	1180	刑事诉讼法	99
1106	经济增长理论	99	1143	行政法与行政诉讼法	98	1181	刑事诉讼法	99
1107	经济增长理论	98	1144	民法	00	1182	刑事诉讼法	99
1108	经济增长理论	97	1145	刑法总论(刑法一)	00	1183	环境法	98
1109	公司财务管理	98	1146	刑法总论(刑法一)	00	1184	法学原理	00
1110	管理会计	98	1147	刑法总论(刑法一)	00	1185	法学原理	00
1111	广告管理	97	1148	刑法总论(刑法一)	00	1186	法学原理	00
1112	运筹学	98	1149	国际私法	98	1187	物权法	99
1113	会计信息系统	98	1150	国际私法	98	1188	债权法	99
1114	管理信息系统	98	1151	律师实务与律师道德	00	1189	英美法导论	97
1115	保险学	98	1152	知识产权法学	98	1190	法律实务	97
1116	国际贸易	98	1153	亲属法与继承法	98	1191	国际组织法	97
1117	商业银行实务	97	1154	企业法/公司法	99	1192	法学方法论	97
1118	证券投资学	97	1155	企业法/公司法	98	1193	国际航空法	97
1119	审计学	97	1156	竞争法	99	1194	英美侵权法	00
1120	国际财务管理	97	1157	竞争法	00	1195	刑事诉讼法学	00
1121	营销案例分析	97	1158	财政税收法	99	1196	合同法	99
1122	大学英语(三)(3.5)	99	1159	财政税收法	98	1197	大学英语(三)(3.5)	99
1123	大学英语(三)(3.5)	99	1160	金融法/银行法	99	1198	大学英语(三)(3.5)	99
1124	大学英语(四)(3.5)	99	1161	金融法/银行法	00	1199	大学英语(四)(3.5)	99
1125	大学英语(四)(3.5)	99	1162	国际环境法	97	1200	大学英语(四)(3.5)	99
1126	大学英语(一)(3)	00	1163	国际税法	97	1201	大学英语(一)(3)	00
1127	大学英语(一)(3)	00	1164	国际公法	98	1202	大学英语(一)(3)	00
1128	大学英语(一)(3)	00	1165	国际公法	98	1203	大学英语(一)(3)	00
1129	马克思主义哲学原理	99	1166	国际公法	98	1204	大学英语(一)(3)	00
1130	马克思主义哲学原理	99	1167	法医学	99	1205	邓小平理论概论	98
1131	体育(一)	00	1168	外国婚姻家庭法	98	1206	马克思主义哲学原理	99
1132	体育(三)	99	1169	比较司法制度	97	1207	马克思主义哲学原理	99
1133	计算机基础与应用(上)	00	1170	著作权法	99	1208	体育(一)	00
1134	计算机基础与应用(下)	99	1171	刑事侦查学	97	1209	体育(三)	99
	法学院		1172	立法学	98		**信息管理系**	
1135	高等数学(D)	00	1173	外国行政法	00	1210	高等数学(B)(一)	00
1136	法理学	00	1174	外国行政法	97	1211	高等数学(B)(三)	99
1137	西方法律思想史	99	1175	心理卫生学概论		1212	高等数学(B)(一)习题课	00
1138	外国法制史	99	1176	专利文献检索	99	1213	高等数学(B)(三)习题课	99
1139	宪法学	00	1177	商标法	99	1214	高等数学(D)(上)	00

序号	课程名称	年级	序号	课程名称	年级	序号	课程名称	年级
1215	高等数学(D)(上)	00	1253	信息存储与检索	98	1291	创作工具利用	98
1216	概率统计(C)(理科系)	99	1254	电子出版技术	98	1292	计算概论	00
1217	现代汉语	00	1255	电子出版技术	98	1293	中国图书出版史	00
1218	古代汉语(上)	00	1256	信息经济学	98	1294	编辑出版概论	99
1219	中国古代文学史(上)	99	1257	管理信息系统	97	1295	欧洲文学史	97
1220	中国现代文学史	99	1258	办公自动化	98	1296	欧洲文学史	99
1221	中国古代史(上)	00	1259	办公自动化	97	1297	欧洲文学史	97
1222	中国近代史	99	1260	多媒体技术	98	1298	大学英语(三)(3.5)	99
1223	世界近代史	99	1261	多媒体技术	98	1299	大学英语(三)(3.5)	99
1224	哲学概论	00	1262	中文信息处理上机	00	1300	大学英语(四)(3.5)	99
1225	西方哲学史	99	1263	中文信息处理上机	00	1301	大学英语(四)(3.5)	99
1226	中国哲学史(A)(上)	99	1264	数据库系统上机	99	1302	大学英语(一)(3)	00
1227	中国哲学导论(上)	97	1265	图书馆自动化系统上机	97	1303	大学英语(一)(3)	00
1228	中国哲学导论(上)	99	1266	图书馆自动化系统上机	97	1304	马克思主义哲学(理科,外语)(2.0)	99
1229	中国哲学导论(上)	98	1267	信息检索上机	98	1305	马克思主义政治经济学原理	98
1230	中国哲学导论(上)	98	1268	办公自动化上机	98	1306	马克思主义哲学原理	99
1231	图书馆学概论	00	1269	办公自动化上机	97	1307	体育(一)	00
1232	图书馆管理	97	1270	电子出版技术上机	98	1308	体育(三)	99
1233	图书馆管理	97	1271	电子出版技术上机	98	1309	计算机基础与应用(上)	99
1234	中国古代文献基础(上)	00	1272	多媒体技术上机	98	1310	计算机基础与应用(下)	99
1235	中国古代文献基础(下)	99	1273	多媒体技术上机	98	1311	影视编导基础与制作技巧	98
1236	普通目录学	99	1274	管理信息系统上机	97	1312	影视编导基础与制作技巧	98
1237	普通目录学		1275	信息存储与检索上机	98	1313	军事理论	00
1238	读者学(含书评研究)	98	1276	计算概论上机	00	**社会学系**		
1239	读者学(含书评研究)	98	1277	文献管理(一)上机	99	1314	逻辑导论	00
1240	中国文化史	99	1278	管理学原理	00	1315	国外社会学学说	99
1241	中国文化史	97	1279	管理学原理	97	1316	社会学专题(一)	00
1242	数据库系统	99	1280	电子资源的检索与利用		1317	社会学概论	00
1243	图书馆自动化系统	97	1281	信息检索	98	1318	口述史	98
1244	图书馆自动化系统	97	1282	工具书使用法(2)	98	1319	中国社会思想史	99
1245	文献计量学	98	1283	工具书使用法(2)	98	1320	比较社会福利	99
1246	中文信息处理	00	1284	工具书使用法(2)	98	1321	比较社会福利	98
1247	中文信息处理	00	1285	中国古籍资源与整理	98	1322	社会统计学	99
1248	信息法学	97	1286	中国古籍资源与整理	98	1323	计算机技术	98
1249	信息法学	97	1287	信息组织	99	1324	社会心理学	99
1250	编辑出版学概论	97	1288	出版文化学	97	1325	劳动社会学	98
1251	编辑出版学概论	97	1289	出版文化学	98	1326	家庭社会学	98
1252	文献管理(一)	99	1290	创作工具利用	97			

序号	课程名称	年级	序号	课程名称	年级	序号	课程名称	年级
1327	老年学	97	1364	行政领导学	98	1401	蒙古报刊阅读(三)	97
1328	社会性别研究	97	1365	公共关系学	98	1402	蒙古诗歌	97
1329	社会分层与社会流动	98	1366	行政诉讼法	98	1403	蒙古戏剧	97
1330	社会政策	98	1367	政府经济学	99	1404	蒙古语翻译教程(上)	97
1331	当代国外社会学学说专题	97	1368	中国近现代政治发展史	00	1405	蒙古语写作(上)	97
1332	中国社会	98	1369	公共财政学	97	1406	基础韩(朝鲜)语(一)	00
1333	犯罪社会学	98	1370	人事管理与人力资源开发	99	1407	韩(朝鲜)半岛概况(上)	00
1334	人类学导论	99	1371	大学英语(三)(3.5)	99	1408	韩国(朝鲜语)语法	98
1335	马列经典著作选读	97	1372	大学英语(四)(3.5)	99	1409	朝汉翻译教程	97
1336	文化人类学	99	1373	大学英语(一)(3)	00	1410	韩国(朝鲜)文化	98
1337	社会问题	98	1374	大学英语(一)(3)	00	1411	韩国(朝鲜)现代文学选读	98
1338	大学英语(三)(3.5)	99	1375	马克思主义政治经济学原理	98	1412	朝鲜(韩国)国际关系史	97
1339	大学英语(四)(3.5)	99	1376	马克思主义哲学原理	99	1413	基础日语(一)	00
1340	大学英语(四)(3.5)	99	1377	体育(一)	00	1414	基础日语(一)	00
1341	大学英语(一)(3)	00	1378	体育(三)	99	1415	基础日语(三)	99
1342	马克思主义政治经济学原理	98	1379	计算机基础与应用(上)	00	1416	日本历史	99
1343	马克思主义哲学原理	99	1380	计算机基础与应用(下)	99	1417	日语视听说(一)	99
1344	体育(一)	00		**外国语学院**		1418	日语视听说(三)	98
1345	体育(三)	99	1381	古代汉语	98	1419	日语视听说(五)	97
1346	计算机基础与应用(上)	00	1382	古代汉语	98	1420	日语文言语法	98
1347	计算机基础与应用(下)	99	1383	古代汉语	98	1421	日语口译指导	97
	政治学与行政管理系		1384	古代汉语	98	1422	日本文化概论	98
1348	高等数学(D)(上)	00	1385	文学概论	99	1423	日语报刊选读(下)	97
1349	普通统计学	98	1386	文学概论	99	1424	汉译日教程(上)	97
1350	现代管理科学	98	1387	文学概论	99	1425	日本社会	99
1351	马克思主义政治学著作选读	00	1388	文学概论	99	1426	日语概论	98
1352	政治学原理	00	1389	文学概论	99	1427	日本现代文学作品选读	98
1353	行政管理学	00	1390	中国古代文学史(上)	00	1428	日语言文化专题	97
1354	比较政治学概论	99	1391	中国古代文学史(上)	00	1429	公共日语(一)	00
1355	当代中国政府与政治	99	1392	中国古代文学史(上)	00	1430	公共日语(一)	00
1356	当代西方国家政治制度	99	1393	中国古代文学史(上)	00	1431	公共日语(一)	00
1357	政策科学	98	1394	中国古代文学史(上)	00	1432	公共日语(三)	98
1358	社会调查的理论与方法	98	1395	东方文学史		1433	高年级日语(一)	98
1359	政治管理学	98	1396	古代东方文明		1434	高年级日语(三)	97
1360	政治哲学	97	1397	基础印尼语(公选)		1435	日语会话(上)	00
1361	美国政府与政治	98	1398	公共阿拉伯语(上)		1436	越南语视听说(三)	97
1362	国家公务员制度	98	1399	阿拉伯文学与文化(公选)		1437	越南报刊选读(三)	97
1363	政治学行政学专业英语(上)	98	1400	蒙古语视听说(三)	97	1438	汉译越教程	97

序号	课程名称	年级	序号	课程名称	年级	序号	课程名称	年级
1439	越南文学作品选读	97	1477	阿拉伯语视听(六)	97	1514	法语视听说(一)	00
1440	泰语听力(上)	98	1478	阿拉伯语口语(二)	99	1515	法语视听说(三)	99
1441	泰文报刊选读(上)	98	1479	阿拉伯语阅读(一)	99	1516	法语视听说(五)	98
1442	泰语写作(上)	98	1480	阿拉伯语阅读(五)	97	1517	法语写作(一)	98
1443	泰国文化(下)	98	1481	阿拉伯语口译(二)	97	1518	法语写作(三)	97
1444	高年级泰语(一)	98	1482	阿拉伯语翻译教程(二)	97	1519	法语笔译(上)	97
1445	泰语泛读(一)	98	1483	阿拉伯小说	97	1520	法语口译(上)	97
1446	基础缅甸语(三)	99	1484	阿拉伯简史	97	1521	经济法语(三)	97
1447	基础缅甸语(三)	99	1485	阿拉伯文学史	97	1522	经济法语(三)	97
1448	缅语会话(下)	99	1486	阿拉伯报刊文选(三)	97	1523	法国报刊选读(一)	98
1449	缅甸概况	99	1487	欧洲文学史	99	1524	法国报刊选读(三)	97
1450	缅甸历史	99	1488	大学英语(三)(3.5)	99	1525	法语精读(辅修)(一)	99
1451	基础印尼语(三)	99	1489	大学英语(四)(3.5)	99	1526	法语精读(辅修)(三)	98
1452	印尼语视听说(一)	99	1490	大学英语(一)(3)	00	1527	法语视听(辅修)(一)	99
1453	印度尼西亚历史(一)	99	1491	大学英语(一)(3)	00	1528	法语视听(辅修)(三)	98
1454	印尼语会话课	99	1492	思想品德修养	00	1529	法语泛读(辅修)(一)	99
1455	希伯莱语视听说(三)	99	1493	马克思主义哲学(理科,外语)(2.0)	99	1530	法语泛读(辅修)(三)	98
1456	基础希伯莱语(三)	99	1494	马克思主义政治经济学原理	98	1531	公共法语(上)	
1457	菲律宾语视听说(三)	98	1495	体育(一)	00	1532	德语精读(一)	00
1458	菲律宾语语法	98	1496	体育(三)	99	1533	德语精读(一)	00
1459	菲律宾历史(一)	98	1497	计算机基础与应用(上)	98	1534	德语精读(一)	00
1460	菲律宾译英语(一)	98	1498	军事理论	00	1535	德语精读(一)	00
1461	中国与菲律宾交流史	98	1499	中国古代文学史(上)	00	1536	德语精读(三)	99
1462	基础印地语(一)	00	1500	中国古代文学史(上)	00	1537	德语精读(三)	99
1463	基础印地语(一)	00	1501	中国古代文学史(上)	00	1538	德语精读(三)	99
1464	基础印地语(一)	00	1502	国际投资学	99	1539	德语精读(三)	99
1465	乌尔都语视听说(二)	97	1503	西方财政学	97	1540	德语精读(三)	99
1466	乌尔都语报刊阅读(下)	97	1504	欧盟经济	97	1541	德语精读(五)	98
1467	乌尔都语翻译课程(二)	97	1505	金融市场学	97	1542	德语精读(五)	98
1468	乌尔都语文学史	97	1506	经济学原理	99	1543	德语精读(七)	97
1469	巴基斯坦文化(下)	97	1507	法语精读(一)	00	1544	德语精读(七)	97
1470	乌尔都语散文	97	1508	法语精读(一)	00	1545	德语视听说(一)	00
1471	基础波斯语(一)	00	1509	法语精读(一)	00	1546	德语视听说(三)	99
1472	基础波斯语(一)	00	1510	法语精读(三)	99	1547	德语视听说(五)	98
1473	基础阿拉伯语(一)	00	1511	法语精读(三)	99	1548	德语国家文学史与选读(一)	98
1474	基础阿拉伯语(一)	00	1512	法语精读(三)	99	1549	德语国家文学史与选读(三)	97
1475	基础阿拉伯语(三)	99	1513	法语精读(五)	98	1550	德语笔译(一)	98
1476	阿拉伯语视听(二)	99				1551	德语笔译(三)	97

序号	课程名称	年级	序号	课程名称	年级	序号	课程名称	年级
1552	德语口译(上)	98	1590	马克思主义哲学(理科,外语)(2.0)	99	1627	大学英语(四)(3.5)	99
1553	德语国家国情课	99				1628	大学英语(一)(3)	00
1554	德语报刊选读(上)	98	1591	马克思主义政治经济学原理	98	1629	思想品德修养	00
1555	德语国家诗歌		1592	体育(一)	00	1630	马克思主义哲学(理科,外语)(2.0)	99
1556	德语精读(辅修)(一)	99	1593	体育(三)	99			
1557	德语精读(辅修)(三)	98	1594	计算机基础与应用(上)	98	1631	马克思主义政治经济学原理	98
1558	德语视听(辅修)(一)	99	1595	军事理论	00	1632	体育(一)	00
1559	德语视听(辅修)(三)	98	1596	西班牙语作文(二)	97	1633	体育(三)	99
1560	德语泛读(辅修)(一)	99	1597	西班牙语(4)上	97	1634	计算机基础与应用(上)	98
1561	德语泛读(辅修)(三)	98	1598	西班牙语(4)上	97	1635	军事理论	00
1562	公共德语(上)		1599	文学概论	99	1636	英语精读(一)	
1563	西班牙语精读(一)	00	1600	中国古代文学史(上)	00	1637	英语精读(一)	00
1564	西班牙语精读(一)	00	1601	实践俄语(一)	00	1638	英语精读(一)	00
1565	西班牙语精读(一)	00	1602	实践俄语(一)	00	1639	英语精读(三)	99
1566	西班牙语精读(三)	99	1603	实践俄语(一)	00	1640	英语精读(三)	99
1567	西班牙语精读(三)	99	1604	实践俄语(一)	00	1641	英语精读(三)	99
1568	西班牙语视听(一)	00	1605	俄语(一)	98	1642	英语视听(一)	
1569	西班牙语视听(三)	99	1606	俄语写作(上)	98	1643	英语视听(一)	
1570	西班牙语阅读(二)	99	1607	翻译(三)	97	1644	英语视听(三)	99
1571	西班牙语口语(二)	99	1608	俄语视听说(一)	00	1645	阶梯阅读(速读与理解)(一)	00
1572	西班牙历史和文化概论	99	1609	俄语视听说(一)	00	1646	口语(一)	
1573	西班牙报刊选读	97	1610	俄语视听说(三)	99	1647	口语(一)	00
1574	西班牙语精读(辅修)(一)	99	1611	俄罗斯文学史(一)	98	1648	口语(一)	
1575	西班牙语视听(辅修)(一)	99	1612	俄罗斯文学史(三)	97	1649	口语(一)	00
1576	西班牙语阅读(辅修)(一)	99	1613	俄语功能语法学	98	1650	口语(三)	
1577	欧洲文学史	99	1614	俄语修辞学	97	1651	口语(三)	99
1578	欧洲文学史	99	1615	经贸俄语会话(上)	97	1652	口语(三)	99
1579	欧洲文学史	99	1616	俄罗斯短篇名著赏析		1653	英语语音(一)	00
1580	英语精读(一)	97	1617	俄语口译(上)	97	1654	英语语音(一)	
1581	英语视听(一)	97	1618	实践俄语(三)	99	1655	英语语音(一)	00
1582	阶梯阅读(速读与理解)(一)	97	1619	俄语(三)	97	1656	英语语音(一)	
1583	口语(一)	97	1620	俄语语法(上)	99	1657	英语语音(一)	00
1584	口语(一)	97	1621	翻译(一)	98	1658	应用文写作	00
1585	大学英语(三)(3.5)	99	1622	俄语新闻听力(上)	98	1659	写作(一)	99
1586	大学英语(四)(3.5)	99	1623	俄语报刊阅读(一)	98	1660	写作(一)	99
1587	大学英语(一)(3)	00	1624	俄语报刊阅读(三)	97	1661	测试(A)	99
1588	大学英语(一)(3)	00	1625	俄罗斯及独联体其他国家概况(上)	99	1662	英国文学史(一)	98
1589	思想品德修养	00	1626	大学英语(三)(3.5)	99	1663	普通语言学	98

序号	课程名称	年级	序号	课程名称	年级	序号	课程名称	年级
1664	英译汉	98	1700	英语(四)	99	1736	影视广告	98
1665	汉译英	97	1701	社会学	99	1737	计算机广告设计(一)	99
1666	美国文学史与选读(一)	97	1702	组织行为学	00	1738	当代文化艺术专题	99
1667	二外(德)(一)	98	1703	计算机应用	00	1739	贝多芬专题	
1668	二外(德)(三)	97	1704	思想政治教育原理与方法	98	1740	贝多芬专题	
1669	二外(法)(一)	98	1705	建设有中国特色社会主义理论	99	1741	影视鉴赏	
1670	二外(法)(三)	97				1742	中国书法艺术技法	
1671	西方文明史	00	1706	中国政治思想史	00	1743	交响乐(初)	
1672	希腊罗马神话	00	1707	政治学概论	00	1744	交响乐(初)	
1673	英语结构		1708	当代世界经济与政治	99	1745	交响乐(中)	
1674	文科教育思想选读	99	1709	公共关系学	98	1746	广告媒体研究	98
1675	欧洲文学选读	99	**艺术学系**			1747	CI研究	98
1676	欧洲文学选读	99	1712	高等数学(D)(上)	00	1748	公共关系	98
1677	汉英口译	98	1711	市场营销原理	99	1749	中国书法史及名作欣赏	
1678	汉英口译	98	1712	大学英语(三)(3.5)	99	1750	舞蹈课	
1679	社会语言学	98	1713	大学英语(四)(3.5)	99	1751	舞蹈(中)	
1680	英语语体学	98	1714	大学英语(一)(3)	00	1752	舞蹈(高)	
1681	美国研究入门	98	1715	思想品德修养	00	1753	合唱(高)	
1682	英语文学文体学		1716	马克思主义哲学(理科,外语)(2.0)	99	1754	民族管弦乐(初)	
1683	高级英语阅读		1717	马克思主义政治经济学原理	98	1755	民族管弦乐(高)	
1684	测试(B)	97	1718	体育(一)	00	1756	普通概率统计学	99
1685	美国文化	98	1719	体育(三)	99	1757	传播学	99
1686	莎士比亚新读与欣赏	97	1720	艺术概论		1758	西方交响乐欣赏	
1687	加拿大小说选读	98	1721	西方音乐史及名曲欣赏		1759	19—20世纪西方音乐专题	
1688	同声传译	97	1722	中国美术史及名作欣赏		1760	中外名曲赏析	
1689	跨文化交际		1723	中国美术史及名作欣赏		1761	电影艺术概论	99
1690	现代爱尔兰经典作家	97	1724	声乐		1762	美学概论	00
1691	思想品德修养	00	1725	合唱基础		1763	艺术史(中外美术比较)	
1692	马克思主义哲学(理科,外语)(2.0)	99	1726	钢琴		1764	戏剧新探索(1)	
1693	马克思主义政治经济学原理	98	1727	广告学概论	00	1765	现代音乐专题	
1694	体育(一)	00	1728	广告策划	98	1766	艺术心理学	00
1695	体育(三)	99	1729	广告管理	98	1767	中国电影史	
1696	军事理论	00	1730	广告文案	98	1768	军事理论	00
马克思主义学院			1731	广告文案	98	**电化教学中心**		
1697	英语(一)	00	1732	广告美术	99	1769	传播媒体与信息技术	
1698	英语(二)	00	1733	设计基础		1770	影视编导概论	
1699	英语(三)	99	1734	平面广告设计(一)	00	1771	因特网的最新实用技术及其应用	
			1735	影视广告	98			

序号	课程名称	年级	序号	课程名称	年级	序号	课程名称	年级
	中国经济研究中心		1789	环境经济学			**教务处**	
1772	经济学原理			**人口研究所**		1805	高等数学(B)(三)	99
1773	经济学基础		1790	人口学概论	98	1806	高等数学(B)(三)习题课	99
1774	运筹学			**环境科学中心**		1807	高等数学(B)(三)习题课	99
1775	概率统计		1791	算法与数据结构上机	98	1808	普通物理学(B)二	99
1776	经济与商业统计		1792	概率统计(B)	98	1809	大学化学	98
1777	中级微观经济学		1793	算法与数据结构	98	1810	文物建筑保护理论与实践	
1778	中级宏观经济学		1794	微机原理	97	1811	中国古典建筑与法式制度	
1779	计量经济学		1795	经济地理学	98	1812	城市规划理论与实践	
1780	国际金融		1796	马克思主义政治经济学原理	98	1813	可持续发展与环境保护概论	
1781	金融市场		1797	马克思主义政治经济学原理	98	1814	可持续发展与环境保护概论	
1782	发展经济学		1798	体育(一)	00	1815	可持续发展与环境保护概论	
1783	公司财务		1799	体育(三)	99	1816	计算机辅助设计技术基础	
1784	市场营销		1800	生态学概论	98	1817	现代生物学导论	
1785	组织经济分析		1801	环境监测与实验	98	1818	证券投资	
1786	经济地理		1802	环境规划	97	1819	工业系统概论	
1787	产业组织		1803	环境法	97	1820	面向对象与可视化程序设计	
1788	劳动经济学		1804	环境数学模型	97			

表6-4 2000年录取文科第一名名单

省市区	姓名	性别	总分	来源中学	录取院系	专业
北京	权静	女	641	八十中学	光华管理学院	金融学
天津	张宇	男	652	南开中学	经济学院	国际经济与贸易
天津	吴晓楠	女	652	天津二十中学	中文系	
河北	赵冰哲	女	641	保定十七中	经济学院	国际经济与贸易
山西	杨长	男	607	平遥一中	经济学院	财政学
内蒙	郝睿禧	女	596	呼和浩特市二中	光华管理学院	会计学
辽宁	崔燕	女	648	鞍山市朝鲜族中学	法学院	法学
吉林	孙利平	男	610	东北师大附中	光华管理学院	金融学
黑龙江	王慧敏	女	641	大庆试验中学	经济学院	国际经济与贸易
安徽	沈成然	女	653	金寨一中	法学院	法学
安徽	邢自强	男	653	庐江中学	经济学院	经济学
江西	周芬芬	女	643	宜春中学	法学院	法学
山东	杨慧	女	900	枣庄一中	外国语学院	德语
山东	张坤义	男	900	即墨一中	法学院	法学
山东	郭志华	女	900	乳山一中	经济学院	国际经济与贸易
河南	高民芳	女	900	濮阳三中	经济学院	国际经济与贸易
湖北	刘琪	女	646	武汉外国语学院	光华管理学院	金融学

省市区	姓 名	性 别	总 分	来源中学	录取院系	专 业
湖南	雷 蕾	女	651	湖南澧县一中	经济学院	国际经济与贸易
湖南	李双志	男	638	湘潭大学子弟学校	外国语学院	德语
广东	张湖月	女	887	湛江一中	法学院	法学
广西	蒋德军	男	884	广西兴安中学	光华管理学院	金融学
海南	黄海文	男	860	海南中学	经济学院	财政学
四川	刘洋洋	女	635	成都外语学校	光华管理学院	金融学
贵州	罗 鉴	女	607	遵义一中	法学院	法学
西藏	次仁平措	男	462	日喀则地区高中	法学院	法学
西藏	陈 珍	女	574	西藏区招办	法学院	法学
重庆	郑 佳	男	652	重庆铜梁中学	经济学院	经济学
甘肃	袁 博	女	584	兰州炼油化工厂一中	中文系	
甘肃	郭 洋	女	607	甘肃会宁一中	法学院	法学
青海	王 猛	男	591	湟川中学	法学院	法学
宁夏	谈 丹	女	614	银川市唐徕回中	光华管理学院	金融学
新疆	孙 洁	女	584	乌鲁木齐市一中	光华管理学院	金融学
新疆	杨传龙	男	584	克拉玛依六中	光华管理学院	金融学

表6-5　2000年录取理科第一名名单

省市区	姓 名	性 别	总 分	来源中学	录取院系	专 业
天津	周 鹏	男	692	耀华中学	生命科学学院	生物科学
河北	白志勇	男	684	石家庄一中	生命科学学院	生物科学
浙江	周 翔	男	655	桐乡高级中学	生命科学学院	生物科学
浙江	陆 文	女	655	嘉善一中	生命科学学院	生物科学
山东	石广路	男	900	东平高中	生命科学学院	生物科学
山东	庄光磊	男	900	日照一中	生命科学学院	生物科学
山东	马衍成	男	900	龙口一中	生命科学学院	生物科学
河南	关方兴	男	900	辉县一中	计算机科学与技术	计算机科学与技术
河南	穆亚东	男	900	项城一中	计算机科学与技术	计算机科学与技术
广东	张 颖	女	900	广东铁路一中	计算机科学与技术	计算机科学与技术
广东	张 恒	女	900	省实验中学	电子学系	电子信息科学与技术
广东	叶玉婷	女	900	广州第二中学	计算机科学与技术	计算机科学与技术
广西	秦道明	男	900	广西师大附中	生命科学学院	生物科学
贵州	邓颖路	女	694	贵阳六中	生命科学学院	生物科学
西藏	路 遥	男	574	西藏民院附中	信息管理系	信息管理与信息系统
西藏	吴 菁	女	628	西藏招生办	信息管理系	信息管理与信息系统
重庆	杨 婵	女	682	重庆桐梁中学	生命科学学院	生物科学
陕西	艾尔康	男	900	西工大附中	生命科学学院	生物科学

表 6-6　2000 年录取国际奥林匹克竞赛金牌得主名单

省市区及来源学校	姓 名	性 别	学 科	录取院系	专 业
湖北黄冈中学	袁新意	男	数学	数学科学学院	数学与应用数学
湖南长沙一中	刘志鹏	男	数学	数学科学学院	数学与应用数学
天津南开中学	吕 莹	男	物理	物理学系	物理学
湖北华中师大一附中	宋均亮	男	物理	物理学系	物理学
江苏梁丰中学	陈晓升	男	物理	物理学系	物理学
湖南长沙一中	陈 政	男	化学	化学与分子工程学院	化学
湖北华中师大一附中	冯 玮	男	化学	化学与分子工程学院	化学
浙江杭州第二中学	汤砚蔚	男	化学	化学与分子工程学院	化学
江苏常州中学(高二)	恽之玮	男	数学	数学科学学院	数学与应用数学
湖南长沙一中	宋臻涛	男	生物	生命科学学院	生物科学

2000 年教务工作有关数据

1. 北京大学四年一度的优秀教学成果奖评选结果：

校级成果奖：84 项；市级成果奖：53 项，其中一等奖 31 项，二等奖 22 项；特别推荐国家特等奖 2 项，国家一等奖 7 项。

2. 确定第二届主干基础课 252 门（不含政治课和外语类课），聘任主干基础课主持人 86 人，主讲教师 496 人。其中，教授 243 人，副教授 247 人，讲师 89 人。

3. 2000 年－2001 年度本部在校本科生 9631 人，其中二学位（知识产权和国际文化交流专业）99 人，思想政治教育（大专起点）246 人，本科留学生 454 人。

4. 北京大学 2000 年招生 2774 人，其中国内本科生 2467 人，外国留学生 158 人，专科起点思想政治教育本科班 100 人，二学位 49 人。

录取各省市高考状元 51 人（文科 33 人，理科 18 人）。数理化生奥林匹克全国比赛优胜者 146 人上北大，其中代表中国参加国际奥林匹克比赛获得金牌者 10 人（我国有保送资格的金牌得主共 13 人，银牌得主 1 人）。

招收保送生 328 人，港澳台学生 14 人，军队定向生 30 人。

5. 2000 年本科毕业生共 2217 人（含 97 级提前毕业的 4 人，留学生 1 人）。

取得本科毕业资格的 2171 人；获辅修专业毕业证书的 110 人；授予学士学位的 2133 人（其中 289 人获经济学双学位）。

结业生 45 人，肄业生 3 人；延期一年毕业的 6 人；第二学士学位毕业生 53 人。

应届专科毕业生 188 人（不含本科转专科 35 人）；结业 12 人。

协和医预班结业 59 人；医学部医预班结业 99 人。

为成人教育授学士学位 709 人。

给医学部做毕业证书 532 份；授学位 519 人；专科毕业证书 66 人；结业 2 人。

6. 北京大学境外办学的本科生人数 500 多人（分布在香港，澳门，新加坡），北京大学电子商务双学位首次招生 166 人，其中校外在职人员 56 人。

7. 2000 年北京大学评选出年度教学优秀奖 42 人（含医学部 4 人）。

8. 2000 年推荐免试研究生 776 人，办理自费留学、探亲、访友及旅游 612 人（遍布 30 个国家和地区）。办理公派留学、研修、考察等 104 人。

9. 收取出国学生培养费 406 万元，退还培养费 21250 元。收取保证金 305750 元，退保证金 91250 元。办理境外延期、豁免 5 人；办理公证、换汇各 460 人次（自费出国留学需办理公证、换汇手续）。

10. 为香港中文大学代招本科生 13 人，为香港大学代招本科生 11 人，为香港科技大学代招本科生 6 人。选拔毕业生 5 名到香港科技大学、1 名到城市大学攻读研究生。选拔 3 名本科生到日本东京大学校际交流，选拔 1 名本科毕业生由松下电器奖学金资助赴日本东京大学攻读硕士学位。4 名本科生到新加坡国立大学校际交流。

11. 北京大学本科生开课门数：1999－2000 年度，第一学期 2787 门，第二学期 2765 门。

12. 1999 年全年学籍异动 344 人次。其中：休学 27 人；停学 24 人；复学 40 人；退学离校 74 人；专升本 14 人；转系转专业 81 人；留降级 22 人；办理试读 36 人。

13. 考试违纪作弊人数 27 人

表 6-7 北京大学考试中心 2000 年承担考试情况

	考试类别	考试日期		考生人数
国内考试	北京大学大学英语四级证书考试	6月18日		1384 人
		12月24日		1018 人
	北京大学电子商务双学位入学考试	8月30日		108 人
	全国大学外语四、六级考试	6月17日		3840 人
		12月23日		3331 人
国外考试	TOEFL 考试	1月15日		1199 人
		5月12日		960 人
		8月26日		922 人
		10月21日		966 人
	LSAT 考试	12月3日		211 人
	韩国语能力考试	10月22日		118 人
	BEC考试 BEC 二级	6月3日(上午)	6月3日(下午)	152 人
	BEC 三级	5月20日(上午)	5月21日(全天)	166 人
	BEC 二级	12月9日(上午)	12月10日(全天)	174 人
	BEC 三级	11月25日(上午)	11月26日(全天)	232 人

(12 人是 2000－2001 年下半学期作弊，在 2000 年还未作处理)，受到严重警告处分 4 人，记过处分 10 人，留校察看处分 1 人。其中不授学位 6 人。

14. 北京大学考试中心 2000 年承担考试情况见表 6-7。

15. 北京大学 2000 年授予学士学位学生统计

2000 年应届本专科毕业生及第二学士学位班毕业生总数 3017 人，其中理科本科毕业生 1065 人（97 级提前毕业 3 人），文科外语本科毕业生 1022 人（97 级提前毕业 1 人），医学部本科毕业 532 人，第二学士学位班 53 人，马克思主义学院思政班 76 人，应用文理学院专科 200 人，医学部专科 68 人，97 级外国留学生提前毕业 1 人。经审查合格本科毕业生总数 2701 人；本科结业 45 人，马克思主义学院思政班肄业 3 人，应用文理学院专科毕业生 188 人，结业 12 人，医学部专科毕业 66 人，结业生 2 人。

在 2701 名本科毕业生中，有 57 人不授予学士学位，占毕业生总数的 2%。其中因试读不授学士学位的 16 人，因重修（或重考）的必修或限选课程累计达五门次（含五门次）以上者不授学士学位 19 人，因考试作弊不授学士学位 9 人，医学部不授予者 13 人。

在 2701 名毕业生中，授予学士学位的有 2652 人，占毕业生总数的 98%。

其中：理学学士 987 人
工学学士 29 人
文学学士 298 人
历史学学士 50 人
哲学学士 29 人
法学学士 432 人
经济学学士 194 人
管理学学士 114 人
医学学士 519 人

16. 1999 年结业，2000 年成绩合格后换发毕业证书并补授予学士学位 9 人

化学与分子工程学院(4 人)：
夏建军 何建军
彭导灵 江振华
生命科学学院(1 人)：
刘 伟
计算机科学技术系(2 人)：
石剑鸣 王 玮
法学院(1 人)：
张京伟
马克思主义学院(1 人)：
李 洪

表 6-8　2000 年体育运动成绩

项目	成绩	领队	教练	运动员姓名（单项名次）	比赛名称	比赛地点	比赛时间
棋牌	亚军	刘强		象棋队：本科生队：胡滨 张建新 刘士勇 迟源 研究生队：黎德元 詹从赞 李贤德 李成刚 王松林 丁存德 张宏智 刘强	第14届"京华杯"棋牌赛	北京大学勺园多功能厅	4/8
		魏国峰		围棋队：本科生队：卢晓健 李咏 宁昆渤 顾全林 研究生队：李响 王石 梅检强 翁阳 教工队：杨朝晖 孙晓宇 周宁 魏国峰			
		钱尚武		桥牌：本科生队：何雷 华明 慕成 周小平 李振鹏 张亦卓 研究生队：黄建明 邓炯 黄靖 吕锡亮 李景睿 高永宏 教 工 队：钱尚武 朱小音 柳彬 张平文 彭飞 刘小武			
				国际象棋：贺卫国 李沁 李小鹏 鲁发凯			
				女子混合队：黎德玲(象) 张静(围) 王倩(国象)			
				干部象棋表演队：武占学 张鸿魁 刘和平 于年才			
攀岩	冠军	滕炜莹	郝光安	尹瑞丰、雷宇、张锐、张琦峰	北京电信杯首届野外生存技能比赛	北京香山	5/27～28
				孙斌(男子冠军) 李丹(女子亚军) 王瑾(女子第六)	全国第二届攀冰赛	北京密云	1
				蔺志坚、赵博、张琦峰、韩蕾、黄一玲	长白参杯全国大学生登山挑战赛	吉林长白山	8/20～23
			王荣涛	赵雷(男子冠军)；张锐、刘炎林(并列男子第26名)； 李丹(女子第12名)、晁婕(女子第14名)； 王在(女子第17名)	第八届全国攀岩锦标赛	北京怀柔	10/14～16
赛艇	亚军	沈千帆 石勇	吴尚辉	达奔那(8号桨手) 程浩(7号桨手) 许洋(6号桨手) 田林(5号桨手) 王宇(4号桨手) 严明(2号桨手) 崔天旨(3号桨手) 王伟(1号桨手) 张誉馨(舵手) 赵立文(预备桨手) 刘晓东(预备桨手)	北大、清华赛艇对抗赛	北京昆玉河	5/27
					北大、清华"琅岐杯"百年赛艇对抗赛首届比赛	琅岐岛	7/23
*羽毛球	第二名	初育国	李志贵	欧阳泽曼：女单(3) 张海霞 杨柳	北京高校羽毛球比赛	北京大学	5/6
	第三名			洪龙 余建伟 王俊生 吴乔			
	第三名			欧阳泽曼：女单(1)、女双(3) 张海霞：女双(3) 杨柳	第五届中国大学生羽毛球锦标赛	福建集美大学	7/16～22
				洪龙 余建伟 王俊生 吴乔			

项目	成绩	领队	教练	运动员姓名（单项名次）	比赛名称	比赛地点	比赛时间
武术	第六名	胡京翔	彭芳	卢鑫：女子枪术(6)	全国第六届大学生运动会	四川成都	9/3～7
				男队：杜震：自选剑(2)、形意拳(3)、长拳(8)；侯德宇：42式太极拳(3)、自选太极剑(3)；卢明：南拳(3)、螳螂拳(4)、少林拳(6)；周斌：通背拳(4)；陈国峰：24式太极拳(4)、初级三路拳(5)	北京高校武术比赛	北京理工大学	5/14
				女队：卢鑫：八卦掌(1)、42式太极拳(1)、长穗剑(1)；孙艳敏：南拳(2)、翻子拳(2) 卢鑫、孙艳敏：刀枪对练(1)			
游泳	亚军	胡京翔	余潜	陈涛：男甲4×100米混合泳接力(8) 孙巍 陈延 解华：女乙400米自由泳(6) 杨泳、崔康康：女甲4×100米混合泳接力(8)	全国第六届大学生运动会	四川成都	9/3～7
				孙巍：50米仰泳(1)、50米蛙泳(1) 陈涛：100米蛙泳(1)、200米蛙泳(1) 朱矗：100米蝶泳(1)、200米蝶泳(1) 张林：100米仰泳(1)、200米混合泳(1) 陈延：100米自由泳(2)、50米自由泳(3) 黄嵩：200米混合泳(2)、100米蛙泳(3) 芮鹏：100米自由泳(3)、50米自由泳(4) 崔康康：50米自由泳(1)、100米自由泳(1) 杨泳：50米蝶泳(1)、100米蝶泳(1) 解华：200米自由泳(1)、400米自由泳(1) 马佳：100米自由泳(2)、200米自由泳(2) 付雪陪：100米仰泳(2)、200米仰泳(2)	北京高校游泳运动会	光彩游泳馆	6/26
田径	第四名	曹晓培 戴名辉 滕炜莹 刘铮 胡京翔 李朝斌	田敏月	朱诺伟：铁饼(1)、铅球(2)；张庆跃：110米栏(2)；何峥：400米(2)；李辉：400米栏(2)；申科：110米栏(3)；于洋：800米(5)；李明鑫：800米(6)；付伟：1500米(8)；高广斌：400米栏(8)；李悦、高广斌、于洋、何峥：4×400米接力(4)；秦熙、高帆、李泊桥、张庆跃：4×100米接力	北京高校第38届田径运动会	北京工业大学	5/19～21
	第五名			任燕：400米栏(1)；张曦：5000米(2B)、1500米(3B)；陈浃：400米栏(2)、400米(3)；张昕：三级跳远(3)、跳远(5)；王亚宁：标枪(3B)；王榕：100米(3)；戴莹：铁饼(3)；谷淼：跳高(4)；袁佳炜：100米栏(4)；傅芳：三级跳远(5)；赵为之：铅球(5)；任燕、刘畅、刘少妍、陈浃：4×400米接力(3)；王榕、张丛、张昕、厉赛：4×100米接力(3)			
		曹晓培 戴名辉 滕炜莹 李朝斌		秦熙：男乙4×100米接力(2)；李辉：男甲4×400米接力(3)；王榕：女甲4×100米接力(4) 张庆跃、男甲110米栏(5)；于洋：男甲800米(7)；朱诺伟：男甲铁饼(8)	全国第六届大学生运动会	四川成都	9/3～7

项目	成绩	领队	教练	运动员姓名（单项名次）	比赛名称	比赛地点	比赛时间
男子篮球	第三名	胡京翔	张剑	周博(4号) 程前前(5号) 崔天旨(6号) 严明(7号) 徐小雷(8号) 邱方(9号) 阿金(10号) 徐东宇(11号) 周洋(12号) 许洋(13号) 樊非非(14号) 于洋(15号)	CUBA北京地区选拔赛	（主客场）	9/16～11/10
女子篮球			张亚谦	刘锐(5号) 单姗(6号) 张宁宁(7号) 商宁(8号) 马微(9号) 梁迪(12号) 商秦(14号)			
*健美操		田敏月	黄育	＊＊＊李铭:男单(5)、六人(6)、混双(8)	全国第六届大学生运动会	四川成都	9/3～7
				＊李铭:男单(4)、曹圣光:男单(5);李铭、曹圣光、朱培:混三(8);郑思薇 程琳琳	第八届中国大学生健美操艺术体操锦标赛	北京大学百周年纪念讲堂	2/15～16
*艺术体操				李佳:圈操(3)、带操(3);于丹 姜莹莹			
乒乓球			武文珠	孙杰:男子团体(3)、混双(6);刘音:女子团体(7) 混双(5)、女双(7);阙小燕:女子团体(7)、混双(6)、女双(7)	全国第六届大学生运动会	四川成都	9/3～7
				孙杰:男子单打(3) 阙晓燕:女子单打(3)	北京高校乒乓球锦标赛	清华大学	11/27～12/4
排球	第三名	胡京翔	冉文升	袁远 孙萍 王潇 马莉 任娜 张颖 杨冰虹 郝彩缤	北京高排校球联赛	北京航空航天大学	5～6
足球	第五名		周朝君 武元朝	李晓龙 李世涛 王璞 金日华 兰哲 王波 陈石 李东晋 宋彦良 彭坤 李伟华 谢飞 许辉 徐涛 陈庆辉 石晓峰 宋洋 朴岩海	北京高校足球联赛	（主客场）	4～5
	冠军		李杰	楮大鑫 张洪 卢立明 薛领 毛翻 王鹏 欧阳俊 萨支山 何群 王示峰 何海峰 孙智力 于腾 陈有昌 王立勇 杨万强 孙泉 陈耀华 吴庭耀 韩华 孙危 孟策 彭海林 魏刚 李宝力	北大清华博士生足球对抗赛	清华大学	1999/12/

＊体育道德风尚奖　　＊＊最佳运动员　　＊＊＊精神文明运动员

表6-9 北京大学田径记录(2000.12.31统计)

男子

项目	成绩	姓名	单位	时间	地点
100米	10"5	秦熙	法学院	第37届高校运动会,1999.5	首都师范大学
200米	21"8	张轻	心理系	第28届高校运动会,1990.5	北京大学
400米	46"53(电)	于宝一	城环系	第7届全国运动会,1993.10	北京亚运村
800米	1'52"5	林军	城环系	第3届全国大学生运动会,1988.8	南京五台山
1500米	3'50"90(电)	林军	城环系	第3届全国大学生运动会,1988.8	南京五台山
3000米	9'23"9	谢寰	化学系	校田径运动会,1960.5	北京大学
5000米	14'27"1	马宏升	法学院	第35届高校运动会,1997.6	清华大学
10000米	32'23"5	杜春武	法学院	第28届高校运动会,1990.5	北京大学
110米栏	14"4	赵建军	法学院	第35届高校运动会,1997.6	清华大学

项目	成绩	姓名	单位	时间	地点
400米栏	54″4	蔡奕	法学院	第34届高校运动会,1996.5	北京体育大学
3000米障碍	8′57″5	马宏升	法学院	第35届高校运动会,1997.6	清华大学
4×100米接力	42″2		校田径队	全国高校田径锦标赛,1990.8	徐州矿大
4×400米接力	3′15″4		校田径队	市九运会(高校组),1995.5	北京先农坛
跳高	2.15米	于洪	经济学院	第3届全国大学生运动会,1988.8	南京五台山
撑杆跳高	3.80米	陈子楠	力学系	校田径运动会,1985.5	北京大学
跳远	7.15米	李露	法学院	第28届高校运动会,1990.5	北京大学
三级跳远	14.67米	吴尚辉	心理系	校田径运动会,1990.4	北京大学
铅球	15.30米	朱诺伟	法学院	大运会选拔赛2000.3	北京体育大学
标枪	57.90米	陈涛	经济学院	校田径运动会,1993.4	北京大学
铁饼	48.59米	朱诺伟	法学院	第38届高校运动会2000.5	清华大学
链球	42米	沈弘	外语学院	校田径运动会,1985.5	北京大学
10000米竞走	45′20″1	刘立峰	心理系	第28届高校运动会,1990.5	北京大学
十项全能	6089分	王辉	法学院	第35届高校运动会,1997.6	清华大学

女子

项目	成绩	姓名	单位	时间	地点
100米	12″17(电)	包菡薇	法学院	第4届全国大学生运动会,1992.8	武汉
200米	24″27(电)	周娜	法学院	第5届全国大学生运动会,1996.8	西安
400米	56″4	冷雪艳	心理系	第35届高校运动会,1997.6	清华大学
800米	2′19″6	王丽雯	心理系	第28届高校运动会,1990.5	北京大学
1500米	4′39″2	张曦	法学院	第37届高校运动会,1999.5	首都师范大学
3000米	9′32″4	黎叶梅	法学院	北京市九运会(高校组),1995.5	北京先农坛
5000米	17′02″1	黎叶梅	法学院	北京市九运会(高校组),1995.5	北京先农坛
10000米	35′30″6	黎叶梅	法学院	北京市九运会(高校组),1995.5	北京先农坛
100米栏	14″0	刘波	心理系	校田径运动会,1995.4	北京大学
400米栏	1′00″0	邱爱华	心理系	第28届高校运动会,1990.5	北京大学
4×100米接力	47″4		校田径队	第36届高校运动会,1998.5	北京体师
4×400米接力	4′02″6		校田径队	第35届高校运动会,1997.6	清华大学
跳高	1.77米	倪秀玲	心理系	第28届高校运动会,1990.5	北京大学
跳远	6.55米	关英楠	法学院	第35届高校运动会,1997.6	清华大学
三级跳远	12.28米	孙海姗	法学院	北京高校田径杯,1995.10	八一田径场
铅球	19.03米	周天华	法学院	第28届高校运动会,1990.5	北京大学
标枪	61.99米	王亚宁	法学院	全国田径锦标赛,1999.10	广东惠州
铁饼	44.44米	周天华	法学院	第28届高校运动会,1990.5	北京大学
七项全能	5681分	刘波	心理系	第35届高校运动会,1997.6	清华大学

最好成绩(女子)

项目	成绩	姓名	单位	时间	地点
马拉松	2:38′08	黎叶梅	法学院	第14届澳门国际马拉松赛1994.12	澳门

表 6-10 北京大学游泳记录

2000.12.31

项目		男子				女子			
		成绩	姓名	单位	时间	成绩	姓名	单位	时间
自由泳	50米	24″16	宋士新	心理系	1987	29″96	马佳	法学院	1998
	100米	53″95	宋士新	心理系	1987	1′05″7	马佳	法学院	2000
	200米	2′04″10	宋士新	心理系	1987	2′18″15	马佳	法学院	1998
	400米					4′56″84	解华	法学院	2000
蝶泳	50米	27″55	宋士新	心理系	1987	31″27	杨泳	外语学院	1998
	100米	1′02″50	宋士新	心理系	1987	1′09″38	杨泳	国关学院	2000
	200米	2′25″50	宋士新	心理系	1987	3′33″67	杨泳	外语学院	1997
仰泳	50米	30″08	孙巍	法学院	2000	33″35	崔康康	法学院	1998
	100米	1′05″66	孙巍	法学院	1997	1′13″28	崔康康	法学院	1998
	200米	2′33″13	孙巍	法学院	1998	2′27″50	崔康康	法学院	1999
蛙泳	50米	33″13	陈涛	法学院	1998	36″05	杨东宁	经济学院	1995
	100米	1′11″18	陈涛	法学院	2000	1′21″04	杨东宁	经济学院	1996
	200米	2′40″09	陈涛	法学院	2000	2′57″28	杨东宁	经济学院	1995
混合泳	200米	2′25″94	张林	法学院	2000	2′41″54	杨东宁	经济学院	1995

表 6-11 2000年课余体育活动

活动名称	成绩、参加人员	时间	地点
2000 ChinaRen.Com 攀登珠穆朗玛峰	陈科屹 陈光 蔺志坚	4/13～5	西藏
"北大杯"足球赛	冠军:计算机系;亚军:应用文理学院;第三名:物理系;第四名:生命科学学院	4/16～6	一体运动场
2000年学生篮球甲级联赛	冠军:电子学系;亚军:数学学院;第三名:外语学院	4/22～6	二体篮球场
2000年女生篮球联赛	冠军:外语学院;亚军:化学学院;第三名:艺术考古联队	3、4	
2000年"篮协杯"赛	冠军:国际关系学院;亚军:法学院;第三名:物理系、数学学院	10、11	
昌平校区"蓝天杯"足球篮球排球联赛	足球:第一名 经济学院;第二名 国际关系学院/社会学系联队 篮球:第一名 光华管理学院;第二名 经济学院 排球:第一名 中文系;第二名 社会学系	4/16～5/18	昌平校区
2000年北京大学游泳运动会	98级男生组50米蛙泳: 1.谢佳(42″1) 2.刘苏(42″2) 3.房彬(42″5) 4.贾昌明(43″2) 5.于品(43″6) 6.景昊(44″5) 7.王寅(44″7) 8.王晓龙(45″2) 9.白旭(47″4) 10.张军军(46″6) 11.王新杰(46″7) 12.武巍(47″4) 13.张杨(47″5) 14.王东(47″6) 15.裘寅(48″) 16.赵斌(48″1) 17.尚路(48″6) 18.王冬(48″8) 19.刘哲(50″3) 20.胡宗敏(50″4) 98级女生组50米蛙泳: 1.李君一(45″2) 2.张伟(50″) 3.牛倩(50″5) 4.李轩(50″9) 5.刘谨(51″1) 6.冯巍巍(53″) 7.聂书怡(54″8) 8.吕海慧(55″) 9.聂书沂(55″) 10.谭静(58″1) 11.招诗苗(59″1) 12.胡道影(1′00″3) 13.赵佳(1′00″7) 14.聂思维(1′02″2) 15.吴更(1′04″2) 16.冯翠玺(1′04″4) 17.韩琴(1′04″5) 18.李兰(1′05″1) 19.梁璋仪(1′06″) 20.陈洁(1′06″9)	6/24	五四游泳池

活动名称	成绩、参加人员	时间	地点
2000年北京大学游泳运动会	99级男生组50米蛙泳： 1. 罗天天(40″3) 2. 吴迪(43″9) 3. 韩晓(44″4) 4. 果伟(45″) 5. 姚文松(45″6) 6. 闻任定(46″2) 7. 李延(46″4) 8. 杨阳(47″4) 9. 张晓辉(47″5) 10. 王辉(47″6) 11. 李岗(48″4) 12. 刘立(49″8) 13. 解凡(49″9) 14. 贺江(50″) 15. 高方晨(50″4) 16. 王振广(52″2) 17. 秦星羿(52″3) 18. 王安(53″8) 19. 刘铮(54″3) 20. 王荣明(54″2) 99级女生组50米蛙泳： 1. 王在(45″7) 2. 史晓蒙(48″5) 3. 王金(51″2) 4. 何志媚(54″) 5. 张晓倩(54″5) 6. 范影川(56″9) 7. 徐佳(58″8) 8. 王岩(1′00″1) 9. 鲍贻倩(1′01″9) 10. 陈竹青(1′02″) 11. 张女青(1′02″9) 12. 朱母母(1′03″8) 13. 余明君(1′04″6) 14. 袁洁(1′04″9) 15. 徐海诺(1′05″6) 16. 刘舰(1′08″4) 17. 刘佳(1′10″1) 18. 王秋环(1′10″3) 19. 钟尉瑞(1′10″7) 20. 王慧君(1′10″9)	6/24	五四游泳池
留学生篮球赛	第一名 蛇队 第二名 Box One 第三名 Blue Sky 第四名 55ers	5/13～14	勺园篮球场
"新生杯"系列赛	男篮：1. 国关学院 2. 法学院 3. 文理学院	9～11	二体篮球场
	足球：1. 法学院 2. 数学学院		一体运动场
	乒乓球（个人赛）男子组：1. 韩亮 2. 林晓鹏 3. 窦杨杨 4. 曹文 5. 冻梁 6. 刘鹏 7. 楼小挺 8. 霍名华 女子组：1. 林平芳 2. 刘琪 3. 张恒 4. 朱丹丹 5. 赵辛 6. 顾凡颖 7. 赫睿禧 8. 龙飞		地厅乒乓球室
	羽毛球：1. 生命科学学院 2. 计算机系 3. 国际关系学院 4. 数学学院 5. 城环系 6. 经济学院 7. 力学系 8. 外语学院		五四羽毛球馆
校职工运动会暨校女工趣味运动会	田径、跳绳、夹包、托球跑、运球跑等	11/19	一体运动场
99级新生杯足球冠军对抗赛	燕园冠军：法学院；昌平园冠军：经济学院 3∶3	10/13	一体足球场
北京大学教职工春蕾篮球赛	第一名：外语学院	5～6	二体篮球场
2000年北京大学冬季学生越野赛跑	99级男生组：1. 李自然 2. 何旐祥 3. 肖鹏 4. 杨磊 5. 李想 6. 叶云 7. 宋扬 8. 刘睿 9. 董彬 10. 杨元合 11. 吴迪 12. 李建 13. 陈呼和 14. 周水泉 15. 姚文松 16. 陈亦雨 17. 韩建强 18. 窦国澍 19. 赵明现 20. 张铸 99级女生组：1. 曹丽格 2. 李济瑶 3. 李晶 4. 陈知百 5. 谭圆圆 6. 李霞 7. 任静 8. 郭萌烨 9. 瑜函 10. 徐晓搏 11. 谭畅 12. 陈燕飞 13. 郭艳 14. 袁得 15. 匡小草 16. 刘毯 17. 何智莉 2000级男生组：1. 孙立平 2. 江涛 3. 梁佳明 4. 张兴红 5. 卢臻 6. 杨昕 7. 张本盛 8. 王晓虎 9. 任宝 10. 宣善明 11. 李科胜 12. 曾峥/王凤早 13. 李阳 14. 王大磊 15. 陈云华 16. 金海龙 17. 金光 18. 郝涛 19. 徐博巷 20. 胡卫平 2000级女生组：1. 梁林 2. 李慧普 3. 龙云 4. 杨迪 5. 张渝晴 6. 王晓楠 7. 刘婷婷 8. 姚娜 9. 刘吸 10. 张丹丹 11. 谢怡莹/毛蒙 12. 陈真 13. 程雪 14. 骆楠 15. 杨迎 16. 郭银霞 17. 高雨茜 18. 高民芳 19. 董世荣 20. 方菲	11/8	环北京大学校内

（刘铮）

研究生教育

【概况】 面向21世纪的研究生教育 研究生教育是我国教育结构中最高层次的教育，肩负着为国家现代化建设培养高素质、高层次创造性人才的重任，是知识创新时代一个国家增强国力、增强国际竞争力的重要支撑力量。

面向21世纪的北京大学，正以崭新的步伐向着世界一流大学的目标迈进，高水平的研究生教育是一流大学的基本特征，是创建世界一流大学的最重要的环节。基于北京大学的长远发展和国家建设的需要，在继续提高本科教育水平的基础上，确立研究生教育在学校人才培养的主体地位，积极发展高层次人才教育，是新世纪北京大学建设和发展的一个重要定位。据北京大学研究生院有关统计结果显示：研究生在学校的科研产出方面已经成为最重要的力量。以1998年为例，北大被SCI收录的论文共542篇，其中研究生为第一作者的有298篇，占总数的55%。对抽样调查的理科13个院系国内核心期刊论文统计，890篇核心期刊论文中研究生为第一作者的论文达到406篇，占总数的46%。综合结果表明，研究生已成为学校论文产出方面的主力。除此之外，研究生在协助导师教学、实验室建设、科研项目的执行等方面都充当着重要角色，为学校建设发挥着十分重要的作用。

按照不同学科特点和研究生培养的内在规律，为适应社会对研究生人才的需求，北京大学采取了多种形式的研究生教育，研究生分为科学研究型、技术应用型和管理型等多种类型，采取了不同学制和培养方式。同时，在提高研究生培养质量的基础上，积极开展在职申请学位和开办研究生课程班。面向新世纪的北京大学学位与研究生教育的多元化格局正日趋成熟，显示出越来越广泛的社会基础和充足后劲。发展研究生教育，并使之真正成为国民素质教育中最高层次的标志性教育形式，努力成为我国高级人才培养的重要基地，将是北京大学在21世纪建设和发展的总体目标。

经过不断的改革和探索，北京大学研究生的教育、管理都取得了长足的发展，办学规模不断扩大，为国家和社会培养了一大批多门类高层次专门人才。目前，北京大学研究生在校生总数达到8050人。校本部1978年至2000年共招收研究生27109名，其中博士生5412名，硕士生20962名。截至2000年年底，校本部有2404人获得博士学位，13870人获得硕士学位。1995年以来，校本部每年研究生毕业获得学位的人数年平均增长达到20%以上。在研究生教育方面，北大先后与40个国家和地区的128所高等院校建立了校际联系，开展了国内外导师联合培养博士研究生。截至2000年，共招收了59个国家789名研究生，台港澳地区672名研究生。广泛的国际交流使得北京大学在研究生教育与国际先进研究生教育模式逐步接轨上迈出了坚实步伐。

2001年北京大学硕士研究生报考人数创纪录地达到14010人，报考与录取人数之比高达四比一以上，显示出北大较强的社会影响力和对莘莘学子的凝聚力，显示了以文、理学科为坚实基础的北大在发展研究生教育上的良好社会基础和充足后劲。

面向21世纪的研究生教育，在质和量两方面都有较大的发展空间。北京大学在国内的研究生教育中处在领先地位，在师资力量、固定资产和设施、科研教学实力等方面均处在全国领先水平。"九五"期间"211工程"的较大投入，基本设施建设规模得到大幅度提高，校舍、图书馆、实验室、校园环境、学生宿舍、运动场等设施都发生了很大变化。北京大学作为文、理、工和医学各学科门类齐全的真正意义上的综合性大学，在研究生教育中具有较大的综合优势。以优势学科为依托，开展跨学科科学研究和研究生教育将是北京大学在未来若干年内的重要工作内容。

【招生工作】 接受优秀应届本科毕业生免试攻读硕士研究生是研究生招生工作中的一个重要环节，是选拔优秀研究生生源的重要渠道，是硕士研究生招生质量强有力的保障。2000年9月，经主管校长批准，开始实施《北京大学接收优秀应届本科毕业生免试攻读硕士研究生的规定》。全校各院系经过对申请者进行细致、严格的资格审查、复试，最后录取621人（其中文科255人，理科366人），比2000年529人增加了17.4%。

丰富与及时更新招生主页。互联网以其方便快捷的方式给人们带来了丰富的信息资源，上网查询也成为人们越来越喜欢的获取信息的渠道。研究生院招生主页（http://www.pku.edu.cn/admission/graduate/grszs.htm）在2000年进一步完善，为咨询者提供了更多的信息服务。在2000年，研究生招生主页的内容已经相当齐全，从招生专业目录、考试参考书目，到历年报名录取比、常见问题解答、考研辅导班的信息都已提供，日访问量可达3000人次。

首次为考生提供参考书目。为进一步吸引生源，使更多的外校学生了解北京大学的研究生入学考试，提供了《北京大学2001年硕士研究生招生参考书目》（文、理）。

实施本科直攻博办法。根据《中华人民共和国高等教育法》第十九条中"允许特定学科和专业的

表 6-12 2001 年报考北京大学硕士研究生情况表

类别	统考	推荐免试	单独考试	MBA	法硕	合计
报名人数	6909	621	426	2904	1436	12296
拟录取数	1049	621	210	240	140	2260
报名录取比	6.6∶1	1∶1	2.0∶1	12.1∶1	10.3∶1	5.4∶1

本科毕业生直接取得博士学位研究生入学资格"的规定，经请示教育部，拟于 2001 年开始实行在部分理科院系的优秀毕业生中直接招收博士研究生的办法，希望能够在这些优秀生源相对不足的少数专业中，采用直接招收优秀本科毕业生进入博士阶段学习，用五年左右时间培养成博士研究生，既保证生源质量又保证这些专业在国际竞争中巩固和发展。

2000 年度研究生招生工作根据"德、智、体全面衡量，择优录取，保证质量，宁缺毋滥"的原则，共录取了研究生 3063 人，其中硕士研究生 2233 人（比 1999 年增加了 413 人，增幅为 22.7%），博士研究生 830 人（比 1999 年增加了 58 人，增幅为 7.5%）。

报考北大 2001 年度硕士研究生总人数为 14010 人（其中报考北大本部为 12296 人，医学部 1714 人）。其中本部硕士报名数比 2000 年报名数 9055 人增加了 38.2%。

2001 年北大计划招收攻读硕士学位研究生 2260 人，其中含已经确定为推荐免试生 621 人，MBA240 人，法律硕士 140 人，单独考试 210 人，实际通过全国统一考试招收学生为 1049 人。总的报名录取比为 5.4∶1，统考考生报名录取比为 6.6∶1。（具体数字见表）

2001 年硕士研究生报名的特点是：①报考北大本部硕士研究生人数创历史最高，不论是报考人数，还是报名录取比，北大都在全国遥遥领先，位居各高校之首。②报名专业分布不均衡。在北大校本部 2001 年招收硕士研究生的 126 个专业中，除了 MBA 和法律硕士两个专业学位外，理科专业数为 52 个，文科专业数为 72 个，报名录取比从最高的民商法学 29.3∶1 到个别专业无一人问津，差别很大。从总体上说，报考文科专业人数普遍高于理工科，文科专业报名录取比平均为 8.3∶1，理科平均则为 4.1∶1。③硕士研究生报名首次增加了图像采集系统。在 1999 年应用机读卡采集数据的基础上，为规范考风考纪，北京地区首先应用了硕士报名图像采集系统。采集的考生照片应用在准考证、考场情况表、考场座位表、复试通知、录取通知书上，能有效地防止代考等作弊行为。

2001 年报考博士研究生共有 2550 人。比 2000 年度报名 2305 人增加 10.6%，2001 年博士生的报名工作首次试用了网上报名系统，有 160 多名考生通过网上报名，效果很好，能有效地减少报名环节，减少错误，提高了工作效率，为考生提供方便。2002 年将继续完善博士生网上报名系统外，还将探索硕士生网上报名的可行性。

招生工作存在的问题仍然是招生规模与社会需求、院系需求之间的矛盾。国家今年继续扩大招生规模，允许各高校在 30% 以内上浮。而北大面对 38.2% 的报考增幅，招生数量却只增加了 4.4%，这一方面是受后勤设施——教室、食堂等条件的制约，另一方面，研究生教育的根本任务是进一步提高研究生培养质量，在原有的体制和机制下再扩大招生人数，北大确有不堪重负之感。

【培养工作】 提高研究生特别是博士生的培养质量一直是研究生院的中心工作。培养工作的过程贯穿研究生学习的全过程，研究生院在进行调查研究和总结经验的基础上，对研究生培养过程的各个环节进一步加强了管理。

缩短学习年限、开展两年制硕士生培养试点工作 为贯彻落实全国研究生培养工作会议的精神，进一步深化北大研究生教育改革，在保证培养质量的前提下，为国家培养更多研究生，以适应国家经济建设、科技进步和社会发展对培养高层次人才的需求，研究生院参照国际模式，借鉴兄弟院校经验，全面分析了北大硕士研究生的培养条件及潜在培养能力，探讨了缩短硕士生学习年限的必要性和可能性，提出了在部分专业进行缩短硕士研究生学习年限试点工作的报告。该报告得到了校领导的支持和批准，已在应用性较强、供需矛盾较大的部分院（系）相关专业试行了培养两年制硕士生的工作。此项举措对北京大学的研究生教育改革将起到推动作用。

搞好研究生课程建设工作 研究生课程教学是研究生培养过程中的一个重要环节，搞好研究生课程建设是保证和提高研究生培养质量基础性工作，是为提高研究生培养质量创造必要的条件。北大从 1996 年起每年拨付 40 万元，连续 4 年支持研究生课程建设，受到了广大研究生任课教师的欢迎。它调动了教师们搞好研究生课程建设的积极性和主动性，收到了良好的效果。在 2000 年，研究生院完成了对 1998—1999 年度立项建设的 100 门研究生课程的中期检查；组织专家对新申报立项的研究生课程进行评审，确定了 104 门课程为 1999—2000 年度的研究生课程建设项目。

新兴交叉学科：生物信息学 生物信息学是一个以数、理、化知识为支柱，将计算机与信息科学技术运用到生命科学尤其是分子生物学研究中的重大交叉学科前沿研究领域。作为正在向世界一流大学迈进的北京大学应当在这方面有所作为，抢占先机。特别是北大和北医大两校合并后，北大在实现学科优势互补、拓宽学科结构、促进学科交叉、推进科学研究及科技成果的转化等方面具有得天独厚的条件,这就为生物信息学在北大的生长、发展提供了肥沃的土壤。研究生院起草了"通过研究生的培养推进北京大学生物信息学研究和学科发展"的建议。建议学校整合医学部、生命科学学院、化学学院、数学学院、计算机系、信息中心等单位的力量,以招收、培养生物信息学研究生为切入点,推动生物信息学在北大的发展,为北大能在新的学科生长点上占有一席之地奠定基础,同时也向世人展示两校合并后在发展交叉学科方面的成果。2000年年底,学校正式组织实施生物信息学跨学科研究方向研究生培养计划,全校共选拔出34名不同培养类型(硕士生、直攻博或硕-博连读生)的学生进行生物信息学跨学科研究方向的学习和科学研究工作。

提高研究生培养质量的新举措 为真正树立起研究生教育质量先行的意识,加强对研究生创新意识、创新能力的培养,营造注重学术、注重创新的良好氛围,优化高层次人才培养的外部环境,建立、健全研究生教育工作中的激励机制,进一步提高研究生尤其是博士生的培养质量,在进行广泛深入的调查研究的基础上,研究生院起草了《北京大学关于进一步提高研究生培养质量和培育优秀博士学位论文的若干意见》,(以下简称《意见》)。《意见》的出台及具体措施的逐步落实,在校内外引起了较好的反响。

新举措的一条指导思想就是充分发挥管理职能,建立健全约束机制。新措施对研究生指导教师提出了更高的要求,进一步明确研究生指导教师只是一个特定的教师岗位,而非固定层次和荣誉称号。对研究生指导教师的研究生教学投入、学术业绩(包括学术论著、科研项目等)、毕业研究生或在读研究生的培养质量等情况实行动态跟踪,对连续三年没有科研成果、没有承担研究生教学任务或因未能认真履行导师职责而出现研究生培养质量问题者,取消其招收研究生资格。并对研究生导师的上岗条件在年龄、承担科研项目与取得成果等方面,提出了进一步的具体要求,如:博士生导师年龄一般不超过60周岁;作为课题或子课题负责人目前至少承担一项省部级以上的科研项目,并有一定数额的培养博士生所必需的可支配科研经费;近三年来在核心期刊上以第一作者或责任作者发表的论文达到必要的数目等。这样,虽有导师任职资格但若不具备一些必要条件也不能上岗招收研究生。

新举措对研究生尤其是博士生的培养管理也做了详细规定:(1)进一步明确对博士生课程学习的要求。各专业的博士生除公共必修课外,必修本专业前沿讨论与本学科方法论课。(2)修改并完善有关规章制度,如:改博士生学科综合考试评分标准的"优、良、不合格"三级评定为"优、良、合格、不合格"四级评定,并允许补考一次,建立必要的淘汰制度。(3)调整学习年限,增强灵活性,以适应不同学科、不同类型人才培养的需要。(4)进一步完善现有的硕-博连读(直攻博)制度,以便吸引优秀生源,统筹安排硕士-博士的课程学习与科研工作,提高办学效益。(5)进一步明确或改进研究生学位论文的评价标准,对学位论文质量进行定性定量的分析与评估,突出对创造性工作和创新成果方面的要求。(6)加强学位论文的外部评价,建立博士学位论文抽查制度,每年随机抽查部分论文由学校送审,结果公开。(7)加强对研究生科研工作的管理,进一步明确在获得博士学位或硕士学位前必须公开发表的学术论文数量与质量,定期或不定期通报研究生参加科研项目和取得成果的情况。

新举措的另一条指导思想是在经费上加大支持和服务力度,建立健全激励机制。提出了设立"北京大学研究生培养基金"和"北京大学研究生培养基地建设基金",其中包括博士学位论文创新性工作资助金、优秀博士学位论文出版资助金和研究生科研成果奖励金、"全国优秀博士学位论文"获奖学科点奖励金等若干项具体激励措施。

教务工作 继续对教学情况进行检查,尤其是对新学期的开课情况和期末考试的检查。2000年全校开设研究生课程1600门。由研究生院直接主管的全校研究生政治、外语和计算机公共课开班160个,2000年聘请五名外籍教员教授博士生一外英语。2000年接受并安排校外研究生来北大选课334人次。

学籍管理 2000年研究生新生入学注册人数为3084人,在校生注册8050人次;各类研究生学籍异动1071人次;办理研究生毕业(结业、肄业)离校手续1690人次;办理研究生对外联系用成绩单18250份;办理研究生出国手续524人次(其中公派出国的159人次,自费出国的365人次),延长国外学习期限、豁免回国服务的15人次,涉及28个国家和地区。

开发计算机辅助管理系统 研究生的学籍管理和教务管理,是研究生培养管理工作中的两个重要环节。北大研究生的规模日益增大,为了提高工作效率和使工作更加科学化和规范化,研究生院与计算中心合作开发了院、系级研究生学籍和教务计算机辅助管理系统。该系统在研究生新生数据维护、在校生数据维护、注册管理及研究生课程学习包括选课与成绩管理等方面,效果良好。该项工作为下一步完成全面的研究生培养计算机辅助管理工作打下了基础。

与香港树仁学院合作办学 北大有7个专业在香港树仁学院招收在职兼读硕士研究生,现有在校生202名。由研究生院负责这些研究生每学期的注册、任课教员的派遣和教学计划的安排等培养管理事宜。

【学位工作】 学位授予 2000年共授予博士学位372名,与1999年大致相同(为380名),其中授予以毕业研究生同等学力博士学位2名;授予硕士学位1502名,比1999年的1376名增加9%,其中授予以毕业研究生同等学力的硕士学位208名。从恢复学位制度以来到2000年底止,北大本部累计授予博士学位2404人,授予硕士学位13870人,合计16274人。

学科增列 2000年4月,我国第八次博士、硕士学位授权点的增列工作开始。北大通过学位评定分会的评审,召开校学位委员会专家组会议,最后确定各类学科增列的意见,组织上报材料,按时完成了首期任务。9月,又组织学科评议组成员和一级学科专家汇报会,增列结果如下:申报的一级学科博士授权点5个均获通过,分别是:政治学、心理学、电子科学与技术、环境科学与工程、图书馆、情报与档案管理。二级学科博士点通过1个:行政管理。北京市通过的硕士点一个:摄影测量与遥感。北大有权自审的通过了9个:中外政治制度、教育技术学、新闻学、电影学、电路与系统、电磁场与微波技术、控制理论与控制工程、应用化学、环境工程。

学位评定委员会及其分会的换届 第六届学位委员会及其分会的换届,从1999年就开始进行,2000年完成。院系级的学位分会换届,用了大约3个月时间。校学位委员会的换届恰逢北大校长换届和北大与北医大合并,经过反复酝酿讨论,最后形成了两校合并后的新一届学位委员会,并在2000年夏季授予学位前夕获得了教育部的正式批文。本届学位委员会由25人组成,主席许智宏,副主席韩启德、迟惠生,其中医学部有5人参加。

做好博士生指导教师登录招生简章工作 按照北京大学规定,博士生指导教师在退休前两年就不得再招收博士生,以避免退休后较长时间仍有在学博士生。每年3月开始,要对登录招生简章的导师进行审核。北大出于学科建设和人才培养的需要,对于必须延期的,要有校长批准。凡已招生的博士生导师,在办理退休后仍须履行导师职责,所在单位应在其退休后予以返聘,直到博士生学习终了。2000年在岗导师有711人,其中符合年龄要求的为408人,校长特批103人,上招生简章的为511人。

申报、评估专业学位硕士点 4月,研究生院组织申报MPA(公共管理硕士)专业硕士,经国务院学位委员会批准获得首批试办权。在10月份组织申报北大第一个工程硕士点:计算机科学技术,并接待专业指导委员会专家考察,目前该工程硕士点已获批准。

【表彰优秀博士学位论文作者及导师】 为鼓励多出优秀博士学位论文,北京大学对被评为"全国优秀博士学位论文"的作者及其指导教师个人,除获得国家奖励外,北京大学给予表彰和奖励。对推荐参加全国优秀博士论文评选的,也获得学校的表彰与奖励。12月25日,在"北京大学2000年优秀博士学位论文世顺奖"颁奖典礼上,学校对优秀博士学位论文的作者和他们的导师进行了表彰。54位博士学位获得者以其出色的学位论文工作受到了表彰,其中7人为2000年全国优秀博士学位论文获得者。此次颁奖活动继续得到香港世顺集团的赞助,获奖博士生及其导师除获得学校颁发的获奖证书外,还获得以北京大学标志性建筑西门华表为主体设计的金质纪念牌及数额分别为5000、3000、2000元人民币的奖金。此外,北京大学规定每产出一篇全国优秀博士学位论文,该学科点将获得学校10万元人民币培养经费的奖励。这也是研究生教育中激励机制的一项新内容。此前,已有12个博士学位授予点因产出14篇全国优秀博士学位论文而获得总共140万元的奖励性培养经费。

此次获奖的博士学位论文都是在各自的学科领域内具有重要意义、做出创造性成果的优秀之作,其中涉及稀土化合物、纳米材料合成,基因序列表达等国际尖端或最新发展方向。奖励优秀博士学位论文作者及其导师是北京大学面向新世纪,为进一步提高研究生培养质量,培育优秀博士学位论文,创办世界一流研究生教育而实施的新举措之一。

表彰优秀博士学位论文的作者及其导师,对于培养博士研究生创新意识、创新能力,鼓励他们多出优秀博士学位论文具有重要意义。此次获奖励的14篇博士学位论文中,校本部的11篇分别是1999年度(7篇)和2000年度(4篇)入选的全国优秀博士学位论文;医学部的3篇为2000年度入选的全国优秀博士学位论文。

【调查研究】 研究生院有针对性地开展调查研究工作,在2000年中进行调研工作并写出报告的主要有:(1)《关于研究生生活待遇问题的调查及其建议》;(2)《各校研究生院机构设置》;(3)《关于研究生院机构设置的情况反映》;(4)《关于研究生院机构设置的请示》;(5)《关于研究生培养经费和研究生待遇问题的改革意见》等。这些报告共约5万字,分别上报学校和国家计划发展委员会。这些报告为领导决策提供了参考依据,在一定程度上起了积极的推动作用。

【学位信息处理工作站】 学位信息处理工作站是1991年国务院学位办设在北大研究生院的学位授予信息处理工作站,其职能是负责一年一度的北京市50多所高等院校的学位授予信息的数据采集、汇总及处理工作,并为北京市各高等院校提供相应的技术指导。在2000年重新设计了工作站互联网主页,丰富了网页内容,并提供了新版学位授予软件的下载和使用问答。2000年3月份对所负责的北京市各高等院校的1999年学位授予信息进行了数据检查和汇总,并上报国务院学位办。

【中国研究生院院长联席会秘书处】 全国"研究生院院长联席会"秘书处挂靠在北京大学研究生院,首届秘书长由北京大学研究生院常务副院长周其凤院士担任。秘书处按照条例的要求,"执行联席会及其主席交办的任务,沟通联席会各成员单位之间的联系,协助主席筹备联席会年度会议,协助主席总结联席会年度工作,提供各种形式的信息交流服务,向联席会提供秘书处年度工作报告和财务报告。"为了介绍和宣传"联席会",秘书处编印了联席会2000年画册;制作了网页,介绍了"联席会"的基本情况,提供了各研究生院的上网信息、各成员单位院长的联系电话和E-mail地址,为各成员单位之间、各院长之间的联系、沟通和交流提供了方便。秘书处于2000年4月24—26日在广东省珠海市筹备召开了研究生院院长联席会首次年会。秘书处组织研究生院院长代表团于2000年6月23日至7月22日分四路赴西部的重庆、贵州、甘肃、内蒙、广西、云南、宁夏、青海、新疆等9个省、直辖市、自治区,就西部地区在高层次人才培养和研究生教育方面的问题进行了考察。为进一步加强中、美两国研究生教育相关组织的交流和联系,秘书处组织了联席会赴美院长代表团,于2000年12月2日至17日赴美,出席了12月6日至9日在新奥尔良召开的美国研究生教育委员会(CGS)第40届年会,并访问了哥伦比亚大学(CU)、加州理工学院(CIT)、伯克利加州大学(UC BERKELEY)的研究生院。

(研究生院供稿)

医学部研究生教育

【概况】 医学部研究生教育的历史发展 医学部招收研究生的历史最早可以上溯到1942年8月,1948年6月成立医学研究所,下设解剖、生化、生理、寄生物、细菌等研究部并招收研究生,学制二年,毕业时未授予学位。1942年至1949年共招收研究生35人。

建国后,1950年招收研究生5人。1951年至1954年未招收研究生,但为培养师资开办了三期高级师资进修班。1955年至1956年仿照苏联培养副博士的办法,开始招收少量研究生,共录取80人,根据卫生部下达的研究生培养计划,结合学校具体情况,制订了《北京医学院研究生培养计划实施细则》,规定学制三年,因当时国家未实行学位制度,均未授予学位。1957年至1958年,停招研究生,1959年又恢复招生。1962年,按照中央八字方针和《高教六十条》对学校工作进行全面整顿,1963年教育部颁发了《高等学校培养研究生工作暂行条例》,研究生工作逐步走上正轨。1966年至1976年,学校没有招收研究生。从1950年至1976年原北京医科大学共招收研究生222人。

1978年原北京医科大学恢复研究生招生,当年录取研究生111名,其中3人为"二、四"制研究生。1981年原北京医科大学成为国务院首批批准的具有博士、硕士学位授予权单位,并开始招收攻读博士学位研究生。1982年首批授予124名毕业研究生硕士学位。1984年,学校首届也是国家首批依靠自己力量培养的科研型医学博士研究生毕业,并开始招收应用型临床医学博士研究生。至此,学校研究生教育制度日趋完善,成为科研型、应用型两种培养规格及多层次学科、多专业的研究生培养基地。目前医学部有基础医学、药学、公共卫生与预防医学、口腔医学、生物学、科学技术史等6个一级学科有博士、硕士学位授予权,共40个二级学科博士点,45个二级学科硕士点。现有在岗博士生导师167人。2000年9月在校研究生1349人,其中博士生600人,硕士生749人。

自1978年至2000年,共招收研究生5986人,其中博士生2007人,硕士生3979人;共有3579名研究生毕业,其中博士生1227人,硕士生2323人,研究生班29人。截至2000年,共授予学位3884个,有1261人获得博士学位,有2623人获得硕士学位。其中,授予毕业研究生博士学位1208人,硕士学位2260人;授予七年制医学生硕士学位246人,授予在职人员博士学位53人,硕士学位117人。学校从1959年开始招收研究生留学生,截至2000年共招收26人,已毕业14人,授予博士学位7人,硕士学位7人。

研究生院成立以后,学校明确提出研究生教育和本科生教育并重的发展方针,同时提出把研究生教育放在学校发展战略地位的办院方针。学校抓住1984年国家对原北京医科大学重点建设的机遇,按照原国家教委有关规定落实了研究生教学、科研和生活设施,为发展研究生教育提供了物质保证。研究生院坚持以改革促发展,由国家统一考试招生到多种途径招生录取,由单一培养规格发展成多种培养规格,由重论文水平到既重视论文又重视课程和能力的培养,由单个导师指导到根据实际情况设副导师或导师负责下的集体培养,由硕、博两段培养到直接攻博、提前攻博、硕博连读等多种培养模式,由拓宽知识面、促进学科交叉、提高对学位论文的要求到加强创新意识和能力的培养,以及开展在职人员申请学位、开展专业学位、改革导师审批制度和加强德育工作等等,进行了大量的改革和实践。这些改革措施保证了研究生培养质量,有力地促进了学位与研究生教育的发展。

毕业研究生活跃在教学、科研和医疗第一线,承担着大量的工作任务,发挥了重要作用,取得了丰硕的成果。对毕业留校和在校研究生参加科研情况的统计表明，1982年至1991年研究生参加校级以上科研课题400项，占学校总课题数769项的52%，其中有292项课题获奖，占学校课题获奖总数567项的51%。据1993年统计表明，学校在岗教师2985人，其中具有研究生学历并获得学位的有655人，占教师总数的22%。1991年1月，有15名北医大自己培养的博士、硕士获国家教委、国务院学位委员会授予的"做出突出贡献的中国博士、硕士学位获得者"称号。据1999年对工作在全国18个省市中的1980届至1998届370名毕业研究生的调查表明：91%的毕业生已成为各单位的骨干，其中，24%的毕业生成为学科带头人，21%的毕业生成为梯队培养对象，54%的毕业生成为研究生导师，47%的毕业生走上不同层次的领导岗位。

1995年原国家教委对全国33所研究生院进行评估，在9项指标中，原北京医科大学有4项进入前十名，其中研究生教育管理水平排名第六；1993年，"临床医学应用型高层次人才培养模式的改革"获全国普通高等学校优秀教学成果国家级一等奖；1993年原北京医科大学研究生招生办公室被北京市高校招生委员会评为北京市研究生招生工作先进集体；1994年研究生招生分配处被国家教委和北京市高教局分别评为全国普通高等学校毕业生分配工作先进集体和北京地区毕业研究生分配就业工作先进集体；1995年，研究生院获卫生部属高校三育人先进集体；1997年，在招生改革20周年纪念活动中，原北京医科大学研究生招生办公室获北京市先进集体；1999年，研究生院被教育部、国务院学位委员会评为全国学位与研究生教育管理工作先进集体等。

研究生教育管理机构的演变"文革"前，原北京医学院由主管科研工作的副院长或院长助理领导研究生工作，具体的组织管理工作由科研处（科）负责。1978年恢复研究生招生后，由于研究生逐年增加，研究生管理任务加重，于1983年建立研究生处，在主管院长领导下，具体负责研究生教育管理工作。同时建立了相应的管理制度。1984年8月，北京医学院试办研究生院，1985年1月25日正式成立研究生院，1996年经原国家教委批准正式建立北京医科大学研究生院。研究生院成立以来，逐步完善学位与研究生教育管理系统，逐步建立健全了各项管理制度，使学位与研究生教育工作得以持续、稳步地发展。研究生院院长1985年1月至1991年6月由曲绵域校长兼任，1991年6月至1995年8月由王德炳校长兼任，1995年9月开始由副校长韩启德院士兼任。研究生院有副院长1至2人，下设招生分配处、培养处、学位办公室、综合处等机构，统一领导和管理学位与研究生教育工作。校学位评定委员会下设8个分会，负责学位工作。校党委领导下的研究生思想工作部负责研究生思想政治工作。各学院（系、部）相应设立了研究生管理机构并配备了专职管理人员。

2000年两校合并后，原北京医科大学研究生院更名为北京大学研究生院医学部分院，下设分院办公室、招生分配办公室、培养办公室（含研究生思想工作部）、学位办公室，精简了机构，在编人员由原来的26人减至18人。

（郭述贤、侯建伟）

【招生工作】"九五"期间，医学部招收研究生的规模是按照原北京医科大学教育发展规划进行的。年招生量从1996年的343人增加到2000年的550人，增加了60%，平均年递增速度为15%。年招收博士生与硕士生的比例一般为1:1.4。生源来自内地29个省市和港、澳、台地区以及外国留学生。

在招生计划安排方面：(1)根据科研经费、师资力量、床位、实验室等情况，遵照实事求是、量力而行、确保重点的原则，合理安排基础研究与应用研究、计划内与计划外的比例。(2)坚持按需招生，从招生开始就考虑到毕业生的就业问题，"九五"期间定向、委托培养研究生占招生总数的20%—30%。

在吸引优秀生源提高研究生入学质量方面：(1)为了吸引应届毕业硕士生中的优秀生报考博士，1997年起将招收博士生的报名时间提前至1月，3月底4月初考试，初步解决了应届硕士生就业与录取的矛盾。(2)在招收临床专业学位博士生中，为确保临床能力考核的水平，1997年起，入学考试中的临床能力考核部分与住院医师规范化培训合并进行。(3)1997年起加大了博士生入学考试中部分业务课和专业外语难度，并从1998年起参加卫生部考试中心组织的公共英语全国统考，通常报考学校的考生其公共外语及格率比全国平均水平高出15个百分点以上。(4)坚持"硕博连读"和"提前攻博"生在转为博士生前必须参加博士生入学考试的制度，成绩不合格者，不予录取。(5)逐年增加本校符合条件的住院医师"直接攻博"的名额，从"八五"的年平均10余名，增加到"九五"的年均25名以上。这类学生的待遇和管理全部按全日制研究生执行。(6)从2000年开始允许社会上"三甲"医院中具有三年以上临床实践并获得国家医师资格证书者报考临床医学专业学位博士生，录取后为所在单位定向或委托培养。(7)在确定硕士生复试人选时，在一定条件下适当灵活择优或超1:1复试。(8)坚持按二级学科设置招收硕士生的业务课考试科目和命题范围，并不断进行试题分析，改进命题工作。(9)为确保本校优秀本科生源进入研究生，推荐免试名额由占应届本科毕业生的5%增加到15%左右。(10)不断扩大"硕博连读"生的比例。(11)扩大对外宣传力度，印发导师介绍、组织专家向毕业生作报告等，同时还开办了部分科目的考前辅导班。

在招生管理方面：(1)应用计算机辅助招生管理，已形成一套集数据图像采集管理、招生信息发布、政策审核和考务工作运行于一体的较为科学的计算机管理系统，在科学管理招生工作、提高工作效率方面起到了积极作用。(2)改进业务课阅卷工作，从1999年开始实行部分科目集中阅卷到全部集中阅卷，对客观题实行计算机评卷，并于2000年年底对2001年招生考试使用统一答卷纸。(3)1998年，根据教育部有关精神，提出了研究生教育实行收费制改革的报告。

招生工作中的问题是，一部分生源质量仍不够理想，其影响因素是多方面的，其中招生考试办法也有待改进，另外住宿困难、部分临床学科培养条件不足等在一定程度上制约了招生数量的增加。

（沃唯礼、刘秀英）

【学籍管理】 1996年至2000年在校研究生注册共计5543人，办理延长学习年限、提前毕业、休学、退学131人。截至2000年9月在校生总数达到1349人，其中博士生600人，硕士生749人，超额完成"211工程"规定的20世纪末在校生达到1200人（其中博士生、硕士生各600人）的预期目标。1996年结合学校实际情况修订了《研究生手册》，1998年对其中《北京医科大学研究生学籍管理暂行规定》作了补充规定，并针对研究生出国问题制定了《北京医科大学研究生出国暂行规定》。1999年根据国家提高研究生待遇的有关文件，下发了《北京医科大学研究生普通奖学金管理暂行办法》，并针对学校放射医学、药物化学、护理学等10个专业的现状，设立了"1999学年度特殊学科专业研究生奖学金"。

（夏永宏）

【培养工作】 围绕提高研究生特别是博士生培养质量，对研究生培养的各个环节和过程加强管理。1996年至2000年，根据学科的发展变化和知识的更新，进行了课程设置及教学内容的调整，删减或合并了部分课程，新开设课程58门，其中为使研究生特别是博士生能够及时了解生物医学学科的发展趋势，在较高的起点上开展工作，增设了14门进展课；重点建设了生物化学与分子生物学、免疫学、遗传学和细胞生物学等代表学科前沿的主干课程20余门，含理论课程和实验技术课程。2000年共开设课程228门（不含临床专业课），安排和接收研究生、在职申请学位人员以及外校研究生选课人员近1000人。举办了药学、临床医学、社会医学与卫生事业管理专业研究生课程进修班，并制定下发了《研究生课程进修班管理条例》，在办班目的、办班形式、招生对象、学习要求、组织工作及经费管理等方面作了明确规定，规范研究生课程进修班的管理。进行了研究生政治课教学改革，增加研究生自学内容，由教师布置思考题及论文，并开展网上讨论和教学，促进学生由被动接受知识向主动获取知识转变。2000年就课程设置、教学内容、教学质量、教学方式、教材与教学条件等几个方面，在90名导师、任课教师及142名学生中进行了研究生课程问卷调查。调查结果表明，课程设置基本合理，能够满足研究生知识需要，但实验技术课程偏少；教学内容多数能跟踪医学发展前沿，能够按照教学大纲授课，但开设的课程不能覆盖本学科的全部内容；教学质量总体是好的，提出教学质量的关键是师资队伍；教学方式还是以灌输为主，有待改革；在教学条件方面，仪器设备和教学经费不足。

1997年至1998年完成了各专业医学（理学）硕士研究生培养方案和医学（理学）硕、博连读研究生培养方案的修订工作，并首次制定了各专业医学（理学）博士研究生培养方案。改革研究生培养模式，1996年开始培养应用型公共卫生管理研究生的试点工作，1998年开始开展临床医学专业学位研究生试点工作，药学院从1999级研究生开始开展硕博连读研究生培养模式的改革工作。2000年为解决临床病理学专业人才的培养问题，在病理与病理生理学专业培养方案中增设了诊断病理学研究方向，加强临床病理实践，时间至少一年，科研课题紧密结合诊断病理学实际，论文结果强调实际应用价值。

2000年6月，接受了卫生部疾病控制司对应用型公共卫生硕士研究生培养工作的评估，受到卫生部和用人单位较好的评价。该项工作申报了全国普通高等院校教学成果奖，经过逐级评审，"应用型公共卫生硕士研究生培养模式研究与实践"获全国普通高等学校优秀成果北京市一等奖，并推荐申报国家二等奖。

1996年以来，为提高研究生特别是博士生培养质量，学校一直致力于强化论文质量，增强创新能力。1996年就已提出博士生在学期间必须将自己的科研成果以论文形式发表，并建立了优秀博士学位论文评选制度。自1998年起实行了论文工作阶段报告制度以加强论文工作的过程管理。2000年，为保证博士学位论文质量，提高了对博士生发表论文的要求。从2000级开始，医学（理学）科学学位博士生在学期间必须至少有2篇论文在国内外核心期刊发表或被接受，其中1篇应被SCI收录、影响因子≥ 0.5的杂志上发表，临床医学专业学位博士生在学期间必须至少有1篇论文在国内核心期刊上发表。对欲申请专利而不能发表论文者做了特别规定并重新限定了核心期刊范围。

（侯卉）

【学位工作】 学位授权点建设医学部现有生物学、基础医学、药学、公共卫生与预防医学、口腔医学、科学技术史等一级学科博士、硕士学位授权点6个，二级学科博士学位授权点40个，二级学科硕士学位授权点45个。根据国务院学位委员会、教育部颁发的学位[1999]32号文件《关于制定学科建设与发展规划意见》的精神,1999年学校经统筹规划、优化组合、合理布局,组织制定了学科建设发展规划,其总体目标是在"211工程"重点建设项目规划的基础上,力争2004年医学门类及生物学一级学科的学位授权点覆盖面基本齐全,培养研究生的能力和质量明显提高。根据学科建设发展规划,2000年9月申报了内科学、外科学、临床检验诊断学和社会医学与卫生事业管理4个二级学科博士点,2000年12月被国务院学位评定委员会批准。2000年深入教学医院进行调研,进一步加强了教学医院学位培养点审核工作。

导师队伍建设 学校1997年建立实施新导师上岗培训制度,1998年实施凡是副教授以上职称者均有指导硕士生资格的职称和资格相统一的模式,有资格者可按上岗条件和招生计划竞争上岗,切实建立导师岗位制。1999年制定了《北京医科大学关于选聘博士生指导教师实施细则》,强调了年龄结构、学位结构、科研结构及能力结构的优化、强化学术水平力度,在此基础上完成了第八批新增博士生指导教师的选聘上岗工作,共选聘新增博士生导师36人。2000年继续实行导师岗位制,与有关二级学院共同实施研究生导师上岗培训,进一步完善导师培训制度。11月进行了第九批博士生导师的遴选工作并于12月底完成初选,初选人员共51人,具有博士学位者19人、硕士学位者14人,年龄最小的37岁。此次遴选特别强调选聘博士生导师要与招生能力和实际需要相适应,提高了导师队伍的学历学位结构,要求新选聘的1953年1月1日以后出生的博士生导师一般应有博士学位,同时强化学术水平,要求基础、药学、公卫等基础研究领域的申请人所发表的论文有2篇被SCI期刊收录。

2000年审核确定了2001年上岗的博士生、硕士生导师的名单,其中,根据硕士专业学位论文的标准,对指导专业学位的硕士生导师的经费和课题要求等级进行了调整,作为主要标准的科研项目和科研经费的要求适当放宽。为了加强与教学医院的共建,进一步支持教学医院的医教研工作和导师队伍建设,组织审批了教学医院的一批硕士生第二导师。2000年完成了160名在岗博士生指导教师的中英文简介编辑工作,正式出版了《北京医科大学博士生指导教师中英文简介》,既宣传了博士生指导教师研究领域的特色和所取得的成绩,又为有志于攻读北医大研究生的人员提供了选择依据。

学位授予 2000年共授予各类人员博士学位187人、硕士学位224人。在所授学位中,包括以同等学历在职申请在职申请博士学位41人、硕士学位28人以及七年制临床医学硕士学位46人。完成了1999年度163名硕士毕业生、165名博士毕业生及76名在职申请学位人员的材料及数据库上报工作。组建了北京大学医学部第一届学位评定委员会及各学院学位分委员会。

在职人员申请学位 原北京医科大学自1986年开始实施在职人员申请学位工作,截止2000年7月,已授予在职人员博士学位53人(科研型29人,临床技能型24人)、硕士学位117人(科研型106人,临床技能型7人,医学专业学位4人),接受在读的在职人员达到441人,并已形成了一套规范、严格的管理制度。2000年经资格审查合格并接受安排课程学习的在职人员有190人,其中申请硕士学位的有147人(含硕士专业学位86人),申请博士学位的有43人(含博士专业学位28人)。为进一步理顺在职人员申请学位的管理程序及相关要求,2000年组织编写了《在职申请学位工作手册》,以供管理人员和申请者参阅。

质量评估 1997年1月至10月,原北京医科大学对前四批博士、硕士学位授权点进行了自我评估,在此基础上接受了国务院学位委员会对前四批授权点的基本条件评估。除人体解剖学、医学史、传染病学、外科学(整形)、中西医结合(临床)5个博士点及遗传学、寄生虫学2个硕士点未通过合格评估外,其余博士点和硕士点全部通过合格评估。经过加强建设或重组,以上不合格授权点经重新评估后全部合格。1997年至1999年,连续三年对应届科研型博士生学位论文质量进行评估。评估工作采取"双盲"评阅和评议,较真实地反映了博士生的论文水平和创新能力,有利于促进研究生认真准备论文答辩和提高论文水平。抽查结果显示,约90%的博士生学位论文为优良。2000年加强了博士学位论文公开发表的审核力度,同时促进边缘学科和交叉学科的导师组成导师小组,以发挥多学科优势,共同指导博士生以提高论文质量。

医药科工作委员会 中国学位与研究生教育学会医药科工作委员会(以下简称"医药科工作委员会")挂靠在原北京医科大学研究生院,工作办公室设在学办。自1994年学会成立以来,原北京医科大学为正、副主任委员和秘书长单位。医药科工作委员会按照学会工作部署,组织了一系列工作研讨会、年会及科研课题的申报、立项并开展了系列研究等工作。2000年8月医药科工作委员会召开了第三届学术年会,50多个单位160多位代表参加了会议。会议就如何更好地开展临床医学专业学位试点工作进行了交流,并就相关问题进行了研讨和探索,同时部署了学位与研究生教育"十五"研究课题的申报工作。

(李均)

【专业学位】 根据国务院学位办[1998]7号文件精神,1998年3月原北医大组织了临床医学博士、硕士专业学位试点单位的申报工作。

1998年7月国务院学位委员会批准学校为全国开展临床医学博士、硕士专业学位23所试点院校之一。为贯彻国务院学位委员会[1998]6号文件《关于下达〈临床医学专业学位试行办法〉的通知》精神,成立了"北京医科大学临床医学专业学位工作委员会",并制定了《北京医科大学医学专业学位实施细则》、《北京医科大学攻读临床医学专业学位研究生培养方案》。临床医学专业学位研究生在培养上侧重临床能力训练,其课程学习、科研能力训练、指导方式等更加符合临床医学特点,硕士生科研能力训练要求为掌握科研工作的基本方法,博士生科研能力训练更强调临床应用研究。在研究生第一阶段学习中,强调集体指导,建立导师组。根据国务院学位办[2000]77号《关于批准开展口腔医学专业学位试点工作单位的通知》精神,2000年医学部被批准为开展口腔医学博士、硕士专业学位试点单位,是全国六所放权院校之一。制定了《北京大学医学部口腔医学专业学位实施细则》,在2000年招收的口腔医学研究生和临床医师中开展此项工作。

2000年制定下发了《关于临床医学硕士专业学位研究生进行论文工作的几点意见》,明确了临床医学硕士专业学位的论文要求,提出课题类型可以是利用现有临床资料或临床病例分析总结、药物疗效和安全性的临床观察、各类基金课题中的临床研究和临床个案总结等,并针对以人群、个案和文献资料等为不同研究对象的课题分别提出文献综述、建立假说、设立对照组、统计分析、专业评价等方面的基本要求,使临床硕士研究生的科研训练有一个可操作的标准。制定下发了《北京医科大学临床医学专业学位临床能力考核与学位论文答辩暂行规定》,对思想品德考核、临床转科考核、阶段考核、毕业综合评定以及学位论文答辩做出了明确规定和要求。制定下发了《临床能力训练手册》,要求完整准确地记录诊治的病例和技术或手术操作,转完一个科室后要进行工作量统计,在转科考核中增加了是否按照本专业培养方案要求完成工作量的评分内容,严格临床专业学位研究生的临床转科要求,以切实保证和监督临床研究生的临床能力训练。

2000年11月对临床医学硕士专业学位进行了首次阶段考核。考核科目为专业外语、专业理论、临床技能和临床思维能力,考核对象是临床医学专业学位研究生、北医大住院医师及教学医院住院医师,体现了学校实行临床医学专业学位培养渠道"四轨合一"的精神。考核力求规范、客观、公正,对专业理论和专业外语的考试内容、试题题型以及不同专业的特殊要求作出了明确规定,确定了临床能力考核的方式、内容和要求,并针对不同专业特点制定了不同的临床能力考核指标。

2000年医学专业学位工作实现不同渠道人员合轨培养,制定了《北京医科大学临床医学专业现行各渠道实行合轨培养的试行办法》。开展医学专业学位试点工作的范围包括住院医师规范化培训、医学专业学位研究生培养、七年制学硕连读生硕士阶段培养、优秀住院医师转博后培养以及进修医师培养等,为统一标准、加强管理、提高培养质量,学校将上述各轨道合并,对各类申请临床医学专业学位人员规定了统一的培养年限、培养模式和学位授予标准,以临床医学专业学位授予标准作为培养目标,按照《北医大临床医学专业学位培养方案》,执行统一的培养模式,达到同一的临床医学专业学位水平。合轨培养工作由北医大医学专业学位工作委员会统一领导并协调各部门关系,办公室设在研究生院医学部分院。

(侯卉、李均)

【优秀博士学位论文评选】 自1996年起建立优秀博士学位论文评选制度,主要评选条件是作出创新性成果、在理论上具有重大意义或对医疗卫生事业发展具有重大的应用价值。评选办法是经个人申请、专家推荐、教研室审核、学位分委员会评议,按照各学院应届博士毕业生的15%推荐到校专家委员会。校专家委员会对论文的创新性或理论意义或实际应用价值、方法的科学性与先进性、结论的可靠性、知识的广度与深度、论文写作水平等五项指标进行评审,评出当年所授博士学位人数的10%。学校连续四年进行优秀博士学位论文评选工作,共评出42篇优秀论文,其中4篇被评为全国优秀博士学位论文。1999年有1篇获全国优秀博士学位论文。1999年申报的4篇参选论文中有3篇获得2000年度全国优秀博士论文,获奖者获得了教育部颁发的奖金,学校给予论文学科培养点奖金10万元。

2000年,北京大学优秀博士学位论文的评选工作与全国优秀博士学位论文评选工作同步进行,参加评选的学位论文主要为1998年9月1日至1999年8月31日在国内获得博士学位者的学位论文。医学部各二级学位分会共推荐优秀博士学位论文19篇,经医学部学术委员会审核,重点核查发表论文的影响因子和SCI收录情况,从中评出7篇参加全国优秀博士学位论文评选,9篇参加校级优秀博士论文评选。

(侯卉、李均)

【思想政治工作】 1990年正式成立中共北京医科大学委员会研究生思想工作部(简称"研思部"),其前身是自1985年起设在党委宣传部,由党委宣传部副部长直接负责的研究生思想工作办公室。2000年研思部与研究生院医学部分院合署办公。

根据原北京医科大学1991年发布的《北京医科大学加强德育的意见》,研思部全面负责研究生的党建和德育工作,根据研究生教育的特点,把思想教育、业务教育和管理结合起来。其中包括:全面指导研究生思想政治工作,在校党委的领导下,根据中央和教委的要求,结合学校的德育大纲,坚持把德育放在首位的指导思想;负责研究生从入学到毕业各个阶段的思想工作,包括入学前审查、新生入学教育、培养过程中的素质教育、医德医风教育、教育研究生树立正确的人生观和价值观;组织好研究生的社会实践活动,发挥医学研究生的特长,服务社会,了解社会;抓好研究生党团组织建设;指导研究生会的工作;负责研究生的奖励和处分等。1995年,原中共北京医科大学委员会批准下发了《北京医科大学研究生德育工作条例(试行)》,进一步确定了研思部的职责。2000年研思部与研究生院医学部分院合署办公,将研究生德育工作与整个培养工作紧密结合起来,有利于加强对研究生的素质培养。2000年9月研究生会归口到团委负责,研思部协助团委共同做好研究生会的工作。2000年12月医学部党委发布文件《关于加强研究生党建和思想工作的意见》,强调研思部要抓好研究生的党支部建设。截至2000年,医学部共有研究生党支部11个,正式党员326名。

2000年7月至8月,研思部会同有关单位认真组织了9支队伍、116人次的社会实践活动,以学习考察西部大开发为重点,结合医疗服务,取得了较好的效果,学生们开阔了眼界,增长了知识,对我国基层卫生状况有了一定的了解,深切体会到医学科学的生命是服务于大众。

2000年10月28日至11月25日,研思部协助研究生会组织了2000年医学部研究生学术文化节暨北京大学生物医学论坛,组织了22场高水平的学术报告会及音乐会、球类比赛等活动。

(贾春红)

【博士后流动站】 原北京医科大学自1986年开始招收博士后,是国家首批批准建站的单位之一。博士后工作实行校、院(所)分级管理,学校成立博士后管理协调领导小组,日常办事机构设在研究生院。原北京医科大学先后建立了基础医学、生物学、药学、公共卫生与预防医学、临床医学、口腔医学6个博士后科研流动站,有40个学科专业有权招收博士后研究人员。1986年至2000年共招收博士后192人,其中国家资助名额138人,自筹经费54人。已有126人工作期满出站,出站后留校工作的有50人,占出站总数的40%。据1997年对40名出站博士后的科研工作调查表明,他们在站期间共承担重要课题10项、国家自然科学基金项目22项、自选课题12项。在国内外一级学术刊物或学术会议上发表、宣读论文214篇。

2000年招收博士后29人,出站18人,在站博士后50人。北京大学医学部2000年为博士后提供48套新建博士后公寓住房,配备基本生活设施,改善了博士后的住房条件。2000年与太极集团有限公司、山东绿叶制药集团公司签订了联合招收、培养企业博士后协议,并招收第一个企业博士后进站工作。

(聂克珍、郭述贤)

附 录

表6-13 2000年度研究生课程建设立项表(理科)

序号	单位	课程名称	主持人
1	数学科学学院	生物信息学研究中的数学方法	钱敏平
2	数学科学学院	常微分方程定性理论	李承治 柳彬
3	数学科学学院	复分析	伍胜健 张顺燕
4	数学科学学院	实分析	刘和平 彭立中
5	数学科学学院	随机过程论	陈大岳
6	数学科学学院	最优化理论与算法	高立
7	物理学系	高等量子力学	田光善
8	物理学系	群论	任德明
9	物理学系	量子场论	赵光达
10	物理学系	固体理论	尹道乐
11	物理学系	光学	王若鹏

序 号	单 位	课 程 名 称	主 持 人
12	地球物理学系	地球动力学	宁杰远
13	地球物理学系	地球流体力学	谭本馄
14	地球物理学系	大气遥感	李万彪
15	地球物理学系	高层大气物理与光学	王叔仁
16	力学与工程科学系	稳定性理论	黄琳
17	力学与工程科学系	泛函分析	黄克服
18	力学与工程科学系	高等弹性力学	王敏中
19	技术物理系	材料科学进展	伊敏
20	技术物理系	粒子物理与原子核物理	江东兴 叶沿林
21	技术物理系	粒子束与物质相互作用	王宇钢 黄裴增
22	技术物理系	环境污染与控制	刘建国 赵广英
23	技术物理系	超分子化学导论	沈兴海
24	电子学系	数字信号处理	殷洪玺
25	电子学系	数字通信	赵玉萍
26	电子学系	激光技术	陈徐宗
27	电子学系	纳米结构电子纤维学分析	彭练矛
28	电子学系	光电子学基础	陈章渊
29	化学与分子工程学院	理论有机化学	王建波
30	化学与分子工程学院	表面结构与表面分析	谢有畅
31	化学与分子工程学院	高分子合成化学	宛新华
32	化学与分子工程学院	化学动力学	赵新生
33	化学与分子工程学院	电分析化学研究方法	庄乾坤
34	生命科学学院	神经药理学概论	于龙川
35	生命科学学院	大分子结构三维重组	卢光莹
36	生命科学学院	基因调控	王忆平 安成才
37	生命科学学院	系统与进化植物学	杨继
38	生命科学学院	现代生态学	许崇任
39	生命科学学院	微生物遗传学	薛友坊
40	地质学系	地壳的化学演化	郑海飞
41	地质学系	高等岩石学	许保良 魏春景 马瑞志
42	地质学系	深部地质学	韩宝福
43	地质学系	古生物学研究法	郝守刚
44	地质学系	石油地质学专题	郭召杰
45	城市与环境学系	高级区域经济学	杨开忠
46	城市与环境学系	环境污染化学	陈静生 胡建英
47	城市与环境学系	地球系统科学	陈晓述 赵昕奕
48	城市与环境学系	地理信息系统	毛善君
49	城市与环境学系	植被生态学	方精云

序号	单位	课程名称	主持人
50	心理学系	人格与社会心理学	王登峰
51	心理学系	高级统计	甘怡群
52	环科科学中心	环境科学中的现代测量技术	王会祥
53	环科科学中心	系统分析与仿真	毛志锋
54	环科科学中心	人地关系理论与实践	宋豫秦
55	环科科学中心	全球环境问题	胡建信
56	环科科学中心	水环境模型	赵智杰
57	信息科学中心	人工神经网络原理	陈珂
58	信息科学中心	数字视频处理	许超

表 6-14 2000 年度研究生课程建设立项表（文科）

序号	单位	课程名称	主持人
1	中文系	古文字学概论	裘锡圭
2	中国语言文学系	当代文学史问题与方法	洪子诚
3	中国语言文学系	文学理论专题研究	董学文
4	中国语言文学系	古汉语词汇	张联荣
5	中国语言文学系	语言接触研究	陈保亚
6	中国语言文学系	明清短篇白话小说研究	刘勇强
7	历史学系	印度现代化进程研究	林承节
8	历史学系	近代中日关系史研究	王晓秋
9	历史学系	中国近代史史料学	徐万民
10	历史学系	冷战时代的世界与中国	牛大勇
11	哲学系	逻辑与数学基础	冀建中
12	哲学系	马克思主义哲学史研究	丰子义
13	哲学系	东正教	徐凤林
14	哲学系	印度古代哲学著作选读	姚卫群
15	哲学系	逻辑哲学	陈波
16	经济学院	金融经济学	胡坚
17	社会学系	社会心理学专题研究	方文
18	社会学系	女性学研究	魏国英
19	政治学与行政管理系	监察与监督专题研究	吴丕
20	政治学与行政管理系	组织与管理专题研究	时和兴
21	政治学与行政管理系	中国共产党与当代中国政治专题研究	关海庭
22	外国语学院	英国浪漫主义诗歌	胡家峦
23	外国语学院	话语分析	高一虹
24	外国语学院	拉丁语	沈弘
25	外国语学院	语用学	姜望琪
26	外国语学院	20世纪美国小说	刘建华

序号	单位	课程名称	主持人
27	外国语学院	英美诗歌：现代与后现代	黄宗英
28	外国语学院	现代韩国问题研究	金景一
29	外国语学院	翻译理论与实践	彭 甄
30	外国语学院	俄语词汇学	张海燕
31	外国语学院	印度教研究	姜景奎
32	外国语学院	波斯诗歌选读	王一丹
33	外国语学院	汉俄结构比较	王辛夷
34	外国语学院	越南诗歌研究	赵玉兰
35	外国语学院	阿拉伯历史	顾巧巧
36	外国语学院	法兰西现代文化导论	罗芃
37	外国语学院	翻译理论与文本诗学	秦海鹰
38	外国语学院	俄语模型语法学	宁 琦
39	外国语学院	俄语文学与圣经	任光宣
40	外国语学院	比较语言学	赵 杰
41	外国语学院	日汉语言对比	刘振泉
42	外国语学院	日本当代文学研究	于荣胜
43	外国语学院	日本民俗学	滕 军
44	科学与社会研究中心	现代自然科学哲学问题	王 骏
45	科学与社会研究中心	自然辩证法经典著作研究	任定成
46	对外汉语教学中心	对外汉语教学导论	王若江

表6-15　2000年医学部研究生课程建设项目表

一、调整课程

序号	单位	原课程名称	调整后课程名称	备注
1	神经科学研究所	高级神经生理	神经生物学Ⅰ 神经生物学Ⅱ	
2	基础医学院生物化学与分子生物学系 临床肿瘤学院生物化学研究室	肿瘤生化 基因工程原理	分子肿瘤学	现由临床肿瘤学院生物化学研究室承担
3	基础医学院生物物理教研室	分子与膜生物物理 生物物理技术	分子与膜生物物理	
4	基础医学院生物物理教研室	生物医学电镜方法 免疫电镜方法	生物医学电镜方法	
5	公共卫生学院保健流行病教研室	计算机辅助流行病学研究方法	健康社会学研究方法	
6	第二临床学医院中心实验室	临床高级生化与分子生物学实验	人类疾病与分子基础 临床高级生化与分子生物学实验	

二、新开设课程

序号	开课单位	课程名称
1	神经科学研究所	神经科学进展

序号	开课单位	课程名称
2	基础医学院细胞生物学教研室	细胞生物学进展
3	细胞生物学教研室	高级医学细胞生物学理论
4	病原生物学教研室	分子病毒学进展
5	基础医学院生物化学与分子生物学系	医学分子生物学进展
6	基础医学院解剖学系	中枢神经系统发育与可塑性
7	基础医学院	人体各主要脏器微循环的形态构造
8	基础医学院免疫学系	BIOINFORMATICS
9	基础医学院	免疫学进展
10	基础医学院	免疫遗传学
11	基础医学院生物学教研室	医学遗传学高级课
12	基础医学院	医学遗传学进展
13	基础医学院生理学系	机体功能的整合与调控
14	基础医学院病理学系	现代病理学进展
15	基础医学院病理学系 第三临床学院妇产科	妇产科临床病理学
16	公共卫生学院流行病教研室	流行病学研究进展
17	公共卫生学院	遗传流行病学
18	公共卫生学院保健流行病教研室	健康社会学研究方法
19	公共卫生学院环卫教研室	环境卫生进展
20	公共卫生学院	环境医学
21	公共卫生学院营养与食品卫生教研室	营养与疾病
22	公共卫生学院	营养与食品卫生法规
23	公共卫生学院卫生统计与医学人口教研室	寿命表的理论应用
24	公共卫生学院劳卫与环卫教研室	劳动卫生与环境卫生法规
25	公共卫生学院劳卫与环卫教研室	卫生工程
26	公共卫生学院劳卫与环卫教研室	劳动生理与工效学
27	公共卫生学院卫生化学教研室	分析误差与质量控制
28	公共卫生学院卫生毒理教研室	毒理学进展
29	公共卫生学院社会医学与卫生事业管理教研室	卫生法与卫生监督执法
30	公共卫生学院	健康教育与健康促进
31	公共卫生学院	计量经济学
32	公共卫生学院	组织行为学
33	公共卫生学院	医院管理学
34	公共卫生学院	医学社会学
35	公共卫生学院	人力资源管理
36	公共卫生学院	项目管理
37	公共卫生学院妇幼卫生系	卫生项目社会评估学
38	公共卫生学院	高级妇幼保健学

序号	开课单位	课程名称
39	公共卫生学院	现场调查设计
40	公共卫生学院生态与遗传研究室	群体遗传流行病学
41	药学院药学系	药学统计学
42	药学院生物无机系	无机药物化学
43	药学院药物化学系	结构生物学
44	药学院药物化学系	有机、药化中的研究进展
45	药学院药剂教研室	药剂学新进展
46	药学院物化教研室	药用高分子
47	药学院	结构化学
48	药学院植物学教研室	植物系统学方法与进展
49	药学院天然药物学系	高等天然药物化学与实验
50	药学院	中药药理学专论
51	药学院药学天然药物学系	药学生物技术
52	药学院药学天然药物学系	生药分析
53	第一临床学院神经科	神经病学新进展
54	中心实验室	医学分子遗传学及实验
55	第一临床医学院放射科 第二临床医学院放射科 第三临床医学院放射科	影像医学与核医学
56	口腔医学院口腔病理教研室	语音病理学
57	社文部心理学教研室	医学心理学高级课
58	社文部心理学教研室	心理治疗与咨询

三、重点建设实验课程

序号	开课单位	课程名称	备注
1	基础医学院免疫学系	实验免疫学	
2	基础医学院	分子免疫学实验	
3	基础医学院生物化学与分子生物学系	高级生物化学实验	建立课程实验室
4	基础医学院	分子生物学实验	
5	基础医学院生物学教研室	人类细胞遗传学研究技术与方法	建立课程实验室
6	基础医学院细胞生物学教研室	细胞生物学研究方法与技术	
7	第二临床学院中心实验室	临床高级生化与分子生物学实验	

表6-16 2000年北京大学在岗博士生指导教师

校本部

专业名称	姓名	专业名称	姓名
马克思主义哲学	曹玉文 陈志尚 丰子义 李士坤 施德福 宋一秀 王 东 魏英敏 张文儒 张翼星 赵光武 赵家祥	中国哲学	陈 来 胡 军 李中华 楼宇烈 魏常海 许抗生 朱伯崑

专业名称	姓名	专业名称	姓名
外国哲学	陈启伟 杜小真 韩水法 靳希平 杨 适 姚卫群 张祥龙 赵敦华	社会学	费孝通 郭崇德 雷洁琼 刘世定 卢淑华 马 戎 王思斌 杨善华
逻辑学	陈 波 刘壮虎	人口学	曾 毅 张纯元 郑晓瑛
伦理学	何怀宏	人类学	周 星
美学	阎国忠 叶 朗	高等教育学	陈学飞 汪永铨 喻岳青
宗教学	张志刚	基础心理学	钱铭怡 沈 政 王 垒 王 甦 王登峰 肖 健 周晓林 朱 滢
科学技术哲学	傅世侠 龚育之 何祚庥 任定成 孙小礼 吴国盛	文艺学	陈熙中 董学文 李思孝 刘 烜 张少康
政治经济学	陈德华 董辅礽 傅骊元 睢国余 李顺荣 刘 伟 刘方棫 卢 锋 钱淦荣 吴树青 徐雅民	语言学及应用语言学	林 焘 沈 炯 王洪君 徐通锵
经济思想史	石世奇 晏智杰 郑学益	汉语言文字学	符淮青 郭锡良 何九盈 蒋绍愚 李小凡 陆俭明 王福堂 袁毓林 张双棣 朱庆之
经济史	林毅夫 萧国亮 周其仁	中国古典文献学	安平秋 董洪利 金开诚 李 零 李家浩 倪其心 裘锡圭 孙钦善 杨 忠
西方经济学	胡代光 刘文忻 宋国卿 王志伟 易 纲	中国古代文学	程郁缀 褚斌杰 费振刚 葛晓音 钱志熙 孙 静 夏晓虹 袁行霈 周 强 周先慎
世界经济	海 闻 巫宁耕 肖 琛 张德修 张康琴	中国现当代文学	曹文轩 陈平原 洪子诚 钱理群 商金林 孙玉石 温儒敏 严家炎
国民经济学	陈良琨 高程德 高尚全 胡健颖 厉以宁 闵庆全 秦宛顺 王梦奎 杨岳全 邹恒甫	比较文学与世界文学	孟 华 严绍璗
区域经济学	杨开忠	英语语言文学	高一虹 辜正坤 韩敏中 胡家峦 胡壮麟 刘意青 申 丹 沈 弘 陶 洁 王逢鑫
金融学	曹凤岐 陈 平 高西庆 胡 坚 李庆云 孙祁祥 肖灼基 刘 力	俄语语言文学	李国辰 李明滨 李毓榛 彭克巽 任光宣 吴贻翼
产业经济学	张来武 张维迎 朱善利	法语语言文学	郭宏安 罗 芃 秦海鹰 王庭荣 王文融 张冠尧
法学理论	巩献田 罗玉中 沈宗灵 赵震江 周旺生 朱苏力	德语语言文学	范大灿 张玉书
法律史	贺卫方 李贵连 饶鑫贤 王 哲 武树臣	日语语言文学	潘金生 徐昌华
宪法学与行政法学	姜明安 罗豪才 萧蔚云 应松年 袁曙宏	印度语言文学	季羡林 刘安武 唐仁虎 王邦维
刑法学	陈兴良 储槐植 刘守芬 汪建成 杨春洗 张 文 张玉镶 赵国玲 周振想	西班牙语语言文学	段若川 赵德明 赵振江
经济法学	贾俊玲 刘剑文 刘瑞复 盛杰民	阿拉伯语语言文学	陈嘉厚 孙承熙 张甲民 仲跻昆
环境与资源保护法学	金瑞林 魏振瀛 尹 田 郑胜利 朱启超	亚非语言文学	孔远志 李 谋 史习成 姚秉彦 叶奕良 张玉安 赵 杰
国际法学	白桂梅 龚刃韧 饶戈平 王铁崖 吴志攀 杨紫烜	考古学及博物馆学	晁华山 陈铁梅 高崇文 葛英会 李伯谦 刘 绪 马世长 齐东方 王幼平 徐苹芳 严文明 原思训 赵朝洪
政治学理论	陈庆云 丁则勤 黄恒学 李景鹏 宁 骚 王浦劬 萧超然 谢庆奎 周志忍	历史地理学	韩光辉 侯仁之 于希贤
科学社会主义与国际共产主义运动	曹长盛 陈占安 黄宗良 梁 柱 林代昭 林勋建 潘国华 沙健孙 薛汉伟 阎志民 智效和 钟哲明	中国古代史	邓小南 李孝聪 荣新江 王天有 王小甫 吴荣曾 吴宗国 徐 凯 阎步克 岳庆平 张希清 朱凤瀚 祝总斌
国际政治	陈峰君 方连庆 龚文库 贾庆国 李 玉 梁守德 刘金质 陆庭恩 王 杰 叶自成 袁 明	中国近现代史	房德邻 刘桂生 茅海建 欧阳哲生 王晓秋 徐万民

专业名称	姓 名			专业名称	姓 名			
世界史	董正华	高 毅	郭华榕	何芳川	气象学	陈受钧	黄嘉佑	刘式适	陶祖钰
	何顺果	梁志明	林被甸	林承节		王绍武			
	刘祖熙	马克垚	沈仁安	宋成有	大气物理学与大气环境	陈家宜	刘式达	毛节泰	秦 瑜
	徐天新	郑家馨	朱孝远			桑建国	赵柏林	周秀骥	
基础数学	陈维桓	丁石孙	丁伟岳	段海豹	固体地球物理学	蔡永恩	陈晓非	臧绍先	
	姜伯驹	李 忠	李承治	刘和平	空间物理学	濮祖荫	涂传诒	肖 佐	
	刘嘉荃	柳 彬	潘承彪	彭立中	矿物学,岩石学,矿床学	崔文元	王仁民	许保良	阎国翰
	丘维声	谭小江	王 铎	王 杰		张立飞	郑 辙		
	王长平	王诗宬	文 兰	徐明曜	地球化学	穆治国	曾贻善		
	张恭庆	张继平	赵春来	郑志明	古生物学与地层学	白志强	董熙平	郝守刚	齐文同
计算数学	李治平	滕振寰	徐树方	应隆安		王新平			
	张平文				构造地质学	韩宝福	何国琦	侯建军	李茂松
概率论与数理统计	陈大岳	陈家鼎	程士宏	耿 直		刘瑞珣	潘 懋	钱祥麟	邵济安
	龚光鲁	何书元	钱敏平	谢衷洁		史 訸	徐 备	郑亚东	
	郑忠国				第四纪地质学	崔之久	李树德	刘耕年	莫多闻
应用数学	陈亚浙	程乾生	郭懋正	黄少云		夏正楷	杨景春		
	林作铨	刘培东	刘张炬	石青云	植物学	白书农	陈章良	崔克明	顾红雅
	王正栋	张恭庆	张乃孝			李 毅	林忠平	许智宏	尤瑞麟
理论物理	曹昌祺	高崇寿	李重生	林宗涵		赵进东			
	刘玉鑫	彭宏安	宋行长	吴崇试	动物学	潘文石	许崇任		
	熊传胜	杨立铭	杨泽森	俞允强	生理学	孙久荣	于龙川		
	曾谨言	赵光达			细胞生物学	陈建国	丁明孝	莫日根	尚克刚
粒子物理与原子核物理	陈佳洱	江栋兴	孟 杰	叶沿林		翟中和			
	张启仁				生物化学与分子生物学	梁宋平	茹炳根	唐建国	朱玉贤
凝聚态物理	戴远东	甘子钊	韩汝珊	林 勤	生物物理学	吴才宏			
	欧阳顾	秦国刚	任尚元	田光善	一般力学与力学基础	陈 滨	黄 琳	王 龙	叶庆凯
	王世光	吴思诚	熊光成	阎守胜	固体力学	黄筑平	苏先樾	王 炜	王大钧
	杨威生	杨应昌	尹道乐	俞大鹏		王建祥	王敏中	武际可	殷有泉
	张 酣	张国义	张树霖	章 蓓	流体力学	陈十一	黄永念	佘振苏	王健平
	朱 星	章立源				魏庆鼎	吴江航	吴介之	吴望一
光学	龚旗煌	刘弘度	孙騊亨	邹英华		严宗毅			
无线电物理	董太乾	汤俊雄	王义道	杨东海	工程力学	陈德成	方 竞	顾志福	颜大椿
无机化学	陈志达	甘良兵	高 松	高宏成		袁明武			
	顾镇南	黄春辉	刘元方	王祥云	物理电子学	龚中麟	刘惟敏	彭练矛	吴锦雷
	魏标拴	吴瑾光	徐光宪	严纯华		吴全德	薛增泉	周乐柱	
分析化学	常文保	李克安	李元宗		微电子学与固体电子学	韩汝琦	吉利久	倪学文	盛世敏
有机化学	李崇熙	王剑波	席振峰	袁 谷		谭长华	王阳元	武国英	许铭真
物理化学	蔡生民	郭国霖	黄其辰	寇 元		张 兴	张利春		
	来鲁华	黎乐民	林炳雄	刘忠范	通信与信息系统	梁庆林	沈伯弘	王 楚	王子宇
	马季铭	唐有祺	吴念祖	谢有畅		吴德明	项海格	谢麟振	徐安士
	徐光宪	徐筱杰	章士伟	赵新生		余道衡			
高分子化学与物理	曹维孝	宛新华	魏高原	周其凤	信号与信息处理	查红彬	陈 珂	迟惠生	谭少华
天体物理	艾国祥	乔国俊	吴鑫基		计算机系统结构	程 旭	李晓明		
自然地理学	蔡运龙	陈静生	方精云	陶 澍	计算机软件与理论	陈 钟	董士海	梅 宏	邵维忠
	王学军					沈昌祥	唐世渭	王立福	许卓群
人文地理学	董黎明	吕 斌	王辑慈	谢凝高		杨冬青	杨芙清	俞士汶	袁崇义
	周一星					张立昂			
地图学与地理信息系统	马蔼乃	邬 伦	徐希儒	晏 磊					

专业名称	姓 名	专业名称	姓 名
核技术及应用	包尚联 方家训 郭之虞 于金祥 赵 夔 赵渭江	教育经济与管理	闵维方
		图书馆学	王锦贵 吴慰慈 肖东发
环境科学	白郁华 陈国谦 李金龙 倪晋仁 唐孝炎 叶文虎 张远航	情报学	关家麟 赖茂生 梁战平 秦铁辉 徐学文 赵澄谋
企业管理	靳云汇 梁钧平 涂 平 王立彦 王其文 尹衍櫆 张国有	计算机应用技术	陈堃銶 宋再生 王 选 肖建国

医学部

专业	姓 名	专业	姓 名
生理学	韩济生 汤 健 范少光 朱文玉 王晓民	内科学	朱国英 张钧华 武淑兰 钟南山 高 研 王海燕 章友康 李晓玫 王勤环 郭继鸿 陆道培 陈珊珊 郭乃搅 王德炳 何权瀛 王 宇 陈明哲 郭静萱 陈凤荣 毛节明 赵鸣武 刘镜愉 林三仁 吕愈敏 赵金垣
生物学	张志文 蔡浩然		
细胞生物学	柯 杨 周柔丽		
生物化学与分子生物学	张宗玉 周爱儒 贾弘禔 童坦君 吕有勇 寿成超 王申五		
生物物理学	聂松青 程 时 文宗耀 卢景芬	儿科学	吴希茹 杜军保 叶鸿瑁
免疫学	陈慰峰 丁桂凤 马大龙 谢蜀生 邓鸿业 高晓明	神经病学	王荫华
病原生物学	朱万孚 庄 辉	精神病与精神卫生学	沈渔邨 王玉凤 周东丰 张 贷
病理学与病理生理学	廖松林 郑 杰 邹万忠 方伟岗 韩启德 唐朝枢 吴立玲 王 宪	外科学	王文治 徐文怀 马忠泰 朱天岳 陈仲强 鲍би汉 李健宁 郭应禄 薛兆英 俞莉章 那彦群 陈鸿义 杜如煜 祝学光 冷希圣 吕厚山 荣国威 侯树坤 朱积川 解基严 周孝麒 张同琳 党耕町 娄思权 蔡钦林
流行病与卫生统计学	李 竹 王润田 李立明		
劳动卫生与环境卫生学	刘世杰 王 生 赵一鸣		
人体解剖与组织胚胎学	许鹿希 吴江声 刘 斌 沈 丽		
儿少卫生与妇幼保健学	叶文俊 季成叶		
卫生毒理学	周宗灿	妇产科学	郭燕燕 冯 捷 魏丽惠 陈贵安
药物化学	张礼和 彭师奇 程铁明 杨 铬 凌仰之	眼科学	黎晓新 谢立信 朱秀安
		科学技术史	程之范
药剂学	侯新朴 张 强	耳鼻咽喉科学	于德林 李学佩
生药学	郑俊华 赵玉英 果德安 蔡少青 屠鹏飞	肿瘤学	徐光炜 黄信孚 勇威本 李吉友
		运动医学	田德祥 陈吉棣 张宝慧 于长隆
药理学	林志彬 张 远 李家泰 李学军 李长龄	麻醉学	吴新民
无机化学	王 夔	口腔临床医学	孟焕新 张震康 马绪臣 俞光岩 王 兴 徐恒昌 冯海兰 傅民魁 林久祥 曾祥龙 程之范 于世凤 高 岩 曹采方 王嘉德 栾文民 高学军
皮肤病与性病学	马圣清 朱学俊		
影像医学与核医学	蒋学祥 杜湘珂 谢敬霞 张 武		

注:(1)1999—2000年医学部在岗博士生导师167人;(2)1997—1998医学部年在岗博士生导师153人;(3) 1995—1996年医学部在岗博士生导师181人;(4)2000年前医学部离岗博士生导师100人。

北京大学有博士、硕士学位授予权的学科专业目录

校本部

01 哲 学

★ 0101 哲学

* 010101 马克思主义哲学
* 010102 中国哲学
* 010103 外国哲学
* 010104 逻辑学
* 010105 伦理学

* 010106	美学		* 030208	外交学
* 010107	宗教学			
* 010108	科学技术哲学		0303	社会学
			* 030301	社会学

02 经济学

★ 0201　　理论经济学
* 020101　政治经济学
* 020102　经济思想史
* 020103　经济史
* 020104　西方经济学
* 020105　世界经济
* 020106　人口、资源与环境经济学

★ 0202　　应用经济学
* 020201　国民经济学
* 020202　区域经济学
* 020203　财政学(含：税收学)
* 020204　金融学
* 020205　产业经济学
* 020206　国际贸易学
* 020207　劳动经济学
* 020208　统计学
* 020209　数量经济学
* 020210　国防经济

03 法学

0301　　法学
* 030101　法学理论
* 030102　法律史
* 030103　宪法学与行政法学
* 030104　刑法学
  030105　民商法学
  030106　诉讼法学
* 030107　经济法学
* 030108　环境与资源保护法学
* 030109　国际法学

0302　　政治学
* 030201　政治学理论
* 030202　中外政治制度
* 030203　科学社会主义与国际共产主义运动
* 030204　中共党史
* 030205　马克思主义理论与思想政治教育
* 030206　国际政治
* 030207　国际关系

* 030208　外交学

  0303　　社会学
* 030301　社会学
* 030302　人口学
* 030303　人类学

04 教育学

  0401　　教育学
* 040106　高等教育学
  040110　教育技术学

  0402　　心理学
* 040201　基础心理学
* 040203　应用心理学

05 文 学

★ 0501　　中国语言文学
* 050101　文艺学
* 050102　语言学及应用语言学
* 050103　汉语言文字学
* 050104　中国古典文献学
* 050105　中国古代文学
* 050106　中国现当代文学
* 050107　中国少数民族语言文学(分语族)
* 050108　比较文学与世界文学

  0502　　外国语言文学
* 050201　英语语言文学
* 050202　俄语语言文学
* 050203　法语语言文学
* 050204　德语语言文学
* 050205　日语语言文学
* 050206　印度语言文学
* 050207　西班牙语语言文学
* 050208　阿拉伯语语言文学
* 050210　亚非语言文学

  0503　　新闻传播学
  050301　新闻学
  050302　传播学

  0504　　艺术学
  050401　艺术学
  050406　电影学

06 历史学

- ★0601　　历史学
- ＊060101　史学理论及史学史
- ＊060102　考古学及博物馆学
- ＊060103　历史地理学
- ＊060104　历史文献学（含：敦煌学、古文字学）
- ＊060105　专门史
- ＊060106　中国古代史
- ＊060107　中国近现代史
- ＊060108　世界史

07 理　学

- ★0701　　数学
- ＊070101　基础数学
- ＊070102　计算数学
- ＊070103　概率论与数理统计
- ＊070104　应用数学
- ＊070105　运筹学与控制论

- ★0702　　物理学
- ＊070201　理论物理
- ＊070202　粒子物理与原子核物理
- ＊070203　原子与分子物理
- ＊070204　等离子体物理
- ＊070205　凝聚态物理
- ＊070206　声学
- ＊070207　光学
- ＊070208　无线电物理

- ★0703　　化学
- ＊070301　无机化学
- ＊070302　分析化学
- ＊070303　有机化学
- ＊070304　物理化学
- ＊070305　高分子化学与物理

- 　0704　　天文学
- ＊070401　天体物理

- ★0705　　地理学
- ＊070501　自然地理学
- ＊070502　人文地理学
- ＊070503　地图学与地理信息系统

- ★0706　　大气科学
- ＊070601　气象学
- ＊070602　大气物理学与大气环境

- ★0708　　地球物理学
- ＊070801　固体地球物理学
- ＊070802　空间物理学

- ★0709　　地质学
- ＊070901　矿物学、岩石学、矿床学
- ＊070902　地球化学
- ＊070903　古生物学与地层学
- ＊070904　构造地质学
- ＊070905　第四纪地质学

- ★0710　　生物学
- ＊071001　植物学
- ＊071002　动物学
- ＊071003　生理学
- ＊071004　水生生物学
- ＊071005　微生物学
- ＊071006　神经生物学
- ＊071007　遗传学
- ＊071008　发育生物学
- ＊071009　细胞生物学
- ＊071010　生物化学与分子生物学
- ＊071011　生物物理学
- ＊071012　生态学

- ★0712　　科学技术史
- 　071200　科学技术史

- ★0801　　力学
- ＊080101　一般力学与力学基础
- ＊080102　固体力学
- ＊080103　流体力学
- ＊080104　工程力学

- ★0809　　电子科学与技术
- ＊080901　物理电子学
- ＊080902　电路与系统
- ＊080903　微电子学与固体电子学
- ＊080904　电磁场与微波技术

- ★0812　　计算机科学与技术
- ＊081201　计算机系统结构
- ＊081202　计算机软件与理论
- ＊081203　计算机应用技术

★0830	环境科学与工程	
*083001	环境科学	
*083002	环境工程	

08 工 学

★0810	信息与通信工程
*081001	通信与信息系统
*081002	信号与信息处理
0811	控制科学与工程
081101	控制理论与控制工程
0816	测绘科学与技术
081602	摄影测量与遥感
0817	化学工程与技术
081704	应用化学
0827	核科学与技术
*082703	核技术及应用

12 管理学

1201	管理科学与工程
120101	管理科学与工程
1202	工商管理
120201	会计学
*120202	企业管理
1204	公共管理
*120401	行政管理
*120403	教育经济与管理
120404	社会保障
★1205	图书馆、情报与档案管理
*120501	图书馆学
*120502	情报学
*120503	档案学

20 专业学

2001	法律硕士
200101	法律硕士
2006	工商管理硕士
200601	工商管理硕士

医学部

理 学

★生物学
*生理学
*细胞生物学
*生物化学与分子生物学
*生物物理学
 遗传学

★科学技术史
 （本学科不分设二级学科）
★化学
 无机化学

医 学

★基础医学
*人体解剖与组织胚胎学
*免疫学
*病原生物学
*病理学与病理生理学
*放射医学

★公共卫生与预防医学
*流行病与卫生统计学
*劳动卫生与环境卫生学
*营养与食品卫生学
*儿少卫生与妇幼保健学
*卫生毒理学

★药学
*药物化学
*药剂学
*生药学
*药物分析学
*药理学

★口腔医学
*口腔基础医学
*口腔临床医学

临床医学
*内科学：心血管、血液病、
 呼吸系病、消化
 系病、内分泌与
 代谢病、肾病、传
 染病

- ＊儿科学
- ＊神经病学
- ＊精神病与精神卫生学
- ＊皮肤病与性病学
- ＊影像医学与核医学
- ＊外科学：普外、泌尿外、骨外、胸心外、整形外
- ＊妇产科学
- ＊眼科学
- ＊肿瘤学
- ＊麻醉学
- ＊运动医学
- ＊耳鼻咽喉科学
- 临床检验诊断学
- 护理学
- 急诊医学
- 神经外科学
- 中西医结合

- ＊中西医结合临床
- 中西医结合基础

法　学

- 政治学
- 马克思主义理论与思想政治教育

教育学

- 心理学
- 应用心理学

管理学

- 公共管理
- 社会医学与卫生事业管理

注：★有博士学位授予权的一级学科
　　＊博士学位授权点

表 6-17　2000 年全国优秀博士学位论文

序号	论文题目	作者	导师	系列/专业
1	新型稀土-铁化合物的结构、磁性与超精细相互作用研究	杨金波	杨应昌	物理系/凝聚态物理
2	基于两亲分子有序组合体的纳米材料合成	齐利民	马季铭	化学与分子工程学院/物理化学
3	小秦岭变质核杂岩的构造特征、形成机制及构造演化	张进江	郑亚东	地质学系/构造地质学
4	汉语处所介词词组和工具介词词组的词序变化	张赪	蒋绍愚	中文系/汉语言文字学
5	中枢孤啡肽在阿片镇痛和电针镇痛中的作用	田今华	韩济生	医学部/生物学
6	一个凋亡相关新基因 TFAR19 全长 cDNA 序列的克隆表达和功能研究	刘红涛	马大龙	医学部/基础医学
7	异核苷及其寡核苷酸的合成、性质和生物活性研究	杨振军	张礼和	医学部/药学

表 6-18　2000 年在校研究生统计

校本部

单位	总计	博士	硕士	单位	总计	博士	硕士
总　计	8050	2417	5633	计算机科学系	307	107	200
理科小计	2727	924	1803	化学与分子工程学院	306	139	167
数学科学学院	258	86	172	生命科学学院	275	108	167
力学工程科学系	116	41	75	地质学系	152	42	110
物理系	177	35	142	城市与环境学系	369	143	226
地球物理系	145	53	92	心理学系	91	26	65
技术物理系	141	41	100	信息科学中心	61	8	53
电子学系	176	44	132	环境科学中心	153	51	102

单位	总计	博士	硕士	单位	总计	博士	硕士
文科小计	5323	1493	3830	社会学系	126	47	79
中文系	430	212	218	政治学与行政管理系	264	88	176
历史系	273	114	159	外国语学院	297	68	229
考古系	86	32	54	马克思主义学院	161	42	119
哲学系	257	107	150	科学与社会研究中心	37	23	14
国际关系学院	469	145	324	艺术学系	31	0	31
经济学院	386	124	262	汉语中心	22	0	22
光华管理学院	1144	98	1046	经济研究中心	101	20	81
法学院	1037	299	738	教育学院	59	29	30
信息管理系	109	35	74	人口所	34	10	24

医学部

单位	合计	博士	硕士	单位	合计	博士	硕士
基础医学院	227	112	115	精神卫生研究所	35	19	16
公共卫生学院	108	23	85	临床肿瘤学院	68	30	38
药学院	135	52	83	社文部	9	1	8
第一临床医学院	300	134	166	护理学院	6		6
第二临床医学院	181	101	80	积水潭医院	6	4	2
第三临床医学院	183	86	97	合计	1349	600	749
口腔医学院	91	38	53				

(夏永宏)

成 人 教 育

【概况】 2000年,北京大学的成人、继续教育认真贯彻了全国第三次教育工作会议精神和国家有关改革发展成人、继续教育的方针政策,在学校总体改革思想的指引下,围绕着建设世界一流大学的中心工作,坚持了"稳定规模,调整结构,提高学历教育办学层次,积极发展远程教育,重点发展高层次继续教育,为建成与世界一流大学相称的成人继续教育体系奠定必要的基础"的指导思想,积极稳步地推进了成人、继续教育的改革和发展,各方面工作都取得了长足进步。

2000年北京大学成人高等教育在校学生13535人,其中函授5313人(专升本2353人,专科2960人)、夜大学2028人(专升本777人,专科1251人)、脱产2221人(专升本249人,本科988人,专科984人)、远程教育1873人(本科312人,专升本1561人);培训2100人(专升本366人,本科、专科1734人);2000年毕业学生共2634人,其中专升本868人,专科1766人;2000年成人学历教育共招收新生5798人,其中函授2300人、夜大学1042人、成人脱产1102人、远程教育1354人;2000年各类非学历教育培训学员28037人,其中进修教师339人、高层次培训5355人、普通培训22343人。

【推行学分制工作】 北京大学成人教育推行彻底学分制工作始于1997年。1999年秋季,继续教育部通过对试点工作的经验总结和调查研究,进一步修订了《北京大学成人高等学历教育学分制实施办法》等有关管理规定,并决定在夜大学专升本层次、脱产班专科和本科(包括专升本)和远程教育本科(包括专升本)层次全面推行彻底的学分制。这一举措受到了广大学生的普遍欢迎。

北京大学成人教育推行的彻底学分制与学年制以及学年学分制等"准学分制"相比具有以下特点和优势:(1)改变了学年制时"统一进,齐步走"的管理方式,实现了"因材施教、分流培养"的方针。(2)学习期限具有较大弹性,学生可根据上下限自主安排学习计划和进度,有效地缓解了成人学生的工学矛盾,真正做到工作学习两不误,实现了快出人才、早出人才、出好人才的总体目标。(3)为成人学生开辟了四通八达的选课渠道,有利于提高教育资源的利用率,丰富成人学生的学习内容,提高成人学生的全面素质,培养成人学生的创新精神。(4)在规范专业教学计划的基础上,允许学生自主选修课程,自主安排学习进度,有利于调动成人学生的学习积极性,提高教学质量。试行学分制后,课程考试一次通过率显著提高,重修率明显下降。(5)有利于推动教务管理方式的改革,提高管理水平与服务质量。率先进行试点的光华管理学院已经建立了与彻底学分制相适应的新的教务管理体系,其他院系也积极吸取经验、探索研究,形成了一系列切实有效的管理办法和措施。新的教务管理方式为彻底的学分制的实行提供了可靠的组织保证,使推行彻底的学分制的工作在"开而不散、活而不乱、通而有序"的层面上顺利展开。

1999—2000学年度,学生们在认真阅读有关管理规定、研究教学计划和联系自身实际的基础上,制定了各不相同的学习规划,充分地利用各种教育资源和空余时间,形成了比学习、比进度的优良风气,学习效果也得到了大幅度提高。例如,政治学与行政管理学系夜大学专升本行政管理专业是实行学分制的扩大试点单位之一。该专业1999级夜大学学生共81人,在过去的一学年中该年级有8名学生选学了全日制本科生的课程,跨越年级界限选修课程的共达97人·门次。81名学生当中获得26学分的有35人,占总数的43%;获得27—46学分的37人,占总数的46%;获0—25分学分的9人,占总数的11%,其中有2人注册后因故没有选课;已经有29人获得了申请学士学位必需的北京市成人英语统测合格证书。

在2000年12月进行的北京地区成人高等学校本科教育教学管理基本状况调研活动中,北京大学成人教育的学分制改革工作得到了市教委专家组的一致首肯。目前,这项改革成果已被授予北京大学高等教育教学成果奖。

(刘广送)

【北京市教委到北大调研指导】12月21日,北京市教委专家组来北大进行调研,主管副校长何芳川教授介绍了北京大学发展成人教育的总体思想和改革思路,指出,近几年,北京大学从教育现代化的高度把握北京大学成人继续教育方向,注意增加投入,采取得力措施,推动改革,促进提高和发展。在实施"985"规划,努力创建世界一流大学的今天,成人继续教育将继续向高层次、高品位、高质量方向发展,本科教育将占有越来越重要的地位。北京大学的成人继续教育将认真贯彻第三次全教会议精神,努力发挥北京大学教育资源的优势,争取为经济的发展和社会进步培养更多高质量的人才。继续教育部部长李国斌对北京大学成人本科教育教学管理的基本状况与发展作了全面的汇报。

专家组查阅了北大成人继续教育的有关管理材料,分别与学生、教师和管理人员进行了座谈,对北京大学现代远程教育的设施进行了实地考察。专家组组长楼光庆教授在总结性发言中,对北京大学成人教育的改革发展给予充分肯定,指出,北大的成人教育是国内最好的成人教育之一;在师资、教学管理上,取得了可喜成果,应该很好地研究、总结,加以推广。

(陈洁)

【学籍管理】2000年的学籍管理工作严格按照北京市教委《北京成人高等学校学生学籍管理规定》的要求,把握好学生的休学、复学、退学、转学、转专业等学籍管理的各个环节;配合学分制改革,修订了《学籍管理规定》;积极推进学籍管理工作的网络化建设,全面实现计算机管理,改变了以手工操作为主的落后局面,提高了工作效率。在学生注册方面,将以往北京地区新生统一到继续教育部集中注册的做法,改为直接到所在院系注册,提高了效率。2000年,提交验印的毕业生数达2634人,验印一次通过率为100%。全年异动171人次,其中休学52人,复学10人,退学15人,转系转专业21人,转出3人,转入70人。

为了规范和推动现代远程教育,继续教育部建立了自学生入学到毕业的一整套学籍管理制度,开发制作了"北大远程教育综合教务管理系统",加强了对各教育中心学籍管理的指导、培训、督促和检查工作。要求各教学中心指派专人负责学籍管理工作,并进行相关的培训和指导,使各中心学籍管理人员掌握了学籍管理工作的具体方法,较好地承担起了各教学中心的学籍管理工作。

【高层次继续教育】北京大学2000年共有351名进修教师结业,其中国内访问学者174人(副教授100人),硕士学位教师进修班学员38人,单科进修学员139人。2000—2001学年度接收379名进修教师,其中国内访问学者198人(副教授137人),硕士学位教师进修班学员26人,单科进修学员155人。经过对接收环节的改进,进修教师的整体素质继续提高,国内访问学者(198人)与单科进修学员(155人)之间的人数差距继续扩大,由1999—2000学年度的35人变为44人,在国内访问学者中副教授所占比例由1999—2000学年度的57%变为69%。进修教师的日常管理在完成常规性工作的同时,转向注重特殊情况与教学环节的深度参与;对进修教师的要求,转向注重个性化与学术效益的提高。

2000年共承办了教育部委托的国家级高级研讨班5个;为配合国务院机构改革,承办了教育部委托的国家机关分流人员定向培训班;共举办高级研修班56个,培训学员5075人。

【普通层次非学历培训】2000年

共举办以高中后知识补偿和职业教育为特点的普通层次非学历培训班76个,培训学员22343人。办学形式包括:短期函授、一年期全日制脱产培训、远程教育培训等。在开展培训工作的同时注意加强管理,规范了各种办学活动。在非学历培训工作中,采取了听课证登记编号、选派班主任全程管理等措施。

【自学考试工作】 北京大学自学考试办公室在各有关院系的配合下,完成了主考专业和主考课程的命题、阅卷和主考专业的毕业生管理等工作。北京大学主考的法律专业、计算机软件及应用专业和心理学专业全年毕业学生2388人,其中本科生290人,专科生2098人。2000年共有6个单位举办了业余和全日制自学考试辅导班,主要有外国语学院的英语专业,法学院的法律专业,计算机系的计算机软件及应用专业,昌平园区的计算机软件及应用专业等。2000年入学新生1649人,现有全日制自学考试辅导班在校生2236人。心理系的心理学专业,计算机系的计算机软件及应用专业的业余辅导班共招生2050人。自学考试业余和全日制辅导班学生的规范化管理和素质教育工作也取得很大进展。

【现代远程教育的新发展】 1998年,北京大学投资开发了卫星通讯与计算机网络相结合的现代远程教育系统。该系统的运行方式为:教师在北大的教室上课,技术人员录像后,通过数字转换进入计算机系统制成课件。课件通过教育电视台"鑫诺1号"卫星传到各教学中心。针对各教学中心不同地域的信息基础设施水平差异,北大远程教育采用了计算机网络和卫星数字广播网相结合的方式,并充分利用课件光盘,优势互补,满足了教学需要。

1999年3月23日,教育部批准北京大学为现代远程教育试点学校。1999年北大首次在大连、青岛、昆山、广州等9个教学中心招收国际经济与贸易(高中起点本科和专科起点本科)和法学(专科起点本科)两个专业的学员973人。2000年北京大学现代远程教育招生规模有所扩大,增设了金融学专业,在全国16个省、市、自治区建立了24个远程教育教学中心。随着北京大学远程教育校外中心的增加,远程教育的学生人数也相应增加,现在远程教育共有各类注册学生3000多人,他们接受着高中起点本科和大专起点本科及研究生课程班三个层次、脱产与业余两种形式的成人学历教育。课程的设置以法学、金融学、国际经济与贸易等文科课程为主。自1999年7月至今,已授60余门课程,3000多课时。

在管理模式上,远程教育管理工作受北大继续教育部多职能办公室领导,向下直接面对各教育中心。初步建立了学校、继续教育部、远程教育办公室和各教学中心三级管理模式。远程教育办公室开发制作了"北大远程教育综合教务管理系统",加强对各教育中心的管理、指导、培训、督促和检查工作。各教学中心认真负责,本着"一切为质量,一切为北大,一切为学生"的合作办学理念做好各项工作。

北京大学现代远程教育2000年秋季招生工作从5月份开始筹备,经与各院、系协商,共招收4个专业、3个层次的学员,分别是:金融学(专升本)、法学(专升本)、国际经济与贸易(专升本)、(高升本)、国际金融学研究生课程进修班。7月中旬在全国14个现代远程教育中心开始招生,全国报名人数共计1742人。2000年新生录取人数分别为:金融学(专升本)106人,法学(专升本)561人,国际经济与贸易(专升本)393人,国际经济与贸易(高升本)294,国际金融学研究生课程进修班77人。

2000年,北大远程教育办公室完成了多媒体直播教室的设备安装和网络建设,基本实现了远程教育确定的技术方案。2000年将电教314、316室安装了计算机、实物展示台、投影机、音响箱等教师使用的设备和专业摄像系统,成为设施完善的直播(演播)教室;在1999年开发的学生管理、网站管理等软件基础上,2000年建立了自动化辅导答疑系统;安装了光纤通讯设备(视频信号,IP信号),通过北京电信的光纤连接到教育电视台,使用亚太2R卫星广播;安装了基于ISDN的视频会议系统(含MCU),该系统正式投入使用后,实现了与美国、韩国间的交互式教学,并完成了数次远程教学交流。

【成人教育学院建设与发展】 1999年北京大学进行体制改革,成立了北京大学成人(继续)教育学院,专门从事成人、继续教育以及其他社会教育服务。该学院又称北京大学应用文理学院。

学院拥有两个校区,即圆明园校区和昌平校区。1995年北京市海淀区政府从培养人才、发展本区经济出发,与北京大学签订了联合办学协议书,并由坐落在圆明园东门的海淀区成人中专学校(原海淀区农民技术学校)与北京大学成人教育学院具体实施。1996年至1998年北京大学成人教育学院投入3000万元,建成1.6万平方米的教学、生活楼群,并命名为北京大学圆明园校区。至2000年9月,有2100多名成人教育学生生活、学习在圆明园校区,其中成人高中起点本科700人,成人专升本学生400人,成人专科学生700人,夜大专科50余人,美中英语培训科目(ESEC)学生51人,已有1000余名学生毕业或结业离校。2000年初,学校将昌平校区划归成人(继续)教育学院使用,并指示要将昌平校区建成北京大学成人、继续教育中心、培训中心以及会议中心。2000年5月至8月,成人教育学院与原昌平分校全体同志对昌平校区的校园进行了大规模的整治。学校投入1000余万元对教学楼、学生宿舍进行了抗震加固与装修,成人教育学院利用自身的办学积累投入1700余万元对校园绿化、道路、灯光、球场等进行整修与改造、扩建。2000年9月成人高等教育培训生1300余名进入昌平校区学习。学院设有教学行政办公室、总务办公室、行政办公室、保卫办公室等工作机构，负责全院教学、生活、学生教育等具体工作。

成人教育学院以众多的学科体系为基础，以全校各院系师资力量为依托，面向21世纪社会发展的要求，根据国家经济建设的需要设置专业，开展成人继续教育。高中起点本科有国际经济与贸易、计算机科学与技术、英语、国际政治、法学、金融学等专业；专科起点本科有国际经济与贸易、计算机科学与技术、金融学等专业。专科设有金融与贸易、市场分析与营销、新闻学、法学、英语、外事与外贸英语、外事管理与涉外秘书、房地产开发与管理、生物化学与现代生物技术、计算机实用技术、电子与计算机应用技术、电子与计算机网络技术等专业。

（吕以乔）

【成人教育研究与交流】 应澳门成人教育学会梁官仪理事长的邀请，2000年7月21日继续教育部部长李国斌出席了在澳门举办的第二届"成人教育与社会发展国际研讨会"，并在会上作了《成人教育在社会发展中的作用》的发言。7月23日澳门《华侨报》以"成教须紧扣时代脉搏，成为社会进步推动力"为题综述了该发言的内容。2000年6月27—28日，北京大学召开现代远程教育技术与管理工作研讨会。北大各教学中心的代表就远程教育技术和管理的问题进行了深入的讨论和交流，针对教学管理、课程内容、课件质量等提出了意见和要求，推进了远程教育各项工作。

【海峡两岸继续教育论坛】 由北京大学、浙江大学、清华大学、香港大学、澳门大学、成功大学等9所高校发起的首届海峡两岸继续教育论坛于2000年5月17—19日在浙江大学举行。北大继续教育部部长李国斌参加了此次论坛，并作了《在改革发展中走向21世纪的北京大学成人继续教育——兼论21世纪成人继续教育对社会发展的作用》的发言。

（王鹏）

医学部成人教育

【概况】 原北京医科大学成人学历教育举办于20世纪50年代，后停止招生，1984年恢复招生。解放初期开始举办高师班、进修班，接受高校教师和临床医师进修。1961年以后，贯彻《高教十六条》，进修教育正式列入学校工作计划。1980年学校党委在第六次党代会上明确提出要把进修教育与本科生教育、研究生教育并列为学校的三条教育轨道。1983年卫生部批准学校为卫生部进修医学教育基地，并在学校建立卫生事业管理干部培训中心，学校的非学历成人高等教育开始全面发展。原北京医科大学继续医学教育经历了规范、改革、发展三个阶段，已经形成了具有多种形式、多种层次、较大规模，并且以高层次继续教育为重点的继续医学教育特色。

成人学历教育 医学部成人学历教育现有专科和专科升本科两个办学层次，设置临床医学、医学检验、护理学、药学、卫生事业管理、预防医学等6个专业。目前夜大学招生生源均来自北京市，主要为属地培养医药卫生人才。函授预防医学专业主要在辽宁、四川、江苏、陕西、河北等地招生。2000年共招收1498人，其中夜大学专科763人，专科升本科320人，函授专科414人，在校生人数达到4568人。2000年专科毕业892人，专科升本科毕业125人，其中91人被授予医学学士学位。

学校对成人学历教育工作在人力、物力、财力等方面给予了大力支持。教育处成教办公室统一管理与组织协调全校成人学历教育工作，负责教学管理与学籍管理、学生思想工作、全校自学高考和社会力量办学的组织工作等。夜大学教学管理部门岗位职责明确，规定了教学办公室、教研室、教师的任务和职责，制定了学生管理的各项规章制度。在教学管理中采用现代管理技术，对学生基本情况、学生成绩、教材、授课教师等材料全部进行计算机管理，保证了教学工作的高效率、高质量运行。积极推进教学内容和教学方法的改革，修订教学大纲。根据成人教育的特点，注重基础知识的强化，突出重点，解决难点，力求让学生在掌握基本理论知识的基础上，能够结合自身的工作深入学习、开拓思路，掌握前沿信息和动态。2000年下发了《北京大学医学部夜大学关于进一步加强课程教学质量评估的决定》，积极开展教学质量评估，以学生评估为主，将评估结果反馈给有关学院负责教学的领导和教学办公室，并在学期末的教学总结会上反馈给教研室和教师，据此加强对教学工作的质量监控，同时提高教师的教学意识，推动教师进行教学内容和方法的改革。

继续教育 学校继续教育工作由主管教学的副校长主管。1988年以前，职能部门是设在教务处的进修科。1988年2月成立继续教育处，主要负责面向全国举办继续教育活动。1994年12月成立了继续教育学院，明确学校成人教育的重点是继续教育。这是卫生部第二所部属院校成立继续教育学院。继续教育学院的工作内容主要包括毕业后医学教育、继续教育、岗位培训等成人非学历教育工作及统筹成人学历教育工作。1998年3月正式成立北京医科大学继续医学教育委员会和办公室。北京医科大学与北京大学合并后，北京医科大学继续教育学院更名为北京大学医学部继续教育处，工作范围、职责不变。继续教育处还是北京大学医学网络教育的主管职能部门。

"七五"期间学校接受各类进修人员8282人次，折合3714.85人年；"八五"期间接受15883人次，折合4385.04人年；"九五"期间接受25285人次，折合6454.38人年。2000年11月，经卫生部继续医学教育评审专家小组复评，北京大学医学部获卫生部"全国继续医学教育先进单位"，郭应禄院士、继续教育学院副院长张成兰获"全国继续医学教育先进工作者"称号。

医学部继续教育面向全国，以举办国家级继续医学教育项目、教育部委托举办的高级研讨班、导师制形式培训学科骨干、长期进修班、招收国内访问学者和研修员等高层次继续教育为主要内容。

1998年7月，正式实施校内专业技术人员继续医学教育学分制，颁发了《北京医科大学专业技术人员继续医学教育学分制的试行办法》等一系列规章制度，将每年完成继续医学教育25学分作为专业技术人员年终考核、聘任及晋升高一级专业技术职务的必备条件之一。

（黄静、高素英）

【住院医师规范化培训】 1986年，学校在综合临床医院的部分学科开展了住院医师与临床研究生同步培训的试点工作。1991成立了北京医科大学住院医师培训委员会。1998年试行临床医学专业学位以来，学校住院医师和临床研究生按照临床医学专业学位的标准要求，试行同轨道培训。原北京医科大学是卫生部首批批准的可授"住院医师规范化培训合格证书"的单位之一，凡临床医学本科毕业生完成住院医师规范化培训合格者，可获得主治医师任职资格并颁发卫生部统一印制的"住院医师规范化培训合格证书"。

医学部住院医师规范化培训从加强临床师资队伍建设的高度出发，以抓规范化培训为重点，以提高临床师资队伍素质为临床医、教、研服务为目的，确立了住院医师规范化培训与临床医学研究生培养相结合、与学位授予相衔接的培训模式，形成了包括量化的住院医师规范化培训内容和指标、规范化培训登记制度、考前资格审查制度、规范化培训阶段考核制度、淘汰制度等在内的一整套科学有效的监控体系，保证了住院医师规范化培训的质量，在全国开展住院医师规范化培训中起到了示范和推动作用，2000年，课题《加强住院医师规范化培训，提高临床医师队伍素质》获北京大学教学成果一等奖及北京市教委教学成果一等奖。

1991年至2000年，学校六所附属医院的870名住院医师被纳入了规范化培训，有318人完成规范化培训，被推荐参加转博考试并被录取为临床医学博士生的优秀住院医师共207名，其中有95人已经毕业并获得临床医学博士学位。自1999年起，中日友好医院、北京医院、积水潭医院、铁路总医院、民航总医院、邮电总医院、航空航天总医院、北京市儿童研究所等八所教学医院的住院医师陆续纳入学校的住院医师规范化培训，现正在培训的住院医师共726人。

（黄静）

【高层次继续教育】 面向全国卫生技术人员开展继续教育的主要形式有高级研讨班、学科骨干培训班、长期进修班、招收国内访问学者和研修员。2000年举办学习班213个，参加培训人员9783人次。

国家级继续医学教育项目 国家级继续医学教育项目是指经卫生部继续医学教育委员会学科组审定并经委员会批准，统一向全国公布的继续医学教育项目，一般为3天至1个月的短期培训，以中级专业技术职务及其以上人员为主要培训对象，培训内容是处于国内、国际前沿的最新知识、理论和技术。1996年以来，申报国家级继续医学教育项目的学科专业有基础医学、临床医学、口腔医学、药学、护理学、公共卫生和卫生事业管理，学科覆盖率100％。2000年举办国家级继续医学教育项目74项，培训4940人次。

向卫生部继续医学教育委员会备案项目 卫生部继续医学教育委员会备案项目是指经学校批准，向卫生部继续医学教育委员会备案，由医学部向全国统一公布的项目。该项目分为短期班和半年至一年长期班两类，以中级专业技术职务及其以上人员为主要培训对象，面向全国招生。2000年举办139项，参加人员4291人。

学科骨干和学科带头人的导师制培养形式 导师制培养形式是指受部门或地方卫生厅（局）委托，在地方选拔推荐的基础上，以本部博士、硕士导师为导师，根据学员研究方向和学科特点，由导师和学员共同商议制定为期一年的培训计划，以培养学科带头人为目标进行培训。导师制培养形式涉及临床医学、基础医学、药学、公共卫生与预防医学等学科专业。1996年，国家利用美国中华医学基金会提供的46.5万美元建立医学师资联合奖学金项目，学校自1991年开展了以导师制形式培养学科带头人和骨干的培训工作。利用国内重点医学院校的优势，为地方医学院校培训骨干。1991年至1998年为15所兄弟院校培养师资骨干155人，1993年至2000年为军队、地方培训学科带头人及骨干408人。2000年受山西、河北省卫生厅（局）、人事部委托为新疆、云南培训学科骨干76人，其中山西28人，河北33人，天津汉沽区4人，新疆6人，云南5人。

高级研讨班 高级研讨班是受教育部委托开展的短期学习班，以介绍最新的知识、理论、技术为内容，由医学部相关专业学科中的专家为教师，面向全国招生，以高年中级技术职务及其以上人员为主要对象。2000年举办高研班2个，即有创血流力学监测高研班和心血管病理生理学进展研讨班。

助教进修班 助教进修班经

国家教育部批准，面向全国各高等医学院校招生，以助教为主要招生对象，以本专业研究生主干课程为主要教学内容，培训期限一年，合格者颁发教育部统一印制的助教进修班证书。2000年举办助教进修班3个，即免疫学助教进修班、生理学助教进修班、组织学与胚胎学助教进修班。

国内访问学者 国内访问学者以高等医学院校高年中级专业技术职务及其以上人员为招收对象，以参加科学研究为主要培训内容，培训期限1年，合格者获得教育部统一印制的国内访问学者证书。2000年共培训65人。

百千万人才高级研讨班 受人事部委托，根据国家科技、教育发展和经济建设的需要，以遴选、培养有关专业领域"百千万人才工程"人选所急需的新理论、新技术、新工艺作为研修课题。2000年共举办4个，即人类疾病基因诊断的研究与应用、劳动卫生与环境卫生学高级研修班、有创血流力学监测高研班、少数民族青少年生长发育和健康促进学习班。

（黄静）

【**获"全国继续医学教育先进集体"称号**】 2000年12月11至13日，全国继续医学教育工作会议在北京召开。会议表彰了13个全国继续医学教育先进集体和25名先进工作者。北京大学医学部是13个先进集体之一，第一医院泌尿外科研究所郭应禄院士和医学部继续教育学院副院长张成兰被评为先进工作者。郭应禄院士作为先进个人代表在大会上介绍了开展继续医学教育工作的体会，张成兰副院长代表北京大学医学部介绍了继续医学教育工作的经验。

（黄静）

【**卫生部继续医学教育评估专家组复评医学部继续医学教育工作**】 2000年7月20日至21日，卫生部继续医学教育评估专家组对北大医学部继续医学教育工作进行了复评。评审专家组实地抽查了北京大学口腔医学院和北京大学人民医院。评估专家充分肯定了医学部的继续医学教育工作和北京大学口腔医学院、北京大学人民医院的继续教育工作，公布北京大学医学部的继续医学教育工作复评合格。复评意见认为：(1)北京大学医学部领导不断提高对继续医学教育工作重要性的认识，将人才培养与继续医学教育紧密结合，提出继续医学教育是学校培养人才、学科发展、发挥著名大学社会影响的重要途径。按照卫生部的有关规定，逐步加大对继续医学教育工作的领导力度，使继续医学教育的组织机构、制度建设得到落实与完善。(2)充分发挥高等医学院校优势，积极举办高水平的国家级继续医学教育项目，为国家级继续医学教育项目在全国的开展做出了贡献。(3)在承担卫生部继续医学教育委员会办公室有关工作期间，连续四年完成了国家级继续医学教育项目的申报、审批、公布等组织工作，为配合卫生部推动继续医学教育在全国的开展做了大量的工作。(4)在每年举办的国家级继续医学教育项目中，有25%的项目邀请了国外专家参与，促进了项目活动高水平、高质量地开展。(5)积极争取并充分利用国内外各种经费开展继续医学教育活动，为继续医学教育工作的开展提供了保障。(6)开展继续医学教育软课题研究，为继续医学教育的发展提供了理论支持与帮助，所开发的国家级继续医学教育项目"淋巴瘤病理远程教育网络课件"为远程继续教育的开展奠定了基础。评审专家组对医学部今后的继续教育工作还提出了建议。

（黄静）

附录

表6-19 成人高等学历教育在校生统计

类别	合计	校本部			医学部
		98级	99级	2000级	
函授	6796	1718	1611	1984	1483
夜大	5113	471	581	976	3085（专科2482，专升本603）
脱产	2221	236	898	1087	
远程	1873		765	1108	
共计	16003	2425	3855	5155	4568

表 6-20 成人学历教育招生录取人数统计

项目	合计	校本部							医学部		
		函授、夜大学		成人脱产班				远程		夜大学	函授
		专科(其中二学历)	专升本	专科	专升本	高起本	干修班	高起本	专升本	专科(其中二学历)	专升本	专升本(其中二学历)
录取数	6961	1541(305)	1496	280	175	587	59(1)	294	1060	763(65)	321	385(24)

表 6-21 非学历教育和高层次继续教育在校学生统计

校本部

	进修教师						高级研讨班						普通培训班		总计	
	小计		访问学者	骨干班		助教班		学位班		单科进修	小计		教委		自办	
	班次	人数		班次	人数	班次	人数	班次	人数	人数	班次	人数	班次	人数	班次	人数	班次	人数	班次	人数
2000—2001	5	339	174					5	26	139	56	5355	6	280	50	5075	76	22343	137	28037

医学部

国家继续医学教育项目		卫生部继续医学教育委员会备案项目		导师制培养		高级研讨班		助教进修班		国内访问学者		百千万人才高级研讨班		总计	
班次	人次	班次	人次	班次	人次	班次	人次	班次	人次	班次	人次	班次	人次	班次	人次
74	4940	139	4291	76	2		3			65	4			213	9783

海 外 教 育

【概况】 2000年,由于预科项目的启动,北京大学本部9月入学新生为613人,在校长期留学生数达到1274人,上缴学校财政的学费近2500万元人民币。北京大学的学位生(本科、硕士、博士)和高层次留学生(高进生、学者)人数在全国高等院校中仍居首位。2000年,北大接收的各类短期留学生近1300名。

为加强广大非洲发展中国家对中国文化和教育状况的了解,配合在京召开的中非部长论坛会议,北京大学专门制作了《非洲留学生在北大》录像带,发送与会代表,受到热烈欢迎。

4月下旬,为配合教学,使留学生对中国历史和文化有更深的了解,历史学系组织留学生赴西安、洛阳教学实习,取得良好效果。

12月,留学生办公室组织留学生参加北京市留学生文艺会演,所唱的《团团圆圆》,阵容庞大,把演出推向高潮。

留学生学习优秀奖 北京大学于1998年从留学生经费中拨专款设立自费生学习优秀奖。2000年,学校扩大了评奖范围,使公费生有机会参加这一奖项的角逐。最后,评出获奖学生61名。

预科项目开始招生 2000年,预科项目开始招生。经北京市公安局外管处认定,留学生办公室与邮电疗养院签订了协议,使预科留学生的校外住房有了保证。预科项目的启动,留学生招生规模的扩大,不仅解决了部分生源问题,也使学校财政收入增加近200万,为今后留学生工作的拓展打下了良好的基础。

留学生公寓项目开始实施 2000年,北大中关园留学生公寓项目得到教育部和北京市的支持,预计2002年方案开始实施,2003年投入使用,将解决困扰学校多年的留学生住房条件改善问题。

合作办学 2000年,北京大学与国外著名大学的合作取得重大突破,与英国的剑桥大学、牛津大学等签订合作办学协议(2001年开始实施),学生在校期间有的课程将采用英语授课。这对北京大学留学生工作和中国学项目的开展是很好的推动。

(张秀环)

【对外汉语教学】 发展概况 北京大学是新中国从事对外汉语教学时间最早、历史最长的学校之一。1952年就成立了专门的教学机构北京大学外国留学生中国语文专修班,为协调管理各系留学生工作,1956年成立了外国留学生工作办公室，1984 年成立对外汉语教学中心。2000 年，汉语中心共有在职教职工 53 人，其中教授 4 人，副教授 13 人，讲师 29 人，助教 1 人，行政、教辅人员 6 人。2000 学年共有长期生 650 人次，短期生 600 人，研究生 20 人。汉语中心设有 3 个教研室：汉语教研室、口语教研室和选修课教研室。

教学工作 2000 年是汉语中心在办学规模和办学层次上都有较大发展的一年。9 月，汉语中心首次招收预科留学生 100 余名，其中有相当一部分学生将在 2001 年进入北大文科各系读本科。长短期留学生人数也有较大增加。在教学上，本年度重点加强了听力课和中级选修课的建设，为中级班的学生提供了更多可选课程，受到学生的普遍欢迎。在硬件建设方面，建成了 2 个新的听力教室（分别为 30 座和 24 座），改变了长期以来听力教学硬件不足的局面。在教学管理上，强化了教研室的作用，使教研室在教学任务的制定和落实、教学方法和情况的交流、教学质量的检查以及考试水准的把关等方面发挥了更大的作用。2000 年，汉语中心的教师编写出版了听力、阅读和文化方面的教材多部，进一步完善了教材体系。研究生的课程建设也取得了长足进展，根据学科建设的需要，制定了新的教学计划，并增加了词汇教学研究、阅读听力教学研究、语言与文化研究等方面的专题研究课程和专业汉语。

科研 2000 年汉语中心共承担国家社科基金项目 1 项，国家汉办项目 2 项。本年度共组织各类学术活动 9 次，活跃了中心的学术空气。由赵燕皎、李晓琪主编的《北大海外教育·第三辑》出版发行。美国爱荷华大学柯传仁教授举办了口语测试培训班，使汉语中心教师对美国的汉语口语测试原则与方法等有了深入的了解，并在教学实践中实施。本年度汉语中心教师参加国际、国内学术会议共 20 人次，并提交论文 20 余篇。其中在牛津大学召开的"对以英语为母语者的汉语教学讨论会"之论文集由汉语中心李晓琪教授选编。本年度汉语中心教师在各类学术刊物上共发表论文 25 篇。

对外交流 2000 年汉语中心共有 13 名教师被派往日本、韩国、比利时、法国、芬兰、美国、泰国等国执行教学任务。德国柏林自由大学海迪来中心访问 2 个月。

(刘颂浩)

表 6-22 留学生学习优秀奖情况统计表

学生类别	获一等奖人数	金额(RMB)	获二等奖人数	金额(RMB)	公费生
本科生	10	3000	10	2000	6
硕士生	6	10000	8	5000	2
博士生	6	10000	8	5000	5
总计	61 人，奖金总额 25 万元人民币 注：公费生只发证书、纪念品，不发奖金				

(制表人：林百学)

附 录

表 6-23 2000 年在校外国留学生统计

按学生类别分

本科	硕士	博士	普通进修生	高级进修生	学者	预科
477	146	171	308	54	21	102

主要国家留学生数

韩国	日本	美国	印尼	新加坡	泰国	英国	法国	德国	加拿大
642	245	84	33	30	18	16	13	10	10

(制表人：林百学)

按院系分

院系所	本科	博研	高进	普进	硕研	学者	预科	合计
城市与环境科学系		1	1	1	3	1		7
地球物理学系		1						2
对外汉语教学中心			4	227	11		102	344

院系所	本科	博研	高进	普进	硕研	学者	预科	合计
法学院	83	3	5	11	18	2		122
高等教育科学研究所		1						1
光华管理学院	33	4	1	9	3			50
国际关系学院	114	22	3	6	41			186
环境科学中心		2			1			3
经济学院	89	3	1	5		1		99
考古系	8	6	5	2	2	1		24
历史学系	30	15	8	11	18	4		86
人口研究所					2			2
社会学人类学研究所			2	1		1		4
社会学系		3	2	3	1			9
生命科学学院		1						1
数学学院	1	2						3
外国语学院	4	1			3	2		10
物理学系	1							1
心理学系	1			1	1			3
信息管理系		1		1				2
亚非研究所			1	1		1		3
遥感所		1						1
艺术学系	1			1				2
哲学系	3	26	4	1	9	3		46
政治学与行政管理系	5	17	2	2	1			36
中国国情研究中心			1					1
中国经济研究中心				2				2
中国语言文学系	102	61	12	23	19	5		222
宗教学系	2		1	1	3			7
总计	477	171	54	308	146	21	102	1279

(王勇)

表6-24　2000年秋季留学生招生统计

	个人申请	官方派遣	校际交流	合计
预科	102			102
本科生	122	32		154
博士研究生	30	6		36
高级进修生	18	21	2	41
普通进修生	102	57	72	231
硕士研究生	32	14		46
研究学者	5	7		12
总计	411	137	74	622

表 6-25 2000 年医学部留学生统计

学生类别	在校人数	招生人数	毕业(结业)人数
本　科	75	23	10
硕　士	7	3	
汉　语	26	26	26
进　修	31	31	31
合　计	139	83	67

科学研究与产业开发

理 科 科 研

【概况】 2000年是北京大学科学研究取得全方位进展的一年。全校理科到校科研经费3亿元,比1999年的1.6亿元增长近一倍;根据国家科技部2000年公布的1999年度科技论文统计报告,北京大学发表的科技论文被"科学引文索引(Science Citation Index)"收录791篇,名列全国高校之首(加医学部179篇共970篇);2000年获得国家自然科学基金委员会新批准项目资助总额超过4000万元,居全国高校榜首。科研基地、新兴学科和交叉学科的建设取得进展,新建3个教育部重点实验室和1个交叉学科研究中心。一批科研成果在国际重要刊物发表;一批基础研究、应用科学研究成果通过国家鉴定;获得一批国家、部委科学技术奖励。有关北大理科科研工作的动态可以在科学研究部主页上查到(网址:www.research.pku.edu.cn)。

【科研基地建设】 北京大学理科的科学研究是在院系基础上,以国家重点实验室、教育部重点实验室、研究所、研究中心为基地开展的。2000年有国家重点实验室与教育部重点实验室共19个。这些重点实验室是北京大学科学研究的重要基地。从学科分布情况来看,这些重点实验室几乎涵盖了北京大学所有理科院系,可以说重点实验室的发展构成了学校学科的发展主线,北京大学的长江学者、国家杰出青年基金获得者和教育部跨世纪优秀人才计划基金获得者几乎都在重点实验室工作;从全校科研项目、科研经费和科研成果的统计来看,重点实验室也占据了绝对主导地位。

重点实验室的评估 2000年科技部委托国家自然科学基金委对全国数学物理类和地学类重点实验室进行全面评估,对这些实验室自1995年以来的运行情况、成果、学术地位和人才培养等方面进行综合审查。北京大学共有6个实验室参加评估,其中数学与应用数学教育部重点实验室被评为优秀实验室,首次得到了科技部给予的65万元运行补助费(高于其他实验室)。人工微结构与介观物理国家重点实验室、重离子物理教育部重点实验室、环境模拟与污染控制国家重点实验室被评为良好实验室。湍流研究国家重点实验室和暴雨监测与预测国家重点实验室,被评为较差实验室。根据科技部的要求,在评估工作中被列为"较差"的重点实验室必须在研究方向、领导班子和队伍建设等方面进行整改工作。2001年初湍流研究国家重点实验室的整改方案通过,暴雨监测与预测国家重点实验室的整改工作需作进一步努力。1999年参加评估的三个实验室和2000年参加评估的六个实验室根据管理规定都需进行换届。换届工作已在进行。

新建3个教育部重点实验室 2000年教育部批准在全国45所高校新增60个重点实验室,北京大学共有6个实验室申请,其中3个实验室获批准,分别是:量子信息与测量教育部重点实验室(电子学系),地表过程分析与模拟教育部重点实验室(城市与环境学系),水沙科学教育部重点实验室(环境科学中心)。另外地质学系申报的造山带与地壳演化实验室被批准为试点运行。

重点实验室访问学者计划 高等学校重点实验室访问学者计划是教育部"面向廿一世纪教育振兴行动计划"中的重要组成部分,于2000年设立,用于资助国内外有成就的中青年学者到设在高校的国家重点实验室和教育部重点实验室从事中、短期研究工作。访问学者计划一般每年申请两次,2000年北京大学19个实验室共有125位国内外、校内外学者申报,其中78人获批准,获得资助经费667万元。

重点实验室主任工作会议 "北京大学重点实验室主任工作会议"于2000年9月22日—23日召开。常务副校长迟惠生、韩启德,副校长陈章良、教育部科技司基础处处长陈冬生和各重点实验室主任、副主任、所在院系负责人以及相关职能部门负责人出席了会议。会议主要讨论了有关重点实验室发展的问题,明确了重点实验室在北京大学学科建设中的关键作用,建议学校应进一步加大对重点实验室的投入力度,同时各重点实验室也应该加强实验室内部的运行管理,提高研究水平。学校决定对于在1999年和2000年国家自然科学基金委组织的重点实验室评估中获得优秀的"稀土材料化学及应用"和"数学与应用数学"两个重点实验室各奖励科研经费100万元,同时决定设立"重点实验室主任基金",支持各重点实验室主任对重点实验室的宏观调控;学校即将实行的科研编制制度中,对重点实验室将有固定的科研编制支持,同时将设立流动科研编制,以支持重点实验室进行国家重大重点科研项目的研究。会议建议各院系应加强对重点实验室的支持,促进各重点实验室与有关院系的有机结合,各重点实验室应积极发挥重点实验室的作用,组织实验室研究人员,以实验室的名义申请国家重大重点项目,攻关重大科学难题,以重点实验室的名义举办各种学术交流活动,突出重点实验室的整体作用,会议代表一致希望学校后勤部门应给予重点实验室相应配套支持,尤其在实验室办公用房和访问学者住房方面给予倾斜支持。会议讨论了科学研究部起草的《北京大学国家重点实验室和育部重点实验室访问学者专项基金管理办法》、《北京大学理科科研机构管理办法》和《北京大学关于加强重点实验室建设的意见》。会后,科研部将会议的总体情况整理为《北京大学重点实验室主任工作会议资料汇编》。

重新组建"重点实验室管理委员会" 为加强学校对重点实验室的管理,学校重新组建了"重点实验室管理委员会",主任由许智宏校长担任,成员由主管科研的副校长、党办校办、科研、人事、研究生院、后勤、资产管理、实验室管理等管理部门的负责人以及重点实验室负责人代表组成。从学校领导层次加强了对重点实验室工作的宏观指导和协调。

【交叉学科与新兴学科建设】 科研部在2000年参与协调和组织了校内交叉学科的有关工作。主要有:①推动纳米科学技术研究的进展,巩固北京大学以纳米科学技术中心为主的纳米科学研究基地,争取进入国家纳米科学研究中心,以及相关的研究项目。2000年9月,在"北京大学纳米科技中心成立三周年学术研讨会"上,回顾了该中心成立三周年来在纳米化学、纳米电子学、纳米物理学、纳米生命科学和微米/纳米电子学方面取得的进展。②组织成立了横贯生物医学、自然科学、应用科学和社会科学的交叉学科研究机构——北京大学生物医学跨学科研究中心(Biomed-X Center)。该中心将基础、应用和临床科学的前沿研究结合在一起,促进整个生物学领域从分子尺度到人类器官尺度的未来新发明、新发现与技术创新。通过中心的一系列活动,将推动北京大学的交叉学科研究,交叉学科研究又将推动校本部本科生、研究生和医学部学生的教学工作,这将会成为两校合并及创建世界一流大学计划中的一个亮点。中心成立在校内外产生较大影响,已经举办了系列科研报告会,为不同学科的研究人员提供交流和沟通语言的机会。配合中心的成立,将开办生物信息学交叉学科研究生班,组织跨学科的项目。根据北京大学目前的研究基础和学科发展的需要,经反复讨论,决定首先启动在医学成像、生物力学、环境与健康、生物信息处理等研究领域的4个项目,这些项目将涉及生物、医学、环境、力学、数学、物理、电子学等多个学科的研究人员。③建设以高场核磁共振谱仪(NMR,800MHz)为代表的分子结构研究设施,并将以此基础组织成立"结构生物学中心"。④争取在北京大学建立生物信息学的国家中心(Bioinformatics Center)。⑤推动微电子机械系统(MEMS)的应用研究。⑥组织成立了北京大学-IBM创新研究院。成立北京大学-IBM创新研究院的目的是通过在双方共同感兴趣的领域积极开展合作,不断提出和充实创新思想,提高北京大学的信息科技水平。北京大学为研究院提供了100多平方米的研究场所和研究人员,并选择计算机科学技术系和信息科学中心的专家担任三个项目的组长。IBM公司为研究院提供了专用服务器等设备和100万元人民币的首批研究经费。双方在电子商务领域第一批启动了三个合作研究项目:中文信息提取系统的设计与开发;基于Web的信息集成与商务智能;E-mail智能平台。⑦筹备组建北京大学脑科学与认知科学研究中心,遴选学科带头人,组织研究队伍等。

【科研项目与科研经费】 2000年北京大学校本部到校科研经费总计31703万元,比1999年的16466万元几乎翻了一番。1990年北京大学到校科研经费为2896万元,1992-1995年该数字一直在6000万元左右,直到1996年首次达到10092万元,10年中经费增长了近10倍。在2000年到校的31703万元中,理科的经费达29845万元。其中重大基础研究计划项目经费排在首位,达6109万元;重点科技攻关计划(攻关项目)为5383万元;自然科学基金大大超过往年,由1999年的2695万元增加到4079万元;"863"计划的经费也超出往年一倍多,为2393万元。教育部重点实验室访问学者计划和骨干教师计划是新增的科研计划,两项经费合计为1200万元。到校经费最多的院系为生命科学学院(见附表)。经费增长的原因一方面是由于国家进一步加大了对科研的投入,增设了新的科研计划;另一方面,国家"211工程"和"创建世界一流大学计划"的实施大大改善了北京大学的基础设施和科研条件,同时学校各学科的学术带头人在争取承担国家计划项目方面积极发挥了竞争能力。与1999年相比,重大基础研究计划("973"项目和"攀登"项目)增加2000万元,攻关转基因专项3000万,"863"计划项目增加1300万,自然科学基金增加1500万,新增访问学者计划和骨干教师计划1200万元。科研经费的增加为创建世界一流大学提供了必要的条件。

  国家自然科学基金委员会资助的各类项目 2000年度北京大学获得国家自然科学基金各类项目资助总额超过4000万元(含医学部),在全国受资助的各高校和科研院所中名列前茅。由于在申报2000年度国家自然科学基金时,原北京医科大学与北京大学尚未合并,因而以下数据除特别说明外只包括北京大学校本部。

  1. 面上、重点项目。2000年度北京大学校本部共申请这两类项目268项,获批准103项(99项面上项目和4项重点项目),获资助经费2228万元。在2000年度国家自然科学基金资助的众多高校和科研院所中,北京大学获批准项目数和经费数依然名列前茅,项目数仅位于浙江大学(157项;2883万元)和清华大学(118项;2135万元)之后,经费数则居第二。从各单位获批准项目数占本单位申请项目总数的百分比(获准率)来看,北京大学具有明显优势,在受资助经费超过200万元以上的高校中处于领先位置。加上医学部获批准的项目(43项;762万元),北京大学2000年获资助总经费数居全国高校之首。

  2. 国家杰出青年科学基金。2000年度北京大学理科共有26人申请国家杰出青年科学基金,其中10人荣膺资助,总经费达750万元。他们是:力学与科学工程系的刘凯欣教授,物理学系的马伯强和俞大鹏教授,技术物理学系的孟杰教授,化学与分子工程学院的李星国和陈尔强教授,生命科学学院的苏都莫日根教授和程和平研究员,人口研究所的郑晓瑛教授,光华管理学院的张维迎教授。另外,医学部的栗占国教授也获得此项基金,获资助经费80万元。本年度全国共计151名青年学者获得资助。

  3. 创新研究群体科学基金。创新研究群体科学基金是基金委为了完善人才资助体系而于2000年新设立的资助计划,是在已有的青年科学基金、国家杰出青年科学基金、海外青年学者合作研究基金的基础上,选拔以优秀青年学者为学术带头人、具有创新能力和团结协作精神、人员结构合理的研究集体给予资助。首批在全国高校和科研院所中试点6个,北京大学以城市与环境学系陶澍教授(1995年度杰出青年基金获得者)为带头人的研究群体名列其中,获得资助经费360万元。这一创新研究群体的核心成员包括城市与环境学系的方精云教授(1994年度杰出青年基金)、王学军教授、胡建英副教授(1999年度杰出青年基金)、徐福留副教授和环境科学中心的黄艺副教授。

  4. 基金委与香港研究资助局联合科研资助基金。2000年度北京大学有4项通过基金委的初评后申报此项基金,最终有1项获得批准。这1项是地球物理学系桑建国教授与香港城市大学联合申请的"复杂地形上局部地大气环流的研究及在香港空气污染问题上的应用",获资助经费30万元。

  5. 国际交流与合作项目。2000年度北京大学在基金委资助下开展各类国际交流与合作共97项,其中国际合作重大项目1项,国际合作研究项目16项,在华召开国际会议3项,出国参加国际会议63人次,接待外宾来华9项,留学人员短期回国工作讲学5项。广泛开展国际交流与合作,很好地促进了科研人员所承担国家自然科学基金各类项目的高水平完成。

  国家科学技术部科技计划 2000年北京大学理科从科技部各类专项科技计划得到科研资助经费14350万元,占理科到校总经费的50%。其中重大基础研究计划6109万元,科技攻关计划5383万元,高技术研究发展规划2393万元,重点实验室运行补助费465万元。

  (1)重大基础研究计划。包括"攀登计划预选项目"和"国家重点基础研究发展规划项目"("973"项目)。在科技部的统一部署下,"国家重点基础研究发展规划项目"自1998年到2000年共启动了87个项目。在2000年国家新增的22个"973"项目中,北京大学微电子学研究所张兴教授担任了"系统芯片中新器件、新工艺的基础研究"项目的首席科学家,这样,在87个"973"项目中,北京大学教授为首席科学家的达到5项;北京大学负责或参加了近50个项目的研究,占总项目数的1/2以上;其中北京大学教师负责的项目分解课题共49个,还有60多位教师承担了项目的子课题或作为课题组的骨干负责课题的部分任务。1999年北京大学承担的重大基础研究计划项目到校经费总额为3300万元,2000年上升到6109万元,成为北京大学经费最多的一类项目。这不仅使北京大学能为国家基础研究的发展做出应有的贡献,也在完成国家任务的同时促进了基础学科的发展和建设及一批高质量的人才的培养。为保证"规划"项目的顺利完成,学校对"规划"项目和课题的负责人在科研条件、人员方面给予了支持和倾斜。2000年8月,北京大学于1998年第一批进入"规划"的项目"稀土功能材料的基础

表 7-1 北京大学承担《国家重点基础研究发展规划》项目统计表

序号	项目名称	首席专家	所在单位	起止年月
1	稀土功能材料的基础研究	严纯华	化学与分子工程学院	1998.1－2002.12
2	细胞重大生命活动的基础与应用研究	丁明孝	生命科学学院	1999.10－2004.9
3	超导科学技术	甘子钊	物理学系	1999.10－2004.9
4	核心数学中的前沿问题	姜伯驹	数学科学学院	1999.12－2004.11
5	系统芯片中新器件、新工艺的基础研究	张 兴	微电子学研究所	2000.4－2005.3

研究"通过了中期评估,进入了后三年的研究计划。其它"规划"项目和课题也都在按计划实施之中,有些已取得了初步成果。

(2)国家重点科技攻关计划(简称攻关计划)。"九五"期间,北京大学负责承担攻关计划项目3.5个,专题46个,到2000年底所有项目都已按期完成,并通过了验收,取得专题成果55项。其中北京大学承担97－759项目三个专题的成果"国家空间信息基础设施关键技术研究"入选2000年"中国高等学校十大科技进展",获得2000年教育部"中国高校科学技术奖"二等奖。

在"十五"计划中,科技部将攻关计划的组织分为两个层次:重大专项和重点项目。1999年已启动了重大专项之一"转基因植物研究与产业化专项"(以下简称转基因专项),北京大学生命科学学院在1999年申请的"利用拟南芥突变体库大规模分离克隆功能基因"等5个项目获得批准后,2000年又增加了2个项目和4个子项目,合计经费达4000多万元。2000年攻关计划项目到校经费5383万元,其中转基因专项经费为2905万元。"九五"期间(1996－2000年),北京大学获得攻关计划项目经费共计1.35亿元,占到校科研总经费的16%。

(3)国家高技术研究发展计划("863计划")。2000年度北京大学新签"863计划"课题合同书18项,到校经费2393万元,比以往"863计划"到校经费最多的1997年(1065万元)增加了一倍多。2000年底"863计划"自动化领域和信息技术领域,分别新增了"MEMS技术和产业"计划(与"十五"计划衔接)和"超大规模集成电路SOC重大专项预启动项目"两个专项,这使北京大学微电子学研究所的科研人员首次进入"863计划"领域,共获准6项课题。

2000年度是科技部第一期"863计划"项目陆续进入总结验收的重要时期。在总共47项的研究项目中,有40项完成了总结验收工作,其中部分优秀成果入选科技部"863计划"十五周年成就展。

十五年来,北京大学共承担科技部"863计划"专项课题150项,覆盖了"863计划"8个研究领域中的7个,它们分别是生物、信息、新材料、激光、航天、自动化和海洋技术领域,另外,还承担了"863计划"的超导技术专项的主要工作,以及部分国家自然科学基金会负责管理的高技术新概念新构思探索研究项目。校内主要承担单位是生命科学学院、计算机科学技术系、物理学系、电子学系、化学与分子工程学院、技术物理学系、信息科学中心和微电子学研究所,承担课题合同经费在百万元以上的重点项目十余个,累计到校研究经费近一亿,是学校科研经费的重要来源之一。承担"863计划"项目不仅为学校的学科发展和基地建设提供了契机,同样也为培养科研人才创造了条件。据不完全统计,十五年来,北京大学承担"863计划"项目的教师约300人,通过参加"863计划"项目的研究工作,共培养博士和硕士生近1000人,在国内外发表论文近2000篇,授权专利十几项,部分优秀成果获得国家省部级奖励。

教育部资助项目 2000年北京大学获得教育部科研资助经费共计2230万元,其中重点实验室访问学者计划779万元,高等学校骨干教师资助计划450万元,优秀年轻教师基金28万元,留学回国人员启动基金142万元,博士点基金123万元,网上合作研究中心经费295万元,重点项目经费125万元,重大项目经费90万元,专项经费157万元,专职机构事业费41万元。

(1)教育部资助人才基金。"高等学校骨干教师资助计划"是教育部"面向21世纪教育振兴行动计划"中的重要组成部分,此项计划是2000年新增设的,也是教育部有史以来所设的资助人才基金中资助面最广的一个计划。资助项目的优先领域是:农业高新技术、能源、信息、材料、资源环境、人口健康、空间科学与技术、先进制造技术、交通、水利等。该计划注重支持交叉学科、新兴学科前沿问题研究。资助对象是高等学校45岁以下的优秀骨干教师。为推动学术团队和优秀学术梯队的形成,择优支持青年教师联合申请,并注重对重点科研基地的骨干教师和承担国家级重点、重大科研项目的骨干教师的支持。北京大学理科65个中青年科研小组、75人获得首批资助,其中教授21人,副教授40人,讲师14人。获资助的副教授和讲师中多数是第一次独立承担科研项目,因此,这个项目的实施确实起到了给年轻教师"雪中送炭"的作用,为具有博士学位或已获得高级职称并具有独立科研能力的理科年轻教师创造了一个作为项目负责人自主从事一些探索性研究的良好契机。这样既稳定了骨干教师队伍,提高了师资水平,又增强了学校科研创新的能力,同时为具有独创精神的优秀青年科研人才脱颖而出提供了条件。教育部批准的450万元项目经费已于2000年11月全部到位。

北京大学共有8名年轻教师荣获本年度教育部"跨世纪优秀人才培养计划"资助,他们是信息科学中心的陈珂教授、数学科学学院的陈大岳教授、生命科学学院的李毅教授、力学与工程科学系的王建祥教授、化学与分子工程学院的王剑波教授,以及医学部的李凌松教授、栗占国教授、张强教授。经学校严格遴选、推荐,教育部科学技术委员会组织专家评审,"跨世纪优秀人才培养计划"领导小组审核,2000年度在全国近百所高校的数学、物理、化学、生命科学和信息科学五个领域中,共有86名年轻学者入选教育部"跨世纪优秀人才培养计划"。北京大学是入选人数最多的学校,其次是清华大学(5名)、复旦大学(5名)。2000年度是"跨世纪优秀人才培养计划"执行的最后一年,在新的世纪里,教育部正在酝酿推出一种新的人才基金,继续资助高校的优秀年轻学者从事科学研究工作。

2000年度北京大学理科4人获得教育部资助优秀年轻教师基金;23人获得留学回国启动基金。

(2)教育部科学技术研究项目。该项目是教育部科技司重点支持的科学研究项目,此类项目重点扶植优秀人才、创新性研究课题、可进一步申报国家重大科研项目或有望形成优秀研究成果的研究小组。2000年北京大学获准重点项目4个,获准新增设的重大项目2个,一个是生命科学学院陈章良教授负责的"拟南芥突变体库的建立及功能基因组研究",资助经费100万元;另一个是电子学系王义遒教授负责的"玻色—爱因斯坦凝聚的实现和原子激射器预先研究",资助经费80万元。

(3)高等学校理工科博士学科点专项基金。2000年度北京大学理科申请57项,获准23项,批准经费116.3万元;加上医学部共获准34项,总经费156.3万元,在高校中名列第一。

(4)教育部网上合作研究中心。2000年教育部科技司验收了1999年批准成立的数学与应用、生命科学与生物技术、应用化学三个网上合作研究中心,并通过了核科学与核技术、软件科学与技术、脑科学三个新中心的论证报告,获得启动经费175万元。后三个中心将于2001年进行验收。

北京市科研项目 (1)北京市自然科学基金。2000年度北京大学获准3项,其中包括与中国农业大学和北京工业大学联合申请的重大项目1个,即"北京地区环境激素污染状况与防治对策研究"。这是北京市自然科学基金会首次组织此类重大科研项目,也是2000年批准的唯一重大项目。地质学系的陈左生老师是项目主要负责人之一。

(2)北京市科委项目。2000年北京大学与北京市科委新签订科技合同5项,合同金额200余万元。另外,市科委与计算机科学技术系软件工程研究中心签订了一项400万元的科技合同,该合同款已按期于2000年底到校。

国防科研项目 2000年总装备部批准北京大学国防预研基金4项,国防重点实验室基金6项,装备技术基础项目2项,批准经费350万元。4项预研基金和14项预研项目(其中电子预研项目12个)全部按计划通过了验收。2000年军工项目到校经费980万元,并获准追加国防重点实验室建设费600万元。

北京大学校长科研基金 "北京大学校长科研基金"是1996年起由学校自筹经费设立的一项基金,该基金主要用于为发表高水平论文的科研人员提供科研补助费,为引进人才和跨学科重大科研项目提供科研启动经费。2000年该项基金的支出情况如下:① SCI论文补助经费350万元;②引进人才科研启动费和科研项目资助费共51万元;③《北京大学学报》自然科学版、《物化学报》和《非线性科学》三个刊物的办刊补助费17.5万元;④蛋白质工程及植物基因工程、生物膜与膜生物工程、区域光纤通信网与新型光纤通信系统三个国家重点实验室评估准备费用35万元。合计453.5万元。

【科研论文】 2000年12月13日科技部公布了1999年的科研论文情况,北京大学被SCI收录的论文数量为791篇,全国高校排名第一。这是北京大学SCI论文数量自1992年起连续排名第二之后,第一次重新排名高校榜首。同时北京大学有204篇文章被EI收录,ISTP文章为140篇,发表国内论文1124篇。北京大学化学与分子工程学院副教授许家喜1999年SCI收录论文22篇,个人SCI收录论文数为全国第一。物理学系副教授盖峥在1999年有14篇论文被国际同行引用,个人被引用篇数全国排名第六。北京大学一些优秀论文发表在国际上有重要影响的刊物上。如:物理学系长江特聘教授欧阳颀在国际一流物理刊物《物理评论快讯》(Physical Review Letters)上发表了2篇关于螺旋波动力学方面的论文,在国内外产生很大影响。电子学系彭练矛特聘教授领导的小组在《物理评论快讯》中发表了有关世界上最细的碳纳米管的成果,被科技部列为2000

年中国基础研究十大新闻第一条的内容之一。一些科研人员在国外工作期间,以第一作者身份发表优秀论文,如生命科学学院张传茂、朱玉贤分别在《科学》(Science,2000,288:1429-1431)和《美国科学院院志》(PNAS 2000)上发表他们取得的成果。

瞄准国际目标,多出优秀论文

在北京大学SCI论文数目重归高校榜首之时,应当讨论如何提高我国科学论文的数量和质量,争取在国际上占有一席之地。科学研究的成果表达形式是科研论文、成果专利、或者社会及经济效益。对于从事基础研究的人员来说,发表论文是科研成果的主要方式。发表论文的水平和数量不仅代表着一个单位、集体乃至国家的科研水平,也与个人的学术声望紧密结合。为了有效地提高科研人员撰写高水平论文的意识,学校采取了或者正在采取一些措施,把激励机制和制度制约两个方面有机的配合,使北京大学的科研论文从数量和质量上更上一个台阶,建立学校的国际声望。

【科技成果】 2000年,科学技术成果通过鉴定、评审共32项。北京大学申请专利17项,其中,发明专利12项,实用新型专利5项。获得专利权20项,其中,发明专利17项,实用新型专利3项。北京大学出版的科技专著、译著、专业教材和科普著作共63部,其中,专著16部,译著7部,专业教材36部,科普著作4部。北京大学2000年共获得各类奖励27项,其中,部委、省市级奖励24项,其它奖励3项。

附 录

表7-2 国家重点实验室

序号	实验室名称	所在单位	实验室主任	联系电话
1	人工微结构与介观物理国家重点实验室	物理学系	龚旗煌	62757172
2	分子动态与稳态结构国家重点实验室	化学与分子工程学院	来鲁华	62756833
3	蛋白质工程及植物基因工程国家重点实验室	生命科学学院	陈章良	62752497
4	生物膜与膜生物工程国家重点实验室	生命科学学院	吴才宏	62751864
5	视觉与听觉信息处理国家重点实验室	信息科学中心	唐世渭	62751935
6	湍流研究国家重点实验室	力学与工程科学系	佘振苏	62757944
7	稀土材料化学及应用国家重点实验室	化学与分子工程学院	严纯华	62754179
8	暴雨监测与预测国家重点实验室	地球物理学系	陈受钧	62752183
9	区域光纤通信网与新型光纤通信系统国家重点实验室	电子学系	谢麟振	62751763
10	文字信息处理国家重点实验室	计算机科学技术研究所	王 选	62981435
11	环境模拟与污染控制国家重点实验室	环境科学中心	胡 敏	62751925
12	天然药物及仿生药物国家重点实验室	医学部药学院	张礼和	62018929

表7-3 国防重点实验室

序号	实验室名称	所在单位	实验室主任	联系电话
1	微米/纳米加工技术国防科技重点实验室	微电子学研究所	王阳元	62751783

表7-4 教育部重点实验室

序号	实验室名称	所在单位	实验室主任	联系电话
1	数学与应用教育部重点实验室	数学科学学院	张恭庆	62752978
2	重离子物理教育部重点实验室	重离子物理研究所	郭之虞	62751880
3	生物有机与分子工程教育部重点实验室	化学与分子工程学院	袁 谷	62754049
4	量子信息与测量教育部重点实验室	电子学系	杨东海	62754254

序号	实验室名称	所在单位	实验室主任	联系电话
5	地表过程分析与模拟教育部重点实验室	城市与环境学系	陶 澍	62751938
6	水沙科学教育部重点实验室	环境科学中心	倪晋仁	62752613
7	造山带与地壳演化教育部重点实验室(试点)	地质学系	韩宝福	62754119

表7-5　国家工程研究中心

序号	中心名称	所在单位	中心主任	联系电话
1	电子出版新技术工程研究中心	计算机科学技术研究所	王 选	62981435
2	软件工程研究中心	计算机科学技术系	杨芙清	62751782

表7-6　1999年SCI和EI检索科技论文统计

单位	SCI论文	EI论文	单位	SCI论文	EI论文
数学科学学院	63	5	地质学系	28	0
力学与工程科学系	32	23	城市与环境学系	25	4
物理学系	133	38	心理学系	1	0
地球物理学系	29	2	环境科学中心	6	0
技术物理系	38	20	信息科学中心	1	1
电子学系	12	22	计算机科学技术研究所	1	0
计算科学技术系	9	20	其他	7	6
化学与分子工程学院	353	63	合计	791	205
生命科学学院	53	0			

2000年度通过鉴定、评审科技成果
(32项,未注明组织鉴定单位的项目均由教育部组织鉴定)

物理学系
1. 高温超导射频量子干涉仪
   王世光　戴远东　王守证　马　平　何东凤　谢飞翔
   杨　涛　聂瑞娟　刘乐园　刘新元

技术物理系
2. 肼类推进剂发黄变质机理及其光解纯化工程应用
   研究(合作完成,总装试验装备物资局)
   李金龙　张正国　李赛君　魏金山　陆思华　刘兆荣

电子学系
3. TV-Rb频标
   董太乾　刘淑琴
4. 复杂目标电磁散射计算的IPO-FDTD混合方法研究(验收评议,总装备部预研基金办)
   王长清　李明之　祝西里　蔡朝晖
5. 信息与电子科学专业教学内容和课程体系改革
   完成单位:北京大学　南开大学　北京师范大学
   兰州大学

　　沈伯弘　王　楚　谢柏青　汤俊雄　刘新元　周乐柱等

计算机科学技术系
6. 民兵网络战训练系统(合作完成,成都军区装备部组织鉴定)
   陈　钟　段云所　唐礼勇　胡建斌等
7. 面向油藏软件开发的HPF程序设计平台与HPF并行优化编译系统(国家科技部组织"863"专家组评审)
   许卓群　丁文魁　李晓明　胡长军　余华山　黄其军
8. 古诗计算机辅助研究系统及其应用(教育部社政司组织鉴定)
   俞士汶　胡俊锋　穗志方　朱学锋　王　惠　亢士勇
9. 受限汉语处理技术及产品开发(合作完成,信息产业部科技司组织鉴定)
   俞士汶　张　伟　穗志方

微电子学研究所
10. IC与MEMS兼容系统设计技术研究(信息产业部

组织鉴定）
李志宏　杨振川　方　竞　武国英　徐文华　李　婷　陈文茹

11. 基于高层级描述的 IC CAD 设计方法研究（信息产业部组织鉴定）
盛世敏　蒋安平　吉利久　刘　越　于敦山　傅一玲

12. 支持行为结构物理三领域 ASIC 建库技术研究（信息产业部组织鉴定）
吉利久　盛世敏　蒋安平　傅一玲　刘　越　郭　胤　刘　飞　刘云峰　陈中建　王　钊　高　峻　鲁文高

13. 多晶硅发射极微波分频器技术研究（信息产业部组织鉴定）
张利春　高玉芝　金海岩　莫邦燹　宁宝俊　罗　葵　叶红飞　张广勤　张　录　倪学文　王铁松　马连荣　张　维　孙玉秀　闫桂珍　王兆江　王　玮　赵宝瑛　邓　柯　田大宇　张太平　刘诗美

14. 牺牲层工艺技术研究（信息产业部组织鉴定）
郝一龙　武国英　张国炳　刘诗美　李　婷　陈文茹　田大宇　李志宏　邓　柯　王铁松　孙玉秀　李　静

15. 低温性能良好的多晶硅发射极 RCA 晶体管和电路（信息产业部组织鉴定）
张利春　叶红飞　高玉芝　金海岩　宁宝俊　莫邦燹　罗　葵　张广勤　张　录　张　维　马连荣　王铁松　孙玉秀　王兆江　王　玮　赵宝瑛　邓　柯　田大宇　刘诗美　张太平

16. SOI 新材料、新器件研究（信息产业部组织鉴定）
黄　如　张　兴　李映雪　许晓燕　康晋锋　杨　兵　何　进　于　民　田大宇　李　婷　张天义　张大成　甘学温　徐文华

17. 高速 CMOS/SOI 电路研究（信息产业部组织鉴定）
张　兴　黄　如　何　进　于　民　李　婷　田大宇　张大成　张　录　徐文华　许晓燕　高文玉　汪红梅　杨　兵

18. 深亚微米 MOS 器件失效机制与表征技术研究（信息产业部组织鉴定）
谭长华　许铭真　刘晓卫　何燕冬　段小蓉　卫建林

19. 深亚微米—纳米器件物理研究（信息产业部组织鉴定）
韩汝琦　刘晓彦　关旭东　康晋锋　张　兴　黄　如　张大成　张　录　李　婷　田大宇　翟霞云　罗　葵　杜　刚　孙　雷　张盛东

20. 高深宽比硅槽刻蚀技术研究（信息产业部组织鉴定）
张大成　李　婷　王兆江　邓　柯　闫桂珍　王　玮　罗　葵　田大宇　张　录　费　霞　王　颖　李　静

21. 硅-硅低温键合技术研究（信息产业部组织鉴定）
武国英　李　婷　张大成　王兆江　李志宏　邓　柯　张太平　王　玮　王　颖　张　录　田大宇　张　维　赵立岩

城市与环境学系

22. 遥感数字图像实时处理与无胶片化学感光快速输出系统
晏磊等

23. 超媒体空间信息系统及技术集成研究
李琦等

信息科学中心

24. 听觉计算模型及其在说话人识别中的应用研究
迟惠生等

25. 空间信息共享和处理技术研究
唐士渭　杨冬青　徐其钧　谢昆青　童云海　杨继国

26. 空间信息压缩及网络传输技术研究
石青云　李　琦　项海格　封举富　郝鹏威　王志军　尹连旺　闫宇松

计算机科学技术研究所

27. 基于 Internet 全数字化一体化的跨媒体新闻信息综合业务管理系统（合作完成，新闻出版署组织鉴定）
杨　巍　熊开宏　刘小武　栾国晖　卢作伟　陈　新　赵东岩　田朝飞　王朝阳

28. 方正渊博报业信息仓储系统 2.0（合作完成，信息产业部组织鉴定）
杨　巍　陈　新　高本波　何利军　许后泽　李枝林　周祖胜　邓宇兵　纪会卿

计算中心

29. 高校校园网络环境下的校内信息服务系统
李润城　黄达武　高　燕　李海军　毛新华　张毅远　陈　光　耿幼平

30. 高校校园网络环境下的学生工作管理信息系统
高　燕　陈建龙　陈　光　杨爱民　莫　森　宋雅琴　马正勇　黄达武

31. 高校校园网络环境下的外事管理信息系统
陈　光　李岩松　耿幼平　张秀美　宋雅琴　黄达武　李润城　刘海明　孙兰凤　夏红卫　黄　文　白　燕　庞志荣

32. 高校校园网络环境下的人事管理信息系统
孙绍芳　李庭宴　王倩宜　李　丽　孙赵君　张　方　宋雅琴　徐　芳　赵洪云　李润城　钟灿涛　黄达武　王一心

2000年申请的专利项目（17项）

1. 一种制备氮化镓基 LED 的新方法　　发明专利
   物理学系　　张国义　丁晓民　秦志新
2. 抵消电磁信号测量中外界周期性干扰的方法
   　　　　　　　　　　　　　　　　发明专利
   物理学系　　何东风等
3. 半导体参数分析方法及其系统　　发明专利
   微电子学研究所　　许铭真等
4. 一种全金属低温 MEMS 真空封装技术　发明专利
   微电子学研究所　　金玉丰　张锦文　郝一龙
   　　　　　　　　张大成　王阳元
5. 一种活体组织在体、无损分析的电化学传感装置
   　　　　　　　　　　　　　　　实用新型专利
   化学与分子工程学院　　慈云祥等
6. 一种活体组织红外光谱分析的样品盛放装置
   　　　　　　　　　　　　　　　实用新型专利
   化学与分子工程学院　　慈云祥等
7. 一种在254纳米紫外光下发光的复合材料
   　　　　　　　　　　　　　　　　发明专利
   化学与分子工程学院　　杨丽敏等
8. 消除混合气中二氧化硫和氮氧化物的复合氧化物催化剂　　　　　　　　　　　　　　　发明专利
   化学与分子工程学院　　杨锡尧等
9. 一种同时消除混合气中二氧化硫和氮氧化物的催化剂　　　　　　　　　　　　　　　　发明专利
   化学与分子工程学院　　杨锡尧等
10. 锂离子电池的盒盖　　　　　　实用新型专利
    化学与分子工程学院　　周恒辉等
11. 合成吲哚基－3－乙酰胺类的新方法　　发明专利
    化学与分子工程学院　　来鲁华　刘　亮　刘　莹
    韦林毅　黄常康　周广彦
12. 类磷脂酶甲2的抑制剂及其制备方法和用途
    　　　　　　　　　　　　　　　　发明专利
    化学与分子工程学院　　来鲁华　冯亚兵　刘　莹
    王任小
13. 广彦枯草芽孢杆菌杀菌肽的体外表达及其方法
    　　　　　　　　　　　　　　　　发明专利
    生命科学学院　　徐　庆等
14. 视频和图像数据压缩的简化小波零树编解码方法和电路　　　　　　　　　　　　　　发明专利
    信息科学中心　　许　超等
15. 视频和图像数据压缩的整型双正交小波变换电路
    　　　　　　　　　　　　　　　　发明专利
    信息科学中心　　许　超等
16. 粉尘采集仪　　　　　　　　实用新型专利
    环境科学中心　　倪晋仁　李振山
17. 水平集沙仪　　　　　　　　实用新型专利
    环境科学中心　　李振山　倪晋仁

2000年授权专利（20项）

1. 真人头像三维激光扫描仪　　实用新型专利
   物理学系　　李新章等
2. 用电话网或计算机互联网管理数据网的方法
   　　　　　　　　　　　　　　　　发明专利
   电子学系　　谢麟振等
3. 高效花生增产剂及其制备方法　　发明专利
   技术物理系　　李星洪等
4. 硅/硅键合质量测试仪　　　　实用新型专利
   微电子学研究所　　肖志雄等
5. 一种用于表面工艺多晶硅结构释放的方法
   　　　　　　　　　　　　　　　　发明专利
   微电子学研究所　　肖志雄等
6. 二次锂离子水溶液电池　　　　　发明专利
   化学与分子工程学院　　杨华铨等
7. 一种锂离子电池的封装外壳　　实用新型专利
   化学与分子工程学院　　慈云祥等
8. 铽、镱、镥的溶剂萃取分离方法　　发明专利
   化学与分子工程学院　　严纯华等
9. 一种用萃取法连续浓缩稀土料液的方法　发明专利
   化学与分子工程学院　　严纯华等
10. 有机相连续皂化方法　　　　　发明专利
    化学与分子工程学院　　严纯华等
11. 一种高效作物防病增产的选育方法　　发明专利
    生命科学学院　　王雅平等
12. 一种制备固态动物脂肪油和植物油制品的方法
    　　　　　　　　　　　　　　　　发明专利
    生命科学学院　　王素云等
13. 能提高免疫功能的活性肽及其应用　　发明专利
    生命科学学院　　宋艳玲等
14. 固定化复合外肽酶蛋白质水解及脱苦方法
    　　　　　　　　　　　　　　　　发明专利
    生命科学学院　　蔿世军等

15. 用调控方法培养体细胞胚获得人工种子贮藏的方法　发明专利
　　生命科学学院　　黄美娟等
16. 利于昆虫细胞高效表达人尿蛋白激酶原及其它有用蛋白　发明专利
　　生命科学学院　　徐　扬等
17. 一种用基因工程方法培养的抗病香料烟草　发明专利
　　生命科学学院　　陈章良等
18. 用基因工程培育抗黄瓜花叶病毒病番茄的方法　发明专利
　　生命科学学院　　陈章良等
19. 人胰岛素前体基因在大肠杆菌中的直接表达及后加工方法　发明专利
　　生命科学学院　　唐建国等
20. 马铃薯葡萄糖　发明专利
　　生命科学学院　　刘伊强等

2000年理科出版的科学专、译著作(63部)

数学科学学院(24部)

1. 高惠璇:《实用统计方法与SAS系统》(教材),北京大学出版社
2. 陈维桓、王长平等:Geometry and Topology of Submanifolds X, World Scientific, Singapore
3. 潘文杰:《傅里叶分析及其应用》(教材),北京大学出版社
4. 孙山泽:《非参数统计讲义》(教材),北京大学出版社
5. 孙山泽、胡建颖:《抽样调查的理论方法和应用》(科普),北京大学出版社
6. 徐树方、高立、张平文:《数值线性代数》,北京大学出版社
7. 张顺燕:《数学的源与流》(科普),高等教育出版社
8. 耿直等:《现代科技数学手册》中(多元性数据的统计分析)部分(专著),华中理工大学出版社
9. 钱敏平、叶俊等:《随机数学》(面向21世纪课程教材丛书)(教材),高等教育出版社
10. 裘宗燕:《计算机基础教程》(上册,教材),北京大学出版社
11. 裘宗燕:《程序设计实践》(译著),机械工业出版社
12. 裘宗燕等:《计算机基础课程教学大纲》(2000年版,教材),高等教育出版社
13. 姚孟臣:《高等数学》(一)(教材),中国人民大学出版社
14. 姚孟臣:《概率论与数理统计》(教材),北京大学出版社
15. 姚孟臣、范培华等:《数学模拟试卷》(经济学类)(教材),北京大学出版社
16. 姚孟臣:《概率论与数理统计复习指导》(第二版)(教材),国家行政学院出版社
17. 姚孟臣:《高等数学》(一)(上册)—全国高等教育自学考试课程同步辅导丛书(教材),中国人民大学出版社
18. 姚孟臣:《高等数学》(一)(下册)—全国高等教育自学考试课程同步辅导丛书(教材),中国人民大学出版社
19. 姚孟臣:《高等数学》(二)(上册)—全国高等教育自学考试课程同步辅导丛书(教材),中国人民大学出版社
20. 姚孟臣:《高等数学》(二)(下册)—全国高等教育自学考试课程同步辅导丛书(教材),中国人民大学出版社
21. 姚孟臣:《高等数学》(二)—全国高等教育财经专业自学考试辅导丛书,中国人民大学出版社
22. 姚孟臣:《高等数学(一)考试指导与模拟试题》,北京大学出版社
23. 姚孟臣:《高等数学(二)考试指导与模拟试题》,北京大学出版社
24. 姚孟臣、范培华等:《数学冲刺》(经济学类),北京大学出版社

力学与工程科学系(3部)

25. 周光坰、严宗毅:《流体力学》(上册)(教材),高等教育出版社
26. 周光坰、严宗毅:《流体力学》(下册)(教材),高等教育出版社
27. 王健平:《环境信息科学总论》(第十四章)(教材),同文社(日本)

物理学系(9部)

28. 朱星:Near－field Optics. Principles and Applications,(专著) World Scientific Press Co. Ltd
29. 阎守胜:《固体物理基础》(教材),北京大学出版社
30. 朱允伦:《模拟物理概论》(教材),河南科学技术出版社
31. 李政道、朱允伦:《对称与不对称》(科普),清华大学出版社、暨南大学出版社
32. 曾谨言:《量子力学》(卷I)(专著),科学出版社
33. 曾谨言:《量子力学》(卷II)(专著),科学出版社
34. 曾谨言:《量子力学导论》(第二版)(教材),北京大

35. 曾谨言等：《量子力学新进展》（专著），北京大学出版社
36. 钱伯初、曾谨言：《量子力学习题精选与剖析》（上、下册）（教材），科学出版社

技术物理系（3 部）
37. 王德民：《神奇的预测——趣谈量子化学》（科普），湖南教育出版社
38. 王文清：《统计力学在物理化学中应用习题精选与解答》（教材），北京大学出版社
39. 王文清：《物理化学习题精解》（上）（教材），科学出版社

计算机科学技术系（4 部）
40. 陈葆珏：《面向对象的网络协议》（译著），机械工业出版社
41. 张立昂：《计算理论导引》（译著），机械工业出版社
42. 龙晓苑：《数字化艺术》（教材），北京大学出版社
43. 张立昂：《计算理论基础》（第二版）（译著），清华大学出版社

化学与分子工程学院（2 部）
44. 高月英：《物理化学》（生物类）（教材），北京大学出版社
45. 郭国霖：《步入化学新天地》（科普），河北科学技术出版社

地质学系（1 部）
46. 朱永峰：《矿产资源经济学》（专著），中国经济出版社

城市与环境学系（9 部）
47. 王学军：《清洁生产概论》（专著），中国检察出版社
48. 吕斌：《城市规划原理》（教材），中国建筑工业出版社
49. 冯长春：《房地产开发》（教材），辽宁大学出版社
50. 冯长春、汪柏林、沈文泉、张东航、林坚等：《土地估价相关经济理论与方法》（教材），辽宁大学出版社
51. 吴必虎：《中国国内旅游客源市场系统研究》（专著），华东师大出版社
52. 吴必虎：《地方旅游开发与管理》（专著），科学出版社
53. 吴必虎：《北京市旅游发展总体规划》（专著），中国旅游出版社
54. 许学工：《加拿大的自然保护区管理》（专著），北京大学出版社
55. 马蔼乃：《地理科学与地理信息科学论》（专著），武汉出版社

生命科学学院（5 部）
56. 张大勇：《理论生态学研究》（专著），高等教育出版社、施普林格出版社
57. 翟中和、王喜忠、丁明孝：《细胞生物学》（教材），高等教育出版社
58. 刘泰槿：《心肌细胞电生理学》（专著），北京大学出版社
59. 高崇明、田清来、尚玉昌、樊启昶、程 红、张 昀：《生命科学导论》（教材），高等教育出版社
60. 吴相钰、尚玉昌：《生物科学》（四册）（教材），北京出版社

心理学系（1 部）
61. 王 垒：《组织行为学》（译著），经济科学出版社

信息科学中心（1 部）
62. 杨冬青、唐世渭：《数据库系统概念》（译著），机械工业出版社

计算机科学技术研究所（1 部）
63. 潘爱民：《深入理解COM＋》（译著），清华大学出版社

2000 年理科获奖情况

教育部中国高校科学技术奖（11 项）
一等奖 5 项
1. 低维拓扑
   数学科学学院 王诗宬
2. 磁层能量传输与释放研究
   地球物理系 濮祖萌 洪明华 王敬芳 伏绥燕
3. 奇特原子核及新集体转动模式研究
   技术物理系 孟 杰 曾谨言 赵恩广 许甫荣 周善贵
4. 分子光谱研究生物分子,生物医学及其应用
   化学与分子工程学院 吴瑾光 徐光宪 周孝思 翁诗甫 石景森 杨展澜 傅贤波 李维红 徐怡庄 凌晓锋 孙 颖 杨丽敏 田 文 王秀珍 徐端夫 徐 智 沈 韬 张 莉
5. 非细胞体系核重建(装配)的系统研究
   生命科学学院 翟中和 张传茂 张 博 蔡树涛 曲 健 蒋争凡

二等奖 6 项
1. 与环境、大气有关的若干重要分子的光谱和反应机理

化学与分子工程学院　赵新生　应立明　徐四川
　　　　　　　　　尚海蓉
2. 华南与塔里木泥盆系
　地质学系　白顺良　郝维城　马学平　白志强
　　　　　　孙元林　江大勇
3. 华北中生代板内特大型推覆构造及相关变质核杂岩
　地质系　郑亚东　张进江　刘树文　左国朝
　　　　　王玉芳　刘瑞珣
4. 山西地堑系新生代沉积环境与构造地貌
　城环系　杨景春　夏正楷　莫多闻　李有利
　　　　　潘懋
5. 国家空间信息基础设施关键技术研究
　信息科学中心　迟惠生　唐世渭　李琦　石青云
　　　　　　　　杨冬青　吴少岩　封举富　徐其均
　　　　　　　　崔晋川　郝鹏威　谢昆青　许卓群
　　　　　　　　王志军　童云海　张大力　项海格
　　　　　　　　杨继国　丛升日　闫宇松
6. 血脂康
　维信公司　张茂良　蒋明　段震文　彭启秀
　　　　　　卢晓蓉　周玉芳　何大林　庄德志
　　　　　　魏雪清　邓翀　余立江　董洪彪
　　　　　　李改玲

北京市科技进步奖项目10项
一等奖2项
1. 太阳风中磁流体湍流的特征和本质
　地球物理系　涂传诒
2. 《高等代数》(教材)
　北京大学　首都师范大学　高等教育出版社
　段学复　王萼芳　石生明　丁石孙　聂灵沼
　郭思旭
二等奖3项
1. 红细胞的微观流变学特性研究
　北京大学基础医学院　力学与工程科学系
　文宗曜　严宗毅　孙大公　喀蔚波
2. 非均匀脆性介质损伤破坏的非线性非平衡统计理论
　北京航空航天大学　北京大学　中国科学院力学研究所　柯孚久　夏蒙棼　李晖凌　白以龙

3. 栝楼属植物的系统演化及其药材的分子标识研究
　中国中医研究院中药研究所　北京大学生命科学学院　北京大学药学院　黄璐琦　王敏　杨滨
　　　　　　　　　　　　　　顾红雅　姚三桃　付桂芳
　　　　　　　　　　　　　　阮纯
三等奖5项
1. 甜菜坏死黄脉病毒RNA3致病的分子生物学和细胞病理学研究
　北京大学生命科学学院　中国科学院微生物研究所
　李毅　魏春红　陈章良　田波
2. 金属纳米微粒复合薄膜的飞秒超快时间响应研究
　电子学系　吴锦雷　吴全德　刘惟敏　薛增泉
3. 以核酸为靶、新的手性铂络合物生物效应中的分子识别
　北京大学医学部　北京大学化学与分子工程学院
　杨铭　王夔　王保怀　李荣昌
4. 基于Internet的全数字化一体化的跨媒体新闻综合业务管理系统
　北京北大方正集团公司　广州日报报业集团
　杨巍　何向芹　熊开宏　梁泉　张来斌
　王朝晖　罗维东　单荣恕
5. 北京灵山地区生物多样性保护与发展研究(可持续发展部分)
　北京市环境保护科学研究院　首都师范大学　北京大学　李汝琪　李长海　汤大友　刘丽丽

国家环境保护总局科技进步二等奖(补1999年)
沿海经济发展地区酸沉降特征和防治研究(合作完成)
技术物理系　环境中心　李金龙　姚荣奎　胡敏等

国防科学技术二等奖(补1999年)
核武器测试用评价激光函数库(合作完成)
技术物理系　唐国有　施兆民　陈金象　张国辉等

航空科技进步三等奖(补1999年)
立体织物增强复合材料力学性能研究
力学与工程科学系　李水乡

"求是"杰出青年学者奖
数学科学学院　刘培东
化学与分子工程学院　席振峰

表7-7　2000年理科各单位发表学术论文统计

单位 \ 种类	国外学术刊物发表(篇)	全国性学术刊物发表(篇)	地方性学术刊物发表(篇)	合计(篇)
数学科学学院	62	79	0	141
力学与工程科学系	77	92	8	177
物理学系	110	105	15	230
地球物理系	37	129	1	167
天文学系	6	4	0	10

单位 \ 种类	国外学术刊物发表（篇）	全国性学术刊物发表（篇）	地方性学术刊物发表（篇）	合计（篇）
技术物理系	69	116	4	189
电子学系	60	54	0	114
计算机科学技术系	33	74	1	108
化学与分子工程学院	330	312	2	644
生命科学学院	27	96	0	123
地质学系	31	72	15	118
城市与环境科学系	20	117	14	151
心理学系	8	41	5	54
微电子学研究所	36	21	9	66
计算机科学技术研究所	1	24	0	25
遥感技术研究所	12	44	0	56
信息科学中心	32	25	1	58
环境科学中心	10	78	0	88
计算中心	0	5	0	5

表 7-8　2000 年理科在研项目统计

单位	国家重点基础研究	国家科技攻关项目	国家"863计划"	国家自然科学基金	教育部项目	其它部委省市专项	企事业单位委托项目	校长基金	合计
数学科学学院	6		2	61	32	2	1		104
力学与工程科学系	3			28	18	2	2	3	56
物理学系	17		5	55	22	3	3	5	110
地球物理学系	11	2		40	15	3	3		74
技术物理系	2	2	2	29	16	3	6	2	62
电子学系			3	13	12	20	3	1	52
计算机科学技术系	1	10	7	9	6	2	2		37
化学与分子工程学院	16	1	2	90	34	4	15	7	169
生命科学学院	19	5	17	37	20	11	13	5	127
地质学系	5	3		28	17	4	8	1	66
城市与环境学系	5	3	2	45	20	5	33	2	115
心理学系		2		6	4			1	13
微电子学研究所	7	2	4	1	2	24	1		41
信息科学中心	3	2		2	2				9
环境科学中心	1			12	11	4	7	1	36
其它		2	3	22	3	1	1		32
合计	96	34	47	478	234	88	98	28	1103

表7-9 2000年理科科研经费统计 (单位:万元)

单位	国家重点基础研究	国家科技攻关项目	国家"863计划"	国家自然科学基金委	教育部项目	其它部委省市专项	企事业单位委托项目	合计
数学科学学院	790	2	23	444	326	74	21	1681
力学与工程科学系	196		4	260	118	42	48	668
物理学系	512	200	224	498	183	80	14	1712
地球物理学系	169	31	2	367	119	32	49	770
技术物理系	155	7	10	266	196	91	365	1092
电子学系		30	20	322	115	756	268	1511
计算机科学技术系	117	1320	380	108	41	3	216	2185
化学与分子工程学院	1454	130	47	872	191	194	132	3020
生命科学学院	1432	2931	728	481	284	97	312	6266
地质学系	112	29		304	84	17	86	632
城市与环境学系	281	74	17	441	80	105	636	1635
心理学系		8		23	20	3	42	96
微电子学研究所	694			27	24	223	395	1363
信息科学中心	118		5	26	67	45	4	266
环境科学中心	77	113	18	142	76	32	193	651
其它		508	916	355	358	(300)	1308	3146
合计	5672	5252	2350	4230	2284	1490	3085	26681

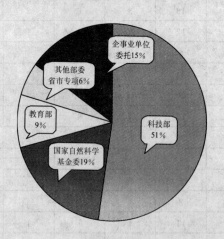

图7-1 2000年理科在研项目来源示意图

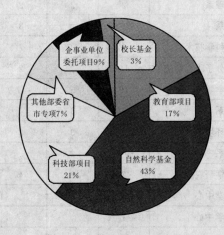

图7-2 2000年理科科研经费来源示意图

文 科 科 研

【概况】 2000年,北京大学文科科研工作沿着面向现代化、面向世界、面向未来的学科建设方向,在创建世界一流大学的进程中,一方面适时地调整了一批研究机构的研究方向,在保持基础研究优势的同时,增设了若干跨学科综合性或应用性研究机构,以适应国家现代化建设的需要,力争在较短的时间内,做出里程碑式的科研成果,培养出一流的高素质创新人才;一方面在申报项目、承担课题、获奖成果等方面给予教师激励性的倾斜支持和经费配套资助,切实加大投入力度。2000年全校文科各种类型的项目经费达788万元,学校对纵向项目的配套资助78万元;2000年所有获奖成果共106项;对教育部10个重点研究基地学校共投入500万元配套资助。以上举措的落实,改善了文科教师的科研条件,使文科科研工作出现生机勃勃的局面,尤其是恢复设置社会科学部以来,各项工作得到更有力的落实,取得显著成绩。

2000年,是教育部普通高等学校人文社会科学重点研究基地建设计划落实的第二年,北京大学上下一致,全力以赴,对学校文科人力资源、物质资源进行了一次较大的整合,组织17个科研实力强的机构进行了申报,通过评审和专家的实地考察,北京大学中国社会与发展研究中心、教育经济研究所、邓小平理论研究中心、外国哲学研究所、政治发展与政府管理研究所、考古学研究中心、汉语言学研究中心、古文献研究中心、中国古代史研究中心、东方文学研究中心10个机构,被确认为教育部普通高等学校人文社会科学重点研究基地。

2000年,是北京大学"985"计划实施的第一年,"985"计划的落实,为校内18个校一级文科科研基地提供了较充裕的物质条件。分管文科的校长亲自抓"大船工程",经过一年努力,如跨学科研究项目"中华文明史"、"中国古代刻画符号的收集、整理与研究"、"盛唐工程",应用学科重大研究项目如"法制:中国与世界"、"中国企业管理案例库"、《北京大学国际问题论坛丛书》、"公共政策数据库"等,都已取得部分阶段性成果,推动了科研带动教学、科研培养高素质人才的工作。

9月19至21日,社会科学部成功承办了全国高校社科科研管理研究会常务理事扩大会议,全国近40所高校的文科科研处处长出席了会议。教育部社政司顾海良司长、阚延河副司长、北京大学赵存生副书记、何芳川副校长、原副教务长吴同瑞及社科部程郁缀部长到会并分别讲话。大家清醒地认识到,北大的第一个百年是辉煌的,在第二个百年,北大人既要弘扬民族人文精神,又要注重人文精神与科技精神的统一。来自清华大学、中国人民大学、复旦大学、武汉大学、吉林大学等兄弟院校的代表,都积极发言,献计献策,总结"九五"规划经验,制定文科"十五"规划,决心为文科的兴盛、发展作出更大的贡献。

(耿琴)

【教育部重点研究基地】 北京大学中国考古学研究中心 北京大学中国考古学研究中心是以研究中国考古学为主的实体学术机构。中心聘请著名考古学家宿白教授为名誉主任,李伯谦教授为中心主任,严文明教授任学术委员会主任。中心内设3个研究室,已聘请十余名各领域的专家学者从事重点项目和一般项目的研究。中心秉承北京大学科学、民主的优秀传统,其所依托的考古系已经有长达80余年考古学研究积累的基础,有在综合大学中开展多学科横向联合的环境氛围,也有与海内外考古学界的广泛联系,这些都是推动学术持续深入发展的客观有利条件。中心拥有一批著名的老专家学者,也有许多优秀的中青年学者。他们在各自的研究领域,取得许多突出成绩。据不完全统计,1996年1月至1999年12月,这些专家学者承担各种正式课题9项,其中,省部级课题6项,国家级项目2项;已经发表专著20部(1.05部/人),论文179篇(9.42篇/人);获省部级以上科研成果奖6项。中心设置了史前、原史和历史考古三个研究室。这种设置,涵盖了整个中国考古学研究的历史时段,是一种长期的战略性安排。近期,中心根据中国考古学发展现状、主要研究领域和前沿课题以及中心的条件,设计规划了三个主要研究方向,分别是:(1)、运用聚落形态的考古学方法复原和研究史前和原史时期的历史;(2)、汉唐宋元文明研究;(3)、中国佛教考古。这个规划是一种学科发展中阶段性的安排,宗旨在于发挥北京大学的学科优势,联合校内外、海内外相关学术力量,研究中国历史上各时期的重大考古学术问题,培养高层次考古人才,以推进中国考古学相关学科的建设和发展。

(赵辉、耿琴)

北京大学邓小平理论研究中心 北京大学邓小平理论研究中心现任中心主任赵存生。中心下设4个研究室,即邓小平哲学理论研究室,邓小平经济理论研究室,邓小平科学社会主义理论研究室,邓小平教育理论研究室。中心自成立以来,继承和发扬北京大学学习、研究、传播马克思主义的光荣传统,注意发挥北大人文社会科学多学科交叉互补的优势,努力实行6个结合,形成了较好的工作思路和良好的学术氛围。这6个结合是:(1)把对马克思主义理论的系统研究同对邓小平理论的重点研究结合起来;(2)把对邓小平理论科学体系的总体研究同对邓小平理论的多侧面研究结合起来;(3)把对邓小平理论中的基本理论问题研究同对中国现代化建设中的重大实践问题研究结合起来;(4)把科学研究工作同教学工作结合起来;(5)把相关学科的老中青专家、校内外专家结合起来;(6)把专家个人的研究同专家集体的研究结合起来。1996年1月以来,中心专职人员作为第一署名人的成果有专著16部、其他著作13部,共29部,论文208篇,咨询报告2篇,人均著作1.1部、论文14篇;兼职人员有专著20部,其他著作14部共34部,论文108篇,咨询报告2篇,人均著作3部、论文9.8篇。专职人员获省部级奖一等1项,二等3项,共4项,兼职人员获省部级奖一等1项,二等1项,三等2项,共4项。中心研究人员关于邓小平理论的科学体系和基本观点的研究,关于邓小平理论与马列主义、毛泽东思想的关系的研究,关于社会主义初级阶段理论的研究,关于社会主义本质理论的研究,关于社会主义市场经济理论的研究,关于社会主义精神文明建设理论的研究,关于"一国两制"理论的研究等,都产生过在国内具有一定影响的成果。

东方文学研究中心 北京大学东方文学研究中心现任主任王邦维,名誉主任季羡林。东方文学研究中心强调语言的训练,在掌握语言的基础上,多方位地开展研究。覆盖包括东方国家或地区古代和现代21个相关语种。中心分4个研究室:南亚、东南亚、东北亚、西亚及北非。同时根据研究项目实施的情况设立课题组。研究活动以课题组为主,课题兼顾点和面。从西往东依次为:希伯莱语、阿拉伯语、阿卡德语、赫梯语、古叙利亚语、波斯语、梵语、巴利语、乾陀罗语、印地语、乌尔都语、缅甸语、泰语、越南语、印尼语、菲律宾语、吐火罗语、和阗语、蒙语、朝语、日语。印度语言文学专业近10年来先后接收过多名来自日本、印度、美国、瑞士、韩国等国的博士生、硕士生、高级和普通长期访问学者及进修生。1996年至2000年专职人员科研成果为专著7部,其中在国外出版2部;译著5部;其它著作4部。论文总计66篇,其中在国外发表3篇。兼职人员:专著10部,译著8部,其它著作1部。论文总计76篇。1996年至2000年获省部级以上奖励共8项:其中季羡林主编的《东方文学史》,获北京市哲学社科优秀成果特等奖(96);季羡林主编的《印度古代文学史》,获国家级教学成果二等奖(97);季羡林主编的《东方文学史》,获教育部人文社科研究成果一等奖(98);季羡林主编的《印度古代文学史》,获国家社科基金项目优秀成果二等奖(99);王邦维著《南海寄归内法传校注》,获北京市哲学社科优秀成果一等奖(96)。中心现从事的主要研究课题有:东方古代语言、文献与文学的研究;东方文学史研究和东方文学专题研究。

北京大学中国社会与发展研究中心 北京大学中国社会与发展研究中心现任中心主任刘世定,费孝通教授为顾问。中心有20个人员编制,现聘任专职研究人员14人,校内兼职研究人员7人,校外兼职研究人员6人。专职研究人员中,教授7人、副教授6人、讲师1人。多年来,中心的研究工作努力追求以下目标:积极吸收世界各国学术界的研究成果,与国内外学术界积极对话,及时关注学术前沿;努力发掘中国文化与研究传统,继承中国学术研究的优点;通过深入调查研究,对已有的理论进行继承、批判和发展,发现和分析中国社会发展的规律,努力使研究工作为我国社会发展服务,为政府和其他社会组织制定规划和决策提供科学依据;努力把研究成果结合到教学实践中,使学生及时了解最新的研究成果,关心现实社会发展中的问题;以现实问题为核心,推动跨学科、跨单位的合作,探讨新的研究思路。现设有4个研究室:社会学理论研究室;社会学方法研究室;人类学研究室;城乡社会发展研究室。中心主要研究方向:社会学理论与方法;社会人类学比较研究;城乡社会发展研究。中心专职研究人员作为项目第一负责人1996年以来承担课题30项,其中国家社科基金项目5项,教育部社科基金项目12项,其他部委社科基金项目3项,国际合作项目3项,学校社科项目3项,其他项目1项;课题经费328万元,年均课题经费82万元;兼职研究人员承担课题19项,课题经费63万元。专兼职人员1996年以来出版专著29部,译著9部,其他著作20部;发表论文235篇,其中国内刊物207篇,国外刊物28篇;提交政府部门咨询报告3份,均被采纳。1996年以来,专兼职人员的研究成果共获得省部级奖10项。中心具有较强的组织学术交流的能力。1996年以来,中心举办了4次规模较大的国际学术会议和2次国内学术会议。在多年的实地调查工作中,与16个省、市、自治区的调查地点建立了密切的联系,逐步形成了若干相对稳定的研究基地。

北京大学外国哲学研究所 北京大学外国哲学研究所现任主任赵敦华。该所现有西方哲学史研究室、现代西方哲学研究室和东方哲学研究室等3个研究室。共有15

名专职研究人员,其中教授10人,副教授4人;并聘请校内兼职研究人员4名,其中教授2名,副教授2名。校外兼职研究人员6名,全都是教授。该所的学术优势主要体现在如下几个方面:第一,良好的学术环境与学风。在老一代学者的培育下,经过36年的建设,本所养成了开放严谨、古今贯通、注重原典、团结协作的优良学风。第二,学科较为齐全。在西方哲学和东方哲学两个主要学科领域,从古希腊罗马、中世纪哲学、近代欧洲哲学、现当代西方哲学,到印度、东亚、伊斯兰哲学,都有专人研究。与此相关,本所研究人员所掌握的外语语种包括古希腊语、拉丁语、英语、法语、德语、俄语、日语、梵语、阿拉伯语等。第三,学科队伍整齐。老年学者继续发挥指导作用,年龄在30—50岁的中青年研究人员占总数的80%,已经成为中坚力量,从1978年迄今,该所承担各种科研项目58项,出版各类学术著作110余部,发表学术论文530余篇,在国外学术刊物发表论文30余篇。1998年来,出版著作共40部,其中专著27部,译著13部。发表论文138篇,其中国内刊物114篇,国外刊物24篇。本所兼职研究人员近三年来出版著作共35部,其中专著25部,译著10部,其他类著作2部。发表论文共186篇,其中国内刊物181篇,国外刊物5篇。

对外学术交流的一个窗口。该所与国外相关研究机构和同行保持密切学术联系,举办经常性的学术交流,如由国外专家举办研究班,邀请世界著名哲学家讲学。1980年以来,邀请外国专家来所讲学135人次,外出访问、进修和参加学术会议110余人次,外出讲学30余人次。

北京大学汉语语言学研究中心 北京大学汉语语言学研究中心现任主任陆俭明。研究中心现设有4个研究方向:现代汉语,汉语史,汉语方言学和比较语言学。设有3个研究室:古代汉语研究室,近代汉语研究室和现代汉语研究室。研究中心现聘请专职研究人员10位,校内兼职研究人员9位,校外兼职研究人员9位,其中教授19位,副教授9位;教授、副教授中有博士学位的15位,约占54%。多年来,中心一直积极承担国家及省部级以及横向的科研项目,仅1996年以来就承担了近20项科研项目,经费将近100万元。先后出版或再版了14部著作,发表论文100多篇。其中多部被海内外多所高校列为教材。1988年获得3项首届全国高校优秀教材奖;1996年以来分别获得国家级一等奖2项;省部级一等奖4项;二等奖2项;三等奖2项。80年代以来,跟美国、德国、挪威、日本、韩国、新加坡、泰国以及我国的港、澳、台等国家和地区的许多高校或研究机构,跟国内许多高校或研究机构,有着广泛的交流与合作。

北京大学政治发展与政府管理研究所 北京大学政治发展与政府管理研究所现任主任谢庆奎。现任顾问委员会主任为赵宝煦教授,现任学术委员会主任为王惠岩教授。该所设定了两大研究方向:政治发展理论与模式研究;中国政府管理与改革基本理论研究。该所设立了4个研究室:政治发展基本理论研究室,比较政府与政治理论研究室,政府管理基本理论研究室和中国政府与政治理论研究室。该所研究队伍包括专、兼职教授16人,副教授10人,其中具有博士学位的13人(国内培养的博士7人,国外学成归国的博士6人),有教育部及北京市跨世纪人才5位。目前的校内研究人员中包括政治学与行政管理系的18人,国际关系学院1人,经济学院1人。校外研究人员共6人,包括中央编译局、吉林大学、南开大学、武汉大学、南京大学和天津师范大学的专家学者。该所研究人员已承担的课题如"中国政治发展研究"、"我国地方行政体制研究"、"邓小平以经济建设为中心的政治思想及体系研究"、"政治改革与经济改革互动关系之研究"和"70年代以来西方政治思潮发展趋势"。12项国家社科基金年度规划项目如"中国事业单位体制改革研究"等。国家教委博士点重点项目"公共政策分析的基本理论与常用模式软件化研究"。国家教育部跨世纪人才项目如"政治分析方法研究"、"中国政治发展研究"、"现代政治理论的框架研究"等。所承担的课题还包括北京大学与美国密歇根大学合作的大型实证调查研究项目"中国地方政府与政治研究",欧盟项目"欧洲一体化过程中的政策接轨",与香港大学合作的大型项目"1993年以来中国公务员制度实施研究"、与日本合作的"经济高速发展时期的中日利益集团比较研究"等。该所学者近两年来出版了著作23部,学术论文72篇,咨询报告8篇。

(耿琴)

北京大学中国古代史研究中心 北京大学中国古代史研究中心现任主任张希清教授。1981年,邓广铭、周一良、田余庆、宿白、王永兴五位教授联名提出了建立中国中古史研究中心的组织方案及工作规划。1982年10月,教育部93号文件正式批准建立北京大学中国中古史研究中心。邓广铭教授、何芳川教授、王天有教授先后担任中心的主任。1996年以来,专职人员作为第一署名人出版的学术专著21部,发表的学术论文110多篇。其中获国家级奖的2部,获省部级奖的3部,获北大科研成果奖的4部。编辑出版了5辑《敦煌吐鲁番文献研究论集》、4辑《敦煌吐鲁番研究》等。另外,为了提高国民素质,还做了一些历史知识的普及工作。如参加了150集电视系列片《中华文明之光》和100集电视教学片《中国传统文化讲座》的拍摄工作等。该中心还同国内外有关学术机构进行了广泛的学术交流。有美国、日本、韩国、法国、澳大利亚等国及香港、台湾地区的数十位学者到本中心进行学术访问，该中心的研究人员也数十人次地到美国、日本、韩国、法国、德国、英国、意大利、荷兰、加拿大、梵蒂冈等国及香港、台湾、澳门地区，进行学术访问、讲学、参加学术会议。中心设中国古代政治与文化研究室、中国古代历史文献研究室、中国古代历史人文地理研究室。该中心现有专职研究人员、资料人员共12人，其中教授7人，副教授5人。有兼职研究人员16人，其中教授、研究员10人，副教授5人，讲师1人，博士生导师9人；具有博士学位者12人，硕士学位者1人。既有校内中文、历史、考古等系的教授，又有校外、国外的专家。该中心设三个研究方向：中国古代政治与制度史研究，中国古代社会与文化史研究，中国古代历史文献整理与研究。将组织全体科研人员主要进行六个重要课题的研究。第一批有两个，一是中国古代政治形态、官僚制度和政治文化的综合研究，二是古代中外关系新史料的调查、整理与研究；第二批研究课题有：中国古代史研究基地数字化建设，中国古代官员管理制度研究等；第三批课题有：中国古代的北方民族与中原政治研究，中国古代文化的碰撞与融合等。

（臧健、耿琴）

北京大学教育经济研究所 北京大学教育经济研究所所长为闵维方教授。北京大学教育经济研究所是由原国家教委、国家计委和国家财政部决定依托原北京大学高等教育研究所有关研究方向（现为教育学院教育经济与管理系）成立的为国家教育经济和财政决策问题提供咨询的研究基地，始建于1997年2月，每年承接三部委下达的研究课题并获得相应的经费支持。该所工作指导委员会由教育部财务司、财政部公共支出司和国家计委社会发展司负责人及学校有关领导组成。联合国教科文组织在该所设立了目前亚洲唯一的高等教育教席，负责协调亚洲地区高等教育研究工作。由世界银行贷款的中国第一和第四个贫困省教育发展项目中方专家组秘书处和由世界银行资助的中国教育经济培训网络国家培训中心设在该所。2000年9月，该所通过了教育部专家组评审，成为普通高等学校人文社会科学重点研究基地。教育经济研究所成立以来共主持和参与了50余项国家和省部级重大教育科学研究项目，1997年以来有10项研究成果获得省部级以上奖励，近40多项研究成果获得教育科学研究专项奖，取得了一批重要研究成果，在国内外产生了广泛的影响，在教育经济学许多研究领域处于国内领先地位，在一些方面接近或达到世界先进水平。目前承担的基地重大科研项目是"中国高等教育成本补偿研究"和"市场经济条件下中国高等教育管理体制和运行机制研究"。基地共有专职研究人员11人，其中教授7人，教授中博士生导师5人，副教授4人。所有研究人员都有出国学习、进修或参加过国际合作研究项目的经验，后备力量雄厚，所有副教授以下职称研究人员均拥有国内外著名研究性大学博士学位。

（丁延庆）

北京大学中国古文献研究中心 北京大学中国古文献研究中心现任主任安平秋教授。该中心成立于1999年9月，同年经教育部审核批准为国内首批"普通高等学校人文社会科学重点研究基地"之一。北京大学中国古文献研究中心由原北京大学古文献研究所、全国高等院校古籍整理研究工作委员会秘书处人员优化组合而成。现有科研人员18人，其中教授、博士生导师7人，副教授10人，讲师1人。中青年科研人员中，有博士6人，硕士8人（其中在读博士学位2人）。该中心设古文字文献整理研究、古籍整理研究、古文献学研究和海外汉学研究等四个研究室。该中心有两个主要研究方向：一是传世典籍与出土文献整理研究，二是古文献理论与实践研究。"十五"期间该中心的重点研究课题有郭店楚简文献研究，上海博物馆藏战国竹简研究、中国典籍与文化研究丛书、日本国宫内厅书陵部藏中国宋元本古籍复制工程、日本国宫内厅书陵部藏中国宋元本古籍点校丛书、宋代学术文化研究与宋代典籍整理、中国学术史研究、国外汉学家人名辞典、古文献学研究、古文献学现状研究等。

（顾永新）

【科研项目】 2000年北京大学文科科研项目见表7-10、7-11。

【获奖成果】 **北京市第六届哲学社会科学优秀成果奖** 2000年，北京市进行了第六届哲学社会科学优秀成果评奖，北京大学有91项成果参加评选，结果35项成果获奖（获奖总数198项），其中特等奖1项（获奖总数3项）。北京大学45岁以下学者17名，约占获奖总数49%。60岁以上学者12名，约占获奖总数34%。

北京大学第七届文科优秀科研成果奖 2000年，北京大学社会科学部进行了第七届文科优秀科研成果评奖工作，本次评奖采取校内外专家通讯评审，校学术委员会讨论的评选方法，共评出获奖优秀成果71项。其中著作一等奖16项；二等奖34项；论文一等奖5项；二等奖16项。其次，本届获奖教师的年龄段更加年轻，获奖者中60岁以上的占23%，50—60岁的占10%，而50岁以下的获奖者占到67%的高比例。

表 7-10 2000 年北京大学获国家社会科学规划基金资助名单

项目名称	姓名	单位	金额(万元)	预计完成时间
辽金时期西辽河流域农业开发与环境变迁	韩茂莉	城市与环境学系	4	2002.9.30
规范分析与中国民法法典的制定	王轶	法学院	4	2002.9.30
我国企业信息化过程中非技术性障碍	李东	光华管理学院	5	2001.12.31
经济全球化时代经贸关系对21世纪前半期中美战略关系的影响	王勇	国际关系学院	5	2002.5.31
非政府组织在当代国际关系中的地位与作用	王杰	国际关系学院	5	2001.12.30
全球化与中国特色社会主义	黄宗良	国际关系学院	5.5	2002.9.1
21世纪初的地缘政治与中国外交	王福春	国际关系学院	4.5	2002.9.30
现代汉语通用字对应异体字整理	章琼	汉语中心	4	2002.9.30
投资与经济可持续发展问题研究	杜丽群	经济学院	4.5	2002.9.30
美国"新经济周期"模式:网络经济的管理与调控	萧琛	经济学院	5	2002.9.30
酒泉干骨崖墓地——附河西走廊考古调查报告	李水城	考古系	5	2002.6.04
意识形态与20世纪美国对华政策	王立新	历史系	5	2002.9.30
晚清政治派系与改革:以戊戌变法为中心	茅海建	历史系	5	2002.7.15
马克思劳动价值论与中国特色社会主义	李顺荣	马克思主义学院	5	2002.9.30
建国50周年马克思主义哲学发展史研究	杨河	马克思主义学院	5.5	2002.9.30
中国共产党执政50年防灾救灾经验教训研究	康沛竹	马克思主义学院	4	2002.9.30
老年教育问题研究	王红漫	人口所	4	2001.9.30
结构霸权:欧洲社会心理学研究的新发展	方文	社会学系	5	2002.9.30
企业改制与工人阶级地位稳定性研究	刘爱玉	社会学系	5	2002.9.30
大学生英语学习社会心理:学习动机文化认同与人格建构	高一虹	外国语学院	5.5	2002.9.30
互文性问题研究	秦海鹰	外国语学院	5	2002.9.30
汉语、阿拉伯语文化语言之比较	傅志明	外国语学院	4	2002.9.30
20世纪伊斯兰世界的文化思潮与文学	刘曙雄	外国语学院	5.5	2002.9.30
中英文网络门户的比较研究	董小英	信息管理系	5.4	2002.10.1
基于WEB的数字图书馆订制服务系统	余锦凤	信息管理系	5.8	2002.9.30
中国渐进的政治体制改革及其成果研究	徐湘林	政治学与行政管理系	5	2002.7.30
国家与社会关系的微观解析——聚焦城市社区治理模式	时和兴	政治学与行政管理系	4	2002.9.30
隋唐五代东北亚地区政治关系史研究	王小甫	中古史中心	5	2002.9.30
汉语常用副词源流考察	杨荣祥	中文系	5.5	2002.9.30
文学理论形态研究	董学文	中文系	5	2002.8.31
《集韵》的综合研究	张渭毅	中文系	4	2002.9.30
反科学和伪科学的哲学与社会学研究	刘华杰	哲学系	5	2002.9.1

(胡霞、邹培)

表 7-11 2000 年教育部留学回国人员科研启动基金项目

项目名称	姓名	单位	资助金额	预计完成时间
电子商务与企业信息化战略	周庆山	信息管理系	1.5万	2004.10
德国戏剧:从传统到现代	王建	外国语学院	2.0万	2004.10

项目名称	姓名	单位	资助金额	预计完成时间
对俄语中表述对别关系的并列连接的研究	王立刚	外国语学院	2.0万	2004.10
罗伯特·弗罗斯特诗歌艺术研究	黄宗英	外国语学院	2.0万	2004.10
《史集·中国史》校注及研究	王一丹	外国语学院	1.5万	2004.10
乡镇企业环境污染及环境治理研究:案例研究	李建新	社会学系	1.5万	2004.10
全球化、新国际劳动分工与中国发展	谢立中	社会学系	1.0万	2004.10
《左传》语法研究	张猛	中文系	2.0万	2004.10
公共政策与政府行为	刘新胜	政治学与行政管理系	2.0万	2004.10
中国风险投资发展战略	孟庆轩	中国经济研究中心	2.0万	2004.10
日本中世时期的宗教与文化	隽雪艳	哲学系	2.0万	2004.10
宋元三彩研究	秦大树	考古系	2.0万	2004.10

(胡霞)

表 7-12　2000年中流文教奖助金教师获奖者

姓名	所在单位	项目名称
刘子瑜	中文系	再谈唐宋处置式的来源
王骏	科社中心	近代中国之科学观演变的思想文化研究
吴小红	考古学系	中国陶器起源的测年研究以及相关问题的探讨
陆杰华	人口研究所	舟山人口、价格指数与海洋渔业资源的模拟分析
赵旭东	社会学系	从文化实践的角度看社会科学本土化的方法论问题:以中国人际关系研究为例
彭吉象	艺术学系	中国艺术学简编(教材)
李强	外国语学院	"苦闷的象征"与中国现代文坛
程朝翔	外国语学院	英语文学研究:历史与现状
沈弘	外国语学院	17世纪英国诗歌研究
高利明	教育学院	将信息技术融入教学过程的实验研究

表 7-13　2000年韩静远先生哲学教育奖助金教师获资助者

姓名	所在单位	项目名称
胡军	哲学系	冯友兰的哲学观
郭建宁	哲学系	20世纪中国哲学与文化研究
丰子义	哲学系	全球化与民族文化的发展
沙宗平	哲学系	中国当代回族伊斯兰教现状研究
李四龙	哲学系	天台宗、禅宗的观心论比较研究
韩林合	哲学系	人的同一性
夏文斌	马克思主义学院	邓小平社会公平理论研究
黄小寒	马克思主义学院	科学诠释学
林娅	马克思主义学院	自然生产力与社会生产力
吴杰伟	外国语学院	属灵的冲突来自属物的冲突——东南亚当代宗教冲突研究

表 7-14 2000年韩国学研究基金获资助者

姓 名	所在单位	项目名称
李新峰	历史系	明代中国和韩国使臣研究
王 丹	外国语学院	韩国语教学过程中助词和语尾的用法研究
张海滨	国际关系学院	环境非政府组织在韩国环境保护中的作用及其对中国环境的启示

(朱邦芳)

表 7-15 北京市第六届哲学社会科学优秀成果获奖名单

等级	成果名称	作者	单位
特	中国文学史	袁行霈等	中文系
1	家与中国社会结构	麻国庆	社会学系
1	刑法的人性基础	陈兴良	法学院
1	奎因哲学研究	陈 波	哲学系
1	关于扩大高等教育规模对短期经济增长作用的研究报告	魏 新	高等教育研究所
1	汉语非线性音系学	王洪君	中文系
1	全球网络经济	肖 琛	经济学院
1	现代中国政治思想流派	陈哲夫	政治学与行政管理系
1	中国经济思想史述要	赵 靖	经济学院
1	有中国特色社会主义文化研究	黄楠森	哲学系
1	藏传佛教寺院考古	宿 白	考古学系
2	清代诗学研究	张 健	中文系
2	可持续发展下绿色核算——资源经济环境综合核算	雷 明	光华管理学院
2	企业发展的财务战略	陆正飞	光华管理学院
2	中国票据法律制度研究	王小能	法学院
2	黄丕烈评传	姚伯岳	图书馆
2	语言的认知研究和计算分析	袁毓林	中文系
2	辽金史论	刘浦江	历史系
2	叙述学与小说文体学研究	申 丹	外国语学院
2	转型期的国有企业重组	刘 伟	经济学院
2	中国事业管理体制改革研究	黄恒学	政治学与行政管理系
2	职业教育与社会发展研究	钱民辉	社会学人类学研究所
2	现代化进程的矛盾与探求	丰子义	哲学系
2	自律与他律	周志忍	政治学与行政管理系
2	德国经济犯罪与经济刑法研究	王世洲	法学院
2	海德格尔传	张祥龙	哲学系
2	中国高等教育研究50年(1949—1999)	陈学飞	高等教育研究所
2	股份制与现代企业制度	曹凤岐	光华管理学院
2	跨世纪治国方略	阎志民	马克思主义学院
2	中国文艺理论批评史教程	张少康	中文系
2	中国现代主义诗潮史论	孙玉石	中文系
2	诗经全注	褚斌杰	中文系

等级	成果名称	作者	单位
2	民族考古学论文集	李仰松	考古学系
2	普列姆昌德评传	刘安武	外国语学院
2	汉化佛教法器服饰略说	白化文	信息管理系

(何淑云、朱邦芳、耿琴)

表 7-16　北京大学第七届文科优秀科研成果获奖名单

著作一等奖

成果名称	作者	单位
汉语方言语音的演变和层次	王福堂	中文系
欧洲的分与合	郭华榕等	历史系
邓小平理论与跨世纪中国	王 东	哲学系
俄汉文学翻译词典	龚人放等	外国语学院
现代俄语复合句句法学	吴贻翼	外国语学院
辽金农业地理	韩茂莉	城市与环境学系
毛泽东思想若干理论研究	梁 柱	马克思主义学院
中国共产党通史(5卷本)	沙健孙	马克思主义学院
刑罚的价值构造	陈兴良	法学院
刑法结构论	梁根林	法学院
欧洲联盟的法律与制度	邵景春	法学院
再论制度、技术与中国农业发展	林毅夫	中国经济研究中心
可持续发展下绿色核算	雷 明	光华管理学院
现代中国政治思想流派	陈哲夫等	政治学与行政管理系
中华民族凝聚力形成与发展	马 戎等	社会学所
中国人口与可持续发展	蒋耒文	人口所

著作二等奖

成果名称	作者	单位
诗经全注	褚斌杰	中文系
二十世纪西方哲性诗学	王岳川	中文系
中国现代主义诗潮史论	孙玉石	中文系
审美现代性批判	张 辉	中文系
现代化进程的矛盾与探求	丰子义	哲学系
重新发现直觉主义:伯格森哲学新探	尚新建	哲学系
实践理性批判	韩水法	哲学系
奎因哲学研究—从逻辑和语言的观点看	陈 波	哲学系
科学创造方法论	傅世侠等	科社中心
中西诗鉴赏与翻译	辜正坤	外国语学院
普列姆昌德评传	刘安武	外国语学院
语言文化差异的认识与超越	高一虹	外国语学院
歌德文集(5.6)	张荣昌	外国语学院
农夫皮尔斯	沈 弘	外国语学院

成果名称	作者	单位
咨询理论与实务	申 静	信息管理系
邓小平精神文明建设思想研究	钟哲明主编	马克思主义学院
股份制与现代企业制度	曹凤岐	光华管理学院
企业发展的财务战略	陆正飞	光华管理学院
中国票据法法律制度研究	王小能主编	法学院
环境法律的理念与价值追求	汪 劲	法学院
法团主义	张 静	社会学系
家与中国社会结构	麻国庆	社会学所
职业教育与社会发展研究	钱民辉	社会学所
中国事业管理体制改革研究	黄恒学	政治学与行政管理系
大国转型发展之路	关海庭	政治学与行政管理系
非洲华侨华人史	李安山	国际关系学院
东方人看人权	罗艳华	国际关系学院
科索沃危机的历史根源及大国背景	孔寒冰	国际关系学院
战后国际关系史(上.下)	方连庆 等主编	国际关系学院
质的研究方法与社会科学研究	陈向明	高教所
中国高等教育研究50年	陈学飞主编	高教所
将军门神起源研究:论误解与成形	朱青生	艺术学系
登山攀岩	郝光安等	体育教研室
北京大学图书馆藏古籍善本书目	张玉范	图书馆

论文一等奖

成果名称	作者	单位
Woman in turfan during the 6th to 8th centuries:A look at their Activities Outside the Home	邓小南	历史系
格兰西《教会法汇要》对奴隶和农奴法律地位的解释	彭小瑜	历史系
周代棺椁多重制度研究	赵化成	考古系
以复合连体格名词为从属词的词组	彭广陆	外国语学院
论抽象社会	李 猛	社会学系

论文二等奖

成果名称	作者	单位
论《马氏文通》的理论基础	宋绍年	中文系
"当代文学"的概念	洪子诚	中文系
哈佛大学历史教学情况述评	牛大勇	历史系
金元六部及相关问题	张 帆	历史系
关于唐宋瓷器上的"官"和"新官"字款问题	权奎山	考古系
楔形文字与六书	拱玉书	外国语学院
我国书业书目信息资源的管理和控制	师曾志	信息管理系
提升澳门经济竞争力的战略研究	徐雅民	马克思主义学院

成果名称	作者	单位
债转股:基于企业治理结构的理论与政策分析	吴有昌	经济学院
政府角色定位与企业改制成败	姚洋	中国经济研究中心
论张子强、李育辉两岸的司法管辖权	郭自力	法学院
验资报告的"虚假"与"真实"	刘燕	法学院
"第一税案"与财税法之补缺	张守文	法学院
我国医疗事故鉴定体制的弊端与改革之管见	孙东东	法学院
全国公众环境意识调查报告	杨明	政治学与行政管理系
科索沃战争所带来的国际政治思考	李义虎	国际关系学院

(何淑云、耿琴、朱邦芳)

【**主要获奖成果简介**】《中国文学史》(1—4):袁行霈等主编 全书主编、分卷主编和撰稿人共30位,分别来自国内19所高等院校。其中既有成就卓著的老一代学者,也有处于目前国内学术界骨干力量的中年学者,同时还吸收了一批崭露头角的年轻学者。其主要观点、学术贡献及理论创新有以下几个方面:(1)注重文学本身的发展规律以及文学的审美价值;同时重视文学的政治、经济和文化背景。该书所提出的"三古七段"说,完全抛开了传统文学史教材以历史朝代划分文学发展阶段的做法,依据文学自身发展演变并参照其他背景因素而做出的全新的总结。(2)注重开放性、前瞻性与启发性。该书在文学史基础知识的叙述方面,力求客观稳妥、简洁明了;而对一些尚有争议的问题,则不拘于一家之说,采取详细注释的方式,介绍不同的观点和说法,说明其症结之所在,而不勉强作结论。(3)史论结合,重点突出。该书"总绪论"以宏观的眼光辨析文学史的任务及文化视角、鸟瞰中国文学的演进、探讨中国文学史的分期,对于这些重大问题的提出与概括,完全是以崭新的视角来透视中国文学史的基本特征及其发展历程。此外,各卷之后还附有"文学史年表"和"研修参考书目",前者是文学史主线的缩影,后者是为读者提供必要的研修参考书目。(4)实事求是,树立优良的学风。该书作者充分重视优良学风的树立,尊重历史,实事求是,不尚空谈,一切从第一手资料出发,根据事实说话;凡引用前人或时贤之说,皆详细注明出处及版本。该成果在充分吸收海内外已有优秀研究成果的基础上,从内容到体例皆有新的突破,该成果观点新颖而稳妥,资料翔实,逻辑严密,扎实厚重,不仅具有突出的学术贡献,而且也体现了优良的学术范式,体现了中国文学史研究的最新水平,有重大学术价值。该成果荣获北京市第六届哲学社会科学优秀成果特等奖。

《汉语非线性音系学——汉语的音系格局与单字音》:王洪君著 全书共有12章,包括三方面的内容。一是结合汉语的材料评价国外音系学1975年以来的新理论——非线性音系学;二是以非线性音系理论的新视角重新审视汉语普通话和多种方言的材料,具体讨论汉语音系的一些问题;三是从这些具体分析中抽象出汉语音系的整体特点——单字音为控制枢纽,并对比其他语言找出汉语这一特性所蕴涵的语言共性——"音系单位和语法单位的最低交汇点是控制一个语言音系的枢纽所在"。该书从整体上把握汉语特点,从语言的个性中透视语言共性的思路,是本书最大的特点。因此,该书在汉语教学和汉语信息处理方面有较强的应用价值。该项成果荣获北京市第六届哲学社会科学优秀成果一等奖。

《藏传佛教寺院考古》:宿白著 该书是作者在40余年里多次考察西藏、甘肃、宁夏、杭州和北京藏传佛教遗迹所作的真实记录。全书按地域划分为三部分内容:第一部分包括拉萨、山南、日喀则三个地区佛教寺院的调查记和《西藏寺庙建筑分期试论》等9篇文章。对西藏54处寺庙、89座建筑做了全面的编年研究,将7—19世纪的西藏佛教寺院和殿堂分作五期六段,并阐述了各期的主要特点、相互关系及有关问题。第二部分是对甘肃、青海和内蒙古佛教寺院的调查,偏重于明末以前的兴建。论述了西藏本地与中原遗迹之间应有的必然联系。第三部分是对蒙元时期大都的两座佛塔和杭州的一些元代遗迹所进行的系统的考察和研究,是探讨内地与西藏佛教关系的极为难得的形象材料。该书在研究藏传佛教寺院制度、造像的配置与组合、建筑的分期、西藏本土同内地及其与印度和尼泊尔佛教之关系,历史上各教派兴衰等问题上均取得了较重要的进展与突破。还为相关领域的研究和探索,提供了年代依据和参考。它代表了90年代藏传佛教寺院研究的最高水平,被誉为"西藏历史考古学的奠基之作"。该项成果荣获北京市第六届哲学社会科学优秀成果一等奖。

《有中国特色社会主义文化研

究》：黄楠森等主编 该书是国家哲学社会科学规划"九五"重点项目的最终研究成果。全书分为导言和上、中、下三编。重点讨论了文化建设的基本问题和文化建设的特殊问题。还论证了文化建设在整个社会主义建设中的地位和作用,指出它是整个社会主义建设的三个组成部分之一,是经济建设的必要保证和巨大动力,具有重要的战略地位。该书系统地分析了文化建设的具体内容,概括了我国社会文化的复杂现象,把文化建设分为七大类。认为我国文化建设必须与发展市场经济相结合,文化市场应成为我国市场的重要组成部分。该书是一部系统论述社会主义文化建设的专著,书中的观点有较强的开拓性、针对性和较高的理论水平。对于制订文化建设的规划和政策,亦具有重大的参考价值。该项成果荣获北京市第六届哲学社会科学优秀成果一等奖。

《奎因哲学研究——从逻辑和语言的观点看》：陈波著 该书认为,奎因哲学是一个有统一主题和一贯脉络的严整体系,以一阶逻辑为标准框架,以自然主义的语言观和行为主义的意义论为基础,运用发生学的经验研究方法,试图回答我们关于世界的丰富理论是如何从观察中产生的,并由此派生出奎因的一系列其他学说。该书特别肯定了奎因哲学的重要精神,也指出了奎因哲学具有相当极端的科学主义倾向。作者在书中还指出了奎因哲学中的一些矛盾与冲突,并探寻了产生这些问题的根源。该书是我国哲学界一部全面、系统、深入地研究奎因哲学的专著,对奎因的哲学观点进行了客观公正的阐释与批判,是一项有着重大学术价值和现实意义的研究成果。该项成果荣获北京市第六届哲学社会科学优秀成果一等奖。

《现代中国政治思想流派》(上中下)：陈哲夫等主编 该书运用马克思主义的观点和方法,以118万字的篇幅叙述了中国新民主主义革命时期政治思想舞台上较为活跃的15个派别(即马克思主义、资产阶级民主主义、国民党右派、无政府主义、复古派、国家主义、国家社会主义、全盘西化主义、托洛茨基主义、从民主主义到共产主义者、乡村建设派、教育救国论、汉奸卖国贼、战国策派、资产阶级自由派)的政治思想。每派的政治思想又通过若干具体人物的政治思想来体现。本书用翔实的历史资料宣传马克思主义、毛泽东思想在中国胜利的历史,因而,这套书对研究中国近现代历史、研究中共党史、研究政治思想史的学者来说,具有重要的参考价值。该项成果荣获北京市第六届哲学社会科学优秀成果一等奖。

《中国经济思想史述要》：赵靖著 该书论述了从先秦到中国共产党成立前,中国经济思想发展的历史,全书共分两大部分。(一)中国传统经济思想(先秦至鸦片战争前的中国古代经济思想史);这是中国古代在农业、手工业小生产条件下产生和形成起来的经济思想,是中国固有的、未受外来影响的经济思想。(二)中国近代经济思想的先驱:1840年鸦片战争后,中国社会由一个古老封建社会一步步地转变为一个半殖民地半封建社会,中国的经济思想也由传统的经济思想变成了以寻求中国经济发展和现代化为主要内容的近代的经济发展思想。该书在学术观点、研究方法以及叙述体系等方面,多有创新,对当前我国的经济发展和现代化,有重要的借鉴意义。该项成果荣获北京市第六届哲学社会科学优秀成果一等奖。

《全球网络经济》：萧琛著 该书认为当代世界经济正在逐步从传统的工业经济和农业经济转向一种新型的经济。新型经济开始倚重信息资源、网络服务和国际社会,而传统经济则长期仰仗自然资源、制造工业和民族政府。作者将经济学的理论同当代世界经济最前沿的现实结合起来,较早地预见了新型经济并探讨和勾画了新型经济的制度框架。该书资料翔实,内容充实,观点明确,在国内外产生一定影响。该项成果荣获北京市第六届哲学社会科学优秀成果一等奖。

《刑法的人性基础》：陈兴良著 该书是深入到刑法的另一面、对刑法起支撑作用的人性基础中,对刑法进行的理论探索,在内容与体系上都有所创新,对刑法理论研究的广度与深度都有所突破。在法学研究上进行了超法学的思考,开创了没有法条的刑法学范式。该书从哲学的更高层次上,将刑法理论研究的视野扩展到更为宽广的学术领域。在刑法理论与实践上都具有重大意义。该项成果荣获北京市第六届哲学社会科学优秀成果一等奖。

《家与中国社会结构》：麻国庆著 该书在结合文献和田野调查资料的基础上,主要探讨关于家族在汉族社会中的内在结构和功能特点以及其在剧烈的社会变迁中的角色调整与适应。该书在考察家与中国社会结构的关系时,以探讨观念的家与实际的家以及家族的内在机制及其与整体社会和文化的关联为重要的研究对象。书中通过家—分家—宗族—拟制的家—村落以及家与社会变迁的运行机制和结构特点,来说明国家与社会、大传统和小传统、儒学与汉族社会结构之间的互动关系。该书在研究的方法和观察问题视角上,多有新意和创见,在打通学科之间的壁垒方面亦有借鉴意义。该项成果荣获北京市第六届哲学社会科学优秀成果一等奖。

《关于扩大高等教育规模对短期经济增长作用的研究报告》：魏新著 该报告从国家教育和经济发展的现实出发,研究了国内外较少有人涉足的教育与短期经济增长的关系问题。研究报告对当前扩大教育规模问题进行了深入探讨。从借给方面分析，认为短期内（比如 2—3 年时间）在保证质量的前提下，大规模扩大高等教育招生是不现实的。从需求方面分析，发现学费越高，我国居民对普通高等教育需求的价格弹性越大，低收入组对学费的弹性大于高收入组，说明学费上涨对低收入组的影响更大些。通过估算有支付能力的需求，分别比较了单轨制和双轨制对国家经济生产规模的不同的拉动作用。该研究报告是利用了已有的研究成果和调查数据作的实证分析，填补了这一领域的不足。不仅具有较高的学术价值，也为国家有关政策的制定提供了参考，具有重大的应用价值。该项成果荣获北京市第六届哲学社会科学优秀成果一等奖。

（何淑云整理）

【部分学术会议简介】 **新出简帛国际学术研讨会** 会议由北京大学中国考古学研究中心、北京大学古代文明研究中心、北京大学考古文博院主办。8 月 19 日至 22 日在北京达园宾馆召开。十多个国家与地区的百余位专家学者出席。会议主题是报告并讨论最新出土的简牍与帛书材料，重点是新公布的马王堆汉墓帛书"式法"、上海博物馆新近购藏的战国竹简与郭店楚墓竹简。会议决定成立国际简帛研究联络处，设在北京大学中国考古学研究中心。国际简帛研究联络处的联络人均为国际简帛学界的代表人物。

21 世纪中国、日本与亚洲国际学术讨论会 由北京大学日本研究中心、北京大学经济学院、北京大学国际关系学院和卡乐 B 日本研究基金共同主办。2000 年 3 月 29 日至 30 日在北京钓鱼台国宾馆举行。来自中日两国的 60 多位著名人士与专家学者参加了这次讨论会。讨论会围绕政治、经济、文化三个主题提出报告与进行讨论。

高等教育研究在改革中的作用国际研讨会 应联合国教科文组织亚太地区委员会的委托，北京大学高等教育科学研究所于 2000 年 5 月 2 日至 4 日在北大举办了以"高等教育研究在改革中的作用"为主题的国际学术研讨会。来自中国、日本、泰国、印度和澳大利亚的 50 余名代表出席了会议。会议的主要议题是：（1）以"高等教育研究在高等教育创新和改革中的作用"为题进行研讨；（2）宣布成立联合国教科文组织亚太地区高等教育教席，设在北京大学高等教育科学研究所；（3）为联合国教科文组织亚太地区高等教育学会的成立做准备工作。

"汉唐之间——文化互动与交融"国际学术研讨会 会议由北京大学考古系主办，2000 年 7 月 5 日至 9 日在北京大学举行。来自美国、德国、英国、中国内地和台湾的 32 名学者出席了会议。会议以汉唐之间的文化互动和交融为主题。各国学者围绕汉唐之间即 3 至 6 世纪中亚与内地、边境与中原、南方与北方、汉族与少数民族在墓葬形制、墓室壁画、棺椁雕绘以及玻璃器和金银器等出土文物方面所呈现出的不同特征，共有因素等问题进行了专题发言和研讨。

东亚研究的现状与展望国际学术讨论会 会议由北京大学东亚学研究中心主办，日本大阪经济法科大学亚洲研究所和北京大学亚非研究所协办。2000 年 9 月 22 日至 23 日在北京举行。来自美国、加拿大、俄罗斯、日本、韩国、蒙古、新加坡、泰国、越南等国家的 15 位外国学者和中国社科院、北京大学等单位的 20 多位国内学者参加了这次会议。美国伊利诺伊大学东亚及太平洋研究中心主任于字桥教授、加拿大多伦多大学东方学系主任白应镇教授、俄罗斯科学院东方研究所所长雷巴科夫教授等多位学者作了专题报告。各国学者交换了本国东亚研究的开展情况、研究机构设置及研究领域、研究成果等方面的情况。

"惠特曼 2000：全球化语境中的美国诗歌"国际学术研讨会 会议由北京大学外国语学院英语系与美国衣阿华大学共同举办，10 月 19 至 21 日在北京大学召开。此研讨会是有史以来世界范围内所召开的规模最大的惠特曼国际学术研讨会。与会代表计 47 人。其中，国内正式注册代表 13 人，国外正式注册代表 22 人，列席代表 12 人。国外代表分别来自美国、英国、法国、德国、加拿大、韩国、奥地利等 7 个国家。国外的正式代表都是国际上研究惠特曼的著名专家。其中包括美国芝加哥大学的詹姆斯·E. 米勒，法国巴黎大学的洛戈·阿塞理诺，美国衣阿华大学的艾德·福萨姆以及英国威尔士大学的温恩·M. 托马斯等国际著名学者。与会的国内代表也都是研究、翻译或者在高校讲授惠特曼诗歌的知名学者和教师，分别来自北京大学、中国社科院、北京外国语大学、清华大学、山东大学、中山大学、对外经贸大学、四川外语学院和河北师范大学等 9 所大学。会议主题是：在当前世界各国政治、经济与文化呈现出全球化发展趋势的背景下，重新认识惠特曼及其诗歌，尤其是探讨他在 19 世纪下半叶提出的全球化概念，探讨他的诗歌艺术在当代世界各主要文化语境中的接受与研究的状况，同时分析他的思想和艺术在新世纪全球化语境中的价值和意义。

2000 年北京金庸小说国际研讨会 由北京大学中文系和香港作家联合会共同主办，11 月 2 至 5 日在北京大学交流中心举行。查良镛先生及来自美国、英国、澳大利亚、以色列、日本、中国内地及香港、台湾的近 60 名学者、作家参加了会议。著名学者季羡林出席了开幕式并任会议荣誉顾问。出席开幕式的还有香港作家联合会主席曾敏之、著名作家陈建功、邓友梅、宗璞等。研讨会议题深入，注重学理性，涉及金庸小说的文化内涵、雅俗特质、现代精神、金庸小说与大众传媒的关系、武侠小说的分类发展和文学史境遇等多方面的问题。部分学者还从国家、民族、地域、性别等角度对金庸小说作出具体而独特的解读。

第12届亚太地区国际会计专题研讨会 会议于2000年10月21日至24日在北京大学举行。联合主办者为北京大学光华管理学院、北京大学国际会计与财务研究中心、美国加州州立大学Fresno校区管理学院。龙腾会计学术联盟（由香中文大学、台湾大学、复旦大学、北京大学四校会计院系组成）予以鼎力协办。这是首次在中国举办的亚太地区国际会计专题研讨会。1989年以来已在加利福尼亚、温哥华、夏威夷、台北、曼谷等地成功地举行过11次。历届会议都有来自30多个国家和地区的300多名专家学者出席。本次会议的240多位海外参加者来自35个国家和地区的大学、研究机构和专业机构。国内50多位参加者来自20多所高校、国家机关和专业机构。本次会议邀请到多位杰出专家学者担当主题演讲人。海外演讲者主要有：世界银行副行长兼首席财务官Gary Perlin，国际会计师联合会教育委员会主席Warren Allen，美国会计学会三位前任会长Micheal Diamond教授、Katherine Schipper教授和Gary Sundam教授，香港会计学会会长何顺文教授，台湾大学管理学院院长柯承恩教授等。国内演讲者主要有：财政部部长助理、中国注册会计师协会秘书长李勇，中国证券监督管理委员会首席会计师张为国，中国注册会计师协会副秘书长李爽，北京大学张维迎教授和王其文教授等。

纪念王力先生诞辰100周年语言学国际学术研讨会 为纪念我国著名语言学家、教育家、文学家、翻译家、北京大学教授王力先生诞辰100周年，北京大学中文系、北京大学汉语语言学研究中心、商务印书馆、山东教育出版社联合主办了纪念王力先生诞辰100周年语言学国际学术研讨会。会议于8月14至16日在北京大学举行。8月14日举行了开幕式暨第八届"北京大学王力语言学奖"颁奖仪式。北京大学副校长何芳川、著名教授季羡林、全国人大副委员长丁石孙、许嘉璐，全国政协副主席胡启立、教育部副部长、国家语委主任王湛，中国社会科学院副院长江蓝生、王力先生夫人夏蔚霞、儿子王辑志以及国内外知名学者共300余人出席了开幕式。研讨会共收到论文150篇。

第五届亚太地区韩国学国际学术会议 受第4届亚太地区韩国学国际学术会议委托，在韩国学术振兴财团资助下，由北京大学韩国学研究中心主办的第5届亚太地区韩国学国际学术会议9月20至22日在北京大学隆重举行。来自韩国、日本、美国、加拿大、德国、澳大利亚、新西兰、中国内地和台湾地区的130余名专家学者出席了会议。亚太地区韩国学国际学术会议是太平洋沿岸国家和地区的韩国学研究学术会议，隔年举办一次。本次会议的主题是"21世纪韩国学研究趋势与方向"，共收到学术论文106篇。

面向21世纪的东南亚国际学术研讨会 会议由北京大学东方研究院、北京大学东南亚研究所和新加坡南洋学会联合举办，9月7—9日在北京大学召开。参加会议的外国学者18人，分别来自美国、荷兰、印度尼西亚等8个国家。中国学者58人，其中5名来自台湾。会议共收到论文65篇。论文内容涵盖政治、经济、文化和华人华侨等方面。

晚清与晚明：历史传承与文化创新国际学术研讨会 会议于8月10至12日在北京大学召开，由北京大学中国语言文学系、北京大学20世纪中国文化中心、美国哥伦比亚大学东亚语言文化系联合举办。会议集中探讨了晚明与晚清这两个中国历史上大转型时期文学与文化的传统承继、形态转换与内质嬗变。会议共收到论文40篇。

东亚区域意识与和平发展国际学术讨论会 5月4至8日，由北京大学东北亚研究所、中国日本史学会、南开大学日本研究中心、天津社会科学院中日学术交流中心、天津社会科学院东北亚研究所、四川大学历史文化学院、日本河合文化教育研究所、韩国釜山大学韩国民族文化研究所等单位联合举办的东亚区域意识与和平发展国际学术讨论会，在四川成都举行。参会人数共计90人。东亚区域意识问题，是近30年来在日本、韩国、中国先后掀起经济开发浪潮的催动下，逐渐形成的区域连带意识，在国际学术界尚属新兴的研究领域。

中国—非洲关系论坛 本论坛由北京大学非洲研究中心举办，8月21至22日在北京香山饭店举行。参会学者共41人，其中非洲学者15人，分别来自埃及、南非、坦桑尼亚等9国。会议期间，北京大学非洲研究中心主任陆庭恩和开罗大学非洲学院院长弗莱菲勒分别作了题为"中国的外交战略与中国—非洲关系的发展"和"非洲框架中的中埃关系：审视历史和政治的相似性"的主题报告。

(朱邦芳)

【资助出版】北京市委、市政府于1992年拨专款设立了北京市社会科学理论著作出版基金办公室，鼓励北京市各高校、社会科学研究单位学者专著的出版工作。8年来，北京市社会科学理论著作出版基金办公室已完成17批259部专著的资助出版工作，北京大学有61部学术专著得到了该基金的资助，获得出版。2000年，北京大学有13部学术专著获得资助出版(共资助36部)。

表 7-17　北京大学 2000 年获北京市社会科学理论著作出版基金资助出版书目

姓　名	著作名称	学科分类	作者单位
乐黛云	跨文化之桥	比较文化	中文系
章启群	论魏晋自然观：中国艺术自觉的哲学考察	哲学	哲学系
张渭毅	集韵研究	语言学	中文系
刘壮虎	素朴集合论	哲学	哲学系
陈　功	我国养老方式研究	人口学	人口所
尚会鹏	种姓与印度教社会	社会文化	亚非所
张少康	文心雕龙研究史	古代文学	中文系
陈岗龙	蒙古民间文学的比较研究	民间文学	外国语学院
朱晓亚	现代汉语句模研究	汉语语法	汉语中心
李　零	郭店楚简研究	古文献	中文系
许渊冲	文学翻译百论	文学	国际关系学院
牛大勇	肯尼迪政府对华政策研究	历史学	历史系
胡家峦	历史的星空：文艺复兴时期英国诗歌与西方传统宇宙论	外国文学	外国语学院

(耿琴)

医　科　科　研

【概况】　北京大学医学部承担的科研项目有国家自然科学基金项目、国家重点科技项目（"攻关"计划）、国家高技术研究发展项目（"863"计划）、省（市）和部委基金项目等。"六五"以来，科研经费和科研项目逐年增加，1999 年科研经费为 3025 万元。国家自然科学基金是医学部科研经费的主要来源之一。1985－1995 年原北京医科大学获资助数连续 11 年名列全国医药院校之首，在 1996、1997 两年落后的情况下，1998 年又跃居首位。基金重大项目有：公共卫生学院徐厚恩教授主持的"农用稀土化合物低剂量长期作用的毒效应及其作用机理"。重点项目有：韩启德院士主持的"肾上腺素受体多种亚型受体相互关系及共存的意义"、陈慰峰院士主持的"胸腺基质细胞功能成熟分化及胸腺髓质区基质细胞的作用"等 9 个项目。1996－1999 年原北京医科大学共获得各级科技奖励 120 项，其中国家级奖励 7 项（国家自然科学奖 1 项、国家科技进步奖 6 项），部委级奖励 114 项；通过鉴定、评审的科技成果 190 项。1989 至 1998 年北京医科大学国内发表论文数、被 SCI 收录论文数、国际论文被引用篇数以及国内论文被引用数四个主要指标均居全国高校前列及医药院校首位。在生命科学的研究中，基因研究相当活跃，研究成果大量涌现，并主要以论文的形式发表。据中国科技信息研究所统计结果显示，1994－1999 年基因论文发表数超过 10 篇的国内单位有 15 个，原北京医科大学以 57 篇居第一位。医学部的科技开发工作虽然起步较晚，但发展较快，自 1997 年科技开发部成立以来，已对外签订科技合同 32 个，合同约定金额 6266.5 万元，到款金额 1392.03 万元。

在北京大学创建一流大学总体规划的框架下，医学部重点发展的研究方向是：人类疾病基因研究；干细胞临床应用研究，中医药现代化研究以及器官移植，心血管研究等重大临床项目，争取在 3 至 5 年内取得标志性成果，同时带动相关学科的发展，成为国内领先学科。继续加强对重点实验室的管理和建设，通过学科重组、引进一流人才等手段争取有不少于 10 个学科进入国家重点学科及第二期"211 工程"建设。科研基金、重大成果及成果转化的数量均在现有基础上有较大提高，为医学部的进一步发展打下坚实基础。

(王普玉、方伟岗)

【科研项目】　2000 年北京大学医学部获得科研项目 83 项，其中国家自然科学基金 45 项，经费 858 万元；国家"973"项目主持 1 项，子课题 23 项，经费 1922.8 万元；教育部博士点基金 10 项，经费 40 万元；北京市自然科学基金 4 项，经费 73 万元。科研经费共计 2813.8 万元。

2000 年医学部共申请国家自然科学基金面上项目 228 项，获准 44 项，获准率 19.5%，共获准经费 778 万元。人民医院栗占国教授获得国家杰出青年基金 1 项，获资助金额 80 万元。第一医院和基础医学院获准项目及获准率分别为 10 项（23%）和 9 项（21.9%）。获准经费超过 100 万元的单位有第一医院、基础医学院和第三医院。

2000 年医学部主持的国家重点基础研究发展规划（"973"项目）"心脑血管疾病发病和防治的基础研究"由北京大学第一医院的唐朝

枢教授任首席科学家。

【科技成果】 医学部(原北京医科大学)作为全国重点医学院校,历年获得国家自然科学奖、国家科技进步奖和部(委)科技进步奖数目在全国医学院校名列前茅,但国家发明奖自90年代以来一直为零。这说明需要加强创新意识,鼓励发明创造。2000年获得国家级、省部级等各种奖励 40 项(不包括医学部是第二完成人的合作项目),通过鉴定、评审的科技成果 69 项,发表论文 2341 篇,授权专利 5 项。

【科技开发】 2000 年科技开发工作又上了一个新台阶,签订合同 9 项,约定金额达 4320 万元,到款额 682 万元,比 1999 年增长 2 倍多。为了鼓励科技工作者进行科技开发的积极性,2000 年第一次用科技开发奖励基金奖励了在科技开发工作中做出突出贡献的药学院等 6 个单位和屠鹏飞等 8 个先进个人。

【重点实验室】 医学部有国家重点实验室 1 个、卫生部开放实验室 6 个、工程研究中心 2 个。这些研究机构承担了大量国家级和部委级课题,并且取得了一批较好的科研成果。神经科学实验室的"中枢八肽胆囊收缩素决定针刺镇痛和吗啡镇痛的有效性"获国家自然科学二等奖。天然药物及仿生药物国家重点实验室的"柔性侧链及电性取代基对小分子与 NA 嵌插作用的影响"、"抗癌铂配合物与细胞相互作用的研究"、"合成不同结构的寡核苷酸和锤头状酶性核酸断裂 RNA 的机理研究"获国家教育部科技进步一等奖。

(王普玉)

附 录

表 7-18 医学部卫生部开放实验室

实验室名称	主 任
免疫学实验室	马大龙
精神卫生学实验室	沈渔邨
神经科学实验室	韩济生
心血管分子生物学调节肽实验室	韩启德
生育健康实验室	李 竹
肾脏疾病实验室	王海燕

表 7-19 医学部国家重点实验室

实验室名称	主 任
天然药物及仿生药物实验室	张礼和

表 7-20 医学部卫生部工程研究中心

研究中心名称	主 任
肝炎试剂研究中心	王 宇
口腔医学计算机应用工程技术研究中心	张震康

表 7-21 2000 年医学部获得国家自然科学基金项目情况表

单 位	申请项目数	获准项目数	获准率	获准经费
基础医学院	41	9	21.9%	152 万元
药学院	23	5	21.7%	91 万元
公共卫生学院	14	3	21.4%	46 万元
第一医院	42	10	23.8%	173 万元
人民医院	35	5	14.3%	93 万元
第三医院	42	7	16.7%	136 万元
口腔医学院	11	3	27.2%	54 万元
精神卫生研究所	7	1	14.3%	17 万元
肿瘤研究所	9	1	11.1%	16 万元
其 它	4			
总 计	228+1	44+1	19.5%	858 万元

表 7-22 2000 年医学部科技开发合同及经费情况表

项目名称	项目负责人	约定资金	到位资金
联合研制二类新药芪红粉针剂	屠鹏飞	300 万元	50 万元
二类新药血竭总黄酮(原料)及其制剂血脂康胶囊技术转让	屠鹏飞	150 万元＋3％－6％销售额提成	70 万元
双氢青蒿素干混悬剂技术服务	刘西瑛	20 万元	17 万元
委托研制黄芪药材指纹图谱	屠鹏飞	20 万元	15 万元
二类新药"注射用双氢青蒿素"技术转让	刘西瑛	200 万元	30 万元
红花注射液的开发	武凤兰	130 万元	
北京北医神龙科技开发有限公司		3000 万元	
北医基因投资公司		500 万元	500 万元
总　计		4320 万元	682 万元

表 7-23 医学部科研机构情况表

序号	机构名称	建立时间	负责人	序号	机构名称	建立时间	负责人
研究所				研究中心			
1	运动医学研究所	1959 年	于长隆	1	免疫学研究中心	1985 年	陈慰峰
2	基础医学研究所	1978 年	贾宏禔	2	儿童视力研究中心	1985 年	郭静秋
3	药物研究所	1978 年	张礼和	3	生殖医学研究与培训中心	1986 年	严仁英
4	环境医学研究所	1978 年	张铣	4	神经科学研究中心	1987 年	韩济生
5	临床医学研究所	1978 年	王海燕	5	心血管研究中心	1987 年	汪丽蕙
6	泌尿外科研究所	1978 年	郭应禄	6	中国妇婴保健研究中心	1988 年	严仁英
7	血液病研究所	1978 年	陆道培	7	医史学研究中心	1989 年	程之范
8	口腔医学研究所	1978 年	余光岩	8	医学分子生物学研究中心	1990 年	张迺蘅
9	临床药理研究所	1980 年	李家泰	9	癌研究中心	1990 年	吴秉铨
10	医学教育研究所	1980 年	吕兆丰	10	临床药理研究中心	1990 年	李家泰
11	精神卫生研究所	1980 年	沈渔邨	11	真菌和真菌病研究中心	1992 年	王端礼
12	儿童青少年卫生研究所	1982 年	季成叶	12	医院管理研究中心	1993 年	王德炳
13	肝病研究所	1984 年	王宇	13	新药研究与发展中心	1993 年	林志彬
14	中西医结合研究所	1987 年	谢竹藩	14	老年医学研究中心	1994 年	林志彬
15	中国药物依赖性研究所	1988 年	郑继旺	15	生殖遗传与生殖卫生研究中心	1995 年	徐希平
16	激光医学研究所	1990 年	陈明哲	16	疾病基因研究中心	2000 年	马大龙
17	应用碎石技术研究所	1991 年	何申戌	17	干细胞研究中心	2000 年	李凌松
18	心血管研究所	1993 年	韩启德	18	中医药现代研究中心	2001 年	徐筱杰
19	肾脏疾病研究所	1993 年	王海燕				
20	神经科学研究所	1998 年	韩济生				
21	生育健康研究所	2000 年	李竹				

表 7-24 2000年医学部各单位科研项目统计表

单 位	国家自然科学基金	教育部博士点基金	北京市自然科学基金	"973"项目	合计	单 位	国家自然科学基金	教育部博士点基金	北京市自然科学基金	"973"项目	合计
第一医院	10	1	1	1	13	公卫学院	3	1			4
人民医院	6	2	1	1	10	药物依赖所					
第三医院	7	2		2	11	心血管所				1	1
口腔医院	3	1			4	肿瘤所	1			1	2
精神卫生研究所	1			1	2	生育健康所				2	2
基础医学院	9	2	2	9	22	其它				1	1
药学院	5	1		5	11	合计	45	10	4	24	83

表 7-25 2000年医学部各单位科研经费统计表(万元)

单 位	国家自然科学基金	教育部博士点基金	北京市自然科学基金	"973"项目	合计	单 位	国家自然科学基金	教育部博士点基金	北京市自然科学基金	"973"项目	合计
第一医院	173	4	25	203.1	405.1	公卫学院	46	4			50
人民医院	93	8	9	90	200	心血管所				50	50
第三医院	136	8		305.7	449.7	肿瘤所	16			170	186
口腔医院	54	4			58	生育健康所				120	120
精神卫生研究所	17			50	67	其它				67.2	67.2
基础医学院	152	8	39	590.8	789.8	合计	778	40	73	1922.8	2813.8
药学院	91	4		276	371						

表 7-26 医学部国家杰出青年科学基金

获奖年度	姓名	金额	获奖年度	姓名	金额
1996年	王 宇	60万元	1997年	高晓明	80万元
1999年	果德安	80万元	2000年	栗占国	80万元

2000年医学部科技获奖情况

国家级奖励项目(1项)

国家科学技术进步奖

二等奖1项

1. 自体血液回收利用系统(自体-2000型血液回收机)

   北京大学第一医院、北京京精医疗设备公司

   张明礼等

省部级科技进步奖(39项)

教育部中国高校科技奖(7项)

一等奖2项

1. 上腺素受体多种亚型在心血管共存的生理与病理意义

   第三医院 韩启德

2. 涎腺肿瘤的临床病理研究

   口腔医学院 俞光岩

二等奖5项

3. 肾小球肾炎症介质的细胞内作用及其调控机理研究

   第一医院 王海燕

4. 金属中毒性肾病的发病机制研究

   第三医院 赵金垣

5. 基于氨基酸的杂环药物先导结构研究

   药学院 彭师奇

6. 多肽及蛋白类药物新型给药系统研究

药学院　张强
7. 《口腔正畸学》(第三版)
　　口腔医学院　林久祥

北京市科技进步奖(共32项)

二等奖16项
1. 高能超声体外聚焦肿瘤热治疗技术(含设备研制与临床应用)
　　人民医院　何申戌等
2. 体外冲击波碎石系列研究
　　第一医院　郭应禄等
3. 检测基底膜IV型胶原α链对Alport综合征诊断的意义
　　第一医院　丁洁等
4. 《消化性溃疡病》(科技专著)
　　第三临床医院　郑芝田
5. 供皮区创面愈合过程中内源性生长因子的研究
　　北京医科大学第三医院　牛星焘等
6. 关节软骨细胞在创伤性骨关节病的变化研究
　　第三医院　于长隆等
7. 激光心肌血管重建术的系列研究
　　第三医院　郭静萱等
8. 核磁共振在体空间质子波谱及磷谱的临床应用研究
　　人民医院　杜湘珂等
9. 红细胞的微观流变学特性研究
　　基础医学院　文宗曜等
10. 层粘连蛋白总糖肽的抗癌细胞转移作用
　　基础医学院　周柔丽等
11. 牙齿咬合病的临床诊断、治疗和发病机制的研究
　　口腔医学院　王嘉德等
12. 口腔念珠菌病病因学及诊断治疗的临床和基础研究
　　口腔医学院　徐岩英等
13. 肾上腺髓质素在心血管疾病中的病生理意义
　　第一医院、海军总医院　唐朝枢等
14. Rett综合征的临床和分子遗传学研究
　　第一医院　吴希如等
15. 围产期缺氧性脑损伤发病机理研究——对脑细胞生物氧化、脑氧合的研究
　　第一医院　周丛乐等
16. 北柴胡等四种柴胡属植物化学成分及生物活性的研究

药学院　赵玉英等

三等奖16项

17. 以核酸为靶新的手性铂络合物生物效应中的分子识别
　　药学院、北京大学校本部　杨铭等
18. 镇痛药评价方法的研究及应用
　　中国药物依赖性研究所　徐国柱等
19. 盐酸二氢埃托啡药物依赖性流行病学调查及其滥用潜力的评价
　　中国药物依赖性研究所　刘志民等
20. 乙型肝炎病毒表面抗原胶体金试剂的研制
　　基础医学院　庄辉等
21. 骨髓增生异常综合征发病的分子机理及其临床意义
　　第一医院　朱平等
22. 肾损伤早期检测方法学的建立和临床应用系列研究
　　第一医院　朱立华等
23. 电视胸腔镜手术的临床应用和技术改进
　　第一医院　王俊等
24. 肺间质纤维化发病机理的治疗研究
　　第一医院　何冰等
25. 周围神经小间隙套接条件下神经再生机制及可行性的研究
　　人民医院　姜保国等
26. 多巴酚丁胺99m锝－MIBI心肌断层显像在冠心病中的应用价值
　　人民医院　徐成斌等
27. 选择性脊神经后根切断术治疗脑瘫痉挛的基础与临床研究
　　人民医院　徐林等
28. 大鼠胚胎及生后发育时期胃肠胰胰岛淀粉样多肽的定位研究
　　基础医学院　石爱荣等
29. 脑缺血的功能性磁共振成像研究
　　第三医院　谢敬霞等
30. 腮腺沃辛瘤的综合研究
　　口腔医学院　俞光岩等
31. 牙颌模型三维激光测量分析系统
　　口腔医院　吕培军等
32. 肌病、帕金森病和衰老的临床和实验研究
　　第一医院　陈清棠等

2000年医学部授权的专利项目（5项）

1. 心血管活性多肽以及它们的合成和在医学中的应用　　　　　　　　　　　　　　　发明专利
   药学院　彭师奇等
2. 固相杂交酶显色反应对基因扩增产物特异性定量测定方法　　　　　　　　　　　发明专利
   人民医院　王宁等
3. 血吸虫疫苗肽　　　　　　　　　　　　　发明专利
   药学院　蔡孟琛等
4. 血吸虫疫苗肽（一）　　　　　　　　　　发明专利
   药学院　蔡孟琛等
5. 血吸虫疫苗肽（三）　　　　　　　　　　发明专利
   药学院　蔡孟琛等

表7-27　2000年医学部各单位发表论文及出版专著情况

单　位	出版著作（部）			发表论文（篇）		
	编著	译著	合计	国外刊物	国内刊物	合计
北大医院	14	3	17	29	644	673
人民医院	8		8	5	277	282
第三医院	28	6	34		284	284
口腔医院	4		4	23	305	328
基础医学院	16		16	22	276	298
药学院	13	1	14	31	151	182
公共卫生学院	11		11	10	172	182
药物依赖所				1	43	44
精神卫生研究所	5		5	7	31	38
生育健康所	5		5	2	28	30
合　计	104	10	114	130	2211	2341

（王普玉）

表7-28　医学部"985"学科建设项目一览表

编号	项目名称	项目负责人	单　位	资助经费（万元）
1-A	人类疾病相关基因和功能基因的研究	马大龙	人类疾病基因研究中心	1500
2-A	干细胞临床应用	李凌松	干细胞研究中心	500
3-A	中药复方现代研究及新药开发	徐筱杰 果德安	中医药现代研究中心	500
4-A	实验动物科学部整体规划及设施改建	杨果杰	实验动物科学部	340
5-A	多功能电子阅览室	廉志坚	医学图书馆	150
6-B	计算机教学	温厚津	基础计算机教研室	50
7-B	预防药学	王夔	药学院	100
8-B	重振医学部生理学系	王宪	基础医学院生理学系	100
9-B	流行病学基地建设	胡永华	公共卫生学院流行病与卫生统计学系	100
10-B	现代化护理教室	郑修霞	护理学院	55
11-B	牙槽骨和颌骨破坏、修复及改建的生物学研究	马绪臣 李铁军	口腔医学院	50
12-B	儿童行为问题综合研究	王玉凤	精神卫生研究所	50
13-C	老年性痴呆APP代谢影响因素研究	张岱	精神卫生研究所	20

编号	项目名称	项目负责人	单位	资助经费(万元)
14-C	颌骨骨吸收的调控研究	于世凤	口腔医学院	20
15-C	高血压心血管再塑时心血管活性物质受体和细胞内信号转导体系的调控整合	张幼怡	第三医院血管医学研究所	20
16-C	神经管和心脏畸形相关基因筛选、克隆及功能研究	李松	生育健康研究所	20
17-C	心脏畸形的细胞生物学及相关基因的研究	李勇	生育健康研究所	20
18-C	非抗原性多肽对实验性关节炎抑制作用的研究	栗占国	人民医院	20
19-C	稀土镧不同剂量对染色体和基因表达影响的毒理学研究	徐厚恩	公共卫生学院	20
20-C	具有中国特色的出生缺陷生物信息库的建立	李竹	生育健康研究所	20
21-C	心血管分子生物学	汤健	心血管基础研究所	20
22-C	心血管相关基因的克隆和功能研究	陈光慧	心血管基础研究所	20
23-C	靶向肿瘤细胞反义寡核苷酸的分子设计和先导结构	张礼和	药学院	20
24-C	补阳还五汤治疗缺血性脑中风作用机理研究	蔡少青	药学院	20
25-C	抗神经退行性疾病的药物蛋白质组学研究	蒲小平	药学院	20
26-C	天然药物化学成分的生物转化研究	果德安	药学院	20
27-C	以细胞粘附受体为靶标的药物先导结构的发现与优化	彭师奇	药学院	20
28-C	人自身免疫性T细胞的克隆与分析	高晓明	基础医学院免疫系	20
29-C	肾上腺素受体多种亚型受体相互关系及共存的意义	韩启德	第三医院血管医学研究所	20
30-C	心血管活性多肽分子内调控的生物学意义	唐朝枢	第一医院	20
31-C	慢性疼痛的研究	韩济生	神经科学研究所	20
32-C	T淋巴细胞分化途径与机制及肿瘤免疫治疗的应用研究	陈慰峰	基础医学院免疫学系	20
33-C	转基因骨髓基质细胞促进小鼠造血与免疫功能重建的实验研究	谢蜀生	基础医学院免疫学系	20
34-C	心血管细胞保护的分子机制	王宪	基础医学院生理学系	20
35-C	帕金森病治疗的基础研究	王晓民	神经医学研究所	20
36-C	心血管细胞内分子运转体系的研究	马大龙	人类疾病基因研究中心	20
37-C	细胞衰老过程中基因的相互作用	张宗玉	基础医学院生化与分子生物学系	20
38-C	衰老过程中基因调控变化机理研究	童坦君	基础医学院生化与分子生物学系	20
39-D	创新药物研究	张礼和	天然药物及仿生药物国家重点实验室	50
40-D	高血压及生物活性多肽生物信息库的建立	尚彤	信息中心	26

(吕清浩)

科技开发、产业管理与国内合作

【概况】 2000年,北京大学科技产业系统进一步认真领会高校是科教兴国生产力的重要地位和作用,贯彻落实江泽民总书记提出的"三个代表"重要思想,在"三讲"教育中制定了"立足一个中心、狠抓两项任务、力促三种联合、实现四大目标"的科技开发与产业管理发展规划。"立足一个中心"就是以创建世界一流大学的伟大目标为中心,"狠抓两项任务"就是具体抓好横向的科研与开发和校办企业的发展,"力促三种联合"就是大力促进科技开发的联合、校办企业的联合以及北京大学本部与医学部产业与科技联合,"实现四大目标"就是"加强改制、规范管理、提高水平、力求创新"。北京大学自觉把"三讲"教育的成果融入到创办世界一流大学的教学、科研和社会服务中去,大力加强科技开发和企业改革,推动先进生产力的发展,科技产业产值再创历史新高,校办高科技产业年收入总计约120亿元人民币,比1999年增长近34%,实现了历史性突破。其中校办支柱企业方正集团年销售额101亿元人民币,青鸟集团6亿元人民币,资源集团6.5亿元人民币,未名集团2亿元人民币,医学部产业1亿元人民币。科技产业收入居全国高校之首,约占全国高校科技产业总收入(约300亿元人民币)的40%,显示了北京大学在科技产业方面强大的实力。科技产业(不包括出版社)上缴学校6130万元人民币,强有力地支持了学校的教学、科研建设。

2000年,北京大学科技开发成绩喜人,在促进科技开发和成果转化方面再创佳绩。校本部共签订各类技术合同108项,合同总额逾2.3亿元人民币,合同到款总额约2.19亿元人民币。加上医学部,北京大学共签订各类技术合同117项,合同总额约2.74亿元人民币,合同到款总额近2.26亿元人民币。

2000年,方正集团全年营业额达101亿元人民币,比上年同期增长19%;利税总额5.5亿元人民币,比上年同期增长112%。以电脑为主的方正科技电脑销售量为83万台,比上年同期增长102%,连续多个季度进入国内销售量第二名。在积极发展电子排版系统、PC硬件制造、金融、指纹识别、彩色显示器等主营业务的同时,大举进军广播电视应用技术、网络安全和应用、移动互联通讯以及稀土、纳米新材料等领域并取得新的突破和进展。继续加大研发投入,达到年销售额的4.5%,形成覆盖指纹技术、信息技术、信息产品、精细化工、稀土材料、纳米材料等领域的1000多人的研发队伍,新产品、新技术层出不穷;加大资本市场运作力度,与日本软库公司和美国雅虎先后进行战略性合作,并相继完成了收购奥德公司和香港荣文科技。在完成方正的新董事会组建之后,加大企业改制力度,成立改制小组,并得到财政部、科技部和北京市的大力支持,同时被列入北京市高新技术企业产权激励试点单位。

2000年,青鸟集团继续加大资本市场运作力度,先后收购青鸟华光并在香港创业板实现青鸟环宇上市。募集资金超过10亿元人民币,并计划斥资2亿元人民币投入北京大学国家软件工程中心和北京大学微电子所的MEMS实验(国家纳米材料的重点实验室);同时加大在微电子、软件、嵌入式系统和网络等领域的投资力度,形成了较强的核心竞争力。在软件领域,国家软件行业推广的14项优秀软件成果产品中青鸟占了8项;国家技术监督局最近批准的软件产业7个标准中有5个标准是青鸟制定的,利用这5个标准兼并和收购其它企业,并通过改制北京大学国家软件工程中心,大力发展网络操作中心、网络数据库、网络构建库、专用CPU产品设计、信息安全网络等基础软件;在微电子领域,联合首钢、富士通、日立、英特尔和台湾的宏海、汉鼎公司,参与了北京与上海的两个大型微电子基地的建设。并通过收购美国某家小型的集成电路设计公司和无锡华精集团的微电子集成设计公司发展MEMS和纳米材料;在互联网领域,投资"北大在线"和"北大财富",控股了《互联网周刊》;在宽带建设和无线上网等领域相继与六个省的广播电视网络、中国电讯和中国联通签署了全面合作协议,积极发展网络基础设施建设。

2000年,未名集团实现产值3.5亿元人民币,利税7500万元人民币;成为中国最大的生物工程企业;深圳科兴的赛若金产品的市场占有率超过60%,税后利润达6000万元人民币,使深圳科兴成为中国最大的基因药物工程基地。未名集团全面启动深圳生物谷项目、北大生物城项目和厦门生物园项目三个基地的建设,实现了深圳科兴、北大维信和厦门北大之路三家企业的快速发展。深圳科兴被科技部授予"863"产业化基地,成为我国第一家而且是唯一一个"863"生物工程的产业化基地;北大维信的血脂康,销售额增长20%,利润增长3倍,市场份额达10%,进入国内调脂药前5名;厦门北大之路的保健食品"再生人"正在大举进入市场。以既懂市场又懂管理的20多名"科兴的博士群"为企业的宝贵财富,在生物工程和制药领域形成了基因工程药物、天然药物、疫苗、诊断药剂、生化制药、化学制药、农业生物工程、保健食品等八个方面的人才优势、科技优势和产业优势。

2000年,资源集团进一步把业务拓展到高科技和教育领域,把主营业务定位在科学园建设、物业开发、高科技项目孵化、教育产业。全年物业总收入超过1.5亿元人民币,科技类公司全年总收入3.5亿元人民币,全年实现利税共计7000万元人民币。基本形成了辐射全国的以物业、教育、科技为主的包括"一园"、"三大产业"(即科学园建设、高科技孵化和教育)、"五大基地"的"一、三、五"综合性战略格局:北京基地以中关村和朝阳区为主,北大科技园参与中关村园区建设,朝阳区项目参与中央商务区建设;西北基地的新疆项目参与西部大开发建设,在国家级开发区建立500亩地的北大科技园;华东基地在青岛与青岛海洋大学和崂山高新区合作建设青岛软件园二期。资源集团以管理求效益,先后进行有关ISO9002质量体系认证和ISO9001认证,在合作中大胆引进职工参股和期权奖励制度,形成了有资源特色的现代高科技校办企业的管理思想,并在合作中大胆运用,先后运作完成了北大太平洋科技发展公司下属的太平洋大厦一期项目和新疆北大资源科技发展有限公司的重组等多个项目,进一步完善和丰富了企业的战略规划,使资源集团获得了超常发展。

(姚永魁)

【科技开发】 科技创新、技术开发和成果转化水平是衡量产学研结合能力的根本标准,也是新时期高等院校科技和产业新经济增长点的绝对支柱。2000年北大科技开发部始终以产学研相结合为核心,以促进高新科技成果转化为目标,在促进科技开发和成果转化方面再创喜人成绩。

加强科技开发管理和联合 2000年学校在科技开发与产业工作会议上明确了全校科技成果合同的统一管理,结束分散状态,通过建立广泛的联络网,促进了各院系所及课题组同科技开发部的紧密合作。在科技开发人员中大力宣传克服重研究轻开发的思想,提高成果的技术先进性、成熟性和应用性,强调改变单一学科成果转化形式,促进向多学科的综合性成果转化发展,从而不断寻求新的经济增长点。在工作中采取了灵活多样的成果转化方式,如转让项目从小型到大型,性质从国有到民营,区域从发达地区到西部地区、老少边区,从纯开发到"985"、"863"等项目成果的转让,尤其是突出了以技术入股的方式实现科技成果产业化,从而提高转化速度和转化率。

同时明确了学校、院系所、课题组之间的利益分配关系,有利于调动开发人员的积极性和创造性。

成果转化 在技术转让合同方面,如光纤与通信国家重点实验室研制的光纤放大器EDFA技术、生命科学学院的金属硫蛋白MT工业制取技术、城环系开发出的"城市之星"新版计算机软件等项目,通过技术转让获得技术转让费近2000万元。在技术开发合同方面,化学学院"水热法制备纳米ZrO_2微粉技术"、信息科学中心"图像压缩技术"等项目与企业进行合作研发,获得研发经费约1500万元。在技术服务方面,力学系利用风洞实验室为世界之窗世界广场舞台、武汉体育中心、国家大剧院、航空中心等多家单位进行了风洞模拟实验,获得服务费200多万元。此外,计算机系计算语言所、电子学系等与美国、日本和韩国签订了技术转让与合作合同,创汇30多万美元。融技术转让和技术开发、服务为一体的北大计算机系—长达电子商务联合实验室是产学研合作的又一范例。为推动电子商务在中国的推广与应用,北京大学与长达科技控股有限公司于2000年7月14日合作建立了北京大学计算机系—长达电子商务联合实验室。长达科技有限公司提供实验设备和科研资金,北大计算机系提供科研人才及场地,实验室致力于在电子商务领域提出创新思想和解决方案。12月20日该联合实验室研制的首项产品中国导购网站sinofinder.com开通仪式在北大交流中心举行。今后,实验室还将加强电子商务应用领域的智能化技术和个性化服务技术研究,提供具有针对性的电子商务解决方案。

科技产业化 2000年度,北京大学科技开发部代表北大新成立了上海北大蓝光科技有限公司、新余北大高新生物工程有限公司、北京北大天创信息技术有限公司、武汉喜玛拉雅光电数字成像技术有限责任公司、北京北大千方科技有限公司、北大环化科技发展有限公司、北大纪元科技发展股份有限公司等合资联营企业,改制成立了北京北大君士科技发展有限公司、北大绿色科技有限公司等一批校办高科技企业,总投资额达4.8亿元,北京大学约占1.8亿元。这些企业所依赖的技术支持分别来源于北京大学遥感所、城环系、地质系、化学学院、环境中心等单位,从而拓宽了北京大学高科技产业的发展领域,促进了企业规范化发展,更好地发挥北京大学的高新科技的技术和人才优势。

技术合作典范——北大蓝光 GaN-based 蓝光LED研究是"211工程"凝聚态物理的标志性成果。"211工程"向该项目投入经费964万元人民币,其它经费投入450万元人民币,同时该项目还得到国家自然科学基金、国家"863"技术计划项目、国家教育部重点项目的支持,取得突破性进展,在国内首先实现了GaN-based蓝光LED发射,并获得国家发明专利3项,发表论文50多篇。2000年该项目向产业化方向迈出了可喜的步伐。3月22日,科技开发部代表北大与黑龙江省大正投资集团有限责任公司、上海浦东科技投资有限公司、上海张江高科技园区开发股份有限公司、哈尔滨大正产权经营有限责任公司等共同投资成立了上海北大蓝光科技股份有限公司。公司注册资本7000万元,选址于上海张江高科技园区,北大占有1500万元的股份;公司以该项目的专利技术为基础,主要进行信息光电子材料、元器件及相关产品的研发、生产和营销。同时还在北京大学建立了北京大学宽禁带半导体研究中心,通过产学研一体化的新型机制加速了教学、科研和产业化的联系步伐。

深圳高交会 在2000年10

月第二届深圳国际高新技术成果交易会上，北大无论成交额，还是成交数量都大大超过首届，居全国高校之首。北大此次共带去300余个项目，其中25个项目对外签订了协议书，总金额超过19亿元人民币，包括：医学部7个，方正集团1个，青鸟集团3个，天正公司3个，纵横公司1个，深港产学研基地10个，取得了预期的效果和成绩，获得高交会组委会的好评。此外，4月22—23日，2000年首都高校科技成果推广与转化洽谈会在北方交通大学体育馆隆重召开，包括北大、清华在内的首都30所大学作为项目发布方参加了大会，全国各地上千人参会寻求项目。会议为高校和企业提供了一个集中的直接交流的机会。北大科技开发部在会上承接了一些地方政府的整体发展规划项目及企业提出的技术难题。6月13日，河南省与北京大学科技与经济合作洽谈会暨"十五"技术创新规划研究会在北大举行，许智宏校长、陈章良副校长出席会议并讲话，双方就通过优势互补在经济与科技领域开展合作交换了意见，为未来五年河南省与北京大学开展全面合作奠定了良好的基础。

知识产权案例 安徽省生物工程有限公司与北大未名生物工程公司于1994年5月签订了有关富集硒酵母生产技术的技术转让合同书，在北京大学生命科学学院研制的富硒酵母技术的基础上，该公司开发出健字号药品"富硒康"。但该产品在近几年的市场推广过程中非法使用北大字样，在电视中打出北大西门的照片，使"北大富硒康"的广告在全国铺天盖地，对北京大学的声誉造成了一定的影响。为此，科技开发部和知识产权管理办公室代表北大与安徽省生物工程有限公司通过协商，阐明了有关问题。该公司对北大作出郑重道歉，并承诺限期进行整顿，纠正一切违法违约行为。为了明确有关权利和义务，确保整顿工作如期完成，双方于6月22日共同签署了《关于整顿安徽省生物工程药业有限公司在产品包装、宣传方面违反有关协议和损害北京大学声誉有关问题的协议》。至此，关于"北大富硒康"产品侵犯北大校名和名誉权的问题得以妥善解决。

2000年度总评与规划 虽然2000年北大在科技开发方面取得了一定的成就，但是科技成果转化的总体现状还远不能适应当今科技迅猛发展的要求与北大创建世界一流大学的目标。本年度较突出的问题是：北大目前向社会推广的重点科研项目中有一半以上还属实验室技术，成熟技术欠缺；成果转化率低，远远低于发达国家的水平；项目涵盖的领域不够广泛，在某些重点行业如化工、机械、材料等领域研究开发较薄弱；侧重于向外推广项目，而在引进科研项目、服务社会方面存在很大空白；与企业联系尚不够主动和紧密，科技企业对经济增长的贡献率低；进一步促进成果转化还面临资金、人才、市场等诸多障碍。为此，首先要加强对科技开发重要性的宣传，使科技创新人员认识到在科技成果转化之后，仍应对科技成果的再创新、再开发给予持续的、主动的支持。同时，对科技人员的利益要给予足够的保障，以激发其创新活力。其次，要进一步改变单一学科成果转化形式，向多学科的综合性成果转化发展，从而有利于提高科技成果转化率。最后，要整顿队伍，充实人员，提高管理队伍素质，树立全心全意服务的思想。在校内，为科技开发人员争取更大的利益，改善其科研条件和工作环境。在校外树立良好的北大形象，为企业出谋划策，共同为经济建设服务。

（吴涓）

【校企改制】 2000年，北京大学召开了校办产业工作会议，提出加大校企管理体制改革，实现校办高科技企业持续健康稳定的发展。根据学校的实际变化和创建世界一流大学的实际需要，进行了产业管理委员会换届工作，许智宏校长出任产业管理委员会主任，闵维方副校长、陈章良副校长和吕忠生任副主任，委员由校长助理兼法学院院长吴志攀、校办副主任周文磊、校办产业管理委员会办公室主任姜玉祥、产业党工委书记隋凤花、方正集团总裁张兆东、青鸟集团总裁许振东、未名集团总裁潘爱华、资源集团总裁叶丽宁担任。在完成产业管理委员会换届工作的同时，进行了科技开发部与产业管理部改制工作。取消北京大学产业管理部建制，设立北京大学校办产业管理委员会办公室，并把北京大学科技开发部整体并入，同时实现与北京大学国内合作委员会办公室合署办公。产业与科技开发合为一体有利于不断创新的产学研体系的形成，有利于克服北京大学教育、科研与经济的脱节，有利于加快科技成果产业化的过程，并逐渐表现出它的优势和活力。

北京大学高科技产业基于对当今世界经济、科技发展和知识经济的理解和认识，是创建世界一流大学不可或缺的组成部分。产业改制本着保持教学、科研与产业相互平衡的原则，按照集团化、专业化思路，明确创业者、投资者和经营者之间权益，建立现代企业制度，实现企业规模效益、优势互补和资源共享，实现产业发展与学校发展的结合，同时规范学校对企业的管理，提高企业创造能力、创新能力和内在驱动力；产业发展的根本动力在于企业的创新能力；特别是两校合并的优势，并根据国内医药市场的实际市场状况和不同的需求，在生物医药领域努力开发新药，培育出新的增长点。同时加速北大科技园区的建设以配合中关村科技园区的发展，更好地支持科技项目的孵化和产业化,促进科技开发和产业发展;产业管理应以人的管理为基础,规范财务管理为核心,建立报表审计制度和负责人经济责任审计制度,进一步深化企业规范化、制度化管理和经营,大力强化企业国际化、多元化、规模化和资本运作;实现科技开发、企业经营行为和产业管理的规范,实现科技成果合同的统一管理,设立企业申请与审查、北大名称使用的审查与审批、企业重大投融资行为的申请或备案。建立健全学校派出董事制度、董事汇报制度和企业法人治理结构。企业发展应结合市场变化规律,依据新的历史时期要求,调整企业发展方向和产业结构,注重产学研发展所带来的外在效应,使科技产业工作走上良性循环,并从学校的整体利益出发,优势互补,为社会经济发展做贡献。

按照中央的有关精神和学校的改制总体部署,四大支柱企业加快了改制步伐,为配合改制工作成立了产权改制小组,把企业改制工作作为企业的工作重点。各企业充分利用校内外资源,充分利用社会资金和好的市场运作、管理经验,与市场结合,与社会结合,按照符合市场机制现代企业制度的要求,在充分借鉴联想和四通等改制工作和考虑各方利益的基础之上,相继确定了改制的基本方案,并把改制文件和方案报到了学校和国家有关部委。

2000年,在积累四大集团转制的经验基础之上,加大了中小企业的改制步伐,北大计算机系统工程公司与北京君士世纪投资管理有限公司在计算机公司现有资产的基础上增资扩股,由科技开发部代表北京大学出任股东,并规定5000万元内不稀释,既避免了产生子公司又对北京大学资产的保值增值提供了有力的保障;绿地公司(环境中心)增资扩股并更名为绿色科技公司,公司注册1000万元人民币,北京大学占65%,主要从事环保产业,以草业、花卉种植、食品化学、保鲜技术等为主,并且利用昌平区提供的1200亩地,建成生态区和现代农业示范园,满足了国家及地区的绿化需要,同时可以充分利用化学学院、环境中心的人才优势促进相关技术的发展。科玛公司与中国节能公司就科玛公司进行资产重组的事项制定了改制方案并得到学校批准。改制方案拟将科玛公司改造成为注册资本达3000万元人民币、充分保障北大权益的中型企业。北大光电设备公司进行了融资活动,改制方案初步拟定。软件工程国家工程研究中心的改制方案学校已经批准,同意由青鸟天桥、北大宇环微电子系统工程公司、青鸟软件系统公司共同出资组建北大青鸟工程有限公司。

【银校合作】 2000年,北京大学继续秉承银校合作模式。继与华夏银行签订了5个亿的《银校合作协议》之后,又先后与中国建设银行、中国农业银行、中国工商银行分别签订了30亿元人民币、与中国银行签订了70多亿元人民币的全面合作协议,同时在高交会期间与招商银行签订了10亿元人民币的合作协议,贷款授信总额达175亿元人民币,与各银行建立起面向21世纪的长期稳定、优势互补的战略合作关系。对北京大学的发展和银行业务空间的拓宽以及中关村科技园区的建设具有重要意义。

根据与各商业银行签署的合作协议,银行将为北京大学开发科学园、培育高新技术产业、发展教育事业、促进知识经济发展等提供全方位的金融服务;将优先支持北京大学在校园改造、教职工宿舍、学生公寓、教研楼、校办产业建设等方面的信贷需求;积极为校办企业提供所需的投资银行业务,并协助其在境内外资金市场和资本市场进行广泛的融资业务等;为北京大学教职员工提供"个人公积金委托贷款"、"商业贷款"及"组合贷款"等多种消费贷款金融服务,并根据教育发展需要为在校学生提供"国家助学贷款"。

北京大学是我国人才培养、科技创新和高技术产业化最重要的基地之一,但是在人才建设和科技成果转化等方面一直受到资金的制约,十分需要金融业的大力支持,包括商业银行和资本市场的支持。北京大学作为知识创新的基地,高科技产业的进一步发展对商业银行蕴含着巨大的商业契机。银校互相支持、互利发展,为实施科教兴国战略提供了一条崭新的道路。北京大学将利用著名高等学府的综合性优势为各银行提供人力资源开发、金融科技开发、技术支持、企业推荐、金融业务开展等方面的全方位支持,以输送优秀毕业生、提供业务和管理培训等多种形式给各银行以大力支持。双方的合作具有很大的互补性和现实性,具有广阔的发展空间,同时也是一种创新,是新时期社会需求与发展的内在要求。

【大学科技园】 1999年6月,国务院作出了《国务院关于建设中关村科技园区有关问题的批复》,正式批准了北京市政府、国家科技部《关于实施科教兴国战略,加快建设中关村科技园区的请示》。北京大学结合中关村的人才、科技、知识优势及高科技产业基础与北京大学的综合科技产业优势的互动,加快建设北京大学科技园,通过科技成果和创新知识的产业化,把丰富的智力资源转化为强大的生产力,对北京大学实施科教兴国战略,增强科技产业创新能力,调整科技产业结构,加快建设世界一流大学具有重大意义。《国务院关于中关村科技园区有关问题的批复》下达后,北京大学认为应该抓住这个历史性机遇,力争使北京大学在中关村科技园区的建设中发挥突出作用。2000年3月,北京大学组建了大学科技园领导小组,对科技园的规划、功能、建设和发展进行统一部署和领导,加快了大学科技园的建设。

按规划,北京大学科技园总用地面积近43公顷,总建筑面积90万平方米。一号地为成府片区,东至中关村大街北段、西临北大东墙、南接北大东校门、北临圆明园路;二号地为南街片区,东至中关村大街、西至海淀菜市场、南至北四环路、北至海淀路;三号地为簍斗桥片区,东至北大西门、西至万泉河、南至海体新建公园、北至北大蔚秀园;四号地为挂甲屯片区,东至万泉河、西至万泉路、南至北大承泽园、北至圆明园西路。

北京大学科技园作为国家科技部和教育部批准设立的全国十五家首批大学科技园区之一,是北京大学创建世界一流大学的重要组成部分,科学园的规划是严格按照北京大学和中关村科技园区发展规划的要求制定的。科学园靠近学校的区域主要用于满足学校教学和科研的需要;以此向外延伸的地带主要用于科技项目的研发、孵化和中试;沿街地段的建设体现北大总体的建筑风格,使之成为中关村科技园区一道亮丽风景线。

根据科学园功能定位要求,成府片区具有面向高新技术创新,以研发、孵化为主导,兼顾教学科研的功能。因毗邻学校理学部,可以有效地依托理学部诸院、系(所)的科研创新能力,以微电子、生物、信息、精细化工、制药为主要产业方向,主要从事上述产业部类的研发和初试,成为以理工科类为主的科研项目的孵化器。

南街片区以软科学孵化为主导功能,同时兼顾部分研发、培训和服务功能。南街片区在地理区位上距离中关村科技园区核心地带——中关村西区最近,可以增强吸引投资的能力,功能上可以有效地与中关村西区的交易、中试功能相衔接。结合学校的传统优势,可以创建成为软科学孵化中心。

簍斗桥片区毗邻学校西门,特别是在地理位置上临近文学部诸院系。在功能定位上,簍斗桥片区以管理类、经济类、法律类等社会急需的人文学科为主导方向,兼顾部分教学功能。簍斗桥片区定位为人文学科综合培训园区,这样可以充分发挥学校多学科优势。

挂甲屯片区所在区位是中关村核心区的外延,在功能上可以成为网络教育基地。随着通讯系统,特别是网络技术的发展,远程教育将成为与传统教育互补的普遍教育手段。北京大学可以将教育资源向中关村和全社会辐射、推广。

结合中关村科技园区的实际要求和不同片区的实际情况,本着持续发展的原则,学校对校园规划进行了调整。在海淀主校区优先安排教学科研设施,创造宜人的校园环境,加大绿地和学生体育用地面积,将学生宿舍和教师住宅建设纳入到北京市的学生公寓建设和教师住宅建设中统一规划实施,通过功能置换的办法调整现有布局和结构,不断拓展学校发展空间。结合中关村科技园区的实际建设和学校提出的三年内实现后勤服务社会化目标,逐步将校园周边的教师住宅改造成为学校教学、科研服务的多层次的教师流动式公寓和大学生公寓,并积极主动地与海淀区联合共同治理校园周边环境,为学校师生创造更好的学习、工作和生活空间。

为使校办产业的布局与中关村科技园区的整体规划接轨并实现产业结构的优势互补,校园周边地区将主要用于实现研发和孵化功能,学校支柱企业总部将放到中关村西区统一考虑,相关的电子信息、生物、制药等产业也将并入中关村软件园和生物园,以获得中关村科技园的更多支持。同时学校将大力开发和引进中关村科技园区紧迫需要和急待发展的教学领域、科研项目、人力资源和产业能力,为中关村科技园区和北京市的社会经济发展提供更富原创性、更具竞争力的增长要素。

(姚永魁)

【国内合作】 2000年,北京大学国内合作的管理体制发生了重要变化,国内合作委员会及其办公室的人员构成进行了重新调整。7月,学校决定调整国内合作委员会,许智宏校长任国内合作委员会主任,迟惠生、陈章良、吕兆丰任副主任,姜玉祥任国内合作办公室主任。国内合作办公室由原来挂靠校长办公室改为单独建制,并与科技开发与产业管理办公室合署办公。理顺体制后的国内合作办公室在委员会的领导下,在省校合作、教育合作、人才培养等方面开展了一系列工作。

省校合作 省校合作是国内合作最重要的工作之一。2000年,国内合作办公室先后与新疆自治区、河南省、甘肃省就省校全面合作开展了多次会谈,并与新疆自治区达成了《全面合作协议书》,与甘肃省形成了"省校合作座谈会会议纪要",与河南省基本达成了"省校合作协议"。

1. 与新疆自治区的合作。2000年8月7日,在许智宏校长的率领下,北京大学代表团访问了新疆自治区,与新疆自治区签署了《新疆自治区 北京大学合作发展协议书》。双方为发挥各自优势,谋求共同发展,在平等互利、风险共担、讲求实效、尊重知识和人才等原则的基础上,建立了区校间长期、稳定的合作发展关系。商定在科技与产业、教育与培训、网络与信息等方面开展合作。合作的内容主要有:(1)科技与产业方面:在乌鲁木齐经济技术开发区和在其他有条件的地州,合作建立"新疆北大科技产业园或分园"。(2)教育与培训方面:北京大学在新疆建立

"新疆北大学园",引进国内外先进的教育方式与方法和最新的教学设施、教育信息,发展幼儿、小学、中学、高中一站式教育;带动新疆成人继续教育事业的发展,接受新疆高校师资赴北大进修、访问,为新疆委托、定向或联合培养硕士、博士,共建重点学科,聘请兼职和客座教授等;双方合作规划建设新疆教育网,发展远程教育和信息化教育,促进教育资源共享,迅速提升新疆中、小学和整体教育水平;北京大学开设专业班,接受新疆选派的厅局级以上干部和大中型企事业单位、重点科研院所的主要负责人进修、轮训;同意北京大学研究生院在乌鲁木齐建立研究生院新疆分院的建议;积极支持新疆大学研究生处与北京大学研究生院达成的有关合作协议;双方共同选择有条件的新疆企事业单位,建立北京大学毕业生实习基地、研究生实践基地和博士后工作站。(3)网络经济与信息服务方面:新疆欢迎北京大学提供先进的信息技术,支持新疆广电网的改造和其他信息产业的发展。运用国际互联网络和现代信息技术,构建新疆人才市场、文化市场、科技市场,帮助和支持新疆加快经济和社会发展,推动西部大开发战略在新疆的贯彻实施。北京大学决定将原新疆三山广场,重组改造为"北大资源广场",创建西部创新会所,发展国内外客商,组建西部开发联盟等。为推动合作的顺利开展,双方还建立了合作协调与执行机构。

2. 与甘肃省的合作。国内合作办公室于2000年7月访问了甘肃省,并与甘肃省人民政府进行了会谈,以会谈纪要的形式初步确认了双方合作的原则与内容。合作的内容主要包括:(1)广电网建设:甘肃省欢迎北京大学青鸟集团参与甘肃省的广电网项目建设;(2)中学教育:在条件成熟时,北京大学附中在甘肃兰州市开办北大附中兰州分校,并以此通过远程教育网络向甘肃全省辐射;(3)干部培训:北京大学负责对甘肃省厅局以上干部进行培训。双方商定在条件成熟时签署省校全面合作协议。

3. 与河南省的合作。2000年,国内合作办公室与河南省开展了多次会谈,就省校合作的内容展开过多次会谈。5月,河南省张以祥副省长带领80多位河南省企业家访问了北大,其后,河南省经贸委又派专人多次前来北大洽谈合作,经过会谈,基本达成了省校合作的框架协议。内容包括:(1)产业方面:北京大学青鸟集团负责河南全省的广电网项目建设,投资总额4亿多;北京大学方正集团与河南电视台采编播数字一体化项目,投资总额700万。(2)教育与培训合作:在条件成熟时,北京大学附中在郑州市开办北大附中郑州分校,并以此通过远程教育网络向河南全省辐射;北京大学在河南开办远程教育,为河南培养急需的专业人才;北京大学负责对河南省厅局以上干部进行培训;优先接受河南省人员来北京大学进修等。经过多次洽谈,北京大学与河南省签署全面合作协议的时机已经成熟。

其它形式的合作 1. 与地市的合作。(1)与青岛市的合作:北京大学为青岛市举办了青岛跨世纪人才在职硕士研究生班和各类短期培训班。在青岛建立了北京大学青岛国际学术会议中心。日前,北大在青岛举办"北大青岛实验中学"的立项已经得到青岛市政府的批准。(2)与湛江市的合作:2000年9月15日,北京大学与湛江市签订了合作协议,合作的领域包括:科技成果转化、技术攻关合作、人才培养与干部交流、发展战略研究等。湛江市委托北京大学的《湛江市经济社会发展战略研究》报告已经完成。

2. 参加"五方合作委员会"。2000年5月,国内合作办公室参加了由中国科学院主办的"五方合作委员会"(中国科学院、北京大学、清华大学、海淀区政府、科技部火炬中心)第二次主席会议,陈章良副校长代表北京大学参加了会议。会议达成了"五方合作意向书"和"五方合作协议书"。五方就在海淀区合作举办高科技创业园一事达成了合作协议并决定网站实现友情链接,实行互通信息、资源共享。

3. 与高校的合作。北京大学本着支援西部、支持教育事业的理念,对西安培华女子大学在计算机、政治学、中文等专业领域进行支持,同时拟与该校及陕西省人事厅合作开设社会学、政治学等专业的研究生课程进修班,并进一步探讨可能扩展的合作领域。

接待与交流 国内合作办公室承担着大量的接待与洽谈的任务。2000年,办公室先后接待了厦门市政府代表团、江苏泰州市政府代表团、河南省政府代表团、山东淄博代表团、湖南常德市政府代表团、河南商丘师范学院代表团、西安培华女子大学代表团、吉林省政府代表团等,并与对方探讨了可能合作的领域与方式。国内合作办公室还先后访问了湖南常德市和西安培华女子大学。这些活动,对增进社会各界对北京大学的了解,展示北大的总体实力,促进北京大学与对方的合作起到了较好的作用。

(折志凌)

【深港产学研基地】 基地的成立 1998年北京大学、香港科技大学签署了建立两校学术联盟的协议,在这个协议中提出北京大学香港科技大学学术联盟要充分发挥深圳的地域优势和良好的投资环境开展与深圳市合作,在深圳联合建立研究开发机构。1999年5月21日,北京大学党委书记任彦申率代表团访问深圳。1999年5月22日,北京大学任彦申书记、深圳市李德成常务副市长、香港科技大学吴家玮校长分别代表三方在深圳签署了合作备忘录,同意筹备成立合作机构——深港产学研基地。

深港产学研基地第一次理事会于1999年8月16日在深圳举行,深圳市市长李子彬、北京大学党委书记任彦申、香港科技大学校长吴家玮代表三方在深圳五洲宾馆正式签署在深圳高新区建立深港产学研基地的合作协议。深圳市市长李子彬、北京大学校长陈佳洱、香港科技大学校长吴家玮代表合作三方签署了深港产学研基地章程。

经协商,由深圳市市长李子彬任理事长,北京大学党委书记任彦申、香港科技大学校长吴家玮、深圳市常务副市长李德成任副理事长,广东省副书记、深圳市委书记张高丽、北京大学校长陈佳洱、香港科技大学校董会主席罗康瑞为名誉理事长。

章程确认三方的合作机构名称为:深港产学研基地。深港产学研基地的法定地址在:广东省深圳市高新技术产业园区内。深港产学研基地为深圳市直属局级事业单位,实行企业化管理。理事会领导下的深港产学研基地的管理机构,委任北京大学代表出任主任,由北京大学、香港科技大学、深圳市代表出任副主任。合作三方向深港产学研基地注入人民币现金8000万元,其中深圳市政府6000万元,北京大学、香港科技大学各1000万元。权益按深圳市34%、北京大学33%、香港科技大学33%确定。深圳市政府对基地前三年的日常运行经费给予一定的补助。深圳市政府同意划定位于深圳市高新技术产业园区南区内红线用地约1.5万—2万平方米给深港产学研基地。

2000年4月15日,深港产学研基地理事会在深圳举行了第二次会议。聘请北京大学党委书记王德炳教授为名誉理事长;北京大学校长许智宏院士为副理事长;李德成副理事长为基地事业单位法人代表;同意聘任陈章良为深港产学研基地主任,史守旭为常务副主任、沈宁燿(香港科技大学)、张克科(深圳市政府)为副主任。

基地的产业 北京大学和香港科技大学先后有两批16个产业发展项目正式签约加盟基地,他们是:深圳北大生物谷、深圳北大青鸟嵌入式产品研发基地、深圳北大方正指纹电子有限公司、深圳英海威光电通信有限公司、深圳北大纵横财务顾问有限公司和北京大学MBA教育项目;香港科大的固高科技(深圳)有限公司、爱讯可网讯(深圳)有限公司、恒富威科技(深圳)有限公司、幻音数码(深圳)有限公司、闻易网软件有限公司、电力中华网有限公司、中医药数码港、思动科技有限公司、惠达科技有限公司、先进微型显示有限公司。

6月25日,基地与招商局蛇口工业区有限公司共同组建了旨在推进两校科技成果转化的孵化器公司——深圳市北大港科招商创业有限公司。

8月18日,深港产学研基地成立了深港产学研发展有限公司。通过与蛇口工业区的合作,拟受让上市公司深安达的部分股权。12月15日,深港产学研发展有限公司由北京大学增资控股,并更名为深圳市北大高科技投资有限公司。

基地以无形资产联合社会资金成立了深港产学研创业投资有限公司,为基地入孵项目寻找风险资金创造条件。

基地的教育培训项目 在推进产业发展项目的同时,基地根据深圳市科技、经济及社会发展的需要,积极开展高层次人才培训的教育项目。为此经批准深港产学研基地加挂"北京大学香港科技大学深圳研修院"一套人员、两块牌子。2000年两校联合推出了包括研究生教育、本科生教育及高级研讨与培训班三个层次的12个项目,招生人数达1300多人,其中研究生层次512人,本科层次327人,各类短期培训、高级研讨班526人。研究生教育包括工商管理、应用心理学、世界经济、行政管理、金融学等专业;本科教育包括计算机专业的自学考试班和国际贸易、法律两个专业的远程教育班;短期培训和高级研讨班有为中原物业顾问有限公司开设的房地产市场营销管理班、为中兴通讯股份有限公司开设的工商管理课程高级研讨班以及为皇岗边防检查站开设计算机技术培训班。

为给深圳市增加更多的学术氛围,基地邀请来北京大学、香港科技大学的著名专家、学者在深圳举办了大型系列专题讲座。著名经济学家厉以宁教授、萧灼基教授,著名物理学家、香港科技大学校长吴家玮教授,著名生物学家陈章良教授,著名经济学家刘伟教授分别围绕中国加入WTO、经济全球化及中国证券市场发展、生命科学的热点和生物技术产业发展、香港与内地在科技创新上的合作以及当前中国经济四大热点问题,为深圳人带来了5场精彩纷呈的报告。

在基地理事会统一协调下,北大附中在深圳成立了北大附中深圳南山分校,并于2000年9月招收了第一届初中一年级新生。北大附中领导对在深圳建立的分校非常重视,派出了很强的管理阵容。并制定了使该校在三年内成为南山区一流名校,三至五年内成为深圳市、广东省一流名校,五至八年内成为全国一流名校的奋斗目标。

根据深港产学研基地第二次理事会的提议,深圳市政府、北京大学、香港科技大学于2000年10月11日签署了《关于合作建立深圳北京大学香港科技大学医学中心协议书》。由深圳市政府、北京大学、香港科技大学筹建了"深圳北京大学香港科技大学医学中心"。

北京大学深圳校区前期筹建

2000年10月，北京大学与深圳市政府达成共建北京大学深圳校区合作意向。由基地的教育培训部协助开展北京大学深圳校区的前期工作，起草了北京大学深圳校区项目建议书、计划书及首批学生入学方案，与北京大学各院系及相关部门进行协调等。

北京大学、香港科技大学还分别组团参加了1999年10月在深圳举行的第一届高交会，并联合以"深港产学研基地"参展，组织两校最新的科技成果优先在深圳落户，深圳北大方正指纹电子有限公司的门禁系统在高交会受到广泛的关注，朱镕基总理亲临该项目展台试验系统性能。

2000年10月，基地协助北京大学、香港科技大学联合参加了第二届高交会，联合展团展位面积达180平方米，是高校团组中面积最大的。基地负责了高交会展览筹备的一系列工作。

一年来深港产学研基地在深圳市政府的支持下，在北京大学的直接领导下从无到有，有了一个良好的开端。由于深港产学研基地在2000年的工作突出，获得了深圳市高新技术办公室和深圳虚拟大学园颁发的特等奖。

（史守旭）

医学部产业管理

【发展概况】 原北京医科大学校办企业是由50年代建立的印刷厂和70年代建立的实验药厂逐步发展起来的。随着改革开放的不断深入，依托学校优势，相继成立各类企业29个。为适应形势的发展，原北京医科大学于1989年2月成立了生产管理办公室，对校办产业进行管理。1995年3月为加强对企业的统一管理，成立了校办产业管理办公室，同时建立了产业总支、产业工会和职代会。经过十多年的努力，在学校历届领导的关注和支持下，初步理顺了学校与各企业之间的关系，明晰了产权，企业监督机制进一步完善，形成了初具规模，具有一定竞争能力的产业实体。

2000年医学部有校办企业26个，其中隶属医学部本部的企业18个，隶属附属医院的企业8个。业务以制药、生物试剂、医疗设备、保健品开发为主。销售收入近1亿元，上交税金642万元，上交和返还学校及附属医院财政745万元。企业现有职工606人，中、高级技术人员123人，占职工总数20%。

（李宝璐）

【北京医科大学实验药厂】 概况 北京医科大学实验药厂是原北京医科大学于1970年创建的科技型生产企业。成立药厂的宗旨是为药学专业的学生提供教学实习基地，并实现学校科研成果的商品转化，在兼顾社会效益的同时，取得一定的经济效益。在产品质量方面，严格执行GMP标准，不断地完善软、硬件设施，从根本上保证了产品质量的稳定、可靠，多年来产品合格率经抽检达到100%。以优质产品服务于社会是药厂取得良好信誉的根本保证。

企业正式职工73人，总资产3486万元。2000年产值4040万元，年销售收入1958万元，利润628万元，上交税金293万元。2000年北京医科大学实验药厂先后经历了和通用技术集团控股有限公司签订承包药厂协议，与北大未名集团合作的国有企业体制改革的探索与尝试，没有影响企业的正常生产运转，全年产值较1999年度增长1067万元，增幅36%，销售收入增长373万元，增幅24%，利润增长68万元，增幅12%。2000年药厂职工思想观念的转变，对改革、改制承受能力和适应能力的提高，为药厂今后的改制奠定了良好的基础。

药厂主要以制剂生产为主。注册品种57个，经常生产的品种有10个：注射用盐酸阿糖胞苷、注射用甲氨蝶呤、注射用硫酸长春新碱、醋酸甲羟孕酮、复方磺胺甲恶唑片、根痛平片、艾司唑仑片、盐酸苯海索片、葡萄糖酸锌合剂、肌苷口服液以及授权生产斯利安药片。

"斯利安"是药厂的主要产品，已在全国形成了一定规模的销路网络，并已产生了一定的社会效益。为扩大市场份额，营建一个稳定的市场基础，在加强营销队伍的同时，药厂和中国人民保险公司共同推出了斯利安产品的责任险，这一举措在全国尚属首例，使斯利安的产品影响率进一步扩大，仅此一项，使斯利安的全年销售回款达到1106万元，比1999年增长33%。市场容量不断扩大，份额继续占主导地位。

设备及生产能力 针剂冷冻干燥生产线一条：2ml剂型年生产能力200万支；水针生产线一条：2ml剂型年生产能力500万支；口服液生产线一条：10ml剂型年生产能力300万支；片剂生产线一条：年生产能力（大片）7500万片，（小片）3.5亿片；糖衣片生产线一条：年生产能力7500万片；颗粒生产线一条；中草药提取生产线一条：年煮提能力30吨；动力系统：40吨锅炉2台，180kVA×2变压器，变电室一座，净化空调系统四条以及其他真空，空压系统。

新开发产品 1.三苯氧胺缓释片的开发。与药学院药剂教研室签订了共同开发协议，完成药学部分的研究工作，生产前的申报工作力争在2001年上半年完成。2.中药二类新药，黄芩抗感冒药的开发进入中试前的准备阶段。

（李宝璐）

附 录

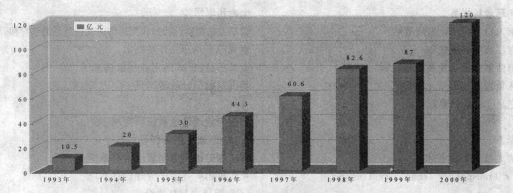

图 7-3 校办高科技产业业绩增长图

表 7-29 2000 年科技开发部合同额统计总表

合同类型	合同数目	总金额（万元）	北大所占金额
技术转让	29	1858.64	
技术开发	34	1432.95	
技术服务	16	222.87	
合资联营	17	48300（公司总注册资本）	18860 万元
云南省校合作及其他合作	12	698.8	342 万元
	合资联营以北大所占股份计算，合同总额为 2.306 亿元		
小计	108	52513.26	
医学部科技开发部签订合同	9	4320	
总计	117	56833.26	
	2000 年北京大学科技开发部(含医学部)合同总额为 2.738 亿元		

（吴涓）

表 7-30 2000 年科技开发部合同到款额统计总表

	校财务处立项号	项目总名称	2000 年到款额（元）
到款以 2000 年 12 月 29 日财务部进账为依据	180	技术开发经费	14469922
	201	科技成果转让	5302827
	301	科技咨询收入	4207229
	402	实验室对外开放	6730624
	财务部到账小计		30710602
北大科技开发部合营公司	北大所占公司股份	合资联营	188600000
总 计 （以北大所占股份为到款额，按实际到款与该到款之和计算总到款）			219310602（约 2.19 亿）
医学部所签订合同的到款额	技术转让合同 7 项，合资联营合同 2 项		6820000
北大 2000 年合同总到款额			226130602（约 2.26 亿）

（吴涓）

2000年各院、系、所合作签订的主要技术合同项目

城市与环境科学系
南京市人口与城市化发展战略
江苏省江浦县县域规划
济兖邹曲复合中心发展战略规划
民航流量预测
城市之星1.5版计算机软件

电子学系
光纤放大器EDFA技术
10Gb.s Transponder Technology Transfer

化学与分子工程学院
手性液晶开发及相关理论问题研究
稀土复合氧化物燃料催化剂
用水热法制备纳米 ZrO_2 微粉
委托研究有关抑制丙肝病毒的组分和.或化合物
氢化石油树脂的催化剂和催化过程研究

技术物理系
高效生物复合菌肥技术
利用博落回开发高效抗癌新药
铁碱溶液催化法气体脱硫技术

计算机科学技术系
与和益利计算机公司联合开发电子商务
开发基于S.390的红旗Linux服务器版
天网中英文搜索引擎系统服务
现代汉语语法信息词典语义词典
汉语词语切分与词性标注软件程序
现代汉语语法知识库等
汉英机器翻译系统及其衍生成果

力学与工程科学系
光谱仪扫描自动控制及数据采集系统
武汉市体育中心体育场风洞模拟实验研究
深圳世界之窗世界广场舞台壳体风载体形系数风洞实验
昆明世博园孔雀艺术广场活动风荷载的风洞实验
郑州市航海体育场膜结构顶棚风载荷风洞实验

生命科学学院
转基因花期延长牡丹和芍药构建优良品系的选育和开发
鹿茸等系列产品开发技术
金属硫蛋白(MT)工业制取技术
基因组数据分析研讨班

遥感与地理信息系统研究所
1：2000地形图等图形的数字化
蒋庄煤矿地测空间管理信息系统
兖矿集团矿井生产管理信息系统
LCD液晶电视技术合作
新余市工业结构调整与优化升级规划
数字成像光学系统项目与光引擎产品合作
3S(遥感、地理信息系统、全球定位)项目
武汉喜玛拉雅数字成像技术有限公司

数学科学学院
低信噪比下应用于功率控制的SIR估值器及影响要因分析

物理学系
氮化物蓝光LED项目

心理学系
中国员工人格评估系统的研制

信息科学中心
小波图像压缩技术联合开发

图书馆
新一代图书馆信息系统

综合技术研究所
北大D98型X射线衍射仪
自动粉末X射线衍射仪
理学D/max rA型X射线衍射仪技术改造
智能ABC输入法技术

(吴涓)

表 7-31　医学部企业名录

企业名称	办公室电话
北京医科大学实验药厂	62091722
北京医科大学康保医疗器材公司	62091321
北京北医怡达技术装备厂	62091239
北京医大医学科技开发公司	62091773
北京浮乐特科技开发中心	62092336
北京医科大学仪器厂	62091336
北京蒙特因技术开发公司	62091389
北京北医印刷厂	62092232
北京北医大亿康科技开发总公司	62091606
北京志谊商贸公司	62091606
北京康净保洁用品有限公司	62091602
北京学知苑读者服务部	62091268
北京北医现代中医药科技发展中心	62091559
北京康诺科贸公司	62092654
北京大公卫健康研究中心	62091881
北京医医服务中心	62091243
北京市中北医疗保健科技公司 隶属北医大口腔医院	62173158
北京肝炎试剂中心	66162127
北京医科大学人民医院医疗器械经营部	6616832
北京市仁医盛商贸公司	68314422－5838
北京贝仪医疗设备厂	66165994
北京惠达康科技开发部	66159620
北京康友实业总公司	66174272
北京惠康医疗器械部	66176643

(李宝璐)

主要高科技企业

·北大方正集团公司·

【概述】 北京北大方正集团公司(以下简称集团)是北京大学创建的高新技术企业。集团拥有3个控股的上市公司(在香港上市的有:方正控股有限公司和方正数码(控股)有限公司;在上海上市的有上海方正延中科技集团股份有限公司),17家独资、合资企业,员工约6000人,总资产50亿元。2000年销售收入101亿元,与1999年相比提高了19%;利税5.5亿元,提高了112%。

集团拥有企业技术中心,中心下设方正技术研究院和6个研究所(指纹技术、信息技术、信息产品、精细化工、稀土科技、纳米技术)。其中文字信息处理技术和指纹信息识别技术均处于世界领先水平。

1997年,集团成为国家120家大型试点企业集团之一,国家首批6家技术创新试点企业之一,国家重点支持的5家PC生产厂家之一。

集团在基于Internet的软件开发和系统集成方面有雄厚的实力,既有广泛应用于海内外的报业、印前、广播电视、互联网产业的信息集成系统,还有面向银行、保险、税务、证券业的大型信息系统,应用于公安、保安及民用的指纹信息系统,可应用于各行业的信息可视化决策分析集成系统,以及面向教育现代化的教学仪器、多媒体教学软件和校园网络系统。

在Internet接入设备的制造方面,方正电脑成为国内驰名品牌,已连续七个季度进入亚太前10名,显示器年产销规模在国内企业名列前茅,方正激光打印机和扫描仪畅销不衰。

集团依托北京大学的研究成果,在精细化工、稀土材料以及纳米新材料产业化方面发展迅速。

创造科技与文明,是北大方正的一贯宗旨,集团坚持以人为本,创新为先导,产学研相结合,不断以优质产品和技术服务于社会。

【领导层的调整】 集团董事会调整 6月18日,北大方正集团公司召开了在京所属企业主要领导干部会议,北京大学常务副校长闵维方宣布了经调整后的北大方正集团公司董事会组成人员的决定。新的北大方正集团公司董事会由王选、肖建国、闵维方、张兆东、张旋龙、唐耀福、魏新(按姓氏笔画为序)七人组成。闵维方任董事长,魏新、肖建国任副董事长。

集团公司董事会聘任新一届总裁班子 经集团公司董事会研究并报北京大学同意,决定聘任张兆东为本届北京北大方正集团公司总裁,王川、王豫川、刘秋云、肖建国、张旋龙、张国祥、周瑜采、祝剑秋、唐耀福、鲁永令、蒋必金(按姓氏笔划为序)为副总裁,聘期自2000年7月至2003年6月。

集团公司组成常务工作小组 经北京北大方正集团公司董事会研究决定:集团公司日常工作由张兆东、鲁永令、刘秋云、肖建国、蒋必金所组成的常务工作小组负责处理。

【研究与开发】 方正集团作为国家6家技术创新试点企业之一,依托电子出版技术国家工程研究中心、文字信息处理技术和稀土材料化学及应用2个国家重点实验室,以及集团企业技术中心的技术优势,多年来,在文字信息处理、电子出版、数字媒体技术、人体生物特征识别、地理信息科学、PC和显示器技术、精细化工以及稀土材料等领域一直处于国内外先进水平,绝大部分已形成了具有市场竞争实力的规模产业。2000年,方正集团凭借其雄厚的研发实力,赢得了多项荣誉。方正电子出版系统获北京市质量技术监督局、北京市经济委员会颁发的2000年北京名牌产品;方正集团被评为中关村科技园区海淀1999年度"经济二十强"企业;彩色显示器被评为中关村科技园区海淀园区1999年度"十大名优品牌产品";方正PC机被评为中关村科技园区海淀园1999年度"十大名优品牌产品";方正电子出版系统被评为中关村科技园区海淀园1999年度"十大名优品牌产品";方正文杰激光打印机被评为中关村科技园区海淀园1999年度"百项表彰拳头产品";稀土氧化物被评为中关村科技园区海淀园1999年度"百项表彰拳头产品";北大方正集团公司与广州日报报业集团合作的"基于Internet全数字一体化的跨媒体新闻综合业务管理系统"获北京市科学技术进步奖。

【企业管理与发展】 2000年,方正集团企业得到迅速发展。1月,北大方正进出口有限公司成立,负责经营本企业自产产品及技术的进出口业务;北京北大正元科技有限公司成立,主营计算机硬件及外部设备、通讯设备、医疗设备、智能化机械;北京方诚物业管理有限责任公司成立,接受委托物业管理(出租写字间);销售百货、包装食品;家居装饰;提供劳力服务等业务。4月,北京北大方正兴园电子有限公司成立,主营计算机硬件及外部设备、指纹、通讯设备、医疗设备、智能化机械;北大方正投资有限公司成立,主营高新技术项目投资管理,企业管理咨询,企业形象策划,市场调查,信息咨询(中介除外)。8月,北京方正稀土科技研究所有限公司成立,负责稀土科学研究;技术开发、转让、咨询、培训、服务等业务;北京方正蓝康信息技术有限公司成立,主营计算机网络技术、应用软件技术和网络通讯技术的研究与开发;上海方正科技软件公司成立,从事计算机应用软件的开发和电子商务应用系统的集成业务,企业资源管理和网络安全方面软件的开发和经营。10月,方正数码(香港)有限公司成立,主营电子商务技术、媒体电子商务的技术开发,城市信息化研究与应用,空间信息技术的开发;北京方正数码有限公司成立,主营开发、生产计算机软件、网络产品和信息系统处理技术,计算机系统集成产品的技术服务、技术咨询和技术培训;销售自产产品。11月,北京方正国际软件系统有限公司成立,主营对境外开发、生产计算机软件、硬件,网络通信及设备,提供自主产品的技术服务、技术咨询和技术培训;承接计算机系统集成工程;电子商务的技术开发和技术服务,销售自产产品。

方正的发展受到社会各界的广泛关注,2000年1月24日,江泽民总书记一行来到上地信息产业基地考察中关村科技园区的发展,观看了方正的产品演示。

【业务发展】 方正翔宇ICS网站内容服务系统新版发布 4月,方正翔宇ICS网站内容服务系统新版发布。这是一个应用广泛的开发工具,可用于实现网站信息的采集、编辑、制作和发布等全流程管理,可以为新闻媒体网站、企业信息网站、个人信息网站提供网站频道(节点)管理、信息采编与加工、信息自动发布以及页面模版制作的全方位信息发布平台。

4月,方正电脑在北京召开"创新2000—方正电脑世纪战略暨新产品发布会",会上首次提出方正电脑2000年发展战略:"电子商务直通车,数字消费e时代",从而带动方正电脑2000年高速健康发展。截至2000年年底,根据国际权威性市场研究机构美国 IDC 公司统计报告,方正电脑连续 7 个季度进入亚太 PC 前 10 名,稳居国内第二名。同时方正电脑获第三届中关村电脑节"消费者喜爱的十大国产电脑品牌"。2000 年方正电脑公司在广东东莞建成了年产超过 10 万台的生产制造和检验基地,达到国际水准的柔性制造能力,完全能够满足方正电脑多批次、小批量的灵活生产需求。方正电脑产品供应链管理采用了具有国际水准的 ERP 系统,可以将与经营过程有关的各个方面纳入一个整体供应链中,通过这种 ERP 体系,方正电脑能够充分响应客户和市场对方正电脑的需求,提高企业按单定制、柔性制造能力。

3 月 31 日,方正控股有限公司成为香港联合交易所的上市公司,取代方正(香港)有限公司的上市地位。5 月,根据买卖协议,方正集团向另一香港联合交易所上市公司荣文科技(集团)有限公司("荣文科技")出售本集团拥有之 Founder Data Corporation International Limited 70%的权益;而付予本集团之代价为 30769 万港元,并以每股 1.00 港元价格发行 30769 万股荣文科技股份的方式支付。该交易于 2000 年 9 月 28 日完成,荣文科技继而成为方正集团的联营公司。11 月 16 日,荣文科技(集团)有限公司正式易名"方正数码(控股)有限公司",同时向公众宣布将透过三项核心业务,推动中国电子商务的发展。该三项核心业务为 EC-Technology、EC-Solution 及 EC-Service。2000 年 9 月,方正集团在马来西亚拥有 49%之权益的联营公司 PUC Founder (MSC) Sdn. Bhd. 委任上市保荐人,计划在马来西亚自动报价交易所(MESDAQ)申请上市。该项上市申请可望于 2001 年第二季度审批完成。

9 月,日本软库金融集团投资方正株式会社。软库金融集团是著名的国际风险投资人。它通过两家科技投资基金向方正株式会社注资十亿日元,取得了后者约 17%的权益。继软库金融集团投资方正株式会社后,10 月,日本三菱商事株式会社投资方正株式会社,向后者注资一亿四千六百万日元并取得其约 2.5%的权益。

11 月,方正电子公司正式公布了以 Apabi 为代表的中文网络出版(eBook)整体解决方案计划,受到社会的广泛关注。这标志着方正电子开始涉足网络出版产业,并向基于 Internet 的新兴业务领域扩大发展。

12 月 18 日,方正电子公司并购国内报业管理软件主要开发商、原广东羊城特会现代软件公司,并将其更名为珠海方正特会软件系统有限公司。至此,国内报业管理软件两强实现携手。此次成功并购,整合了两家公司原有的知识资产和市场能力方面的优势,进一步提升了方正电子公司客户报业管理软件系统的运行能力,从而为用户提供更好的产品和更完善的服务。

此外,6 月份,方正集团与中关村科技公司、华建集团、四通共同出资 10 亿元组建软件"航母"——中关村软件集团公司。12 月,北京方正奥德计算机系统有限公司获得中国人民保险公司合约,为该公司搭建全国范围的呼叫中心系统。

【主要产品与技术】 集团在软件方面的产品有:方正 RIP(栅格图像处理器)、方正字库,方正 FIT(排版软件)、方正书版(排版软件)、方正画苑(图像拼版、处理软件)、方正文合(拼版软件)、方正包装(盒型设计软件)、方正智绘(地图软件)、方正超线(底纹创意设计软件)、方正新闻采编系统、方正经略广告管理系统、方正翔宇电子报纸系统、方正稿酬管理系统、方正渊博信息检索软件、方正指纹识别软件、方正奥思(多媒体制作软件)、方正点睛(动画制作软件)、方正无限(非线性编辑系统)、方正虚拟布景软件等等。

集团在硬件方面的产品有:方正电脑(商用台式电脑、家用多媒体电脑、笔记本电脑、服务器、消费类电子产品)、方正显示器、方正激光打印机、方正扫描仪、方正 WYSE 终端、方正飞虹 Modem 等等。

集团在系统集成方面的产品有:印前制版系统、新闻出版综合业务网络系统、广播电视网络综合应用系统、商业流智能管理系统、邮电综合业务系统、地理信息系统、数据可视化信息管理系统、公安刑侦指纹系统、刑事犯罪情报资料综合管理系统、指纹身份识别管理系统、多媒体教学络系统、电子交易系统、票据电子化管理系统、现金自动化管理系统、客户自助服务系统、多媒体客户服务中心(Call Center)、银行卡综合业务系统、多行共享 POS 系统、文档影像管理系统、数字视频系统、城市交通综合管控系统、校园网工程建设等等。

集团在精细化工方面的产品有:在香精香料方面拥有多项世界领先的专有技术,拥有中国发明专利——多环麝香人工合成技术,开发生产的产品有方正麝香等。

集团在稀土材料方面的产品有:稀土分离和稀土功能材料研究,生产各种高纯的单一稀土化合物,以及金属氧化物产品。

通过技术鉴定的软件产品:(1)基于 Internet 全数字化一体化的跨媒体新闻信息综合业务管理系统。1999 年 4 月与中国最大的报业集团《广州日报》合作开发,整个系统由版面流程管理、新闻采编、图片管理、广告管理、电子新闻制作与发布、远程输出管理、信息仓储等子系统组成,适用于大型新闻出版单位对新闻稿件、图片及广告的收集、存储管理、编辑处理、排版、版面远程传送、网上发布等全部出版业务的计算机网络化管理。3月25日该系统通过了由新闻出版署主持的国家级鉴定,鉴定认为系统在全球中文新闻信息跨媒体出版领域居国际领先水平。同年获北京市科技进步三等奖。

(2)《科技日报》计算机集成报业系统。是我国第一家将CIMS理念引入新闻出版行业的示范工程,它将报纸生产管理中的信息采集、存储、编辑加工、信息发布进行总体规划、优化集成,极大地提高效率、节约成本、增强竞争力,一旦应用于新闻出版行业的生产管理,将产生十分巨大的经济效益和社会效益。1999年工程完成第一阶段,建立了一体化跨媒体柔性新闻生产系统,并对现有系统进行了技术改造;2000年完成第二阶段,全面整合科技日报的各个信息系统,形成完整的企业信息系统框架。11月20日,该工程以优异成绩通过了国家"863"专家的验收。

(3)方正渊博报业信息仓储系统2.0。1999年2月开始开发,是运行于Windows平台的基于Internet的报业信息管理系统,以信息仓储的形式管理用户的文本、图片、版面、相关以及修改记录等信息,采用XML数据标准及超文本技术,具有信息全、关联多、自动化的功能特点,为用户的生产经营和信息管理提供强有力的支持。4月29日,该系统通过了由信息产业部主持的鉴定会,投放市场后取得了很好的经济效益。

(4)方正GB18030字库、超大字库。12月,方正集团与计算机研究所开发的五款GB18030书宋体、黑体、楷体、仿宋体、宋一体曲线字库通过了信息处理产品标准符合性检测中心的测试;2001年2月16日,该字库与又一产品——方正宋一超大字库又通过了由国家新闻出版署、国家语委和全国印刷字体工作委员会联合主持的国家级审定,是国内首家通过国家级审定的同类字库产品。方正GB18030字库收录了GB18030—2000标准规定的27000多个汉字,方正宋一超大字库收录了70244个汉字。专家认为这两款字库符合国家用字规范和印刷标准,汉字数量充足、字形优美,具有良好的通用性、兼容性和一致性,符合国际流行的工业标准。计算机研究所是国内最早从事专业造字研究与开发的机构,相继开发了GB、GBK、BIG5、748、GB18030编码字库,形成了"方正兰亭"、"方正妙手"(分别为Windows和Mac的TrueType字库)、"方正文韵"、"方正天舒"(分别用于PS打印机和照排机)等全系列、跨平台、多文种的字库体系。

(5)智绘地理信息系统。2000年采用了业界领先的COM技术和UML设计方法,推出二次开发平台MirageGIS、三维分析系统Mirage3D、地图组件MirageX、网上地图发布服务器MirageWeb等产品,为传统GIS领域和商业应用领域提供了全面的e-Spatial解决方案,为e时代的电子商务、CRM、ASP、移动通信WAP定位服务和导航提供强大的技术支撑平台。方正智绘2000年继1998、1999年后再次被国家科技部评为国产优秀地理信息系统软件,并通过了国家科技部科技成果鉴定。

传统技术改造创新 (1)印前技术和产品。方正集团与计算机研究所从事RIP(栅格图像处理器)研究开发已经有20多年历史,截至1999年自主开发了七代RIP,2000年,开始着手开发第8代RIP,其核心是研制一个稳定的、高质量的PS解释内核,并将这个解释内核根据不同市场的需求包装成不同产品,它采用服务器/客户端结构,客户端可以运行于多种平台,因此在质量、速度、兼容性等方面比现有的RIP产品有显著提高。还开发出专门针对北美、欧洲和东南亚市场的软件产品Eagle RIP,2000年10月参加在荷兰阿姆斯特丹举办的2000年国际报业展,获得好评并打开了销路。此外还开发了一套印前领域全数字化工作流程系统ElecRoc,这是一个基于WEB浏览器的分布式智能化应用软件,采用了四种当今世界先进的技术及标准,即JDF、XML、数据库、PDF和Internet,在提高产品质量和效益的同时,大大推动了传统出版印刷行业数字化、网络化的进程。

(2)报纸和书刊排版系统。用于报业排版的"飞腾"排版系统2000年间根据市场方向和用户需求进行了新的技术改造,年销售量大大高于1999年同期水平。还为香港《明报》量身定做了繁体飞腾3.5版本,到2000年12月为止,《明报》已购买了220套飞腾系统。用于书刊排版的"书版"软件2000年10月推出书版9.01,提供完整的超大字库解决方案,并扩充了更贴近时代要求的新功能,在易用和稳定性方面有较大增强。在日文排版软件的开发方面,2000年4月,日本第四大报社《每日新闻》采用方正日文飞腾软件排报,为进一步开拓日本报业排版市场奠定了基础。还针对日本报纸的排版习惯和制作流程,开发了新一代日文报纸排版系统Megalith,在2000年的日本展示会上引起用户热烈反映,已被十余家中小报社采用。

(3)奥思多媒体创作工具。该软件在国内同类软件中知名度和市场占有率一直居前列。2000年相继推出了奥思教育快车2000、奥思5.0、奥思5.0网络版等基于新版框架的产品。新版奥思突出了对教育行业和网络发布的支持,从而为多媒体创作和发布者提供了更为全面的系列产品和解决方案。

进军广电领域初战告捷 "电

表 7-32　北大方正集团主要企业名录

企业名称	电话/传真
北京北大方正集团公司	010.62982266/62981525(FAX)
方正控股有限公司	00852.26114138/24133218(FAX)
北京方正数码有限公司	010.68416688/68419253(FAX)
北京北大方正电子有限公司	010.62579955/62563881(FAX)
北京方正奥德计算机系统有限公司	010.68729966/68458733(FAX)
上海方正延中科技集团股份有限公司	021.52986118/52985038(FAX)
北大方正科技电脑系统有限公司	010.62531116/62557420(FAX)
东莞市方正科技电脑有限公司	0769.6603111/6603222(FAX)
北大方正人教电子商务软件开发有限责任公司	010.68917748/68917793(FAX)
上海延中办公用品实业公司	021.54037433/54037369(FAX)
中国教学仪器设备总公司	010.66097397/66064089(FAX)
北京北大方正兴园电子有限公司	010.88026263/88026261(FAX)
北京北大方正进出口有限公司	010.62981520/62752408(FAX)
深圳市北大方正数码科技有限公司	0755.2443072/2414063(FAX)
北京北大方正集团公司深圳分公司	0755.2265571/2414063(FAX)
东莞方正丽康科技设备有限公司	0769.6607775/6620933(FAX)
深圳方正育星信息系统有限公司	0755.2429810/2404750(FAX)
成都方正电子有限公司	028.5559957/5559814(FAX)
北京北大方正电子出版社	010.62757423/62751956(FAX)
北京北大方正集团公司化学工业分公司	010.86250005/86250006(FAX)
北京北大正元科技有限公司	010.86250005/86250006(FAX)
溧阳罗地亚方正稀土新材料有限公司	0519.7219074/7229218(FAX)
北京方正实业开发公司	010.62759075/62752429(FAX)
北京方正昭德科技有限责任公司	010.68715720/68711071(FAX)
北大方正投资有限公司	010.88026864/88026860(FAX)
北京方诚物业管理有限公司	010.62981446/62981448(FAX)
北京方正蓝康信息技术有限公司	010.62180243/68977337-8501(FAX)

注：上表信息截止到 2001 年 4 月。

视台数字化系统"和"虚拟演播室系统中的实用 VR 技术"是计算机研究所的两个"863"研究课题。2000 年为亚洲电视台、北京电视台、江苏电视台、南京电视台等 20 多家电视台开发的数字化新闻系统取得阶段性应用成果，正在全国范围内大规模推广；与全球著名的视频硬件厂家 Pinnacle 公司和 Matrox 公司合作，在其硬件平台上开发数字化视音频制作系统，1999 年完成基于 M-Jpeg 的正式版本，性能指标基本达到国际同类产品水平，正在研制基于 MPEG-II 的视音频制作系统；为亚洲电视台开发的基于视频网络和视频服务器技术的广告自动播出系统已正式交付使用，在国内已经成功地开发出湖南经济电视台新闻频道的数字播控系统和河南省电视台的全台数字播控系统，为国内电视台播出系统数字化改造提供了成功范例。"虚拟演播室系统中的实用 VR 技术"2000 年改进了技术指标，向市场推出 20 多套系统。此外，无限非线性编辑系统、虚拟布景系统等也相继推出了新版本，市场前景看好。

开拓新技术新产品　(1)"快速反应及灾难恢复"研究课题被列

入"863"计划。2000年7月,计算机研究所信息安全实验室的研究课题"快速反应及灾难恢复"被列入科技部国家高技术研究发展计划("863"计划)的信息安全应急计划之中。该课题分别对入侵检测(IDS)和灾难恢复进行了研究。2001年初,已经完成了一个基于Linux操作系统的IDS的原型系统,该系统运用了特征库来描述入侵模式的特征信息,并设计了插件接口来处理那些特征库中无法描述的复杂入侵行为,因而具有良好的可扩充性。目前针对入侵行为的统计分析已经实现,可以用来检测诸如端口扫描、拒绝服务等常规手段不易检测的入侵模式。此外还开发了一套自主版权的加密库,并应用于方正ebook产品中。

(2)Apabi ebook解决方案。网络出版(eBook)是互联网时代一种新的出版和销售数字出版物的信息传播方式,它以数字版权保护(DRM)技术为核心,通过Internet实现电子图书的制作、出版、发行、销售和阅读,从而保护作者、出版者、分销者、网络书店和读者的共同利益,是出版行业新的经济增长点。计算机研究所于2000年6月开发Apabi ebook解决方案,12月在北大校园网投入试运行,引起北大师生极大关注,第一天就下载各类电子图书800多部。该技术可为电子书从制作、上载、发行、阅读提供全种解决方案,为出版社、网络书店、读者提供相应的系列软件,兼顾网络出版商业链各个环节,成为E-media策略下开拓网络出版领域的第一个成熟产品,填补了我国"eBook"软件领域的空白。

(3)SHARKS鲨鱼群网站整体解决方案(Secure High-Available Remote K(C)luster Solution)。是针对互联网开发的新技术,被列为国家技术创新项目,2000年1月立项,2000年底交付完成。为Internet服务提供了一个安全、可靠、可伸缩且易于远程管理的集群平台,为国家和政府网站以及中大规模的电子商务网站的建设提供了可靠的安全保障。已成功运用于2008申奥网站等重要领域。

·北大青鸟集团·

【概述】 北大青鸟集团成立于1994年11月,是北京大学所属的一家以计算机软件为核心的高科技信息企业集团。"北大青鸟"以北京大学信息与工程学部的相关产业与学科、北京大学软件工程研究所、北京大学微电子研究所为主要技术后援,并依托北京大学的人才优势大力发展信息产业。

北大青鸟集团自成立迄今已开发以软件产品为主的各类产品179种,正在研发的新产品78种,在金融电子化产品、商业自动化产品、网络信息安全产品、无线消防等软件产品市场中占有领先地位,产品遍及中国东部、中部地区。截至2000年,北大青鸟在总资产、净资产、产值、利税、市场占有率等五方面的年增长率均超过了100%,现公司注册资金为1.4亿元,已拥有国内2家A股上市公司和1家香港H股上市公司,还拥有20多家控股公司,集团呈现出高科技企业快速发展的良好趋势。

2000年北大青鸟集团公司在产品研发、市场销售、融投资管理以及国际合作等诸多方面取得了卓越的成绩,现已逐步形成了集软件(Software)、微电子(Chips)、系统集成(Information System Integration)、嵌入式系统(Embedded System)、网络(Network)、通信(Communications)和教育(Education)于一体的青鸟"SCIENCE"技术体系,并且已拥有了包括北京天桥北大青鸟科技股份有限公司、北京北大青鸟环宇科技股份有限公司、潍坊北大青鸟华光科技股份有限公司三家上市公司在内的二十多家科工贸企业。截至2000年底,北大青鸟集团资产规模已达36亿元人民币。

【融投资管理】 "北大青鸟"入主"华光科技"(600076) 3月12日,"北大青鸟"通过受让潍坊市政府、华光科技原第一大股东潍坊华光电子信息产业集团公司持有的华光科技国有法人股共计6441.6万股(占股本总额的28.7%),成为华光科技的第一大股东。在三方签订的股权转让的协议中还规定,北大青鸟集团与华光集团将在电子信息等高科技领域进行广泛合作,双方将共同建立技术开发和产品开发的合作平台,加快科技成果转化,加强双方的人才交流与合作,积极探索一条产学研一体化的新路子。同时,基于北大青鸟集团在各地投资建设广电网络的雄厚实力,"北大青鸟"入主"华光科技"后,决定把该公司建设成为广电网投资所需设备的供应基地和山东等省广电网的投资主体。

7月24日,"华光科技"更名为"青鸟华光"。北大青鸟控股的"华光科技"公告:因公司名称已由"潍坊华光科技股份有限公司"更改为"潍坊北大青鸟华光科技股份有限公司",经上海证券交易所安排,自2000年7月27日起,公司股票简称由"华光科技"更改为"青鸟华光",股票代码不变(600076)。

12月19日,以"青鸟华光"为主体负责投资、进行生产经营及科研开发的北大青鸟信息产业园在潍坊国家级高新区奠基,该产业园占地400亩,预计前期投资15亿元,将用3年的时间建成。

"青鸟环宇"香港创业板上市 3月29日,北京北大青鸟环宇科技股份有限公司(青鸟环宇)在京成立,公司董事长、法定代表人为许振东。公司依托北京大学软件工程研究所和微电子研究所的科研和人才优势,以嵌入式系统产品为主要发展方向,主要从事集成电路芯片的设计制作、专业芯片、保密芯片的开发、推广应用及无线消防产品的开发、生产和推广等。

7月4日,"青鸟环宇"在香港创业板发行2400万新股,每股作价11港元。发售股份中,九成售给机构投资者,其余于7月11日至7月14日给公众认购,这标志着北大青鸟已成为首家上香港创业板的国内高科技企业。

7月27日,"青鸟环宇"以H股身份在香港联交所正式挂牌。上市当日,即打破香港二板市场持续多日的沉寂,首日开盘价为11元,收市价为12.45元,升幅达13.2%。一路走高,极受追捧。青鸟环宇在香港联交所创业板的成功挂牌上市,标志着青鸟集团由此步入国际资本市场。8月10日,北大青鸟环宇科技股份有限公司开始成为恒生国企指数(.HSCE)成分股。8月17日,"青鸟环宇"公布了2000年中期业绩——半年业绩惊人。截至2000年6月底,公司收入达1500多万元人民币,较去年同期增加8.1倍,盈利为900多万元。"青鸟环宇"自上月底上市以来股价节节高升,8月16日收报上市以来的最高价19.80港元,较招股价11港元大涨80%。

2000年新建公司 9月22日,由北京大学和北大青鸟集团共同投资创建的北京北大在线网络有限责任公司正式成立。作为现代化的网上教育服务公司和中国网上教育领域的先行者,北大在线面向教育率先倡导个性化和终生学习的教育新理念,推出具有国际水平的、符合中国人学习习惯的网上教育平台,提供自行开发设计的和从全球资源伙伴中选择的高质量课件以及便捷高效、有针对性、全面性的相关服务,通过WBL(Web-Based Learning 在线学习)、ILL(Instructor-Led Learning 导师指导学习)、LEA(Learning Effectiveness Analysis 学习成效测评)的完美组合,使企业、政府和个人在竞争激烈的新经济中应对自如。

11月23日,北京北大高科技产业投资有限公司成立。

12月5日,北京青鸟科联数码科技有限公司成立。青鸟科联数码作为北大青鸟集团专业从事信息服务和运营的子公司,是经信息产业部批准在全国范围内从事ISP/ICP及移动信息服务的高新技术企业,拥有95890全国统一特服号。公司业务涉及天目TELEMATICS应用、移动(定位)应用、短信增值业务、ISP/ICP网络应用和统一消息平台等。

12月6日,北京北大教育投资有限公司成立。

12月18日,北京北大青鸟软件工程有限公司成立。公司以北京大学软件工程研究所、国家工程研究中心为后盾,致力于推进以构件技术为基础的软件工程化开发及工业化生产模式,开发软件构件产品、软件开发平台和工具、软件构件库等国产支撑软件,面向应用领域,提供领域平台和应用软件。

北大青鸟获建行信贷支持 4月7日,北大青鸟集团与中国建设银行在京签署了银企战略合作协议。根据协议,建行向北大青鸟集团主持的四川广电网和山东章丘广电网等合资项目提供首期3.8亿元的人民币贷款。同时,建行还将北大青鸟集团作为最重要的基本客户之一,支持其发展业务,优先提供广泛、优质的金融服务,并指定其总行营业部作为北大青鸟集团财务关系的协调人。

强强联手,青鸟与农行合作发展相关业务 9月29日,北京大学与中国农业银行签署了银校合作协议。此协议的签署,标志着双方已经建立起了面向21世纪的长期稳定、优势互补的战略合作关系。根据双方的协议,按照国家产业、信贷政策,在未来五年内,中国农业银行将向北京大学提供30亿元的信贷资金支持农业银行和北大青鸟将在相关业务领域开展的合作。此项合作对于北大创办世界一流大学,促进教育事业、科技产业的发展,促进北大青鸟与农业银行在相关业务领域的拓展都具有重要的意义。

【市场开拓】 北大青鸟推出车载GPS系统 4月10日,北大青鸟发布了其最新研制的GPS卫星定位导航系统,该系统定位精度可达5米以内,可对移动目标和固定目标进行有效地监控并提供相关服务。该系统不同于目前市场上的同类产品之处是,将控制单元与信息发射/接收单元合二为一,使系统内部的数据传输速度大大提高,工作效率为同类产品的8倍,在峰值情况下每秒查询13辆车,使车辆调度中心可对运行车辆进行轮询。系统运行于230M、450M或800M频率,可应用于车辆报警、道路求援、电话叫车调度等领域。目前,以该系统为核心的"天目"GPS服务网即将在成都、自贡、内江、德阳、绵阳五个城市建立。北大青鸟还将以此为起点,向全国范围拓展"天目"GPS服务网。

北大青鸟"GIS5.0"问世 4月18日,北大青鸟隆重推出了青鸟 Geo-Union Enterprise Server 5.0,它是支持Web网络应用的企业级地理信息系统开发环境;该系统除了具有完整GIS空间数据管理和空间分析的基础功能外,还有专门设计的网络加速器和开放数据结构,具有杰出的网络运行性能,支持用户自定义数据结构、三维数据结构扩展、GPS移动目标。它是国内首次采用构件构架技术开发的,完全基于商业数据库存储空间数据的系统,支持异构分布式环境,具有动态可伸缩结构、多层索引和缓存结构。同时,它又是国内自主版权的,可以替代甚至超过国外同类产品的大型GIS应用系统开发环境。

北大青鸟承建北京金融区域

网 8月8日,北大青鸟与中国人民银行签订了北京金融区域网络系统建设合同,该项目还特意聘请了清华万博公司作为监理,以保证质量和工程进度。采用监理制度,这在IT行业尚属首例。

青鸟天桥成为信息基建业优质企业 10月20日,"北大青鸟"控股的"青鸟天桥"(600657)承接了中国南京外轮代理公司和中国南通外轮代理公司的内联网的建设工作。这是青鸟天桥继完成中国外轮代理总公司、中国上海外轮代理公司内联网的建设之后,与中国外代的进一步合作。青鸟天桥此次承接中国外代南京、南通区域公司的内联网建设项目,体现了公司在信息基础建设领域所拥有的良好的市场形象和优质的售后服务。青鸟天桥在系统集成方面所拥有的实力能够得到国际运输代理行业国内最大的企业的认可,也标志着青鸟天桥在国际运输代理行业拥有美好的发展前景。

北大青鸟医保信息管理系统正式开通 12月1日,由北大青鸟集团与黑龙江省齐齐哈尔市医疗保险中心共同开发的"城镇职工基本医疗保险计算机管理信息系统"正式开通,这标志着涉及全市50万职工切身利益的公费医疗制度的一次大规模改革全面启动,也标志着北大青鸟在此项技术上又迈上了一个新的台阶。

携手同仁堂——北大青鸟在医药领域方面取得新突破 2000年12月,"青鸟天桥"与同仁堂在国际企业大厦签订了《北京同仁堂药品管理系统合同书》。"青鸟天桥"一直是商业自动化领域提供全面解决方案的供应商,此次项目的商业自动化系统采用了Cisco百兆以太网系统、IBM Hacmp高可靠性解决方案和Informix数据库系统,系统从网络设备到硬件选型方面都体现了技术的先进性和实用性。系统还结合目前国内外市场的流行趋势,为企业电子商务应用提供保障。这是继在双鹤药业集团成功推广流通系统解决方案以来,再次在医药行业商业自动化领域签的新单。

"北大青鸟"挺进高校信息化网络建设 12月29日,"北大青鸟"控股的"青鸟天桥"与辽宁师范大学成功签订了《辽宁师范大学校园网建设合同书》。北京天桥北大青鸟科技股份有限公司承建了辽宁师范大学校园网。根据合同的要求,青鸟天桥将设计、建立辽宁师范大学校园网信息化系统,以先进的千兆以太网为网络主干,以10/100M交换和10M/100M共享到桌面;并建立辽师大的Internet/Intranet系统及校园的MIS系统,(包括综合查询与统计系统、办公自动化系统、本专科生教务管理信息系统、学生工作管理系统、认识管理信息系统、外事管理信息系统、研究生教务管理信息系统、仪器设备与实验室管理信息系统、校内信息服务系统基于Web),以改善办公条件,提高效率,提升辽师大形象,为全校师生提供信息化、自动化的管理系统和办公服务系统,实现辽师大各种业务信息的共享与交换。从"首都师范大学校园IC卡系统"开始,到"北京大学校园IC卡综合应用系统"的实施,青鸟天桥已经成为教育界网络基础建设和应用系统开发的中坚力量。在东北地区,除了辽师大以外,青鸟天桥还承接了沈阳师范学院校园网建设项目。

【国际合作】 北京阿博泰克北大青鸟信息技术有限公司成立 2000年1月,北京阿博泰克北大青鸟信息技术有限公司成立,它是北大青鸟集团与印度(APTECH)公司共同合资建立的公司,主要致力于发展我国IT教育产业。公司采用授权培训的教学方式,在全国建立"北大青鸟APTECH计算机培训中心",为我国IT产业培养具有理论知识和实用技能的专业技术人员和IT管理人员。

美国NAI与北大青鸟联手网络信息安全 8月11日,由"北大青鸟"控股的"青鸟环宇"与美国NAI公司签署了战略合作协议。美国NAI公司是全球范围内专项从事网络信息安全研究的国际著名企业。为了将国际上网络信息安全防护的经验和技术及中国已有技术和市场相结合,青鸟环宇科技股份有限公司与美国NAI北京公司决定结成战略合作伙伴,共同研发,创建中国的网络信息安全市场,并结合中国的国情和市场需求构建中国用户的网络信息安全解决方案。此次战略合作,将涉及到网络信息安全的市场培养、产品销售、技术人才培养、网络信息安全咨询和服务、技术合作、行业解决方案提供等等。北大青鸟与美国NAI公司的携手合作必将为中国网络信息安全技术的发展带来新一轮的冲力,北大青鸟旨在把美国NAI公司先进的技术和经验传进中国。

"青鸟环宇"与美国汉鼎合资生产芯片 11月30日,北大青鸟集团公司与美国汉鼎等公司投资18亿美元,准备在上海生产微电子芯片,这项计划已获国务院批准,现正进行注册申请,该微电子芯片厂的注册资金为8亿美元,北大青鸟集团持较大股份。

【产品研发】 在国家支持的重大科技攻关项目"青鸟工程"的基础上,"北大青鸟"面向行业,不断拓展,积极推动科研成果向市场产品的转化,目前已逐步形成了集软件、微电子、系统集成、嵌入式系统、网络、通信和教育于一体的青鸟"SCIENCE"技术体系,并形成了基础软件、应用软件、嵌入式系统三大系列,几十个品种的产品体系。

【业界荣誉】 北大青鸟实力再现,一级资质锦上添花 9月12日,"北大青鸟"控股的"北京天桥北大青鸟科技股份有限公司商用分公司"（简称：青鸟商用）被信息产业部授予"计算机信息系统集成一级资质认证"，成为国内首批通过此项认证的系统集成商之一。

青鸟华光光纤传输系统获科技进步奖 11月16日，"北大青鸟"控股的"青鸟华光"自行研制的1550型CATV（有线电视）光纤传输系统因其技术领先、产品填补国内空白、投放市场效益明显而荣获山东省科技进步二等奖。青鸟华光因此成为国内首家成功开发1550nm光系统的公司。

北大青鸟7项优秀软件产品获奖 2000年3月中国软件行业协会评出了1999年度国产的优秀软件产品及企业。"北大青鸟"共有7个软件产品在评选中获得推荐（占全部获奖产品9.3%），并已被广泛应用于金融电子化、商业自动

表7-33 青鸟软件产品系列

一、青鸟基础软件产品	SCM 供应链管理系统
青鸟 CASE 产品系列（青鸟结构化工具集、面向对象工具集、青鸟数据库设计工具、青鸟版本管理工具）	CRM 客户关系管理系统
青鸟通信平台 JB-COMM	BI 商业智能系统
青鸟地理信息系统开发平台	电子商务系统
青鸟产品质量保证技术及软件企业能力度量技术与系统	银行卡支付系统
青鸟软件生产线系统	地理信息系统
面向行业的青鸟应用平台及构件系统	青鸟医疗保险计算机信息管理系统
青鸟计算机辅助教学软件构件系统	北大青鸟通用 GIS 开发环境
青鸟基于构件的并行处理工具集	JB-PS2000 公安刑侦综合信息系统
二、青鸟应用软件产品系列	三、青鸟嵌入式系统
金融电子化产品	嵌入式系统（ASIC）
青鸟电子资金实时清算系统 JB-RCS&EIS	嵌入式系统：8位微处理器，16位微处理器
青鸟特约联行系统 JB-SEIS	信息安全专用集成电路：SSX03芯片、GK96芯片、CHES芯片。
青鸟账户监管系统 JB-AcctMgr	通用及消费类 IC 产品：低功耗石英表电路，频率时钟显示驱动电路，LCD控制驱动电路，锂电池保护电路
青鸟银—财—税大联网系统	网络信息安全产品
青鸟银行校园 IC "一卡通"系统	JB-FW 网关防火墙
青鸟金融/非金融 IC 卡应用系统	JBU-WACG Web 访问控制网关系统
青鸟综合社会保险系统	JB-VPNEG VPN 加密网关
青鸟开放式基金销售系统	JBU-MF 邮件过滤系统
青鸟债券买卖系统	JB-SearchX Internet 网络监控系统
青鸟银行综合业务平台	JB-SK 本机保护锁
青鸟银行票据集中处理平台	SSP01 商用密码算法专用芯片
青鸟个人消费信贷管理平台	SSX03 商用密码算法专用芯片
青鸟银行验印系统	SJY01-A 数据密码卡
青鸟网上企业银行系统 JB-EBS	SZD02 银行终端认证系统
青鸟 GPRS/WAP 手机银行交易系统	SJL13 链路数据密码机
青鸟 GPRS/WAP 手机证券交易系统	无线消防
青鸟银行卡分析系统	区域无线消防报警监控系统
青鸟电子影像光盘管理系统	城市火灾自动报警监控系统
青鸟指纹管理储蓄系统	119 消防接警指挥系统
青鸟外汇买卖系统	保安联网报警系统
青鸟金融超市	GPS 系统
青鸟"银证通"系统	JB-3G 车辆调度管理系统
青鸟证券集中交易系统	JB-230M 移动目标监控系统
青鸟应用软件产品系列	JB-230Ti 综合调度服务平台系统
商业自动化产品	IC 卡应用系统
青鸟商业自动化系统 JB-CMIS	MIS 系统
POS 系统	聪明卡应用系统

化、网络信息安全、保密、政府办公、通用地理信息开发环境等领域，产生了良好的社会和经济效益。其中："青鸟区域以及电子联行业务系统 JB-RCS & EIS V3.0"、"青鸟商业自动化系统 JB-CMIS V4.0"、"青鸟通信平台 JB-COMM V2.1"被评为"中国优秀软件产品"、"青鸟银行卡支付系统 V1.0"、"青鸟网络信息监察系统 JB-Search V2.0"、"青鸟安全网关 JB-SG2 V2.0"、"青鸟通用地理信息系统开发环境 Geo-Union V5.0"被评为"99年度推荐优秀软件产品"。无论是获奖的绝对数量还是获奖产品中"中国优秀软件产品"占"年度推荐优秀软件产品"的比例，"北大青鸟"均为国内第一，显示出了强大的技术实力，标志着北大青鸟在软件产品的研制、生产、应用方面已经处于同行业的领先地位。

（北大青鸟集团供稿）

· 北大未名生物工程集团 ·

【企业建设与经营】 未名集团经过七年的发展已经由一个只有40万元资产的小公司发展成为拥有深圳科兴生物工程股份有限公司、厦门北大之路生物工程有限公司、山东科兴生物制品有限公司、北京北大维信生物科技有限公司、北大未名诊断试剂有限公司、北大求实生物工程有限公司等十余家全资、合资企业的高科技企业集团，成为国内生物工程制药领域的佼佼者，成为我国生物工程产业发展的一面旗帜。北大未名集团被北京市认定为首批首个高新技术骨干企业，深圳科兴公司成为我国首批首个挂牌的国家"863"计划产业化基地。

未名集团重视企业的管理和建设工作，以"规范、有序、严格、高效"为方针管理企业，认真做好生产和销售中每一个环节的管理工作，生产和经营状况良好。赛若金（α-1b 型基因工程干扰素）、悦康仙（注射用重组人白细胞介素-2）、依普定（重组人红细胞生成素注射液）、血脂康和第三态保健食品"再生人"等产品已深得广大医生和患者的信赖，取得了良好的经济效益和社会效益。未名集团 2000 年实现产值 3.5 亿元，实现利税 7500 万元。

【全面建设三大生物工程产业化基地】 为了迎接生物学世纪的到来，为了使得未名集团能在生物工程浪潮中潮头永驻，未名集团于 1999 年即开始北京北大生物城、厦门北大生物园和深圳北大生物谷三大生物工程产业化基地的建设工作。截至 2000 年底三大生物工程产业化基地已全面进入建设阶段，并已初具规模。

北京北大生物城位于北京市海淀区，占地 30 万平方米。首期项目包括甲肝灭活疫苗、生物诊断试剂、北医实验药厂新厂、转基因植物园区等。北大生物城的建设已列入北京市 1996—2010 年中长期社会经济发展重点项目和北京"国家中关村高科技区"首批重点建设项目。目前，甲肝灭活疫苗厂房和生物诊断试剂厂房都已封顶，微生态研究中心和疫苗研发中心也开始动工建设，预计 2001 年下半年甲肝疫苗等项目即可投产。

厦门北大生物园位于厦门市忠仑公园，占地 10 万平方米。主要从事生物工程产业化、高科技保健品生产和转基因植物产业化。目前一期 2 个标准厂房和办公楼已经封顶，科研楼也将于近日动工。神经生长因子 NGF、虎纹镇痛肽 HWAP-1、"再生人"保健品和转基因植物等多个项目将在生物园开花结果。

深圳北大生物谷位于深圳市高新技术产业区，占地 9 万平方米。主要有基因工程干扰素不同亚型和不同剂型项目、基因工程胰岛素项目和生长激素项目等。该基地已被国家定为"863"计划产业化基地，被深圳市列为 2000 年十大重点建设项目之一。

未名集团的三大生物工程产业化基地都将于两到三年内建成，建成后的三大生物工程产业化基地将具有世界一流水平。它们将为未名集团和中国生物工程产业的发展奠定坚实的基础。

【创新与探索】 21 世纪将是生物学的世纪，生命科学将成为众多学科的带头学科，生物工程产业将成为 21 世纪支柱产业。我国的生物工程产业目前正处于发展的最关键时期。如何利用目前世界生物工程发展的特点为我国生物工程产业发展提供的良机，发展壮大我国的生物工程产业成为我国社会经济发展所面临的重要问题。

凭借对全球经济走向的前瞻性把握和对生命科学发展趋势的把握，潘爱华总裁提出了"无形资产有形化的循环"、"开环状链式操作"、"生物重组"、"经济基因学说"、"社会基因学说"等理论，同时力求在观念、体制、技术、产品、市场和管理六个方面实现创新，为推进知识经济、探索产学研结合模式和高科技产业化提供了较为成功的范例。

"利用一个产品启动一个市场，利用一个市场发展一个企业，利用一个企业创建一个基地，利用一个基地推动一个产业"这是北大未名集团在实践中摸索出并已经实践检验的发展我国生物工程产业的总体思路，北大未名生物工程集团正依此道路实践并发展着。

· 北大资源集团 ·

【概述】 北大资源集团的前身——北大房地产开发部成立于 1992 年 9 月，在北京市新技术产业开发试验区注册。1993 年 3 月北京大学南街工程开工，北京北大资源开发公司成立,1996年8月更名为北京北大资源集团。北大资源集团是北京大学的全资企业,成立以来,一直担负开发北大周边地区、建设北京大学科技园的使命。集团遵循"开拓、实干、高效、奉献"的企业宗旨,经过八年艰苦创业,目前初步建成北大科技园的框架性结构。集团现拥有近10万平方米建筑,职工170多人。集团下设12个部,分管30个控股或参股公司,是拥有10多亿资产的高科技企业集团,是北京大学校办产业的支柱型企业之一。

【集团新发展】 北京大学科技园业已形成在电子信息技术、光机电一体化技术、生命科学与生物工程技术、新能源、新材料、环境科学技术等高科技领域进行研究、开发和经营的格局。集团控股、参股公司有30余家,以科技产业、房地产业及文化教育作为集团的支柱产业,在2000年各公司均取得了较大发展。(1)北京北大科技园建设开发有限公司是北大科技园投资开发、规划建设、经营管理的主体,是由北京大学与北大资源集团共同出资组建的以现代企业制度为基础的公司,于2000年9月正式注册成立,注册资金1亿元。公司以建设国际一流科技园为宗旨,以推动北京大学建设成为一流大学为目标,主要致力于科技园开发、科技与人才孵化、教育培训、创业服务等业务。2000年公司对近300个项目进行考察与评估,其中30余个项目进入了储备库,入驻孵化园的高科技企业达十几家。截止到2000年底,入园企业共达400多家(不含北大直属企业100多家),其中高新技术企业占80%以上;已孵化企业100余家;已申请自主知识产权产品和专利数达100多项。2000年园内企业总收入达30亿元人民币(不含北大产业收入),北大科技园自身收益达5亿元人民币。公司将投资约20亿人民币用于北大科技园东区(成府园区)的建设,同时将加快南区、西区和山后园区的开发和建设。建成后的北大科技园将容纳2万名科技人员、上千家企业,产值及销售额近百亿元。(2)北京北大正元科技有限公司是由北大资源集团与北大方正集团在原北大方正化工公司的基础上,共同出资组建的以高新技术为先导的大型化工企业。主要致力于合成香料、香精、医药、化工、生物传感器等领域的研究开发及生产,主营业务范围有香精香料、科研开发及产品产销。2000年开发研制出4种新产品,产品销售情况居于国内同行企业前列。(3)北京北大先锋科技有限公司注册资本1000万元人民币,公司主要业务为变压吸附空分制氧设备、变压吸附提纯一氧化碳工程,核心产品和技术为高效一氧化碳吸附剂PU-1、高效空分制氧分子筛PU-8、变压吸附气体分离技术。其中一氧化碳吸附剂PU-1,获中国、美国和加拿大专利,并获"国家级新产品"称号。在密云县工业开发区设有生产基地,占地面积1万多平方米,建筑面积4000多平方米,并在北大昌平200号园区有建筑面积700平方米的中试基地。2000年度完成了公司机构设置,组建公司经营班子,初步建立起公司管理制度体系,员工50余人。公司核心技术及产品已基本成熟,具备了生产能力与供货能力,在行业内和用户中的知名度正在逐渐提升。(4)北京北大融通科技发展有限公司注册资本为2000万元人民币。公司致力于知识创新和信息技术在任务关键行业的应用,通过知识创新和行业应用为客户提供高质量的专业化的应用系统,成为最好的行业应用解决方案的提供者。北大融通在北京大学坚实而深厚的科研基础上,结合融通科技、时代银腾和来自银行专业人士多年来在金融电子化应用中积累的市场和行业经验,为银行业的客户提供基于数量化的管理和决策手段,适应网络时代的业务方式和以客户为中心的服务体系。融通公司通过几年的探索和发展,逐渐形成了自己的产品,并积累了实力雄厚且较为稳定的客户群。(5)北大西飞高新科技材料有限责任公司是由北大资源集团控股的北大资源科技有限公司在原北京中建科西飞公司建筑材料有限公司的基础上增加投资,扩大生产经营规模而发展起来的。主要产品有"北创"墙板、整体别墅、门、办公隔断、浴厕隔断、包装箱、托盘等。"北创"系列产品自进入市场以来,已在北京饭店、亚洲大酒店等全国200多个重点工程中得到应用,并取得客户的一致好评。(6)北京世纪京华房地产开发有限公司注册资本5000万元人民币,是北大资源集团的控股公司。公司在朝阳区成功开发了"博雅园"住宅项目,规模近10万平方米,总投资额近6亿元人民币。2001年参与国家重点工程"中关村科技园区"等项目的开发与建设。(7)北大学园教育投资有限公司注册资金2000万元。公司宗旨在于引入产业化运营机制,利用北京大学雄厚的教育资源,组合社会各方力量,探索民办教育新路,以期最大限度地满足人们对不同层次教育需求的同时,实现教育投资的丰厚回报。公司以北京为中心,建立北京、广东、山西、青岛、新疆等教育培训基地和相对完善的教育管理系统,同时获得从开办幼儿园到大学的全部资质认证。(8)集团的其他子公司也都有不同程度的发展。燕园教育培训中心自开业来创造了良好的经济效益和社会效益。2000年接待各种会议和学习班等200多个,中外宾客上万人次,并于12月份通过ISO9002国际质量体系认证,确立"以质量求生存,靠管理出效益"的质量方针,大大提高了管理与服务水平。北京大学科技园主体建筑——北大科技发展中心1999年10月隆重开业,2000年整体出租率达90%以上,成为高科技合作与交流的中心。

作为北京大学的校办产业,北大资源集团义不容辞地承担起支持北大教育事业发展的使命。截至2001年3月已为学校增加数十亿元的固定资产,1995—2000年累计向学校上交利润7750万元,2000年上交利润3000万元,受到学校的表彰和奖励。另外,集团还以多种方式支持北大教育事业。北大科技园的建设也带动了区域经济的发展,吸引了包括高新技术企业在内的各类企业400余家入驻科技园,创造了新的就业机会。集团从1995年到2000年上交税收超过600万元,成为北京市高新技术产业试验区的利税大户,受到政府的奖励和表彰。

(郭倩卿)

主要教学科研服务设施

北京大学图书馆

【概况】 2000年北京大学图书馆在文献资源建设、读者服务工作和数字图书馆研究等方面都取得了很大的进展,得到校领导和读者的一致肯定和表扬。文献资源建设方面,书刊等传统资源继续保持较大增长幅度,电子资源建设更是发展迅速,到2000年底,全文电子刊已达到12000种以上。在读者服务方面,图书馆加强与读者的交流,及时解决读者提出的问题,同时,举办讲座、展览等向读者介绍图书馆的资源。2000年底北京大学"一塌糊涂"BBS网站评选校内最佳服务单位,北大图书馆以绝对优势名列榜首。管理中心和文理中心设在北大图书馆的CALIS项目,2000年工作全面铺开,取得了较好的成效。

【文献采访】 随着文献采访经费投入的进一步加大,与1999年相比,图书馆的文献采访工作继续保持增长的势头,文献保障率继续提高。

与1999年相比,图书购置总经费增长43%,其中购买外文图书的正常经费增长15%;中文图书经费增长62%;中文图书增长13%,外文图书增长73%。详细情况见表。

与1999年相比,中外文报刊总经费增加35%,中外文报刊总数增加5%,详见表。

作为文献资源建设新的重点,图书馆的电子资源建设在2000年发展迅速,在引进光盘和网络数据库方面又取得了重大进展,为读者提供了方便、快捷、全面的新的文献资源。具体情况见表:

随着新馆启用,视听环境的改进,视听、多媒体资料的收藏也不断增加,2000年共购入影视VCD、DVD和录像带计600部。其中经典影片400部;古典交响乐、歌剧、芭蕾舞剧光碟数十片;语言、百科知识、文学艺术等多媒体光碟近200片;语言学习录音带90种。

【书刊编目】 由于购书经费的增加和购入书刊量逐年递增,编目部面临着很大的压力,为避免图书编目积压,解决历史遗留问题,图书馆采取措施,调动编目人员的积极性,使图书编目的质量和效率都得到很大的提高。具体数字见表。

【读者服务】 良好的阅读环境、丰富的馆藏资源和主动热情的读者服务,使图书馆成为校内读者青睐的首选学习自修场所。由于2000年北京大学和北京医科大学合并,医学部读者不断增加,加之入学新生逐年增加,向其他院校和社会读者开放阅览等因素,文献借阅量和阅览人次都比上年有很大的增加,图书馆承受着前所未有的读者压力。

信息咨询部工作 现代化电子资源和传统文献资源并重的信息咨询部近年来发展迅速,为读者提供了数据库检索、数据库全文下载、文献传递、馆际互借、用户培训等多种服务,所推出的"一小时讲座"、承担的学校公共选修课都取得了很好的效果。

"热点话题"查询服务 在保证为读者提供基本服务的同时,图书馆各部门工作人员开动脑筋,积极主动为读者服务。期刊部419报纸和文艺期刊阅览室利用该室丰富的报纸和时事文艺类期刊,推出了"热点话题"查询服务。该室对2000年以来国内各大报纸和部分文艺期刊上所刊载的国际、国内重要新闻、焦点、热点话题进行了广泛收集、整理和分类,并建立了"热点话题题录数据库"。此项服务得到读者的肯定和馆领导的支持,在自动化部、咨询部相关人员的帮助配合下,已经为读者提供网上服务,其中部分为全文。

"网上学科导航库"建设 随着网络资源的发展,相关学术资源越来越多,但存在着良莠不齐,非常分散,不易访问等问题。为了节省读者上网时间,给读者提供方便快捷的网上检索路径,2000年度由信息咨询部牵头,图书馆办公室、学报编辑部以及相关院系资料室的工作人员共同完成了北京大学重点学科导航库(第一期工程),并且上网提供服务。重点学科导航库项目是各院校图书馆工作的热点,同时还是CALIS的重要项目之一——"重点学科导航库"的组成部分。北京大学图书馆的学科导航库共由6个学科组成:数学、历

表 7-34　2000 年报刊经费使用表

	经费金额	报刊种数
中文报刊	400170.44	4416
外文报刊	7197298.53	3167
总　计	7597468.97	7583

表 7-35　2000 年电子资源建设情况表

年度	经费(人民币元)	光盘、网络数据库(种)	全文电子刊(种)
2000	5000000.00	37	7500
2000 底总计		243	11500

史学、哲学、图书馆学情报学、环境科学、工商管理学。该导航库一期工程已经通过 CALIS 验收。

原文文献传递　为最大限度地满足广大教师和学生对原文文献的需求，图书馆馆际互借服务中心继原有的英国不列颠图书馆文献提供中心(BLDSC)、OCLC(美国俄亥俄州的联机图书馆中心)、美国匹兹堡大学、香港科技大学、香港大学、清华大学图书馆等 19 家协议单位之后，2000 年又与哈佛燕京图书馆、台湾大学图书馆以及厦门大学图书馆和南昌大学图书馆签署了馆际互借协议，使北大读者的馆际互借范围进一步扩大，原文文献保障率进一步提高。为使原文传递工作规范化，图书馆已经制订了一整套馆际互借和文献传递服务工作规范，并按照此规范化作业流程顺利开展工作。2000 年馆际互借服务中心继续为本校教师(讲师以上)每年免费提供 2—3 篇外文原文文献。

延长开馆时间　自 2000 年 4 月 10 日起，图书馆再次延长开馆时间，经过此次延长后，图书馆大部分阅览室和借阅区对读者开放的借阅时间达到每周 85 小时。此后，信息咨询部的光盘和网络检索室克服人员紧张、工作繁忙等困难，在 8 月底新学期开始时，增加了晚上和周末的开馆时间，每周共增加 24.5 个小时的开放时间。开馆时间的延长得到广大读者的一致肯定。

校外读者服务　为满足校外读者来馆查阅资料的需求，2000 年图书馆继续对校外读者办理临时阅览证，年访问量为 5493 人次。

文明服务月活动　为了进一步加强读者服务意识，提高读者服务水平，图书馆于 2000 年 5—6 月间开展了主题为"与时代同行，创一流服务"的文明服务月活动。在此次文明服务月活动中，各部门积极响应，不仅读者阅览环境整理得井井有条，服务态度进一步改善，而且开展了一系列活动，如古籍部的"北京大学图书馆古籍善本特藏精华展"、流通部的"北京大学文库珍品展"、自然科学图书借阅区举办的"损毁图书展"、办公室和自动化部公布的"读者借阅量排行榜"、期刊部的工作人员培训、咨询部的"一小时讲座"等，都取得了很好的效果。为了解读者利用图书馆情况和对图书馆的意见要求，图书馆还设计、发放了读者调查表，发放 500 份，回收 434 份，根据统计，有 54% 的读者每天都来图书馆；74% 的读者认为基本能满足需要，读者最满意的五个服务点分别为：工具书阅览室；二楼人文社科阅览区；一楼总还书处；三楼科技阅览区；四楼期刊阅览区。

【馆藏搬迁整理】　图书馆新馆投入使用后，为重新调整馆藏，解决馆外藏书安置问题提供了条件。同时由于原燕京大学建筑楼顶 2000 年暑假前后需要进行维修，存放在各个楼顶的图书馆藏书必须进行搬迁调整。

2000 年 2 月，古籍部完成了红三楼、化学北楼未编古籍和旧馆小库的舆图迁入新馆的工作。在搬迁过程中发现一些珍贵照片和大量手工彩绘的中国古代地图、阵法图，以及近百幅西文地图。在图书馆保安人员的协助下，3 月 24 日，古籍部完成了拓片的搬迁工作，6 万余件拓片已入藏新馆，并正式对读者开放。6 月，古籍部又将原存放在俄文楼的 40 万册未编古籍搬迁至新馆。

6 月，期刊部将在外文楼顶的合订本港台报及外文报约 5000 册，1949 年以前旧期刊复本全部搬回大馆。9 月，期刊部又将存放在原燕京大学图书馆的 1949 年以前的中文旧期刊近 3 万册，旧报纸近 1 万册，以及"文革"小报近 1400 册搬迁到图书馆。

自 2000 年 2 月起，流通部开始对中文图书进行复本剔除工作，以减缓不断增加的文献对馆藏空间需求的压力。

对于从各处搬来的旧书，流通部抽调专人进行了整理上架，基本完成了中德学会、中法大学等藏书的整理，其中包括中法大学图书 11600 余册；中德学会图书约 7000 册；美国新闻处图书 800 余册；各类中文图书约 2000 册等。

存放于理科楼群地下室的图书分别搬迁自俄文楼、化学北楼和红三楼三处的楼顶，负责整理图书的工作人员已经将俄文楼顶、化学北楼楼顶图书约 12 万册图书全部按顺序上架，其中化学北楼楼顶存放的主要是解放前出版的按胡同号排架的日文、中文图书及少量中德学会、中法大学、线装古籍等图书；化学北楼楼顶存放的为各类复本图书约 9.69 万册。红三楼楼顶图书正在整理中。

通过搬迁整理藏书工作，图书馆不仅对总体藏书情况有了更清楚的掌握，对同类图书进行了归并，同时也重新发现了一批具有很高学术和文物价值的现代名人的

表 7-36 2000 年图书经费使用表

		经费金额(人民币元)	中文图书(种)	中文图书(册)	外文图书(种)	外文图书(册)
校拨经费	外文	725605.04			2523	2667
	中文	2027932.76	18207	51158		
文科专款		2693755.87			3271	5344
数学专款		290732.01			599	608
国外赠书					6094	6821
国内赠书			3797	5581		
总　计		5738025.68	22004	56739	12487	15440

表 7-37 2000 年编目情况月统计表

月份	中文	西文	日文	东方	俄文	中回溯	西回溯	中文刊	西文刊	学位论文
1-2	2899	1684	195			83	28	90	115	172
3	1764	1036	136			250	300	53	44	100
4	1243	1048	148			231	209	53	83	161
5	1561	803	127			6	172	47	65	231
6	2348	1104	124			105	36	35	69	246
7-8	2736	808	131			147	11	54	23	288
9	2333	1283	250	36	26	117	34	87	42	
10	3047	1102	80			150	22	64	26	
11	2574	1427	165			109	53	48	20	89
12	2803	1219	265		30	49	34	71	8	76
合计	23308	11514	1621	36	56	1247	899	602	495	1363

注：统计数字为编目种数

表 7-38 2000 年接待读者借阅咨询表

部门	接待读者人次	借阅册次	咨询人次
期刊阅览部	928217	36294	46527
流通阅览部	1521775	551652	89490
古籍特藏部	6187	58631	2387
信息咨询部	132445		34936
视听部	139130		46108
总　计	2727754	646577	219448

表 7-39 信息咨询部 2000 年工作统计表

数据库检索人次	539626	科技查新人次	23
下载全文篇次(英文)	110245	查收查引人次	161
下载全文篇次(中文)	264501	代查代检人次	103
文献传递人次	437	一小时讲座场次	75
馆际互借人次	670	一小时讲座人次	3287
馆际互借册次	1741	OPAC 上机人次	63049

藏书、手稿等。

【馆藏展览】 5 月底至 6 月初，古籍部主办的"北京大学图书馆古籍善本特藏精华展"在图书馆展览厅展出。此次展览精选了 146 件展品，展品类型丰富多样，包括书籍、舆图、金石拓片、书法、绘画、对联，等等；版本年代上自北凉，下至民国，较全面地展示了造纸术发明以来图书的发展脉络；展品内容涵盖了经、史、子、集各部，概括地反映了我国古代各个历史时期的科学文化成就；卷轴、经折、线装等装订形式荟萃；汉文、西文、少数民族文字兼有。这些展品是北大图书馆馆藏古籍中各种文献类型的精品，包括敦煌卷子，唐代写经，宋代刻本，明末胡正言十竹斋五色套印本《十竹斋画谱》，庚辰本、程甲本、程乙本《红楼梦》等。此次展览吸引了众多参观者，不仅有校内师生，还有美国、韩国、香港、国家图书馆、故宫博物院图书馆等海内外各界人士，取得了很大成功。

5 月，"北京大学文库珍品展"在北京大学文库展出，此次展览集中展示了北大校友及曾经在北大任教的著名学者的著作、手稿、书信、证书等，这些学者包括蔡元培、胡适、冯友兰、翦伯赞、季羡林、侯仁之、陈岱孙、江泽涵、费孝通、厉以宁等。

【自动化网络化评估】 2000 年 3 月 7 日北京地区高校图书馆自动化、网络化建设评委会到北大图书馆，正式对图书馆的自动化、网络化进行评估。何芳川副校长介绍了北京大学重视支持图书馆工作的情况。戴龙基馆长和谢琴芳副馆长先后介绍了北大图书馆自动化网络化建设方面所做的工作并进行了自我评估。经过评估委员会认真考察讨论,最后提出了评估意见,该意见肯定了北大校领导对图书馆的现代化建设的重视和经费支持;认为最新引进的 UNICORN 系统"功能完善,技术先进,整合性与开放性较高,有很强的中文信息处理能力,对改善业务管理、促进机构改革、提高工作效益起到了重要作用";书目数据库"数据格式符合标准,数据质量属国内领先水平",专题数据库"不仅富有特色,而且为全国高校范围的文献信息资源共享起到了支柱作用",光盘数据库、联机与网络数据库"学科覆盖面广,内容丰富,利用率高。","北大图书馆在文献资源的结构与布局上已向现代化图书馆的模式迈出了较大步伐,并取得了显著进展";在文献信息服务方面"已形成了开放式的信息环境和具备了现代化的服务手段,并拥有一支高素质的馆员队伍,无论在形式上和内容上都已达到较高的层次和水平";"北京大学图书馆作为 CALIS 管理中心、全国文理中心和华北地区中心的所在单位,对全国高校图书馆的现代化建设起着示范作用,对全国高校的文献信息资源共享起着带头和骨干作用"。

【交流合作】 北京大学图书馆新馆启用后,国内外参观者络绎不绝,同时,作为北京大学一个重要的外事接待窗口,图书馆也接待了许多重要校级客人的参观访问。2000 年共接待国内外来宾 200 余批,其中图书馆界来访的有美国国会图书馆、俄罗斯国家图书馆、日本国会图书馆、台湾大学图书馆、香港大学图书馆、香港科技大学图书馆、中国科学院文献情报中心、武汉大学图书馆、西安交大图书馆等。

2000 年图书馆分别派出人员到美国夏威夷大学、韩国精神文化研究院,美国 UCB、UCSD、U-CLA,香港科技大学,香港岭南大学等大学、研究机构参观学习。

2000 年图书馆继续接受海内外人士赠书,比较重要的有日本友人正木龙树先生赠书,已故台湾知名语言学家周法高夫人王緜女士捐赠周法高先生著作。

2000 年图书馆邀请台湾大学图书馆馆长吴明德、美国夏威夷大学 CAPIOLANI 图书馆馆长 Terry Webb 博士、哈佛燕京图书馆林国强博士来馆讲学。吴明德馆长的演讲内容为"馆藏发展和图书情报组织";Terry Webb 博士的讲学总题目为"图书馆数字化工程的三种模式",分别论述了再生式、数字式和独立式三种数字化模式;林国强博士主要讲解了美国国会图书馆主题词表的使用。三个讲座为大家介绍了海外相关领域新的理论和思路,使图书馆工作人员开阔了眼界,在理论和实践上都得到很大的启发。

【CALIS 项目】 北大图书馆作为 CALIS 项目管理中心和全国文理中心,为 CALIS 项目建设和发展做出了贡献。

CALIS 把引进数据库作为文献保障的切入点,1999 年初 CALIS 开始大规模引进国外优秀数据库,如 EI、SCI 等,到 2000 年底 CALIS 已经从国外引进各类数据库 70 余个,仅全文电子刊就有近 6000 种。其中 Science Online 数据库对全国开放,有条件上网的都可共享,得到教育部韦钰副部长的多次表扬,认为引进得好,利用率高;Science Direct Onsite 是我国教育界目前引进的最有分量的全文数据库;SCI 是世界公认的最权威的科学技术文献检索工具,能提供科学技术领域所有重要的研究成果。以上三个数据库的成功引进标志我国教育界引进数据库的质量正在发生变化。据统计,引进数据库实际受益的学校已超过 100 所。

为减少编目重复劳动,提高编目效率,同时为馆际互借等资源共享工作提供基础,CALIS 管理中心于 1999 年 1 月设立了联合目录数据库建设项目组,着手进行 CALIS 联合目录数据库建设,到 2000 年底,共建单位已达 70 余个。2000 年 3 月联合目录数据库开始运行,到 2001 年 2 月 7 日为止,书目记录达到 95 万条,馆藏记录 137 万条。CALIS 联合目录数据库项目是我国事实上的第一个全国性的实时的网上联机合作编目系统,最大限度地实现了书目及人力资源的共享;同时,CALIS 联合目录数据库是我国历史上第一个多文种的联合目录数据库,可支持 30 余种语种,目前已开通中文、西文、德文、日文的联机编目。2000 年 12 月《CALIS 联机合作编目手册》由北京大学出版社正式出版,这部大型工具书的出版为 CALIS 联机编目提供了统一的规则,成为高校书目数据库建设的准则。

CALIS 在引进数据库的同时,还利用成员馆的人力、资源优势,自建数据库。1999 年 3 月 CALIS 管理中心设立了中文现刊目次库建设项目组,共有 22 个单位参与共建。截止到 2001 年 2 月 12 日,中文现刊目次库上网数据已达到 75 万余条,已超额完成协议规定的"九五"期间建库规模 70 万条。1999 年 1 月 CALIS 管理中心在全国工程中心设立了"高校学位论文"和"高校学术会议论文"数据库建设项目组,共有 56 个单位参与共建。截止到 2001 年 1 月,高校学位论文库数据达到 3.3 万条,高校学术会议论文库数据 2000 千多条。1999 年 7 月 CALIS 管理中心在华东南地区中心设立了 CALIS 特色文献数据库和重点学科网上资源导航库建设项目组。截止到

2000年12月1日,共建成25个"特色库",其中19个通过验收,数据量已达45万条以上,远远超过协议规定的"九五"期间建库规模20万条的目标;共建成194个学科导航库,其中157个学科导航库通过验收。这些自建数据库满足了"211工程"重点学科的各种需要。

CALIS项目还组织人力有针对性地自行开发和国际标准接轨的系统软件,并初见成效。2000年3月,基于ISO3950和UNICODE等国际通用标准的联机合作编目系统软件完成并正式投入运行;1999年9月期刊目次库和论文库等自建数据库系统的数据编辑工具已分别开发完成2.0版,各成员馆已经利用它进行数据加工;2000年2月包括检索服务器在内的整个数据库系统开始服务;2000年4月,面向读者的对CALIS各类数据库全面、一致检索服务的OPAC系统于开通。2001年1月,由多个子系统组成的基于ISO10160/10161标准的馆际互借系统软件已开发完成2.0版,并已在北京地区开始服务。

为提高成员馆工作人员和读者的素质和能力,确保项目建设质量,引进文献资源的使用率,CALIS非常重视人员培训。到2000年底,管理中心各子项目组先后举办培训班15次,共培训全国高校图书馆的专业骨干500余人次;各地区中心派人前来接受培训后,回去还对本地区高校的馆员进行培训,使其掌握联机编目业务和引进数据库的检索技能;各中心举办培训班累计23次,共培训500多人次;各馆的参考咨询馆员进行再培训或辅导读者,办讲座累计120多期,共培训1.5万人次,从而有效地提高了引进数据库的使用量。CALIS关于高校图书馆"共建、共知、共享"的新思维正在逐步深入人心,推动了我国高校图书馆向自动化、网络化、数字化的发展。

(邹新明 姚晓霞)

北京大学医学图书馆

【概况】 北京大学医学图书馆(2000年4月与北京大学合并前称北京医科大学图书馆,下同)始建于1922年7月,现馆于1989年建成投入使用,面积为10200平方米。医学图书馆与六所附属医院图书馆分工协作,各有侧重,馆藏70余万册,共同形成北京大学医学文献资源保障基地。医学图书馆馆藏34万余册;珍藏有中国内地唯一的医学善本书——手抄《太平圣惠方》一部,共10函100卷100册,以及从1915年创刊以来的《中华医学杂志》(英文版)。医学图书馆系统有光盘数据库15种及较丰富的多媒体光盘,供读者检索、浏览和学习。这些资源与提供全方位开架相结合,使医学图书馆成为一个以重点收藏医药卫生及相关学科书刊文献为主、为高校及社会提供服务、馆藏较丰富的医学专业图书馆。

2000年医学图书馆为配合学校国有资产清查工作,对馆藏进行逐册清点。截止到2000年6月27日,有馆藏书刊346202册,其中图书244270册(中文159790册,外文84480册),期刊101892册(中文25167册,外文76765册),录音带172盒,录像带94盒,光盘889盘,幻灯6537张。

1985年国家教委在医学图书馆建立了医学外国教材中心;1991年被卫生部确定为医药卫生文献资源共享网络系统华北地区中心馆;1993年被卫生部医学情报工作管理委员会确认为查新咨询定点单位;1998年被确定为CALIS项目全国医药学科文献信息中心。

北京大学医学图书馆设有采编部、图书流通部、期刊流通部、信息咨询部、多媒体阅览部、自动化部和办公室等业务和行政部门。现有工作人员53名,其中正高4人,副高10人,中级19人。

2000年4月北京大学与北京医科大学合并,北京医科大学图书馆更名为北京大学医学图书馆,两校合并为北京大学医学图书馆的发展带来了机遇。2000年医学图书馆在保证为读者提供良好服务的同时,完成了以下6项重大工作:(1)CALIS全国医学文献信息中心建设取得进展;(2)与北京大学图书馆合作顺利进行;(3)与附属医院图书馆资源共享工作有了新进展;(4)完成新一轮部主任的聘任及全馆岗位评聘工作;(5)"985"学科建设项目——多功能电子阅览室建设启动;(6)完成国有资产的清查工作。此外,医学图书馆在提高为读者服务质量和改善服务态度的同时,参与了全国高校系统的科研工作,取得了阶段性成果。

【文献采访】 2000年书刊购置经费270万元,比1999年增加30%,其中购买中文图书1647种,计3758册,外文图书416种,计416册,接受赠刊949册,订购外文期刊578种,订购中文报刊713种;订购医学光盘9种,网络数据库11种,其中含电子期刊约2500种;订购录音带130盒,多媒体光盘36盘。

【书刊编目】 2000年分编中文图书1466种,3368册;外文图书820种(册);分编非书资料32种;完成中文图书回溯12969条,中文期刊回溯1105条。

【读者服务】 2000年全馆计算机办理借还书刊139853册,图书部共接待读者约30万人次,期刊部共接待读者约20多万人次,文献检索室共接待读者约1.5万次。信息咨询部完成查新课题30余题,光盘检索及Internet检索3000余题,定题服务7项,完成医学部本科生、研究生、进修生的医学文献课1000余人400多学时的教学任务，举办了10余期200多人160学时光盘及网络数据库检索技巧培训班；还在北大医院、人民医院举办医学图书馆电子资源及其利用技巧的讲座，听众达700多人。光盘检索室为读者开放上网。多媒体阅览部受教育处委托完成对医学部夜大98级学生计算机84课时的教学工作，配合基础医学院完成了为期4周的寄生虫课教学任务。多媒体阅览室建成局域网，开辟了DVD放映室。图书馆导读触摸屏已投入使用。自动化部研制了医学图书馆论文数据库软件，编制了鑫磐系统辅助软件及联目系统辅助软件，进一步完善鑫磐软件系统的功能，改善了服务质量。

医学图书馆利用创收经费为视听室、样本书库、文艺图书室、工具书、刊阅览室先后安装了空调，改善了读者的阅览环境。

【CALIS项目】 2000年1月医学图书馆作为CALIS全国医学文献信息中心接受了教育部和管理中心的项目中期检查；完成中文现刊目次库建库录入数据16000余条，完成研究生论文分类300种，数据录入、文摘扫描150种；图书馆与复旦大学医学图书馆、第四军医大学图书馆共同研制了重点学科导航库，并实现了网上链接；实现了网上联合编目，为CALIS中心提供了医学图书馆收藏的标准书目数据，为兄弟单位套录数据11684条，使编目工作进一步规范化；并派人参加了CALIS中心主办的文献传递和馆际互借软件应用培训班，为了更好地发挥CALIS医学中心的作用，医学图书馆为期刊部资源共享组配备了专用计算机、扫描仪、传真机等设备，使文献传递工作实现了信函、传真、电子邮件等多种手段服务，在数量、质量和工作效率上都有较大的发展。2000年共接待校外读者1100多人次，代为复制资料2575册，提供代检代查服务730多篇。

【合作协调】 2000年4月北京医科大学与北京大学合并后，两馆负责人多次互访（含附属医院图书馆馆长），共商资源共享的办法，促进了彼此沟通交流，为今后工作中更好地合作打下了基础；北京大学图书馆为满足医学部师生的需求，与医学图书馆达成协议，由医学图书馆代办北京大学图书馆借书证，到目前为止，共为医学部2000多名师生办理了北大借书证；医学图书馆全体同志参加了北京大学图书馆"五四"学术交流活动，《北京大学医学部数字图书馆建设初步方案》一文在大会上交流，共有7篇论文入选《北京大学图书馆论文集》。为了充分利用图书资源，医学图书馆将日本捐赠的400余册社科书籍转赠北京大学图书馆。

2000年医学图书馆与附属医院图书馆系统资源共享工作有了新进展，由学部图书馆牵头，共召集了三次北京大学医学部图书馆系统文献资源共享工作会议，经过充分地讨论，进行与光盘数据库协调订购，在基本不增加自己经费负担的情况下，剔除重复，增加了光盘数据库的品种（含中外文期刊全文数据库），并实现了包括附属医院在内的校园网上免费共享，又进行了西文期刊协调采购工作，扩大了品种，减少了重复，提高了整体保障力度和期刊质量。

【教学与培训】 医学图书馆聘请教师先后举办了两期全国计算机等级考试辅导班，一期Internet学习班，经全国通考，图书馆1950年1月1日以后出生的同志中90%以上的同志取得了全国计算机一级以上等级证书，占全馆人数的近80%。使馆员初步掌握计算机和网络基本知识，提高了工作人员的素质。

举办MARC培训班，参加学习的有华北地区、北京市、安徽等医学院校及附属医院图书馆的工作人员，促进了编目工作的规范化。

与银盘公司共同举办了有东北地区、华北地区、北京市高等医学院校、医院图书馆、医学情报所等工作人员参加的Web银盘数据库培训班，对此数据库的评价、应用及今后集团采购有着重要意义。

【自身建设】 医学图书馆制订了《北京大学医学部数字图书馆建设初步方案》得到了医学部领导的重视。作为第一步，学部将多功能电子阅览室列入"985"学科建设项目，与医学图书馆签订了项目协议，该项目已于2001年2月底完成并投入使用。

通过查阅档案和走访，理清了医学图书馆发展历程，完成了1922—1985年馆志的编写工作。

【科研成果】 完成《中文核心期刊要目总览》第三版医药卫生篇的研制工作，该书已正式出版发行；《国外科技核心期刊总览》医药卫生篇的研制工作取得阶段性成果；参与并完成"211工程"重点学科期刊利用率调查。

(多苏敏)

北京大学出版社

【发展概况】 2000出版年度，北京大学出版社出版图书1621种次，比1999年的1010种次增加611种次，增长率为60%；印刷总码洋2.26亿元，比1999年的1.67亿元增加5928万元，增长率为36%；总用纸量为16.35万令，比1999年的12.25万令增加3.8万令，增长率为30%；发行总册数860.77万册，比1999年的845.97万册增加14.8万册；发行总码洋1.8亿元，比1999年的1.34亿元增加4600万元，增长率为34%。34种图书获奖，其中省部级奖10种。

全社各类图书均有增长，其中计算机类图书和经济、法律类图书增长较多，计算机类图书总产值达6000万元，经济和法律两类图书达8000万元。据图书市场调研机构的抽样调查分析，北大版计算机类图书在全国计算机类图书市场销售排名为第6名，法律类图书排名为第7名。年内推出的古籍《十三经注疏》简体字整理版，受到海内外华人学者的关注和好评，应读者要求，将推出横排繁体字整理版。

对外版权贸易喜获丰收。2000年新闻出版署和国家版权局等政府机构对全国500多家出版社1991年以来图书对外版权贸易工作进行评估和评比。经国家级评委的严格评审，北京大学出版社被评为全国图书版权贸易先进单位，并且在对外转让版权和对内引进版权的排名时居前列。仅就2000年统计，对外转让版权42种（54种次），引进版权达100多种。

为了适应北京大学建设世界一流大学和出版社自身的发展要求，2000年初，在总结前两年干部轮岗和机构调整经验的基础上，出版社实行了新的内部管理体制和人事管理改革，对社内机构和人员进行了调整，实行了中层干部和普通职工的竞争上岗。经过调整，图书编辑部门由原来的四个改为五个：政经法、文史哲、语言、理科、信息技术，与北大的学部设置基本适应，学科发展重点更加突出。除原有的出版部、发行部、财务室、经营部外，新设市场营销部和材料储运部，加强市场营销和纸张材料、物流管理工作。改革之后，出版社的机构设置、人员配备更加合理，工作效率有较大提高。

在进行内部管理体制改革的同时，出版社也注意了管理工作的进一步制度化、规范化。在夏季工作会议上认真讨论了加强经营管理工作、严格工作制度、工作纪律、工作程序和节约开支、降低成本问题。明确了要坚决执行收支两条线原则，改进、规范经营部门的管理，鼓励发展，在规范管理的基础上把经营管理搞活。进一步加强了选题管理工作的制度化、程序化，成立了编辑委员会，下设人文和社会科学编辑委员会与理科和信息技术编辑委员会，明确今后选题必须先经过学科编辑委员会讨论，再报社编辑委员会讨论，最后由社长办公会议讨论决定。

近两年出版社出书量连年大幅度增长，出书品种的快速增长与书号紧张的矛盾更为突出，出版社大力加强选题和书号管理，努力优化出版结构，化不利因素为积极因素。在选题计划、管理方面，加强了调查、研究工作。明确了抓教材是出版社发展壮大、形成经济实力的关键，必须提高对教材建设的认识。在书号管理方面，一方面根据政策积极争取增加书号，同时认真改进书号发放办法，在保证国家级、省部级和学校教材规划项目等重点图书书号使用的前提下，向优势学科倾斜，对各编辑部规定书号使用指标，使控制书号的使用成为各编辑部门的自觉行动。

2000年，北大出版社胜利完成了与北大印刷厂的合并重组工作，印刷厂自8月份起扭亏为盈，经营状况良好。出版社与印刷厂的资源重组，增加了出版社的办社实力。办公用房紧张状态得到一定缓解，发行部由校外迁入出版大楼，实现了北大出版社的编辑、出版、发行、财务、经营等重要部门集中办公，便于管理，提高效率。

【发行研讨会】 5月13至14日，北大出版社在香山饭店召开发行研讨会，社领导彭松建、王明舟、张文定、周月梅，发行部全体工作人员和各编辑部负责人，在会上与新华书店、外文书店以及各地专业书店的100多位经理，就北大社的图书选题、营销、装帧、发行等许多方面的问题，进行了广泛的交流。书店经理们在会上发表了许多很有见地的意见，对北大出版社抱有很高的期望。他们认为，北大社现在离自己应有的地位还有一定距离。来自书店朋友的意见和建议，使出版社到会的同志触动很大，也很受启发。

【参加第8届北京国际图书博览会】 8月30日至9月3日，第8届北京国际图书博览会在北京国际展览中心举行。本届博览会是北京图书博览会创办以来参展单位最多、规模最大的一次。参加本届展览会的共有国内外出版商900多家，代表4000多家出版社，参展图书达10万多种。北京大学出版社在本次博览会上共租订了6个展位，展台面积是1998年第7届博览会的3倍，展出近年来出版的学术著作、教材和各类图书1600多种、电子音像制品200多种。北京大学出版社还为北京医科大学出版社留下一个展位，展出医学类图书200多种。北大展台的总体格局、展架、展板、家具和照明等方面比往届有较大的进步，较好地展示了北大出版社的形象，受到了领导与参观者的好评。领导同志们称赞北大出版社出了不少好书，在学术文化界很有影响，对两个文明建设做出了贡献。

在博览会上，北大出版社向海外输出版权达22种，其中正式签约10种，待签约12种；引进版权图书达80余种，正式签约20种，在输出和引进两方面均取得了突出的成绩。

博览会期间，新闻出版署、国家版权局举办了"全国版权贸易成果展"，展出了从1990年以来，全国各出版社在版权输出和引进贸易中的部分成果。北大出版社自1990年至1999年5月的10年间，输出版权201种，在全国排列第3名；引进版权280种，在全国排名第11位。尤其在版权输出方面,北大出版社更是排在全国出版社的前列(排名第1、第2的是两家少儿出版社),受到新闻出版署、国家版权局的表扬。

(刘乐坚)

2000年北大出版社出版新书目录

书　名	作　者
1998-2000通货紧缩研究	北大中国经济研究中心
2000年注册会计师资格考试全真模拟试题	北大出版社
2001年法律硕士入学考试民法模拟试卷	李仁玉
2001年法律硕士入学考试民法应试指导	李仁玉
2001年法律硕士入学考试刑法模拟试卷	周振想
2001年法律硕士入学考试刑法应试指导	周振想
2001年法律硕士入学考试综合考试模拟试卷	李　立
2001年法律硕士入学考试综合考试应试指导	李　立
2001年工商管理硕士研究生入学考试管理应试指导与模拟试卷	戴淑芬
2001年工商管理硕士研究生入学考试逻辑应试指导与模拟试卷	陈　波
2001年工商管理硕士研究生入学考试数学应试指导与模拟试卷	邵士敏
2001年工商管理硕士研究生入学考试英语应试指导与模拟试卷	王关富
2001年工商管理硕士研究生入学考试语文应试指导与模拟试卷	谷衍奎
2001年全国各类成人高考强化辅导丛书·地理	王　英、雷爱英
2001年全国各类成人高考强化辅导丛书·化学	许洪廉
2001年全国各类成人高考强化辅导丛书·历史	许福谦
2001年全国各类成人高考强化辅导丛书·数学(理工农医)	濮人法
2001年全国各类成人高考强化辅导丛书·数学(文史财经)	邓　均
2001年全国各类成人高考强化辅导丛书·物理	樊　福
2001年全国各类成人高考强化辅导丛书·英语	李　萌
2001年全国各类成人高考强化辅导丛书·语文	唐国耀
2001年全国各类成人高考强化辅导丛书·政治	柴　斌
2001年研究生入学考试汉英翻译与英语写作	索玉柱
2001年研究生入学考试数学冲刺	范培华
2001年研究生入学考试数学冲刺(工学类)	邵士敏
2001年研究生入学考试数学模拟试卷(工学类)	邵士敏
2001年研究生入学考试数学模拟试卷(经济类)	范培华
2001年研究生入学考试数学应试指导(工学类)	邵士敏
2001年研究生入学考试数学应试指导(经济学类)	邵士敏
2001年研究生入学考试微积分应试指导丛书	范培华
2001年研究生入学考试英语8+8冲刺	石春桢
2001年研究生入学考试英语完形填空	李杏红
2001年研究生入学考试英语应试指导与模拟试卷题	石春桢
2001年研究生入学考试英语语法与词汇	李杏红
2001年研究生入学考试英语阅读	李杏红
2001年研究生入学考试政治理论模拟试卷	赵建文

书　名	作　者
2001年研究生入学考试政治理论应试指导	赵建文
2001年研究生入学考形势与政策应试指导	姜长仁
20世纪俄罗斯文学史	李毓榛
3D Studio MAX3快速充电	Ted Alspach
3D Studio MAXR3虚拟世界的神奇传说	洪建忠
3D Studio MAX 3.0自学捷径	超峰创作室
3D Studio MAXR3学习教程	张权义、孙江涛
Authorware 5.x学习教程	卢文成
AutoCAD 2000学习教程	杨贵强、许玉巍
AutoCAD 2000中文版自学捷径	张国权
AutoCAD 2000效果与实例	李冬瑞
AutoCAD 2000中文版建筑绘图	徐海波
Borland C++Builder4.0自学捷径	魏振忠
C++Builder4实例解析	王小茹
C++Builder4学习教程	王海滨
Cakewalk 8.x及电子音乐学习教程	卢志勇
COM+基本服务内幕(影印版)	微软公司
CorelDraw 9学习教程	曾海剑
CorelDraw 9效果与实例	曾海剑
CSIAM'2000中国工业与应用数学学会第六次大会论文集	李大潜
Delphi 5实例解析	王小茹
Delphi 5学习教程	王海滨
Delphi 5.0数据库开发学习教程	殷　超
Delphi 5.0自学捷径	刘韬、王保东、宋征
DHTML快速充电	Jason Cranfor
Dreamweaver 3自学捷径	张明瑜
Dreamweaver Ultra Dev快行道	东方人华
E-mail(电子邮件)快发学习教程	魏　强
Excel2000中文版学习教程	黄远红
Excel神童	黄岩松
Fireworks 3自学捷径	杨　聪
Flash 4自学捷径	孙全党
Flash 5快速充电	Katherine Uri
Flash 5梦幻旅程	孟毅新
Flash 4学习教程	赵　键
FMC与Windows编程(影印版)	微软公司
Fortran 9.0学习教程	赵翔龙
FreeHand中文版自学捷径	彭万波
FreeHand中文版快速充电	Sandee Cohe
FrontPage 2000中文版学习教程	王文林
FrontPage 2000中文版自学捷径	彭万波
GIS Mapinfo与Map Basic学习教程	姚　娜
HSK汉语水平考试模拟习题集(初中等)	袁　冰

书 名	作 者
HSK 汉语水平考试模拟习题集(高等)	赵 靖
illustrator8.0 中文版自学捷径	林时君
Internet（因特网）学习教程	李 进
Internet Explorer 5.0 即查手册	Microsoft 公司
Internet Explorer 5.0 中文版自学捷径	樊 荣
Internet 网上神童	王 龙
IT 世纪大评点	刘九如
Java Script 快速充电	Tom Negrino
Linux 学习教程	胡 宁
Lotus Noter5.0 中文版自学捷径	皮晓明、陈 民
MATLAB5.3 学习教程	周建华
Maya 2.5 学习教程	李 锐
Maya 3.0 自学捷径	黄 河
Microsoft Access 2000 即查手册	Microsoft 公司
Microsoft Excel 2000 即查手册	Microsoft 公司
Microsoft Internet Expolrer 5.0 即学即会	Microsoft 公司
Microsoft Outlook 2000 即查手册	Microsoft 公司
Microsoft Outlook 与 Microsoft Exchange 程序设计	Microsoft 公司
Microsoft Powerpoint 2000 即查手册	Microsoft 公司
Microsoft SQL server 7.0 技术内幕	Microsoft 公司
Microsoft Visual Basic 6.0 高级编程(第二版)	Microsoft 公司
Microsoft Windows Me 即学即会	Microsoft 公司
Microsoft Windows 2000 专业版	Microsoft 公司
Microsoft Windows shell(影印版)卷 5	Microsoft 公司
Microsoft Windows 基本服务(影印版)卷 1	Microsoft 公司
Microsoft Windows 通用控件(影印版)卷 4	Microsoft 公司
Microsoft Windows 图形设备接口(影印版1)卷 3	Microsoft 公司
Microsoft Windows 用户接口(影印版)卷 2	Microsoft 公司
Microsoft Windowss 2000 Professional 即学即会	Microsoft 公司
Microsoft Word 2000 即查手册	Microsoft 公司
MS SQL Server 7.0 数据仓库开发技术	Microsoft 公司
MS SQL Server 7.0 数据库实现	Microsoft 公司
MS SQL Server 7.0 系统管理	Microsoft 公司
MS Visual Basic 6.0 分布式应用程序开发	Microsoft 公司
MS Visual Basic 6.0 桌面应用程序开发	Microsoft 公司
MS Visual C++6.0 分布式应用程序开发	Microsoft 公司
MS Visual C++6.0 桌面应用程序开发	Microsoft 公司
MS Visual InterDev 6.0Web 应用程序开发	Microsoft 公司
MS 需求分析和解决方案结构定义	Microsoft 公司
Ms Internet Explore 5.0 资源工具包	Microsoft 公司
Ms LIS 5.0 资源指南	Microsoft 公司
MS Windows 国际化程序设计(影印版)	David A. Schm
MS Windows 驱动程序模型设计(影印版)	
Ms Windows 2000 Active Director Services	Microsoft 公司
Ms Windows 2000 Server	Microsoft 公司
Ms Windows 2000 Server 操作指南	Microsoft 公司
Ms Windows 2000 Server 分布式系统指南	Microsoft 公司

书 名	作 者
Ms Windows 2000 Server 计划调度指南	Microsoft 公司
Ms Windows 2000 Server 因特网指南	Microsoft 公司
Ms Windows 2000 Server TCP/IP 网络核心指南	Microsoft 公司
Ms Windows 2000 服务器端应用程序设计(影印版)	Microsoft 公司
Ms Windows 2000 驱动程序开发参考生产手册(上)(影印)	Microsoft 公司
Ms Windows 2000 驱动程序开发参考生产手册(下)(影印)	Microsoft 公司
Ms Windows 2000 驱动程序设计指南(影印版)	Microsoft 公司
Ms Windows 2000 网络编程(影印版)	Microsoft 公司
Ms Windows 2000 网络基础结构管理(影印版)	Microsoft 公司
Ms Windows 2000 应用程序设计(影印版)	Microsoft 公司
Ms Windows CE 程序员指南	Microsoft 公司
Office 神童	王 筑
Office 2000 中文完整版学习教程	陈 超
OpenGL 编程实例学习教程	孙 波
Oracle 8 学习教程	王海君
Oracle Developer 2000 学习教程	王 俊
Outlook 2000 中文学习教程	刘溢垒
Page Maker 6.5 Plus 快速充电	Ted Alspach
Page Maker 6.5c Plus 快速充电	Ted Alspach
Page maker 6.5C 学习教程	金 颖
Page Mill 3 快速充电	Jason Cranfor
Painter 5.5 自学捷径	胡 宁
PhotoDraw 2000 中文版学习教程	韦安健
PhotoDraw 2000 中文版自学捷径	赵 峰
Photoimpact 5.5 中文版自学捷径	杨 聪
Photoshop 5.0 中文版范例教程	徐 杨
Photoshop 5.5 及其滤镜学习教程	侯锡柱
Photoshop5.5 效果与实例	彤会军
Photoshop 影像密码	游闵州
Power Point 神童	王 龙
PowerBuilder 6.0-7.0 实例解析	黄 伟
PowerPoint 2000 中文版学习教程	曲绍兴
PowerPoint 2000 中文版自学捷径	王加莹
Premiere 5x 自学捷径	孙全党
Premiere 5x Plus 快速充电	Antony Bolan
Pro/ENGINEER 零件设计(基础篇上)	林清安
Pro/ENGINEER 零件设计(基础篇下)	林清安
Pro/ENGINEER 零件设计(高级篇上)	林清安
Pro/ENGINEER 零件设计(高级篇下)	林清安
Pro/ENGINEER 零件组合	林清安
Publisher 2000 中文版自学捷径	超峰创作室
RPC 和 Window 网络(之三)	Microsoft 公司
Visual Basic 和 SQL Server 权威指南(第 6 版)	Microsoft 公司

书 名	作 者	书 名	作 者
Visual Basic6.0数据库开发学习教程	周珂韦	北京大学附属中学高三教学用书·英语(第2版)	
Visual C++6.0实例解析	王小茹		北大附中英语教研室
Visual C++6.0数据开发学习教程	杨浩广	北京大学附属中学高三教学用书·语文(第2版)	
Visual FoxPro6.0实例解析	王小茹		北大附中语文教研室
Visual J++6.0程序开发环境	Microsoft公司	北京大学年鉴(1999)	北京大学年鉴编辑部
Visual Basic6.0中文版自学捷径	林 跃	北京大学学生英语讲演精选	英语教研室
Visual Basic6.0实例解析	王小茹	北京大学学制沿革(1949—1998)	杜勤,睢行严
Window98+Office2000+Internet自学捷径	达信文	比较商法导论	任先行
Windows 2000评估指南	Microsoft公司	编制商业计划:制定正确商业计划的25个诀窍	
Windows 2000入门与提高	薛建林		爱德华·E·威廉姆斯
Windows 2000使用指南	乔 健	材料力学	殷有泉、邓成光
Windows 2000中文版学习教程	柳长顺、林商容	财政、经济增长和动态经济分析	邹恒甫
Windows 2000 Professional中文版自学捷径	黄 睿	陈德明教授纪念文集	本书编辑组
Windows 98神童	经伯涛	成功步履(英汉对照)	封一函
Windows Me中文版自学捷径	杜学绘	程序设计基础教程	曹宝香
Windows Millennium Edition中文版快速充电	Steve Sagman	抽样调查的理论、方法和应用	胡健颖
Winsock和QOS(之一)	Microsoft公司	初中健康教育教学参考书(一)	张伯源
Word 2000学习教程	韩永彬	初中健康教育教学参考书(二)	张伯源
Word神童	牛晓玲	初中健康教育教学参考书(三)	张伯源
WPS 2000自学捷径	周宇琨	初中数学万题选·代数(一)	五校合编
WPS 2000学习教程	韩永鹏	初中数学万题选·代数(二)	五校合编
阿基米德的浴缸	杜小真	初中数学万题选·代数(三)	五校合编
爱的絮语(英汉对照)	王问生、沈 蕾	初中数学万题选·几何(一)	五校合编
遨游电脑乐园技术篇	张青云等	初中数学万题选·几何(二)	五校合编
保险法	陈 欣	初中语文第一册	张志公
保险法自学考试指导与题解	覃有土	初中语文第二册	张志公
北大附小优秀教案选(数学、科任课)	北大附小教案编写组	初中语文第二册教学参考书	张志公语文编写组
北大附小优秀教案选(语文、科任课)	北大附小教案编写组	初中语文第二册能力自我测试	张志公语文编写组
北大附中教师论文选	北大附中	传统文化与中日两国社会经济发展	李 玉、严绍璗
北大附中学生小论文选(第二版)	吴祖兴主编	从"洋娃娃"到外交官	冀朝铸
北大附中英语题库(高一上)	魏华敏	大学英语口语应试教程	李争鸣
北大附中英语题库(高二上)	丁沪生	大学英语实用口语教程	井升华
北大附中英语题库(高二下)	丁沪生	当代基础英语教程(上)	徐 斌
北大附中英语题库(高三卷)	郭颖琪、陈夏平	当代西方财政学	刘宇飞
北大画册	北京大学校长办公室	道教史探源	柳存仁
北大史学(7)	北京大学历史系编	德语发音与纠音	王燕生
北大英语精读	韩敏中	邓小平理论概论考试指导与模拟试题	钱淦荣
北京—奥运(英语手册)	孟继有	地理信息系统与管理决策	科技部国家遥感中心
北京大学博士生入学考试英语辅导:模拟试题与全真试题		第六届国际汉语教学讨论会论文选	本书编写组
	吴永麟	第三条道路:社会民主的道路	安东尼·吉登斯著
北京大学出版社图书简介(1999)	总编室	电磁学(基础物理教程)	王 楚、李 椿、周乐柱
北京大学法学百科全书·宪法行政法卷	本书编委会	电路分析	王 楚
北京大学附属中学高三教学用书·化学(第2版)		电脑工具软件一册通	王铁军
	北大附中化学教研室	电脑绘画神童	王 冰
北京大学附属中学高三教学用书·物理(第2版)		电脑组装与常用工具软件学习教程	谢 松
	北大附中物理教研室	董事会:建立公司治理结构的25个诀窍	马丽安·简宁斯
北京大学附属中学高三教学用书·数学(第2版·上)		动物的智慧	杜小真
	北大附中数学教研室	敦煌交响	陈雅丹
北京大学附属中学高三教学用书·数学(第2版·下)		多媒体工具软件集锦	吴景松
	北大附中数学教研室	多媒体计算机网络技术应用	蔡翠平

书 名	作 者	书 名	作 者
俄罗斯艺术史	任光宣	海商法概论	赵国玲
俄语学习背景知识	王辛夷	汉英会计教程	蒋彦振
二十世纪欧美文学简史	李明滨	汉语变调构词研究	孙玉文
发展心理学与你	朱莉娅·贝里曼	汉语初级听力教程(下)(一、二)	林 欢
法理学	沈宗灵	汉语发音与纠音	曹 文
法理学与比较法论集(上下)	沈宗灵	汉语字源字典(图解本)	谢光辉
法律基础教程	赵会民等	合同法附合同法自学考试大纲	王利明、崔建远
法律基础与思想道德修养考试指导与模拟试卷	巩献田	红旗 Linux 组网技术指南	李 钺
法律文书写作自学辅导	宁致远	后冷战时代的日本政治、经济与外交	梁云祥
法学概论	张云秀	环境与资源保护法学自学考试指导与题解	汪 劲
法语发音与纠音	周林飞	会计法考试指导与模拟试卷	本书编书组
翻译与创作:中国近代翻译小说论	王宏志	会计学基础	黄慧馨
方正飞腾排版系统学习教程	何 冰	婚姻家庭与人口行为	李中清
房地产法自学考试指导与题解	程信和	活动目录程序员指南(之一)	Microsoft 公司
非参数统计讲义	孙山泽	活动目录参考手册(之二)	Microsoft 公司
分析财务报表:理解数字的25个诀窍	艾瑞克·普瑞斯	活动目录服务接口(之三)	Microsoft 公司
冯友兰选集(上下)	冯友兰	活动目录服务接口参考手册(之四)	Microsoft 公司
傅立叶分析及其应用	潘文杰	活动目录框架(之五)	Microsoft 公司
2001年研究生入学考试应试指导概率论与数理统计	姚孟臣	基础实用商务汉语(繁)	关道雄
高等数学(一)考试指导与模拟试题	姚孟臣	基督教与近代中西文化	罗秉祥、赵敦华
高等数学(二)考试指导与模拟试题	姚孟臣	基因的故事	王莉江、苑华毅
高等学校阿拉伯语教学大纲	本书研讨组	基于服务器的应用程序内幕(影印版)	微软公司
高等学校阿拉伯语教学大纲词汇表	本书研讨组	激励、信息与经济机制	田国强
高级宏观经济学教程(上下)	梁小民	集雨窖文丛	中国经济思想史学会
高校英语报刊教学论丛	端木义万	计量金融学:资产定价实证分析	周国富
公司的组织形式:选择企业组织结构的25个诀窍	S·杰·斯克拉尔	计量经济学:半参数计量经济学方法	艾春荣
公司组织与管理	高程德	计算机基本原理	刘克武
公正平等人道:社会治理的道德原则体系	王海明	计算机基础教程(上)	唐大仕
公证与律师制度自学考试指导与题解	李春林	技术史	杜小真
古汉语词义论	张联荣	简明成语词典	李一华
固体物理基础	阎守胜	简明英汉生物技术词典	吴相钰
管理会计(第4版)	唐·R·汉森	剑桥商务英语词汇与语法教程	李淑萍
管理投资策略:进行盈利的25个诀窍	罗伯特·塔加特	剑桥商务英语口语教程	杨增成
管理学:构建竞争优势(第4版)	贝特曼	剑桥商务英语听力教程	路昕娟
管理学教程	戴淑芬	剑桥商务英语写作教程	陈 荣
管理与控制成本:成本管理的25个诀窍	穆罕默德·侯赛因	剑桥商务英语阅读教程	陈 荣
郭象与魏晋玄学(增订本)	汤一介	剑桥实用计算机英语教程(第二版)	杨增成
国际法	邵 津	教师心理学	戴维·冯塔娜
国际化战略:进行跨国经营的25个诀窍	杰佛里·H·伯格斯特朗	今日达尔文	杜小真
		金融法概论(第四版)	吴志攀
		金融法考试指导与模拟试卷	本书编写组
国际经济法	余劲松	金丝猴的社会	任仁梅
国际经济法新论	杨紫烜	近代分析引论	苏维宜
国际贸易法学	单文华	经典经济学与现代经济学	朱绍文
国际贸易实务	李 权	经济法同步练习与模拟试卷	会计资格考试组
国际商务汉语教程	张泰平	经济法学原理	刘瑞复
国际私法学	李双元	经济法研究(第一卷)	杨紫烜
国际刑法学新体系	甘雨沛	经济管理专业英语	戴贤远
国际政治学理论	梁守德	经济全球化:金融贸易与政策改革	魏尚进
国学研究(第七卷)	袁行霈	经济学:原理、问题和政策(上下)	麦克康奈尔

书 名	作 者	书 名	作 者
经济学考试指导与模拟试卷	何 宁	马克思主义政治学著作选读	姚礼明
经济中的优化方法	龚六堂	马来西亚语三百句	张玉安
矩阵设计工具 MXTOOL	叶庆凯	漫画:欣赏与创作	方 成
柯林斯精华英语词典:21世纪版	柯林斯公司	毛泽东思想概论考试指导与模拟试题	江长仁
柯林斯迷你英语词典	柯林斯公司	毛泽东思想专题讲座	陈占安
柯林斯袖珍英语词典	柯林斯公司	美学权威主义批判	林塞·沃特
柯林斯最新英语词典	柯林斯公司	面向21世纪的中国技术创新系统	柳卸林
柯林斯最新英语学习词典	柯林斯公司	民法	魏振瀛
科学哲学	杜小真	民法学自学考试指导与模拟试卷	李仁玉
克隆的世界	申云平	民事诉讼法学教程	刘家兴
跨国公司新论	吴文武	明代哲学史	张学智
快译通 AutoCAD 2000	谭剑斌、王东辉	明清史论集	许大龄
快译通 AutoCAD 数据库连接技术与开发	余承飞	你误会了我	德博拉·坦嫩
快译通 Java 程序设计	黄 河	欧美哲学与宗教讲演集	赵敦华
快译通 RedHat Linux 网络技术	黄 河	企业的成长与管理:建立企业的25个诀窍	凯瑟琳·R·阿伦
快译通 Visual Lisp 技术	黄 河	企业法新论	甘培忠
快译通 Windows 2000 网络技术	李 彦	企业内部网功能	Microsoft 公司
快译通 RedHat Linux	张建宁	企业融资:筹资的25个诀窍	迪里普·瑞欧
快译通家用电脑图像处理基础	李 春	秦汉士史	于迎春
快译通网站设计技术	王国强	轻松说英语	刘凤霞
劳动法学自学考试指导与题解	贾俊玲	全国大学出版社获奖图书荟萃	教育部社政司
理性史	杜小真	全国公共英语等级考试应试指南·第一级	封宗信
历史认识的客观性问题研究	袁吉富	全国公共英语等级考试应试指南·第二级	封宗信
厉以宁诗词解读	彭松建、朱善利	全国公共英语等级考试应试指南·第三级	封宗信
例说 C++Builder 4	孙江涛	全国公共英语等级考试应试指南·第四级	封宗信
例说 Visual Basic6.0	张敬华	全国公共英语等级考试应试指南·第五级	封宗信
例说 Visual Foxpro 6	陈存峰	全国硕士研究生入学考试大纲词汇详解(英汉双解)	毕金献
例说 Core IDRAW 9Illustrator 8.0	刘小宁	《全宋诗》1-72册作者索引	古文献所
例说 PowerPoint 2000	刘 娜	热力学与统计物理	薛增泉
例说 VisualC++6	冯 彬	人权与国际关系	朱 锋
联邦制与世界秩序	王丽萍	人生理论与实践(修订本)	沈继英
量子力学新进展	曾谨言	人生心迹(英汉对照)	朱刚、杨晋
了解心理测验过程	查尔斯·杰克	日本填词史话	神田喜一郎
领导与远景:激励属下的25个诀窍	雷蒙·J·阿尔达格	日本姓氏读音大辞典	国际联谊出版公司
六级—考研时文阅读:高科技新视野	孙永科	日本语能力测试对策(1、2)级	王彦花
六级—考研时文阅读:国际事务热点聚焦	黄正鸿	日本语能力考试对策(3、4)级	王彦花
六级—考研时文阅读:教育广角镜	郑 开	日本在亚洲的作用	林华生
六级—考研时文阅读:全球经济透视	周春松	日语发音与纠音	翟东娜
六级—考研时文阅读:现代生活万花筒	徐 挺	日语能力测试专用教材(基础篇上)	车小平
卢作孚研究文集	凌耀伦	儒学南传史	何成轩
路是这样走出来的	平山美知子	三维图形及动画四合一学习教程	张敬华
路由(之五)	Microsoft 公司	商法考试指导与模拟试卷	本书编写组
吕氏春秋译注(修订本)	张双棣	审美学	胡家祥
履冰问道集	梁 柱	升级到 Ms Windows 2000	Microsoft 公司
绿色投入产出核算:理论与应用	雷 明	生命的童话	安立忻
论涅克拉索夫	魏荒弩	生物无机化学原理	S. J. Ljppard
论日本的金融行政	陶 涛	十三经注疏(简体整理本)	李学勤
论魏晋自然观	章启群	实验心理学	朱 滢
马克思主义哲学原理考试指导与模拟试题	赵家祥	实用英汉经贸词典	周振邦
马克思主义政治经济学原理考试指导与模拟试题	杨达伟	世界近代史	潘润涵

书名	作者	书名	作者
世界文化报告:文化、创新与市场(1998)	关世杰	物理化学(生物类)	高月英
首都城市功能研究	彭兴业	物理学中的非线性方程	刘式适
数理金融经济学	王一鸣	雾中风景:中国电影1979—1998	戴景华
数量方法考试指导与模拟试卷	鲁峰	西潮激荡下的晚清地理学	郭双林
数值线性代数	徐树方	西方哲学简史	赵敦华
数方化艺术	龙晓苑	现代企业理论研究	高程德
死去活来	郑雅心	现代气象观测	张蔼
四级时文阅读:高科技新视野	贾淑梅	现代西方哲学新编	赵敦华
四级时文阅读:国际事务热点聚焦	黄正鸿	现实与超越:发展中地区教育实践与研究	王乃信
四级时文阅读:教育广角镜	张国宪	2001年研究生入学考试应试指导丛书线性代数	李永乐
四级时文阅读:全球经济透视	刘晓晖	宪法学自学考试指导与题解	魏定仁
四级时文阅读:现代生活万花筒	郑东立	香港基本法的成功实践	肖蔚云
随意学英语(上)	刘实	销售与市场营销:销售产品的25个诀窍	迈克尔·A·卡明斯
孙中山革命与美国	郝平	小生命的王国	陈章良
探求智慧之旅:哈佛、麻省著名经济学家访谈录	廖理	小小法博士	佟丽华
唐代歌诗与诗歌	吴相洲	小学生能力综合训练:数学(三)	海淀八校编
唐研究(第六卷)	荣新江	小学生能力综合训练:数学(四)	海淀八校编
特级教师高中古诗文译解	程翔、邓晓龙等	小学生能力综合训练:数学(五)	海淀八校编
特殊函数概论	王竹溪、郭敦仁	小学生能力综合训练:数学(六)	海淀八校编
统计力学在物理化学中的应用(习题)	王文清	小学生能力综合训练:语文(三)	海淀八校编
图解AutoCAD 2000中文版	王东	小学生能力综合训练:语文(四)	海淀八校编
图解Fireworks 3与Flash 5	赵凯	小学生能力综合训练:语文(五)	海淀八校编
图解PageMaker6.0C	王香	小学生能力综合训练:语文(六)	海淀八校编
图解Publisher 2000	马明	心肌细胞电生理学	刘泰槰
图解Widows 2000中文版	陈存峰	心理学和你	朱丽娅·贝里
图解Authorware 5.0	徐双	新编汉语报刊阅读教程(初)	吴丽君
图解CorelDRAW9	赫晔	新编汉语报刊阅读教程(中)	吴丽君
图解Director7.0	张弘义	新编汉语报刊阅读教程(高)	吴丽君
图形计算器与数学活动案例选	王长沛	新世纪研究生英语(下)	马衰
图形图像工具软件集景	庞辉	新英汉双解词典	林洪志
网络核心(第3版)	Microsoft公司	信息化校园:大学的革命	万新恒等
网络设计三剑客演义	徐涛、李龙威	星之尘埃	杜小真
网络文化与技术	陶栋	刑法	高铭暄
网络协议和接口(之二)	Microsoft公司	刑法学概论	刘守芳
网页设计实务全攻略	黄河	刑事诉讼法学自学考试模拟试卷	王国枢
网页制作神童	胡志刚	行政法控权理论研究	李娟
网页制作学习教程	孙江涛	行政管理学概论(第2版)	张国庆
唯物史观在中国的历史命运论纲	梁枫	形式与政治:莎士比亚历史剧的意象和意识形态	黄必康
魏维贤先生七十华诞论文集	陈炎、陈玉龙	徐光宪文集	徐光宪
文化的馈赠(考古学卷)	北大中国传统文化研究中心	学苑警句(英汉对照)	赵伯英
文化的馈赠(史学卷)	北大中国传统文化研究中心	亚洲翻译传统与现代化动词	孔慧仪
文化的馈赠(语言文学卷)	北大中国传统文化研究中心	研究生德语(第二外语)	姚保琮
文化的馈赠(哲学卷)	北大中国传统文化研究中心	研究生俄语(第二外语)	俞仁山
文献信息资源编目	段明莲	研究生法语(第二外语)(上下)	王庭荣
《文心雕龙》研究(第四辑)	中国《文心雕龙》学会	燕京学报(新八期)	燕京研究院
《文选》版本研究	傅刚	燕京学报(新九期)	燕京研究院
文学批评理论:从柏拉图到现在	拉曼·塞尔登	一棵挺拔的大树(程民德先生纪念文集)	本书编委会
文学史新视野	林继中	一条行人稀少的路:弗洛斯特诗歌艺术管窥	黄宗英
闻一多传	闻黎明	意识的限度:关于时间与意识的新见解	李百涵、韩力
物理2000:进入新千年的物理学	赵凯华	音乐理论与管弦乐基础	马清

书 名	作 者	书 名	作 者
印度古典瑜珈哲学思想研究	李建欣	中国MBA报考指南	中国热线
印度文学文化论	唐仁虎	中国传统文化与现代生活	张 英
英语词汇札记(第二辑)	薄冰、司树森	中国法制史	曾宪义
英语活页文选(1—6)	英语活页文选编辑组	中国法制史自学考试指导与题解	蒲 坚
英语活页文选(7—12)	英语活页文选编辑组	中国法治之路	黄之英
英语活页文选(13—19)	英语活页文选编辑组	中国工商经营	李少民
英语活页文选(20)	英语活页文选编辑组	中国古代文论教程	李 铎
英语活页文选(21)	英语活页文选编辑组	中国古代文学学习指导(修订本)中	韩传达
英语活页文选(22)	英语活页文选编辑组	中国国内生产总值核算	许宪春
英语活页文选(23)	英语活页文选编辑组	中国环境法原理	汪 劲
英语活页文选(24)	英语活页文选编辑组	中国教育史上的一次创举:西南联合大学湘黔滇旅行纪实	
英语活页文选(25)	英语活页文选编辑组		张寄谦
英语活页文选(26—31)	英语活页文选编辑组	中国近现代政治发展史稿	关海庭
英语同义近义词例解词典	胡壮麟	中国经济转型研究:政府证券市场的作用	厉 放
与经济学大师对话	斯诺登	中国龙的新发现:中华神龙论	王 东
宇宙演化	杜小真	中国内地香港法律制度研究与比较	香港法律基金
语文读本(第一册)	初中语文教材研究组	中国宗教思想史新页	饶宗颐
语文现代化论丛	苏培成	中华古诗文读本(酉集)	中国青少年发展基金会
语用学教程	索振羽	中华古诗文读本(戌集)	中国青少年发展基金会
语用学:理论与应用	姜望棋	中华古诗文读本(亥集)	中国青少年发展基金会
预测与预算:成功计划的25个诀窍	诺曼·摩尔	中华古诗文读本(申集)	中国青少年发展基金会
原则与妥协:美国宪法的精神与实践	王 希	中文核心期刊要目总览(2000年版)	戴龙基
原子物理	郑乐民	中文期刊大词典(上下)	伍 杰
圆你一个北大梦	朱 非	中小企业信息化之路	刘佩仑
远程访问服务(之四)	Microsotf公司	钟嵘《诗品》校释	吕德申
运作管理	罗杰·G·施罗德	重新发现直觉主义:柏格森哲学新探	尚新建
在线投资炒股宝殿	Microsotf公司	重组生命	陈章良
战略管理	汤姆森	资产评估教程	于鸿君
张滂文集	张 滂	自然语言逻辑研究	邹崇理
证券投资学	曹凤岐	走向成熟的祝福	陈昊苏
知识产权法学	吴汉东	走向现代教育	廖大海
知识产权法自学辅导	吴汉东	组织和心理契约:对工作人员的管理	彼特·马金
知识时代的企业合作经营	肖 渡	最优选择与一般均衡	田国强
殖民主义史(东南亚卷)	梁志明	作家与领袖	孙美玲
殖民主义史(非洲卷)	郑家馨		(刘乐坚)
中澳合作的广阔前景	胡壮林		

北京医科大学出版社

【发展概况】 北京医科大学出版社成立于1989年4月,前身是北京医科大学、中国协和医科大学联合出版社。1999年3月经国家新闻出版署批准独立建社。

11年来,出版社高速发展,获得了良好的社会效益和经济效益。自1994年以来,连续三次被国家新闻出版署评为"全国良好出版社",连续三年被国家卫生部评为"杰出科技著作突出贡献出版社",被教育部评为"先进高校出版社"。11年间共出版教材、专著1200余种,发行1000余万册。在部委以上级评奖中获奖80余种次,其中《血管生物学》获第十一届中国图书奖。2000年印制码洋4450万元,发行码洋4100万元,出书品种195种。现在出版社会拥有国有资产3200万元,是建社时的320倍,已达到中等规模出版社水平和程度。出版物以高质量、高品位、高水平、多层次著称,成为社会信誉度很高的大学出版社。

2000年2月,该出版社被国家新闻出版署评为"全国良好出版社"。这是继1995以后,第三次被评为"全国良好出版社"。

【编辑工作研讨会】 2000年6月27—28日,医学部出版社召开了编辑工作研讨会,全体编辑人员和社领导参加了会议。会议确定了出版社选题定位:用3～5年时间建成全国医学教材出版中心,抓住医学教育体制的改革;用3～5年时间建成全国医学学术专著(译著)出版基地。在医学部的支持下,启动了七年制临床医学教材15种的出版计划,预计2001年底至2002年8月完成编写出版任务。基础医学七年制教材的出版计划也将于2001年4月启动。届时陆续出版的教材、教参将达到500种以上。

(马昕)

北京医科大学出版社 2000 年出书目录

书 名	作 者	书 名	作 者
2000年医师资格考试公卫执业医师自测试卷	编写组	简明核医学(二版)	潘中允
2000年医师资格考试口腔执业医师自测试卷	编写组	基础医学实验教程	陈育民
2000年医师资格考试临床执业医师自测试卷	编写组	急诊护理学学习指导	刘均娥
1999年医师资格考试—自测试卷(口腔)1,2,3	编写组	可摘局部义齿和全口义齿修复——应用	徐 普
1999年医师资格考试—自测试卷(公卫)1,2,3	编写组	口腔执业医师考试复习要点	编写组
安全性行为	卫生部	抗癌的秘密武器	北广美
癌症三阶梯止痛指导原则(二次)	孙 燕	口岸传染病控制	殷大奎
北京高校档案工作概览	档案研究会	路,是这样闯出来的	孙敬尧
鼻窦炎	韩德生	临床执业医师考试复习要点	编写组
北医大人民医院就医指南	吕厚山	临床助理医师复习试题集	编写组
病理学(上)	宫恩聪	临床心电图荟萃	林传骧
病理学学习指导	宫恩聪	临床技能(21世纪)	韩 丽
病理生理学学习指导	吴立玲	曼特尔与盖茨临床神经解剖学神经生理学纲要	孙玉衡
病理生理学	吴立玲	马克思主义基本原理—哲学	刘新芝
勃起功能障碍的外科治疗学(精)	郭应禄	脑血管病的防治与康复	吴升平
病理学(下)	宫恩聪	内科护理学	姚景鹏
病原生物学与免疫学基础	袁育康	内科学(大专)	张鸣和
常见皮肤病	张志礼	内科护理学学习指导	姚景鹏
传染病护理学	吴光煜	男生殖系常见病	郭应禄
产科掌中宝	董 悦	牛奶氟化预防龋病	卞金有
传染病护理学学习指导	吴光煜	内科学(自考)	祝家庆
当代教育学理论与护理教育(上)	郑修霞	帕金森病	陈海波
当代教育学理论与护理教育(下)	郑修霞	皮肤性病学(大专)	朱学骏
毒理学基础	周宗灿	皮肤性病学	朱学骏
儿科护理学	洪黛玲	全国牙病防治十年(精)	牙防组
儿科学	许积德	全科医生职业医学实用手册	黄先青
儿童保健学	季成叶	全科医学基础	王改兰
儿科护理学学习指导	洪黛玲	青光眼	刘 磊
妇产科学应试指南	郑 榕	全微组忆医学复习精要	李林峰
发育毒理学研究方法和实验技术	李 勇	人体生理学(大专)(上)	于吉人
妇产科护理学	郑修霞	妊娠与分娩	戴淑凤
分子生药学	黄璐琦	人体生理学学习指导	朱文玉
妇产科护理学学习指导	郑修霞	妊娠期用药掌中宝	董 悦
妇产科学	俞 淑	人体解剖学学习指导	胡梦娟
公卫执业医师考试复习要点	编写组	人体解剖学(大专)	胡梦娟
国家基本药物临床应用手册	秦文瀚	人体生理学(自考带盘)	范少光
护理药理学	肖顺贞	人体形态学(全科)	任惠民
护理学基础	郑修霞	人体机能学(21世纪)	樊小力
护理学基础学习指导	郑修霞	人体解剖组织学	任惠民
急性和慢性肾功能衰竭	杜学海	人体生理学(大专)(下)	于吉人
急诊护理学	刘均娥	生理学应试指南	朱文玉

书 名	作 者	书 名	作 者
生殖健康—预防生殖道感染	卫生部	医学分子生物学(精)	张乃蘅
社区医学	张枢贤	医学遗传学学习指导	柳家英
生存质量测定方法及应用	方积乾	医学遗传学	柳家英
水电解质酸碱平衡失调的判定与处理	张树基	预防艾滋病全家保太平	卫生部
生物化学(二版)	张乃蘅	预防性病全家保太平	卫生部
生物化学	章有章	医学实验设计与统计分析	王仁安
实用皮肤病性病治疗学(精)	朱学骏	医学生物化学学习指导	黄如彬
实用瘢痕学	鲍卫汉	药理学(大专)(上)	张 远
体外循环研究与实践	龙 村	医学心理学	洪 炜
糖尿病临床指南	钱荣立	医学遗传学基础	许维衡
外科学(大专)	徐文怀	药理学与护理程序	肖顺贞
五官科学	周亮等	医学免疫学与微生物学	白惠卿
外科护理学	郭桂芳	医学生物化学	周爱儒
微机应用基础(三版)	戴宗基	阴茎勃起功能障碍	郭应禄
物理学内容提要与习题	王鸿儒	医学免疫学与微生物学学习指导	白惠卿
物理学(二版)	王鸿儒	医师资格考试——临床助理医师应试指导	编写组
王志均院士九十华诞	吕清浩	医师资格考试——口腔助理医师应试指导	编写组
外科护理学学习指导	姚 兰	医师资格考试——公卫助理医师应试指导	编写组
外科学(自考)	吴在德	医学微生物学应试指南	朱万孚
围产保健与出生缺陷监测年度报告(1993)	李 松	医师资格考试临床医师复习试题集	编写组
卫生事业管理(21世纪)	胡浩波	医师资格考试公卫医师复习试题集	编写组
现代老年病护理手册	黄若文	医师资格考试口腔医师复习试题集	编写组
心理卫生和精神疾病护理(上)	胡佩成	医疗事故与民事责任	刘劲松
哮喘	殷凯生	胰腺疾病	徐肇敏
心血管病理生理学	吴立玲	英汉-汉英基础医学词汇选编	张席锦
现代护理管理学(二版)(上)	张培君	医护心理学(上)	胡佩诚
心理治疗原则与方法	曾文星	预防医学	叶葶葶
新概念心电图	郭继鸿	医用基础化学(大专)	张法浩
现代口腔内科学诊疗手册(精)	高学军	医学免疫学与病原生物学(21世纪)	袁育康
现代口腔颌面外科学诊疗手册(精)	孙勇刚	医学寄生虫学学习指导	高兴政
性病、艾滋病防治教材	王 钊	医学多变量统计与统计软件	孙尚拱
现代临床护理技术手册(上)	黄剑琴	药理学(大专)(下)	张 远
现代急诊医学诊疗手册(精)	程义先	预防医学(21世纪)	王学良
现代口腔修复学诊疗手册(精)	冯海兰	医学寄生虫学(大专)	高兴政
现代口腔正畸学诊疗手册(精)	曾祥龙	有机合成基础	岳保珍
现代临床护理技术手册(下)	黄剑琴	药理学	金有豫
心理卫生和精神疾病护理(下)	胡佩成	医护心理学	胡佩诚
小儿脑性瘫痪(精)	林 庆	预防医学(大专)	张枢贤
性教育与艾滋病预防教师手册	教科文	医学伦理学	李本富
现代内科护理手册	杨 岚	药理学学习指导	张 远
现代老年病护理手册	黄若文	医学寄生虫学学习指导	高兴政
心脏起搏的最新进展(予)	郭继鸿	医学伦理学(下)	李本富
现代妇产科护理手册	岳亚飞	中国卫生经济培训与研究网络	魏 颖
现代急诊护理手册	王 雪	中央广播电视大学医科统设课程教学大纲汇编	教务处
行为医学(21世纪)	张 文	肿瘤相关基因	成 军
现代外科护理手册	刘 淼	中国出生缺陷临测畸形图谱	王凤兰
西医综合科目试题选编与分析	考试中心	组织学与胚胎学实习指导	组胚室
新生儿掌中宝	戴淑凤	诊断学基础(大专)	张树基
新生儿保健(每百张)	卫生部	中外医学史	程之范
现代护理管理学(二版)(下)	张培君	组织学与胚胎学学习指导(上)	唐军民

书 名	作 者	书 名	作 者
组织学与胚胎学(大专)	吴江声	中央电大医科统设课程实验指导汇编	吕证宝
自然辩证法概论	刘 奇	中国高等医(药)学院校学报发展史	黄万武
中国出生缺陷监测畸形图谱(光盘版)	王凤兰	诊断学基础学习指导	张树基
组织学与胚胎学学习指导(下)	唐军民		

北京大学档案馆

【概况】 北京大学档案馆前身为北京大学党委办公室档案室,建于1958年11月。1982年12月成立北京大学综合档案室,始为处级建制。1993年4月北京大学档案馆建立。1999年北京大学进行管理体制改革,档案馆为学校领导下独立的直属机构,既是学校档案工作的职能管理部门,又是永久保存和提供利用本校档案的科学文化事业机构。2000年档案馆按照业务工作特点,重新划分内设机构,将原来文书档案、科技档案和技术三个办公室更名为管理利用办公室、收集指导办公室和技术编研办公室。

档案馆馆藏档案非常丰富,有北京大学、西南联合大学、日伪占领区北京大学、北平大学、燕京大学五个全宗。截至2000年12月底,档案馆库存纸质档案62031卷,照片60297张(含底片),录音录像带1723盘,底图3190张,资料1004卷(册),分为党政、科研、基建、设备、人物、学籍、出版、会计、声像、产品、已故人员、资料12个门类。其中清朝档案162卷,民国时期档案13799卷,新中国建立后档案48070卷。这些档案反映了百年来北京大学创建、变迁、发展、建设的历程,有些档案极为珍贵,如《钦定京师大学堂章程》;1906年京师译学馆舆地学讲义;1907年京师大学堂第一次运动会记录及毕业文凭留样;校匾(实物);铜钟(实物);1916年12月26日蔡元培被任命为北京大学校长后对学校进行整顿和改革的材料;1918年至1926年北京大学先后成立的音乐会、辩论会、速记学会、国史研究会、书法研究会、国是研究会等学生和教职员社团组织的章程及会员名册;1917年在李大钊领导下成立的"马克思学说研究会"的会员及发起人名单;李大钊、蔡元培、马寅初、马叙伦、胡适、周作人、蒋梦麟等人领薪存根;李大钊、陈独秀、毛泽东、鲁迅在北京大学任职、任教的记载;1949年中国人民解放军北平市军事管制委员会接管北京大学的文件;1950年3月17日毛泽东为北京大学题写校名的手迹,同年4月21日为祝贺北京大学"五四"运动31周年的题词手迹;1987年10月15日邓小平为《今日北大》题写书名的手迹;党和国家领导人周恩来、朱德、陈毅、彭真、江泽民、李鹏等到校视察工作的记载;阿根廷、墨西哥、巴西、意大利等多国总统到校参观访问的记载;"计算机—激光汉字编辑排版系统"的材料及其获第14届日内瓦发明展览金奖的证书、奖章和获国家与部委级奖的各类奖状等。此外还有大量珍贵的照片,如:历届校长照片;在北京大学学习或任教的著名教授、学者、革命者、科学家等的单人照片;1903年京师大学堂重要教职员合影;1920年北京大学最早入学的女学生合影;北京大学"马克思学说研究会"会员合影;北京大学学生参加"五四"运动、"一二·九"运动、"一二·一"运动,1947年参加华北学生北平区反饥饿、反内战运动等的照片;1949年1月参加欢迎解放军入城和庆祝北平解放大游行的照片及1949年10月参加中华人民共和国中央人民政府成立大会庆祝游行的照片;党和国家领导人到校视察工作的照片等。

北京大学档案馆在工作中很重视档案基础业务建设。2000年依据国家档案局颁发标准和北大的实际情况,对文书档案的收集、整理方案做了较大调整,修改了文书档案和科技档案案卷目录中不合乎国家标准的部分,为档案现代化管理和专题数据库的建设打下了良好基础。为做好档案的查阅利用工作,档案馆先后整理了五大全宗的历史档案及建国后的部分档案,编制了案卷目录及部分全引目录、专题目录、专题卡片,并根据档案价值大小,对利用率高的档案编制了46种专题检索工具。北京大学解放前的老档案(包括京师大学堂)、西南联合大学、日伪占领区北京大学、北平大学、燕京大学五大全宗的文书档案案卷目录已全部录入计算机,燕京大学学生学籍档案和北京大学1981—1995毕业生学籍档案的专题检索数据库已经建立,各类档案原件的扫描和光盘存储工作正在开展,部分珍贵历史档案资料和照片已经过扫描存入光盘。档案工作规章制度日趋完善,2000年在原有17项管理制度的基础上,制定了《北京大学人物档案征集、归档暂行办法》。北京大学档案馆学术空气日益浓厚,在做好日常工作的同时,工作人员积极开展档案学术研究,在各种刊物上发表学术论文和其它文章共42篇,在高校档案学术交流会上提交论文21篇,5位同志的论文被收录入《中国档案管理精览》一书,13篇论文被《北京高校档案学术论文选萃》一书选录。档案馆参加编辑的《西南联大史料》,全书六卷已全部出版。2000年档案馆成功举办了"馆藏与利用成果展"。在国家档案局和北大领导的大力支持下,档案馆建设北京大学爱国主义教育基地和档案科学技术研究基地项目正式启动,成为北大"211"工程建设的一个子项目。2000年12月12日档案馆和国家档案局档案科学技术研究所共建北京大学档案科学技术研究基地暨合作开发北大档案管理系统签字仪式在人民大会堂举行。

2000年档案馆结合档案科学技术研究基地建设工作,努力提高档案现代化管理水平。档案馆WEB网站建设初具规模,主要内容分为档案工作介绍、每周工作动态、馆藏概述、档案利用、网上档案馆、档案法规、档案论坛、名人档案、校园变迁、社团档案和本科、研究生毕业证认证链接等,并且可以实现部分毕业生学籍以及珍贵馆藏档案的查询。2000年,档案馆文书档案管理系统正式开通,继续开展珍贵历史档案和照片的扫描工作。北京大学解放前的老档案(包括京师大学堂)、西南联合大学、日伪占领区的北京大学、北平大学、燕京大学五大全宗的文书档案案卷目录已全部录入计算机,建立了专题检索数据库。

【档案收集与整理】 继续巩固1999年收集工作成果,依据国家档案局颁发标准和北大的实际情况,将文书档案的收集、整理方法做了较大调整,制定了文书档案简化立卷方案,在此基础上先后修改了文书档案和科技档案案卷目录中不合乎国家标准的部分。2000年制定了《北京大学人物档案征集、归档暂行办法》,人物档案征集工作已经启动。化学学院黄子卿院士的各类档案材料共计277件已立卷归档。全年共接收文书档案877卷,声像档案4盘,奖品42件。

2000年继续对文书和学籍档案进行编目、插卷,同时开展基建档案综合材料及基建底图的整理工作。全年整理档案978卷。2000年依据财政部、国家档案局1998年颁布的《会计档案管理办法》中关于会计档案保管期限的有关规定,对馆藏会计档案进行了审核、鉴定,经学校领导批准,销毁会计档案共465卷。此外,销毁已拆、未建基建项目档案24卷。

【档案利用与服务】 2000年档案利用再创历史新高。学校工作查考、新闻出版单位以及国内国际友人,查阅了大量文字材料和照片档案。全年向利用者4956人次提供档案8201卷次,利用照片580张,复制、翻拍照片447张。学籍档案和基建档案继续保持较高查阅率。2000年学籍档案为补办学历证明以及提供出国成绩单凭证发挥了很大作用,计2803卷次;基建档案为学校的扩建,修缮工程提供图纸档案复印件963卷次。

【学术交流与编研】 2000年档案馆工作人员在高校档案学术交流会上提交论文3篇并分别获北京市和高教档案协会论文优秀奖。北大档案馆与美国耶鲁大学神学院档案馆就特色馆藏管理方法以及电子时代档案现代化管理工作的方式和存在的问题进行了充分探讨,对国外档案管理的现状有了初步了解。此外,为配合校庆工作,编辑了70级、80级、90级毕业生名册。2000年北大档案馆工作人员正式成为中国档案协会的团体会员。

【档案馆馆藏与利用成果展】 5月9日在北大百周年纪念讲堂举办了"北京大学档案馆馆藏与利用成果展"。展览内容分为两大部分:一部分是从北大的百年馆藏中依据不同类别遴选出来的部分代表性资料,包括"校园变迁"、"前辈名师"、"承前启后,薪火相传"等几个方面;另一部分是从近年来档案工作所取得的成果中采撷出来的一些利用事例,介绍了北大依靠馆藏档案在提供历史凭证、促进学术研究、争取科研项目以及参与各种评估等工作中所取得的成绩,显示了档案工作所发挥的重要作用。本次展览达到了预期的效果,加深了人们对档案工作的认识,起到了宣传教育的作用。有的同学看过展览后留言:"铭记历史,展望未来,北大的历史是催人奋进的战鼓",表示一定努力学习,让北大的辉煌在他们手中继续发扬光大。展览得到了中央档案馆馆长、国家档案局局长毛福民和北大党委书记王德炳等校领导的肯定。

【青少年爱国主义教育基地】 档案馆保存着大批珍贵的,在中国近现代史有举足轻重影响的档案资料。为使这些档案资料发挥出应有的效用,弘扬北京大学百年来形成的爱国、进步、民主、科学的光荣传统和勤奋、严谨、求实、创新的优良学风,档案馆提出建设北京大学青少年爱国主义教育基地的目标,希望把档案馆建设成为北京大学的一个窗口单位,成为向北大学生和社会各界进行爱国主义教育和精神文明建设的基地。这个工作列入了学校"211"工程建设子项目,具体工作正在逐步展开。

【档案科学技术研究基地】 为充分利用现代信息技术,把档案馆建成集档案管理、信息资源开发和档案信息保护为一体的档案学研究基地,本着资源共享、优势互补、共同发展的目的,经同国家档案局商洽,决定与国家档案局档案科学技术研究所共建北京大学档案科学技术研究基地,并暨合作开发北大档案管理系统,12月12日在人民大会堂举行签字仪式。基地共建采取项目合作方式以开发北京大学档案管理系统及高校档案管理系统为主导,充分利用北京大学丰富的馆藏优势和学术优势,借助国家档案局科学技术研究所技术开发、市场运作、服务等平台,建立以档案管理技术、保护技术的应用研究为支柱,档案信息资源开发为导向的产、学、研相结合的现代档案管理模式。

(刘晋伟)

医学部档案馆

【发展概况】 医学部档案馆前身是北京医科大学档案馆。1979年12月北京医学院恢复档案工作,1985年成立院办档案科,1989年3月6日成立北京医科大学档案馆,为处级建制,是学校领导下的独立直属单位。2000年4月北京医科大学与北京大学合校后改名为北京大学医学部档案馆,挂靠在医学部主任办公室。档案馆既是医学部档案工作的职能管理部门,又是永久保存和提供利用本校档案的科学文化事业机构。1992年北京医科大学档案馆被评为卫生部直属单位档案工作先进集体,1995年12月被评为北京市高等学校档案工作先进集体。档案馆设在学校原图书馆东侧平房,建筑面积约300平方米。

馆藏档案参照国家教委确定的实体分类法分为历史档案、党群档案、行政档案、教学档案、研究生个人学位档案、科学研究档案、基本建设档案、产业档案、出版物档案、财会档案、人物档案、设备档案、外事档案、照片档案和礼品档案等共15个门类。在医学部教育技术中心设有声像档案分室,专门负责录像和录音档案的管理。在医学部设备与实验室管理处设有设备档案分室,负责5万元以上的设备档案管理。截止到2000年12月31日,档案馆共藏有各类纸质档案37714卷,各种照片6862张,基建底图1026张,资料350册,出版物981本,礼品实物340件。档案馆从1993年起开展剪报搜集工作,现存有关原北京医科大学的报纸报道文章2213条。馆藏档案最早的是北京医科大学第一任校长——国立北京医学专门学校汤尔和校长1915年创建的"中华民国医药学会"的章程。党政文书档案始于1950年。随着档案管理工作的逐步加强,档案馆的馆藏档案不断丰富和充实,其中研究生个人综合档案具有一定特色,比较完整地保存了从1955年起历届硕士研究生、博士研究生的学位培养和考核材料;科研工作记录;学位论文以及博士后的进、出站综合材料。人物档案收集有在医学部工作的科学院院士和工程院院士以及校长和知名专家、学者的相关文件和实物。在馆藏档案中,有1954年毛泽东主席接见著名医学专家、1958年邓小平参观北京医学院科研成果展、1992年江泽民总书记接见北京医科大学博士研究生、江泽民总书记与北京医科大学1992年毕业生合影等照片和1992年北京医科大学成立80周年时江泽民、李鹏等国家领导人的题词等珍贵档案。

为了使档案工作有章可循,1992年北京医科大学档案馆修订编写了《北京医科大学档案工作规章制度汇编》。《汇编》包括了《北京医科大学档案工作条例》和各类档案管理办法等38个文件。

(李润生)

【档案收集】 2000年4月合校后,学校的管理机构和人员变动较大,为了确保各类档案的完整和及时移交,学校专门发出了《关于抓紧作好档案归档工作的通知》。2000年档案馆共接收各类档案1766卷(件、册)。其中党群档案、行政档案253卷;教学档案740卷(含研究生个人学位档案)、科学研究档案116卷、基本建设档案5卷、产业档案16卷、出版物样书10本、财会档案555卷、人物档案14张(册)、礼品实物57件和研究生照片201张、剪报418条。

【档案利用与服务】 2000年档案馆在坚持作好对各部门立卷指导工作的同时,继续较好地发挥了服务功能,各类档案都有较高的借阅率。学校各部门的工作查考;科研记录的查找;科研课题验收、评估;人物编写等工作都到档案馆查阅了大量文字材料和照片档案。2000年共向校内外利用者提供各类档案1732卷次。文书档案、教学档案和基建档案仍有较高的查阅率。教学和研究生个人学位档案为利用者办理学籍证明和学习成绩证明、查阅研究生科研记录和学位论文提供借阅170人次528卷。基本建设档案为学校的扩建、改建和维修及房产证明提供借阅128人次476卷。党群档案、行政档案提供借阅459卷。科研档案提供借阅156卷、财会档案提供借阅113卷。2000年7月,在北京医科大学为生理学教授王志均院士举办的90华诞庆祝会上,档案馆筹办了王志均院士个人档案展览。

【档案管理】 档案馆内部实行按门类分工管理的负责制。根据学校人事管理改革的要求,在2000年3月完成副馆长聘任后,7月26日又有4人完成上岗聘任答辩。2000年档案管理工作在计算机管理的建设上有较大进展,在实现每人一台计算机的基础上,11月档案馆采用"飞狐灵通办公自动化—FOX OA 2000"软件实现了档案馆内部计算机网络连接。这一软件的应用为今后全馆档案管理的自动化奠定了基础,适应了从文书处理到档案自动归卷的管理模式,可实现档案的立卷归档、案卷分类整理、案卷自动编目、档案编研、档案查询等工作。到2000年12月馆藏的历史档案和研究生个人学位档案的案卷目录已全部完成计算机登录。

党群、行政文书档案、科研档案、基建档案的案卷目录完成了部分录入。

【学术交流与编研】 根据工作需要,档案馆先后编写出版了《北京医科大学人物志》、《北京医科大学档案馆简介》。为《北京志·外事志》编辑单位提供了北京医科大学外事活动的综合材料;为北京医科大学简介提供了学校沿革、教学、科研、重要人物、重大事件等材料汇集。编研材料主要有《北京医科大学历任校长、书记沿革(1995年)》、《北京医科大学历届党员代表大会简介(1997年)》、《北京医科大学科研机构汇编(1952—1996)》等及"专题目录"、"全引目录"等检索文件17份,其中《北京医科大学科研机构汇编(1952—1996)》获北京市档案编研成果展三等奖。承担了北京医科大学生理学教授王志均院士生平事迹光盘《我的事业在祖国》制作的文字主笔。

1993年以来档案馆工作人员在《北京医科大学学报》、《北京高校档案学术论文选萃》等刊物上发表论文6篇。在校刊上发表有关档案馆的工作报道文章4篇。

(李润生)

北京大学赛克勒考古与艺术博物馆

【概况】 北京大学赛克勒考古与艺术博物馆是由北京大学与美国赛克勒艺术、科技与人文基金会合作修建的,是中美两国人民友谊的象征。

赛克勒先生(Arthur M. Sackler)是美国知名医药学家、慈善事业家和艺术品收藏家。他慷慨资助研究和保护中国古代文物的工作,赞助建造了三座艺术博物馆:即美国首都华盛顿市的赛克勒美术馆、美国哈佛大学的赛克勒博物馆和北京大学赛克勒考古与艺术博物馆。北京大学赛克勒考古与艺术博物馆于1992年10月正式落成。建筑总面积4000余平方米,包括主楼、东西侧厅、后殿和中央庭院。

博物馆于1993年5月27日正式开放至今,每年接待的参观人数逐年上升。2000年,来博物馆参观人数26000人,其中外宾8%,内宾92%(青少年70%)。博物馆不仅仅是对外宣传的一个窗口,同时肩负着教学、科研的重担。组织学生们利用博物馆进行理论与实际相结合的教学活动,使他们在实践中提高研究水平和实际工作能力。

博物馆是观众学习历史知识和提高艺术素养的场所。2000年,馆内除了"金牛山人"专题陈列、旧石器时代考古、新石器时代考古、"山东长岛新石器时代聚落遗址"专题陈列、夏商周考古、秦汉考古、"山西曲沃曲村晋文化墓葬"专题陈列、三国两晋南北朝隋唐考古、宋辽金元明瓷器、"河北磁县观台窑址"专题陈列之外,2000年,博物馆还布置了4次陈列展。4—6月18日校庆书画展。7月12日—8月14日系史展。在此期间,教育部科研基地检查团来北大检查工作,博物馆通过展览向领导汇报考古学学科的发展和现状。8月17—22日"新出简帛国际学术研讨会"在北京召开,配合研讨会举办了新出简帛精品展。10月24日—2001年3月,又布展了"中国陶瓷制作工艺展"。中国陶瓷特别是磁州窑、钧窑的瓷器在中国乃至世界享有很高的声誉。举办此次展览主要是让观众了解陶瓷制作的工艺,从而对陶瓷有更加感性的认识,更加热爱中国的陶瓷艺术。

11月15日—12月15日,考古文博院受国家文物局委托举办了"全国省级博物馆管理骨干高级研讨班"。由21个省代表参加,参加总人数24人。研讨班主题为"博物馆改革的思路与实践",内容包括用人机制、竞争机制、分配机制、进一步深化改革的设想等。

为了考古文博院的教学、科研更加顺利地开展,2000年,博物馆对地下室进行了改造。这项工作由北京大学中国考古中心、北京大学考古文博院共同完成。通过改造,研究人员的研究条件与考古文博院学生的上课条件均得以改善。

2000年,考古文博院安全保卫工作荣获了北京市安全保卫工作奖。安全保卫工作是博物馆第一位的工作,为了加强管理,增加了保安人员及值班人员。

(李淑霞)

电教中心

【概况】 北京大学电教中心成立于1973年,1986年建成并启用10000多平方米建筑面积的电化教学楼。有教职工44人(2000年12月统计),其中正高职称6人,副高职称9人,中级职称18人。有7间多媒体教室,9间语言实验室,4间微机房,各种型号微机200多台。有大、小演播室各一间,面积分别为180和80平方米。具有BVU、M2和BETACAM等档次的录像制作设备。有三维动画视频制作系统SGI Indigo-2工作站,可制作多媒体教材。10月25日北京大学教育学院成立后,电教中心的相关部分改组成为教育技术系。

电教中心下设5个室:办公室,教育技术教研室,文科计算机教研室,多媒体技术实验室和技术室。办公室协助电教中心领导处理本单位有关人事、行政公务。负责电教中心的资料管理、教室管理和后勤保障工作。电教办公室对内负责大楼7个多媒体教室、9个语言实验室(共有356个座位)的日常管理和技术保障工作;负责电教中心仪器设备的建卡、出入库和清查、统计工作；负责全中心教职工（含离退休人员和临时工）的劳保发放及有关福利待遇工作；负责本单位安全、卫生等各项规章制度的制定、检查、监督和落实工作。办公室下辖的资料室，藏有中、英、法、德、俄、西、日等各语种的图书文献计2500余册，各语种的音像资料达5500多部，可满足校内各学科、系（所）和专业的师生教学观摩的实际需要和娱乐观赏的各种要求。

教育技术教研室主要任务：对全校文科教师进行教育技术培训；教育技术学硕士研究生培养；进行教育技术和远程教育的研究与开发，为全校开设有关教育技术的公共选修课。现有教职工17人，其中教授5人，副高职称4人，中级职称7人，助教2人。

文科计算机教研室成立于1993年，承担全校文科学生的公共基干课"计算机基础与应用"，进行教育技术的科研工作。后根据学校学科建设的需要，于2000年8月并入学校计算机系。

多媒体技术实验室主要任务是：多媒体技术研究、开发，多媒体教材及音像节目制作。现有工作人员7人，其中副高职称2人，中级职称5人。该实验室有大演播室180平方米一个，小演播室80平方米一个。主要设备有SGI工作站及非线性编辑系统、BETACAM编辑系统、M2和VHS摄、录、编系统。可制作M2、BETACAM、VHS格式的音像节目，还可刻录VCD、CD-ROM光盘，制作形象逼真的三维动画。

技术室的主要任务是承担电教中心及学校部分电化教室的硬件保障，多媒体教室的设计、安装及有关设备的维修，承担9个多媒体教室、9个语言实验室以及三教电化教室的管理工作，定期对使用电教设备、语言实验室、多媒体教室的任课教员进行技术培训，和负责全校有线电视网的设计、安装、维修及全校闭路电视节目的接收和播放。到2000年底，技术室在中心领导下，已先后建成了12个（校本部9个，昌平园区3个）现代化的语言实验室，10个（校本部9个，昌平园区1个）多媒体教室，保证了学校教学工作的顺利进行。初步建成了覆盖全校各大园区的闭路电视网，进一步丰富了广大教职员工的业余文化生活。1999年以来又陆续与海淀网、清华大学网实现连通，使传输信号质量进一步提高，传输内容更加丰富多彩。

【教学工作】 电教中心承担了全校文科学生的"计算机基础与应用"课程的主讲和全部文科学生的上机任务；负责全校文科教师的教育技术培训；面向全校开设了五门公共选修课。

全校文科学生基干课"计算机基础与应用" 计算机基础课是北京大学文科本科学生的必修课，文科研究生的限选课。每学期上课的各类学生（含本科生、研究生、留学生和成人教育学生等）约1500人。本科生的课程安排一般为一个学年。每周2学时上课，2学时上机。1997年成立的北大文科学生计算机兴趣小组，现已取得了一定的成果，如北大赛克勒博物馆主页、北大学生社团网页等均已完成并投入使用。

全校文科教师教育技术培训 2000年举办了9期，共有310多位文科教师参加培训。由于效果明显，深受教师们的欢迎，学校决定追加投资，使教师培训机房由原来的20台微机增加到40台。

开设面向全校文理科学生的5门选修课 5门选修课为："计算机辅助教学"、"高等数学CAI"、"传播媒体与信息技术"、"影视编导基础与制作技巧"和"INTERNET最新技术与应用"。

【科学研究与开发工作】 电教中心主要从事远距离教育的理论、模式的研究，计算机辅助教学（CAI、CAL）课件开发工具的研制和网络化教学管理系统的研究开发工作。还承担了国家自然科学基金和横向开发研究项目。"面向21世纪高等数学教学内容和课程体系改革"项目通过教育部鉴定，其中"数学实验"子项目负责人为李树芳；国家"九五"重点教育项目"发展教育技术，促进教育改革的'绩效技术与教育技术'"完成并通过鉴定，项目负责人为高利明；国家"九五"重点攻关项目软件工程环境（青鸟CASE）工业化生产技术（第二期），"计算机辅助教学软件构件和集成化制作系统的研究开发"通过鉴定，项目负责人之一为朱万森；云南省省校合作教育项目"计算机辅助教学平台研制"完成并通过鉴定，北大方负责人为朱万森。

【音像教材的制作与理论研究】 到2000年底，共制作1000多小时包括A、B、C三类的录像教材，几万张幻灯片。出版了《中华文化讲座》、《邓小平理论专题讲座》、《中国木兰拳》等。《中华文化讲座》荣获首届"国家音像制品奖提名奖"（相当于国家级二等奖）。

2000年制作、出版了《素质教育》（10集，60分/集，A类片）、《中小学英语辅导讲座》（54集，50分/集，B类片）、《进入WTO与我们的对策》（120分，A类片）、《邓小平理论课》（12学时）、《211工程汇报片》（4学时）、《科研成果汇报片》（3个C类片）。为中央广播电视大学摄制了《传播媒体与信息技术》（10集，12分/集，B类片和120分，C类片共四部）。为三辰公司制作的《信息技术课》（64集，B类片）已交付使用。完成《名师名课》多媒体课件（40学时）以及为"211"工程汇报创作拍摄的素材照片3000余张。

【教学服务】 电教中心面向全校，负责9个多媒体教室，9个语言实验室，4个计算机房及电教报告厅的管理工作。除寒、暑假外，电教报告厅每年要接待上百场学校内外、国内和国际范围的各类学术会议。此外，昌平园校区的多媒体教室、语言实验室、微机机房、电化教室也由电教中心负责管理，2000年9月正式移交给学校。

【校内新闻及电视共用天线】 电教中心负责全校共用天线的设计、安装、维修及管理。完成校内新闻全年40期的播出任务，以及为迎接新世纪学校要求的转播任务。

（方洪勉）

医学部教育技术中心

【发展概况】 北京大学医学部教育技术中心始建于1978年5月，当时为北京医学院教材处电教室，1986年9月正式建立北京医科大学电化教育中心。1999年4月改名为北京医科大学教育技术中心。2000年4月北京大学与北京医科大学合并，中心更名为北京大学医学部教育技术中心，为医学部直属业务单位。现有专业技术人员18人，其中副高以上职称2人，中级职称11人，初级职称5人。

中心下设4个科室：综合业务办公室、多媒体教学实验室、音视频技术工作室和医学摄影工作室以及医学部电视台。主要工作任务是：通过对教育技术的研究与应用为医学部的教学、科研和医疗工作开展相关技术服务。目前主要的业务范围包括：教育技术理论和实践的研究；教育技术的培训和技术管理；多媒体教学软件的开发与应用；视听教材的制作与技术；远程教育、数字录音技术、VCD制作技术、光盘制作技术、电视新闻节目及专题片制作技术、多功能教室的技术管理等。

北京大学医学部教育技术中心现有建筑面积2000平方米，其中有120平方米和80平方米的大、小演播室各一个，远程直播控制教室一个，以及编辑制作室、计算机多媒体软件制作室、播放、复制室、黑白暗房、显微摄影等制作空间。具有Betacam、DV、BVU等视频摄录编辑系统、非线性编辑系统，以及数字录音和卫星接收设备、数字幻灯制作设备和摄影、照片制作设备。近年来，又增添了20多台高端计算机和图像扫描、视频采集、光盘刻录等设备，在医学教学、课件开发中发挥着重要作用。

十几年来，中心先后制作完成600多部医学教学音像教材和十多部多媒体教学软件。这些教材和教学软件广泛地应用于医学教育，并先后出版发行。其中有部分视听教材和教学软件分别获教育部、卫生部、新闻出版署和北京市的奖项。发表论文40余篇，主编著作2部，参编著作2部。

医学部电视台自1991年9月开播以来，共制作《北医新闻》190期，采集新闻1063条，播放390余次。

【基础设施建设】 根据学校总体规划，2000年教育技术基础设施建设方面的工作主要有：(1)完成了7个多媒体多功能教室系统设备的选型和改造项目。促进了专业教师在运用CAI课件、电子教案、各种影视媒体以及网络教学的积极性，并且给学生提供了一个全新的学习环境。(2)完成了开放的多媒体制作与培训教室的建设，改善了专业教师进行教育技术培训和制作CAI课件的条件和场所。(3)改造了有线闭路电视系统与教室的连接，使学生在教室就能观看国内外重大新闻节目。(4)完成教育技术中心中控室设备的技术改造及环境改造项目。数字录音室、光盘制作复制室的建设，为多媒体技术在教学中的应用提供了物质和技术保证。(5)远程直播教室项目正在启动和建设中，为医学远程教育正式启动做必要的准备。

【教材建设与教学服务】 2000年制作电视教学片9部，CAI教学课件5部，即电视教学片《再生障碍性贫血》、《白血病的诊断与治疗》、《神经解剖》中枢神经部分、《神经解剖》周围神经部分、《心血管系统》(解剖)、《阿片类镇痛药的药物依赖性评价实验方法》、生理学示范课程《正常心电图形成原理》、大中学生科普教材《艾滋病》、WHO精神卫生培训教材《灾难社会心理后果的控制》及CAI教材：《上消化道出血的诊断与治疗》、《病原性球菌》、《人体寄生虫学》、《泌尿生理学》和《组织与胚胎学》眼和耳部分。以上课件均为出版教材，其中六部电视教材为正式出版物。《循环系统生理学》CAI课件获2000年度北京高等学校电教学会优秀CAI课件一等奖。

教育技术中心为服务于教学和配合学校重大活动及医、教、研项目，做了大量工作。摄制北京大学与北京医科大学合并实况以及教学实况、科普讲座、报告、校园文艺活动的电视节目。复制各种教学、专题、课件光盘200多片。制作了大量教学幻灯片、显微照片以及医学图片等。为专业教师制作电子教案提供动画、图片、视频、音频等多种媒体的采集与制作技术。设计制作完成学校世行贷款项目汇报多媒体演示件。制作祝贺王志均教授90寿辰的多媒体光盘《我的事业在祖国》和祝贺李资平同志90寿辰的VCD光盘。专业技术人员还为新职工讲授教育技术应用培训课程。

2000年度，医学部电视台编辑新闻20期，采集新闻130条，播放新闻42次。

【远程教育】 北京大学医学网络教育学院成立后，教育技术中心为其完成了远程网络教育DVB试播任务，其中包括远程教育访谈节目、开学典礼、教学片制作与试播。正在进行医学网络教育学院卫星直播课程的技术准备、设备选型、网络布线和场地设施建设。完成《生理学》网络课件的招标和网络课件演示版的制作。支持卫生部卫星卫生科技教育网远程教育开播的有关技术准备和相关工作，保证了 2000 年 12 月试播成功。

（许连陆、张靖）

计 算 中 心

【发展概况】 北京大学计算中心始建于 1963 年，当时是数学力学系的一个实验室，先后被数学系、计算机系、计算机研究所等单位代管过，于 1985 年正式与北京大学计算机研究所分离，成为独立建制的全校大型综合实验室。自成立以来，在校园网建设、管理信息系统建设及各类计算机人才培养方面都取得了显著成绩，为北京大学的教学和科研做了大量工作，积累了大量实践工作经验，曾荣获全国高校及北京市高校先进实验室称号。

计算中心共有工作人员 67 人（2000 年 12 月统计），其中，正高级职称 6 人，副高级职称 17 人，中级职称 37 人，35 岁以下的技术人员占中心总人数的 33%。计算中心现有各类仪器设备 1358 台，其中超大型服务器 IBMS/390 机 1 台，大中型服务器 SUN3500 等 9 台，小型服务器 SUN、HP 等 20 台，图形工作站 8 台，586PC 机 850 台，网络设备路由器、交换机等 450 多台件。各种房屋 2400 平方米。其中学生机房 1000 平方米，网络机房 350 平方米，培训机房 120 平方米，工作人员用房 930 平方米。

计算中心目前下设网络室、管理信息室、运行室、计算机教研室和办公室。1993 年学校在管理信息室的基础上成立了北京大学管理信息中心，1995 年学校在网络室的基础上成立了北京大学网络中心，现在计算中心是计算中心、网络中心和管理信息中心三位一体的以网络建设、信息开发和上机服务为宗旨的教学辅助单位。

计算中心目前承担的主要工作有：全校计算机网络的基础建设，其中包括校园网的规划、设计、施工、管理及维护，全校师生网络应用的全方位服务和中国教育和科研网（CERNET）华北地区主节点的建设、管理和维护，包括将河北省、天津市及北京市部分高校接入中国教育和科研网等，这些工作主要由网络室承担；学校管理信息系统的建设，其中包括系统的规划、研制、开发和维护，这些工作主要由管理信息室承担；运行室承担着为全校 1 万多名学生提供计算机上机服务和 IBM 技术中心的建设和管理；计算机教研室承担北京大学成人教育学院计算机专业学生的教学和管理；办公室是中心对外服务的窗口，对内协助中心领导做好有关日常行政事物性工作，如人事、财务、设备、档案资料的管理；安全保卫、用户故障报修、机时分配、接待用户和做好后勤保障工作；此外，计算中心还承接计算机应用和科研方面的任务，包括"863"和计算机网络"九五"攻关项目、自然科学基金项目和其它应用工程项目。

计算中心在 2000 年 7 月份由原办公地点红二楼搬至现在的理科一号楼，设备和环境都有了很大的改善，随着计算机技术与网络应用技术的迅速发展，计算中心在北京大学的教学、科研和行政管理各方面的工作中正发挥着日益重要的作用。

（孙光斗）

【校园网建设】 北大校园网建设和管理、CERNET 华北地区北大主节点建设与管理、网络应用技术研究及软件开发的技术实体是计算中心网络室，它下设网络控制组、网络系统组和网络支持组。

1999 年北大"985 工程"为信息网络建设立项，2000 年全面开始实施。在 1999 年完成 8 栋研究生宿舍楼共 1400 个信息点的联网任务后，在 2000 年网络室完成了以下任务：

（1）新建的 33、34B 学生楼有 218 个房间，每个房间设有一个信息点，于 4 月实现了联网。

（2）燕北园宿舍区联网工程。燕北园共有 22 栋楼，90 个门洞，1100 户，于 1999 年 9 月底将光缆由校部架设到燕北园 312 楼，全长 5.1 公里，在园内 312 楼设一个中心点，配置一台中心交换机 Catalyst5500。中心点到各楼的门洞用光纤连接，架设光纤 8 公里。共架设光缆 13.1 公里。燕北园的中心交换机以千兆速率与校园网连接，到各门洞以百兆速率连接，10 兆速率到户。2000 年 1 月底网络开通。目前共有 700 户已连入校园网，已联网的教职工反映良好，上网速率比过去快了，与拨号上网相比，节约了大量的电话费。

（3）网络室开发的网络用户管理系统在理科一号楼新建计算机实验室试运行和不断完善，并在国内多所高校中推广应用。网络用户管理系统采用先进的目录服务技术，每个用户采用单一账号，可获得网络的多种服务，大大地改善了对网络用户的管理。

（4）医学部及圆明园校区光缆联网工程。由北大校本部到医学部架设光缆 8 公里，于 7 月份完成。医学部接入校园网速率达到 100Mbps。同时将沿线的北京语言文化大学、教育部留学生服务中心及北京信息工程学院也通过该光缆连入 CERNET 北京大学主节点。到圆明园校区架设光缆 5 公里，以 100 兆速率连入校园网。

（5）主干网的扩展。由于北京大学网络规模的不断扩大以及千兆位网络的成熟和应用，对校园网主干进行扩展，在理科楼增加一个主节点，在主干网上配置部分千兆位的交换机(在图书馆主节点上配置了一个千兆位交换机,在理科一号楼配置了一个千兆位交换机,在文化活动中心配置了一个千兆位交换机,在物理楼主节点上配置了一个千兆位交换机),初步形成千兆位主干环。

(6)理科一号、二号楼联网。由"211工程"拨款及基建拨款,用于理科楼(包括理科1号楼、2号楼、交流中心、教室楼、2号楼到3号楼的东西连廊)的网络布线工程,共布信息点6000个(其中1000个用于电话连接)。"211工程"及"985工程"拨款,为理科1号楼和2号楼各配置了一个千兆位高档交换机Catalyst6000,以及用于各楼层连接的中、低档交换机85台。现已配置了2000个10兆速率端口,260个100兆速率的端口到桌面。已基本满足了搬到理科楼的各单位目前对网络应用的要求。网络于2000年5月份开通,现在各单位都已正常使用。

网络室还与清华大学、北京邮电大学、中国科学院网络中心、北京航空航天大学等单位共同承接了国家自然科学基金委员会的"中国高速互连实验网NSFCnet"的建设任务,开展了下一代互联网络关键技术的研究工作,主要研究内容包括高速光纤传输技术、高速计算机互联网络和高速网络环境下的典型应用及其关键技术等。该网络连接了5个承接单位及自然科学基金委,目前的带宽为2.5Gbps,9月与Internet II 联通,在中国第一个实现了与国际下一代高速网Internet II的互联。

网络室参加了"CERNET八大地区主干网和重点学科信息服务体系建设"项目,具体负责对美国西海岸8-10所著名大学的信息资源进行镜像,已建立了信息内容近40GB的镜像服务站点,并提供了基于Web界面的检索手段方便用户查询,对于缓解国际信道拥塞,节约通信费用,起了积极作用。

网络室在承担CERNET华北地区北大主节点的建设任务方面,在2000年共发展了35个用户,用户总数达到72个。并且经过努力,使中国农业大学、北京语言文化大学、北京中医药大学、北京对外贸易大学、北方工业大学、北京工业大学、中国人民大学、中国人民公安大学、首都师范大学等高校实现了用光纤接入北大主节点,使网络带宽由几十Kbps扩展到10Mbps。

该主节点的国际信息流入量由1999年的812GB剧增到2000年的2071GB。

2000年年底,北京大学校园网与统一网络实现了100M速率的光纤连接,使北大网络用户可以快速访问在统一网络上托管的30多个网站。

(王一心)

【管理信息系统建设】 管理信息系统研究室主要从事管理信息系统的研究、系统集成和开发等工作。多年来为高校和社会上的企事业单位研制开发过不同规模、不同类型的管理信息系统,不少项目获得省部级奖励。

目前该室作为北京大学管理信息中心的技术支持的实体单位,主要精力用于研究高校校园网络环境下的管理信息系统的建设,主要承担了"北京大学管理信息系统建设"的规划设计、研制开发和运行维护工作,以北京大学的管理模式为背景,研制高校校园网络环境下的管理信息系统。在系统研制开发中所采用的网络技术、数据库技术、复制服务器技术、面向对象的开发技术、图形图像处理技术以及客户/服务器与浏览器/服务器有机结合的体系结构,均属目前国际上成熟的先进技术。经过几年的努力,目前已有"校内信息服务系统"、"本(专)科生教务管理信息系统"、"办公自动化系统"、"财务管理信息系统"、"人事管理信息系统"、"研究生教务管理信息系统"、"仪器设备和实验室管理信息系统"、"学生工作管理信息系统"、"外事管理信息系统"和"综合查询与统计系统"等10个系统在北京大学校园网络环境下投入实际运行。上述10个系统中已有8个系统先后通过了教育部主持的专家鉴定,专家们一致认为这些系统的"整体水平已处于全国同类系统的领先地位"。由该室研制的高校校园网络环境下的管理信息系统已向全国各高校转让。到目前为止,已有华中科技大学(原华中理工大学)、内蒙古大学、大连铁道学院等25所院校不同程度地在使用由该室研制开发的管理信息系统。北京大学管理信息系统的建设工作在全国高校中已处于领先地位。

2000年北京大学管理信息系统建设的进展和成果如下:(1)1月,"校园网络环境下的基金会财务管理信息系统"(即财务管理外汇版)在北京大学基金会正式投入使用。(2)4月,"北京大学校内信息服务系统"在校园网上正式投入使用。该系统采用浏览器/服务器的体系结构和动态网页技术,从各职能部门管理信息系统的数据库中获取信息为全体师生员工全方位地提供信息服务。该系统的运行把北京大学管理信息系统的建设提高到了一个新的水平。随着Web技术的不断发展和完善,该系统将成为校园网上办公的基础平台。(3)5月,"北京大学外事管理信息系统"在校园网上正式投入使用。(4)7月,"公费医疗管理信息系统"在北京大学校医院正式投入使用。(5)8月,正式启动"校园网络环境下的本科生教务管理信息系统"学分制版的研制开发工作。(6)9月,正式启动"校园网络环境下的保卫工作管理信息系统"的研制开发工作。(7)10月,为部、处、院(系、所、中心)领导举办"财务查询系统"培训班，并陆续为各单位领导安装了该系统。各单位领导在自己的办公室即可查询到本部门的财务收支信息，增加了财务信息的透明度，起到了各单位领导对财务部财务管理的监督作用。(8)11月，正式启动"北京大学档案管理信息系统"的研制开发工作。(9)11月，"校内信息服务系统"、"人事管理信息系统"、"学生工作管理信息系统"和"外事管理信息系统"等4个系统通过了由教育部组织的专家鉴定。(10)12月，以"校内信息服务系统"、"本科生教务管理信息系统"、"研究生教务管理信息系统"和"仪器设备和实验室管理信息系统"为背景组成的"高校校园网络环境下的综合教学管理信息系统"获北京市高等教学成果一等奖。

（黄达武）

【教学工作】 计算机教研室自1993年开始受北京大学成人教育学院委托，对该院计算机专业学生实施教学与管理。先后办过各种形式和类型的计算机专业班。其中包括计算机函授本科班、计算机夜大专科班和本科班、计算机脱产专科班和本科班，在本科班中办过专升本班和高中起点本科班两种形式。9年来共开设各种班级19个，招收学生1051名，现已毕业706名。目前在校学习的有5个班（其中3个本科班），现有本科班学生215名，专科班学生130名。同时，教研室还承担了北大继续教育学院的计算机公共基础课的教学任务和计算机专业本科入学考试中专业课的培训辅导、考试出题和改卷任务。在为社会培养不同层次毕业生的同时，也积累了一整套成人教育的办学经验。培养出的毕业生知识面广、基础扎实、动手能力强，深受用人单位的欢迎。

（吕凤鸯）

计算机运行室是计算中心为全校文、理科学生计算机教学、实习及Internet应用提供一线服务的部门。每年除积极配合相关教学外，还为在校学生免费提供机时进行实际操作。

北京大学计算中心微机实验室 为了改善学生计算机实习环境，学校"211工程"加大对公共教学基础设施投资的力度，扩大微机实验室规模，于2000年7月在理科一号楼新建了8个（共1000平方米）新的微机实验室。计算中心新微机实验室规模、设备的数量、质量都有了质的变化，不但为全校理科师生服务，同时面向文科师生开放，现有7台高档PC服务器，600台高档PC机，33台10Mb/100MB端口交换机，每台机器独享10Mb带宽，接入校园网和中国教育网，文科多媒体机房具有网络多媒体教室功能。充分利用NT安全、集中管理的技术特点，8个机房一体化管理，更进一步提高了教学质量和实验室管理水平。新的微机实验室是全校学生受益面最大的实验室，2000—2001学年度安排计算机微机实习课机时明显超过往年：总机时为56万人小时，文科机时为16万人小时，理科机时为40万人小时，平时开放时间为早8时至晚10时。为了提高使用效率，满足同学需要，机房每周六、日通宵开放。

新微机实验室有以下特点：(1)使用由计算中心开发的校园网用户管理系统，采用一人一个账号管理机制，使用同一账号既可上机，也可上网，还可收发电子邮件，对用户的管理更加简单、实用、合理、高效；同学使用感到更加简单、方便、友好。(2)微机实验室共有8个机房（3个网段、6个域），服务器、微机全部采用Windows NT环境，对整个系统的管理更加集中、安全，对用户的管理更加科学。(3)系统具有实时监控防病毒墙功能。以前病毒严重影响了教学，尤其是使用Windows 9x系统，病毒随时破坏微机系统，甚至服务器；软/光驱不能全面开放，给学生使用带来不便。采用实时监控防病毒软件，全面开放软驱、光驱的使用权。不但方便了同学，而且减轻了对网上服务器存储空间的压力。(4)提高了可维护性。过去恢复一台机器的系统软件需30分钟以上，现在不超过10分钟。(5)管理更加科学高效。以前300台机器由于地点分散需要9人值班，现在机器为600台相对集中，只有6人值班，建账号人员也由过去2人减少为1人。(6)为了满足学生使用机器的要求，中心每周五、六通宵开放。每周多提供7000机时，每学期多提供14万机时，此项措施受到同学们的普遍欢迎。

（丁万东）

医学部信息中心

【发展概况】 医学部信息中心成立于1995年6月，是由原分析计算中心的计算机室和办公自动化室合并组成的，负责学校的网络建设、网络维护、网络运行管理、信息开发、信息员技术培训、各部门网上信息协调、用户培训和继续教育等方面的工作。截至2000年共有人员17人，其中高级职称7人，中级职称5人，初级职称5人。

信息中心对外与CERNET（中国教育科研网）、CMINET（中国医学信息网）和邮电高速网相连，对内与六所附属医院（第一、二、三临床医学院、临床肿瘤医学院、口腔医学院、精神卫生研究所）相通，校园园区以光纤通至各教学科研楼宇。

中心机房现有SUN3500E、SUN3000E、SGI ORIGIN200、SGI O2、DELL等各类服务器10台，Omni-9WX中心交换机通过7条155Mbps ATM（异步传输模式）线

路连接各边缘交换机,各建筑使用Pizza Switch 及 Pizza Port 内部交换机传送信息。

【校园网建设】 2000年4月,北京大学与北京医科大学合并。信息中心及时调整网络的连接方式,增加CISCO2621路由器,于10月份以100Mbps光纤接入北大计算中心,并开始规划和实施下一代校园网的发展计划。

【信息工作】 信息中心负责学校各类服务器的技术管理、软件的推广使用和信息人员的培训工作。校园网具备 Internet 的基本功能,提供图书信息情报资料查询,WWW、E-mail、FTP、Telnet 等多种应用服务。医学部图书馆与各附属医院图书馆通过校园网可查询馆藏资料。

【科研和学会工作】 2000年3月中国医学生物信息网站 CMBI 试开通以来已有7.5万人次点击,其分类科学、内容丰富,可链接至国内外相关站点,资料更新及时,为中国医学和生物学的教学、科研、医疗及生物高技术产业的开发提供了信息服务,为国家各级领导的决策提供科学依据和信息咨询参考。

2000年参加"973心血管病基础研究"项目中"高血压和生物活性多肽生物信息库"的建立工作。协助心血管研究所建立、完善和发展中国高血压医学生物信息库,主要包括全国高血压流行病调查、高血压蛋白与心血管疾病镜像和文献检索,为全国心脑血管病的研究提供网上服务和咨询。

(张翎、莫希宁、史俊山)

医药卫生分析中心

【发展概况】 医药卫生分析中心的前身是建于1984年12月的中心实验室,1985年6月更名为分析计算中心。1995年2月,根据学校总体规划和"211工程"建设需要,以原分析计算中心的两个业务科室、波谱分析室、细胞分析室和中心办公室为主体,联合基础医学院、药学院和公共卫生学院的有关实验室共同组建了医药分析中心。1996年2月,经高校计量认证评审组提议,依据医学、药学、公共卫生学的特点改为医药卫生分析中心。

医药卫生分析中心下设药学与化学分析室、医学与生物分析室和卫生与环境分析室,现有长期从事医药卫生分析测试工作的工作人员45名,其中38%为高级职称专业技术人员,40%为中级职称专业技术人员。拥有价值4000多万元的国外大型精密仪器,能为教学和科研提供价廉优质的测试检验服务和课题协作。学校在"211工程"启动实施中,为医药卫生分析中心投资800万元人民币购置了透射电镜(包括超薄冷冻切片机)、扫描电镜、300兆超导核磁共振波谱仪、激光共聚焦显微镜和新图像分析仪。这些大型仪器设备大大改善了医药卫生分析中心的分析测试条件,也提高了服务测试水平和质量。

【测试服务工作】 中心的主要任务之一就是利用大型分析测试仪器为学校各单位做好测试服务和人才培训工作,2000年为校内外测试样品共计约1.4万多个,测试机时数5800小时。

【教学工作】 2000年中心医学与生物分析室为全校开设了"细胞分析定量"课,听课的人数为30余人,还辅导了200余名研究生上机,其中包括免疫学、科大生物系的研究生。药学与化学分析室为校内外开设了"高等波谱解析"课及上机实验课,辅导博士、硕士生6人,本科生40多人,课时36学时,实验课36学时,实际课人时为144学时,这些学生都参加了300兆核磁、飞行质谱仪、红外仪、紫外仪的上机实习,增强了他们的实际操作能力。

【科研工作】 完成阿斯美新药科研协作测试工作等一些课题的协作工作。医学与生物分析室完成论文27篇,药学与化学室完成论文15篇。

【"211工程"投资仪器工作概况】

医学与生物分析室——图像与流式细胞室 医药卫生分析中心图像与流式细胞室在"211工程"建设中从1996年开始先后引进激光共聚显微镜(TCS NT)、图像分析仪(Q550 IW)和高档流式细胞仪(FACS Vantage SE)共3台大型仪器。其总费用为67万美元。

激光共聚焦显微镜现每年运行约1200小时,开展的项目有:活细胞和活体组织的动态观察;三维图像重建功能;对细胞物理和生化性质的测定;其它细胞内离子的实时定量的测定;多通道多种荧光信号的同时监测。图像分析仪每年运行约1000小时,开展的测试项目有:生物组织器官图像的测量;各种显微镜图像的测量;X 线图像和 X 线衍射图的测量;层析、电泳、大分子蛋白杂交样品图像等的测量。高档流式细胞仪开展的测试项目有:多激光多参数测试和分析;无菌分选;单克隆分选;点对点的单细胞的分选。

此三台仪器的投入运行,对推动医学部的科研工作起到重要作用,各种科研课题有上百个之多,其中2000年课题主要有:生物物理教研室的"局灶性脑缺血/再灌损伤和谷氨酸兴奋作用对大鼠大脑皮层神经细胞内 Ca^{2+}、H^+ 时空变化的研究";药学院的"稀土离子及其衍生物与血红蛋白的相互作用、摄入、对血红蛋白结构的影响";生理教研室的"神经营养因子在慢性炎症痛中作用的初步研究";生化教研室的"衰老与分子生物学";分子免疫室的"IL-2pres 融和蛋白的基因免疫研究";基因中心的"人新的凋亡相关分子TFAR的功能研究"、"人新趋化因子cklFs的功能研究"和"Annexin-VFITL和Annexin-V-R-PE新试剂的鉴定和在细胞凋亡中的应用";T细胞室的"T淋巴细胞分化途径与机制及肿瘤免疫治疗应用研究"、"化学趋化因子对不同胸腺细胞亚群的作用"和"胸腺基质细胞的功能成熟及胸腺髓质区基质细胞的作用"。

应用这些仪器取得不少的科研成果发表不少高水平文章。如:2000年免疫教研室陈慰峰院士的博士研究生田甜利用高档流式仪的分选功能已完成一篇影响因子为2以上的论文,另一研究生龚顺友利用高档流式仪的分选功能也完成一篇影响因子为5以上的论文。

这三台仪器平均每年都为250多位研究生完成"细胞分析定量"、"免疫研究生专题课"等课程的教学实习。其中包括中国科技大学生物系研究生班的学生。

医学与生物分析室—电镜室

电镜室于1999年5—6月用"211工程"款装配2台新电镜,6月中旬投入使用。到目前为止,两台电镜共开机1000余小时(净使用时间)。

透射电镜一台套(包括LEICA-UCT冷动超薄切片机一台)。型号JEM1230,分辨率为0.2nm,最高加速电压可达120kV,最高放大60万倍。JEM1230已开机近600小时,主要应用于科研工作。研究对象主要是生物样品,可分为基础科研和临床科研两个方面。基础科研包括各种动物的心脏、肝脏、肾脏等组织的内部结构变化;临床科研包括骨科、眼科、皮肤科等各科疾病的研究与诊断。JEM1230还用于研究生"生物医学电镜方法"的教学实习,以及其他兄弟院校的参观和学习。

扫描电镜型号为JSM5600-LV,本电镜具有高真空和低真空两种工作模式。高真空工作模式的分辨率为3.5nm(二次电子像),低真空工作模式下的分辨率为5.0nm,(背散射电像)最高放大倍数30万倍。JSM5600已开机近600小时,主要应用于科研工作。研究对象可分生物样品和非生物样品两大类,生物样品主要有牙齿、骨骼、血管、胶原、肠道、细菌微生物等,非生物样品包括半导体材料、药物粉末、纳米管等。另外,同JEM1230一样,JSM5600还用于研究生"生物医学电镜方法"的教学实习,以及其他兄弟院校的参观和学习。

药学与化学分析—核磁室

核磁室有日本电子公司AL-300型傅立叶变换核磁共振仪,1999年验收后大部分功能已经开发使用。除了常规的碳、氢谱外,已经做了H-Hcosy、C-Hcosy、NOESY、DEPT等二维谱,对有机化合物的结构确证,提供了有力的手段。主要服务对象为药学院的植化、有机、药化、重点实验室等教师和研究生的科研课题。2000年共测试了1850个样品,做了十多个新开发的结构确证工作,并进行了两批共约50个研究生的核磁共振实验课,200多本科生的波谱解析课的实验演习、教学。对北京联大文理学院化学分析专业的本科生15人进行了波谱解析课及实验教学。仪器年工作4000小时以上,为学校的教学、科研做了大量工作。

【计量认证工作】 医药卫生分析中心是国家高校中第一批参加计量认证工作的医学院校。于1996年6月20日顺利通过计量认证评审。2000年共出具公正数据报告14份。

经国家技术监督局评审组审定,分析中心的主要业务范围有:有机合成产物的定性及定量分析,天然产物的提取分离和定性定量,未知化合物的结构分析,细胞成分及表型分析,细胞亚群的分选及定量,医学生物样品的形态学分析及特定成分的定量,微量元素的测定及半定量分析,同位素示踪测定,蛋白质组分、结构及酶的作用机制的研究,以及分析食品分析测试方法的研究等。

(王靖野)

实验动物科学部

【发展概况】 实验动物科学部的前身是20世纪60年代初由物资处分管的动物室,历经多次机构扩展与地址变迁,于1984年12月正式成立北京医科大学实验动物科学部。它既是为全校医、教、研设立的服务性机构,又是直接从事教学和科研的学术机构,是北京医科大学实验动物管理委员会挂靠部门,具体负责实施全校实验动物与动物实验管理工作。实验动物科学部是分管科研工作副校长领导下的校直属单位,下设行政办公室、医学实验动物监测研究室、SPF动物繁殖室、动物实验室、后勤供应室五个部门,现有在编职工38人,其中科技人员18人,有正高职职称者2人,中级职称者4人,初级职称者12人;经北京市卫生局培训取得技工证书动物饲养人员14人,其他后勤人员6人,另外还聘请北京医科大学教授顾问2人。

实验动物科学部动物设施总面积约为5000平方米,其中投资1100万元新建的实验动物楼1719平方米,采用中央空调,设备层铺设管道,屏障区空气经初、中、高效过滤。旧动物楼共四层,面积为2500平方米,分层设置空调系统,目前用于普通级、清洁级及少量SPF级大、小鼠的饲育繁殖并承接相应级别的动物实验。科研监测楼320平方米,可以开展实验动物的微生物、寄生虫及病理监测及相关的科研工作。另外饲料、垫料库等其它附属设施约300平方米。

实验动物科学部2000年5月25日取得了中华人民共和国科学技术部颁发的清洁级和SPF级啮齿类生产繁育及动物实验许可证。目前维持不同级别、不同品系大小鼠32种,其中基因工程小鼠及疾病动物模型22种。实验动物科学部每年向校内外各单位提供不同级别、不同品系的大小鼠10万余只,羊血约3000毫升,并帮助校内其他单位外购动物部不具备的品种品系动物。2000年接收动物实验单位70个,实验数量187个。目前实验动物科学部开展的科研项目为北京市实验动物专项资金资助的"C57BL/6J—HBV转基因小鼠繁育保存的研究"、"北京市地区实验动物产业化前景研究"及"细菌内毒素检查法与家兔热源实验法的比较研究"等。

(田枫、王兆绰)

【监测与学术交流】 实验动物科学部医学实验动物监测研究室按照每年年初制订的监测计划,根据国家标准对实验动物科学部饲育的大小鼠进行微生物、寄生虫和病理学监测。

实验动物科学部2000年发表论文13篇,其中10篇论文分别在21世纪实验动物科学研讨会、全军第七届医学实验动物学术交流专题报告会、实验动物继续教育学术研讨会、海峡两岸中医药动物模型研讨会、第五届全国实验动物学会年会上进行了交流。

(田枫)

【培训机构】 实验动物科学部是北京市科委指定的北京市实验动物培训机构,由实验动物科学部和生物教研室二单位7名教师组成,其中实验动物科学部马坤绵研究员任组长。培训机构举办的实验动物学培训班共授课30学时,内容包括绪论、实验动物的分类与命名、实验动物与环境、常用实验动物的特性与用途、实验动物选择与应用、实验动物的常见病及质量控制、常用动物模型的建立和应用、动物实验常用基本技术等八个方面的内容。经北京市实验动物管理办公室统一考试,合格后发给上岗证书。2000年举办培训班1个,涉及7个单位,发放证书76个。

【新实验动物楼】 1996年5月动工兴建的实验动物科学部的新实验动物楼,采用中央空调,设备层铺设管道,屏障区空气经初、中、高效过滤。预计建成后的新实验动物楼年产二、三级大、小鼠可达10万只。新动物楼的改建工作得到了医学部领导的高度重视,为了加强动物部的基础设施建设,达到验收标准,决定从国家"985"项目中拨款350万元用于新动物楼的改建并成立了新动物楼启动工作小组。为配合新动物楼的启动,实验动物科学部编制了《实验动物设施管理指南》(暂定)。新动物楼的改建工作仍在进行。

(田枫)

附属医院与教学医院

医院管理

【概况】 北京大学设有6所附属医院(3所综合医院和3所专业医院,详见"院系情况"部分),并有多加教学医院,医院管理处是北京大学医学部对所属医院实行管理、组织、协调的医疗行政管理部门,是学校医院管理委员会的日常办事机构,在学校党政和医学部主任、主管主任领导下开展工作。从1956年起北京医学院院办设医疗秘书一人协助院领导分管医院医疗工作。

1958年北京医学院设医疗科(共3人),在院长助理领导下负责管理医院医疗工作。"文化大革命"期间,医疗科改为医教组下属的医疗组。1978年建医疗处,1981年改称医务处。1997年医务处改称医院管理处。1998年校医院管理委员会成立,学校对医院工作的重视程度及管理力度均明显增加。医管处在医政工作、推动改革、医疗质量管理、文明服务规范化达标、组织健康快车及各类医疗队等方面做了大量工作。

医管处主管医政工作,贯彻落实《执业医师法》、《献血法》、《护士管理办法》等法律法规和规章,规范医疗行为;按照卫生改革的有关精神,推进医院管理体制、内部运行机制等各项改革进程;积极推进医院医药品集中招标采购工作;参与各附属医院联合及学科联合的有关工作;牵头医院医德医风建设、文明服务规范化达标工作;负责医院医疗(医疗、护理、医技)质量管理工作;负责与卫生部有关司局、北京市卫生局的行业联系,主动争取政府卫生行政部门的指导和支持;承办各类医疗队的组织工作;与医学部有关部处沟通、合作,协调做好医院有关工作;负责医疗信访工作;完成领导交办的其他任务。

2000年校医院管理委员会数次召开会议,讨论联合与发展有关问题。医管处建立校内院间绿色通道,印发医务处处长联络表;组织3所综合医院眼科、妇产科统一表格病历;年底组织病历质量检查,抽查6所医院6个病种共120份出院病历;组织进行护理质量检查;起草下发了《北京大学医学部关于一次性使用无菌医疗用品管理的规定》和《北京大学医学部关于消毒与灭菌药械管理的有关规定》；牵头组织对6所医院的规范化服务达标检查；接待医疗信访206件次，其中投诉81件，起草下发了"关于加强安全管理，防范医疗差错、事故、纠纷的几点意见"；组织了人民医院、一院的"健康快车"工作；受北京市卫生局医政处委托，承担并圆满完成了2000年来京外国医师资格考试任务；组织了"5.12"国际护士节的有关活动，坚持联合护理查房，举办了4期护理人员学习班；完成了领导交办的其他任务。

2000年3月1日至11月13日，一院接替三院的"健康快车"任务，在四川、宁夏、山西三省共完成白内障复明手术3212例。人民医院承担第二列"健康快车"任务，自1999年11月23日至2000年11月12日，在贵州、青海、河北等四省共完成白内障复明手术4050例。三所医院的"健康快车"工作均受到当地人民群众的热烈欢迎及卫生部有关部门的好评。

各医院圆满完成了人大、政协两会医疗保健任务，政协赴外地视察团的医疗保健任务。三院田德祥教授圆满完成悉尼27届奥运会保健任务。

【主要医疗指标】 北京大学六所附属医院2000年期末实有病床数3783张，年门诊人次4190838，年急诊人次356858，年出院人次78400。与1999年相比，门诊人次上升12.84%，急诊人次上升12.04%，出院人次上升10.41%。在当前医疗服务需求不足的情况下，医疗工作量主要指标连续7年递增。从2000年看，在北京地区13所大型综合医院中，一院门诊人次第二，出院人次第三；人民医院出院人次第一，急诊人次第三，门诊人次第四；三院门诊人次第一，急诊人次第二，出院人次第五。六所医院平均住院日不断缩短，2000年比1996年各院分别缩短0.6—15.56天。2000年六所医院病床使用率在88.45%—103.78%。2000年三所综合医院诊床比在4.31—6.20。

【医院改革】 各医院精简机构，进行职能处室调整。一院、人民医院、三院医务处、门诊部合并为医务处；一院科研办、研究生办合并为科研处；人民医院、三院、肿瘤医院院办、党办合署办公；肿瘤医院医务处、门诊部、教学办合并为医教处。各医院调整临床医技科室主任，大批年轻专家走上科主任岗位。

各医院积极引进人才，纷纷调入学科带头人及技术骨干，使相关科室工作大步推进。重视临床科室建设，一院皮肤科更名为皮肤性病科，耳鼻喉科更名为耳鼻喉—头颈外科，成立心外科；人民医院扩大骨科，增设骨神经科、骨肿瘤科、骨创伤科；增设26病房，开通冠心病绿色通道。三院成立血管外科、心外科，扩大神经内科、骨科，增设骨创伤病房。口腔医院成立急诊科。

各医院注重加强校内联合，重点是学科联合。印发医务处正副处长联络表，建立院间绿色通道，方便校内院际会诊、转诊等医疗联系。人民医院与精研所合作设精神心理咨询门诊。三院聘人民医院心外科万峰主任兼任心外科主任。人民医院请三院消化科专家查房。三所综合医院妇产科、心内科不定期活动，密切了联系。医学部器官移植中心、心脏中心正在积极筹建中。

国务院八部委《关于城镇医药卫生体制改革的指导意见》中提出"鼓励各类医疗机构合作、合并，并建医疗集团"。三所综合医院在原与北京地区中小医院业务合作基础上，先后组建了医疗集团。2000年6月27日，北大医院医疗集团成立（共7所医院）；6月28日，人民医院医疗服务集团成立（共9所医院）；8月11日，北大三院医疗集团成立（共10所医院）；9月15日，北大三院医疗协作网成立（由8省11所医院组成）。集团医院间建立起双向转诊制度，开放部分医技科室检查，开展授课、会诊、培训等活动。各医院与基层医院合作，落实了医师晋职前下基层锻炼工作。

【医疗质量管理】 2000年，各医院强化三级医师查房制度、会诊制度、病历讨论制度、科主任外出请假制度等行之有效的规章制度，规范医疗行为，抓好疑难病人诊治及危重病人抢救等工作。

各医院重视现代化医院标志性项目的发展。三所综合医院先后成功开展了肝移植手术，一院5例；人民医院13例；三院11例。一院计算机仿生设计人工半骨盆置换术，TSRH椎弓梗螺钉应用为国内首例。人民医院完成人工膝关节置换手术300例，为全国之最。第三医院开展远程医疗会诊261例。

2000年为加强医疗信访工作，起草下发了《关于加强医疗安全管理，防范医疗差错、事故、纠纷的几点意见》，对特殊医疗纠纷组织校内或校内外专家咨询。

(周喜秀)

【病历检查工作】 医院管理处于2000年11月28日至12月1日组织了对北京大学六所医院的病历质量检查。

本次检查共抽调2000年4月1日至9月30日各院出院病人病历120份，分别为：三家综合医院各内分泌科糖尿病病历10份、泌尿外科前列腺增生手术病历10份、妇产科剖宫产手术病历10份、口腔医院颌面外科面骨骨折手术病历10份、肿瘤医院肺癌手术病历10份、精研所精神分裂症病历10份。本次病历检查专家组由各医院选派有关专业副主任医师以上专家各一名组成，其中聘请一位安定医院的专家对精研所的病历进行检查。病历抽调工作由医管处组织，派专人前往各医院病案室抽调，采用随机抽样。病历检查评审标准采用三甲医院病历标准。

专家们以个人评估、分组总结的方式对各医院的病历进行了认真、细致的评估和讨论，大家一致认为各医院的病历质量较往年有明显提高。120份病历总平均分高达93.55分。这从一个侧面反映了北大各医院的基础医疗质量和总体医疗水平。

（金佳）

【贯彻《执业医师法》有关工作】医管处协助卫生部医政司组织编写医师资格实践技能考试临床、口腔类别大纲初稿；起草下发了《关于认真做好1999年医师资格考试实践技能考试工作的紧急通知》。各医院成立了医师资格考试工作小组。各医院医务处承担了医师资格实践技能考试工作。口腔医院承担北京市9区县71所医疗机构114名考生的考试任务。一院承担6所医疗机构10名外院考生考试任务。六所医院临床、口腔类别共174名考生实践技能考试全部合格。在综合医学笔试后，受卫生部国家考试中心委托，在一院组织了不同专业、不同学历考生座谈会。

2000年六所医院共计97名考生参加了实践技能考试，成绩均合格。口腔医院承担了9区县62名考生的口腔类别实践技能考试工作。

受北京市卫生局医政处委托，在国际交流处配合下，医管处承担了2000年来京外国医师资格考试任务，包括内科医师和全科医师的考试，分为笔试和口试。考试过程规范，任务完成圆满，得到市卫生局医政处的好评。

【医德医风建设与医院规范化服务达标工作】2000年，在各医院达标自查基础上，医学部马焕章、吴建伟副书记带队，医管处牵头对六所医院进行达标复查，并当即反馈结果。经市卫生局复验检查，六所医院综合得分在94.5～99.5之间（达标标准为85分以上），以优异成绩达到了复验全部合格的工作目标。

【护理工作】随着医学模式的转变护理模式也发生了转变，由原来的功能制护理模式转变为以病人为中心的整体护理模式。在三所综合医院开展整体护理模式病房试点工作；针对临床护理工作中的问题，互相学习互相交流，邀请护理系的老师参加查房，起到了很好的促进作用；组织护理质量评估，以促进护理质量的提高；以不同形式庆祝"5.12国际护士节"，1995年起每年在护士节之际表彰优秀护士长26至28人，占护士长总人数10%。

（宋琳娜）

表7-40　北京大学六所医院2000年主要指标

		一院	人民	三院	口腔	精研所	肿瘤	合计	增减
期末实有病床数	1999年	1147	1050	855	100	200	405		
	2000年	1147	1050	864	100	200	422		
门诊人次	1999年	954519	968458	1068019	593830	67279	61740	3713845	+12.84
	2000年	1112927	1049088	1239813	632765	80029	76216	4190838	
急诊人次	1999年	64082	101150	117517	32714	90	2964	318517	+12.04
	2000年	69600	118320	127853	38712	42	2291	356858	
出院人次	1999年	24420	22726	17330	1913	912	3704	71005	+10.41
	2000年	25280	25618	19553	2002	1013	4934	78400	
平均住院日	1999年	14.78	16.49	17.37	16.45	74.04	34.24		
	2000年	14.95	15.05	15.35	16.03	75.03	29.49		
病床周转次数	1999年	21.29	21.66	20.17	19.13	4.56	8.95		
	2000年	22.04	24.43	22.85	20.02	5.07	11.73		
病床使用率	1999年	87.52	97.95	95.23	85.28	95.65	90.05		
	2000年	90.95	100.90	94.54	88.45	103.78	97.20		

教 学 医 院

·北京积水潭医院·
（北京大学第四临床医学院）

【医院概况】北京积水潭医院坐落在北京市西城区繁华的新街口地区。解放初期，北京市政府为合理配置医疗资源，改善城区西北角居民的就医条件，决定在首都建设一所以骨科和烧伤科为重点的现代化综合性医院。医院选址原清朝诚亲王府旧址，面积66700平方米，风景优美，景色宜人，是一所花园式的医院。

1956年1月28日，北京积水潭医院正式开院，1959年成立了创伤骨科研究所，1990年3月，成为北京医科大学第四临床医学院。1996年又增添了烧伤研究所及手外科研究所，1998年建立了骨关节疾病研究中心。历经45年，医院的建筑面积已达71653.9平方米，设备及固定资产达1亿元，已经发展成为以医疗为中心，担负着医疗、教学、科研、预防等项任务,有重点专业的市直属大型综合性医院。1993年被评为爱婴医院,1994年被评为三级甲等医院;并多次被评为精神文明单位。

目前医院职工1798人,其中卫生专业技术人员占78%以上。有工程院院士1人,教授、副教授、主任医师、副主任医师、研究员、副研究员及相当职称的高级技术人员约有170余人,主治医师等中级职务职称人员约300余人。医院现有医师500余人,护理人员600余人。

医院设有病床950张,年住院病人约1.5万人次,门诊病人约48万人次,急诊病人约9万人次。医院还承担着北京市的会诊、卫生专业技术人员的培训任务以及全国各地的急救医疗抢救工作。医院内科设有呼吸、心血管、消化、内分泌、血液、风湿、肾脏和神经内科8个亚科,在胃动力学研究、肺动脉高压形成的机制、脑梗塞急性期血管再通的研究等方面具有一定水平。外科设有普外、泌尿、胸外科等专业,在甲状旁腺功能亢进的诊断治疗、腹腔镜手术等方面积累了经验。泌尿外科的前列腺切除、膀胱再生术、尿道断裂修补在国内具有先进水平。骨科设有创伤、手外、小儿、矫形、肿瘤、脊柱6个亚科,并设有12个研究室和实验室。在断指、断肢再植、拇指重建、骶骨肿瘤切除、高位颈椎内固定等方面,做出了突出的成绩。烧伤科在抢救大面积烧伤、处理成批伤员以及烧伤后整形修复等方面具有丰富的临床经验,在国内外享有盛誉。妇产科设有妇科、产科、计划生育、内分泌与骨质疏松等专业组,并有一个遗传实验室,产科在降低孕产妇和围产儿死亡率方面处于市领先地位。医院还设有眼科、耳鼻喉科、口腔科、皮肤科、针灸科、正骨科等科室,具有心电图、B超、肌电图、放射科、核医学、检验科、ICU、CCU、高压氧等科室。

医院在教学和人才培养方面也取得了显著成绩。自1963年至今先后接受北京第二医学院、北京医学院(即北京大学医学部的前身)和北京职工医学院等院校本专科千余名学生的临床教学和生产实习任务。1979年开始招收市科委的硕士研究生,1995年接收原北京医科大学的硕士研究生,1999年招收博士研究生。医院师资队伍力量雄厚,承担教学任务的医师中具有大学以上学历的教师占98%,高级职称医师授课时数占总学时数的86%,脱产带见习的教师中,主治医师所占比例达100%。1998年被评为北京地区高等医学院校合格临床教学医院。

本科教学主要承担临床医学专业学硕连读班(七年制)二级学科培养;临床医学专业(五年制)临床基础课、专业课教学及生产实习;医学检验专业的专业实习。

·卫生部北京医院·
(北京大学第五临床医学院)

【医院概况】 北京大学第五临床医学院即卫生部北京医院始建于1905年,是直属于卫生部领导的三级甲等医院,是以高干医疗保健为中心,老年医学为重点,向社会全面开放的、医、教、研、防全面发展的现代化综合性医院。

北京医院位于北京市东城区东单大华路南端,占地面积5万平方米,建筑面积17.3万平方米。现有床位1000张,职工2300余人,医生500余人,护士780余人,其他技术人员490余人;其中正、副主任医师和相应职称的高级医务人员225人。1993年,医院被评为三级甲等医院和爱婴医院;6次荣获中央国家机关文明单位和首都文明单位的光荣称号。1991年9月成为北医教学医院。

北京医院目前装备有价值4亿多人民币的医疗设备和精密贵重仪器。如超导核磁共振成像设备(1.5T)、UF—CT、ECT、双C臂立体成像数字减影X线血管造影机、双向数字减影心血管造影机、具有呼吸门控装置的电子直线加速器、立体模拟定位系统、快速细菌分析仪、亚洲首台全自动血库系统、流式细胞仪以及先进的监护系统等。医院在承担高级干部医疗保健任务的同时,还承担着全国及北京市居民疾病的治疗及预防工作。目前全年门诊量达80万人次,日均门诊量2800多人次,年住院量达1万多人次,年手术量7000多人次。

北京医院在老年病的医疗、护理、康复方面成绩显著,并已形成了自己的特色。近年来,成功地进行70岁以上高龄手术4000余人次,其中最高手术年龄为104岁,处于国内领先水平。北京医院还致力于老年性疾病的科学研究工作,医院实验室配备齐全,仪器先进。卫生部老年医学研究所和卫生部临床检验中心就设在北京医院内。其中,老年医学研究所生化室被评为卫生部重点实验室。十几年来,完成科研课题400多项,其中有国家级课题50多项,参加"九五"攻关、国家科技部、国家自然科学基金委、卫生部等重要科研和开发项目,取得了国家级、省部级等科研成果100多项,每年都有近400篇的学术论文发表在国内外各类杂志上。

北京医院作为北京大学第五临床学院,常年承担着近千名研究生、本科生、大专生、中专生和进修生的临床教学任务。拥有一批教学严谨、乐于奉献、爱岗敬业、热爱医学教育事业的教师队伍。其中,博士生导师和硕士生导师共有70余人。目前,北京医院主要承担着北京大学医学部基础医学专业学生的临床课教学任务和部分临床医学七年制学硕连读班学生的二级学科培养任务,多年来为国家和社会培养了大量优秀医学人才。

·中日友好医院·
(北京大学中日友好临床医学院)

【医院概况】 中日友好医院是由日本国政府提供无偿援助,中日两国政府合作建设的大型现代化综合医院,1984年10月开院,直属卫生部领导。医院占地面积9.7公顷,建筑面积11万平方米,现有职工2000余人,拥有一批在国内外有一定影响的西医、中医、中西医结合专家,其中有副高职以上职称专业技术人员350余名。医院设有医疗、医技科室61个,开放病床1300张,其中西医病床900张,中医病床400张。日门诊、急诊量3000余人次,年住院人数2万人次。1994年4月成为北医教学医院。

医院附设中日友好医院临床医学研究所和卫生学校,是北京大学中日友好临床医学院和北京中医药大学中日友好临床医学院,具有医疗、教学、科研、康复和预防保健等多项功能,装备有核磁共振扫描仪、螺旋CT、X-CT、E-CT、心血管数字减影造影机、电子直线加速器、彩色超声扫描仪、自动系列化分析仪等800多台大型医疗设备和精密仪器。医院承担干部保健和涉外医院任务,承担附近居民的计划免疫、妇幼保健、社区传染病管理及食品卫生监督工作。

医院坚持实施科教兴院的发展战略,以中西医结合为特色,开展现代医学与中国传统医学相结合的医疗、教学和科学研究,是卫生部指定的全国临床药理实验基地。1984年开院以来,共有59项科研成果获部级以上成果奖。在国内外学术刊物发表论文3000余篇,获国内外科技专利11项。有15个科室的21项临床科研成果达到或接近国际水平,有11个科室的17项临床技术处于国内领先地位。经过十余年的不懈努力,医院对神经系统遗传共济失调的研究达到世界领先水平,1999年获国家科技进步二等奖。中西医结合治疗恶性肿瘤和心脑血管疾病,糖尿病的预防与治疗,肾病的治疗与研究,冠状动脉搭桥术,电化学治疗恶性肿瘤,CT及MRI影像诊断与介入治疗,MR水成像等临床技术达到先进水平。同时开展了包括肾、肝、肺大器官移植的研究。

作为中国卫生界对外交流的主要窗口之一,医院多次举办大型国际学术会议,聘请45位外国专家为医院名誉教授、名誉顾问,引进新知识、新技术、新设备,开展中外合作项目。医院公派留学归来300余人,成为医院的骨干力量。

医院以教学质量为中心,注重教师队伍培养及梯队建设,强化教学意识,调动教学积极性,提高教师素质和教学水平,丰富教学手段,通过多年的实践,在教学管理和教学手段上积累了许多宝贵经验。本科教学主要承担临床医学专业学硕连读班(七年制)部分学生的二级学科培养;临床医学专业(五年制)临床基础课、专业课教学及生产实习。接收来自全国各地进修医师;接收来自韩国、美国、墨西哥、奥地利、芬兰、日本等20多个国家和地区的参观、交流、培训的外国留学生200余名。

医院以"患者至上,文明行医"为宗旨,竭诚为全国各地以及世界各国和地区的患者提供优质服务。1993年,医院被评为三级甲等医院。1994年以来,连续五年获得"首都文明单位标兵"和"中央国家机关文明单位标兵"荣誉称号。1998年,被北京市评为"十佳医院"。1999年被评为"全国百佳"医院和全国503家精神文明建设先进单位之一。

·北京邮电总医院·
(北京大学第八临床医学院)

【医院概况】 邮电总医院(北京大学第八临床医学院)始建于1949年,是一所集医疗、教学、科研、预防为一体的全面发展的三级综合医院。目前开放床位503张,承担着中央及地方单位、居民及邮电职工、家属的医疗、预防、保健任务及全国各省邮电医院、医疗机构转诊、会诊任务。

医院1958年开始承担北京医学院(北京大学医学部前身)医疗系的教学实习任务,1980年起承担北医大口腔医学专业的临床医学教学任务。近年来,医院领导非常重视教学工作,加大了对教学的投入,使医院的本科及研究生教育发展迅速。1996年医院开始承担口腔医学专业五年制、七年制的临床医学教学任务,1997年通过北京地区高等医学院校临床教学基地评审,成为合格临床教学医院。1999年4月成为北京医科大学第八临床医学院,2000年7月更名为北京大学第八临床医学院。医院现有血管外科、肝脏外科、内分泌、口腔颌面外科、影像医学等五个专业硕士学位培养点。

医院各科专业力量雄厚,其中血管外科是中华医学会外科学会血管学组的所在地,是目前国内以至亚洲最大的血管外科专业科室。治疗布加氏综合症为国际领先水平,支架型人工血管腔内治疗动脉疾病已达到国际水平,治疗大动脉炎、先天性血管畸形、颈动脉疾病和周围动脉闭塞等疾病处于国内领先水平,血管外科已成为我国血管外科的中心。肝脏外科具有国内领先水平,各种"肝叶切除术"、"肝癌深部冷冻治疗"以及各种非手术治疗都有良好的效果。大肝癌外科治疗具有国际水平,成为我国北方肝癌诊治中心。内分泌科除开展对甲状腺功能、形态的系列检查外，对糖尿病能准确诊断及分型，住院患者两周内血糖都能达到理想指标，并开展对糖尿病患者的免费教育和咨询活动。医院重视科学研究，近十年来，共获国家科技进步二等奖1项和部级科技进步奖22项，获国家专利10项，同时积极开展国际间的学术交流，促进了医院学术水平的提高。

邮电总医院作为一所市级的综合医院具有各类大、中型医疗设备，如：双C臂心血管造影仪（含数字减影血管造影）、螺旋CT、数字胃肠机、进口电子内窥镜系统、国际先进水平的自动分析仪、高压氧舱、血液净化设备等先进的医疗设备，为患者早期诊断及各种辅助治疗提供了高质量的保障。

医院重视精神文明建设，积极开展思想政治教育和职业道德教育，提高职工素质，通过规范化、制度化管理，医院的整体水平得到提高。1997年被评为中央国家机关文明单位，1999年被评为首都文明单位。

全院职工遵循"团结、严谨、勤奋、奉献"的院训精神，力争早日将医院建成国内一流的有特色的综合医院。

·北京铁路总医院·
（北京大学第九临床医学院）

【医院概况】 北京铁路总医院隶属铁道部，是一所医、教、研、防相结合的综合性医院，是全国铁路医疗卫生中心和临床医师培训中心，是北京大学第九临床医学院，又是东南大学医学院、同济大学医学院的教学基地。1989年首批被国家卫生部命名为三级甲等医院，1994年4月世界卫生组织授予"爱婴医院"称号。

医院创建于1939年4月，初期为一小型门诊部，现已发展成为全国铁路医疗卫生中心，承担着全国各铁路医院转诊、转院任务，并承担在京路内外514个单位14万铁路职工和4000多司局级和副部级干部的医疗保健任务，同时也对社会开放。

医院占地面积69333平方米，建筑面积99783平方米。现有在职职工1906人，其中正高级职称20人，副高级职称122人。开放床位800余张，年收治住院病人13000人，日均门、急诊3600人次，年门诊810000人次。医院学科齐全，有27个临床科室，10个医技科室。

医院设备固定资产1.5亿元，拥有1250毫安X线机、核磁共振、螺旋CT、ECT、数字减影机、直线加速器、全自动系列生化分析仪、彩色多普勒超声诊断仪、诱发电位系统、脑电图、钴60治疗机、震波碎石机、中心监测仪、血液透析仪、电子显微镜等大型现代化设备。

为使"科教兴院"落到实处，近年来狠抓了学科建设和人才队伍建设，确定重点专科专业6个：心血管内科、肿瘤中心、神经外科、眼科、病理诊断科及皮肤性病科。实施了"156"人才工程，近两、三年来，引进博士、硕士和学科带头人40多人。1994年以来，医院取得省（部）级以上科技成果52项，获省部级科技成果奖15项。目前，医院心内科开展了冠状动脉造影、冠心病PTCA、支架植入术、射频消融治疗预激综合症、溶栓治疗心梗等新疗法及各类起搏器的安装；心胸外科可开展各类型先天性心脏病手术、冠状动脉搭桥术、瓣膜置换术及纵隔肿瘤手术；神经外科运用显微、微波及立体定向仪等技术治疗颅脑疾病；肿瘤中心的综合治疗和介入治疗均达到了国内先进水平。此外，医院还开展了断肢再植、角膜移植等脏器移植手术。中医骨伤科的"葛氏捏筋拍打疗法"在国内外享有名气。

多年来，医院一直是东南大学医学院、同济大学医学院的教学基地。1997年初，与北京医科大学正式建立了教学医院关系，承担该院预防医学系学生的临床教学任务，2000年正式挂牌成为北京大学第九临床医学院，主要承担预防医学专业临床课教学及生产实习

国际医学交流是获取先进技术和弘扬传统文化的主要渠道，北京铁路总医院多年来一直重视国际医学交流，许多工作人员被派往美国、英国、德国、俄罗斯、日本等国家和香港进一步深造或进行学术交流。同时，每年有外国专家来医院访问、讲学。

医院始终坚持"立足铁路，面向社会，改革创新，振兴总院"的办院方针；坚持发扬"团结奋进、求实创新、勤俭奉献"的院风，坚持"以病人为中心、优质服务"的宗旨，力争把总院建设成为高标准的三甲医院。

·北京地坛医院·
（北京大学地坛医院教学医院）

【医院概况】 北京地坛医院始建于1946年，原名北京市第一传染病医院，1989年改名为北京地坛医院，系北京市三级甲等医院和北京大学医学部教学医院。医院环境优美，交通便利，曾连续被评为北京市花园式单位，占地面积3.4万平方米，建筑面积2.8万平方米，开放病床500张。1998年成为北医教学医院。

医院现有职工638人，其中副高级职称以上专业技术人员39人，中级医疗技术人员128人，初级医疗技术人员363人，现任院长冯惠忠，党委书记刘建英。

医院共有14个临床科室，13个医技科室，12个职能科室，此外北京市卫生局病毒传染病防治研究中心、北京市艾滋病临床研究中心、北京龙安医学技术开发公司均设在该院。

1998年中国预防医学科学院

和北京市卫生局共建北京地坛医院,成为全国预防医学科研机构与传染病医院机构合作单位,在预防、临床、科研、教学以及对外交流合作方面,充分利用双方卫生资源、优势互补,促进双方的业务工作再上新台阶。

1999年9月华北地区中国欧盟性病艾滋病防治合作项目国家级区域性培训中心在地坛医院挂牌。

地坛医院主要收治结核病以外的34种法定传染病。除开放普通传染病病房外,还设有外科、妇产科、ICU病房及皮肤性病中心,外宾高干病房为国内外患者提供了舒适的休养环境。

医院拥有大批现代化医疗设备,在国内传染病医院处于领先地位。

作为国内最大的传染病专科医院之一,医院十分重视科研工作的开展。曾被国家科委、卫生部列为慢性肝炎"六五"、"七五"、"八五"、"九五"攻关课题协作网的主要成员之一。无论基础研究方面,还是在临床研究方面都取得了较大进展。特别是在乙型肝炎、丙型肝炎、老年性肝炎、艾滋病等病种的研究上取得了一批成果。1984年以来获得科研成果奖20余项。

医院作为北京大学医学部教学医院,主要承担临床医学专业、预防医学专业的传染病教学及见习、实习任务,并接收来自全国各地的传染病医院医师的进修。

几十年来医院造就了一批既有理论知识,又有丰富临床经验的学科带头人和中青年业务骨干。

·中国民用航空总医院·
(北京大学民航总医院教学医院)

【医院概况】 中国民用航空总医院隶属于中国民用航空总局,前身为民航北京医院,创建于1974年4月,1996年升级为中国民用航空总医院,同时成为原北京医科大学教学医院。民航总医院是一所集医、教、研为一体,具有航空医学特色的,不断发展、富有朝气的、全国民航最大的现代化综合医院。

医院实行党委领导下的院长负责制,不仅承担民航系统干部职工的医疗、保健、健康检查和航空疾病的研究工作,同时也积极承担社区的医疗服务工作。

医院现有床位304张,有职工600余人,各类医技人员占70%以上,其中高级职称69人;中级108人,拥有一支较高水平的医疗技术队伍。

门诊部设有内科、外科、妇产科、儿科、急诊科、眼科、耳鼻喉科、口腔科、皮肤科、中医科、传染科、保健科、物理诊断科、理疗科及药剂、检验、放射、病理、核医学等科、儿科还设有部分二级科室及ICU、CCU监护室。

民航总局每年都投资用于医院的基本特种高低压医用两用氧舱、LCS—3000型深度冷冻治癌机、费森尤斯血液透析机、全自动生化分析仪、彩色多普勒超声心动仪、电脑高档踏车运动试验机等大型先进设备,能开展多种常见病及多种急难危重症的治疗。

民用航空医学研究室和空勤人员健康鉴定室及空勤干部科是为民航空勤人员和广大乘客服务的重要科室,主要开展民航医学方面的研究,完善民航飞行人员选拔、鉴定的医学标准及程序、飞行卫生保障技术,并开展飞行事故调查与预防研究和航空安全性评定与飞机适航卫生学鉴定工作。在临床航空医学方面,对飞行疲劳、冠心病、高血压、脑动脉硬化等心脑血管疾病及胃肠功能疾病、颈椎和腰椎疾病、耳气压机能和前庭疾病的鉴定、预防和治疗方面形成了自己独特的防治体系。

医院非常重视开展临床教学活动,1997年10月与原北京医科大学教学共建,成为北医临床教学医院。自1997年以来,该校临床检验专业和公共卫生专业学生来医院临床实习,2000年开始承担医学检验专业临床课教学及实习任务。

·中国航天中心医院·
(北京大学航天中心医院教学医院)

【医院概况】 航天中心医院是原航天部中心医院,经过40多年的发展,现已成为集医疗、教学、科研、预防于一体的大型综合性三级医院,被卫生部认定为全国500家大医院之一,1996年6月成为北医教学医院,是医学硕士研究生培养点,是部级体检康复中心、颅脑损伤治疗中心、心脑血管病防治中心,是中医名医诊疗中心、中华医学会急诊学会继续培训中心及中国女医师协会、中国白求恩精神研究会的所在地。

医院有开放床位700张,卫生技术人员750人,副主任医师以上专家125人(其中有博士、硕士、出国留学归来的专家)。康复楼病房达三星级宾馆水平。目前引进国内外先进医疗检测设备1200多台件,实现了计算机网络化管理,有较高的管理和服务水平。

近几年,医院开展新技术300余项。MAV-1型全能麻醉呼吸机的研制、微创保胆内镜取石术、单鼻孔入路显微外科治疗垂体瘤等30余项科研获部级科学技术进步奖;有5项医学工程获国家专利。

医院许多专业技术水平在航天系统领先、国内先进。神经内科检测及治疗设备齐全、手段先进。有经颅彩色多普勒脑电图、红外线热成像仪、脑反射仪、高压氧舱等多种治疗抢救设备,设有重症监护室。该科对缺血性脑血管病的早期诊断、治疗经验丰富,提出的药物加高压氧治疗脑血栓的优化综合方案为国内首创。较早开展了高血压脑出血颅内血肿微创清除术。在脑囊虫病化学治疗方面领先，累计治疗600余例，无一例死亡。近年来共获国家级科研成果、技术革新奖6项，发表国家级学术论文20余篇。心血管内科拥有雄厚的技术力量和齐全的设备，并专门设置了心电图和重症/冠心病监护室（CCU），对危、重、急、难心血管病人的诊治达到国内先进水平。近年来，开展了冠状动脉造影术、经皮腔内冠状动脉成形术＋支架术、射频消融术和心脏起搏器植入数百例，无一例出现并发症。神经外科开展脑外伤、高血压脑出血、颅内肿瘤、动脉瘤、动静脉畸形、各种脊髓疾病的手术治疗及动脉瘤、动静脉畸形、外伤性颈内动脉海绵窦瘘的介入治疗。尤其在经单鼻孔入路垂体瘤切除术及高血压脑出血的手术方面采用了新疗法，动脉内溶栓治疗急性脑梗塞、超选择性动脉内化疗脑胶质瘤、重症颅脑损伤的治疗居国内先进水平。

医院承担卫校教学20余年、临床专科教学十余年、北大医学部本科教学5年，管理体系健全，管理制度完善，师资队伍强大，1998年被评审为高等医学院校合格临床教学基地。本科教学主要承担临床医学专业部分学生的生产实习任务。教学设施齐全，备有计算机、投影仪、实物展台、摄录像机、VCD、幻灯机、教学录像片、教学挂图、模型等。图书馆共有藏书2.21万册，同学可任意查找资料，借阅图书。医院还特设有260平方米的学生生活区，由科教处一名助理员与辅导员共同负责管理。

·首都儿科研究所·
（北京大学首都儿科研究所教学医院）

【医院概貌】 首都儿科研究所位于北京市朝阳区雅宝路2号，其前身是中国医学科学院儿科研究所，成立于1958年，是新中国第一家以研究儿童保健、儿科疾病为重点，兼有医疗、教学、预防任务的应用医学研究机构。所内有三支专业特色突出的科研队伍——在全国儿童保健工作中发挥专业指导与技术辐射作用的中国儿童卫生保健疾病防治指导中心；跟踪国际前沿进展，进行儿童常见疾病基因研究的北京市医学重点学科；从事儿童病毒感染性疾病诊断与治疗研究的北京市感染与免疫中心实验室。研究所是国家学位委员会确定的儿科博士、硕士授权单位；是世界卫生组织确认的"WHO儿童卫生合作中心"；是卫生部批准设立的"中国儿童卫生保健疾病防治指导中心"；是北京市科委批准设立的"北京市感染与免疫中心实验室"和"北京市医用生物制品中试基地"。目前，全所职工总数840余人，其中有高级职称的专业技术人员110余人。1988年以来，获科技成果奖国家级3项，部、市级35项，年平均在研的国家和部市级课题60余项。1990年以来，8次获得北京市属科研院所"改革与发展"一等奖，8次获得"首都文明单位"称号。

首都儿科研究所附属儿童医院于1986年正式开院，是三级甲等医院、爱婴医院和北京大学的教学医院。目前，在职医护技人员500余人。目前病床开放200张。年平均住院病人5000人次，年平均门诊量60万人次。设有内科、外科、急诊科、耳鼻喉科、眼科、口腔科、皮肤科、中医科、预防保健科等专业科室，还设有哮喘、免疫、内分泌、遗传、消化、小儿妇科等专业门诊。内科设有呼吸、心血管、新生儿、神经、血液、肾脏等专业病房，外科设有普外、新生儿、泌尿、骨科、整形、肿瘤、矫形等专业病床，急诊科设有重症监护病房。拥有核磁、CT、彩超、诱发电位仪、动态脑电图仪、动态心电图仪、自动生化分析仪、流式细胞仪等先进的检查诊断设备以及急救系统。医院设有院外医疗部，与北京市10多个远郊区县建立了儿童健康绿色通道。医院自1999年开展了远程医疗会诊业务，为全国近20家城市医院的儿科疑难病人提供了专家会诊咨询服务。医院在西城区月坛南街1号设有专家门诊部，就医环境舒适，专业设置齐全。尤其在儿童保健方面，开设有矮小门诊、智测门诊、肥胖门诊、心理咨询门诊、儿童生长发育等门诊，还有集儿童保健知识、技术服务与计算机信息技术结合的金苗儿童保健光卡系统，适合于儿童身心发展各阶段的保健需求。

研究所自1988年12月开始接收原北京医科大学临床医学专业的学生实习。2000年开始承担临床医学专业部分学生的儿科授课、见习、实习任务。

·首钢总医院·
（北京大学首钢总医院教学医院）

【医院概况】 首钢总医院是一所集医疗、教学、科研、预防为一体的三级综合性医院，主要服务对象为居住在北京的13万首钢职工，同时医院对外开放，接收社会各类病员。1999年门、急诊量为704237人次。2000年成为北京大学教学医院。

目前全院职工1827人，卫生技术人员1441人。副高级以上职称人员105人，中级职称人员496人，初级职称人员776人。医院设有28个临床科室，新病房大楼医疗服务综合功能达国内一流水平，可开放床位979张，1999年住院病人共8670人次，住院病人手术1670人次。医院心血管内科对急性大面积心肌梗塞及合并症有较高救治水平;呼吸内科承担国家"九五"攻关课题分课题"茶碱与β21受体激动剂对中重度慢性阻塞性肺病疗效的对比研究";肾病科开展血液透析治疗。1997年以来,医院独立或协作承担国家级科研课题9项、部市级科研课题5项、局级科研课题7项。

医院设有内、外、妇、儿及影像学等教研组,负责组织完成各项教学任务,院内有图书馆、阅览室和示教室,提供了极为方便的学习环境。

·北京矿务局总医院·
(北京大学北京矿务局总医院教学医院)

【医院概况】 北京矿务局总医院创建于1956年,是京西地区唯一一家集医疗、教学、科研、护理、预防保健和康复医疗服务为一体,向全社会开放的三级综合医院。服务范围为五大煤矿、六所工厂的工伤抢救治疗及职业病的防治,以及居住矿区20万职工、家属、辖区农民及社会各界的病员,同时负责矿区八个一级甲等矿医院的业务指导工作。2000年成为北京大学教学医院。

北京矿务局总医院共有职工826人,其中有正高职称者11人、副高职称者40人、中级职称189人;全院共有床位704张,年住院病人5500人次,年门急诊20万人次;医院共设置35个临床科室和医技科室,其中创伤外科、心血管内科和神经科在本地区处于领先地位。医院内设有内、外、妇、儿等教研组,负责组织完成各项科研和教学任务,还设有图书馆、阅览室、示教室。

·北京仁和医院·
(北京大学北京仁和医院教学医院)

【医院概况】 北京仁和医院创建于1953年,1992年被评为二级甲等综合医院,是全国厂矿医疗系统中最早的二级甲等综合医院。主要服务对象是大兴地区的53万农民、城镇居民和本系统的10万职工、家属。2000年12月成为北京大学教学医院。

医院有病床315张,拥有万元以上医疗设备200多台。1999年医院总门诊量211408人次,收治住院病人5706人次,完成病房手术2361例。医院现有职工427人,其中卫生技术人员358人,具有高级职称的47人,中级职称的138人,初级职称174人。设有临床专业科室16个,医技科室5个。

(以上介绍由各教学医院提供)

管理与后勤保障

发展规划工作

【概况】 北京大学的发展规划工作由发展规划部负责。发展规划部是1999年6月在原党委政策研究室、校园规划委员会办公室的基础上建立的,是在校党委和校行政领导下,对学校的发展规划进行研究、论证、贯彻和落实的职能部门。建立发展规划部主要是为了加强学校整体规划工作,以适应北大创建世界一流大学的需要。发展规划部的主要职责主要包括14个方面:(1)在深入实际、深入基层、深入群众调查研究、总结经验的基础上,认真研究、科学论证学校中长期发展规划和阶段性规划、学校改革与发展的重大问题与重要政策,力争为学校改革与发展提供高质量、建设性、可操作的研究报告、方案设计、政策建议或决策咨询;(2)在学校领导下,起草、研究、论证、修订、完善、细化和落实北京大学创建世界一流大学规划;(3)负责北京大学规划委员会和学科规划委员会、事业规划委员会、校园规划委员会的日常工作;(4)负责北京大学发展规划专家组(由发展规划部特聘研究员组成)会议的组织工作,并形成《会议纪要》;(5)对各单位提交的《关于校属实体机构设置或调整申请报告》进行一定程序的论证并提出初审意见,其中学术机构报学科规划委员会审议,非学术机构报事业规划委员会审议;(6)根据创建世界一流大学目标及教育与科学研究的可持续发展要求,对校园发展规划进行研究,提出方案和建议,组织编制北京大学校园总体规划和校园近期建设规划,制定实施方案;(7)对各单位提交的《关于校园建设项目的立项申请》进行一定程序的论证,并提出初审意见,报校园规划委员会审议;(8)对校园建设项目和工程进行审核和监督管理,对学校重要建设工程的可行性方案和具体设计方案进行审核和一定程序的论证,对基本建设过程中可能出现的问题向学校提出建议和改进措施;(9)与高教所、国际合作部等单位合作研究世界一流大学的历史、特点、优势、人才培养、管理机制、发展规律和最新动态等,为把北京大学早日建成世界一流大学提供借鉴;(10)研究与学校发展密切相关的重要理论课题,参与国家高等教育科学和管理科学某些重点项目的研究工作;(11)紧紧围绕学校的中心工作,在深入实际、调查研究、广收信息、科学分析的基础上,不定期撰写《发展规划部简报》;(12)编辑《资料选编》,主要选编有关高教改革的各种具有指导性、代表性或典型性的领导讲话、外校文件、工作经验、研究动态、讨论方案等,供学校领导和有关部门决策时参考;(13)结合中关村科技园区发展,参与编制北京大学科学园发展规划及实施细则;(14)协调挂靠单位环境保护办公室、辐射防护室的有关工作等。目前,发展规划部内设及挂靠机构主要包括事业规划办公室、校园规划办公室和环境保护办公室、辐射防护室。

发展规划部成立以来,在学校领导下,认真起草、研究、论证、修改、完善和细化北大创建世界一流大学的整体规划;积极参与学校内部管理体制改革的工作;研究编制北京大学新的校园总体规划与北京大学科学园的发展规划;初步审核学校有关单位基建项目的立项申请;正在进行若干项重要课题的研究(如世界一流大学研究,北京大学院系重组、学科整合与教学体制改革研究,北京大学办学规模与办学结构研究,北京大学产学研结合研究等)。

为了更好地发挥专家教授在制定、修改规划和对学校某些重要的改革发展方案进行科学研究、设计和论证的重要作用,1999年11月,发展规划部建立了专职与兼职相结合的研究体制,在校内聘请了17位知名专家教授为发展规划部的特聘研究员(2000年4月,原北京大学和原北京医科大学合并后,又补充了医学部的专家,现共有24人),组成学校发展规划的专家系统,对学校某些重要的改革发展方案进行科学的研究、设计和论证,为学校的改革发展出谋划策。对特聘研究员的聘请既充分考虑了其政策水平、创新能力和奉献精神等方面的优势,也充分考虑了其学术背景、知识结构和研究重点等方面的互补。专职与兼职相结合的队伍，既是发展规划部工作的特色，也是做好全校发展规划工作的基础。

发展规划部注重加强基础工作。2000年，人员配备日臻完善，学历结构和知识结构更趋合理。根据工作需要，2000年下半年，发展规划部面向全校公开招聘了事业发展规划办公室副主任、校园规划办公室副主任、环境保护办公室兼辐射防护室主任，工作人员经过调整，各司其职，做到了分工明确又相互补位协作，各项工作制度也不断完善。图书资料建设进一步加强。发展规划部仍保持了原党委研究室的党委和校领导的图书资料室的职能。2000年又购进了一批必要的图书资料，并对原有的图书资料和新购进的图书资料进行了新的整理归类，也对学校各个单位的资料进行了分类归档。

【规划工作】 认真调研论证，科学修订规划 为贯彻落实江泽民总书记在庆祝北京大学建校一百周年大会上的讲话精神，在学校领导下，1999年6月制定了《北京大学创建世界一流大学规划》。在规划的运行过程中，2000年4月，原北大与原北医顺利合并，组建了新北京大学，北大进入了新的发展阶段，修订规划成为学校的一项重要工作。学校领导对规划的修订工作非常重视，王德炳书记、许智宏校长多次强调，规划是一项非常重要、非常严肃的工作，涉及整体布局，必须及早确定，严格执行。

学科规划是创建世界一流大学规划的重要内容之一。结合规划的修订，2000年9月21日，校长许智宏、常务副书记兼副校长闵维方、常务副校长迟惠生参加了关于信息科学与电子学、纳米科学、地球与环境、理科重点学科等学科发展研讨会，会同院系有关专家，认真研讨北大在有关学科领域重点应该发展哪些研究方向，预计可产生哪些重大标志性成果，以及学校如何组织和支持这些重点领域等重要问题。

10月17日，发展规划部召开北京大学发展规划专家组会议，就如何做好规划的修订工作认真研讨。与会专家围绕北京大学的办学规模、结构调整、管理体制、异地办学、校本部与医学部的关系等重要问题进行了认真的论证，提出了许多宝贵的意见。

为了更广泛地征求意见，集思广益，动员广大师生为学校下一步的改革和发展献计献策，10月18—26日，发展规划部连续主持召开了6个修订创建世界一流大学规划专题研讨会，先后邀请北大著名专家学者、各职能部门和院系负责人、工会代表、教代会代表、民主党派和无党派代表、教师和学生代表共计100余人进行座谈。此后，发展规划部又深入基层，深入群众，进行个别征求意见。广大师生对规划的修订提出了500余条意见，共计2万余字。许多意见非常中肯，很有针对性。

至2000年底，医学部发展规划已经制定出来。发展规划部正在研究大家提出的意见，认真修改规划，力争尽快拿出完整的北京大学创建世界一流大学规划。

理顺管理职能，贯彻发展规划 发展规划部成立以来，认真组织校园规划委员会和校园规划办公室会议，对校园建设项目和工程进行审核和监督管理，对学校重要建设工程的可行性方案和具体设计方案进行审核和一定程序的论证，对基本建设过程中可能出现的问题向学校提出建议和改进措施。

2000年，发展规划部共组织召开12次校园规划办公室会议和校园规划委员会会议，对国际关系学院大楼、附小新教学楼、北达资源中学扩建工程、45楼甲学生公寓、外国留学生及专家公寓建设等学校有关单位建设项目的立项申请77项进行认真的论证和审核，下发校园建设项目审批意见书77份，对所有的立项申请（不论批准与否），均进行了及时的回复。

根据学校职能部门变化的实际情况，2000下半年发展规划部重新编制了《北京大学党政管理部门职能配置、内设机构和人员编制》。

【专题研究】 为大力突出改革、创新，充分体现科学性、创造性、综合性、超前性的研究特色，力争为学校长远的发展规划和当前的重要政策，提供高质量的、建设性的、可操作的并可供比较和选择的研究报告、方案设计和决策咨询，为学校的改革发展出谋划策，为学校领导的决策起到智囊团、参谋部的作用。2000年，发展规划部的研究力争建立在统揽改革、发展、稳定全局的基础上，紧紧围绕创建世界一流大学的目标。同时，鉴于北京大学在全国高校中的重要地位和作用，发展规划部还力争对涉及我国高等教育改革发展的一些重大问题，以北京大学为例进行深入研究，以起到北京大学对全国高校改革发展的示范作用和辐射效应。

2000年上半年，发展规划部参加了教育部吕福源副部长主持的教育产业化课题，完成《教育过程中的经济流量及相关政策分析——北京大学教育产业化的主题报告》；撰写了北京大学党建先进材料《启动一个新过程，创建一种新机制——北京大学学生骨干队伍建设工程》，获北京市学生党建和思想政治工作优秀成果二等奖。

2000年下半年，针对学校改革发展过程中遇到的重大问题，结合规划的修订工作，发展规划部启动了"北京大学规模与结构研究"、"北京大学校本部与医学部关系研究"、"北京大学高科技产业发展研究"等课题，进一步落实了《北大高科技产业之路》一书的写作计划。以上工作预计将于2001年上半年完成。

根据学校改革发展的实际,对学校改革发展过程中的重要课题进行研究,是发展规划部通过建立一种专职与兼职相结合的研究体制,加强政策研究,为领导决策提供可资借鉴的政策报告的重要尝试。

为借鉴国外知名大学办学经验,使广大师生对世界一流大学机构设置及人员的配置、机构的功能和运行方式、科研及社会服务(产学研结合)和国际合作等情况有更多的了解,发展规划部与国际合作部一起,在对现有世界一流大学资料进行重新梳理的基础上,通过网络收集世界一流大学的最新信息,追踪世界一流大学的最新动态,经过认真归纳整理,连续编写了8期《世界一流大学动态》,重点介绍了哈佛大学、斯坦福大学、麻省理工学院、加州大学伯克利分校、牛津大学、东京大学、巴黎大学、慕尼黑大学等世界知名大学,供学校领导和有关部门参阅,受到大家好评。

【环保工作】 发展规划部注重增强环境意识,落实环保责任。为加强环境保护宣传,6月5日,环保办出版了《环境与发展论坛》论文集,并与校宣传部联合在《北大青年》上出版了环境保护专刊,及时发送到广大师生手中。新水井投入使用后,从六月中旬开始,环保办组织全校新井水质测量工作。先后测量了畅春园、水塔、43楼、四教和昌平园的新井的水质。测量分析报告显示,所有水质均达到国家规定标准。为加强对废旧电池的回收,环保办积极组织学生社团对学生区的废旧电池进行回收。此外,环保办和辐射防护室还承担全校放射性同位素、带源装置、射线装置的剂量监测及安全防护工作,负责全校各单位保健费的审批,组织放射性工作人员个人剂量检测和职业体检。为加强全校辐射防护工作,11月2日,学校对北京大学辐射防护领导小组和辐射防护专业小组进行了调整,副校长林钧敬、发展规划部部长岳庆平分别担任辐射防护领导小组和辐射防护专业小组组长。

(倪斌)

北京大学规划委员会工作章程

一、为进一步加强对全校整体规划的协调和领导,使学校的学科规划、事业规划、校园规划更加科学和合理,并使制定出的全校整体规划能切实有效地指导全校的各项工作,特设立北京大学规划委员会。

二、规划委员会由学校领导和相关部门负责人组成。设主任1人,副主任4人,委员若干人。

三、规划委员会的职能:

1. 根据学校办学的指导方针,对发展规划部组织编制的北京大学整体规划进行审议,报校长办公会审核批准;

2. 根据学校学科规划、事业规划和校园规划统筹兼顾的原则,对北京大学学科规划委员会、事业规划委员会、校园规划委员会分别审议的北京大学学科规划、事业规划、校园规划进行复议,报校长办公会审核批准;

3. 根据学校整体规划和学科规划,对学科规划委员会关于校属学术实体机构成立或调整的审议意见进行复议,并提交北京大学学术委员会审议,然后报学校党委常委会审核批准;

4. 根据学校整体规划和学科规划,对学科规划委员会关于每年招生规模调整计划的审议意见进行复议,报校长办公会审核批准;

5. 根据学校整体规划和事业规划,对事业规划委员会关于校属非学术实体机构设置或调整的审议意见进行复议,报学校党委常委会审核批准;

6. 根据学校整体规划和事业规划,对事业规划委员会关于各单位人员编制增减的审议意见进行复议,报校长办公会审核批准;

7. 根据学校整体规划和校园总体规划,审核批准校园规划委员会审议的校园重要建设项目的立项申请,其中的重大建设项目需提交校长办公会审核批准。

四、北京大学规划委员会的日常工作由发展规划部负责。

北京大学规划委员会组成名单

主　任:许智宏
副主任:闵维方　迟惠生　韩启德
　　　　林钧敬
成　员:岳素兰　陈章良　何芳川
　　　　林久祥　吕兆丰　郝　平
　　　　鞠传进　吴志攀　岳庆平

北京大学学科规划委员会工作章程

一、为进一步加强全校的学科建设,使学校的学科规划更加科学,学术机构的设置和调整更加有序,招生规模的调整计划更加合理,同时也为进一步加强与事业规划和校园规划的协调,特设立学科规划委员会。学科规划委员会是学校规划委员会的一个组成部分,它所审议通过的问题需提交规划委员会复议。

二、学科规划委员会由学校相关领导及发展规划部、研究生院、教务部、科学研究部、社会科学部和继续教育部负责人组成。设主任1人,副主任2人,委员若干人。

三、学科规划委员会的职能:

1. 根据学校办学的指导方针,对涉及与北京大学学科规划有关的议题进行审议;

2. 根据学校整体规划和学科规划,对学校发展规划专家组关于校属学术实体机构设置或调整的初审意见进行审议；

3. 根据学校办学规模的规划，对学校每年各类学生招生规模的调整计划进行审议；

4. 根据学科内在发展规律，对诸如学科建设、调整、交叉、整合等若干重要方面的发展规划进行审议；

四、学科规划委员会的日常工作由发展规划部负责。

北京大学学科规划委员会
组成名单

主　任：迟惠生
副主任：韩启德　何芳川
成　员：吴志攀　林建华　岳庆平
　　　　牛大勇　李克安　朱　星
　　　　程郁缀　李国斌　柯　杨
　　　　李　强

北京大学事业规划委员会
工作章程

一、为进一步加强对全校事业规划的协调和领导，使学校非学术机构的设置和调整更加有序，人员编制的增减更加合理，同时也为进一步加强与学科规划和校园规划的协调，特设立事业规划委员会。事业规划委员会是学校规划委员会的一个组成部分，它所审议通过的问题需提交规划委员会复议。

二、事业规划委员会由学校相关领导及发展规划部、组织部、人事部、财务部负责人组成。设主任1人，副主任2人，委员若干人。

三、事业规划委员会的职能：

1. 根据学校办学的指导方针，对涉及与北京大学事业规划有关的议题进行审议；

2. 根据学校整体规划和事业规划，对学校发展规划专家组关于校属非学术实体机构设置或调整的初审意见进行审议；

3. 根据学校整体规划和事业规划，对各单位要求增减人员编制的申请进行审议。

四、事业规划委员会的日常工作由发展规划部负责。

北京大学事业规划委员会
组成名单

主　任：闵维方
副主任：岳素兰　林久祥
成　员：岳庆平　周岳明　廖陶琴
　　　　贺　飞　王武召

北京大学校园规划委员会
工作章程

一、为进一步加强对北京大学校园建设的规划、协调和领导，科学、合理使用北京大学的有限空间，保证北京大学教育与科学研究的可持续发展，同时也为进一步加强与学科规划和事业规划的协调，特设立校园规划委员会。校园规划委员会是学校规划委员会的一个组成部分，它所审议通过的问题需提交规划委员会复议。

二、校园规划委员会由学校相关领导及发展规划部、财务部、保卫部、基建工程部、资产管理部、教育基金会负责人和有关专家组成。设主任1人，副主任2人，委员若干人。

三、校园规划委员会的职能：

1、根据学校办学的指导方针及学科规划和事业规划，对涉及与北京大学校园规划有关的议题进行审议；

2、根据校园总体规划和学校发展的需要，每年度审议一次由发展规划部组织编制的校园近期建设规划；

3、根据校园总体规划，对校园重要建设项目的立项申请进行审议；

4、根据校园总体规划，对建设过程中出现的问题进行协调、讨论并向北京大学规划委员会提出建议；

5、制定北京大学校园建设和管理章程，保证校园规划的顺利实施。

四、校园规划委员会的日常工作由发展规划部负责。

北京大学校园规划委员会
组成名单

主　任：林钧敬
副主任：陈章良　吕兆丰
成　员：郝　平　鞠传进　岳庆平
　　　　廖陶琴　张　虹　张宝岭
　　　　吕　斌　支　琦　罗志良
　　　　谢凝高　张永和　俞孔坚
　　　　栾胜基　史录文　李　鹰

北京大学关于校属实体机构
设置或调整申请与
审批程序的规定

为使学校的整体结构和办学规模更加科学，校属实体机构的设置和调整更加有序，并纳入学校整体发展规划，也为使各单位要求设置或调整校属实体机构的申请报告能及时得到书面答复，现就北京大学校属实体机构设置或调整的申请与审批程序做出如下规定：

一、北京大学校属实体机构设置或调整申请报告的归口部门为"北京大学发展规划部"。

二、校属实体机构设置或调整的申请与审批程序为：

1. 北京大学各单位要求设置或调整校属实体机构，应首先向发展规划部提交《机构设置或调整申请报告》。

2. 发展规划部针对某机构的具体情况，组织召开由校内相关专家及其他人士参加的若干专题研讨会，广泛征求意见。

3. 发展规划部组织召开北京大学发展规划专家组会议，结合征求的意见，对《申请报告》进行充分论证，并提出初审意见。

4. 发展规划部将专家组对学术机构的初审意见提交北京大学学科规划委员会审议；将专家组对非学术机构的初审意见提交北京大学事业规划委员会审议。

5. 提交北京大学规划委员会

审议。对学术机构的审议意见还要提交北京大学学术委员会审议。

6. 提交北京大学党委常委会审核批准。

7. 不论批准某机构的设置或调整与否，均下发《北京大学校属实体机构设置或调整审批意见书》。

三、校属实体机构设置或调整的范围：

校属实体机构指学校直属或附属并需要学校提供人员编制、运行经费、办公用房和设备的机构，以及校属异地学院或分校，具体包括：

1. 校属实体院、系、所、中心的设置或调整。

2. 校属行政机构或其他部门的设立或调整。

3. 校属异地学院或分校的成立或调整。

四、《机构设置或调整申请报告》的内容应包括：

1. 新设机构或调整后机构的名称。

2. 新设机构或进行机构调整的目的、意义和必要性。

3. 新设机构或进行机构调整的现有基础和条件。

4. 新设机构或调整后机构的组织结构、人员编制、资源需求等具体情况。

五、本规定经2001年2月20日第431次校长办公会讨论通过，自通过之日起执行。

北京大学发展规划专家组成员名单

召集人：岳庆平　发展规划部长，历史系教授

成　员（以姓氏笔划为序）：

马　戎　社会学系主任，教授
王　垒　心理学系主任，教授
王浦劬　政治学与行政管理系主任，教授
牛大勇　历史系教授
方伟岗　医学部科研处处长，病理系教授
叶　朗　哲学系主任，教授
吕　斌　城环系教授，发展规划部副部长
刘　伟　经济学院副院长，教授
刘玉村　北大医院副院长，外科学教授
李　强　政治学系教授，发展规划部副部长
杨开忠　城环系主任，教授
吴同瑞　前副教务长，教授
吴志攀　校长助理，法学院院长，教授
张维迎　光华管理学院副院长，教授
陈向明　教育学院教授
范少光　前基础医学院院长，生理学教授
周其仁　中国经济研究中心教授
赵　杰　外国语学院教授
程郁缀　中文系教授，社会科学部部长
蔡少青　药学院副院长，教授
黎晓新　人民医院眼科主任，教授
魏　新　教育学院副院长，教授

北京大学辐射防护领导小组

组　长：林钧敬
副组长：岳庆平
成　员：唐适宜　王　进　刘长有
　　　　顾红雅　谢景林　焦书明
　　　　肖　健　赵　辉　陶　澍
　　　　李晓明

北京大学辐射防护专业小组

组　长：岳庆平
副组长：唐适宜
成　员：郭秋菊　耿晓峰　贾春燕
　　　　任时仁　吕明泉　杨　飚
　　　　郑公望

（倪斌）

对外交流与合作

【概况】 2000年，在科教兴国、建设世界一流大学的总体目标指引之下，北京大学大力开展交流与合作。2000年，到访北大近15000人次；全年来访的各种代表团约100个。2000年，莅临北大并作演讲的国家元首和外国政要近20人，其中包括伊朗总统赛义德·哈塔米，印度总统切里尔·纳拉亚南，马耳他前总统、联合国禁止化学武器组织总干事、新西兰前总督、德国洪堡基金会秘书长、德国联邦议院副议长及希腊发展部长等。此外还有60多名大学校长、50名政府官员、26位各国驻华大使或公使，或专程来校拜访校领导，探讨新的合作领域，或陪同本国贵宾来访，表达良好合作意愿。与港澳台地区的交流也空前活跃，仅重要团组就接待了27个。

2000年的国际交流与合作的形式丰富多彩，主要有：

1. 校长论坛。1998年北京大学百年校庆时号召开了"世界著名大学校长论坛"。近两年来，北大与国外大学之间的校长级高层会议频频召开，共同探讨新形势下高等教育面临的有关问题。5月、8月和10月，中国与丹麦、泰国、日本高校的第一次校长会议分别在北京、昆明和日本东京召开，探讨各国大学如何共同迎接新世纪的挑战。"校长论坛"的推广和延伸，不仅加强了不同国家高校之间的沟通与合作，而且更为北大的国际交流提供了新的机遇。

2. 与跨国企业的合作。2000年下半年,日本理光公司资助北大计算机系950万日元,支持开发专项计算机软件项目,提供免费咨询。11月,希腊Costamare船务公司总裁、希腊船王V. C. Costanta-kopoulos及其朋友捐资52.5万美元,资助北大设立希腊学研究中心。目前,该中心两本学术专著即将出版,有效地填补了北大在这一学科领域的空白。与跨国公司的合作,是今后国际交流的发展方向之一。

3. 艺术交流。9月21日,由残障人士组成的台湾"全方位乐团"来北大访问,传递了海峡对岸青年人的深情厚谊。9月23日,德国莱法州音乐山庄铜管乐团来北大演出,与北大的学生乐团进行交流,取得了很好的效果。

【校际交流与合作】 到2000年底,北京大学已经同47个国家和地区的205所大学建立了校际交流关系,比上年增长近10%,全年新签及续签协议共13份,其中包括欧洲地区8份,非洲地区3份,亚洲地区1份,港澳台地区1份。

2000年来访的大学代表团65个,其中大学校长代表团39个,包括美国耶鲁大学、英国剑桥大学、日本早稻田大学等著名大学。北大还与耶鲁大学在植物基因研究领域建立了联合实验室。

根据交流协议,2000年来北大学习的校际交流学生共79人,其中欧美61人,亚非14人,大洋洲4人;港澳台地区来北大攻读学位的学生共有364人。同时,根据交流协议,北大已派出教员34人,比上一年又有所提高。

2000年北京大学出访团共43个,其中重要的有:许智宏校长6月率团出访英国和加拿大,10月赴日本参加东亚研究型大学校长会议和第一届中日大学校长会议;闵维方常务副校长2月率领的北京大学高级行政管理人员赴美国伯克利加州大学培训团;迟惠生常务副校长3月率领的中国高等教育访非团;北大前副校长梁柱教授5月份率团访欧等。

学生仍然是对外交流的活跃部分。从1998年开始,北大与南京大学、香港大学、哈佛大学共同在香港举办"李韶社会经济考察计划",2000年北大有15名本科生参加。北大有5名本科生参加了香港中文大学的"行政管理精英培训计划"。此外,一系列国际组织及大学联盟积极推动国际间的非学位性的交流,为北大的学生交流开辟了新的领域。例如"国际经济与商学学生协会"(AIESEC)与中华全国青年联合会推出了"百名大学生国际培训计划",在两年内陆续组织100名优秀大学生赴美国、加拿大、英国等国家参加国际培训项目,北大是全国8所被邀请参加此项目的高校之一,目前已有4位同学入选此项目。2000年"台湾十大杰出青年基金会"每年在全国范围内选拔35名学生(其中北大约20名左右)参加两岸大学生互相学习、交流的项目。同时,在"21世纪大学联盟(U21)"的框架内,英国诺丁汉大学、加拿大多伦多大学也积极筹集经费,希望尽快开展与北大的学生交流。"学生国际交流协会"积极参与了学校的对外交流活动,产生了良好的影响。

【派出工作】 2000年办理因公出国手续1471人次;赴港、澳、台手续861人次;因私出国、出境手续1343人次。2000年,派出工作实现了管理与服务信息化,办理出访手续的程序、要求及申报表格全部上网,教职员工可在网上查询并下载表格,为出国、出境人员提供了更加准确、便利、快捷的服务。

【专家工作】 2000年北大聘请长期外国专家60人次,短期专家260人次。专家们来自美国、英国、德国、日本、韩国等31个国家以及港澳台地区,分布在全校43个人文、社会科学和自然科学领域,其中聘请的短期专家60%分布在自然科学领域。这些专家对促进学校的学科建设和高素质人才培养发挥了重要作用。

为了改善和提高专家的生活待遇,按照国家有关规定,北大按照一定的比例调整了专家工资。为了丰富专家在校的业余生活,北大组织了丰富多彩的娱乐活动。国际合作部与各聘请外国专家的院系和所聘专家保持着密切的联系,了解他们的工作与生活情况,及时妥善地处理和解决外国专家在校工作期间所遇到的各种困难。

(国际合作部 供稿)

医学部对外交流与合作

【概况】 1979年5月3日经北京市市委教育工作部同意,北京医学院外事处正式建立。改革开放初期,外事处通过"派出去,请进来"等各种途径,活跃和发展了学校的对外交流与合作,培养了一批学科、科研项目带头人,促进了学科的发展和科研水平的提高。该处先后与世界卫生组织、联合国儿童基金会、世界银行等国际组织建立了实质性的交流与科研合作,与美国中华医学基金会、HOPE基金会、KOLLEGG基金会、美国疾病控制中心、洛克菲勒基金会建立了长期合作关系;与美国、日本、澳大利亚及欧洲等18个国家的65所院校建立了校际交流关系;建处20年共计派出学术交流及讲学人员277人次,访问考察人员654人次,科研合作512人次,出国参加学术会议6127人次;邀请来华学术交流及讲学5399人次,参加学术会议2146人次,科研合作1245人次,来校访问2863人次,来校进修及留学2010人次;接待过美国前总统卡特、布什,世界卫生组织总干事布伦特兰女士,美国总统夫人希拉里女士等政界要人的来访。

1953年,原北京医学院留学生办公室成立,同年开始接受外国留学生。1974年以后,留学生人数逐年增加,培养的学生基本上来自发展中国家和地区,以非洲和亚洲为主,均为教育部分配下达任务。1993年以后,除本科生外,研究生、长短期进修生增多,来自欧美等国学生有所增加。学校对留学生的培养目标是使他们具有和中国学生一样的医学技术水平,成为一名合格的医生。从1978年开始,留学生与中国学生统一轨道,同班上课,同一学籍管理。1985年设立了"外国留学生学习成绩优良奖",每学年评选一次,激励留学生集中精力学习。

北京大学医学部国际合作处由原北京医科大学外事处和留学生办公室合并组建而成,是医学部对外合作与交流工作的管理和服务部门,其主要职责是:建立和保持北京大学医学部与国外大学、科研机构、基金会等单位的联系与合作,开拓海外医学教育;接待世界各国来访的教授、专家、学者和外籍教员;管理医学部国际合作与交流项目,举办国际会议、涉外讲座和研讨班;办理医学部人员因公短期出国(出境)及国(境)外人员来华的聘请手续;招收外国留学生并处理有关留学生涉外事务等。

台港澳办公室及台港澳学生办公室是医学部处理与港、澳、台地区有关的学术交流、合作研究和留学事务的管理机构,该办公室与国际合作处合署办公。台港澳学生办公室于1997年正式成立,负责台港澳学生在校期间的生活及日常事务管理,招收台港澳各层次来大陆学习的学生。

国际合作处在原外事处和留学生办公室已有成绩的基础上,改变思路积极拓宽交流渠道,坚持一手抓管理、服务,一手抓面向国外的医学教育。2000年,成立了医学教育海外培训中心,开拓了医学部医学教育新模式。该处接管留学生公寓楼后,改变其原有功能,将公寓楼设计成集留学生宿舍、高级访问学者客房、中式餐厅和西式快餐于一身的多功能楼。2000年度在校留学生人数较以往有所增加。2000年与国外26所学校、7所港台学校和8个国际组织保持了密切关系;与国外7所院校签订了实质性的合作协议;组织外国专家学术报告会8次;协助科研、教育部门引进国际资助项目4个,资助金额150万美元;办理短期出国人员683人次;与澳大利亚La Troble大学签订校际协议,并合作办学1期,招收学员67人。

【国际交流】 截至2000年底,医学部(包括原北京医科大学)共与18个国家的70所院校、组织、公司签订了交流协议。2000年,接待了外国院校代表团41批,其中澳大利亚La Trobe大学校长、美国德州休斯顿医学中心常务副校长、俄亥俄大学医学院院长、日本神户大学校长等来校签订了合作协议,澳大利亚昆士兰大学医学部主任来校探讨了双方学位联合培养和互派留学生等事宜;接待国际金融公司访华团一行6人来校商讨投资事宜;世界卫生组织及联合国儿童基金会代表团一行8人来公共卫生学院访问,对联合国儿童基金会支持的1996—2000年卫生管理与应用流行病学培训项目进行评估,同时制订2001—2005年疾病监测与控制高级流行病人员培训计划。2000年的国际交流活动呈多样化,以具有实质性内容的访问团为主。

【国际会议】 国际合作处与专家教授合作举办了三个国际会议。9月在昆明召开"第四届海峡两岸暨香港地区医学教育研讨会",大会主席分别由北京大学党委书记王德炳教授、台湾阳明大学校长吴妍华教授、香港中文大学医学院院长钟尚志教授担任,来自大陆、香港、台湾的大学校长、专家和美国中华医学基金会主席等170余人出席了会议。10月,在北京举行"2000国际灵芝专题研讨会",来自全国各地以及日本的70余名专家学者出席了会议,医学部林志彬教授担任大会主席。11月,在北京举行"肿瘤免疫学和免疫治疗学国际研讨会",来自美国、德国、澳大利亚、瑞士及日本的国际著名专家学者及国内著名专家教授出席了会议,医学部免疫学系陈慰峰院士担任会议主席。

【派出工作】 2000年医学部完成派出参加会议372人次,访问考察84人次,学术交流45人次,讲学15人次,技术培训38人次,合作研究34人次。

(李奇 毕志林)

附 录

表8-1 2000年因公出国(境)人员统计

出访国别(地区)	访问考察	科技合作	其他	学术会议	应邀讲学	合计
中国香港	180	74	91	167	93	605
美 国	92	47	125	151	5	420

出访国别(地区)	访问考察	科技合作	其他	学术会议	应邀讲学	合计日本
中国台湾	44	9	20	83	11	167
韩 国	35	1	11	91	2	140
中国澳门	26	2	6	17	38	89
德 国	33	11	9	34	1	88
法 国	5	16	5	16	4	46
新加坡	17	2	8	11	7	45
加拿大	9	9		22	1	41
英 国	15	5	3	15		38
俄罗斯	8	1	2	22		33
意大利	5	4	1	16	1	27
瑞 士	6	4	5	6		21
泰 国	5		2	14		21
瑞 典	4		1	14		19
马来西亚	3	3	2	7	1	16
澳大利亚	6	1	4	4		15
西班牙		1	3	9		13
荷 兰	1	3	1	6	1	12
丹 麦		8	2			10
奥地利	1	2	1	5		9
印 度				9		9
波 兰	4		1	2		7
菲律宾	1		2	4		7
挪 威	3	1		3		7
南非(阿札尼亚)	3			3		6
比利时			4	1		5
匈牙利	4			1		5
印度尼西亚	2			2	1	5
巴 西	2	1	1	2		4
保加利亚	4					4
芬 兰			1	2		3
墨西哥		1		2		3
希 腊				3		3
新西兰	2			1		3
以色列			1	2		3
埃 及			1	2		3
蒙 古	11			1		12
葡萄牙				1	1	2
斯洛文尼亚				2		2
土耳其			2			2
越 南	1		1			2
巴基斯坦			1			1
捷克斯洛伐克				1		1
肯尼亚						1
黎巴嫩				1		1
马达加斯加	1					1
莫桑比克	1					1
南极洲	1					1
其它国家				1		1
塞浦路斯				1		1
沙特阿拉伯			1			1
坦桑尼亚	3					3

出访国别(地区)	访问考察	科技合作	其他	学术会议	应邀讲学	合计
乌干达	1					1
叙利亚	1					1
伊 朗				1		7
赞比亚	1					1
智 利		1				1
总 计	637	223	415	886	175	2336

表 8-2　2000 年自费出国(境)人员统计表

所赴国别(地区)	留学	工作	探亲	旅游	定居	访友	学术交流	其他	合计
美 国	587	11	72	15	26	10	4	13	738
韩 国	14	1	11	35		4	3	19	87
中国香港	8		9	58			2	6	83
新加坡	20	1	6	33		7	1	3	71
泰 国			1	1	33		2	19	56
加拿大	32			5	11			4	52
日 本	23	2	13				3	8	49
德 国	31			4	7			5	47
法 国	2			16			5	2	25
英 国	14	1	3	1		1	1	4	25
俄罗斯	6			12			3	1	22
澳大利亚			2	5			1	3	11
其它国家			2	5				3	10
奥地利	1		1	6					8
瑞 典			2	6					8
瑞 士	1		1				3	2	7
中国台湾				6					6
意大利				6					6
荷 兰	4							1	5
中国澳门				2			2		4
马来西亚			1	2				1	4
以色列	3								3
新西兰	1						1		2
芬 兰	2								2
蒙 古								2	2
西班牙								2	2
印度尼西亚			1					1	2
比利时	1								1
朝 鲜								1	1
菲律宾	1								1
挪 威								1	1
斯里兰卡							1		1
印 度							1		1
总 计	751	17	140	253	26	25	32	99	1343

表 8-3　北京大学校本部校际交流学校一览表

国家及地区	学校名称(中文)	学校名称(英文)	签署时间	续签情况
美 国	布朗大学	Brown University	1998.5	
	施德奈医学中心	Cedars-Sinai Health System		
	哥伦比亚大学	Columbia University	1979.7	

国家及地区	学校名称(中文)	学校名称(英文)	签署时间	续签情况
美 国	康奈尔大学	Cornell University	1998.1	
	埃默里大学	Emory University	1982.9	
	哈佛大学文理学院	Faculty of Arts and Science, Harvard University	1981.8	
	佛罗里达国际大学	Florida International University		
	乔治华盛顿大学	George Washington University	1988.5	
	乔治亚理工大学	Georgia Institute of Technology	1988.7	1997.12
	哈姆林大学	Hamline University	1986.4	
	约翰霍普金斯大学	John Hopkins University	1980	
	路德维格大学癌症研究所	Ludwig Institute for Cancer Research		
	曼隆学院	Menlo College	1997.5	
	摩托罗拉大学	Motorola University	1996.4	
		Murdoch University		
	内布拉斯加州医学院	Nebraska College of Medicine		
	纽约大学	New York University		
	西北理工大学	Northwestern Polytechnic University		
	俄亥俄大学	Ohio University		
	俄亥俄大学整骨疗法医学院	Ohio University College of Osteopathic Medicine		
	普林斯顿大学	Princeton University	1981.5	
	普渡大学	Purdue University	1990.1	
	斯坦福大学	Stanford University	1988.1	
	纽约州古西堡学院	State University of New York College at Old Westbury		
	得克萨斯农业机械大学	Texas A&M University	1998.5	
	得克萨斯工艺大学	Texas Tech University	1984.12	
	俄克拉荷马大学	The University of Oklahoma	1996.6	
	基督教联合大学	The Christian College Consortium	1984.9	
	宾西法尼亚州立大学	Pennsylvania State University	1988.7	
	纽约州立大学总校	State University of New York	1979.7	1985.1
	纽约州立大学奥伯尼分校	State University of New York at Albany	1980.8	
	纽约州立大学石溪分校	State University of New York at Stony Brook	1979.9	
	西南路易斯安那大学	The University of Southwestern Louisiana	1995.11	
	托马斯·杰弗逊大学	Thomas Jefferson University		
	伯克利加州大学视光医学院	University of California, Berkeley, School of Optometry		
	马里兰大学	University of Maryland	1980.8	
	伯明翰阿拉巴马大学	University of Alabama at Birmingham		
	伯克利加州大学	University of California, Berkeley	1979.4	
	圣巴巴拉加州大学	University of California, Santa Barbara		
	洛杉矶加州大学	University of California, Los Angeles		
	芝加哥大学	University of Chicago	1980.1	
	丹佛科罗拉多大学	University of Colorado at Denver	1993.8	
	夏威夷大学	University of Hawaii at Manoa	1988.8	1993.11
	伊利诺伊大学芝加哥分校	University of Illinois at Chicago		
	伊利诺伊大学	University of Illinois at Urbana Champaign	1980.7	1994.7 1996.5
	密歇根大学	University of Michigan		
	密歇根大学护理学院	University of Michigan, School of Nursing		
	明尼苏达大学	University of Minnesota	1980.9	
	密苏里大学	University of Missouri	1984.12	
	内布拉斯加大学	University of Nebraska-Lincoln	1985.8	1996.11
	宾西法尼亚大学	University of Pennsylvania	1998.11	
	匹兹堡大学	University of Pittsburgh		

国家及地区	学校名称(中文)	学校名称(英文)	签署时间	续签情况
美 国	南加州大学	University of Southern California		
	休斯顿得克萨斯大学医学中心	University of Texas Health Science Center at Houston		
	华盛顿大学	University of Washington	1988.5	
	西雅图华盛顿大学	University of Washington at Seattle	1998.11	
	威斯康星麦迪逊大学	University of Wisconsin-Madison		
	犹他州立大学	Utah State University	1998.3	
加拿大	麦吉尔大学	McGill University	1979.9	
	蒙特利尔大学	University of Montreal	1981.6	
	不列颠哥伦比亚大学	University of British Columbia	1988.5	
	多伦多大学	University of Toronto	1989.3	
	阿尔伯塔大学	University of Alberta	1995.10	
	渥太华大学	University of Ottawa	1997.9	
	瑞加纳大学	University of Regina	2000.4	
	卡尔加里大学	University of Calgary	2000.11	
墨西哥	墨西哥自治国立大学	Universidad Nacional Autonoma de Mexico	1983.7	
巴 西	巴西利亚大学	Universidad de Brasilia	1986.6	
哥伦比亚	哥伦比亚国立大学	Universidad Nacional de Colombia	1990.3	
新西兰	奥克兰大学	University of Auckland	1986.6	
	惠灵顿维多利亚大学	Victoria University of Wellington	1997.11	
澳大利亚	拉筹伯大学	LaTrobe University		
	莫纳斯大学	Monash University	1987.8	
	澳大利亚国立大学	The Australian National University	1980.12	
	墨尔本大学	The University of Melbourne	1987.8	
	悉尼大学	University of Sydney	1994.5	
英 国	伦敦大学玛丽皇后学院	Queen Mary College		
	伦敦大学政治经济学院	The London School of Economics and Politics	1989.4	
	米德尔塞克斯大学	The Middlesex University	1994.11	
	剑桥大学	University of Cambridge	1997.11	
	爱丁堡大学	University of Edinburgh		
	格拉斯哥大学	University of Glasgow		
	诺丁汉大学	University of Nottingham	2000.6	
	牛津大学	University of Oxford	1996.12	
法 国	国立东方语言文化学院	L'Institut National des Langues et Civilisations Orientales	1984.9	
	南茜亨利庞卡莱大学	Universite Henri Poincare-Nancy		
	波尔多孟德斯鸠第四大学	University Montesquieu-Bordeaux IX	1996.8	1997.8
	巴黎第二大学	University of Paris II	1993.12	
	巴黎八大	University of Paris VIII	2000.6	
	巴黎十大	University of Paris X	1993.4	
	索尔邦巴黎第四大学	University of Paris Sorbone (Paris IV)	1998.12	
	马赛普罗旺斯大学	University of Provence	1989.4	
西班牙	格拉纳达大学	University of Granada	1987.12	
	马德里卡姆鲁滕斯大学	The Complutense University of Madrid	1991.5	
意大利	佛罗伦萨大学	University of Florence	1994.9	
	罗马大学	Universita Degli Studi Di Roma	1981.5	1992.5
	卡里亚里大学	University of Cagliari	1993.5	
芬 兰	赫尔辛基大学	University of Helsinki	1983.5	
丹 麦	哥本哈根大学	University of Copenhagen	1990.11	
挪 威	奥斯陆大学	University of Oslo	1995.11	
葡萄牙	科英布拉大学	University of Coimbra	1995.12	

国家及地区	学校名称(中文)	学校名称(英文)	签署时间	续签情况
瑞 士	洛桑大学	The University of Lausanne	1993.6	
	日内瓦大学	The University of Geneva	2000.5	
奥地利	萨尔茨堡大学	University of Salzburg	1997.10	
	维也纳大学	University of Vienna	1997.10	
	维也纳经济管理学院	Wirtschafts Universitat Wien	1997.5	
比利时	列日大学	University of Liege	1997.8	
	鲁汶天主教大学	Catholic University of Leuven	1997.10	
白俄罗斯	白俄罗斯国立大学	National University of Belarus	1998.5	
俄罗斯	列宁格勒大学	Leningrad University	1990.9	
	阿穆尔大学	Amur State University	1990.9	1996.4 1997.11
	莫斯科大学	Moscow State University	1987.9	1990.9 1999.4
乌克兰	基辅大学	University of Kiev		
南斯拉夫	贝尔格莱德大学	University of Belgrade	1980.7	
捷 克	查理大学	Charles University	1987.6	
波 兰	华沙大学	University of Warsaw	1984.3	
荷 兰	耐梅根大学	The Catholic University of Nijmegen	1984.10	
	阿姆斯特丹大学	University of Amsterdam	1989.8	
	莱顿大学	Leiden University	1980.11	1994.12
希 腊	雅典大学	University of Athens	1994.2	
瑞 典	卡罗林斯卡大学	Karolinska Institute		
	龙德大学	Lund University	1997.9	
	斯德哥尔摩大学	Stockholm University	1980.11	
	乌布撒拉大学	Uppsala University	1988.6	
德 国	埃森大学	Essen University Medical School		
	柏林自由大学	Free University of Berlin	1981.4	1984.4 1986.4 1988.6 1990.11 1997.9
	洪堡大学	Humboldt University of Berlin	1986.4	1990.11
	柏林工业大学	Technische Universitat Berlin		
	奥斯那布鲁克大学	University of Osnabruck	1997.5	
	拜洛依特大学	University of Bayreuth	1993.7	
	慕尼黑大学	University of Munich	1996.5	
	图宾根大学	University of Tubingen	1987.9	
	杜塞尔多夫大学	University of Duesseldorf	1987.7	1995.4
香 港	香港树仁学院	Hong Kong Shue Yan College	1987.3	1998.12
	香港理工大学	City Polytechnic University of Hong Kong	1993.12	1996.11
	香港城市大学	City University of Hong Kong	1996.11	
	香港科技大学	The Hong Kong University of Science & Technology	1998.6	
	香港中文大学	The Chinese University of Hong Kong	1985.5	1997.1
	香港大学	The University of Hong Kong	1993.5	1996.11
	香港专业教育学院	Hong Kong Institute of Education		
台 湾	台湾大学	National Taiwan University	1995.4	
	中山大学	National Sun Yat-Sen University	1999.1	
澳 门	澳门大学	University De Macau	1995.12	
蒙 古	蒙古国立大学	National University of Mongolia	1990.6	
朝 鲜	金日成综合大学	Kim Il Sung University	1981.6	

国家及地区	学校名称(中文)	学校名称(英文)	签署时间	续签情况
越南	河内国家大学	National University of Hanoi	1996.1	
	胡志明国家大学	University of Ho Chi Minh City	1994.1	
菲律宾	菲律宾大学	University of the Philippines	1984.11	
	阿基诺马尼拉大学	Ateno de Manila University	1991.11	
新加坡	新加坡国立大学	National University of Singapore	1991.12	
	新加坡教育学院	Education College of Singapore	1993.3	
马来西亚	马来西亚南方学院	Southern College of Malaysia		
	马来西亚新纪元学院	New Era College of Malaysia	1997.9	
	马来西亚百育灵学院	Prime College	1997.9	
印度尼西亚	印度尼西亚大学	University of Indonesia	1992.11	
伊朗	德黑兰大学	University of Tehran	1991.1	1994
巴基斯坦	旁遮普大学	University of Punjab, Lahore	1998.11	
以色列	特拉维夫大学	Tel Aviv University	1993.7	
	希伯莱大学	The Hebrew University of Jerusalem	1993.7	
日本	中央大学	Chuo University	1993.7	
	大东文化大学	Daito Bunka University	1987.1	
	同志社女子文学院	Doshisha Women's College of Liberal Arts	1997.9	
	樱美林大学	Eibirin University	1998.12	
	学习院大学	Gakushuin University	1988.1	
	一桥大学	Hitotsubashi University	1990.8	
	北陆大学	Hokuriku University	1992.7	
	法政大学	Hosei University	1982.11	1985
	日本国际学院	ISI		
	关西大学	Kansai University	1998.12	
	庆应义塾大学	Keio University	1985.5	1988.7
	神户大学	Kobe University	1994.12	
	神户大学医学院	Kobe University, School of Medicine		
	共立女子大学	Kyoritsu University	1996.7	
	京都大学	Kyoto University	1983.4	
	九州大学	Kyushu University	1985.12	
	日本大学	Nihon University	1986.1	1992
	大阪经济法科大学	Osaka University of Economics and Law	1986.1	
	立命馆大学	Ritsumeikan University	1999.11	
	创价大学	Soka University	1980.4	1985
	东北大学	Tohoku University	1999.11	
	东京工业大学	Tokyo Institute of Technology	1991.8	
	德岛大学	University of Tokushima		
	东京大学	University of Tokyo	1985.3	
	早稻田大学	Waseda University	1982.6	1986
韩国	亚洲大学	Ajou University	1995.1	
	忠南大学	Chungnam National University	1996.7	
	东国大学	Dong Guk University	1999.1	
	梨花女子大学	Ewha Women's University	1996.4	
	仁川嘉泉医学院	Gachon Medical University, Inchon		
	汉阳大学	Hanyang University	1994.9	
	高丽大学	Korea University	1993	1997
	庆熙大学	Kyung Hee University	1994.8	
	庆北大学校工学院	Kyungpook National University	1994.6	
	浦项科技大学	Pohang University of Science and Technology	1993.11	
	汉城国立大学	Seoul National University	1993.11	
	淑明女子大学	Sookmyung Women's University	1996.9	

国家及地区	学校名称(中文)	学校名称(英文)	签署时间	续签情况
韩 国	精神文化研究院	The Academy of Koran Studies	1994.9	
	延世大学	Yonsei University	1993.1	
	韩国南汉城大学	University of Southern Seoul		
土耳其	安卡拉大学	Ankara University	1993.8	
	艾因夏木斯大学	Ain Shams University	1985.9	
埃 及	开罗大学	Cairo University	1986.8	
南 非	开普敦大学	University of Cape Town	2000.3	
	比勒陀利亚大学	University of Pretoria	2000.3	
坦桑尼亚	达累斯萨拉姆大学	University of Dares Salaam	2000.3	

(国际合作部 供稿)

表8-4 2000年医学部因公出国人员统计表

国别 \ 出访类别	会议	访问考察	学术交流	讲学	技术培训	合作研究	合计
美 国	126	29	15	0	16	15	201
日 本	51	11	16	4	7	8	97
澳大利亚	13	7	1	0	1	1	23
德 国	12	5	10	2	0	5	34
马来西亚	6	1	0	0	0	0	7
新加坡	20	2	0	0	5	0	27
韩 国	10	1	0	0	0	0	11
菲律宾	7	0	0	0	0	0	7
加拿大	9	1	0	1	0	0	11
泰 国	6	0	0	0	0	0	6
瑞 典	2	1	0	0	1	3	7
瑞 士	9	5	0	0	0	0	14
英 国	13	5	1	1	4	1	25
奥地利	4	0	0	0	0	0	4
荷 兰	5	4	1	1	1	0	12
意大利	10	2	0	0	0	0	12
丹 麦	0	1	0	0	0	0	1
比利时	3	1	0	0	0	0	4
芬 兰	4	0	0	0	0	0	4
印 度	4	0	0	0	0	0	4
南 非	3	0	0	0	0	0	3
西班牙	6	0	0	0	1	0	7
法 国	24	1	0	2	0	1	28
阿根廷	1	0	0	0	0	0	1
摩纳哥	1	0	0	0	0	0	1
新西兰	0	1	0	0	1	0	2
希 腊	4	0	0	0	0	0	4
越 南	0	1	0	1	0	0	2
南斯拉夫	3	1	0	3	0	0	7
斯洛伐克	0	1	0	0	0	0	1
俄罗斯	3	0	0	0	0	0	3
挪 威	2	1	0	0	0	0	3
以色列	3	0	0	0	0	0	3
巴 西	2	1	0	0	0	0	3
土耳其	1	0	0	0	0	0	1
斯里兰卡	2	0	0	0	0	0	2
墨西哥	2	0	1	0	0	0	3
智 利	0	1	0	0	0	0	1

国别 \ 出访类别	会议	访问考察	学术交流	讲学	技术培训	合作研究	合计
委内瑞拉	0	0	0	0	1	0	1
捷克	1	0	0	0	0	0	1

表 8-5 2000 年医学部赴港澳台情况表

地区 \ 出访类别	会议	访问考察	学术交流	讲学	技术培训	合作研究	合计
香港	59	18	10	1	15	15	118
台湾	6	0	1	1	0	0	8
澳门	2	4	2	0	0	1	9
合计	67	22	13	2	15	16	135

(毕志林)

表 8-6 医学部校际交流院校一览表

国家及地区	院校名称	英文名称	签署时间
美国	内布拉斯加州医学院	Nebraska college of Medicine	1988.10.19
	伯明翰阿拉巴马大学	University of Alabama at Birmingham	1989.2.28
	托马斯·杰弗逊大学	Thomas Jefferson University	1989.5
	伊利诺伊大学	University of Illinois at Chicago	1992.5.25
	威斯康星麦迪逊大学	University of Wisconsin-Madison	1992.10
	密西根大学护理学院	University of Michigan school of Nursing	1995.5
	奥克拉玛大学	The Board of Regents of the University of Oklahome	1996.6
	伯克利加州大学视光医学院	UCBSO	1996.2001
	纽约州古西堡学院	State University of New York college at Old Westbury	1997.3.31
	施德施奈医学中心	Cedars-Sinai Health system	1997.5.9
	默多克大学	Murdoch University	1997.5.26
	俄亥俄大学医学院	Ohio University college of osteopathic Medicine	2000.7.15
	休斯顿得克萨斯大学医学中心	University of Texas health science center at Houston	2000.8.8
	路德维格大学癌症研究所	Ludwig institute for cancer research	2000.12.29
	约翰霍普金斯大学	Hopkins University	
	爱因斯坦医学院	Einstein Medical College	
	哈佛大学	Harvard	
	佐治亚大学	U. of Georgia	
	内布拉斯加大学	University of Nebraska	1988.10
	夏威夷大学	University of Hawaii	1985.8
	伯克利加州大学	University of California, Berkeley	1981
	洛杉矶加州大学	UCLA	
	康奈尔大学	Commel University	
	纽约州立大学医学院	State University of New York	
	国立卫生研究院	NIH	
	威斯康星大学	The University of Wisconsin-Madison	
	俄克拉荷马大学	Oklohoma University	
	旧金山加州大学	UC San Fransisco	
澳大利亚	拉筹伯大学	La Trobe University	2000.3
	昆士兰大学	Queensland University	
	新威尔斯大学	New Wales University	
	墨尔本大学	University of Melbourne	
法国	南锡亨利庞卡莱大学	Universite Henri Poincare-Nancy	2000.5.22
韩国	仁川嘉泉医学院	Gachon Medical University, Inchon	2000.5.25
	亚洲大学医学院	Ajou University School of Medicine	1996.6
	汉城国立大学医学院	Seoul National University College of Medicine	1997

国家及地区	院校名称	英文名称	签署时间
日 本	日本国际学院	ISI	2000.9.14
	神户大学	Kobe University School of Medicine	2000.10.10
	德岛大学	University of Tokushima	2001.2
	自治医科大学		
日 本	德岛大学	University of Tokushima	1994.11.2
	星药科大学		
	朝日大学	第一制药公司	
	东京医科齿科大学		1987.7.24
	富山医科药科大学		
	明海大学		
	卫材株式会社		
德 国	埃森大学	Essen University Medical School	1997.8.26
瑞 典	卡罗林斯卡大学	Karolinska Institute of Sweden	1987.10.18
丹 麦	哥本哈根大学		
荷 兰	莱顿大学	University of Leiden	1988.6.7
	鹿特丹大学	Erasmus University of Rotterdam	
南斯拉夫	贝尔格莱德大学	University of Belgrade	1998.3
波 兰	华沙医科大学		
俄罗斯	莫斯科医学科学院	Setchenov Moscow Medical Academy	1992.5.20
	俄罗斯医科大学	Russian Medical University	1992.10.26
新加坡	新加坡国立大学	National University of Singapore	1995.12.11
泰 国	默won德大学	Mahidol University	
以色列	以色列医学院	Bar-Ilan Medical Academy	
加拿大	麦吉尔大学	McGill University	1955.12.1
英 国	不列颠哥伦比亚大学	University of British Columbia	
	伦敦医院医学院	London Medical University	
	哥伦比亚大学	University of British Columbia	1988.12.12
香 港	香港中文大学	The Chinese University of Hong Kong	1991.10.8
马来西亚	百育灵学院	Prime College	1994
苏 丹		Gezira University	1994.7.16

(李奇、毕志林)

人 事 管 理

【概况】 2000年是北京大学落实"985"计划,全面实施岗位聘任制的关键一年,校人事部根据学校创建世界一流大学的统一规划,进一步落实人事、分配制度改革的政策和措施,为在学校形成"能上能下、能出能进、能高能低"的激励竞争机制奠定了切实可行的政策保障和物质基础。2000年人事管理工作的重点在于完善1999年人事改革政策,在总结经验的基础上进一步全面推进岗位聘任、工资改革的步伐。2000下半年根据学校部署,对教学科研单位进行了1992年以来最大规模的编制核定工作,此项核编工作与1999年下半年学校内部管理机构改革相配套,进一步理顺了校内管理体制,对形成有利于更多高素质创造性人才尽快成长的制度环境进行了有益的探索。2000年,人事部注重自身建设,努力塑造规范、有序、高效的管理新形象。人事部聘请数学学院数据库开发人员对人事管理系统进行全面的系统升级和功能改进,并着手筹建人事部的网络主页。

【编制核定】 北京大学曾于1992年进行全校定编,此后一直没有进行编制核定,给全校人事工作带来很多不利因素。随着岗位聘任制的实施和近几年教学、科研任务的变化,重新核定教学科研编制的工作势在必行。在1999年完成校机关及其附属单位定编的基础上,2000年8月25日,北京大学召开暑期工作会议,同年9月开始教学科研单位的编制核定工作。此次核编本着全面规划、突出重点、抓住关键,保证传统学科、突出重点学科、扶持发展学科,精简高效的原则,共核定编制数3611人,比1992年4034人少423人,同时首次核定正高职数为794人。这为学校教职员工队伍的发展规模提供了重要参考依据。

【教职工队伍状况】 2000年北京大学教职工队伍的建设继续向着控制规模、结构合理的方向发展。截至12月31日，在职教职工总人数为6284人，比1999年减员230人，减员幅度为3.5%。离退休人员3648人，学校教职工总规模近万人。职工队伍的年龄、学历结构进一步趋向合理。教师队伍中博士学位883人，硕士学位760人，本科666人。教师平均年龄为43岁，其中教授平均年龄为54岁。

【劳动计划执行情况】 2000年学校向各单位下达劳动指标共207人，其中，事业编制172人，企业编制35人。2000年12月31日，学校共增员179人，完成劳动计划的86.5%。其中，事业编制完成162人，企业编制完成17人。在一年中，继续坚持总量控制的原则，全校总增员比1999年的222人相比，减少45人，其中事业编制增员减少26人。2000年增加的事业编制人员中，教学科研占62.3%，党政管理占11.1%，实验技术占4.3%，图书资料占3.1%，出版印刷占3.1%，中小幼教占10.5%，医护人员占2.5%，财会占3.1%。2000全校总增员比1999年的222人相比，减少45人，其中事业编制增员减少16人。

2000年增员179人，其中获博士学位90人，占50.3%；硕士学历50人，占27.9%；本科学历29人，占16.2%；大专及大专以下10人，占5.6%。硕博研究生学历140人，占78.2%。选留毕业生为80人，占全校增员的44.7%，其中博士25人占31.2%，硕士39人占48.8%，本科16人占20%。硕博研究生64人，占80%。在全校增员中，选留毕业生的比重逐年降低，从1998年的66.9%，1999年的59.5%，下降到44.7%。这与几年来学校人事改革的深化，用人观念的逐渐转变是相关的，避免了"近亲繁殖"，改善了学缘结构，符合学校最初的设想。录用留学生25人，占14.0%，选留博士后25人，占14.0%，录用留学生与选留博士后共50人，占全年总增员的28.0%，其中博士学历为49人，只有1名为硕士学历。这个比例逐年增加，从1998年的14.0%，1999年的23.0%，提高到28.0%。

表8-7 2000年北京大学教学科研单位编制汇总

单位	教师	科研	实验	图书	党政	其他	合计	正高	九二定编	现有人数
理科	1056	182	447	30	121	24	1860	425	2333	1734
文科	1344	165	48	49	131	14	1751	369	1701	1346
全校	2400	347	495	79	252	14	3611	794	4034	3080

表8-8 2000年北京大学教职员工基本情况一览表

人员及分类	数量	比例(%)
总规模	10173	100.0
在职总人数	6284	61.8
其中:女性	2750	43.8
教师	2309	36.7
其中:专任教师	1923	83.3
非教师专业技术人员	1619	25.8
党政管理人员	781	7.7
工勤人员	1262	12.4
中小学幼教	351	3.5
其中:教师	267	76.1
附中	207	2.0
附小	93	0.9
幼教	51	0.5
事业编制	5440	86.6
企业编制	311	3.1
集体所有制	571	5.6
博士后流动人员	241	2.4
离退休人员	3648	35.9
离休人员	395	10.8
退休人员	3179	31.2
退职人员	74	0.7

表8-9 2000年教师队伍专业技术职务状况和年龄状况

	人数及%		45岁以下人数及%		平均年龄
总人数	2309	100	1427	61.8	43
教授	748	32.4	171	22.9	54
副教授	801	34.7	513	64	42
讲师	650	28.6	633	97.4	33
助教	110	4.8	110	100	27

表8-10 2000年教师队伍的学历状况

学位情况	人数	%
博士学位	883	38.2%
硕士学位	760	32.9%
学士学位	666	28.8%

地方调入 49 人,占总增员 27.4%,与 1999 年的 17.6%,增加了 9.8%。这部分人员主要包括:校外发掘过来的教学科研骨干以及附属单位(附中、附小)需求但又不能从应届毕业生中补充的人员。2000年,北京大学增加了 4 名院士,他们是:校长许智宏教授、天文系教授陈建生、生命科学学院教授朱作言、数学学院教授丁伟岳。

【减员情况】 2000 年北京大学共减员 636 人,其中离退休 525 人,调出校外 73 人,辞职、自动离职 35 人,在职死亡 3 人。净减员 457 人。本年共有 134 位具有正高级专业技术职务的人员离退休,再次显示出近几年已经到了高级专业技术人员离退休高峰。

2000 年北京大学非离退减员 108 人,其中事业编制减员 57 人,企业编制减员 51 人。企业编制减员,与方正集团业务调整有直接关系。事业编制减员逐年降低(1998 年 109 人,1999 年 75 人)。因此,在学校全面实施岗位奖励津贴,稳住高层次优秀人才的同时,要特别注意人员的合理流动。2000 年,北京大学博士流失率约为 22.2%(减员 20/增员 90),这说明:学校在教学科研岗位上实施岗位奖励津贴,已经初步达到留住部分高层次人才的目的,但是,还应该加大向青年优秀人才倾斜的力度。

【"长江学者"的聘任与人才工程建设】 长江学者奖励计划 "长江学者奖励计划"自 1998 年实施以来,在社会上和学术界产生了广泛的影响。从申报岗位到签署聘任协议过程贯穿全年。截至 2000 年 12 月 31 日,北京大学共获准在 33 个学科(不含医学部)设立特聘教授岗位,已经有 29 人签署工作协议。第一、二、三批上岗人员已经领取岗位津贴。

人才工程 校人事部积极配合国家教育部相关人才工程项目,做好教育部高等学校优秀青年教

表 8-11 教师队伍的年龄、学历、职称结构情况
(1999 年与 2000 年比较)

项目	1999 年	2000 年
平均年龄	43	43
45 岁以下人数	1403	1427
占总人数%	60.4%	61.8%
教授平均年龄	55	54
具有博士学位人数	810	883
具有硕士学位人数	769	760
教授人数	798	748
副教授人数	808	801
讲师以下人员人数	718	760

表 8-12 2000 年北京大学教职工分布情况

合计	教学科研	实验技术	工程技术	党政管理	图书资料	出版印刷	财会	医护	中小幼教	工勤
6284	2284	560	396	793	259	105	197	114	266	1310

表 8-13 2000 年北京大学现有人员编制构成

总计	事业编制	企业编制	集体编制	合同制工人	博士后
6538	5278	310	570	126	254

表 8-14 2000 年北京大学离退休人员技术岗位分布情况

合计	教学科研		其他正高	图书	出版	中小幼教	医药卫生	干部	财会	工勤
	教授	其他								
525	107	14	13	7	3	27	11	75	13	255

表 8-15 2000 年北京大学新增人员技术岗位分布情况

	小计	教学科研	实验技术	图书资料	出版印刷	工程技术	党政管理	中小幼教	医护	财会
事业编制	162	101	7	5	5		18	17	4	5
企业编制	17	3				8	6			
合计	179	104	9	5	5	8	24	17	4	5

表 8-16 2000 年北京大学新增人员的类别及学历分布

	合计	选留毕业生	录用留学生	地方调入	选留博士后
合计	179	80	25	49	25
博士	90	25	24	16	25
硕士	50	39	1	10	
本科	29	16		13	
大专	10			10	

表 8-17 2000 年北京大学非离退减员工作岗位分布

合计	教学科研	实验技术	工程技术	党政管理	图书资料	出版印刷	工勤
108	33	3	62	3	3	2	2

表 8-18 2000 年北京大学非离退减员学历分布

合计	博士	硕士	本科	大专以下
108	20	57	27	4

表 8-19　北京大学长江特聘教授岗位申请及审批情况（1997-2000）

申报批次	学校申报岗位数	教育部批准数	尚无人选的岗位数	全国岗位总数
第一批(1997)	47	9	2	144
第二批(1998)	15	14	5	302
第三批(1999)	26	9	9	160
第四批(2000)		1		

表 8-20　北京大学推荐候选人及审批情况（1997-2000）

推荐批次	申请人数	学校推荐候选人数	教育部批准数	已签协议人数	全国情况	备注
第一批	30余	13	11	10	72	1人辞聘
第二批	60余	14	6+4	6*+3**	128+11	1人缓签
第三批	30余	16*+4**	9*+2**	7*+2**		2人缓签

注：*指特聘教授数，**指讲座教授数。

表 8-21　2000 年北京大学青年流动公寓使用情况

单位	人数	单位	人数
城市与环境科学系	7	法学院	5
地球物理学系	6	高教所	1
地质学系	7	光华学院	8
电子学系	9	经济学院	3
化学与分子工程学院	12	经济中心	6
环境科学中心	6	考古系	1
计算机系	7	历史系	2
计算中心	2	马克思主义学院	2
技术物理系	6	人口所	1
力学与工程科学系	8	社会学系	6
数学科学学院	9	艺术学系	2
生命科学学院	7	信息管理系	3
微电子所	4	哲学系	5
物理学系	9	政治学系	2
心理学系	1	中文系	4
信息中心	2	外国语学院	7
遥感所	2	校医院	
重离子所	1		

表 8-22　2000 年北京大学 1—9 级岗位分布情况

学部	岗位分布情况					
	小计	不占指标人数	A1	A2	A3	BC岗
人文学部	544	6	22	60	107	349
社会科学学部	524	6	22	42	95	358
理学部	1014	20	39	110	172	673
信息与工程科学部	423	8	15	38	56	306
总数	2505	41	98	250	430	1686

（医学部）、李铁军（医学部）获得2000 年度高等学校优秀青年教师资助计划项目资助，资助额度为 4 万—10 万元人民币。王幼平（考古系）获得该项目跟踪项目的资助。

【奖教金评审工作】 2000 年 10—12 月，学校奖教金评审委员会组织了 11 项海内外公司和个人在北京大学设立的奖教金的申报、评选工作。11 项奖教金为：杨芙清—王阳元院士奖、桐山将、柯达奖、正大奖、安泰奖、宝洁奖、东宝奖、摩托罗拉奖、树仁奖、通用电气奖、岗松奖。奖教金总名额为 153 人，涉及金额 86 万元人民币。

【出国派出及教师培训工作】 2000 年人事部人才开发办公室积极配合国家教育部、国家留学基金委员会有关国际合作项目，共办理公派出国手续计 170 多人次，办理探亲、旅游、访友等因私出国事务 300 人次，承办国家项目近 20 项。承办的国家项目主要有：(1)教育部 2000/2001 年度太古奖学金项目：推荐 4 人；(2)教育部富布莱特项目：推荐 2 批共 9 人；(3)留学基金委高等学校系主任/研究所/实验室骨干出国研修项目：推荐 26 人；(4)教育部哈佛燕京学社交流项目：推荐 2 批共 18 人；(5)教育部高等学校管理干部出国研修项目：推荐 22 人；(6)留学基金委公派留学项目：推荐 20 人。

2000 年暑假，人事部主办人事干部交流会和新到任教职工岗前培训会，编印了《北京大学教师出国事务管理指南》、《人事档案材料的管理》、《北京大学岗前培训手册》等资料。常务副校长闵维方、校长助理兼人事部部长陈文申为与会人事干部就北京大学的师资队伍建设、人力资源现状以及目前北京大学人事改革所面临的形势与任务作了深入的分析，并就北京大学的管理体制、机关改革、岗位聘任、人事概况为新到任的教职工作了简要的报告，使新上岗的教师对

师奖励基金项目、高等学校优秀青年教师资助计划项目及国务院享受政府特殊津贴候选人项目的推荐选拔工作，2000 年分别推荐 26 人，12 人，35 人。其中汪劲（法学院）、胡天跃（地球物理系）、梅宏（计算机系）、雷明（光华管理学院）、张新祥（化学学院）、李凌松

表 8-23 北京大学院、系、所职员情况统计表

单位	下达指标数	单位上报情况					
		小计	正部	副部	正科	副科	职员
中文系	8	6		1	1	0	4
历史系	6	7	1	1	0	3	1
哲学系	6	6		2	1	1	2
考古系	5	4		0	1	1	2
外语学院	19	15	1	2	3	2	7
艺术系	3	3		0	0	1	2
科社中心	1	1		0	1	0	0
汉语中心	5	3		0	0	1	2
国际关系学院	7	7		0	1	3	3
亚非所	1	1		0	0	0	1
法学院	13	16		1	2	6	7
光华管理学院	10	9		1	1	3	4
经济学院	10	10		2	2	3	3
马克思主义学院	6	5		1	1	2	1
政治学与行政管理系	6	6		0	1	2	3
信息管理学系	6	5		0	1	2	2
社会学系	6	6	1	1	0	2	2
高等教育研究所	3	3		1	0	0	2
人口所	2	2		0	1	0	1
经济中心	5	6		0	1	1	4
体育教研部	3	3		0	1	1	1
数学科学学院	11	8		1	1	0	6
化学与分子工程学院	13	7		0	2	4	1
生命科学学院	12	10		1	1	4	4
物理系	11	8		1	1	1	5
地球物理系	5	6		1	1	2	2
技术物理系	7	6	0	0	2	2	2
城市与环境科学系	10	10		1	3	3	3
地质系	6	6		1	1	2	2
天文学系	2	2		0	1	0	1
心理系	5	3		0	1	1	1
重离子所	3	3		0	1	1	1
计算机系	10	10	1	0	1	2	6
电子学系	7	7		1	2	2	2
力学与工程科学系	6	7		1	1	2	3
微电子所	6	0		0	0	0	0
信息中心	3	4		1	0	0	3
环境中心	4	5		0	1	2	2
总 数	252	224	5	21	39	61	98

学校总体情况有初步的了解。在两天的培训会上,校人事部还邀请了北京大学城环系长江特聘教授周力平、中国经济研究中心教授海闻、计算机系教授程旭、教务部副部长卢晓东、科研部科研计划办公室主任吴琦给新到任的教职工作了生动精彩的报告。

【青年教师流动公寓】 青年教师流动公寓为北京大学引进高素质人才工作提供了有力保证,截至2000年12月31日,北京大学人才房共有4栋楼216间房,其中24间用作学术假公寓,解决了北京大学35个院系共计163位引进人才的住房问题。学术假公寓自从1999年10月起,共接待了北京大学各院系国内外访问学者共计70余人次,为来北京大学进行学术交流的国内外专家提供了一个舒适、安静、宽松、自由的生活环境。

【院系岗位设置与人员聘任】 在1999年岗位聘任工作的基础上,2000年北京大学继续进行岗位聘

任工作,按照学校暑期工作会议的部署,2000年9月进行教学各单位A、B、C类岗位人员的考核工作,同时布置新的岗位聘任工作。在核定编制的基础上,学校对校本部各单位2000年度创建世界一流大学的专项岗位数进行了重新核定和微调,并根据教师队伍的职务与学历构成、热门专业和重点扶持专业等因素,适当增加了部分单位的B、C类岗位的平均津贴系数。9月27日,各院系按照学校的要求,正式进行岗位聘任工作。为确保教学科研等任务的落实,各单位审议通过的续聘人员,由学校主管教学科研的教务部、科学研究部、社会科学部、研究生院、实验设备与资产部等职能部门向学部报告各类岗位人员的任务完成情况。11月中旬,各学部完成对A类岗位人员任职资格的审核。11月26日,校学术委员会审议各单位A类岗位人员的任职资格。聘任结果如下:在1999年底学校党政联席会议上原则通过的《北京大学模拟职员制试行办法》的基础上,按照学校领导指示,校本部各教学科研单位党政管理人员纳入"职员制"体系聘岗。校人事部制订相关文件,对各单位进行职员编制核定、内设办公室核定、办公室主任和副主任岗位核定工作,布置到各院系(所、中心),于10月底完成了职员聘任工作。

与此同时,图书馆、计算中心、原电教中心、校医院基本按照1999—2000年度岗位数执行,共聘423人。业务人员实行9级岗位聘任,行政人员实行职员制。附中、附小实行总额包干。校机关以及机关所属单位校领导有7人领取职员制岗位津贴。校机关19个部实行职员制,共聘348人,其中正部16人,副部35人,主任54人,副主任80人。档案馆、基金会、街道、工会、团委、就业指导中心、会计派驻中心、原昌平园区等机关直属、挂靠、代管单位实行职员制,共聘119人,其中正部4人,副部13人,主任14人,副主任12人。学报8人,校刊及电视台15人实行1—9级岗聘;派出所、校卫队29人实行岗位津贴总额包干。校机关及直属、挂靠、代管单位,共聘519人。

表8-24 2000年度北京大学教授评审通过结果统计

	申报数	名额	通过数
人文学部	35	22	24(2人破格)
社会科学部	32	21	22(2人破格)
理学部	30	21	22(3人破格)
信息工程学部	13	9	9
小计	110	73	77(7人破格)
确认			4
近退	14		14

表8-25 2000年度北京大学副教授评审通过结果统计

	申报数	名额	通过数
人文学部	40	28	29
社会科学部	41	29	30
理学部	42	29	31
信息工程学部	27	19	20
小计	155	105	110
确认			8
合计			118

表8-26 2000年度非教师系列职务晋升通过人员统计表

	正高		副高	中级
	正常晋升	近退	正常晋升	中级
实验技术	6		22	49
图书资料	3		7	7
出版编辑	2		5	4
卫生技术	0	1	0	3
后勤工程	1		0	2
高教管理	8	1	9	20
学生工作	1		1	11
校产工程	3		10	
校产管理	2		2	
合计	26	2	56	96

表8-27 2000年养老保险缴费情况表

分类	项目	数额	月人均数
人员情况	月平均人数	180人	/
	其中:正式职工	162人	/
	临时工	18人	/
缴费基数	全年缴费基数	1937706元	897元
缴费金额	单位缴纳	368164.14元	170.45元
	其中:单位划转金额	96885.30元	44.86元
	统筹基金	271278.84元	125.59元
	个人缴纳	116262.36元	53.83元
	合计	484426.50元	224.28元

【专业技术职务聘任】 2000年7月,北京大学正式启动本年度专业技术职务评审的准备工作。8月28-29日为全校235人拟晋升专业技术职务人员举行外语、计算机考试,10月29日举行第二次考试。参

加外语高级考试的87人,参加外语中级考试的32人。经校长办公会批准,对校本部各级评审组织的部分评委进行了调整,成立了包含医学学科在内的新一届学术委员会暨教师职务评审委员会。经10月10日校长办公会批准,2000年的职称评审办法和晋升条件原则上按照1999年的职称评审工作进行。晋升总量则根据校本部教授数稳定在800人、副教授稳定在900人的原则制定。10月26日—11月24日校本部各单位学科组根据学校最初下达的指标进行评审。12月6—14日学部对所属各单位推荐的候选人按差额投票的方式进行评审。其他日常工作和非教师系列的职称评审工作同时进行。12月22日,校学术委员会审核各学部的评审过程、人选,并对各学部提请复议人员进行投票表决,2001年1月9日学校专业技术评审委员会进行终审。2001年2月16日中小学教师职务评审委员会进行终审。

从晋升教授表决结果看,在通过的74名教授中,50岁以下的教师58人,占通过人员总数的78%。其中具有博士学位的45人,占61%;具有硕士学位的18人,占24%;本科学历11人,占15%。从晋升副教授表决结果看,在通过的105名副教授中,90%以上的人员在40岁以下,35岁以下的教师51人,占总数的49%。其中具有博士学位的有74人,占70%;硕士学位25人,占24%;本科6人,占6%。以上数字反映了教职员工队伍结构的改善状况。学科评议组审议通过教师系列中级职务30人,通过30人。

【建立流动编制】 根据学校实行多种编制聘用人员的精神和适应人事改革的要求,为配合学校用工制度的改革,北京大学许多单位已开始聘用非学校正式编制人员以满足工作的需要。校人才中心制定了《北京大学流动编制暂行办法》。经学校批准,2000年11月正式在海淀人才服务中心设立了人事户头,以支持校内各单位对流动编制的需求,截至2000年12月31日已办理近20名流动编制入户手续。

【工资与福利】 学校依照国家法律和规章,不断改善教职员工和离退休职工的工资及福利待遇。改革工资和福利制度是提高教职工工作热情,不断推进校内管理体制和分配制度改革的重要环节,也是北京大学对广大教职员工的重要承诺。

根据教育部《关于在京单位职工增发补贴的通知》(教人厅[2000]2号)规定要求从2000年4月1日起,为在京行政事业单位职工(含离退休人员和已购房职工)增发补贴的精神,北京大学于2000年4月将提租补贴发出。在职职工人均每月86.58元,全年总额621.42万元;离退休人员人均每月92.63元,全年总额381.49万元;全校共有9413人增发提租补贴,总额1002.89万元。10月正常晋升工资档次;2000年正常晋升工资档次于年终考核后进行,由于是对1999年正常升级的补充,因此升级人数比1999年少,共有644人晋升了工资,人均月增资32.85元,年增资总额为25万元。12月核拨30%津贴及任务津贴;2000年改为按季度核拨30%津贴及任务津贴,全年拨发数目为930.45万元。

在事业单位中,养老保险的覆盖面比较小,主要涉及到新合同制工人、企业编制人员和临时工。1999年北京市进行了失业保险改革,从1999年1月起,扩大失业保险的覆盖面,并调整了缴费标准,北京大学全体职工都在扩大之列,2000年4月办理了失业保险的登记手续和补缴1999年1月至2000年3月失业保险费的手续。

医疗待遇方面,2000年办理了八号门诊108人,其中在职25人,离退休83人。北京大学享受高干医疗待遇人员已有1264人。

【离退休人员工作】 2000年为525人办理了离退休手续,截至2000年12月底,北京大学有离退休人员3648人,其中退休人员3179人,离休干部395人,退职人员74人。另代管离休干部6人。离休干部395人中,70岁以上的占86%,80岁以上的占12%。

按照党中央关于老干部"基本政治待遇不变"的方针以及北京大学第十次党代会提出的"对于一些年事已高的著名学者,要给予更多的关心照顾,使他们能够安度晚年。进一步重视离退休工作,使他们老有所养、老有所医、老有所为、老有所乐"的精神,校人事部认真落实老干部政治待遇和生活待遇。在思想政治工作上,及时向老同志传达学校重要会议和重大事项的精神,坚持司局级干部的每周学习制度。积极落实老干部生活待遇,通过参观国际敬老院、组织老同志参加健康休养、健康讲座、郊游、开设书画诗词班、组建老年合唱团、为年满70岁、80岁的离休人员举行集体生日、经常性的家访慰问、建立家庭巡诊制度等等丰富多彩的活动和措施,使每一位离退休同志真正体会到党和国家以及北京大学对他们的关心。

北京大学的老干部艺术活动取得了斐然的成绩。2000年12月老年书法书画协会在大讲堂举办北京大学迎新世纪书画艺术展,参展作品283件,其中布艺作品144件,书画作品139件。近万人观看了展览,反响热烈。老年合唱团、老年健身班水平不断提高,老年合唱团参加了2000年北京市精神文明汇报演出,获三等奖,参加了"唱响中关村歌颂新海淀"歌咏比赛,获二等奖,健身班参加了教工委健身班比赛,获绿竹奖。

表 8-28　1999.1—2000.12 失业保险缴费情况表（单位：元）

缴费期限	单位缴纳	个人缴纳	合计
1999.1—2000.12	1330711	379136	1709847

表 8-29　2000 年北京大学福利费支出情况统计表

下拨院系所福利费	离退休纪念品	儿童节补助幼教中心	慰问因公牺牲人员家属及孤老	在职人员临时补助	退休人员及已故职工遗属困难补助	机关家属互助医疗费	合计
427279	21000	60000	5000	6000	41178	14176（202人）	57.46万元

（另外全校现有在职教职工享受生活困难补助的遗属 48 人，每年享受补助 4.8 万元，人均每月 84 元。）

表 8-30　2000 年北京大学办理离退休手续情况

项目	离休	退休	退职	合计
2000 年办理离退休手续人数	4	517	4	525
2000 年底离退休总人数	395	3179	74	3648

表 8-31　2000 年北京大学博士后进出站情况统计表

进站						出站					
招收种类				进站合计	累计进站	出站		出站合计	累计出站	退站	离站合计	年底在站
国拨	自筹	回国	外籍			留校	校外					
58	75	6	0	139	785	25	67	92	507	4	92	241

表 8-32　北京大学博士后科研成果情况统计表

	SCI	EI	国际刊物（篇）	国内核心（篇）	专译著述（部）	承担或参加项目数	科研经费数（万元）
1995	0	0	0	359	15	56	0
1996	35	7	0	393	37	89	0
1997	58	17	0	491	27	126	0
1998	32	19	43	360	30	132	0
1999	68	28	56	283	36	200	599.3
2000	222	25	16	255	33	259	962.14
总计	415	96	115	2141	178	862	1561.44

【博士后流动站】 2000 年共招收博士后 139 名。其中理科进站 107 名，占进站总数的 77%；文科进站 32 名，占进站总数的 23%。2000 年应出站 91 人，现已办理出站 92 人，其中留校 25 名，占出站人数的 27%；出站后出国的总计 25 人。

组织博士后学术活动和联谊活动 2000 年 10 月 21—22 日由博士后办公室、北大博士后联谊会、北京大学化学学院主办，中国博士后科学基金会协办的"首届全国博士后化学学术研讨会"在北京大学举行。国家人事部博士后处、中国博士后科学基金会的领导出席了大会，会议将由《北京大学学报》（自然科学版）出版论文集。2000 年 12 月 27 日组织了在站博士后科研座谈会，北京大学历届"国氏博士后奖励基金"获得者及出站留校博士后科研成果突出的有关教师进行了科研工作经验介绍，对促进在站博士后开展科学研究有启发意义。此外还组织在站博士后参加了 2000 年中国博士后学术大会各分会（经济学管理学、地学、计算机科学）等学术讨论会。

博士后的科研工作 博士后进站依托项目，对完成北京大学重点、重大等攻关项目做出了突出贡献；在发表论文和出版专著上有优秀的成绩，增加了北京大学 SCI、EI 等论文数量；提高了北京大学的科研能力；并促进了学术交流、学科发展与建设。

【人事档案管理】 根据教育部转发中央组织部《干部人事档案工作目标管理暂时办法》和《干部人事档案工作目标管理考评标准》的通知精神，校人事部为在规定时间内使北京大学干部人事档案工作目标管理达到国家一级标准，于 2000 年初步建立了人事档案传递系统、人事档案目录系统、电子卡片及人事档案工作程序流程，包括干部人事档案管理工作的程序内容及标准,收集自 1991 年以来全校硕士、博士的基本信息,1992 年以来本科生基本信息,全校教职工的基本信息。完善了人事档案计算机系统,由多年的手工操作改为计算机操作,提高了工作效率。

2000 年派遣转出学生档案 2223 卷;机要转出档案 1759 卷;接收新生档案 5260 卷;接待人事档案查阅 616 次;整理教职员工档案 1064 卷。

(人事部供稿)

医学部人事管理

【概述】 改革开放以来,医学部人事管理一直围绕学校的中心工作,致力于人事制度改革、队伍建设,紧紧抓住"三定一聘一考核"(即定编、定岗、定任务、聘任制和考核),改革用人与分配制度,建立竞争激励机制。1984 年,学校在调查研究的基础上,扩大系、医院、独立研究所自主权,把干部任免、机构设置、专业技术职务评审、干部考核等人事、组织以及财务等方面的部分权力下放基层,率先在生理和微生物教研室实行聘任制试点,试行主任选聘。1985 年职称改革试点后,实行了专业技术职务聘任制。1991 年学校以人事分配制度改革为突破口,实行校内结构工资,提高岗位津贴,起了积极作用。1992 年后,按照学校综合改革意见,理顺管理体制,逐步减少"吃皇粮"的事业编制。截至 1996 年,有 25 个部门共 765 人实行了多种形式承包,列为事业单位企业化管理或企业管理,自行支付工资或校内津贴。1998 年为深化改革,强化聘任管理,打破人才"单位所有制",做到人员"能进能出",制定了《北京医科大学关于对新增加的工作人员实行聘用合同管理的暂行规定》、《北京医科大学关于对自筹编制人员实行人事代理的管理办法》,从 1999 年 1 月 1 日起,对新增加的工作人员推行聘用合同管理,实行人事代理制度,为建立激励竞争用人机制创造外部环境,提供制度保障。

原北京医科大学把人事制度改革作为校内各项改革的基础与关键。1994 年 5 月 6 日北京医科大学人事工作会议确定了"紧缩编制,调整结构,稳定骨干,优化队伍,鼓励和促进人员合理流动、分流,精减和控制教职工人数"的方针,积极推动人事管理制度改革。人事处重视管理研究与交流,积极参与全国、卫生部和北京市的师资管理、出国留学、人才交流等学术组织和研讨活动;修订了各类人员考核办法,坚持每年考核,结合考核表彰优秀,清理不在岗人员;重视制度建设,于 1996 年底出版《北京医科大学人事工作规章制度汇编》,使管理工作有章可循。

原北京医科大学把学科建设与人才梯队建设放在首位置。1991 年,原北京医科大学成立师资队伍建设领导小组,制定了《北京医科大学关于加强学科梯队建设的意见》等一系列办法;1996 年成立以党委书记、校长王德炳为组长的"跨世纪人才工程领导小组",着力选拔培养跨世纪的学术带头人及其后备人选。在人才培养、引进人才、专业技术职务评审等方面,取得了成效。

1998 年后,原北京医科大学加快了改革进度,推出了一系列改革方案,对校内机构进行了大规模精简。到 1999 年,采取合并、合署等措施,把校本部处级机构精简到 27 个;2000 年初,完成了所有直属单位与行政级别脱钩工作,将机关管理部门由 1999 年的 27 个精简到 18 个;把原来基础医学院、药学院、公共卫生学院 45 个系、教研室通过学科融合重组为 21 个系、三个中心,护理系与卫校合并,组建护理学院;后勤社会化也取得了实质性的进展。所有中层干部实行了竞聘上岗,干部的年龄结构,知识层次,综合素质得到较大改善。2000 年 4 月原北京医科大学更名为北京大学医学部,5 月 23 日召开医学部关于岗位设置与人员聘任大会。会上公布了《北京大学医学部岗位设置与人员聘任实施方案》,对这项工作进行全面部署,按照"优化结构、按需设岗、按岗聘任、公平竞争、择优录用、以岗定薪、严格考核、合约管理"的指导思想,首先在教学、科研、教辅及管理部门,按照工作性质、职责、任务设置不同层次的岗位,对教职工实行定岗,设立岗位津贴,制定了津贴发放办法,基本打破了大锅饭,建立起激励竞争机制;同时,对于医学部编制,及其附属医院的定编设岗工作进行研究和探索。

人事处重视自身建设,1999 年换届,2000 年新班子组建完成,年龄结构,知识层次,综合素质得到改善,现有人员 12 人,平均年龄为 35.9 岁,博士学位 1 人,硕士学位 2 人,本科学历 5 人,大专学历 4 人。人事处下设三个办公室:综合办公室、人才开发办公室和调配与劳动工资办公室。为配合人事制度改革,1996 年学校成立人才交流与培训中心,后更名为人才服务与培训中心,挂靠人事处。人才服务与培训中心现有人员 3 人(中心主任由人事处副处长兼任)。人事处在改革中强化岗位职责和服务意识,提高管理水平和办事效率,并逐步把处内事务性、服务性的工作转移到人才中心。

【教职工队伍状况】 原北京医科大学教职工队伍在"八五"期间达到万人以上。90 年代,特别是 1994 年学校人事工作会议后,除每年有计划地选留各类毕业生,吸引优秀人才外,采取了基本冻结的措施,严格审批调入人员,有效地控制了人员总量增长。2000年底，在岗教职工9325人，为下达劳动工资计划11144人的84%。与"八五"末9807人相比，减少了482人，"九五"期间年减少率为1%，其中医科大学本部（不含附属医院）1967人，减少了395人，"九五"期间年减少率为3.34%。尽管"九五"期间学生规模（主要为在校研究生）、医院床位数均有所增加，劳动工资计划也随之有所增加，在岗职工总量仍得到较好控制。

"九五"期间共接收各类应届毕业生1658人，其中博士后25人，博士生226人，硕士生289人，研究生合计540人，占32.6%；本科生521人，占31.4%；大专生101人，中专生494人。与"八五"期间相比，总量减少了23%。

2000年共增员393人，其中接收毕业生287人（博士后4人，博士56人，硕士34人，七年制本硕连读16人），研究生学历人员占37%，此外，引进人才27人，接收复转军人7人，调入34人，复职38人。全年减员415人，其中调离、转出164人（医学部本部43人，临床121人），离退休251人。离退休人员中有150人具有正高级专业技术职务，是历年来人数最多的一年。

2000年底，医学部专业技术人员共7873人，占教职工总数的84.4%，其中正高级职务583人，占专业技术人员的7.4%；副高职务992人，占12.6%；中级职务2669人，占33.9%；初级职务3604人，占45.8%。在岗教师2685人，其中有博士学位的494人，占18.4%；有硕士学位的523人，占19.5%；研究生比例为37.9%，比"八五"末的25.5%提高了12.4%，其中博士生比例比"八五"末的88%提高了2.1倍；本科生1604人，占59.7%。和以往相比，高学历人员比例有一定提高，但从总体要求来看，高学历人员比例仍然偏低。

【老干部工作】 概况 医学部离退休人员办公室原为北京医科大学老干部处。北医老干部机构是在中发(1982)13号《中共中央关于建立老干部退休制度的决定》文件后成立的，开始是在党委组织部设立老干部科，1983年成立老干部处，当时只负责学校离休干部的服务与管理工作，1985年和1995年退休干部、退休工人也先后划入老干部处统一管理。

离退休人员办公室代表学校对老干部工作实行宏观管理，对二级单位的老干部工作负有指导和监督作用。2000年，离退休人员办公室主任、副主任经过公开竞争上岗，办公室由原来的5名工作人员减为3名。

截至2000年底，医学部共有离退休人员3238人，其中离休干部320人，退休人员2918人。医学部本部有离退休人员922人，离休干部118名，其中享受副部级干部待遇1人，正局级3人，正局级待遇3人，副局级待遇27人，处级待遇98人。退休干部621人，其中副局级干部2人，处级干部24人，退休工人181人。

支部工作 医学部现有离退休党支部26个，医学部本部有16个。党委始终把加强老同志的思想政治工作和理论学习摆在重要位置，凡重大事情都由党委书记、副书记亲自传达；国际、国内形势和其它一些政治报告以及学部重大决策、重要改革事项、重要工作部署、教代会都请老同志代表和支部书记参加。每年对支部书记培训1—2次，参加北京市教育工委组织的支部书记学习班和研讨班，支部书记每月也给予适当津贴。离退休党支部一般多一至两个月组织一次活动，曾先后组织参观了中华世纪坛、中国人民抗日战争纪念馆、平津战役纪念馆、周恩来邓颖超纪念馆、地道战遗址纪念馆、建国50周年辉煌成就展、工农业高科技成果展等。医学部机关离休党支部注重学习和组织支部活动，支部50多名老党员政治觉悟高，无一人参加"法轮功"邪教组织。

2000年是抗美援朝50周年，当年参加抗美援朝的18名老同志同30多名青年学生代表召开座谈会，老同志们以亲身经历向同学们讲述当年抗击美帝国主义侵略者经历，使广大青年学生受到了一次深刻的国际主义和爱国主义教育。

为进一步提高工作人员素质，离退休人员办公室每年召开2—3次由主管领导参加的全体工作人员会议，及时传达中央及上级有关精神，2000年，举办了老干部工作人员研讨会。

认真落实两项待遇 离退休人员办公室专设一间办公室为处以上离退休党员干部看文件学习用。坚持每季度向老同志通报情况，每学期召开一次局级干部和离退休支部书记参加的老干部座谈会。在生活待遇上，按国家规定予以落实。为弥补老干部工作资金不足，学校从1999年开始，每年还特批给老干部活动经费10万元。领导坚持重大节日走访慰问老干部制度，并及时探望住院老干部。各单位在元旦春节期间都要召开离退休老干部迎春茶话会。

积极开展文体活动 为丰富老年人晚年生活。医学部坚持组织老同志每年开展春、秋游；召开春、秋季运动会，开展一系列体育健身活动。老年门球队现已发展5支队伍，多次参加全国教育系统、卫生部、北京市、区、街道的比赛，并多次取得冠、亚军。老干部合唱团每年都参加学校、卫生部的演出，多次受到表扬与奖励。老年书法协会已发展几十名同志参加，到2000年已连续举办14届老年书法展，作品多次参加卫生部、北京市的展出。此外还成立了老年京剧队、民乐队、舞蹈队和太极拳、剑组织，提高了老年人的生活质量。

（谢连孝）

表 8-33　医学部（含原北京医科大学）教职工基本情况一览表（1996—2000）

人员及分类		1996		1997		1998		1999		2000	
		数量	%	数量	%	数量	%	数量	百分比	数量	%
教职工总人数	合计	11046		11144		11144		10905		10784	
	本部	3054	27.7	3053	27.4	3118	28.0	2916	26.7	2755	25.5
	附属医院	7992	72.3	8091	72.6	8026	72.0	7989	73.3	8029	74.5
在职总人数	合计	9793	88.7	9714	87.2	9586	86.0	9534	87.4	9325	86.5
	本部	2286	23.3	2250	23.2	2136	22.3	2142	22.5	1967	21.1
	附属医院	7507	76.7	7464	76.8	7450	77.7	7392	77.5	7358	78.9
专业技术人员	合计	8073	82.4	8072	83.1	8005	83.5	7992	83.8	7863	84.3
	本部	1707	21.1	1691	21.0	1605	20.0	1630	20.4	1508	19.2
	附属医院	6366	78.9	6381	79.0	6400	80.0	6362	79.6	6355	80.8
其中教师	合计	3017	30.8	2888	29.7	2845	29.7	2794	29.3	2669	28.6
	本部	694	23.0	651	22.5	646	22.7	661	23.7	561	21.0
	附属医院	2323	77.0	2237	77.5	2200	77.3	2133	76.3	2108	79.0
党政管理人员	合计	297		252		248		244		240	
	本部	91	30.6	81	32.1	89	35.9	86	35.3	86	35.8
	附属医院	206	69.4	171	67.9	159	64.1	158	64.6	154	64.1
工勤人员	合计	1423	14.5	1390	14.3	1333	13.9	1298	13.6	1222	13.1
	本部	488	34.3	478	34.4	442	33.2	426	32.8	183	15.0
	附属医院	935	65.7	912	65.6	891	66.8	872	67.2	849	85.0

注：1. 管理人员未含具有专业技术职务的兼职人员；
　　2. 在职总人数"合计%"以教职工总人数计算，专业技术人员、教师、工勤人员"合计%"以在职总人数计算；
　　3. 表内未含临床肿瘤学院，临床肿瘤学院2000年共有教职工712人，其中专业技术人员616人，党政管理人员53人，工勤人员83人。在专业技术人员中，正高级职务43人，副高级职务56人，中级职务208人，初级职务296人。

表 8-34　医学部（含原北京医科大学）在职专业技术人员职务分布情况（1996—2000）

专业技术人员		1996		1997		1998		1999		2000	
		数量	%	数量	%	数量	%	数量	%	数量	%
正高	合计	698	8.7	685	8.5	645	8.1	632	7.9	552	7.0
	本部	259	15.2	251	14.8	230	14.3	231	14.2	169	11.2
	附属医院	439	6.9	434	6.8	415	6.5	401	6.3	383	6.0
副高	合计	786	9.7	832	10.3	892	11.1	958	12.0	992	12.6
	本部	246	14.4	243	14.4	247	15.4	270	16.5	278	18.4
	附属医院	540	8.5	589	9.2	645	10.1	688	10.8	714	11.3
中级	合计	2540	31.5	2480	30.7	2606	32.6	2633	32.9	2669	34.0
	本部	638	37.4	617	36.5	617	38.4	606	37.2	597	39.6
	附属医院	1902	29.9	1863	29.2	1989	31.1	2027	31.9	2072	32.6
初级	合计	4049	50.1	4075	50.5	3861	48.2	3769	47.2	3650	46.4
	本部	564	33.0	580	34.4	510	31.8	523	32.1	464	30.8
	附属医院	3485	54.7	3495	54.8	3351	52.3	3246	51.0	3186	50.1

表 8-35 医学部(含原北京医科大学)在职教师职务结构情况(1996—2000 年)

教师职务		1996 数量	%	1997 数量	%	1998 数量	%	1999 数量	%	2000 数量	%
教授级	合计	621	20.6	610	21.1	571	20.1	554	19.8	494	18.5
	本部	194	28.0	189	29	171	26.5	170	25.7	126	22.5
	附属医院	427	18.4	421	18.8	400	18.2	384	18.0	368	17.5
副教授级	合计	624	20.7	676	23.4	726	25.4	784	28.1	789	29.6
	本部	141	20.3	151	23.2	149	23.1	163	24.7	154	27.5
	附属医院	483	20.8	525	23.5	577	26.2	621	29.1	635	30.1
讲师级	合计	1023	33.9	878	30.4	983	34.6	970	34.7	952	35.6
	本部	216	31.1	187	28.7	195	30.2	192	29.0	176	31.3
	附属医院	807	34.7	691	30.9	788	35.8	778	36.5	776	36.8
助教级	合计	749	24.8	724	25.1	566	19.9	486	17.4	434	16.3
	本部	143	20.6	124	19.1	131	20.3	136	20.6	105	18.7
	附属医院	606	26.1	600	26.8	435	19.8	350	16.4	329	15.6

注:1. "%"分别以医学部、校本部、附属医院教师数计算;
2. 表内未含临床肿瘤学院、教学医院。

表 8-36 医学部(含原北京医科大学)在职职工、教师队伍研究生比例情况

	在职总数	平均增减 人数	%	接收本科以上毕业生 人数	研究生	%	教师队伍研究生比例 研究生%	增长%	博士%	增长
"七五"末	9234	+286	+6.6				15.7		2.6	
"八五"末	9807	+115	+1.9	1372	528	38.5	25.5	10.2	8.6	3.3倍
"九五"末	9325	-96	-1	1061	540	50.9	37.9	12.4	18.4	2.1倍

表 8-37 医学部(含原北京医科大学)院士、博士生导师等情况

	院士	博士生导师 总数	46~55 岁	45 岁以下	有突出贡献中青年专家	享受特贴人员
"七五"末	3	103	11	0	19	15
"八五"末	7	192	28	3	26	448
"九五"末	10	149	32	15	25	504

表 8-38 医学部(含原北京医科大学)在职高级专业技术职务情况

	专业技术人员	高级职务 总数	%	正高	%	教师	高级职务 总数	%	正高	%
"七五"末	7410	1208	16.3	523	7.1	3045	1036	34.0	483	15.9
"八五"末	8024	1412	17.6	721	9.0	3006	1184	38.2	645	21.5
"九五"末	7863	1544	19.6	552	7.0	2669	1283	48.1	494	18.5

表 8-39 医学部(含原北京医科大学)在职高级专业技术职务年龄情况

	正高职务 50 岁以下	45 岁以下	最小年龄	副高职务 40 岁以下	35 岁以下	最小年龄
"七五"末	16	5	44	22	4	27
"八五"末	65	15	37	269	124	29
"九五"末	157	101	34	440	125	29

表 8-40 北京大学医学部(含原北京医科大学)教师队伍中高级职务人员年龄情况(1996-2000)

项目 \ 年份	1996	1997	1998	1999	2000
平均年龄	50.7	49.8	49.6	48.8	46.9
正高平均年龄	58.5	58.4	58.2	57.5	55.0
副高平均年龄	43.8	43.0	42.4	42.1	41.5
45 岁以下人数及	336	412	490	572	686
占总人数百分比	11.0%	14.0%	17.2%	20.5%	25.7%

【师资培养与学术梯队建设】 医学部在原北京医科大学时期即重视师资队伍建设,特别是学术带头人及其后备人选的培养与选拔。1984年开始对师资梯队状况进行系统的调查,制定了对梯队人选的培养计划;选派学术骨干出国进修;适当延长老教授的退休时间,对中青年骨干进行培养。1991年成立了师资队伍建设领导小组,制定了《北京医科大学关于加强学科梯队建设的意见》。在"211工程"建设中,确定了小"211人才工程",即选拔培养跨世纪的200人左右学术骨干,100人左右学术带头人,争取10人左右成为国际学术界知名人士。1996年9月成立了"跨世纪人才工程领导小组",办公室设在人事处,制定下发了《学术带头人后备人选的选拔、培养、管理办法》及《关于吸引或招聘来校工作的优秀业务骨干评聘正高级专业技术职务的暂行规定》,对吸引或招聘来校工作的优秀人才,在职务评聘、住房等方面实行一系列倾斜政策。当年学校自下而上选拔确定了45岁以下的学术带头人及后备人选,其中39人推荐为国家和卫生部"百千万工程"学术骨干;以面向国内外公开招聘免疫学系主任为起点,开辟了一条公开招聘学术带头人的途径。1997年,各二级单位成立了"跨世纪人才工程"领导小组,确定上报了本单位学科梯队人选名单。学校积极推荐人事部"百千万工程"人选,组织青年学术骨干学术报告会,整理建立青年学术带头人及后备人选技术档案并下发了《关于建立专业技术人才库的意见》,经校人才工程领导小组审批同意,为学术骨干解决住房。学校重视院士、有突出贡献中青年专家、享受政府特贴专家等的推选工作,截至2000年底,医学部共有院士10名,有突出贡献中青年专家36人,享受政府特殊津贴专家504人。2000年,再次申报15人,作为享受政府特殊津贴候选人。

1998年开始,学校紧紧抓住教育部实行"长江学者奖励计划"的契机,积极申报长江学者特聘教授岗位和人选,充分利用该项计划加大吸引高层次人才的力度,到2000年底,医学部共被批准设置15个特聘教授岗位:生药学、病理学、内科心血管分子生物学、生理学、免疫学、神经生物学、药物化学、药剂学、外科学(泌尿外科)、儿科学、麻醉学、妇产科学、流行病与卫生统计学、运动医学、内科学(肾脏病)等学科,上岗特聘教授(包括讲座教授)4人。2000年申报设置特聘教授岗位的学科有7个,获得批准2个;遴选推荐特聘教授候选人6人,获得批准4人(含讲座1人),上岗3人(含讲座1人),帮助三3特聘教授申请配套基金等经费450万元。

原北京医科大学注重对青年教师的培养,1985年下发了《北京医科大学在职人员申请攻读学位资格试行办法》,并于1992年进行修订,鼓励青年教师在职攻读研究生学位,截至2000年底,有489人申请攻读硕士学位,167人申请攻读博士学位,有104人获硕士学位,81人获博士学位,其中2000年有150人申请攻读硕士学位,有43人申请攻读博士学位,有28人获硕士学位,41人获博士学位。临床青年教师均纳入住院医师规范化培训,优秀住院医师转入攻读博士学位。原北京医科大学注重对新教师进行上岗前培训,1996年开始坚持每年对新上岗的青年教师进行为期三周的教育理论培训,截至2000年底,有1234人接受了培训,取得了高等学校教师岗前培训合格证书。原北京医科大学注重培养具有基础和临床全面深厚知识的两栖人才,1997年,为落实"211工程"的跨世纪人才工程计划,培养基础与临床相结合的学术带头人,学校决定基础医学院和临床医学院按在职人员以同等学力申请学位方式联合培养学术骨干。当年人民医院推荐5名临床骨干到基础医学院攻读博士学位。2000年12月,培养出第一名免疫学博士(人民医院皮肤科副主任医师何炎玲)。

原北京医科大学在改革开放后,积极选派优秀人才出国学习。从1978年开始,选派了大量教师,尤其是师资梯队人选出国进修,对学科发展、人才培养起到重要作用。截至1995年底,原北京医科大学共派出半年以上出国人员2526人,其中公派1698人次,自费留学人员739人,公派留学回国人员1020人。1996年后,为认真贯彻"支持留学,鼓励回国,来去自由"的方针,修订了《北京医科大学出国留学工作暂行规定》,加强了对公派出国的管理,采取多种形式和倾斜政策,吸引优秀人员回国。"九五"期间,共选派出国留学人员325人,回国209人,回国人员中很多人做出突出成绩。1997年1月,原北京医科大学留学工作获得国家教委表彰。同年争取到中华医学基金会(CMB)人才开发项目,对青年学术骨干进行资助,对教学、科研、医疗等岗位做出突出成绩的人员给与奖励,截至2000年底,有23人获得2万~4万美元不等的资助,有19人获得2000美元奖励,对吸引和支持优秀回国人员,使之快速成长,起到积极作用。

原北京医科大学同时注重管理干部和工人队伍的建设,为提高管理干部和工人的素质,1986～1989年举办了108人参加的大专水平的党政管理干部培训班,1996年校人才交流与培训中心成立后,坚持每年对管理干部进行形势、管理知识、计算机等思想政治和业务培训,1998年对全校1356名技术工人和普通工人进行了培训,为学校后勤改革做了思想准备。

2000年，医学部利用和创造各种机会，让教职工参加国内各种学术会议、讲习班，鼓励在职教师申请攻读学位，批准193人在职攻读学位，其中博士43人，硕士150人；在新教师岗前培训方面取得成绩，并将其制度化，将培训合格作为确认教师资格的必备条件。2000年有384人参加新教师岗前培训，组织80多人参加了管理干部计算机培训班，130多名管理干部参加了行政公文讲座。总之，通过多种渠道，不断提高教职工队伍的素质和教师队伍的学历层次。

【专业技术职务评聘】 原北京医科大学自1985年职称改革后，坚持正常的评聘制度，认真贯彻执行"坚持标准，保证质量，全面考核，择优评聘"的方针，坚持择优选聘优秀中青年骨干，对优秀者破格晋升，不论资排辈，改善了教师队伍结构，为跨世纪学术带头人的脱颖而出创造了条件。坚持不断修订评聘办法，完善评聘工作，1994年在调查研究的基础上，制定了《关于专业技术评聘工作的若干规定》，对评审机构、程序，任职条件，考试考核要求，岗位设置，聘任程序和办法等，均进一步作了具体规定。1996年，对于晋升专业技术职务人员的年龄、数量、考试、考核办法又做了新的规定，明确从1997年开始限定评聘高级专业技术职务的年龄，55岁为受理评聘正高级专业技术职务的最大年龄，50岁为受理评聘副高级专业技术职务的最大年龄。晋升高级职务要求注重面试和答辩，申请正高职务要求作学术报告，继续执行晋升考试成绩3年有效，申请同一职务任职资格一般受理2次等规定，保证评聘质量。

为吸引国内外优秀人才，1996年以后，制定了《关于对吸引或招聘来我校工作的优秀业务骨干评聘正高级专业技术职务的暂行办法》及补充规定，对吸引来的人才采取先上岗，后确定正、副高级职务任职资格的做法；对不能长期回来的海外留学人员聘为兼职教授、访问教授。1997、1999年，在广泛征求意见的基础上，对评聘工作的有关规定及晋升高级专业技术职务的必备条件作了进一步修改，使条例更加科学、合理、规范。

表8-41　医学部（含原北京医科大学）骨干教师队伍建设的历史轨迹

	1996年前	1997	1998	1999	2000
院士	7	9	9	10	10
突出贡献专家	36	32	33	33	30
百千万工程	2	4	4	5	5
杰出基金	4	5	5	6	7
教育部跨世纪人才	4	4	7	7	7
特聘教授				1	4

表8-42　医学部派出教师出国进修情况

派出类别	人数	派出类别	人数
单位公派进修	77	单位公派读学位	6
校际交流		其他	
单位公派出国任教		国家公派读学位	1
国家公派进修	10		
总计			95

表8-43　医学部派出进修学习人员学历、专业技术职务、年龄分布状况

专业技术职务	人数	学历	人数	年龄段	人数
正高	8	博士	37	50以上	8
副高	27	硕士	12	45—50	6
中级	42	本科	36	40—45	5
初级	10	大专及以下	3	35—40	26
无职称	1			30—35	33
				30以下	10
总计			88		

表8-44　医学部（含原北京医科大学）"长江学者奖励计划"特聘教授岗位申请及审批情况

申报批次	申报数	教育部批准数	全国批准岗位数
第一批（1997）	6	3	148
第二批（1998）	8	6	302
第三批（1999）	9	4	162
第四批（2000）	7	2	77

表8-45　医学部（含原北京医科大学）推荐"长江学者奖励计划"特聘教授候选人及审批情况

推荐批次	申请人数	学校推荐候选人数	教育部批准数	已批签协议人数	备注
第一批					
第二批	22	6	3	1	
第三批	21	6	4	3	待批协议1人

8-46　医学部新增人员技术岗位分布情况

	小计	教学科研	实验技术	图书资料	出版印刷	工程技术	党政管理	医护药技
事业编制	319	49	3	3			12	251
自筹编制	2							
合计	321	49	3	3			12	251
百分比(%)	100	15.3	1.6	0.9	0.6		3.7	78.2

表 8-47　医学部 2000 年度正高级职务评审结果

	基本情况		通过人员年龄分布					通过人员学历分布			
	申报	通过	≥56	51～55	46～50	41～45	≤40	博士	硕士	本科	其他
医学部本部	18	18	0	4	7	5	2	4	7	7	
附属医院	76	74	5	15	14	19	21	33	18	20	3
教学医院	5	5	0	2	2	1	0	1	2	1	1
总计	99	97	5	21	23	25	23	38	27	28	4
其中破格	2	2	0	0	0	2	0	2	0	0	0

表 8-48　医学部 2000 年度副高级职务评审结果

	基本情况		通过人员年龄分布			通过人员学历分布			
	申报数	通过数	≥46	41～45	≤40	博士	硕士	本科	其他
医学部本部	48	47	6	10	31	21	7	16	3
附属医院	131	130	6	22	102	54	24	46	6
教学医院	29	29	6	9	14	8	7	14	
总计	208	206	18	41	147	83	38	76	9
其中破格	9	9	1	4	4	2	0	1	6

表 8-49　医学部新增人员的来源及学历分布

	合计	百分比%	选留毕业生	录用留学生	地方调人	选留博士后
合计	241	100	203	10	23	5
博士	73	30.3	56	7	5	
硕士	61	25.3	50	3	8	
本科	86	35.7	79		7	
大专	18	7.5	18			

在"九五"期间,晋升正高级职务人员中 50 岁以下的占 60%～80%,其中 45 岁以下的占 30%～50%;晋升副高级职务人员中,40 岁以下的占 60%～80%,其中 35 岁以下的占 40%以上。截至 2000 年底,全校正高级职务 552 人,副高职务 992 人;正高级职务平均年龄 54.9 岁,比职称改革前的 68 岁下降了 13.1 岁;副高级职务平均年龄 42.4 岁,比职称改革前的 59 岁下降了 16.6 岁。在教师队伍中,45 岁以下的正高级职务 98 人,副高级职务 588 人,学术梯队的年龄结构发生了显著变化。

学校的专业技术职务评聘工作,1995 年受到了北京市表彰,被评为北京地区高等学校职称改革工作先进集体。

2000 年度,北京大学医学部组织了晋升高级专业技术职务外语考试(5 个语种、7 种试卷,284 人参加),组织了晋升中、初级专业技术职务外语考试(4 个语种、8 种试卷,857 人参加)和专业考试(10 个专业、38 种试卷,600 人参加),共计 1741 人次参加;审查了各二级单位上报的晋升高级职务材料 321 份,组织了内、外、妇、儿等 13 个学科的评议组会议。2000 年 6 月 26 日,召开了医学部高级专业技术职务评审会议,评审 307 人(正高 99 人,副高 208 人)。通过正高级专业技术职务 97 人,其中晋升正高级职务 59 人;通过副高级专业技术职务 206 人,其中晋升副高级职务 131 人。晋升中级职务 288 人,晋升初级职务 344 人。截至年底,全校共有专业技术人员 7863 人,其中正高级职务 552 人,副高级职务 992 人,中级职务 2669 人,初级职务 3604 人,未定职务 46 人。

【工资与福利】　原北京医科大学 1991 年改革了校内奖金的发放办法,在定编、考核的基础上,医科大学本部试行按不同岗位、职务发放校内结构工资,并不断提高校内津贴力度,增设了课时津贴、领导职务和管理干部岗位津贴、特殊岗位津贴等;各医院也结合本单位情况,改革了奖金、津贴的分配办法,使教职工的待遇逐年有所改善,调动了工作积极性。1993 年以来,参照北京市发放补贴等办法,在教育经费十分困难的情况下,投入相当的经费予以兑现,不断提高教职工和离退休人员的福利待遇。1996 年后,认真执行两年考核合格晋升工资的正常晋升制度,促进了队伍建设。

2000 年医学部根据《北京大学医学部关于岗位设置及人员聘任实施方案》,按照"效率优先,兼顾公平"的原则,实施了与岗位职责、工作业绩和贡献直接挂钩的岗位奖励津贴发放办法,受聘在 A、B、C 和职员岗位上的人员,享有不同的岗位奖励津贴,受聘在普通岗位上的人员维持原待遇,体现和强化了优劳优酬的原则。用医学部自筹经费为 2000 年 4 月前离退休干部 640 人发放了一次性津贴,办理了 858 人专业技术职务晋升工资兑现，全面核查本部缴纳失业保险、养老保险人员名册，缴纳失业保险2485人（含临时工），缴纳养老保险36人（合同制工人）。

根据国务院机关事务管理局、中共中央直属机关事务管理局《关于在京中央和国家机关行政事业单位提高房租增发补贴的通知》（国管房改字[1999]267号）、《关于在京中央和国家机关行政事业单位提高房租增发补贴的补充通知》（国管房改字[1999]313号）和教育部办公厅《关于在京单位职工增发补贴的通知》（教人厅[2000]2号）精神，为医学部本部职工2025人、离退休783人，发放了房租补贴。

2000年全年办理离退休手续251人，其中离休1人，退休250人。

为体现对遗属的关心，医学部根据国家有关规定，将丧葬费标准由原来的400元，提高到800元；对遗属生活困难补助标准根据不同情况给予一定提高，2000年共有19人享受遗属生活困难补助。

【人事档案管理】 人事处曾一度承担全校教职工和学生的人事档案管理。80年代后期，学生档案分别转到教育处与研究生院，人事处主要负责全校教职工及博士后人员人事档案的管理工作。

2000年，医学部人事处委托北京市人才服务中心代理的96人的档案，由医学部人事处档案室代管；委托卫生部人才交流服务中心代理的278人的档案，经协商，也由医学部人事处档案室代管。对实行人事代理人员的档案，逐一整理、编号、入册，建立代理人员的档案数据库。截至2000年底，共计管理档案4774份，其中在职职工2661人（含代理人员374人），离退休人员770人，博士后57人，出国逾期不保留公职831人，死亡及历史积压的档案455份。2000年接待外单位及本校查阅、借阅档案400人次，对现有各类人员数据库根据人员调整变化情况进行维护，配合中央国家机关住房情况的调查工作，出具工龄证明数千份，并依据人事处基本信息库，打印出医学部本部在职职工工龄情况表。2000年重点抓档案的基础工作，使档案为学校各项中心工作服务。建立并完善有关规章制度，尽可能利用计算机配合档案工作，使档案工作逐步走向科学化管理。

【人才服务与培训中心工作】 为配合人事制度改革，促进人员合理流动，加强队伍建设，以多种形式对人才进行交流、开发、培训及管理，1996年6月17日原北京医科大学校长办公会决定成立"北京医科大学人才交流与培训中心"，1999年1月4日更名为"北京医科大学人才服务与培训中心"（简称人才中心，下同）。人才中心挂靠在人事处。

自1996年以来，在对医科大学本部人员清理整顿的基础上，人才中心协助基层研究解决未聘或不在岗人员的安置、处理办法，规范转岗分流人员的管理，代管未聘人员，为代管人员建立业务档案，与其签订协议书并负责其日常管理。截至2000年，有30多人办理了转离学校手续；有26名未聘人员转入人才中心代管，其中在校内安排临时性工作的8人，15人办理了退休手续，1人转出，待安排2人；有力地配合了人事制度改革。对校内管理干部、专业技术干部、新教师和工人进行了时事政治与改革形势、社会主义市场经济理论、管理知识、教育理论、法学基础、公文写作、计算机等思想政治和业务培训；为社会上申请执业药师资格人员举办了考前培训，与社会培训单位联合举办了有关人事制度、医疗制度、社会保险等制度改革的培训班。截至2000年，举办了各种类型培训班24期，1200多学时，培训3300多人。

从1999年对新增加的工作人员实行人事代理制度后，具体组织、办理签订聘用合同、人事代理协议书及自筹编制人员建立养老保险、失业保险、北京市大病统筹、住房公积金等手续，为代理单位和代理人员服务。截至2000年底，委托卫生部人才交流服务中心和北京市人才服务中心实行人事代理的人员共673人，其中委托卫生部人才交流服务中心代理的577人，委托北京市人才服务中心代理的96人。在实行人事代理的人员中，已经终止或解除合同的19人，其中合同期满未再续签的1人，按合同约定考取研究生的4人，因履行职责差、不适合岗位要求解除合同的3人，由于个人原因违约出国或擅离岗位被解除合同的11人，他们均顺利地按合同规定将人事、户籍等关系转回到代理机构，与单位脱离了关系，初见"能进能出"效果。

2000年，完成了374人的人事代理，其中卫生部代理事业编制人员278人，北京市代理96人。在代理人员中，新接收各类毕业生287人、复转军人6人、复职人员6人、调入人员34人、自筹人员41人；完成了139名技术工人升级考核工作；受林业部考工委的委托，承担了部分考工升级培训班的管理工作；完成了海淀区劳动局"关于集中开展对用人单位使用外地务工人员情况专项劳动保障监察工作"的检查验收，并上报区劳动局；修改和完善了临时工的管理规定；为外地务工人员办理就业证554个；完成了1834人专业技术职务、行政职务晋升考试的考务工作；完成了对384名新教师的岗前教育理论培训；组织3期共116人参加的管理干部计算机培训班及2次共192人参加的管理知识、行政公文讲座。规范转岗分流人员的管理，为代管人员建立业务档案，签订协议并负责日常管理和服务。

（沈传勇）

财务与审计

财务工作

【**总体财务状况**】 **学校收支概况** 2000年学校收入总额177351万元,比1999年的121585万元增加55766万元,增长45.87%。支出总额124570万元,比1999年的78442万元增加46128万元,增长58.8%。年末固定资产总额142940万元,比1999年增加12954万元,增长10%。收支总量较大幅度的提高,固定资产逐年增加,表明随着国家科教兴国战略的进一步实施,特别是面向21世纪教育振兴行动计划专项资金的投入,学校进入快速发展的新时期,总体办学实力进一步增强。

多渠道筹措办学经费 2000年学校各项收入总额为177351万元,其中国家经费拨款占总收入的68.56%,主要是创建世界一流大学专项经费6亿元全部到位,国家各种渠道下达科研经费拨款超过3亿元,均创历史最高点。自筹经费收入占总收入的31.44%,主要是学校通过开展多种形式办学,发展高科技产业,积极争取国内外捐赠等途径,积极筹措教育经费,实现了2000年收入的大幅度增长。

2000年各项收入构成情况见图8-1。从图中可以看出,教育经费拨款(含"行动计划"专项经费)和科研经费拨款占总收入的一半以上,是构成学校办学财力的主要来源;随着办学实力的增强,教育事业收入在总收入中的比例亦有所增长,成为弥补教育经费不足的重要来源;此外,其他收入在总收入中也占有较大比重,这与学校注重发展校办产业、积极争取海内外捐赠和社会资助是密不可分的。

事业支出情况 2000年学校事业支出共计113545万元,比1999年增加54575万元,具体增支情况从比较图中可有一个直观的了解。

"行动计划"专项资金 2000年学校"行动计划"专项资金的使用仍然根据教育部、财政部批准的总体预算框架执行,经过校内各有关职能部门反复研究论证、校长办公会通过的预算分配方案包括五部分:队伍建设、学科建设、提高学生素质、基础设施改造、改善公共教学条件。

按照"择优扶重、绩效优先"的原则,本年的"学科建设"经费主要用于对前沿学科、重点学科、优势学科以及国家重大项目、重点实验室和近期有可能出标志性成果的项目予以重点支持,另外,给予38位优秀中青年学术带头人(其中20位是"长江特聘教授")的启动费,已经对吸引人才和学科建设发挥了重大作用。"基础设施改造"经费主要改造了第一教室楼、物理楼、化学楼等教学科研设施。"改善公共教学条件"经费主要投向校园网络和数字化图书馆等方面。随着创建世界一流大学专项资金的投入,已经建立了一批高水平的实验室和人才培养基地,基础设施和教学条件得到了明显的改善。

【**财务状况专题分析**】 **收支总量稳步增长** 2000年北大收入总额为177351万元,比1999年的121585万元增加55766万元,增长45.87%,扣除"行动计划"专项资金本年增加的3亿元后,与1999年同口径相比,实际收入147351万元,比1999年的121585万元增加25766万元,增长21.19%。2000年支出总额124406万元,扣除住房基金用于自筹基建的支出1000万元后,实际支出123406万元,比1999年的77772万元增加45634万元,增长58.68%。收入和支出均比上年有较大幅度的增长,均创历史最高水平。2000年围绕创建世界一流大学的总体目标,重点加大引进人才、学科建设、基础设施改造等中心工作的资金投入力度,取得了比较好的效果。

图8-1 2000年收入构成情况

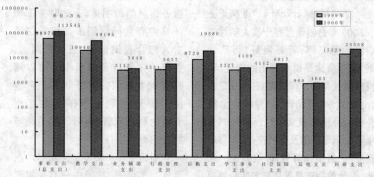

图8-2 1999、2000年事业支出情况比较

财务状况评价指标良好 2000年学校现实支付能力为12.23个月,潜在支付能力12.21个月,非自有资金余额占年末货币资金的比重为83.42%,自有资金余额占年末货币资金的比重为46.21%,自有资金动用程度为32.62%,自有资金净余额占年末货币资金的比重为46.34%。

总体办学效益 2000年学校平均在校学生(含留学生、函授、夜大学生)28106人,平均在职教职工6380人,在职教职工与学生比为1:4.41,比上年提高了0.46;专任教师全年平均2000人,专任教师与学生比为1:14.05,比上年提高了0.66。学生人数特别是研究生人数逐年增加,教职工人数逐年下降,师生比进一步优化,总体办学效益提高。

【财务管理工作】 坚持积极、稳妥的财政方针,促进学校各项事业的发展 2000年是学校实施创建世界一流大学计划的关键一年,也是原北大和原北医合并的第一年,两校合并后,国家没有增加拨款,因此事业发展和经费不足的矛盾仍很突出。学校2000年预算继续围绕创建世界一流大学的总体目标,坚持积极、稳妥的财政方针,"积极"是指对于学校的发展采取积极的财政政策;"稳妥"是指学校的经常性预算应采取稳健的原则,做到预算收支平衡,从而既保证学校教学、科研、行政、后勤等部门的正常运转,又促进学校各项事业的发展。

管好用好"行动计划"专项资金 2000年是创建世界一流大学计划启动的第二年,管好用好"行动计划"专项资金是财务部门的责任,学校根据教育部、财政部的有关规定和《北京大学"行动计划"专项资金财务管理办法》,成立了"行动计划"专项资金领导小组及办公室,从项目申报立项、经费预算管理、设备统一采购、会计单独核算等诸环节实行按项逐级管理、层层把关,以确保专项经费的使用效益。

制定学校各级经济责任制 根据教育部、财政部2000[14]号《关于高等学校建立经济责任制加强财务管理的几点意见》的文件,高等学校必须建立各级经济责任制。这一文件的颁布,对促进学校加强管理、避免经济决策的失误具有重要作用,在反复讨论、征求各方面意见的基础上,《北京大学经济责任制条例》经426次校长办公会讨论通过(校发[2000]198号文),从2001年开始执行。

规范后勤社会化过渡期内的财务管理 后勤社会化是高校管理体制改革的重要组成部分,在推进后勤改革的同时必须处理好各种财务关系。财务部起草了后勤社会化财务管理办法,为规范后勤社会化过渡期内的财务管理,最终实现后勤社会化打下基础。

进一步完善学生收费系统 为进一步落实收支两条线的原则,在过去学生汇款收费的基础上,2000年与中国农业银行合作对2000级新生使用"金穗卡"交费,减少了学生随身携带现金带来的不便,同时开发了"学生收费系统",随时可以查询交费人数、金额及个人交费情况等数据。

研制二级单位负责人综合查询系统,提高透明度,加强财务监督 随着学校事业的发展和经济责任制的颁布,校内各单位的领导经济责任意识不断增强,迫切希望了解本单位的经济运行情况,增加财务信息的透明度,为此财务部和计算中心共同研制了二级单位负责人综合查询系统,通过校园网,各单位主管财务的负责人可以随时查询本单位的财务状况和资金使用情况,做到心中有数,便于更有效的财务监督,得到了院系领导的普遍好评。

引进金融机构,方便教职工和学生 多年来,校园内只有一家工商银行储蓄所,不仅对公业务必须到校外,学生个人贷款也必须到校外办理;现有的储蓄所营业面积较小,个人储蓄经常排长队,教师学生意见纷纷。为此财务部多次与工商银行、农业银行等有关部门协商,在校内分别开设了工商银行和农业银行分理处,可同时办理对公和对私业务。

研制系级财务管理系统 2000年进一步完善计算机财务管理系统,开发了系级财务管理软件。该软件实现了网络环境下系级经费的管理。系级财务人员可以在本系输入、打印、查询本单位的会计数据,财务部核算的会计信息通过学校校园网直接传送到各系。系级经费核算可以在校级核算的基础上更加细化,教学经费指标可以核算到教研室,科研经费项目可以核算到子课题,真正实现了会计信息资源共享。该管理软件的开发对提高系级财务管理水平,进一步落实"一级核算、二级管理、财力集中、财权下放"的财务管理体制具有重要意义。

完成了财政部、教育部布置的清产核资工作 根据财政部、教育部清产核资工作的要求,学校从2000年5月开始进行清产核资工作,历时半年多,清点、核实现有资产状况,基本摸清了学校的家底,为确保国有资产的安全、完整打下了坚实的基础。

宣传《会计法》,加强对二级单位的财务管理 为配合2000年7月1日新《会计法》正式颁布实施,加强财务管理,严肃财经纪律,本年重点做了以下工作:组织财务主管和会计人员参加中国教育会计学会举办的新《会计法》培训,提高对《会计法》重要性的认识和执行的自觉性。为使二级单位负责人提高执行《会计法》和财经纪律的自觉性,由学校党委、纪委召开全校中层干部会,请国家审计署有关领导结合当前高校审计中发现的问题说明执行新《会计法》的重要性,使学校干部受到深刻的教育。配合后勤社会化，规范财务管理和会计核算，下半年对后勤七个中心的会计人员实行调派制。结合国有资产清查，摸清独立核算单位资产真实情况，对出版社、勺园等单位的投资、资产账目据实调整。

（阎敏）

·医学部财务工作·

【概况】 2000年原北京医科大学与原北京大学两校合并后，原北京医科大学计划财务处更名为北京大学医学部计划财务处，是医学部一级的财务机构，承担着医学部的财务工作及五个附属医院的财务主管工作。

在国家"七五"到"九五"期间，计划财务处管理的各项经费1986年为9879万元，其中教育事业费1789万元，卫生事业费4084万元，附属医院业务收入4024万元；到1999年为161255万元，其中教育事业费14605万元，卫生事业费6779万元，附属医院业务收入139871万元；2000年不含附属医院收入医学部各类经费收入为33664万元。医学部固定资产总值1986年为22551万元，其中医学部本部6874万元，附属医院15677万元；到1999年为153877万元，其中医学部本部40121万元，附属医院113756万元；2000年不含附属医院，医学部固定资产总值为32809万元。

计划财务处在主管校长的领导下，始终坚持"统一领导，分级管理，财力集中"的管理原则，统一管理医学部的各项财务工作，在多渠道筹措教育经费，提高办学效益，统筹运用学校资金，加强财务管理等方面发挥着重要作用。

截至2000年12月，医学部（含附属医院）共有会计人员250人（医学部计划财务处22人，二级单位39人，附属医院189人），其中大专学历以上141人，高级会计师9人，会计师59人，助理会计师122人。

（孙瑞霞、刘玉兰）

【总体财务状况】 教育事业费收、支总量稳步增长 原北京医科大学教育事业费一直稳步增长，尤其在1996年获得"211工程"和2000年获得"行动计划"两项专项资金后，资金总量有了较大幅度增长，仅1999、2000两年收、支情况比较就可以说明。（见附表）

附属医院社会保障费（即卫生事业费）收、支总量逐年增长 原北京医科大学附属医院实行"核定收支、定额或定项补助、超支不补、节余留用"的预算管理办法，专项经费实行项目管理。至1999年投入大量基础设施改造专项资金后，改善了附属医院的就医环境，临床学科重点项目建设使多项学科建设赶上或超过世界先进水平。随着卫生事业的深化改革，附属医院各类收入有明显增长，1999、2000年收、支情况比较见附表。

合理使用专项资金 至2000年，"211工程"项目经费基本用完，经费主要用于购置仪器设备、业务费、修缮费。五年里共完成10个学科建设，校园网络、图书馆、医院分析中心等公共服务体系建设以及学生公寓、实验动物楼和人民医院科研楼建设。经过五年努力在学科建设方面取得了15项具有标志性的成果。

2000年北京医科大学与北京大学合并后，医学部根据北京大学的行动计划预算内容也安排了队伍建设、学科建设、提高学生素质、基础设施改造、改善公共教学条件五个方面计划，批准1.58亿元专项资金。医学部计划财务处严格按照教育部、北京大学对行动计划管理办法，制定的医学部"行动计划"资金管理办法，认真操作，专款专用，单独建账。

多渠道筹资发展医、教、研事业 自1981年开始，原北京医科大学先后接受美国中华医学基金会资助项目33个，接受捐赠金额1000多万美元，为教学和科研的提高起了重要作用。1991—1998年在中美两国政府支持下由原北京医科大学与美国CDC（全称：美国疾病控制与预防中心）合作进行的"中美预防神经管畸形合作项目"是建国以来中美双边在卫生科技领域中最大最成功的合作项目之一，八年中美国CDC共提供资金952万美元，这一项目的完成为中国乃至全世界预防神经管畸形做出了巨大贡献。其后，1998年原北京医科大学和美国CDC又进行了"中美预防出生缺陷和残疾合作项目"的科研工作，美国CDC共提供资金209万美元。

（孙瑞霞、安宇、向光佩）

【财务管理工作】 实现会计核算电算化 北京医科大学计划财务处1985年开始使用第一台计算机，发展到现在共拥有2台服务器、19台计算机、1台触摸屏式计算机。实现了财务管理、机器制单、经费指标事前控制、基层单位指标核销、余额查询、计算机自动记账汇总、生成季报和年报全过程的计算机管理。财务系统已经与医学部校园网连通。

完成新旧会计制度的转化 根据教育部要求，采用天大天才财务软件，实现了会计数据、资料网络化管理，顺利完成了新旧会计制度转换和新高校会议制度的实施工作。

实施预算指标实时控制 取消了沿用多年的用以控制经费指标的经费本，采取经费指标网络实时控制；全面实现经费指标IC卡网络管理，账卡同步核算，并为经费使用单位了解经费收、支、余情况，配备了触摸屏式计算机和打印机。

实现学生学费银行网络化管理 与教育处共同完成了由工商

银行网络化收取学费及发放奖贷学金和生活补助的工作。通过与银行联网实现了学杂费及其他入学费用的代扣代缴,提高了工作效率,节约了财力、物力和时间。银行转账率达到95%,收取现金率仅占5%。从而解决了学生携带大量现金不安全和到多部门交费的繁琐程序的问题。

接受外来检查工作 2000年7月份接受了国家审计署、国家计委、教育部、财政部联合委派会计师事务所对合并高校1999年各类经费全部审计,在主管校长的亲自主持领导下,计划财务处高度重视,认真对待,对审计提出的问题一一做出解释。原北京医科大学每年均需接受国家外汇管理局指定的会计师事务所对美元现汇账户进行审计,并同时向美国中华医学基金会总部提交CMB项目年度工作报告。计划财务处对中美合作项目总部所属的30个项目点进行财务领导和监督(包括培训和指导),每年接受美方认可的会计师事务所的审计。各项目总部财务及各项目点财务均符合资金提供方的要求,为项目的圆满成功提供了基本保证。

会计人员培训及队伍建设 先后组织会计人员进行了计算机课程培训,学习新的"高校财务制度"及进行"高校会计制度"软件培训,组织会计人员参加由有关人员和兄弟院校教授讲授的新会计制度讲座。参加每年一次由国家机关事务管理局组织的会计人员持证上岗培训班。鼓励会计人员利用业余时间参加专业学习、职称考试,不断提高专业水平和学历水平。2000年两校合并后,按照医学部内部改革的要求,4至7月份完成了会计岗位聘任工作。

(孙瑞霞、刘玉兰、李福、吴玉雁、宋杰)

表 8-50 医学部教育事业费 1999、2000 年收入对比

单位:万元

项目\年份	1999年 金额	2000年 金额	比1999年增长幅度
1. 教育经费拨款	4440	20419	360%
其中:专项拨款	815	16063	1870%
2. 科研经费拨款	3025	5144	70%
3. 其他经费拨款	2441	3160	29%
4. 教育事业收入	2857	3450	21%
5. 科研事业收入	54	62	15%
6. 附属单位上缴	755	747	-1%
7. 校办产业上缴	235	233	-0.9%
8. 其他收入	798	449	-44%
合计	14605	33664	130%

表 8-51 医学部教育事业费 1999、2000 年支出对比

单位:万元

项目\年份	1999年 金额	2000年 金额	比1999年增长幅度
1. 事业经费支出	12104	18632	54%
2. 科研经费支出	3013	4271	42%
3. 结转自筹基建	950	4000	321%
合计	16067	26903	67%

表 8-52 医学部社会保障费(原卫生事业费)1999、2000 年收入对比

项目\年份	1999年 金额	2000年 金额	比1999年增长幅度
1. 财政补助收入	6779	9680	43%
其中:专项补助	3050	2988	-2%
2. 医疗收入	60622	77680	29%
3. 药品收入	76409	86408	13%
4. 其他收入	2840	2834	-1%
合计	146650	176602	21%

表 8-53 医学部社会保障费（原卫生事业费）1999、2000年支出对比

单位：万元

项目＼年份	1999年 金额	2000年 金额	比1999年增长幅度
1. 财政补助支出	2146	3811	78%
2. 医疗支出	70818	93436	32%
3. 药品支出	68387	75404	11%
4. 其他支出	1281	148	-89%
合　计	142632	172799	21%

审计工作

【概况】 审计机构恢复独立设置　北京大学审计机构从1985年设立到1999年一直独立设置，在1999年的机构改革中，由于受到机构总数限制，审计室与纪检监察部门合署办公，并保持相对独立性。

在学校2000年7月的机构微调中，为进一步加强审计工作，更加充分地发挥审计的作用，审计室恢复独立设置。

内部审计制度进一步建立健全　2000年6月和9月，教育部分别下发了《关于进一步加强建设工程、修缮工程项目审计的通知》和《关于切实做好经济责任审计工作的通知》。为贯彻教育部通知要求，学校结合审计工作制度化建设，分别制订和修订了《北京大学建设工程、修缮工程竣工结算审计规定》和《北京大学中层干部任期经济责任审计规定》，进一步建立健全了内部审计制度。学校审计室在1999年内部业务管理改革基础上，进一步制订和修订了若干个内部审计业务管理制度，编写了《北京大学审计工作内部管理制度与文书格式》，包括5项制度和13种文书格式，初步形成了内部审计业务管理制度体系，使审计工作进一步向规范化方向发展。

"覆盖全部经济活动"的审计工作格局的确立　过去，由于种种原因，学校审计工作一直未能覆盖学校全部经济活动，这样很不利于发挥内部审计机构为学校防范风险的作用。在2000年7月审计室恢复独立设置之后，学校明确提出要建立覆盖学校全部经济活动的审计格局，并以此为基础确定审计室的架构。按照这一原则，财务审计、管理与经济责任审计、工程审计等三大审计全面开展，审计室定期对每一个被审单位、每一个被审项目进行审计，审计力度明显加强。与此同时，积极开展审计调查与管理咨询活动，为学校领导及时提供与经济决策有关的信息，为学校各单位提供与经济管理活动有关的咨询服务。2000年，完成审计项目160个，审签项目109个，审、审签金额27.8亿元。

审计工作的质量、效率、效果得到进一步提高　在1999年学校审计室内部业务管理改革的基础上，进一步提高审计工作的质量、效率、效果。(1)审计质量方面：审计工作的质量集中体现在审计工作的最终成果——审计报告上面。通过制订审计报告规范格式、规范用语、写作指南，建立审计报告的讨论制度和质量控制制度，强调审计报告要把揭示问题与提供信息相结合，提高了审计报告的质量，进一步满足了报告使用者对审计报告的需求。(2)审计效率方面：通过建立"一人为主作业制度、审计项目定期制度、主审工作定量制度"，实行审计作业过程管理，减少了审计过程中的效率损失环节，强化了审计人员的责任，极大地提高了审计工作效率。(3)审计效果方面：进一步强化了审计处理意见的落实情况。对于下达的审计意见，要求被审单位逐条落实、逐条答复，并要求被审单位定期将审计意见落实情况以书面形式报告审计室，审计室对落实情况进行检查，使审计效果落在实处。

财务审计与经济责任审计深入开展　在2000年财务审计与经济责任审计中，注重贯彻"全面审计、突出重点"的审计方针。在全面审计的基础上，突出了以下三个方面的重点内容：(1)将过去从未审计和多年没有审计的单位列入年度审计计划，使得审计工作不留死角；(2)将各单位不在校财务处核算而是单独核算的资金作为审计重点；(3)对国家审计署1999年对学校审计中提出的问题进行后续审计。

工程审计向深度和广度方面拓展　学校从1999年开始开展工程审计。2000年，工程审计工作在上年的基础上，向深度和广度方面拓展。

1. 继续深入开展竣工结算审计。审计室总结1999年的工程审计经验，制定了学校的竣工结算审计规定，使竣工结算审计制度化，并在审计管理上注重贯彻下述两个原则：(1)行政与监督分离的原则，即工程管理部门对于工程造价的审核与审计部门对于工程造价的审计分开；强调工程管理部门的初审责任，强调审计是对工程造价

的再监督；这样，既充分发挥工程管理部门的监督作用，又充分发挥审计部门的监督作用，从而提高审核的效果，充分降低工程造价。（2）造价审减与规范管理相结合的原则，即竣工结算审计不能仅以审减为目的，要通过审计，逐步规范工程管理。在委托事务所进行基建审计时，不仅要求其提供反映审减结果的审计报告，还要求其提交管理建议书，对工程管理、合同签订等不规范的地方提出改进建议，从而有力地促进了工程管理工作。

2.将工程审计领域拓展到招投标管理审计上。在竣工结算审计的基础上，在学校工程管理部门的积极配合下，审计室把工程审计领域拓展到招投标管理审计上。2000年9月，审计室开始开展这项审计工作。审计人员通过参加工程前期的各种会议，对工程管理过程的重要环节进行监督，并归纳总结有关控制要点，着手制定招投标管理的审计制度。

【审计队伍建设】 审计队伍结构进一步改善、素质进一步提高 学校审计室恢复独立设置之后，审计室根据学校的审计工作需要，立足学校一流大学建设，准备逐步建立一支高素质、高水平、由不同专业人员（包括审计师、会计师、经济师、工程师、律师等）组成的审计队伍。

审计室按照上述要求物色了3名人员，这3名人员年龄在31-34岁之间，都有本科或研究生学历，并且担任过审计、财务、工程方面的主管工作，并拥有注册会计师、注册资产评估师、工程概预算、企业法律顾问等专业资格。这3名人员的引进，将改善原有的人员结构，提高审计队伍的整体素质。

学校审计队伍建设还有待进一步加强，审计室准备按照世界一流大学内部审计机构的要求来选聘审计人员，经过选聘和培养，建设一支由"三师"（国际注册内部审计师、中国注册会计师、中国注册造价师）组成的审计队伍，服务于学校的世界一流大学建设。

通过多种方式提高现有人员的业务素质 1.自学。在2000年年初，要求所有审计人员针对自身不足，制定了年度自学计划，弥补知识缺陷。经过一年时间，现有人员都进行了大量的自学，补充了现代审计所需要的知识。

2.培训。根据开展工程审计的需要，组织3名审计人员参加了中国内部审计学会组织的基建审计培训班，使其初步具备了工程审计技术与工程审计管理方法。

3.讨论。结合审计业务工作，定期组织审计人员进行研讨，从最基本的理论联系到最具体的实践，把问题讲通搞透，从而提高审计业务水平。

4.撰写论文。要求每名审计人员都结合自身工作，撰写1篇以上的论文。每名审计人员都利用业余时间撰写了论文，其中有4篇论文在专业核心期刊和国家级刊物上发表。1名人员与审计署等单位专家合作撰写了《现代审计理论与实务》一书。学校审计室王雷撰写的《企业负责人经济责任审计的基本理论问题》一文被评为中国教育审计学会年度优秀论文和中国内部审计学会全国经济责任审计论文二等奖。

学校审计人员获得国际执业资格 2000年11月在北京首次举行的国际注册内部审计师（CIA）全球统一考试中，学校审计室王雷一次通过全部科目的考试，获得国际注册内部审计师资格。

（王雷）

· 医学部审计工作 ·

【概况】 医学部纪监审办公室是由原北京医科大学纪委、监察室、审计室于2000年1月合署办公组成。其中，审计室成立于1985年8月。根据"卫生部（86）卫计司第51号"文件要求，设编5人。审计室根据卫生部精神，以"审计工作要围绕党的经济工作中心任务，以维护财经纪律为重点，主动配合有关部门切实纠正不正之风，同时要促进单位加强财经工作的基础建设，建立健全内部控制制度，堵塞漏洞，防止弊端，提高效益"为目的组织开展工作。审计人员状况：1991年6名；1992-1995年3名；1996-1997年2名；1998年3名；1999年2名；1999年12月审计室与纪检监察合署办公，审计室定编3人。审计室在学校领导下围绕学校中心工作，认真落实卫生部有关高校内审精神，认真履行审计职能。2000年修订了《北京大学医学部领导干部经济责任审计实施办法（讨论稿）》。

（高环）

【审计项目】 审计室完成各类审计53项，金额965万元，审减金额66.5万元；完成审签项目26项，金额416.5万元。

修缮工程审计 完成已结算工程审计47项，金额713万元，审减金额66.5万元。其中：内审工程（自审、外聘）46项，审计金额669万元，审减金额63.3万元；外审工程（会计师事务所）1项，审计金额44万元，审减金额3.2万元。

科研经费审计 完成自然科学基金课题财务决算审计4项，审计金额97.3元。

离任审计 完成对挂靠医学部某学会负责人的离任审计。

专项调查 对体育馆1998～1999年的收入、支出情况进行了调查并将分析资料及时汇报领导。

审签 完成2000年国家自然科学基金项目资助经费决算审签26项416.5万元。

【工程招投标】 2000年是国家执行招投标法的第一年，审计室认真学习政策法规，积极参加后勤部和实验室设备管理处等部门组织的10项招标会:学校电缆、电增容工程;5号楼学生公寓;26号住宅楼;生理、生化教学楼改造工程;药学院、生理、生化实验室设备;学生宿舍卧具;校园网综合布线工程等。审计室就施工队伍资质的合规性、工程预算的合理性、承包合同的合法性、施工过程的可靠性等方面提出意见。

【后勤部改革资金调查】 审计室与计财处配合对原后勤部及其下属部门进行了资金情况调查,包括后勤部11个实体的银行开户情况;各账户性质和收入、支出内容;查看1999—2000年一季度的会计账簿,财务报表等资料等,并针对资金情况和存在的问题,提出5点建议。

【清产核资】 审计室参加了医学部的"教育部对预算单位的清产核资工作"。在清查工作阶段,协助财务部门核查了以前年度的房屋建筑、机电设备等账目和报表。查找出账表、账实不符的原因,正确填列出账面数和清查数。配合财务部门完成资产负债、财务收支、支出明细等有关资产报表。

【协作与配合】 审计室参与教育部、审计署对改变管理体制的学校进行审计的工作。2000年教育部、审计署委派华建会计师事务所,对原北京医科大学实施审计。审计室抽调一名副主任参与并配合,保证了审计工作的顺利进行。

协助财务部门完成了"北京医科大学五年财务收支情况"报表;协助财务处完成医学部世界银行贷款"高等教育发展项目"的半年报表工作。

【业务培训】 审计室3人参加了国管局组织的新会计法与合同法的业务培训;2人参加了城建委举办的建设工程土建和水暖预算员培训;2人参加了南京审计学院举办的经济责任审计培训;3人参加了医学部系统组织的纪检监察审计人员短期培训。

(高环)

资 产 管 理

【概况】 2000年,资产管理部继续做好各项常规性工作:公用房调配与管理、教职工住房分配与管理、住房制度改革、房地产产权、人防工程维护与管理、仪器设备管理、设备采购、实验室建设与管理等,着重开展了一系列重点工作及探索性工作。

在房地产管理方面主要有:(1)成立了北京大学房产资源配置领导小组,加强对学校房地产工作的统一领导、协调。(2)制定了《北京大学公用房管理条例(试行)》及实施细则,结合抗震加固改造工程,进行了公用房的调整。(3)配合学校整体建设规划,进行了大量拆迁工作。(4)蓝旗营住宅小区物业管理工作的落实,教职工入住工作。(5)多渠道开拓住房资源,帮助教职工购买商品房、经济适用房,解决住房困难问题。(6)进行了住房分配货币化改革的测算工作,并对北京大学教职工的住房情况进行具体调查。(7)全面开展北京大学国有土地使用权登记工作。(8)完善各种数据资料管理,建立房地产数据信息管理系统,实现数据、信息及资料的计算机化管理。

在设备与实验室管理方面主要有:(1)大力推行对大型仪器设备(20万元以上)的规范化、系统化管理,提高仪器设备的使用率和完好率。(2)开展无效资产(仪器设备)的清理工作,提高仪器设备的更新率。(3)完成了国家财政部、教育部部署的清产核资工作。(4)"211工程"的收尾工作,做好整个项目的统计、汇总及档案整理,接受国家财政部的最终审查。(5)"985项目"的执行,大量设备进口、国内采购等。(6)继续做好世行贷款"高等教育发展项目"工作。(7)实验室评估工作。(8)实验室条件建设及改革实验室管理体制。在进行深入调查研究的基础上,起草了关于北京大学无形资产管理的基本方案,初步开展了无形资产管理工作。同时,进一步完善了内部建设与管理工作。建立健全内部规章制度,进一步落实、完善岗位责任制。加强业务管理制度的建设,制定、完善相关的管理规定和办法,争取做到工作程序的制度化、规范化、科学化。推行办事公开,把本部门的基本情况、规章制度、业务管理制度和办事程序等向广大教职工公开。

2000年底,北京大学本部占地面积2263254平方米,由于碓房居8号、小车居8号、老虎洞22号、蓝旗营二条46号等处的拆迁,较1999年减少了9526平方米。各类房屋建筑面积1162919.6平方米,较1999年净增加113266平方米。其中教学、科研及辅助用房314962平方米,较1999年增加97939平方米;行政办公用房17609平方米,学生宿舍86457平方米,教职工住宅(含集体宿舍)428481平方米,其他用房315411平方米。2000年底,共有各类实验室113个,由于实验室的整合、调整,较1999年减少了4个。其中国家重点实验室11个,教育部开放实验室3个,校中心级实验室5个。实验室总使用面积58284平方米。全校共有各种仪器设备37065台(套、件),总价值6.9亿元,其中用于教学、科研的仪器设备30448台(套、件),价值5.98亿元。

(姜晓刚)

【房地产管理】 房地产是支持学校教学、科研和日常运作的重要条件和保障,为了加强对学校房产资源的统一规划、合理配置、使用及协调工作的领导,2000年6月12日校领导研究决定,成立北京大学房产资源配置领导小组,组长:许智宏,副组长:闵维方、迟惠生、林钧敬,成员:岳素兰、何芳川、陈章良、鞠传进、罗志良。2000年,在完成各项常规工作的同时,根据学校公用房使用特点,制定了《北京大学公用房管理条例(试行)》及实施细则;结合抗震加固工程,以公用房管理条例为实施依据,进行了部分院系、机关的用房调整工作;住房方面重点进行了深化住房制度改革,改进住房分配机制的初步尝试;多渠道开拓住房资源,帮助教职工解决住房困难问题;全面开展土地登记工作等。

2000年下半年,学校领导开展了"三讲"学习活动,结合学校的重点工作、教职工热切关心以及涉及教职工切身利益的重要事项,制定了一系列整改措施,其中由资产部负责具体落实并完成的工作有两项。一是洽谈并落实西二旗经济适用房项目,缓解教职工住房困难。二是同学校工会一起,落实蓝旗营住宅小区有关整改措施,协助住户解决某些问题和困难,保证按时入住。

公用房调配与管理 公用房包括学校教学、科研、行政办公、后勤保障和生产经营性用房等。(1)2000年,与学校有关部门对新建成或改扩建完毕的各类公用房进行了验收,验收总面积137699平方米,其中新建成增加的公用房97938.8平方米。(2)配合学校的整体规划建设,落实了农园大楼、研究生45甲楼、校史馆、五四运动场等四处工程的拆迁工作,涉及到的房屋拆迁总面积2875平方米,相关单位10余家。(3)新办理和换发校内经营用房的租赁协议,2000年共收取经营用房房租120万元。(4)紧密配合学校2000年的重点工作——抗震加固改造工程,做好抗震加固工程的周转工作,涉及单位30余家,使用面积近20000平方米,确保了加固及改造工程的顺利进行。(5)2000年9月12日,校长办公会正式批准了《北京大学公用房管理条例(试行)》及实施细则。根据学校的规划,结合抗震加固及改造工程,进行公用房的调整工作,目前已完成校机关各单位及城环、生物、历史、哲学等11个院系单位的用房调整工作,在不同程度上改善了以上单位的办公及教学、科研用房的条件。

住房管理 北京大学住房管理及分配实行教代会分房审议委员会集体决策,资产管理部负责具体日常工作,以及落实学校和住房审议委员会的有关决议。(1)按照《北京大学教职工住房分配办法》及相关政策规定,从1999年底开始进行一居室住房分配的报名登记工作,配合学校改造筒子楼的要求,将此次一居室住房重点用于解决青年教师住筒子楼问题。2000年3月正式进行分配,预分住户163户,收取住房保证金近60万元。(2)与学校人事部配合,进行博士后住房的分配与管理工作,为110户博士后办理了进站住房手续,为75户博士后办理了出站住房手续。验收住房近200次,通过修理、更换等方式多次解决博士后住房内的设备、家具问题。(3)清理现状家属住房情况,通过多种渠道开展住房挖潜工作,共挖潜住房20余处,建筑面积约1000多平方米。(4)房租的扣缴与调整工作。与学校财务部共同进行房租等扣缴,并根据住房变化及时进行房租调整。2000年4月进行了全校性的房租调整,涉及住房6000余套。全年共从工资中扣缴房租139万元,扣缴电视天线费68万元。派专人收外户房租45万元,电视天线费12万元。组织专人开展供暖费的收取和发放工作,多次外出到协议单位收取供暖费,共计20余万元。(5)配合学校对中关园的改造建设,进行了中关园平房区部分住户的拆迁工作,拆迁住户19户,为学校建设北大方正科技大厦的顺利开工提供了保证。(6)2000年10月开始为蓝旗营住户发放钥匙,办理住房入住手续620人次。按照学校领导落实"三讲"整改措施的要求,与学校工会一起,配合蓝旗营住宅建设办公室,发放各类通知,核查住房装修情况,调解入住阶段的各类问题,保证了大多数教职工顺利入住。(7)进行教职工集体宿舍人员的核对清理工作,动员部分职工退掉了利用不充分的集体宿舍。办理集体宿舍住房调配手续150人次,为新婚的青年教师调整了住房,改善了他们的住房条件。对2000年留校工作的新职工60余人进行了住宿安排,并解决了部分已婚职工的住房困难。通过同派出所、街道等单位进行协调,落实了畅春园青年公寓等处的管理责任。

多渠道开拓住房资源,帮助教职工解决住房困难 由于北京市对中关村区域的统一规划,在学校周边地区已经没有土地建房以分配给教职工,资产管理部把多方面拓宽房源,改善教职工住房条件作为2000年的重点。魏公村韦伯豪小区4楼共有住房207套,为全产权商品房。从6月份开始,资产部代表学校同该小区的开发商北京魏公元鼎房地产公司进行协商,洽谈合作事宜。学校为教职工预先垫付首付款,该公司同意以低于市场价10%的优惠条件,每平方米均价5500元向北京大学教职工出售。10月15日开始正式组织教职工购房,3天即全部认购完毕。应广大教职工的积极要求,12月份资产部又组织了教职工以优惠价格购买北京宏大兴业房地产公司开发的上地怡美家园二期住房,共认购130余套。自2000年10月以来,资产部代表学校同北京市安达房地产公司进行了多次洽谈,就双方合作建设西二旗安宁西里小区经济适用房项目进行了反复协商，12月15日，北京大学同安达公司就该项目签订了《合作意向书》。该项目共分两期，房屋建筑面积140000平方米，约1000套住房。西二旗安宁西里小区经济适用房项目的操作，是学校领导结合开展"三讲"学习，落实整改措施，积极解决学校教职工住房问题的重大举措。这一项目的落实，将会进一步解决北京大学教职工住房紧张的状况。

土地登记工作　根据《土地管理法》、《城市房地产管理法》的规定及有关要求，为了进一步加强城镇国有土地管理，建立、健全地籍管理制度，北京市政府从2000年初开始对城镇国有土地使用权及他项权利进行登记。为依法保障北京大学作为国有土地使用者的合法权益，加强土地使用权的管理，资产管理部从2000年9月份开始，对北京大学在海淀区范围内的国有土地30宗、1859082平方米以及昌平园区的土地进行了初始登记，到10月底，该项工作基本完成。从11月6日开始，资产管理部会同海淀区房地局对学校在海淀区范围内占用的20余宗国有土地进行了勘界划点工作，到11月底，该项工作基本完成。然后是同临界单位和个人进行认界、签字，向房地局提交有关土地权属来源资料，以及进行土地测绘，目前此项工作正在进行中。

（李宏、姜晓刚）

【房改工作】　2000年的住房改革工作，主要是围绕贯彻国务院《关于进一步深化城镇住房制度改革加快住房建设的通知》（国发[1998]23号）和《北京市关于进一步深化住房制度改革加快住房建设实施方案》（京发[1999]21号）文件的有关规定，进一步深化改革住房分配体制，逐步把住房实物福利分配方式转变为货币工资分配方式。开展的主要工作有：(1)对645户97价(1450元/建筑平方米)房改购房户收缴了全额房价款，共收回资金1035.4万元。进一步推进了北京大学公有住房制度改革。(2)96价、97价房改购房户的产权证制作工作。其中96价289户，97价1083户，共计1372户。依照政府房管部门的要求，产权证在办理过程中需为每户填制房屋买卖契约、北京市房屋产权登记申请书、购房人家庭情况登记表、房屋测绘表、住房房价计算表等各一份。2000年度此项工作已基本完成。(3)对266户99价(1485元/建筑平方米)房改购房户收缴了预付款，共计399万元，为新旧房改政策的相互衔接打下了基础。(4)为蓝旗营新增加的16户购房户办理了房价收取和贷款手续，进账资金379.4万元，改善了学校部分教学、科研、管理骨干人员的住房状况。(5)1991年、1992年个人集资建房的住户，向个人售房55户，收缴购房款(从返还个人建房集资款中扣除)33万元。(6)报学校批准调整了由学校相关部门组成的北京大学住房制度改革工作小组，组长：鞠传进，副组长：周岳明、罗志良，成员：张景春、阎敏、刘永福、肖国亮、权忠鄂、杜德华、李宏、唐爱国。为了尽早落实住房分配货币化改革，确定教师系列住房补贴建筑面积标准，维护广大教职工的切身利益，多次联合在京教育部直属十余所院校对此项工作进行专题研讨。与学校人事部、财务部等相关职能部门多次协商，参照国家和北京市的相关政策，结合北京大学的实际情况，初步确定了教师系列住房补贴面积标准，为住房货币补贴工作的进一步落实奠定了基础。(7)根据教育部《关于在京部直属高校和事业单位购房补贴有关问题的通知》（教财司[2000]306号）文件的要求，对北京大学1万余教职工(含离退休人员)的货币化补贴进行了初步核算，及时填报了2000年中央财政拨付住房补贴决算表和2001年住房补贴支出预算表，为教育部给北京大学顺利下拨资金打下了良好的基础。

（杜德华）

【蓝旗营小区入住】　为使蓝旗营小区住户有一个良好的生活环境，2000年7月，北京大学和清华大学的主管校领导及有关部门同小区建设办一起进行了小区的物业管理招标工作，最终确定由北京育新物业管理公司承担蓝旗营教师住宅小区的物业管理工作，育新公司成立蓝旗营物业管理处，于2000年8月开始介入小区的后期建设和管理工作。2000年10月，小区入住工作启动，620多户北大教师喜迁新居。

（李宏）

【魏公村售房模式】　2000年10月，在校领导的支持和学校财务部的配合下，由资产管理部牵头，组织教职工购买魏公村韦伯豪小区4公寓楼。为以较低价位引进魏公元鼎房地产公司开发的商品房，学校和公司进行多次接触，就房子的价位、设计、装修标准、建设质量、交房日期、物业管理等一系列问题进行了磋商，最终学校通过代教职工垫付部分首付款等办法使开发商同意以低于市场价格10%以上的优惠价格向北大教职工定向销售其4号塔楼。经研究，学校明确此次教职工购房属个人购买商品房行为，与本人的住房福利无关。10月15日，4楼开始销售，3天基本售罄。在组织教职工的购房过程中，资产管理部将建设银行和北大住房基金管理中心请进学校为购房的职工统一办理贷款手续，联系康正评估事务所以半价为购房户进行贷款评估，上门服务，方便广大购房教职工。这一售房模式在校内外获得了广泛的认同，为学校解决教职工的住房提供了一种新的思路。

（李宏）

【人防工程管理】 根据中央国家机关人防办公室和教育部人防办公室的要求,1998年7月17日北京大学成立了新的人防工程领导小组及领导小组办公室,由校长助理鞠传进任组长,范强、罗志良任副组长。人防工程领导小组办公室挂靠在资产管理部,罗志良副部长兼任办公室主任。2000年,在教育部人防办的领导和支持下,北京大学人防办按照《人民防空法》及《2000年教育部人防工作要点》的有关要求,认真开展了各项人防工作。2000底,北京大学共有人防工程(含普通地下室)35处,建筑面积25997平方米(2000年新建"结建"人防工程,尚未正式通过验收,没有计入)。

人防工程建设 积极做好"结建"人防工程的管理体制调整工作,协调与基建、设计、施工等部门之间的关系。2000年初,北大资源集团在建设太平洋科技大厦二期工程时,在设计人防工程方面不符合有关规定,也没有征求学校人防办的意见,报到教育部时,部人防办及时发现并予以提出,要求其按照人防的规定进行办理。积极配合教育部人防办做好新建"结建"工程的验收。2000年完成新建"结建"人防工程2处(尚未验收),建筑面积1566平方米。北大、清华蓝旗营住宅小区2000年完成新建"结建"人防工程建筑面积约5000平方米,校人防办2次参加了中央国家机关人防办、教育部人防办组织的工程验收工作。由于不符合人防法的有关规定,该小区人防尚未正式通过验收。

工程维护管理与平战结合 定期对人防工程进行检查,人防工程防汛、防火等安全工作责任到人。2000年校人防办投入资金3万元对部分人防工程进行了防水处理和改造,并添置了消防器材。积极做好人防工程的平战结合开发利用工作,按照部人防办关于办理人防工程使用证的要求,校人防办已经同平时利用人防工程的各使用单位订立了使用协议及防火安全协议。学校的人防工程大多由有关部门和单位使用,督促有关使用单位及时做好维护工作。

人防经费物资管理 人防固定资产、经费、物资管理制度健全,在资产部财务室设有单独的人防科目,对人防财务管理由人防办主任"一支笔"审批,做到专款专用。按照教育部人防办进一步规范和理顺收费行为的要求,校人防办办理了《收费许可证》。学校使用人防工程的单位大多为非经营使用,而且闲置的人防工程量很大,在收缴人防使用费方面具有较大的难度。校人防办按时向教育部人防办上交人防使用费,除向经营性使用单位收取的人防使用费以外,不足部分向学校申请专项经费缴纳,2000年缴纳人防使用费40000余元。

人防宣传教育和培训 2000年6月,中央国家机关人防办和教育部人防办组织了《人民防空法》知识竞赛活动,校人防办认真组织了全校教职工参加此次竞赛,通过这次知识竞赛,进一步宣传了人防工作,使广大教职工对人防工作增加了了解,提高了对人防工作重要性的认识。9月份,参加了教育部人防办举办的人防行政执法业务培训。11月初,北京市海淀区人防办在西山举行了防空警报器演习,并对有关人员进行了警报器使用培训。北京大学是人防警报器设置点之一,校人防办的1名干部参加了演习及培训工作。

(姜晓刚)

【仪器设备管理】 2000年北京大学"211工程"收尾,"面向21世纪教育振兴行动计划"正式启动,仪器设备总量大幅增长。仪器设备管理工作的重点为"理顺关系、明确职责(责任到人)、规范管理、注重效益",仪器设备的规范化管理工作向前迈进了一大步。2000年北京大学新增仪器设备8684台(套),金额突破1亿元。其中,直接用于教学、科研的仪器设备6961台(套),金额10986万元;价值在20万元以上的大型仪器设备80台(套),金额5757万元。到2000年底,利用"211工程"专项资金购置的仪器设备4512台(套),金额11310万元。其中,微机类2259套,金额2753万元;价值在20万元以上的大型仪器设备80台(套),金额6636万元。利用"21世纪教育振兴行动计划"专项资金购置的仪器设备1732台,金额3163万元。其中,微机类807套,金额1107万元;价值在20万元以上的大型仪器设备16台,金额872万元。

2000年开展的仪器设备管理工作主要有:(1)完成了北京大学2000年度大型仪器开放测试基金的申报、评审工作。参加开放的大型仪器49台,批准项目358项,执行金额60万元,管理及执行情况好于1999年。(2)参加北京地区协作共用网大型仪器设备的组织与管理工作。2000年共优选出大型仪器10台,参加了该协作网,年度总结结果:开放使用情况良好,共完成课题324项,测试样品4241个,完成机时6995个(小时),测试收入67.69万元,从协作网获得运行补贴费用26万余元。(3)完成了2000年度贵重仪器设备(≥20万元/台)使用情况及效益的评价工作。参加调查、评价的仪器168台,涉及到化学学院、生命学院、物理系、力学系、技术物理系、电子学系等13个院、系。评价工作是根据教育部《高等学校贵重仪器设备效益评价表》中的测评标准进行的。评价结果如下:优秀设备11台(6%);良好设备29台(17%);合格设备78台(46%);不合格设备50台(29%)整体情况优于北京市高校的平均值。(4)仪器设备实现了"信息化、网络化"管理。从2000

年6月1日起,北京大学的仪器设备管理工作,废除了几十年"卡片式管理"的手工操作模式,彻底实现了"信息化、网络化"管理。新购置仪器设备的建档工作,由院、系级管理人员上网录入完成。仪器设备的日常管理,通过《校园网络环境下的仪器设备管理系统》,实行校、院(系)二级管理,在系统安装、技术支持、咨询服务等方面提供了可靠的保障。(5)完成了清产核资工作。2000年5月,财政部、教育部部署了中央预算单位清产核资工作。按照教育部的要求,北京大学成立了由主管校长为组长,有关职能部门负责人参加的清产核资工作领导小组和清产核资办公室。组长林钧敬,副组长王兴邦、阎敏。2000年6月14日召开了全校大会,进行了动员和部署,制作下发了相关的文件和各种表格15种,并分别与院、系等70个单位的主管负责人签订了《清产核资工作责任书》。6月16日—7月14日,全校教职工克服了临近期末,教学科研工作紧张,办公用房调整、装修、加固、搬家等困难,加班加点完成了全校7万多台仪器(其中低值仪器2万多台)的清查工作,涉及金额7.2亿元,按时向教育部报送了清产核资的全部报表。2000年9月11日—9月15日顺利通过了财政部的审核工作。然后,针对院、系及各单位在清产核资过程中可能出现的漏洞和误差,及时在全校范围内开展了账、物核查工作,按照有关规定,及时对盘盈、盘亏、资产损失问题进行了账、物处理,并有针对性地对30个单位进行了检查和验收工作。(6)清理无效资产。这项工作是2000年仪器设备管理的重点之一。随着时间的推移,许多根据当时教学科研工作需要购置的仪器设备早已不再适用,有的早已闲置。大量不能发挥作用的废、旧仪器设备长期占据着实验室的有效空间,账面上保留着较大的固定资产份额,对仪器设备的更新工作极为不利,直接影响了教学科研水平的提高。2000年,共回收、处理报废仪器设备6500台(件),收回残值115.4万元。

(张解东)

【设备采购】 2000年北京大学的设备进口总额突破了1亿元,主要集中在已全面启动的"985项目"、"211工程"、正常设备进口、世行贷款高等教育发展项目的执行工作、接受国外赠送等方面。2000年国内设备采购总额6574万元,主要是"985项目"、"211工程"的国内配套执行经费和实验室设备的国内招标采购。2000年办理进口仪器设备、世行贷款及接受境外赠送的申报、审批272项,金额为1591.38万美元,(1999年为468万美元);谈判、签订外贸合同(含"985"、"211"、正常进口)224项,金额为1212.38万美元,折合人民币10063万元(1999年为376.99万美元,折合人民币3129万元)。向海关申报科教用品免税226项,免税金额为1044.49万美元(1999年为419.62万美元),折合人民币8669.27万元。具体情况如下:

(1)"985项目"执行情况。2000年共办理进口配额证明、进口许可证、机电产品登记证140项,批准金额922.6万美元(1999年为236万美元);谈判、签订合同138项(1999年"211"、"985"合计为34项),金额为786.93万美元,折合人民币6531.52万元。其中包括500MHz核磁、单晶探测系统、流场测量系统、液质联用仪、惰性气体气体质谱仪等超过20万美元的大型仪器。向海关申报科教用品免税104项,免税金额615.56万美元,合人民币5109.15万元。

2000年"985项目"的国内设备采购执行经费为3392万元。

(2)"211工程"执行情况。2000年共办理进口配额证明、进口许可证、机电产品登记证28项,批准金额226.58万美元;谈判、签订合同28项,金额为217.42万美元,折合人民币1804.59万元。其中包括以国际招标采购的北京核磁中心800MHz核磁共振谱仪,最终以178万美元的优惠价格签约。向海关申报科教用品免税26项,免税金额42.6万美元,折合人民币353.58万元。向外方办理索赔1次,索赔金额14.6万元。

2000年"211工程"的国内设备采购执行经费为1747万元。

(3)正常设备进口采购。2000年共办理进口配额证明、进口许可证、机电产品登记证61项,批准金额252万美元;谈判、签订合同58项,金额为208.03万美元,折合人民币1726.65万元。其中有机金属化学淀积系统(MOCVD)106万美元。向海关申报科教用品免税62项,免税金额23333万美元,折合人民币1936.64万元。

(4)世行贷款项目执行。2000年新建世行贷款档案56项,其中进口合同14项,国内中标合同42项,合计金额125.10万美元,折合人民币1038.33万元。14项进口合同全部办理了进口审批手续,批准金额45.70万美元;其中13项办理了海关免税手续,免税金额为35.40万美元。

(5)接受境外赠送。2000年办理了申请接受赠送的报审手续29项,金额为144.5万美元,折合人民币1199.35万。其中办理了科教用品的免税手续21项,免税金额117.6万美元。

(6)实验室设备的国内采购。2000年共进行招标采购13次,采购金额1435万元。

(石铄)

【实验室建设与管理】 2000年底,北京大学共有各类实验室113个,其中基础课实验室16个,专业基础课实验室24个,专业实验室35个,科研实验室30个,综合实验室8个。由于部分实验室的整合、

调整,在总数上较1999年减少了4个。2000年开展的实验室建设与管理工作主要有:

1. 改革实验室体制,优化资源配置,改善教学环境。结合世行贷款高教发展项目的执行,通过实验室评估,进一步优化实验室体制,加强规范化管理,在完善管理机制、人员配备、实验教学改革等方面,取得了较大的进展。随着经费投入的增加和新理科楼的落成,配合各院系做了大量的实验室配备和环境条件建设工作,使实验室面貌有了很大改观。(1)物理学系将原普物力热、电、光、近代物理及专业基础实验室合并,组建了"物理基础教学实验中心",统一安排实验课,统一进行课程整合,统一调配人力,统一领导和规划教学改革。同时对实验室也进行了全面彻底的改造,使实验室条件建设获得了较大改善。(2)化学学院将原分散在各专业实验室开的专门化实验重组、归并,成立了综合化学实验室,由化学基础教学实验中心统一管理,使中心的改革更进一步。(3)电子信息科学基础实验中心搬迁到新建成的理科二号楼中,经过组合和新建已具规模,包含了7个不同类别的实验室。在"211"、"985"及"世行贷款"项目支持下,更换了先进的教学设备。(4)地质学系由原来隶属于教研室管的几个实验室调整组建了两个中心——地质教学实验中心和研究实验中心。

2. 实验室人员的培训交流工作。2000年组织各中心教师参加了由教育部高教司举办的实验中心建设工作研讨培训班,并先后组织了三批校际交流活动,分别到南京大学、东南大学、上海交大、复旦大学、浙江大学进行对口交流访问,学习了经验,促进了实验室改革与发展。

3. 实验室设备的招标采购工作。2000年对数学学院、外语学院、中国经济研究中心、电教中心等10个单位和理科楼群批量采购的实验室设备,共进行了13次招标,采购金额共计1435万元,涉及微机及外设、多媒体教室、语音实验室、空调、实验台等1000多台(件)。

4. 北京大学分析测试中心完成了计量认证复查换证评审工作。

5. 展示北京大学"211工程"和创建一流大学在实验室建设中的成果。与学校宣传部、闭路电视台合作,从10月20日起开播了"北京大学实验室系列介绍专题节目",每周介绍一个实验室,使广大师生更直观、形象地了解实验室建设的情况。

6. 提高实验室的科学管理手段。加强实验室MIS系统的推广,目前全校已有50%的实验室可通过网上填报统计数据。受教育部的委托,成功举办了第一期"全国高校校园网络环境下的设备实验室管理信息系统"培训班。

【世行贷款"高教发展项目"】1998年立项的世界银行贷款"高等教育发展项目",北京大学共有6个基础教学实验中心纳入建设计划。2000年度的主要工作是各中心的建设与改革,以及第一期国际招标仪器设备采购的到货验收工作。北京大学第一期招标设备共计1087台件,金额125万美元,约占贷款总金额的42%。2000年大多数设备已到货验收,部分已投入使用。另外,还为协作学校内蒙古大学建设了两个多功能教室,投资26万元。

(张聂彦)

【北京核磁共振中心建设】北京大学筹建的北京核磁共振中心,是经国家科技部条财司组织调研论证,并由科技部条财司、教育部科技司、中科院计财司、总后卫生部科技训练局联合签署协议,依托北京大学共建的中心实验室,旨在积极推进大型科学仪器的共建共用。经过调研、考察,采取有限招标方式,于2000年11月21日对瑞士布鲁克(BRUKER)公司和美国瓦里安(VARIAN)公司两家投标商提供的800兆和500兆核磁共振谱仪的投标文件进行了技术评审,最后由核磁领域的权威及专家一致推荐瑞士布鲁克(BRUKER)公司中标。目前采购合同已经签订,总金额218万美元,其中800兆核磁共振谱仪为178万美元,500兆核磁共振谱仪为40万美元。

(王兴邦)

【无形资产管理】2000年初,在进行深入调查研究的基础上,起草制定了关于北京大学无形资产管理的基本方案,初步开展了无形资产管理工作。如何管理好无形资产是一项新兴而又复杂的工作。2000年主要是结合土地使用权、房屋产权以及经营场所产权证明等项工作内容,并同学校相关部门密切配合,逐步开展无形资产的管理工作。(1)同产业管理部密切配合,对北京大学的名称使用问题,尤其是企业使用,进行严格把关。结合办理经营场所产权证明的工作,对学校所属单位、企业设立或与校外单位、企业合作设立的公司、企业及各种经济实体,凡是没有学校主管领导或产业管理部的批准而使用北大名称的,一律不予办理产权证明和相关证明。对于租用学校房屋而冒用北大名称的企业,不予办理产权证明,予以纠正,并视具体情况进行相应处理。(2)土地使用权及房屋产权管理工作。为依法保障北京大学作为国有土地使用者的合法权益,加强土地使用权的管理,从2000年9月份开始,对北京大学在海淀区范围内的国有土地30宗、1859082平方米以及昌平园区的土地进行了初始登记。从11月6日开始,进行了勘界划点工作。然后是同临界单位和个人进行认界、签字,向房地局提交有关土地权属来源资料,以及进行土地测绘，目前此项工作正在进行中。北大太平洋科技大厦，建筑面积40536.4平方米，于2000年底将房屋产权证办理完毕。燕北园309楼、310楼的房屋产权证正在办理中。(3)建立健全学校土地及房屋产权的档案资料。明确北京大学各宗土地的四邻界址，积极协调并努力处理好学校与外单位、个人之间的房地产产权争议和纠纷，以维护北京大学的合法权益。(4)经营场所产权证明工作。2000年，为学校所属单位、企业以及租用学校房屋进行经营活动的公司、企业办理工商注册、税务登记、年检、户外广告等出具产权证明200余份。

(姜晓刚)

医学部资产管理

【房地产工作】 2000年，由医学部房地产办公室负责，采取两种办法并用的方式，开展了医学部房屋固定资产清查工作。一种办法是：各用房部门将本部门占用所有房屋的地点、楼层、间数及用途的详细资料，填表上报到房地产办公室，房地产办公室进行分类汇总，与总账对比，查清各部门占用房屋的情况。第二种办法是，以"账、证"查物，即以"房屋固定资产账"和《房屋所有权证》为根据，查找实物，核实房屋的用途和使用单位。将两种方法的结果对比汇总，与计财处核资，最终达到清产核资的目的。清产核资结果：医学部共有房屋建筑物283401.67平方米，房屋固定资产金额146463829.95元，详细情况见表8-54。

从1999年10月份到2000年10月份，房地产办公室完成了《土地证》的自检、申报查验和土地登记实地检查、验证等工作。医学部共有有证土地2宗：海淀区北郊学院路38号，占地389130.9平方米；西城区草岚子胡同8号，占地4398.6平方米。根据北京市房屋土地管理局2000年10月通知，房地产办公室在海淀区和西城区房管局的领导下，完成了对学院路38号和草岚子胡同8号两宗地的界址认定和土地测量工作，并和各临界单位确认了界址。此次界址认定中，草岚子胡同8号的权属和《土地证》上没有区别，而学院路38号的界址认定中东北角围墙的权属认定不清，有待证据证明产权的归属。

截至2000年9月份，已将医学部1990年以后竣工的六栋楼房的所有资料及一系列申请办证的资料全部上交海淀区房管局产权科，等待发证。此次申报办证的六栋楼分别是：家属住宅24号楼、药物依赖楼、学术交流厅、中心实验楼、两厂两所楼和汽车房。这六栋楼分布在医学部的三区、六区和十一区，即这三个区内的《房屋所有权证》均需变更，变更后的总面积分别为：三区，20602.48平方米；六区，48046.3平方米；十一区，66983.3平方米。

2000年，房地产办公室对医学部所有职工住房货币化补贴额进行了全面预测，为北京大学医学部深化住房制度改革，推进住房分配货币化提供了相关的基础资料。

2000年初，完成了北医25号楼和各旧楼分配入住工作，共办入住手续270户，退房手续216户。

(孙品阳)

【设备管理】 1981年，北京医学院《关于后勤行政机构变更后有关业务管理分工问题》规定将计财处物资供应职能划出，成立供应处，下设设备科、供应科、仪器厂，动物室。1983年，北京医学院《关于北京医学院院行政机关机构设置的请示报告》得到卫生部的批准，同意设置物资处，明确了物资处的职责，负责物资计划、采购、供应、管理、仪器维修。1999年12月，在原物资处的基础上组建设备与实验室管理处，统一归口，管理医学部设备资产和实验室建设，进一步加强医学部设备与实验室的管理，促进协调相关资产的合理配置和使用。设备与实验室管理处的组建增加了实验室管理和通讯技术服务的职能，负责管理医学部物资设备的供应、管理、服务和维修以及实验室的用房、技术队伍、安全环保和条件保障。下设设备管理办公室、实验室管理办公室、设备采购中心、物资供应中心、通讯技术中心，复印室5个机构，全处45人。

2000年7月，财政部、教育部对事业单位进行国有资产清查，设备与实验室管理处对医学部设备进行账、卡、物核对，在核对的基础上，进行账务处理。配合财务部门，接受教育部对2000年管理体制调整的学校进行审计，完成了对实验室设备的抽查和对机动车的审查。为在市场经济条件下提高设备采购的经济效益，建立完善了专家论证选型会的制度。12月份，对低值耐用设备及小型仪器进行改革，改由物资供应中心直接供应。

【设备采购】 自1996年以来，设备科连续几年举办仪器设备技术讲座和小型设备展示会，为学校教学、科研起到一定促进和媒介作用；积极改进服务方式，由设备管理人员直接到教研室办理有关财

表8-54 医学部2000年房屋基本情况汇总表

房屋用途	面积(平方米)
教学科研用房	104510.91
学生生活用房	38580.00
教职工住宅	84533.00
行政办公用房	55768.76
合计	283401.67

产验收、上账手续；对"211"设备进行重点论证，如：公共服务体系的电镜、流式细胞仪、校园网建设等；对"211"固定资产单独建账、单独管理，定期与财务核对。

2000年，医学部国内采购仪器设备2102台件，价值1903万元，国外采购中谈判、签订进口合同41项，涉及仪器设备52台件，折合577万元。2000年，"211工程"设备进口采购32台件，价值392万元，正常设备进口采购52台件，价值577万元，接受境外赠送22台件，价值17万元。

【实验室管理】 实验室管理是2000年学校改革中设备与实验室管理处新增加的职能。2000年底，学校共有实验室36个，其中，国家级重点实验室1个，省、部级重点实验室8个，教学中心2个。实验室管理办公室草拟了部分实验室管理的规章制度；建立了实验室设施管理数据库；参与世行贷款项目的管理工作，承担了医学部世行项目中775台件，折合97.98万美元的仪器验收工作。2000年底，共验收仪器设备450台件，建立了世行贷款项目的设备档案；调查了中心实验大楼的实验室基础情况，启动了医学部范围的教学、科研实验室的调查，共发出问卷120份，收回87份，建立了医学部实验室管理数据库；完成了上报教育部报表工作，并建立了实验室基础档案。

【物资供应中心】 2000年6月原供应科更名为物资供应中心，负责学校教学和科研所需物资的供应和管理工作。为医学部设备与实验室管理处下属实体部门，现有职工人数16人。包括化学试剂、药品、气体、易燃易爆、毒麻品；玻璃制品、各种实验材料、文化办公。1996年显微镜室并入基础医学院。2000年完成工作入库总额：4482420.49元，出库总额：4604608.90元。

【通讯技术中心】 1997年学校改革了通讯技术室的内部管理和运行机制，完成了办公电话改革的测算准备工作，出台了《北京医科大学办公电话管理实施细则》，从1999年正式实行。自1997年底开通校园200公用电话以来，平均每月为学校回收电话费3万多元，与1997年相比，学校为此节约支出10万多元。继1997年209局电话500门增容开通后，完成了程控总机的版本升级工作。为使电话管理更合理、有效，制定下发了《北京医科大学电话管理的修改和补充规定》。为学生宿舍安装电话进行了初步谈判准备工作。2000年安装电话253部，维修电话障碍539部次；移机276部次。截至到11月份，回收电话费总计1695195.05元。

【世行贷款高等教育项目】 1998年，经国家计委、教育部、财政部批准，世界银行贷款"高等教育发展项目"立项，原北京医科大学分得额度200万美元，1999年10月，该项目经世界银行批准正式生效。同时，该项目进入立项后评估及仪器设备采购第一期国际招标阶段。原北京医科大学世行项目一期，共采购仪器775台件，价值813万元，此项目配套资金共执行166.2万元(不含协作学校项目)。

(徐继革)

附 录

表8-55 2000年北京大学土地资源基本情况汇总表

区 片	面积(平方米)
校园	1066266.79
燕东园	186885.86
中关园	160200.68
蔚秀园	84680.38
畅春园	60614.82
承泽园	73148.9
燕北园	98402.09
昌平园区	346601.82
其他	186452.53
合　计	2263253.87

(杨晶)

表8-56 2000年北京大学房屋基本情况汇总表

单位：平方米

填表项目	总建筑面积	当年新增	在施面积
总　计	1162919.6	128437.6	44883.4
一、教学及辅助用房	314961.8	97938.8	5280.2

填表项目	总建筑面积	当年新增	在施面积
教室	49910	18442	
图书馆	52351		
实验室及附属用房	186826	66825	2549
体育馆	11667		
会堂	14207.8	12671.8	2731.2
二、行政办公用房	17609		
三、生活用房	830348.8	30498.8	39603.2
学生宿舍	86457		18591
学生食堂	11998		9482
教工集体宿舍	30240	15607	
教工住宅	398240.8	8189.8	1810.2
教工食堂	4369		
生活福利及其他附属用房	299044	6702	9720

(刘学志)

表8-57 2000年北京大学公用房验收情况一览表

编号	项目名称	总建筑面积(平方米)	建设性质	验收时间
1	理科楼群1、2号楼、公教楼	85267	新建	2000.1
2	百周年纪念讲堂	12671.8	新建	2000.9
3	48楼南侧后勤产业用房竣工验收	565.64	新建	2000.3
4	技物楼抗震加固工程	8493	改建	2000.1
5	家园食堂改造工程	1358.53	改建	2000.4
6	燕东园幼儿园重建工程	3178	改建	2000.4
7	勺园洗衣房工程	202	改建	2000.6
8	昌平200号主楼加固改造工程	4445.6	改建	2000.9
9	红一至红四楼加固改造工程	5142.8	改建	2000.9
10	艺园食堂改造工程	2413.9	改建	2000.9
11	一院加固改造工程	1579.9	改建	2000.6
12	民主楼、外文楼、俄文楼加固改造工程	4497.8	改建	2000.9
13	物理大楼改造工程(南段)	4800	改建	2000.9
14	考古楼地下室改造	1016	改建	2000.11
15	化学楼加固改造工程	2067.5	改建	2000.12
总计验收面积	137699.5平方米			

(郭晓英)

表8-58 2000年北京大学教职工住宅现状情况表

建筑面积(平方米)	使用面积(平方米)	居住面积(平方米)	实住户数(户)	家庭人均居住面积(平方米)	有成套房户数(户)	住房成套率(%)
486715*	365951	219570	7989	8.1	6368	80

*注:教职工住宅中包括蓝旗营小区的住宅面积

表8-59 2000年北京大学成套家属房汇总统计表

区片	套数(套)	建筑面积(平方米)
校内	96	9834
附中	108	6000
中关园(含科学院)	1286	79083.1
蔚秀园	817	43403
畅春园	320	20068
承泽园	386	24960.6
燕东园(含清华园)	884	51697.7
燕北园	1302	92263.96
蓝旗营	641	75599.74

区 片	套 数（套）	建筑面积（平方米）
西三旗（一期）	316	22386.64
西三旗（二期）	129	14574.91
六道口	83	6166.26
燕东园小楼		6547
燕南园小楼		5650
合 计	6368	458634.9

（赵月娥）

表8-60　2000年北京大学人防工程（含普通地下室）统计表

地 区	项 目	个 数	面积（平方米）
办公区	校办公区	25	21912.2
宿舍区	中关园	1	477
	燕东园	4	1489.8
	蔚秀园	2	511.1
	燕北园	3	1607
合 计		35	25997.1

（杨晶）

表8-61　北京大学出售公有住宅楼房情况一览表

统计截止时间：2000年12月

	95价	96价	97价	99价	蓝旗营住宅小区	育新花园一、二期 静淑园
售房价格（建筑平方米）	成本价：1165元 标准价：710元	成本价：1337元	成本价：1450元	成本价：1485元	1800元	96价 97价
售房时间	1995-1996	1996-1997	1997-1999	1999-2000	1998-2000	1997-1999
核定购房户	2043	324	1093	266	631	416
已交预付款户	2043	324	1093	399		416
结清房价款户	2043	324	643		631	287
实收购房款（万元）	4461.25	678.72	2735.4		4191.4	
已办理产权证户	2043	289	10083			129

（杜德华）

表8-62　2000年北京大学"211工程"进口仪器设备一览表

序号	品　名	数量	合同金额（美元）	使用单位
1	SGIO2 服务器	1	77804.00	力学与工程科学系
2	DNA 序列分析仪	1	3690.00	生命科学学院
3	超低温冰柜	1	6350.00	生命科学学院
4	超纯水系统	1	3719.00	城市与环境学系
5	高速离心机角转头	1	430.00	城市与环境学系
6	超低温制冷设备	1	36000.00	物理学系
7	温度控制器	1	7077.00	物理学系
8	微弱位置检测系统	1	15669.00	物理学系
9	锁相放大器	1	4625.00	物理学系
10	恒温水浴、培养箱	2	4811.60	生命科学学院
11	静电加速器配件	1	2095.65	技术物理系
12	谱放大器	1	4185.00	技术物理系
13	微型球磨仪	1	8400.00	考古学系
14	SPEX 荧光光谱仪附件	1	1300.00	物理学系
15	常压柱层析系统	1	5685.00	生命科学学院
16	微量自动进样器、膜去溶进样系统	2	30500.00	地质学系
17	植物生化分析仪	4	39724.00	城市与环境学系
18	土壤分析仪	4	9740.00	城市与环境学系

序号	品 名	数量	合同金额（美元）	使用单位
19	低温离心机	1	5419.00	城市与环境学系
20	叶面积仪	1	11000.00	城市与环境学系
21	超纯水系统	1	1698.30	地质学系
22	偏光、体视显微镜	4	47432.60	地质学系
23	半定量及结构分析软件	1	4331.00	物理学系
24	紫外、可见、红外分光光度计	1	14000.00	化学与分子工程学院
25	CISCO 网络设备	1	14077.00	信息中心
26	800MHz 核磁共振谱仪	1	1780000.00	北京核磁共振中心
27	环境碳粒子监测仪	1	30641.45	环境中心
28	经济计量软件	1	3841.00	光华管理学院
合计	39 批（台、套、件）		2174245.60 元	

表 8-63　2000 年北京大学"985 项目"进口仪器设备一览表

序号	品 名	数量	合同金额（美元）	使用单位
1	全自动自动光释光/热释光测年仪	1	62650.00	城市与环境学系
2	环境磁学测量仪器	5	69000.00	城市与环境学系
3	磁化率测试仪	1	18182.00	城市与环境学系
4	大功率氙灯光信号源	1	15000.00	物理系
5	精流泵	6	28395.00	物理系
6	电子天平、磁搅拌器	2	1111.10	物理系
7	图像监测采集器	1	2495.57	物理系
8	二极管全固化激光器	1	80000.00	物理系
9	微波反应炉	1	24000.00	化学与分子工程学院
10	数字 ICCD 成像系统	1	51010.00	化学与分子工程学院
11	HP 分析仪器	8	87280.00	电子学系
12	JMS700D 气液质谱联用仪	1	367700.00	地质系
13	JXA-8800R 电子探针显微分析仪	1	189500.00	地质系
14	GPS 水汽测量系统	3	55520.00	地球系
15	全自动序列分析仪	3	389700.00	生命科学学院
16	气溶胶分析仪	1	40400.00	环境中心
17	冷冻干燥仪	1	7866.00	化学科学学院
18	PCR 仪	4	21200.00	生命科学学院
19	PCR 仪	6	49740.00	生命科学学院
20	等离子体发射光谱仪	1	65000.00	化学科学学院
21	气象资料处理系统	1	59760.00	地球物理系
22	示波器、逻辑分析仪	2	8561.00	电子学系
23	INCAEDS 显微分析系统	1	69000.00	地质系
24	1100 型高效液相色谱仪	1	35500.00	化学与分子工程学院
25	核酸杂交系统	1	68084.00	生命科学学院
26	付立叶红外光谱仪	1	36200.00	化学与分子工程学院
27	立体/平面双 YAG 粒子成像流场测量系统	1	234744.00	力学与工程科学系
28	SUN 工作站、服务器及软件	47	653319.44	微电子所
29	制备型色谱系统	1	23946.00	化学与分子工程学院
30	110 型液谱手性色谱柱	9	13516.80	化学与分子工程学院
31	旋光仪	1	37155.00	化学与分子工程学院
32	SUN Ultr60 工作站	1	34746.00	地球物理系
33	自动进样器	1	19400.00	环境中心
34	电荷灵敏前置放大器	5	2145.00	技术物理系
35	两维位置灵敏探测器	1	2743.20	技术物理系
36	超声风速仪	1	15903.00	环境中心
37	地理信息软件	1	10900.00	环工所

序号	品　名	数量	合同金额(美元)	使用单位
38	多目标规划软件	1	13280.00	环工所
39	流场分析软件	1	15000.00	环工所
40	快速分析仪	1	16000.00	环境中心
41	刺激仪	1	13298.00	心理系
42	HP 工作站	2	46240.00	地球物理系
43	单晶平面探测系统	1	200000.00	化学与分子工程学院
44	SGI 工作站	1	37952.00	化学学院
45	表面轮廓分析仪	1	45481.00	微电子所
46	SUN Ultr60 工作站	2	73683.00	地质系
47	SGI O2 工作站	1	19075.00	生命科学学院
48	低温冰柜	1	2800.00	生命科学学院
49	培养箱、制冰机、高压灭菌仪	3	9600.00	生命科学学院
50	PCR 仪	1	4000.00	生命科学学院
51	静电分析仪	1	896.00	化学与分子工程学院
52	SGI 服务器、工作站及软件	4	119935.00	电子学系
53	SUN E3500 服务器、Ultr60 工作站	8	245583.00	计算中心
54	超低温冰柜、制冰机	2	9600.00	生命科学学院
55	培养箱、烘箱、高压灭菌仪	4	10200.00	生命科学学院
56	高速离心机	2	6800.00	生命科学学院
57	基因扩增仪	1	3000.00	生命科学学院
58	快速液相纯化系统、紫外分光光度计	2	38154.00	生命科学学院
59	恒温摇床	1	11317.00	生命科学学院
60	高速离心机	1	3450.00	生命科学学院
61	超纯水系统	1	4500.00	生命科学学院
62	高速冷冻离心机	1	17800.00	生命科学学院
63	高速冷冻离心机	1	16370.00	生命科学学院
64	超纯水仪	1	3200.00	生命科学学院
65	生物安全柜	1	5000.00	生命科学学院
66	毛细管电泳仪	1	48900.00	环境中心
67	化学组合分类系统	1	45200.00	环境中心
68	电泳仪	1	6864.00	生命科学学院
69	真空浓缩仪、恒温摇床	2	13600.00	生命科学学院
70	高速离心机	1	680.00	生命科学学院
71	偏光、倒置生物显微镜	2	69000.00	化学科学学院
72	电容电压测试仪	1	42200.00	微电子所
73	数字图像分析系统	1	9500.00	生命科学学院
74	液质联用仪	1	114800.00	城市与环境学系
75	电生理放大器	1	4680.00	心理系
76	予浓缩系统	1	25000.00	环境中心
77	序列分析软件	1	15600.00	生命科学学院
78	微量气体采集系统	1	33929.67	环境中心
79	SUN Ultr60 工作站	1	19341.00	地球物理系
80	TDT 听觉电生理系统	1	29860.00	心理系
81	CISCO 网络设备	1	659081.00	心理系
82	氮氧化物分析仪	1	11115.00	环境中心
83	制备型色谱系统配件	1	2350.00	化学与分子工程学院
84	拉曼光谱系统	1	126000.00	化学与分子工程学院
85	HP 服务器、工作站	2	55249.10	信息中心
86	激光测振系统	1	64313.38	力学与工程科学系
87	函数/任意波形发生器	1	3592.64	力学与工程科学系
88	振动及声振测量系统	1	19720.37	力学与工程科学系

序号	品名	数量	合同金额（美元）	使用单位
89	HPJ6000 工作站	1	36978.00	技术物理系
90	半导体激光器、激光放大器	3	81000.00	电子学系
91	可调谐半导体激光器	1	20954.50	电子学系
92	高效液相色谱系统	1	36500.00	化学与分子工程学院
93	可旋转气体采样器	1	16350.00	环境中心
94	气质联用仪	1	77117.71	城市与环境学系
95	显微硬度仪	1	15736.65	力学系
96	快手溶剂提取仪	2	82200.00	城环系地质系
97	图形处理卡	1	3762.00	信息中心
98	便携式激光扫描仪	1	33655.00	信息中心
99	三维精密测量系统	1	35402.13	信息中心
100	前置放大器	27	10750.00	技术物理系
101	两维位置灵敏探测器	5	12523.50	技术物理系
102	三维曲面处理软件	1	22900.00	信息中心
103	大三角钢琴	1	92004.00	艺术学系
104	准分子激光系统	1	160897.06	物理学系
105	准分子激光系统附件	1	27417.00	物理学系
106	热分析系统	1	36000.00	技术物理系
107	X 射线衍射仪	1	159800.00	化学与分子工程学院
108	尼康显微镜	1	11272.00	生命科学学院
109	三维数据采集系统	1	35100.00	信息中心
110	扫描电镜	1	116000.00	技术物理系
111	SUN E220R 服务器	1	33430.00	信息中心
112	红外光谱仪	1	29727.60	技术物理系
113	涡轮分子泵	1	31242.21	微电子所
114	热线风速计	1	56335.00	力学与工程科学系
115	微电极拉制仪	1	7508.00	生命科学学院
116	500MHz 核磁共振谱仪	1	400000.00	北京核磁共振中心
117	电路板及模块	4	2120.00	物理学系
118	真空泵	1	2516.00	生命科学学院
119	超低温冰柜	1	5600.00	生命科学学院
120	超低温冰柜	1	7660.00	生命科学学院
121	扫描探针电镜	1	131600.00	化学与分子工程学院
122	光度计	1	5100.00	生命科学学院
123	惰性气体质谱仪	1	280000.00	地质系
124	MSI 分子设计软件	1	20000.00	生命科学学院
125	X 射线衍射仪	1	168000.00	化学与分子工程学院
126	研磨仪、超声波破碎仪	2	5417.00	化学与分子工程学院
127	基因点样工作站	1	92000.00	化学与分子工程学院
128	生物芯片检测仪	1	61500.00	生命与分子工程学院
129	基因定量仪、电泳槽	2	5030.00	生命科学学院
130	超纯水仪	1	9000.00	生命科学学院
131	液氮罐	4	27000.00	生命科学学院
合计	286 批(台、套、件)		7869268.63	

(张洁)

表 8-64　2000 年北京大学世行贷款"高教发展项目"进口仪器设备一览表

序号	品名	数量	金额（美元）	使用单位
1	CT 实验装置	1	3008.00	物理学系
2	CCD 杨氏模量测定仪	52	54092.00	物理学系
3	不良导体热传导仪	8	17600.00	物理学系

序号	品　名	数量	金额(美元)	使用单位
4	光学平台等	59	79246.00	物理学系
5	单光子计数器等	3	16760.00	物理学系
6	F-H 实验仪	16	8528.00	物理学系
7	便携式辐射测量仪	1	1212.00	物理学系
8	宽量程真空计等	5	27839.00	物理学系
9	微波实验系统	4	7516.00	物理学系
10	标准电容箱	31	2249.05	物理学系
11	数字式温度计等	32	5240	物理学系
12	X 射线粉末衍射仪	1	31518.00	物理学系
13	液氮罐	1	2220.00	物理学系
14	读出示波器	18	8064.00	物理学系
15	函数发生器	17	1557.88	物理学系
16	电子天平	52	27408.00	物理与分子工程系、化学学院
17	电子天平	18	18756.00	物理与分子工程系、化学学院
18	可编程数字电压表	27	13318.29	物理与分子工程系、电子学系
20	X 射线粉末衍射仪	1	61271.00	化学与分子工程学院
21	差热分析仪	5	75809.25	化学与分子工程学院
22	数字熔点测定仪	2	3038.00	化学与分子工程学院
23	模块式光学系统	2	15300.00	化学与分子工程学院
24	真空泵	20	5520.58	化学与分子工程学院
25	数字式阿贝折射仪	10	14130.00	化学与分子工程学院
26	恒温水浴	15	2187.00	化学与分子工程学院
27	气体发生器	2	3955.68	化学与分子工程学院
28	酸度计等	16	3370.04	化学与分子工程学院、生命与分子工程学院
29	气相色谱仪	2	31920.00	化学与分子工程学院
30	气相色谱仪	6	28806.00	化学与分子工程学院
31	旋转蒸发仪	20	11560	化学与分子工程学院
32	离心机	2	4012.00	化学与分子工程学院
33	制冰机	2	2924.00	化学与分子工程学院
34	光学显微镜	90	27022.59	化学与分子工程学院、生命与分子工程学院
35	毛细管电泳仪	2	16760.00	化学与分子工程学院
36	体视显微镜	28	12880.00	生命科学学院
37	超声细胞破碎器	2	3086.00	生命科学学院
38	倒置显微镜系统等	3	28463.72	生命科学学院
39	显微数码照相系统	3	6930.00	生命科学学院
40	PCR 仪等	24	16920.00	生命科学学院
41	电泳仪电源等	24	19278.00	生命科学学院
42	高压自动灭菌仪	3	13347.00	生命科学学院
44	数字视频展台	14	25435.08	生命科学学院、电教中心
45	液晶投影仪	14	80052.00	生命科学学院、电教中心、电子学系
46	晶体管图示仪等	6	2384.00	电子学系
47	单片机开发系统	40	15905.60	电子学系
48	稳压电源	50	2847.00	电子学系
49	通用计数器等	8	53741.90	电子学系
50	函数发生器等	100	93800.00	电子学系
51	计算机	110	93390.00	电子学系、电教中心
52	激光打印机	3	1104.00	电子学系
53	光盘刻录机等	59	94106.00	电教中心
54	数码照相机	1	993.00	电教中心

序号	品　名	数量	金额(美元)	使用单位
55	非线性编辑机	1	16344.00	电教中心
56	WEB服务器等	4	21080.50	电教中心
57	彩色喷墨打印机等	2	794.00	电教中心
58	交换机	2	14231.11	电教中心
合计	1044台(套、件)		1251000.00	

(殷雪松)

表8-65　2000年北京大学正常进口仪器设备一览表

序号	品　名	数量	合同金额(美元)	使用单位
1	声光调制器	2	10331.00	电子学系
2	超纯水系统	1	5600.00	环境中心
3	基因枪、荧光仪、电泳仪等	5	35761.00	生命科学学院
4	超过滤系统	1	12822.00	生命科学学院
5	落地式大容量恒温摇床	3	32100.00	生命科学学院
6	高速离心机	1	14607.00	生命科学学院
7	低压层析系统	1	28405.00	生命科学学院
8	粘度计	2	4714.80	化学与分子工程学院
9	激光器	2	10640.00	电子学系
10	光子计数器	1	4400.00	物理系
11	脑数据采集系统	1	48464.00	心理系
12	电泳仪系统	1	5865.00	生命科学学院
13	生化试剂	1	7618.00	生命科学学院
14	微型发酵罐	1	21000.00	生命科学学院
15	便携离子色谱仪	1	6300.00	化学与分子工程学院
16	研究、实体显微镜	4	110942.15	生命科学学院
17	多路控制系统	1	23496.21	重离子所
18	数据图形采样分析系统	1	29975.00	生命科学学院
19	生化试剂	1	1241.00	化学科学学院
20	液体闪烁探测器	1	2100.00	重离子所
21	高效双相电泳仪配件	1	2017.00	生命科学学院
22	超低温冰柜	1	6300.00	生命科学学院
23	高压开关及电阻	25	1473.32	技术物理系
24	显微图像分析系统	1	28180.00	技术物理系
25	双通道光纤光谱仪	1	7386.07	化学与分子工程学院
26	有机金属化学淀积系统	1	860000.00	物理系
27	有机金属化学淀积系统附件	1	200000.00	物理系
28	生物原子力显微镜附件	2	2725.00	化学与分子工程学院
29	可调谐光滤波器	1	4750.00	电子学系
30	PE生化试剂	1	10349.00	生命科学学院
31	圆二色光谱仪配件	1	3610.00	化学与分子工程学院
32	温度梯度基因扩增仪	1	7500.00	生命科学学院
33	高速冷冻离心机	2	8784.00	生命科学学院
34	显微图像成像系统	1	19700.00	生命科学学院
35	吸附式除湿系统	1	17100.00	化学与分子工程学院
36	高速离心机	1	6500.00	生命科学学院
37	高速离心机	1	7480.00	生命科学学院
38	脱色摇床、生物解剖镜等	6	14433.00	生命科学学院
39	精密加样器、恒温冰箱等	10	4450.00	生命科学学院
40	电泳仪、干胶仪	1	5320.00	生命科学学院
41	硅片加热器	1	5913.30	微电子所
42	IBM工作站	1	15678.80	图书馆

序号	品 名	数量	合同金额（美元）	使用单位
43	超低温冰柜	1	4400.00	生命科学学院
44	超微滤仪	1	2219.00	生命科学学院
45	数字图像分析仪	1	9500.00	生命科学学院
46	高精度电源控制板	1	800.00	重离子所
47	生化试剂	1	2916.00	生命科学学院
48	COMPAQ 工作站	1	11783.86	化学与分子工程学院
49	服务器扩展 CPU	4	21002.00	生命科学学院
50	制备色谱系统	1	23029.00	化学与分子工程学院
51	真空泵	1	2213.80	化学与分子工程学院
52	SUN 450 服务器	3	65756.00	光华管理学院
53	自动切片机	1	119000.00	物理系
54	X 射线衍射仪	1	103200.00	技术物理系
55	基因扩增仪	1	3190.00	生命科学学院
56	SGI 工作站	1	17448.00	化学与分子工程学院
57	氦镉激光器	1	21000.00	物理系
58	喷雾干燥器	1	16800.00	化学与分子工程学院
合计	115 批（台、套、件）		2080289.31	

（张洁）

表 8-66　2000 年北京大学接受国外捐赠科教用品一览表

序号	品 名	数量	金 额	使用单位
1	化学试剂	1	JP￥860950.00	化学与分子工程学院
2	纳米材料研究设备	17	JP￥22000000.00	化学与分子工程学院
3	臭氧化实验设备	1	JP￥708880.00	城市与环境学系
4	图书	1	JP￥245296.00	亚非所
5	软件	1	US＄1500.00	微电子所
6	图书	1	JP￥309822.00	经济学院
7	文物	3	US＄250000.00	考古博物馆
8	文物	3	HK＄20000.00	考古博物馆
9	网络交换机	1	HK＄8838.00	地球物理系
10	服务器	1	US＄35000.00	计算中心
11	化学试剂	1	JP￥1231700.00	化学与分子工程学院
12	化学试剂	1	JP￥483150.00	化学与分子工程学院
13	环境实验设备	1	JP￥559734.00	城市与环境学系
14	二次电池充放电设备	1	JP￥2520000.00	技术物理系
15	探测器	3	BEF59895.00	技术物理系
16	图书	1	US＄216.00	重离子所
17	环型阀门	4	€2245.00	环境中心
18	图书	1	JP￥1316367.00	亚非所
19	软件	1	US＄110530.80	计算中心
20	图书	1	US＄800.00	数学科学学院
21	水势仪	1	US＄3704.50	城市与环境学系
22	IBM 服务器等	5	US＄418037.00	计算机系
23	蒸馏仪	1	US＄3026.70	化学与分子工程学院
24	软件	1	US＄6000.00	微电子所
25	心肌收缩边界测量仪	1	US＄250.00	生命科学学院
26	服务器等	29	US＄324991.00	计算机系
27	核酸杂交系统配件	1	US＄2306.46	生命科学学院
28	树木年轮分析仪	1	EU＄3153.48	城市与环境学系
29	气溶胶采样器	3	US＄9215.00	环境中心
折美元合计	88 批（台、套）		US＄1445000.00	

（殷雪松）

表 8-67 2000 年北京大学校内开放大型仪器设备清单

仪器编号	仪器名称(型号)	负责人	联系电话	所在单位
1	交变梯度磁强计(2900-4C)	陈海英	51618	物理系
2	材料衍射仪(X'pert MRD)	王永忠	55359	物理系
3	激光拉曼分光光度计	张树霖	51750	物理系
4	热分析仪(STA1500)	王永忠	55359	物理系
5	FT 多功能拉曼红外谱仪(910/750)	翁诗甫	54183	化学与分子工程学院
6	荧光光谱仪(F-4500)	章 斐	54174	化学与分子工程学院
7	电子能谱(ESCALAB5)	黄惠忠	54191	化学与分子工程学院
8	四元单晶衍射仪(AFC-6S)	金祥林	51490	化学与分子工程学院
9	高分辨核磁共振谱仪(ARX400)	吕木坚	54182	化学与分子工程学院
10	色质联用仪(ZAB)	贺晓然	54181	化学与分子工程学院
11	热分析系统(2010/2960)	章 斐	54174	化学与分子工程学院
12	气谱/质谱联用仪(GCQ)	张新祥	54174	化学与分子工程学院
13	磁圆二色分光光度计(J-500)	周永芬	51016	化学与分子工程学院
14	元素分析仪(Vario EL)	刘 晖	54183	化学与分子工程学院
15	凝胶渗透色谱(515+240+2487)	孙 玲	54174	化学与分子工程学院
16	ICP 光量计(2.5)	申国荣	54185	化学与分子工程学院
17	热分析系统(1090B)	廖复辉	53456	化学与分子工程学院
18	全自动 X 射线衍射仪(D/max2000)	阮慎康	54186	化学与分子工程学院
19	紫外、可见、红外分光光度计(UV3100)	周永芬	51016	化学与分子工程学院
20	扫描寿命荧光光谱仪(48000S)	姚光庆	54186	化学与分子工程学院
21	气谱/质谱联用仪(HP5971A)	王显仑	54184	化学与分子工程学院
22	激光散射光谱仪	郑 容	52127	化学与分子工程学院
23	高效液相色谱仪(HP1100)	孙 玲	54174	化学与分子工程学院
24	快速比表面孔隙分布测定仪(ASAP 2010)	章 斐	54174	化学与分子工程学院
25	高压液相色谱仪(HP1100)	刘虎威	54976	化学与分子工程学院
26	气相色谱仪(HP6890)	刘虎威	54976	化学与分子工程学院
27	蛋白质序列仪(491A)	沈为群	57145	生命科学学院
28	制备超速离心机(L8-80M)	潘 卫	65841	生命科学学院
29	中压液相层析系统(18-1112-41)	任燕飞	55470	生命科学学院
30	中压液相层析系统(Lcc501 Plus)	任燕飞	55470	生命科学学院
31	微量高压液相色谱仪(ABI 173A)	沈为群	57145	生命科学学院
32	透射电镜(JEM-100cx)	马淑芳	51865	生命科学学院
33	同位素扫描成像仪(445 SI)	瞿礼嘉	54249	生命科学学院
34	多功能离子束分析系统(5SDH-2)	沈定予	51882	技术物理系
35	高压离子色谱仪(2010I)	陈淑芬	55401	技术物理系
36	高压液相色谱(5060)	何永克	57193	技术物理系
37	气相色谱(GC-9A)	周玉荣	57193	技术物理系
38	ICP 光量计(ICAP-9000)	邵宏翔	54118	地质系
39	电子探针(EPM810Q)	舒桂明	51168	地质系
40	激光显微探针定年系统(VSS)	刘玉琳	51167	地质系
41	表面结构分析仪(M50)	赵兴钰	51768	电子学系
42	场发射扫描电镜(1910FE)	陈文雄	51427	电镜室
43	透射电镜(JEM-200cx)	汪裕萍	51427	电镜室
44	扫描电镜(KYKY1000B)	张会珍	51427	电镜室
45	高分辨透射电镜(H9000)	尤力平	51427	电镜室
46	傅立叶变换红外光谱仪(FTS65A)	邵可声	51920	环境中心
47	气相色谱/质谱联用仪	曾立民	51920	环境中心
48	气相色谱仪(HP-6890)	王永华	53659	城市与环境学系
49	原子吸收分光光度计(Z-5000)	王永华	53659	城市与环境学系

(李小寒)

表 8-68　2000 年北京大学实验室基本情况

序号	单 位	实验室个数	实验室使用面积	教学实验（1999-2000 学年度）			仪器设备		其中 20 万元以上	
				实验个数	实验时数	实验人时数（万人）	数量（台/件）	金额（万元）	数量（台/件）	金额（万元）
合计		113	58284	1722	72651	155.69	27901	57262	370	28029
1	数学学院	3	1250	41	2866	1.37	729	1004	5	179
2	力学系	6	3370	28	1072	0.96	1261	2523	17	1229
3	物理系	10	5520	245	1203	24.41	2422	4690	37	2326
4	地球物理系	6	1250	25	475	0.57	955	1950	11	895
5	技术物理系	12	5046	106	5984	2.89	2131	3682	18	1725
6	电子学系	13	2990	82	19014	36.34	1535	2858	20	1194
7	计算机系	5	1780	50	1325	10	1696	5999	42	3321
8	化学学院	20	11273	296	2790	27.83	3850	7782	75	4587
9	生命科学学院	16	4195	418	5506	19.57	4159	5971	44	1983
10	地质学系	2	2485	180	449	0.82	1307	1136	3	148
11	城环系	3	1530	67	463	1.07	1048	1265	6	173
12	心理系	2	530	132	27498	12.44	397	362	1	42
13	中文系	1	80	12	2010	0.98	158	203		
14	考古系	2	320	3	240	0.55	102	115	7	417
15	法学院	1	150	1	12	0.08	353	820		
16	电教中心	1	7000	6	1036	9.6	1348	1581	7	295
17	计算机所	1	1600				49	61		
18	遥感所	1	550				349	522	2	109
19	电镜实验室		280	7	21	0.06	58	765	5	696
20	计算语言所	1	300				103	1136	5	700
21	人口所	1	75		40	0.06	23	87	1	69
22	信息中心	1	2400				409	1683	11	941
23	环境中心	1	200	4	24	0.02	244	887	13	567
24	计算中心	1	2900				1500	7330	18	5369
25	光华管理学院	1	450	18	588	6	757	1052	2	131
26	图书馆	1	400				958	1798	20	934

（黄凯、李小寒）

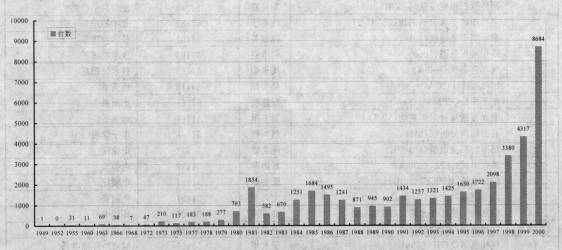

图 8-3　北京大学历年仪器设备增长情况示意图

表 8-69　2000年北京大学医学部实验室基本情况

实验室名称	房屋使用面积	开出实验		人时数	科研任务		工作人员				
		个数	时数		承担课题	时数	合计	教师	实验技术人员	工人	其他
病原生物学系	600	1	42	9912	18	32400	22	15	7		
药理学系	800	18	11200	307200	12	21600	27	16	10		1
病理学系	600	2	132	5160			37	18	19		
解剖与组织胚胎系	420	9	2160	147940			16		16		
生理与病生理学系	850	10	3197	44904			14	9	5		
神经科学研究所	612				13	16820	13	6	17		
免疫学系	1226	4	250	61200	16	16282	30	11	19		
生物物理学系	864	14	193	6540	3	432	17	11	6		
细胞生物与遗传系	252	2	64	25088			14	6	8		
生物化学及分子生物系	960	5	8365	223525	4	7120	4	3	1		
公卫中心仪器室	220				4	26488	5	1	4		
毒理学系	200	2	72	195808	3	300	13	7	6		
营养与食品卫生系	400	6	28	500			9	6	3		
劳动与环境卫生系	650	6	2104	29176	17	640	22	12	9		1
妇女与环境卫生系	144	7	25	295			2	1	1		
生育健康研究所	1800				10	18000	5	5			
化学实验教学中心	2000	1	180	6480			4	3			1
药物化学系	270	4	500	16350	3	4838	9	9			
药剂学系	200		240	18960	2	96	22	19	3		
天然药物学系	360	4	2166	51376	28	53908	21	17	3		1
化学生物学系	400	1	180	6480			3	2			1
国家重点实验室	1800	8	2980	75720			25	14	7		3
分子与细胞药理学系	240	4	3780	148320	8	1200	10	8	2		
医药卫生分析中心	594				6	2616	22	11	10	1	
内外科护理学实验室	60	1	48	2304			23	20	2		
妇儿科护理学实验室	50	3	129	6192			7	6	1		
基础护理教研室	180	1	144	6912			9	8	1		
人文护理学教研室	130	1	40	960			1	1			
心血管研究所	198	3	5400	243000			4	2	2		
动物部	150				3	216	5	4			
总计	17230	119	43619	1640302	150	202916	398	263	154	2	9

表 8-70　北京大学医学部正常进口仪器设备一览表（1996—2000年）

1996 年

序号	品　名	数量	合同金额（人民币）	使用单位
1	紫外白光透射仪	1 台	20849.93	药理学系
2	打孔机（细胞）	1 台	11107.24	免疫学系
3	超低温冰箱	1 台	54000.00	生物化学与分子生物系
4	薄层扫描光密度计	1 台	143208.52	校医药卫生分析中心室
5	大容量高速冷冻离心机	1 台	139096.11	免疫学系
6	核酸检测系统	1 台	81099.42	生物化学与分子生物系
7	低压层析系统	1 台	155822.00	免疫学系
8	低压层析系统	1 台	96699.91	免疫学系
9	DNA 序列分析系统	1 台	638598.22	免疫学系
10	离心机	1 台	16500.00	免疫学系
11	高压液相色谱仪	1 台	96570.00	药剂学系
12	紫外检测仪	1 台	70701.15	药剂学系

序号	品 名	数量	合同金额(人民币)	使用单位
13	氚表面污染监测仪	1 台	108424.45	生物物理学系

1997 年

序号	品 名	数量	合同金额(人民币)	使用单位
1	低压层析系统	1 台	119387.20	生物化学与分子生物系
2	高速冷冻离心机	1 台	79799.47	生物物理学系
3	石蜡轮转切片机	1 台	57237.49	病理学系
4	生物分子结构预测分析	1 台	268572.59	免疫学系
5	超低温冰箱	1 台	54000.00	生物化学与分子生物系
6	高速冷冻离心机	1 台	87335.04	校直属生育健康研究所
7	紫外分光光度计	1 台	127828.48	药物化学系
8	核磁共振波谱系统	1 台	3476129.78	天然及仿生药物室

1998 年

序号	品 名	数量	合同金额(人民币)	使用单位
1	电泳凝胶定量分析系统	1 台	49820.00	免疫学系
2	酶标仪	1 台	36797.65	药理学系
3	发酵罐	1 台	330133.74	免疫学系
4	高速冷冻离心机	1 台	99203.75	生物化学与分子生物系
5	制冰机	1 台	32095.09	生物化学与分子生物系
6	电子天平	1 台	13511.48	毒理学系
7	电子天平	1 台	2965.93	毒理学系
8	荧光检测器	1 台	83647.40	校直属生育健康研究所
9	高速冷冻离心机	1 台	148771.23	心血管研究所
10	酸度计	1 台	6123.37	人体解剖与组织胚胎系
11	呼吸换能器	1 台	6723.88	生理学与病理生理学系
12	蠕动泵	4 台	41500.00	神经科学研究所
13	电泳槽	1 台	12336.19	免疫学系
14	超低温冰箱	1 台	52231.90	免疫学系
15	凝胶成像系统	1 台	126665.64	生物化学与分子生物系
16	核酸蛋白分析仪	1 台	76039.52	生物化学与分子生物系
17	电磁血流量计	1 台	109433.34	分子与细胞药理学系
18	高压液相色谱仪	1 台	107956.67	校直属应用药物研究所
19	高压液相色谱仪	1 台	196874.47	药物化学系
20	DNA 测序/差异显示系统	1 台	540653.69	神经科学研究所
21	高速冷冻离心机	1 台	171164.00	免疫学系
22	高速冷冻离心机	1 台	114586.00	免疫学系

1999 年

序号	品 名	数量	合 同 金 额(人民币)	使用单位
1	生物显微镜	1 台	31434.00	病理学系
2	酶标仪	1 台	38016.67	免疫学系
3	恒温水浴振荡仪	1 台	32882.87	免疫学系
4	高速冷冻离心机	1 台	122840.00	免疫学系
5	高速离心机	1 台	28494.58	病理学系
7	超级恒温水浴	4 台	84488.35	生理学与病理生理学系
8	核酸蛋白成像分析系统	1 台	113611.54	免疫学系
9	高速离心机	2 台	42244.80	免疫学系
10	超低温冰箱	1 台	53228.94	免疫学系
11	放射性高压液相色谱仪	1 台	418698.08	生物物理学系
12	酸度计	1 台	5391.74	生物物理学系
13	高效层析系统	1 台	111731.61	生物物理学系
14	高效层析系统	1 台	111731.62	生物物理学系

序号	品 名	数量	合同金额（人民币）	使用单位
15	超纯水装置	1台	39037.08	生物物理学系
16	匀浆机	1台	30591.02	生物物理学系
17	紫外分光光度计	1台	136496.17	生物物理学系
18	冷干机	1台	109845.75	生物物理学系
19	CO_2培养箱	1台	29568.78	生物化学与分子生物系
20	CO_2培养箱	1台	19853.40	化学生物学系
21	蛋白酶联定量仪	1台	46683.00	心血管研究所
22	基因转印仪	1台	17794.00	心血管研究所
23	胶联仪	1台	14170.00	心血管研究所
24	核酸定量仪	1台	79694.00	心血管研究所
25	旋转蒸发仪（冷冻）	1台	86622.00	心血管研究所
26	基因序列分析仪	1台	52065.00	心血管研究所
27	显微病理分析仪	1台	49792.23	心血管研究所
28	CO_2培养箱	1台	29568.78	药物依赖研究所
29	紫外分光光度计	1台	146865.41	药理学系
31	多导生理仪	6台	351710.00	生理学与病理生理学系
32	高速离心机	1台	28251.00	免疫学系
34	高速冷冻离心机	2台	448571.17	生物物理学系
35	中压液相层析仪	1台	276231.50	药物化学系
36	酸度计	1台	6074.00	生理学与病理生理学系
37	组织匀浆器	1台	8113.02	免疫学系
38	超滤器	1台	9790.54	生物物理学系
39	制冰机	1台	30325.82	生物物理学系
40	高压液相色谱仪	1台	506813.92	心血管研究所
41	倒置显微镜	1台	30443.72	药物依赖研究所
43	超纯水系统	2台	174776.87	免疫学系
44	超低温冰箱	1台	43926.52	免疫学系
45	超低温冰箱	1台	43926.52	流行病学与卫生统计系

2000年

序号	品 名	数量	合同金（人民币）	使用单位
1	超纯水系统	1台	38023.42	免疫学系
2	紫外分光光度计	1台	56655.41	免疫学系
3	液氮容器	1台	31392.25	免疫学系
4	高压液相色谱仪	1台	234627.31	天然药物学系
5	高压液相色谱仪	1台	318552.83	天然药物学系
6	凝胶图像分析系统	1台	109839.68	天然及仿生药物室
7	低速离心机	1台	14702.16	天然及仿生药物室
8	伽玛计数系统	1台	188372.65	心血管研究所
9	分子杂交箱	1台	26928.19	免疫学系
10	核酸测序仪	1台	28811.73	生物化学与分子生物系
11	位置偏爱监测仪	1台	206025.53	校直属药物依赖研究所
12	凝胶检测仪	1台	97082.31	病原生物学系
13	CO_2培养箱	1台	27036.59	天然及仿生药物室
14	高压液相色谱仪	1台	167295.09	天然药物学系
15	CO_2培养箱	1台	27039.53	天然及仿生药物室
16	超净工作台	2台	82404.26	免疫学系
17	超净工作台	1台	41202.12	免疫学系
18	高压液相色谱仪	1台	105175.57	天然及仿生药物室
19	冷冻离心机	1台	54904.17	校直属药物依赖研究所

表 8-71　北京大学医学部"211 工程"进口仪器设备一览表（1996—2000 年）

1996 年

序号	品　名	数量	合同金额（人民币）	使用单位
1	冷冻切片机	1 台	137670.84	病理学系
2	组织脱水机	1 台	126684.17	病理学系
3	电子天平	2 台	33163.38	人体解剖与组织胚胎系
4	冷冻离心机	1 台	44393.92	人体解剖与组织胚胎系
5	细胞涂片离心机	1 台	55617.80	人体解剖与组织胚胎系
6	照相生物显微镜	1 台	90016.66	人体解剖与组织胚胎系
7	图像分析仪	1 台	175706.91	人体解剖与组织胚胎系
8	冷冻离心机（台式）	1 台	83628.33	生理学与病理生理学系
9	核酸检测系统	1 台	119514.93	生理学与病理生理学系
10	傅立叶红外光谱系统	1 台	511586.49	生物物理学系
11	电子天平	2 台	36165.32	天然药物学系
12	照相生物显微镜	1 台	93793.25	天然药物学系
13	立体显微镜	1 台	53648.75	天然药物学系

1997 年

序号	品　名	数量	合同金额（人民币）	使用单位
1	超薄切片机	1 台	367329.60	病理室
2	荧光显微镜	1 台	211200.00	免疫系办公室
3	服务器	4 台	1554611.04	信息中心室
4	智能集线器	25 台	541974.50	信息中心室
5	ATM 交换机	1 台	705225.67	信息中心室
6	工作组级交换机	5 台	344874.15	信息中心室
7	冷冻切片机	1 台	143888.80	生物物理[电镜组]室
8	药物设计分析系统	1 台	411642.74	药物化学室
9	冷冻干燥机	1 台	122866.45	天然药物化学（植化室）
10	高压液相色谱仪	1 台	300000.00	天然药物化学（植化室）
11	共焦显微镜	1 台	2488640.00	校医药卫生分析中心室
12	图像分析仪	1 台	880000.00	校医药卫生分析中心室
13	显微操纵系统	1 台	482215.36	组织胚胎室
14	液体闪烁计数器	1 台	189131.87	生理[教学]室

1998 年

序号	品　名	数量	合同金额（人民币）	使用单位
1	轮转切片机	1 台	59138.00	病理学系
2	荧光显微镜	1 台	89543.97	病理学系
3	显微照相数位化系统	1 台	305708.68	病理学系
4	液体闪烁计数器	1 台	397128.76	病理学系
5	制刀机	1 台	66756.00	病理学系
6	电子天平	1 台	14365.96	人体解剖与组织胚胎系
7	轮转切片机	1 台	51222.00	人体解剖与组织胚胎系
8	旋转切片机	1 台	61689.14	人体解剖与组织胚胎系
9	冷冻切片机	1 台	175673.00	人体解剖与组织胚胎系
10	三人共览显微镜	1 台	74656.74	病理学系
11	CO_2 培养箱	1 台	45246.00	人体解剖与组织胚胎系
12	台式冷冻离心机	1 台	46936.00	人体解剖与组织胚胎系
13	超低温冰箱	1 台	50749.49	人体解剖与组织胚胎系
14	分析天平	1 台	13700.00	生理学与病理生理学系
15	CO_2 培养箱	1 台	30588.94	生理学与病理生理学系
16	高速冷冻离心机	1 台	42253.00	生理学与病理生理学系
17	台式酸度计	1 台	5500.00	生理学与病理生理学系

序号	品名	数量	合同金额（人民币）	使用单位
18	酶标仪	1台	47598.03	生理学与病理生理学系
19	DNA扩增仪	1台	42247.00	生理学与病理生理学系
20	微生理探测仪	1台	506985.11	神经科学研究所
21	十人共览显微镜	1台	115614.67	病理学系
22	循环水浴	1台	17660.20	生理学与病理生理学系
23	制冰机	1台	32108.29	生理学与病理生理学系
24	高速冷冻离心机	1台	153624.00	生理学与病理生理学系
25	高速冷冻离心机	1台	42253.00	生理学与病理生理学系
26	CO_2减压器	1台	1015.00	生理学与病理生理学系
27	DNA扩增仪	1台	42247.00	生理学与病理生理学系
28	真空转移系统	1台	10945.75	生理学与病理生理学系
29	超低温冰箱	1台	52437.74	免疫学系
30	高速冷冻离心机	1台	113169.00	免疫学系
31	CO_2培养箱	1台	29573.00	免疫学系
32	体视显微镜	2台	31998.00	病理学系
33	高速冷冻离心机	1台	187762.00	生物物理学系
34	DNA扩增仪（PCR仪）	1台	63373.90	细胞生物学与遗传学系
35	分子杂交仪	1台	47318.61	细胞生物学与遗传学系
36	显微图像分析系统	1台	174739.00	劳动卫生与环境卫生系
37	电子天平	1台	14465.17	化学生物学系
38	自动旋光仪	1台	159865.45	化学生物学系
39	流动层造粒包衣干燥机	1台	174176.55	药剂学系
40	高压液相色谱仪	1台	106352.80	药剂学系
41	高压液相色谱仪	1台	124052.81	药剂学系
42	高压液相色谱仪	1台	250452.63	药剂学系
43	冷干机	1台	103941.98	天然药物学系
44	制冰机	1台	32095.09	分子与细胞药理系
45	高速冷冻离心机	1台	115545.64	分子与细胞药理系
46	高压液相色谱仪	1台	135425.56	天然药物学系

1999年

序号	品名	数量	合同金额（人民币）	使用单位
1	高速冷冻离心机	1台	76029.43	药理学系
2	超低温冰箱	1台	51528.57	人体解剖与组织胚胎系
3	生物显微镜	1台	71364.00	人体解剖与组织胚胎系
4	显微锻造仪	1台	37774.00	人体解剖与组织胚胎系
5	显微磨针仪	1台	35492.41	人体解剖与组织胚胎系
6	超净工作台	1台	32944.49	人体解剖与组织胚胎系
7	电子天平	1台	13517.00	人体解剖与组织胚胎系
8	生物显微镜	1台	97402.00	人体解剖与组织胚胎系
9	体视显微镜	1台	23197.00	人体解剖与组织胚胎系
10	倒置显微镜	1台	46838.00	人体解剖与组织胚胎系
11	杂交仪	1台	18482.00	生理学与病理生理学系
12	倒置显微镜	1台	77070.63	药理学系
13	高温烘箱	1台	8450.00	神经科学研究所
14	CO_2培养箱	1台	29577.00	神经科学研究所
15	超低温冰箱	1台	46478.77	神经科学研究所
16	荧光显微镜	1台	224963.00	神经科学研究所
17	离心冷冻干燥仪	1台	91264.90	生理学与病理生理学系
18	杂交仪	1台	18482.00	生理学与病理生理学系
19	恒温水浴振荡仪	1台	32882.86	免疫学系
20	CO_2培养箱	1台	31267.00	免疫学系

序号	品 名	数量	合同金额(人民币)	使用单位
21	台式冷冻离心机	1台	66556.32	免疫学系
22	细胞收集器	1台	59141.00	免疫学系
23	凝胶图像分析系统	1台	91284.00	药理学系
24	低压层析系统	1台	110856.00	免疫学系
25	液体闪烁计数器	1台	422460.00	免疫学系
26	高速冷冻离心机	2台	69283.16	免疫学系
27	高速离心机	1台	40909.00	免疫学系
28	超声细胞破碎仪	1台	29817.02	生物物理学系
29	制冰机	1台	29990.83	细胞生物学与遗传学系
30	高速冷冻离心机	1台	160241.00	细胞生物学与遗传学系
31	高速冷冻离心机	1台	167940.55	生物化学与分子生物系
32	酶标仪	1台	35484.67	生物化学与分子生物系
33	多功能电泳仪	1台	97174.86	病理学系
34	恒温水浴摇床	1台	21967.24	生物化学与分子生物系
35	CO_2培养箱	1台	25393.00	生物化学与分子生物系
36	酸度计	1台	6074.00	分子与细胞药理系
37	扫描式电子显微镜	1台	338023.56	校医药卫生分析中心室
38	透射电子显微镜	1台	1979964.00	校医药卫生分析中心室
39	流式细胞计	1台	2109884.51	校医药卫生分析中心室
40	核磁共振波谱仪	1台	760554.00	校医药卫生分析中心室
41	工作组交换机	1台	67537.33	信息中心室
42	工作组交换机	4台	18868.00	信息中心室
43	温度梯度电泳仪	1台	87850.93	病理学系
44	多媒体教学系统	1台	371866.29	信息中心室
45	CO_2培养箱	1台	29568.78	心血管研究所办公室
46	酶标仪	1台	35484.68	心血管研究所办公室
47	多导生理仪	1台	38635.75	心血管研究所办公室
48	交换机	1台	256800.41	图书馆
49	多肽合成仪	1台	231123.01	病理学系
50	杂交箱	1台	19981.49	病理学系
51	凝胶成像系统	1台	88709.68	病理学系
52	电泳仪	1台	14562.97	人体解剖与组织胚胎系

2000年

序号	品 名	数量	合同金额(人民币)	使用单位
1	轮转切片机	1台	58301.18	病理学系
2	超低温冰箱	1台	48584.32	生理学与病理生理学系
3	水平拉针仪	1台	53019.30	神经科学研究所
4	显微图像分析处理系统	1台	185102.31	神经科学研究所
5	微注射操纵系统	1台	55493.61	神经科学研究所
6	凝胶成像分析系统	1台	88344.28	神经科学研究所
7	膜片钳放大器	1台	91900.26	神经科学研究所
8	液氮容器	1台	21117.25	神经科学研究所
9	冷冻切片机	1台	130930.00	生理学与病理生理学系
10	荧光显微镜	1台	108123.00	生理学与病理生理学系
11	高压液相色谱仪	1台	283059.86	生理学与病理生理学系
12	凝胶成像系统	1台	151844.66	生理学与病理生理学系
13	微板测试仪	1台	346544.27	免疫学系
14	全自动高压灭菌仪	1台	42248.76	免疫学系
15	高速冷冻离心机	1台	42077.34	免疫学系
16	自动酶标洗板机	1台	36186.51	免疫学系
17	杂交箱	1台	21459.44	免疫学系

序号	品 名	数量	合同金额（人民币）	使用单位
18	基因扩增仪	1 台	46458.50	免疫学系
19	细胞照射仪	1 台	631175.22	免疫学系
20	高压灭菌装置	1 台	27881.83	生物物理学系
21	恒温循环水浴	1 台	24885.42	生物物理学系
22	发光仪	1 台	151450.99	生物物理学系
23	荧光显微镜	1 台	148597.97	生物物理学系
24	紫外可见分光光度计	1 台	62280.46	细胞生物学与遗传学系
25	干胶仪	1 台	40705.12	生物化学与分子生物系
26	高速冷冻离心机	1 台	33793.71	生物化学与分子生物系
27	荧光倒置显微镜	1 台	225700.09	生物化学与分子生物系
28	梯度 PCR 仪	1 台	58896.90	生物化学与分子生物系
29	分子杂交箱	1 台	20340.36	生物化学与分子生物系
30	荧光倒置显微镜	1 台	137254.60	生物化学与分子生物系
31	CD 服务器（光盘库＋塔）	1 台	363423.19	图书馆
32	细胞转基因仪	1 台	185164.82	基因中心

（徐继革）

基建与后勤

基建工作

【"211工程"建设项目及成果】 2000年是北京大学落实"九五"期间国家重点建设项目"211工程"的最后一年，完成各项投资共计6062万元（国家计委拨款1625万元，财政部拨款875万元，学校自筹资金3562万元）。在上述投资中，用于学科建设项目1145万元，用于基础设施建设项目4917万元（包括：理科教学楼群1号、2号工程3610万元，水电暖基础—热电工程712万元，燕北园住宅9号及室外工程595万元）。

北京大学的"211工程"用于基础设施建设项目的共计37515万元。主要项目有：

（1）理科教学楼群1号、2号工程：建筑总面积86454平方米，累计完成各项投资26578万元，已竣工尚未结算。

（2）水电暖基础——热电工程及电增容：建筑面积5598平方米，累计完成各项投资6072万元，已交付使用。

（3）燕北园住宅1号、2号、3号、4号、8号、9号、10号等：建筑面积29214平方米，累计完成学校自筹资金4016万元，已交付使用。为学校提供教工住宅432套。

（4）燕北园住宅室外工程：完成学校自筹资金849万元；

"211工程"项目，经过五年国家重点投资与学校配套资金建设，给学校基础设施建设诸方面都带来了显著变化，为北京大学创建世界一流大学提供了比较优越的教学、科研环境条件并改善了教职工生活居住条件。学校因此获得了较好的经济和社会效益。

【其他建设项目及成果】 抗震加固工程及成果 2000年基建工程部最重要的成绩是完成了教育部安排给北京大学的32个抗震加固国债项目。在此同时，为配合抗震加固，学校利用国家批准的"教育振兴行动计划专项资金（'985'专项资金）"，安排了与抗震加固恢复相关的29个基础设施改造项目，计划投资9767万元。抗震加固和维修改造工程项目较多，为了尽量减少对教学、科研工作的影响，利用暑期，集中人力、物力、财力重点解决了一批长期需要解决而一直无力解决的房屋加固和基础设施改造问题。学校领导对此高度重视，专门开会研究并利用新建的理科楼群作周转房，为加固改造创造条件。在全校师生员工大力支持和兄弟部门通力配合下，基建工程部圆满完成了一期抗震加固的25项工程：化学南楼、化学北楼、老化学楼、办公楼、第一体育馆、第二体育馆、外文楼、俄文楼、民主楼、红1—4楼、第一教室楼、一院、二院、五院、生物东馆、生物西馆、校医院门诊楼、文史楼、地学楼、生物楼、技物楼、昌平园主楼等。

维修改造工程及成果 在抗震加固的同时，对部分电气线路老化，上下水管道糟朽，消防系统不健全等年久失修的建筑进行了更新改造，对部分建筑的墙、顶、地、门窗进行了修补见新，对屋面漏雨、檩、板、椽糟朽的建筑进行挑顶翻修。在维修改造过程中，基建工程部坚持"消除隐患(消防、结构),保证安全,满足功能,适当装饰,注意节约"的原则,充分利用旧有设施,以减少投入,取得了很好的效果。

2000年的维修改造工程有:新化学楼一、二期,物理楼南楼、中楼,考古楼地下室改造,红1—4楼改造,第一教室楼,化学北楼,文史楼,外文楼,俄文楼,民主楼,一院,二院,四院,五院,校医院门诊楼,技物楼,昌平园主楼I段、II段、III段,勺园6号楼,中关园501号—506号楼外檐粉刷,学生宿舍45号—48号楼室外电气改造,体教中心改造,五四运动场改造等。

在教学、科研基础设施改造项目中,对破旧教室、实验室进行了更新改造,为教学、科研创造了良好的条件,如:在第一教学楼增加计算机教学系统,并增加电器、空调等,提高了照度,完善了功能。民主楼、化学北楼、外文楼均为外语学院用房,经过改造,对房屋布局和功能进行适当调整,满足了外语学院现代化管理和教学科研需要,改善了办公条件。文史楼经过改造,提高了使用功能,将办公用房改造为12个教室,扩大了教学用房面积,为扩招创造了一定条件。

除上述教学科研用房外,对俄文楼、一院、昌平园主楼、物理大楼、新化学楼、一体、二体、五四运动场等项目均针对原建筑中存在的问题,在改造中一一进行了落实。改造后的教学科研用房,引入了现代化教学设施,完善了消防系统,调增了电气线路的容量,更新了电气设备,使教学、科研环境、条件更加舒适、安静,功能齐全,受到各系师生广泛好评。

在改造过程中,对校机关办公用房也做了调整。特别是对房屋布局,如:红1—4楼,原房间狭小,功能不全,为满足部门需要,改造了水、电系统,增加消防设施,引入网络系统,达到现代化办公要求,改善了办公环境。

对学生宿舍区研究生45号—48号楼的电气系统进行了维修改造,增加学生房间用电负荷,保证研究生学习、生活基本用电,为提高研究生学习生活质量创造条件。

对校附属配套基础设施进行了维修改造,如校医院门诊楼,补强了房屋结构,消除了电气系统的隐患,重新进行室内粉刷装修,使原本破旧的医院,焕然一新。

其他改造工程有:为配合北京市要求的白颐路亮丽工程,对中关园501—506号楼进行外墙装饰;完成校园地形图测绘工程;完善理科教学楼群的绿化工程;完成蔚秀园、承泽园、附中、学生食堂等校内部分房屋维修及防水工程,这些工程在改造后效果较好。

2000年的维修改造工程,使原有古旧建筑焕发生机,使房屋结构、系统功能、管理服务等达到较佳组合,资源得到有效配置和利用,提高了质量,获得了效益,满足了学校创建世界一流大学目标的基本需要。

新建工程及成果 在圆满完成空前繁重的抗震加固和维修改造任务的同时,新建工程成效显著。竣工项目9个,建筑面积34181平方米。竣工项目有:中关园人才1号楼2856平方米,学生宿舍33号二期6758平方米,勺园洗衣机房200平方米,燕东园幼儿园3178平方米,燕北园住宅9号3753平方米,燕北园住宅5甲2218平方米,燕北园住宅12甲2218平方米,校史馆3000平方米,科技发展中心地下车库10000平方米。

2000年新开工程有:110kV变电站。已完成初步设计审定,委托供电局总承包,主要设备已经开始采购,外线电缆铺设及开工前期工作正在紧张进行,预计2002年初交付使用。

学生宿舍45号甲楼建筑面积9991平方米,于2000年11月15日开工,计划将于2001年8月15日竣工。

学生食堂(餐饮中心)建筑面积9,482M2,于2000年12月16日开工,计划2001年四季度竣工。

2000年5月百周年纪念讲堂工程和理科教学楼群工程通过北京市有关部门严格验收检查,双双荣获2000年度北京市建筑工程质量最高奖"长城杯"奖,12月理科教学楼群工程又荣获国家建筑工程质量最高奖"鲁班奖",这标志着北京大学建筑工程质量又上了一个新台阶。

(张淑鸾)

总务系统工作

【总务部工作】 **概况** 1999年11月国务院在上海召开了全国高校后勤社会化改革工作会议,根据会议的精神和教育部的部署,北京大学加快了后勤服务社会化的步伐。2000年1月21日召开了北京大学后勤社会化改革研讨会,林钧敬副校长作了北京大学后勤社会化改革工作的动员报告,鞠传进校长助理就《北京大学后勤社会化改革方案》(讨论稿)作了说明,学校组织部、人事部、财务部、总务部、资产管理部、基建工程部的负责人参加了会议。学校相关服务实体的负责同志也到会研讨。会议之后,在广泛听取各方意见的基础上,该方案进行了多次修改,交校长办公会讨论,并于2000年4月经校长办公会讨论通过、批准实施。(改革方案附后)

5月11日,北京大学后勤社会化改革工作会议在理科楼召开,林钧敬副校长、校长助理鞠传进、后勤党委书记张宝岭在会上宣布了《北京大学后勤社会化改革方案》并作了说明,对北京大学的后勤社会化工作进行了动员,北京大学的后勤社会化改革进入实施阶段。

7月21日，北京大学推进后勤社会化改革大会在办公楼礼堂召开，校党委书记王德炳、校长许智宏、副校长林钧敬出席会议并讲话，校党委副书记岳素兰宣布了经过招聘产生、学校领导研究同意的七个中心的正副主任名单。

这次会议的召开标志着按服务行业划分的北京大学后勤7个服务实体组建完成，基本上实现了国务院六部委制定的《关于进一步加快高等学校后勤社会化改革的意见》中2000年的工作目标，"所有的高等学校的后勤服务经营人员，相应资源及操作运行，都成建制地从学校行政管理系统中分离出来，组建自主经营、独立核算、自负盈亏的学校后勤服务实体"。

截至2000年10月底，七个中心完成了中心内部的机构调整和设置，各中心内设岗位的全员招聘工作完成。在改革当中，后勤的干部职工解放思想，转变观念，顾全大局，克服了许多困难，积极投身改革，保证改革期间学校后勤运行保障和各项服务的正常运行。

经过改革，一个新的后勤运行保障体系基本建立，总务部代表学校对后勤水、电、暖运行保障工作和餐饮、校园美化、绿化、学生宿舍等服务工作实施管理、监控、指导等；各中心实体根据教学、科研、生活需求和学校的要求提供运行保障和服务。改革迈出了第一步，2001年的任务还很重，要用契约的形式明确学校和实体的责任，确定工作任务和规范服务项目，通过进一步推进后勤社会化的改革，为教学、科研和师生生活提供更完备的运行保障和更优质的服务。

人事管理 2000年，按照后勤社会化改革的总思路和总要求，通过理顺管理体制和转换运行机制，加大后勤人事改革的力度，取得了显著成绩。

1. 加大人员分流力度，减员增效。在学校机关体制改革后，学校颁发了《北京大学富余、转岗人员管理的暂行规定》。根据规定精神，各个中心实体结合北京大学后勤社会化改革的实际情况，认真学习和宣传全国后勤社会化改革会议精神，向广大职工讲明后勤社会化改革的目的、意义，使广大职工认清形势、理解改革、参与改革，调动了广大职工的积极性，并通过大量的思想政治工作和机制转换，实现了减员增效。在1999年减员48人的基础上，2000年又减员160人，为后勤社会化改革打下了良好的基础。

2. 建立了全员招聘机制。在总务部与总务系统七个中心实体建立了甲乙方关系的基础上，七个中心实体实行了干部聘任和全员劳动合同制。根据北大后勤社会化改革方案，总务系统采取了"公开招聘、双向选择、竞争上岗、择优聘用"的机制进行了全员招聘工作。首先对各中心主任实行干部聘任制。根据学校《关于招聘总务系统各中心正、副主任的通知》精神，按照"群众公认、注重实绩"的原则和严格的程序，对七个中心正、副主任在全校范围内进行公开招聘。经过民主测评、公示、考核和学校审批，聘任了18位正、副主任。其次，对各中心实体职工实行全员合同制。在各中心实体正、副主任招聘到位的基础上，各中心实体根据实体的规模、性质和编制情况，进行了全员招聘工作。广大职工认清形势、转变观念、支持改革，积极竞争上岗。总务系统现有正式职工526人（其中全民所有制职工410人，集体所有制职工116人）；临时工1039人，离退休职工690人。

3. 实行"老人老办法、新人新办法"，建立新的用人制度。原学校事业编制的职工人事档案，仍由学校管理，学校保留其原有身份和档案工资标准，并按国家规定的工资政策和调整规定调整档案工资，计入本人档案，退休时由学校办理退休手续，享受学校事业编制人员的退休待遇，按本人档案工资计发退休费。职称评定、工人考级等按学校现职干部、工人的同等标准执行。总务系统七个中心实体，从2000年1月后从校外招聘录用的人员实行"新人新办法"，新进人员计入中心的企业编制，其人事关系委托校人事部放在海淀区人才交流中心。在聘期内，享受企业职工待遇，各中心实体按国家规定为其交纳养老、医疗、待业等社会保险费用，完全执行合同用工制。新的用人制度促进了后勤社会化的发展。

4. 坚持"按劳分配"的原则，进行分配制度改革。根据北京大学后勤社会化改革方案，总务系统七个中心初步建立并实行了以创效益高低和服务优劣定等级的分配机制，实行按岗按绩定酬，个人收入与工作数量、质量、效益、贡献挂钩，逐步实现以按劳取酬为主、效益优先的多种形式的分配制度。

（刘宝栓）

财务管理 总务财务2000年仍实行综合预算，在后勤运行任务加重资金困难的情况下，总务部和各中心实体共同努力，保证了全校运行保障任务及服务工作，保证了后勤综合预算的平衡。

1. 2000年预算收支情况。拨款3822.71万元，后勤创收收入2482.94万元，后勤收费收入1601.78万元；后勤预算收支支出5172.42万元（供暖费917.35万元，维修费814.92万元，水电费2636.56万元，园林卫生费134.15万元，其它后勤支出669.44万元），后勤创收支出2267.45万元，上缴学校432万元；收支结余35.56万元。

2. 2000年"行动计划"专项预算执行情况。1999—2000年计划投资6513万元，完成投资4273.78万元，完成大项工程33项，完成投资率65.62％。

3. 控制水电费支出。水电管理部门继续实行定额管理超标收费的管理办法,加大收费力度,控制水电支出。2000年全校用电量4536万度,比1999年增加336万度,年增长率为8%;全校总用水量565万立方米,比1999年增加32万立方米,年增长率为6%;2000年电价平均上调0.036元/度,地下水上调0.40元/立方米,在水电量增加和价格上调的情况下,节能部门加强管理,在教学行政楼加强用电负荷的控制;对全校23000立方米的绿地进行绿地节水喷灌改造;在教学行政楼和学生宿舍安装了6000余只节水龙头。同时加大收费力度,收回水电费1602万元,控制了水电费迅猛增加的势头。

4. 控制修缮费支出。2000年投入正常维修经费814.92万元,比上年减少支出78万元,共完成工程项目98项,主要解决水、电、暖经常维修、改善学生宿舍条件。

创收分配实施新的办法为推动后勤社会化的进展,加强后勤各中心实体的实力,在分配制度上作了调整,各中心上缴的创收收入返回中心,90%作为事业发展基金,10%作为奖励基金,事业基金使用需报总务部审批,从而更有利地调动中心实体的积极性。

运行管理 总务部的主要职能为:以契约合同为依据,以保证学校后勤支撑条件为原则,对7个服务实体的运行进行管理、监督、协调、服务。总务部成立一年来,逐步理顺与中心实体的关系,进入工作状态。同时为创办世界一流大学,总务部负责实施"985"基础设施的改造工程。2000年度实施计划合计为40项工程。其中供配电系统8项,给排水系统10项,供暖系统5项,校园环境建设6项,节能工程4项,其他7项。在操作中严格执行了项目负责人制、招投标制、合同制和监理制,确保工程的质量、工期和造价的控制。

(卢永祥、杨敏、王祖荫)

【餐饮中心】 管理岗位竞聘 2000年6月,根据北京大学后勤社会化改革方案,伙食管理处正式转制为餐饮中心。原伙食管理处处长崔芳菊被聘为餐饮中心主任,原伙食管理处副处长王建华被聘为餐饮中心副主任。7月上旬,根据伙食改革的需要,餐饮中心面向学校内外,打破干部与职工的身份区别,对内设管理岗位进行公开招聘。招聘分职工代表评议、公开答辩、评聘小组评议和征求部门主要负责人意见四个程序。43名报名者中的39名顺利通过招聘程序,走上管理岗位。2000年中心有正式职工157人(其中全民所有制职工127人,集体所有制职工30人),临时工510人,离退休职工165人。

改善就餐和服务条件 积极筹措资金,从基本服务和多层次服务两个方面为师生改善就餐和服务条件。(1)基本服务:暑假期间,自筹资金400万元,改造装修艺园食堂,其中100万元用于更新设备,2000年8月25日通过验收。该工程根本改善了食堂的就餐环境,使内部生产流程趋于合理。食堂于8月29日以全新面貌为师生服务。9月,学四食堂改造装修完成。该工程共投资近500万元,其中总务部出资240万元用于土建和装修。食堂定名为燕南美食,以基本大伙为主,风味食品为辅,受到师生欢迎。9月中旬,农园餐厅停业。10月中旬,农园食堂停业。11月中旬,900多平方米的新食堂在农园食堂和农园餐厅所在地开工,该食堂建成后,将较好地改善学校办伙条件和就餐条件。(2)多层次服务:2000年4-5月,开办"师生缘"咖啡厅。8月,原松林小食堂开办为"师生缘"松林快餐厅,提供早餐和中西式快餐,作为日常伙食的调剂和补充。11月,位于百年纪念讲堂东北部半地下层的"师生缘"酒吧开业。"师生缘"咖啡厅、"师生缘"酒吧和"师生缘"松林快餐厅实行一体化管理和经营。9月下旬,艺园食堂二楼吸纳原农园餐厅的技术力量,面向师生提供宴会和包桌服务。11月10日,位于百年纪念讲堂东北部地下一层的燕南美食宴会厅开业。

加强与同学们的沟通 首先,完善传统的伙食工作问卷调查。餐饮中心坚持在下属7个食堂,向就餐同学发放问卷调查表。根据问卷调查表反映出来的意见,食堂及时调整工作。中心每三个月对各食堂问卷调查意见的反馈和落实情况进行汇总和评估,奖优罚劣。其次,注重加强与学生组织的沟通。第三,尝试开展一些特色活动,加强学生和食堂炊管人员的沟通。2000年12月初,在餐饮中心的指导下,学一食堂面向全体同学,开展了"学子亮招,食全食美"活动。另外,始终高度重视校长信箱上有关伙食工作意见的回复。灵活多样的双向沟通有力地推动了伙食服务水平的提高。同学们对伙食的满意率稳步上升。2000年10月31日,在餐饮中心组织的对各食堂伙食质量、文明服务和食堂卫生的综合问卷调查中,同学们对伙食工作的满意率为84%。

副食品基地建设 通过加强管理,降低开支,餐饮中心副食品基地年产蔬菜30多万斤,生猪出栏798头,为校内各食堂提供了优质原材料,实现扭亏为盈,走上良性发展轨道。

(李振)

【水电中心】 概况 随着高校后勤社会化改革的深入发展,水电中心于2000年7月从原动力中心分离出来,与节能办公室的一部分合并为一个新的经济实体,负责全校范围和各家属区的水电运行管理、维修保养及水电费的查缴工作。中心主任通过招聘上岗组建成第一任新的领导班子,张鸿奎任中心主任,安忠义、李建军任中心副主任。中心有职工78人(其中全民所有制职工69人,集体所有制职工9人),离退休职工81人,临时工36人。中心成立后,中心领导班子以抓管理、抓服务、抓质量为主,带领全体职工较好地完成了全年生产任务,并实现了原动力中心(即水电中心和供暖中心)在人、财、物等方面的平稳过渡。2000年水电中心被学校评为"外来务工管理先进单位"和"安全保卫工作先进集体",有四名临时工被评为优秀外来务工人员,并得到奖励。

实行全员聘任制 根据后勤管理体制改革的要求,中心从8月中旬开始全员岗位聘任的准备工作,9月底全员岗位聘任制工作圆满结束。中心成立了一办两科两室,即中心综合办公室(负责行政、生产、人事和财务的管理),水管科、电管科、材料室和燕北园维修室。有12位同志应聘走上了科(室)正副职管理岗位。在此基础上,根据改革对人事管理、劳动用工制度的要求,中心对各工种岗位进行了全面招聘,在聘任工作中我们贯彻平等竞争、择优聘任、严格考核、按需设岗、按岗定编的原则,并认真修订了各工种的岗位责任制。全中心78名职工,除一人因特殊情况外全部竞争上岗,并签订了聘约。

生产完成情况 水管科全年累计完成各项维修小票14120张,紧急抢修上下水堵漏110余次,暑期完成学生宿舍楼水房改造工程141万元,翻修未名湖路面1700平方米,完成修缮工程总量350多万元,创利60多万元,其中自营工程20多万元。电管科完成1999年遗留工程88万元;2000年完成暑期教学楼外部电源工程6222658元;老图书馆配电室改造工程255791元;学生区26楼、40楼全楼线路改造工程71413元;学校路灯改造工程775430元;其中零星工程144257元,总计3810596元。电工零修9100项。全年供电3490万度,供水4035083吨。材料室在人员减少的情况下,全年完成营业额958.67万元,是近三年来完成营业额最高的一年;在运输方面,全年行程3万余公里,出车1481次,为各单位送料6607吨,截至到2000年12月底,全年总购料额4682709.73元,发出原材料总额4904005.11元,实现利润15146.07元。燕北园维修室全年累计供水22万多吨,供电245万度,完成各项维修小票4700多张。2000年,中心在继续实行半企业化管理过程中,自筹资金支付了全中心(不含节能办)人员的奖金、劳务费、返还后勤财务工资176326元,上缴利润734169元,共计910495元。

(李少庄)

【供暖中心】 概况 供暖中心组建于2000年7月,是由原动力中心分离出来的东西区供暖科、供气站及材料科的一部分等单位组成。供暖中心的主要任务是负责全校的供暖、供气的运行及管理、维修工作,为全校的师生员工提供优质的后勤保障。中心下设2个办公室3个科:综合办公室,生产办公室,工程管理科,材料供应科,供暖运行科。中心现有正式职工83人(其中全民所有制职工68人,集体所有制职工15人),临时工31人,离退休职工55人。技术人员高级工程师1人,工程师3人,工人技师1人。大型设备有30吨热水锅炉3台,20吨蒸汽锅炉1台,1.5兆瓦汽轮机发电机组1套,10吨热水锅炉4台(2001年将改为燃气锅炉)。

全员招聘与岗位责任制 从中心、科室、班组到组员,全部实行招聘制,民意测验、双向选择、定岗定编、择优上岗。对中心设立的岗位,建立并完善了岗位责任制,做到工作到家、责任到人,改变了责任不清的状况,提高了工作效率。改变分配方式,将岗位与经济利益挂钩,职工的工作热情大大提高。

供暖、供气工作 2000年蓝旗营家属楼、学生区34楼C段、校史馆、燕北园3栋楼相继启用后,新增供暖面积107872.34平方米,供暖总面积达到1148794.65平方米,供暖运行总经费为1067万元。在供暖面积增加、热源不变的情况下,中心的全体职工共同努力,保证了供暖工作的顺利进行。

工程及维修 中心全年完成工程量近943万元,其中计划内874万余元,计划外68万元。重大的工程有:20吨蒸汽炉大修改造,未名湖北岸暖气管改造,烟气分析仪的安装,变频器的安装,地磅的安装等。特别是中关园住宅楼的暖气改造,解决了多年的暖气不热问题。

(翁正明)

【校园管理服务中心】 概况 根据2000年4月21日第418次北京大学校长办公会议决议,原事务中心改制为校园管理服务中心,下设中心办公室、中心财务室、绿化环卫管理服务部、保洁服务部、收发室、茶饮服务部、订票室等7个管理部门。通过应聘人员答辩、民主测评、评审小组审核、上报总务部批准,确定了中心七个管理部门13名干部人选。在此基础上对中心所有工作岗位进行公开招聘,实行双向选择、择优聘用,共有51人应聘上岗。2000年中心有正式职工82人(其中全民所有制职工43人,集体所有制职工39人),临时工150人,离退休职工288人。

绿化、环卫工作 2000年春季,绿化环卫部进行了学生区的绿地改造。完成理教楼群、畅春园、中关园人才楼、燕东园幼儿园、学生区33楼、静园、南北阁、勺海亭、办公楼西侧及周围、临湖轩、北阁北至档案馆、办公楼东路、研究生45、46楼等绿化工程。在北京市政府的统一部署下,绿化环卫部进行了每五年一次的园林绿化普查,经过绿化普查查明,北京大学已绿化面积为 81.2 公顷,绿化率为 49.22%,绿化覆盖面积为 86.9 公顷,绿化覆盖率为 52.7%,人均绿地 24.1 平方米。2000 年北京大学被评为昌平区绿化、美化先进单位;荣获北京市第二十届菊花展"绿鹦鹉"栽培二等奖;北京市第二十二届菊花(市花)展一等奖。徐晓辉、韩建军被评为北京市绿化美化积极分子;另有 3 人荣获昌平园区绿化美化积极分子称号。

保洁服务 保洁服务部负责全校公共教室的保洁、值班工作。目前公共教室的保洁面积已达到 44996 平方米。从承接光华楼保洁工作以来,保洁服务部不断发展、扩大服务范围,又先后承接了办公楼、国际合作部、大卫·帕卡德国际访问学者公寓、理教楼等单位的校内外会议接待服务、客房服务及室内保洁工作。2000 年又接下了理科 1 号、2 号楼、生物技术楼、基金会、红四楼、总务楼的保洁工作,增加保洁面积近 23000 平方米。

茶饮服务部 茶饮服务部对部分茶炉进行了煤改气工作,以节省能源,减少空气污染。用瓷心龙头更换了部分水龙头,打水碱垢,检查封口,并把原来的皮垫改为石棉垫,避免饮水产生异味,水质提高,更加符合卫生标准。

救护车 救护车于 2000 年 12 月 4 日正式移交给校医院,解决了存在多年的危重病人校医院负责救治,校园管理服务中心负责车辆运送的运、救脱离状况。

(董温华)

【学生宿舍管理服务中心】 **深化改革,加强队伍建设** 2000 年 7 月和 10 月分别进行了学生宿舍管理服务中心正副主任及所属各个管理服务岗位的全员招聘和定岗定编工作,中心现有正式职工 18 人(其中全民所有制职工 15 人,集体所有制职工 3 人),临时工 120 人,离退休职工 8 人。经后勤党委批准成立了学宿中心党支部。目前中心有楼长 67 人,卫生员 38 人。在楼长队伍中有中共党员 47 人,占 70.15%,82% 的楼长具有大中专文化,卫生员队伍中有 3 名中共党员,大部分具有初中文化且逐步朝着年轻化方向发展。中心党政领导注重发挥党支部的核心和模范带头作用,不断深化管理和服务机制改革,根据后勤党委的安排,积极认真地组织全体职工学习"三个代表"的文件精神,并把理论学习和本职工作结合起来。经中心全体同志民主评议,评选出 2000 年度先进集体及"先进楼管组"3 个,先进楼长 7 人和先进卫生员 10 人,在全体楼长和卫生员总结大会上予以表彰奖励。

暑期维修工作 由于学校 2000 年招生再次扩大规模,加之昌平校区同学提前返校和文科新生不再去昌平校区等因素,房源供求矛盾突出,急需解决的问题很多。为保证新学年开学工作万无一失,中心利用暑假先后完成以下工作:为 3 栋新生楼(26、34、40)订购美观耐用的组合式钢木家具 1720 件套;粉刷整修了 12 栋 995 间毕业生宿舍;在各宿舍楼增设不锈钢垃圾桶 320 个;配合总务部和校学生会为 3210 间学生宿舍安装了窗帘;协助计算中心完成 13 栋 1916 间本科宿舍楼安装计算机校园网的施工前期工作;协助电话室在 3 栋 445 间新生宿舍完成"201 校园网"施工工程;修配门锁近 900 多把,加配宿舍钥匙 3000 多把;订购优质学生床上用品 2700 套;在 40、41 两栋学生宿舍同联创公司合办两处"大学生洗衣房";新增 47 台全新洗衣机;道路铺装近 1800 平方米,新建"阳光自行车棚"2 个共 310 平方米。在做好本职管理服务工作的同时,还积极配合学校职能部门做好其他管理服务工作如:协助燕园街道开展全国第五次人口普查工作、协助水电中心做好供电变压器改造工程、协助校爱委会做好环境卫生的宣传检查以及灭鼠灭蟑螂工作等。

木工厂工作 2000 年为全校各院系加工制作各类家具 7000 件套,维修全校 162 个教室 11000 多件套课桌椅,在暑期承担了 40 和 43 楼共 30000 平方米学生宿舍的粉刷维修工作。多方积极筹措资金 30 多万元,对原有 50—60 年代的传统木工机械设备,进行了全部更新改造。新购置全部板式木工机械 6 台套,目前已具备生产办公、教学和家居家具的能力。

(段利久)

【运输中心】 **发展情况** 2000 年中心实行上岗招聘和机构改革,职工和管理人员全部招聘上岗。取消原车管科班级编制,设立大小车队和维修保养部。增设办公室、财务室。中心有正式职工 42 人(其中全民所有制职工 29 人,集体所有制职工 13 人),临时工 153 人,离退休职工 29 人。搬家公司设立托运部、搬家部、业务部,建立外埠发展业务。加油站扩展经营范围,成立润滑油销售中心和汽配门市。经过机构改革,中心已形成以运输服务为主体,搬家托运、加油、车辆维修、汽配供应、车务服务相配套的一条龙服务体系。

增强实力,加快车辆更新 2000 年中心对老旧车辆进行更新。报废车辆 6 台,新购车辆 13 台,总资金 400 万元。车辆更新率 50%。更新车辆提高了环保要求和安全系数,也为学校教学科研活动提供了可靠保证,为中心发展打下良好基础,可以承接学校各种运输任务。

建立规范管理制度 2000 年中心各项规章制度更加完善,安全制度、消防措施、岗位责任制、职工道德规范等不断修改完善,并建立了更有效的监督、检查机制。规范管理保证安全生产和运营,是运输服务工作取得良好效益的基础。全年车辆运营安全无事故,被评为海淀区交通安全先进单位。

履行承诺,服务创新 2000年引入竞争机制,强化职工市场意识、竞争意识、服务创新意识。不断克服传统观念影响,使职工转变观念,真正树立全心全意为学校教学科研服务的思想。职工在主动服务意识、服务态度、驾驶作风、心理素质等方面都有较大的提高。中心严格履行服务承诺,树立良好的公众形象,学校各单位反映良好,且业务量稳步上升。中心在2001年春节前召开全校用户服务交流恳谈会,架起沟通桥梁,听取用户意见和建议,以全面改进服务工作。

(牛林青)

【幼教中心】 概况 幼教中心于2000年6月完成了领导班子的招聘工作。中心实行目标网络管理。在具体管理工作中按精练、高效的原则,建立健全组织机构,实行分层负责、分级管理。中心在燕东幼儿园内办公,内设财务室、教科研室、综合办公室、资料室、食堂管理室。中心现有正式职工51人(其中全民所有制职工44人,集体所有制职工7人),临时工29人,离退休职工52人。在完成了行政班子换届后,党支部进行了调整。目前有党员11名,团员11名。党支部重视对入党积极分子的培养工作,有19名同志参加了党校学习。中心还支持工会、教代会组织的工作。工会、教代会作为群众组织参与中心重大事件的决策,召开每月一次的意见听证会,广泛听取群众意见,并协助中心做群众思想工作。中心现有工会会员45名。

改革用工制度,实行全员聘任制 换届后中心进行用工制度的改革,80余人参加了中心主任助理、教师、保育员、炊事员、会计、出纳、资料员、保管员、驾驶员等71个岗位的应聘,经应聘答辩,招聘小组讨论,顺利完成了全员招聘上岗工作。

教学与科研工作 2000年幼教中心以"走出去,请进来"的方式推进教学质量的提高。在海淀区幼教办公室的具体指导下,参加了全区组织的"双一"幼儿园的参观学习活动,广泛吸取经验。请北京市幼教专家来园讲课,丰富信息,提高理论水平。为参加新一轮北京市幼儿园验收做好全方位的准备工作。中心还支持青年教师参加专业进修、学历学习、计算机学习、教育技能等方面的学习。师资队伍整体素质得到提高。中心配合素质教育开展了多种适合儿童年龄特点的兴趣活动。开办了电脑班、钢琴班、美术班、舞蹈班、体操班、围棋班、手工制作班等兴趣活动班。教师体操队与儿童舞蹈班、体操班、美术班的学员多次参加学校、社会的公益演出及参展活动,受到家长、学校和社会人士的好评。中心支持贫困山区幼教事业,协助建起了延庆县井家庄镇第一所幼儿园,2000年10月12日,向延庆县井家庄小学幼儿园无偿捐赠了168张儿童床、儿童桌椅和办公家具等用品;与平谷县机关第一幼儿园建立了手拉手园,协助成立专题教研活动小组,在教研活动中共同进步。

改善办园条件 北京大学投资近850万元翻建了燕东幼儿园,改造了办公楼。2000年4月20日,燕东幼儿园新园通过了验收,4月25日正式入住。中心自行投资50万元购置了具有综合体育锻炼功能的户外大型玩具,添置了5架钢琴,还对两个幼儿园的伙房进行了改造,办园条件得到了改善。

(潘燕生)

【节能办公室】 概况 2000年根据北京大学后勤社会化改革总体要求,学校对节能办公室进行了调整。节能办公室的管理职能即对全校水、电、煤、油的管理控制和监督职能放在总务部机关,挂靠在运行管理办公室,为贯彻国家节约能源的方针政策起到上传下达的作用。水电收费及计量维修工作放在水电中心,使水电运行、管理、维修、收费形成一条龙。2000年全校水电仍然处于供需矛盾紧张的状态,虽然学校采取了规划改造、限制负荷等措施,全年用电量仍达到4536万千瓦时,较上年增长8%,全年用水量为565万立方米,年增长6%。全年水电费支出2636.56万元,年增长10%。2000年回收水电费1602万元,比1999年增收200万元。

节能工作 根据北京市政府的有关文件精神,2000年节能办公室对全校3200余户进行了"一户一表"改造,基本保证了教职工的用电需求。配合市节水办及市节能办分别于2000年5月和2000年10月在全校开展了节水宣传周和节能宣传周活动。

节能工程 在办公楼、南北阁、静园及临湖轩等23000平方米的绿地进行节水喷灌改造,将原来的漫灌和直喷改为地埋升降式喷灌。为节约用水,2000年学生宿舍及行政教学楼使用的4000余只螺旋式水龙头全部更换为新型陶瓷式节水龙头。应用上述节水设施,预计每年可节水8万—10万立方米。

(王祖萌)

【后勤党委】 后勤党委现有党员374人(包括预备党员6人),申请入党积极分子95人。在学校党委领导下,后勤党委按照"三个代表"的要求,认真学习邓小平理论和十五大精神,认真贯彻落实全国高等学校后勤社会化改革的要求,紧紧围绕北大后勤社会化改革的实际,深入研究、大胆探索、自觉开展工作,在新的实践中不断解放思想、转变观念,在保障和促进高校后勤社会化改革的过程中,创建符合世界一流大学需要的后勤党的基层组织。

加强党支部建设、健全党的基

层组织　为了适应学校机关体制改革和后勤社会化改革的需要，结合学校后勤社会化改革中出现的新情况，后勤党委本着有利于党支部开展工作和发挥作用，有利于加强对党员的教育管理和开展党内生活，充分发挥党员的先锋模范作用，有利于开展思想政治工作，密切联系群众，有利于增强党支部的战斗力和凝聚力的原则，适时调整和重新建立了基层党支部，将原有的7个分总支、21个党支部调整组建为3个分总支、23个党支部，其中有8个离退休党支部。由于健全了党的基层组织，理顺了关系，方便了党支部有效地开展工作，从组织上为加强和改进党支部建设奠定了基础。

开展"争优创先"活动，提高党支部的战斗堡垒作用和党员的先锋模范作用　按照学校党委关于评选优秀党员和先进党支部的要求，后勤党委开展了"争优创先"活动，2000年评选出校级优秀党员10名，后勤级优秀党员24名，校级先进党支部2个，后勤级先进党支部4个，并于7月3召开了后勤党委2000年先进党支部、优秀党员表彰大会，大力表彰了先进党支部和优秀党员，积极宣传和学习优秀党员和先进党支部的事迹，在党内形成了一学、二赶、三超的氛围，大大推进了党支部建设。

认真参加"三讲"教育，积极推进后勤社会化改革　后勤系统三个部、九个中心（总务部、基建工程部、资产管理部、会议中心、燕园社区服务中心、餐饮中心、水电中心、供暖中心、学生宿舍管理服务中心、校园管理服务中心、运输中心和幼教中心）等单位的34位同志参加了北京大学"三讲"教育活动。他们认真贯彻学校整体要求，在"三讲"教育活动中，认真学习，深入查摆，切实整改，并把开展"三讲"教育与提高本单位工作质量、为广大师生解决实际困难结合起来，积极推进学校后勤社会化改革，努力做好学校后勤运行保障工作，取得了良好的效果。

努力做好积极分子的培养和发展党员工作　根据新的形势要求和后勤社会化改革的实际，后勤党委认真做好积极分子的培养和发展工作。2000年后勤系统又有30多人提出了入党申请，其中19人参加了北京大学党校入党积极分子培训班，并取得了结业证书。后勤党委加大在中青年管理骨干、技术骨干和生产一线工人中发展党员的力度，在"坚持标准、保证质量、改善结构、慎重发展"的前提下，发展了6名新党员。

加强后勤文化建设和宣传工作，创造良好的后勤改革舆论环境　为了加强后勤宣传工作，后勤党委成立了由3个部、9个中心党、政、工、团组成的宣传小组，充分运用各种宣传载体加大宣传力度。以办好《后勤通讯》为重点，抓好宣传橱窗，积极配合学校电视台、校刊等载体做好宣传报道工作，向全校师生员工传递后勤的信息，汇报后勤社会化改革的情况，让广大师生员工进一步了解后勤、理解后勤、支持后勤，起到桥梁作用。2000年宣传小组出版《后勤通讯》6期，宣传橱窗24版，制作后勤新闻46条。后勤党委支持后勤分工会组织丰富多彩、形式多样的文化活动，达到了振奋精神、凝聚人心、增进健康、丰富生活的作用。特别是在北大"五月的鲜花"歌咏比赛上，由后勤组成的百人合唱团，取得了歌咏比赛一等奖。

（刘宝栓）

·医学部后勤工作·

【概况】　1996年，原北京医科大学后勤由总务处、基建处、物资处、计财处、劳动服务公司、饮食服务中心、校医院、居管会组成，吕忠生副校长主管后勤工作兼任后勤党委书记。

1997年学校实行干部换岗交流，从教学一线抽调德才兼备、年轻化、知识化的干部充实后勤领导岗位，原公共卫生学院党委书记李东方任后勤党委书记，校长助理，后又任主管后勤副校长；原药学院副院长史录文任总务处处长。

1998年11月计财处划归校机关，原修建科由基建处划归总务处，与动力科、供暖办组建校舍维护中心。后勤党委经过换届选举，李东方任后勤党委书记，郭富堂、史录文任副书记，后勤党委由7名委员组成。

1999年随着后勤改革的深入，撤消总务处、基建处、居民管理处，成立后勤部。饮食服务中心、校医院、劳动服务管理中心划归后勤部。史录文任后勤部主任，张奇、韩仁广、王书生、徐善东为后勤部副主任。后勤机关设后勤部办公室、后勤党委办公室，两室合署办公，后勤部下设19个实体，分别为：基本建设管理中心、居民管理委员会、校舍维护中心、饮食服务中心、博士苑宾馆、校医院、房地产管理中心、城内学生服务中心、劳动服务管理中心、热力中心、学生公寓管理中心、幼儿园、绿化卫生管理中心、汽车队、节能办、中心楼管理办公室、天然气管理办公室、材料管理中心、物资供应中心（一直未归属后勤部）。

【后勤改革】　2000年3月，后勤实现了甲乙方分开，以后勤服务部门为基础组建了后勤服务总公司，从学校行政管理系统中分离出来，作为乙方以企业方式运作，实行独立核算，自主经营，自负盈亏，自我约束，自我发展。甲方—后勤部由综合办公室、基建办公室、房地产管理办公室组成，代表学校行使规划、监督、规范管理职能，在管理体制改革方面实行了后勤实体与学校初步规范分离。

（马世慧）

【后勤服务总公司】后勤服务总公司于2000年3月成立，徐善东任总经理，郭富堂、张奇、朱秀田任副总经理。同时组建北京医科大学后勤服务总公司党委，郭富堂任书记，徐善东、张奇任副书记。总公司下属10个实体：北京博士苑宾馆、幼儿园、社区服务中心、运输服务中心、饮食服务中心、校舍维护中心、城内学生服务中心、热力供应中心、公寓管理中心、居民管理委员会。目前拥有正式职工260人，临时工400余人。

后勤服务总公司按有限责任公司的模式进行组建，逐步形成自主经营、自负盈亏、自我发展、自我约束的企业实体。在内部管理上，总公司推行全员聘用制，逐步向全员目标管理过渡，竞争上岗，减员增效。按照"效率优先、兼顾公平"的原则，实施与档案工资脱钩的效益工资浮动制度。

2000年10月，医学部召开了后勤服务总公司第一届职工代表大会。同年，后勤服务总公司工会获北京市总工会"模范职工之家"，北京市先进工会集体和北京大学医学部"先进教职工之家"称号。

【基建工作】卫生部2000年下达医学部中央财政预算内投资计划830万元，截至2000年底，完成投资830万元，投资计划完成率100％。

自筹资金计划2000年年初下达计划3614万元，年底进行了调整，调减620万元，投资计划2994万元，实际完成投资2171万元，投资计划完成72.5％。

抗震加固中央财政预算内专项资金1400万元，完成投资计划520万元，投资计划完成37％。

已竣工建筑面积：25307平方米。包括：

1. 6号筒子楼异地新建工程。建筑面积9492平方米，工程于1999年7月1日正式开工，2000年7月28日竣工交付使用。

2. 生理教学楼、生化教学楼的抗震加固工程。两栋楼建筑面积15248平方米，工程于2000年8月1日正式开工，于2000年8月30日竣工交付使用。

3. 校医院库房。建筑面积567平方米，在校医院东侧接建4层，工程于1999年10月25日开工，2000年5月1日竣工交付使用。

在施工程建筑面积：34148平方米。包括：

1. 3号、4号学生宿舍加固及接层。建筑面积10720平方米，工程于2000年10月20日开工，年底完成加固工程，加层工程完成主体，计划2001年5月竣工。

2. 5号学生宿舍。建筑面积23429平方米，工程于2000年6月6日开工，年底已完成主体结构，提前封顶，计划2001年7月竣工。

（余平）

【节能工作】2000年医学部用水1624257吨，全年支出水费（包括污水）约273万元，与1999年相比，节约用水18.8万吨，价值约60多万元。全年超计划用水指标约5万多吨，交加价水费4万多元。2000年医学部用电10754691度，电费高达633万元。比1999年多用电约145万度。2000年医学部水电费支出约906万元。

从9月到12月投资41万元，用先进的物探方法对医学部的地下管网进行了勘查。通过这一工作，查出了医学部地下各种管网的情况，绘制出彩色的给水、污水、雨水、暖气、天然气、电力、电信、路灯等线路图，并将这些资料储存在计算机中以备查询。

从8月到11月投资94万元对医学部三口自备水井进行了改造，由原来设施落后的自备水井改变成了变频调速、紫外线消毒、螺旋除砂的先进装置，既保证了自备井水质又节约了水。另外，医学部还对所有的高、低位水箱和储水池进行了清洗和消毒。

医学部三个配电室改造工程6月底正式完工。变压器由原来的4台油浸电力变压器、容量2320KVA，改变为4台干式变压器和2台电力变压器，容量为4920KVA，并加大了供电线路的电缆供电负荷，使学校在用电高峰时基本不跳闸。从3月份开始，对医学部居民实行改装载波式卡式电子表，每户进线截面都达6平方毫米，放开了居民用电，并实行先买电后用电。

（戴英岐）

【博士苑宾馆】博士苑宾馆是后勤服务总公司的产业实体。宾馆有中高档客房56间，标准客房76间，可容纳就餐人数200人。在2000年工作中，宾馆坚持"宾客第一、服务至上"的服务宗旨，提供一流住宿餐饮服务，全年完成会议接待任务80多次，共接待国内外宾客1.1万人次。

【幼儿园】医学部幼儿园现有教师18名，其中高级教师8名，一级教师10名；1名获得市级先进称号，2名海淀区骨干教师；本科学历教师1名，大专学历教师8名，中专学历教师6名，保健医师1名。该园有幼儿近270名，按年龄分大、中、小班，每班设有3名保教人员。

本着服务教职工，解除家长后顾之忧的原则，幼儿园主要收托本校教职工适龄子女、第三代子女，适量收托外单位子女。1990年4月，在北京市学前教育工作领导小组组织的北京市托幼园所分级分类验收中，该幼儿园被评为二级二类，1997年7月在复查验收中，再次通过被评为二级二类托幼园所。2000年，该园共完成专题文章24篇，其中2篇获奖。2000年9月，该园开办了蒙台梭利教育实验班。

【居民管理委员会】依据后勤党委和后勤部的改革部署，1999年2月26日居管处更名为北京医科大学居民管理委员会，受后勤部领导。该委员会带领小区全体居民进行社会主义精神文明建设,利用标语、板报、照片展览、宣传栏开展宣传教育,深入开展创建大院级文明楼活动。2000年5月,该委员会完成换届选举工作,设主任1人,副主任1人,委员8人。该委员会完成了本居民区第五次人口普查工作,被评为第五次人口普查工作先进单位。在人口普查工作中,普查家庭户1542户,集体户799户,常住人口7765人,暂住人口1328人,数据准确率100％。

【公寓管理中心】 公寓管理中心负责在校博士生、研究生、本科生、大专生学生宿舍共4853人,及职工集体宿舍、青年公寓444人的管理工作。2000年10月起草制定了《北京大学医学部本部公寓住宅管理的暂行办法》,与入住27号楼职工签订了入住合同。

【热力供应中心】 2000年,该中心保证了总面积36.9万平方米的供暖工作。对外供暖为学校创收88万元。该中心在保证供暖温度的前提下节约挖潜,节约了12％的物耗经费。

2000年暑期,该中心完成了几千米管网设施和近40万平方米楼内设施的更新改造工作:(1)药厂外线及花房暖气改造;(2)新6号楼外线铺设;(3)家属区热力站管道改造;(4)配合煤改气工程的外网改造;(5)26号楼外线铺设;(6)学生大宿舍供暖外线管网;(7)25号楼地下室加装暖气;(8)20号楼地下室供暖设施加装;(9)教学区和学生宿舍老楼管道检修;(10)生理、生化楼加固暖改工程。

【校舍维护中心】 校舍维护中心是由原校舍维护、绿化卫生、材料供应、中心实验室管理、节能办公室等部门合并的实体,负责全校的水、电、电梯的运行和管理,校园绿化卫生、公用设施和房屋的维修与管理等工作。2000年,该中心以"转变观念,树立新风,团结协作,努力工作"为工作重点,完成了工作任务。

该中心完成了医学部一期电改造工程,彻底解决了供电超负荷运行及居民用电、教学用电混合计量计价的历史遗留问题;如期完成了25号楼地下室工程,保证了2000级新生入住;完成了生理楼装修改造工程,团委改造工程,对33个实验室近1999.8平方米的大修改造、油漆粉刷,并对城内学生管理中心、旧留学生楼、供应科、教育处等单位进行了共2114.41平方米的粉刷;完成了医学部内给排水系统的改造工程及26号楼前期三通一平、配合3号楼4号楼抗震加固、学生宿舍大宿舍的辅助工程。

该中心完成了国庆节环境布置、美化校园工作,保证日常会议用花6000余盆,花坛地栽宿根花卉5000余棵;组织参加荒山义务植树人数3156人,共植树6400棵,抚育野生树3200棵,一树一库管理32000棵。

该中心为全校的家属区住户都安装了电子式载波卡表,对近1700户用户进行了新开户注册,并输入计算机,安装卡表后,进行了区域卡、清零卡、用户卡的核实。

该中心为学生宿舍楼换门锁150把,修窗门及小五金更换100多扇,更换大小玻璃70多块,更换、维修床50多张。为了保证维修的及时性,该中心设立紧急抢修值班电话,并派专人24小时值班。

医学部共有电梯35部 2000年完成了10部老旧电梯的更新改造;完成了3部电梯的大修改造,并完成了13部电梯的取证工作。

【社区服务中心】 社区服务中心是在原劳动服务公司的基础上建立的,负责家属区及学生生活区的服务管理工作。现有职工17人。社区服务中心配合改革制定了规章制度和管理办法,在招待所实行微机动态管理,全年超额完成利润指标。

【饮食服务中心】 饮食服务中心坚持"以人为本、以质取胜、以优取信,就餐者的需求就是我们的追求"的指导思想。自2000年4月以来,引入竞争机制,公开招聘学生食堂、回民食堂、采购组等部门主管及中心所属时缘餐厅的经理。采取了多种经营模式。

【城内学生服务中心】 城内学生服务中心是为临床实习学生住宿提供一系列后勤服务的实体。负责第一医院的草岚子宿舍区、人民医院的羊肉胡同宿舍区、真如镜进修生宿舍区的管理和服务工作。2000年4月食堂开始实行总公司批准的管理经费分配的办法。经过实践,职工改变了服务态度,增加了服务项目,食堂增长了营业额。炊事员人数从1999年的15名减少为11名,减员27％,营业额增长23％。2000年6月,完成了学生服务区煤改气、煤改油工程。对原有的危旧线路进行了改造更新。

【运输服务中心】 2000年,该中心在人员工资和油价上涨的情况下,不但降低了成本,而且还增加了利润和效益。采取与其它单位相互合作的方式开拓新的市场,由合作方出资买车,车队提供服务,以自己高技术水平司机作为人才资本,靠提高服务质量和诚实的劳动开发出新的利润。该中心开办了以有限责任形式股份的"助行修理厂"。200平方米的营业厅已完工,兴建了300平方米的新厂房。

(徐善东、王维珍)

【医学部医院】 2000年4月,北京医科大学校医院改名为北京大学医学部医院。现有职工32人(外聘3人),其中医生11人,护士11人,药剂2人,其他8人。下设13个临床科室。有万元以上医疗设备10件,新购置设备有X线机、尿十项分析仪、全自动生化分析仪、B超仪、K-3光热治疗机等。

2000年全年门诊41859人次,

日均门诊204人次,急诊386人次,静脉点滴2530人次,家庭病床137人次。查体2385人次,其中学生833人次,教职工1494人次(妇女病普查958人次)。计划免疫3159人次。无偿献血479人次,获2000年北京市无偿献血先进单位。完成计划生育率100%、晚婚率100%、晚育率100%,获2000年计划生育先进单位。红十字会积极开展急救培训、社区慢性病咨询、支持申办奥运、为残疾人服务等工作,2000年获北京市红十字会先进集体。

准备定点医院的检查工作,开展"病人选医生"创优质服务活动,做好社区卫生服务站复查工作及社区健康讲座,增强群众自我保健意识,提高生活动质量。分析社区老年慢性病疾病谱,探索大学社区卫生服务新途径。

医院加强公费医疗管理力度,建立就诊转诊制、处方病历核查制,加强报销审及药品管理等。2000年7月下发《北京大学医学部公费医疗补充管理办法》。该医院获2000年度北京市公费医疗管理先进单位。

2000年该医院多次参加全国性、中华医学会及区、校举办的各种学习班;多次举办专题讲座(高血压、冠心病、糖尿病合理治疗趋势等)和对大学生举办常见传染病、血液知识、救护、心理健康、艾滋病等讲座;参加了2000年全国恶性肿瘤防治研讨会及心血管疾病国际研讨会。医院护士完成了每年25学分护理学习,1名医生参加了在职研究生学习,全年医院职工共撰写论文4篇。

(肖秀兰)

附 录

北京大学后勤社会化改革方案
(校发[2000]71号)

为贯彻全国高等学校后勤社会化改革工作会议精神,根据教育部《关于进一步加快高校后勤社会化改革的意见》和北京市《北京高等学校后勤社会化改革规划》的要求,结合我校实际,制定本方案。

一、改革的指导思想

改革的指导思想是:以邓小平理论和党的十五大精神为指导,认真贯彻落实全国高等学校后勤社会化改革工作会议的精神,根据北京市提出的"政府主导、因校制宜、区域联合、行业联办、加强组织、务求实效"的方针,充分运用政府提供的政策支持和改革措施,密切结合我校的实际情况和后勤改革的经验,按照有利于为学校教学、科研和师生员工提供优质服务,有利于发展后勤产业和职工队伍建设,有利于逐步减轻学校负担和促进学校改革发展与稳定的要求,努力使全校师生满意,领导满意,后勤实体干部和职工满意,解放思想、转变观念、实事求是、大胆实践,逐步建立起适应社会主义市场经济体制,符合创建世界一流大学需要的后勤保障体系。

二、改革的进程和目标

根据教育部和北京市推进后勤社会化改革的安排,结合北京大学的具体情况,我校的后勤社会化改革大体分为三个阶段实施,分步达到预期的目标。

第一阶段,从2000年3月至2000年底。在学校机关体制改革中,已经建立了小机关型的后勤管理职能部门的基础上,按照本方案组建服务实体,鉴于服务单位的现状,本着成熟一个组建一个的原则,按期完成。实体与后勤管理职能部门形成契约关系,明晰产权,明确责、权、利。实体自主经营、自负盈亏;企业管理,收费服务。与此同时,改变学校的预算拨款体制,实体承担的相应服务项目,由原来的学校拨款服务,改为学校拨款到职能部门和用户,实体向职能部门和用户收费进行服务。

第二阶段,从2001年初至2001年底。各实体按照现代企业制度的要求,进一步完善内部管理体制和运行机制,建立健全各项规章制度,努力适应市场经济体制和高校后勤社会化改革的形势与要求,积极参与市场竞争,不断壮大实力,提高服务质量。学校积极帮助、扶持实体,进行规范管理,增强实力。争取发育几个能作为北京市高校后勤社会化改革的龙头实体(企业)。

第三阶段,从2002年初至2002年底。在实体逐步适应市场经济体制的基础上,进一步壮大实体的经济实力。按照北京市的统一部署,区别不同情况,把校内实体通过"并入、托管、联办、连锁、股份合作"等形式进入高校或社会后勤集团,完成校际之间的区域联合以及社会与学校联合办后勤,实现后勤社会化。

三、改革的管理体制

改革在学校的组织领导下进行,学校的代表机构与实体形成甲乙方之间的契约关系。

1. 组织领导

学校成立后勤社会化改革领导小组,由校长任组长,主管副校长和校长助理任副组长,组织部、人事部、财务部、资产部、纪检监察审计部和总务部等单位的负责人为成员。其主要职能为:

(1)组织实施学校后勤改革方案,提出与之配套的改革政策;

(2)协调改革的范围、进程以及人事安排、资源配置等;

(3)审定甲、乙方的契约;

(4)做好改革过程中的舆论工

作和思想工作。

2. 甲方代表机构

甲方代表机构为总务部,代表学校行使管理职能,维护学校权益,为学校的教学、科研和师生员工组织提供后勤保障。其主要职责为:

(1)制定学校后勤社会化改革的各项制度,规划后勤保障的内容、标准和要求,理顺后勤各方面的关系;

(2)代表学校以契约、合同形式向乙方提出服务的任务、标准、要求,并检查、监督乙方执行合同的情况;

(3)制定学校后勤财务年度预算计划,经学校批准后负责组织实施;

(4)负责落实学校对乙方的拨款,确定乙方的收费标准和办法;

(5)对后勤实体租赁使用的资产进行监控,防止国有资产受损或流失;

(6)学校认为应由甲方进行管理的其他工作。

3. 乙方机构

乙方即学校后勤服务或经营实体,承担甲方通过契约、合同方式确定的服务项目,为学校提供优质服务。其主要职责为:

(1)根据学校要求和后勤实际情况建立高效精干的乙方管理体制和机构;

(2)合理设置岗位,实行干部聘任制和全员劳动合同制;

(3)制定内部分配制度及各项管理制度;

(4)按照甲乙双方的契约制定年度工作计划;

(5)设立内部监控机构,确保工作质量和服务质量;

(6)向甲方定期或应甲方之邀报告财务运行状况,并接受审计;

(7)协助甲方做好与师生员工的信息沟通工作;

(8)认真做好租赁资产的使用和保养工作,明确保值责任;

(9)不断解放和发展生产力,争取跨出校门扩大服务范围,寻找新的经济增长点。

四、改革的措施

除学校规定的社区服务中心和会议中心的服务项目以外,对其他服务项目,按行业管理的原则,组建服务实体,以便合理配置资源,形成规模效益。实体要按现代企业制度要求,形成内部计划、实施、反馈、监控各环节构成的封闭回路的管理机制,以便保证系统正常运转,提高服务质量。学校根据实体的不同情况给予物质上的支持和政策上的扶持,实体在确定服务质量标准和收费标准时应充分考虑到学校的资产投入和政策优惠,并将相关内容在双方签订的契约中体现。目前,学校将按七个服务行业,组建相应的实体。

1. 餐饮中心:承担师生员工餐饮服务工作,为学生提供基本的伙食供应。

2. 水电中心:承担全校水电管理与运行工作,供电、供水管网及水电表维修,水电费收缴等。

3. 供暖中心:承担全校供暖、供热、供汽和热电站的运行工作,管网的维修及供暖费的收缴等。

4. 校园管理服务中心:承担校园绿化、园林养护、环境卫生、教学及办公用房的保洁,以及收发、茶炉、订票、会场布置等服务性工作。

5. 学生宿舍管理服务中心:承担学生宿舍调配及相关设施的管理,负责学生宿舍楼卫生安全等服务工作。

6. 运输中心:为学校及师生员工提供客货运输及相关服务。

7. 幼教中心:承担对学龄前儿童实施保育和教育工作。

五、改革的政策支持

1. 人事管理

人事管理的改革是后勤社会化改革成功与否的关键。要在保证职工队伍基本稳定的基础上,对于进入实体的职工,执行北京市高校后勤社会化改革中人事制度改革的政策。

(1)改革前属我校事业编制人员的人事管理

2000年1月1日以前在册的事业编制人员,由学校负责保留其档案工资、职称、职务等记录,根据国家与地方的政策,同步记录其工资的变化。

在改革的第一、第二阶段,在一定的时期内对部分实体职工仍给予原享受的各项国家与地方规定的工资、津贴等福利待遇。

后勤干部职工的养老保险金、住房公积金、医疗保险金、失业保险金等,按学校对事业编制人员的统一规定执行。执行时,学校将区别实体的不同情况,确定由学校负担、学校与实体共担或实体自行负担等方式处理。

后勤干部职工的职称评定工作,由学校按教职工职称管理办法同样进行,评审合格后,由学校授予资格。

后勤干部职工达到离退休年龄时,由学校按国家和地方政策规定及原编制性质办理离退休手续,享受学校离退休人员同等待遇。

(2)对干部的聘任与管理

实体的干部实行聘任制,采用双向选择、竞争上岗、择优聘用的用人机制。各服务实体的总经理或中心主任,公开招聘,学校组织部、人事部考核,学校聘任。副总经理或中心副主任由总经理或中心主任参加的招聘小组进行考核提名,学校聘任。被聘干部的报酬由乙方决定并负责,与其原档案职级及工资无关。

实体的干部也是学校干部队伍的重要组成部分。干部实行目标责任制,任期期限根据实际情况及岗位性质确定,正副职的任期一般都不超过四年,均可连聘连任;根据其岗位职责,实体负责人可享受学校相应级别干部的有关待遇。

(3) 对职工的聘用与管理

职工聘用以签订劳动合同形式确定，合同由实体负责与职工签订，经人事部盖章确认。合同期根据实际情况及岗位性质确定，应一年一签。实体所聘用职工的报酬与被聘人员原档案工资无关。

(4) 工资管理

实体的工资手册单列，由人事部管理，实体根据其运行情况自行制定分配方法。

(5) 人员流动的管理

实体人员的人事关系由人事部统一管理。实体人员进出北京大学以及在校内流动均由人事部负责办理。

2. 财务管理

实体财务管理改革的目标是，改行政拨款为有偿服务收费，并逐步与社会行业收费标准接轨，真正走上市场化、社会化道路，建立符合学校特点与需要的后勤财务管理体制。根据我校的实际情况，需要维持一段时间的"拨"和"收"相结合的过渡性经费结算办法；实体实行模拟法人的事业单位企业化管理模式，收支纳入学校统一核算。在此期间，甲方应按计划及时拨款到位，保证乙方正常运行。最终实现企业化管理模式，独立核算，自负盈亏，自我发展。

3. 资产管理

实体资产管理改革的基本要求是：明晰产权、采用租赁或股份形式运作，确保国有资产的正常使用和保值。

(1) 原后勤部门使用的学校不动产、固定资产原则上整体交服务实体使用，学校不进行产权转移，而实行租赁或股份形式使用。改革初期可实行"零价"租赁，逐步实行有偿使用；

(2) 对于原来不提折旧，难以评估的特殊固定资产，可实行实物租赁，以确保其正常使用周期；

(3) 实体对租赁使用的学校资产负有正常使用、安全保值的责任。未达规定期限而报废的资产，其损失由乙方承担；已达使用期限需报废的资产，应报资产管理部办理核销手续，乙方不得自行处理；

(4) 资产租赁移交时，由甲乙方共同组成资产清理小组，进行清点、登记、造册，经资产管理部审查后，进行移交；

(5) 经甲乙双方同意，在资产使用期计提折旧的，所提折旧交甲方，专款用于补充设备更新。后勤社会化改革大势所趋，机遇难得，要充分认识改革的必要性和重要性；由于我校的后勤服务部门较多，基础设施条件落后，参与转制的干部职工人数较多，又要充分认识改革的艰巨性和复杂性。后勤全体干部职工一定要树立顾全大局，保持稳定的观念，各相关职能部门要在学校统一领导下，解放思想、转变观念、积极稳妥地处理改革中出现的各种问题，做好深入细致的思想工作，以确保我校后勤社会化改革工作的稳步进行。

六、本方案经2000年4月21日第418次校长办公会讨论通过，由总务部负责解释。

北京大学
2000年4月21日

表 8-72　总务部 2000 年基础设施改造工程一览表

项目编号	工程名称	工程内容	投资金额(万元)
1	水井更新工程	校内43号楼井、畅春园井、五四运动场井、水塔井更新为深水井	415.4
2	路灯改造工程	办公楼及未名湖周边路灯改造，安装153套新型灯具，铺设电缆1.3万延长米	149.0
3	35kV电站外网工程	学校35kV电站增容改造，将电站5000kVA变压器更换为10000kVA变压器	36.5
4	成—白路拓展工程	成府路、白颐路拓展工程中北大预留、改造上下水及暖沟工程	139.2
5	集中供暖改造工程	集中供暖一期锅炉房20吨锅炉房大修及除尘器、分水分离器等部分设备更新	345.7
6	学生区绿地改建工程	学生宿舍区改造绿地9000平方米，铺便道1000平方米，栽种苗木2100株。	94.9
7	宿舍电改造工程	校区宿舍用电设施线路、开关、电缆等改造工程	478.7
8	学生40号、26号家具	部分学生宿舍更新配置组合家具等共1720套。	75.8
9	学生宿舍综合大修	学生40、26、43、29、35楼墙地、门窗、水房、厕所等水电暖通讯等综合大修。	253.7
10	办公楼等绿地改造工程	学校办公楼、南北阁、静园、临湖轩等及周边绿地改造、喷灌改造、种植冷型草等。	133.6

项目编号	工程名称	工程内容	投资金额(万元)
11	学生区上下水外线工程	农园至学生区、勺园至学生区等1850米上下水管线改造工程	81.7
12	供暖外网管线改造工程	校内部分供暖管线保温层1500延长米维修。	243.7
13	附中污水外线工程	附中100米上水及150米下水改造工程	28.0
14	未名湖南岸修路工程	未名湖南岸翻新道路1700平方米。	28.3
15	其它临时项目(办公楼尾款)	办公楼综合大修改造工程。	46.2
16	学生食堂改造工程	学四食堂综合改造工程和配电设施改造工程。	244.0
17	畅春园青年公寓环境及绿化工程	改造绿地1500平方米,铺路400平方米,建车棚90米,安装路灯8套。	11.3
18	全校公厕上下水改造工程	第二体育馆新增女厕一间,改造2间。	1.9
19	燕北园电站改造工程	燕北园电站泵站维修及加装消毒器、除沙器等	21.3
20	朗镜地区上下水干管及提升井工程	朗镜地区排水建提升井及上下水改造共2000延长米。	19.3
21	生物变电室改造工程	增设变压器一台及改造电缆线路。	12.8
22	承泽园上水外线改造工程	承泽园南北院上水2000延长米改造。	16.7
23	图书馆室内水电主干线改造工程	图书馆新旧馆铺设电缆及旧馆配电柜改造更新	26.0
24	学生区外部供电线路局部整修工程	学生区35楼前增设400kVA变压器及线路更新调整	14.4
	合 计		2918.1

表8-73 "九五"期间北京大学"211工程"投资完成统计表

单位:万元

年度	国家计委	财政部	教育部	捐赠	校自筹	合计
1996	8125	4375	1000		1841	15341
1997	7150	2275	1000		3277	13702
1998		1575	1000	3732	4478	10785
1999	2600	1400	1000		4463	9463
2000	1625	875			3562	6062
合计	19500	10500	4000	3732	17621	55353
1996年前完成					162	162
总计	19500	10500	4000	3732	17783	55515

表8-74 "九五"期间北京大学"211工程"项目投资完成一览表

单位:万元

项目名称	建筑面积(平方米)	计划总投资						"九五"完成各项投资情况					
		合计	国家计委	财政部	教育部	学校		合计	国家计委	财政部	教育部	学校	
						校自筹	捐赠					校自筹	捐赠
总计	121266	57306	19500	10500	4000	19574	3732	55515	19500	10500	4000	17783	3732
1.学科建设		16000	5500	10500				16000	5500	10500			
2.公共服务体系		2000	2000					2000	2000				
3.基础设施建设	121266	39306	12000		4000	19574	3732	37515	12000		4000	17783	3732

表8-75 "九五"期间北京大学"211工程"基础设施项目完成投资一览表

单位:万元

项目名称	结构	层数	建筑面积(平方米)	计划总投资	各项投资完成情况				
					国家计委	教育部	校自筹	校捐赠	合计
总 计			121266	39306	12000	4000	17783	3732	37515
1.理科教学楼群			86454	28203	9875	3000	9971	3732	26578
①理科教学楼1号	框架	2—9	43098	13760		3000	7767	1600	12367

项目名称	结构	层数	建筑面积（平方米）	计划总投资	各项投资完成情况				
					国家计委	教育部	校自筹	校捐赠	合计
②理科教学楼2号	框架	2—9	43356	14443	9875		2204	2132	14211
2. 水电暖基础设施			5598	6150	2125	1000	2947		6072
①电				593		593			593
②热电			5598	5479	2125	407	2947		5479
3. 其他基建			29214	4953			4865		4865
①燕北园住宅搬迁1号	内浇外砌	6	4465	534			534		534
②燕北园住宅2号	内浇外砌	6	4986	737			737		737
③燕北园住宅3号	内浇外砌	6	3856	457			457		457
④燕北园住宅4号	内浇外砌	6	4274	508			508		508
⑤燕北园住宅8号	内浇外砌	6	4127	576			576		576
⑥燕北园住宅9号	内浇外砌	6	3753	650			613		613
⑦燕北园住宅10号	内浇外砌	6	3753	591			591		591
⑧燕北园住宅室外工程				900			849		849

表 8-76 2000年北京大学基建投资计划完成统计表

单位：万元

序号	工程类别	施工面积（平方米）	竣工面积（平方米）	2000年计划投资	基建投资完成							2000年新增固定资产
					国家计委	财政部	教育部	国债	学校		合计	
									自筹	捐赠		
1	211工程	121266	121266	6743	1625	875			3755		6255	6841
2	非211工程	309467	223494	31944			300		18635	1893	20828	
3	专项工程	146941	114783	9558					868		3167	798
①	筒子楼	7292	7292	1008					868		868	583
②	抗震加固	98610	63406	(结转1810)				740			740	215
③	煤改气专项			5400					4		4	
④	扩招（2000年北医）			750				533			533	
⑤	高教文献保障体系建设			2400	1022						1022	
	总计			48245	2647	875	300	1277	23258	1893	30250	7639

表 8-77 2000年北京大学教育振兴行动计划基础设施建设计划完成统计表

单位：万元

序号	工程类别	施工面积（平方米）	竣工面积（平方米）	2000年计划	教育振兴行动计划基础设施投资完成	备注
1	教育振兴行动计划	90823	86574	9767	7133	"985"专项

表 8-78 2000年抗震加固及教育振兴行动计划专项资金（基础设施）完成投资统计表

单位：万元

序号	工程项目	加固改造建筑面积（平方米）		抗震加固（国债专项）		教育振兴行动计划基础设施（"985"专项）		备注
		抗震加固	维修改造	计划投资	2000年完成投资	计划投资	2000年完成投资	
	总计	98610	90823	1978	739.6	9767	7133	加固计划含学校自筹168万元
	国债专款			(结转1810)	739.6			
1	1—6院加固维修	8800	8800	260	50.92	1000	270	一、二、五院已完成
2	化学南楼加固维修	2000	2000	46	2.33			
3	化学北楼加固维修	2000	2000	33	29.32	280	223	

序号	工程项目	加固改造建筑面积（平方米）		抗震加固（国债专项）		教育振兴行动计划基础设施（"985"专项）		备注
		抗震加固	维修改造	计划投资	2000年完成投资	计划投资	2000年完成投资	
4	老化学楼加固	5000		150	14.22			
5	外文楼加固维修	2000	2000	30	27.98	210	129	
6	办公楼加固	2600		47	3.08			
7	档案馆加固维修	1900		56	2.21			
8	民主楼加固维修	1000	1000	21	20.19	135	131	
9	红一楼加固维修	1350	1350	30	24.33	210	177	
10	红二楼加固维修	1350	1350	30	24.33	210	177	
11	红三楼加固维修	1350	1350	30	24.33	210	177	
12	红四楼加固维修	1350	1350	30	25.33	210	176	
13	计算中心东楼加固	1400		40	0.47			
14	计算中心西楼加固	1400		40	0.48			
15	南北阁加固	1100		42	1.22			
16	俄文楼加固维修	1400	1400	6	6.6	245	165	
17	一体加固维修	2370	2370	56	47.36	6	6	
18	二体加固维修	1930	1930	28	20.73	6	6	
19	生物东馆加固维修	600	600	1	0.26	20	40	
20	生物西馆加固	800		1	0.32			
21	一教加固	3300		66	63.27			
22	文史楼加固维修	3000	3000	27	72.57	130	93	
23	地学楼加固维修	3000	3000	91	3.61	400	93	
24	生物楼加固	5000		100	76.28			
25	哲学楼加固	3500		106	13.38			
26	生物物理实验室加固	800		1	0.37			
27	水塔加固	500		10	0.23			
28	昌平园图书馆加固	4269		80	2.51			
29	校医院加固维修	3155	3155	46	23.95	230	190	
30	物理楼加固维修	19216	19216	70	-0.20	305	305	
31	大锅炉房加固	1170		30	-0.09			
32	昌平主楼加固维修	10000	10000	206	157.71	678	678	
	老化学楼加固（自筹）			16				
	档案馆加固（自筹）			8				
	昌平园主楼加固（自筹）			144				
33	新化学楼综合维修		15194			1657	1657	
34	体教中心维修		4178			350	335	
35	中关园501—506号外墙装饰					220	209	
36	学生宿舍45—48号电气维修					180	158	
37	校园地形图测绘					30	30	
38	理科楼首层防盗窗					23	21	
39	考古地下室装饰		1016			147	129	
40	理科楼群绿化					95		
41	勺园6号楼改造		4564			800	518	
42	五四运动场改造			880	592	另完成素质教育投资		400万元
43	110kV电站					300		
44	例行零星维修					600	448	

教育基金会与校友会工作

【概况】 2000年度北京大学共获各类捐赠价值约4700万元人民币,其中49.9%用于学校基础建设,36.5%用于学校的教学科研工作,13.6%用于其他项目。重大的捐赠项目有香港新鸿基地产有限公司捐赠2200万元人民币支持国际关系学院大楼建设,日本阿含宗管长桐山靖雄先生捐赠100万美元设立研究基金。

2000年北京大学教育基金会管理的奖助金项目共计108项,由87个企业、机构或个人捐资设立。其中奖学金68项,奖教金16项,助学金15项,研究资助项目9项,年度奖金发放总额约为942万元,有3100余名教师和学生获得奖励或资助。

2000年8月,北京大学校长许智宏院士,常务副书记、副校长闵维方博士率北大代表团赴香港开展筹款活动,并拜会了一直关心和支持北大发展的当地各界名人。

2000年校庆期间,北京大学教育基金会校友联络部与校友会共同组织了"0"字级校友返校活动,并为校友们奉上"20世纪北京大学著名学者墨迹展"、专题讲座、制作校友卡等多项精彩节目。"0"字级校友筹集资金装修了图书馆展览厅,为全校师生经常享受高品位的文化学术展览提供便利。此外,校友通讯《北大人》顺利发行4期,北京大学校友网也试运行半年。

北京大学教育基金会的财务和基金管理自其成立之日起实行独立核算,民主管理。2000年元月始,其财务核算、管理实现了计算机化,经过一年的试运行,效果良好。同时,教育基金会进一步加强财务管理,严格财务制度,根据基金会的特点,初步起草了有关财务、基金管理办法。

北京大学教育基金会办公地址于2000年6月由红四楼迁至镜春园75号院。

(黄 生)

附 录

表8-79 2000年奖学金、奖教金、助学金、研究基金概表

奖学金

编号	奖学金名称	捐资单位、个人	奖金总额(元)	名额合计	金额分配(元/人)
1	光彩奖学金	中国光彩事业投资集团	920000	230	4000
2	光华奖学金	光华教育基金会	736800	501	本1200;硕1500;博1800
3	明德奖学金	香港北大之友香港有限公司	656000	164	4000
4	世顺奖学金	香港世顺集团有限公司	284000	108	一等5000;二等3000;三等2000
5	奔驰奖学金	戴姆勒克莱斯勒公司	211200	48	4400
6	董氏东方奖学金	香港东方海外货柜有限公司 香港董氏慈善基金会	195000	65	3000
7	玫琳凯奖学金	杭州玫琳凯有限公司	189000	63	3000
8	佳能奖学金	佳能公司	180000	70	特4000;优2000
9	曾宪梓基金会奖学金	曾宪梓有限公司	180000	50	3600
10	靳羽西奖学金	靳羽西化妆品有限公司	140000	35	4000
11	安泰奖学金	美国安泰国际保险公司	129900	91	本1200;硕1500;博1800
12	摩托罗拉奖学金	摩托罗拉(中国)公司	124000	94	特4000;优1000
13	汇凯奖学金	中国汇凯实业(集团)有限公司	120000	60	2000
14	柯达奖学金	柯达(中国)有限公司	110000	24	本硕4000;博5000;方正研6000
15	细越奖学金	财团法人细越育英会	108000	54	2000
16	宝洁奖学金	宝洁公司	92000	56	本1500;硕2000
17	通用电气基金会奖学金	美国通用电气基金会	92000	46	2000
18	三和银行奖学金	日本三和银行	80000	40	2000
19	IBM中国优秀学生奖学金	IBM公司	20000	4	本4000;研8000

编号	奖学金名称	捐资单位、个人	奖金总额(元)	名额合计	金额分配(元/人)
20	杜邦奖学金	杜邦(中国)集团有限公司	67500	25	本2500；研3000
21	杨芙清-王阳元院士奖学金	杨芙清院士、王阳元院士 北大青鸟集团有限公司	60000	10	6000
22	岗松奖学金	岗松家族	51500	45	本1000；硕1200；博1500
23	国泰奖学金	台湾国泰人寿保险公司	46000	0	经济学院定
24	IET奖学金	美国IET教育基金理事会	48000	30	研2000；本1200
25	联想奖学金	联想集团公司	43000	21	本2000；研2500
26	英特尔奖学金	英特尔公司	40000	10	4000
27	宝钢奖学金	宝钢教育基金理事会	40000	20	2000
28	土人研究生设计学奖学金	刘永好先生	35000	0	
29	中国科学院奖学金	中国科学院	35000	20	本1000；硕2000；博3000
30	杨钦清宗教学奖学金	杨钦清先生	22500	20	本1000；硕1300；博1500
31	诺基亚奖学金	诺基亚公司	32000	10	3200
32	索尼奖学金	索尼公司	33600	12	2800
33	住友银行奖学金	日本住友银行	32000	20	1600
34	华为奖学金	深圳华为技术有限公司	33000	11	3000
35	乡村第一代大学生奖学金	中国青少年基金会、可口可乐公司	32000	16	2000
36	花旗银行奖学金	花旗银行	30000	10	3000
37	住友商事奖学金	日本住友商事株式会社	28800	18	1600
38	东宝奖学金	通化东宝实业集团公司	21000	7	3000
39	松下电器奖学金	松下电器产业株式会社	19500	13	1500
40	香港城市大学奖学金	香港城市大学	20000	15	本1000；研2000
41	儿玉绫子奖学金	儿玉绫子、铃木重岁	19000	11	系定
42	华盛顿校友会奖学金	华盛顿校友会	17700	1	17700
43	人口奖学金	人口学基金	17000	0	人口所定
44	华藏奖学金	新加坡净宗学会	16000	12	哲学系定
45	欧阳爱伦奖学金	欧阳桢兄妹	15500	13	本1000；研1500
46	世纪精英奖学金		15000	3	5000
47	深圳长园奖学金	深圳长园新材料有限公司	10000	4	2500
48	林超地理学奖学金	刘闯女士、刘阳先生	10000	4	本2000；硕3000；博3000
49	恒生银行奖学金	恒生银行有限公司	10000	5	2000
50	小川平四郎奖学金	小川平四郎家族	9000	3	3000
51	成舍我奖学金	成舍我纪念基金会	8000	2	4000
52	日本NKK奖学金	NKK公司(日本钢管株式会社)	8000	4	2000
53	朗讯奖学金	朗讯公司	8000	1	8000
54	谢义炳奖学金	谢义炳基金会	7300	0	
55	力学攀登奖学金	中国科学院力学所	6000	5	1200
56	余景山奖学金	余景山先生	5350	3	本1600；硕2150
57	冯友兰奖学金	余景山先生	5350	3	本1600；硕2150
58	杨乃英历史奖学金	杨乃英先生	5300	3	本1600；硕2100
59	杨乃英国政奖学金	杨乃英先生	5300	3	本1600；硕2100
60	霍铸安经济奖学金	霍铸安先生	5300	3	本1600；硕2100
61	霍铸安法律奖学金	霍铸安先生	5300	3	本1600；硕2100
62	谢培智奖学金	谢培智基金	4500	3	本1400；硕1500；博1600
63	冯奚乔奖学金	冯奚乔纪念基金会	4000	1	4000

编号	奖学金名称	捐资单位、个人	奖金总额(元)	名额合计	金额分配(元/人)
64	优秀青年加速器工作者奖学金	陈佳洱教授	3500	1	
65	芝生奖学金	冯钟璞女士	3000	3	1000
66	关伯仁奖学金	Prof. Gorlden Beanland & Mr. Andrew Power	2800	1	2000
67	钱穆中国历史奖学金	佘景山先生	2140	1	2140
68	东京三菱银行奖学金	东京三菱银行	84000	40	2100
总计			5650640	2272	

奖教金

编号	奖教金名称	捐资单位、个人	奖金总额(元)	名额合计	金额分配(元/人)
69	桐山奖教金	日本阿含宗桐山靖雄先生	210000	40	特10000；优5000
70	正大奖教金	正大集团公司	184000	33	特10000；优5000
71	安泰奖教金	美国安泰国际保险公司	152000	59	个人3000；项目4000
72	杨芙清—王阳元院士奖教金	杨芙清院士、王阳元院士 北大青鸟集团有限公司	100000	6	20000
73	树仁学院奖教金	香港树仁学院	70000	14	5000
74	通用电气基金会奖教金	美国通用电气基金会	72000	18	4000
75	摩托罗拉奖教金	摩托罗拉(中国)公司	60000	12	5000
76	宝洁奖教金	宝洁公司	40000	10	4000
77	华为奖教金	深圳华为技术有限公司	40000	10	4000
78	花旗银行奖教金	花旗银行	40000	10	4000
79	宝钢奖教金	宝钢教育基金理事会	35000	6	优5000；特10000
80	柯达奖教金	柯达(中国)有限公司	32000	4	校内6000；方正10000
81	东宝奖教金	通化东宝实业集团公司	25000	5	5000
82	岗松奖教金	岗松家族	22500	15	1500
83	IBM奖教金	IBM(中国)公司	20000	2	12000；8000
84	杨钦清宗教学奖教金	杨钦清先生	11500	5	2300
总计			1114000	249	

助学金

编号	助学金名称	捐资单位、个人	奖金总额(元)	名额合计	金额分配(元/人)
85	郑格如助学金	郑格如基金会	324000	81	4000
86	晨兴助学金	香港恒隆有限公司	200000	100	2000
87	东港助学金	东港工贸集团公司	150000	150	1000
88	奔驰助学金	戴姆勒克莱斯勒公司	115200	48	2400
89	汇凯助学金	中国汇凯实业(集团)有限公司	60000	40	1500
90	长城律师助学金	长城律师事务所	20250	0	系定
91	黄乾亨助学金	黄乾亨基金会	18500	10	本1500；硕2000 博2500
92	香港校友会助学金	香港校友会	16000	8	2000
93	浩瀚助学金	浩瀚基金会	15000	10	1500
94	智慧助学金	照惠法师(释照惠)	14000	6	本2000；研3000
95	君合助学金	君合律师事务所	12750	0	系定
96	卜一明助学金	卜一明先生	10000	5	2000
97	邓爱平助学金	邓爱平女士	6300	3	2100
98	王名伟育才助学金	王名伟先生	4000	0	系定
99	翁锡肇育才助学金	翁锡肇先生	2800	1	2800
总计			968800	462	

研究资助项目

编号	奖学金名称	捐资单位、个人	奖金总额(元)	名额合计	金额分配(元/人)
100	奔驰博士生海外研修	戴姆勒奔驰基金会	540000	7	每人每月1700马克
101	光彩著作出版基金	中国光彩事业投资集团	500000		
102	笹川良一研究基金	东京财团	295000		硕2000；博4000
103	韩国学研究研究基金	韩国国际交流集团	76800	18	硕3200；博4800；教6400
104	中流研究奖助金	中流文教基金会	70000	20	研2000；教5000
105	韩静远先生哲学教育奖学金	韩效忠先生	70000	20	研2000；教5000
106	泰兆大学生科研奖助金	泰兆基金会	47000	13	理科5000；文科3000；论文1000
107	505文化奖	来辉武先生	50000		
108	IBM研究资助	IBM(中国)公司	42000	3	20000；12000；10000
总计			1690800	约150	

会 议 中 心

【概况】 北京大学会议中心是1999年9月在学校改革过程中通过改制、剥离而组建的。它负责为外国专家、留学生和中外宾客提供住宿、餐饮等服务；组织承办各类会议，开展各种形式的对外学术、文化交流活动；管理经营群众文化活动场所，组织各类群众文化艺术活动，是集三大功能于一体的专业化服务部门。

会议中心所辖范围包括勺园、交流中心、百周年纪念讲堂三部分。会议中心实行理事会领导下的主任负责制，设主任一名，副主任若干名，由学校聘任。下设办公室、勺园管理部、会议与学术交流部（对外称"北京大学对外交流中心"）、百周年纪念讲堂管理部。经北京大学学校领导和有关部门负责人组成的聘任小组通过，聘任范强为会议中心主任，朱宏涛、陈振亚、张胜群为副主任。会议中心办公室设在勺园，办公室副主任为郝淑芳。

会议中心通过新的运行机制正在实现人、财、物资源的合理配置，形成合力，发挥具备多种功能的综合优势，满足了举办大型会议、重要接待活动的多种需求，使之最大限度地发挥效益。2000年是会议中心开始运行的第一年，所辖的三个部分在履行各自不同管理与服务职能的同时，还努力发挥综合优势，共同完成了一些举办重要活动的任务。承办2000年8月20至25日在北大举行的第17届国际拉曼光谱大会，体现了会议中心的综合优势。会议由交流中心总体组织承办，讲堂管理部配合组织了专场音乐会，勺园提供了餐饮服务，相互协作，形成合力，使这一大型国际学术会议取得了圆满成功。

2000年会议中心被评为北京大学交通安全先进集体、北京大学外来人口管理先进集体。

（郝淑芳）

【勺园】 会议中心勺园管理部的前身是成立于1981年12月的勺园管理处，经过多年的建设和发展，今天的勺园宾馆已成为北京大学重要的对外接待窗口，共辖10栋楼，总建筑面积达43000平方米，有客房777间，是目前国内高等院校中规模最大的校园宾馆之一。2000年在勺园居住的常住外国专家40多人，来自70多个国家和地区的留学生，总人数约1000人。除此以外，全年共接待中外宾客12000多人，接待各类国际国内会议105批，近3000人次，短训班25批，700人次。年住房率为83%。2000年有职工约390人，其中正式职工193人。

1999年9月勺园划归会议中心管辖。2000年1月1日勺园新老领导正式交接，范强兼任总经理，朱宏涛兼任副总经理。勺园新领导班子开始实行了企业化管理改革，2月起对原有机构进行调整，将原来的八个一级部门缩减为六个，即总经理办公室、财务部、前厅部、餐饮部、房务部、总务部，精简了部分干部岗位，进一步明确了干部的岗位责任；对全部干部和员工岗位均实行公开招聘、竞争上岗，全体干部员工均积极参与，有218人次应聘，是勺园有史以来参与岗位应聘人数最多的，大家普遍感到工作压力加大了，并逐渐把压力转化成了工作的动力。4月出台的以岗位为核心的新的分配制度，体现了"淡化身份、强化岗位"的原则，拉开了收入差距，初步建立了一套适合本企业发展需要，与全体员工根本利益、长远利益相一致的分配制度和激励机制。自2000年开始,勺园实行新的年假制度,取代了原来的寒暑假制度。

一年来勺园的餐饮、房务、总务、前厅以及行政办公、财务管理、安全保卫等部门都积极顺应整体工作的要求,更新观念,转变作风,加强管理,普遍增强了服务意识和质量意识,在各自的工作中做出了新的成绩,为勺园在2000年中的稳定发展做出了积极贡献。餐饮部面对餐饮业日趋激烈的竞争和宾客越来越高的就餐需求,进一步明确了工作的指导思想,转变了观念,找准了不同餐厅的工作定位,在各自的领域分别取得了可喜的成绩。佟园清真餐厅荣获2000年"海淀区民族团结先进集体"光荣称号。2号楼餐厅"教授之家"以优美的环境、可口的菜肴、低廉的价位、周到的服务,吸引着越来越多的教授们前来用餐、小憩。7号楼餐厅积极改进菜肴品种,改善服务态度,较好地完成了多次重要宴请任务,精心为每一位前来就餐的客人服务,虚心听取意见,努力改进工作,在服务质量得到提高的同时也取得了较好的经济效益,全年营业收入比上年有较大幅度的提高。

2000年勺园全年营业收入3400万元,利润1000万元。上缴学校600万元,向正大集团还借款400万元,提前一年还清建9号楼的全部借款。

(郝淑芳)

【会议与学术交流部】 会议与学术交流部(即对外交流中心)于1999年9月与国际合作部剥离后,从机关走向了实体,成为名副其实的服务部门。作为集承办各种国际国内会议和展览会、接待海外交流团并可提供良好会议场所于一身的服务实体,会议与学术交流部积极贯彻学校对外交流工作方针,拟定了"加强对外合作,扩大学校影响,树立中心形象"的工作原则,并对自己进行了准确的定位,即为全校各单位及港澳台和各国来宾提供最优质的全方位服务。会议与学术交流部全体工作人员本着"客人的满意就是对我们最大激励"的精神,兢兢业业、踏踏实实地做好每件事情,并在过去的一年中取得了突出的成绩。

2000年共承办了13次国际学术会议,其中两次参会人数超过了300人。在8月中旬召开的第17届国际拉曼光谱大会,与会人员达到了613人,海外来宾逾400人,诺贝尔获得者朱棣文到会发言。它是迄今为止由北大发起、自行组织并承办的最大规模的国际会议。在随后由北大与哈佛大学共同主办的"亚洲与国际关系研讨会"上,共有来自世界各国约330名大学生与会,我国也有36名学生代表参加。本次会议是我国目前举办的层次最高的国际学生大会。在筹办上述大会时,会议与学术交流部全体工作人员以饱满的热情承担了繁重的会务工作,其良好的工作素质赢得了委托方及参会者的称赞。被评为北京大学2000年十大新闻之一的东亚四国大学校长会议,是在11月初由北京大学主办并在交流中心召开的。在何芳川副校长亲自指导和会议部工作人员的努力下,取得了圆满成功,受到中外与会代表的一致好评。

2000年全年共接待了来自30多个国家和地区的149批旅行团,共计5049人次来北大访问。自行组织接待了15批海外交流团来北大研修或访问。受以色列使馆委托,承办了两次考古艺术展,展览艺术水平很高,受到学校及参观者的肯定。

会议与学术交流部于2000年5月18日接受管理并使用交流中心大楼会议区。为使工作及早开展,工作人员仅用了20天的时间就采购了约50万元各种会议设备和家具,并用较短时间安置完毕,投入使用。当年就使用达1107场,30102人次。良好的会议场所和真诚的服务满足了学校的各种重要学术和对外接待活动的需要,国内外诸多重要人物频频光临交流中心参加活动,仅部级以上的贵宾就达70多人次,交流中心业成为媒体关注的地点。

会议与学术交流部由陈振亚兼任主任,崔岩任副主任。2000年共有职工15名,其中正式职工3名,并有20名本科生、研究生加盟。

(陈振亚)

【百周年纪念讲堂】 北京大学百周年纪念讲堂于2000年4月28日通过了有关部门的验收(多功能厅除外),由会议中心讲堂管理部正式接管,开始试运行。

在2000年下半年试运行过程中,百周年纪念讲堂始终坚持社会效益和经济效益并重的原则,坚持首先保证学校重大活动和满足师生有组织文化活动需要的原则,承办校内各类典礼、会议和报告30多场,文艺演出20多场,电影包场30多场。

为配合学校的素质教育,提高师生的艺术欣赏水平,充分发挥讲堂在校园文化建设中的作用,讲堂管理部不断地将高水准、高品位的电影和演出引入校园,目前,讲堂已经成为北京大学文化和娱乐活动的重要场所。在2000年试运行的半年多时间里,百周年纪念讲堂管理部共组织放映电影170多场次,放映影片200多部,并组织了由谢飞编导的电影《益西卓玛》首映式等活动。相继承办了中国唐宋名篇音乐朗诵会、北京大学"五四"交响音乐会、北京大学"五月的鲜花"教职工歌咏比赛、北京大学与北京医科大学庆合并联欢晚会、"2000相约北京"联欢活动、庆"六一"儿童节文艺演出、2000年新生文艺汇演、"梦系红楼"大型视听音乐会、京剧《王二小》、京剧《白蛇传》、京剧《红灯记》、国家税务总局新春慰问演出、"世纪放歌"纪念一二九运动80周年文艺晚会、中央芭蕾舞团4次共9场芭蕾舞演出以及中国人民解放军军乐团、湖南卫视《快乐大本营》北大特别节目、中国广播民族交响乐团、中国国家交响乐团、日本宝生流能乐团、俄罗斯海军歌舞团、俄罗斯克麦罗沃交响乐团等的文艺演出共37场,还对外承办了第八届全国大学生健美操和艺术体操比赛、首届世界空间周开幕式及多次学术报告会、大型典礼和展览等活动。

2000年,中央芭蕾舞团在北大成功地进行了4次共9场演出,其中《胡桃夹子》和《梁祝》都是首演。9场演出的上座率都在80%以上,其中有3场观众爆满。高雅艺术在北大的火爆,引起了演艺界、演出公司和新闻媒体的广泛关注,除了已经来北大进行过演出的中央芭蕾舞团等十几个国内外高水平的艺术团体外,中国歌剧舞剧院、中央歌剧院、中国广播艺术团、北京京剧院、上海芭蕾舞团、辽宁芭蕾舞团等一些高水平的艺术团体都慕名而来,与讲堂管理部取得了联系,希望在适当的时候来北大演出;中国对外演出公司表示将加强与合作,继续把一些国外优秀的艺术团体送到北大;《音乐周报》、《人民日报》、《北京日报》、《北京晚报》、《北京晨报》、《北京青年报》、《北京经济报》、《京郊日报》、《中国经济时报》、中央电视台、北京电视台、海淀电视台等新闻媒体对百周年纪念讲堂承办的高雅艺术演出进行了大量报道。

根据百周年纪念讲堂的宗旨和工作定位,为了让尽可能多的师生能够进入讲堂观看演出和电影,讲堂管理部经过不懈努力与多家演出团体和演出公司达成共识,采取有利于双方的特殊合作办法,多方开辟影片来源渠道,将大量高水平演出和优秀影片引入讲堂,使北大师生得到实惠。在充分考虑师生承受能力的基础上制定的票价仅为社会上同类演出、电影票价的三分之一至五分之一,低价位票数量占全部座位数的50%以上。2000年每场演出的上座率几乎都在80%以上,说明大多数师生对这些演出是欢迎的,对票价也是认可的。针对在校特困生在文化生活消费方面的实际困难,为配合学校的素质教育,讲堂管理部尽力帮助这部分学生,丰富他们的文化生活,2000年为全校542名特困生每人提供了免费电影票兑换券6张。

为加强与广大学生的联系与沟通,及时、充分地听取来自学生的意见和建议,发挥学生参与讲堂管理工作的积极作用,讲堂管理部自试运行时起,先后两次在学生中公开招聘志愿者,经过严格筛选,先后有近百名学生利用课余时间在讲堂参加了志愿服务工作,他们尽职尽责,并积极出谋划策,对讲堂规范服务、严格管理的不断完善发展做出了很大贡献。

为了加强讲堂与观众的交流和沟通,更好地为观众服务,使大家能够更多地了解电影和文艺演出的基本知识,帮助观众进行艺术欣赏;同时,进一步向大家介绍百周年纪念讲堂的建筑、功能、运行等情况,讲堂管理部于2000年11月正式创办了《大讲堂》专刊。该项工作在讲堂管理部的领导下由学生志愿者负责。每期的内容都紧密结合在讲堂所举办的活动,2000年《大讲堂》专刊共出版3期,分别为交响乐专刊、芭蕾舞和电影专刊。2000年10月起,讲堂管理部还领导学生志愿者在北京大学"一塌糊涂"BBS网站《社会信息》栏开设了"百周年纪念讲堂"专门版面,目的是介绍讲堂、发布讲堂近期活动信息、普及电影和专门艺术基本知识,更广泛地听取大家对讲堂工作的意见和建议。

百周年纪念讲堂管理部由张胜群兼任主任,刘寿安任副主任。2000年有职工25名,其中正式职工8名,外聘人员17名。另聘学生志愿者61名。

(张胜群)

燕园社区服务中心

【发展概况】 北京大学燕园社区服务中心成立于1999年11月16日,是北京大学领导下的社区服务机构。燕园社区服务中心承担着北大燕园九个园区的社区建设和社区服务工作,其宗旨和工作任务是:为北大教职工及其家属提供优质的生活服务和创造良好的工作、生活环境,使他们解除后顾之忧,全身心投入到教学、科研和学校的各项工作中;通过多方位、高水平、高质量的社区服务来体现学校对北大教职工的关怀。

北京大学设立燕园社区理事会代表学校管理燕园社区服务中心。理事长由学校分管副校长担任,常务副理事长由社区中心主任担任。燕园社区理事会的职责是:审定《燕园社区服务中心章程》、资源配置、发展规划、管理制度、收支预决算等重大事项。

北大燕园社区服务中心是燕园社区理事会的日常执行机构,下设五个职能部门:综合管理部、服务管理部、经营管理部、财务管理部、工程管理部。

燕园社区服务中心的服务实体为社区家政服务中心和社区服

务网络中心。网络服务中心由三个分系统和六个服务站组成。

燕园社区服务中心的经营实体为25个独立经营企业,通过参与市场经营和社区便民服务,取得经济效益,为燕园社区服务提供经济保障。

燕园社区服务中心现有正式职工180人,外聘职工200多人,具有中高级职称的管理和技术人员100多人,大中专以上学历150人。

【社区建设与服务】 北大燕园社区服务中心成立后,经过人员招聘和一段时间的准备,于2000年4月1日正式开始运行。燕园社区服务中心在近一年的运行过程中主要做了下列几方面的工作:

建章立制,规范社区服务工作 燕园社区服务中心为了做好燕园社区建设和服务工作,在成立伊始首先起草了《北京大学燕园社区服务中心组建及实施方案》和《北京大学燕园社区服务中心章程》。经过燕园社区理事会审定,《北京大学燕园社区服务中心章程》已获得批准并开始实行;《北京大学燕园社区服务中心组建及实施方案》理事会已讨论通过,北大校长办公会已批准实施。这两个纲领性文件确定了北大燕园社区服务中心的宗旨、机构性质、工作任务、管理体制和运行机制,是北大燕园社区建设和社区服务工作的政策、方针。为了规范服务工作,北大燕园社区服务中心按照分工负责的原则,制定了各职能部的工作职责,以及其他各种规章制度,从而保证了社区服务工作有章可循、有制可依。

设计燕园社区标志,开展形象建设工程 为了增强员工的凝聚力和品牌服务意识,建立多方位、高水平、高质量的社区服务体系,树立良好的社区服务形象,在北大社区服务中心成立之际,北大社区面向北大教职工及广大学子开展了北大社区标志征集活动。经过评选,北大社区已选定自己的标志。目前,燕园社区服务中心的标志已用在了燕园社区服务中心建设的经营、服务门面和各种办公用品及宣传材料中,起到了重要的社区品牌塑造和社区形象宣传作用。

了解居民需要,开展居民最需要的服务 北大燕园社区服务中心成立后,多次召开园区居民和教职工代表座谈会了解居民的生活需求。居民普遍反映家里使用的燃气热水器、燃气灶具和抽油烟机的维修很困难,许多维修小广告使居民上当受骗,不仅花了很多冤枉钱,而且造成了安全隐患。根据居民的需求和意见,社区服务中心分两个阶段,在全校家属区内,对居民使用的燃气热水器、燃气灶具和抽油烟机进行了全面检查和维修。这是北大组织的最大规模的燃气设备和抽油烟机的检修活动。燕园社区服务中心还开展了家政便民服务工作,设立了家政服务站,开通了便民服务热线电话和服务监督电话,安排专人值守,24小时服务。家政服务站面向全校教职工及家属提供保姆、小时工等中介服务,并开展了上门理发、电器维修、油烟机、燃气具清洗服务以及儿童接送、病人看护、老人看护、养老服务等项服务工作。

加快园区建设,创造优美整洁、生活方便的现代化燕园社区

(1)创建现代化燕园社区网络服务体系,为北大教职工提供方便、快捷的社区网络服务。经学校批准,北大燕园社区服务中心牵头与北大保卫部、北大校医院、北大工会和街道办事处合作于2000年6月初开始筹建燕园服务信息网络系统,12月28日网络中心建成,2001年1月19日系统正式开通运行。该系统由燕园社区服务信息网络中心主系统、家政服务分系统、治安报警分系统(保卫部)、医疗救助分系统(校医院)和各园区网络服务站组成。燕园社区服务信息网络系统主要功能为:信息查询、便民服务、网络购物和紧急呼叫。紧急呼叫系统由居民家中安装的紧急呼叫器与治安报警分系统(保卫部)、医疗救助分系统(校医院)和家政服务分系统相连接构成。只要按压红、绿、白三色按钮,治安报警、医疗求助、生活服务三种求助信息会自动传输到燕园社区网络中心、燕园派出所和校医院。救助系统得到求助信号后,会快速解决教职工及家属的生活服务、治安报警、医疗急救需求。经校领导批准,由校财务出资46万元、燕园社区服务中心出资50万元建设燕园社区网络系统,首批免费为2000名教职工家庭安装自动呼叫器。优先安装对象是:两院院士、三级以上教授、离休干部、退休人员(身边无子女者)、学校工作骨干、其他政策照顾对象。

北大燕园社区服务中心在筹建燕园服务信息网络系统同时,着重于网络服务支撑体系的建设,注重发挥信息网络系统的实际效用:投资建设了治安和医疗分系统,组织治安和医疗专业人员队伍24小时值班,时刻准备应对发生的紧急情况,为居民提供最快的救助服务;通过自建和引进的方式建设了一支家政服务队伍,为园区居民提供保姆介绍、家电维修、计时家教、上门理发、油烟机清洗等20多种家政服务项目,开展微利服务,方便居民生活;引进现代化的社区网络服务企业,为北大教职工服务。北京大学燕园社区服务中心与北京凯迪红黄蓝科技公司合作建立了北大红黄蓝网络服务站。北大红黄蓝网络服务站全面引进了红黄蓝网络社区服务模式,充分利用红黄蓝网络社区规模经营优势,为北大教职工提供质优、价廉的现代化网络商品配送服务。目前已经建立了燕北园、畅春园、中关园三个服务站,计划再设立三个服务站。

2001年1月19日,北大党委书记王德炳在燕园社区举行的呼

叫系统开通仪式上亲手按动呼叫器按键,正式开通了北大紧急呼叫系统。目前,已有1000多户教职工安装了呼叫器。截止到2月7日晚网络服务系统已收到用户呼叫信息155次,其中家政服务78次、医疗求助25次、治安报警5次。接到求助后,校医院出诊7次、保卫部出现场3次;家政服务30多次。教职工通过北大红黄蓝网络服务站网上购物6545次,购物金额达到了102657余元。

(2)开办现代化超市,为园区居民提供高品质的生活服务。北大燕园社区服务中心与北京超市发连锁股份有限责任公司合作建设的北大超市发超市已于2000年12月28日开始营业。新建的北大超市发超市建筑面积1600多平方米,主要为教职工提供生鲜食品、副食品、粮油蔬菜以及居家百货、文体用品等日常生活必需品;超市经营商品多达30多个种类,7000多个品种;超市设有生鲜食品加工、主食厨房、面包点心房、豆腐房,为顾客现场制作各种新鲜食品,以满足教职工现代生活需求。北大超市发超市经营的商品都经过精选,商品价格与超市发、利客隆等同类超市持平。

北大超市发超市采用了股份制形式合作经营的新模式,解决了商场用房所有权和使用权分离的问题;解决了职工因单位界限不能上岗的问题;解决了高校无力办到的商品配送问题;解决了校商一体化的大学办商业的后勤社会化问题。

1997年李岚清副总理亲自批文,关心高校商业服务问题。教育部和北京市教委的后勤主管领导曾经多次关心北大自办商业的发展趋势,并试图以北大校园商业服务的实践,探讨高校商业服务业的改革、发展问题。北大超市发的合作经营方式有效地解决了商业服务业与高校后勤社会化改革有机结合的问题,为高校商业服务业的改革、发展提供了一条新的途径。

(3)开展园区健身、娱乐设施建设,推动全民健身运动发展。由燕园社区服务中心自筹资金、自行设计、自行施工改造建设的中关园康乐园、蔚秀园康乐园已正式开放,供园区居民健身、游乐。中关园和蔚秀园康乐园新设置了各种新颖体育健身器材,安装了休闲座椅,园内铺设有艺术彩砖和塑胶彩砖,园区周围进行了绿化。

这两个康乐园的改造、建设是社区服务中心为园区居民所做的一件实事。康乐园的健身器材按照中老年人健身和儿童娱乐活动的功能要求选择、设置,满足了中老年人、儿童的健身娱乐需求。

(4)建设园区服务设施,方便居民生活。燕园社区服务中心了解到燕北园小区没有自行车棚,教职工无处存车,自行车经常丢失。为了完善燕北园小区生活服务配套设施,为教职工排忧解难,燕园社区服务中心在资金紧张的情况下,出资10多万元在燕北园小区建设8个彩色玻璃钢自行车棚,建筑面积共计400平方米。新建的自行车棚为钢支架结构,彩色玻璃钢棚顶,棚内安装锁车架236个。

按照燕园社区发展、建设要求,燕园社区服务中心协同学校有关部门开始进行各园区便民服务网点规划、改造工作。2000年已完成了蔚秀园便民服务网点的改造工作。

【社区经营】 燕园社区服务中心现有经营实体25个,便民服务市场3个,2000年通过市场经营和社区便民服务,取得了良好的经济效益。全年总产值1.1亿元,实现利税1000多万元,职工平均收入达到2.08万元,上交学校129万元。

燕园社区服务中心实行干部聘任制,合理设立管理岗位。机关干部应聘上岗,精简了管理人员,提高了干部队伍素质和工作效率。为贯彻教育部《关于进一步实现后勤社会化改革的意见》和北京市《北京高校后勤社会化改革规划》的精神,深化产业中心内部改革,根据职工队伍的实际情况,在全体职工中按照竞争上岗、择优录用的用人原则实行了全员岗位合同制。实行全员岗位合同制旨在打破现有企业事实上存在的"大锅饭和铁饭碗"现象。在企业管理方面,通过实行岗位合同制,完善考核机制,在广大职工中真正树立岗位竞争意识和爱岗敬业精神,促进职工整体素质的提高,促进企业管理向规范化、科学化的方向发展;通过实行岗位合同制,将职工岗位分配改为应聘录用上岗,激励全体员工,珍惜受聘岗位,破除不思进取,出工不出力,工作无压力的局面,增强主人翁责任感。在岗位聘任过程中,16个企业的139名职工通过聘任上岗,4名职工落聘待岗。

2000年,燕园社区服务中心调整了和清华合资公司的股份,通过股权转让取得了较好的经济效益。燕园社区服务中心还与山东日照旅游度假区合作建设"产学研居(日照)基地"。"产学研居基地"由科研办公区、生活服务设施区和别墅、公寓区三部分组成。"产学研居基地"一期计划建设8栋四层公寓楼、24座别墅。燕园社区服务中心投资100万元进行招待所改造,增加了40个床位,改善了住宿条件;与北大相关部门合作开办了网络服务部,为学生提供网络服务。

2000年燕园社区服务中心被劳动和社会保障部评为全国先进单位。

附录

表8-80 燕园社区服务中心企业名录

企业名称	经理	经营地址	联系电话
北京大学理发店	石玉华	北京大学校内	62753284
北大水电队	叶国才	北京大学水塔东侧平房	62757963
北京海淀华庆商行	华永毅	北京大学校内13区（三角地）	62754582
北京海淀天缘酒家	李朴珍	北京大学燕东园1区（4-7公寓对面）	62757983
北京燕园蔚秀商店	刘继凤	北京大学蔚秀园	62755715
北京校苑博实商场	练 勤	北京大学校内（三角地）	62750033
昌平园区博实商店	程 丽	昌平园区	89745572
后勤产业中心招待所	常玉琦	北大承泽园、北大七公寓对面、教委库	62755755
北京华方园科贸公司	孟 凯	北大承泽园	62752838
北京燕园甲天下餐厅	周全强	北京大学燕东园1区（4-7公寓对面）	62753655
北京海淀北欣科技公司	余 焓	北京大学校内15区	62750675
北京海淀旺福竹楼餐厅	李 兰	西苑操场乙2号	62758167
北京海淀北大综合服务社	吴文彬	北京大学校内	62765982
北京海淀国辉食品批发部	孙 国	北京大学校内	62754271
北京北大燕园建筑工程处	郭 举	北京大学校内3区（朗润园）	62751554
北京海淀华美装饰用品商场	王来僧	海淀区海淀路14号	62752042
北京海淀大科电子科技公司	李建民	科技会议中心1号B座6E	62141286
北京北大普极科技发展中心	于 刚	北京大学东楼2103	62753244
北京海淀成龙玻璃经销公司	魏永忠	成府路	62943389
北京海淀新北高科技开发公司	苑天舒	上地国际创业园C座8层	62974070
北京海淀北大综合服务社银梦美容院	郭宇霞	北京大学燕东园1区（4-7公寓对面）	62750146
北京市北大超市发商贸有限责任公司	练 勤	北京市海淀区北京大学畅春园	62544870

（李永新）

燕园街道办事处

【概况】 燕园街道办事处成立于1979年底，属于大院式街道办事处，受海淀区政府和北京大学的双重领导。2000年2至4月间，按照学校人事制度改革的部署和要求，街道办事处对其内部结构和人员进行了大幅度的精简，由原来的10个科室调整到现在的5个办公室即：综合办公室、居民民政办公室、劳动与社会保障办公室、城管监察办公室和财务统计办公室；人员由原来的25人精简为18人。改革后的街道办事处职能定位是：在所管辖区内，履行政府派出机构职能，依法进行城市管理；按照校内职能部门分工，对内重点从事教职工生活园区的管理；协调政府、学校职能部门相互关系，发挥桥梁纽带作用。2000年，街道办事处以抓大事、保稳定、办事实、创一流为目标，以改革为契机，全面推动了各项工作的开展。2000年10月街道办事处迁址到蔚秀园内。

【重点工作】 2000年在综合整治上，燕园街道办事处本着"巩固成果、加大力度、拆建结合、争创精品"的原则，充分发挥街道城市管理职能，先后拆除校内家属园区违法建筑2830平方米，拆除临建房屋3015平方米，拆除围墙225延长米，大大超额完成了海淀区政府原定500平方米的拆违任务指标，优化净化了教学科研环境。

街道办事处始终将辖区的稳定工作放在首位,应学校和街道办事处的请求,区政府大力支持并批准成立了海淀区城管监察大队高校城管执法联组,2000年10月,3名城管监察队员正式派驻燕园街道,与街道城管合署办公,负责校园周边和家属园区城管秩序的综合执法,效果很好,这对大院式街道依法行政依法治街,建立学校制度管理与政府法规管理相结合的执法机制,是一种有益的尝试。在同"法轮功"的斗争中,与派出所干警及居(家)委会干部、党员群众一道,做了大量的摸底盘查、监控、帮教和思想转化工作,还抓获了两名散发传单的外地现行人员,收缴了大批软盘、传单等非法宣传品,有效地防止了本地区"法轮功"非法聚集活动的发生,确保了辖区政治稳定和社会安定。

2000年,为148人办理了《求职证》,发放失业金236326元,共85人,办理外来人员就业证600余人;调解民事纠纷86起;计划生育率100%,除了正常的管理工作外,还着力解决了群众急需解决的一些问题:如修建畅春园停车场1680平方米;拆违建设四—七公寓居民晨练活动场地260平方米;配合保卫部修建燕北园治安值班室两座;协调学校配合邮局建设燕北园街巷式信报箱群9个,实现一户一箱通邮到户;为畅春园中院派驻保安2名,为燕北园增加保安5名;配合社区服务中心修建自行车棚6个;为居民增设室外健身器材合计26件;配合同学校综治委在家属区门口、楼向弯道口铺设减速带6条。

【人口普查工作】 燕园地区第五次人口普查工作由街道办事处来承担,根据国务院的要求和北京市政府及海淀区人民政府的统一部署,由街道干部、居(家)委会干部及学校有关部门人员组成了183人的普查员、普查指导员、质量监督员队伍。从准备工作到结束,分为七个阶段:户口核对整顿、制作户主姓名底册、入户普查登记、全面复查、手工汇总目录、人工编码和光电录入。整个普查过程,本着严谨、细致、科学、准确的方针,在普查领导小组和全体普查员的共同努力下,圆满完成了第五次全国人口普查工作。

燕园地区第五次人口普查:总人口数36714人,其中男性20523人,占总人口的55.8%,女性16191人,占总人口数44.2%;总户数10462户,其中家庭户6570户,占总户数62.7%,集体户3892户,占总户数37.3%;百岁以上3人。

【居(家)委会建设】 根据《中华人民共和国城市居民委员会组织法》、《北京市实施〈居委会组织法〉办法》、《北京市居民委员会选举办法》、及《海淀区居(家)委会换届选举工作实施意见》的要求,2000年5月,辖区内11个居(家)委会进行了第四次居(家)委会换届选举。街道办事处依据北京市、海淀区的相关文件规定,结合燕园地区的实际,对这项工作进行了周密的安排,成立了指导小组,在选举过程中,严格按照《选举法》规定的程序进行,并在全校范围内招聘居委会干部,经过考核,招聘了17人,占居委会干部的42.5%,大大提高了居委会干部的知识化、年轻化的水平。第四届居(家)委会换届选举采取的是民选街聘相结合的方式。

(修亚冬)

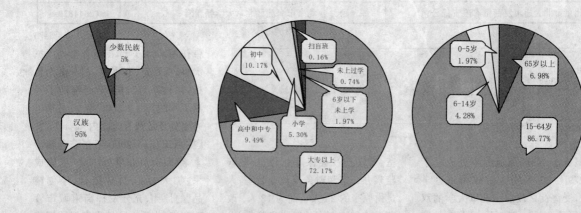

图8-4 燕园地区居民民族构成图　　图8-5 燕园地区居民文化程度结构图　　图8-6 燕园地区居民年龄结构图

北京大学校医院

【概况】 北京大学校医院有职工139人,其中卫生技术人员108人,包括主任医师1人,副主任医师26人,主治医师60人,医师21人(以上均含相应职称);行政后勤人员31人。开设病床128张。有万元以上医疗设备79件,其中本年度新购置GE彩色多普勒诊断仪、全自动血球计数仪、He-Ne激光治疗仪、酶标仪等11件。800元以上固定资产总价值942万余元。总建筑面积8345平方米。设有10个普通门诊,40多个专家专科门诊,由正副主任医师和外聘教授开诊。成立了社区医疗服务中心,建立医疗网络呼叫系统,首批安装2000户用户,开展预防、医疗、保健及建立健康档案等基本医疗服务。作为市医疗保险试点单位,校医院组织编写了《北京市基本医疗保险就医指南》一书,由北京大学出版社出版。校医院是第一批进入北京市医疗保险定点单位的医院。

按照学校人事制度改革的要求,2000年7月对上年度聘任的133名上岗人员进行岗位考核,10月进行新学年的岗位聘任,135人受聘上岗。校医院贯彻岗位责任制管理,各司其职,奖惩分明,工作效率明显提高。为改变工作作风、服务态度,医院划分成四大部分,由4位院级干部分块管理,按照"奖惩制度要严,认定事实应公,执行制度宜速"的原则,如有患者3次反映服务态度差,必须调离现岗位。完成了与市公疗办订立"北京大学公费医疗管理改革试点"的协议内容,公费医疗费用过度增长的现象得到明显抑制,学校补贴费用下降,为北京市公疗办节约公费医疗200万元以上,为北京大学节约公费医疗补贴200万元左右,获得北京市公费医疗管理唯一的特等奖。计算机管理系统逐步完善,实现门诊、病房、医技科室的全院联网。进行医院成本核算的基础数据准备。2000年5月按照学校人事部办理"一卡通"要求,将1万余份门诊病历诊号改为学校人员统一编号。2000年7—9月进行了清产核资。2000年11月在海淀区计量检查中,医院获优秀单位证书。2000年12月救护车由事务中心转交医院管理。

2000年暑期,北京大学出资250余万元对医院门诊楼进行水电改造、房屋加固、装修,改善了就诊环境;新建轻型板房432平方米,作为急诊、注射、输液、专家专科门诊、收费挂号等科室用房;重新调整了门诊楼的科室布局,外科、B超、心电图室由二层调至一层,方便了患者就医。学校拨专款28万,为全部病房、门诊楼部分科室及轻型板房安装空调81台。

校医院现任院长张宏印,党委书记付新。

【医疗工作】 校医院全年门诊201614人次,日均门诊552人次,家庭病床1119人次,急诊18252人次,抢救危重症4人次,抢救成功率100%,入院609人次,出院611人次,床位使用率35.26%,床位周转次数4.77次/张,治愈率59.09%,好转率26.92%,死亡率5.94%(均为高龄或肿瘤晚期病人)。入出院诊断符合率98.94%,7日确诊率95.98%。普外、妇科及耳鼻喉科手术102例,其中大手术10例。查体22092人次,其中学生17548人次,教职工3594人次,幼儿690人次,外地工360人次。成立了北京大学医院妇女肿瘤中心,与北京大学生命科学学院及北京大学肿瘤临床医学院紧密协作,全面开展了乳腺肿瘤、卵巢癌、宫颈癌等的早期诊断和手术、化疗、放疗、中西医结合等综合治疗,取得了良好的社会效益;开设骨股头坏死门诊,采用氦——氖激光减压照射等疗法用于治疗骨股头坏死;妇科开展宫颈阴道细胞学镜检;耳鼻喉科采用CO_2激光、微波治疗慢性咽炎、过敏性鼻炎、肥厚性鼻炎;中医科开展电脑按摩;B超室开展阴道、前列腺彩超检查;放射科采用计算机X射线呈像系统开展新工作。初步建立了一支雄厚的院外技术支持队伍,成员均来自北大三院、北大一院、人民医院、协和医院、友谊医院、积水潭医院、医科院肿瘤医院、北大肿瘤医院、市胸科医院等,定期请进本院门诊、查房、手术、讲座的专家、教授20余人,不定期的专家、教授70余人,方便了病人,带动了医院诊疗技术的提高,获得广泛赞誉。网络呼救系统24小时在线服务,社区医疗网站筹备建立社区健康数据库,并在此基础上逐步开展网上自动随诊、网上挂号、网上咨询,配合社区开展网上各种相关卫生知识和政策的宣传。

【护理工作】 校医院坚持每月进行一次综合护理质量查房,发现问题及时处理。针对科室重病人的情况,参加科室危重病人床头交接班及查房工作,对重病人的护理进行指导。做好院内感染控制监测,全年共监测300余人次,发现问题10余人次,及时给予纠正和处理。组织护士理论考核1次,业务学习13次,外请专家讲课4次,修改、制定住院病人各项管理规章制度。护理部除做好病区计算机管理工作外还承担了系统维护及与各病区、中心药房、住院处等有关科室间的协调。组织护士进行住院病人医嘱计算机录入比赛,结合科室日常工作，选出优胜者 4 名，促进了工作质量的提高。

【科研工作】 校医院在 2000 年继续与北京心肺血管疾病研究所合作进行国家"九五"医学科技攻关项目"心血管病社区人群综合干预研究"，已进入高血压干预观察阶段；进一步与日本北海道大学附属医院及日本渡边牡蛎研究所合作，对"活性牡蛎丸对血清脂肪代谢的影响"进行探讨；与北京医院"老年病学研究所"合作研究中老年皮肤病新药物。全年发表医学科技论文 16 篇，其中一级刊物发表 1 篇。2000 年 4 月、8 月、12 月，日本渡边贡先生一行 3 次到该院进行活性牡蛎对血清脂肪代谢影响的探讨。

【医学教育】 全年有 61 人次参加中华医学会组织的学术报告活动；参加各种短期学习班 16 期，19 人次；为该院职工举办学习班 13 次，共计 265 人次；接收进修人员 1 人。有学生红十字会会员 1400 余名，240 人次参加红会会务培训，40 人通过北京市初级急救队员考试，并取得急救队员资格证书；讲授红十字会法和会务知识，内科心肺脑复苏、急救技术等 9 门课程，共 27 学时；通过各种形式发放宣传材料 1600 余份，各种有效调查问卷 750 份，宣传手册 600 余份，免费发放药品 340 份，礼品 3000 份，700 余人次参加防治艾滋病讲座及宣传活动；1998—2000 年连续三年评为北京市红会高校工委先进集体，先进个人 9 人，应邀参加其他院校组织的学术报告、知识竞赛 4 次，70 人次参加，应邀参加北京市电视台节目录制 2 场，共计 102 人次。

【精神文明建设】 按照首都卫生系统创建文明行业，实现规范化服务达标的要求，实行目标管理责任制，完善规章制度和便民措施。实行总值班制度，向患者发放满意度调查表，满意率为 88.87%。及时处理解决监督电话、意见箱、校长信箱、网络及学生会、各系办公室反映的意见，要求接待处理的事情有记录，有结果，2000 年 9 月通过上级卫生部门的达标验收。医院多次举办"为了您的健康"服务咨询日，免费发放医疗保健书籍，还联系多家公司，为职工家属购买血糖仪、血压计、轮椅等提供方便，并在门诊大厅、专家专科门诊等处为患者添置饮水机，受到普遍欢迎和好评。

从 2000 年 10 月开始，学校用三个月时间进行了"三讲"教育，通过学习理论，提高认识，发动群众，听取意见，开展批评，认真整改等过程，院级领导和全体党员紧紧围绕创建世界一流大学的奋斗目标和本单位的工作实际，用整风精神着力解决了在党性党风方面和工作中存在的突出问题，受到深刻的教育。"三讲"中提出的整改措施正在逐项落实。医院工会组织 200 余人次到京东大溶洞、南戴河黄金海岸、笔架山等地旅游。2000 年医院荣获市、区、校级先进集体 4 次，先进个人 8 人次。

（叶树青）

北京大学附属中学

【概况】 2000 年，北京大学附属中学有在校生 1518 人，教职工 223 人，专任教师 165 人。特级教师 11 人，高级教师 99 人，市级骨干教师 6 人，全国先进教师 6 人。有硕士、博士 7 人。学校占地 90 余亩，建筑面积共 4.3 万平方米。学校有各种实验室 20 个，有 5 个多媒体教室。有校园网，可以进行远程教育。有 300 米全塑胶操场 1 个，体育馆 1 个，全塑胶篮球场 3 个，图书馆藏书 15 万册，配有电子阅览室，实现了微机管理。高考升学率 100%，85% 进入国家重点大学。中考成绩名列全区之首。高中录取分数线 613。

推出岗级聘任制 1 月 22 日，北大附中教职工岗级聘任制正式推出，岗级聘任制体现了"淡化身份，强化岗位，注重能力，突出贡献"的方针，有利于教师队伍的建设，特别是有利于青年教师的成长。

体卫工作通过检查验收 11 月 14 日，海淀区教委体育卫生检查组莅临北大附中进行检查指导。检查组分别对运动场地、体育课、卫生设施、食堂卫生、眼保健操、课间操进行了检查和评议，对北大附中重视体育卫生工作、重视学生的全面发展、实施素质教育的做法给予充分肯定。

【校园文化】 师生献爱心 12 月 4 日，由高二(1)班倡议，学生处组织的"我为学友献爱心"的捐款活动得到了全校师生及家长的支持，共为莫潇燕同学捐款 5 万余元。全体师生祝她早日康复，重返校园。

师生迎接新世纪 12 月，北大附中举办了迎接新世纪到来的系列庆祝活动，12 月 27 日，工会组织了 2001 年教工元旦趣味联欢会；12 月 29 日上午老教协在学校联欢；12 月 29 日下午全校学生在体育馆举办了"迎接新世纪，振兴我附中"的大型文化艺术节。

校园文化建设通过检查验收 6 月 16 日，海淀区校园文化建设评价组来北大附中进行检查，在听取汇报、参观、座谈的基础上，对北大附中校园文化建设取得的成绩给予很高的评价。

【交流与合作】 北大附中管乐团赴美访问 1 月 30 日，北大附中金帆管乐团应邀赴美访问，并在波士顿演出五场，受到当地舆论和群众的好评。

成立深圳南山分校 5月20日,北大附中深圳南山分校正式成立,北大副校长林均敬、校长助理陈文申出席了新闻发布会,王铮副校长受聘任分校校长。

举办世界著名中学校长论坛 10月4日~5日,为庆祝北大附中建校40周年举办的"世界著名中学校长论坛"在北京大学国际交流中心隆重举行。教育部、北京市教委、海淀区和北京大学的有关领导出席了开幕式。来自世界不同国家和地区的20多位中学校长、国内80多位著名中学的校长以及教育界的专家、学者100多人出席开幕式和研讨会。

日本早大本庄高等学院访问北大附中 10月11日,日本早大本庄高等学院第十六回访华修学旅行团师生200人到北大附中参观访问,在欢迎仪式上北大附中校长赵钰琳发表了热情洋溢的讲话,早大本庄高等学院院长山下元致答谢辞,北大附中金帆管乐团表演了精彩的节目。

北大附中向边远地区捐赠教学用品 5月19日,北大附中赴内蒙包头地区固阳县社会考查团一行21人由任平生副校长带队,经过两天行程到达。向兴顺西中学教师们捐赠了教学用品,也送去了北大附中师生对边远地区的关爱之情。

【教学工作】 **开办科技讲座** 3月2日,为培养学生科技意识,扩大学生知识面,了解最新的科技前沿动态,以全国理科实验班学生为主要对象,北大附中邀请北京大学一批学术造诣较深的教授举办的"现代科学讲座"正式开讲。

北大附中远程教育网开通 11月29日,北大附中远程教育网开通新闻发布会在翠宫饭店举行,北大附中副校长张思明主持新闻发布会,北大附中远程教育网是北大附中与联想集团联合协办的。附中校长赵钰琳与联想集团副总裁刘晓林共同开启北大附中远程教育网的大门,同时还成立了全国校际联盟。

李宁获奖 11月2日,北大附中青年数学教师李宁在数学教研组帮助下,经本人努力,在全国青年数学教师课比赛中,荣获一等奖。

北大附中学生获叔蘋奖学金 11月26日,叔蘋奖学金第49、50期发奖大会在北京二中举行,北大附中余鹏、胡婉铮等18名同学荣获叔蘋奖学金。

举办精品课展示会 5月2日,全国中学素质教育课堂教学精品课展示研讨会在北大附中举行。全国中学教育科研联合体理事长、北大附中校长赵钰琳致开幕词,北京市人大常委会副主任陶西平在开幕式上讲话。北京市委常委、北京市教工委书记、市教委主任徐锡安,市教委副主任陶春辉,北京大学副校长林均敬,校长助理陈文申和教育部、海淀区有关领导出席了开幕式。

【北大附中庆祝建校40周年】 10月4~6日,北大附中隆重庆祝建校40周年,在北京大学百周年纪念讲堂举行了庆典大会和文艺演出;在改造一新的田径场举行了校友返校大会。校友还参观了装修一新的校史馆,对校庆书刊表现出极大兴趣。

(北大附中供稿)

北京大学附属小学

【概况】 北京大学附属小学(简称附小)前身是京师大学堂附属高等小学堂,经北大档案馆查证,始建于1906年,1952年改为现名。学校位于北京大学燕东园内,占地面积24800平方米,建筑面积近8000平方米,设有计算机、多媒体、语音、舞蹈、音乐、英语、美术、手工等专用教室21个。2000年7月,毕业259名学生,均升入北达资源中学(原北大附中初中部)和科大附中,同年9月招收一年级新生310名,学生总数达1811人,分39个教学班。2000年底,共有教工108人(含外籍教师2人)。现任校长刘开云,党支部书记李建新。

附小是"北京市实施愉快教育先进校"、"北京市校园环境示范校"、"海淀区全面育人先进校"、"海淀区现代化教育试点校"、"教学管理示范校"、"教育科研先进校"、"科技活动先进校",2000年12月又被授予"海淀区校园文化建设先进校"、"中华古诗文经典诵读工程北京特色校"、"中华古诗文诵读工程全国模范校"的光荣称号。附小自己的网站经过近半年的试运行,于2000年初正式开通,从而进一步加强了与国内外各界的交流沟通。网址:http://www.bdfx.net.cn。

附小高度重视校园文化建设,以此培养优良的校风,促进学生提高自我道德修养,完善自我人格,达到以美促德、以美育人的目的。2000年4月,德育主任王燕海在全国德育先进学校经验交流会上作了《注重校园文化建设,创设美育育人氛围》的重点发言;2000年4月和10月,先后有全国各地600多位校长来学校参观,并听取校长刘开云介绍附小办学特色的报告。

【教学改革】 **课程设置** 附小从1999年开始,变三~六年级开设英语课为一~六年级开设英语课。

为了适应新世纪教育的需要,2000年9月,一年级实行"小课时"授课制。即把一部分教学内容较简单或教材内容有重复的科目合并,变40分钟课时为20分钟课时,余出的时间安排每周开5节英语课。并聘请2名美籍教师为六年级学生教授口语,提高学生的英语听说能力。为了进一步落实邓小平同志"计算机要从娃娃抓起"的指示,附小克服人力、物力不足的困难,除了继续在四、五年级开设计算机课外,已经连续两年用办班形式在一年级大范围普及电脑知识,学习初步操作,收到了理想效果;二至六年级的电脑兴趣小组为部分学生发展特长奠定了坚实的基础。

科研课题 附小强调科研是学校的生命线。在继续进行3项国家"九五"课题研究的基础上(不含已经结题的一项)。2000年7月,附小又申报了海淀区"十五"大型群体课题——"创新教育研究",确立了附小的子课题——"适应创新教育的多样化教学策略、教学模式和教学设计的研究",成立了教科研领导小组。同时,参与了北京师范大学主持的小学生主体性教学和合作教育的实验。

教学研讨会 分别于2000年6月和12月召开教学研讨会,研讨的方向是"如何发挥学生的主体性,提高课堂教学效果,实现减轻学生负担"。共有24位教师在全校做了展示课,这些课表现出自主学习、主动发展的新的教学模式。主要特点有七个:(1)以学生的质疑确定导读导练的重点;(2)引导学生在读、思、议中解决问题;(3)注意创设情境和民主宽松的气氛;(4)加强合作,放手培养自学;(5)注意唤起学生的情感活动,培养独立思考能力;(6)注意课内外结合,培养学生收集信息、运用信息的能力;(7)运用生动活泼的现代化教学手段。两次研讨会有效推动了教学改革的进展。

教科研成果 教师参加各级各学科的评优课活动,取得优异成绩(见表)。同时,教师的理论水平也得到较大提高,教科研论文获奖或发表在市级以上刊物的有13人次(见表)。教学改革为教学质量的提高提供了可靠的保证。2000年,一至六年级1800余名学生全部以合格成绩升入高一年级,259名毕业生语、数、英三科优秀率达到93%。在大面积提高的基础上,重视发展学生个性,培养学生特长。本年度,学生在区级以上各种竞赛中,成绩突出。在香港举办的有20多个国家、40支代表队参加的"保良局"数学竞赛和北京市"2000年跨世纪绿色行动"以及海淀区中小学生建筑模型竞赛、航海模型竞赛中,附小均夺得团体一等奖;女子篮球队获海淀区小学生竞赛第二名;棒球队获得北京市"奋进杯"邀请赛甲组第一名、乙组第二名。116名学生在市、区以及全国竞赛中获一、二、三等奖。

【特色教育】 爱国主义教育 爱国主义是教育的永恒主题。在2000年2月、9月1日两次开学典礼上,附小专程请来天安门武警中队战士升国旗,武警中队还把一面在天安门广场飘扬过的五星红旗赠送给附小,使全体师生受到爱国旗、爱中华的教育。

手拉手、心连心活动 附小"爱心社"已经坚持活动5年。2000年,与河北曲阳县东砥村小学、清河南镇关西庄"外工信心小学"、河南孟州市大定育新小学开展了"童心同心,交流爱心"的活动。除了鼓励学生之间的交往以外,10月份,附小赠送东砥村小学电脑、鼓号队设备、办公用品等物品,以改善学校硬件设施。

环保教育 4月,附小环保志愿军在西单广场"为全国小朋友申请诺贝尔环保奖万人万树誓师大会"上,向全国小朋友发出"回收废旧电池"的倡议,同年上半年,全校学生共收集、上缴废电池20000余节。五年级一班积极开展环保申奥活动,中国儿童活动中心授予其"环保班级"的光荣称号。

民族传统文化教育 "国粹生辉,古韵新生"的教育活动在普及的基础上,水平不断提高。2000年8月,娃娃京剧团演出的神话剧《百灵》在文化部主办的全国首届"蒲公英"大奖赛中荣获创作银奖和表演银奖;在团中央、中央电视台青少年节目中心、全国手拉手艺术团等联合主办的全国儿童剧普及交流演出中获"特别奖",学校获"组织工作奖"。11名小演员分获一等奖、二等奖。全校铺开的古诗文诵读活动已经坚持3年。2000年11月,附小被中国青少年基金会评为"中华古诗文经典诵读工程北京特色校"和"全国模范校"。并有2名同学分别当选"全国诵读之星"和"全国诵读标兵",25名同学当选"北京市诵读标兵"。167人获"诵读优秀"证书。

科技教育 继1999年之后,2000年12月再次获得"海淀区科技教育先进校"称号。

【改善办学条件】 2000年,附小再次投资100万元,对教学电脑更新换代,建成局域网、多媒体网合一的计算机网络教室。同时开建校园网,信息点覆盖每一个教室、每一个办公室,2000年底完成了网络布线,并购置了网管中心机房设备。购置较大量的VCD、录音机、录像机、台式音响配备到各专用教室,提高课堂效率。

(刘开云)

表 8-81　北大附小教师参加 2000 年区级以上教学评优课获奖情况统计表

参赛时间	参赛内容	获奖等级	获奖人员
2000.6	海淀区"世纪杯"教学评优课	一等奖	潘东晖、康万德、王秀贞
2000.6	海淀区"世纪杯"教学评优课	二等奖	刘学慧、吕道娜、何秀雯
2000.10	中国科学院心理所《现代小学数学》教研中心教学录像评优课	一等奖	何秀雯、沈雪瑶、于昆、梁春玲
2000.10	中国科学院心理所《现代小学数学》教研中心教学录像评优课	二等奖	苏小娜、梁春玲、刘艳利、沈雪瑶
2000.10	中国科学院心理所《现代小学数学》教研中心教学录像评优课	三等奖	于昆
备注：11 位教师获得北京市或全国教育教研相关机构授予的荣誉称号。			

表 8-82　北大附小教师 2000 年教科研论文获奖情况统计

时间	论文题目	获奖级别	获奖人
2000.3	小学生逆向思维的培养	《现代小学数学》试验北京分中心论文评比一等奖	何秀雯
2000.4	论小学语文的"三化"	全国中小学语文教学论文评比二等奖	尹超
2000.5	加强心理健康教育 全面提高学生素质	海淀区教育教学论文二等奖	尹超
2000.5	运用计算机辅助教学促进学生思维发展	中科院心理所《现代小学数学》教研论文二等奖	沈雪瑶
2000.5	以"参与"促"发展"深入进行教学改革	中科院心理所《现代小学数学》教研论文三等奖	孙雪林
2000.5	让学生主动参与体会成功	中科院心理所《现代小学数学》教研论文三等奖	于昆
2000.10	重视美育形成以美育人的办学特色	全国中小学教育论文评比三等奖、北京市三等奖	刘开云、王燕海
2000.10	利用有限的教学时间发展学生无限的发展再生力	北京市教育教学论文三等奖	尹超
备注：2000 年，6 位教师的论文在北京市或全国教学刊物上发表			

党建和思想政治工作

组织工作

【概况】 2000年,北京大学全校共有党员12320名(占全校总人数的23%),其中:干部1032名(占干部总数的71%);教师2803名(占教师总数的50%);工人420名(占工人总数的21%);其他专业技术人员1212名(占其他专业技术人员总数的15%);学生3377名(占学生总数的9%);中小学教工186名(占中小学教工总数的59%);离退休人员2247名;其他人员1043名。在学生党员中,研究生党员2007名,占研究生总数的21%;本科生党员1329名,占本科生总数的10%;大专生党员41名,占大专生总数的0.2%。全校共有基层党委47个;党的工作委员会3个;党总支4个;党支部717个(其中直属支部3个)。

【理论学习】 1.在全校党员中,深入开展"三个代表"重要思想学习讨论活动。党委组织部与宣传部下半年联合下发了学习计划,各基层党委(党总支、直属党支部)结合本单位的实际情况,制定可行计划和日程表;领导班子和理论中心组率先学习,并指导基层党支部书记将计划落到实处;坚持继承与创新相结合的原则,在继承党的优良传统的基础上,着眼于新的实践,鼓励基层党支部以多种形式开展有针对性和实效性的活动。

2.各单位理论中心组在理论学习方面先走一步,书记是第一责任人,通过制定学习规划,完善学习制度,结合本单位的实际情况,加强理论学习。通过深入揭批法轮功歪理邪说,在全体党员、教职工和学生中广泛开展马克思主义唯物论和无神论教育,使广大师生树立正确的世界观、人生观和价值观。

3.在党员、干部中开展警示教育活动。将警示教育活动作为党的建设工作的重要内容,目的在于提高党员、干部廉洁自律的自觉性。

【基层组织建设】 1.各基层党委(总支、直属支部)结合《中共北京大学委员会关于加强教职工党支部建设的若干意见》和《中共北京大学委员会关于加强学生教职工党支部建设的若干意见》的有关规定,通过完善制度、选配干部、考核评估、争先一创优、分类指导等方式,具体指导所属党支部工作。

2.从实际出发,认真解决好新形势下党支部的设置问题。结合学校改革中出现的新情况,适时调整和重新设置基层党支部。学校机关机构改革后,组织部下发了《关于学校机关机构改革后党支部调整和重新组建的意见》(组字[2000]4号)。在学校推进院系改革,实行三级建制、二级管理的调整过程中,各单位党委也根据相关的行政单位的调整对党支部进行了调整和重新设置。

3.加强党支部自身建设。与学生工作部共同对学生党支部书记进行了培训,增强他们对岗位应知应会的了解。共有220人参加了培训。

4.围绕增强党性、提高素质、全面成才,加强学生党支部的建设和学生党员的教育和管理。在学生党支部中开展以"我们的信仰"为主题的优秀党日评选活动,共有25个学生党支部在此次活动中受到表彰。

5.加强党员教育和管理,对不合格的党员做出妥善的处置,对犯有错误的党员进行严肃的批评教育并根据情节轻重作适当的处理,维护党的纪律。

6.完成评选和表彰优秀党员和先进党支部的工作。全校共表彰优秀共产党员标兵6名,优秀共产党员161名,先进党支部46个,并于"七一"前夕举行了表彰大会。

【发展党员工作】 3月下旬至5月底,举办积极分子党性教育读书班,640名学员参加了培训;10月中旬至12月中旬,举办了第13期入党积极分子和新生预党的知识培训班,新生预备党员参加了培训,共有1538名入党积极分子和新生预备党员参加了培训。医学部党校培训了348名入党积极分子。

青年教师是组织发展工作的重点,重视在青年学术骨干中发展党员的工作,初步建立了党员联系中青年骨干教师的制度,坚持两名党员联系一位中青年学术骨干。

2000年全校总共发展党员

719人,其中校本部发展党员550人,医学部发展党员169人,在校本部发展的党员中,包括学生党员520人(其中研究生169人,本科生351人),教职工党员30人(其中教师7人)。

【干部培训】 1.上半年举办机关干部双休日培训班,组织安排了四次专题讲座:迟惠生(高等教育发展趋势)、赵耿(审计知识)、胡坚(高科技产业的发展与风险融资机制的建立)、湛中乐(行政法制与依法治教);在暑假期间组织了部分干部赴井冈山老区进行实践学习,在井冈山学习过程中,安排了三次专题讲座:吴志攀(加入世贸与我们的对策)、张国有(可持续发展战略)、毛秉华(革命传统教育)。下半年的双休日干部培训班,将系列知识讲座与开展"三讲"教育活动学习阶段的内容结合起来。厉以宁结合"三讲"学习体会,为中层正职干部作了"中国宏观经济形势"的报告。为提高干部应用计算机的能力,于4月和5月在计算中心举办了干部计算机网络基础知识培训班。

2.做好全国高校党校工作研究联络组秘书处的有关工作。做好全国高校党校工作研究联络组的会议筹备、工作联络及刊物出版发行等工作。组织好教工委和北京高校党校协作组委托的任务——《马克思主义经典著作选读》一书的选编工作。

【机关干部考核】 根据学校机关机构改革的整体部署和学校党委的总体安排,组织部牵头对校本部全体机关干部进行了考核。这次考核是学校1999年机关机构改革后全面实行机关干部的岗位责任制和聘任制以来进行的首次考核。考核的依据是1999年校本部机关干部研讨会讨论通过的《北京大学机关干部考核暂行办法》和今年9月4日党委常委会通过的《2000年度校本部机关干部考核实施办法》。参加考核的人员是校本部机关实行职员制单位(包括机关各部室、直属附属单位和群团组织)的全体干部。

校机关全体人员针对去年机关机构改革时制定的岗位职责和本人履行职责的情况进行了述职,本部门机关的全体成员对述职人进行了评议,并就德、能、勤、绩进行了全面测评。

从考核参加情况看,正职干部除1人由于工作原因未参加述职考核外,机关全体19位正职干部参加了述职考核,另有1人进行了书面工作总结,副职干部除3人由于工作原因未参加述职考核外,其他44位同志全部参加了述职考核。

按照考核的总体安排,正职考核分四个阶段:本部门测评、教代会代表测评、院系评议和校领导测评;副职考核分两个阶段:本部门测评、各片的考核领导小组测评。总体情况进展比较顺利。

从考核特点看,本次考核有以下几个主要特点:

首先,学校领导高度重视。学校本部从王德炳书记、许智宏校长至所有校领导都亲自参加主持了分管部门的干部述职,王德炳书记还亲自参加机关正职干部会布置考核工作,岳素兰副书记指导组织部具体实施,并分阶段对考核工作进行具体安排,赵存生副书记多次要求工会教代会配合做好考核工作。

第二,机关各部门负责人对待考核态度严肃,认真准备个人述职,精心组织本部门各层次的干部考核。

第三,群众参与热情高。机关全体职员除个别人出差以外几乎全部都参与了干部考核,对干部给予了客观公正的评价,并提出了很多建设性意见。

第四,工会教代会代表积极参与。为使工会教代会在学校民主管理、民主监督中充分发挥作用,扩大群众在干部工作中的知情权、参与权、选择权和监督权,本次考核首次尝试让工会教代会代表参与干部考核评议工作。大家认为这是做好本次考核工作的重要保证,也是干部工作走群众路线的具体体现。

第五,各院系积极组织对机关工作的评议。很多院系党委专门召开本院系党政领导、教代会代表和部分教师、行政人员座谈会,就学校机关这次干部考评进行座谈。大家对考核的做法给予了充分肯定。普遍认为,这一年的工作中机关作风有了不少改进,增强了竞争和服务意识,改变了工作态度,提高了工作效率,体现了机关改革的成果。与此同时,大家也提出了很多意见和建议。

从考核结果来看,从总体上对干部的评价比较客观公正,对广大干部的成绩给予了充分的肯定,反映了干部的实际情况。考核结果由学校各部门主管校领导负责反馈;结果反馈以定性为主,向干部本人反馈各部门和教代会测评情况的原始数据,不反馈换算出的定量分数;同时向干部和有关部门反馈部门内群众评语和基层院系的意见和建议。

【班子换届与干部选拔】 1.2000年组织部在投入大量的时间和精力保证"三讲"工作顺利进行的同时,积极做好班子换届工作。2000年党政班子换届、调整充实、建制改变共39个;中层干部任免共138人次;撤消建制4个,新设立建制4个,恢复建制2个;2000年有8个中层班子换届:党委4个,行政4个。干部定级3名,其中正处级调研员2名,副处级调研员1名。

2.贯彻干部队伍"四化"方针,在全面掌握全校各单位的人才情况的基础上,按照德才兼备原则选拔人才,着力加强对年轻干部的选拔任用,干部队伍逐步形成了比较合理的年龄、专业和知识结构。充实了后备干部队伍，一批后备干部走上了领导岗位。

3. 增强干部队伍的流动性，加强干部的校内流动和校外流动。北京大学不仅应该是科研人才的培养基地，还应成为管理人才培养和输送基地。在加速干部校内轮岗流动的同时，2000年北京大学向审计署、教育部、中组部等中央重要部门输送了北大培养的优秀青年干部，到岗之后反映良好。

（孟庆焱）

医学部组织工作

【概况】 2000年4月，原北京医科大学党委组织部更名为北京大学医学部党委组织部。2000年共有党员4608名（占医学部总人数的49%），其中：干部302名（占干部总数的55%）；教师1404名（占教师总数的52%）；工人142名（占工人总数的12%）；其他专业技术人员679人（占其他专业技术人员总数的14%）；学生594人（占学生总数的12%）；其中研究生336名，占研究生总数的25%；本科生257名，占本科生总数的9%；大专生1名，占大专生总数的2%；离退休人员1054名，其他人员433名。

医学部共有基层党委11个，党总支3个，基层党支部273个。

医学部共有中层干部130名（其中正处44名，副处86名）；男73名，女57名（占中层干部总数的43.8%）；党外中层干部6名（占中层干部总数的4.6%）；少数民族干部3名（占中层干部总数的2.3%）。45岁以下中层干部39名，占中层干部总数的30%；50岁以下中层正职18名，占中层正职的13.8%。其中博士26人，硕士16人，本科毕业75人，大专毕业12人，高中以下1人。高级职称95人，中级职称29人，初级职称1人，无职称5人。

（王军为）

【干部队伍建设】 1996年，在第三医院行政班子换届中试行公开选拔，经过全院职工民主推荐、中层干部业务骨干民意测验、组织考察、校党委常委会集体研究决定四个程序。工作坚持选聘、选任的原则公开，干部的职数公开，干部的条件公开，选聘、选任程序公开，推荐、自荐结果分开。1999年，又在后勤部、药学院行政班子换届、基础医学院行政班子换届、医药卫生分析中心主任选拔任用中采取了竞争上岗的方式，校党委首先确定选拔工作实施方案，经过民主推荐、公开竞争答辩、民意测验、组织考察、常委会集体讨论决定任用五个程序，完成干部的选拔任用。1999年12月27日原北京医科大学党委常委扩大会研究，决定通过合并、合署、撤消、挂靠等方式，党政管理机构由27个减至18个，职能部门干部实行公开选拔、竞争上岗。2000年1月10日，学校召开内部机构改革动员会，党委常务副书记、副校长林久祥作了动员。学校成立公开答辩委员会，经过无记名投票向党委常委会推荐出18个正处长的人选，经常委会集体讨论，决定任命了18位职能部门正职，并于寒假前一天召开全体校领导与18位部处长见面会。

2000年3月，本着精简、高效、精干的原则，校党委常委会对职能部门副职岗位进行了确定，根据推荐、自荐情况，副职岗位采用述职上岗、竞争上岗相结合的方式，由党委组织部、人事处、党校办、机关党委等组成述职、答辩小组，共召开7个述职会（限定在原岗位），8个答辩会，33位同志上岗。

通过竞争上岗、述职上岗，使机关职能部门干部年龄结构、知识结构、专业结构有了很大改善。新提拔5位正处长，提拔副处长10位。由于机构调整，高职低聘6位同志。目前，职能部门正处级干部平均年龄46岁，副处级干部43.3岁。具有副高级以上专业技术职务的28人，具有博士、硕士学位（包括在职研究生）其14人。

（菅仲军）

【"三讲"教育】 按照北京大学党委的统一部署，医学部党委从2000年11月上旬开始，用两个月的时间，集中精力，分三个阶段，在现职副处以上领导班子、领导干部中开展了"三讲"教育。医学部党委成立了"三讲"教育工作小组，党委书记是第一责任人。领导小组下设办公室，负责各个具体环节的操作和各项具体事务的落实。各医院、学院也相应成立了"三讲"教育工作办公室，安排本单位的"三讲"教育工作。

参加"三讲"教育的干部，受到了一次深刻的党性党风教育和党内生活的严格锻炼，增强了改造主观世界的自觉性。医学部"三讲"教育基本实现了中央提出的"思想上有明显提高，政治上有明显进步，作风上有明显转变，纪律上有明显增强"的要求，达到了"三讲"教育的预期目的。

（王军为）

【党支部建设】 1995年原北京医科大学制定的《加强党建和思想政治工作的三年规划》（1995—1997）对于加强基层支部工作具有指导作用。为了贯彻落实三年规划，1996年4月印发了《中共北京医科大学基层党支部工作评估细则及实施办法》和《关于加强基层党支部建设的三级责任制》。

在学生党组织中开展"争优创先"活动 为了进一步加强学生党建工作，党委提出每年在学生党员和学生基层党支部中开展"争优创先"活动，还专门下发了《北京医科大学关于进一步做好学生党建工作的意见》、《北京医科大学学生党员行为规范》（试行）、《北京医科大学学生党支部工作细则》（试行）等文件。2000年3月，党委组织部、学生工作部、研究生思想工作部联合下发了《关于在全校学生党组织中开展"争优创先"活动的通知》。经过基层党支部的自查评估、二级党委的推荐，组织部、学工部、研思部认真评审，评选出1999—2000年度学生优秀党员17名，先进党支部6个，并在"七一"予以表彰。

学生党支部参加"支部生活杯"优秀党日活动竞赛 2000年，北京市教育工委和北京《支部生活》杂志社在首都高校大学生中联合举办了以"我们的信仰"为主题的"支部生活杯"首都大学生优秀党日活动评选活动。按照市委教育工委的要求，组织部进行了布置，各学院学生党支部结合学校和专业的特点，开展党日活动。药学院请社科院的李德顺教授辅导"论信仰"；口腔医学院学生党支部举办了"祝你拥有灿烂的笑容"口腔义务咨询活动；护理学院学生党支部请新中国第一代女拖拉机手刘英就"我们的信仰"召开座谈会；第一医院学生党支部开展《我心目中的共产党员》征文等等，经过评选，共评出医学部一等奖2个、二等奖2个、三等奖4个、优秀组织奖1个，并在"七一"给予表彰。第一医院学生党支部的活动获得北京市委教育工委三等奖。

"优秀组织活动"设计、实施竞赛 从1996年开始，党委组织开展了"优秀组织活动"设计、实施竞赛活动，要求每个支部重点开展1至2次有意义的组织生活。1999年继续在全校基层党支部中央开展"优秀组织活动"设计、实施竞赛活动。各基层党支部以建国50周年、澳门回归和教育管理体制的改革为契机，组织党员和入党积极分子进行教育，引导他们以饱满的精神投身于学校的改革与建设，收到了较好的效果。2000年，组织部组织申报单位进行评选，共评选出一等奖10个、二等奖14个、三等奖26个，并在"七一"表彰会上给予奖励。

（王军为）

【积极开展党建研究】 在党建工作研究的内容上，坚持与党建工作实际相结合，使党建研究工作有针对性、有生命力；在研究成果的使用上，坚持与党务干部的职称晋升相结合，使开展党建研究工作有动力；在研究队伍的组成上，坚持退居二线的老同志与现职青年同志相结合，有利于研究工作的开展和研究水平的提高。1998年原北京医科大学党委进行了1995—1997年度优秀党建研究成果评选、表彰活动，促进了党建研究工作的开展。医学部党建研究有三个方面：第一，现状研究，为制定有关政策提供依据；第二，政策研究，用于制定党建工作指导性文件和制度建设；第三，成果研究，一方面总结好的工作方法、思路、效果，另一方面指出不足、问题，进行新的研究。2000年组织部积极参加第四届北京高校党建和思想政治工作优秀成果申报工作，撰写的《突出重点，分类指导，狠抓落实，切实搞好支部建设》荣获第四届北京高校党建和思想政治工作优秀成果三等奖。

（王军为）

【党校工作】 医学部党校1987年5月成立，14年来，党委利用这个阵地，有计划、有步骤地对全校党员、干部、入党积极分子进行培训。自党校成立至今，先后举办处级干部、支部书记、中青年干部等各类的读书班、培训班、轮训班和专题研讨班27期，共培训2286人次，与组织部、工会等单位配合组织中青年干部去革命老区参观学习2次，共有72人次参加，举办学生入党积极分子14期，共培训3353人次，举办职工入党积极分子培训班7次，共培训389人次。此外，党校为全国党校工作联络组的成立和发展做了很多工作，并于1993年至1996年期间担任两届正组长。

2000年5月上旬—6月中旬，医学部党校举办了学生入党积极分子培训班，主要培训内容是党的基本知识、基本理论和基本路线等。共有10个院系的学生参加。290人获得结业证书。

2000年9月中旬至11月上旬，党校举办了职工入党积极分子培训班。基础医学院、药学院等8个单位的45名职工入党积极分子参加了培训活动。在近两个月的培训中，党校组织了6次专题讲座。六次讲座的题目是：共产党的创始人李大钊的人格力量（主讲人：马模贞教授）；邓小平理论与时代变迁（主讲人：北师大王炳林教授）；党风廉政建设（主讲人：马焕章副书记）；树立共产主义的理想信念（主讲人：徐天民教授）；党员的权力和义务：（主讲人：吴建伟副书记）。

除了课堂讲授外，党校还组织社会实践活动。利用休息时间带领职工入党积极分子参观北京郊区平谷县黑豆峪村。

北京市委党校北医分院工作 1997年12月29日，经原北京医科大学党委常委会讨论同意，由党校和社文部联合筹办北京市委党校北医分院。北京市委党校主管教学计划、教学内容、课程设置、毕业证书等，分院主要负责选聘讲课教师和学生的日常教育与管理。1998年9月分院开始招收业余走读大学专科（98级为行政管理专业，以后大学专科为经济管理专业）、本科班（行政管理专业）学员，现有学员162人。2000年根据北京市委党校要求，分院通过学生、班主任、同行对任课教师的教学进行了评估，根据评估情况，党校及时召开授课教师会议通报有关情况，并且制定了相应的规章制度。

（王军为）

宣传工作

【概况】 2000年，北京大学宣传工作的指导思想是：高举邓小平理论伟大旗帜，深入贯彻党的十五大精神，紧紧围绕学校培养社会主义事业建设者和接班人的根本任务及中心工作，努力服务改革发展稳定大局，以落实中央关于加强和改进思想政治工作的意见为主线，以理想信念教育为核心，唱响主旋律，打好主动仗，着眼于人，重在建设，从严务实地搞好宣传思想工作和精神文明建设，激励和鼓舞全校师生员工紧密团结在以江泽民同志为核心的党中央周围，在校党委和行政的领导下，同心同德，全面完成创建世界一流大学的各项任务，以优异的成绩迎接新世纪的到来。

理论学习、宣传方面，在全校党员中深入开展了学习江泽民关于"三个代表"重要思想和"讲学习，讲政治，讲正气"重要指示的活动。结合邓小平理论研究中心基地建设和"两课"教学改革，进一步开展对邓小平理论和现代化建设重大实际问题的研究，举行了"邓小平理论与21世纪中国"研讨会。配合"三讲"教育工作，编印了5期《学习参考资料》。建立舆情信息通报工作制度，组织了4次大型调查研究。为增强思想政治工作的针对性和有效性，宣传部在教职员工中开展了师德教育的调查研究，提出了在教师中加强和改进思想政治工作的措施。

新闻宣传方面，围绕学校中心工作，推出了"跨世纪"、"教学与科研"、"学术北大"、"211巡礼"、"实验室系列"、"学生创业"等新闻行动，组织了以下主题的系列宣传：(1)北大与北医合并组建新的北京大学；(2)北大在中层以上党员干部中开展"三讲"教育；(3)北大"211工程"建设取得出色成果；(4)9个学科研究群入选国家文科重点研究基地；(5)纳米研究取得成果；(6)科技部正式公布，北大被SCI收录论文数居全国高校首位；(7)校园精神文明建设取得新进展；(8)科技产业的推进与银校合作的开展。为繁荣学术，服务社会，塑造北京大学的新形象，北大与中央电视台、湖南卫视、香港凤凰卫视等媒体共同组织了"文化摇篮"、"新青年千年论坛"、"世纪大讲堂"等相关专题节目。

校报、广播电视台、宣传橱窗等媒体根据各自的特点，强化了舆论的引导功能。同时，宣传部加强网络宣传教育工作，制定了网络宣传、管理方案。3月，北大校刊网络版推出。至此，校刊形成了印刷版和网络版两种传播方式。网络版有校园新闻、人物通讯、学术纵横、学生生活、兄弟院校等栏目。

为培养具有创新精神和实践能力的综合素质人才，继续推动了高雅艺术进校园的工作，先后举办了唐宋名篇音乐朗诵会、五四交响音乐会、纪念"一二·九"运动65周年朗诵音乐会等活动，苏格兰皇家斯特林风笛乐团、以色列青年交响乐团、波兰冬布罗瓦民间歌舞团、中央芭蕾舞团、中国军乐团、中国广播交响乐团、中国电影乐团、中国京剧院等著名演出团体先后来北大献艺，这些演出的上座率均在80%以上。

(赵为民、张黎明)

【校园文化】 2000年，北大加强了对校内各种讲座、论坛和社团工作的管理，建立了相关的审批审查制度。

4月30日，唐宋名篇音乐朗诵会在百周年纪念讲堂举行，濮存昕、乔榛、丁建华、方明、肖雄等十多位著名艺术家和来自中国歌剧舞剧院的演奏者们同台演出。观众在艺术熏陶中感到唐宋诗词的魂魄，领受到千古名篇的精神内核。

5月3日，由校党委宣传部主办、校基建部、会议中心协办的五四交响音乐会在百周年纪念大讲堂内举行，谭利华指挥北京交响乐团，演奏了中国交响乐《茉莉花》、《火把节》和《英雄交响曲》、《安娜波尔卡》、《沃尔塔瓦河》等外国名曲。

5月4日，"20世纪北大著名学者墨迹展"在图书馆展览厅举行，展出了百余位学者的墨迹，其中有康有为、梁启超、孙家鼐、许景澄、张百熙、张亨嘉的卷轴，有蔡元培、胡适、钱玄同、马叙伦、蒋梦麟、刘师培、黄侃、李四光、马寅初、周培源等的真迹。此外，还展出了毛泽东、李大钊、陈独秀、鲁迅等人的墨迹复印件。

5月，苏格兰皇家斯特林风笛乐团、以色列青年交响乐团、波兰冬布罗瓦民间歌舞团在北京大学的演出场场爆满，这是北大承办，文化部、北京市人民政府和中国对外演出公司联合主办的"2000 相约北京"联欢活动的一部分。

12月9日，北京市委宣传部、市文化局、北京大学共同主办的"世纪放歌"——纪念"一二·九"运动65周年朗诵音乐会在百周年纪念讲堂举行。朗诵音乐会选取我国现当代流传甚广、脍炙人口的诗歌、散文，包括李大钊、叶挺、方志敏、毛泽东、艾青、何其芳、郭小川、杨朔、饶阶巴桑、舒婷、秦松、余光中等的作品，共有缅怀、祈望、思念、赞美四个篇章。热爱祖国母亲、追求祖国统一、富强成为整台晚会鲜明的主题。参加演出的北大师生历经一个多月的排练,郑榕、周正、濮存昕、殷之光、凯丽、赵敏芬、陶红、王立民、王霞、赵宁等专业演员加盟演出,中国歌剧舞剧院交响乐团伴奏。

12月10日,纪念"一二·九"运动65周年歌咏比赛在百周年纪念讲堂举行,在近4个半小时的演出中,18个院系的近1900名师生用激昂的歌声,表达了北大人对祖国的赤子之心和迈向新世纪的豪情。

世纪之交,各种讲座、研讨活动为校园文化增添新的景致。9月26日,北大举行"21世纪的文化产业"研讨会,艺术系主任叶朗和美国时代华纳数码媒体总裁兼首席执行官里查·布莱斯勒分别作主题演讲,评析网络时代文化现状,探讨21世纪文化产业的走向。11月2日,"2000年北京金庸小说国际研讨会"在北大举行,查良镛先生以及来自美国、英国、澳大利亚、以色列、日本、韩国等6个国家和中国内地、香港、台湾的学者近60人参加了会议。12月,北大团委组织"面向21世纪的中国"大型学者论坛,社科院研究员徐友渔、中科院院士曾毅、中科院院士韩启德、北大法学院教授陈兴良、贺卫方分别作"西方学者眼中的'文革'"、"艾滋病时代的校园青年"、"塞莱拉的启示"、"刑事法治的理念建构"、"正义的行头——从法官换袍谈起"等讲座。同时,学生会、研究生会和一些社团也组织了"前沿·新世纪"科技文化节、"21世纪的北大,21世纪的中国"十佳演讲大赛、"研究生学术年会"、"掌握未来"征文暨朗诵比赛、"红楼文化节"等活动。

2000年,宣传部、艺术学系等单位策划了校园文化推向社会的系列活动。学生艺术团赴广东、福建,慰问驻澳部队和各界群众,学生舞蹈团应邀为北京市政府招待各国驻华外交人员晚会、中国电子商务国际会议表演专场歌舞节目,展现了北大学生的时代风采。

(张黎明)

【思想理论工作】 2000年思想理论工作围绕党和国家的大局和学校的中心任务,通过组织一系列理论学习、研究、宣传活动,深化了全校师生员工对党的方针政策的理解,增强了创建世界一流大学的积极性和主动性。

理论学习 1.关于"四个如何认识"的学习教育活动。这次学习教育的目的就是力求能够做到"四个正确认识":(1)运用马克思主义的立场、观点和方法正确认识社会主义发展的历史进程和资本主义发展的历史进程。(2)正确认识我国国情和改革的长期性、复杂性、艰巨性。(3)正确认识我国改革和发展的主流和支流,正确对待改革、发展进程中出现的矛盾和消极现象。(4)正确认识党和政府为解决前进中的困难和问题所做出的努力和采取的措施,坚定走有中国特色社会主义道路的信心。

2.在党员干部中开展"三个代表"重要思想的学习教育活动。主要围绕:(1)如何按照"三个代表"的要求,自觉加强党性修养,保持党员的先进性;(2)如何按照"三个代表"的要求,将党员的先锋模范作用体现在实际工作中;(3)如何按照"三个代表"的要求,提高基层党组织的凝聚力和战斗力;(4)如何按照"三个代表"的要求,加强改进党建和思想政治工作。

3.学习讨论如何贯彻落实中共中央《关于加强和改进思想政治工作的若干意见》,在北大如何进一步加强马克思主义、毛泽东思想和邓小平理论的指导地位,不断提高教师思想政治素质和政治理论水平,为学校的改革发展提供良好的政治环境。

理论研讨 理论研讨活动有:(1)举行第三次北京大学学习邓小平理论征文活动,共收到征文102篇,分学术类和心得类共评出一等奖6名,二等奖13名。(2)举行了"邓小平理论与21世纪中国"理论研讨会,中宣部、北京市委宣传部有关领导参加了会议。黄楠森、梁柱、薛汉伟教授等分别就邓小平理论的不同方面,发表了自己最新学术研究成果。

(夏文斌)

【北大教授宣讲团宣讲"四个如何认识"】 2000年6月,中共中央召开了思想政治工作会议。江泽民同志在这次会议上特别提出并阐述了如何认识社会主义发展的历史进程、如何认识资本主义发展的历史进程、如何认识我国社会主义改革实践过程对人们思想的影响、如何认识当今的国际环境和国际政治斗争带来的影响等当前直接影响干部群众思想活动的重大问题,希望全党同志共同深入研究,从思想上政治上进一步取得科学认识。为贯彻落实江泽民同志关于"四个如何认识"的讲话精神,增强新时期学校思想政治工作的针对性、主动性和时代感,北大党委宣传部、学工部和邓小平理论研究中心经过统一筹划,组成了北大教授宣讲团,以"四个如何认识"为主题,对广大同学和教师进行宣讲。

教授宣讲团在校内外作了多场报告,深受欢迎。主要原因是:(1)主讲教师准备充分,对所讲内容有深入的研究。教授宣讲团的3位教授分别是北大邓小平理论研究中心研究员、中共中央党校科研部主任李忠杰,北大马克思主义学院教授薛汉伟,北大国际关系学院教授李义虎。在北京地质大学的一次演讲,从年逾九十的院士到十八九岁的大学生,非常认真地听演讲。演讲报告从下午2:30开始,由于后来台下师生问题不断,一直延迟到接近晚上7点。(2)发挥北大学科齐全的优势,通过跨学科的组合,形成了宣讲团的整体合力。在北大教授宣讲团中,薛汉伟教授长期从事科学社会主义的研究,李忠杰教授长期从事政治经济学和国际政治的研究,李义虎教授则长期从事国际关系学的研究,尤其以台湾问题研究见长。这三位教授经过初步的交流分工,既各有侧重,又能兼顾报告的整体需要,从而使宣讲报告信息量大,学术水准高。(3)实行了开放式、互动式的学习交流方式,发挥了师生的主动参与性。这次宣讲活动改变了以前一个人作报告,台下被动听讲的做法,而是请每位教授分别讲授30分钟,然后请同学们提出问题,发表看法,主讲教师回答问题,使整个宣讲活动生动活泼,针对性强。

(夏文斌)

【调查研究】 2000年宣传部对全校教职工的思想状况进行了调查研究,并上报到学校党委。主要内容有:2月针对教师开学后的思想动态;3月就九届人大三次会议和政协会议情况的反映;9月从江泽民主席接受美国记者采访、美国参议院通过对华永久性正常贸易关系议案、中层干部观看经济犯罪展览、党员观看电影《生死抉择》这四个方面进行了了解;10月对旅法华人高行健获得诺贝尔文学奖的反映;11月就美国总统大选和中国申办2008年奥运会的反映;12月就教师关心的热点问题、中央经济工作会议的反映。

2000年3月—4月,在宣传部的组织下,北京大学第12次参加了一年一度的"高校教师滚动调查"活动,通过随机发放问卷、召开座谈会等形式进行了调查,最后写出了万余字的调查报告,上报到北京市教育工委。调查表明,北大教师关心国家大事,拥护国家的大政方针,对一年来的政府工作给予了充分肯定,也指出了不足和问题。许多教师还表达了对21世纪的美好愿望。

(张琳)

【校刊工作】 主要工作成果 2000年校刊共出报39期,按一学年10个月计算,平均每月出报3.9期,超过了每月3期的原定工作量。编发电子版报纸39期。在编发电子版的基础上,于5月4日推出网络版,并编发了滚动新闻。从2000年5月初到年底,共在网上推出滚动新闻285篇,平均每天1篇多,10月份以后达到2篇以上,每天都有二三百人点击浏览。

组织采写、编辑、出版了《如歌岁月》第二集。根据各院系和研究生院共同推荐的名单,校刊组织学生记者采写了48位在各条战线上作出了成绩的北大培养的硕士博士。其中一部分稿件摘登在校刊第四版"学子寻踪"栏目中,受到读者好评,有的还被社会报刊采用。

校刊编辑自己采写,或组织学生采写的反映北大改革发展和教学科研成果的新闻报道20余篇,刊登在社会报刊——《中国教育报》、《北京日报》、《北京晚报》、《北京教育报》、《中国青年报》、《中国高等教育》、《中学生时事》、《中国经济时报》、《大学生就业》等报刊上,有消息,有通讯,也有特写与侧记,对于宣传北大,塑造北大良好的社会形象起到积极作用。

在全国、北京市高校校报系列好新闻、好论文评选中,校刊也获得好成绩。在北京新闻奖评选中,北大校刊刊登的《北京大学纳米研究获新突破》(作者魏国英)获三等奖(高校校报唯一一个获奖作品)。在北京新闻奖高校校报系列评选中,北大校刊的4篇作品获奖:《北京大学纳米研究获新突破》获消息类一等奖;《坐而论道,唯真理是从——周五哲谭侧记》(作者曾汀燕、姚骏)获通讯类二等奖;《好哉,斯桥》(作者汤继强)获言论类一等奖;840期一版版面(编辑汤继强)获版面一等奖。在1998—1999年度中国教育记协好新闻(高校校报系列)评选中,校刊刊登的三篇作品获奖:《中南海连着燕园》(作者张涛)获通讯类一等奖;《北京大学纳米研究获新突破》获消息类一等奖;《好哉,斯桥》获言论类三等奖。在北京高校校报2000年度优秀论文评选中,李彤撰写的《对网络时代校报工作的一点思考》获二等奖。

充分发挥新闻报道的影响力,营造健康向上的舆论环境 2000年,校刊加大了对邓小平理论和"三个代表"、"四个如何认识"的宣传,重点报道了"四个如何认识报告会"等北大师生深入学习领会其精神实质的作法与经验。为配合学校的"三讲"教育,校刊刊发了一系列报道,及时向全校师生通报了"三讲"的进展与成果。为配合社会主义、爱国主义教育,校刊用较大篇幅报道了北大国旗班,用近两个版面报道了"抗美援朝时的北大"和"经历抗美援朝的北大人";用一个版面宣传了北大优秀共产党员的事迹。

2000年,是北大实施创建世界一流大学的重要一年,校刊加强对学校形势任务和大政方针的宣传,加大学科建设与教学科研的宣传力度,开设了"211工程"、"建一流大学大家谈"、"学科前沿"、"学术信息"、"学术沙龙"、"教学研讨"、"素质教育"等栏目,较为深入地报道了纳米等科研成果和外语学院教学研究与改革的做法与经验。

校刊大力宣传北大与北医合并对优化学科结构,提高办学效益的重大意义,通过"医学部快讯"、"医学信息"、"医苑之声"等专栏,向师生介绍医学部教学科研动态。校刊还开办了"北大人"、"归国学人"等栏目,宣传教学科研第一线的学术骨干,如杨开忠、程旭、胡坚、袁明武、周晓林、欧阳颀、韩敏中等人物。

在学生生活版面中,校刊集中宣传了学生五四奖章获得者等集体与个人,报道了学生环保的意识与行动,开设"学子寻踪"栏目介绍北大毕业生走上社会后的创业历程，开设"阳光时代"、"燕园拾尘"、"湖边琐语"等栏目和"百花园"专版，刊发师生清新、明快的散文、随笔与杂文等作品。

2000年校刊还为北大与北医大合并，经济学院建院15周年，国际关系学院建院40周年，中文系建系90周年，化学学院建院90周年，北大附中建校40周年编发了专刊。

努力建设学生记者与通讯员两支队伍，依靠师生参与搞好采编工作 每年9月，新学年开学校刊均招收一批新学生记者，通过培养与实践，使他们很快了解新闻采写的基本知识，掌握基本技能。2000年共招收新记者83名，经过半年的锻炼，40余名同学有了长进与提高，10余名成为骨干，学生记者捕捉了不少新闻信息，采写了不少好稿件。2000年校刊还加强了与一些职能部门的联系，各部门通讯员特别是两个科研处的通讯员，积极供稿或提供新闻素材与线索，为校刊深入报道创造了条件。

(魏国英)

【广播电视台】 广播电视台通过《北大新闻》等节目展示学校教学科研成果、宣传学校改革发展新貌，并充分发挥校内舆论监督作用和联系学校与师生员工的纽带作用，开办群众喜闻乐见的栏目，丰富师生员工的业余文化生活。校党委副书记赵存生在2000年度广播电视台工作总结会上讲话，对广播电视台的工作提出了更高的要求，并指明了"一流大学建一流电视台"的发展方向和"小而高、小而新、小而好"的办台方针。

日常工作 电视台播出《北大新闻》40期810条，播放全程录像20次；广播台播出节目158期，因学校抗震加固，广播台于2000年9月停播。

重点工作 电视台开辟专栏报道学校机关机构改革和岗位聘任，每周不定期播出2至3次岗位聘任的情况，其中部长访谈录等节目在观众中反映良好；制作北京大学北京医科大学合并大会专题节目，播放全程录像和专题片，与采访相结合，报导两校合并的盛况；报导教代会、职代会，播放大会开幕式的全程录像、闭幕式的全程录像，采访教代会、职代会的负责人，同时，配合工会工作，在电视台开设健康科普讲座、老年健康与保健知识讲座、播放保密教育电视系列片、"五月的鲜花"教职工歌咏比赛等；"七一"前夕，开辟专栏庆祝中国共产党成立79周年，报导学校"七一"表彰活动；报导全校干部会及北京大学102周年校庆活动；报道对邱庆枫同学的悼念活动。

开创性工作 电视台的新闻节目分为三个版块，重要新闻以讲新闻的形式播出，其它新闻以新闻简讯的形式播出，第三部分为专题节目。开辟《燕园视点》栏目，采取热点事件与新闻评论相结合的方式。如校医院系列改革、"211工程"的全面实施、取得的成果及在学科建设中的资金投入情况，首届"学生五四奖章"和"班级五四奖杯"评比，重庆市在全国范围内公开选拔副厅局级领导干部工作，工会、各院系对机关工作测评等。广播台恢复"未名湖音乐欣赏"，新增草地音箱25只，线路1500米，2000年4月开始每周播出。在2000年的工作中，广播电视台充分发挥了学生记者的积极性和创造性，访谈节目"燕园视点"使同学们得到了很好的锻炼，从而开创了一大批其它栏目。学生记者们制作了一组校园建设的报导，如校园环境的改善、住宿条件、图书馆自动化管理等。学生还自编自导自摄自制了《情系昌平》、《东西方的相遇——北京大学首届外语文化节》等专题片。学生记者在电视台还主持电视台部分重要栏目，如人文社科重点研究基地、国家重点实验室、教学与科研栏目、合作与交流栏目、后勤服务之窗等，广播电视台成为了学生素质教育的重要基地之一。

(孙华)

医学部宣传工作

【思想政治工作】 2000年，医学部宣传部以上级指示和国际、国内重大事件及学校中心工作为重点，开展理论学习和形势政策教育，组织全校师生学习中央重要文件和国内重大会议精神，针对国内外形势和师生关注的问题举办了各种形势政策报告会、理论学习讲座，坚持使全校党员干部的思想理论学习经常化、规范化。

围绕九届三次全国人民代表大会、台湾'大选'、"教育三讲"和"三个代表"与"四个如何认识"等专题，在全校师生中进行理论学习和时事教育，先后组织了"台湾问题"、"点评台湾'大选'"、"国际形势"、"三个代表"、"如何认识社会主义发展的历史进程"等8场报告。2000年5月宣传部获得北京市1999年度"灵山杯"优秀报告评选工作组织奖。

宣传部与团委、老干部处、武装部联合组织了纪念抗美援朝50周年座谈会；与科研处联合举办了人类基因组计划讲座。还制作了分别以"跨越新千年"、"两校合并"、"布什访问口腔医院"、"同唱一首歌"、毕业典礼文艺晚会、暑期军训及社会实践活动、国际禁毒日暨泰国公主访问药物依赖所、"三讲"教育活动掠影等12期图片展，共展出图片、照片3000余张。

【校园文化】 医学部坚持校园文化高水平、高格调、高品位的原则，从1996年来形成了以"五月的鲜花"歌咏比赛、毕业典礼演出、开学典礼音乐会、新年音乐会为主体，配合其他校园文化活动的格局。2000年5月15—16日，为庆祝两校合并，与北京大学党委宣传部共同组织了"同唱一首歌"文艺晚会，在医学部获得成功。7月，邀请总政歌剧团举行进行毕业典礼音乐会。11月由中国交响乐团作专场演出，12月由中国杂技团进行专场杂技表演。

【调查研究】 原北京医科大学于1991年首次参加"全国八省市教师滚动调查"，2000年，原北京医科大学第9次参加了这项调查活动，内容涉及国家政治、经济、教育和学校工作等诸多方面，以问卷、座谈会和访谈会形式进行。这次调查是对教职工的工作、生活状况和思想政治状况的量化分析，为学校进行科学、系统的党建研究工作，增强思想政治工作的针对性提供了依据。

【科研成果宣传】 2000年宣传部围绕学校中心工作，加强对全校医疗、教学、科研成果的宣传报导，利用电视、广播、校报等形式反映医学部科研成果和学科建设，推出"人体肝脏移植手术"、"健康快车情撒西部"、"科研创新成果大会"、"长江学者计划"特聘教授及"何梁何利奖""金钥匙奖"获得者等四期专门报导展板。

（李晓农）

【校刊工作】 北医校报创刊于1954年，时名为《新北医》（半月刊），从第47期更名为《北医》。1982年5月改刊名《北京医学院》，1985年6月改称《北京医科大学》，1999年9月经国家新闻出版署批准，取得国内报刊统一刊号。

2000年原北京医科大学内部机构改革，校刊由独立的处级单位并入党委宣传部，原校团委书记白玉光同志应聘担任校刊主编。两校合并后，校刊刊头改为"北大医学"，9月10日，由"北大医学"更名为"北医"。

2000年，校刊紧紧围绕学校的中心工作，对学校内部机构改革、与北京大学合并、干部招聘、召开先进党支部和优秀党员表彰大会、"三讲"教育等开展宣传报道。注重突出重点，向科技工作倾斜。两校合并后，全文刊登韩启德常务副校长"关于我校技术创新工作的基本思路"的讲话，之后对北医技术创新研讨会、首届基础与临床结合奖揭晓、人类疾病基因研究中心成立、北京大学生物医学跨学科研究中心成立等都及时重点报道。2000年刊出科技新闻89篇。

在原校刊的基础上，规范了校刊版面，一版为重要新闻，二版为医教研，三版为综合报道，四版为文化与生活。2000年开设《医苑新人》专栏，《医苑新人》专栏报道医学部中青年骨干8名。

2000年，校刊发表在《人民日报》、《光明日报》、《科学时报》、《中国教育报》、《北京日报》等社会报刊上的文章50余篇。扩大了医学部在社会上的影响。

在1999年度北京高校校报好新闻评选中，医学部获通讯类一等奖1个。在中国高校校报学会好论文评选活动中，获得二等奖2个。

（方红韬）

【电视台工作】 北医电视台成立于1992年，由党委宣传部和电教中心共同建立、联合管理，电教负责摄像、制作，宣传部负责组稿、编辑，台长由教育技术中心主任担任，责任编辑由宣传部副部长担任。新闻节目双周一次，内容涉及北医教学、科研、医疗、管理、校园生活等各个方面，及时全面地反映北医发展动态，是了解校情提供校园信息的重要媒体。两校合并后，《北医大新闻》更名为《北医新闻》。全年共播出《北医新闻》20期，新闻消息130条。为配合学校开展思想政治工作，播放反腐倡廉、批判"法轮功"的专题片等十余次，并就合并后医学部的发展对学校领导进行了专访。

（王文英）

统 战 工 作

【概况】 2000年，北大校本部有各民主党派成员500人，有一批著名的党外代表人士以及归侨侨眷、台胞台属、少数民族同胞、港澳同胞及其亲属和外籍华人家属等统战对象。北大校本部各方面统战人士总体上数量多、层次高，不少人在社会上和海内外有很高的声望和较大的影响。

在北大校本部各民主党派成员中，现有3人任党派中央副主席、5人任中央常委、1人任市委主委、4人任市委副主委。校本部的9名九届全国人大代表中，有民主党派成员3人、无党派人士4人；19名九届全国政协委员中，有民主党派成员9人、无党派人士7人、少数民族同胞1人；4名十一届北京市人大代表，全部是民主党派成员；14名九届北京市政协委员中（其中市政协常委金声教授于年内逝世），有13名是民主党派、无党派人士和归侨、台胞、少数民族同胞。在校本部，有1名党外人士任副校长，有31名各方面统战人士担任院（系、所）和机关各部处的领导职务。北大广大统战人士积极参政议政，特别在各级人大、政协中发挥着重要作用，同时也参与学校的民主决策、民主管理和民主监督，在学校的改革发展方面发挥了重要作用。

表 9-1 2000 年北京大学校本部民主党派组织机构状况

党派	委员会	支部（支社）	小组	成员数	外单位成员数	发展人数	去世人数	备注
民革		1		24	7	1		另有博士生 2 人
民盟	1	8	1	200	7	7	6	另有博士生、博士后 5 人
民建		1		19	6	4		
民进	1	6		101	5	5	1	另有博士生 1 人
农工				5				
致公党		1		29	2			
九三	1	6		121	7	11	1	
台盟				1				参加海淀老年支部
总计	3	23	1	500	34	28	8	

到 2000 年底，共有 6 个民主党派在北大校本部建有校级组织，即民革北大支部、民盟北大委员会、民建北大支部、民进北大委员会、致公党北大支部和九三学社北大委员会。此外，农工民主党、台盟等党派在北大也均有成员。到 2000 年底，八个民主党派在北大共有成员 500 人。

【主要工作】 王德煌、李庆云等担任特邀监察员、特约检察员 2000 年 1 月，国家监察部聘请 34 位来自各民主党派和社会各界的专家学者担任监察部第三批特邀监察员。北大致公党成员、侨联会主席、物理系教授王德煌和民盟北大委员会常委、国际关系学院教授、副院长贾庆国受聘担任第三批特邀监察员，聘期 5 年。2000 年 2 月，最高人民检察院举行特约检察员聘任仪式，20 位来自各民主党派和社会各界的专家学者被聘为最高人民检察院第四批特约检察员。九届全国人大代表、无党派人士、北大经济学院教授李庆云和致公党北京市委副主委、海淀区政协副主席、北大法学院教授郑胜利受聘担任第四批特约检察员。

北大侨联会完成换届工作 北京大学归国华侨联合会在党委统战部的协助下，经过反复酝酿和协商，于 2000 年 3 月份完成了换届工作。新一届北京大学归国华侨联合会组成如下：

主 席：
王德煌（归侨，物理系教授）
副主席：
王佩瑛（侨眷，地质系高级实验师）
李安山（归侨、国际关系学院教授）
委 员：
赵进东（归侨、生命科学学院教授）
林万桔（归侨、物理系退休实验师）
潘文石（归侨、生命科学学院教授）
曾月香（侨眷、审计室干部）
此外，新一届侨联会还聘请原主席苏志中，原副主席施振才、王芸为顾问。

一些集体和个人受到统战系统表彰 2000 年 6 月，收到民建北京市委通知：民建北大支部副主委邱建国被评为民建 1999 年度参政议政优秀会员。9 月，在庆祝民进北京市委成立 50 周年之际，民进北大委员会被民进市委授予优秀基层委员会称号。民进北大主委高巧君、副主委佟新，会员陈文慧、程红、李蔚倩、罗桂琼、罗强、苗静华、王燕海、王桂玉、王铭等 11 人被评为北京市优秀会员。11 月，在海淀区委、区政府举行的海淀区第四届民族团结进步先进表彰活动中，北大佟园清真餐厅获先进集体称号，佟园餐厅经理王宝忠获先进个人称号。12 月，在中国民主建国会成立 55 周年大会上，北大民建成员、环境中心教授倪晋仁荣获民建全国优秀会员称号。

获得党建和思想政治工作优秀成果奖 2000 年 7 月，在北京高等学校党的建设和思想政治工作优秀成果奖的评比中,北京大学统战部申报的"以邓小平统一战线理论为指导,做好民主党派成员及党外代表人物的思想政治工作"项目获得北京市委教育工委颁发的1998—1999年北京高等学校党的建设和思想政治工作优秀成果三等奖。

协助做好民主党派的组织发展工作 2000年北大校本部民主党派的组织发展工作继续慎重稳妥地进行。据统计,2000年各民主党派基层组织共发展成员28人,到年底校本部民主党派成员总数已达500人。统战部十分重视协助做好民主党派的组织发展工作,并在5月份专门召开了各民主党派组织建设工作座谈会,座谈有关民主党派组织发展、成员培养教育及班子建设等问题,同各民主党派在组织发展等有关问题上达成了共识。

袁行霈等六位党外专家学者获第四批华夏英才基金出版资助 华夏英才基金是中央统战部向海内外社会各界募集专门用来资助党外高级专家、学者出版优秀学术专著的基金。2000年校本部又有六位教授的学术专著获得该项基金的出版资助。他们是:

中文系袁行霈教授(民盟,《陶渊明集笺注》);

物理系章立源教授(民盟,《超导理论》);

经济学院李庆云教授(无党派,《中国资本外逃研究》);

生命学院潘文石教授(民盟,《继续生存的机会》);

经济中心林毅夫教授(无党派,《经济发展与金融危机》);

外语学院史习成教授(无党派,《蒙古国现代文学》)。

2000年12月29日,获资助的党外专家、学者及部分党外院士、教授代表,统战部有关同志出席了华夏英才基金第四批支持党外专家学者出版学术著作仪式。全国政协常委、民盟中央副主席、北大中文系教授袁行霈代表受资助的专家、学者发言。

积极开展理论信息工作 统战部坚持及时向学校领导和中央统战部、市委统战部等上级有关部门反映工作情况和有关信息,2000年全年共编写36期简报。其中有多篇简报及时反映了北大党外知识分子代表人物对"两会"、台湾问题、中共十五届五中全会、中央经济工作会议以及对学校的重大决策、"三讲"教育等方面的看法和感受,受到有关部门和学校方面的重视。2000年统战部获得中央统战部六局优秀信息工作一等奖。在2000年全国部分高校统战工作研讨会上,北大统战部提交并宣读了《当前形势下高校民主党派工作面临的一些新情况和新问题》的论文。

(谢宁)

医学部统战工作

【概况】 北京大学医学部统战工作具有光荣的历史传统。1946年9月、12月中共北医学生支部、教师支部成立。地下党组织广泛团结爱国民主人士和青年教师、学生、教授中的进步力量,组成了北医教授会、讲师、讲员、助教联合会、学生自治会等,投入了"反饥饿、反迫害、反内战"的爱国民主运动,为新民主主义革命胜利做出了突出贡献。

1950年2月北京大学医学院从北京大学分离,划归卫生部领导,更名为北京医学院。北医党委继续贯彻执行党领导的多党合作和政治协商制度,调动一切积极因素,发展医学教育事业。1951年九三学社北京医学院小组成立,1953中国民主同盟、中国农工民主党相继在北医建立了组织。1956年6月九三学社北医支社成立,胡汉升教授任主委。北医党委坚持在统战工作中实行政治领导,信任、尊重知识分子,充分发挥知识分子作用,形成了"百花齐放、百家争鸣"的大好局面。1962年成立的35人院务委员会中,党外专家占54%。老一辈党外代表人物马文昭、薛愚、梁铎、胡传揆、毛燮均、刘思职、王序、王志均、叶恭绍、严仁英等著名专家、教授,与党真诚合作,为社会主义建设事业和医学教育事业竭心尽力。在此时期,北京医学院进入全国重点高校行列。

至2000年底,北医有副高级职称以上党外知识分子821人,民主党派成员561人,有一批著名的党外代表人士以及归侨侨眷、台胞台属、港澳同胞及其亲属、外籍华人亲属、出国和归国留学人员、少数民族师生。3个民主党派建有医学部一级组织,即九三北医委员会、农工党北医总支、民盟北医委员会。各民主党派成员中有党派中央副主席2人、中央常委3人、中央委员5人、市委主委1人、市委副主委3人。北医统战方面人士数量多,素质高,在社会上有重要影响。北医历届全国人大代表、政协委员40人中有28名党外人士;历届市人大代表、政协委员28人中有18名党外人士;现任第九届全国人大代表和政协委员13人中,有民主党派成员4人、无党派人士2人、台湾同胞1人、归侨1人;现任北京市人大代表、政协委员11人中,有民主党派成员6人、无党派人士1人、台湾同胞1人;现有13名党外人士、4名少数民族同胞担任学校副处级以上领导职务。

医学部党委在新时期党的统一战线理论、方针、政策指引下,团结统一战线各方人士,为建设统一强盛的社会主义祖国,创建世界一流大学共同奋斗。

【主要工作】 支持民主党派加强思想建设和组织建设,做好党外知

表 9-2 2000 年北京大学医学部民主党派组织机构状况

党派	委员会(总支)	支部	小组	成员	备注
民革		1		19	2000 年 8 月成立中国国民党革命委员会北京大学第一医院支部
民盟	1	3	1	83	1992 年 7 月 8 日成立中国民主同盟北京医科大学委员会
民建				2	
民进				8	
农工	1	5		172	1990 年 11 月 10 日成立中国农工民主党北京医科大学总支
致公党				11	
九三	1	7		265	1956 年成立九三学社北京医学院支社,1989 年 9 月 16 日成立九三学社北京医科大学委员会
合计	3	16	1	561	

识分子工作　医学部党委统战部高度重视党派领导班子的建设,认真协助中央统战部、市委统战部和党派上级组织完成干部考察和推荐工作。2000 年统战部推荐 3 名无党派人士、3 名民主党派中青年骨干分别参加了中央统战部和北京市委统战部举办的党外知识分子研讨班,并与党派协商组织全体民主党派成员参加了"三个代表"、"四个如何认识"的学习。统战部与各级党委(总支)在党派发展和班子建设中,认真考察,及时沟通,坚持了注重政治素质与发展巩固相结合的原则,促进了工作的规范化。农工民主党肿瘤医院支部及民革第一医院支部分别于 2000 年 4 月、8 月相继成立。医学部民主党派 2000 年共发展成员 29 人。九三学社北医委员会和药学院支社被九三市委评为先进集体;因获二级以上国家级科技奖,严仁英、钱玉昆、韩启德教授荣获九三学社北京市委单项表彰;马汉卿、刘世琬等 29 名九三社员被分别评为优秀社员和优秀社务工作者。

2000 年 12 月,北京大学常务副校长、医学部主任韩启德在九三学社第十届中央委员会第四次全体会议上,增选为九三学社中央委员会副主席;临床肿瘤学院副院长张梅颖在中国民主同盟第八届中央委员会第四次全体会议上,被增选为中国民主同盟中央委员会副主席;基础医学院李刚教授任中国农工民主党中央医药卫生工作委员会副主任。

口腔医学院林野教授的著作《现代口腔种植学》获中央统战部华夏英才基金支持。

坚持民主管理、民主监督,支持民主党派积极参政议政　2000 年 4 月北京大学与北京医科大学合并后,医学部党委统战部征求全国人大代表、政协委员和各民主党派组织的意见,为办好新的北京大学提出积极建议。医学部两级党委不仅坚持了通报会、座谈会制度,还邀请各民主党派参与"三讲"教育全过程,通过召开座谈会、个别访谈、民主评议等方式,通报情况,广泛征求了意见。各民主党派组织积极帮助党委班子及处以上干部进行"三讲"教育,取得了比较明显的成效。医学部党委支持各民主党派组织参政议政,参加社会调研。九三北医委员会参与的九三学社北京市委"关于学生营养餐"的调研及提案,提交 2000 年北京市政协九届三次会议,得到市委和市政府重视,制定了有关文件,同时拨款 280 万元用以扶植学生营养餐事业。该提案被评为全市统战系统优秀提案。九三北医委员会坚持在人大、政协开会前,专门召开会议征求社员意见、建议。九三学社钱玉昆教授在 2000 年市人大会上提出意见、建议、议案等 31 项;九三学社刘世琬教授在市政协会上单独提案 12 项。致公党中央委员于长隆教授被聘为最高人民检察院特约检察员。

加强统战工作基础建设　为更好贯彻执行《中共中央关于坚持和完善中国共产党领导的多党合作和政治协商制度的意见》(中发〔1989〕14 号),医学部统战部进行了医学部统战工作调查,重点调查了各单位工作落实、制度落实、政策落实情况,总结了医学部统战工作的经验和存在的问题,明确了今后工作方向。医学部统战部推荐5名干部参加了市委统战部组织的脱产培训,在提高统战工作理论、政策水平的同时,着手推进工作科学化、规范化,初步建立了医学部民主党派组织和人员情况、副高级以上知识分子情况、少数民族学生及党外副处级以上干部资料库,为今后工作打下扎实的基础。

民主党派成员、侨联、港澳台同胞及亲属、统战系统干部活动 统战部圆满组织了新千年春节联欢会,组织统战系统人员分别参加了海淀区高新技术开发区报告会、高新技术产业国际周展览会、卢沟桥及抗日战争雕塑园参观活动等。统战部协助首都女教授联谊会进行了女大学生素质调查。农工党第一医院支部为密云高岭小学义诊并捐款2600余元,先后派出7人分别参加柯棣华医疗队、赴内蒙古扶贫义诊团等医疗咨询服务。40多名农工党员通过"逛京城、陆上游"活动,参观了改革开放后的北京新貌和科技园。部分农工党女党员参加了"中华妇女世纪林"植树造林活动。统战人士和统战干部通过不同形式活动,进行革命传统和改革开放形势教育,提高了建设有中国特色社会主义的共识,增强了凝聚力。

(金纯)

纪检监察工作

【概况】 2000年北大纪委监察室在校党委和上级纪委的领导下,继续以邓小平理论和党的十五大精神为指导,从实际出发,认真贯彻中纪委四次全会精神和上级纪检监察机关的工作部署,围绕北京大学与北京医科大学两校合并、学校创建世界一流大学的奋斗目标和学校的中心工作,按照反腐败"三项任务"的工作格局,做好干部廉洁自律、查办案件、纠正行业不正之风和保证监督、党风廉政建设宣传教育等项工作,完成了各项工作任务,为促进学校的改革、发展和稳定发挥了积极作用。

机构建设 1999年6月,北大纪检监察和审计部门合署办公,对内称纪检监察审计部。2000年,经学校研究决定,撤销纪检监察审计部建制,恢复设立审计室,纪委办公室与监察室合署办公,并于7月13日以校发132号文,发至校内各单位。

成立北京大学临时纪律检查委员会 根据《中共教育部党组关于在高校管理体制改革中加强纪检监察工作的通知》(教党〔2000〕33号)文件精神,校党委常委会2001年2月9日研究决定,在党员代表大会选举之前,建立中共北京大学临时纪律检查委员会。临时纪委的组成原则是:由原北京大学、北京医科大学27位纪委员组成,纪委书记王丽梅,副书记叶静漪、孔凡红,纪委委员万文徵、马焕章、王丽梅、孔凡红、石敬慈、叶静漪、卢咸池、曲春兰、刘建成、孙宁玲、李克安、杨运泽、吴宝科、吴新英、邱恩田、谷涛、张宝岭、张瑞颖、陈淑敏、林丛、周有光、周岳明、赵俊普、梁桂莲、解冬雪、廖陶琴、谭昌妮。

临时纪委的运行机制和工作原则 临时纪委会按照党章规定三项任务,履行四项职能,服从和服务于学校的中心工作,促进学校的改革、发展和稳定。从两校合并的实际出发,保证纪律检查工作的顺利开展。建立临时纪委会议制度。临时纪委会一年召开3—4次。凡涉及年度工作计划、上级精神的贯彻及全局性重大问题的决策、重大事项的安排及大案要案的处理,由临时纪委会讨论决定。遇有特殊情况,由纪委书记或副书记随时召集。纪检监察专职干部可列席临时纪委会。建立纪检监察办公室办公会议制度。办公会原则上两周一次,研究、沟通、协调纪委有关日常工作,组织完成上级纪委和学校党委交办的任务。北京大学和医学部纪检监察办公室仍按各自管辖的范围和对象,受理群众的信访举报及案件查处。医学部查处的大要案和重要信访举报及时向临时纪委请示汇报。违纪党员的党纪处分,原则上按照干部管理权限和处分审批权限及有关程序办理,给予撤销党内职务(含)以上纪律处分的需经校临时纪委会讨论决定。

纪检监察干部队伍建设 按照学校岗位聘任考核工作的要求,对全体干部进行了任职考核,选留了一名北大优秀应届毕业生到纪委监察室工作,充实了专职干部队伍;结合工作需要,派人参加了案件检查工作培训、信息工作培训、会计知识培训和法律知识培训;一名干部出国培训,增长了知识,提高了业务素质。配合学校有关部门对各院系主管财务的领导和会计进行财政法规知识培训,提高领导干部专业人员的素质。按照学校的要求,对北京大学纪委、监察室的历史沿革进行调查研究,完成了"纪委志"的写作任务,理顺了内部管理体制,明确了北京大学纪委与医学部纪委各自的职责范围,不再与校审计室合署办公。

原中共北京大学纪律检查委员会副书记张起永同志因病医治

无效，于2000年12月3日上午9时20分在北京大学校医院逝世，终年71岁。

信息工作 北京大学纪委监察室是中纪委和市纪委的信息点，2000年继续认真履行"信息点"工作职责，当好领导的参谋和助手，全年共向上级纪委报送各类信息34期，有的被上级纪委转登，有的被评为优秀信息篇目，受到中纪委和北京市纪委的表扬。北京大学纪委监察室被北京市纪委评为2000年度信息工作先进单位，王丽梅被评为信息工作优秀领导者，曲春兰被评为优秀信息员。

【**党风廉政建设**】 重新调整党风廉政建设责任制领导小组 2000年4月北大和北京医科大学合并。根据两校合并后的实际情况，5月份重新调整了党风廉政建设责任制领导小组，进一步明确党风廉政建设领导机制和工作机制。调整后的党风廉政建设领导小组组长为王德炳，副组长闵维方、岳素兰、林久祥，成员王丽梅、马焕章、陈文申、王杰、赵为民、廖陶琴、叶静漪。

重新修订《党风廉政建设责任制》 北京大学于1999年底制定了《北京大学党风廉政建设责任制》，根据北京大学和北京医科大学合并的实际情况，重新修订了《北京大学党风廉政建设责任制》，并于2001年3月12日以党发[2001]6号文件形式下发至各个单位。

推动各院系建立和完善党风廉政建设责任制 各院系按照校党委下发的《北京大学党风廉政建设责任制》规定要求，结合本单位实际，进一步建立和完善了本单位的党风廉政建设责任制，努力做到责任分解，责任到人，一级一级逐层加强管理，加强监督，切实把党风廉政建设工作落在实处。2000年共有44个单位先后建立了本单位的党风廉政建设责任制。

党风廉政建设责任制检查 根据北京市贯彻落实党风廉政建设责任制领导小组办公室《关于对全市区县局级单位贯彻落实党风廉政建设责任制情况进行专项检查的通知》要求，2000年10月对北大校级领导干部贯彻落实党风廉政建设责任制的情况进行了自查，并以北党发[2000]13号文形式上报北京市教育工委。

为严格执行党风廉政建设责任制，9、10月间，结合学校内部管理体制改革的需要，在干部岗位聘任的考核工作中，把对各级领导干部执行党风廉政建设责任制纳入干部考核的范围，一并进行了考核，加强监督保证。

【**党纪监督工作**】 2000年初向各单位发出通知，重申严禁到12个风景名胜区开会的规定，严格纪律；转发了《违反行政事业性收费和罚没收入"收支两条线"管理规定行政处分暂行规定》等纪律法规。

领导干部廉洁自律民主生活会 根据上级要求，6月初校级领导干部专门召开了廉洁自律专题民主生活会，上级领导机关派有专人列席了生活会。校级领导结合江泽民同志关于"三个代表"的理论和成克杰、胡长清等严重违法违纪典型案例分别谈了认识体会，并对照党中央关于领导干部廉洁自律规定，逐条对照检查。为开好校级领导干部民主生活会，校纪委会同组织部门召开了由各方代表参加的座谈会，广泛听取了意见，分门别类整理总结反馈给校领导。

院系级干部的民主生活会结合警示教育进行。大家就成克杰、胡长清等案进行了较深入的讨论，普遍感到受到很大教育，提高了自律意识、纪律观念，同时也检查了工作，明确了努力方向和改进措施。

领导干部住宅配备电脑情况调查 为更好地贯彻落实中央纪委《关于限期完成清理用公款为领导干部住宅配备电脑和支付上网费用工作的紧急通知》，按照市纪委、教育纪工委和市领导干部廉洁自律办公室的要求，在8月底至9月初对北京大学处级以上领导干部住宅配备电脑及上网情况进行摸底调查，并于2000年9月4日上报北京市纪委、北京市教育纪工委，受到北京市纪委和中纪委的重视。11月，接到上级关于清理用公款为领导干部住宅配备电脑和支付上网费用工作的通知后，与学校资产管理部、财务部联合向校内各单位和处级以上干部转发了上级通知，设计了调查表，要求各单位严格按照通知的精神进行自查、自纠，做到边检查、边清理、边改正。各单位按照上级纪委和学校的要求，认真开展了清理。通过清理，规范了学校资产管理工作。

执法监察工作 按照教育部《关于进一步做好2000年普通高度学校招生管理和监察工作的通知》（[2000]教电256号）要求，加强了招生工作的专项监察；根据近年来学校基本建设任务繁重，基建工程增多的实际，参加校内一些工程的招、投标工作，进行调查研究，开展相关的监察，逐步规范基建工程招标、投标工作；加大财政法规执法监察力度，维护学校财务制度改革成果，严格执行国家财政法规和学校财经纪律，转发《违反行政事业性收费和罚没收入"收支两条线"管理规定行政处分暂行规定》等纪律法规；协助审计室加强对干部的审计监督。

监督保证工作 2000年下半年学校进行了新一轮的聘岗工作，纪委监察室在总结经验的基础上，继续做好岗位聘任申诉受理调查和协调工作。2000年申诉受理调查委员会主任汪太辅（研究生院），委员黄永念（力学系）、王德煌（物理系）、何淑云（社科部）、刘永福（校工会）、刘雨（教务部）、刘建华（外语学院）、曾辉（城环系）、张立

(人事部），申诉受理调查委员会秘书姚奇（纪委办公室）。

推动校务公开，扩大基层民主 为加强学校的民主管理与民主监督，促进依法治校，推动学校党风廉政建设，在5、6月份纪委、监察室与校工会起草了《北京大学校务公开实施办法》，并多次召开座谈会，广泛征求了全校各职能部门的意见，提交教代会2000年年会讨论，经学校党委常委会和北京大学第432次校长办公会讨论通过，于2001年3月12日党发[2001]7号文发至各单位。

【宣传教育】 坚持"教育为主"和"预防为主"方针，积极开拓宣传教育工作思路，充分利用正反两方面典型，稳步、细致、扎实的开展党性党风党纪和党风廉政建设宣传教育工作。

开展警示教育活动 2000年5月份根据京发[2000]15号文件《北京市委关于从成克杰严重违纪违法案件中吸取教训在全市党员领导干部中开展警示教育的通知》要求，校纪委监察室起草党发[2000]18号文《关于在全校干部、党员中开展警示教育的通知》，在全校党员干部中开展了从胡长清、成克杰等严重违法违纪案件中吸取教训，进行警示教育的活动。校纪委监察室搜集编印了成克杰、胡长清、许运鸿、李乘龙四大案件的案例和相关资料，下发到各单位，作为警示教育的教材。校领导班子成员在理论中心组会上专门讨论了成克杰、胡长清、许运鸿、李乘龙四大案的教训；各单位精心部署活动安排，认真组织讨论，各中层党政领导班子和党支部都召开了专题民主生活会，使整个警示教育活动开展的扎实有效。

8月份，中纪委、中组部、中宣部联合发布了《关于利用胡长清等重大典型案件对党员干部进行警示教育的意见》（中纪发[2000]7号），北京市委也发出了关于贯彻执行的通知。为贯彻落实有关精神，校纪委监察室起草党发[2000]32号文《关于在全校党员干部中继续深入开展警示教育活动的通知》，于9月份集中深入开展警示教育活动。校纪委与组织部、宣传部联合，组织全校党员观看了电影《生死抉择》；为中层干部购买了《邓小平论党员领导干部廉洁自律》和《以案施教，警钟长鸣——胡长清案件警示教育材料》两书；在学校闭路电视播放《胡长清案件警示录》录像片，并就"胡长清在北大的兼职问题"以及焦某从社会上小摊贩手里为胡长清购买的假的"北京大学毕业证书、学位证书问题"编写了字幕，使大家了解事件原委；组织党员干部参观《北京市打击和预防经济犯罪展览》。

以案说纪说法 2000年上半年，纪委书记王丽梅结合纪委的工作，结合发生在身边的违规违纪事例，在党校举办的干部培训班上授课，进行以案说纪说法教育。为配合做好党风廉政建设责任制的宣传教育工作，2000年3月15日北京大学第2期《纪检监察简报》转发了宣武区纪委《关于对北京市育才学校杨林同志所犯错误的通报》，该通报是自《党风廉政建设责任制》实施以后所发生的追究领导干部责任的典型案例，要求各单位尤其是领导干部认真学习，引以为戒。

协助校党委搞好"三讲"教育 2000年10月中旬开始，在处级以上领导班子和领导干部中，深入进行以"讲学习、讲政治、讲正气"为主要内容的党性党风教育。校纪委监察室结合学校"三讲"教育工作部署和安排，协助学校党委做好有关党性、党风、党纪方面的教育和相关工作并抽派得力干部参加学校"三讲"教育办公室的工作。

【信访与案件检查】 信访工作 2000年共接到各类信访144件（不含医学部信访件数及重复信访件数），其中来信121件，来访14件，电话举报9件。涉及的问题有经济类38件，道德类6件，失职渎职类3件，具有行业特点类56件，其他类41件。各类信访涉及校级干部3人，系处级干部33人，其他人员33人。具体问题分类情况如表9-3。

表9-3 2000年信访涉及问题分类

	总数	经济类	道德类	失职渎职类	具有本行业特点类	其他类
来信	121件	32件	6件	1件	49件	33件
来访	14件	3件		2件	6件	3件
来电	9件	3件			1件	5件

"三讲"教育活动期间，纪委、监察室共接到群众来信17件、来电来访10件，接到"三讲"教育巡视组转来的群众来信56件，其中校本部36件，医学部20件。对于这些群众信访，逐件进行了调查核实，认真处理，并给"三讲"教育巡视组以书面回复。

岗位聘任过程中的信访情况 2000年度岗位聘任申诉、投诉受理调查委员会共收到申诉、投诉49件（约为1999年度申诉和投诉件总数的1/3），其中重复件9件；实际申诉35件，投诉5件（4件匿名，1件署名）；并接待来访70余人次，与有关人员谈话90余人次。经委员会工作，涉及岗位变动的有8件，约占申诉件的20%。

案件检查工作 校纪委监察室2000年共初核违纪线索20件。经过初核，转立案5件，通报批评1件，经济退赔2件，诫免谈话1件，批评教育1件，转有关部门处理4件，失实的5件，纠正某些错误做法的1件。立案的5件中，2名党员受到党内严重警告处分，两名党员被开除党籍，移送检察机关立案1

件。挽回经济损失9万余元。

对案件检查工作责任制的执行情况进行自查 根据京纪办通[2000]23号文的精神,校纪委监察室在6月份对贯彻执行《北京市纪检监察案件检查工作责任制〈试行〉》情况进行了自查,并写出了自查报告上报北京市纪委。

(曲春兰)

医学部纪检监察工作

【概况】 1979年9月13日北京医学院成立党委纪律检查委员会筹备组,1980年10月30日恢复建立纪律检查委员会,在北京市纪委、卫生部纪检组和学校党委领导下,围绕学校的中心工作认真履行"保护、惩处、教育、监督"四项职能。根据监察部驻卫生部监察局要求,北京医科大学于1988年11月建立监察室。监察室在学校和卫生部监察局领导下,对校机关各处、室及其工作人员,各学院(系)、医院(所)及其正、副院(所)长,校直属单位及其负责人贯彻实施国家政策、法律、法规及校规情况进行监督检查。1993年9月,按照中纪委、监察部统一要求,校纪检监察合署办公,实行一个机构,两块牌子,履行纪检监察两种职能。1994年8月,校纪委《全面履行四项职能,为学校中心工作服务》一文获1994年度北京高等学校党的建设和思想政治工作优秀成果三等奖。1995年1月,北京医科大学纪委、监察室"93.7案"调查组荣立北京市纪委、市监察局集体二等功(京纪发[1995]4号)。1995年9月,北京医科大学纪委监察室被评为全国教育系统纪检监察工作先进集体(教党[1995]94号)。1995年10月,北京医科大学纪委监察室被评为北京市教育系统纪检监察工作先进集体(京教工[1995]32号)。1996年1月,北京医科大学纪委监察室"94.4"案件调查组荣立北京市纪委、市监察局集体二等功(京纪发[1996]2号)。1996年3月,北京医科大学纪委监察室、口腔医院纪委监察室被评为全国卫生系统纪检监察先进集体;校纪委监察室张昆然、曹盛容,第一医院杨运泽、第三医院张松山、肿瘤医院齐家良被评为全国卫生系统纪检监察先进个人(驻卫纪发[1996]第03号)。1999年12月27日,校党委常委会讨论决定,审计室与纪检监察合署办公,成立北京医科大学纪检监察审计办公室。2000年4月,原北京医科大学纪检监察审计办公室更名为北京大学医学部纪检监察审计办公室。

【贯彻中纪委四次全会精神】 医学部党委、纪委按照北京市、卫生部、市教育纪工委的具体安排,结合医学部工作实际,传达贯彻中纪委第四次全会精神。分别召开党委扩大会、纪委扩大会、处级干部会进行学习贯彻。做出2000年党风廉政建设和反腐败工作安排,将落实党风廉政建设责任制和纠正医药购销中的不正之风作为工作重点。

【学校改革有关工作】 纪委监察室围绕两校合并,以及机构调整、定岗定编、竞聘上岗等项工作,积极配合党委、党政领导做好工作,发挥监督和保证作用。纪检监察审计办公室主任参加了医学部竞聘工作小组。纪委监察室负责受理竞聘上岗过程中的投诉。受理定岗问题的书面申诉20件(涉及102人),接待来访30余人次,对所投诉和反映的问题,及时与有关领导、人事处和二级单位沟通,并做好细致的思想工作。纪委监察室还参与了组织部的干部考核工作。

【"三讲"教育】 纪委监察室在党委的统一领导下,积极参与"三讲"工作,把"三讲"教育列为重中之重。纪委监察室共有四名工作人员,三人参加了医学部"三讲"教育工作小组工作。开始征求意见后,四名同志全部投入,分三组到四个二级单位听取意见,共个别访谈115人。纪委监察室的同志不仅认真参加了"三讲"教育学习,而且保证了日常工作正常运转,举办党风廉政建设展览1期,撰写论文2篇,完成党建课题立项申报3项,完成了北京大学巡视组转来20件群众来信的核实工作,并将核实报告报"三讲"教育巡视组。

【落实党风廉政建设责任制】 在医学部制定党风廉政建设责任制实施办法的基础上,各二级单位陆续制定了实施细则,10个单位完成制定工作,占83%。纪委监察室学习北京市委、市政府《关于对区县局级领导班子和领导干部违反党风廉政责任制行为进行责任追究的实施细则(试行)》,将《通州区委、区政府关于实行党风廉政建设责任制责任追究的实施细则》等文件转发各单位,供学习借鉴,为制定党风廉政建设责任分解、责任追究细则做准备。按照北京市纪委和教育纪工委要求,医学部党委对贯彻落实党风廉政建设责任制情况进行了自查,自查报告报北京大学党委。

【领导干部廉洁自律】 医学部党委常委委托医学部纪委、党委组织部于暑假前征求了14个二级单位的党政领导、医学部机关部分处长41人的意见,"三讲"教育中进一步广泛地征求了干部群众的意见,领导班子廉洁自律民主生活会同"三讲"教育民主生活会一并召开。13个二级单位专题民主生活会7月底前召开,会前共征求意见293人次,应参加生活会107人,实际参加103人。医学部党政领导参加二级单位生活会14人次。领导班子和领导干部认真学习党中央关于党政机关领导干部廉洁自律四条规定和国有企业领导人五条规定,逐条对照检查,未发现违反规定的行为。

针对可能发生的问题，纪委、监察室重申中共中央办公厅、国务院办公厅关于调整党政机关汽车配备使用标准（厅字[1999]5号），要求各单位认真贯彻执行，需配备购置车辆的，一定要本着廉政、节俭的原则，节约经费支出。重申严禁到黄山、庐山等12个风景名胜区开会的规定。重申党中央、国务院关于厉行节约制止奢侈浪费行为的有关规定。元旦、春节期间严禁铺张浪费行为，春节后对各临床医院进行了检查，未发现有违反规定的行为。

按照市教育纪工委和北京大学纪委的要求，对用公款为领导干部住宅配备电脑和支付上网费用情况进行清理。清理对象为各学院、医院正、副院长、党委（总支）正、副书记、纪委书记，社文部、机关、后勤服务总公司、产业副处级以上干部。清理以自查登记为主。任北京大学副校长的三位医学部领导在北京大学进行登记，其他医学部领导在所在二级单位进行登记。应参加摸底登记136人，实际参加登记136人，均无违反规定的情况。

【案件检查与信访】 案件检查责任制情况自查 按照北京市案件管理室和北京大学纪委的要求，对贯彻执行《北京市纪检监察案件检查工作责任制（试行）》情况进行了自查，并报告北京大学纪委和北京市纪委案件管理室。

重要线索核查 第一医院监察室与医院保卫处共同配合北京市公安局十四处对一起涉嫌侵占财物罪、诈骗罪案进行调查取证，做出严肃处理。医学部纪委监察室和第一医院纪委监察室配合西城区检察院对4个重要线索进行了核查。

受理来信来访 医学部两级纪委监察室共受理来信、来访、电话举报338件，其中医疗行风91件，经济类65件，申诉56件，批评建议39件，失职渎职1件，违反社会主义道德3件，其他83件。涉及党员66人，局级干部2人，处级干部21人，科级干部13人，一般干部116人，其他人员32人。经查，无法核实8件，失实20件，批评教育42人，政纪处理3人，调离原岗位1人，挽回经济损失18.8万元。

在定岗定编和"三讲"教育期间，纪委监察室受理大量来信来访，医学部、有关临床医院纪委监察室做好相关处理工作。

【执法监察】 招生执法监察 纪委书记参加招生工作委员会，2名纪检监察干部直接参加招生录取工作，协助招生办处理招生信访，加强纠正行业作风建设的宣传教育，对医学部2000年招生管理和监察工作进行了总结。

财务管理 对《北京大学医学部各部门收入管理办法》执行情况进行监督，纪委监察室下发了《关于强化监督认真贯彻落实＜关于加强医学部财务管理的通知＞的通知》（北医纪发[2000]14号），由审计室负责抽查。

医院科处室自管资金管理 继口腔医院、第一医院之后，第三医院制定了科处室自管资金管理办法，对42个处、科室（占科室总数的60％）资金管理和使用情况进行了抽查。第一医院在各科室自查的基础上，对自管现金进行了抽查。

【医疗卫生行业作风建设】 规范服务达标检查 纪委监察室会同医院管理处对六所临床医院"首都卫生系统规范化服务达标工作"进行检查、预验收，各临床医院进行了自查。经北京市卫生局和社会监督员检查，6所医院的满意度为97％—100％，平均满意度为99％；综合得分为94.5—99.5分，平均综合得分为97分。2000年8月，六所医院均获首都精神文明建设委员会颁发的三级医院"规范化服务达标"牌匾。

以病人为中心 各医院以病人为中心，开展了一系列活动。第一医院坚持深入病房，直接听取患者对医院的意见，了解医德医风中存在的问题。人民医院开通胸痛患者绿色通道，获患者和卫生部好评。第三医院开展了"满意在三院"、"规范化服务十项达标"、"优质服务迎接新世纪"等活动。口腔医院将2000年定为服务质量年，开展了"一事一议谈体会"、"分诊台责任护士服务艺术研讨会"等活动。

治理医疗活动乱收费 第一医院进行了全院医疗收费大检查。根据群众来信反映的问题，各医院加强制度建设，规范点名手术管理。

【宣传教育】 党风廉政建设和反腐败教育 将党风廉政教育纳入本科生、大专生教学计划，纳入入党积极分子培训计划和新职工上岗前培训计划。医学部党委副书记兼纪委书记讲党课10次，1000多名学生、新上岗的教职工、入党积极分子听课。

警示教育 在党员领导干部中开展了从成克杰、胡长清严重违纪违法案件吸取教训的警示教育。医学部党委中心组组织了专题学习讨论。组织党员领导干部学习了《邓小平论党员领导干部廉洁自律》，观看了电影《生死抉择》、录像《胡长清案件警示录》，参观北京市打击和预防经济犯罪展览。

廉洁自律教育 将北京市纪委监察局《关于当前加强领导干部廉洁自律工作的意见》（京纪发[2000]7号）转发下属单位党委、纪委、监察室，在党员领导干部中开展专题思想教育。将专题思想教育活动纳入2000年反腐败总体工作之中，加强领导干部廉洁自律工作，防止吃喝玩乐等不正之风的滋生和蔓延。

此外，纪委举办党风廉政建设图片展1期，组织参加第二届北京市党风廉政建设和反腐败成果摄影比赛,人民医院、第三医院各1幅作品获三等奖。在医学部校园网设立纪检监察网页;第一医院纪委监察室于11月创办了党风廉政教育月刊《钟与镜》。

【纪检监察机关自身建设】 两校合并后,北京大学纪委和原北京医科大学纪委(医学部纪委)按照原管辖的对象、职权范围各自相对独立开展工作,实行联席会制度,统计报表、文件、材料统一上报。纪检监察审计合署办公后,完成了岗位及职责确定、人员聘任工作,进一步明确和完善了纪检、监察、审计三个部门的职责和各岗位的职责。组织全体纪检监察干部学习"三个代表"重要思想,收看中央党校王瑞璞教授的《江泽民同志关于"三个代表"的重要思想是加强党的建设的伟大纲领》报告录像。开展调查研究与论文写作,医学部纪委监察室完成论文2篇,报北京市纪检监察工作研究会。《北京医科大学落实〈关于实行党风廉政建设责任制的规定〉的调查报告》获1999年北京市纪检监察系统优秀调研成果奖。加强干部培训工作,组织6名干部参加全国卫生系统纪检监察业务培训班,对两级专兼职纪检监察审计干部进行纪检监察审计业务培训,请北京市党风廉政建设办公室副主任、兄弟院校纪委书记和教授、北京市审计局干部讲授纠正行业不正之风、管理与监督、纪检调研与论文写作、审计内容与方法四个方面的知识。表彰了先进集体和个人,第三医院纪委监察室、校纪委办公室赵卫华、第一医院杨运泽分别评为全国卫生系统纪检监察先进集体和先进个人;肿瘤医院、口腔医院张瑞颖分别评为全国卫生系统行业作风建设先进集体和先进个人。

(赵卫华)

保 卫 工 作

【概况】 2000年保卫部较好地完成了国家安全、保密、治安、消防、交通、综合治理等各项工作。北京大学荣获国家安全工作先进单位、北京交通安全先进单位、治安综合治理获海淀区先进单位,保卫部荣立市公安局集体三等功,荣获被评为工会工作先进集体。

随着改革的不断深入,社会科技的迅猛发展,校园生活工作方式的不断演变,保卫工作已由过去单一层次上的分类工作演变为当前的多层次的协调工作;由过去以经验为主的工作方式演变为当前的依靠科学与管理的规范性方式;由过去的以督管为主体的工作方法演变为当前的以服务为主体的工作方法。在2000年的工作中,保卫部努力探索适应学校发展需要的新思路,确立了"安全为本、服务是金"的原则,并结合社会及学校的治安形势、校区楼宇分布及控制特点、保卫队伍缩编的现实条件,努力开辟出一条"以人为本"、"人防、技防"相结合的工作方式。

队伍建设与研究活动 2000年6月,张虹部长参加了美国校园执法协会第42届年会,并顺访了美国的几所大学,在研究借鉴国外先进理论与经验的基础上,撰写了论文《新世纪校园安全工作的思考》。保卫部积极开展对现代保卫学的研究,并立足本职工作、深入调查,全年共撰写有关专业文章30余篇,编写《保卫工作简报》13期,整理各类公文档案100卷。保卫部先后4次组织干部到兄弟高校保卫处交流、考察,先后15人次参加了上级各业务部门组织的业务培训;先后3次选派十余名干部参加微机使用、管理培训班,并根据各业务科室的需要配备计算机,充分利用现代网络办公条件,既适应了现代办公需求,又提高了工作效率。加强廉政建设,对室主任及以上领导干部提出了廉政责任制要求,在理科楼群治安监控系统的建设中,为把学校投资的50万元用好,专门成立了有保卫部正副部长和校办、纪委、基建、财务、理科楼负责人及三名技术专家参加的招标小组,最终采纳了民安达公司设计的较为先进的数字化治安监控系统。2000年学校拨发专款购置了紧急警务车、校园巡逻车和新型消防车,加大校园巡逻密度,缩短循环周期,提高了反应速度,还增加了"护送"等新型安全服务项目。保卫部、派出所在做好专项业务工作的同时为师生排忧解难,其中派出所"开锁服务"一项就达8件次。

(窦书霞)

重大警卫活动 全年共完成内、外事以及大型活动的警卫工作56次,其中国家元首级警卫4次,二级以上警卫32次。在重大活动中,认真制定预案,精心组织、精心安排,落实责任到人,保证了国内外来访宾客和领导的安全,做到了万无一失。

(邢小龙)

【校园稳定与治安防范】 处理邱庆枫遇害事件 2000年5月19日,在得到北京大学1999级政治学与行政管理系邱庆枫同学在昌平园校区外被歹徒杀害的消息后,保卫部领导立即赶赴发案现场,并组织专门力量配合公安机关开展案件侦查、调查工作。北京大学师生对邱庆枫同学的遇害反响极大,并表达了沉痛的悼念之情;同时,也因对校内某些具体管理措施不满而出现了在校内聚集的现象。为更好地解决问题，维护校园正常教学秩序，保卫部一方面派一名副部长参与学校对邱庆枫同学善后事宜的处理，另一方面及时掌握情况信息，当好党委的参谋，对混入学生队伍企图制造事端的校外人员予以果断处置，同时对管理工作中存在的问题，及时提出整改意见，积极落实各项整改措施。

与"法轮功"邪教组织的斗争 2000年"法轮功"邪教组织在北京大学的活动表现得更加复杂，形式呈多样化，增加了工作难度。保卫部制定了工作方案和工作措施，注意做好校内重点区域和重点时期的防范工作，加强校内及家属园区复印点、打字点的管理，同时利用校内有线电视等宣传渠道，发动群众积极参与，大力做好校园内及家属园区各类"法轮功"宣传品的查缴工作。全年共计制止在校内公开练功13人次；对被公安局留置盘查、刑事拘留的38名（次）人员进行了艰苦而耐心细致的说服教育工作；派出所留置盘查、刑事拘留34人次，在家属园区收缴"法轮功"宣传品近万份。在校内收缴广播宣传"法轮功"用的器材一套，宣传"法轮功"内容的光盘、软盘60张，宣传"法轮功"的小册子、传单、张贴物、信件计3000余份；在校园内现场抓获张贴、散发"法轮功"宣传材料的人员3名（其中2名为校外人员），均被公安机关刑事拘留。同时加强了校内计算机互联网上有关"法轮功"和其它恶意攻击党和政府的电子邮件的监督、检查工作。在对校内极少数未转化的"法轮功"习练者的教育转化工作中，在校党委统一领导下，积极与校内各院系的帮教小组及其家属建立日常联系，取得了较好的效果；对住在学校家属园区的"法轮功"习练者，派出所会同街道居委会做好教育转化工作。全年共上报市公安局、"6·10办"、市委教育工委、教育部等部门各类有关"法轮功"人员的情况报表和工作总结9件次。

积极推进校园及周边家属园区的治安防范工作 派出所全年接报案600起，处理"110"报警87次，出动警车达1000余人次，其中刑事案件71起（已破35起），治安案件186起；处理各类违法犯罪人员430人，刑事拘留34人。2000年学校发生了一些影响较大、性质较为恶劣的刑事案件。其中，博士研究生杀人后跳楼自杀案、邱庆枫同学遇害案、博士研究生被扎成重伤案，在学校师生甚至在社会上都反应强烈。侵犯财产案件在学校发案也是居高不下。发生在校园内的盗窃案件，以盗窃微机及微机配件较为普遍，全年被盗微机12台；发生在家属园区的案件，多为入室盗窃案和抢劫案，经济损失较为严重，学校一些知名教授住宅连续被盗。以上情况引起校领导和上级有关领导的高度重视，公安部副部长田期玉就学校家属园区连续发生盗窃案作了重要批示；北京市委常委、市政法委书记、市公安局局长强卫率市、区公安局、综合治理的领导到学校现场办公，协调、解决家属园区的治安防范问题；学校领导多次听取治安防范工作意见，并拨专款建立理科楼群的治安监控系统和增加家属园区的保安力量。派出所组织干警对北京大学6个家属园区的94栋居民楼进行了调查，指出了居民楼在防盗问题上存在的问题，对应采取的对策及方法进行了探讨。注意在居民中进行安全防盗知识的宣传教育，积极推进楼宇对讲安全系统的建立。目前，北京大学一些居民已自筹资金安装了楼宇对讲安全系统。

另外，加强了外来人口的教育管理。2000年北京大学基建项目较多，再加上自费求学热度的增加，活动在校园内和家属园内的外来人口近万人，为此，严格了用工指标的核定和办证手续；加强了对校园和家属园区出租房屋的管理力度，召开了单位出租房和居民出租房房主会议，并多次进行了监督检查，解决了一些治安隐患。

（王金生、窦书霞）

【保密工作】 继续深入贯彻《中共中央关于加强新形势下保密工作的决定》和江总书记关于保密工作的重要批示，落实中保委《关于加强高技术条件下保密工作的意见》，围绕学校中心工作，抓好保密宣传教育，充分发挥保密工作的服务和保障作用，确保《保密法》及各项法规在北京大学的贯彻实施。

为提高保密业务水平，全年共3次选派6人次参加了市国家保密局举办的保密工作培训班，其中2人取得了保密工作上岗证书。上半年对校内"三五"普法情况进行了验收和总结，受到北京市国家保密局的表彰。

加大了《保密法》宣传力度。在校本部闭路电视上播放了保密教育宣传片《国家利益》；采取"以会代培"的方式举办了培训班，全校各单位保密工作负责人、兼职保密员、涉密人员共91人参加了培训，校党委副书记、保密委员会主任王登峰到会并讲话；《保密工作》杂志增订工作显著，2001年比2000年订阅数增加了34%，为历年最高水平。根据校园网实际情况及中央《决定》精神，制定了《上网保密须知》，并下发到全校各单位，做到申请上网者人人尽知。

加强试题管理和保密监销工作，在各类大规模考试密级试题的保密管理工作中，未出现失窃密现象；坚持全校集中销毁密件、内部文件资料的制度，全年先后7次统一组织校内65个单位销毁内部文件资料达6000多公斤。

（母金玲）

【消防工作】 注重日常管理和宣传 在日常的管理工作中认真落实消防责任制，2000年3月上旬与全校各单位签订《消防安全责任书》；8月与在校施工的14家建筑单位共28个工地签订了《校内建筑、加固、维修工程安全责任书》；与入校新生签订了《学生宿舍安全责任书》3358份。审核办理施工许可证9件次，办理施工动火证40件次；参与验收校内装修、改造、抗震加固、新建工程22件次。在对学生宿舍进行防火安全联合大检查时，进行录像、编发新闻，在校闭路电视台播放；在"119"消防宣传日，保卫部专门制作展板，在校内、附中和圆明园校区进行巡展，通过这些宣传，使更多师生对防火安全知识和提高自救能力有了进一步的认识。

加大检查力度，依法进行处罚 认真贯彻、落实"预防为主，防消结合"的方针，重视日常的管理、监督和检查，对不安全隐患一经发现，首先进行纠正，提出批评，填发"安全检查记录单"或发出"火险隐患通知书"，限定整改期限，并在规定的期限内进一步进行检查，超过规定期限仍不改正或反复违章的，按照消防法规进行处罚。对于仍违章施工和问题较严重的依照消防法规进行处罚并通报其他施工单位，责令停止施工。先后对南街的饭馆、网吧、录像厅和太平洋电子大厦进行检查；与学工部、学生宿舍管理服务中心、动力中心、宣传部一起对校内学生宿舍进行火险隐患大检查；与资产部、燕园街道一起对校内16—24、44楼筒子楼内的杂物进行了清理；针对首钢爆炸事故，组织联合检查组对全校承压锅炉、变电站、食堂、车队、油库、实验室、化学药品以及仓库进行安全大检查。全年共发出火险隐患通知书32份。

维护、配备消防设施和器材 为21座楼安装了170盘消防盘卷软管，解决了学生宿舍楼的消防用水问题。共埋设室外消防检标志149个，对全校消火栓进行检查3次，对损坏的9个消火栓及时报修。为新建工程和单位新配、更换灭火器852具，保证了消防设施完好有效，防患于未然。

【交通工作】 全年召开全地区各种动员、座谈会议12次；参加海淀区组织会议3次，参加会议60余人次。为确保"两会"的顺利召开，2月21日召开了有海淀交通支队宣传民警、地区安委会领导、北大汽车队领导及与会驾驶员参加的三见面、三把关的确保"两会"交通安全落实工作会议，会上签订了责任书，并对与会车辆逐一安检；在"畅通工程"活动期间，一方面落实交通责任制，另一方面开展了宣传教育。

全年共发生甲方死亡事故1起，一般事故3起，校内立案调解事故10起。特别是北京大学计算机系博士研究生赵旭晟交通死亡事故，在全校师生中反应强烈。为此，6月1日召开了全校各单位主管领导参加的加强交通安全宣传工作会议，主管安全工作的林均敬副校长到会并讲话，要求各单位领导高度重视交通安全工作，一定要把宣传工作做到家，深入人心，把"预防为主"的原则坚决贯彻到交通安全管理工作中去。

在校园交通管理中，继续对机动车入校办证分流，控制入校机动车的总量，禁止摩托车在校园内行驶。对在地区备案的上千辆机动车和3000多名驾驶员进行管理；完成了两次交通安全百分验收工作；完成了海淀区驾驶员协会管理费用的收取工作；起草了3份有关校园交通管理方面的规定。对校内交通标志和设施进行了全面的统一检查和规范整修，新增加交通标志50余块，在学校西侧门、勺园前、电话室前安装了4条减速带，在家属园区安装了7条减速带；为解决校园内机动车和自行车乱停乱放等问题，对机动车、自行车停车位重新画线；在各校门口增设了进门须知和各种交通标志牌；增开新东南门为行人和自行车通行门，将原东南门改为机动车通行门，缓解了原东南门的拥堵现象。在学校领导及有关单位的共同努力下，7月份保卫部开始禁止大型摩托车进校园。

【校园环境整治】 在认真贯彻落实各项综合治理工作方针和上级综治部门工作要求的同时，积极组织开展了校园治安秩序、校园环境的治理整治工作和制度建设，制定颁布了《校内广告管理规定》、《校园内冷饮、冰棍摊位管理规定》、《北京大学外国留学生在居民区租住房屋管理规定》、《入校须知》等。

完成了对秩序混乱、师生员工反映强烈的校内燕南路商业街及三角地治安、交通秩序的治理整顿工作，拆除了违章建筑，拓宽了道路，重新签订了"门前三包"责任书，规范了经营管理和治安交通秩序。

针对北京大学燕北园家属区居民提出的治安防范和小区封闭管理，畅春园中院61、62楼居民反映的住宅区治安、环境卫生、绿化、秩序管理、路灯安装，方正家属院反映的机动车与十四家单位共管责任协调，中关园家属区居民反映的经营单位扰民、出入人员混杂、违章建筑、环境卫生，校内37、40楼学生联名写信反映邻近饭馆污染环境、噪声扰民等问题，保卫部会同街道办事处、总务部、基建部、派出所、保卫部、所在居委会、社区服务中心、爱委会等单位召开现场会，对存在的治安秩序、环境管理及扰民问题在现场逐项落实解决，针对各处问题采取了拆除违章建筑、加高围栏、铺路绿化、安装路灯、修建门房、增加保安力量等措施，并落实责任单位，限定完成时间，使这几个地方的治安秩序、环境状况得到了不同程度的改善。

(胡群海)

医学部保卫工作

【概况】 2000年4月,原北京医科大学与原北京大学合并后,北京医科大学保卫处更名为北京大学医学部保卫处,担负着维护校园稳定,维护广大师生员工生命财产安全,保护学校教学、科研、生产顺利进行的重任。自1995年以来,保卫处开展了一系列适合学校内部治安现状和实际需要的规范化管理工作;首先是进行了学校各级安全保卫组织及保卫工作队伍规范化建设,包括门卫管理、要害部位管理、外来人员管理、消防管理、治安管理、交通管理以及规范内部的岗位责任制、工作程序、人员管理、行政管理、档案管理等;还进行了处内的五大建设,即思想建设、作风建设、制度建设、业务建设和组织建设;起草、制定校园各项规章制度18项,制定处内建设规章制度36项。在此期间,保卫处在北京市高校中推出了五个首创,即:派保卫工作人员做第二班主任,组织全校性消防运动会,举办专兼职保卫工作人员培训班,开通校园"110",编写《保卫工作志》。自1995年以来,保卫处年年获北京市公安局嘉奖,连续三年获国家安全局国家安全小组先进集体、海淀区综合治理先进集体以及校先进党支部等各类奖励18项。

2000年初,原北京医科大学进行了全面的人事机构改革,2月份处级干部竞争上岗,王振铎任保卫处长。保卫处由四科一队改为三室一队,即保卫处办公室、政保办公室、治安全办公室和校卫队,保卫干部编制也由17个压缩到13个。同时逐步形成主任负责制和岗位责任制,充分发挥每个干部的作用,把责任、权限和利益结合起来。根据学校的实际,保卫处设计了保卫工作的八个工程建设,即信息工程、监控工程、校园"110"工程、保卫队伍现代化建设工程、培训工程、防火工程、校园交通管理工程以及家属区楼宇对讲工程。

【治安、安全防范与维护稳定】 自1995年以来,学校的治安、安全工作始终坚持以防为主的原则,重点抓了基础防范工作的落实。为进一步加强人防工作,自1997年起统一规范了安全协议书并采取以每年初与各单位签订协议的做法落实安全员及职责。2000年医学部共发案73起,其中刑事案件27起,治安案件、事件46起,破案29起,破案率为39%。查处各类人员60余人。全年共报失自行车159辆,在校内打击自行车盗窃工作中,抓获5个盗车团伙,破获20余起盗窃自行车、电动助力车、摩托车案,发还127辆。

在消防工作中,2000年共进行安全大检查4次,平时检查30余次,维修、购置消防器材380具,购消防栓箱24套,对全校63个消防井进行春秋两季维修保养,对16台水泵一至两月即进行检查试水一次。5月12日举办了包括附属医院、外来人口、在校建筑公司参加的由18个队250名运动员组成的第三届消防运动会。

2000年,重新修订了《北大医学部交通安全管理规定》,印刷宣传材料和试卷2000份,制定了每年二次的司机安全月活动,进行法规和安全常识教育,完成了196辆机动车和520名驾驶员的年检、年审等项工作。

外来人员管理工作,按照《外来人员管理规定》的要求,配合各用工单位和施工队对医学部246名外来务工人员进行安全、法制和城市文明生活教育,2000年开课20讲。同时组织外来务工人员逛北京,参加消防运动会,开展年终总结,并举办了第四届外来务工人员"十佳"评选活动。

2000年1月19日,根据北京市委的要求,由保卫处牵头组织成立了包括附属医院在内的10个"法轮功"重点人物帮教小组,在全校范围内推行校动物部"一个重视,三个帮助"的经验。9月6日保卫处召开了高校第一次"'法轮功'问题研讨会",研讨了"法轮功"组织活动的新动向及相应对策。一年来,共收缴"法轮功"宣传品1166份,抓获2名外地来校散发宣传品的"法轮功"人员。

【校园秩序与大型警卫活动】 校园秩序主要由校卫队负责维护,校卫队包括四支队伍,即保安队、家属区治安服务队、校园巡逻队及学生治安服务队。保安队负责门卫工作;家属区治安服务队为家属区的治安提供值班的接报案服务,同时负责看护停车场;学生治安服务队全部由学生组成,担负学生宿舍区的巡逻保卫工作;校园巡逻队担负维护校园区治安秩序工作和校园"110"的出警服务。2000年共完成医学部内大型活动警卫31次,包括泰国公主来医学部访问的安全保卫工作。校园"110"接报求助电话251次,其中为群众服务出警120次,接警后到现场抓获小偷2起,处理治安事件14起,扑救火险3起。

【校园及周边综合治理】 1995年以来,医学部校园治安综合治理工作不仅抓了综合治理领导班子的建设,还注意培养了一批兼职队伍。从组织落实、工作落实、制度落实、措施落实、检查落实、奖励落实等几方面做了一些工作,每年均有大的目标进行治理。1995年至2000年共拆除校园内、教学楼内以及校园外和家属区内违章建筑5477平方米,开通2条消防通道。

医学部2000年的综合治理工作加强了群防群治和安全培训。全年共召开9次综合治理会议,布置、检查安全防范工作;组织培训20次。与此同时对家属区继续进行整治,拆除了8号楼北院东侧及9号楼东南侧14户约360平方米违章建筑,又打通了一条消防通道。

【集体户口管理】 学校集体户口管理工作是一项政策性很强的工作,管辖在校的学生及单身职工约5000余人。此项工作自1995年从后勤接收之后,保卫处设专人管理。据不完全统计,至2000年,共办理借户、还户、迁入、迁出、开具证明、办理身份证、办理派遣迁移、办理迎新落户共17465人次。

【内部建设与学术研究】 保卫处在抓校园秩序和安全管理的同时,也注重内部管理的建设工作。规范了业务、档案、行政、信息、人事和财务等一系列管理制度。2000年编制了《保卫工作文件汇编》、《保卫工作大事记(1990—1999)》,1999年和2000年连续出版了2本《保卫工作论坛》。在北京市高校保卫学会成立十周年大会上,医学部有39篇论文获奖,其中一等奖2篇,二等奖6篇,三等奖31篇。2000年,成立了保卫工作研讨小组,由资深的保卫工作研究员作为研究带头人,开展保卫学研究活动。

(王振铎、陈亚东)

工会与教代会工作

【概况】 根据学校和上级工会的工作部署,2000年校教代会、工会工作的总体思路是:深入贯彻党的十五大、十五届四中全会精神和全国教育工作会议精神,贯彻工会十三大确立的工作指导方针及全总《关于加强教育工会工作的若干意见》,紧紧围绕学校工作中心,努力履行教代会的四项职权和工会的四项职能,更好地发挥民主管理、民主监督和桥梁、纽带作用,团结动员广大教职工为学校的改革、发展、稳定和实现创建世界一流大学目标作出贡献。

依照以上总体思路,2000年校教代会、工会以集中组织好几项重大的和带有创新性的活动来带动全面工作的开展。(1)在学校党委的领导下,于3月下旬召开北京大学第四届教职工代表大会暨第十六次工会会员代表大会,选举产生了新一届教代会执委和工会委员会。(2)在有关职能部门的积极配合下,组织了多项以推进素质教育为内容的活动,促进以青年教师为重点的教职工队伍建设。暑期召开第六届教书育人工作研讨会,组织了青年教师社会实践活动。四季度举办了北京大学第一届青年教师现代化教育技术演示和教学基本功比赛。(3)积极推动和促进学校的民主建设。与校纪委共同起草了《北京大学校务公开实施办法》讨论稿。推荐43名教代会代表参加学校机关各部正职干部述职测评,教代会执行委员在"三讲"教育过程中参与了对校级党政领导干部进行的测评。组织部分代表参加了校发展规划部召开的学校发展规划征求意见座谈会。此外,教代会四个专门工作委员会都利用不同形式听取反映教职工的意见和建议,为学校的民主化、科学化决策提供依据。(4)通过评选表彰先进,召开经验交流会,举办工会干部培训班,调整理顺校内机构改革后的部门工会关系,校本部与医学部的工会专职干部进行沟通与交流等多项活动,促进了工会的自身建设。(5)加强维护职能,为教职工办实事。包括为教职工办理安康保险,组织教职工暑期疗休养,听取、反映蓝旗营小区住户的有关意见和建议并到现场帮助解决实际问题,春节前代表学校向全校教职工发放慰问品和开展"送温暖"等多项活动。(6)为提高办公效率和加大宣传工作的力度,筹建校工会网页,已基本完成。

(陈淑敏)

【第四届教代会暨第十六次工代会】 2000年3月23日至25日,北京大学召开第四届教职工代表大会暨第十六次工会会员代表大会第一次会议。

23日上午,大会在办公楼礼堂开幕,北京大学党政领导、上级工会领导、兄弟院校工会代表和来自校内各单位的236名代表出席开幕式。中国教育工会主席蒋文良、北京市总工会副主席孙学才和清华大学工会常务副主席杨晓延分别致辞祝贺。许智宏校长在会上作学校工作报告,包括"四年工作的回顾"、"创建世界一流大学的初步实践"、"同心同德,团结进取,为实现我校创建世界一流大学计划而奋斗"三部分。

在23日下午的大会上,闵维方常务副校长作1995－1999年学校财务工作报告。校党委副书记兼校教代会执委会主任、校工会主席赵存生作题为"发挥教代会、工会在创建世界一流大学进程中的重要作用,为学校的改革、发展、稳定作出新的贡献"的第三届教代会执委会、第十五届工会委员会工作报告。当天晚上,30余位教职工代表和学校领导及有关职能部门负责人参加了专题讨论会,就如何在北大全面推进素质教育和进一步提高教育教学质量进行讨论交流。

24日,与会各代表分组讨论学校工作报告、学校财务工作报告,讨论审议教代会、工会工作报告和工会财务工作报告,酝酿讨论新一届教代会执委会、工会委员会和教代会各专门工作委员会的人选名单及选举办法,讨论了大会有关报告的决议（草案）。

25日上午，出席大会的252名代表以投票方式选举出北京大学第四届教代会执委会（委员13名）和第十六届工会委员会（委员39名），以举手表决方式通过了第四届教代会各专门工作委员会、第十六届工会经费审查委员会名单，关于上届教代会、工会工作报告和工会财务工作报告的决议以及《北京大学工会工作细则（修正案）》。任彦申书记致闭幕词。当天下午，第四届教代会执委会召开第一次全体委员会议，选举执委会主任、副主任。第十六届工会委员会召开第一次全体委员会议，选举工会常委会和主席、副主席。

这次大会期间，收到代表提案158件（会后收到7件），意见68件。

【第六届教书育人研讨会】 北京大学第六届教书育人工作研讨会于2000年8月6日至10日在河北昌黎举行，研讨主题是"素质教育和师德建设"。王德炳书记、赵存生副书记和部分院系、部门的教师、干部共30余人参加了会议。会议由校工会、校教代会教书育人工作委员会共同筹备组织。

在会议动员中，校工会常务副主席陈淑敏介绍了前几届教书育人工作研讨会的概况，阐明了本届研讨会的宗旨，要求与会同志围绕主题深入研讨，取得成果。王德炳书记在讲话中强调了当前在思想认识和实际工作中应着重解决的几方面问题：(1)教书育人问题在于育什么样的人、怎样育人。教师应按照党的教育方针的要求，努力培养德、智、体、美等方面全面发展的、高素质的创新型人才。(2)创新非常重要。为创建世界一流大学，必须出高水平的科研成果，而科研成果应在教学中得到体现，培养出优秀人才。要切实贯彻"教学与科研并重"的方针。(3)在全面推进素质教育中，教师应首先努力提高自身素质，提高实施素质教育的能力和水平。(4)人文精神、科技伦理、师德建设在任何时候对学校都是十分重要的，必须抓好。(5)在推进素质教育和师德建设中，学校党政和教代会、工会要树立典型，弘扬正气，鼓励先进，带动全体。

会议期间，大家再次学习中共中央、国务院《关于深化教育改革全面推进素质教育的决定》和江泽民总书记《关于教育问题的谈话》，进一步加深了对党的教育方针及教育改革、素质教育、教书育人、学生思想政治教育等方面的理解认识。马克思主义学院院长陈占安就"马克思主义旗帜不能丢，马克思主义阵地不能垮，马克思主义教育不能少，马克思主义的学习不能松"等问题作了报告。科研部副部长萧群在题为"赴美考察的见闻、体会、感受"的报告中，介绍了美国特别是加州高等教育体制概况以及哈佛、伯克利等名校管理、教学、科研方面可资借鉴的经验，并回答了提问。

会上，王德民等6位老师作专题发言，全体同志进行了讨论交流。大家分别就北京大学创建世界一流大学的目标任务及素质教育、师德建设、教学、科研、管理等方面工作提出了看法和建议。

赵存生副书记在会议总结讲话中阐述了几点意见：(1)实施素质教育是中央出于战略性思考而提出的，针对性很鲜明，具有重要的现实意义和深远的历史意义，必须予以高度重视。(2)人的素质可分为基础素质和综合素质两个层面。在素质教育中，思想道德教育是灵魂，文化科学教育是基础，创新教育是核心。(3)学生、教师、学校"三位一体"，才能全面推进素质教育，而其中关键在于教师。教师应认识到并承担起自己的责任，积极发挥育人作用和师表作用，全方位、全过程地实施素质教育。

（梁燕）

【组织宣传工作】 2000年4月，校工会针对学校机构改革后的情况，重新调整部门工会。据统计，全校共有63个部门工会，450个工会小组，6641名会员，其中女会员2859名。

2000年8月10日至14日，北京大学工会举办首届工会宣传工作培训班。校党委副书记兼工会主席赵存生在动员报告中指出：必须遵照江泽民总书记关于加强思想政治工作和精神文明建设的重要指示精神，并从工会的实际和特点出发，做好宣传工作，才能把党的路线、方针、政策贯彻到工会各项工作中，落实到会员群众中。北京市教育工会主席张振民、校党委宣传部长赵为民、校工会常务副主席陈淑敏也分别就当前学校宣传工作的重点、工会宣传工作的重要性及任务、要求分别作报告。23个部门工会的25位宣传干部参加了此次培训。

2000年，全校共有649名教职工从事教育工作满30年。2000年9月，校工会向他们颁发了证章、证书和纪念品，并组织70位教职工代表参加学校教师节表彰大会。

2000年配合上级工会进行了各项先进称号的评选表彰工作：(1)全国总工会授予肖蔚云"全国劳动模范"称号，授予图书馆工会"全国模范职工之家"称号。(2)北京市总工会授予闵维方、肖蔚云、石青云"北京市先进工作者"称号，授予王选"北京市劳动模范"称号，授予数学科学学院"北京市模范集体"称号，授予赵存生"北京市优秀职工之友"称号，授予刘宇辉"北京市优秀工会积极分子"称号。(3)北京市教育工会授予图书馆工会、技术物理系工会"先进工会集体"称号，授予赵存生"优秀教职工之友"称号，授予汤卡罗、岳庆平、王福春"优秀工会工作者"称号，授予刘永福、张丽娜、王冬云"优秀工会干部"称号。

2000年10—12月，在每两年进行一次的校、系两级工会工作积极分子评选表彰活动中，组织评选出魏泽光等141名校级积极分子，林源渠等483名系级积极分子。同时评选出工会工作先进集体16个，其中一等奖3名（图书馆、技术物理系、北大附中），二等奖6名（生命科学学院、力学与工程学系、法学院、北大附小、计算中心、地球物理系），三等奖7名（财务部、保卫部、印刷厂、餐饮中心、校医院、计算机科学技术系、电化教学中心）。

（王冬云）

【文体活动】 第十四届"京华杯"棋牌赛 4月8日，北京大学、清华大学第十四届"京华杯"棋牌友谊赛在北京大学勺园多功能厅举行。本届比赛得到北京泛洋管理咨询中心及中公网的赞助，本科生及研究生的围棋比赛首次上网在计算机上进行。北京大学代表队以10比12负于清华大学代表队。在累计至今14届的总比分中北京大学代表队共9胜5负。

教工田径运动会 因"五四"运动场翻修，第五届"北大资源杯"教工田径运动会于11月19日在东操场举行。由于场地限制，本届运动会未举办开幕式，运动项目也有所删减。来自45个单位的教职员工冒雪参加了不同年龄组的20余项运动比赛项目，参加本次活动的教职工共计1498人次。经过紧张激烈的拼搏，共有265名选手荣获奖项。

教职工体育文化节 4月—5月期间举办的教职工体育文化节，项目包括乒乓球联赛、羽毛球联赛、篮球联赛、中国象棋比赛和围棋比赛。有30余个单位共120支各项目代表队参加比赛。在此期间，还举办了全校工会干部趣味运动会。校工会积极贯彻《全民健身计划纲要》，已形成教工体育文化节、教工运会与经常性活动相结合的制度。

象征性冬季长跑 12月14日，北大教工"喜迎奥运"象征性冬季长跑在校园内进行，参加者近千人。为了预祝北京"申奥"成功，参赛运动员在写有"北大教工祝'申奥'成功"的10米横幅上签名。校党委书记王德炳、副校长林钧敬分别为长跑活动鸣枪发令。

"五月的鲜花"歌咏比赛 5月，校工会在百周年纪念讲堂主办了北京大学教职工"五月的鲜花"歌咏比赛。这次歌咏比赛是本届校工会成立后组织的首次教工歌咏活动。16个单位的800余名教职工参加了演出。地质系与城环系、后勤系统、技术物理系和一机关代表队获比赛一等奖；体育教研部、社会学系、外国语学院、人事部和财务部代表队获比赛二等奖。校党委书记王德炳等校领导在比赛结束后为获奖单位颁奖。

教工社团活动 北京大学教工社团是广大教工为丰富和活跃业余文化生活，培养高雅的兴趣、爱好，增进了解，促进交流，展示风采，繁荣校园文化，加强社会主义精神文明建设而自愿组成的群众性团体。教工社团在校党委的统一领导下，由校工会具体组织领导。至2000年底，校工会下属的教工社团有教工合唱团、教授合唱团、京昆学会、棋牌协会、健美操协会、足球协会、冬泳协会、集邮协会、钓鱼协会。为规范校内教工社团的活动，校工会常委会于1998年9月16日通过《北京大学教工社团管理办法》，经过1999年的试行，自2000年开始正式执行。2000年9月10日，北京大学教工合唱团参加了由中国合唱协会、中山公园音乐堂联合主办的，作为"星期日合唱音乐会"系列之一的"献给教师的歌"合唱音乐会；教师节前夕还参加了由中国教育电视台录制的"2000——相聚教师节"大型综艺晚会节目。

【青年工作】 青年教师与素质教育座谈会 "五四"青年节前夕，校工会和校教代会教书育人工作委员会召开了"青年教师与素质教育"专题座谈会。校党委副书记兼工会主席赵存生，常务副校长迟惠生到会并讲话。与会的青年教师代表就怎样认识和把握全面推进素质教育的重要意义，如何提高实施素质教育的能力和水平等问题展开了热烈讨论；就教师角色定位，教学课程安排的可行性，教学方法的创新，学校人事机构改革，定岗定薪以及青年教师的生活状况等问题提出了意见和建议。

青年教师教学基本功与现代教育技术应用演示竞赛 11月3日、4日，由校工会主办，教务部、原电教中心协办，举行了北京大学青年教师教学基本功与现代教育技术应用演示竞赛。来自校内20余个教学单位的28名青年教师参加了竞赛。地球物理系王劲松获理科一等奖，授课题目为"高层大气对卫星轨道的影响"；信息科学中心吴玺宏、计算机系陈向群获理科二等奖，授课题目分别为"听觉生理"、"进程管理"；理科三等奖获得者及授课题目分别为：心理系苏彦捷（"动物的交往语言研究"），生命科学学院姚锦仙（"蟾蜍的解剖及两栖类的分类"），物理系王若鹏（"泽尼克的相衬法"），电子学系刘志敏（"计算概论Internet简介"）。历史系颜海英获人文社科类一等奖，授课题目为"古埃及文化"；外国语学院吴杰伟、经济学院刘怡获二等奖，授课题目分别为"菲律宾语言文字发展概况"和"电子贸易挑战传统税制"；法学院汪劲、光华管理学院张红霞获得三等奖，授课题目分别为"环境污染损害的民事责任"、"广告诉求与广告表现"。

经评委会推荐，王劲松、吴玺宏、陈向群、颜海英、吴杰伟、汪劲六位选手分别于11月25日、26日和12月2日代表北京大学参加了由北京市教育工会主办的北京市青年教师教学基本功比赛。法学院汪劲获文科类一等奖,地球物理系王劲松获理科类二等奖,其余选手分别获三等奖。

青年教师社会实践 7月上旬,校工会组织北京大学青年教师社会实践考察团赴石家庄进行为期一周的实践考察活动。考察团在校党委副书记兼工会主席赵存生、校工会副主席梁燕的带领下,先后参观考察了石家庄陆军学院、革命圣地西柏坡、由贫困步入富裕的山区农村红土岩村。林钧敬副校长在考察活动结束时,代表北京大学向石家庄陆军学院赠送了题为"携手共进,同创一流"的锦旗。

【女教职工工作】 校工会把女教职工工作作为重点工作,结合北大女教职工的特点,开展了一系列活动,包括不同层次的研讨会,以女教职工生活健康为主题的系列讲座,为大龄单身女教职工举办的联谊活动和有关女教职工生活状况的社会调查等。11月举办的2000年北京大学女教职工趣味项目比赛,有来自校内36个单位约600余人(次)的女教职工参加了团体跳绳、踢毽、夹包等趣味项目比赛。为纪念"三八"国际劳动妇女节九十周年,校工会结合学校改革的发展形势和中心工作任务的需要,于2000年3月7日举行了"创建世界一流大学与北大女教职工的责任"专题座谈会。许智宏校长、校党委副书记岳素兰到会并发言。座谈会由校工会常务副主席陈淑敏主持。20余位女教授、女博士生导师、女中青年教学科研骨干和女中层干部应邀到会。2000年6月,由北京大学工会发起,有11所高校参加的单身青年联谊活动在北京市教工疗养院举行,来自各高校的150余名单身青年教职工参加了本次活动,北京市教育工会主席刘祚屏到会并讲话。

(王洪波、张丽娜)

【生活福利工作】 推出职工保险计划 5月,校工会为校内349位教职工办理加入中国职工保险互助会入会手续并代交了会员费。还为330位女教职工办理了女职工安康互助保险手续。为140位教职工办理了职工安康互助保险手续,参加此项保险计划的会员,在保期一年内若发生人身意外伤害,最多可获得储金(最少100元,最多20000元)五倍的赔付。保险到期后不论是否出险,都将获得参保储金加相应的银行定期存款利息及0.5%的分红。保险金免征个人所得税。2000年,校内有3名女职工因此受益(共得到赔付60500元),职工安康保险有1名职工受益(得到赔付1000元)。

疗养休养活动 7月1日至8月30日,校工会组织15位教职工分两批到青岛海军疗养院进行了为期一个月的健康疗养,为在教学、科研和管理岗位上积劳成疾的同志提供一个治疗病痛,恢复体力、精力的机会。7月17日至28日,校工会组织了97人的黄金海岸休闲游,67人的九寨沟、黄龙风光游和29人的新马泰出境观光游,丰富了教职工们的假期生活。

住房分配审议与房改工作 自1999年以来,校工会加大了参与学校的住房分配方案审议和房改工作的力度。2000年正是福利分房与货币化分配的交替时期,又是蓝旗营住宅小区完工交付住户使用时期。由于该小区建筑装修等出现了一系列问题,入住教职工意见很大,校工会及时收集教职工们的意见和建议并反馈给有关部门和学校领导,对缓解矛盾、解决问题起了积极作用。

金山开发 2000年1月,校工会与北大资源集团成立了金仙庵复建临时领导小组,使金仙庵复建工作进入了规范化的实施阶段。9月完成了由管家岭村至金仙庵的水泥路面道路的铺建工作(道路宽6m,长2800m)。金仙庵旧址复建完成后需要增加用电量,高压输电线路于11月完工。经复建领导小组与北安河乡政府协商,采取交纳土地补偿费的办法收回了原属金仙庵旧址的朝阳院(占地约10亩左右),土地补偿协议书已于12月签订。10月25日,北京市文物局发文(京文物[2000]542号)同意北京大学复建金仙庵旧址。

(刘永福、崔龙)

医学部工会工作

【概况】 1955年北京医学院成立工会办公室,1956年召开了第一届工会代表大会,设立文艺组、体育组、福利组、北医夜校。刘宝珍任工会专职副主席。第一医院、第二医院、口腔医院相继设立工会办公室。"文革"期间工会撤销。1978年任命姚德政为工会副主席,筹备恢复工会。1986年召开工会代表大会,钱宇平教授任主席,毛滕敏、谭树桐任副主席。杨祥福、侯建新任工会专职副主席。1983年建立教职工代表大会制度,召开第一届教职工代表大会。1993年召开第二届教职工代表大会暨第七次工会代表大会。大会进行换届选举,杜嘉祺任教代会主席团主席,主席团成员王德炳、马熙允、龙振洲、于吉人、赵维瑾、李长龄、薛福林、郭富堂、赵伟、李月东、杨连启、沈春雷柄、王耐勤、侯建新、吕忠生。唐仪任工会主席,副主席吕忠生、吴永华、刘素宾、赵维瑾、侯建新。委员马耀春、尹恒谦、刘淑英、伍赞群、安宝贵、李英、李滨、陈一、李启富、赵福林、郭富堂、蔡晨荣、蔡再同、雷炳。1998年召开第三届教职工代表大会暨第八次工会代表大会,进行了换届选举。选举李东方为教代会主席团主席,副主席王山米、库宝善。秘书长王春虎。成员马焕章、刘建成、沙月琴、李萍萍、林丛、金燕志、贾建文、黄悦琴、彭师奇。第八次工会代表大会选举马焕章为工会主席,副主席王春虎(常务)、李长龄(兼职)、赵国粹(兼职)、秦桂香(兼职),成员马红文、王玉明、尹恒谦、刘世刚、刘淑英、李英、李萍萍、李滨、吴玉杰、谷之平、张培君、张瑞颖、范凤立、侯利平、郭晓惠、郭富堂、梁雁、蔡再同、霍卓平。至今已召开第三届二次教职工代表大会。1997年北京医科大学工会荣获"先进教职工之家"称号。2000年4月改称北京大学医学部教育工会。

(刘昱)

【二级教代会及建家工作】 1999年10月7—9日召开了教代会与工会工作研讨会,重点讨论了学校两级教代会建设问题。会议通过了《建立健全北京医科大学教代会制度的几点意见》和《北京医科大学院级单位建家考核条例》。2000年7月3日—14日工会对二级单位教代会工作进行验收。评选出第一医院工会、肿瘤医院工会、后勤服务总公司工会为教代会工作先进单位。12月20日—27日对二级单位教工之家进行验收。第一医院工会、药学院工会、后勤服务总公司工会被评为北京大学医学部"先进教工之家"。第一医院工会、后勤服务总公司工会被北京市教育工会评为"2000年北京市先进工会集体"。后勤服务总公司获北京市总工会"模范职工小家"称号。

1986年建立教代会制度的同时设立了提案审理工作小组,1996年设立了提案审理工作委员会。从1996年至1999年,共收取提案361份。在第三届教代会上,又设立了由教授、教师、管理干部、工会干部参加的提案工作委员会并通过了章程。提案回复率在80%以上。

(王金华)

【职工教育及宣传工作】 1996年10月,卫生部部属高等医学院校工会工作研讨会在北京医科大学举行。北京医科大学有6篇论文获奖。口腔医院党委的《给思路,给政策,给指导》论文荣获一等奖。

每年教师节前夕,工会和教育处联合表彰优秀教师。1996年—2000年共表彰优秀教师928名。1998年病理学教研室获"北京市师德建设优秀群体"称号,1999年又获首都"五一"劳动奖。1999年段曼娅获北京市宣传工作一等奖。2000年郭应禄、张礼和、李立明荣获北京市先进工作者光荣称号。林久祥、李东方被评为北京市优秀工会教职工之友。马焕章、李长龄、秦桂香被评为北京市优秀工会工作者。王春虎、段曼娅被评为北京市优秀工会干部。北医工会被评为北京市宣传工作先进集体。刘昱荣获北京市宣传工作一等奖。北医工会被评为北京市职工互助保险一等奖。1997年王德炳教授被市教育工会评为"全心全意依靠教职工办好学校"优秀书记、校长。

1996年北京市教育工会举办了北京市青年教师教学基本功比赛。原北京医科大学刘玉村获理科组一等奖。1998年第二届比赛,张敏获理科组一等奖第一名;刘翠玲、罗斌等获二等奖;高雪梅、姚兰获三等奖。2000年第三届比赛中,高嵩获理科组一等奖第一名,张海澄、刘从容、乔杰、吕一平获二等奖。

1999年9月7—11日工会选送方伟岗、徐宝华、刘志民、王宪、李学军、蔡少青、张丁、邓大君、傅开元、张志谦、粟光明、李澍、顾晋、史录文、张敏、刘晓燕16位青年教师的事迹材料,参加北京市高校青年教师优秀教学成果展。

(刘昱)

【文体活动】 1996年参加北京高校举办的"教师风采"合唱比赛,北京医科大学教工合唱团比赛中荣获二等奖。在海淀区学院路街道举办的文艺演出中教工合唱团获合唱、舞蹈、重唱一等奖和节目主持奖。

教工田径运动会至今已举办了39届,每年运动会原北京医科大学校本部和附属医院15个单位,1200余名运动员参加。2000年成立了职工群体协会。群体协会设有篮球、乒乓球、长跑、太极拳、舞蹈、健美操、棋类、木兰扇等活动组。年底工会对每个协会进行表彰和奖励。

(段曼娅)

【扶贫工作】 1996年—2000年教职工向内蒙古、东北、卫生部定点扶贫地区捐款捐物:2000年捐物4074件;1998年南方遭受特大洪水,本部职工捐款61万元,第一医院捐款25万元,第二医院捐款16万元,第三医院捐款31万元,口腔医院捐款113122元,肿瘤医院捐款64550元,精研所捐款9万元;2000年在帮助贫困家庭修建"大地之爱、母亲水窖"活动中,医学部职工捐款90694.60元。1998年海淀区人民政府授予北京医科大学"抗洪捐赠先进集体"锦旗。学校每年救灾捐物工作均排在学院路街道第一名。

(王金华)

【职工福利】 每到春节,医学部工会筹措慰问品,组织货物由工会干部带队探望劳模、院士、老教授,慰问困难职工。凡是职工生病住院,工会干部都前去看望。2000年送温暖活动召开各种形式座谈会11次,走访慰问人数98人(其中院士3人,劳模4人),参加慰问的党政领导、工会干部46人。领取一次性慰问补助款149人,工会出资32030元,各级行政支持99750元。春节期间"送温暖活动"各种经费共计131780元。1996—2000年向职工发放防暑降温品、节假日慰问品、福利品共计150余万元。

工会每年均组织教职工暑期休养。1996年来共计组织1326人次。1996、1998、2000 年组织青年干部赴延安、井冈山进行传统教育共计 95 人次。

1999 年成立了《分房条例》修改小组,重新起草了《北京医科大学(校本部)教职工购房资格审定及实施办法》,改变了原有的纯福利性质的分配办法。

1998—2000 年,医学部为 1527 名职工办理了"职工安康保险",投保金 2910564 元。工会投入 15270 元为职工办理了保险互助会员卡。

(王金华、邵海中)

【女工工作】 医学部女职工人数占 51%,女工工作任务很重。1999 年 10 月由原北京医科大学女教授承办 17 所高校女教授"风采展示会",交流探讨了女教工在"为人师、为人母、为人妻"等方面的心得体会。工会和校医院配合,举办了女职工健康与形体讲座,150 余名女职工参加了听课和形体训练。2000 年 9 月,为医学部 1300 余名女职工进行了体检。1999—2000 年工会为 1038 名女职工办理了"女职工安康保险"。1999 年工会女工委员会主任吴永华被评为北京市先进女教职工工作者。

(段曼娅)

学 生 工 作

【概况】 北京大学学生工作部是学校党委和行政的职能部门,与人民武装部合署办公,是学生就业指导服务中心的挂靠单位。学生工作部、人民武装部内设教育宣传办公室、学生管理办公室、助学工作办公室、综合办公室、国防工作办公室共 5 个办公室,主要负责学生的思想政治教育、行为规范管理、成长成才服务等工作,以人才培养为中心,全面贯彻党的教育方针,为全面推进素质教育提供强有力的精神动力和思想保证,为使学生成为社会主义事业的建设者和接班人创造良好的氛围,提供优质服务。

2000 年,北大学生工作干部齐心协力,克服困难,开拓创新,为学校的改革、发展和稳定作出了贡献。在结合新形势新情况的基础上,明确了"一个中心——以人才培养为中心,两个平台——为学生的健康成长和全面成才服务,为学校的改革、发展和稳定服务,三种结合——教育与管理相结合、思想问题与实际问题相结合、思想与情感相结合,四项目标——增强工作的科学性、针对性和实效性;建立一支素质良好、结构合理、相对稳定的学生工作队伍和一种反应迅速、操作规范、运行高效的学生工作机制;加强德育学科建设和科学研究工作;提高学生工作对人才培养的贡献率"的工作思路,并着手进行了学生工作格局的调整;大力加强基础建设,包括:学工部网站在校园网上开通,《北京大学关于院(系、所、中心)学生工作干部队伍建设的几点意见》和《北京大学选留学生工作干部试行办法》在校长办公会上获得通过并开始施行,"高校校园网络环境下的学生工作管理信息系统"高效运行并通过了教育部的鉴定,"三讲"教育顺利进行并取得成效等;开展了大量的调查研究,成功召开了学生工作研讨会,并以《高等教育论坛》专刊的形式公开出版了优秀研究成果;注重新生入学教育、学生党建、网络思想政治工作;基本完成了"经济困难学生助学体系"的重大调整。

【思想政治教育】 大力加强形势政策和主旋律教育 依托重大事件、重要节日和纪念日,开展形势政策教育和主题教育活动。与党委宣传部合作举办了包括国际形势、国内经济热点、"四个如何认识"等多场形势报告会,积极组织学生参加教育部和北京市委教育工委联合举办的"WTO"、"当前国际形势特点"等多场形势报告会;两次组织北大同学参加中国 27 届奥运会体育代表团的先进事迹报告会;在纪念"一二·九"运动 65 周年之际,邀请革命前辈、资深党史专家和北大优秀学生代表,召开了以"弘扬爱国传统,争创一流业绩"为主题的大型座谈会,并组织全校广大同学认真学习座谈会议纪要。"法轮功"痴迷者在天安门广场自焚事件发生后,学工部立即组织学生召开座谈会,声讨李洪志的罪行,并号召同学们用先进的思想武装自己,继承人类文明的优秀成果,发挥模范带头作用,弘扬科学,反对邪教。

积极开展素质教育,丰富校园文化生活 2000 年 4 月底,召开了"学习江泽民《关于教育问题的谈话》,全面推进素质教育"的大型座谈会,号召广大学生全面提高自身素质;自 9 月初开始,与学校素质教育委员会、社会科学部联合推出"人文社会科学前沿"首批系列讲座,由学校各学科十几名著名专家学者主讲,受到学生热烈欢迎。组织学生观看多场演出,有中央芭蕾舞团的《胡桃夹子》、中国交响乐团的演出、秘鲁著名吉他大师的专场音乐会等等,丰富了校园文化生活,营造了积极健康的校园气氛。

拓宽新生入学教育工作的新思路 在总结以往新生入学教育工作经验的基础上,拓展思路,全体工作人员共同探讨新颖可行的教育方法,迎新系列报告会即是 2000 年新生入学教育工作的一次有益尝试,从事后反馈来看,达到了预期效果。针对新生进入北大后,有着认识学校、了解学校的强烈愿望这种心理特点,邀请许智宏校长和马克思主义学院钟哲明教授分别为新生作了校情报告与校史报告,邀请多年从事心理学教育工作的校党委副书记王登峰教授为新生作心理学报告,对新生今后的校园学习与生活提供了很大帮助。新生党员的教育是2000年入学教育的重要内容,邀请校党委副书记岳素兰作报告,帮助新生党员加强自身修养,发挥先锋模范作用。

积极推进学生骨干队伍建设 加强学生党支部建设 通过党日活动、理论学习等系统的支部活动安排与组织,培养一批党支部建设的特色群体和示范群体,提高学生党支部的凝聚力、感召力和影响力。3月份,组织学生党支部开展以"我们的信仰"为主题的党日活动,加强学生党员的理论学习;9月初,针对新生党员理论基础薄弱,党性修养不强的特点专门组织了对新生党员的培训大会;10月份,为引导学生党员深入理解江泽民同志关于"四个如何认识"的论述,与党委宣传部联合邀请有关专家学者组成"教授报告团"为学生党员骨干作了专题报告。"三个代表"的学习是2000年度党员理论学习的重点工作,经过精心筹备,在11月召开了第三届学生党支部书记培训大会,在会上专门对学习"三个代表"进行了动员,并要求各支部在理论学习的基础上,认真开展"党员形象大讨论"活动,巩固理论学习成果。校党委副书记王登峰作了报告。同时探讨以研究生党支部建设推动对研究生的思想政治工作,强化和完善支部书记联系制度。

加强对北京大学学生助理的管理,积极推行研究生助管制度 2000年共有44名同学被聘为北京大学首批学生工作研究生助管;开办了新生骨干培训班,通过理论课和实践课的训练,使北大各班级干部的组织能力与凝聚力得到增强。

加强学生工作队伍建设 2000年10月份,学校出台了《北京大学关于院(系、所、中心)学生工作干部队伍建设的几点意见》与《北京大学选留学生工作干部试行办法》两份文件并正式推行。学工部高度重视文件内容的落实工作。首先,"选留学生工作干部"的工作已经得到落实,根据文件精神,通过本人申请、院系推荐和评选委员会的选拔等程序,已经确定选留五位优秀的本科毕业生,他们在2001年毕业后充实到学生工作队伍中去。其次,高度重视各院系学生工作办公室的设立。为把学校文件落到实处,学工部积极和各院系沟通,积极推进院系学生工作办公室的设立和专兼职学生工作队伍的建设。同时,为了解决院系学生工作干部由于陷入事务性工作而无法深入开展思想政治工作和理论研究工作的问题,提高各院系学生工作的水平和层次,学工部对院系学生工作干部的工作负担进行了全面的调查,根据调研情况对院系学生工作办公室的职责范围进行界定,形成专门报告;大力开展有针对性的培训工作,定期为学生工作干部举办国际和国内形势、心理学等方面的讲座;顺利召开2000年度北京大学班主任工作会议和新生班主任培训大会;积极组织部分学生工作干部到复旦大学和浙江大学考察学生工作,开阔了视野,对提高工作水平有很大帮助。

注重调查研究,加大宣传力度 深入调查研究,及时掌握学生的生活、学习情况和思想动态 密切关注国际、国内、校内的重大事件对学生的影响,通过深入基层调研、组织学生座谈、访谈等方式,把握学生思想脉搏。撰写各类《情况反映》共27期;年初完成2000年度全国八省市高校滚动调查课题之北京大学学生基本状况调查报告;6月深入基层调查学生对学校工作的建议和意见,并写出报告上报学校;10月份组织召开新生座谈会,了解新生对大学生活的适应情况并及时与各部门沟通情况;12月份在全校范围内开展"社会热点思潮对高校学生的影响"的大规模问卷调查活动。充分发挥《北京大学学生工作通讯》的作用,立足于学生工作全局,全面宣传我校学生工作的成果和进展情况,共出版《北京大学学生工作通讯》5期,20余万字;认真编写《学生工作周报》,做到每周大事都有准确记载;在完成每一项有重大意义的工作后都及时做好简报和总结;积极为学校新闻中心、校刊、校电视台提供新闻稿件,与校外媒体保持密切联系,热情接待和安排校外媒体的采访;积极利用学工部主页开展宣传工作。大力加强先进典型的宣传工作,包括对优秀个人、优秀集体的宣传工作,在每期的《北京大学学生工作通讯》上都有相当篇幅的先进人物和集体的事迹报道。尤其对"学生五四奖章"和"班级五四奖杯"的大力宣传,在校内外形成广泛影响。

继续协助马克思主义学院德育教研室开设"人生理论与实践课",选派符合条件的德育工作干部担任任课教师,并坚持集体备课制度,任课教师认真负责的态度受到同学们的好评,同时也有利于学生工作干部全面了解学生思想状况,增强工作的针对性。

【助学体系】 积极推行助学贷款工作 国家助学贷款是学工部根据国家的政策和要求在2000年度开展的一项新的工作,因此学工部专门编印了10000册《北京大学助学贷款实用手册》发放到同学手中,制定了北京大学助学贷款的暂行办法。2000—2001年,累计有575名学生获得合同额为761万余元的国家助学贷款。同时,积极落实一般商业助学贷款工作,共有68名学生,累计获得164.2万元的商业助学贷款。

认真开展其他各项助学工作 减免学费工作有条不紊,全校共有667名同学获得学费减半或者全免,共减免学费1578250元;划拨到各院系的临时困难补助共271580元(含部分活动经费);完成13项共964800元助学金的评选;联系到位14项共288450元的社会爱心资助。

大力加强勤工助学工作,努力为学生提供更多更好的勤工助学机会 在这方面,主要做到:健全家教管理;积极开拓新的助学工作岗位,与部分企业建立了长期合作的关系;设立勤工助学书报亭,修订《勤工助学活动组织管理条例》等,逐步建立健全了以助学贷款和勤工助学为主,减免学费、借款、临时困难补助、助学金、奖学金等多渠道组成的助学体系,并成立助学工作办公室,全面管理助学工作。

【学生日常管理】 2000年的奖励、奖学金评审工作是两校合并后面向学生的第一次全校性评奖评优工作,有着特殊的意义。尽管医学部的学生管理模式和奖励、奖学金评审工作与本部有着一定的差别,但在有关校领导的密切关注下,两边相关的学生工作干部积极主动、互相配合,克服了管理模式不同,交通、通讯不便等方面的重重困难,圆满完成了这次全校性的奖励、奖学金评审工作。评出数学科学学院、化学与分子工程学院、地质学系、国际关系学院、外国语学院、药学院等6个"学生工作先进单位"、28个"北京大学优秀班集体"、44个"北京大学先进学风班"、145名"北京大学三好学生标兵"、81名"北京大学创新奖"、927名"北京大学三好学生"、71名"北京大学优秀学生干部"、1137名各类单项奖,推荐"北京市三好学生"

43名、"北京市优秀学生干部"16名、"北京市优秀班集体"14个,其中获得奖励称号的学生占参评人数的18%。评出各类校级奖学金获得者2256名,占参评人数的20%以上。

【学生素质综合测评】 继续推广学生素质综合测评体系,素质综合测评工作更加成熟。通过学生素质综合测评,实现对学生的思想教育、管理与学生的自我教育、自我管理相结合,促进学校、学生、家长、社会的沟通与交流。针对《北京大学学生素质测评条例》在实施中出现的问题,已经着手组织专人进行修改,努力实现学生管理教育的科学化与规范化。

【国防教育与国防定向奖学金】 军训工作作为国防工作的重点,贯穿了2000年的始终。与以往不同的是,2000年度的军训都是在专门的军训基地完成的,整个军训过程严格按照计划有条不紊地进行,在广大学员和干部的努力下,取得了优异的成绩。由于工作出色,北京大学被评为"北京市军训先进学校"。重视形式,强调内容,高质量地完成了军事理论课的教学工作。在上半年克服了军事教员更换所带来的困难,狠抓了军事教员的培训工作,开展多媒体教学,狠抓教学内容的更新,注重讲课的艺术性和生动性,受到广大学生好评。

积极配合,顺利完成了后备军官的选拔工作。配合总政驻北大后备军官选拔培训办公室进行国防奖学金协议的签订和发放。配合选培办和校招生办顺利完成2000年度国防定向生的招生工作。

开拓创新,形式多样地开展了国防教育活动。2000年3月推出"国防教育周"活动,先后举行了台湾军事问题讲座、新世纪国防演讲比赛、定向运动比赛、组织师生参观航天城等,深受广大同学欢迎。

(王明慧)

【本专科毕业生就业指导】 基本情况 2000年北大本科生2154人(统生2133人,自费生21人),其中考取研究生763人,占35.4%;申请出国留学458人,占21.3%;申请不参加就业60人,占2.8%;实际参加就业人数873人,占40.6%。在实际参加就业的毕业生中目前已落实就业单位718人,占33.3%;回省二分118人,占5.5%;北京生源待分38人,占8%。在全部本科毕业生的第二学士学位53人中,出国1人,占1.9%;落实就业单位46人,占86.8%;回省二分3人,占5.7%;待分3人,占5.7%。

2000年北大自费大专毕业生200人,目前已落实就业单位30人,占15.0%;申请出国留学3人,占1.5%;升本科3人,占1.5%;未落实164人,占82.0%,其中"二分"17人,北京生源待分147人,各占8.5%及73.5%。

在落实单位的718名本科生中,去机关84人,占11.7%;事业单位167人,占23.2%,其中科研单位36人,占5.0%,高校23人,占3.2%,普教6人,占0.8%;企业463人,占64.5%,其中金融单位80人占11.1%,国有企业148人占20.6%,三资企业69人占9.6%,其他企业(股份制)166人,占23.1%;部队4人,占0.6%。

从就业的部门来看,中央237人,占33.0%;地方266人,占37.0%;北京215人,占29.9%。从就业的地区来看(含未落实单位的155人,总数873),北京483人,占55.3%;内地省份366人,占41.9%;边远省区24人,占2.8%。

就业特点分析 与1999年相比,2000年就业形势依然比较严峻,参加就业的毕业生基数有所增加(本专科生共增加288人)的情况下,北大毕业生整个就业形势呈现出以下特点:(1)与1999年相比,申请自费出国留学、考取研究生、申请不参加就业的毕业生从人数到所占就业总人数的比例都比较稳定,其中留学和录研的仍呈上升势头,出国的比例与1999年相比虽然下降了0.1个百分点,但由于就业毕业生基数的扩大,2000年出国留学的人数实际上仍比1999年增加了24人。

(2)与1999年相比,由于回省"二分"与北京生源待分生人数的成倍增加,导致2000年落实单位的毕业生在数量和比例上都比1999年有所下降,一次到位率比1999年下降了3.2个百分点。造成回省"二分"与北京生源待分生人数增加的原因是多方面的,这其中既有客观上的就业政策、体制以及社会需求等方面因素的制约和影响,同时也有着主观上的因素。就前者来说,一是由于北大地处中关村科技园区中心地带,高新技术企业、民办高科技企业、新的网络公司需要大量毕业生,但由于这些单位没有人事接收权,要么需要到人事局或人才中心报到,要么户口根本无法解决,需要将户口档案转回家庭所在地,而这些在统计上就被算作无落实单位或回省二分;二是由于北京生源的毕业生就业政策相对宽松,双向选择时间较外地生源长,且又没有无北京户口的担忧,所以导致这部分毕业生不急于就业,也影响了一次就业率;三是由于北大文科、基础学科、长线专业毕业生相对较多,文科女性毕业生比重也相对较大,在目前的社会大环境下,他们的就业市场也难以避免相对狭小的尴尬局面。就后者来说,其首要原因当推由于北大愿意出国和考研的毕业生持续增多,从而导致有相当一部分毕业生当年未能联系好国外学校出国或考研"落榜",这部分毕业生为了其奋斗目标在今后或来年能够顺利实现,避免受用人单位的管理和约束,也宁愿不找工作并把其户口档案转回家庭所在地,以图能够继续办理出国手续或考取研究生;当然,毕业生中就业选择上的失误和过于挑剔也占有一定比例。

(3)从就业单位的性质来看,与1999年相比,2000年毕业生就业流向的多元化倾向得到进一步稳固和发展。其中企业已成为毕业生最大的买点,在1999年已达到63.8%的基础上,今年又增加了0.7个百分点,且去国有企业的比例达到了20.6%。值得一提的是,在部委机构精简以及1999年省市机关机构改革的大背景下,2000年北大去国家机关的毕业生比例反倒增加了2.3个百分点,并且大部分为省部级机关。这从一个侧面反映出北大毕业生的素质及在激烈的市场竞争中所占的优势。

(4)与1999年相比,从就业单位分布的地区来看,基本取向还是比较稳定,大多数仍是集中在北京、深圳、上海、广州等沿海经济发达地区,其中又以北京为最,比1999年上升了近6个百分点。这种分布地区上的相对稳定和集中,一方面固然与这些地区比较发达的经济社会发展水平以及旺盛的人才需求和就业形势密切相关,另一方面也不能不说与其诸多用人单位求贤若渴、爱才重才的现代人才观念以及充满活力、开放灵活的工作机制和成长环境息息相连,而后者往往为众多的北大毕业生所更为看重。这其中北京中关村科技园区的建设由于地缘上的优势则更是吸引了包括北大在内的众多毕业生。

(5)从学科上来讲,文理科毕业生去向差别明显。理科毕业生由于出国和录研的比例均大于文科毕业生,分别超出16.1个百分点和8.3个百分点,使得其实际参加就业的毕业生数较之文科毕业生大幅减少了24.4个百分点。而在文理科毕业生具体就业去向上,二者既表现出相似的倾向,同时也有着不同的特点。前者表现在去企业的文理科毕业生在整个参加就业的毕业生中均占压倒性优势,且比例相当,在高等院校、普教、军队等行业上也大体近似;后者则主要表现为文理科毕业生在机关和科研单位的选择上呈现出相反却相近的比例,其在8个百分点处上下波动(见图9-1至图9-4)。

做好2001年毕业生就业前期工作 为做好2001年毕业生就业

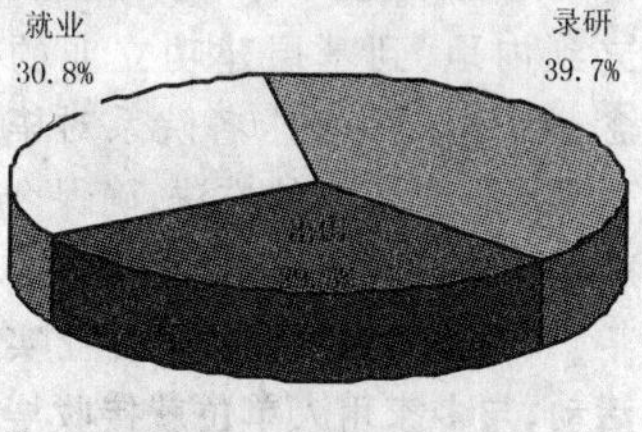

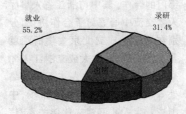

图9-1 2000年理科毕业生流向构成图

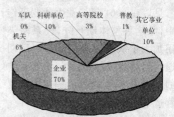

图9-2 2000年理科毕业生就业去向构成图

图9-3 2000年文科毕业生流向构成图

图9-4 2000年文科毕业生就业去向构成图

工作，学校就业主管部门采取了一系列措施，主要有：(1)调查供需基本情况，分析就业形势，研究对策，做好就业的基础工作。学生就业指导服务中心采取院系座谈、毕业生问卷调查以及学生记者采访等活动，了解毕业生的就业意向、求职心态，分析其中带有普遍性和规律性的问题，对症下药。通过调查和采访活动，对2001年北大毕业生在就业意向方面的选择有了一个初步的判断。在社会需求方面，通过国家经济社会发展形势分析、相关政府部门走访、人才市场供需预测、用人单位毕业生需求信息反馈等多种信息渠道，认真分析了就业形势，通过比较详尽的调查研究，为针对性地采取措施提供了客观依据。

(2)开好就业研讨会，统一思想，明确任务，培训干部，保证就业工作的顺利开展。学校每年均召开全校规模的就业工作研讨会，从主管校领导、校有关部门到各院系分管就业工作的主任、书记都亲自参加，并把大会动员、经验交流与广泛民主、深入热烈的分小组讨论相结合，在集思广益、群策群力的基础之上形成当年的就业工作实施意见。在2001年毕业生就业工作中，除这种整体动员外，校系两级还加大了从中期督促检查到后期遗留问题处理，再到学年评比总结的工作力度，为全校的毕业生就业营造了一个良好的工作氛围。

(3)以培育现代化的毕业生就业市场为目标，以毕业生就业信息网的建设为中心，力求用最快的速度发布和征集需求信息。另外，为了尽快形成全方位、立体化、综合型的毕业生就业信息网络，学生就业指导服务中心还大量发函收集用人单位信息，精心组织召开全校规模的大型就业洽谈会和为100多家用人单位举办了专场招聘会，继续在三角地橱窗和学生宿舍楼道发布重要需求信息、招聘会安排以及公务员考试等内容，积极组织学生利用寒假参加全国各省市举办的人才招聘会等。实践证明，学校所采取的一系列措施是行之有效的，在就业压力日趋增强的情况下，仍使得今年的就业信息量较之往年有较大幅度的增长。到目前为止，北大就业信息网上发布的用人单位数量已达1500家。

(4)抓住高科技企业勃兴的有利契机，积极为毕业生创造新的就业空间和机会。学生就业指导服务中心利用北大地处中关村科技园区核心位置的有利条件，积极与园区高科技企业建立广泛的联系，加强与海淀区的沟通，优先为北大方正、北大青鸟、北方华为、方正奥德等企业输送大批优秀毕业生。

(5)加强就业指导与咨询服务工作。在这方面采取的主要措施有：定期开展面向学生的就业咨询和指导活动，就业资料室全天开放，平均每天接待毕业生达50人次；继续办好《就业指导报》和就业指导系列讲座。加大就业指导力度，要求各院系分类指导，逐个落实。针对学生就业期望值居高不下等问题，主动采取措施，加强对毕业生的就业指导，使其面对现实，准确定位，适应形势，充分准备，树立到内地、到基层建功立业的信念；另一方面，要求各院系对毕业生采取逐个落实的方法，确保今年就业工作顺利完成。

(6)积极探索，搞好就业实践活动，与多家用人单位就接收毕业生等合作事宜达成了广泛的共识。

(7)积极加强与地方人事主管部门的合作。其中与浙江省人事厅人才交流中心签订了合作协议，分别在浙江省成立北京大学浙江就业实习基地、在北大成立浙江人才交流中心北京大学人才工作联络处等机构，与上海市人才市场、中国毕业生人才网建立伙伴关系，信息互通、资源共享。另外我中心还积极参加航天、核工业等特殊行业举办的供需见面交流洽谈会，密切配合有关省市组织部门选拔优秀毕业生到基层锻炼的工作。

【**毕业研究生就业指导**】 基本情况及分析 2000年北大共有毕业研究生1338人（不包括MBA、法律硕士等在职人员258人），其中博士生271人，硕士生1067人。其中报考博士生和做博士后158人，占总数11.8％；申请自费出国留学342人，占25.6％；申请自谋职业2人；实际参加就业836人，占62.5％。在参加就业的836人中，去高等院校191人，占实际参加就业人数的22.8％；去科研单位72人，占8.6％；去党政机关136人，占16.2％；去企业282人，占33.7％；去其它事业单位85人，占10.2％；去部队15人，占1.8％；去服务范围外单位30人，占3.6％；回省二次就业25人，占3.0％。

2000年毕业研究生就业情况大致呈现出以下几个特点：(1)伴随着毕业生数量的逐年增加，实际参加就业的人数比例是逐年下降趋势（1998年为68.3％，1999年为64.6％，2000年为62.5％）。这其中，出国留学和报考博士生、博士后毕业生数量的持续增多是其主要原因。比如，与1999年相比，虽然2000年出国留学人员比例减少了0.5个百分点，但由于2000年毕业研究生基数的增加（增加了136人），出国留学的实际人数还是超出1999年28人。应该说，毕业研究生出国留学人数的持续增加，这既是包括北大在内的许多重点高校毕业研究生的大势所趋，同时也向如何做好毕业研究生就业工作提出了挑战，而如何吸引更多的优秀毕业生留在国内工作也势必成为以后就业工作的难点。与此相伴随的是，受博士生扩招及国内就业形势的影响，报考博士生和博士后的比例和人数也呈逐年增加的趋势。这其中1998年为88人，占毕业研究生总数的8％，1999年

表 9-3 2000 年与 1999 年毕业研究生就业情况统计

年度 项目	流向	1999年 人数	1999年 比例(%)	2000年 人数	2000年 比例(%)
	总计	1202	100	1338	100
	出国	314	26.1	342	25.6
	录取博士(后)	112	9.3	158	11.9
实际参加就业	合计	776	64.6	836	62.5
	高等院校	242	(31.2)	191	(22.8)
	科研单位	60	(7.7)	72	(8.6)
	党政机关	147	(14.7)	136	(16.2)
	大中型企业	227	(29.3)	282	(33.7)
	其它事业单位	66	(8.5)	85	(10.2)
	部队	13	(1.7)	15	(1.8)
	回省再就业	16	(2.1)	25	(3.0)
	服务范围外	5	(0.6)	30	(3.6)

注:比例栏中括号内的数字是指占实际参加就业人数的比例

为 112 人,占 9.3%,2000 年则为 158 人,占 11.8%,预计这种趋势还将继续下去。

(2)在毕业研究生就业基数有所增加的情况下,受国家经济结构调整、高新技术企业发展速度加快以及高等院校深化教育体制改革的影响,流向大中型企业的毕业研究生比 1999 年上升了近 5 个百分点,而流向高等院校的下降了 8.4 个百分点,表现出较为明显的"一高一低"的趋势。在企业类中,由于高新技术企业吸引人才的力度加大,再加上相关人事部门的支持和倾斜,增幅较为明显;国有大中型企业、国有控股企业受国家三年脱困目标的支持和影响,也吸收了相当数量的毕业研究生。

(3)与 1999 年相比,去科研单位及其它事业单位的人数比例稳中有升,而去党政机关的则继续保持下降的势头,这也是与党政机关机构精简、事业单位脱轨改制的影响相适应的。

(4)就业流向在地域上的多元化分布略有加强。但北京仍是北大毕业研究生选择的重点,所占比例高达 70.1%,跨省就业的仍多集中在深圳、广州、上海等沿海发达地区,占参加就业的毕业生总数的 10.8%。

做好 2001 年毕业研究生就业前期准备工作 鉴于学生就业指导服务中心工作职能的转变和毕业研究生就业工作的特点和形势,重点做好以下工作:

(1)转变观念理顺关系,强化服务工作职能。在继续保持原毕业研究生分配办公室教育、管理、指导工作职能的同时,充分考虑毕业研究生择业心理比较成熟、就业市场相对稳定的特点,着重在提高就业工作的内涵和水平上下功夫,立足于高质量、高标准的就业服务来吸引、凝聚、引导毕业研究生,寓"教育"、"管理"、"指导"等工作职能于"服务"职能之中,使学生在不知不觉中主动、自愿、愉快地接受就业中心的指导和管理,从而实现由"管理—指导—服务"三位一体到"服务—指导—管理"三位一体功能模式的转换。

(2)办好以学校为基础的毕业研究生就业市场。积极主动地向各有关用人单位发出毕业研究生生源信息和毕业研究生需求情况调查表,通过多种渠道收集需求信息,并及时将收集到的需求信息整理登录到就业信息网,供毕业研究生随时查阅,对紧急信息、特殊信息电话通知,使就业信息迅速、准确地传递给学生,保证就业信息渠道的畅通无阻。对来校的用人单位热情接待,并如实介绍北大毕业研究生专业特点及在校表现情况,为用人单位提供参考性的意见。同时,把用人单位情况向毕业研究生介绍,安排毕业研究生与用人单位见面,创造"双选"机会。根据用人单位的需求,结合专业特点,组织各类招聘会,为用人单位进行面试、录用提供方便。

(3)加强毕业研究生就业工作的规范化建设。1999 年 9 月学生就业指导服务中心成立后,加强人事管理,落实岗位责任制,提高了工作人员的服务意识和工作积极性;报请校领导把原来的 200 平方米的办公用房扩大到 1082 平方米,下设就业管理办公室、信息办公室、咨询室、资料室、洽谈室、信息发布区等等，使就业工作的规范化建设在硬件上得到了切实保证。为规范毕业生择业行为，学生就业指导服务中心统一制订了《北京大学2001年毕业生就业工作手册》，毕业生人手一册，手册对就业工作的方针、原则、政策规定、就业程序、协议书的签订、违约处理等都作了明确而具体的规定。学生就业指导服务中心还对用人单位招聘行为进行了规范，严格规定了校园招聘的时间、地点及宣传方式，明确规定了审批、收费程序。

（4）切实做好毕业教育和毕业鉴定工作。毕业研究生的毕业教育和毕业鉴定工作与评优奖优、优才优用、荐贤推能等紧密结合起来，提高了毕业研究生献身社会、报效祖国的自觉性和主动性。

（李国忠）

医学部学生工作

【概况】 原北京医科大学教育处、学生思想工作部于1994年底组建，由原教务处、学生处、学生思想工作部合并而成，同时把德育教研室从社文部分离出来组建新的德育教研室，武装部与教育处合署办公。

教育处主要负责全校的本专科教育教学和管理工作，下设9个科室3个中心：处办公室（下设教学服务部），教学管理科，学生教育科，学生管理科，成教管理科（2000年改称成教管理办公室），招生分配办公室，教材管理科（2000年改称教材服务中心），教室管理科（2000年改称教室服务中心），医学高等职业技术教育管理办公室；学生心理咨询中心、学生法律咨询中心、学生勤工助学中心。大学生就业指导中心挂靠在教育处。

教育工作 坚持德育工作放在首位，以培养和提高医学生的综合素质为人才培养目标。对政治理论课和思想品德课进行教学改革，保证了德育教育的效果；在全学程进行医德医风教育，培养医学生树立良好的职业道德；结合医学教育的专业特点适时开展卫生国情教育，形势政策教育，为提高学生的综合素质创造有利条件和氛围；建立有效的德育教育工作机制，学校和学院分别实施教育计划。

教学工作 以教学改革促进本专科教育教学的发展，使教学活动在发挥教师主导作用的前提下，向实现和加强学生为主体的地位的转变，把传授知识、培养能力和提高素质融为一体。并以召开每年一次的教学工作会议、申报国家有关部委的研究课题、进行实验教学的改革等手段和措施加大教学改革的力度，并取得一定成效。

管理工作 建立健全学生教育教学管理的各项规章制度，保障各项工作有章可循、有法可依。建立健全学校教学委员会和其下属的各专业教学委员会、学生工作指导委员会和其下属的德育工作领导小组，这两个专家型工作体系的建立，使教育教学管理工作更加科学化，使管理决策更符合实际，提高了管理工作的效率。

【素质教育】 原北京医科大学1995年被教育部确定为开展大学生文化素质教育的试点院校。1996年，根据教育部的要求，结合医学教育的特点，学校制定了《北京医科大学关于加强学生文化素质教育的实施方案》，成立了北京医科大学学生文化素质教育指导委员会，由校长任主任，委员由学校主要职能部处领导担任。教育处承担素质教育过程的管理责任，结合学校实际情况，确定了医学生综合素质培养的主要思路：以单纯专业教育向突出专业特点的综合素质培养，提高学生全面素质为目标；培养学生对国家、民族、事业的使命感，社会公德意识和医学职业道德意识；培养学生树立与时代、国情相适应的思想观念、思维方式和综合能力；培养学生的创新精神和能力，自我更新的意识和能力；使学生具有健全的体魄和健康的心理。

1997年起，学校专门设立学生素质教育专项基金，每年拨出10万元专款，用于素质教育。1998年9月，学校向教育部申报建立国家大学生文化素质教育基地，于1999年元月获教育部批准。1999年，修订了专业教学计划，在原有基础上增加人文与社会科学选修课程的构成比例，合理分布选修课的学分。2000年，医学部在素质教育课的内容上、师资上扩大范围，充分利用北京大学人才优势，聘请北京大学的专家、教授来到医学部讲课，深受学生欢迎。医学部开展素质教育的主要方式有：

（1）进行全学程的医德教育。新生在开学典礼上宣读《医学生誓词》，在入学教育中瞻仰老校长的遗骨骨架标本；进入临床学院后，举行隆重的入院仪式，重温誓词，并由名医授白大衣，使医学生再次意识到自己的责任。学校教学计划中开设的《医学伦理学》、《医学史》课程，使医学生了解医学发展史，懂得"德为医之本"的道理，懂得医疗预防过程中的伦理学问题。

（2）开设人文科学与社会科学选修课程。在加强"两课"主渠道、主阵地建设的同时，加强人文科学与社会科学选修课的建设，开设社文选修课达30余门，深受学生欢迎。

（3）开设周末第二课堂。对于学生关心的问题、关注的热点，以教育处、团委、德育教研室开设的周末第二课堂的形式进行补充。自1997年初利用双休日开设的第二课堂，至2001年1月，共举办讲座70余次。讲座内容有院士系列讲座、现代医学与高科技发展系列讲座、医学与哲学系列讲座、医学生与法系列讲座、艺术欣赏系列讲

(4)建立大学生书库。学校从素质教育基金中拨出专款建立大学生素质教育书库,书目由学生推荐,图书馆统一采购,并组织有奖读书征文活动,演讲比赛等,调动了学生的读书兴趣。

(5)发展高水平的校园文化。本着"一流的大学,应当具有一流的校园文化"这一指导思想,把校园文化定位于高起点、高层次、高品位上,坚持以引进和发展高雅艺术来提高学生的整体素质。每逢重大节日和学校的重大活动,都邀请专业艺术团体来学校演出,由学生组成的"天使合唱团"曾多次在北京市高校合唱比赛中获奖。

(6)坚持开展社会实践活动。通过社会实践使学生们深入社会,了解国情、民情,提高觉悟,增长才干。学校对此项活动非常支持,设立专项经费,保证社会活动顺利开展。

(7)加强对大学生的心理健康教育。1995年重新组建大学生心理咨询中心后,每年对新入校的学生进行心理健康状况调查,举办全校性心理健康讲座,对个别有心理问题的学生提供咨询指导。

【德育工作】 学校一直把学生德育工作工作放在重要位置,在政策上给于很大的支持,在人、财、物上给于很大的投入,取得了一定的成效:

(1)建立了德育工作体系。原北京医科大学安排两名党委常委负责德育工作,专门成立了以党委书记、校长为主任的学生工作指导委员会,相关的书记和校长都是委员会的成员,各职能部处的主要领导都参与了委员会的工作,各学院和教学医院也都成立了相应的学生德育工作领导小组,从而形成了比较完整的德育工作领导系统。

(2)建立了符合实际需要的教育管理体制。根据改革需要重新组建的教育处,是集本专科学生教育教学和各环节、各因素和全过程的综合管理为一体的教育职能部门。在二级单位中,根据不同的情况,实行不同的职能管理:对于临床学院,根据学生人数相对少、教学任务量大的特点,实行教育教学统一管理的模式,由教学办公室统一管理教学教务过程和学生教育过程;对其他校部学院,根据学生相对集中、学生教育管理工作量较大的特点,分设教学办公室和学生办公室。两种职能管理形式,在教育处统一协调下,把教育和教学统一起来,加强了教书育人的作用,也促进了思想政治工作的开展。

(3)加大了学生工作队伍的建设力度。学校党委把建设学生思想政治工作队伍作为党建工作的立项之一。1995年学工部制定了三年规划,从组织上、业务上和条件上来建设这支队伍。学校为此发布了《关于进一步加强和改进学生思想政治工作队伍建设的实施意见》,并为配合实施这一方案,制定了《北京医科大学学生教育管理队伍工作规则》。1996年学校又进一步解决了学生班主任的津贴问题。

(4)加强了学生骨干队伍的建设,培养学生的自我教育和管理能力。学校教育部门组织了较规范的初级党校、中级党校和共产主义学习小组(党课学习小组),加强学生干部培训。1995年以来德育工作获得了不断的发展。1995年,制定《北京医科大学德育大纲》,提出学校德育工作目标、德育内容、德育原则、德育途径。制定了《北京医科大学德育教育实施细则》,确定了全校各年级德育教育的重点、基本要求、和教育方式。同时,制定了《关于进一步加强和改进学生思想政治工作队伍建设的实施意见》,从组织建设上为实施德育教育奠定基础。1996年,在坚持爱国主义教育基础上,抓住纪念中国共产党成立75周年这个契机,对广大学生进行革命传统教育;加强学生管理,开展校纪校规教育,组织学生干部培训班,编辑学生案例《正风录》,恢复出早操制度;修订了《北京医科大学学生手册》;基本完成了学生思想政治工作队伍的组织建设,完成了兼职班主任队伍的组建与管理。1997年,组织全校学生深入理解邓小平理论的精神实质;加强精神文明建设,开展首都大学生文明公约教育;加强学生党建工作,使学生党员比例达到北京市高校平均水平之上;严肃考风考纪;基本完成了德育课程的初步框架,实现了三年规划的目标,初步具有了教师队伍、教学内容和教学条件。1998年,参加北京市"文明校园"复评并达到复评要求。迎接卫生部德育检查评估,顺利通过评审。王培玉等5位同志被评为北京市德育工作先进个人。1999年,以爱国主义教育为主线,认真组织了中华人民共和国成立五十周年大型庆祝活动,组织学生参加各种庆祝报告会50余场;引导学生参加了反对以美国为首的北约轰炸我驻南使馆的抗议活动;强化集体主义精神培养,重新修订先进班集体培养条例,加大对先进班集体的奖励力度,获先进班集体的数量明显多于往年;被卫生部评为德育工作先进学校;基础医学院学生办公室、药学院学生办公室被评为卫生部德育工作先进集体,李本富等10人被评为卫生部德育工作先进个人。2000年,坚持爱国主义主旋律教育,培养学生的集体主义精神。加强学生的日常教育管理,在学生宿舍大规模改扩建的情况下,认真细致地做好学生的思想工作,顺利完成了千余人的宿舍搬迁任务,而没有出现任何意外。

【完善助学体系】 学校初步建立经济困难学生档案,并积极落实国家助学贷款工作。专门为同学们开辟了一个展版,宣传国家助学贷款的内容、形式、好处及将来发展的方向。1999年共有49名学生申请国家助学贷款,总额度是805850元,2000年共发放193800元。在1999年以前实行的学校助学贷款和生活贷款,除去已还金额,未还贷款总额为:807060元,其中学费贷款为522960元,生活贷款为284100元。

【学生日常管理】 (1)奖励先进,鼓励创新。1996—1997学年:评出北京市三好学生、北京市优秀干部、特等奖、一等奖、二等奖、三等奖、单项奖、光华奖、椎名奖、医药奖、新生奖、专业导向奖12个奖项,2321名学生参评,988名学生获奖,奖学金总额899300元。1997—1998学年:评出北京市三好学生、北京市优秀干部、特等奖、一等奖、二等奖、三等奖、单项奖、联邦奖、武田奖、光华奖、椎名奖、医药奖、新生奖、专业导向奖14个奖项,2362名学生参评,962名学生获奖,奖学金总额954900元。1998—1999学年:评出北京市三好学生、北京市优秀干部、特等奖、一等奖、二等奖、三等奖、单项奖、世纪精英奖、联邦奖、四环医学奖、光华奖、椎名奖、医药奖、新生奖、专业导向奖15个奖项,2411名学生参评,982名学生获奖,奖学金总额943200元。1999—2000学年:医学部与北大合并后,评出北京大学三好学生标兵、三好学生、优秀干部、社会工作奖、学习优秀奖、五四体育奖、红楼艺术奖7个奖项,共428名学生获奖,评出1个北京大学学生工作先进单位,4个北京大学优秀班集体,6个北京大学先进学风班。评出北京大学优秀德育奖3名,北京大学优秀班主任一等奖1名,二等奖4名,三等奖8名。医学部推荐4个班级为北京市先进班集体,评出北京市三好学生、北京市优秀干部、特等奖、一等奖、二等奖、三等奖、单项奖、联邦奖、光华奖、椎名奖、医药奖、新生奖、专业导向奖13个奖项,2621名学生参评,1064名学生获奖,奖学金总额984000元。1999—2000学年教育部曾宪梓教育基金会设立了曾宪梓奖学金,医学部共有50名同学获得,总计金额180000元。玫琳凯公司为医学部学习优秀的女学生设立了玫琳凯奖学金,2000年共有14名女同学获得此奖共计42000元。名单见附录。

(2)加强和改进管理。自1997年至今,每年组织各学生单位的专兼职班主任召开学生工作研讨会,针对推进学生素质教育、优化学生管理模式、探讨新时期医学生特点等多项议题进行讨论,组织各院系之间的工作经验交流,为提高学生工作的水平创造条件。同时还在每学期组织专职班主任培训,为班主任普及教育教学的新进展,使得学生工作不断创新。

(3)学生保险工作。自1996年开始为新生组织了大学期间保险工作,包括学生在大学期间的平安险及附加意外伤害保险。2000年新生中共有839人参加了中国人寿保险公司的大学生平安保险,金额共计40290元,当年共有61名同学获得保险赔偿,共计20179.98元。

(4)新生入学教育。对于新生的入学教育实施了以下内容:学校传统和校风教育、专业入门教育、校纪校规教育、生活指导、安全教育、心理问题和控烟教育,既让新入校的学生感到学校的细致与温暖,又让学生明白学校管理的严谨,为全面的管理打下基础。

【学生素质综合评估】 学生工作部根据学校的培养目标和以学生的实际情况,制定出了《北大学医学部本专科学生综合评估量表》(试行),对学生的德育、智育、体育、基本素质和创新能力进行测评,作为评优、评奖、专升本、推荐免试研究生等工作的依据,引导学生按照学校的培养目标,在德智体诸多方面都努力发展,成为符合21世纪需要的人才。目前综合评估的测评、实施、总结、修改已经趋于规范化,这种评估内容全面,测评量表具有可操作性,测评结果对于学生有明显的教育和导向作用。

(崔纯莹)

【国防教育】 1996年5月,作为国防教育,武装部、基础医学院学生办公室组织学生骨干,参观了中国航空博物馆及焦庄户地道展。同年7月,武装部在昌平军训基地组织了95级学生600人集中进行了国防教育;全过程分为政训期与军训期,前期以实施军事理论课教学为主,并进行了国际形势教育及解放军优良传统教育,增加了国家安全法教育。后期以军事技能训练为主要内容。

1997年7月,武装部在昌平军训基地组织96级学生600人进行了集中训练;在政训期间,除讲授军事理论课外,仍以国际形势、部队光荣传统、国家安全法教育为内容;同年12月在校本部与中国人民解放军防化指挥工程学院续定军民共建协议(两年期)。

1998年7月,武装部在大兴军训基地组织97级学生600人进行集中军训,内容同上年。

1999年7月,武装部在怀柔解放军某部组织98级学生600人进行了集中军训,在政训期间除上述政训内容外,又增加了国家保密法教育。

2000年武装部在丰台解放军某部组织99级学生750人进行了集中军训,在政训期间,除上述内容外,特组织了解放军某部英模李慧同志事迹报告会。

【勤工助学】 2000年10月调整了医学部勤工助学领导小组及学生勤工助学中心,并参照《北京大学勤工助学活动组织管理条例》制定了《医学部勤工助学活动组织管理条例》。勤工助学中心调整后,2000年9月—2001年2月组织落实了如下几项社会捐助:(1)医学部后勤部捐助10名同学，1000元/人年；（2）中华慈善总会爱心委员会捐助6名同学，1500元/人年；（3）法国留尼旺中华总商会捐助4名同学，4000年/人年；（4）曾宪梓奖学金50人，3000元/人年；（5）玫琳凯奖学金14人，3000元/人年；（6）社会个人·次性捐助2人次（分发给3名同学）；（7）个人长期捐助1人（分发给2名同学）。

在勤工助学岗位设置方面，帮助联系助学岗位192人次，其中校内相对固定岗位85人次，其他107人次。

(陶纪国)

【本科毕业生就业】 原北京医科大学在学生毕业就业制度上进行了较大力度的改革，目前已经实行了毕业生自主择业。1996年至2000年本专科毕业生共3060人，其中七年制硕士研究生209人，本科毕业生2604人，专科毕业生247人。从生源情况划分，有北京生源1247人，外地生源1813人。从就业流向看，录取研究生529人，占毕业生总数17%；申请自费出国246人，占毕业生总数8%，实际派遣2285人，其中京外生源留京659人，占京外生源总数36%；去事业单位2118人，去企业单位93人，去军队系统16人，申请不参加就业或待分生38人。从1996年至2000年，学校有5名内地毕业生奔赴云南、广西、宁夏等地支边，2000年学校选拔3名优秀学生参加团中央支教团工作，到青海省工作。

(袁红利)

【毕业研究生就业分配与就业指导】 2000年顺利完成各类毕业研究生306人（博士生156人，硕士生150人）的分配就业工作。

原北京医科大学1980年至2000年9月，毕业研究生总计3579人（博士生1227人，硕士生2323人，研究生班29人），是1978年以前30年毕业研究生总数142人的25.2倍，为国家培养和输送了一批不同层次、不同类型的高级医药卫生人才。毕业研究生已遍及全国29个省、市、自治区的高校、科研单位、医药卫生、大中型企业、人民解放军及党政机关等部门，实践了教育为社会服务的宗旨。

研究生就业分配与就业指导工作是研究生教育的重要环节。当前高校毕业生就业制度和就业状况发生了很大变化，学校面临着如何加强就业指导和完善就业管理等新问题。针对毕业生年龄较大，分配时考虑相关因素较多，专业划分较细，专业对口要求程度较高等特点和难点，在严格执行国家关于毕业生分配与就业工作的方针、政策前提下，在基本满足学校师资的同时，采取多种措施，保证毕业生就业工作顺利进行。坚持提前向社会公布毕业生生源信息，方便用人单位首选北医毕业生。规范毕业分配工作流程，每年制定春夏两季分配日程表，对提前毕业、延期毕业、自费出国留学及"双向选择"时间等作了详细规定，并严格执行。根据研究生"双向选择"的就业方式，实行了"三表"做法，即由毕业生填写求职自荐表，由导师、教研室（科室）填写毕业研究生情况介绍表，用人单位、毕业研究生、学校三方签订协议书。在工作方法上采取了几个"结合"：在就业导向上，实行政策导向与信息导向相结合；在就业指导上，采取集体指导与个别指导相结合；在具体择业上，实行学校推荐与个人选择相结合；疏导与制约相结合；毕业指导与加强日常管理相结合。同时加强就业工作的信息和网络化建设，加强与用人单位的相互沟通，优化就业环境。

在做好研究生就业分配与就业指导工作的同时，积极参加国家教育部、卫生部、北京市关于毕业研究生分配与就业工作的研讨与调研工作，先后在《学位与研究生教育》、《中国大学生就业》、《医学教育》等杂志上发表文章，其中4篇在国家教育部和北京市获奖。

(侯建伟)

表9-4 2000年医学部本科毕业生去向统计

	合计	北京生源	外地生源			出国	考研	单位性质			待分
			小计	留京	内地			事业	企业	军队	
合 计	600	256	344	100	97	55	129	383	12	3	18
七年制	46	22	24	16	6	3	2	38	3		
本科生	486	166	320	84	91	52	127	291		3	13
专科生	68	68						54	9		5

(袁红利)

表 9-5　2000年医学部毕业研究生去向统计

流向		人数	比例(%)
总计		305	100
出国		77	25.2
录取博士(后)		6	2.0
实际参加就业	合计	222	72.8(100)
	高校师资	108	(48.6)
	科研单位	6	(2.7)
	党政机关	1	(0.4)
	企业	21	(9.5)
	医疗卫生	63	(28.4)
	其他事业单位	1	(0.4)
	部队	5	(2.3)
	回省再就业	13	(5.9)
	其它(自谋职业)	4	(1.8)

(侯建伟)

共青团工作

【概况】 2000年，北京大学团委继续高举邓小平理论的伟大旗帜，围绕国家改革、发展、稳定的大局和学校的中心工作，以思想政治教育为核心，以全面提高大学生和研究生的综合素质为重点，积极建设具有北大特色的校园文化，努力建构面向广大学生的服务体系，切实加强团的组织建设，把共青团工作推上了一个新的台阶。

北京大学团委深入贯彻中央思想政治工作会议精神，组织广大团员青年深入学习邓小平理论和江泽民同志"三个代表"的重要思想，大力开展爱国主义、集体主义和社会主义教育，在国内外形势复杂多变的情况下，及时、有效地加强了青年的共产主义理想信念。进一步规范和完善了制度建设，同时加强了组织建设和骨干培养，更好地提高了团的战斗力。按照"政治文化建设为灵魂、道德文化建设为基础、学术科技文化建设为核心、文艺体育文化建设为补充"的原则，大力推进以培养青年学生的创新精神和实践能力为重点的素质教育工作，深入开展"文明修身工程"，在实施以项目化管理为目标的校园文化活动举办机制的基础上，注意发挥了校学生会和研究生会以及学生社团在校园文化建设中的生力军作用，指导"两会"召开了代表大会，顺利完成了换届工作。还进一步抓好"挑战杯"科技工程和暑期社会实践，改进和完善了志愿者服务、家教中介、心理咨询、法律援助等为一体的综合服务体系，为青年学生的发展和校园文化的建设作出了切实的努力。

2000年12月，共青团北京大学委员会由于工作成绩突出，被团中央授予"全国五四红旗团委标兵"的荣誉称号。

2000年，按照学校机构改革的有关文件和精神，校团委进行了全面的机构改革，重新设立了下属各部门，明确了各部职责。经调整，校团委由原有的14个部门精简为6个部门，这些部门分别是：办公室、组织部、宣传部、学术实践部、社团文体部、研究生与青年工作部。

2000年，校团委的领导班子变化较大。2月，原团委书记关成华同志调任北京团市委副书记，学校调教务部副部长张彦同志任团委书记。3月，原学术实践部部长沈千帆同志被增补为副书记。随后，原团委副书记彭华彰同志调往国家审计署任职，原团委副书记于鸷隆同志调往北京市丰台区团委任职。

【基层组织建设与骨干培养】 基层组织建设 基层团组织是北京大学共青团工作的主体和基础，加强基层团组织建设一直是校团委的工作重点。2000年是北大团委的基础建设年，其中一个重要方面就是面向基层，全面推进基层团建工作。通过理论学习、制度建设、评优创先等一系列工作,2000年的基层团组织工作取得了可喜的成绩,有了新的提高。

2000年3月,校团委在团市委下发"北京市共青团系统数据统计系统"软件后,经历2个月完成了基层团委组织数据库的建设工作,使共青团工作特别是组织工作正式进入电子化、数据化轨道。同时,校团委向基层下发《关于1999—2000年度团员教育评议工作的通知》,思想政治工作开展到各团支部中,形成新一轮团员自我完善共同进步的热潮。4月,校团委编订《北大团委工作制度汇编》,使团委工作在制度化、规范化方面又迈上了一个新台阶。6月,共青团系统1999—2000年度的评优工作完成并召开总结表彰大会。阳振坤同志荣获北京市"五四奖章",于鸶隆同志被评为北京市优秀团干部,政治学系团委被评为北京市红旗团委,法学院97级3班等14个团支部被评为首都高校"先锋杯"优秀团支部。在校内奖励中,外国语学院团委等5个团委被评为北京大学红旗团委,艺术学系团委等7个团委被评为北京大学先进团委,哲学系99级团支部等50个团支部分别被评为优秀团支部、先进团支部,应用文理学院98级国贸高本团支部等10个团日活动被评为最佳团日,尹铁钢等11名同学被评为共青团标兵,周江等80名同学被评为优秀团干,阎林等120名同学被评为优秀团员。

2000年下半年,校团委先后在全校基层支部中开展了"深刻理解'三个代表'的讲话精神,促进共青团理论学习"和"北大标准"两次主题团日活动,收到了良好的效果,共有20多个院系的80多个团支部组织了形式多样、内容丰富的团日活动。10月,校团委与团中央联合举办了新世纪高科技与新经济研讨会,12月举办大庆油田"人才观"专场报告会,与湖南省委宣传部联合举办了纪念一二九运动65周年暨"信念丛书"出版座谈会,这些活动起到了对广大团员青年进行多渠道、全方位思想教育的作用,帮助他们坚定正确的信念,健康成长。11月,校团委书记张彦与其他机关团干部下至各院系基层团委,进行调研工作,与各院系团委的老师同学进行了充分沟通,以进一步加强北大的基层团组织建设。

骨干培养 创办于1982年的北大团校,素有"北大黄埔"、"政治代表队"之称,多年来培养了一大批优秀人才。2000年,校团委进一步完善了新生团支书培训班、初级团校、高级团校的"三级两阶"模式。6月,第十六期团校顺利结业,90多名学员获得了初级团校结业证书。9月,第十七期团校开学,经过笔试、面试共招收学员120余人,学员以大一、大二的学生为主。十七期团校开展了丰富多彩的活动,举办了系列讲座和"青年成才论坛",开发了团校网络工程,受到了广大团员的好评和社会的关注。11月,第五期高级团校结业,同时第六期高级团校开学,又有近40名优秀学生干部加入到高团的队伍中来。12月,为期两个月的第六期新生团支书培训班结业,共有80多名新生团支书参加了培训,充实到基层团组织的干部队伍中。

北京大学研究生干部学校是为适应校园文化建设的研究生时代而创办的,其办学宗旨是提高研究生骨干的理论水平、政治素养和工作能力。2000年,第四、第五期研究生干部学校围绕创新、成才、素质教育组织了多场报告会,举办了"名师、治学和做人"系列讲座,并多次组织了学员对社会热点问题的讨论,效果显著。一年来,研究生干部学校实现了自己的办学宗旨,共培训研究生学生骨干45人,并探索着开门办学,在社会实践中拓宽办学思路。

【理论与宣传】 2000年,北大团委宣传部建立"情况反映"小组,成为团委和上级领导获取校内信息的又一窗口。为了适应网上宣传的需要,《北大青年》报社创建网络版。在五四校庆期间,《北大青年》报社精心策划了《北大青年·五四特刊》。在10月中旬,《北大青年》报网络版获全国高校刊物网络版评选"最佳内容奖"。与此同时,《北大青年》报创刊两周年庆典活动展开。报庆活动从四个方面展开,首先是《北大青年》报编印了合订本,合订本收集了《北大青年》报第1期到第32期的报纸;其次是举行了大型报展,共推出了多达30多块板面的大型精美报展;再次是进行了报社资料汇编工作;最后是召开报庆研讨会,11月22日,《北大青年》报创刊两周年研讨会在北京大学办公楼3室隆重举行,为报庆活动画上了圆满句号。在报庆之后,为了迎接新世纪的到来,《北大青年》报社在2001年来临之际精心策划了3张共12版的《北大青年·世纪特刊》,在校内引起了强烈反响。北大青年团网上新闻中心于10月13日正式成立,成为北大团委加强与学生之间交流,在互联网上引导与教育广大青年学生的重要力量。"1999—2000学年度团属学生刊物评比活动"和"迎五四橱窗设计大赛"在4月下旬相继举行。9月20日北大团委宣传策划并组织了"奥运健儿,为你喝彩——北大学生支持中国奥运代表团签名活动",受到了中央电视台等各大媒体的关注。9月30日晚,北大团委组织的"北京大学国庆前夕奥运夜万人联欢活动"拉开帷幕,并取得巨大成功。10月2日晚,北大团委又组织了近200名同学作为高校学生代表参加了"迎奥运健儿凯旋"的欢迎仪式。为提高大学生学识技能,推动校园科技文化活动,11月24日北京大学信利"掌握未来"征文暨朗诵比赛隆重举行。之后,12月15日,信利"掌握未来"征文暨朗诵比赛全国总决赛在北大举行,北京大学学生雷蕾、左瑜分获中文组、英文组一等奖。12月20日,第三届演讲十佳大赛成功举办,此活动旨在引导北大学生明确新世纪肩负的历史使命,以更加昂扬的姿态迎接新世纪的到来,从而弘扬北大优良传统,激励北大学生为实现中华民族伟大复兴而努力学习。"演讲十佳"作为一种品牌被北大同学认可并接受。12月30日晚北大团委在百周年纪念讲堂广场上举行了"奔向新世纪"狂欢夜活动,在洪亮的钟声中,北大学子迎来了新的世纪。

【学术科技与社会实践】 开展丰富多彩的课外学生学术科研活动是北大团委工作的重点之一。2000年,北大团委遵循"崇尚科学,锐意创新,培养跨世纪英才"的指导思想,在创意、科研、创业三个环节进行了有益探索,取得了丰硕成果。在创意方面,为了弘扬北大的文化传统,活跃校内学术气氛,主要推出了"新世纪,新北大"系列讲座及"迎新系列讲座",受到同学们的好评。在科研方面,围绕"挑战杯"大赛,开展了"挑战杯"科研工程,保障参赛活动顺利有序地进行,并对校内各项科研活动提供支持与指导。在2000年的第八届"挑战杯"——五四青年科学奖竞赛中,来自20余个院系的200多件作品参加了本届大赛,取得了优异的成绩,将北大的课余学术科研活动推向了新的高潮。在创业方面,在共青团北京大学委员会承办的"首届首都高校大学生创业方案大赛"中,北大学子锐意进取、再创佳绩。北京大学一共有代克化等同学带队的"生物高科技复合饲料"项目,由薛涧坡同学带队的"商"公司—SG&B-online一种新型电子商务形式的构建项目,王巍同学的"中国特色企业产品信息服务股份有限公司"的项目和王永锋等同学带队的"互联网服务公司"等4支代表参加比赛,获得了1个一等奖,2个二等奖,1个三等奖的好成绩,团体总分名列前茅。此外,在"2000年'网易杯'全国大学生数学建模竞赛"中北大学子又一次展现了北大风采,取得了令人瞩目的成绩:在北大提交的7件作品中,2件获一等奖,5件获二等奖,居全国各高校之首。

为响应党中央国务院实施西部大开发的战略部署,培养具有创新精神和实践能力的优秀人才,2000年北大进一步开拓视野,创新思路,成功组织了113支团队、上千人次奔赴祖国大江南北开展丰富多彩的社会实践活动。早在4月中旬,学校就成立了"2000年北京大学学生暑期社会实践工作领导小组"。7月8日,出征仪式在校正大国际会议中心多功能厅隆重举行,校党委副书记王登峰莅临讲话并向团队代表授旗,宣告了2000年北京大学学生志愿者暑期"三下乡"暨"博士团西部行"社会实践活动正式开始。此次社会实践课题以关注西部大开发和考察高新产业区为主线,奔赴祖国西部的有北大西部开发研究会暑期考察团等42支团队;考察高新区的则分为两个子项目,第一个子项目立足中关村,第二个子项目则包括了深圳、上海、青岛、西安四座城市的高新区。此次暑期社会实践的另一重头戏是响应团中央、全国学联实施百支博士团"三下乡"的号召,组织了来自光华等院(系)的20多名博士生,加入了"博士团西部行"活动中的9支团队和20个课题,与此相呼应的另一个高层次的特色团队是百名博士赴江苏考察团,本次活动一开始就受到学校领导的重视,校团委进行了比较充分的前期准备工作,保证了实践活动高质量完成,引起当地社会各界的强烈反响。总的来说,2000年北大学生暑期文化、科技、卫生"三下乡"社会实践活动内涵更为丰富,形式更为多样,实践课题的广度和深度较往年有了重大突破,整个工作又上了一个新的台阶。而北大因组织得力、表现突出,获得上级单位颁发的一系列奖项:10月1日在广西召开的全国中专学生暑期社会实践表彰大会上,北大荣获全国先进单位称号;有北大博士生参加的百支博士团第1分团、第15分团、第104分团荣获优秀博士服务团称号;在首都高校暑期社会实践的表彰中,北京大学被评为2000年度首都高校社会实践先进单位;北京大学团委书记张彦被评为2000年度首都高校社会实践先进工作者;北大的三个实践基地被评为首都大学生社会实践示范基地;北京大学团委被评为北京博士团西部行活动优秀组织奖和2000年首都高校社会实践贡献奖。北大团委在总结2000年暑期社会实践工作成果的基础上,开展了一系列宣传活动,并于11月初编成《北京大学文化、科技、卫生"三下乡"——暑期社会实践论文集》,系统地报道了暑期社会实践活动。

【社团建设与文体工作】 素有"百团大战"之称的北大社团活动既是广大同学课余生活的主要空间,同时也是活跃校园气氛、进行校园文化建设的生力军。全校理论、实践、文娱、体育四大类、近百家社团在校团委的指导和支持下,根据自身特点,结合时代潮流,开展了各种各样、精彩纷呈的活动。北大奇石研究会于5月4日在新地学楼地质陈列馆举办的"北大新世纪奇石精品展"以"发扬中国传统文化,推进奇石文化发展"为宗旨,特邀许多奇石界前辈亲临指导,并得到韩国奇石收藏家李知恩女士的大力支持,进一步促进了奇石文化在校内的普及,也为北京大学第102个周年纪念日献上了一份具有特殊意义的贺礼。5月中旬,环境与发展协会、猛犸野生动物保护协会联合在三角地举办了以"保护我们的藏羚羊"为主题的大型图片展,此次图片展以大量生动、详实的图片资料向广大师生宣传了"保护野生动物,爱护我们的家园"的理念,在校内外引起了巨大的反响。与有的社团推出大型活动相映成趣的是,一部分社团另辟蹊径,从日常小事出发,贴近同学、服务同学。在校园里具有广泛影响力的爱心社,不但在5月时为临近毕业的同学举办跳蚤市场,解决他们的旧物处理问题;同时还在9月新生入学的时候为全校2000多名新生提供各种指导和服务,急同学之所急,想同学之所想,已经成为校园里的一段佳话。而自行车协会则每周五下午在三角地举办义务修车活动,以简简单单的行动展现了他们的风采。各类体育类社团也纷纷拉开大旗,举办了内容丰富的体育比赛和活动,有力地推动了北京大学的全民健身运动。其中乒乓球爱好者协会分别于9月和11月举办了首届"北大杯"乒乓球联赛和本科生、研究生乒乓球对抗赛,得到了广大国球爱好者的欢迎。与此同时,国内高校中最大的业余登山协会山鹰社联合西藏登山协会向珠穆朗玛峰发起了挑战,为北大业余登山史再添辉煌。作为社团活动重要内容的暑期社会实践为各类社团走出校门、走向社会提供了一个良好的契机。8月,延安精神研究会带领自己的会员远赴延安进行实地考查,接受了爱国主义、革命精神的洗礼。自行车协会则从长江的源头出发,进行了长江中上游生态考察,表达了当代大学生关心社会,提倡环保的时代精神。为了对全年社团工作进行回顾和总结,社团文体部于12月份对全校80多家社团进行了综合评估和选优,此次评优采取社团民主互评与社团文体部推荐相结合的方式,评出了诸如山鹰社、红楼梦研究会等十佳社团和一批优秀社团负责人。

2000年的校园文体活动同样丰富多彩,充满生气。4月8日拉开帷幕的第14届"京华杯"北大清华棋牌对抗赛,既为北大棋牌爱好者提供了一次检测自身水平的机会,也促进了校际友谊,此次比赛设中国象棋、围棋、国际象棋及桥牌4个项目。与往年不同的是,今年的学生围棋赛在联众公司的协助下通过互联网对全国进行了直播。双方队员积极投身训练,以顽强拼搏的精神,发挥了较高的水平,实现了"加强交流,切磋技艺"的宗旨。随后于5月27日在昆玉河上举行的北大清华百年赛事之一的赛艇比赛中,北大体育健儿虽因实力差距不敌清华,但同样表现出了积极向上的竞技精神。6月20日,由湖南卫星电视台举办的大型综艺节目《快乐大本营》将营地搬到了北京大学,在北大百周年纪念大讲堂为全校师生和全国的电视观众上演了一台名为"我们一同走过"的精彩演出,整台晚会洋溢着浓郁的青春气息,其中的许多节目都是由北大同学自编自导自演,体现了北大学生良好的文体修养和活泼向上的精神风貌。10月29日的新生文艺汇演则是全年文体活动的重中之重,此次汇演首次在百年纪念大讲堂举行,也是新千年中,北京大学和北京医科大学合并后的第一次新生文艺汇演。来自全校文理各个院系的2000级新生发挥自身特长,表演了舞蹈、演唱、歌剧等形式多样的精彩节目,其中不乏像舞蹈《巴山夜雨》、二胡演奏《光明行》这样的好作品,使人们对2000级新生的整体实力有了更进一步的了解,看到了新千年北大学生良好的艺术素养,看到了他们充满自信、乐于参与的精神风貌,展示了新一代北大人的风采。12月10日在百年纪念大讲堂举行的北京大学纪念"一二•九"师生大合唱是全年文体工作的压轴戏,也是近几年来参加人数最多的一年。来自全校18个院系的近2000名教师和学生以饱满的热情高声歌唱了多首革命歌曲,《保卫黄河》的旋律再现了中华民族抗日救亡的历史,《走进新时代》则抒发了北大人在新世纪的豪迈情怀和爱国热情。

2000年,北京大学社团建设和文体活动积极并有序的开展,使校园充满生气,有力地促进了校园文化的建设。

【青年志愿者活动】 北京大学青年志愿者总队是一个团结奋进,朝气蓬勃的集体,在一年的实践活动中,为推动志愿服务意识传播,方便学生生活做出了大量贡献。2000年,青年志愿者总队继续开展"青春与美"系列讲座,普及健康的心理教育,在同学中产生了广泛的反响;讲师服务队继续开展对校卫队队员的英语及计算机知识的讲授活动,广大队员的英语水平得到一定程度提高,而服务队队员也在讲授活动中增加了经验;导游服务队在以往活动的基础上,开展创名牌导游活动,在实践中提高了服务水平;与北大环境与发展协会联合开展"绿色环保"垃圾分类活动,发放调查问卷,宣传环保知识;年底成立了"关爱生命"服务队,开展一系列的防治艾滋病知识宣传活动,得到多家媒体的报道;总队秘书长王征宇作为全国志愿者代表之一去新西兰取大运会火种;在双榆树街道开展街区服务工作,协助街道主任处理事务,与海淀区民政局展开合作,对下岗职工子女开展义务支教活动,广大队员在活动中得到了实践锻炼。为响应党和政府"开发西部"的号召,北大共青团10多名同学主动参加团中央组织的中国青年志愿者扶贫接力计划第三届研究生支教团,赴宁夏、青海等国家重点贫困地区支教一年。

【学生会与研究生会】 2000年,北京大学学生会和研究生会始终以服务同学的学习、生活为根本宗旨,团结务实、开拓创新地开展了多种类型的活动,大大丰富了校园文化生活。作为一所具有悠久学术传统又常为新的百年名校,学术科技活动成为学生会和研究生会工作的重中之重。学生会推出了第二届"学术希望之星"、2000年五四学术文化节、科技推广系列活动、创新系列活动、"网络时代的个人机遇与发展"研讨会。研究生会则推出了第二届研究生"学术十杰"、高规格的"北大企业家论坛",组织编写了《信息化校园:大学的革命》;作为两校合并后的第一届校研会,还配合医学部研究生会举办了"医学部2000年学术文化节暨北大生物医学论坛"。这些活动极大地丰富了北大校园的学术氛围。文艺活动是最能体现校园文化生活的项目,因此历来是学生会和研究生会工作的重点,"北京大学新千年首届节目支持人大赛"标志着学生会的推陈出新,而"十佳歌手大赛"、"女生文化节"等传统招牌活动也搞得有声有色,学生会还积极协助北京电视台《谁在说》栏目拍摄"成功与财富"五四特别节目、协助龙苑堂公司拍摄香港无线电视台《挑战第一等》栏目北大特别节目、协助湖南卫视快乐大本营栏目组在北大制作毕业生特别节目。为继续响应"高雅艺术进校园"的号召,学生会和研究生会分别组织了奥地利钢琴家瑞塔·麦德姬莫瑞克与大提琴家斯洛里安·基蒂在北大的专场演出和"纪念蔡元培、萧友梅逝世六十周年——刘育熙小提琴专场音乐会"等,进一步推动了高雅艺术在校园内的普及。在2000年,学生会和研究生会更加以建设性的态度沟通学校有关单位,充当广大同学生活权益的维护者,为同学提供切实的生活服务,学生会促进了窗帘工程的基本完成,作了大量的家教、票务、兼职服务工作,研究生会为解决女生楼的安全问题,延长浴室的开放时间、道路改善及环境美化等问题做了积极有效的工作。研究生会和学生会还共同促进了校园网络工程的完成。为切实提高研究生生活待遇,新一届校研会刚成立,就把此项工作定为该届研会的工作重点,并具体化为推动"助研、助教、助管"计划及其尽快实施。为此,新研会作了大量的调查、论证工作,所呈送的"北京大学研究生助研、助教、助管计划调查报告"对"三助"计划的最终实施起到了相当的作用。为引导同学们关心社会、增强社会责任感,学生会举办了"关注现实,走向社会"系列活动、"走进西部"暑期社会实践活动,研究生会举办了"情系西部、共享母爱、世纪学子、建设家园"活动月,活动月向全社会展示了北大学子以天下兴亡为己任、用实际行动把爱心献给西部的母亲和孩子的赤诚之心,取得了较大的社会影响。为促进师生交流、弘扬尊师重教风气,学生会和研究生会共同举办了第六届"我爱我师——最受学生爱戴的十佳教师"评选活动,学生会还别出心裁地制作了"爱师墙",将同学对恩师的敬意和爱戴之情推向顶点,此活动还荣获北京市学联十佳创新奖。新一届研会在工作上也进行了创新,如编发《工作简报》,以加强工作信息交流;成立"学术部长联席会议",以进一步整合校系资源。

学生会和研究生会的常代会的存在,对于两会执委会意味着监督与鞭策。在加大对两会的财务监督和人事监督,并进一步使自身走向制度化、务实化的同时,加强了与两执委会的密切合作,开展了一系列调研活动,扩大了两会在同学中的影响,提高了两会的威信。

2000年10月,在党委的领导、团委的具体指导下,学生会召开了第26届学代会,研究生会召开了第16届研代会。这是北京大学和北京医科大学合并后的首次学代会及研代会。顺利选出了包括北京大学医学部同学在内的新任两会主席团和常代会。

(吕晨飞、兰明善)

医学部共青团工作

【概况】 新民主主义革命时期,北医青年学生投入到反帝反封建和反对官僚资本的民族民主革命运动之中,参加了"五四"、"五卅"、"一二·九"、"五二○"等青年运动。在1948年"七五"血案后,以北医青年学生为主的医疗队冲破国民党当局的封锁,与东北同学建立联系,为北平学生和东北学生联合组织"七九"游行示威,起了重要作用。

建国以后,北医共青团组织由以往领导青年运动转变为带领团员、青年投入到学校医、教、研的各项工作之中。这一时期,北医共青团进行了组织建设,配合学校的中心工作,发挥团组织的思想政治教育功能,是学校校园文化建设的重要力量。

进入90年代以来,针对新形势下对学校共青团工作的新要求,北医共青团结合团员青年的思想实际和医学院校的特点,确立了"围绕学校中心工作,医院团的工作以青年职工为重点,加强医德医风建设,兼顾青年学生;学院团的工作以青年学生为主体,加强综合素质教育,兼顾青年教工"的指导方针。逐步形成了以思想建设、道德文明建设、校园文化建设和团的自身建设为内容的学校共青团工作的局面。2000年1月,原北京医科大学团委被命名为"全国高校红旗团委创建单位"。

2000年6月17日,共青团北京大学医学部委员会第十三次代表大会召开,选举产生第十三届委员会,由27名委员组成。迟春霞任书记,王韶华任副书记。目前,医学部共青团有15个二级团委(总支),207个团支部,共青团员6251人,其中青工团员1783人。建立起了"医学部团委,院、机关、后勤团委(总支),年级团总支(在基础医学院设置),班级团支部"四级团组织运行机构。2000年6月,北京大学医学部团委进行了机构调整,现设办公室、组织部、宣传部、青工与研究生部、实践部、学生艺术指导中心。

【组织建设与思想政治工作】 医学部团组织坚持以党建带团建,切实推进团的自身建设。

(1)加强团的基层组织建设。2000年,各级团组织按期换届选举,结合《北京大学医学部团支部工作手册》,完善团的各项组织制度,开展团员教育评议和团员注册工作;在思想教育、推优入党、理论学习和重大活动中调动团支部的力量,使之成为班级、科室的核心。通过开展争创"红旗团委"和"红旗团支部"等活动,以评促建,涌现出一批优秀的团员青年和集体。

(2)加强团的干部队伍建设。团组织对骨干队伍的培养,一是以业余团校为阵地,以推优入党为核心内容,开设新生党课初级学习班,为党组织培养、输送入党积极分子;二是团委和教育处共同举办各级学生骨干培训班;三是各二级团委组织院系级学生干部培训;四是针对校学生会、学生社团的特点,举办学生会、学生社团新成员培训;五是二级团委(总支)正、副书记的培训。

(3)加强团的教育、引导、宣传工作。医学部团组织长年坚持开展"北医人"、"医学生誓词"教育。各级团组织利用"团日活动",开展了"三个代表"的理论学习。2000年3月,团委向全体团员青年发表了新年寄语,号召全体学子牢记医学生誓词,为实现中华民族的伟大复兴而努力学习。结合体育健儿在27届奥运会的辉煌业绩,号召全体团员青年努力学习,为国争光,并组织各种申奥活动;结合"抗美援朝五十周年"召开了学生座谈会。团委坚持以"服务大局、服务青年"为指导原则推动宣传工作,以《北医之窗》、《共青团工作简报》为依托,利用广播站、宣传栏及院刊、班刊等阵地开展宣传教育活动。

(4)加强团的阵地建设。2000年重点建设了团委多功能厅、社团活动室、舞蹈排练厅和音乐教室,并充分利用多功能厅进行重大新闻直播、转播以及爱国主义影片展播等。

【青年志愿者】 医学部青年志愿者多年来一直秉承着"志愿奉献、服务社会"的宗旨,牢记"健康所系、性命相托"的誓词,弘扬"奉献、友爱、互助、进步"的志愿服务精神,在活动中逐渐形成了以青年教职员工为主体、临床医院为载体的医疗咨询、保健志愿服务集体和以学生为主的"爱心社"、"心理协会"、"中医协会"、"口腔保健宣讲团"、"绿风社"等志愿服务分队,开辟了松堂医院、北京市第三聋哑学校、山西大同希望学校等志愿服务站。

医学部青年志愿者活动由五部分组成。

(1)健康咨询,送医下乡(入巷)。第一医院组建"健康快车"医疗队赴西部贫困地区开展"送医下乡"活动;第三医院团委组织青年医师志愿者常年结队为老专家、老教授开展医疗服务,中共中央政治局常委胡锦涛、团中央书记巴音朝鲁曾专门看望了他们;口腔医院青年志愿者在实施"百校爱牙宣传"、"万家爱牙计划"社区援助活动的基础上,又推出了"口腔保健志愿宣讲活动";2000年12月8日,研究生志愿者举办了"关注亚健康,支持申奥"大型义诊活动。在每年的世界禁毒日、世界爱牙日、世界艾滋病日、国际志愿者日,医学部青年志愿者都开展义务医疗和宣传咨询活动。

(2)绿色环保宣传。环保志愿服务队——绿风社,以"关注环境,珍爱生命"为旗帜,立足校园,开展"回收废旧电池"、自制草坪标语牌等活动,设立"捐纸换树"废纸收集箱,走进社区,动员饮食服务中心,将聚乙烯饭盒全部换成纸饭盒,并利用"6.5"世界环境日,开展"环境与健康"的义务咨询活动。

(3)倡导心理健康。医学部青年志愿者发挥自身智力优势,以"文化助残"为己任,以"奉献一片爱心,付出满腔真诚"为宗旨,在文化助残工作中实践着医学生志愿者对社会的责任和庄严的承诺。在近七年的时间里,"爱心社"与北京市第三聋哑学校建立了长期合作关系,长年坚持在松堂医院开展临终关怀活动。"心理协会"志愿者充分依托医学院校的专业背景,积极参与校园精神文明建设、世界精神卫生日等活动,通过开展讲座、印发《心野》等学生刊物积极倡导健康的精神生活方式。

(4)积极参与"希望工程"活动。"同在一片蓝天下"是临床系长期坚持开展的"希望工程"助学活动的主题。2000年3月志愿者自费组织去山西大同看望希望学校的同学。2000年机关青年志愿者继续资助北京市怀柔汤河口小学的学生。许多团支部都将希望工程的"一对一扶助"作为支部建设的重要举措。

(5)参加校园文明建设。青年志愿者通过各种形式积极倡导校园文明建设,如组成"校园文明服务队",长期开展"不占座,不加塞,从我做起,做文明的北医人"的系列活动;爱心社志愿者每周为行动不便的老专家、老教授提供一次无偿服务;许多志愿者定期清洗宿舍楼的时钟、换电池、对时,提供天气预报、在阅览室添置墨水、帮助收发室工作人员整理无人领取的信件等。

(6)护理96、预防99-2团支部组建的"舒翠兰重返社会"志愿扶助小组为毁容少女舒翠兰提供学习与心理调适的扶助工作,并于2000年11月7日重返校园,使舒翠兰在北医的调适期圆满结束。此项活动被《北京青年报》评为"2000年十大爱心活动"之一。

2000年12月8日医学部团委成立了北京大学医学部青年志愿者协会,颁布了《北京大学医学部青年志愿者协会章程(试行)》。注册的青年志愿者984人,其中包括在校本、专科生、研究生和青年教职员工。

(迟春霞、周蕾)

【社会实践】 医学部结合医药卫生专业特色,坚持每年暑期组织十余支小分队分赴祖国各地,并在平时积极组织和参与其他形式的社会实践活动,逐步形成了暑期的长线与平时的短线相结合,定期与随时接受任务相结合,送医下乡与基层医药卫生调研相结合,国情教育与实施希望工程相结合,研究生与本科生结合,学生与青年医师结合的工作结构,并巩固和建立了河北西柏坡、河南洛阳、山西大同以及北京市延庆、房山、北京市儿童福利医院、松堂医院等一批社会实践基地。

2000年暑假,医学部组织了17支社会实践团队,分赴大西北及上海、江苏、浙江等地,开展医学讲座、医疗服务,在缺医少药的地区开展手术。研究生实践团在暑假社会实践期间,共举行医学专题讲座35场,参加听课者达7850人次,开展手术5台,会诊求诊人数不计其数,并为西部开发和地方发展献计献策。医学部团委被团市委评为"2000年度首都高校社会实践先进单位",北京大学医学部"西部博士团"获"北京市博士团西部行活动优秀组织奖"。

(白玉光、周蕾)

【"青年文明号、青年岗位能手"创建活动】 该活动是团中央组织实施的跨世纪青年人才工程和跨世纪青年文明工程的重要组成部分,也是医学部共青团在青工系统开辟的团的工作新领域。医学部成立了由学校党委领导任组长,有关处室负责人任成员的"号、手"创建领导小组,办公室设在医学部团委,在附属医院组织开展"号、手"争创活动并要求各附属医院建立相应的领导机构。

肿瘤医院和第一医院在1996年相继成立了共青团病房,制定了以全心全意为患者服务和创一流服务的目标,要求全体团员做到文明服务、优质服务、廉洁服务、诚挚服务,并根据患者家属的要求,制定了相应的内容,提出了"有困难,找团员"的承诺。医学部共青团制定了《北京大学医学部青年文明号、青年岗位能手管理办法(试行)》,并在医学部第十三次团代会上正式下发执行,使"号、手"创建活动走上规范化。2000年,第三医院神经内科高干病房等7个集体被评为医学部"青年文明号";第二医院创伤骨科等14个"青年文明号竞赛点"正在积极创建中。

(迟春霞、周蕾)

【学生会和研究生会】 9月23日北京大学医学部第22次学代会召开,北京医科大学学生会更名为北京大学医学部学生会,并对学生会章程进行了修改。大会对1997年暂时设立的监察部、1998年由校团委划归学生会管理的社团部以及1998年设立的女生部进行了正式确定。医学部学生会现设9部1室:监察部、学习部、宣传部、文艺部、体育部、实践部、生活部、社团部、女生部、办公室。10月14日,北京大学医学部87名学生代表参加了北京大学第26次学生代表大会,两名同学担任了北京大学学生会副主席,一名同学担任了北京大学学生会常务代表委员会副主席。2000年北京大学医学部学生会开展了以下四方面工作:

(1)校园文化建设。医学部已逐步形成了学生会以校园文体建设为主,研究生会以营造学术氛围、引领前沿科技为主体的模式,形成了以"研究生学术节"、"新生活动月"、"青年科技文化艺术节"、"学生社团节"、"体育节"为主要脉络的活动格局。学生会在活动内容和形式上不断丰富和创新,2000年举办了礼仪大赛,医学实验技能大赛以及"明日之星"学生素质大赛。此外,第一医院学生文艺汇演、药学院科技活动月、公共卫生学院"红五月"活动、护理学院的"五·一二"护士节系列活动和每年的"新年联欢舞会",以及各种形式的演讲会、辩论会、文化书市、摄影展、绘画展、手工制作比赛等都为校园文化建设增添了亮色。学生会还配合团委承担了双休日课堂——艺术类选修课的任务。

学生社团是校园文化建设的一支重要力量。截至2000年底,隶属学生会社团部的学生社团共有22个。社团部对社团的日常工作及财政情况进行管理和监督,每年评出五大优秀社团予以奖励,引导社团工作走入一个良性的竞争机制。

(2)内部建设和学生干部队伍建设。2000年,进一步健全了《值班制度》、《财务制度》、《例会制度》、《学生会物品管理细则》等工作制度,完善了管理体系。举办了学生会新成员培训班,内容为学生会的各项规章制度、工作方法的交流等。

(3)加强对学生自我管理委员会的管理。学生自我管理委员会由校、院、系学生会生活部同学和各宿舍楼同学代表组成,定期召开座谈会,为学生创造良好的学习、生活环境,推动了学校教育改革、管理等各项工作。

(4)内引外联,加强与上级学联及兄弟院校的交流与合作,加大与社会各界合作力度,引导同学走出校园，服务社会，增强同学们的社会实践能力。

2000年10月，北京大学医学部研究生会44名代表参加北京大学第16次研究生代表大会，两名同学担任北京大学研究生会副主席。2000年10月28日—11月25日，医学部研究生会成功举办了"2000北大生物医学论坛——北京大学医学部研究生学术文化节"。2000年11月18日医学部研究生会进行了换届改选，组成了北京大学医学部第18届研究生会。

(迟春霞、周蕾、陈斌斌)

·人物·

北京大学医学部历届负责人

(1912年至2000年行政负责人)

姓名	学校名称	职务	任职时间	备注
汤尔和	国立北京医学专门学校	校长	1912.10—1915.12	
葛成勋	国立北京医学专门学校	校长	1915.12—1916.8	
汤尔和	国立北京医学专门学校	校长	1916.8—1922.4	
周颂声	国立北京医学专门学校	校长	1922.4—1923.12	
洪式闾	国立北京医科大学校	校长	1924.1—1925.8	
张黼卿	国立北京医科大学校	校长	1925.8—1926.1	
孙柳溪	国立北京医科大学校	校长	1926.1—1927.8	
孙柳溪	国立京师大学校医科	学长	1927.8—1928.11	
徐诵明	国立北平大学医学院	院长	1928.11—1932.8	
吴祥凤	国立北平大学医学院	院长	1932.8—1937.9	
鲍鉴清	北京大学医学院	院长	1938.3—1945.8	
马文昭	北平临时大学第六分班	班主任	1945.9—1946.9	
马文昭	国立北京大学医学院	院长	1946.9—1947.8	
沈宪琪	国立北京大学医学院	院长	1947.8—1948.8	
胡传揆	国立北京大学医学院	院长	1948.8—1952.12	
胡传揆	北京医学院	院长	1952.12—1968.8	
曲正	北京医学院	副院长	1953.9—1959.12	
马旭	北京医学院	副院长	1954—1968.8	
薛公绰	北京医学院	副院长	1954.10—1956.7	
阎毅	北京医学院	副院长	1954.12—1957.12	
张思齐	北京医学院	副院长	1959.3—1968.8	
吴朝仁	北京医学院	副院长	1963.7—1968.8	
朱章赓	北京医学院	副院长	1963.12—1968.8	
阎登山	北京医学院革命委员会	主任	1968.9—1973.12	军宣队
王承祝	北京医学院革命委员会	副主任	1968.9—1979.11	
李全胜	北京医学院革命委员会	副主任	1968.9—1971.9	军宣队
高慧山	北京医学院革命委员会	副主任	1968.9—1971.6	工宣队
赵从兴	北京医学院革命委员会	副主任	1971.6—1974.5	工宣队
汉斯·米勒	北京医学院革命委员会	副主任	1971.11—1979.11	
马旭	北京医学院革命委员会	副主任	1972.4—1979.11	
胡传揆	北京医学院革命委员会	副主任	1973.6—1979.11	
朱章赓	北京医学院革命委员会	副主任	1973.6—1974.2	

姓名	单位	职务	任期	备注
刘心安	北京医学院革命委员会	副主任	1974.6—1974.11	工宣队
陈 化	北京医学院革命委员会	副主任	1974.9—1979.11	
柳厚田	北京医学院革命委员会	副主任	1974.9—1979.11	
魏 颖	北京医学院革命委员会	副主任	1974.9—1979.11	
薛伟民	北京医学院革命委员会	主任	1975.6—1977.9	
彭瑞骢	北京医学院革命委员会	副主任	1975.12—1979.11	
胡传揆	北京医学院	名誉院长	1979.11—1986.3	
马 旭	北京医学院	院长	1979.11 1983.1	
彭瑞骢	北京医学院	副院长	1979.11—1983.1	
汉斯·米勒	北京医学院	副院长	1979.11—1983.1	
左 奇	北京医学院	副院长	1979.11—1983.1	
陈 化	北京医学院	副院长	1979.11—1983.1	
冯传汉	北京医学院	副院长	1979.11—1983.1	
魏 颖	北京医学院	副院长	1979.11—1983.1	
曲绵域	北京医学院	院长	1983.1—1985.5	
陈 化	北京医学院	副院长	1983.1—1985.5	
魏 颖	北京医学院	副院长	1983.1—1985.5	
嵇静德	北京医学院	副院长	1983.1—1985.5	
曲绵域	北京医科大学	校长	1985.5—1991.6	
陈 化	北京医科大学	副校长	1985.5—1986.12	
魏 颖	北京医科大学	副校长	1985.5—1989.1	
嵇静德	北京医科大学	副校长	1985.5—1991.6	
王德炳	北京医科大学	副校长	1987.5—1991.6	
徐天民	北京医科大学	副校长	1988.11—1991.3	
程伯基	北京医科大学	副校长	1989.3—1991.6	
杜嘉祺	北京医科大学	副校长	1989.3—1991.6	
王德炳	北京医科大学	校长	1991.6—2000.3	
嵇静德	北京医科大学	副校长	1991.6—1994.8	
程伯基	北京医科大学	副校长	1991.6—2000.3	
杜嘉祺	北京医科大学	副校长	1991.6—1996.9	
林志彬	北京医科大学	副校长	1993.9—1997.11	
徐天民	北京医科大学	副校长	1994.4—1997.11	
吕忠生	北京医科大学	副校长	1994.8—2000.3	
韩启德	北京医科大学	副校长	1995.9—2000.3	
林久祥	北京医科大学	副校长	1997.11—2000.3	
李东方	北京医科大学	副校长	1997.11—2000.3	
魏丽惠	北京医科大学	副校长	1997.11—2000.3	
王 宇	北京医科大学	副校长	1997.11—2000.3	
韩启德	北京大学医学部	主任(兼)	2000.4—	
林久祥	北京大学医学部	副主任(兼)	2000.4—	
吕兆丰	北京大学医学部	副主任(兼)	2000.4—	
李立明	北京大学医学部	副主任	2000.4—2000.10	
魏丽惠	北京大学医学部	副主任	2000.4—	
王 宇	北京大学医学部	副主任	2000.4—2000.9	
史录文	北京大学医学部	副主任	2000.4—	

(1952—2000年党组织负责人名单)

| 王 琦 | 北京大学医学院 | 总支书记 | 1950.3—1950.9 | |

姓名	单位	职务	任期	备注
彭瑞骢	北京大学医学院	总支副书记	1950.3—1950.9	
彭瑞骢	北京大学医学院	总支书记	1950.9—1954.4	
刘义立	北京大学医学院	总支副书记	1950.9—1950.11	
王 琦	北京大学医学院	总支副书记	1950.9—1953.3	
秦德远	北京医学院	总支书记	1954.4—1955.4	
王 鑑	北京医学院	总支副书记	1954.4—1955.4	
彭瑞骢	北京医学院	总支副书记	1954.4—1955.4	
曹 瑞	北京医学院	总支副书记	1954.4—1955.4	
阎 毅	北京医学院	党委书记	1955.4—1956.7	
秦德远	北京医学院	党委第二书记	1955.4—1956.1	
杜 伦	北京医学院	党委副书记	1955.4—1956.7	
彭瑞骢	北京医学院	党委副书记	1955.4—1956.7	
曲 正	北京医学院	党委书记	1956.7—1959.3	
杨 纯	北京医学院	第二书记	1957.10—1959.3	
阎 毅	北京医学院	党委副书记	1956.7—1957.12	
马 旭	北京医学院	党委副书记	1956.7—1959.3	
彭瑞骢	北京医学院	党委副书记	1956.7—1959.3	
吴 静	北京医学院	党委副书记	1956.7—1959.3	
曲 正	北京医学院	党委第一书记	1959.3—1959.12	
杨 纯	北京医学院	第二书记	1959.3—1960.1	
杨 纯	北京医学院	党委书记	1960.1—1962.6	
马 旭	北京医学院	党委副书记	1959.3—1962.6	
张思齐	北京医学院	党委副书记	1959.3—1962.6	
彭瑞骢	北京医学院	党委副书记	1959.3—1962.6	
吴 静	北京医学院	党委副书记	1959.3—1962.6	
杨 纯	北京医学院	党委书记	1962.6—1966.2	
马 旭	北京医学院	党委副书记	1962.2—1964.11	
马 旭	北京医学院	代理书记	1964.11—1966.6	
张思齐	北京医学院	党委副书记	1962.6—1966.6	
彭瑞骢	北京医学院	党委副书记	1962.6—1966.6	
吴 静	北京医学院	党委副书记	1962.6—1966.6	
刘 波	北京医学院	代理副书记	1964.1—1966.6	
阎登山	北京医学院	党委书记	1971.6—1973.12	军宣队
李全胜	北京医学院	党委副书记	1971.6—1971.8	军宣队
王承祝	北京医学院	党委副书记	1971.6—1976.10	
陈玉琳	北京医学院	党委副书记	1971.6—1974.8	军宣队
马 旭	北京医学院	党委副书记	1972.4—1976.10	
薛伟民	北京医学院	党委书记	1975.6—1976.10	
杨惠文	北京医学院	党委副书记	1973.5—1976.10	
李震中	北京医学院	党委副书记	1974.9—1976.10	
曹 瑞	北京医学院	党委副书记	1974.9—1976.10	
邢 超	北京医学院	党委副书记	1975.9—1976.10	工宣队
薛伟民	北京医学院	党委书记	1976.10—1977.9	
马 旭	北京医学院	党委副书记	1976.10—1980.11	
杨惠文	北京医学院	党委副书记	1976.10—1980.11	
王承祝	北京医学院	党委副书记	1976.10—1980.11	
李震中	北京医学院	党委副书记	1976.10—1977.9	

曹瑞	北京医学院	党委副书记	1976.10—1980.11	
邢超	北京医学院	党委副书记	1976.10—1977.4	工宣队
彭瑞骢	北京医学院	党委副书记	1977.9—1980.11	
李资平	北京医学院	党委书记	1977.11—1980.11	
吴静	北京医学院	党委副书记	1978.10—1980.11	
彭瑞骢	北京医学院	党委书记	1980.11—1987.2	
刘波	北京医学院	党委副书记	1980.11—1983.1	
曹瑞	北京医学院	党委副书记	1980.11　1987.2	
吴景春	北京医学院	党委副书记	1980.11—1983.10	
徐天民	北京医学院	党委副书记	1984.2—1987.2	
彭瑞骢	北京医科大学	党委书记	1987.2—1993.7	
曹瑞	北京医科大学	党委副书记	1987.2—1988.11	
徐天民	北京医科大学	党委副书记	1987.2—1991.3	
马熙允	北京医科大学	党委副书记	1988.11—1993.9	
		兼纪委书记	1986.12—1993.9	
程伯基	北京医科大学	党委副书记	1991.9—1993.9	
张昆然	北京医科大学	纪委副书记	1986.12—1993.9	
王德炳	北京医科大学	党委书记	1993.9—1997.12	
马熙允	北京医科大学	党委副书记	1993.10—1995.9	
		（兼纪委书记）	1993.10—1994.8	
程伯基	北京医科大学	党委副书记	1993.10—1997.12	
林久祥	北京医科大学	党委副书记	1994.8—1997.12	
吕兆丰	北京医科大学	党委副书记	1995.9—1997.12	
马焕章	北京医科大学	纪委书记	1994.8—1997.12	
徐天民	北京医科大学	党委副书记	1994.4—1997.11	
王德炳	北京医科大学	党委书记	1997.12—2000.3	
林久祥	北京医科大学	党委副书记	1997.12—2000.3	
马焕章	北京医科大学	党委副书记	1997.12—2000.3	
		（兼纪委书记）		
吕兆丰	北京医科大学	党委副书记	1997.12—2000.3	
谷涛	北京医科大学	纪委副书记	1997.12—2000.3	
林久祥	北京大学医学部	党委书记（兼）	2000.4—	
吕兆丰	北京大学医学部	党委副书记（兼）	2000.4—	
马焕章	北京大学医学部	党委副书记	2000.4—	
		（兼纪委书记）		
吴建伟	北京大学医学部	党委副书记	2000.4—	

北京大学医学部历届全国人民代表大会代表、北京市人民代表大会代表

薛愚	第一届全国人大代表，北京市第一届人大代表
朱洪荫	第三届全国人大代表
严仁英	第三、四、五、六、七、八届全国人大代表，第七届北京市人大代表
王序	第三届全国人大代表

郑麟蕃	第三届全国人大代表,第七、八届北京市人大代表
童启哲	第四、五届全国人大代表
魏丽惠	第九届全国人大代表
张梅颖	第九届全国人大代表
叶恭绍	第一、二、三、四、五、七、八届北京市人大代表,第七届北京市人大常委会副主任
吴朝仁	第五届北京市人大代表
彭瑞骢	第七届北京市人大代表
胡传揆	第七届北京市人大代表
黄宝珊	第七届北京市人大代表
沈渔邨	第七届北京市人大代表
黄萃庭	第七届北京市人大代表
徐光炜	第七、八、九、十、十一届北京市人大代表
郑婉若	第七届北京市人大代表
诚静蓉	第八届北京市人大代表
袁承文	第八、九届北京市人大代表
谢 荣	第八届北京市人大常务委员、第九届北京市人大代表
钱宇平	第九届北京市人大代表
钱玉昆	第十、十一届北京市人大代表

北京大学医学部历届全国政协委员、北京市政协委员

薛 愚	第一、三、四、五、六届全国政协委员
金宝善	第二、五、六届全国政协委员
钟惠澜	第二届全国政协委员
严仁英	第二、三届全国政协委员
林斯馨	第二届全国政协委员
胡传揆	第四、五、六届全国政协委员,第一、二、三、四届北京市政协委员、第五届北京市政协常委
刘家琦	第四、五、六届全国政协委员
马文昭	第四届全国政协委员
吴朝仁	第四届全国政协委员
朱章赓	第四届全国政协委员
王 序	第五届全国政协委员、第六届全国政协常委,第二、三届北京市政协委员
汪绍训	第五、六届全国政协委员,第四、五届北京市政协委员
朱洪荫	第五、六、七届全国政协委员,第五届北京市政协委员
曲绵域	第五、六、七、八届全国政协委员
米 勒	第六、七、八届全国政协委员
叶恭绍	第六、七届全国政协常委
冯莉莉	第六、七届全国政协委员
王 夔	第七、八、九届全国政协委员,第七届北京市政协委员
谢 荣	第七、八届全国政协委员
钱宇平	第七、八届全国政协委员
谭承项	第七、八届全国政协委员,第七届北京市政协委员
杜如昱	第八、九届全国政协委员
张震康	第八、九届全国政协委员

郭应禄	第八、九届全国政协委员
彭瑞骢	第八届全国政协委员
傅民魁	第八、九届全国政协委员
王德炳	第九届全国政协委员
许鹿希	第九届全国政协委员
陆道培	第九届全国政协常委,第五、六、七、八届北京市政协委员、第九届北京市政协副主席
林琼光	第九届全国政协委员,第八届北京市政协委员
韩启德	第九届全国政协常委,第九届北京市政协常委
彭嘉柔	第九届全国政协委员
徐诵明	第一届北京市政协委员
王叔咸	第二、三、四、五届北京市政协委员、第六届北京市政协常委
丁淑静	第二、三、四、五、六届北京市政协委员
王志均	第五、六届北京市政协委员
王光超	第六届北京市政协委员
魏承毓	第五、六、七届北京市政协委员
李惠薪	第五、六、七、八、九届北京市政协委员
宋琳琳	第七、八届北京市政协委员
马圣清	第七届北京市政协委员
刘世琬	第八届北京市政协常委、第九届北京市政协委员
魏丽惠	第七、八、九届北京市政协委员
陈慰峰	第八届北京市政协委员、第九届北京市政协常委
徐天民	第八届北京市政协委员、第九届北京市政协常委
于长隆	第九届北京市政协委员
李　刚	第三届海南省政协常委

建国以来北京大学医学部曾任各民主党派中央、北京市委负责人

九三学社

薛　愚	第一、二届中央理事会常务理事,第三、四、七届中央常委、第五、六届中央委员会委员,北京分社筹备委员会召集人,第一届北京分社理事会主任理事,第二、三届北京市委主委,第六届委员会顾问
方　亮	第一、二届中央理事会理事兼副秘书长,第三、四、五、六、七、八届中央常委、中央参议委员会副主任委员,第十届中央委员会顾问
严仁英	第六、七、八届中央常委、中央参议委员会常委
叶恭绍	第四、五、六、七届中央委员,1988年、1996年两次任中央参议委员会委员,北京市委第二、三届委员、第四、五届副主委兼秘书长,第六届副主委
韩启德	第十届中央常委、中央副主席,第九届北京市委常委、副主委
王光超	第六届北京市委常委兼医药卫生委员会副主任,第七、八、九届委员会顾问
刘世琬	第八届北京市委常委、副主委,社市委顾问
蔡孟琛	第七届北京市委常委兼教育工作委员会主任、第八届北京市委常委兼医药卫生委员会主任
胡汉升	第七届委员会顾问
林琬生	第九届北京市委常委兼医药卫生委员会主任

中国民主同盟
杨克勤　　　　　　第五届中央委员、第六、七届中央参议委员会委员
张梅颖　　　　　　第八届中央常委、中央副主席

中国农工民主党
陆道培　　　　　　第十一、十二届中央常委、第八、九届北京市委常委、主委
李　刚　　　　　　第十二届中央委员兼医药卫生工作委员会副主任、第二届海南省委常委、副主委
刘　平　　　　　　第八届北京市委常委

中国致公党
于长隆　　　　　　第十一届中央委员，第四、五届北京市委常委、副主委

中国国民党革命委员会
张仁尧　　　　　　第十一届北京市委常委

注：方亮教授1943年到北京大学医学院工作，1958年调西安医学院，历任教务长、副院长、西安医科大学副校长。离休后中共及九三学社组织关系在北京大学医学部。

在校院士简介

中国科学院数学物理学部

段学复　1914年生，陕西华县人。1936年毕业于清华大学数学系，1943年获美国普林斯顿大学博士学位。曾任清华大学数学系主任、北京大学数学系主任。现任北大数学学院教授、博士生导师。

长期从事代数学方面的教学和研究工作。早年研究有限部群的计数定理，在与华罗庚合作的基础上，成功地推广了A.库拉考夫定理；在研究有限群模表示论方面，与R.布饶尔合作，对于阶恰为一个素数的一次幂所除尽的有限群，特别是单群的线性群，得到了重要结果；在与C.谢瓦莱在代数李代数与代数李群方面合作所取得的成果，是代数群现代理论早期发展中首创性工作。70年代，其开始有限群对一类组合问题的应用的研究，曾以解决某项实际问题提高计算时效而获奖。

姜伯驹　1937年生，浙江苍南人。1957年毕业于北京大学数学力学系，留校任教至今。曾任美国普林斯顿高等研究所、巴黎高等科学研究所研究员、联邦德国海德堡大学客座教授，1985年当选第三世界科学院院士。现任数学学院教授、博士生导师。1984年被评为国家级有突出贡献的专家。

主要从事不动点理论的研究，60年代以来，在不动点理论中Nielsen数的计算方面，首创迹群和有限覆迭方法，取得突破性进展。80年代以来，深入研究低维的不动点问题，对于曲面自同胚，证明了Nielsen数等于最少不动点数；并以辫群为工具发现了与高维情形相反，曲面自映射的最少不动点数一般不等于Nielsen数。这项工作解决了自20年代Nielsen理论创立以来的最大疑难，获国家自然科学二等奖。

张恭庆　1936年生，上海人，1959年毕业于北大数学系，曾在美、英、法、德、意大利、加拿大等国作研究访问。现任北大数学学院教授、博士生导师，并被授予"国家级有突出贡献专家"称号。

张恭庆教授在非线性泛函分析及非线性偏微分方程理论研究中都获得了国际领先成果，特别是他建立和发展了孤立临界点无穷维Morse理论，把几种不同的临界点定理纳入了一个新的统一的理论框架，由此又发现了好几个新的重要的临界定理，运用这一理论，

得到了一批重要理论成果。此外,他发展了集值映射拓扑度和不可微泛函的临界点理论,解决了一批有实际应用的非线性偏微分方程的自由边界问题。他的这些成果都达到国际领先水平,多次获国家级科学奖。

杨立铭 1919年生,江苏溧水人。1942年毕业于重庆中央大学机械系,1948年获英国爱丁堡大学博士学位。1952年到北大物理系任教。现为北大物理系教授、博士生导师,并兼任中国核物理学会理事长等职。

杨立铭教授长期从事原子核理论研究,取得了一系列重要成果,为我国核理论及其队伍的形成和发展做出了重要贡献。他在原子核集体运动方面提出了系统的微观基论,该理论不但为国际上著名的相互作用玻色子模型提供了微观基础,而且可以解决唯象理论未能适用的某些领域中的问题,他的这一突出贡献曾获得国家教委科技进步奖一等奖、国家自然科学奖三等奖。

杨应昌 1934年生,北京市人。1958年毕业于北京大学物理学系,留校任教。曾在法国、美国等地从事研究工作。现任北大物理系教授、博士生导师。

杨应昌教授研究物质的磁性,研究固体的宏观磁性与微观结构的联系,特别是结合我国资源特点,研究稀土金属间化合物的结构与磁性,取得了一系列在国际磁学界具有重要影响的成果,如合成了以稀土-铁为基的新相,发现了间隙原子效应,开发了具有我国知识产权的新型稀土永磁材料等。曾获国家自然科学二等奖、王丹萍科学奖以及多届国家教委科技进步一等奖等。

陈佳洱 1934年生,上海市人。1954年毕业于吉林大学物理系。1963至1965年应英国皇家学会的安排赴牛津大学与卢瑟福高能研究所等处访问,从事串级加速器和等时性回旋加速器的研究工作。1982至1984年初在美国石溪大学和劳仑斯伯克利国家实验室做访问科学家。曾任北京大学副校长、校长,现任北京大学技术物理系教授,博士生导师,北京大学重离子物理研究所所长,同时任国家自然科学基金委员会主任、中国科学院数理学部主任、中国科学院主席团执行委员会委员、国家高技术项目主题专家组顾问、中国科协全国委员会常务委员、北京市科协主席、中国物理学会理事长等职。1998—2000年任亚太物理学会主席,2000年选为英国物理学会会员(Chartered Physicist)。

陈佳洱教授长期从事粒子加速器的研究与教学,是一位理论素养与实验技能兼备,熟悉多种加速器的学科带头人。在比较艰苦的条件下完成了4.5兆伏静电加速器的设计、建造以及2×6兆伏串列加速器的改建工程,填补了国内单色中子能区空白和拓展了重离子束核分析技术;主持建成静电加速器质谱计,在国内首次实现C—14同位素的超灵敏检测,为国家夏商周断代工程任务的完成做出了重要贡献;在回旋加速器中心区物理和束流脉冲化研究上取得了一系列创造性成果,大幅度地提高了束流输运和利用效率;在加速器发展的前沿,他建议并主持新型重离子RFQ加速结构,率先实现用一个RFQ同时加速正负离子,大大提高了加速结构的束流效率;推动和主持射频超导加速器的实验研究,取得了具有国际先进水平的成果,为我国新一代加速器的发展做出贡献。在国内外发表论文150余篇,获国家科技进步二等奖、国家"863"计划优秀工作者(一等奖)各一项,省部级科技进步一等和二等奖各三项,获美国门罗学院、日本早稻田大学和香港中文大学授予的理学荣誉博士学位。

甘子钊 1938年4月出生,广东省信宜县人。1959年10月于北京大学物理系毕业,1959年12月至1963年1月在北京大学物理系攻读研究生,毕业后留校任教至今。

现任北京大学物理系教授,中国科学院院士,北京大学物理系主任,中国人民政治协商会议第九届常委,北京大学固体物理研究所所长,北京现代物理中心副主任,国家超导技术专家委员会第一首席科学家,国家超导实验室学术委员会主任,人工微结构和介观物理国家实验室主任,《中国物理快报》(《Chinese Physics Letter》)主编,国务院学位委员会物理学科组成员,国家自然科学基金委员会物理学科评议组成员,《Solid State Communication》中国编委,《Modern Physics Letter B》中国编委,中国物理学会出版委员会副主任,中国物理学会学术交流委员会副主任,中国材料科学学会常务理事。

甘子钊的研究领域是固体物理和激光物理。1960年至1965年间,主要从事半导体物理的研究工作。曾在半导体中的电子隧道过程、杂质电子状态、磁共振现象等方面进行过理论研究,解决了锗中隧道过程的物理机理。1970 年至 1978 年间,主要从事激光物理的研究工作,曾在二氧化碳气体激光器和燃烧型气体动力学激光器的研制、气体激光器的频率特性等方面进行过实验和理论研究,对发展我国的大能量气体激光做出一定贡献。1978 年至 1982 年间,主要从事光与物质的相互作用的研究,曾提出多原子分子光致离解的物理模型和光在半导体中相干传播的理论。1982 年至 1986 年主要从事固体电子状态的研究,曾在半导体中杂质的自电离状态量子 Hall 效应、绝缘体-金属相变、磁性半导体中磁极化子、低维系统中电子输运等方面进行理论研究。从 1986 年开始,转入高温超导电性的实验和理论研究,主持北京大学的高温超导和全国超导攻关项目的研究工作,对我国高温超导研究的发展做出重要贡献,并负责组建国家重点实验室"人工微结构物理实验室"的工作,在国际与国内学术刊物上发表论文 30 余篇。甘子钊学术工作的特点是致力于在凝聚态物理与光学物理的前沿研究,并总是力求把理论研究与实验研究结合起来。

文 兰 1946 年生,甘肃省兰州市人。1964 年到 1968 年在北京大学数学力学系读本科,1978 年到 1981 年,在北京大学数学系读研究生,师从著名数学家、国际微分动力系统研究主要代表人之一廖山涛院士。1982 年到 1988 年,在美国纽约州立大学、西北大学数学系学习,其间获得西北大学博士学位。1988 年回国,在北大博士后流动站从事两年研究工作。1990 年 8 月晋升教授。

文兰教授是数学学院微分动力系统专家,独立解决了流 C1 稳定性猜测,建立了不一定可逆系统的 C1 封闭引理,证明 Williams 猜测对一大类非扩张双曲引子成立。由于这些工作,文兰教授先后获得国家教委科技进步二等奖(1992 年)、国氏博士后奖励基金(1994 年)、陈省身数学奖(1996 年)、求是杰出青年奖(1997 年)。1999 年 11 月,当选为中国科学院理学部院士。

丁伟岳 1945 年生,上海市人,1968 年毕业于北京大学数学系,"文革"后以优异的成绩考取中国科学院数学研究所研究生,1986 年获博士学位。现任北京大学数学学院教授。

丁伟岳在几何分析这一当代基础数学的前沿领域许多重要而困难的课题上做出了令人瞩目的成果。他推广了著名的 Poincare-Birkhoff 定理并将其应用于常微分方程周期解的存在性问题;在著名的 Nirenberg 问题研究上取得了突破性进展,首次证明了该问题有解的充分条件,这一结果与其它一系列相关研究有力地推进了具共形不变性的半线性椭圆方程的理论;他在调和映射的存在性问题和热流方法、Kahler-Einstein 度量的存在性等一系列重要问题上也获得了有国际影响的结果。目前指导的一个几何分析青年研究中心,集中了一批该领域的优秀青年数学家,并取得了丰硕的成果。丁伟岳曾获国家自然科学二等奖、陈省身数学奖和求是杰出青年奖,在 1991 年被国家教委和国家学位委员会授予"做出突出贡献的中国博士学位获得者"。

陈建生 1938 年 7 月生,1963 年毕业于北京大学地球物理系天体物理专业,1979 至 1980 年在英澳天文台访问,1982 至 1983 年在欧洲南方天文台访问,现任中国科学院北京天文台研究员,中国科学院—北京大学联合北京天体物理中心主任,北京大学天文系主任。1986 年起任博士生导师,1991 年当选为中国科学院院士。现兼任中国科学院数理学部副主任,中国科学院天文学科专家委员会主任,国家自然科学奖等评审组专家,中国科技大学兼职教授,国际天文学会第 9、第 28 委员会组委,美国《Fundamental of Cosmic Physics》学报编委,国务院学位委员会及人事部博士后专家组成员,中科院学位委员会委员,第八届全国政协委员、第九届全国人大常委、教科文卫委员会委员,农工民主党中央副主席,中—德议会友好小组成员。主要研究领域:类星体巡天、类星体吸收线、星系际介质、星系物理、施密特 CCD 测光及大视场、大尺度、大样本天文学,现主持"九五"中科院重大基础研究项目及国家基金委重点项目,为"973"项目"星系形成与演化"首席科学家。

中国科学院化学部

张青莲 1908 年生,江苏常熟人。1930 年毕业于上海光华大学,1936 年获德国柏林大学博士学位,并进入瑞典斯德哥尔摩物理化学研究所当访问学者。回国后曾任西南联大教授、清华大学教授、北京大学化学系主任。现任北大化学学院教授、博士生导师、中国科学院化学部副主任。

张青莲教授长期从事无机化学的教学和研究工作,对同位素化学造诣尤深,是我国稳定同位素化学研究工作的奠基人和开拓者,亦是最早对重水物理化学常数和状态图进行研究的学者之一,所测定的重水密度值是最佳值之一,被国际承认和引用。1991年,他测定的铟原子量被采用为国际新标准。

邢其毅 1911年生,贵州贵阳人。1931年毕业于辅仁大学,1936年获美国伊利诺大学博士学位,并在德国慕尼黑大学进行博士后研究工作。回国后曾任中央研究院化学研究所研究员、华中军医大学教授、北大教授。现任北大化学学院教授、博士生导师。

邢其毅教授长期从事大学化学教学工作,专长有机化学合成反应及其应用领域的研究。早年提出的测定不饱和脂肪酸结构的方法得到了普遍应用;"氯霉素新合成法"于1978年获全国科学大会奖;他参与研制的人工合成牛胰岛素获国家自然科学一等奖,多肽合成方法获国家教委科学技术进步二等奖。他编写的《有机化学》及《基础有机化学》教材,被国内各大专院校广泛采用。

唐有祺 1920年生,上海南汇人。1942年毕业于同济大学,1946年赴美留学,师从世界著名化学家鲍林教授,并获博士学位。1952年到北大任教,现任北大化学学院教授,博士生导师,物理化学研究所所长,兼任中国化学会理事长,国家教育部科技委员会主任等职。

唐有祺为我国晶体化学和结构化学的奠基人之一,曾筹建北大物质结构研究基地,参加对胰岛素结构的测定,并在晶体结构基础理论、超导体和催化剂的科研方面做出了贡献,获国家自然科学奖、国家教委科技进步奖等多项奖。近年来又主持国家重点实验室"北京分子动态及稳态结构实验室"。

徐光宪 1920年生,浙江绍兴人。1944年毕业于上海交通大学化学系,1951年获美国哥伦比亚大学博士学位,回国后在北大任教。现任北大化学与分子工程学院教授、稀土化学研究中心主任、博士生导师、国家自然科学基金委员会化学科学部主任、中国化学会理事长、中国稀土学会副理事长等职。

徐光宪教授与合作者在量子化学领域中,提出了原子价的新概念nxcπ结构规则和分子的周期律、同系线性规律的量子化学基础和稀土化合物的电子结构特征,被授予国家自然科学二等奖。他的"串级萃取理论",把我国稀土萃取分离工艺提高到国际先进水平,并取得巨大经济和社会效益,其《物质结构》一书在长达四分之一世纪的时期内是该课程在全国唯一的统编教材,被授予国家优秀教材特等奖。

冯新德 1915年生,江苏吴江人。1937年毕业于清华大学化学系,1948年获美国诺德丹大学博士学位。1952年由清华大学调入北京大学。现任北大化学学院教授、博士生导师,兼任中国科学院感光化学所研究员、石化总公司顾问。

冯新德教授为中国高等学校第一个高分子化学专业的创始人之一。在自由基聚合、共聚合、医用高分子材料、生物降解药物缓释放高分子、电荷转移光聚合、开环聚合等方面的研究中都取得了突出的成绩,获得国家奖励。他重视人才的培养,所指导的博士研究生中有二人获得中国化学会青年化学奖。

张滂 1917年生,江苏南京人。1942年毕业于国立西南联合大学化学系,1949年获英国剑桥大学博士学位。现为北大化学学院教授,博士生导师。兼任中国化学会常务理事等职。

张滂教授在有机化学领域有很深的造诣,他特别着重于基础理论研究,取得了独创性的成果,在国内外重要期刊上发表了数十篇高水平的论文。他在以天然产物为中心的有机合成、新型化合物、试剂和方法的研究及新的有机反应的发现等研究领域都做出了突出的贡献。他还长期担任国家化学课程改革的学术领导工作,为我国有机化学人才的培养、教材建设及教学改革做出了重大贡献。

黎乐民 1935年生于广东省电白县。1959年北京大学技术物理系毕业后留校任教。1965年北京大学研究生毕业。1984年2~9月在美国北卡罗莱纳大学做访问学者,

1984年10月～1985年6月在美国Iowa州立大学做客座科学家。1991年当选为中国科学院学部委员（院士）。现任北京大学化学与分子工程学院教授、博士生导师、院学术委员会主任；北京大学稀土化学研究中心主任，稀土材料化学及应用国家重点实验室学术委员会主任。兼任《无机化学学报》、《分子科学学报》、《化学研究与应用》、《北京大学学报（自然科学版）》等刊物的副主编，《中国科学》、《科学通报》、《高等学校化学学报》、《物理化学学报》、《中国稀土学报》等刊物的编委。曾任稀土材料化学及应用国家重点实验室主任，中国化学会常务理事、无机化学委员会副主任等职。1976年以前科研方向为配位化学，开展溶液中络合物的化学平衡、平衡常数测定方法、平衡常数与络合物组成及结构的关系等方面的实验与理论研究。与徐光宪合作提出弱络合物平衡的吸附理论，用正规溶液理论阐明萃取过程中惰性稀释剂的溶剂效应，发展了适用于研究萃取络合平衡的两相滴定法，被用于研究一系列萃取与协萃体系。1977年以后主要从事量子化学和物理无机化学研究。提出同系物性质变化的正弦型同系线性规律、振动力常数的自洽计算方法、配位场理论—双层点电荷模型及其应用、芬太尼类麻醉镇痛剂的药效与其电子结构的关系。开展稀土化合物的电子结构和化学键、稀土化合物稳定性规律及相对论效应的影响、密度泛函理论计算方法及其应用等方面的研究工作，取得了系统的有特色的研究成果。本人及与他人合作发表学术论文一百余篇。研究成果"应用量子化学—成键规律和稀土化合物的电子结构"获得1987年国家自然科学奖二等奖。还获得过部委省级科技成果奖多项。在教学方面，与徐光宪等合作，出版教材多本，其中《量子化学——基本原理和从头计算法》（上中下），得到广大读者的好评。

刘元方 1931年生，放射化学家，浙江镇海人。1952年毕业于燕京大学化学系。毕业后一直在北京大学任教。

1991年当选中国科学院院士，曾任中国核化学与放射化学学会理事长，国际化学联合会（IUPAC）放射化学和核技术委员会主席，中国核学会常务理事。多年来一直兼任中国科学院化学学部副主任，《国际放射化学学报》顾问编委。

40年来，他在核化学与放射化学领域做过许多开拓性和创造性的工作，为创立和建设我国第一个放射化学专业的教育事业做出了贡献。1955年，在我国开创了热原子化学研究；1960年领导建成了我国第一台5万转/分的浓集235U的气体离心机；利用超铀元素重离子核反应首次直接制得251Bk，解决了从几十种元素中快速分离纯Bk的难题，重制了251Bk的衰变纲图；建立了从核燃料废液中提取Rh、Pd和Tc的优于国外的先进流程；80年代起系统地开展放射性核素标记抗癌单克隆抗体的化学的重要研究，成绩优异，其中111In标记化学等成果具有国际先进水平；他负责的"从金川矿中提取铑和铱的新方法"获国家教委科技进步一等奖。还最先从生物体提取与稀土相结合的蛋白质，并测定了分子量与结合常数。1994年以来，在生物—加速器质谱学研究中做出了突出成果。在核化学与放射化学等领域发表论文约120篇，著有《放射化学》（无机化学丛书16卷，科学出版社，1988）等。

周其凤 1947年生，湖南浏阳人。1965至1969年在北京大学化学系学习，1979至1981年，在北京大学化学系读研究生，师从著名化学家冯新德先生。1981至1983年在美国麻省大学攻读研究生，1983年获得博士学位回国。1990年8月晋升教授，1995年任北京大学研究生院常务副院长。

周其凤教授主要从事高分子化学的教学和科研工作。他创造性地提出了"Mesogen-Jacketed Liquid Polymer"（甲壳型液晶高分子）的科学概念，并从化学合成和物理性质等角度给出了明确的证明。该成果获1997年国家自然科学三等奖。最先发现通过共聚合或提高分子量可使亚温态液晶分子转变为热力学稳定的液晶高分子两个原理；并发现了迄今认为是最早人工合成的热致液晶高分子；发现了高分子六方柱相超分子结构等。16年来，发表论文160篇，据SCI统计，其论文被引用486次。曾获中国化学会高分子基础研究王葆仁奖、霍英东教育基金会优秀青年教师基金、国家教委科技进步二等奖等奖励。

中国科学院地学部

董申葆 1917年生，江苏武进人。1940年毕业于北京大学地质系。1948年赴法国留学，回国后曾任北京大学地质系教授、长春地质学院院长等职。现任北京大学地质系教授、博士生导师。他在变质岩石和岩浆岩石学研究方面取得了重要突破,曾获 1978 年全国科技大会先进工作者称号。他发起组织和领导了中国变质地质图件的编制与研究,填补了我国地质科学中的一项空白。他的专著《中国变质图及说明书》、《中国变质作用及其与地壳演化的关系》,分别获得国家自然科学二等奖、地矿部及全国优秀科技图书第一届提名奖。1998 年,"中国扬子北缘元古代蓝片岩带及榴辉岩"获得教育部科技进步一等奖。

侯仁之 1911 年生,山东恩县人。1940 年毕业于燕京大学并留校任教,1946 年赴英国利物浦大学地理系进修,1949 年获博士学位后回国,并任教于燕京大学。1952 年院系调整后,任教于北京大学地质地理系,曾任系主任和校副教务长等职。还曾兼任国际地理学会及科学历史哲学国际协会所属地理学思想史工作委员会常任委员。现任北大城环系教授、博士生导师,兼任北京市人民政府首都发展战略顾问组顾问等职,1980 年当选为中国科学院院士。侯仁之教授长期致力于历史地理学的教学与科学研究,1950 年发表"中国沿革地理课程商榷"一文,第一次在我国从理论上阐明沿革地理与历史地理的区别及历史地理学的性质和任务。他在对北京历史地理的研究中,解决了北京城市起源、城址转移、城市发展的特点及其客观规律等关键性问题,为北京旧城的改造、城市的总体规划及建设做出重要贡献。他还在西北干旱及半干旱地区的考察中,揭示了历史时期不合理的土地利用是导致沙漠化的重要原因,为沙区的治理,在决策上提出了重要的科学依据。改革开放以来,多次进行国际学术交流,曾应邀在加拿大和美国伊利诺大学讲学,出席在美国、西班牙与荷兰举行的学术讨论会,在康奈尔大学完成"从北京到华盛顿城市设计主体思想试探"专题论文。1984 年被英国利物浦大学授予"荣誉科学博士"称号,1999 年 10 月获何梁何利基金科学与技术成就奖,1999 年 11 月获美国地理学会 The George Davidson 勋章。

赵柏林 1929 年生,辽宁辽中人,1952 年毕业于清华大学气象系,其后在北大物理系及地球物理系任助教、讲师,1979 年越级晋升为教授,1984 年为博士生导师。1957 年到苏联莫斯科大学和苏联科学院应用地球物理研究所进修,完成国家重要科研任务多项,现为国家自然科学基金重大项目首席科学家。曾获国家科学大会奖(1978),国家教委科技进步奖一等奖(1986),国家科技进步一等奖(1987),获部委科技进步奖二等奖三项,1988 年获国家级有突出贡献中青年专家称号,1990 年获全国高等学校科技先进工作者称号。1991 年当选为中国科学院院士(学部委员),1992 至 1994 年任中国科学院地学部常务委员,1994 年当选为总部在莫斯科的国际高等学校科学院院士。是第八届和第九届中国人民政治协商会议全国委员会委员

他在云降水物理、大气光学、微波遥感、无线电气象、卫星气象及气候变化等科学领域中做出了重大贡献。在苏联期间,实现首次以人乘气球测云中电荷,其结果载入专著之中。后来研究雨层云人工降水和冰雹成长机制,并用于实践,研制多频微波辐射计用以监测天气变化,研制雷达与微波辐射计测雨系统,提高了测雨精度,建立微波遥感地物实验室,研究遥感水面油污和土壤湿度,用于环境遥感。在光学遥感大气污染方面,建立光学遥感气溶胶和二氧化氮的新方法,利用卫星遥感得出东亚大气尘暴的流动和大气臭氧的分布。在国际上有良好的反响。云雨对微波通讯影响的评估为国内外所采用。在海洋大气遥感方面,建成低空大气遥感系统,利用此系统在海洋上进行观测,参加中日合作的西北太平洋云辐射实验,获得成功,受到国际上的重视,建立卫星遥感海洋大气新的方法,在实践中取得效益。目前在主持的科研项目有:世界气候研究计划项目:全球能量与水分循环试验亚洲季风区中日合作的淮河流域试验;热带降水测量卫星(TRMM)微波资料的中日合作研究;国防科研项目:大气底层微波波导传播的预报。

王仁 1921 年生,浙江吴兴人。1943 年毕业于西南联大航空工程系,1953 年获美国布朗大学博士学位。1955 年到北大工作,曾任力学系主任、力学研究所所长。现任北大力学系教授、博士生导师、国家自然科学基金委员会副主任委员。

其专长塑性力学的研究,在滑移线理论、结构的塑性动力响应、柱壳在轴向冲击下的塑性动力稳定性等方面做过深入的工作。还研究地球动力学,曾在地球构造的驱动力研究、地球构造应力场、华北地区地震迁移规律、引潮力对地震的触发作用、岩石破裂机制的研究等方面做过很多开创性的工作,著有《固体力学基础》。

中国科学院技术科学部

王选 1937年生于上海。江苏无锡人,1958年毕业于北京大学数学力学系计算数学专业。现为北京大学计算机研究所所长、教授、博士生导师,中国科学院院士、中国工程院院士、第三世界科学院院士,文字信息处理国家重点实验室主任,电子出版新技术国家工程研究中心主任,方正(香港)董事局主席,中国科协副主席,九三学社中央副主席,全国人大常委,全国人大教科文卫委员会副主任。

王选教授主要致力于文字、图形和图像的计算机处理研究。从1975年开始,他作为技术总负责人,领导了我国计算机汉字激光照排系统和后来的电子出版系统的研制工作。他大胆越过当时日本流行的光机式二代机和欧美流行的阴极射线管式三代机,直接研制当时国外尚无商品的第四代激光照排系统。针对汉字字数多、印刷用汉字字体多、精密照排要求分辨率很高所带来的技术困难,发明了高分辨率字形的高倍率信息压缩技术(压缩倍数达到500∶1)和高速复原方法,率先设计了提高字形复原速度的专用芯片,使汉字字形复原速度达到700字/秒的领先水平,在世界上首次使用控制信息(或参数)来描述笔画的宽度、拐角形状等特征,以保证字形变小后的笔画匀称和宽度一致。这一发明获得了欧洲专利和8项中国专利。以此为核心研制的华光和方正中文电子出版系统处于国内外领先地位,引起了我国报业和印刷业的一场"告别铅与火、迈入光与电"的技术革命,使我国沿用了上百年的铅字印刷得到了彻底改造。王选教授因此被誉为"当代毕升"。这一技术占领了国内报业99%和书刊(黑白)出版业90%的市场,以及80%的海外华文报业市场;方正日文出版系统进入日本的报社、杂志社和广告业;方正韩文出版系统开始进入韩国市场;累计利税15亿元,取得了巨大的经济效益和社会效益,分别两度被评为国家科技进步一等奖及中国十大科技成就。

其后,相继提出并领导研制了大屏幕中文报纸编排系统、基于页面描述语言的远程传版技术、彩色中文激光照排系统、PostScript Level 2 栅格图像处理器、新闻采编流程管理系统等国内首创并达到国际先进水平的成果,得到迅速推广应用,使我国出版印刷行业在"告别铅与火"后又实现了"告别报纸传真机"、"告别传统的电子分色机"以及"告别纸与笔"的技术革新,使中国报业技术和应用水平处于世界最前列,比日本领先两年,极大地促进了印刷行业生产力的提高。近年来方正出版系统的技术优势和市场占有率仍在不断持续上升。

王选教授是促进科学技术成果向生产力转化的先驱者。从1981年开始,他便致力于研究成果的商品化工作,使中文激光照排系统从1985年起成为商品,在市场上大量推广。1988年后,他作为北大方正集团的主要开创者和技术决策人,提出"顶天立地"的高新技术企业发展模式,积极倡导技术与市场的结合,闯出了一条产学研一体化的成功道路。

王选教授1986年获第14届日内瓦国际发明展金奖。1987年获国家科技进步一等奖,首届毕升奖。1990年获陈嘉庚奖。1991年获国家重大技术装备研制特等奖。1995年获国家科技进步一等奖,联合国教科文组织科学奖。1996年获王丹萍科学奖。1997年获台湾潘文渊文教基金奖,1999年获香港蒋氏科技成就奖。1993年、1995年及1999年、2000年还分别被授予全国劳动模范、全国先进工作者及首都楷模、首都精神文明建设奖光荣称号。

杨芙清 1932年生,江苏无锡人。1959年北大数力系研究生毕业。曾留学苏联,任莫斯科杜勃纳联合核子物理研究所计算中心中国专家。现任北京大学信息与工程科学学部主任。四十多年来一直从事计算机科学技术研究和教学工作。在系统软件、软件工程基础理论和软件工程环境、软件工业化生产技术等方面进行了系统性研究,取得了富有创造性的科研成果,为中国计算机科学技术的发展,软件学科和软件产业的发展做出了重要贡献,被誉为中国"软件工程铺路人"。

杨芙清自50年代末开始从事程序自动化的研究。1957至1959年,在前苏联科学院计算中心和莫斯科大学学习和工作期间,她独立设计和实现的"逆编译程序"以其独创性,被西方杂志称为"程序自动化研究早期的优秀工作"。60年代末至70年代初,杨芙清主持了中国第一台百万次集成电路计算机操作系统的研制工作,研制成功了中国第一个规模大、功能强、支持多道程序运行的计算机操作系统(150机操作系统)。该项目获得全国科学大会奖。70年代中后期,又主持研制成功了中国第一个全部用高级语言书写的操作系统(DJS240机操作系统)DJS200/XT2。该成果获1985年电子工业部科技成果一等奖,1986年国家教委科技进步二等奖。

80年代以来,杨芙清主要致力于软件工程的研究。在软件工程基础研究方面,她在国内率先提出,要解决大型复杂软件系统的高(复杂程度高)、长(研制周期长)、难(正确性保证难)的问题,关键是良好的软件结构,先进的软件开发方法和高效的软件工具。从80年代中开始,杨芙清开始主持中国软件工程技术与环境的研究工作,即青鸟工程。青鸟工程的基础性研究成果"核心支撑环境BETA-85",获1986年电子工业部科技进步一等奖。以后又相继开发出中国第一个大型的"集成化软件工程支撑环境"(命名为青鸟系统I型)、"大型软件开发环境-青鸟II型系统"(采用面向对象技术)、"大型软件开发环境-青鸟II型系统"(基于软件复用技术)、"青鸟软件生产线系统",并制定出青鸟标准规范。青鸟系统是中国第一个,也是世界上为数不多的大规模综合软件工程支撑环境,该成果被评为1995年电子十大科技成果,国家"七五"、"八五"科技攻关重大科技成果;获1996年电子工业部科技进步特等奖、1998年国家科技进步二等奖。

90年代中后期,青鸟工程的主要目标是研究以软件复用为基础的,基于构件/构架模式、采用集成组装方式的软件工业化生产技术,并取得了突破性成果,推出了青鸟软件生产线系统。杨芙清教授在深入研究和大量实践的基础上,根据软件具有构造性和演化性的特点,提炼出青鸟软件生产线的概念模型、过程模型和工艺流程,解决了软件开发模式、技术方法与支持工具及过程接口等重大技术问题,并对领域工程和应用工程中的活动与活动结果进行了深入分析和研究。该项目已于2000年12月通过了科技部主持的验收。

在领导青鸟工程攻关的同时,杨芙清还专注于软件技术的基础研究,主持了多项国家"863"高科技计划课题的研究工作,重点在面向对象技术、软件复用技术方面开展深入的理论研究,其主要成果被誉为具有"国内领先、国际先进"水平,受到国内同行的关注。在国家教委和IBM公司联合推动的"高等学校信息技术学科建设"项目中,被聘为"面向对象技术学科建设"首席专家。

杨芙清还以较大精力致力于中国软件产业建设,她所主持的青鸟工程始终以支持中国软件产业的建设为首要目标。在国家的支持下,杨芙清组建了软件工程化基地和成果转化基地——软件工程国家工程研究中心和北京北大青鸟有限责任公司,并提出了一整套发展软件产业的思路、方法和建议,许多已经被政府有关部门采用。

杨芙清在学科建设、人才培养方面做了大量工作。1983年8月至1999年3月担任北大计算机系主任,为计算机系的创建、发展和壮大做出了突出贡献;历任国务院学位委员会委员及计算机科学技术学科评议组第二届、第三届及第四届成员或召集人,为中国计算机科学技术学科建设做出了重要贡献。几十年来,培养了一大批软件高级人才,包括百余名硕士、博士和博士后。因其杰出的科学成就,杨芙清多次获得各种荣誉称号和奖励,包括:全国科学大会奖、国家科技进步二等奖、电子工业部科技进步特等奖等十余项国家及部委级的奖励,全国"三八"红旗手,全国高等学校先进科技工作者,国家"七五"、"八五"重点科技攻关先进个人,光华科技基金一等奖,何梁何利基金1997年度科学与技术进步奖等。共发表论文90余篇,著作6部。

吴全德 1923年生于浙江省黄岩。1947年毕业于清华大学电机系,同年即留校任教,1952年到北京大学物理系任教。现为北京大学无线电电子学系教授、博士生导师,北京大学纳米科学与技术研究中心主任。

吴全德首次解开了第一只用于电视摄像管和红外变像管的银氧铯光电阴极发射机理之谜,提出了埋藏有金属超微粒(纳米粒)薄膜的物理模型,推导出长波光电发射的光电流密度和量子产额公式,计算了对长波有贡献的平均银超微粒的直径为3.1纳米。此理论被国外有关文献称之为"吴氏理论"。他对超微粒子——半导体薄膜材料的结构和特性进行系统研究,获得国家级科技奖。他还与合作者提出实用多碱光电阴极"多碱效应"的解释,提出固体表面上原子团簇和超微粒的形成和生长理论,并推广到外延生长条件等问题。

吴全德负责并参与纳米电子学基础研究工作。他们发现的直径为0.33纳米的单壁碳纳米管比当前理论极限0.4纳米还小,其"T型结"可能成为纳米电子器件基础构件之一;还收集和整理信息纳米薄膜生长中出现的形象艺术图片,2000年底在北大三角地橱窗展出了"显微镜下的形象艺术"。

石青云 1936年出生于四川合川县。1957年在北京大学数学系毕业,留校任教至今,现为北京大学信息科学中心教授。1993年当选为中国科学院院士。80年代中期主持创建了北京大学视觉与听觉信息处理国家重点实验室,1986年至1992年任主任,1992年至1997年改任该实验室学术委员会主任。曾任国家自然科学基金委员会第三届全委会委员,国际模式识别学会Governing Board成员,中国自动化学会常务理事,中国图像图形学会副理事长。

自 1978 年开始从事模式识别研究。1979 年至 1980 年相继提出了用于癌细胞识别的形状特征和树分类器设计方法,是模式识别方面我国在国际上发表的较早工作。1980 年秋至 1982 年春为美国 Purdue 大学访问学者,在模式识别的前沿领域开展了深入的研究。1981 年至 1984 年间,她建立了一类适于景物分析的属性扩展图文法;提出和实现了属性与随机树立法的高效误差校正句法分析算法及其对英文字符识别的应用;给出了一类语义与句法引导的形式语言翻译模式并用于图像处理,从而以高维属性文法实现了统计模式识别与句法模式识别的有效结合。1982 年率先在我国开展了图像数据库的理论与方法研究,后得到国家自然科学基金的连续资助。在这期间,她提出了新型图像数据结构 CD 表示,还取得了二维符号串 I-CON 索引的重要结果。1986 年至 1990 年,她主持了国家"七五"科技攻关项目"模式识别图像数据库"的研究工作,取得四项具有国际先进水平的成果,获"七五"科技攻关重大成果奖。其中研究成功的地理信息系统,图像数据结构采用 CD 表示,有很强的综合信息检索和空间数据信息复合功能;并研制了体现最新技术思想的图像数据库管理系统和可视化图像查询语言,实现了图像操作和数据操作的统一处理。

1982 年至 1985 年,在她主持的科学基金项目中,对数字图像的离散几何性质进行了深入的研究,创造了从指纹灰度图像精确计算纹线局部方向,进而提取指纹特征信息的理论与算法。随后,在她主持的国家"七五"科技攻关项目中,研究成功适于民用身份鉴定的全自动指纹鉴定系统和适于公安刑事侦破的指纹鉴定系统,1990 年曾在美国中标,进入了国际市场,鉴定评价为居于国际领先地位的科技成果,1991 年获国家教委科技进步一等奖,1993 年获国家科技进步二等奖。

在指纹自动识别技术的进一步研究中,石青云基于指纹方向图,给出了快速纹型分类和准确提取指纹中心、三角、形态和细节特征的全套新算法,以及统一处理无中心和有中心情况的高效指纹匹配算法。在国家"八五"科技攻关专题中,她主持研究成功技术先进的指纹自动鉴定第二代实用系统 PU—AFIS 和 PU—ID,近几年实现了产业化,广泛应用于公安和银行等领域。

1990 年至 1993 年,石青云在国家自然科学基金重大项目"智能信息处理与智能信息系统"中主持了计算机视觉的研究。和她的学生一起,得出了由含曲面多面体景物的线画图定量恢复三维形态的原理和快速求解与误差校正算法,以及数字空间数字形态学的几何理论和结构元分解理论与算法。近几年在主持的航天"863"项目中研究成功以遥感为应用背景的高性能动态序列图像压缩软件系统,在国家自然科学基金重点项目和"九五"攻关专题中,对基于小波的视觉方法和图像数据压缩又有新的发展,以代数方法实现了具有紧支集的双正交小波的构造和优选,以及同时支持无失真压缩和有失真压缩的小波变换和以此为基础的基于感兴趣区域的图像压缩。1990 年以来,在学术刊物和国际会议上发表论文 70 余篇,出版了专著《数字空间的数学形态学理论与应用》。

由于她在视觉与听觉信息处理国家重点实验室的创建和发展中做出了突出贡献,1990 年和 1994 年曾两次获得国家重点实验室先进个人金牛奖。1993 年她还获得光华科技基金一等奖。1998 年获得何梁何利基金科技进步奖。

王阳元 1935 年出生于浙江宁波镇海县,1958 年于北京大学毕业后留校任教。1982 年 4 月—1983 年 7 月在美国伯克利加州大学(U.C Berkeley)做访问学者。1995 年当选中科院技术科学部院士。2000 年被英国 IEE(电气工程师协会)选为 Fellow。2000 年被美国 IEEE(电气与电子工程协会)选为 Fellow。

他主持研究成功了我国第一块三种类型 1024 位 MOS 动态随机存储器,是我国硅栅 N 沟道 MOS 集成电路技术开拓者之一。提出了多晶硅薄膜"应力增强"氧化模型,为多晶硅薄膜氧化条件和掺杂浓度的选择提供了科学依据。在研究用于亚微米器件和电路的硅化物/多晶硅复合栅结构的应力分布中,提出了复合栅结构中多晶硅优选厚度及相关供应途径。发现磷掺杂对固相外延速率的增强效应以及 $CoSi_2$ 栅对器件抗辐照特性的改进作用。提出了 SOI 器件浮体效应模型和通过改变器件参量抑制浮体效应的工艺设计技术。扩充了 SPICE 模拟软件。在 MOS 小尺寸器件物理及其失效机理的研究中,与合作者一起实现了有关陷阱电荷三个基本参量(俘获截面,面密度和距心)的直接测量和在线检测。在超高速电路研究中,与合作者一起提出了多晶硅发射极晶体管的新的解析模型,采用了 $CoSi_2$/多晶硅复合结构和浅结薄基区等先进双极工艺技术,使电路平均门延时达到了 30—50ps。此外还组织领导研制成功我国第一个集成化 VLSI ICCAD 系统(三级系统),为我国集成电路设计业的发展打下了重要技术基础。

发表论文 130 余篇,编著和译著 6 部,共取得重大科技成果 15

项,曾获全国科学大会奖、国家发明三等奖、国家和部委级奖励13项,专利4项。2000年,他的"对新型抗辐照CMOS/SOI集成电路技术的研制",荣获信息产业部1999年度科学技术进步二等奖。

中国科学院生物学部

许智宏 1942年10月出生于江苏省无锡市。1959年9月至1965年8月,就读于北京大学生物系植物专业;1965年5月参加工作后长期在中国科学院上海植物生理研究所工作;1979年8月至1981年9月,先后在英国约翰依奈斯研究所和诺丁汉大学从事研究工作;1983年12月至1988年10月,任上海植物生理研究所副研究员、副所长;1988年11月至1991年2月,任上海植物生理研究所研究员、副所长;1991年2月至1999年10月,任上海植物生理研究所所长。1992年10月至今任中科院副院长、党组成员。1999年12月,任北京大学校长。

许智宏长期从事植物生理学和生物工程的研究,为推动和发展中国的植物组织培养和生物工程研究,做出了重要贡献。1988年获"有杰出贡献中青年科学家"称号;1991年获国家自然科学三等奖;1994年获英国DEMONTFORT大学荣誉科学博士学位。1994年任香港大学荣誉教授。1995年当选第三世界科学院院士。1997年当选中国科学院生物学部院士。

翟中和 1930年生,江苏溧阳人,中国科学院院士。1956年毕业于苏联列宁格勒大学生物学系,回国后在北大生物系任教。后曾到苏联科学院生物物理研究所进修,并为美国麻省理工学院生物学系访问教授。现任北大生命科学学院教授、博士生导师,兼任中国细胞生物学会副理事长、亚洲太平洋地区细胞生物学联盟副主席、北京大学生命科学学院学术委员会主任等职。

翟中和教授较早建立细胞超微结构技术,首次研制成鸭瘟细胞疫苗,在动物病毒复制与细胞结构关系的研究方面取得突出成就。近十多年来,主要进行核骨架—核纤层—中间纤维体系、非细胞体系核重建、植物中间纤维及细胞凋亡与细胞衰老的研究,取得了许多创新性的成果,被国内外所引用。先后在国内外发表科研论文200余篇,其中被SCI收录为70多篇。培养硕士研究生30多名、博士生20多名、博士后6名。

翟中和教授先后获得过国家教委科学技术进步奖一等奖(4次);农业部科学技术进步奖一等奖;国家自然科学奖2次(3等,4等);国家科技进步三等奖;钱临照电子显微学奖;何梁何利科学与技术进步奖;北京大学首届自然科学基础理论研究突出贡献奖等奖项。他还主持编写了细胞生物学方面高校教材3册,《细胞生物进展》(3卷)、《细胞生物学动态》(3卷)、《生命科学技术》等书,并参与编著《医学生物学图库》、《生物医学超微结构》等书。

朱作言 1941年9月出生于湖南省澧县。中国科学院院士,第三世界科学院院士。国家自然基金委员会副主任。1959毕业于北京大学生物系。1980年,于中国科学院研究生院细胞及发育生物学专业毕业。1981—1982年10月,在英国伦敦帝国肿瘤研究所做访问学者。1982—1983年5月,美国波士顿遗传研究所做访问学者。1988年4—10月,美国明尼苏达大学Hill—Visiting Professor。1988年11月—1991年3月,美国马里兰大学海洋生物技术中心教授,Faculty Member。1991—1994年,英国阿伯丁大学高级讲师,Teaching Staff,博士生导师。其它兼任职务:中国科学院水生生物研究所所长(1996—1999),北京大学学术委员会委员(自2000),国家科委"863"专家组成员(1986—1988);中科院生物技术专家委员会委员(自1992);《中国科学基金》主编,《水生生物学报》、《遗传学报》、《遗传》、《动物学报》、《水产学报》、《生物工程学报》、《Cell Research》编委;中国细胞生物学会副理事长、中国水产学会副理事长等;湖北省科学技术协会副主席;第九届全国人民代表大会代表。

70年代在童第周教授指导下,合作完成了鲫鲤间的细胞核移植克隆,第一次实现低等脊椎动物异种间克隆。最近又用金鱼卵克隆了转基因鲤鱼,用斑马鱼卵克隆了稀有鲍鲫。鱼类异种克隆成功,对国内外正在进行的哺乳动物异种克隆有重要的激励和指导意义。80年代首创转基因鱼研究,提出鱼类转基因模型理论:外源基因不稳定的嵌合性整合("有效整合"、"沉默整合"和"毒性整合")和非均一表达,通过克隆建立稳定的转基因纯系。系统阐明了转GH基因鱼饵料利用、能量转换和蛋白质合成代谢的高效性,在转基因鱼的生理、能量及营养代谢和生态安全对策等方面,均开展前沿性研究,确立了我国在该研究领域的领先地位。提出"全鱼"重组基因概念,克隆鲤鱼肌动蛋白(CA)基因和草鱼生长激素(GH)基因,构建了全部由我国鲤科鱼类基因元件组成的"全鱼"基因重组体pCAgcGH,培育转"全鱼"基因黄河鲤和不育的"863吉鲤"。F1群体生长速度提高42%,饵料节省18.52%,养殖效益提高125.66%,并可实现当年成鱼上市,对促进我国东北和西北淡水养殖有非常重要的意义,现已完成中试和营养安全检测,有望在我国建立世界首例转基因动物品种商品化生产的范例。80年代,组建了鲤、草鱼基因组文库,克隆并测序了鲤科鱼类4个基因和6个特异DNA片段,首次发现了鲤种的DNA分子标记;揭示了鱼类GH基因结构对研究脊椎动物早期演化的特殊意义。上述4方面共发表研究报告110多篇,其中3篇已成为鱼类基因工程领域公认的经典文献。曾应邀25次在国际学术会议和22次在欧美大学作学术报告。1978年获全国科技大会奖,1979年获中科院重大科技成果奖和湖北省科学大会奖。1984年获中国科学院技术改进奖三等奖。1988年获中国科学院科技进步奖二等奖。1996年获中国科学院自然科学奖一等奖。1997年获国家自然科学奖三等奖。1992年获国务院政府特殊津贴。1996年获"国家级有突出贡献中青年专家"称号。

韩启德 1945年7月生,上海市人,病理生理学家。1968年毕业于上海第一医学院医学系,1982年在西安医学院获医学硕士学位,1985年9月至1987年8月在美国埃默里大学药理系进修。曾任北京医科大学副校长、研究生院院长、北京医科大学学位评定委员会副主席、北京医科大学心血管基础研究所所长、第三医院血管医学研究所副所长、教授。现任北京大学常务副校长,北京大学医学部主任,北京大学研究生院院长,兼北京大学生命科学学院教授。

长期以来从事心血管基础研究。近十年在α1-肾上腺素受体(α1-AR)亚型研究领域获重要成果,1987年在国际上首先证实α1-AR包含α1A与α1B两种亚型,阐明了它们在药理特性与信号传导机制方面的差别,主要结果在《自然》与《分子药理学》等杂志发表。近年来系统研究α1-AR亚型在心血管分布、功能意义以及病理生理改变,曾于1993年获得国家科技进步一等奖,1995年获国家自然科学三等奖,这方面的工作在国际同类研究中具有特色并有重要影响。在心血管神经肽研究中也有较多成果,关于神经肽与降钙素基因相关肽对心血管的作用以及病理生理意义的研究,曾先后获得卫生部科技进步三等奖与国家教委科技进步二等奖。至今发表科研论文180余篇,其中在国际刊物上发表30余篇。论文被国外刊物引用1300余次。主编了《血管生物学》、《心血管药理学进展》等书籍。讲授心血管病理生理学、受体学等门课程。1993年被聘为博士研究生导师,1995年加入九三学社,1997年加入中国共产党。现任北京市委副主任委员,九三学社副主席。兼任国务院学位委员会学科评议组成员、国家教委科技委员会委员、中国病理生理学会秘书长、国际心脏研究学会理事与中国分会主席、中国药理学会理事与心血管专业委员会主任,《临床与实验药理学与生理学》(Clinical and Experimental Pharmacology and Physiology)、《中国药理学报》、《中国病理生理杂志》等十余种国内外期刊的编委。1990年获卫生部授予的"优秀留学回国人员"称号,1991年获国家人事部与国家教委授予的"做出突出贡献的留学回国人员"称号,1994年由国家人事部授予"有突出贡献的中青年专家"称号。

吴阶平 1917年1月生,江苏省常州市人,泌尿外科学家。1942年毕业于北京协和医学院,获医学博士学位。1947-1948年在美国芝加哥大学进修。曾任北平中和医院(现北京大学人民医院)外科住院工程师、住院总医师、主治医师;北京医学院第一附属医院外科讲师、副教授、教授;北京第二医学院副院长、院长;中国医学科学院副院长、院长;北京医科大学泌尿外科研究所所长;中华泌尿外科学会主任委员;中国科学技术协会副主任;世界卫生组织人类生殖专门项目顾问组成员等职。现任中国医学科学院名誉院长,中国协和医科大学名誉校长;北京大学泌尿外科研究所名誉所长;中华医学会名誉会长;中华泌尿外科学会名誉主任委员,《中华泌尿外科杂志》总顾问;《中国大百科全书》总编委会副主任;《中国医学百科全书》总编委会名誉主任;五所国内大学名誉教授;国际计划生育联合会中央副主席;亚太地区主席等职。是中国科学院院士、中国工程院院士,第三世界科学院院士,美国医学院荣誉会员,美国泌尿外科学会荣誉会员,国际外科学会荣誉会员,美国泌尿外科学会荣誉会员,国际外科学会荣誉会员,四个国际学术团体荣誉会员或成员。

吴阶平在教学工作中强调提高学生实际工作能力，着重掌握临床医学特点，做一名好的医生。主要科研成果有：①提出肾结核对侧肾积水的新概念，使原来不能挽救的病人获得康复机会；②计划生育研究中在输精管结扎术的基础上提出多种输精管绝育法，国际上已承认我国居于领先地位；③经17年临床资料的积累，确立了肾上腺髓质增生为独立疾病；④对肾切除后留存肾的代偿性增长自80年代起进行了系统的实验和临床研究，已取得的研究成果说明，传统认识需要调整，以提高接受肾切除病人的寿命。1982年编著《性医学》，为在我国开展性教育打下了基础。发表医学论文150篇，编著医学书籍21部，其中13部为主编。获得全国性的科学技术奖7次，获首届人口科技研究奖，北京医科大学首届伯乐奖，巴黎红宝石最高荣誉奖，日本松下泌尿医学奖。1981年被聘为博士研究生导师。1952年加入九三学社。1956年加入中国共产党。是九三学社主席、第五、第六届全国政协委员，第七、第八届全国人大代表，第七届全国人大常委会副委员长。

陈慰峰 1935年11月生，上海市人，免疫学家。1958年毕业于北京医学院，1980－1982年在澳大利亚做访问学者及PHD学生，1982年获哲学博士。现任北京大学免疫学系教授、中国科学院院士，兼任中国免疫学会副理事长兼秘书长、亚洲大洋洲地区免疫学会联盟副主席、世界免疫学会联合会执行委员会委员、国家自然科学基金委员会生命科学部专家咨询组成员、二审专家、卫生部第四届药物审评委员、中国国家艾滋病预防顾问委员会委员、北京市第八届政协委员等职及《北京医科大学学报》、《国外医学》免疫学分册、《生命科学杂志》、《中国免疫学杂志》、《中华微生物学》和《免疫杂志》等多种杂志编委。

陈慰峰长期系统从事胞腺内T淋巴细胞分化研究。首创两类高克隆效应单个T细胞培养系统，提示出胸腺内T细胞功能发育规律，即免疫功能始显于胸腺皮质型中的细胞，经胸腺髓质区分化、发育为功能完全成熟的胸腺迁出细胞；发现T细胞抗原识别受体，基因重排及转录发生于早期T细胞阶段。体外建立小鼠胸腺基质细胞系及克隆，揭示胸腺基质细胞经两类信号诱导早期T细胞分化为处于发育不同阶段的T细胞，包括细胞；粘附分子VLA－6及LAMININ结合产生的信号，涉及PRE-T细胞分化表达CD3分子；证明胸腺髓质型细胞须经胸腺髓质型TSC诱导，经历功能成熟分化，才发育为免疫功能细胞。从事细胞因子基因克隆、表达、纯化及功能研究，发现人多种细胞因子基因端非编码区的二级结构特点影响其在E. COLI的表达，据此适宜修饰，可提高表达效力。细胞因子生物功能研究，证明IL-10是杀伤T细胞分化因子，IL-7诱导早期T细胞表达；IL-4-LAK抑制人淋巴白血病细胞在裸鼠的致癌作用；原发性肾病的发病可能与IL-4产生过多相关，等等。发表论文203篇，其中研究论文169篇，综述论文34篇，主要论文被国际引用630次（SCI统计）。1990年被聘为博士研究生导师。曾荣获卫生部科技成果甲级奖、乙级奖、科技进步二等奖，国家教育委员会科技成果一等奖，国家自然科学三等奖，光华科技一等奖及何梁何利奖等，被授予国家级有突出贡献中青年科学家、全国科技先进工作者等光荣称号。

王夔 1928年5月生，天津市人，无机化学家，1949年毕业于燕京大学化学系。曾任北京医学院及北京医科大学助教、讲师、副教授及教授，教研室主任、药学系主任及药学院院长，天然药物及仿生药物国家重点实验室主任，现任北京大学教授，及国家自然科学基金委员会化学科学部主任。1991年当选为中国科学院院士。

目前主讲医学化学及细胞微型机无机化学课。主要研究病理、毒理或药理过程中的基本无机化学，问题包括金属离子与生物大分子、细胞表面及内部靶分子的结合及由之引起的后续变化、生物系统中反应组合、有组织表面上的化学（膜或基质指导矿化的过程）以及金属离子生物效应的化学基础及其规律。在大骨节病病理化学过程方面发现致病因子黄腐酸通过自由基机理引起软骨细胞胶原蛋白基因表达由Ⅱ型转为Ⅰ型，使基质异常、骨矿物形成异常。此项工作获中科院科技进步二等奖及"八五"攻关重大成果奖。在胆红素溶液化学与自由基化学研究基础上阐述色素型胆结石形成过程，获国家教委科技进步二等奖。在大小分子配体竞争金属离子的反应组合研究方面获国家教委科技进步三等奖。提出金属络合物（作为毒物或药物）与细胞相互作用的多靶模型。在这方面重点研究对膜分子与细胞骨架的进攻及影响。系统地研究了顺铂类抗癌药物与非DNA靶分子的作用，在此基础上找到几种毒性低、抗癌活性强的铂络合物，已申请专利。近年来，又在此基础上研究稀土的生物效应的化学机理。开拓了以金属离子与细胞相互作用为基础的无机药物化学一个新的方向。1990年被聘为博士研究生导师。已发表论文 100 多篇。现任中国科学院化学部常委会副主任、全国自然科学名词审定委员会化学组副主任,是第七届全国政协委员。

韩济生 1928年7月生,浙江省萧山市人,生理学家。1953年毕业于上海医学院医学系。在大连医学院生理高级师资班进修后,先后在哈尔滨医科大学、北京卫生干部进修学院、北京中医学院、北京医学院等单位生理系任教。1979年由讲师直接晋升为教授。1983—1993年任北京医科大学生理教研室主任,1987年任北京医科大学神经科学研究中心主任。1993年任卫生部神经科学重点实验室主任。主讲生理学和高级神经生理学课程。现兼任国务院学位委员会学科评议组成员,国务院科技名词审定委员会委员,中国博士后科学基金会理事会医学组长;卫生部医疗卫生国际交流中心理事会理事;北京神经科学会理事长及名誉理事长;中华医学会疼痛学会主任委员;中国生理学会常务理事及副理事长;中国神经科学学会副理事长。任《生理科学进展》杂志主编,《中国疼痛医学杂志》主编,《国际神经科学杂志》、《国际神经科学方法学杂志》、《亚太药理学杂志》、《中国药理学通报》、《中国生理科学杂志》(英文版)、《中国中西医结合杂志》(英文版)、《中国药物滥用防治杂志》等编委。

从1965年开始从事针灸原理研究,1972年以来从中枢神经化学角度系统研究针刺镇痛原理,发现针刺可动员体内的镇痛系统,释放出阿片肽、单胺类神经递质等,发挥镇痛作用;不同频率的电针可释放出不同种类阿片肽;针效的优劣取决于体内镇痛和抗镇痛两种力量的消长。研制出"韩氏穴位神经刺激仪(HANS)",对镇痛和治疗海洛因成瘾有良效。在国内外杂志及专著上发表论文400余篇。主编《中枢神经介质概论》(1977,1980)、《针刺镇痛的神经化学原理》(1987)、《生理学多题汇编》(1987,1995)、英文生理教科书(1989)、《神经科学纲要》(1993,150万字,获国家教委科技图书特等奖)等著作。获国家自然科学三等奖一次,卫生部甲级奖三次、乙级奖二次,国家教委一等奖二次、二等奖一次,国家民委一等奖一次,北京市科技进步一等奖一次,国家中医药局二等奖一次。1981年被聘为博士研究生导师。1992年获北京医科大学"桃李奖"。1984年被评为有突出贡献的中青年专家。1995年被评为北京市先进工作者。1993年当选中国科学院院士。1979年以来邀到24个国家和地区的100余所大学和研究机构讲学。多次担任国际学术会议主席,现任世界卫生组织科学顾问。获国际脑研究组织与美国神经科学基金会联合颁发的"杰出神经科学工作者奖学金",被选为瑞典德隆皇家学会国际会员,国际疼痛研究会(IASP)教育委员会委员和中国分会主任委员,国际麻醉性物研究学会(INRC)执委会委员。连续9年获美国国立卫生研究院科研基金用以研究针灸原理。

张礼和 1937年9月生,江苏省扬州市人,有机化学家。1958年毕业于北京医学院药学系,1967年北京医学院药学系研究生毕业。1981年至1983年在美国弗吉尼亚大学化学系做访问学者。曾任北京医科大学药学院院长,现任北京大学教授,天然药物及仿生药物国家重点实验室主任。长期从事核酸化学及抗肿瘤抗病毒药物研究。开设有机合成、高等前机化学及核酸化学等课程。1990年被聘为博士研究生导师。

张礼和60年代在研究1,2,4三嗪类化合物的合成时,发现了羟基含氮杂环化合物的不正常对甲苯磺酰化瓜,为这类化合物的取代基引入开辟途径。在美国工作期间,参与并完成了博莱霉素的全合成及其断袭DNA的机理研究。回国后在以下研究领域取得了成果:①发展了环核苷类化合物的立体选择性合成方法和不同立体异构体的溶液构象研究,系统研究了环核苷酸类化合物结构与生物活性的关系,发现一些具有诱导分化肿瘤细胞的新化合物;②针对癌基因,设计合成了具有选择性作用的反义寡聚核苷酸的偶联物;③发展了立体选择性地合成寡核苷酸甲基膦酸酯类似物的方法,并用作锤头型酶性核酸的底物研究酶降解机理;④系统合成并研究了不同类型的核苷和核苷酸,包括异核苷、氟代异核苷、碳环核苷、C-核苷和核苷酸糖酯等;发现一些具有较好的抗癌和抗病毒活性的化合物,已申请中国专利2项;⑤合成了一类新的非放射性DNA探针标记试剂。这些成果分获1980年北京市科技成果奖,1988年日本大谷研究奖,1993后国际药联奖和1994年吴阶平、保罗杨森医药奖。

主要兼职有国务院学位委员会学科评议组药学学科召集人,国家新药评审委员会委员,国家自然科学基金委员会评审委员,《高等学校化学学报》副主编,《国外医药学分册》副主编,中国药学会常务理事,亚洲药化学会副主席,中科院上海有机所生命有机国家重点实验室学术委员会副主任等。1990年被评为在国家重点实验室建设中做出突出贡献先进工作者,

1991年被评为北京市爱国立功标兵,1990被日本星药科大学授予名誉博士学位,1993年被美国密苏里-堪萨斯大学授予第十二届埃德加·斯诺教授称号,1995年当选为中国科学院院士。1995年被评为卫生部有突出贡献的中青年科学家。

王志均 1910年8月出生,山西省昔阳县人。1936年毕业于清华大学生物系。生理学家,中国科学院院士。2000年12月因病逝世。王志均院士1937年在北京协和医学院进修生理学3年。1946年赴美国芝加哥伊利诺伊大学医学院研究生院学习,1950年获哲学博士学位。在美留学期间发表的"在具有移植胰狗对肠释放促胰液素和促胰酶素的生理学研究"论文在世界上第一次阐明了胃肠激素释放的自然刺激,被国内外同行誉为消化生理方面的经典著作。50至60年代与同事们合作,证明了消化过程对于下一个代谢过程具有明显影响,发表了论文"假饲引起的反射性胰岛素分泌"。60年代中期,进行了"迷走—胃泌素机制在胃液分泌神经反射期中的研究"。近年,他又开始了国际上一个新的发展领域"对胃肠道保护作用的研究。"40年来,他为我国生理科学的发展做出了重要贡献。共发表学术论文约100篇,综述90余篇,专著6部。在五六十年代就培养多名研究生。1981年被聘为博士生导师。

中国工程院
信息与电子工程学部

王 选 (双院士,见504页)

中国工程院农业
轻纺与环境工程学部

唐孝炎 1932年10月生,籍贯江苏省。现任北京大学环境科学中心教授。1959年1月至1960年4月在苏联科学院地球化学分析化学研究所进修,1985年9月至1986年10月,美国布鲁克海文国家实验和国家大气科学中心高级客座科学家。兼任联合国环境署(UNEP)臭氧层损耗环境影响评估组共同主席,中国环境学会副理事长。

自1972年起在我国最早建立环境化学方面的专业,20余年来培养出大量研究生和本科生。自70年代以来,开拓了大气环境化学研究方向。在我国兰州及其它城市光化学烟雾的成因及控制对策;南方地区酸雨的输送成因、来源及控制对策和城市化进程中我国大气污染的特点和大气中细颗粒物污染等研究方向进行了系统深入的研究,取得了丰硕成果。在我国执行"蒙特利尔议定书"过程中,协助国家环保局主持编写《中国消耗臭氧层物质逐步淘汰国家方案》和行业机制战略等。为指定国家执行国际合约的战略和策略奠定了基础。探索了经济、能源与环境协调发展的道路、方法和理论。在福建和青岛做出了富有成效的典型范例。出版了多本著作,其中《大气环境化学》获国家教育部和国家环保局优秀教材一等奖。自1985—1993年先后获国家科技进步二等奖三次,三等奖一次,国家教委科技进步一等奖一次。1994年获何梁何利科学技术进步奖。1998年获国家科技进步一等奖。

中国工程院
生物医学学部

吴阶平 (双院士,详见中国科学院生物学部)

陆道培 1931年9月生,上海市人,血液病学家。1955年毕业于同济医学院医疗系,1958年起在北京医学院工作,历任北京医学院人民医院内科教授,北京医科大学血液病研究所所长,北京医科大学人民医院内科主任,北京医科大学内科学专业主任等职,1996年2月当选为中国工程院院士。兼任中华医学会副会长,中国科技协会全国委员会委员,中华医学会器官移植学会与实验血液学会副主任委员,全国骨髓移植登记与协作级负责人,同济医科大学名誉教授,国内外若干学术团体的名誉会员或会员,国际骨髓移植指导委员会委员,香港大学与香港中文大学名誉与客座教授,香港明德医院骨髓移植高级顾问,此外,还担任国外六种医学杂志的编委或主编,多次被邀请到英国、美国、瑞士、意大利、德国、法国、日本及澳大利亚等国的著名学术机构与大学访问、讲学。发表论文100余篇,主编了《白血病治疗学》、《血液学进展》等专著,参加撰写十余种医学书籍。

陆道培院士近年来在我国带头开展骨髓移植,并在此领域内进行了系统的开拓性研究,在国内首先发现三种移传血液疾患,首先报告紫草及提取物对血管性紫癜与静脉炎有显著疗效。1964年,在亚洲首先成功进行了同基因骨髓移植,治愈了重症再生障碍性贫血。在世界上首先确定少致 0.35×10^8 公斤骨髓细胞就可重建骨髓,在世界上首先成功持久植活异基因骨髓移植,时间上早于台湾和香港。1985年因此获得国家科学进步二等奖。1986年ABO主要血型不相合的骨髓移植在国内首先成功,在国内外首先证实大蒜中有抗巨细胞毒成分,并首先用于防治骨髓移植后间质性肺炎。1991年又首先在国际上报道了诱导免疫耐受的一种新技术。目前他所领导的血液病研究所已完成异基因骨髓移植230例,患者长期存活率达到国际先进水平。1986年被聘为博士研究生导师。

郭应禄 1930年5月生,山西省定襄县人,泌尿外科学家。1956年毕业于北京医学院医学系,1963年于北京医学院医学系泌尿外科专业研究生毕业。1983年在加拿大大学皇家维多利亚医院进修肾移植。曾任北京医科大学第一医院副院长及泌尿外科主任。现任北京大学泌尿外科研究所所长、北京大学泌尿外科培训中心主任、教授、主任医师。

多年来从事泌尿外科教学、科研及医疗工作,主要研究方向是尿石症防治、尿路肿瘤的基因诊治及腔内泌尿外科技术。在我国肾移植、体外冲击碎石及腔内泌尿外科的发展中起到牵头促进作用,是泌尿外科学科带头人。1990年被聘为博士研究生导师。主编有:《肾移植》、《腔内泌尿外科学》、《前列腺热疗及衍生疗法》、《临床男科学》,主译《泌尿外科腔内手术图谱》,发表论文130余篇,参加了十余种书籍的编写。现任全国政协委员,中华医学会男科学会主任委员,中华医学会泌尿外科学会主任委员,吴阶平泌尿外科医学基金会理事长,中日医学科技交流协会会员,中国医学基金会副会长,国家医药管理局全国医疗器械评审专家委员会副主任,卫生部国际交流中心理事及吴阶平—杨森医药研究奖评委会主席。曾任北京医科大学第一临床医院党委常委。获首届吴阶平—杨森医药学研究一等奖。获全国科技大会一、二等奖及多项市及卫生部二、三等科技成果奖。1992年开始享受国务院颁发的政府特殊津贴待遇。

沈渔邨 1924年2月生,浙江省杭州市人,精神病学家。1951年毕业于北京大学医学院医学系。同年赴苏联留学,1955年毕业,获医学科学副博士学位。曾任北京医学院第三附属医院精神科主任、副院长,北京医科大学精神卫生研究所所长、教授,WHO北京精神卫生研究与培训使用中心主任,北京医科大学精神卫生系主任,卫生部精神卫生学重点实验室主任。

沈渔邨院士40余年来,始终坚持在医疗、教学与科学研究的第一线。70年代,在农村社区首创家庭精神病防治模式,随访证实其治疗效果与住院病人相近,复发率低,社会劳动能力恢复好,费用节省,曾在山东、辽宁、四川等省推广,此项成果于1984年获卫生部乙级科技成果奖。80年代引进精神疾病流行病调查的先进方法,组织国内六大行政区的12个单位进行了全国首次精神疾病流行病学调查,使得我国精神疾病流行病学研究水平迅速与国际接轨,并于1985年获卫生部乙级科技成果奖,WHO已将此调查资料用英文编辑出版。在此期间还率先对老年期痴呆筛查和诊断工具、发病率、患病率及发病危险因素进行研究,以及开展抑郁症病人的生化基础与药物治疗研究。上述课题在1993年分别获得卫生部与国家教委科技进步三等奖。目前正在进行精神疾病分子遗传学研究工作。60年代开始指导研究生。1984年被聘为研究生导师,主编了大型参考书《精神病学》,卫生部规划教材《精神病学》第二版和第三版。主编的《精神病防治与康复》,荣获中宣部颁发的全国首届奋发文明进步图书二等奖。发表论文百余篇,被SCI收录11篇,被引176次。参加国际学术会议50余次。1986年被挪威科学文学院聘为国外院士。1990年12月被美国精神病学院聘为国外通讯研究员。目前在国内外兼职有:WHO总部精神卫生专家组成员(已连任四届),世界心理康复协会亚太区地区副主席。卫生部精神卫生咨询委员会主任委员,国务院学位委员会医学科学评议组成员。中华精神科学会副主任委员,中国心理卫生协会副理事长,《中华精神科杂志》总编辑,《中国心理卫生杂志》副主编。1959年被北京市授予文教卫生先进工作者荣誉称号。是北京医科大学90年代首批八位名医之一。

教 授 名 录

校本部

数学科学学院

教授

郑志明　李正元　柳　彬　黄少云　谢衷洁
王耀东　伍胜健　段海豹　应隆安　李　忠
张恭庆　滕振寰　姜伯驹　刘旭峰　陈大岳
张筑生　尤承业　赵春来　刘和平　程乾生
王雪平　裘宗燕　孙文祥　彭立中　徐树方
王长平　文　兰　田　刚　李伟固　蒋美跃
陈维桓　孙山泽　刘培东　刘西垣　丘维声
徐明耀　陈亚浙　鄂维南　王　铎　林源渠
王　杰　郭懋正　李治平　耿　直　王正栋
陈家鼎　庄大蔚　王诗宬　张乃孝　胡德昆
谭小江　何书元　郑忠国　李承治　张平文
夏志宏　丁伟岳　刘嘉荃　张继平　钱敏平(女)
许进超　林作铨　程士宏　董镇喜　刘张炬
蓝以中　高维新　周建莹(女)　潘文杰　张绪定

教授级高工

魏泽光

研究员

宗传明

物理学系

教授

尹道乐　卢大海　高崇寿　阎守胜　甘子钊
林宗涵　龚旗煌　陈文雄　戴远东　杨应昌
杨威生　俞允强　吴思诚　钟锡华　张国义
林纯镇　盖　峥(女)　田光善　王世光　王祖铨
赵志泳　章　蓓(女)　马伯强　陆　果　邹英华
秦国刚　李振平　高政祥　张　酣　李重生
王德煌　熊光成　赵汝光(女)　王福仁　郭建栋
熊传胜　傅济时　林祥芝(女)　孙骗亨　刘弘度
吴崇试　俞大鹏　朱　星　吕斯骅　王文采
刘玉鑫　欧阳顾　宋行长　周治宁　任尚元
林　勤　舒幼生　赵光达　杨泽森　段家低(女)

夏蒙棼　冯孫齐　丁浩刚　高巧君(女)　钟毓澍
王兰萍(女)　曹昌祺　张树霖　陈秉乾　韩汝珊
张承福　陈开茅　程檀生　廖绍彬　王守证
朱允伦　叶学敏

教授级高工

周赫田　赵绥堂　程本培

化学与分子工程学院

教授

曹维孝　吴　凯　常文保　赵璧英(女)　寇　元
甘良兵　严纯华　蔡生民　戴乐蓉　赵新生
程正迪　郭国霖　刘忠范　李俊然(女)　李克安
唐有祺　王剑波　李标国　裴伟伟　吴念祖
林建华　段连运　谢有畅　来鲁华(女)　张新祥
黄其辰　马季铭　徐筱杰　何美玉(女)　羌　笛
陈志达　顾镇南　高　松　李崇熙　黄春辉(女)
李元宗　徐光宪　李星国　席振峰　汤卡罗(女)
袁　谷　程虎民　金祥林　周其凤　吴瑾光(女)
魏高原　韩玉真　宛新华　关烨第　黎乐民
林炳雄　杨华铨(女)　姚光庆(女)　钱秋宇　杨锡尧
桂琳琳(女)　丘坤元　阮慎康

教授级高工

翁诗甫　林孝元

研究员

蔡小海　章士伟　王　远　赵钰琳

电子学系

教授

吴全德　董太乾　汤俊雄　毛晋昌　奚中和
焦秉立　周乐柱　吴德明　梁庆林　陈徐宗
项海格　彭练矛　薛增泉　龚中麟　吴锦雷
王　楚　徐安士　吴淑珍(女)　杨东海　王子宇
余道衡　刘惟敏(女)　祝西里(女)　栾桂冬　张兆祥
刘志雄　谢柏青(女)　沈伯弘　唐振松　王长清
余耀煌　郭　瑛(女)

教授级高工

姜天仕　赵兴钰　王　逊　王树元　许培良

研究员

姜玉祥

地球物理学系（天文学系）

教授

刘树华	钱维宏	刘式达	赵柏林	朱元竞(女)
谭本馗	秦 瑜	陈受钧	乔国俊	陶祖钰
刘式适	谢 安	桑建国	毛节泰	蔡永恩
陈晓非	黄嘉佑	濮祖荫	臧绍先	吴月芳(女)
陈家宜	刘晓为	涂传诒	吴鑫基	肖 佐
王绍武	孙荀英(女)			

研究员

卢咸池	张荫春	陈建生

生命科学学院

教授

潘文石	罗静初	朱玉贤	于龙川	俞梅敏(女)
张继仁	崔克明	赵进东	周曾铨	顾红雅(女)
顾 军	丁明孝	许崇任	吴才宏	罗林儿
陈建国	王忆平	罗 明	茹炳根	孙久荣
雷光春	唐建国	翟中和	尚克刚	苏都莫日根
邓兴旺	陈章良	李 毅	舒红兵	卢光莹(女)
尤瑞麟	戴灼华(女)	黄仪秀(女)	宋圣庚	程和平
邓宏魁				

教授级高工

周先碗	王忠民

研究员

李二秋	朱作言	白书农	林忠平

地质学系

教授

鲁安怀	曾贻善	许保良	白志强	史 謌(女)
刘树文	张立飞	韩宝福	郑亚东	何国琦
郝守刚	阎国翰	齐文同	李茂松	潘 懋
董熙平	侯建军	郑 辙	崔文元	郑海飞

研究员

徐 备	穆治国	邵济安(女)

城市与环境科学系

教授

谢凝高	吕 斌	崔之久	陈静生	韩光辉
于希贤	俞孔坚	周力平	夏正楷	韩茂莉(女)
张永和	王红亚	董黎明	任明达	杨开忠
周一星	李有利	陶 澍	杨景春	王缉慈(女)
黄润华	李树德	王仰麟	莫多闻	邬 伦
王学军	蔡运龙	刘耕年	方精云	

教授级高工

王永华

研究员

吴月照

计算机科学技术系

教授

王阳元	孙家骕	张 兴	韩汝琦	代亚非(女)
梅 宏	程 旭	张立昂	王克义	邵维忠
李晓明	王德和	赵宝瑛	俞士汶	甘学温
陈 钟	许卓群	王立福	董士海	杨冬青
关旭东	方 裕	吉利久	杨芙清	张利春
屈婉玲(女)				

教授级高工

张 录	张大成	莫邦燹	倪学文

研究员

魏引树	袁崇义	盛世敏	许铭真(女)

心理学系

教授

朱滢	李 量	王 垒	王登峰	王 甦
沈 政	肖 健	钱铭怡(女)	周晓林	

技术物理系

教授

唐国有	江栋兴	赵 夔	其 鲁	姚淑德(女)
刘洪涛	姚荣奎	许方官	于金祥	郭之虞
刘元方	王祥云	陈佳洱	叶沿林	伊 敏(女)
许甫荣	包尚联	张保澄	沈兴海	丁富荣
高宏成	方家驯	孟 杰	李金龙	白郁华(女)
吕建钦	张启仁	楼滨乔	魏根栓	俎栋林

教授级高工

赵渭江	沈定予	王建勇	蔡建新	张征芳

研究员

陈金象

力学与工程科学系

教授

黄 琳	王大钧	严宗毅	方 竞	王 炜(女)
颜大椿	魏庆鼎	邹光远	于年才	武际可
王健平	王建祥	佘振苏	吴望一	吴江航
殷有泉	陈德成	黄永念	叶庆凯	袁明武
顾志福	陈 滨	陈十一	苏先樾(女)	王敏中
王 龙	黄筑平			

研究员

刘凯欣

中国语言文学系

教授

朱庆之	卢永璘	孙玉石	董洪利	马　真(女)
陈熙中	李小凡	曹文轩	安平秋	王洪君(女)
陈保亚	钱志熙	张联荣	褚斌杰	钱理群
车槿山	李家浩	严绍璗	裘锡圭	温儒敏
袁行霈	丁尔苏	李思孝	董学文	孟　华(女)
陈平原	张双棣	张颐武	孙钦善	夏晓虹(女)
严家炎	刘勇强	袁毓林	沈　炯	戴锦华
李　零	张少康	洪子诚	王岳川	葛晓音
商金林	王福堂	程郁缀	陆俭明	周先慎
李思孝	何九盈	蒋绍愚		

研究员

张剑福

历史学系

教授

徐　凯	李孝聪	何顺果	徐　勇	邓小南(女)
张希清	董正华	王小甫	岳庆平	牛大勇
阎步克	朱孝远	郭卫东	高　毅	王晓秋
王天有	林承节	张衍田	徐万民	彭小瑜
刘俊文	宋成有	欧阳哲生	房德邻	梁志明
马克垚	林被甸	沈仁安	刘祖熙	何芳川
茅海建	荣新江			

研究员

王春梅(女)

考古学系

教授

高崇文	权奎山	严文明	刘　绪	黄蕴平(女)
赵朝洪	赵化成	赵　辉	王幼平	林梅村
葛英会	齐东方	李伯谦	马世长	晁华山

哲学系

教授

赵家祥	许抗生	陈　来	郭建宁	杜小真(女)
李中华	陈少峰	曹玉文	张志刚	陈启伟
吴国盛	陈　波	魏常海	赵敦华	楼宇烈
靳希平	张祥龙	韩水法	胡　军	任定成
周北海	朱良志	丰子义	王　东	姚卫群
刘壮虎	金可溪	叶　朗	张文儒	李国秀(女)
陈志尚	魏英敏	李醒尘	阎国忠	杨克明
孙小礼(女)	马名驹			

研究员

何怀宏

经济学院

教授

雎国余	肖灼基	王志伟	萧　琛	刘文忻(女)
李庆云	郑学益	胡　坚(女)	何小锋	王跃生
刘　伟	晏智杰	萧国亮	孙祁祥(女)	

法学院

教授

吴志攀	张玉镶	张　文	刘瑞复	储槐植
姜明安	汪建成	王　哲	刘凯湘	龚刃韧
李贵连	盛杰民	陈瑞华	周旺生	白桂梅(女)
白建军	尹　田	陈兴良	朱苏力	贺卫方
钱明星	饶戈平	朱启超	郭自力	王小能(女)
刘剑文	巩献田	肖蔚云	罗玉中	赵国玲(女)
郑胜利	刘守芬(女)			

国际关系学院

教授

龚文库	贾庆国	叶自成	黄宗良	牛　军
李义虎	张锡镇	王　杰(女)	潘国华	刘金质
林勋建	许振洲	方连庆	梁守德	林代昭
孔凡君	袁　明(女)	张世鹏		

研究员

邱恩田

信息管理系

教授

肖东发	刘兹恒	秦铁辉	李国新
傅守灿(女)	孟昭晋	王余光	谢新洲	吴慰慈
余锦凤(女)	赖茂生	王锦贵		

社会学系

教授

吴宝科	杨善华	王思斌	马　戎	郭志刚
谢立中	夏学銮	高丙中	王铭铭	

研究员

刘世定　蔡　华　周　星

外国语学院

教授

刘金才	韩振乾	唐仁虎	季羡林	赵玉兰(女)
汪大年	孙承熙	王邦维	史习成	孔远志
赵　杰	潘金生	徐昌华	于荣胜	段　晴(女)
刘曙雄	拱玉书	彭广陆	仲跻昆	张玉安
赵德明	金海民	徐曾惠	赵登荣	张冠尧
马文韬	王庭荣	赵振江	任友谅	李昌珂

顾嘉琛　张荣昌　范大灿　张玉书　王文融(女)
王东亮　罗　芃　李毓榛　任光宣　王燕生(女)
吴贻翼　王逢鑫　辜正坤　沈　弘　秦海鹰(女)
韩加明　程朝翔　胡家峦　石春祯　段若川(女)
魏　玲(女)　安美华(女)　刘意青(女)　申　丹(女)　陶　洁(女)
高一虹(女)　胡春鹭(女)　孙　玉　韩敏中(女)　沙露茵(女)
解又明　姚秉彦　马克承　李　谋　张保胜
张甲民　景云英(女)　李明滨　叶奕良　孟继有
崔应九　李国辰　刘安武　陈嘉厚

政治学与行政管理系

教授
陈庆云　关海庭　周志忍　张国庆　黄恒学
谢庆奎　宁　骚　石志夫　李　强　王浦劬
陈恢钦

光华管理学院

教授
厉以宁　王立彦　张国有　符国群　靳云汇(女)
涂　平　梁钧平　朱善利　雷　明　胡建颖(女)
张维迎　秦宛顺　刘　力　邹恒甫　陆正飞
陈良焜　李　东　杨岳全　王其文　曹凤岐
王建国　史树中

马克思主义学院

教授
赵建文　梁　柱　江长仁　杨　河　李顺荣
仓道来　易杰雄　陈占安　智效和　秦玉珍
李青宜　徐雅民　吴国衡　李士坤　林　娅

体育教研部

教授
李士信　王　余　孙玉禄　李宜南　刘承鸾
周田宝(女)

艺术学系

教授
彭吉象　朱青生　丁　宁

对外汉语教学中心

教授
郭振华　李晓琪(女)　王若江(女)　赵燕皎(女)

计算机科学技术研究所

教授
王　选　肖建国　阳振坤　史树中　宋再生
陈堃銶(女)

研究员
刘秋云　陈晓鸥　周秉锋

亚非研究所

教授
陆庭恩　李　玉　张振国　尚会鹏　李安山
贾蕙萱(女)　张敏秋(女)

高等教育研究所

教授
闵维方　喻岳青　魏　新　陈学飞　丁小浩(女)

中国经济研究中心

教授
周其仁　梁　能　海　闻　林毅夫　宋国青
胡大源　卢　锋　陈　平

人口研究所

教授
李涌平　曾　毅　陆杰华　郑晓瑛(女)　张纯元
邵　秦(女)

研究员
顾鉴塘

遥感与地理信息系统研究所

教授
秦其明　李　京　晏　磊　徐希孺　马蔼乃(女)
李　琦(女)

计算中心

教授级高工
王一心　张兴华　黄达武　刘贺湘(女)　孙绍芳(女)
李润娥(女)

环境科学中心

教授
朱　彤　郭怀成　张远航　倪晋仁　张世秋(女)
陈国谦　叶文虎　唐孝炎(女)

信息科学中心

教授
迟惠生　姚国正　谭少华　查红彬　石青云(女)
陈　珂　唐世渭

方正集团

教授级高工
王永达　周　宁　汪岳林　陈文先　孟志华(女)

张玉峰
研究员
张国祥　鲁永令　张兆东　周瑜采(女)

青鸟公司

教授级高工
朱守涛

未名集团

教授级高工
宋　云　潘爱华

资源集团

研究员
黄琴芳(女)
巩运明

校办公司

教授级高工
朱连山　晏懋洵　何宇才　王　川　姜纪冰

图书馆

研究馆员
戴龙基　高倬贤　沈乃文　朱　强　沈正华(女)
张玉范(女)周家珍(女)蔡蓉华　谢琴芳(女)

电教中心

教授
李树芳　高利明　朱万森
研究员
殷金生
教授级高工
孙辨华

校医院

主任医师
周玉芳(女)徐川荣(女)钟玮玲(女)封佩群

社区服务中心

研究员
赵桂莲(女)

出版社

编审
彭松建　江　溶　陈婧媛(女)段晓青(女)龙协涛
张文定　周月梅(女)赵学范(女)乔征胜

校部机关

教授
吴树青　任彦申　王义遒　朱邦芳(女)郝　平
研究员
许智宏　郝　斌　赵存生　林钧敬　马树孚
王丽梅(女)陈文申　曹在礼　王兴邦　史守旭(女)
郭建荣
编审
魏国英(女)赵为民
教授级高工
莫元彬　赵仲成(女)

医　学　部

说明：本名单收录2000年12月31日在职的具有正高级专业技术职务的人员，其中临床医学院的教授基本都是教授和主任医师双职务。

基础医学院

教授
白惠卿(女)陈慰峰　程　时(女)邓鸿业　范少光
方伟岗　宫恩聪　高子芬　高晓明　高兴政
郭长占　韩济生　贾弘禔　库宝善　林志彬
李学军(女)李凌松　李　刚　刘　斌　马大龙
梅　林(女)聂松青　邱幼祥　舒辰慧　沈　丽(女)
谭焕然(女)唐军民　童坦君　王　宪(女)王晓民
王新娟(女)文宗耀　吴立铃　谢蜀生　许鹿希(女)
徐家伶(女)于恩华　张　波　张书永　张志文
张宗玉(女)郑　杰　祝世功　邹万忠　钟延丰(女)
朱万孚　庄　辉　周爱儒　周柔丽(女)

药学院

教授
艾铁民　蔡少青　程铁明　陈虎彪　崔景荣(女)
果德安　侯新朴(女)雷小平　李安良　李长龄
李荣昌　李润涛　李中军　凌仰之　刘湘陶(女)
吕以仙(女)彭师奇　屠鹏飞　王　夔　王　璇(女)
武凤兰(女)徐秉玖　许金幌　许善锦(女)叶新山
岳保珍(女)张礼和　张佩瑛(女)张　强　仉文升
赵玉英(女)
研究员
车庆明　崔育新　郭绪林　洪和根　林文翰
卢景芬(女)杨　铭(女)杨秀伟

公共卫生学院

教授

常元勋　陈育德　郭新彪　郭　岩(女)　胡永华
黄悦勤(女)　季成叶　康晓萍(女)　李立明　李曼春(女)
刘世杰　刘　毅　宋文质　潘小川　王洪玮(女)
王润田　王　生　王　燕(女)　王振刚　吴　明
杨　辉　赵树芬(女)　周宗灿

研究员

康凤娥(女)　李东方

护理学院

教授

洪黛玲(女)　王宜芝(女)　吴光煜(女)　肖顺贞(女)　姚景鹏(女)
郑修霞(女)

社文部

教授

程之范　刘　奇(女)　刘新芝(女)　王　月(女)

研究员

胡佩诚　钱自强　徐天民

党政机关、后勤及直属单位

教授

程伯基　董　哲　胡德康　李　竹　任爱国
汤　健　杨果杰

主任医师

陈绿波(女)　肖秀兰(女)

研究员

柏　志　郭述贤　侯　卉(女)　李丰宁(女)　李　均(女)
李　鹰(女)　李　勇　刘秀英(女)　刘志民　廉志坚
赖豫建　吕忠生　马焕章　聂克珍(女)　彭嘉柔
王普玉(女)　王兆绰　王振铎　夏祖述　谢培英(女)
张建祥　张成兰(女)　周喜秀(女)　郑继旺

主任药师

刘西瑛(女)

研究馆员

刘桂兰(女)　林小平　尹　源(女)

编审

周传敬(女)

校办产业

研究员

邓伯庄

主任技师

张立坤(女)

第一临床医学院(北大医院)

教授

鲍圣德　陈宝雯(女)　陈鸿义　陈瑞英(女)　杜军保
高　炜(女)　高　妍(女)　高玉洁　郭燕燕　郭应禄
韩德宽　霍　勇　蒋学祥　李克敏(女)　李若瑜(女)
李小梅　李志光　廖秦平(女)　林景辉　马明信
马忠泰　那彦群　潘柏年　任自文　申文江
唐朝枢　唐光健　万远廉　王海燕(女)　王　丽(女)
王勤环　王仪生　王荫华(女)　吴　栋　吴希如
吴新民　武淑兰(女)　徐文怀　薛兆英　严仁英(女)
杨宗萍　张慧琳(女)　张齐联　张仁尧　章友康
周丛乐(女)　朱立华(女)　朱　平　朱天岳　朱学骏
左文莉(女)

主任医师

白　勇　陈茂森　陈斯同　陈永红(女)　戴三冬
戴淑凤(女)　丁文惠(女)　甘晓玲(女)　高惠珍(女)　高燕明(女)
郭凤英(女)　郭在晨　贺茂林　胡伏莲(女)　黄建萍(女)
霍惟扬　姜　毅　金燕志(女)　柯肖枚(女)　李桂莲(女)
李惠薪(女)　李　琳(女)　李庆琪(女)　李　挺　廉玉茹(女)
刘世援　刘桐林　刘文椿　刘新光　刘秀文(女)
刘玉村　刘毓春(女)　刘运明(女)　卢新天(女)　马　澜(女)
马玉凤(女)　马郁文(女)　庞　琳(女)　秦　炯　石雪君(女)
孙相如　汤秀英(女)　田绍荣(女)　涂　平　王嘉其
王丽勤(女)　王　梅(女)　王荣福　温宏武　吴常德
吴树燕(女)　夏同礼　肖　锋　徐玉秀(女)　许　幸
晏晓明(女)　尤玉才　於光曙　曾和平　张　力(女)
张明礼　张彦芳(女)　张致祥　赵冬红(女)　赵季琳(女)
赵玉宾　周应芳(女)　周永芬(女)　周元春(女)　邹英华

研究员

蔡浩然　陈洪德　陈用忠　陈增辉(女)　丁　洁(女)
冯　陶　李本富　李海峰　李惊子(女)　李晓玫(女)
刘素宾　刘晓燕(女)　吕兆丰　孟繁荣(女)　戚　豫
齐家纯　孙曼琴(女)　王临虹(女)　伍期专　夏铁安
姚景雁(女)　俞莉章　张宝善　赵　宜　周惠平(女)
朱世乐(女)

主任药师

鲁云兰(女)　孙忠民

主任护师

陈素坤(女)

主任技师

苗鸿才(女)　裘毅民(女)　孙可淳　孙孟里(女)

第二临床医学院(人民医院)

教授

杜如昱　杜湘珂(女)　冯传汉　郭乃榄(女)　何权瀛
侯树坤　胡大一　胡永芳(女)　回允中　姜保国

姜燕荣(女)　蒋宝琦　解基严　冷希圣　黎晓新(女)
卢纹凯　陆道培　吕厚山　栾文忠　丘镜莹(女)
王德炳　王京生　王　杉　魏丽惠(女)　夏善福
徐万鹏　杨宗于(女)　于德麟　于仲元　张国良
张　正(女)　赵景涛　朱积川　朱铁君

主任医师
白文俊　丁秀兰(女)　傅剑峰　高伯山　高淑华(女)
郭继鸿　郭　卫　黄晓波　江　滨　李锦云
李立新(女)　李书娴(女)　李月玺　栗占国　刘桂兰
刘美贞(女)　芦翠贞(女)　马淑惠(女)　乔新民　屈汉廷
史克菊(女)　孙宁玲(女)　田雅文(女)　万　峰　王　豪
王　俊　王山米(女)　王晓峰　伍少鹏　徐　林
杨拔贤　杨志昌　于德水　于贵杰(女)　于永祥
曾超美(女)　张建中　张乐萍(女)　张文娟(女)　张小东

研究员
冯　捷(女)　何申戌　李春英　李月东　刘　晖(女)
马本良　王吉善　徐婉芳(女)

主任药师
李玉珍(女)　　王　佩(女)

主任护师
曲维香

主任技师
滕智平(女)

第三临床医学院(北大三院)

教授
蔡钦林　陈浩辉　陈明哲　陈忠新　陈仲强
党耕町　董国祥　范敏华　郭静宣　韩启德
蒋建渝　李健宁　李诗兰(女)　李学佩　李　钊
林共周　林佩芬　林三仁　刘忠军　娄思权
卢国勋　毛节明　曲绵域　沈　力(女)　王　薇(女)
谢敬霞(女)　严宝霞(女)　叶鸿瑁　叶立娴(女)　张同琳
张　武　张自顺　赵凤临　赵金垣　赵鸣武
周羡梅(女)　周孝思

主任医师
敖英芳　陈秉枫(女)　陈凤荣　褚雅贤(女)　丛玉芳
窦焕福　范家栋　侯宽永　呼业功　贾建文
李美珠(女)　李　松　李伟力　李　选　李益深
刘剑羽(女)　刘胜文　陆少美　吕愈敏(女)　马庆军
马勇光　潘天明　孙伯章　谭秀娟(女)　檀庆兰(女)
童笑梅(女)　王　侠　王宪玲　王秀云　王振宇
吴惠群(女)　吴伟成　伍赞群　谢汝萍(女)　徐　梅
徐希娴(女)　阎天生　杨　孜　姚婉贞(女)　叶蓉华(女)
臧友梅(女)　张宝慧　张　捷(女)　张连第　张万溥
郑溶华(女)　周丽雅(女)　周渝宽(女)

研究员
陈贵安(女)　董秀云(女)　付贤波　贾廷珍(女)　仰庆惠

于长隆　赵一鸣　赵　珍(女)

主任药师
方娟娟(女)　屠巴丽(女)

主任技师
杨池荪(女)

研究馆员
滕书瑶

口腔医学院

教授
卞金有　曹采方(女)　邓　辉(女)　冯海兰(女)　付民魁
高学军　高　岩　韩　科　洪　流(女)　李雨琴(女)
林久祥　林琼光　林　野　吕培军　马　莲(女)
马绪臣　孟焕新(女)　沙月琴(女)　沈　春　孙勇刚
王鸿颖(女)　王嘉德(女)　王新知(女)　王　兴　吴运堂
徐恒昌　于世凤　俞光岩　曾祥龙　张博学
张　刚　张　益　张震康　赵福运

主任医师
丰　淳　郭传滨　胡晓阳　黄敏娴(女)　刘宏伟
毛　驰　钱端申　王德惠(女)　王忠桂(女)　魏克立
徐　军　徐岩英(女)　俞兆珠(女)　岳　林　张建国
赵士杰　朱春溪　欧阳翔英(女)

研究员
刘宝印　刘文一　王　同(女)　张筱林

主任药师
梁俐芬(女)

编审
颜景芳

临床肿瘤学院

教授
邓国仁　黄信孚　李吉友　孙素莲(女)　王　琰
魏淑敏(女)　徐光炜　许佐良　杨仁杰　勇威本
张晓鹏

主任医师
顾　晋　李萍萍(女)　李蔚范(女)　林本耀　刘淑俊(女)
马丽华　施旖旎(女)　王　怡　徐　博　薛仲琪
张力健　张梅颖(女)　张珊文　章新奇(女)　朱　强

研究员
蔡　红(女)　陈敏华(女)　邓大君　方家椿　何洛文(女)
柯　杨(女)　吕有勇　寿成超　万文徽(女)　王启俊
徐志刚　游伟程　张　联　张青云　张宗卫

主任技师
韩树奎　胡思超　胡永升

编审
凌启柏

精神卫生研究所（第六医院）

教授
崔玉华(女) 沈渔邨(女) 杨晓玲(女) 赵友文(女)

主任医师
方明昭　方耀奇(女) 吕秋云(女) 宋燕华(女) 张彤玲(女)

研究员
李淑然(女) 王玉凤(女) 张岱　周东丰(女)

2000年逝世人物

单　位	姓　名	职称/职务	生卒年	在校工作时间
数学科学学院	徐翠薇	教授	1931—2000	1953—1991
物理学系	郭敦仁	教授	1917—2000	1952—1986
化学与分子工程学院	谢文惠	教授	1933—2000	1957—1993
化学与分子工程学院	金　声	教授	1931—2000	1957—1999
电子学系	西门纪业	教授	1932—2000	1956—2000
生命科学学院	林昌善	教授	1913—2000	1951—1986
地质学系	冯钟燕	教授	1930—2000	1957—1998
城市与环境学系	朱德威	教授	1930—2000	1953—1995
中国语言文学系	陈贻焮	教授	1924—2000	1953—1995
经济学院	杜　度	教授	1915—2000	1964—1986
法学院	赵理海	教授	1916—2000	1957—1988
国际关系学院	向　青	教授	1927—2000	1971—1993
社会学系	袁　方	教授	1918—2000	1981—1988
外国语学院	金克木	教授	1912—2000	1948—1988
外国语学院	陈占元	教授	1909—2000	1949—1986
外国语学院	田德望	教授	1909—2000	1948—1986
外国语学院	王岷源	教授	1912—2000	1952—1986
体育教研部	刘士英	教授	1918—2000	1947—1987
汉语中心	邓　懿	教授	1914—2000	1952—1986
纪检监察室	张起永	正处级	1929—2000	1954—1991
基础医学院	王志均	教授	1910—2000	1953—2000
药学院	王承裕	教授	1919—2000	1955—1987
人民医院	刘传绶	主任医师	1948—2000	1983—2000
医学部留办	高振阁	主任	1930—2000	1955—1995

2000年北京大学党发、校发文件

党发文

党发[2000]1号	关于许智宏、陈佳洱同志职务任免的通知	
党发[2000]2号	关于陈建龙的任免通知	
党发[2000]3号	关于北京大学团委书记的任命通知	
党发[2000]4号	关于燕园街道工委书记的任命通知	
党发[2000]5号	关于李强的任命通知	
党发[2000]6号	关于北京大学团委副书记的任命通知	
党发[2000]7号	关于校教代会暨工会选举结果的通知	
党发[2000]8号	关于赵建武任职的通知	
党发[2000]9号	关于阎树森任职的通知	
党发[2000]10号	关于成立中共北京大学医学部委员会的决定	
党发[2000]11号	关于成立北京大学医学部的决定	
党发[2000]12号	关于医学部党委常委及书记、副书记任命的通知	
党发[2000]13号	关于原北京医科大学党政职能部门更名的通知	
党发[2000]14号	关于原北京医科大学所属学院、医院更名的通知	
党发[2000]15号	关于原北京医科大学所辖直属单位更名的通知	
党发[2000]16号	关于原北京医科大学所属科研单位更名的通知	
党发[2000]17号	关于号召全校同学向"学生五四奖章"和"班级五四奖杯"获得者学习的决定	
党发[2000]18号	关于在全校干部、党员中开展警示教育的通知	
党发[2000]19号	关于彭华彰任职的通知	
党发[2000]20号	关于化学与分子工程学院党委选举结果的通知	
党发[2000]21号	关于社会学系党委副书记任免的通知	
党发[2000]22号	关于调整北大方正集团董事会的通知	
党发[2000]23号	关于原北京医科大学党委下辖基层党委(总支)更名的通知	
党发[2000]24号	中国共产党北京大学委员会关于表彰优秀共产党员和先进党支部的决定	
党发[2000]25号	关于于鹫隆级别的通知	
党发[2000]26号	关于北京大学第一医院党委书记任命的通知	
党发[2000]27号	关于闵维方同志任职的通知	
党发[2000]28号	关于党委办公室、校长办公室副主任任免的通知	
党发[2000]29号	关于城市与环境学系党委选举结果的通知	
党发[2000]30号	关于政治学系党委选举结果的通知	
党发[2000]31号	关于发展规划部副部长任命的通知	
党发[2000]32号	关于在全校党员干部中继续深入开展警示教育活动的通知	
党发[2000]33号	关于学生工作部副部长任免的通知	
党发[2000]34号	关于成立中国共产党北京大学成人教育学院工作委员会的通知	
党发[2000]35号	关于撤消中共北京大学昌平园区工作委员会的决定	
党发[2000]36号	北京大学校级领导班子和领导干部"三讲"教育实施方案	
党发[2000]37号	北京大学校级领导班子和领导干部"三讲"教育第一阶段实施计划	
党发[2000]38号	"三讲"教育组织领导	
党发[2000]39号	关于成立教育学院的通知	

党发[2000]40号	北京大学校级领导班子和领导干部"三讲"教育第二阶段实施计划	
党发[2000]41号	关于成立新闻与传播学院的通知	
党发[2000]42号	北京大学中层领导班子、领导干部"三讲"教育工作计划	
党发[2000]43号	北京大学校级领导班子和领导干部"三讲"教育第三阶段实施计划	
党发[2000]44号	北京大学校级领导班子和领导干部"三讲"教育第四阶段实施计划	
党发[2000]45号	北京大学领导班子"三讲"教育整改方案	

北党发

北党发[2000]1号	关于董南燕同志申请母亲来京落户的证明
北党发[2000]2号	关于韩维纯同志购房问题的复函
北党发[2000]3号	关于北京大学校长助理的任职报告
北党发[2000]4号	关于胡长清伪造学历在北京大学引起强烈反响的报告
北党发[2000]5号	关于举办"2000年在职工商管理高级研修班"的情况报告
北党发[2000]6号	关于为我校离休干部王路宾同志申请特困补助的请示
北党发[2000]7号	关于李笑难同志申请父母户口迁京的证明
北党发[2000]8号	关于孙光存同志申请家属来京落户的证明
北党发[2000]9号	关于邱庆枫事件的报告
北党发[2000]10号	关于商调杨琥同志的函
北党发[2000]12号	关于学习贯彻第九次全国高校党建工作会议精神的报告
北党发[2000]13号	北京大学落实党风廉政建设责任制情况自查报告

校发文

校发[2000]2号	关于公布北京大学第四届教材建设委员会组成人员名单的通知
校发[2000]3号	关于成立邓小平理论研究中心等四个科研机构的通知
校发[2000]5号	关于同意成立"北京北大西飞新材料有限公司"的批复
校发[2000]6号	北京大学关于富余、转岗人员管理的暂行规定
校发[2000]10号	关于郭宝平任职的通知
校发[2000]11号	关于免去刘宝章的环境科学中心副主任职务的通知
校发[2000]12号	关于任命深港产学研基地办公室成员的通知
校发[2000]13号	关于同意北大资源集团变更企业名称的批复
校发[2000]14号	关于张书仁任职的通知
校发[2000]15号	关于同意人事部内设立规划与调配办公室等机构的通知
校发[2000]16号	关于同意成立政治发展与政府管理研究所等四个科研机构的通知
校发[2000]17号	关于组织学校中层正职干部进行网络知识与技术培训的通知
校发[2000]18号	关于深港产学研基地派驻成员的有关事项的说明
校发[2000]24号	关于成立欧美文学研究中心的通知
校发[2000]25号	关于同意公司名称使用"北大青鸟"字样的批复
校发[2000]26号	关于同意组建北京北大运和信息科技有限公司的批复
校发[2000]27号	北京大学2000年审计项目计划
校发[2000]29号	关于李兰任职的通知
校发[2000]30号	关于考古学系行政班子调整换届的通知
校发[2000]31号	关于张鸣、卢永璘职务任免的通知
校发[2000]32号	关于王世光、王稼军职务任免的决定
校发[2000]33号	关于成立北京大学科学园领导小组、组建北大科技园服务股份有限公司的通知
校发[2000]34号	关于同意北京大学电子仪器厂资产转让的批复
校发[2000]35号	关于同意北京市北大宇微电子系统工程公司部分资产转让的批复
校发[2000]36号	关于同意注册成立"北京北大世创网络科技有限公司"的批复

校发[2000]37号	关于公布档案馆内设机构负责人招聘结果的通知	
校发[2000]38号	关于公布出版社内设机构负责人招聘结果的通知	
校发[2000]39号	关于张永和任职的通知	
校发[2000]40号	关于聘请钟华楠先生为名誉主任和客座教授的通知	
校发[2000]41号	关于数学研究所领导班子换届的通知	
校发[2000]42号	关于成立北京大学网络经济研究中心的通知	
校发[2000]43号	关于调整综合治理委员会等机构成员的通知	
校发[2000]47号	关于建立北京大学马克思主义文献研究中心的通知	
校发[2000]48号	关于调整我校家属住房与畅春园青年公寓租金标准的通知	
校发[2000]49号	关于成立北京大学会议中心百周年纪念讲堂管理部的通知	
校发[2000]51号	关于同意聘请丛京生先生为北京大学客座教授的决定	
校发[2000]52号	关于同意聘请陈永昌先生为北京大学客座教授的决定	
校发[2000]53号	关于同意聘请张伟仁先生为北京大学客座教授的决定	
校发[2000]54号	关于同意聘请筒井哲夫先生为北京大学客座教授的决定	
校发[2000]55号	关于同意聘请山田辰雄先生为北京大学客座教授的决定	
校发[2000]56号	关于同意聘请埃里克·方纳先生为北京大学客座教授的决定	
校发[2000]57号	关于同意聘请周敏民女士为北京大学客座教授的决定	
校发[2000]58号	关于同意聘请李述汤先生为北京大学客座教授的决定	
校发[2000]59号	关于同意聘请陈正豪先生为北京大学客座教授的决定	
校发[2000]60号	关于同意续聘林国炯先生为北京大学客座教授的决定	
校发[2000]61号	关于同意续聘朱剑豪先生为北京大学客座教授的决定	
校发[2000]62号	关于公布校团委内设机构负责人名单的通知	
校发[2000]63号	关于继续教育部内设机构正副主任聘任结果的通知	
校发[2000]64号	关于组建北京大学医学部行政班子的通知	
校发[2000]65号	关于周文磊任职的通知	
校发[2000]66号	关于授予万新恒等11人"学生五四奖章"和第一临床医学院96级6班等6个班"班级五四奖杯"的决定	
校发[2000]68号	北京大学校务委员会规章	
校发[2000]69号	关于公布北京大学新一届校务委员会成员名单的通知	
校发[2000]71号	北京大学后勤社会化改革方案	
校发[2000]72号	关于成立北京大学教育振兴行动计划专项基金管理办公室的通知	
校发[2000]73号	关于成立"北京大学未名生物技术研究开发中心"的批复	
校发[2000]74号	关于初育国、张彦职务任免的通知	
校发[2000]78号	关于继续教育部内设机构的通知	
校发[2000]80号	关于陈文申等五人任职的通知	
校发[2000]81号	关于韩启德、陈佳洱职务任免的通知	
校发[2000]82号	关于张立、张昉任职的通知	
校发[2000]83号	关于会议中心内设机构的通知	
校发[2000]85号	关于在国际合作部内设立留学生办公室的通知	
校发[2000]88号	关于成立校园规划委员会的通知	
校发[2000]89号	关于成立房产资源配置领导小组的通知	
校发[2000]90号	关于公布总务系统各中心主任招聘结果的通知	
校发[2000]91号	关于环境科学中心行政班子换届的通知	
校发[2000]92号	关于成立北大科技园有限公司的通知	
校发[2000]96号	关于调整教学科研工作委员会的通知	
校发[2000]97号	关于北京北大燕园文化用品供销部更名和增加经营内容的批复	
校发[2000]98号	关于成立天文系及系主任任命的通知	

校发[2000]99号	关于同意北京大学与北京市北大青鸟软件系统公司合资注册成立"北京北大在线有限责任公司"的批复
校发[2000]101号	关于校内广告管理的规定
校发[2000]102号	关于校园内书市摊位管理的暂行规定
校发[2000]103号	关于校园内冷饮、冰棍摊位管理的规定
校发[2000]104号	关于北大未名生物工程集团出资比例变更的批复
校发[2000]105号	北京大学关于表彰2000届优秀毕业生的决定
校发[2000]106号	关于设立会议与学术交流部的通知
校发[2000]107号	关于同意成立深圳北大港科招商创业有限公司的批复
校发[2000]108号	关于成立餐饮中心等七个中心的通知
校发[2000]109号	关于技术物理系行政班子换届的通知
校发[2000]110号	关于社会学系与社会学人类学研究所实行系所结合管理体制和新领导班子任命的通知
校发[2000]111号	关于进一步深化我校公费医疗改革有关问题的通知
校发[2000]115号	关于王建华等十一人任职的通知
校发[2000]116号	关于发起设立"北京北大科技园有限公司"的意见
校发[2000]117号	关于成立教学成果奖励评审工作委员会和专家评审组的通知
校发[2000]118号	关于认真做好2001年校级、市级、国家级高等教育教学成果奖励工作的通知
校发[2000]119号	关于对方正集团公司提请由方正控股有限公司收购荣文科技(集团)有限公司工作的批复
校发[2000]120号	关于同意设立北大方正网络安全研究所的批复
校发[2000]121号	关于同意北京北大未名生物工程集团设立股份公司的批复
校发[2000]123号	关于设置本科生素质教育通选课的通知
校发[2000]124号	关于张西峰等四人任职的通知
校发[2000]125号	关于迟惠生、韩启德任职的通知
校发[2000]126号	北京大学关于表彰1999—2000学年度优秀德育奖、优秀班主任奖获得者的决定
校发[2000]129号	关于设立社会科学部、科学研究部及干部任免的通知
校发[2000]130号	关于设立产业管理委员会办公室及干部任免的通知
校发[2000]131号	关于调整校办产业管理委员会的通知
校发[2000]132号	关于恢复设立审计室的通知
校发[2000]133号	关于周岳明、陈文申职务任免的通知
校发[2000]134号	关于宋心才、侯建军职务任免的通知
校发[2000]135号	北京大学授予计算机科学技术系王克义同志"北京大学优秀教师"荣誉称号的决定
校发[2000]136号	北京大学关于表彰"1999—2000学年教学优秀奖"获得者的决定
校发[2000]137号	关于在学学生办理因私护照交纳护照保证金的暂行办法
校发[2000]138号	关于同意聘请石川真先生为北京大学客座教授的决定
校发[2000]139号	关于成立计划办公室、工程建设办公室和维修管理办公室的通知
校发[2000]140号	关于周岳明任职的通知
校发[2000]142号	关于调整国内合作委员会的通知
校发[2000]143号	北京大学外国留学生在居民区租住房屋的管理规定
校发[2000]152号	关于同意注册"北京阿博泰克北大青鸟信息技术有限公司"的批复
校发[2000]153号	关于同意组建北京北大君士科技发展有限公司的批复
校发[2000]154号	关于撤消昌平园区办事处的决定
校发[2000]155号	关于天文系副系主任任职的通知
校发[2000]156号	关于同意授予平山郁夫先生北京大学名誉教授称号的决定
校发[2000]157号	关于同意北大青鸟、青鸟天桥、北大未名及北大资源合资注册成立"北京北大高科技产业投资有限公司"的批复
校发[2000]158号	关于同意北京市北大青鸟软件系统公司与北京北大青鸟有限责任公司合资注册成立"北京北大文化发展有限公司"的批复

校发[2000]159号	关于成立北大环化科技发展有限公司的决定	
校发[2000]161号	关于成立北京北大汇智知识产业股份有限公司的决定	
校发[2000]168号	关于同意北京大学、北大青鸟、青鸟天桥及北大资源合资注册成立"北京北大教育投资公司"的批复	
校发[2000]169号	关于成立医学网络教育学院的通知	
校发[2000]179号	关于调整北京大学学术委员会、各学部学术委员会各学科评议组的通知	
校发[2000]180号	关于调整北京大学专业技术职务评审委员会及其分会和学科评议组的通知	
校发[2000]181号	关于重新组建北京大学重点实验室管理委员会的通知	
校发[2000]182号	关于调整北京中小学教师职务评审委员会的通知	
校发[2000]183号	关于成立北京大学应用伦理学中心的通知	
校发[2000]184号	关于调整北京大学辐射防护领导小组和辐射防护专业小组的通知	
校发[2000]185号	关于同意聘请杨小凯先生为北京大学客座教授的决定	
校发[2000]186号	关于同意聘请吴天降先生为北京大学客座教授的决定	
校发[2000]187号	关于同意聘请饶余庆先生为北京大学客座教授的决定	
校发[2000]188号	关于同意聘请黄有光先生为北京大学客座教授的决定	
校发[2000]189号	关于安装自动呼叫器的通知	
校发[2000]190号	关于成立北京大学公法研究中心的通知	
校发[2000]193号	关于同意聘请梁正荣先生为北京大学客座教授的决定	
校发[2000]194号	关于同意聘请谢晓亮先生为北京大学客座教授的决定	
校发[2000]195号	关于同意聘请姜新立先生为北京大学客座教授的决定	
校发[2000]196号	关于同意聘请刘军先生为北京大学客座教授的决定	
校发[2000]197号	关于同意聘请耿直伯先生为北京大学客座教授的决定	
校发[2000]198号	北京大学经济责任制条例	
校发[2000]199号	关于同意北京大学方正兴国电子有限公司进行增资扩股的批复	
校发[2000]200号	关于同意北京市北大青鸟软件系统公司与北京北大青鸟有限责任公司合资册成立"北京北大青鸟安全系统(工程)有限公司"的批复	
校发[2000]201号	关于在全校范围内开展"大地之爱·母亲水窖"捐款活动的通知	
校发[2000]202号	关于北京市北大高智电子开发中心改制的批复	
校发[2000]203号	关于成立北京大学中国中小企业促进中心的决定	
校发[2000]205号	关于党办校办文秘室副主任任职的通知	
校发[2000]206号	关于批复发展规划部事业发展规划办公室和校园规划办公室负责人招聘结果的通知	
校发[2000]207号	关于发展规划部环境保护办公室兼辐射防护办公室负责人招聘结果的通知	
校发[2000]211号	北京大学关于表彰1999—2000学年度三好学生和先进集体的决定	
校发[2000]213号	关于增补史守旭为国内合作委员会副主任的通知	
校发[2000]214号	关于校外教授兼任北京大学博士生指导教师的规定	
校发[2000]215号	关于批复学生工作部内设机构负责人招聘结果的通知	
校发[2000]216号	关于批复教务部挂靠单位教材办公室负责人聘任结果的通知	
校发[2000]217号	关于批复学生就业指导服务中心负责人招聘结果的通知	
校发[2000]218号	北京大学中层领导干部任期经济责任审计规划	
校发[2000]219号	关于同意成立"北京北大西创有限公司"的批复	
校发[2000]221号	关于北京大学海淀区应用技术学院干部任职的通知	
校发[2000]222号	关于增补发展规划委员会副主任的通知	
校发[2000]223号	关于赵兰明任职的通知	
校发[2000]224号	关于成立生物医学跨学科研究中心及中心主任、副主任任命的通知	
校发[2000]225号	关于同意聘请李中青先生为北京大学客座教授的决定	
校发[2000]226号	关于同意聘请欧玛丽女士为北京大学客座教授的决定	
校发[2000]227号	关于同意聘请阿曼特·查克麦先生为北京大学客座教授的决定	

校发[2000]228 号	关于同意聘请黄国和先生为北京大学客座教授的决定

党办发文

党办发[2000]1 号	19 个部门 1999 工作总结摘要
党办发[2000]2 号	关于印发任彦申、许智宏在全校干部大会上的讲话的通知
党办发[2000]3 号	北京大学北京医科大学合并大会材料
党办发[2000]4 号	北京大学 2000 年暑假领导工作会议纪要
党办发[2000]5 号	关于转发《关于印发〈关于加强高等学校党的建设的若干意见〉的通知》的通知
党办发[2000]6 号	关于印发王德炳、许智宏在全校干部会上的讲话的通知
党办发[2000]7 号	关于公布《校领导联系院系工作方案》的通知
党办发[2000]8 号	关于印发许智宏校长在北京大学"三讲"教育整改方案通报会讲话的通知

校办发文

校办[2000]1 号	关于放寒假的通知
校办[2000]7 号	关于调整校内单位编码的通知
校办[2000]8 号	关于春节放假的通知
校办[2000]9 号	关于印发《北京大学建设一流大学计划文科经费使用要则的通知》
校办[2000]17 号	关于组织学校中层职工干部进行网络知识与技术培训的通知
校办[2000]19 号	关于"三八"国际劳动妇女节放假半天的通知
校办[2000]28 号	2000 年献血工作安排
校办[2000]44 号	关于今年全校学生运动会延期举行的通知
校办[2000]45 号	关于"五一"节放假的通知
校办[2000]46 号	关于教职工子女今年入初中的通知
校办[2000]50 号	2000 年"五四"校庆活动安排
校办[2000]76 号	关于教室管理及相关工作的会议纪要
校办[2000]77 号	关于转发《人事部和财务部关于会议中心、社区中心有关人事工作等问题请示的答复》的通知
校办[2000]79 号	关于 2000 年献血工作暂缓进行的通知
校办[2000]84 号	关于 2000 年暑假毕业生离校前的活动安排的通知
校办[2000]86 号	关于放暑假的通知
校办[2000]87 号	关于对化学南楼等 28 座建筑进行加固的通知
校办[2000]93 号	关于昌平园区 99 级文科学生迁回燕园校区有关工作的通知
校办[2000]94 号	关于举办人民防空知识竞赛的通知
校办[2000]100 号	关于学生宿舍楼暑期前延时关灯的通知
校办[2000]122 号	2000 年迎新工作安排
校办[2000]127 号	关于全校性发文有关注意事项的通知
校办[2000]128 号	关于转发总务部、基建工程部《关于目前我校用电形势的汇报》的通知
校办[2000]141 号	关于国庆节放假的通知
校办[2000]144 号	关于印发《北京大学勤工助学活动组织管理条例》的通知
校办[2000]145 号	关于批准《北京大学燕园社区服务中心组建及实施方案》的通知
校办[2000]146 号	关于在室外悬挂横幅的管理办法
校办[2000]147 号	关于转发《关于公布 2000 年度资助教材出版立项名单(第一批)的通知》的通知
校办[2000]148 号	关于加强"十一"期间值班工作的通知
校办[2000]149 号	关于批准《北京大学公用房管理条例及实施细则》的通知
校办[2000]160 号	关于印发《关于转发海军大连舰艇学院党委〈大力加强思想政治工作培养高素质新型海军人才〉的通知》的通知
校办[2000]162 号	关于批准《北京大学专利工作办法》的通知

校办[2000]163号	关于印发《北京大学关于院(系、所、中心)学生工作干部队伍建设的几点意见》的通知
校办[2000]164号	关于批准《北京大学选留学生工作干部试行办法》的通知
校办[2000]178号	关于在我校开展2000年节能宣传周活动的通知
校办[2000]191号	关于调整水价收费标准的通知
校办[2000]204号	关于开斋(尔代)节对信仰伊斯兰教的少数民族放假的通知
校办[2000]208号	关于元旦放假的通知
校办[2000]209号	关于在全校范围内开展"大地之爱母亲水窖"捐款活动的情况通报
校办[2000]212号	关于放寒假的通知
校办[2000]220号	关于转发《北京大学"人物档案"征集、归档暂行办法》的通知
校办[2000]229号	关于转发《北京大学住房装修管理规定》的通知

表彰与奖励

奖教金获得者

柯达奖教金获得者(4人)

计算机科学技术系	赵宝英
计算机研究所	陈晓鸥
计算机研究所	周秉锋
电子学系	罗　武

正大奖教金获得者(17人)

电子学系	戴恩光
法学院	李黎明
教育学院	丁小浩
外国语学院	王　建
数学科学学院	张平文
地球物理学系	宁杰远
地质学系	郭召杰
物理学系	周治宁
天文系	张华伟
哲学系	陈启伟
历史学系	王红生
计算中心	吕凤翥
城市与环境科学系	李国平
力学与工程科学系	孙树立
中国语言文学系(特等)	洪子诚
光华管理学院	龚六堂
化学与分子工程学院(特等)	程虎民

安泰奖教金获得者(11人)

生科学学院	瞿礼嘉
计算机研究所	何利军
马克思主义学院	王文章
国际关系学院	张海滨
中国语言文学系	漆永祥
化学与分子工程学院	陈家华
外国语学院	拱玉书
重离子物理研究所	陆元荣
数学科学学院	蒋美跃
物理学系	张晓东
历史学系	赵冬梅

桐山奖教金获得者(40人)

艺术学系	梁月瑛
汉语中心	李晓琪
考古学系	晁华山
生命科学学院	张文霞
计算机科学技术系	汪国平
计算机科学技术系	崔光佐
政治学与行政管理系	赵成根
电子学系	侯士敏
哲学系	王　东
哲学系(特等)	叶　朗
城市与环境科学系	徐希孺
城市与环境科学系	杨景春
光华管理学院	黄　涛
中国语言文学系	褚斌杰
中国语言文学系	何九盈
外国语学院	田庆生
外国语学院	段若川
外国语学院	陶　洁
马克思主义学院	李淑珍
技术物理系	李赛君
历史学系	林承节
历史学系	林被甸
力学与工程科学系	励　争
经济学院	睢国余
化学与分子工程学院	寇　元
法学院	沈　岿

心理学系	周晓林	经济学院	胡 坚
教育学院	陈学飞	城市与环境科学系	王仰麟
外国语学院	姜永仁	计算机科学技术系	王建勇
数学科学学院	王 铎		
数学科学学院	何书元		

树仁奖教金获得者(14人)

地球物理学系	肖 佐
地质学系	刘树文
物理学系	吕斯骅
环境科学中心	胡 敏
社会学系	王铭铭
社会学系	林 彬
体育教研部	王 余
信息管理系	王益明
化学与分子工程学院	丘坤元

物理学系	叶学敏
历史学系	李孝聪
信息管理系	张广钦
体育教研部	李志贵
力学与工程科学系	谭文长
化学与分子工程学院	刘淑珍
高等教育研究所	王 蓉
法学院	马忆南
马克思主义学院	王寿林
外国语学院	魏丽明
数学科学学院	王耀东
地球物理学系	赵春生
地质学系	孙旭光
考古学系	孙 华

宝洁奖教金获得者(10人)

生命科学学院	林忠平
计算机系	张世琨
技术物理系	赵渭江
数学科学学院	张乃孝
地球物理学系	赵永红
地质学系	马学平
物理学系	杜为民
城市与环境科学系	方精云
力学与工程科学系	鲁守智
化学与分子工程学院	杨展澜

岗松奖教金获得者(15人)

中国经济研究中心	姚 洋
艺术学系	徐金灿
考古学系	张 弛
法学院	强世功
国际关系学院	范士明
国际关系学院	韦 民
数学科学学院	史宇光
物理学系	安宏林
哲学系	聂锦芳
社会学系	李 康
体育教研部	钱永建
光华管理学院	江明华
中国语言文学系	彭 牧
化学与分子工程学院	庄乾坤
计算中心	张治坤

东宝奖教金获得者(5人)

生命科学学院	朱圣庚
生命科学学院	郝雪梅
生命科学学院	杨 继
生命科学学院	李松岗
生命科学学院	卢光莹

摩托罗拉奖教金获得者(12人)

微电子研究所	徐文华
电子学系	陈景标
地球物理学系	陶祖钰
地质学系	陈 斌
外国语学院	阚冬青
外国语学院	张桂珍
中国语言文学系	董学文
光华管理学院	贾春新
光华管理学院	黄慧馨

通讯电台奖教金获得者(18人)

计算机科学技术系	段慧明
计算机科学技术系	罗英伟
信息科学中心	许 超
光华管理学院	姜万军
电子学系	魏中鹏
电子学系	崔玉芹

电教中心	缪 蓉	中国经济研究中心	平新乔
力学与工程科学系	苏卫东		
光华管理学院	王明舰	**教育部优秀青年教师资助计划项目**	
信息管理系	李常庆		
物理学系	冯庆荣	法学院	汪 劲
技术物理系	阎坤凯	地球物理学系	胡天跃
技术物理系	华 辉	计算机科学技术系	梅 宏
人口研究所	郑真真	光华管理学院	雷 明
国际关系学院	叶自成	化学与分子工程学院	张新祥
政治学与行政管理系	金安平	考古学系	王幼平
社会学系	刘德寰		

优秀德育奖

数学科学学院	孙 丽	经济学院	卢自海		
力学与工程科学系	邹 慧	光华管理学院	马化祥		
物理学系	董晓华	法学院	韩 流		
地球物理学系	吴月芳	社会学系	吴宝科		
技术物理系	张剑波	政治学与行政管理系	杨 松		
电子学系	魏中鹏	外国语学院	刘旭东		
计算机科学技术系	魏引树	马克思主义学院	侯玉杰		
化学与分子工程学院	李支敏	人口所	柳玉芝		
生命科学学院	杨国华	环境科学中心	韩 凌		
地质学系	常兆山	中国经济研究中心	行桂英		
历史学系	马春英	医学部	李玉莲	吕凤英	戴 清
考古学系	刘明利	昌平园区	朱 非		
哲学系	张晓黎	团委	沈千帆	于良佐	
国际关系学院	梁云祥	学工部	安国江	莫 森	杨跃平

优秀班主任奖

一等奖 (9人)

物理学系	马 平	艺术学系	马 清
化学与分子工程学院	杜福胜	医学部	李 健
城市与环境学系	赵智杰		
哲学系	李四龙		
国际关系学院	梅 然		
经济学院	刘 宁		
法学院	朴文丹		

二等奖 (32人)

数学科学学院	王冠香	
力学与工程科学系	张清平	
物理学系	王永忠	
地球物理学系	张 焱	
技术物理系	刘兆荣	
电子学系	王凤芝	刘淑琴

计算机科学技术系	倪明田	赵俊峰		电子学系	郑大春		
化学与分子工程学院	田桂玲			计算机系	于 民	龙晓苑	康晋锋
生命科学学院	沈 延	胡鸢雷		化学与分子工程学院	吴忠云	朱志伟	徐东成
地质学系	江大勇			生命科学学院	徐 庆	陈丹英	倪建泉
城市与环境科学系	陈良富				白焕红		
中国语言文学系	常 森			地质学系	刘楚雄		
历史学系	黄春高			城市与环境科学系	曹广忠	李本纲	蒙吉军
考古学系	王 迅			中国语言文学系	杨 铸	汪春泓	钱志熙
国际关系学院	关贵海			历史学系	鲍茂宏		
经济学院	方 敏			考古学系	李崇峰	雷兴山	
光华管理学院	王新超			哲学系	周学农		
法学院	沈 岿			国际关系学院	朱文莉	张学斌	罗艳华
信息管理系	张广钦			经济学院	杜丽群		
社会学系	佟 新			光华管理学院	黄 涛	贾春新	姜万军
政治学与行政管理系	袁 刚			法学院	龚文东	张潇剑	叶静漪
外国语学院	赵登荣	刘杉杉	刘琳琳	信息管理系	祁延莉	张浩达	
马克思主义学院	李少军			政治学与行政管理系	姚礼明		
医学部	刘穗燕	丁 磊	太善花	外国语学院	顾嘉琛	褚 敏	王平媛
	周永胜				吴冰冰	丁林棚	黄宗英
					罗 杰		

三等奖（66人）

				马克思主义学院	康沛竹		
				艺术学系	徐金灿		
数学科学学院	伍胜健	冯荣权	黄 海	人口研究所	陆杰华		
力学与工程科学系	邱康敏	朱怀球		汉语中心	王海峰		
物理学系	刘玉鑫	高巧君		医学部	孙 敏	陈斌斌	向妮娟
地球物理学系	朱亚芳	肖 佐	谢 伦		杜秉华	柯 红	吴 健
技术物理系	华 辉	高春媛			王 青	樊小平	

学生奖励获得者

三好学生标兵

数学科学学院
周 晨　方初莹　刘映雪　周 娜　郝 宁　张振勇
孙喜晨
力学与工程科学系
朱 波　舒南江　孟昭龙
物理学系
冉 鹰　孙 锴　仇 乐　蔡 明
地球物理学系
郑中华　许 飞　张天华
技术物理系
蒋云峰　林 泰　向 蓉

电子学系
张 辉　胡宗敏　刘艺锋　熊 强
计算机科学技术系
倪卫平　庄 伟　刘 燕　楼书作　李 欣　丁 力
张文娟
化学与分子工程学院
黄 波　李晓东　李丽华　邓 亮　傅 丹　南小林
王永成
生命科学学院
李倩如　张 颖　唐爱辉　邵毓敏　张 力　楼 松
侯宏伟　张崇本
地质学系
赵睿眩　李 超

城市与环境学系
李卫锋　董莉娜　张　源　景　涛　杨友孝
心理学系
刘　嘉　徐必成
中国语言文学系
姚静仪　刘小琴　柴璐璐　王　璞　李二民　张　涛
历史学系
毕　琼　杨　柳　孙　柏
考古文博院
马　健　邓　超
哲学系
杨骁晨　萨尔吉
国际关系学院
梁亚军　周　杰　左瀚颖　符　晓　赵久平
经济学院
沈俏蔚　孙　嘉　雷震洲　锁凌燕　曹宇芳　黄冠华
欧阳雪君
光华管理学院
周　潇　李书玲　王　斐　童俊莉　徐秋梅　詹正茂
法学院
刘景明　郑　芳　李　佳　郭维真　王宗华　朱一心
朱晓东　于绪刚　易继明
信息管理系
王海娟　邵晓舒　田　敏
社会学系
李　璐　刘亚秋
政治学与行政管理系
陈　虹　梁　江　安卫华
外国语学院
刘迪南　陈永利　李　佳　迟　方　曾　雅　李玉霞
蒋寅刚
马克思主义学院
舒思今　徐　祢　尹铁钢　朱胜豪　郑　洋　张　帆

创新奖

数学科学学院
苏　峥　赵　鹏　胡国强　钟　声　李辰欣　罗武安
林　通
力学与工程科学系
张海健
物理学系
林　海　谢　平
地球物理学系
姚展予
技术物理系
马兆远　龚　龙　杨泗春

电子学系
杨　帆　陈　光　陶振宁
计算机科学技术系
邢　岩　谢丹夏　吴　琼
化学与分子工程学院
夏国尧　毛煜春　金　舒　陈炜伟　杨　宇　黄　鑫
陈金玉　侯廷军
生命科学学院
王　萌　姚　杰　耿　泱　陈　溪　胡建成
地质学系
文彦君　冯建忠
城市与环境科学系
袁吟欢　何大伟
心理学系
刘海骅　宛小昂　秦速励
中国语言文学系
肖　铁　陈佳勇　马奔腾　董　册
历史学系
何心平　夏立安
哲学系
陈宝剑　胡慧冬
国际关系学院
任羽中　佟佳家　耿　姝　胡九龙　傅　莲
经济学院
陈科屹　姜　霖　李广乾　侯育清
光华管理学院
刘京安　王　震
法学院
徐　晴　蔺志坚　王　榕　秦　熙　欧阳泽曼
李　铭
信息管理系
杨临明
社会学系
常　姝
政治学与行政管理系
史峰峰　姜　宁　王洛忠　尹海涛
外国语学院
姚　骏　奚凌云　彭宣维
艺术学系
陈　卓　盛　磊
高等教育研究所
赵国栋
人口研究所
顾大男
信息科学中心
李常青

环境科学中心
唐明宇
医学部
王洪成　吕　筠　杨　莉　陈　彦　张　亮　付文先
郭弘妍　关　岚　彭　清　雷　鹍　李　浩　赵　鹏
董一洲　李　柳　张　丹　胡少晖　刘　芃　吕　聪
陈　瑶　黄　晶　胡怀湘　王会元　胡瑞荣　白　洁
崔　专　黄厚锋　刘星纲　丁　鹏　袁　晶

三好学生

数学科学学院
倪　忆　庄东平　杨　勇　丁　吉　黄　洋　杨　健
季　霞　王军辉　陈　莉　宋　瑞　成　彬　王　鹏
张　鹏　阎　兢　周　臻　胡　丹　刘　苏　樊春鹏
吴宇宏　黄裕民　傅红波　肖　寒　刘京辰　张毅超
陈大卫　李　嘉　任其然　张婷婷　白沁园　江银灯
陈泽浩　吴思思　韩建强　李晓冬　刘丹平　乔　琦
李亚军　阮杰锋　叶　诚　刘兴武　陈　酉　李金辉
谢贱生　王永革　张晓声　赵纪满　张雪娟
力学与工程科学系
魏　兰　周春锋　吴宝榆　杨　勇　程暮林　李　浩
高　娟　曹　建　赵寒月　刘英婷　杨　鹏　曹浩瀚
杨　瑜　赵宝生　张兴武　贾丛贤　蒋立俊
欧阳正清
物理学系
杨义峰　黄　颉　郑　睿　华　明　姚　望　周新建
傅　玲　朱　磊　万　谦　张　瑞　刘明国　王新杰
赵　军　邓　毅　李　亮　蒋　良　马雄峰　陈　鑫
林斌彦　耿玉菲　李　琳　李　可　葛四平　张纪才
孙　锴　齐　志　罗　乐　冉广照　陈　源
地球物理学系
汪　洋　张　勇　徐　袁　王兴娟　管晓悦　林腾飞
季永杰　吴晴芳　吴燕玲　周　霁　燕佳　徐　强
蒋　循　钱毅新　张　伟　王玲华　洪　刚
技术物理系
俞芃芃　汪振国　江卫军　王韶辉　唐定国　纪丽丽
李　丹　唐　亮　牛怀萍　张智渊　王　彦　潘　志
姚　波　米启兮　马经国　陈延锋　姜健准　程　艳
何希兵　应　军
电子学系
肖世军　邵子瑜　孙　琰　赵承宇　周　翔　姚宏颖
范霄安　张建伟　何建彬　黎晓晨　伊　林　谭　跃
谢　芳　刘　洪　任　惟　张　渊　冉崇海　赵晓雪
陈东斌　祝朝辉　李彦丽　童念念
计算机科学技术系
焦文华　杨　洁　吴　杰　龚笔宏　袁　骏　周述康

胡彦君　付　强　苏玉梅　涂　彬　危夷晨　韩近强
杜　鲲　冯立鹏　杨晓敏　聂书忻　李大磊　袁　玲
韦　杰　高晓洁　胡　丹　宋　翔　董　申　孙　欣
王　逸　周林杰　贺　婷　胡　卿　许建功　苏　杭
田媛媛　申峻嵘　许　顺　陈斌斌　朱家樱　刘　迅
刘霈翔　王　婷　兰景宏　赵慧周　管雪涛　李　丹
胡　钢　李春华　廖怀林　孟祥文　陈兆良　王腾蛟
化学与分子工程学院
王　伟　何　斌　梁　晗　张宝中　袁　海　刘登峰
陈　言　胡逸民　甄剑锋　史　峰　蔡新宇　王小立
欧阳缇　谢　佳　杨　琳　毕　洁　刘铭钊　向　晶
颜　珀　高婷娟　张明泉　王　飒　王晶晶　尹嘉路
李大东　徐常亮　陈德来　张福中　董广彬　骆亦奇
郑　斌　王　津　阎　垦　张　然　洪毅颖　路培超
张　静　徐维明　范江峰　应丽贞　骆宏鹏　张　勇
张淑珍　蒋　化　钦曙辉　曲朝晖　焦　鹏　刘　广
生命科学学院
蔡华清　张惠敏　王冠南　曾华鑫　刘蓉蓉　焦　健
胡一多　潘良斌　倪　隽　姚　远　王　倩　甄　鑫
张金伟　董国刚　黄洁虹　金　锐　周　宁　韩　飞
胡海晨　杨　刚　曹春辉　潘　博　徐晓曼　陈　艾
辛富晓　吴　巍　刘学峰　沈抒弹　刘　嵬　黄　嵩
陈　果　滕　林　于　翔　银　好　许江南　韦　祎
李　超　宋峰辉　李　崎　李乾芝　徐冬一　陆　剑
董一宇　米双利　赵恢武　龙　玉　陈　曦　郭　焱
地质学系
牟　莉　张海泉　陈舒舒　雍稳军　唐元之　张　蕤
王海青　刘　娟　张　静　李铁锋　姜文波
城市与环境学系
钱　伟　苏洁琼　丘　君　吴　倩　于占福　白　萌
肖　渝　党　宁　左　谦　李　莉　刘　洋　陈　杨
余　博　裴　丹　肖海燕　王　颖　林　卉　王永乾
王志芳　马　佳　叶生发　石晓宇　梁　洁　张文江
沈海花　朱竞梅　洪　松　孟庆民　谭成文　祁黄雄
王玉华　马修军
心理学系
马　悦　陈　宁　杨大赫　邵　懿　庄晓华　张　岩
王　彦　施俊琦　李　靖
中国语言文学系
肖小冰　艾　英　杨金涛　孟贵贤　李予湘　温海墨
孙　鹏　李　莉　孔令涛　于浩淼　王学振　李　李
赵文雯　张　淼　王振峰　彭姗姗　彭春凌　张　丽
辛晓娟　陈　勤　张　翔　谷　建　沈　浩　徐兰君
富　丽　应晨锦　曾和平　赵锦丽　秦　晶　王慧玉
李学武　刘希庆　赵建章　马东瑶　张洁宇
历史学系
学白羽　齐　济　王霄飞　梁　晨　马晓莉　冯　楠

冯　陶　邢丽咏　孙静涛　张　静　钱家杰　孙　瑜
张小萌　薛　松　仇朝兵　叶　炜　纪廷许　蒙　曼
董经胜

考古文博院
王琳琳　赵　永　杨颖亮　邬　斌　王晓梅　陈　馨
倪润安　张晓梅

哲学系
王世松　何文凭　罗洁洁　袁　媛　李之美　周　详
杨弘博　张　鹏　张国栋　张　敏　李红侠　孟令朋
李军会　贺翠香　胡绍皆　陈志刚　聂保平

国际关系学院
于　斌　王　玮　杨　芮　王怡乔　龙　瑾　邱　静
黄培皓　邓业涛　王　荣　许静倩　孙志强　鲍佳音
魏　佳　竺波亮　刘凌霄　周　玲　崔　黎　薛　东
范晓雁　毛晓华　王福凯　王　萍　王文英　杨冠达
张　辉　朱海涛　李文科　李强根　王　娟　韩　炎
印小平　魏　巍　马　佳　王　昱　张耀军

经济学院
应婷婷　刘佳佳　胡晓晗　李　骥　孟　元　尤海峰
李淑萍　冷　岩　楼狄飞　溥　琳　曾琪琪　龚陟帜
刘　佳　莫思多　周佩兰　李　荻　陈　琳　钱艳琼
杨　鑫　蔡　晔　林卫斌　谢伦裕　孙珺玮　刘　翎
商雯婧　吴淑姣　刘　佳　陈　佳　林隆华　任　杰
耿　勤　刘永强　郭海秋　袁　琼　王轶佳　姬江帆
李成刚　王国强　李丹红　苏健勇　才婉茹　王子健
李　健

光华管理学院
王　冠　陈　辉　冯永欢　赵春来　啜玉林　谭　丽
吴云英　阎　林　刘晓浏　杨　艳　徐　蕾　贾　楠
张　鹏　叶　澜　余静阑　万　星　康大伟　胡　玲
王学举　林小驰　于　越　李　俪　李鹏涛　李青妹
何燕青　户才和　应　帅　张　莹　管　建　张永坤
卢远瞩　钱士春　郭建南　乌耀中　郑升芳　张　昆
杨翌昀　范建军　刘军霞

法学院
魏　帼　蔡斯栩　胡　茜　贺凤哲　吴　冬　胡凯之
张汉东　刘晓春　王　桔　马永强　曹　婷　吴　昊
孙　宇　盛艳慧　高　翔　夏春利　韩思婷　管　妍
王斯曼　焦　娇　高广彬　李　强　孙海萍　刘　卉
童颖琼　张瑞彩　叶芳宇　赵薇佳　李嫒嫒　戴　莹
汪兰英　徐中强　周　虹　杨君佐　程金华　金锦萍
肖爱华　孙卫国　史江红　尹谷生　田忙社　台　冰
王　晴　杨晓雷　王佳明　劳东燕　李　昊　封　锐
史震建　郑汉杰　孟　刚　吕舸南　李长喜　何　兵
刘为波　杨书文　刘艳红　于兆波　宋功德　陈　洁
黄　瑶　郑顺炎

信息管理系
施　燕　楼丽萍　辛鸣镝　胡晓峰　周易军　邓　倩
王　宇　冯兰晓　秦阿娜　王　超　李冬秀　黄远文
蒋　龙　梁海丽　于洪彬　马　莉　赵慧勤

社会学系
李　妍　刘小涛　顾　谦　张　磊　季　蕾　高　洋
朱可嘉　娄毅敏　徐宏伟　潘秀军　高　旭　贾西津
赵孟营

政治学与行政管理系
焦　炜　杨赫男　王红玉　王　霞　杨　琨　李红霞
胡良俊　刘　颖　刘　烨　陈良文　邓　璇　王晓琦
姚铁男　王　峰　王馨仪　姚晓晖　杨立华　李若鹏
顾平安　李宜春　唐　娟

外国语学院
李　溪　裘　实　章　燕　李安钢　张　怡　周　密
马　雪　谢　琼　查轶伦　史　阳　张锐瑞　戴旭明
梁　淼　叶　岚　包明明　郝小松　邱　萍　翁妙玮
任立榕　刘　燕　郭泰然　俞丽娜　牛　莲　徐小薇
杨舒春　许莹莹　楼菁菁　王润生　于润生　刘　旭
沈　涵　栾　晔　孙　晔　易　璐　耿琳琳　高剑妩
冯　超　吴　昉　张　玥　孙若颖　宋晨燕　常佐威
许　彤　揣妹茵　杨　凡　王润华　黄冰源　李　玲
盖伟江　黄兆旦

马克思主义学院
刘卡宁　张　帆　王　辉　韩　琦　张　一　朱文湘
单　斌　李晓澜　刘志广　苏　鸿　杨　桦　张佑辉
童春林　曹誉曦

科学与社会研究中心
王耀德

艺术学系
卞　勇　王亚洲　谭洁瑜　刘　丽　郭　娟　杨　娟

汉语中心
李　泓

中国经济研究中心
李志泓　关　鹏　沈　琪　刘培林

教育学院
林小英

人口研究所
曾　卓

信息科学中心
时建新　孟　放

环境科学中心
花　维　郑　彦　赵慧艳　谢飞钦　戴大军　张力小
安树民　罗华铭

医学部
武颖超　刘园梅　王　通　黄　萍　娄鸿飞　曹　威
齐丽丽　鲁红丽　罗　昕　刘业成　史　楠　黄　辉

樊曦涌	姜 宁	刘 琳	暴 婧	林 范	陈 斯	化学与分子工程学院		
张五芳	刘 佳	杨文琪	方燕姗	杨 雪	王 婧	周 江	刘 佳	王胜龙
倪连芳	任 建	蒋 镭	侯晓蕾	钱 英	王明悦	生命科学学院		
郑 博	张 晶	白 鹏	李 雪	王 凯	段琼文	张 颖	汤 浩	
朱伟赞	尚 彬	王笑菲	李 旻	赵艳丽	边大鹏	地质学系		
李 纾	王 斌	方柏荣	范 晶	郑一华	江 东	姚卫浩	王 冬	
王智敏	王 楠	刘 斯	李 扬	候 艳	李 玫	城市与环境科学系		
黄明伟	郭芳岑	吴乐萌	刘 菲	李 婷	袁 泉	俞奉庆	王晓东	
高 玮	申 佳	奚 静	里筱竹	孙 昱	张 娟	心理学系		
段若竹	王 芳	郭 畅	王 燕	张 健	赵 莹	蔡蟒生	迟英梅	
徐岷涓	王宇光	郭 杰	刘 瑜	田晓明	屈 晶	中国语言文学系		
贾新颖	赵 芳	刘敬婧	任 雪	芮妍芳	杨 姮	俞 骅	赵长征	
肖泽宇	武文琼	潘晓伟	吕继华	张 法	王 薇	历史学系		
田 茵	李 娜	张瀚迪	李祥虹	柳 鹏	宋 洋	徐利卫	刘冬昕	王 伟
孙玉琳	余灿清	姜范波	吴 娟	吕冰峰	杨 鹏	考古学系		
张 琦	周 虹	王 乐	郝 秦	王 波	李艳丽	张 楠	范丽萍	
邓 晶	贾会学	于鸿江	李会娟	刁葳菲	张 莹	哲学系		
荆 华	黄晓楠	初宁宁	杨 婷	何珊珊	彭淑霞	赵 然	周晓刚	陈岸瑛
孙荣娜	杨桂玲	孙 杨	杜 俊	董 娟	杨 妹	国际关系学院		
王 丹	田晓军	赵旭旻	钟 山	李 然	耿 莹	张 璟	王报换	
吴文湘	马 为	林 辉	毛源杰	周 棉	褚松筠	经济学院		
郭雪梅	孙丽杰	吴慧娟	李 醒	刘继强	薛志强	戴蒲英	秦 军	
魏雅楠	尚 鹬	张 瑜	李志艳	李 琪	陈 宁	光华管理学院		
买晓琴	郭 永	陈 彬	冯雪茹	武 蓓	虞 巍	戈爱晶	张新海	
石菁菁	赵 嫣	徐伟仙	王 琨	张 静	黄 进	法学院		
杨宏彦	郭 阳	黄厚锋	郝建珍	何 豫	赵宝红	全奕颖	胡 晗	刘入铭 李富成
张迎佳	马鹏华	王 莺	余文丽	袁俊伟	张 鹏	信息管理系		
韩 冰	冯 敏	崔 亮	肖 楠	方 芳	王 娜	张 迪		
花 欣	王琳(辽)					社会学系		

优秀学生干部

张阎龙　郭建如

政治学与行政管理系

陈向前　王征宇　周鲲鹏

外国语学院

数学科学学院

张　莹　汪　涛

力学与工程科学系

毛小锋　孙智利

物理学系

张冰峰　穆良柱

地球物理学系

习锋杰　李晨光

技术物理系

唐　昕　贺　强

电子学系

王　琳　杜　民

计算机科学技术系

张慧邃　杨建武

刘　华　马洁岚　潘荣荣

马克思主义学院

宁　可　郭可坤

艺术学系

高　洁

中国经济研究中心

王智勇

信息科学中心

罗平宇

环境科学中心

普利锋　王仲成

医学部

唐世英　江　宇　徐　冲　刘光慧　张景怡　曾　淳
陆　叶　鞠　辉　李炳震　陈北冬　王秀婧　徐　宁

社会工作奖

数学科学学院
林冬瑜 周晨 李秋生 孙宏宇 林海智 陈凯
李妍 陶萌 刘恋 陆丹峰 倪强 孙磊
许建强 吉远慧 吴强 盛寒蕊 李刚 博午日亘
马翔 韩嵩 须佶成

力学与工程科学系
余宏标 葛幼璋 郭旗 彭文波 王涛 王彦峰
李旭 王平

物理学系
周超 刘波 王建军 刘瑾 宋洋 贾珣
袁方 孙亮 吴赛骏

地球物理学系
闻新宇 赵明 王文博 刘晓雨 纪鸿聪 吴京文
张蕴斐

技术物理系
陈中阳 张宇 代克化 詹卉 谷建勤 王思学
朱凤

电子学系
张宏健 田甜 张宇 钟声 曹锰 李冰
王峥 王楠 李岩

计算机科学技术系
吴旭升 贾硕 程行之 邱迪 任驰 张联宇
岳斌 阎哲 陆俊林 王煜 魏禹 阳萌
郭胤 翁念龙

化学与分子工程学院
王树志 何健 王耀杨 江泂 陈以昀 陈超
毕波 武巍 赵飞 杨子良 黄世明 贺江
刘寅 陈继涛 董栋 朱明强

生命科学学院
王璞 余小萌 张彦 李枝蓉 曹静

地质学系
杨默涵 王欢 李光辉 赵金 鲍景新 刘晶

城市与环境科学系
于海波 黄琢玮 胡会峰

心理学系
李彦 黄峥 马成 杨洋 李健 廖芳怡

中国语言文学系
黄荣荣 陈宇航 孙瑞雪 杨俊峰 郭珊 谈鸣
贺信 谭圆圆 张敏杰 丁燕

历史学系
林小异 孙扬 昝涛 耿焱 史楠 徐春峰
陈爽

考古学系
高洁 李净

哲学系
陶云飞 苗林 李科林 周佳梅 张卫华 刘玮
贺志勇 向德行 彭宏伟 彭国华

国际关系学院
黄照静 胡新龙 虎翼雄 李士祎 佟希蒙 李琳
周萍 杜鹏 王贞又 詹潇潇 高静 蒋周腾
郭军 李文凯 毛玉西 叶远强 丁艳灵 赵爱国
李国奇 臧义彬 张丽萍 魏宪朝 杜永明

经济学院
周侃 李瑶 孙丽萍 孟丽君 徐华 姚兰
秦雪征 王磊蕾 富雷 蔡玮菁 曹杰 叶捷
徐晓博 孙铮 王凡 袁硕 牛国栋 谢光
高飞 郭盛

光华管理学院
孙晓慧 张小龙 孙萌 梁志伟 林丹敏 汤文斌
陈恩伍 孙菁 李敬业 姚兴 吕光昕 陈静
冉成中 黄建军 赵坚 崔善花 田雅静 熊功伟
冯若钊

法学院
王齐鸣 王昕 刘诗芳 邢祎 张剡 乔波
付东攀 刘德恒 司海江 关文伟 王建波 方文碧
关爱华 马明亮 许永强 高健军

信息管理系
王宁 崔毅龙 李峥 郭强 江琳 闵丛民

社会学系
柳剑诏 朱斌 许超 张婧 高洪山 刘建华

政治学与行政管理系
程霞 宁兆欣 田雨 郭丛斌 邱高爽 许萌萌
朱海江

外国语学院
孟元 王啤 王强 常力 章蓉 罗小燕
侯奇峰 陆映波 龙瑶 顾莉超 郗莉莎 王蕾
余辉 孟振华 刘巍 吴小芸 倪运宠 周莉
吴怀瑾 贾瑞坤 张璐 李兵 刘靓 傅婧
唐志林 刘岩 李宏梅 刘旭 马宇姣 董峰
贾哲 吕雯 陈洪利 陈洁 罗蕾蕾 宁洁
夏玉蓉 鲍培和 陈茵 修立梅 李莉莎 王秋石
海苑苑 程端子 王楠 孙曼 周砚舒 王婷
王虹

马克思主义学院
杨宏伟 向兵 肖玲 张羽馨 谭丙阳 吴小军
汪文庆 刘忠俊

艺术学系
陆旻轩 张晔 朱媛媛 何叶 钱锋

中国经济研究中心
王丽

环境科学中心
龚慧明 罗昊
医学部
姚宠伟 林桂亭 刘燕南 徐琦   张雷   阎衡秋
李金萍 石爽   边海阔 王子军 董辉   张华
金聪   金楠   尹奕   景红   徐明江 吴元
王刚   赵鑫   周鑫   陈碧   孙源   柳雨时
孟幻   吴科春 蒋高喜 于杰   尹琳琳 赵芊
吴仁鸿 郭昀   赵质斌 范洪涛 赵鹏   沈鹏
张权   邓寒羽 李晶   王晓菁 金爽   黄慧
丁颖果 杨立春 史力斌 于峰   高杰   孙垂国
王旭   刘莉   刘锦涛 余文   祝龙   白明
郑毅   于洁   陈晓勇 宋刚   宋雷   梅宇
陈程   周军   赵东   王昱   程序   王驰
张晓蕊 王昕   马旭东 任轶   张涛   刘洪良
刘付   海燕   付宏宇 王鹏   乔静   崔荣丽
许有银

五四体育奖

电子学系
李准
法学院
陈延   崔康康 孙巍   郑思薇 朱蓓   卢鑫
朱喆   商宁   刘憎   卢明   陈涛   解华
严明   曹圣光 任燕   赵为之 杜震   张海霞
医学部
高山   张含羹 宋伟   郑瑞霞 王赫   孔维桦
魏伟   谷敏知 刘扬   孟敏   高崧   饶林洁
南奕   高昀   宋寒平 潘柏林 兰学文 张智国
吴畏

学习优秀奖

数学科学学院
张州俸旻 张会娜 王证   单盈   陈莉莎
王冲   赵新宇 隗刚   文晓   李佩繁 周栋焯
于海军 肖磊   陈弢   孔文彬 白刃初 宋鹏
沈玉萍 王耀君 狄崇智 李智一 高文华 徐智
王峰   胡鎏   胡绍平 张俊峰 苏阳   朱正明
党淑君 张勇   华先胜 陈凤德 秦胜潮
力学与工程科学系
刘云   周卫星 刘世强 郭晶晶 黄源浩 孙朗
王大川 杨艳静 李赟   彭瀚   张立新 郭树理
王志珍
物理学系
胡景实 吴昉   王鹏   范凯   严人斌 罗喜良

黄淙淙 邓志峰 周云鹤 胡亦斌 饶志龙 宋昌盛
刘彦良 练唯诚 王莹   胡涛   杨帆   王鹏
梁震宇 高东峰 王玮   张宇锋 李微   毛有东
王树峰 杨亚声
地球物理学系
莫倩   李蓉   王毅   覃争锐 章卫祥 黄毅
卢婷婷 林国庆 田玥   施勇   罗曦   林金泰
乐旭   陈蔚天 李昶   刘晓阳 邓莲堂
技术物理系
郁林   叶鹏   王剑   孙凤龙 陈俊   夏春雷
刘睿   潘登   王超   闵玮   陈奕龙 左澎
朱子美 李聪敏 任静
电子学系
贾涛   王华辉 方田   邓杰   许娟   孙伟
李刚   王薇   潘剑颖 鄢毅阳 赵菲   范小杏
沈昕   王苗苗 张冠男 童霆   姜江   朱永兰
王枫秋 樊翊靖 马黎黎 肖嵩   王文佳 李晓旭
张琦锋 王勇
计算机科学技术系
项斌   卢振庭 刘世杰 朱寰   张牧   张志汝
王益冬 朱志高 杨勇   章悦   邓海清 彭枫
翟博   陈江枫 潘文斌 高岩   王俊   吴琦
郑璇   肖鹏   沈坚   刘晓敏 应甫臣 孙宏涛
顿楠   赵静   黄爱华 曹云波 韩军东 葛佳
王思锋 王轩菁 毛凌锋 汪小林 张盛东 普建涛
陈斌
化学与分子工程学院
孔祥旭 赵宇星 戴楠   邓达义 张磊   宁柏宇
张岩   晏皖琳 张晓瑜 朱文江 孙振宁 李竹
欧洲   韩伟   许述   钟鸣   甘霖   刘玥
阎昊   杨笑山 付晓   李琛琛 李成永 冯平
陈人绪 王荐文 陶鹏   鲁从华 熊向源 黄福志
米健秋 孟芜茹 洪莲   吴增茹 别利剑 常菲
陈晓   殷晓颖
生命科学学院
韩庆庆 陈倩   纪明   林兰   黄佳   丁磊
卓佳   韩熠   马世嵩 马莉   刘曼   陈曦
臧彤   陈晓伟 聂书怡 张军军 管胜昔 冯倩
张虹   龙小杭 江枫   刘金晶 何春霞 陈野野
王俏杰 刘晔   沈杰威 白云   石锐   赵扬
杨健   任重   孙欣   李化   李梦   姚滇
汪宇盈 谢阳   钟尉端 姜忆南 何嘉   朱一鸣
易岚   虞建军 邢云龙 黄菊   张磊亮 张勇
杨巍   聂玉春 周建军 何群   张颖溢
地质学系
陈杨   徐杰   金华   王真   朱彦北 申延平
马照亭 陈晋阳

城市与环境科学系

姜世国	张宏亮	王彩凤	肖晓柏	景 娟	宋先花
陈 阳	李青淼	毛 娟	闻 辉	罗日升	朱 彪
关 蕊	张 翼	赵星烁	王晓光	俞 曦	刘书臻
张景瑞	苏 平	谈 斌	袁 栋	江子瀛	刘 龙
刘玉玲	潘 波	高凌云	朴世龙	黄建军	胡金明
龙爱民	沈大勇	朱雪梅	张 玲	郑心舟	

心理学系

尹晓曼	张国宪	林焯文	李 丽

中国语言文学系

肖索未	蒙 娃	田 媛	王艳杰	杜 轶	姜 南
陈 珺	何 佳	寸 熙	沈莹莹	陈 岚	章 凌
刘天亮	管谨严	李海蓓	林 星	包菊香	王琰琰
李 力	熊 燕	隋慧娟	杨昊升	于洪梅	张 键
刘青海	徐 鹏	王鹤丹	杨 凯	侯桂新	詹 颂
杨子彦	王 峰	杜 翔			

历史学系

曹 原	宋芳芳	黄 君	张 晗	李丹婕	付传侃
刘子忠	林 鹄	李永春	刘 兰	许金华	湛贵成
张士昌	张淑兰				

考古学系

李珍萍	张雪峰	阎 志	张 凌	杨建军	刘耀辉
李志玲	韦 正				

哲学系

姚福燕	李 俊	肖清和	范皑皑	李 剑	李 旭
刘 哲	林艳梅	唐文明	汪 蔚	关群德	

国际关系学院

张晓文	吕 品	李宏霞	张湄湄	那英瑛	邹 欢
李宏毅	陈 斌	徐 倩	杨伟玲	刘 杨	罗彦彬
陈 洁	王雅平	王 涛	杨 迪	田 哲	蒋 燕
王庆东	张 杰	刘 妍	牛仲君	杨毅刚	王 昭
张 妍					

经济学院

邓红霞	曹 郁	李 佳	曾晓洁	黎新平	吴 华
黄 莹	杨 石	唐 昊	王海民	李 峰	周学韬
曾 锋	熊碧华	周 凤	姚羽蒙	鲁 刚	张 伟
彭艳琳	文 渊	聂志红	谢怀筑	纪 沫	陈 玮
孙 杰	简 强	陈 莉	冯 科	张立洲	胡晓阳
周战强					

光华管理学院

赵肖行	庄 毅	苏 瑜	杨 鹏	刘 峙	严 欢
刘 鹏	雷 钧	叶仲广	许玉莲	周春峰	冒大卫
王 劲	刘 馨	吴 刚	姬 虹	朱元伟	李玉刚
范学红	肖守和	占冠良	赵振生	郭玉宇	杨 丹
黄明辉	徐 莉	谢绚丽	邱东辉	胡中祥	吴成丕

法学院

艾 飞	钟 鑫	程秀强	朱 峰	令狐铭	郭 威
苏 浩	丁晓东	周 倩	李 霞	张 从	周 曦
张一诺	冯翠玺	罗 彧	张丽君	余韶华	张 锐
任扬帆	王 来	顾军锋	赵 枫	陆艳平	付芳芳
王 波	姚 硕	王 喆	邓 智	陈 娜	胡 冰
樊振华	刘琳琳	焦 捷	易 立	孙艳敏	孙 杰
鲜晓斌	迟 姗	邓海平	马冬梅	赵志宏	李 荣
许克显	陈 实	赵英敏	刘 波	吕册人	留永昭
李 丹	李凤英	钟瑞友	刘妙香	秦 钰	赵 辉
陈 闯	李晓峰	何海波	孟庆华	刘中发	王 鹏
汪全胜	温 辉	林 维	崔国斌		

信息管理系

薛 旻	杜 征	茅亚萍	李红波	孙 宁	卢茹彩
丁永勋	浦美娟	刘 欣	杨 晓	路小红	马红艳
钟 琳	张莉扬				

社会学系

刘君代	张 琳	巫俏冰	宋 婧	童根兴	陈征微
周 晖	李春华	杨 典	包胜勇	刘爱玉	李 霞

政治学与行政管理系

王海琛	龚慧娴	黄 丽	冯明亮	胡 磊	秦梦卿
张立华	王 莹	赵金波	刘红卿	王红晓	宋 震
邓湘树	刘海波	王振海	沈友军		

外国语学院

张 嵩

马克思主义学院

王启军	邹 剑	葛东军	周赫予	王 勃	王 伟
王 颖	吴 宁	孙宗伟	余向华	石贵发	尹晓华
黄开华					

科学与社会研究中心

孙雍君

艺术学系

王清原 王晓丰

汉语中心

马 楠

中国经济研究中心

张 懿	聂凌云	袁 嘉	郝朝艳

高等教育研究所

杨 钋

人口研究所

马虮飞

信息科学中心

方 方 遇 辉

环境科学中心

张立勋	李全林	刘秋霞	刘国梁	任国珍	于 湧
刘新民	胡治飞				

医学部

彭 颖	谷世贤	田福聪	白 瑾	张 丹	侯海燕
华 蕾	吴 静	王 皓	汤 可	刘立军	赵金霞

彭炳蔚	解雪芬	杨 进	游珊珊	吴 妮	欧 媛
李双喜	梁京津	肖 晗	王 娟	赵海燕	李 龙
温 泉	陈临新	张 静	任婷婷	李瑞芳	张 婷
朱 丹	孙 帅	林 寒	李秋萍	金星姬	邓雪蓉
刘 杰	辛 晨	李云飞	母艳蕾	时延伟	张 扬
马 媛	魏洪政	马晓伟	田 婷	张晶晶	蔡 林
张丽娜	陈 奋	张大方	刘 莹	许向亮	顾晓宇
陈晓播	顾 漪	冯 俊	阎 征	赵 晶	孙亚平
邱婷婷	李湘辉	李志松	赵帼英	史翠娟	张 洁
张 宇	杨 琳	何 骏	张 焱	马 曦	熊玮仪
江 河	张 卓	朱志峰	陈 敏	赵 琦	龚丽云
秦 雪	陈 良	裴荣娟	侯晓力	王琼玲	董媛媛
赵建娟	徐 圆	张丽蕾	李新宇	韩晓宁	刘国华
徐 平	申占龙	王铁华	李 欣	王玉艳	韩 彬
于 璐	刘筱菁	林 钊	赵亮亮	刘 杨	葛 娜
刘凌宜	李思雨	孙樱林	胡 然		

红楼艺术奖

数学科学学院
王晓霈
力学与工程科学系
曹 珂
地球物理学系
韩 勤
计算机科学技术系
梁 研　殷晓田
化学与分子工程学院
王 璇　齐 航
化学与分子工程学院
郑 斌　杨 谦　蔡 珺　李琳熙
城市与环境科学系
邵大有　李 尧
心理学系
王 浩
中国语言文学系
袁绍辉
考古学系
阎 欣
国际关系学院
米 娜　康 涛　滕 牵　王 菁
经济学院
邵功南　王 燃　王 瑶　吴 夏
光华管理学院
胡 杨　崔 晓
法学院
吴 迪　孙一涵
社会学系
李 蒙　郭 晞　蒋广慧
外国语学院
赵志恒　宋 阳　崔 佳
医学部
李 倩　肖冰冰　刘晓琴　刘 斌　李凤云　姜 军
乔露朦　段永生　钱晓晓　孙 亮　孙 颖　张维毅
王 静　史继荣　刘 飞　刘 冉　郑宏宇　史晓丽
孙 旸

奖学金获得者

光彩奖学金

数学科学学院
庄东平	刘 青	季 霞	赵新宇	李辰欣	李佩繁
周栋焯	吴宇宏	傅红波	陈大卫	张婷婷	李晓冬
乔 琦	张振勇	谢贱生	张晓声	张雪娟	

力学与工程科学系
周春锋	杨 勇	程暮林	赵寒月	舒南江	岳志勇
张汉勋					

物理学系
吴俊宝	罗春雄	向 杰	屈 强	初 宁	方文娟
周卓为	肖博文	罗 康			

地球物理学系
叶国扬	郑中华	徐 强	许 飞	蒋 循	

技术物理系
徐卫民	唐 亮	蒋云峰	王 彦	林 泰	谷建勤
马经国	程 艳				

电子学系
李 楠	李 刚	姚宏颖	胡宗敏	黎晓晨	刘艺锋
熊 强					

计算机科学技术系
倪卫平	涂 彬	庄 伟	刘 燕	楼书作	袁 杰
杨乘默	申峻嵘	朱家稷	谢丹夏	韩果凌	赵慧周
贾 娟	陈中建				

化学与分子工程学院
宓捷波　孙俊良　李丽华　邓　亮　王晶晶　尹嘉路
徐常亮　骆亦奇　郑　斌　王　津　张　静　施卫峰
范可强　王忠胜　刘　广
生命科学学院
何　冰　焦　健　张　颖　陈　曦　唐华平　夏远峰
王　悦　张晗芸　白　云　杨　健　沈抒殚　滕　林
银　好　刘　飞　邵承华　陆　剑　岑晓东　禹　甯
地质学系
赵　睿　宋　卓　陈华勇
城市与环境科学系
李卫锋　吴　倩　董莉娜　左　谦　刘　洋　孙　鹏
程　龙　窦　静　杨友孝　何大伟
心理学系
蒋　毅　王　瑶　侯玉波
中国语言文学系
田　媛　艾　英　姚静仪　孙　鹏　叶　娜　彭春凌
包菊香　刘　芳　葛　飞　赵长征　李鹏飞
历史学系
王锦萍　邢　颖　朱　溢　冯　陶　邢丽咏　聂义峰
崔志光
考古学系
王琳琳　邬　斌　倪润安
哲学系
姚福燕　夏志锋　孟令朋　林艳梅
国际关系学院
梁亚军　陈慧颖　宋　伟　邱　静　左瀚颖　鲍佳音
陈　洁　陈瓅蕴　马　佳　简　易　林辉撑　门洪华
王立勇
经济学院
沈俏蔚　孙　嘉　雷震洲　溥　琳　龚陟帜　刘　佳
李　荻　陈　琳　张　伟　孙珺玮　陈　佳　李薇叶
秦　军　王轶佳　黄冠华　欧阳雪君
光华管理学院
施　浩　谭　丽　杨　艳　张自权　田　路　郑春建
杜　渡　强　桢
法学院
傅思齐　张　宁　李　霞　张丽君　余韶华　管　妍
王斯曼　童颖琼　刘琳琳　赵薇佳　李媛媛　朱一心
田忙社　黄　锐　李清池　于绪刚　郑顺炎
信息管理系
王海娟　周易军　李冬秀　蒋　龙　于洪彬　田　敏
社会学系
常　姝　顾　谦　田　耕　龚洪训　郑丹丹
政治学与行政管理系
钟开斌　陈　虹　梁　江　唐珊珊　齐子鑫　顾平安

外国语学院
李　溪　陈永利　李　佳　王盛男　杨舒春　迟　方
马宇姣　易　璐　曾　雅　张　玥　宋晨燕　李玉霞
蒋寅刚
马克思主义学院
宁　可
艺术学系
毛　艳
中国经济研究中心
郭建宏

光华奖学金

数学科学学院
谢兵永　曾　辉　杨　健　严熙婷　葛丹丹　赵　扬
文　晓　何剑钢　王　平　陈祝亮　葛　俊　韩建强
高文华　王　峰　阮杰锋　韩　嵩　黎德玲　叶　诚
杨志坚　颜水成　李金辉　张　勇　倪国喜　于行洲
力学与工程科学系
王丛舜　周春燕　张　震　曹　珂
物理学系
李　智　刘志斌　俞　鹏　郝　庆　李　晨　张鸿涛
蔡　明　张　林　何建阳　葛　颂　杨　锟　王　欣
王丹翎
地球物理学系
白光顺　张　勇　周佰艳　田　玥　周　霁　燕　佳
钱毅新　王玲华　邓莲堂
技术物理系
常郁林　龚　龙　张　宇　刘冬梅　艾　颖　詹　卉
王思学　朱子美　何希兵　向　蓉　应　军
电子学系
田　甜　潘剑颖　张　宇　曹　锰　赵　菲　何　茹
朱永兰　姚　鹏　陶成钢　陈　光　陈东斌　赵　兵
金新喜　冯成林　徐明波　罗　骥　白　栋
计算机科学技术系
项　斌　卢振庭　袁　骏　付　强　杨　勇　王　悦
章　悦　翟　博　朱　磊　陈江枫　白　萍　王　逵
许建功　应甫臣　朱玉凡　王　钊　常　欣　欧阳辰
谢　军　叶　松　杨均正　贾景彬　陈剑鸣　刘　昕
阎志会　朱　晟　陈敏时　喻　坚　陈　斌
化学与分子工程学院
周　江　李　栋　郭贤荣　朱敦深　孙　蕾　武　巍
高婷娟　黄　春　赵　飞　黄世明　于海东　庄海玉
甘　霖　付　晓　李成永　潘金鹤　王　岩　陈煜静
宋秋玲　朱丽荔　屠迎锋　罗　锋　苏晓丹　周　闯
谢祥金　唐廷基　杨丽敏　张庆敏　刘志杰　莫　依
王　繁　黄岩谊　鞠　晶　王建秀　陈　晓　任焱杰

生命科学学院
蔡华清 王萌 王昊 林兰 尹慧然 杨松桦
李勇青 冯旭燕 陈纪袁 赵卫星 刘嘉月 蒋芳
魏崴 郑南 陈颖 汪宇盈 鲍贻倩 鲁嘉
刘巍 俞怡 孙庭万 吴旻 米双利 钟瑾
卢迎春

地质学系
李晨 朱明新 张增杰 衣学磊 何文渊 王祺

城市与环境科学系
宋先花 于海波 罗日升 张翼 余博 谢强
刘旭红 杨咏 季民 张平 吴媛媛 王晓东
彭建 刘志林 李峥嵘 石晓宇 王成远 李莹
黄建军 洪松 胡金明 龙爱民 孟庆民 王浒
夏曙东 刘安国 朱雪梅 戴尔阜 赵淑清 张玲
林绍福

心理学系
衣琳琳 施俊琦 陈素芬

中国语言文学系
寇渝佳 邱立坤 秦爱华 郭册 章欣 严燄
白雪 李萌昀 富强 李云路 刘探宙 邓琳
马月华 刘瑞 王晖辉 张学东 曾和平 张富海
张量 张学军 杨志 赵静 王俊文 任昕
王慧玉 安小兰 郭蓁 张沛 刘军 刘现强
胡兰江 井玉贵 胡旭东 姜涛

历史学系
庞云黠 徐利卫 王芳 冯翔 李春志 李睿
许曼 刘永强 余久兴 朴燕 闵锐武 王晓菊
谭继军 徐立望 张洁 郭灵凤 唐利国
欧阳烈丹 欧阳城旺

考古学系
赵永 杨建军 范丽萍 张晓梅 韦正

哲学系
胡占利 周晓刚 程绮瑾 赵嘉 李旭 张建军
张玉安 徐辉 邹波涛 向德行 许美平 李红侠
刘锦震 刘畅 张华 贺翠香 展立新 方旭东
贾可春 陈志刚 姚春鹏 汪蔚 关群德

国际关系学院
胡新龙 李闻宇 廉梅 张秀台 高静宇 程增宾
郭军 孙华宇 王琪 曾鹏飞 张辉 郑桂红
谌园庭 艾建琪 刘新苗 陈崎 王忠凯 易永烽
丁园 韩炎 李晓红 向宇 王辉 刘东
于边疆 李双伍 张伯玉 乔卫兵 谭宏庆

经济学院
曾晓洁 彭艳琳 曹宇芳 李佳 郭海秋 李亚峻
谢光启 刘剑枫 李钦 张艳 李海涛 罗涛
梁若冰 高西有

光华管理学院
冯永欢 刘天君 李本刚 张兵 段肖磊 卢小玲
孙刚 卢远瞩 蔡洁 蒋健 张峰 吴增涛
白雪飞 解浩然 赵明华 李骥

法学院
艾飞 贺凤哲 全奕颖 胡晗 黑静洁 史欣悦
薄勇 董文媛 刘运毛 陈鑫 金朝 李荣
许克显 赵英敏 宋小海 沈春晖 杨正洪 张为一
李飞 关文伟 江照信 王笑红 汪庆华 张癸
蒋岚 黄叙 刘妙香 王元 潘勇锋 孙远
邓芳 黄慧鹏 蔡巧萍 何印胜 廖凡 李慧妮
孙海龙 杨书文 周长征 李毅 温辉 许永强
林维 汪永乐 巴桑旺堆

信息管理系
王宁 李娜 张莉扬 韩圣龙

社会学系
朱斌 崔鬼 郭金华 何光喜 柳玉臻 刘亚秋
贺立平 杨刚

政治学与行政管理系
张将来 靳舜瑶 王征宇 杨巍 郭丽岩 毕于慧
孙如立 陈霁 孙广厦 徐印 安卫华 廖明
杨志敏 陈伟 卢莎 皇娟 杨立华 李若鹏
崔岳嵩 刘海波 王振海 沈友军 唐娟

外国语学院
王娜 马玥 谢琼 周方冶 许莲 刘巍
王新萍 迟静斐 刘博 傅婧 许飞 方宏
张晓键 严妍 俞婧婧 王以 李梅 许彤
刘昊 刘震霞 梁晶晶 沈旭东 许德金 杨怀玉
张吉焕 唐慧

马克思主义学院
邹剑 张一 单斌 吴宁 张卉 李晓澜
廖奇 刘志广 谭丙阳 苏鸿 郭建光 余向华
石贵发 杨桦 张佑辉 童春林 曹誉曦 樊石虎
贾立政 宇德海 郭永中

科学与社会研究中心
张锦志 孙雍君

艺术学系
王亚洲 刘媛平 张丽

汉语中心
常志丹

中国经济研究中心
陈晓秋 关鹏 肖娟 陈庆庆

高等教育研究所
刘强 陈霜叶

人口研究所
汪洪波 曾卓

信息科学中心
胡娟 王岚
环境科学中心
阎元 李雪 刘利 万小春 张玲 张振兴
刘春艳 韩凌

恒生银行奖学金

经济学院
曾琪琪 周佩兰
光华管理学院
汤文斌 徐蕾 张鹏

诺基亚奖学金

数学科学学院
刘苏 赵纪满
力学与工程科学系
林文惠
电子学系
胡伟 杜民
计算机科学技术系
张联宇
心理学系
陈玢
法学院
程金华
外国语学院
朱丽峰
信息科学中心
时建新

松下电器奖学金

数学科学学院
狄崇智 刘丹平
地球物理
习锋杰
计算机科学技术系
胡丹
化学与分子工程学院
王俊 陈人绪
生命科学学院
马莉
城市与环境科学系
李青淼

心理学系
姚君华
中国语言文学系
严斌
哲学系
谭嫦
信息管理系
杨临明
外国语学院
翁妙玮

通用电器奖学金

电子学系
张宏健 李准 周翔 张建伟 范小杏 邱迪
计算机科学技术系
高翊 朱萍萍 陈静 周林杰 梅俏竹
国际关系学院
郭慧敏 顾琼瑶 那英瑛 熊婷婷 张亮
经济学院
解毅成 王星 黄婧 王凡 袁硕
光华管理学院
李书玲 杨鹏 于晨曦 牟淑慧 康大伟
法学院
陈漾 蔡晶晶 罗文思 戴菲 张丽丽 张尔珺
信息管理系
屠淑敏 张迪 郭强 丁永勋 王超
社会学系
朱宇晶 巫俏冰 盛洋 肖莉娜 侯梦蕊
政治学与行政管理系
葛元杰 许萌萌 冯明亮

新生奖学金

一等奖

数学科学学院
申强 杨运新 王坤 朱歆文 孙鹏 林乐峰
欧阳佑
物理学系
陈琳 黄志琦 董世英 俞弘毅 许应瑛 宿寅
方圆 王堡
生命科学学院
刘国琪 林舒

二等奖

数学科学学院
梁爽 郑昱 胡桔 周立 张伟 史佳祎
林凌 欧阳智 蔡勇勇 吴明辉 胡晓君 龙云
张阳 杨琦 刘庆 黄晓亮

物理学系
赵轶 郭峰 贾宏博 孙笑晨 李钊 陈挺
王肖遥 刘岑 方瀛 曹孝斌 周俊 刘亮
杨宗长 李川 陈沅沙 彭旭 彭超 杨跃德
戴杨 李源 刘一

化学与分子工程学院
江宇 王羿 俞科兵 王志永 刘庄 李昂
颜钦 谷洛 姜晓成 张毅群 谢黎明 张伟林
张文彬 高原 阎晋源 周伟诚

中国语言文学系
董熠晶 李小天 叶秋玲

经济学院
殷建琼 宋芳 任斌 司高飞 梁昊 李峙玥

光华管理学院
张涵天 葛欣 赵端端 王晶琦 陈琦 毕琦
王娟 肖闻起

法学院
李凤仙 李艳 吴晓雪 全英 李枫 张荣胜
寇建建

三等奖

数学科学学院
李武群 宋坤 李凯 邢浩 魏震 赵亮
刘涛 钱盛 赵铉 王晓宇 潘小双 郭委鑫
杨雨龙

力学与工程科学系
赖凌峰 邓谷雨

物理学系
刘轶鸿 张万成 侯阳 朱海涛 绳墨 沈晓冬
于长恺 牛强 陈华星 龙涛 蒋闽曦

技术物理系
王跃 徐佳 顾晓华 吴偎立 安然 郑家荣
滕海云 冯振兴 史帆 孙保元

计算机科学技术系
宋姗姗 李希婷

化学与分子工程学院
廖琪 阚哲 伍建 徐建军

生命科学学院
麻洪

国际关系学院
陈晔

经济学院
何文峰 何芹 周歆序 马填依 尹劲桦 黄欢
郑东吉 王军

光华管理学院
黄晔 顾华 宋杨

法学院
侯琳 刘涛 陈英振 欧阳晓玲

杨芙清、王阳元院士奖励基金

力学与工程科学系
程天锦 贾丛贤

电子学系
邓杰 陶振宁

计算机科学系
苏玉梅 王宏伟

城市与环境科学系
俞曦 袁仁茂

信息管理系
邵晓舒

信息科学中心
罗平宇

住友银行奖学金

经济学院
秦雪征 王磊蕾 富雷 蔡玮菁 陈嫒 程旭

光华管理学院
吴云英 叶仲广 周春峰 计茜 施涵清 李俪

法学院
钟鑫 王晶 刘云鸽 傅甜 袁嫒 陈小兰
李静 唐桂英

香港城市大学校长奖学金

计算机科学技术系
杨洁 朱志高

化学与分子工程学院
冷永华 阎墅 焦鹏 马治华

生命科学学院
何莹 何胜辉

地质学系
隋颖慧

中国语言文学系
张桂萍

社会学系
张宏明

外国语学院
杨　明　徐冬梅
马克思主义学院
王　伟
艺术学系
戴婧婷

法学院
赵　枫　凌涛涛
信息管理系
邓　倩　浦美娟
社会学系
李　妍　高　洋
政治学与行政管理系
盛柳刚　胡良俊
外国语学院
查轶伦　张　羽
马克思主义学院
肖　玲
艺术学系
陈　欣

细越奖学金

数学科学学院
郝　宁
力学与工程科学系
杨　瑜
物理学系
邹晓晶　舒　菁
地球物理学系
罗　曦　岳　清
技术物理系
江卫军　纪丽丽
电子学系
张冠男　冉崇海
计算机科学技术系
安禹佳　苏　杭
化学与分子工程学院
阎　昊　杨笑山
生命科学学院
刘新尧　毛云涛
地质学系
蔡　悦　余　绒
城市与环境学系
肖　渝　胡会峰
心理学系
刘　嘉　万　迅
中国语言文学系
戴海静　辛晓娟
历史学系
马晓莉　李丹婕　孙静涛
考古文博院
张　楠　张　瑞
哲学系
李之美　李秋实
国际关系学院
邓业涛　武　洁
经济学院
张蓉蓉　张　洁　林隆华
光华管理学院
高星星　黄　灿

三和国际基金奖学金

国际关系学院
刘振莉　王　玮　李宏霞　张湄湄　周　萍　邹　欢
孙志强
经济学院
李　骥　冷　岩　王俊超　李　峰　周学韬　周　凤
光华管理学院
陈　曦　代冰彬　刘　鹏　叶　澜
法学院
杨　巍　孙　琳　丁晓东　王　桔　高　巍　杨洁梅
丁建勇
信息管理系
施　燕　胡晓峰　王　宇　冯兰晓　卢茹彩　刘　欣
社会学系
刘小涛　季　蕾　王海平　徐宏伟　郭　晞
政治学与行政管理系
张　帆　江锦凡　陈向前　龚慧娴　黄　丽

摩托罗拉奖学金

特　等

生命科学学院
王冠南
哲学系
陈宝剑
国际关系学院
王秀丽　佟佳家　耿　姝
法学院
蔺志坚　秦　熙　李　铭

政治学与行政管理系
张　鑫　史峰峰

优　等

技术物理系
王万章　王　超
电子学系
方　田　杨　帆　满文钢　陈建平　东蔚昕　谭　跃
王苗苗　童　霆　赵晓雪
计算机科学技术系
王亚章　张　杨　董　亮　张　鲲　张　远　张惠亮
沈　坚　杨婵君　邱　楠　汪小林　童云海
化学与分子工程学院
赵怡芳　迟　蕾　贺　江　陈　星　刘　鹏
生命科学学院
王　璞　王　冶　韩　飞　张志宏　梁宇和
杨　谦
中国语言文学系
王　婷
历史学系
贾　妍　张芽芽
考古学系
戴　维
国际关系学院
吴晓风　李宏毅　薛　东　曲衍锦
经济学院
林　华　孙丽萍　童晓兰　戴蒲英　韩立晨　曹　燕
高　凌　杨素兰　丁志远　陈洪元　肖　琦　王　薇
谷晓岚　李　莉　林瑞晶
光华管理学院
陈建武　王　晨　林丹敏　陈丹丹　吕　园　于　柠
戚　臻
法学院
张　劼　恭莉莉　彭俊磊
信息管理系
张新名　王　媛
政治学与行政管理系
邓　玥　阮　草
外国语学院
邹　飞　贾瑞坤　金　怡　徐　添　赵　媛　李伟娜
刘　瑾　吕　雯　李　抒　夏玉蓉　郝媛媛　王明晖
艺术学系
刘　鹏　吴祖鹏

明德奖学金

数学科学学院
袁新意　刘志鹏　恽之玮　韩嘉睿　倪　忆　何旭华
刘若川　肖　寒　程晓龙　孔文彬　陈　希　刘　缙
物理学系
吕　莹　陈晓升　宋均亮　杨翔宇　邓志峰　高　正
季　焘　张志鹏　贾　珣　蒋　良　段雪峰　高锦华
电子学系
杨佳雄　张　磊
计算机科学技术系
关方兴　穆亚东　朱　寰　敖　翔　宋春燕　丁　阳
伍　赛　董　申　刘昕鹏　杨　帆　柳　超　许　顺
化学与分子工程学院
陈　政　汤砚蔚　冯　玮　潮兴娟　刘登峰　周　璐
陈以昀　谢　佳　刘铭钊　廖　涵　陈德来　傅　丹
曹晓宇　洪毅颖
生命科学学院
宋臻涛　周　鹏　周　翔　艾尔康　庄光磊　马衍成
白志勇　秦道明　石广路　宋　竞　许　明　曾卫华
曾华鑫　夏　凡　谭　磊　郭　婧　张　颖　凌　晨
魏迪明　肖俊宇　唐爱辉　冯云路　刘沁颖　黄　鲲
彭晓聿　张焱明　吴　巍　王明钰　颉　伟　颜　毅
张　力
中国语言文学系
何蕴琪　陈　珺　盛利君　刘艳伟　王　璞
哲学系
吴天岳
国际关系学院
管梅脱脱　张　美　饶　贞　龙　瑾　任羽中
张　微　许静倩
经济学院
邢自强　郑　佳　张　宇　杨长湧　黄海文　李　燕
胡晓晗　窦慧靖　黄　莹　余　芳　毛晓刚　李　汀
范大邯　曹　杰　李文斐　王崇颖　黄晓庆　晏　萌
孙　铮　孙嘉弥　吴淑姣　郑徐兵　孙笑乐　刘　翎
何　颉　林　婉　夏　冰
光华管理学院
孙立平　蒋德军　杨传龙　彭　燕　啜玉林　贾　楠
余静阑　李　杰　殷丽敏　刘　馨　胡　玲
法学院
张坤义　王　猛　沈成然　赵文艳　赵　晶　刘晓飞
白洪娟　阎　肃　周　曦　桑　叶　陆艳平　罗　彧
盛艳慧　韩思婷　张　锐　李　强　唐伯贤　孙海萍
张瑞彩　陈胜胜　张文靖　刘　翔　丘　先
次仁平措

信息管理系
路 遥
政治学与行政管理系
陈良文
外国语学院
宇 博 褚 涛 洪 玮 李双志

佳能奖学金

特等奖

数学科学学院
方初莹 周 娜 陈 酌
力学与工程科学系
朱 波 孟昭龙
物理学系
郝立昆
地球物理学系
覃争锐 张 伟
电子学系
唐定国
计算机科学技术系
杨 洁
化学与分子工程学院
朱文江
生命科学学院
杨 巍
城市与环境学系
钱 伟
哲学系
袁 媛 胡慧冬
信息管理系
赵慧勤
外国语学院
章 燕 项 琳 李 玲
环境科学中心
周伟奇

优等奖

数学科学学院
张 鹏 阎 兢 胡 丹 陈 弢 苏 阳 路在平
力学与工程科学系
毕林峰 李 浩 林发布
物理学系
程 翔 路 欣 黄文涛 罗志全
地球物理学系
章卫祥 周 成 陈 刚 徐轩彬 姚展予

物理学系
张智渊 姚 波 左 澎 朱 凤
电子学系
马 猛 孙 伟 王 薇 钟 声 邹 黎
计算机科学技术系
冯立鹏 张远志 高晓洁 潘文斌 贺 婷 穆甫臣
化学与分子工程学院
杨 琳 毕 洁 向 晶 颜 珥 应丽贞
生命科学学院
姚 杰 冯 倩 阮 侠 于 翔
信息管理系
杜 征 李红波 马 莉 梁胜利
外国语学院
周冬梅 王 楠
信息科学中心
遇 辉
环境科学中心
赵 蓉

杜邦奖学金

化学与分子工程学院
孙振宁 李 竹 董广彬 李 巍 王永成
生命科学学院
张 岚 张金伟 庄斌全 李 超 龙 玉
城市与环境学系
陈 阳 林 卉 陈韫敏 祁黄雄 张 源
光华管理学院
李 骅 周 昊 冒大卫 莫 森 金志刚
法学院
胡 茜 张培祥 胡 爽 金锦萍 何 兵

岗松奖学金

数学科学学院
沈玉萍 许建强 李智一 徐 智 刘廷永 孔令龙
物理学系
宋现锋 韩 柯 冉广照
地球物理学系
朱 健 刘凯军
技术物理系
刘 睿 潘 登
电子学系
杨立功 郭中梅
计算机科学技术系
张凌霄 刘 迎 周述康 王益冬 韩近强

化学与分子工程学院
李引引 钟 鸣 张 盛 熊 玮 刘 平 杨术明
生命科学学院
吴贝贝 王 伟 徐冬一 朱里忠
城市与环境学系
俞奉庆 许晓东 孔宁宁 黄晓斌
心理学系
汪 默
中国语言文学系
王益鸣
历史学系
党宝海
国际关系学院
曾向荣 高 歌
法学院
许道敏
政治学与行政管理系
胡启生
外国语学院
赵 波 南 燕
马克思主义学院
朱文湘
艺术学系
刘 丽

华为奖学金

数学科学学院
俸 旻 于海军 吉远慧 于善辉
电子学系
王 桐 张银英
计算机科学技术系
魏 巍 李 丽 曾铭芳 兰景宏
信息科学中心
孟 放

董氏东方奖学金

数学科学学院
殷 悦 黄裕民 刘兴武
力学与工程科学系
魏 兰 杨 鹏
物理学系
李志强 贺 言
地球物理学系
徐 袁 管晓悦

物理学系
王 剑
电子学系
谢 芳 任 惟
计算机科学技术系
吴 杰 杨晓敏
化学与分子工程学院
欧洲 刘 玥
生命科学学院
唐 玉 李 栋 季清洲
地质学系
史宏宇 王占刚 徐 湘
城市与环境科学系
白 萌 朱 虹 郑心舟
心理学系
董 葳 霍 燕
中国语言文学系
王艳杰 崔 洁 陈宝贤
历史学系
学白羽 孙 瑜
考古学系
马 健 邓 超
哲学系
张卫华 聂保平
国际关系学院
刘慧萍 王 萍 楼 夷
经济学院
谢伦裕 侯叶楠 任 杰
光华管理学院
阎 林 孙园园
法学院
张一诺 刘乙允 李凤英
信息管理系
徐 波 辛鸣镝
社会学系
李 璐 田 凯
政治学与行政和管理系
李红霞 邓 璇 王洛忠
外国语学院
袁 瑗 王润生 耿琳琳 欧阳晓莉 黄冰源
马克思主义学院
刘卡宁 郭可坤
艺术学系
谭洁瑜
环境科学中心
朱高洪 汪冬冬 丁 芸

东京三菱银行奖学金

经济学院
刘永强　牛国栋　谢怀筑　纪　沫　陈　玮　孙　杰
李广乾　秦春华　何亚东　兰　莹
光华管理学院
王宝华　叶　猛　赵迎春　陈　莹　张苏林　徐　瑾
曾　薇　冯子敏　吴绪昭　张险峰　邹　健　郑志刚
法学院
周　虹　杨君佐　肖爱华　孙卫国　刘　波　台　冰
黎　敏　许忠剑　俞嘉颖　齐华英　赵建丽　陈　闯
李长喜　李晓峰　刘为波　宋功德　余　净　陈　洁

汇凯奖学金

数学科学学院
肖　磊　张毅超　黄　琳　刘京辰
力学与工程科学系
曹　建　彭　瀚
物理学系
孔令雯
地球物理学系
李　蓉　施哲强
技术物理系
汪振国　王韶辉　王　佳
电子系
王　琳　何建彬
计算机科学技术系
林　斌　赵　通
化学与分子工程学院
卿　泉　余宇翔　黄　鑫　邢小羽
生命科学学院
张艳岭　耿　泱　熊梓锴　吕海慧　李　薇
地质学系
许　绚
城市与环境科学系
丘　君　李　雁　陈　杨
心理学系
刘海骅　岳　琦
中国语言文学系
杜新艳　寸　熙　肖　铁　张　森　陈　勤
历史学系
张　晗
考古学系
杨颖亮

哲学系
李　俊
国际关系学院
张春欢　胡丽芳　胡九龙
经济学院
陈科屹　林卫斌　商雯婧
光华管理学院
王学举
法学院
严　然　王　榕　张　从　欧阳泽曼
信息管理系
吴淑燕
社会学系
宋　婧
政治学与行政管理系
黄玮茹　姜　宁
外国语学院
姚　骏　戴旭明　邱　萍　刘　岩
艺术学系
漆　麟　陈　卓

宝洁奖学金

数学科学学院
王　驰　隗　刚　马　莎
力学与工程科学系
施兴华　梅小露
物理学系
廖慧敏
地球物理学系
王　凯　蔡　嵩
技术物理系
米启兮　陈奕龙
电子学系
毛卫洋
计算机科学技术系
宋　翔
化学与分子工程学院
许　宁　王志会
生命科学学院
李倩如　刘　曼　董一宇
地质学系
田　杰　袁建平
城市与环境科学系
姜世国　王彩凤　刘忠伟
心理学系
赵　薇　于晶晶

中国语言文学系
卞 晶　曾汀燕　孙晓靖
历史学系
晨 蕾　钱家杰
考古学系
汪 洋
哲学系
成 果
国际关系学院
张 璟　彭俐萍　崔 磊　印小平
经济学院
黎新平
光华管理学院
胡 君
法学院
徐 晴　张正伟　马冬梅
信息管理系
薛 旻　孙 宁　梁海丽
社会学系
张 琳　乔杉林梅
政治学与行政管理系
刘月梅　杨赫男　尹海涛
外国语学院
陈先梅　杨 俭　盖伟江
马克思主义学院
王启军
艺术学系
张成成
环境科学中心
梁晶晶　马 信

城市与环境学系
景 娟
中国语言文学系
陈园媛
国际关系学院
王 荣　谢 峰
经济学院
刘 佳
信息管理系
黄远文　路小红
政治学与行政管理系
檀 莉　邓名奋
外国语学院
曹 飞　秦立彦

东宝奖学金

生命科学学院
胡建成　鞠武建　贡宜萱　侯宏伟　李 斌　余双全
杨吉春

花旗银行奖学金

经济学院
袁 琼　姬江帆　李成刚　郭济莺　王国强　苏健勇
才婉茹　戚自科　王子健　李 健

冯奚乔奖学金

物理学系
王宇方

联想奖学金

计算机科学技术系
苏 明　田媛媛
光华管理学院
王 申　刘晓浏　马思伟　高 洁　林荣环　唐荣玉
邸东辉　汪天喜

欧阳爱伦奖学金

生命科学学院
杨 春　刘贤伟　左晓峰
中国语言文学系
李冠南

宝钢奖学金

数学科学学院
刘映雪
物理学系
刘彦良
地球物理学系
李 嘉
计算机科学技术系
张慧邃
化学与分子工程学院
张明泉　张冬柏
生命科学学院
陈晓伟
地质学系
胡旻　张 静

经济学院
张君红　冯　煜　吴　域
光华管理学院
高　强　马青山　洪　宴
外国语学院
贾　维　刘　镇　张旭东

芝生奖学金

中国语言文学系
张　哲
历史学系
吴　越
哲学系
刘　妮

冯友兰奖学金

哲学系
于万昌　赵立建　张丽华

余景山奖学金

中国语言文学系
袁筱芬　宋作艳　肖　樱

杨乃英奖学金

历史学系
王　颖　何心平　张　静
国际关系学院
蓝建学　杨　芮　孙立国

索尼奖学金

数学科学学院
江银灯　吴思思
物理学系
刘大猛
技术物理系
李　丹
城市与环境学系
毛　娟　关　蕊
法学院
王　来　周　雯
社会学系
张　磊　朱可嘉

外国语学院
俞丽娜　吴　鹭

霍铸安奖学金

经济学院
李　姚　赵　媛　聂志红
法学院
苏　浩　普丽芬　黄　瑶

林超地理学奖学金

城市与环境学系
刘书臻　肖海燕　周贵云　朱竞梅

谢培智奖学金

历史学系
宋芳芳　李　纪　宋云伟

力学攀登奖学金

力学与工程科学系
塔海森　刘志强　毛小峰　刘　霄　欧阳正清

NKK 奖学金

物理学系
黄东浩　吴赛骏
经济学院
李淑平　张　磊

住友商事奖学金

数学科学学院
张会娜　甘　锐　周　臻　陆丹峰
力学与工程科学系
敬晓清　刘英婷
化学与分子工程学院
周　历　陈　超
生命科学学院
刘　鼍　杨　竞　黄文阳　楼　松
城市与环境学系
李　莉
法学院
乔乐天　吴晓琼

外国语学院
史 月 郭泰然
环境科学中心
李 莉

五四奖学金

数学科学学院
林冬瑜 王 证 刘宗键 刘首政 陈 莉 王 鹏
张 莹 李 嘉 白沁园 陈泽浩 党淑君 华先胜
陈凤德
力学与工程科学系
吴宝榆 高 娟 李 贽 曹浩瀚 崔云俊 蒋立俊
物理学系
杨义峰 王新杰 赵 军 邓 毅 马雄峰 李 琳
张纪才 齐 志
地球物理学系
黄 毅 卢婷婷 吴燕玲 纪鸿聪 秦胜利
技术物理系
庞丹阳 夏春雷 牛怀萍 杨泗春 姜健准
电子学系
李 冰 伊 林 沈 昕 王 楠 姜 江 周 文
丁 伟
计算机科学技术系
彭 枫 贾 硕 程行之 韦 杰 李 欣 高 岩
孙 欣 胡 卿 刘晓敏 陈斌斌 丁 力 陈 锋
范建春
化学与分子工程学院
王永锋 尹海清 欧阳缇 韩 伟 许 述 王 飒
李琛琛 冯 平 张 然 王荐文 熊向源 梁 健
阎爱新 曲朝晖
生命科学学院
张惠敏 刘蓉蓉 胡一多 姚 远 吴 涛 王 倩
白 蕾 申小莉 罗 鹏 刘宇鹏 蔡 尚 崔 洁
赵恢武 钟永旺 王艳茹
地质学系
杜 蔚 吴自兴 王士锋
城市与环境学系
苏洁琼 党 宁 裴 丹 王 颖 赵 夏 陆 华
谭成文 王玉华
心理学系
张哲宇 张 晏
中国语言文学系
蒙 娃 肖 洁 于浩淼 汪 洋 刘艳平 王振峰
张 丽 徐 津 谢 萍 詹 颂 张 璐
历史学系
齐 济 毕 琼 孙 柏 侯晓佳 许金华

考古文博院
李媛媛 陈 馨
哲学系
罗洁洁 杨柏龄 高丽敏 李军会 陈岸瑛
国际关系学院
黄培皓 陈 斌 周 玲 薛建新 范晓雁 阎小骏
李绍鹏 汪卫华 朱艳圣
经济学院
应婷婷 丁 文 李 佳 孟 元 尤海峰 徐 华
万雪莲 曾 锋 钱艳琼 王 蕾 韩 隽 刘 鲲
李丹红 陈国力
光华管理学院
冯 昭 江 岚 刘 展 刘向前 唐箭云 王汀汀
王 敏 董伟民
法学院
张 沛 张汉东 周 倩 冯翠玺 任扬帆 高广彬
卢菁菁 邹 丹 龚利杉 孙艳敏 刘德恒 尹谷生
韩 涛 钟瑞友 何海波 刘中发 于兆波 汪全胜
信息管理系
楼丽萍 茅亚萍 江 琳 秦阿娜 钟 琳
社会学系
尚 丹 刘 月 朱冬亮 赵孟营
政治学与行政管理系
刘 烨 邱高爽 胡 磊 傅红庆 林 震 胡叔宝
外国语学院
周 密 张锐瑞 秦 杰 郝小松 任立榕 刘 燕
范颖川 宋 阳 刘 淳 冯 超 孙若颖 王润华
黄兆旦
马克思主义学院
张 帆 舒思今 王 辉 徐 觥
科学与社会研究中心
王耀德
艺术学系
张建锋 杨 娟
汉语中心
马 楠
中国经济研究中心
聂凌云
教育学院
林小英
人口研究所
马虬飞
信息科学中心
吴廷耀
环境科学中心
马 宁 高 琛

深圳长园奖学金

技术物理系
李聪敏　李代双　任　静　陈延锋

成舍我奖学金

中国语言文学系
张　娟　李海蓓

IET 奖学金

数学科学学院
任其然　王耀君　陈　威　王岩华
物理学系
李　晶
计算机科学技术系
刘世杰　张志汝　陈　宇　孙　泉
化学与分子工程学院
侯思聪　吕彩霞　刘霁欣　毛凤楼
生命科学学院
张　瑶　黄　嵩　徐文杰　苏红文
考古文博院
刘耀辉
国际关系学院
刘　宁　姚　说　王　晶
经济学院
俞　楠　张　莹
法学院
王嘉琳　杨　楠　邓海平　史江红
外国语学院
金妍妍　杨　凡
马克思主义学院
郭　峰

钱穆奖学金

历史学系
杨　英

柯达奖学金

数学科学学院
周　晨　李亚军
物理学系
金　薇　何勇志
电子学系
邵子瑜　孙　琰　赵承宇　祝朝辉　张琦锋　王　勇
计算机科学技术系
田　豫　聂书忻　吴　琦　董　欣　顾　磷　李　毅
贾西贝　廖怀林　张文娟　张国艳　王腾蛟　杨建武
化学与分子工程学院
王新益
地质学系
黄　健

微软奖学金

数学科学学院
王永革
电子学系
焦文华
计算机科学技术系
章秀静　陈兆良
法学院
陈　实　朱晓东　刘艳红　易继明

中国科学院奖学金

数学科学学院
戴　强　夏　勇　朱正明　秦胜潮
力学与科学工程系
杨　铸　傅　琦
物理学系
李　霞　郑　毅　王树峰
地球物理学系
林国庆　洪　刚
物理学系
俞芃芃　贺　强
生命科学学院
武冰冰　陈浩东
心理学系
张　剑　陈祉妍
政治学与行政管理系
杨　清
外国语学院
曹胜超
环境科学中心
王文军

奥德奖学金

计算机科学技术系
徐兴文　张　牧　姜　晖　杜　鲲　岳　斌　马　坚
王　煜　孙宏涛　王　宁　吴　琼　黄　微　杨　涛
王　刚　董云飞

雏鹰奖学金

数学科学学院
宋诗畅
力学与工程科学系
王　涛
物理学系
杨李林　张冰峰　金晓亮　肖零亿　刘　瑾　李抗抗
马　杰　刘　丹　王　鹏
地球物理学系
吕小林　王　炜　魏　悦
技术物理系
翟晨阳　祁东晨　潘　志　塔小元　李　晨　何懿峰
电子学系
鄢毅阳　谭　磊　刘　洪　唐　骏　许　刚
化学与分子工程学院

朱明新　刘　畅　俞　彬　徐小明　施建兴　于岚岚
柳敬元　叶迎春　石　磊　牛佳莉　蔡玉琴　陈　洁
鹏越峰　彭振磊　程　磊　石一凡　金　钟　杨晓帆
何　智　董晓鹏　董　蓉　王依海　聂稻波　谢　晔
生命科学学院
施永辉　贾小羽　甄　鑫　张　栋　王心悦　张文静
臧　彤　潘肖潇　郭　煜　王　健　蒲　海　杨江峰
车南颖　谢晓军　雷　剑　陈庆国
城市与环境学系
陈　睿　李文彬　林　涛　孔江涛　戴永宁　曹丽格
杨文瑜　邢珏珏　秦　适　徐丽君　郑　童
心理学系
周　斌　杨　洋　张少科
信息管理系
王　炼
98文科实验班
陈嘉渊　陈　源　杨治宜　朱滨丹　耿超锋　赖毅斌
栾国磊　石一枫　邵　锋　王钰梅　罗　玲　张玉华
赵建林
99文科实验班
王琰琰　王　应　王　薇　陈佳勇　宋　蕾　黄　越
蔡　卿　孙艳丽　邓　丹　党伟龙　梁　雨　陈虹百
谭圆圆　陈　朗　周　婧　曹婷婷　汪雪亮　李崇巍
杨　帆

医学部表彰与奖励

·各级各类优秀教师获得者·

北京市优秀教师

王文治　马明信　余宗颐　叶鸿瑁　祝学光　赵景涛
陈秉枫　董　悦　朱　蓓　盖文丽　姬爱平　李国珍
常炳习　缪竞智　封国生　张维熙　朱　滨　魏树礼
侯新朴　刘君卓　唐军民　贾弘缇　潘天杨

北京市优秀教育工作者

杨宗于

北京市优秀青年教师

郝卫东　赖　玲

北京医科大学桃李奖

基础医学院
张乃蘅
公卫学院
曹家琪
第二临床医学院
陆道培
口腔医学院
王满恩

优秀青年教师

屠鹏飞　陈　健　李　梵　刘　方　徐　海　袁　炯
陆　虹　禹政钰　刘向晖

优秀教师奖

基础医学院
高东红　陈如鸿　赵玉衡　郑　风　张书永　陈小迅
王淑玲　卫　兰　郝陵东　邹俊华　李　滨　赵春念
刘新文　李怡凡　万　有　王　韵　吴本芥　安丽芝
刘宇慧　安　琳　曹　杰　王　宏　邓鸿业　王文兰
温淑荣　徐明清　刘俊昌　高子芬　金　莹　周　彤
李志新　卢　佳　阮晓群　刘穗燕

公卫学院
王铸清　詹思延　张金良　崔京伟　肖　颖　续美如
吕妹清　周宗灿　徐培方　刘宝花　安　琳

药学院
马　建　王培玉　果德安　王亦平　程铁明　刘俊义
王　炜　鄢本厚　杨宇心　孙玲文　奉建兵　柳翠敬
鲁先道　李晓晖　史录文　严宝霞

护理系
吴光煜

社文部
刘新芝　胡佩诚　李　红

外语部
李　茵　王　剑　郭莉萍

图书馆
谢志耘

卫校
李多桢　王　丽

精神卫生系
刘　平　唐宏宇

第一临床医学院
刘玉春　丁文惠　孙燕淑　曹立新　赵　敏　焦丽丽
孙澜波　王薇薇　赵　伟　付　培　刘荫华　赵成知
范　荣　高丽云　朱　玫　周世梅　章　巍　吴　栋
徐　阳　涂　平　章小维　许　幸　潭永丽　孙洪跃
卢新天　王秋霞　冯晋光　韩文科　杜军宝　冯　琪
尹　彪　曹永平　张淑娥

第二临床医学院
施曼绮　彭　荔　高　健　李红霞　余力生　梁建宏
张乐萍　朱积川　孟春英　冯　捷　田　丽　戴　清
梁梅英　李　澍　杨晓东　朱继业　聂效云　王伟民
程西奎　陈　坚　李树铎　袁燕林　卢文凯　陈尔璋
郭丹杰　陈　适　蒋宝琦　江　倩

第三临床医学院
陈明哲　李昭萍　高洪伟　张会芝　周孝思　郭昭庆
陈剑昂　蒋建渝　付　惠　顾玲芬　王　军　周　薇
吴惠群　李学佩　林佩芬　李世荫　王小林　叶立娴
张秀梅　李美琳　陈　曼　马勇光　苗立英　王健全
申玉玲　邓惠静　王洗荣　王彦青

第四临床医学院
徐燕棣　梁志齐　刘建龙　李　琚　贾绮宾　丁致民
王　军　张国英　秦翔娟　王韵秋　刘　流　王志芹
安士信　田　伟　范丽文　赵培旭　彭书敏　郭云秀
刘玉怀

第五临床医学院
陈起航　罗立华　常乃柏　刘庚午　万　奔　王振刚

口腔医学院
徐岩英　张　丁　张　刚　张　晓　杨彩红　洪　伟
林　红　朱卫东　卞金有　高　岩　李　雪　潘淑娟
赵　奇　刘　宇　谭建国　隽以琳

邮电总医院
王升声　牛秀凤　曹玉珍

地坛医院
李秀兰　胥　婕

首都儿科研究所
陈再历

中国航天总公司
李健荣

中日友好医院
毕文凯　高淼莎

北京民航总医院
黄　鹏

北京铁路总医院
漆德芳　周镇芳

·本科生奖励名单·

北京市三好学生

基础医学院
彭　清

药学院
贾新颖　李　柳

公卫学院
吕　聪

护理学院
张　瑛

第一临床医学院
褚松筠
第二临床医学院
和宇
第三临床医学院
徐伟仙
第四临床医学院
杨宏彦
口腔医学院
刘星纲
中日友好医院
农英

北京市优秀学生干部

基础医学院
陈彦 侯晓蕾
公卫学院
刘芃

五四奖章获奖者

第一临床医学院
谢群慧
护理学院
张莹
研究生院
陈雷

三好学生标兵

基础医学院
陈彦 张亮 付文先 郭弘妍 关岚 彭清
雷鹍
药学院
李浩 赵鹏 董一洲 李柳 张丹
公卫学院
胡少晖 刘芃 吕聪
护理学院
陈瑶 黄晶
第一临床医学院
胡怀湘 王会元 胡瑞荣
第二临床医学院
白洁
第三临床医学院
崔专

第四临床医学院
黄厚锋
口腔医学院
刘星纲 丁鹏
中日友好医院
袁晶

三好学生

基础医学院
武颖超 刘园梅 王通 黄萍 娄鸿飞 曹威
齐丽丽 鲁红丽 罗昕 刘业成 史楠 黄辉
樊曦涌 姜宁 刘琳 暴婧 林范 陈斯
张五芳 刘佳 杨文琪 方燕姗 杨雪 王婧
倪连芳 任建 蒋镭 侯晓蕾 钱英 王明悦
郑博 张晶 白鹏 李雪 王凯 段琼文
朱伟赟 尚彬 王笑菲 王旻 赵艳丽 边大鹏
李纡 王斌 方柏荣 范晶 郑一华 江东
王智敏 王楠 刘斯 李扬 候艳 李玫
黄明伟 郭芳岑 吴乐萌 刘菲 李婷
药学院
袁泉 高玮 申佳 奚静 里筱竹 孙昱
张娟 段若竹 王芳 郭畅 王燕 张健
赵莹 徐岷涓 王宇光 郭杰 刘瑜 田晓明
屈晶 贾新颖 赵芳 刘敬婧 任雪 芮妍芳
杨姮 肖泽宇 武文琼 潘晓伟 吕继华 张法
王薇 田茵
公卫学院
李娜 张瀚迪 李祥虹 柳鹏 宋洋 孙玉琳
余灿清 姜范波 吴娟 吕冰峰 杨鹏 张琦
周虹 王乐 郝秦 王波 李艳丽 邓晶
贾会学 于鸿江 李会娟
护理学院
刁葳菲 张莹 荆华 黄晓楠 初宁宁 杨婷
何珊珊 彭淑霞 孙荣娜 杨桂玲 孙杨 杜俊
董娟 杨妹
第一临床医学院
王丹 田晓军 赵旭旻 钟山 李然 耿莹
吴文湘 马为 林辉 毛源杰 周棉 褚松筠
郭雪梅 孙丽杰 吴慧娟 李醒 刘继强 薛志强
魏雅楠 尚鹊 张瑜 李志艳
第二临床医学院
李琪 陈宁 买晓琴 郭永 陈彬 冯雪茹
武蓓 虞巍 石菁菁
第三临床医学院
赵嫣 徐伟仙 王琨 张静

第四临床医学院
黄进 杨宏彦 郭阳 黄厚锋 郝建珍 何豫
口腔医学院
赵宝红 张迎佳 马鹏华 王莺 余文丽 袁俊伟
张鹏 韩冰 冯敏 崔亮 肖楠
中日友好医院
方芳 王娜 花欣 王琳

优秀干部

基础医学院
徐冲
药学院
刘光慧
公卫学院
景怡
护理学院
曾淳
第一临床医学院
陆叶
第二临床医学院
鞠辉
第三临床医学院
李炳震
第四临床医学院
陈北冬
口腔医学院
王秀婧
中日友好医院
徐宁

学习优秀奖

基础医学院
彭颖 谷世贤 田福聪 白瑾 张丹 侯海燕
华蕾 吴静 王皓 汤可 刘立军 赵金霞
彭炳蔚 解雪芬 杨进 游珊珊 吴妮 欧媛
李双喜 梁京津 肖晗 王娟 赵海燕 李龙
温泉 陈临新 张静 任婷婷 李瑞芳 张婷
朱丹 孙帅 林寒 李秋萍 金星姬 邓雪蓉
刘杰 辛晨 李云飞 母艳蕾 时延伟 张扬
马媛 魏洪政 马晓伟 田婷 张晶晶 蔡林
张丽娜 陈奋 张大方 刘莹 许向亮 顾晓宇
陈晓播 顾潇 冯俊 阎征 赵晶
药学院
孙亚平 邱婷婷 李湘辉 李志松

公卫学院
赵帼英 史翠娟 张洁 张宇 杨琳 何骏
张焱 马曦 熊玮仪 江河 张卓 朱志峰
陈敏 赵琦 龚丽云 秦雪 陈良 裴荣娟
护理学院
侯晓力 王琼玲 董媛媛 赵建娟 徐圆
第一临床医学院
张丽蕾 李新宇 韩晓宁
第二临床医学院
刘国华 徐平 申占龙 王铁华 李欣 王玉艳
第三临床医学院
韩彬 于璐
第四临床医学院
刘筱菁
口腔医学院
林钊 赵亮亮 刘杨 葛娜 刘凌宜 李思雨
孙樱林
中日友好医院
胡然

社会工作奖

基础医学院
金聪 金楠 尹奕 景红 徐明江 吴元
王刚
药学院
赵鑫 周鑫 陈碧 孙源 柳雨时 孟幻
吴科春 蒋高喜 于杰 尹琳琳 赵芊 吴仁鸿
郭昀 赵质斌
公卫学院
范洪涛 赵鹏 沈鹏
护理学院
张权 邓寒羽 李晶 王晓菁 金爽 黄慧
第一临床医学院
丁颖果 杨立春 史力斌 于峰 高杰 孙垂国
王旭 刘莉 刘锦涛 余文 祝龙 白明
郑毅 于洁 陈晓勇 宋刚 宋雷 梅宇
陈程 周军
第二临床医学院
赵东 王昱 程序 王驰
第三临床医学院
张晓蕊 王昕 马旭东
第四临床医学院
任轶 张涛
口腔医学院
刘洪良 付宏宇 王鹏 乔静 刘付海燕

中日友好医院
崔荣丽 许有银

五四体育奖

药学院
高 山 张含黄 宋 伟 郑瑞霞 王 赫 孔维桦
魏 伟 谷敏知 刘 扬 孟 敏
公卫学院
高 崧 饶林洁 南 奕
护理学院
高 昀 宋寒平
第三临床医学院
潘柏林
第四临床医学院
兰学文 张智国
口腔医学院
吴 畏

红楼艺术奖

基础医学院
李 倩 肖冰冰
药学院
刘晓琴 刘 斌 李凤云 姜 军 乔露朦 段永生
钱晓晓
公卫学院
孙 亮
护理学院
孙 颖 张维毅 王 静
第一临床医学院
史继荣 刘 飞 刘 冉
第四临床医学院
郑宏宇 史晓丽
口腔医学院
孙 旸

优秀医学生特等奖

基础医学院
陈 彦 彭 清 雷 鹍 李 浩
药学院
郭 杰 刘 瑜
公卫学院
刘 苁
护理学院
张 瑛

第一临床医学院
曹晓光
第二临床医学院
李 琪
第三临床医学院
崔 专
第四临床医学院
杨宏彦
口腔医学院
丁 鹏
中日友好医院
袁 晶

优秀医学生一等奖

基础医学院
杨文琪 方燕珊 杨 雪 王 婧 倪莲芳 任 建
蒋 镭 侯晓蕾 钱 英 王明悦 郑 博 张 晶
白 鹏 彭 颖 李 雪 王 凯 魏 征 段琼文
刘凌宜 李思雨 肖 楠 朱伟赞 尚 彬 王笑菲
王 旻 赵艳丽 边大鹏 李 纡 王 斌 方柏荣
谷士贤 范 晶 郑一华 江 东 王智敏 王 楠
刘 斯 李 杨 侯 艳 李 玫 田福聪 黄明伟
郭芳岑 白 瑾 吴乐萌
药学院
张 健 赵 莹 徐岷涓 王宇光 王 薇 田 茵
田晓明 屈 晶 贾新颖 赵 芳 刘敬婧 任 雪
李志松 赵帼英 肖泽宇 武文琼 潘晓伟 赵 鑫
孙 昱 王 燕 杨 姮 邱婷婷
公卫学院
吕冰峰 杨 鹏 史翠娟 张 琦 周 虹 王 乐
郝 秦 高 崧 王 波 李艳丽 邓 晶 贾会学
于鸿江 李会娟
护理学院
黄晓楠 初宁宁 何姗姗 彭淑霞 孙荣娜 杨桂玲
董 娟 杨 妹 孙 扬 杜 俊
第一临床医学院
王 丹 周 力 钟 山 李 然 耿 莹 张丽蕾
毛源杰 林 辉 郭雪梅 孙丽杰 吴慧娟 李 醒
薛志强 魏雅楠 尚 鹃 李志艳
第二临床医学院
郭 永 陈 彬 石菁菁 武 蓓 虞 巍
第三临床医学院
张 静 韩 彬 于 璐
第四临床医学院
孙小丽 李卉丽 何 豫 王 飞

口腔医学院
张迎佳　王　莺　余文丽　张　鹏　冯　敏　王琳（辽）
中日友好医院
方　芳　花　欣

优秀医学生二等奖

基础医学院
张　丹　赵睿颖　侯海燕　金　聪　华　蕾　吴　静
金　楠　刘立军　汤　可　王　皓　尹　奕　赵金霞
解雪芬　彭炳蔚　杨　进　游珊珊　徐海荣　吴　妮
欧　媛　李双喜　王　娟　肖　晗　梁京津　李　君
陈临新　温　泉　李　龙　赵海燕　张　静　景　红
任婷婷　徐明江　王　鹏　刘松林　邹冠弘　孙樱林
李　倩　张　婷　李瑞芳　孙　帅　林　寒　朱　丹
金星姬　李秋萍　邓雪蓉　李云飞　刘　杰　辛　晨
母艳蕾　张　杨　时延伟　吴　元　马晓伟　马　媛
魏洪政　蔡　林　张晶晶　王　刚　田　婷　张丽娜
姚远洋　张大方　陈　奋　徐　冲　冯　俊　顾　漪
刘　莹　许向亮　陈晓播　顾晓宇　赵　晶　阎　征
刘付海燕
药学院
刘瑞琴　韩重阳　薛　晶　朱为为　刘瑞凝　纪　佳
李　想　刘　博　周　鑫　袁新婷　刘　毅　刘晓琴
杨　静　郭　慧　邹汉军　谢洁琼　焦园园　王玉记
牛　彦　尹　娜　耿兴超　杨　波　梁　纳　赵　芮
柳雨时　杨洪淼　孙　源　陈　碧　王　南　孟　幻
张　俊　王　媛　蒋高喜　金　悦　吴少坤　王建辉
公卫学院
史小军　张　宇　祁妍敏　黄　波　郭永超　杨　琳
刘　莉　张　焱　何　骏　熊伟仪　谢　雯　王　娴
乔亚萍　赵　琦　胡序怀　陈　敏　陈秋兰　胡晓倩
秦　雪　刘利容　陈　良　裴容娟　易　伟
护理学院
杨　萍　范晓君　孟　英　王　晗　孙　颖　左艳芳
王琼玲　黄　卉　尤文平　姚　璐　成　涛　于晓杰
王艳萍　赵　欢　徐　征　赵建娟
第一临床医学院
李　丽　史力斌　杨立春　于　峰　王　旭　叶　明
蒋宇振　刘豫鑫　罗文毅　时　昕　李　宏　汤坚强
石　瑛　林　璐　刘　莉　赵京丹　郑　毅　李新宇
宋萍萍　王　成　周　军　何雪梅　王新宇　李　健
刘　静
第二临床医学院
刘国华　申占龙　王　昱　许　力　徐　平　王玉艳
王　驰　陈　雪　李　欣　张晓蕊

第三临床医学院
贾凌云　梁颖慧　刘　昕　闵一帆
第四临床医学院
徐　华　陈　华　岳述荣　胡　赫　郝建珍　赵云荷
于峥嵘
口腔医学
梁　炜　王秀婧　刘洪良　吴　畏　薛世华　刘　杨
付宏宇　王琳（新）
中日友好医院
胡　然　王　阳　张　坤

优秀医学生三等奖

基础医学院
郭晓昕　徐　锋　鲁佳苗　隋滋野　钟博南　王洪波
花昭伟　任　为　程　宁　陈宇鹏　李　隽　王贵彬
邢　巧　周　瑞　王博杰　吴　圣　谢晓明　郭　瑾
金　璕　胡　艳　石　云　李　琳　赵　阳　高　芳
李燕宁　张　静　万从碧　梁瞋隐　吴　珥　纪　宇
权　翔　胡　艳　郝晓楠　石丹妮　张婷婷　李金龙
叶　枫　郎　宁　赵　阳　芦雨峰　邱伟强　韩金涛
李绍良　许佳文　鲍黎明　闻卫兢　辛　颖　乙国兴
高　颖　郭　琰　齐　越　鲁　静　唐锦明　张　岩
庄　昕　邢　莹　郑丽沙　周建锋　张金玲　李　珍
周　琼　朱俊霞　孙　猛　常小霞　刘云松　乔　静
陈　娜　马　轲　王　澈　刘丽英　张婷婷　刘元泓
赵　颖　陈　琦　刘静漪　冯　伟　陈新军　林　菲
史济华　吴晓燕　黄　萍　李文畅　赵轶国　周振兴
马新颖　朱　厉　林玉晶　徐新娜　刘世晓　单　莹
孔雅娴　漆佩静　邢晓芳　张月霞　周围围　周　岩
梅　玫　段　蕾　许可见　曲　昂　屈　岭　刘永鑫
胡爱民　贾　媛　白　静　孙洪义　郑月亮　周　淋
吉晓琳　刘　颖　刘玉雷　李　妍　祁　萌　赵　娟
尹　刚　王凌宇　庞艳莉　王　鑫　黄晓霞　李世蕊
郝丽文　吴　熙　荀利如　许永伟　李　浩　曹　婕
赵宁宁　赵雪岩　杜　钰　李　晓　曹　烨　邹士琦
庞　维　李　东　袁人培
药学院
胡利华　王绪华　邬　楠　陈启龙　陈晓虎　朱婷婷
田　莉　邹迎曙　胡新颖　欧阳楠　陈　刚　贺　颖
李　铮　杨欣欣　张　欣　吕　雯　姜小梅　宋然然
顾　为　左　丽　金　伟　张　娟　朴红斌　刘文辉
傅翌秋　曾　檀　盛　倩　黄轶洁　张　征　陈桂辉
刘春莉　于　杰　李清艳　盛长城　岳继平　王丽昕
展　懿　常明星　武振芳　高　山　周轶欧　王　伟
刘　斌　张含黄　宋　伟　严以劼　陆晓薇　马晓霞
刘京京　孙玉峰　范　佳　向　倩　钱晓晓　石晓翻

尹 婷	张严源	杨潇骁	郑元元	张 鹏	潘鹤龄
冼勋德	吕 维	赵 颍	石予白	俞 捷	马晓丹
李 然	张 楠				

公卫学院

朱 俊	朱忠军	齐 智	张 洁	尹利民	徐 波
陈 嵘	张华捷	赵 红	孙军玲	高文静	马 曦
简伟研	李肖琦	孙 亮	于 欣	徐丽玲	任 莉
饶林洁	李 勇	朱志峰	周利平	范洪涛	冯星淋
赵 鹏	张 涛	崔春阳	董采萱	何忠虎	黄 蕾
崔洪伟	龚丽云	罗晓敏	王 娟	李新平	吴延花
王洪江	刘 涛	王 亮	周穗赞	邢 运	李学权
徐 佳	吴 婷				

护理学院

林可可	江 华	王攀峰	李 佳	全海玉	王秀玲
张进瑜	来小彬	张艳敏	周 丹	龚云涛	阎 霜
王 娟	邓寒羽	王 飞	李 晶	王晓菁	张 晖
潘玉芹	胡榴燕	唐 滢	崔婷婷	张 萌	雷 媛
张维毅	董媛媛	金 爽	赵 颖	姚梦君	马静威

第一临床医学院

陈 翔	张丽芳	齐 心	贾云丽	张 颖	周灵丽
佘海澄	杨 帆	刘如辉	郭 静	李金娜	张 宴
杨松霖	吴娜琼	徐立辉	崔 龙	王佐岩	宋福英
杨 扬	张浩波	胡维亨	李冰思	任婷婷	孟 娜
郭 鹏	刘森炎	唐一平	顾建芬	康 岚	孙 宇
师素芳	宋 雷	葛维莹	何立芸	刘春军	李 虎
冯汝立	任春丽	徐安平	贾汝静	杨瑞锋	

第二临床医学院

蒋爱华	杨 靓	许连军	郑 蓉	张晓天	廉 波
苑 博	刘 洁	刘新民	张 虹	姜海蒂	王 欣
侯小萌	孙 瞳	沈 凯	张玉敏	陶 勇	龚继芳
左英熹	姜玉秋				

第三临床医学院

黄 平	李炳震	张远锦	倪 昱	吴 凡	李 晓
刘 宁	潘柏林	张 磊			

第四临床医学院

李云燕	周 雁	赵 红	张 骥	蔡京京	王 琛
赵 怿	龙建婷	王晓飞	刘日霞	康永峰	林 青
伊力夏提					

口腔医学院

王 津	刘 洋	释 栋	吴家锋	黄马雷	田 华
陈小贤	杨 杰	刘蕴玉	路 阳	戈 怡	李 蓓
王荣林	王志平	李 峥	韩 怡	阿依努尔	

中日友好医院

赵景鑫	赵 邑	崔荣丽	江 萍	孙 芳	王 宁

优秀医学生单项奖

基础医学院

陈 蔚	应 嘉	李 晔	赵金存	黄小菲	王欢宇
郭玉明	王 晔	田 园	孙 可	肖冰冰	王歆光
李 雷	王玉明	邹 杰	贾 娜	邓 芒	王 敏
乔力松	郑凌冰	吴 华	刘 洋	黄 晨	罗樱樱
谢玲玎	许 珂	丁一涵	钟金晟	丁雪芳	李 阳
刘伟涛	袁长梅	杨会林	黄艳清	刘 颖	刘 侃
李 玲	金克敏	张 坤	郭丽莉	范 斌	田 勍
高 莉	牛思萌	肖 斌	郝 晴	董 斌	郭晓萌
霍宏蕾	肖 洋	雷玉琳	陈少敏	赵慧颖	黄 鹂
韩 亮	潘佳忻	汪业军	陈艳明	李 婧	朱一博
张 娜	冯 喆	赵 晶			

药学院

张艳娟	肖新霞	刘建清	古海峰	王闽川	倪南婷
张华宁	陈 宁	王 宏	武 豪	张 菁	陈 旭
王 军	王宇航	高上池	贺风雷	刘 颖	孟 群
尹琳琳	陈小宝	陈 平	梁晓光	章 震	朱 瑶
刘 莎	孟晋东	徐 曼	李 嘉	刘 鹏	樊 华
刘 嘉					

公卫学院

李 楠	纪 颖	霍益亮	黄雅卿	陈 丽	向生焱
焦 岩	江 河	谢冰如	李 鸯	张祝琴	沈 鹏
张景怡	南 奕	任彤彤	张丽荣	骆颖慧	李 珊
张 兴	廖 巍				

护理学院

言 苏	张 岩	张晓娟	张睿霏	冷 婧	付 玲
王 岳	何 莉	刘 顺	吕燕辉	王艳君	任 然
魏月明	付红蕊				

第一临床医学院

丁颖果	谢 彦	王昊飞	高 杰	马序竹	王逸群
张峪东	沈 艳	史晓敏	王海云	顾振东	冯 云
余 文	周 越	刘 飞	任 怡	李 莉	刘余庆
杨明辉	赵 霞	高 娜	帕尔哈提		

第二临床医学院

胡晓艳	刘 瑶	马雅立	程 序	张 萌	何清华
王文泽	卜 梁	卢 靓			

第三临床医学院

邓 娟	赵 威	马霄虹	王 昕		

第四临床医学院

高 洁	岳 欣	柳华东	莫 莉	张 涛	李 蒙

口腔医学院

赵晓婧	那 宾	马俐丽	邓 蓓	林 晨	阚宇剑
史瑞棠	徐礼波				

中日友好医院
彭 靖　徐 宁

椎名医学奖

第一临床医学院
田 婵
基础医学院
许 宁　陈征山

联邦医学教育奖

基础医学院
张 亮　郭弘妍　李 婷　刘 菲　武颖超　吴 岚
刘园梅　王 通　黄 萍　娄鸿飞　曹 威　崔 亮
刘景文　齐丽丽　鲁红丽　罗 昕　刘业成　史 楠
黄 辉　樊曦涌　刘 佳　姜 宁　刘 琳　暴 婧
林 范　陈 斯　张五芳
药学院
芮妍芳　袁 泉　赵 鹏　董一洲　高 玮　申 佳
奚 静　里筱竹　张 丹　张 娟　段若竹　王 芳
李 柳　郭 畅
公卫学院
胡少晖　李 娜　张瀚迪　李祥虹　柳 鹏　宋 洋
孙玉琳　余灿清　吕 聪
护理学院
刁葳菲　张 莹　陈 瑶　黄 晶　杨 婷　曾 淳
第一临床医学院
胡怀湘　田晓军　赵旭旻　王会元　吴文湘　周 棉
褚松筠　胡瑞荣　刘继强　张 瑜
第二临床医学院
陈 宁　买晓琴　白 洁　冯雪茹
第三临床医学院
赵 嫣　徐伟仙
第四临床医学院
黄 进　郭 阳　黄厚锋
口腔医学院
赵宝红　马鹏华　刘星纲　韩 冰
中日友好医院
王 娜

光华医学生奖

基础医学院
付文先
药学院
李湘辉　吕继华

公卫学院
姜范波　吴 娟
护理学院
荆 华
第一临床医学院
陆 叶　谢群慧　马 为　韩晓宁
第二临床医学院
和 宇　鞠 辉
第三临床医学院
王 琨
第四临床医学院
刘筱箐
口腔医学院
袁俊伟
中日友好医院
农 英

医 药 奖

基础医学院
刘怡昭　于 扬　胡皎月　尹文玮　苏 静　刘 旸
张 娜　魏 娜　程 瑾　邓书会　唐 峰　张 鹨
郑 晴　刘 烁　王方芳　姬 涛　彭建光　宋志强
药学院
刘光慧　吴科春　罗 佳　安佳宁　于海宁　田 宁
刘 艺　钟 玲　王 冲　鲁亚苏　刘佳望　于 莹
李卫华
第一临床医学院
芮宏亮　赵 超　商 敏　燕 宇　刘 薇　陈慧瑾
于 洁　张 雯　王 锋
第二临床医学院
赵 东　赵 磊　高鹏骥　王铁华
第三临床医学院
段卓洋　张学慧
第四临床医学院
夏建国　周 苏　张 惠

优秀医学新生奖

基础医学院
刘 磊　刘揆亮　侯 奇
药学院
倪 钎

医学专业导向奖

公卫学院
檀 溪　吴小明　华正宇　主马什　武小锋　喻 达
李彦慧　文 涛　田妍妍

医学部曾宪梓奖学金

基础医学院
高世琴　郑启军　巫华兰　赵兰婷　王怀唐　王 欣
成志鹏　邵晓凤　李凯华　林国中　姚月勤　李秀玲
赵树雍　张剑钊　殷耀斌　夏韶华　史晨旭　张灵云
祝水莲　崔益亮　杨菁菁　马徽冠　田 雨　余 画
药学院
李怀玉　张 峰　蓝礼生　程水红　何立波　万志龙
马秀全　马圣骏　王 翔　李鲜婵　李业嘉　李立飞
刘 军　黄超峰　达瓦仁增
公卫学院
尹 杰　桑 布　曹 远　胡 强　赵晋丰　杜远举
程亚杰
护理学院
徐阿梅　华小雪　张丽燕　曲 珍

医学部玫琳凯奖学金

基础医学院
郭芳岑　邢 莹　邢晓芳　魏 娜
药学院
刘瑞凝　张 娟
公卫学院
陈秋兰　毋维敏　杨艳蕊
护理学院
杨 萍
第一临床医学院
史晓敏
第三临床医学院
覃莲香
第四临床医学院
张 惠
口腔医学院
那 宾

·研究生奖励名单·

北京市三好学生

公共卫生学院
吕 筠

北京市优秀学生干部

第三医院
唐世英

特等奖学金

公共卫生学院
江 宇
北大医院
杨 莉
第三医院
王洪成

优秀奖学金

基础医学院
王 健　胡少勇　谢志刚　孙红蕾　李丰桥　龚顺友
邱 阳
公共卫生学院
李 民　柴慧丽　魏晓林
药学院
王向涛　温东婷　李永山
北大医院
范 琰　宋 波　宋卫东　王 萌　周 菁　王朝霞
龚 侃　张志超　林宁晶
人民医院
阮国瑞　桂黎明　张佑彬　杨少奇　王鸿懿　陈 雷
梁秀影
第三医院
陈近利　陈亚红　杜 鹃　侯凌飞　周兰兰
口腔医院
葛春玲　张晓燕　尹宁北　胡秀莲　张 雷
肿瘤所
阎蘅秋
精研所
王华丽

光华奖学金

基础医学院
张蔚婷　柴三葆　李淑艳　娄雅欣　芮　珉　张凤云
索塔林　康宁东　姚小皓　董庆鸣　陈紫薇　边海阔
山　松　韩淑红　张　杰　潘秀芳　王冬青　罗　俊
公共卫生学院
董竹敏　刘　莉　王丽华　何丽华　赵　慧　刘文静
药学院
董径超　吴艳芬　吴　军　董阿玲　张　杰　张　华
刘　红　李　霞
北大医院
高　文　李　渊　吴红花　李　欣　沈　悦　果宏峰
黄　萍　朱丽红　王　芳　杨桂彬　周国鹏　吴　楠
王晓新　何海云　韩燕华　朱建健　夏春芳　武秀峰
周安宇
人民医院
杜志军　孙　靖　刘广芝　李　春　温　磊　李月廷
张晓红　石　璇　肖文斌　于　泓　洪　虹　杨钟波
王　卉　商宇红　王　燕
第三医院
王淑敏　李　英　赵　磊　张培礼　董向兵　陈晓华
由德勃　李爱军　孙　冰　周海涛　沈　宁　郭慧兰
崔　鸣
口腔医院
陈　莉　曹梅霞　邹立东　贾慧梅　于　玲　王颖莉
王晓霞
肿瘤医院
张　霁　李　勇　邓珊明　孙秀明
护理学院
王　艳
社文部
甄　橙
精研所
汤宜朗　曹　燕

中日医药奖学金

基础医学院
梁　玉　石　爽　岳黎敏　郭　华
公共卫生学院
彭瑞玲　董　辉

药学院
陆江海　李　勤　王雪松　卢忆萍
北大医院
高翔羽　王　芳　李　平　郑　虹　毛微波　张　强
人民医院
周翔海　艾　京　刘雁南　丁昊伟
第三医院
王　晶　许克峰　李危石
口腔医院
田岳红
肿瘤医院
陆哲明

联邦医学奖学金

基础医学院
赵　亮　李红梅
公共卫生学院
王子军　沈　靖　石　玲
药学院
王　黎　刘俊岭
北大医院
张文婵　蒋　捷　李　楠　林桂亭　孟洪第
人民医院
卢冰冰　杨　刚　郝红缨
第三医院
李　军　徐　琦　孙　威
口腔医院
贾培增
肿瘤医院
李金萍

IET 奖学金

基础医学院
王　玢　李玉秀
药学院
郝美荣
北大医院
姚宏伟　杨　敏　王　玉
人民医院
臧维苹　朱凤雪　董霄松
口腔医院
王祖华

（贾春红）

毕业生名单

本 科 毕 业 生

理学学士（987人）

数学科学学院：142人

数学专业：31人
刘晓波　邵永武　王　沛　张　晓　李云峰　郑　铭
李　明　黎　明　米雁辉　王　焱　陈　兵　余　玲
虞　华　吴景周　李　超　谢　怡　李　璇　邓　鹏
彭　捷　唐　翔　杨　超　曾铁勇　陈华一　顾一驰
刘　啸　邓俊军　文小真　郑晨熹　安　琪
97级提前毕业2人：闫　珺　安金鹏

统计与概率专业：34人
任晓炜　张彬彬　张　楠　杨剑均　吴　溪　符策慧
龚冰琳　王　烈　张　卉　陈礼国　蔡　宁　刘　礼
隗雪莲　焦　莹　李　茗　金　子　赵冰童　王　琳
陈　超　高绍根　江明涛　王立峰　惠国栋　李成山
周　怡　赵　睿　龚　鹏　张昆林　桂　江　郑　延
李　爽　刘佰军　张少方　蔡一媚

计算数学及其应用软件专业：13人
孙　凯　师庆辉　薛飞杨　李　征　王　凯　吕锡亮
郑　彬　邱亚娜　张杨勇　庞海英　宣宇琳　吴隆庆
罗　冲

信息科学专业：37人
刘　洋　郭伟基　夏　杰　唐志勇　胡永安　陈志勇
汪　洋　方喜锋　张　勇　黄倚霄　冯　洁　赵继承
夏华栋　丁清波　蒋凌霄　张世华　刘华东　陈　龙
贾　铄　王家昱　冯　韬　佘轶原　吴晓岩　彭献华
程贯中　俞诗鹏　黄　俊　王新民　王开静　庞　博
李爱勇　廖恺运　刘第正　张　珂　彭晓祥　曹景海
孟德喜

应用数学专业：27人
李　莉　冯耀辉　王卫东　黄　海　刘衍波　闫　虹
王　辉　杨达治　王　平　詹钟炜　罗友丰　陈志坚
唐宪伟　杨海成　刘宏峰　罗启宇　董清涛　王　强
姜　翔　陈　颖　尹　瑞　李佳慧　袁珂珂　于　萍
贾　超　陶中伟　胡　斌

力学与工程科学系：30人

理论与应用力学专业：30人
杨胜齐　诸　超　印姗姗　杨　虹　王　洁　李向群
余轩凌　李俊平　赵　辉　白　帆　李俊修　杨海霞
杨　岩　徐　丹　田　泉　杨雨来　黄　睿　吴焰立
张洪峰　崔　勇　陈家琼　张立宪　高攀峰　韩国瑞
刘　建　刘　华　万　蕾　樊　春　谭　华　王　举

物理学系：62人

朱　艳　周建辉　曹　群　李　鹏　毕思飞　高　鹏
陈继周　史敬元　贾圣果　倪凯旋　钱　海　刘　晓
周舰航　常君弢　曹　科　苗　洪　王道智　吴晓华
刁鹏飞　易万兵　钟　华　宛　佳　刘　伟　屈　田
尹正朝　汤　杰　孙　泉　王大威　方　华　柏树丰
唐　珺　王　凡　王　京　周　淳　刘　韶　王　锋
朱晓宇　冯秀程　谢　旭　李志攀　樊祥龙　陆　曙
李　燕　贾　爽　杨墨宇　彭　程　邓　楠　罗佳增
徐耿钊　郭宏宇　郭言中　韩轶男　李开睿　张　煜
潘　奕　张　龙　茅　奕　张方莹　杨　华　穆良柱
伍振兴　姜旻昊

地球物理学系：49人

地球物理学专业：11人
曾　锐　景志成　杨朝晖　李字强　陈　芳　陈　路
刘永岗　贾晓峰　曹　军　陈　珀　张广娟

大气科学专业：21人
杨　森　张晓蕾　周　华　符伟伟　康杜娟　吴长刚
刘鹏轩　李　洁　隋治强　胡豪然　周广强　马　隽
范邵华　顾青峰　陈　武　李正龙　邓　毅　刘利辉
王　飞　刘长征　张鹤年

空间物理学专业：9人

陈志宇　敖先志　史全岐　金东辉　黄雪梅　刘　睿
朱　曦　高志国　桂　剑

天文学专业：8 人
郭鹏程　黄军锋　薛永泉　孙晓辉　刘　怡　李　欣
孙科峰　江林华

技术物理系：74 人

原子核物理及核技术专业：34 人
郭长青　孟铁军　范文历　孙远根　张远波　代洪亮
张德明　贾晴鹰　黄森林　耿　犟　叶卫国　周德民
李　波　焦升贤　栾远涛　李　皓　狄振宇　王　征
陈志莹　杜　波　龙文辉　潘　强　刘湘涛　吴峻清
何卫红　张　哲　杜广华　董立淳　蔡博峰　赵晓泊
王　东　翁开域

应用化学专业：40 人
高　歌　徐　可　李　文　林继龙　张亚龙　张　杨
朱轶才　杨　军　赵　晖　丁有松　肖海清　王志辉
曾冬利　李　锋　潘知洋　朱　岳　郭理路　邱兴华
杨　强　李儒君　郑　斐　彭思舟　乔　婧　臧　佳
李晓楠　彭权刚　刘德英　胡　娣　林　莉　陈　琦
廖　清　黄　涛　张心颖　于　洋　李　玎　李文强
徐周亚　唐晓刚　陈运宽

97 级提前毕业 1 人：刘　沂

电子学系：65 人

电子信息科学与技术专业：65 人
翟　研　黄朝辉　林　宏　姬　强　李杰华　王　敏
谭继兵　荆翔鹏　亓祎男　程　勇　葛　强　吴　强
王　炜　赖文强　韦东杰　郭　凯　肖灯伟　段　新
李　咏　曲昌智　李　开　朱永会　穆家松　谢　峰
孙明岩　丁　辉　王　飞　沈志虹　傅大群　陈姗姗
王　芳　卓佳晨　南劲峰　樊　颢　杨　煜　江志烨
蒋　云　颜　瑞　徐道先　刘政通　叶青华　孙远志
张　放　韩哲龙　张　帆　周昊朗　周扬帆　王　毅
涂　骏　匡雄才　吴学德　徐　鹏　杨延军　赖燕燕
张利剑　温上东　闫东斌　李萍剑　张　媛　刘　菁
赵小莹　郭　芳　谢　芬　李吉红　温　琪

计算机科学技术系：149 人

计算机软件专业：124 人
王　玮　石剑鸣　张　逸　高　旭　张　浩　柳　青
常　玮　邵元英　童　硕　刘西川　徐　骏　吴文辉
赵　岗　夏星球　陈　黎　黄　唯　杜　宁　董　挺
王高飞　李　涛　董　舰　魏松杰　单松巍　刘天成
李　昕　程世军　任治国　刘　强　王仁铮　张　鑫
夏广志　熊明锋　唐　灿　王　龙　傅志刚　陶　然
何　雷　王　丹　彭　鹏　刘　鹏　单　静　徐　波

赵声攀　杨文汇　李兴卫　汪　冬　江四红　何丁山
徐　颖　吕良岳　黄　华　李　杰　李　华　张　敏
付　饶　张　欣　高　韬　张小华　郭　旭　陈　宏
李长军　曹爱玲　高　磊　姚　勇　华　山　吴益华
舒国强　刘　健　章　苏　王东斌　杨自强　赵剑云
王　宇　冯　忆　吕国科　袁　晋　薛志兵　欧灿辉
李　超　程　远　曹伟锋　张宏伟　王　珺　董　伟
郑　敏　郭迎春　张　俊　王继喆　李润博　景　楠
陈春和　谢正茂　许俊娟　鲍云端　王　汐　赵晓红
胡云飞　蒋　涛　裘　莹　董伟川　高延斌　刘国翌
王晓光　李　薇　应光光　黄　璜　高小明　童纯清
张兹浔　周自军　刘岳菊　王　砡　毛碧波　庄　湧
邢　昱　常小刚　刘桂美　董方鹏　马云海　陈　鸿
潘　颖　陈菁辈　肖　剑　王　博

微电子学专业：25 人
许知远　李　宇　范亚希　康　劲　沈　超　虞　渊
张怡浩　赵银银　韩　怡　肖志勇　言　路　王旭社
高　峻　陈晓艳　徐　渊　李英华　周荣春　陈守顺
卜伟海　鲁文高　孙　飞　许　云　虞　涛　季晓明
陈　寰

化学与分子工程学院：142 人

化学专业：116 人
江振华　游泽金　何建军　游良辰　高永宏　王　路
李艳艳　周育昆　金英华　徐　化　段丽芳　陈奕仙
孙稚平　张　伟　刘士勇　嵇　楠　王志勇　贾炳南
刘文设　陶国华　邹　勇　章文羿　赵澄海　李　镭
顾志锋　廖　玮　章　威　杜　轶　杨朝晖　毛小剑
汪建明　武利庆　陈敏华　李坤宇　尹云霞　徐　燕
何楚宁　郭　晶　沈鸿雁　贡素萱　寿晓弘　赵　临
刘　瑾　王晓飞　张　剑　顾倩颐　杨海申　徐宜铁
颜　河　谢　眺　刘　涛　刘镇宁　王晓化　汪晓峰
康瑞玉　黄　凡　陈学毅　王　宁　管海荣　刘　洋
黄　飞　周志国　朱月磊　韦林毅　吴　敏　杨　屹
喻　岚　康建珍　黄　莹　李　盈　王海琳　阎　妮
杨　希　于　涛　徐骏千　黄祚刚　王　佳　陈　辉
翟　琪　李　巍　石洪涛　秦　洋　王晨博　林伟民
刘　健　李　琦　龙　海　符策雄　陈　浩　梁永齐
葛　珺　鲍海凌　董纪军　商世瑛　孔宪静　闫　瑾
苴国萍　慕　成　张鑫然　王振强　刘　洋　叶　宇
李　灿　赵　强　石　伟　胡　虎　刘　佳　卢一泓
毛岳淦　李志刚　林　伟　彭导灵　余慧东　洪　睿
邓　量　韩　玮　夏建军

材料化学专业：26 人
欧阳莲　魏晓岚　张　虹　秦雪迎　何　筝　袁　敏
沈昕昱　吕美华　叶　宏　张　雷　韩　冰　刘安田
黄海东　王华冬　胡喜乐　王汉昌　张元竹　任　乐

李文钧　谢琼辉　邵怀宇　程亚军　李兆飞　安　磊
孙豪岭　杜　宇

生命科学学院：135人

生物化学与分子生物学专业：40人
方东贤　黄可欣　马超宇　任瑞漪　郭晓玲　董　姝
王宁彦　李　辉　郑小燕　王显花　徐敬华　刘文瑾
陈　昱　魏世艺　张爱京　姚　蒙　傅雪瑶　韩　月
马丽娜　张　澜　谭涛超　张　弩　丁　捷　刘　峰
王　凯　周　正　魏　刚　蒋炳军　李世杰　李旭东
刘　越　李　强　郭　峰　庞立岩　王　凯　毛贤军
倪　挺　沈宇锋　崔　旭　高　宁

生物技术专业：29人
许晓鸿　钱　轶　高华欣　梁晓林　唐显丽　赵文利
吕　乐　殷　征　李漪娜　常淑蓉　蔡　绮　吴　昕
蔡达文　汪阳明　程靖蔚　何　坤　李丕龙　温云飞
董　翔　沈　扬　丁　伟　周云鹏　许伟宏　刘欣琰
蔡国林　姜　海　谢　焜　崔　粲　潘　晴

细胞生物学及遗传学专业：20人
陈惠贤　祖　可　雷　颖　周　娜　王　培　罗　敏
李　宁　翁　嘉　任　民　董铁菲　李　林　胡湛智
曹国军　成常德　陈尔杰　卢晓健　季剑青　蔡莘莘
殷晓科　宋　艳

生理学及生物物理学专业：20人
李　琳　张语轩　付　昱　黄燕华　金　华　杨　娜
韩　雪　代　琤　钱晓峰　吕江腾　胡　浩　黄　华
于海源　王广文　李毓龙　余　江　李　炜　王　刚
刘　翟　曹　鹏

植物分子及发育生物学专业：18人
张　澍　渠　翙　张颖娇　许欣嘉　连　佳　贾馨丹
杨曼丽　胡　爽　史京华　王继征　邢　超　侯海彤
黄腾波　韩　韬　包　宁　姜瑛楠　于　翔　刘　伟

生态学及环境生物学专业：8人
王　锐　马　岳　游晓军　刘建文　赵海军　赵　庆
张宜男　吴松锋

地质学系：26人

地震地质学专业：8人
廖玉宏　吴应冬　付　真　戴天环　薛　胜　罗　纲
杨　艳　张　南

地球化学专业：7人
鲁颖淮　周振声　杨　永　李　强　伍天洪　张阿利
杨　东

古生物学及地层学专业：5人
王朝阳　温永鹏　吴　达　李　岩　王玉斌

构造地质学专业：6人
安志远　张　健　沈文略　张志强　张　杨　彭　澎

城市与环境学系：62人

城市与区域规划专业：24人
孙　强　曾于青　龚　华　李晓娟　孙玉霞　张南星
赵　佳　李　昕　陈　腾　戈　岳　孟亚凡　孙　楠
鞠文学　纪项宇　王明田　徐　辉　张　荣　聂致钢
刘战烽　樊　铧　孙铁山　刘　伟　王　坦　薛　燕

自然环境与环境生态专业：12人
丁　艳　蒋依依　磨　洁　黄艳华　何　煜　张洁瑜
赵婷婷　王俊涛　孙建龙　王　锐　陈　煌　李柏良

环境学专业：21人
王宇晴　李苗苗　任英顺　何　芹　闻　怡　邢可霞
许宜平　赵　伟　张　巍　王忠武　罗宗俊　钱少猛
马乐宽　孔兴满　宋　宽　陈安平　饶　胜　施　治
郑　一　黄　建　刘振宇

地貌学与第四纪地质学专业：2人
吕长春　赵　亮　朱　军　王　辉　徐　峰

心理学系：24人

陈　茜　茅玥生　皓　朱　玛　周小彬　陈　曦
李　伦　张　佩　刘　洋　边　征　徐　红　于　淼
傅俊清　张　慧　李　锋　李育辉　袁文涛　陈梦晖
谢丹柯　郑家莉　刘裔涛　吴　明　姚　翔　王　悦

信息管理系：29人

科技信息专业：29人
李　烨　温　淼　魏　铮　周　芳　王志强　张　健
陆之光　申　宁　姜明魁　刘晓玲　侯大怿　田立文
李若朋　申　思　朱海玲　蔡荣海　周　磊　罗　威
严照楼　林　瀛　李　琦　林　健　侯艳飞　吕卫龙
李　箐　黄　剑　万小军　黄治军　熊　赟

工学学士(29人)

力学与工程科学系：29人
王林栋　郭　魏　刘洪伟　金扬奇　周昌令　吴永现
孙　俊　潘海珍　李盛宏　梁　颖　胡友明　金定考
钱　劲　张　恺　聂春戈　巩小博　关晶波　栾　威
俞麒峰　钟岳龙　阮海辉　潘文潇　邵　峰　刘利平
昌　盛　杨伟轩　尹志远　连尉平　秦晓亮

文学学士(298人)

中国语言文学系：86人

中国文学专业：53人
刘颖懿　杨学涛　蔡晓晗　梁　顺　吴箫旸　方　欣

孙　亮　赵丹丹　李永红　杨　颂　王红芳　胡少卿
康丽娜　刘　卓　蔡玄晖　翟　毅　徐冀静　刘　颖
唐　俊　梁小倩　何　翔　胡　颖　张楠伊　张　欣
郭　滨　何　忻　郭玉洁　姜　华　孙淑慧　李　霞
胡秋蕾　王海威　陆　乐　金　翎　霍志静　邹璐巍
李　杰　汤晓燕　余　佳　谢丹云　张宏强　周　娜
蒋永庆　左浩坤　徐百柯　张　楠　陈永钊　李　硕
刘　明　齐湘辉　刘　静　邹　涛　陆　杰

汉语言学专业：18人

邹黎明　杨　慧　张　珏　郭雷鸣　胡　斌　马　辉
黄　羽　卢楠楠　郑艳华　陈洪治　尹　楠　崔华山
王立霞　林艳敏　肖鲜蓉　王萍丽　孙洪伟　徐华莹

古典文献专业：15人

杨小亮　彭　馨　李　娅　蒋文仙　姚玉桥　陈　龙
刘　勇　黄华荣　吴冰妮　薄　茹　吴　洋　黄澍捷
丁　元　李峻岫　张　铁

信息管理系：28人

图书馆学、编辑学专业：28人

侯欣然　何　宇　刘　霞　王　军　王　琦　于元源
杨城晟　王青青　郑永生　王　浒　陈　敏　李　丹
罗丽丽　郑清文　彭　佳　黄新峰　钟智锦　黄楚慧
郑　颖　黄检华　李　姗　孙利红　秦　晖　郑　以
许　欢　陈德令　艾　晖　黄琼娥

艺术学系：28人

李　煜　刘妍婷　曹小霞　钟晓军　霍　焱　侯秀红
王　岩　霍　焰　倪丽慧　姜晓燕　金　妍　罗　乐
万德钧　郝　婧　梅　红　刘　铎　李　璇　秦　超
姚宏波　南晓莉　陈　然　戴　阳　汪骏原　张　弢
王晓宁　朱鹏华　孙　飚　赵　青

外国语学院：156人

朝鲜语言文化专业：12人

覃　冉　黄亮新　李　悦　王　东　周逸　赵　璐
陈佑伟　张叶青　董　茵　王　丽　赖可信　陈　垚

日本语言文化专业：13人

严　刚　刘赫第　陈　倩　刘丽梅　韩　惠　杨　泳
朴雪莲　荣雪霏　王　华　戚　莉　孙祥利　孙晓艳
张　毅

印度语言文化专业：9人

刘　乐　王　辉　马　赛　荣国红　吴　锐　郝　涛
樊　宇　曾渝燕　毕　玮

波斯语言文化专业：7人

孙　轶　刘英军　张海伦　时　光　李　江　张向群
王　虔

阿拉伯语言文化专业：12人

钱志龙　李　鹏　刘雅敏　肖　阳　李　腾　梁　亮
周法治　李　姝　钱艾琳　张莉萍　阎珺岩　张　莉

法语语言文化专业：16人

吴家维　肖　楠　王步之　傅　威　沈　琳　孙天骄
史　迪　刘　伟　李小平　初艳红　刘　捷　何　蒨
王晓佳　高　艳　金　路　郑　璐

西班牙语言文化专业：12人

夏　昱　宁　宁　范　晔　黄晓亮　王　晶　谷　诚
于华音　闵雪飞　宫　娜　张　蕾　崔　燕　王冬梅

德语语言文学专业：14人

张　珂　王　莺　汪　斌　周　鸣　王　曼　方　瑜
詹庆梅　徐　佳　白　洋　刘琳娜　赵　莹　王　亲
毛鲁珏　罗　昱

俄语语言文学专业：19人

李　韧　朱亚菲　李　卓　田　越　牛　珩　白云峰
霍晓丹　薛　莉　富景筠　王慧颖　孙传江　杨　成
顾仲阳　彭爱民　胡小琼　陈春丽　潘　昭　陈亚岚
卢晨光

英语语言文学专业：41人

马　宁　李　丽　尚　毅　郭单妮　王　京　高蕾蕾
杨立欣　钟　周　刘纳吉　吴　晶　张春华　李　煜
郑　毅　王　巍　赵昱东　杨竹松　吴凤云　于　莹
岳　峰　李　博　张日娜　曹　俊　沙筱薇　王佳新
史丽芳　来婷妍　沈莉霞　王　海　马乃强　王海芳
舒　丽　操　辉　李　勉　李朝晖　方　艳　阙登峰
郭　娇　郑　薇　粟春科　桂　华　赵剑英

历史学学士（50人）

历史学系：31人

历史专业：19人

郑小威　严共明　侯肖林　李　娟　张　辉　张里蓉
邹　端　巩为为　赵万霞　杨　彬　周青丰　张　瑾
马朝宏　韩　巍　孙英刚　高　洁　曹　煜　生云龙
刘　聪

世界历史专业：12人

彭　磊　桑艳东　尹锦花　夏洞奇　陈继静　任裕婷
吴姝萍　冷　琼　彭　琦　彭　亚　李爱贞　王欣欣

考古学系：19人

考古学专业：12人

曹大志　杨梦菲　董肖强　邵文斌　齐　纪　曹慧奇
李　静　李建伟　赵　阳　潘占伟　雷喜红　王　鹏

博物馆学专业：7人

霍杰娜　左　唐　黄河清　赵元元　胡明明　赵　隶
张　萱

哲学学士(29人)

哲学系: 29人

哲学专业:15人

江 男	李柏松	宋新华	金 鹏	张 军	王菊英
马千里	席加省	孙秀锦	丁艳红	朱会贞	佘 莲
向 勇	肖 宏	张志华			

逻辑学专业:5人

张立英	诸世卓	房自正	周玉新	张寄冀

宗教学专业:9人

赵民民	侯爱婷	李基日	张凌毅	成 静	曹 欣
叶 莺	王 珅	田 莉			

法学学士(451人)

法学院: 188人

法学专业:154人

朴松灿	吕 艳	张京伟	张晓春	凌 斌	范宏瑞
刘亚玲	吴伟静	张晓萌	程 曦	易 平	武 欣
孙 晔	郑晓槿	顾契妮	张志宏	白祥革	崔善英
曾 彦	贾 月	杨 帆	赵 楠	江 舟	唐 睿
李望知	朱利江	黄寒鹭	张 炜	雷凌飞	徐 元
姚 奇	于洪森	苏灵麒	李 鑫	洪松峰	彭 声
马志华	唐黎明	张 颖	张鸿雁	白 冰	李柳杰
李 霞	钱 宏	孙秋宁	李 蕾	汤叶霞	俞惠斌
刘 可	刘 佳	胡艳华	丁 莹	赵 玲	陈 聪
李 艳	时俊贤	陈 鼎	杨 起	李 倩	袁卫华
邹 玮	毛维桓	王艳梅	陈 球	许雪琼	穆 耸
蒋雪雁	费维琦	黄 生	赵 霞	黄报春	王 颖
崔 磊	刘春东	王 瑛	李 静	黄军辉	张一萌
周 靖	张 冉	张 鲲	李鹏越	刘 扬	魏双娟
贾莉蓉	熊江宁	唐 亮	王月华	夏影影	王 凌
宫晨娟	高云龙	赵忠山	刘玉霞	陶伟琼	高 姗
陈亚丽	张 璐	王 瑾	魏 姝	陈维霞	姚培华
吴 飞	金爱燕	张江莉	于 凡	杨雅琳	李 丹
徐建辉	张 熙	赵 缨	徐晓丹	孙宇政	徐鹏飞
方志平	刘科科	胡 镂	杨海峰	马晓辉	丁春艳
于 洋	马景春	王江涛	苏丽娅	达奔那	郝彩缤
易征涛	张 颖	苏 磊	杨冰虹	高 帆	刘 茜
李晓龙	李 佳	代宗周	续 光	田 洁	刘伟凯
许 莉	王英东	马宏升	蒋央平	杜若岩	田志平
缪 静	黄旭巍	连 曦	梁 飞	赵伊江	高 程
张会峰	马 龙	张 辉	刘映雪		

知识产权法二学位专业:34人

陈宇宁	李镇江	黎运智	宋合成	栗东晖	林腾雪
傅 敏	李 江	马 骁	夏 锋	杨建荣	李青俊
卢海鹰	史泓冰	祁云波	许秋平	赵志红	管圣喜
李 欣	尚志峰	李 玲	李 宓	梁朝玉	李 艳
林 琳	王 利	金 磊	王 坤	于海宁	王书建
张克挥	邵建华	苏艳红	刘 泽		

国际关系学院: 88人

外交学专业:23人

王 瑾	陈 钟	陶 靖	李 燕	刘 敬	曾 荣
张宇夫	于子越	巴 勇	朱 轶	顾锦生	宋 刚
卢 峰	金 蕾	黄海慧	唐奇芳	贺艳青	郭琼虎
江 凯	何 茹	楼宇荣	孔 颖		

97级提前毕业1人 杨金丽

国际政治专业:32人

杨晓兰	田少颖	丁智勇	陈京晶	查继军	林旭初
张 欣	王学永	张文超	张庆新	王丽新	杨大研
刘 宁	陈志远	王大为	叶浩兵	林 燕	施新政
叶 颖	彭新平	陈 建	高新华	节大磊	陈凤琴
姜 涛	曾筱迦	黄 迪	苏颖君	陈 莉	崔 瑾
柳 森					

97级外国留学生提前毕业1人 冯显瑾

国际交流与文化传播学专业:14人

梁 笃	殷凯业	朱江南	郭一澎	连淑钰	唐慧杰
王 欣	李晓锋	张小匆	陈 菁	庞 珣	夏维勇
贾 怡	李 彦				

国际文化交流专业(二学位):19人

金 兰	褚 鹏	姜德义	徐 挺	远 景	陈 香
于 宇	郑东立	谭 帅	王 冲	苗乃川	郑 芳
沈谷鸣	郑立民	王明慧	张建成	江 丽	张 冬
李 漫					

政治学与行政管理系: 52人

钟 星	姚舜银	熊美娟	李 楠	谷 雪	张 鑫
崔绪奎	白 璐	李 静	宁立波	张泓帆	杨 光
刘燕菲	王海明	高 芳	郝 丹	宋 斌	王 利
祖连颖	杨彩云	陈小丽	王 飞	张 毓	李培营
王淑平	李菊花	张 明	王冬欣	刘雪梅	周 陈
谢 蕾	宋 罡	周立平	贾 琦	张严冰	郭晓星
金 波	林凤娣	张焕腾	孙晓慧	于 跃	华秀萍
林文静	覃 湘	惠文琦	刘中铠	李应利	祝乃娟
贾旻娜	陈玲玲	杨章裕	马海滨		

社会学系: 32人

社会学专业:19人

把 冉	张思来	牛瑞雪	姚映然	王海东	梁 克
王 勇	李 军	李凌峰	王列军	林 斌	孙秀林

郎继勇　黄玉琴　欧阳觅剑　张克胜　喻　东　郝大秦
祖力亚提．司马义

社会工作专业：13人

林　海　周　烨　董　治　荆志国　孙晓琳　金钰伟
李奋发　李志国　董　杨　王昌伦　苍　松　闫　花
夏　菁

马克思主义学院思政班：73人

杨子江　生　华　南京媛　孙在辰　肖立东　朱信红
金　玲　张　卉　贾　兰　刘　强　杨　丽　李塞娜
赵星宇　徐　芳　孙蔓丽　景　颖　李　波　赵茜侠
郎　靖　刘　平　叶　净　张念梅　陈小华　李红琳
李晓燕　邓雯婷　王文生　朱云汉　王　强　李旻雨
刘　渝　马　宏　董志国　胡　军　赵海燕　李大炜
王浩涓　李云峰　王守华　赵　昆　张　忠　张晓川
张卫东　赵　杰　王悦平　李　颉　李　苏　浦向阳
陈　琨　谷秀芳　凌　静　徐志玉　徐寿华　陈恒福
付兆永　刘桂英　张福东　王　辉　朱玉山　颜士杰
陈家鲁　周剑武　崔根栓　吴　豪　贯春发　支晓丽
王可华　桂　昊　顾金敏　赵士胜　戎建军　赵　川
王效雷

经济学学士（194人）

经济学院：162人

经济学专业：28人

梁　静　张秋雷　沈复初　阳穆哲　刘熙亚　郑　琳
韦希娜　周　萱　吕　霞　杨慕云　姜守涛　仲晓惟
王毅峰　郭　超　罗立丹　姚拉玫　林金巧　张原秀
陈翱宇　赵　轶　谢　刚　耿　泓　王　颖　王家强
陈　露　乔瑞亭　张　莉　潘　杰

国际经济专业：31人

张　伟　林　扬　朱　林　覃　斌　周坤轮　田锋慧
岳海燕　武　瑾　熊远萌　黄　昆　张　磊　梁云慈
郭　彬　郝　洁　梁　涛　赵　辉　陈长江　包　柳
刘贵冰　韩　西　向　力　秦　斐　林瑞明　孙　霈
杨　蕊　颜　色　袁　蓉　周　静　王　滢　李　志
冯　馨

国际贸易专业：31人

邓　喻　邵　亮　雷海燕　周　妍　何　萍　黄育锋
彭　鹏　张　璇　李宛莹　林　芬　林明锋　肖　东
王　亮　林传谊　刘志颖　陈玉新　黄辛蓓　周　滢
周　星　林慧丹　何婷婷　刘惠芳　刘　秦　孙　斌
栗　莉　王　耿　王鸣宇　马祎荣　钱　珺　陈韵博
徐莹莹

国际金融专业：39人

余晓潮　蔡国喜　陆新艳　苏守春　邓一凡　付　为

李志军　马　靓　张　薇　马韧韬　李长秀　朱海燕
周永坤　吕芳芳　刘双玲　何　露　李国山　孙　政
李　同　吴　旖　程春华　吕向荣　车　瑞　郭建婷
杨建铭　冯　泓　刘丽娜　林翠微　王　睿　张漫春
丁　煜　曾　辉　韩霜月　贾　科　庞家任　董泽勇
刘　文　李　芳　柴　珏

保险专业：33人

孟　倩　赵　娜　李　贺　容道远　韩雨芹　王德威
黄瀚铭　李成威　瞿昕华　郑婉仪　刘　文　张金辉
赵大玮　陈　勇　周　桦　马　骥　张雪融　黄　嵩
蒋碧波　徐　斐　张路路　许凌峰　雒庆举　陈云婕
魏永凤　刘　彬　章　鑫　陈　宁　张艳华　耿　琳
潘九岩　乐炫光　曹杰存

光华管理学院：32人

货币银行学专业：32人

吴叶锋　杨剑威　刘燕琳　李　静　陈映雪　蔡　键
秦丽娜　张　蕾　王海琳　马　明　金银凤　刘　韵
方美玲　马晓静　吕永生　安春梅　黄　晶　黄永亮
牟咏梅　卢岩熠　刘　娜　王戈燕　高云旸　蔡继东
刘正芳　朱　坤　唐　黎　张兵兵　李　晶　夏　妍
只　强　李　丹

管理学学士（114人）

光华管理学院：114人

企业管理专业：31人

石　可　王述欣　王世国　滕海学　孙迎宾　刘一璘
张　彦　翟丽莉　王巍巍　王汉锋　贺金波　胡　兵
杨　光　陈兆辉　李治华　姚志国　江　萍　姜在国
谢雯娟　郝辽钢　胡　江　卜蓉蓉　黄　涛　谢佩媛
吕晨飞　周纪冬　徐海青　吴秦建　韩美清　刘　洋
陈家良

会计学专业：27人

吴　硕　吴　丽　翟骏魁　孙　婕　苏　惠　袁　颖
魏　星　杨全营　曲　玉　陈　涛　魏倩菱　崔晓鹏
宁方明　邵　楠　李　栒　林　妍　高　展　钱文锦
田　丽　唐　瑾　冯宝华　彭春慧　王文玲　欧阳敏
李红莲　杨春红　胡丽端

财务学专业：28人

朱　刚　王　涛　李　麟　范文静　汪峰雷　曾海涛
盛　雯　杨　睿　杜海峰　李传英　张娜娜　赫　阅
田　刚　周小舟　蔡振杰　朱　昕　宋　焱　廉　洁
张秋蕙　葛维连　赵　博　周嘉炜　刘　华　韩　琴
韩　颖　张逸之　朱政华　董亚莉

市场营销专业：28人

张玲玲	申 霓	黄明浩	郭 娜	郭 磊	周 芳	曾 嵘	张 涛	杨 毅	林财威	封 馨	钟崇斌
左晓燕	刘 嵘	卢志新	江 柁	吴京达	黄妮娜	张文佳	甘良英	赵 然	饶慧瑛	蒋玉辉	杨 建
范志权	丁大勇	栗亚娟	王慧丽	金春姬	姜 杉	韩苏军	于正中	杨 舟	阚 忠	郑伟毅	俞 晨
吴跃然	刘 佳	崔金欢	张松洁	刘迎征	毛微芬	郭 力	刘雅楠	路雪艳	韩彬彬	窦 侠	叶一林
赵柯禹	张 丽	李 倩	黄智锋			单华超	金昌国	肖天旸	王志启	范 铁	刘 颖
						林 楠	毕书红	李付英	王丽华	张 超	冀晓旭

医学学士

						王跃龙	葛新亮	胥雪冬	周 毅	李 琳	王宏利
						何 榕	万鹏霞	李成林	张 琨	刁垠泽	刘四海
						李智高	王峥嵘	王纪元	程 阳	亓颖伟	庄 震

基础医学95级：

方海心	刘 承	段学锋	刘 峥	张华刚	仇 斌	支 远	曹 雷	徐 钰	杨 俊	冯莉莉	吴 迪
毛一卿	罗 涌	陈 玮	李文静	王 巍	韩继生	宋 彦	杨晶晶	徐京杭	涂家红	刘 丽	李 正
吕 蓬	翟 鹏	郭晓峰	赵 伟	闫 震	王宏程	曾 昂	黄 晖	刘 波	黄 勤	张 捷	王 威
夏迎秋	李 敏	李 欧	沈建英	吴树亚	陈彦灵	徐晓蓉	曹 昆	费允云	公晓红	邹雄飞	祁俊明
刘 京	魏晓超	冀 鹏	李晓雷	付磊平	赵湘蓉	王 曦	张 楠	陈 凌	肖 涵	苏 凯	
单 秀	孟剑敏	杨 诺									

口腔医学95级：

						鱼 洁	宋云勃	单清爱	孙伯成	徐 明	汪洪波

预防医学95级：

崔 宁	桂小海	金从国	李继珊	吴 奇	陈天娇	杨 瑛	赵晓一	龙 昆	李 健	尚 毅	吴 晨
李雪婷	杨 兰	杨新宇	李大林	张华明	刘 斌	王 迪	高恩峰	潘 珲	徐 波	张若芳	刘 帆
李群娜	蒋 敏	李艳宏	许雅君	曹晓莉	宋晓明	江 能	吕 悦	李晨曦	赵 红	董 稳	顾 盛
王慧恂	蒋征刚	郭 菁	毛阿燕	姚 巍	贺圆圆	潘锦山	刘小嘉	张海萍	马 林	孙吉佳	张 爽
朱江辉	赵东海	丘远征	徐欣欣	柯素容	于 佳	莫尼拉·哈丽娅	李 赫	吴敏节	林 挺	景 泉
杨 苹	班 努	阿依古丽				杨 媛	张寒冰	丁 泳	汤佳玮	仲小玲	古丽努尔
						张 涛	王宏伟	梁 洁	张 玮		

妇幼卫生95级：

护理学95级：

金 鹏	沈国强	毛学群	董雪莲	韩 秋	卢晓云	彭世殊	胡莉华	吴永红	杨 悦	齐晓玖	于 洁
高 宇	毛康娜	刘 琪	董 倩	刘恩庆	单景涛	肖菊青	顾卫华	朱谊萍	张慧英	高 歌	邓 薇
姜英姿	沈 岩	张 花	黄 玫	郭利霞	古丽娜尔	尹红霞	潘镜帆	金晓燕	于 欣	万巧琴	夏美丽
						卢 挈	李俏春				

临床医学95级：

药学96级：

李菊芬	铁 剑	王锐颖	孙萍萍	陈旭华	肖建涛	张 秀	王凌琰	韩 涛	高 晔	陈 扬	李 洁
张 龙	林 震	关 欣	邱建星	孙 慧	严 楠	朱玲玲	杨 巍	邓 秋	王跃明	候宝光	张新军
李 欣	唐 雯	沈松菲	王学晶	崔 明	汪永义	周 硕	曾 艳	赵咏媛	王 洋	吴 晨	陈春燕
张道俭	王 昇	崔 佳	吕 鹤	曲进锋	郭慧君	李 恒	张 伟	刘 鹏	张建业	姜典卓	刘慧清
杨 昆	陈晋峰	戎 龙	张 骞	刘照华	祝毓琳	张鲁玲	齐金霞	刘 欣	房 新	吴匡时	关 鹏
杨 薇	倪燕妮	吴 超	宋琳琳	张 可	田 雨	云 强	王倩倩	梁 波	李 菠	李莉娅	李晓光
赛吉拉夫	唐杞衡	张其鹏	张 欣	李宛晴	戴 晶	陈 伟	吴云山	朱 健	郭彦明	葛学彩	刘 毅
彭 超	侯晓荣	孙 谊	赵 勇	刘伟刚	陈嘉凯	寇晋萍	韩 澎	王雪薇	况 斌	王 涛	汪 纯
李天荣	贾 辉	宋奕宁	马 燕	李 囡	李 宁	刘明辉	波拉提	黄 莹	陈劼蓁	李 丹	于 怡
王 成	李 锋	翟国君	申砚明	雷 伟	闫晨华	杜程芳	张云龙	严文伟	邓 沱	王伯颖	李 静
安海燕	陶沁晨	戴 莹	李凌云	张震宇	郭 祁						
唐 宁	陈嘉飞	贺景国	何晓明	马少华	陈 蕾						
贾晓漓	刘 淼	邓晓莉	龙 华	冯 超	陈 彦						

药物化学96级：

朱以明	谢文贵	王 铿	魏 威	马富强	戴佩佩	韩 鹏	侯书杰	汪韧春	傅 鹏	杨燕玲	贾 琳
张 杰	丁 峰	李肖霞	李娅娣	刘 庆	徐 锋	刘振明	杨晓鸣	韩 力	寇宾宾	王晓奎	韩学文
张 讯	马 韬	陈 雷	陆 悦	常 春	冯于宁	庞 彦	劳白云	唐雄灿	孙 静	陈治治	张徐兵
肖 兰	张 卉	董轶非	李振华	郭长勇	蔡振鉴	王少华	周世松	刘雪峰	杨 硕	柳冬静	石 君
刘彦国	吴 敏	双 梅	曲 璇	朱 慧	叶 华	魏清海	刘 坚	汪清华	王文浩	何红梅	李桂东
郭佳岩	丁 威	芮 曦	马春浩	朱卫华	刘 勇						
胡新辉	崔伟华	李志红	冯海波	闫明珠	张 珺						

药理学95级：

何 蓁	孙北萌	徐 鹏	高 薇	金立艳	唐 峰

董 晶	吴庆莉	郑青敏	徐 俭	李 辰	王 鹂
潘 阳	高 晖	俞传慧	王英召	许明哲	薛林桐
东 敏	钟 鸣	徐剑波	方 莹	韩 强	张 晶

卫生管理95级:

赖钰基	王海坤	龙海珍	吕力琅	杨菁菁	李 毅
席小芹	任晓炜	郑 霙	王少利	常亚萍	唐 蕾
曹昀华	王慧卿	黄加良	屈宁宁	赵 鹏	黄春芳
张圣潮					

口腔修复97级:

屈 健	常 静	崔小英	田雪松	李 妍	李 玥
郭 明	杨 峰	贺洪吉	李 楠	孙 萍	甘鹏威
裴金芳	彭 敏	王 丽			

医学实验技术97级:

张 琰	赵 俊	刘 卉	王丽莎	杨 轶	顾 霞
王 化	杨继友	姚 萌	邓 娟	高荣环	齐 曼
孙佳艺	周 洋	李沈一	赵红娜	高文晖	张艳玲
许飞雁	王 珣	孙海燕	赵 楠		

药学专科97级:

董 欣	岳倡明	卢雅丽	习 朝	褚连凯	雷立云
田新颖	曹 艳	向京南	茹 英	李国芳	邓 昂
由 波	史 炜	李 燕	魏承志	王海燕	李 伽
王 艳	牛宜宣	满国强	杨 帆	苗 羽	郁 敏
贾亦芹	张 谦	李 斌	崔 岩	刘 桦	金 颖
田 菁					

硕 士 毕 业 生

数学科学学院

陈 龙	陈爱友	陈小俊	邓 罔	关 凌	韩光跃
何 斌	和 华	江 翱	黎德元	李 颖	李凤艳
李晓升	刘冬梅	刘海燕	刘雨龙	娄寒青	罗 军
马瑞芹	聂 锟	施 涛	孙丽丽	孙召利	覃瑜君
唐洪敏	万运虎	王靖岳	王柳霞	王明舟	王远靖
王志祥	王柱宇	夏鸿刚	徐 竞	徐德臻	徐正富
薛卫忠	姚 宏	余歆炜	余翊华	张建荣	张天洁
郑轩辕	周 伟				

力学与工程科学系

安亦然	陈 虎	符策基	胡 欣	黄 盛	李 丁
李 明	李 杉	李山虎	林 光	卢占斌	牛新乐
田中华	王春波	肖挺松	邢阳辉	徐世云	闫作喜
杨力勇	张 玨	赵盛琳	周继杰	朱俊彬	祝发荣
庄 宁					

物理学系

邓鹏翅	邓宇俊	董卉奭	费 腾	金立刚	李长辉
李乐愚	刘 峰	刘东风	刘洪轩	刘钧钧	刘蕴宏
龙 涛	路 宇	沈玉民	孙永科	王 浩	王 宇
王基刚	王孙涛	王志海	危 健	吴 涛	吴从军
谢成城	叶 涛	张 斌	张 帆	张 伟	

地球物理学系

陈广超	陈起永	方晓华	高 丰	高慧琳	侯章栓
李天超	刘盈辉	束传政	田 丰	汪德鹏	王洪光
王怀军	文平辉	肖亚平	闫慧荣	袁 健	张献兵
宋大捷					

技术物理系

曹子雄	陈万青	杜庆立	甘 路	郭 锴	韩朝晖
黄文国	吉永星	李凌云	梁巧丽	刘 宁	刘广智
刘峻峰	卢 君	卢爱明	吕 坤	唐渝兴	王东琪
肖 睿	杨 春	杨 希	余立锋	张 勇	张云驰
庄得川					

电子学系

姜群星	孙 巍	曾洪庆	朱程锦	柏柯嘉	陈红宇
陈建肖	邓恒华	冯 磊	辜 帆	黄河甦	金 鹏
李 骏	李新维	李秀兰	林惠保	刘 勇	鲁 郁
吕兰斌	吕铁汉	罗文勇	潘照亮	桑 和	孙建平
王大根	王江波	杨 琛	俞水清	曾 燕	张 勇
张 渊					

计算机科学技术系

蔡旭斌	曹学军	常继传	陈 健	陈 恳	陈 炎
陈海涛	陈向葵	程兆炜	楚 放	邓志刚	邓志鸿
丁晓诚	高小峰	宫丽杰	郭 耀	和 强	侯晓辉
雷 鸣	黎利军	李 超	李 刚	李 健	李 麟
李慕华	李小勇	林羽昕	凌海滨	刘 珣	刘 隽
刘 扬	刘广宇	刘元果	吕双立	吕思伟	罗 憬
彭京亮	钱新贤	邱道明	冉亚军	任晓霞	沈法星
寿眣馨	宋 涛	孙 雷	汤 敏	魏子乐	伍 键
向 华	肖 菲	谢 涛	胥 明	徐 岗	徐章炜

化学与分子工程学院

白 欧	陈洪基	戴怀成	付雪峰	傅 强	高恩勤
郝 项	郇 宇	黄伟强	江德恩	李 明	李 奕
李宏波	李丕旭	李述周	李卫杰	李有勇	梁培红
廖 宁	林建平	刘沁德	柳汀汀	吕 伸	罗 嵊
罗国斌	罗明俊	孟庆林	牟 涛	申 越	苏 静
苏 萍	苏辰宇	谭忠平	涂慧琳	王 鹏	王金凤
卫 伟	闫 峰	杨 奕	姚 疆	张晓威	张志华
赵小莉	郑俊荣	周 鹏	周成祥	周晓蕾	朱梓华
邹 锋	王 鼎				

生命科学学院

蔡 群	查 正	车路平	陈杨坚	陈志俊	程明非
丛翔宇	单丹丹	冯 磊	何 伟	李 昉	李 灵
李 胜	李 旭	李 卓	李大勇	李晓春	李元元
廖靖军	刘 晗	刘顺和	刘天昀	吕 静	罗 娜
倪建泉	齐 眉	石 翔	宋凌云	苏云鹏	童雪梅
汪 敏	王 涛	王寒松	王建民	王啸波	王友军
翁星河	颜长辉	张 立	张 宁	周 立	周 欣
周 雪	邹红宇				

地质学系

段体玉	甘江武	韩冬佑	黄雄南	蒋凌志	李 萍
李 茜	廖国辉	马铭波	王 石	王海华	魏晓亚
巫银良	吴伟娟	冼伟胜	辛 鑫	徐加兴	张 宇
张成渝	张欣欣	赵浩然	钟 鸣		

城市与环境学系

柴 政	陈明杰	陈喜波	陈晓卉	陈忠晓	邓耀东
甘颖进	高 勇	胡海瑛	孔维东	李小波	李星原
凌 翔	刘 波	刘 松	刘培基	陆荣建	吕志高
罗湘华	彭晋福	曲轶众	权晓红	苏继东	孙卫玲
唐 江	吴海涛	吴晶晶	吴运娟	习晓环	肖劲锋
谢 刚	杨 勇	杨家文	杨晓锋	余家忠	袁 文
张 剑	张 文	张 洋	张旻冶	张忠伟	赵 坤
周洁峰	周林洁				

心理学系

刘立惠	陈小红	郭晓娟	何海瑛	姜冀松	金大中
李 波	刘蓉晖	王 均	王 茜	肖广兰	姚 宏
张立青	张清芳	张伟伟	朱荣春		

中国语言文学系

查正贤	陈巧媚	程 凯	崔然淑	段美乔	郭朝凤

贺 敏	黄晓鹃	黄祖铭	金叡敬	冷 霜	李 静
李畅然	李恩姬	李在珉	林荣华	刘 津	刘 颖
罗 绛	罗书臻	马明俊	毛佩洁	裴允澈	朴也芸
申宜暎	史光辉	苏明明	王 昶	王冬玲	王立群
王善誌	王卓异	吴宇宏	徐 梅	徐海燕	余 杰
余 洁	曾智颖	张 梅	张大超	张兴成	张智乾
赵 彤	赵晨宇	郑惠京	崔容晚	姜仁涛	神谷博
丸井宪					

历史学系

卢 宁	陈 凌	陈奕玲	成广金	成一农	何维保
蒋狄青	康 斌	李元烨	梁玉莲	林雪碧	刘 嵘
刘 键	泷泽绫	卢德成	卢凯望	卢在轼	潘延光
宋光勋	宋丽萍	苏卫国	王海华	王立新	王秋红
吴国鼎	夏兆营	萧弘德	徐中煜	杨 芳	杨卫民
杨叶春	姚 昱	叶德昌	鱼宏亮	张 婧	张红菊
赵挹彬	郑荣康	仲剑殁	周 伟	郑用重	

考古文博院

崔仁寿	何元洪	胡 源	黄义军	雷 勇	路 菁
秦 彧	申知燕	孙 莉	孙 危	唐 炜	王海城
王铁英	吴晓筠	谢 鹏	燕生东	于振龙	洪玲玉

哲学系

蔡延展	常 宏	车知恩	陈国峰	陈志远	董铁柱
郭春雨	韩成求	侯兴宇	金尧炫	雷 煜	李活东
李志峰	梁晓杰	刘成伦	缪劲翔	欧阳肃通	逢 飞
彭丽新	孙 珺	王广胜	王海光	王世良	王献华
翁贺凯	先 刚	张 凝	张廷仕	张晓黎	张映伟
郑辟瑞	周 丁	顾卫宇	姚中华		

国际关系学院

阿里查	安华国	奥克达沃	宝川英之	陈 友	陈忠卫
单 伟	方军东	方利平	高 翀	海 利	韩 丽
韩芙拉	贺志军	胡 兴	黄志平	蒋宇佩	焦自伟
金智源	孔志强	匡志盈	乐利文	李 琥	李 力
李 颖	李镕彬	李成日	李芝侠	李志波	林 颖
刘 亚	刘公瑾	刘江涛	刘少华	罗 格	罗华明
马英钢	南 达	倪 斌	潘载镛	彭广京	朴大勋
乔建荣	任剑晴	史 哲	宋 敏	孙博红	孙应帅
王 磊	王 帅	王 燕	王新港	邬 磊	吴 丹
袭艳滨	续文利	杨 威	杨万强	杨晓娟	姚秋莹
叶海林	衣春瓯	禹美娘	张 菁	张 晴	张 欣
赵镇熙	折志凌	钟建军	朱宏立	来生立	朱雯芳
祝志军	章 棣				

经济学院

李蕴芳	杨晓红	郑诚吉	车达志	丁春霞	丁赛尔
杜琰	杜升武	段忠辉	范堃	范育晖	冯晓明
付宝玲	傅瑞德	何谦	贺君	洪宇	胡冰
胡卓尔	黄文红	敬义嘉	乐建东	李昕	李游
李海峰	李诗晗	李素云	刘航	刘鹏	李玮
刘润娟	刘仕洪	刘书林	鲁文竣	鹿炳辉	马晓松
孟祥轶	庞维仁	任康钰	孙立明	王东毅	王红霞
蔚兴华	夏春	徐文莉	许志谆	杨东宁	杨建勋
叶泰	叶建第	尹嘉	余黄炎	余淼杰	俞蓓
虞铮	张伟	张翔	张俊潼	张雪亮	周莉红
邹丽	李鹏	刘洁	于浩波		

光华管理学院

张碧瑛	白雪	卜康祥	常彤	陈沅	陈峰
陈坤	陈柳惠	陈小竹	陈兴珠	成芳	程捷
戴晓娟	党军	丁吉	丁一	董继文	董云峰
杜峰	樊燚	费东平	冯刚	付崇	傅强
高松	谷晓宇	顾婷	关宇	郭政	郭朝晖
郭立中	何童童	洪汉	胡军	胡俊鹏	胡乐生
黄钟	黄成明	黄远征	贾良群	江岑	江禹
江慧琴	姜爱军	姜荷泽	姜荣峰	晋旗	居恒
孔大勇	蓝颖杰	雷雯	李莉	李力	李锐
李月	李钟	李洪涛	李文德	李晓笛	栗文革
梁丰	梁颖	梁东生	林杰	刘杰	刘宏伟
刘敬桢	楼颖妍	鲁长征	逯安彪	吕赫	华
吕宁	罗斌	罗继	罗玲	毛盛勇	孟忠
彭定武	彭祖佑	曲明道	屈文革	权积勋	冉素梅
任冰	沈思源	沈亚军	盛安平	史彦峰	宋爽
宋健敏	宋学志	苏进	苏二毛	孙涛	孙康勇
孙平侠	谭勇	谭卫东	汤维	汤颖	唐禹
唐飞雪	唐召春	陶民	田昆	仝金彪	佟富永
王莉	王勇	王月	王宝清	王大庆	王国莉
王海中	王红玲	王慧琴	王金建	王立新	王丽艳
王少群	王思革	王新强	王新佑	韦小丽	魏力生
温福君	文杰	吴力忠	吴亮东	吴文华	武新罡
向华翔	肖喜学	谢京耀	谢远玉	谢孜楠	徐红光
徐林洲	徐胜一	徐卫林	许希挺	薛英	阎农
杨军	杨涛	杨勇	杨淑敏	杨为华	杨小刚
尹其昌	尤培华	于颉	于黎明	玉红	袁涛
翟润梅	张波	张骥	张见	张靖	张灵
张燕	张杨	张国喜	张浩基	张红军	张新宇
张永道	张臻汉	张志扬	赵纪	赵景峰	赵士波
郑宏	郑辉	周魏	周慢文	朱倩	朱冬平
朱怀奇	朱晓斌	字伟	邹培	佐和晋太郎	
蔡湘莹	仇建中	韩楚	马宁	朴文丹	田宇
赵朋	赵及文				

法学院

刘颖	鲁葵	吴湛萍	薛松岩	张惠民	綫杰
安玉超	鲍海珠	宾亭	蔡鍾辉	常鹏翱	陈伟
陈怀卓	陈俊华	陈炜恒	程国顺	崔华	戴世鹏
邓国光	丁飞	董佩林	杜奔流	杜平勋	冯刚
冯慧彬	冯吉祥	伏军	傅文杰	高庆华	高毅龙
戈艳冲	顾华	顾蕾	郭三转	韩友谊	郝倩
郝淑凤	何旭	洪流	胡耿	胡红	胡国辉
胡惠生	胡明非	胡戎恩	黄山	黄文	黄得胜
黄晓文	贾少英	贾玉成	简龙湘	江毅	蒋颛顼
金玲	金圣海	康凯	李晖	李辉	李莉
李娜	李春梅	李踔厉	李魁文	李庆汕	李少鹏
李守仁	李太元	李卫芳	李宇宁	练芸彤	梁英辉
廖德南	廖冠茂	林竞	林春丽	刘峰	刘军
刘磊	刘威	刘海鹏	刘慧卓	刘劲夫	刘乃晗
龙凤	麻海明	马捷	马清升	毛川	南海军
聂洪涛	农大超	潘新宇	乔胜利	任寰	阮宝琪
阮士红	芮嗣文	森川伸吾	施春杨	史贤英	宋姣琳
孙爱林	孙之斌	太忠男	谭丽华	谭青峰	谭小颖
仝宗锦	万建源	万以娴	王辉	王慧	王景
王凯	王涛	王永	王勇	王禹	王寒冰
王继华	王立飞	王鑫海	王英强	魏黎	巫启健
吴涛	吴韬	吴艳容	伍惠萍	武进锋	冼宇航
小高幹彦	肖建华	辛立凡	徐建军	徐世亮	徐秀华
徐学英	徐忠明	许清	许德峰	闫桂贞	燕强
杨朝	杨健	杨柳	杨路	杨泉	杨登杰
杨东升	杨海波	杨兴国	叶伟明	余慧	袁秀挺
云昌智	曾纪平	张斌	张锋	张恒	张昱
张宝珍	张晨颖	张凤军	张凤艳	张坚鸿	张江涛
张燕良	张玉珠	赵君	赵亮	赵建军	赵小平
赵颖坤	赵雨波	甄建军	郑慧	郑松传	钟艳
周红敏	朱蕾	朱眉清	朱秀梅	邰中林	陈焱
金钟佑	冷静	李国斌	卢国懿	彭志刚	朴海永
朴哲弘	盛进	石贵斌	田鑫	杨春蕾	尹元植
张劲松					

信息管理系

曹宽增	陈笑辉	范晓虹	高社淑	黄颖	李艳
李颖	李爱红	林琳	刘红敏	刘志江	孟楚麟
漆宏	田艳	王凌云	王韫华	谢敏	张燕婴
段学鹏	刘丽静				

社会学系

白春燕	干咏昕	郭葆荣	郝津京	何博闻	霍亮
兰雁冰	李放春	李伟东	罗力群	邵慧波	王俊敏
王文韬	谢万玲	熊浩	杨旭日	姚淼轶	赵雪峰

政治学与行政管理系

曾锡环　安明栓　边昭江　陈　娟　陈　艳　陈蔡志
陈海军　陈淑珍　程厚德　崔　冰　崔建民　董　琦
范贤睿　郭　海　胡永佳　李　本　李　猛　李建斌
李汶纪　林国荣　马兴彦　孟令梅　彭俊军　任丙强
任莉颖　申瑞花　宋方杰　宋庆林　苏贵章　孙　楠
孙　伟　孙宝云　孙家祥　孙曙光　唐平秋　田海军
佟国清　万基虎　汪　萍　汪玉宝　王全春　魏　军
吴　庆　吴群芳　张佳利　张录文　周长焕　周汝永
庄国波

外国语学院

胡冠兰　蔡恩彦　陈　黎　戴晓琦　底　婕　董　岚
董凤润　董锡燕　杜海燕　范晓萍　高　颖　高艳丽
郭　劼　郭　利　郭凯燕　何　姣　黄晓琴　贾巍巍
姜永红　李博婷　李春林　李莉春　李雪梅　梁　波
刘　俊　刘　舒　刘笑非　刘亚敏　卢　崑　吕　珥
马　剑　潘海燕　千玉花　唐黎虹　王　旭　王惠敏
吴红亮　谢　锦　徐华芳　徐雪梅　许晓娟　荀寿潇
叶　南　余苏凌　岳　坤　岳小文　张东辉　张小华
张志敏　赵　娜　赵大新　赵玲芝　周淑梅　祝湘辉
祝秀波　李小华　刘　畅　柳阳春　孙婷婷　王　琰
王志岩　吴　君　延　辉

马克思主义学院

柴元君　陈红历　陈永芝　程　宏　程俊峰　董　滴
董向荣　高　剑　高兴松　郭继平　黄　河　黄顺军
姜俊慧　劳焕强　李恒宜　李旭阳　林　煜　刘炳宇
刘红岩　卢奇骏　吕雁雁　马桂杰　穆振洲　裴志琳
史宝林　涂华奇　王慧民　温　淼　吴秋霜　吴文宏
向拥俊　许利民　闫　海　羊　斌　杨钟红　袁　超
袁志刚　张　华　张　涛　张耀祖　赵　奕　祝家林

科学与社会研究中心

贺雪梅　刘　军　张　聚

对外汉语教学中心

李相美　王　玉　朴恩儿

中国经济研究中心

丁　琳　顾义河　关永祥　郭　明　黄家英　林　明
骆颖浩　秦　琦　荣　昭　徐建国　钟凯峰

教育学院

安晓朋　白　燕　葛长丽　靳　军　雷　静　潘天舒
宋　鑫　鄢　波　阴　悦

人口研究所

李　勇　纳卡索罗.M.巴兑　邢立强　杨宏星　叶笑颖
朱海燕

信息科学中心

陈新宇　龚正贤　胡　杰　姜　洋　李　欣　刘俊辉
刘志敏　卿锡科　尚　群　孙宝海　徐　威　周剑华
周剑平

环境科学中心

白宇波　曹　云　陈　冰　陈雪霞　胡守丽　李　迪
李正鹏　孙海林　王少霞　王宜成　夏　成　许士玉
于　方　张　卫　张　翔　张化天　曾立民

基础医学院

丁培国　杨　宇　卢佳怡　梁军成　宋培贞　曹　栋
李圣爱　管　宏　李玉明　汪香婷　周珂杨　李　欣
张　蓬　李孟森　王笑健　田如锦　徐永升　杨春星
陈国力　张　茂　赵　屹　杜　珩　应建明　顾维丰
韩红梅　胡延红　姜丽秋

公共卫生学院

赵新胜　姬　宏　任　涛　张　维　黄　林　王素华
付志刚　刘爱萍　裴俊青　徐　丽　李珠明　曾　阳
董兆举　张黎明　胡传峰　马　宁　房　军　索中军
高利民　李　强　星　一

药学院

宁保明　张云龙　朱　娜　高峰丽　惠　峪　丁继军
王　杰　杨冬野　韩宏星　阳柳春

第一临床医学院

马　挺　贺钢枫　孙凌飞　路　远　彭定琼　田洪森
孙明霞　王晓阳　王日胜　林文华　林云华　史其新
张　杨　臧　桐　葛为勇　张晓华　周　彬　吕建军
张建梅　郭志良　周国平　王　可　代秀菊　刘　丰
李振光　姚存姗

第二临床医学院

张　意　郭英花　李海玲　袁晓培　马利敏　李　荧
钟朝晖　许　峰　王胜洵　李茂廷　张军晖　王瑞珩
王仲照　杨　婧　徐海林　江　勇　刘肆仁　洪婷婷
于诗鹏　刘　辉　谭星宇　佟春光

第三临床医学院

刘正冬　张蓉晖　山　丹　高雪峰　张月莲　刘虹杉

尉 东	王 磊	雷玉涛	张占春	阎 燕	潘 峰
成小如	李志伟	徐觉剑	张 伟	李炳庆	钱跃清
李云芳	鞠传广	王海宁	安 然	于 敏	

口腔医学院

| 刘昕燕 | 张 鑫 | 姚 玲 | 唐志慧 | 王戎机 | 晁春良 |
| 邱丽慧 | | | | | |

精神卫生研究所

| 沈鲁平 | 刘 津 | 闫 芳 |

社文部

| 苏 英 | 于海斌 |

护理学院

| 王 彦 | 李明子 |

肿瘤学院

| 王培林 | 郑 刚 | 徐卫国 | 赵 虹 | 朱德亮 | 宁金鹰 |
| 梁 莉 | 焦春宇 | 樊小军 | 吕杰(肄业) | | |

临床医学93级（七年制）：

王小方	石 蕾	翁开粤	张浩东	刘洪滨	余 进
张 瑛	邵 勇	陆欣欣	苏永刚	张 巍	何新洲
徐 雁	赵 刚	许 艳	刘 洁	郑 炜	马 川
徐 刚	王永庆	孟 磊	李 运	姚震玲	李天润
朱 研	张 伟	王圣林	董爱梅	刘 栩	陈国卫
万 峻					

口腔医学93级（七年制）：

孙燕楠	吴 华	邵 勇	郭瑞祥	杨晓峦	周 瑨
黄晓峰	韩 蔚	胡 亮	董轶倩	刘民喜	丁丽慧
冯驭驰	张帅玉	吴 南			

博 士 毕 业 生

数学科学学院

陈志航	戚立峰	陈建华	何金国	黄良明	季晓梅
江长国	黎 雄	李 丹	李贤德	林宙辰	栾贻会
罗 涛	马 辉	宋惠明	孙万龙	王东发	位继伟
邢桂伟	杨 磊	杨宝慧	杨宏伟	杨奇林	于 剑
张兴兰	朱洪亮	朱学庆			

力学与工程科学系

| 陈建康 | 段志生 | 熊春阳 | 喻学刚 |

物理学系

童玉珍	傅立斌	衡成林	姬长国	李 景	刘 刚
钱 卫	秦元东	孙庆丰	孙文红	谢飞翔	徐家胜
阎 宏	袁 烽				

地球物理学系

| 付遵涛 | 张庆红 | 陈 炯 | 洪碧海 | 刘奇俊 | 谢志辉 |
| 郑向东 | | | | | |

技术物理系

| 任秀宰 | 王 艳 | 朱爱芝 |

电子学系

| 付军贤 | 李建昌 | 杨海强 |

计算机科学技术系

方 菲	汪剑平	王金延	晏 阳	方曲祥	李克勤
刘占平	孙 斌	唐礼勇	吴 兵	肖 斌	杨 兵
杨道良	张 路	张世琨	赵东岩		

化学与分子工程学院

傅 滨	任 敏	肖军华	杨 智	曹 炜	陈小平
杜为红	高兴明	郭 锐	黄云辉	蒋葵阳	廉永福
梁世德	梁玉增	刘 婷	刘善堂	罗 俊	马宝清
唐艳春	田 文	王建锁	王明文	王亚婷	韦天新
谢桂阳	闫文飞	杨伯瑄	姚 刚	张慧敏	张昭良
赵洪武	郑 杰	郑激文	红 枫		

生命科学学院

井 健	孙 雷	叶波平	安利忻	党 昕	丁志勇
韩 嵘	口如琴	刘小舟	刘晓玲	明小天	孙英丽
王金玲	王雅清	王则能	吴世安	俞 立	张晓钰
张艳平	甄 伟	郑宏红	周妍娇	林 东	周 育

地质学系

曹运兴　陈廷礼　杜伟为　高洪林　李魁星　施光海
王素花　赵桂萍

城市与环境学系

刘长发　陈爱军　陈有鑑　范闻捷　高学民　胡晓猛
李德文　卢晓霞　马保起　沈体雁　仵宗卿　杨超伟
易善桢　张　珂　张甲坤　张建林　张志斌　赵昕奕
朱才斌　庄家礼　白　墨　何海燕

心理学系

陈　萍　包　燕　陈玉翠　郭春彦

中国语言文学系

蔡　艳　段江丽　方建中　高晓虹　贺桂梅　李　简
李京美　廉　萍　路文彬　钱婉约　檀作文　田炳锡
姚　丹　犹家仲　张伟岐　金树祥　李宪瑜　王　枫
王冉冉

历史学系

陈志坚　崔承现　戴东阳　付成双　付世明　高　波
顾　杭　和洪勇　刘乃亚　孟海泉　牛大勇　孙红旗
陶新华　王新生　余章松　张　涛　周明圣　刘金才
杨　琥　张　雄

考古文博院

李民举　安信元　杜水生　韩建业　何嘉宁　李海荣
李永澈　徐　坚　周双林　江美英

哲学系

林映希　郑汉均　曹荣湘　陈文庆　陈亚军　郝兆宽
金伯昀　雷龙乾　李国山　李绍猛　李素萍　李星良
刘曙光　刘元琪　聂　清　尚新建　石衡潭　宋景堂
汪澄清　王德岩　王善超　吴　仁　徐大源　杨道圣
尹美淑　赵源一　金龙秀　刘光彩

国际关系学院

刘建飞　王锁劳　陈建仲　韩　隽　刘东国　刘武通
孙　云　孙晋忠　王　军　吴　松　于铁军　张向晨
周丕启　洪冕基　俞承贤　赵常伟

经济学院

张　茅　贲　奔　成　峰　方　明　何　晖　黄　诚
黄俊立　李　强　李春荣　吕随启　帕特娜　钱　立
邱　巍　邱尊社　陶然峰　田晓霞　威马莱拉坦尼
闫中兴　张正鑫　赵云安　朱　永　庄　巍

光华管理学院

席建国　陈　重　季向宇　李　学　莫恩礼　庞金华
任　明　王受文　王永宏　王育民　吴展超　徐振东
于凤坤　张后奇　张志武　吴运迪

法学院

彭　冰　张　平　杜　颖　郭志斌　何慧新　侯　健
黄　芳　黄　震　井　涛　黎　军　李　蕾　李国如
刘银良　梅凤乔　聂永泰　沈茂树　苏亦工　王　成
王　磊　王　薇　王爱民　王长斌　王嘉丽　王苏生
王学政　杨　亮　杨　正　张　勇　朱绵茂　陈步雷
王　鸿

信息管理系

刘　嘉　许桂菊

社会学系

陈　颖　陆益龙　孙晓梅　赵丙祥　于长江

政治学与行政管理系

金在宽　彭兴业　颜文京　赵成根　高　旺　李周炯
商红日　肖立辉　周少来

外国语学院

付志明　刘　波　杨国政　单之旭　王丽亚　王钦仁
谢　巍　陈思红　李　晋

马克思主义学院

董建新　冯书泉　李　拓　李卓鹏　宋建明　苏寿堂
孙蚌珠　朱效梅

科学与社会研究中心

段培君　王克迪　曾昭贵

中国经济研究中心

胡书东　赵先信　闫　伟　岳昌君　张兆杰

教育学院

宗　钢　晋保平　李文利

人口研究所

王广州　郑真真

环境科学中心

田　良　王　奇　邓文碧　胡泳涛　居学海　乔　冰

基础医学院

唐晓青	刘　猛	陈培利	牛浩儒	黄跃华	王明宇
吴　晓	马怡红	刘军建	陈永昌	王学庆	赵承水
方　明	王汝斌	康自珍	田　甜	王素霞	徐志伟
金成刚	刘艳秋	常　磊	陈立南	孙成三	

公共卫生学院

蒋咏文	朱文丽	毛新良

药学院

刘振东	王理达	韩冬梅	宋志宏	田晓兵	张庆英
吴卫东	秦致辉	毕兰蓉	雷　震	刘叔倩	张宇锋
沈赞聪	苏艳芳				

第一临床医学院

宋瑞平	王　庚	常连胜	孙　瑜	陶　霞	王晓慧
王　蕾	才　瑜	朱则今	符民桂	李　健	蔡　琪
王晓红	柯亨宁	唐东起	刘　勇	陈喜雪	王海斌
张彦红	崔太根	徐雅琴	彭　旭	马　红	张野坪
李湘燕	曹　静	余　凌	温晓红	金　龙	赵　涛
卢宏章	邢智庆	王　嵩	郭　源	郭连瑞	杨开颜
郭　文	吴　晔	杨淑霞	王　蕾	赵卫华	

第二临床医学院

高　岚	屠　铮	尤芳蕾	伏　爽	孙铁铮	白任奎
王黎明	罗晏权	高蕾莉	马文彬	张新超	刘　靖
梁庆华	李　莉	刘延方	魏旭东	武莎莎	程继华
张桂青	陈　雷	许漫山	陈　彧	蔡胜利	金　瓯
石红霞	路　瑾	高唯一			

第三临床医学院

李　晖	李　民	陈咏健	毛文伟	刘延青	郭　彤
王　悦	陈　莉	张　芹	孙　超	王建丽	葛念峰
韩江莉	张　莉	雷蓓蓓	冯　雁	王国良	杨正汉
王跃庆	郑卓肇	刘　虹	李　莉	刘建国	

口腔医学院

毛立民	肖　苒	李湘霞	王晓燕	李凤和	郑　旭
朱正宏	李小彤	吕　环	陈　钢	杨文玲	侯振刚
范海东	杨　凯	马宗霆	柳登高		

精神卫生研究所

胡宪章	孔庆梅

肿瘤研究所

李金锋	安　平

成人高等学历教育毕业生

政治学干部专修科

王淑清	罗　威	许　涛	朱秋云	石　勇	陈宏达
王　飞	何　宇	郑　刚	詹成华	袁仕彬	梁显朝
袁　胜	黄惠苏	罗　俊	王庆泉	周　杰	刘新辉
吕　兢	钟万鹏	刘治宇	刘建业	李英哲	田　庚
夏海鹏	巴桑顿珠	邢　博	石丽霞	银醇良	刘殿辉
郭晗光	张　蕾	易宏钧	仇素霞	秦永红	翟振宇
谢　洋	倪少明	梅　誉	卢吉有	杨明志	周　訇
杜　尹	韩晓雁	方　萍	杨革壮	周渝岚	张双胜
项安达	翟旭东	李明孔	魏　然	李海云	

外事管理与涉外秘书专科

张宇庆	贾　玮	梁占霞	李　瑞	白刚剑	刘小炼
王荣君	李成刚	颉翠萍	黄　勇	王冰颖	何　星

曹红梅	岳　波	陶立南	幸福鼎	苏小云	肖元武
涂新苗	郑　灵	张　宁	陈思麟	何凤东	彭予君
霍文红	王　辉				

市场分析与营销专科

胡金明	阿　荣	饶文敏	刘冬梅	王爱华	石　峰
吴春鸟	潘　烁	王丽君	唐铁牛	徐小梅	蒋丹丹
康新宇	高　锐	张　伟	吴媛媛	赵　旭	盛　莉
部大泉	宋小龙	朱晓虎	杨　宁	蒋　玮	马雪萍
孟　丹	李同凯	徐跃铭	崔永禄	赵　威	张　颖
张　平	杨　丽	李华月	李晓波	施明华	陈西然
郭　晶	朱　剑	靳　钟	韩　峰	苗　苗	刘晓云
高　军					

计算机实用技术专科

木晓晖　唐　伟　王晓芳　李克峰　梁玲玲　宋　斌
郭　艳　李永兴　郭巨涛　李兵兵　吴高全

现代会计专科

郏朝颖　赵金永　孟宪娟　徐赛男　杨　旸　黄婉滢
魏文卓　鞠　林　叶　茹　熊晓健　吕　萍　张利飞
李　琦　李　霞　范　硕　孙翔宇　李　湘　张　岩
王　伟　磨丽平　陈　默　甄　静　管　玥　陈　波
黄　玉　赵利燕　朱佳静　王　彤　郑玲玲　高舜洁
王　彬　许　乐　林　霞　高京晶　郑玉燕　程书音
张轶强　魏海秀　姜笃妍　张　皓　曹蓉蓉　刘　铮
曹　那　王伟伟　甘燕飞　石晓晖　葛　扬　吕冰洁
吕福志　仲星明　汤丽芬　许鹏程　陈颖丹　施继雄
范　锦　田　琦　田　媛　刘　平　熊慧芬　谭　晶
刘　炯　王本忠　姚绵鑫　高　岭　赵　捷

广告学专科

杜　娟　刘　威　王乐旋　李　茜　李　畅　文　睿
崔艺滢　吴晓辉　朱卫琴　姜　丫　吴　琼　郑　慧
党　炜　孟　磊　周英达　孟　龙　朱伟楷　周素娟
滕官蛟　刘　婷　杨建国　王珏放　程　勤　戴凌云
董　浩　孙贻达　郭玉棠　徐晶晶　葛　雷　刘铭英
杨　芳　李　鹤　李　燕　冯　峰　佟　剑　孙　霞
湛　军　崔海涛　邵　杨　张晓帆　林汉志　余　涛
王　丹　李　凡　施　灿　张宇涵　向　悦　缪　龄

法语专科

朱志宏　张　俐　周春丽　李　珈　张难难

房地产与物业管理专科

安　奇　叶之蓁　秦国良　赵丽一　张　欢

生物化学与分子生物学专科

单　龙　周升山　彭　成　肖　缅　王　卓　丁　浩
亓秋辉　童元鹏　陈　冲　崔红莲　李　苞　刘　伟
杨晶鑫　安　琳　刘　宇　江冠群　秦　晟　晁　水
张如华

计算机软件专科

夏银华　邓莉华　宋　彤　吴　迪　赵慧玲　张　妍
尹慧德　谢　飞　马静宇　蔡云峰　于　刚　胡志伟
张　宇　杨敬允　魏小猛　戴向军　肖正中　项超宇
殷守勤　谢　祺　李　杰　詹　勇　丁叶伟　侯帅峰
于　欣　潘大为　陈　欣　贾利斌　曹慧洁　张　东
魏　周　王　帅　袁海娟　曹　松　赵汝鹏　刘　潇

孙芪江　王　威　刘　菲　乔　铮　王登峰　梁雪峰
李跃枝　朱一方　卢　泽　李小凡　张　智　王　威
张丽红　马　凯　刘国强　马　垚　罗晶晶　刘　佳
聂龙龙　张羽翔　李　冉　周延斌　王志勇　刘小琴
樊华磊　李菊梅　胡　强　刘　姣　郑东旭　魏永怀
刁艳丽　黎思维　王　萍　李佳临　章　栩　白旭东
张继科　李　翔　赵小栋　宋东华　胡文艳　王　乐
李　冲　凌炎哲　鲁　莉　刘　江　丁文强　工则雄
冯　磊　李杰英　权洪哲　戚思芸　刘远科　马旭东
温　暖　张红梅　刘国鹏　吕春林　杜　亮　王　威
邹丽妮　王迎春　王璇瑜　马　垚　刘　颖　张羽翔
刘小琴

建筑(结构)工程专科

魏绵巍　孙隆君　黄居然　黄家满　王　勇　孙代文
赵建平　袁　成　徐　红　靳英博　郭玉钢　江　敏
黄温宁　朱红亮　赵　锋　任　轶　邓锦辉　李　军
吴铮钧　孙华茂　张志亚　李　锋　沈　华　谢耀国
薛仕宗　陈艳军　皇甫爱华　丛保林　杨　航　樊　斌
侯　伟　孙光辉　芦忠雷　王玉林　刘　智　黄建伟
屈卫民

电子与计算机应用技术专业

芦　嘉　王小波　宋　南　蔡少鸿　陈代娇　刘　兵
刘合彩　姜海彬　吴晓飞　于　淼　谭晓峰　陆　征
戴雷鸣　郭　栋　吴　萌　崔菲菲　骆广蔚　舒良胜
朱小君　向　魁　吴念婷　王晓燕　燕超源　成志国
高　巍　李蔚蕴　解海霞　闫宝城　仇宜冰　于鑫辉
王晓昀　张　楠　王浪平　黄艳伟　丁永娣　邹　军
谢奇洲　钱　俊　李　海　唐明华　付　斌　谭广礼

金融与贸易专科

关　欣　韩　琳　邹小攀　程立启　孙晓慧　张静赢
魏际斌　郭娅雯　付立红　孟　研　丁　群　周大伟
时洪渊　林东升　邓永祥　崔　强　苗海龙　李　杰
郭华宗　白　勇　李　琦　张晓婉　陈　君　刘正翠
吴　卫　黄卫庆　胡红艳　陈晓陆　张　栗　章朝阳
余清云　班楠男　宋孟瑄　刘延伸　周　泓　张　龙
边　颖　鲍先泽　黄泉发　胡晓冰　陈　鸣　余　曾
熊卫进　黄红燕　计一秋　雷　蕾　张学鑫　段艳艳
陈颖芳　林慧丹　程建伟　白　震　于　文　刘华扬
邱　涛　马昌盛　张　敏　杨　宾　刘志钢　崔海彬
邢雁飞　骆华金　刘吉亮　张　黎　宋　媛　赵海涛
熊小明　张丽红　徐　尚　梁　静　廖向红　张海蓉
俞旭珍　李立霞　邬海红　李淑斌　李　丹　龚英超
徐发棉　沈　易　张中华　林燕娜　周　丽　陈宁生
白　桦　赵　宇　邱锐彪　周　艳　蔡鸣泉　周宇峰

张育芳	海建宁	周春宁	蒋 勇	黄 敏	蒋全春	尤 伟	钟定财	王 秀	张国强	余忠亮	刘建宙
唐华炜	杨学军	梁爱清	丁汉云	施 辉	温 强	哈继宾	赵云龙	刘小陈	黄玉琴	周海燕	孔祥刚
温婧慧	常红艳	刘继安	李 琳	吴继红	雷 燕	于 洁	李 梅	余 捷	刘 陈	张继承	陈元琴
龙 娟	刘智奇	刘于平	郭红涛	蒋 韬	刁 佳	任露娟	丁志松	于振洋	王永朝	刘新梅	杨炳照
陈晓峰	刘雨菡	陈 非	张晓秋	陈国华	李晓峰	刘文军	余映红	焦良存	刘 雷	公茂伟	巴艳徽
王 佳	李嘉展	王来盛	张晓云	董亚东	肖 敏	赵学军	徐成玉	刘志超	林国靓	刘 伟	刘雪霞
罗 青	汪维芬	陈 浩	崔高杰	曾芳敏	尚小莉	王福建	赵德花	王明贞	霍振洪	邢德明	张华强
赵 磊	马明宇	胡军伟	陈 斌	李轶强	王立新	刘殿波	王 蓓	李传营	刘 涛	邹广东	郑 军
李 芳	王连庆	宫 虹	牛国龙	张 毅	刘金萍	王国民	刘云昌	周来芝	卜庆涛	卢化明	王安行
杨泽辉	史卫东	邓海燕	张义兵	王 楠	李 娜	王 斌	王荣震	王 彬	杨 波	毛可富	李亚南
徐 雁	马文辉	刘艳丽	李立群	胡贵祥	许晓红	张丽萍	路则成	仇 姝	张从丽	师 蕾	李泽春
张 峰	吕 东	吕端君	鲁惠萍	余 平	吴 翼	吕楠楠	刁 辉	张 强	尹 健	赵淑芳	杨兴瑞
王艳茹	孙长翔	曹 颖	衡 宇	王继红	李秀娟	吴 林	丁慎龙	冯书全	吴秀红	丁 月	李世祥
杨 懿	李 卓	刘国新	孙晓霞	徐 浩	李 君	张 青					

财务会计专科

崔颖楠	殷 杰	李佳栋	张 群	杨 昕	王世国
高 健	江 毅	徐东升	李 静	黄道坤	李炳胜
樊利生	袁新宁	叶 智	杨宏飞	姚 艳	张红霞
何一川	裴 毅	刘文奎	孙长波	马 静	曹志忠
包 江	巨晓林	郑 蕾	石 岩	任 竟	张秀荣
王 玲	刘丽梅	王 冰	郝金萍	孙 崴	杜洪蕊
曹会军	郭 莉	关华春	闫宏宇	郭克滨	吴书甲
孙克权	任淞焱	池晓霞	朱 冰	唐 凯	房 颖
张振中	杜 峰	苗丰国	赵 军	王 磊	包建雄
邵 华	宋 辉	肖 英	陈剑君	陈艳艳	陈 华
刘争友	王凌鹏	王慧珠	代秀凤	陈艳艳	陈海燕
武彦宏	李秀丽	郑立莲	李 波	李 丽	李振浩
刘 菊	冷进贤	孙 志	赵玉强	吴含笑	任 鸿
李卿浩	杨淑琴	朱 丽	王 勇	金卫锋	王晓红
陈旭东	索明德	杨 毅	王 秦	连 静	王立平
陈二伟	王春荣	蒋德雷	田 伟	高 山	黄再刚
巴继红	王本新	叶志清	常俊红	唐权来	谭建光
林全飞	王晓南	夏源启	王圣英	王俊杰	荣 华
左茂廷	林 超	李 镜	王云玉	李升涛	郭 峰
薛 伟	王惠敏	唐 娜	程兴忠	张子龙	张 伟
孙多春	张先峰	赵 源	金巧凤	费广林	姜秀军
齐 锋	黄兆刚	程道国	韩希勇	党 锋	姜爱静
潘海燕	邓子兴	曲 东	王谊明	孙 煜	王志永
胡坤俊	单 静	王志元	李 丽	徐 杰	宫新丽
陈 升	祝培刚	孙 华	祁 兵	余强华	隋吉修
赵 露	贾 卓	王宏广	栾贻国	尹晓宇	朱利岩
张春平	崔海啸	张 旸	杨 凤	李红岩	崔 涛
林 浠	潘兴业	孙明芳	孙浩斌	贾媛媛	李景明
刘炳喜	周书香	刘 辉	苏振冬	李曙东	张 霞
王文斌	杨景和	李 璐	修 娟	苗 青	汪 波
王 鹏	王莱刚	胡春燕	王永华	陈景涛	张春雪
钱向斌	乐军锋	张 霞	张乃东	蒋峥嵘	汤 晖
康为民	王银杰	刘育鹏	吴毛毛	肖 辉	沙建波

李 炜	刘缙贤	王建男	尹严冰	张智广	冯 莹
张颖佳	徐咏梅	于瑞杰	凌 刚	杜 樱	赵 伟
张志强	张 云	尚 杰	林海瑞	孟庆丰	李红丽
邓云华	王 伟	王艳青	付文鹏	吴纳新	郑 鹏
任斌斌	梁爱民	杨 蓓	张清香	王 丽	金 伟
刘燕英	王红影	刘 欣	张志勇	伟 娜	刘 芳
付月红	赵 云	李 季	张雪莲	李彦一	吕淑华
杨龙飞	贺 琳	张建芝	代震军	刘艳丽	孙绍瑞
刘海波	张志冬	唐 辉	仲晓慧	刘丽华	王东青
秦书农	隋艳丽	董淑红	尹秀新	姜 玲	王晓丽
陈 超	魏 珊	王旭明	张海霞	张 超	刘利琳
王 辉	牟春光	夏文兴	周晓洁	王春晓	赵庆波
高彩红	王燕妮	王宪法	刘红梅	翟艳杰	李灵霞
马伟丽	徐少英	张慧兰	毛超容	李斌敏	吕 霞
沈景利	谷跃玲	孙 莉	崔传勋	王 颖	叶 宁
邹淑丽	尚宏杰	庄 军	张 宁	王慧娟	牛为勇
吕 洁	陈冬梅	顾跃春	潘立霞	杨爱静	吴 平
尹昌升	于鹏飞	毕 强	孟繁妹	林京涛	王 倩
杨 涛	康丙霞	林晓慧	邹晓丰	邱媛媛	侯 维
孙菁奕	路学芳	闫 萍	杨 敏	乔方勇	孙还乡
朱 琳	崔艳春	曹海燕	滕宗德	赵丽敏	李 蓓
梁 芳	邵永玲	夏 颖	王天奕	刘竹民	史绍兰
常江涛	柴国英	鞠 磊	张永强	李静东	路春艳
张媛媛	赵少锋	高 原	韩红章	孟令印	赵合雨
耿 旻	崔冬梅	梁授量	马顺收	郁丽娜	李 立
孔凡斗	王娜娜	周 辉	冷 雪	李洪霞	郝红丽
张晓萍	炫华伟	马正平	王振宇	齐 鹏	夏立云
刘家新	张刚林	徐秋雨	倪 立	姜召宁	虎燕子
吉 云	白素琴	于文松	董卫民	闫立新	张 洪
王文平	刘明学	邵 宾	马 辉	李 莉	李 伟
张小衡	张 桦	吕维峰	朱江涛	毛士卫	石 晶

刘秀奇	董志国	刘顺琴	王晰环	阎　鑫	赵伟红	周　丽	杜荣良	王　莺	郭洪泉	陈　静	戴养斌
徐　颖	杜淑南	栾　辰	郭　萍	尹芳芳	王志宇	李运峰	吴光宇	王亚煌	王　琼	张志刚	张桂荣
李化玉	吕建霞	姚　迪	冉宇田	姜建美	杨晓燕	高瑞全	张　敏	冉　乐	张志华	贾冬梅	常　勇
刘　静	孟迎春	王会武	谢　兵	常　敏	孔繁荣	周士国	王瑜钢	武英伟	吴小平	程秀丽	赵长军
张新全	张　艳	徐建宏	包诺敏	刘治国	乔　敏	王　勇	冀　连	商广柱	白维生	李士宁	胡九斤
句惠杰	唐自敏	王宏涛	贾红玉	李　强	赵燕燕	范爱华	王　波	刘建兴	李常林	侯士杰	王克兆
汤丽春	李建森	李海明	耿金平	张海远	胡咏梅	苏利贤	陈伟文	姚　禹	朱家燕	揣明来	裴丽芳
付京文	王海荣	陈　杰	张少海	王　清	王淑明	徐　群	朱彦华	吴　杨	张瑞明	郑厚海	吴　欣
杨同坤	杨　旭	郭秀泉	朱宏英	李朝霞	崔灵雨	吴荣哲	张之南	杨福龙	肖黔梅	赵学平	张建广
关新亚	张金仓	赵静平	石冬梅			董金荣	张凌军	王　刚	任　静	杨　明	徐　舸
						潘新华	张建明	艾康林	杨小川	赵跃东	郭　兴

经济管理专科

						王乐章	孙宇峰	关　旺	鲁惠玲	贾立军	曹兰华
田小文	王　刚	杨进升	张文文	栾启钧	王正路	李文德	王志荣	陈金友	广敬宏	王世强	孙建生
韩士标	马兆永	陈文胜	任金改	刘佳朋	周　芹	黄祁龙	李　杰	黄忠明	阎晓琳	刘良明	顾江博
马　骏	高　航	王　辉	张忠志	江　晖	刘小耕	周宏杰	郭金生	武雪艳	钟佩杉	王柱春	王竹云
陈　伟	闫凤明	许耀治	熊峻岭	李　健	季花明	孙　静	张　云	线　鹏	原军伟	刘继艮	李　杰
栾书志	徐永立	华金贵	高　峰	刁红云	王　芳	张　敏	赵海斌	赵　辰	杜　淼	赵　强	蒯龙飞
李之涵	邵忠启	李成林	李小波	骆立伟	陈　琰	翟军辉	张　静	陈　聚	杨洪亮	洪　虹	李　昀
申永飞	文素艳	尤耀军	陈晓明	杜海强	王明辉	徐传明	王瑞芝	冯海虹	张　航	于红艳	杨光辉
毛　伟	申丽茹	刘迎风	滑胜宪	方成龙	葛　瑶	程文凯	张光亚	苏　军	王海龙	雷　杰	汪伟立
吴　笛	魏丽娟	徐　强	梁志红	刘　荣	刘春彦	孙　刚	冯　娟	王云峰	周振宇	尚　靖	霍爱茹
郭　威	袁　刚	吕常亚	夏全霞	张　敏	马海明	冯晓强	王广宝	徐家恺	王志军	王　凤	孙靖环
江　雅	柴　平	刘帅东	睦志华	刘卫东	刘旭初	张建中	常　戈	马占师	尚建波	毛长安	王振杰
王怀军	张媛媛	陈建岚	胡金峰	陆胜男	岳　啸	张兆霞	秦丽萍	赵宣东	霍晓强	卢莉莉	魏海洁
袁晓华	李继虎	刘晓梅	樊　星	吴　军	赵中臣	高　彦	常竹鲜	布和苏道	李国红	潘　鲁	梁晓娟
姜长法	何圣龙	赵江涛	褚运红	张立俊	顾　磊	柴　庆	陈艳红	叶振熙	常　俊	韩　瑜	刘静哲
孙建寨	王　磊	蔡新如	范道锋	黄　萍	姜光辉	蔡　浩	赵慧芳	王素雯	侯红梅	周卫彬	杨　露
杨　芹	李　冉	柳志刚	杜宜凡	刘　刚	王簪卓	张　健	李金革	许祥左	申红强	席秋云	胡召贤
赵志斌	王　玲	耿广向	徐海锦	黄保霞	任长军	宁一丁	张鹏英	胡小滨	王海涛	张忠国	郭春雷
邵　梅	陈　斌	白云龙	刘明东	郭　峰	张建华	冉　祥	赵素英	魏荣祥	邓志武	苏新民	张春明
王朝辉	孙常红	孙　映	杜远波	侯怀鹏	董清海	刘旭剑	王官祥	王乃祥	石　岩	戴国萍	管宇东
宗珍珍	从子贵	晋五岳	魏　征	陈　辉	吴京兰	李柯桠	段　昊	葛智斌	贾瑞琴	唐福民	周　黎
						顾　华	杨晓梅	马　明	白汝鹏	侯金萍	单智芳

计算机信息管理专科

杨晓红	袁学钢	白秀辉	崔　立	刘敬东	赵瑞斌
刘志峰	杨云波	张晓峰	陈长生	张学英	刘　永

李焦阳　袁　昆

行政管理专科

洪　菲	李子鹏	蔡治国	王亚允	秦晓芳	赵润生	徐国民	郭晶晶	侯淑君	周先龙	赵江艳	李艳民
周瑞林	张恒一	薛春雷	张振永	杨洪涛	徐荣琴	朱彦明	刘智敏	王海峰	侯　尧	张青林	耿　颖
张广辉	郭利冰	王　锐	管怀重	李丹霞	尉　丽	李克维	杨海静	石铁安	冯广正	葛　旭	窦淑玲
洪海涛	吴晓峰	马玉银	韩晓亮	邹建荣	楚效勤	郭　寅	刘菊英	张春光	陈丽娟	张又琦	高丽芳
杨　婷	李　明	王杰川	费家仓	戴　岚	李连凤	卢德林	武守杰	付俊贞	袁向敏	明　宇	任玉皎
马建平	王　宁	闫京丽	庞胜红	苏春燕	朱普敏	徐　榕	张爱青	张子辉	高红杰	王晓虹	韩秀英
郑　宏	何　猛	唐晟炜	陈　勇	谢　涛	刘重敏	刘海兰	孟　伟	张海波	单国红	刘凤红	衡翠梅
段巧颖	费志国	钱娅艳	王艳玲	赵红梅	章爱萍	邓金东	袁　璐	王丙奎	李明智	郝　伟	侯志萍
王维艳	魏　健	尹志强	程伟继	李　魏	王惊天	王　伟	胡慧梅	周文魁	高鹏峰	石晓卉	闫庆存
刘　瑾	王　敏	闻桂芳	原红涛	韩献增	徐　伟	娄向阳	樊红莲	马利民	王立新	刘培庆	鲍红霞
张　骞	杨　静	李　光	王海涛	徐　恒	郑文燕	孙艳蕊	赵玉红	李冬跃	梁振江	苗玉东	徐经纬

| 王成龙 | 荣卫平 | 赵立春 | 邱俊奎 | 赵彦军 | 王改娣 | 赵辰兵 | 胡艳华 | 陆鉴军 | 韩　正 | 蓝　悦 | 李　明 |
| 张学锋 | 唐庆强 | 王永严 | 杜鸿安 | | | 朱艺铭 | 李家宏 | 张　敏 | 李　新 | 黄睿明 | 魏　越 |

广告艺术设计专科

						纪玉广	边松君	廖宗久	黄凌虹	解播云	彭　燕
王若平	孙艳梅	王凤波	孙黎明	高　巍	杜广涛	李裕恒	关　睿	王　珂	姚　宇	孙冬明	辛　华
许彦利	张丽军	凌至昕	李　弘	叶小曼	陈　颖	呼洪强	李晓鸿	张　斌	张丽波	寇国义	路红伟
王钊栋	刘全中	林　枫	吴　奕	王一峙	王洪朝	时　青	王永民	张玉春	殷玉辉	王小波	郭新华
徐　静	刘继平	陈晓鹏	顾凤英	陈　静	张　姝	茹卫华	金红兵				
韩　东	魏　然	李　晋	王小红	周　洁	肖　虹

理财学专升本

王卫华	朱　光	刘天荣	姜　慧	孙　淼	贾媛媛	王敏新	戴　春	艾　玲	赵燕燕	丁志瑶	谢志芳
叶　林	王　岩	喻泽秀	余　芳	丁大力	吴　翀	李　昕	张凤新	平　曼	李雅玲	贺　勇	赵东辉
徐爱兰	余　静	杨国辉	杨　丽	张海青	许　静	张　蓉	黄晓东	黄小征	李　娟	王　翔	黄　波
浦　泓	胡小民	张　威	陈天骄	赵宏伟	闫　媛	谭　岚	马东梅	段　峥	邱凌慧	曾　琼	张　岚
杨　迎	娜仁格勒	郑　君	秦　伟	张东华	王　静	戈　芸	周文奇	饶　萍	高　伟	周　悦	刘秋月
徐东彦	吕湘雯	刘　锋	张京蓉	宁　宁	王　珺	吴晓敏	曹　睿	朱兰存	李乐仁	易小锋	朱海英
李一恒	黄文祥	郑　鹏	曲鹏忠	康　琳	张智新	李　玲	吕学礼	刘亦强	王晓东	韩丽宁	彭卫华
王云坤	刘　星	张　璇	范宝琪	汪　岩	朱卫民	陈永亮	周晓辉	李　云	陈　艳	刘国华	刘　虹
王浩静	卞　京	方　鑫	张　镭	刘　强	张秉筠	张　歆	张熙华	王晓娟	刘　爽	李　琦	张　泉
纪文艳	赵　岚	张　莉	史　军	朱丽明	郭乔木	张明霞	袁　涛	王振书	姚湘彦	刘　伟	马欣然
张彦文	冯　元	魏　健	王北芳	王士起	刘淑萍	张　颖	鲁华章	李志芳	郭琨祎	程　缘	周卫红
张春燕						陈智慧	陶宇峰	金　泉	刘　辉	刘　娜	王立志
						袁葆青	王　研	张巧革	李晓南	刘　伟	廖俊德

文化艺术管理专科

						田　新	范延成	王作秋	李　茜	殷蜀敏	张　泉
滕艺光	周　静	彭朝勇	刘晓梅	蒋文琳	李福华	马　洁	陈振宇	赖蓉利	刘　霞	何向军	李　菡
胡亚江	李玉江	马琳红	罗　雪	张永福	艾　群	陈　桦	郭丽艳	张志伟	何　青	孟丽丽	李　宁
师艳萍	蒋沛佳	杨晓波	王丽芬	束　蕊	李介融	代建荣	欧阳铭	罗彩玉	祁晓东	田得雨	李　思
樊艳平	卫建玲	梁红梅	李红云	钟霄兵	张红卫	张艳斌	孙　静	罗永庆	袁晓民	陈立文	宋　扬
汪　敏	李文珍	蒋沛敏	张　璐	王晓燕	时云虹	蔡　辉	毛书林	边绍娟	安海静	李发辉	王玉屏
刘茹萍	赵文宏	金　燕	庄　锐	蔡　璇	曹永贤	李秀娟	刘晓明	卢红宴	陈　晖	杜晓红	李志鹏
常　春	饶　婧	张　娅	孔庆祥	杨秀花		王京刚	张　玮	侯丽娜	尹昭国	姜　宏	李浠华
						田立娟	姜凤玲	夏　文	李　洁	张丽颖	王英莉

国际贸易专升本科

						陈东昇	陈志红	王凤民	于俊峰	马红晋	许东红
杨子林	薛　芳	金顺姬	高俊峰	白　丽	郑丽娟	王海燕	赵咏梅	许　莹	张雁婷	王立梅	王　彬
周　雁	宋　烨	谢佳森	张振宗	陈　蕾	高　鹏	梁文力	苏　颖	施海丽	吴哈丽	张奇虹	吕　鑫
朱军立	赵　艳	张　晟	黄　鑫	白　华	张　萍	李　焱	杜　涛	杨　辉	朱　敏	张红君	周红霞
徐　楠	张　琳	王　伟	刘天奇	柴立东	殷　浩	陈培欣	庄　敏	张春荣	张文利	杜新现	李　智
杨　光	宋光成	姬　英	孙新萍	洪晓晖	郝光明	李　宁	冯　涛	姜　群	成敏刚	白永生	王晓玲
胡秀浩	刘　燕	陈　芬	沈春蓉	张宇宁	沈春明	沈　杰	汪红艳	金　炜	王　辉	钟志雄	胡淑芳
薛宇芳	赵　庆	吕早早	王学松	董立苹	刘利强	纪丹明	韩海燕	徐　莉	谢　辉	徐　虹	窦春志
彭　勤	胡剑清	张梦馨	刘晓莉	焦　韬	周　迎	石　晓	朱　飒	李淑贤	孙凤军	曾玉清	文向红
刘武军	贾欣蓓	田玉香	郑思权	赵晨阳	张　凤	邢文洲	陈凯音	邓　飞	徐迎春	曹　玫	李　岚
吴文菁	韩海燕	刘志伟	宋　琰	周常利	孙云朋	甘　雨	匡维玮	诸　迎
范　宏	夏　燕	吴家齐	辛云松	刘立群	刘文娜

货币银行学专升本

| 柳　青 | 潘娜娜 | | | | | 张金兰 | 杨宇飞 | 陈筱慧 | 姜　岩 | 戴文光 | 朱武权 |
| | | | | | | 邓彩虹 | 郭　松 | 付志辉 | 王　海 | 陈　静 | 楚彦波 |

计算机及应用专升本

| | | | | | | 吴名安 | 黄　勇 | 匡　鹏 | 张雪梅 | 陈华清 | 孙婷婷 |
| 郭学军 | 苗　毅 | 田　艳 | 辛　蕾 | 季　波 | 徐小金 |

黄蓓 刘彤 郭友谊 万华 李丽 任健 陈君君 张牧野 谢红 王雯琦 岳军 于光
杨文红 胡继根 李国娇 宋慧军 郭开兵 欧阳锦 付晓彤 张瑞红 刘越芳 史书侠 宋霞 王瑞
于雪 吕红 金旭 曾斐 李爽 丛琦 张立欣 庞红 张敏芳 苗文莉 韩茵 金玉红
吴黄 龙毅 徐美丽 刘艺 彭晓晖 付仁辉 陈明学 张彩虹 葛绍华 赵军芳 樊涛 倪桂灵
何明琪 王岩 邓近华 陈何辉 李智 杜秀丽 董瑾 马静 段建 刘芳萍 王兵荣 朱青岭
虞余艳 王燕 陈燕群 丛晓琴 王婷 李毓 汪珊 侯建民 王钧 史敏 娄钦 曹文兰
张癸 邹秉臣 颜令 涂燕群 李红伟 张晓波 黄芳 王丽霞 罗志宏 丁铃 郭秀红 史雅娟
钟小青 李忠 魏建婷 高一灵 江英 万瑞 蒲采云 谢平 朱欣华 于福生 张康康 刘向民
吴强 戴军 易莉华 李亦明 杨成 张平 齐峰 闫翠芝 周晓蓉 罗志坚 蒋宇弘 韩松华
冯小华 徐晓晖 张冬 屠伟凤 喻蕴斐 徐建英 董刚 朱雷 范建平 冷秀锦 赵伶 周志勇
初彦 王晓君 熊坤 殷敏 邱彦 李善志 吴亚斌 雷宁 俞天喜 卢丽莉 郭亚 杨树雄
张昌生 程宗珩 衣宏伟 赵霞 叶子芳 潘露 邓勇 毛芳 赵克平 闫险峰 刘世晶 张健
王霄月 于文革 彭宏茂 何东昌 赵阳 刘英杰 俞清 闫蕊 主丽萍 陈双 赵微 林涛
陈广烁 李竹 李欣 崔晓静 娜敏 黄毅 龙琼
王秀青 侯笑峰 张国蓉 胡敏 周强 那艳芬
环境工程专升本 王佳敏 曾红英 马燕梅 吴建茹 王维平 邵芳
陈红 高俊泽 孙雪艳 吴威 杨晓红 张大飞
刘燕 王江梅 刘爱香 叶庆欣 郭涛 李玉萍 和玲 龚银燕 李颖 解慧文 李永红 孙东波
周成 尹发军 陈传杰 张经俭 韩玉梅 潘慧 周冬梅 周亚林 张邦彦 廖金芝 董延宏 云振清
王淑娟 马希元 陈松 贾文仲 杨凤华 纪云峥 任淑敏 张雪梅 张石欣 王海英 赵娟 曾振群
张垫 赵军 梁刚 张岩 李正乐 曹建民 许敏 孙丽 黄淑君 陈果 曹桂芳 轶枫
苏琳 张景兰 李晓霞 马永跃 郭青 房刚 韩晓红 冯琳 夏东升 李越 胡永哲 张惟
刘利娟 李玉信 李勇 陈荣华 李鹏 张丽萍 王丽杰 竹兰 尉伟 张毅萍 杨梅瑞 唐静
王忠杰 谢恩亮 姜华 杨淑英 张恒 田文文
于晶 韩立钊 孙军朝 张艳 尹翠琪 潘振芬 **行政管理学专升本科**
宋华 宋延博 郑兆荣
胡胜利 郭强 杨晓宇 姚春娟 马识途 张建军
法学专升本 沈丽 武彩惠 王伟杰 张亚光 许小琴 康晓东
杨剑 富伯玲 周丽霞 朱龙 古建军 张秋云
张新 金菊 张玉福 高毅 陈楠 丁延庆 韩立群 李彬 李婷 李江 高文杰 张磬
杨世海 江元闽 耿勤 崔忠波 高声海 谭蕴晖 吴鹏 李娟 曾桐 张成荣 王咏 苏德云
宋凤龙 陶圣 吴中世 邓士群 彭祥平 张卫家 董艳丽 闫炜 向永兴 郎玲 卢利华 桑静
傅亮 张冬红 沙芳 李开翠 叶勋 吴昊 马明 杨杰 赵利军 冀永明 吴伟新 陈峥郁
朱洪涛 惠耘 邱明芳 黄玉玲 戴辉利 施阳 赵有禄 于锦绣 林毅 高松 王晓燕 王永年
汪金书 王大红 韩兵 丁敬专 裴尔兵 陈兆村 牛晓晨 李建新 罗朝红 任向宇 王玫 张民
许一云 金鑫 胡爱玲 吴翠芳 马岱 蒋斌 耿铭晨 马锦林 郭莉 薛朝华 贾慧云 孙培炎
唐志坚 谢春林 张有辉 高杰 邵长莹 高林 陈而姝 赵虹 董毅诚 田晓晨 王咏梅 赵廷旗
张宁文 翁红 季纯俊 怀峰 姚志明 张国兵 庞虹 王少宇 肖宏 刘峰 王玉龙 刘延军
赵桂芬 黄涛 庞华萍 陈文宏 盛细安 郑潭光 李力雄 程亿平 王琳娜 陈晓春 曹振洲 康彦
马梅 张海 刘欣 包俊儒 仇蕾 高凤玲
图书馆学专升本 张涛 苏伟 银波 高志强 宋琳 杨帆
屈洁 杜晶 杨力平 齐亚平 李伦 鲁晓丹
赵晶 王哲 黄华 肖爱斌 郑彤 杨艳君 张永利 金民 张晓红 张威 王伦 周玉碧
孙昱 赵蓉 卫欣 魏小强 王涛 刘宪敏 赵志敏 冯世伟 刘毅航 翟风宏 田彩虹 董军
王革新 李新娥 杨荣 靳燕 郑怀国 由淑娟 刘文瑰 白素惠 范玮 王瑞俊 郭中生 王秋玲
张燕 赵国忠 于方 邱小侠 温海天 白蒲婴 刘春雷
张欣 杨广军 陈昕昕 张自福 高雁翎 刘文英
邢志宏 李应中 费燕 史春杨 李艳红 杨秀平
肖渭淳 韩雪梅 贾云容 施文芙 王宪洪 沙润君
许玲 平延 祁薇 于泓 贾曲 鲜朝

法学(知识产权)专升本科

傅文华	熊文汇	饶 强	蔡玉燕	汤 亮	欧阳忠华
邓必红	周维峰	吴 俊	王 贺	罗 频	龙白茹
邹 群	秦建华	徐 松	舒纬祺	王嘉娜	李 敏
唐 麐	肖 凡	吴 迤	甄卫东	金 鸿	李纯新
蒋 诚	罗丹宇	胡妍华	刘 宏	裘 军	肖永斌
喻素芳	胡德勤	甘霖澍	章艳琴	雷友玮	高文炜
张 靖	李 诚	廖 飞	程 悦	陈 岚	杨 凌
涂 强	刘 斌	舒淑飞	伍英英	刘 峰	舒 芬
杨雪龙					

医学部

夜大学

李云峰	王丽荣	安利军	张 健	李跃琴	张永立
张 芳	薛珍蒲	彭 琳	翟爱玉	赵琪彦	滕靖华
王虹蕾	徐 建	张凤霞	薛 哲	徐 超	王乃欣
李杰丽	胡秀青	梁 丽	柴京娟	李洪利	李国强
张 懿	班 阳	陈彦波	邓荣金	江海燕	席宇诚
刘亚奇	夏玉荣	李建军	刘力红	蔡 爽	曾环宇
田 颖	林 红	韩亚男	李 悦	李爱军	彭拥军
赵冬梅	关瑞珍	袁 媛	刘朝忠	王 荟	康丽娜
杨 巍	冯美兰	张 玲	于 洋	佟爱军	闫万立
崔公平	陈小梅	李红艳	张晓静	杨立英	刘 博
王桂平	张 英	史宁初	刘建新	杨丽华	汤学泉
常 鑫	李大亮	管 硕	杨 明	郝春怡	王雁萍
孔玲莉	耿星月	朱青芬	刘文芝	武冬丽	任万春
迟雅珊	刘艳红	贾立娟	杨邵晖	吕爱清	王红彦
王淑青	郭春城	刘晓珊	王宏刚	张 杰	刘恒利
潘 宁	董凤英	王晓智	伍建业	范朝辉	金 辰
张 泽	王 璺	金志皞	胡亦文	李 红	鲁秀荣
高晓凤	樊 华	李建平	郑 彦	艾全洲	梁艳蕊
张 毓	朱昭辉	边 铭	李 斌	吴 梅	边 玮
马 丽	张广波	丁 艳	杨汉成	任海红	王雪燕
周世儒	张红艳	张 伟	关惠霞	梁旺莲	朱文华
高 亮	郑建影	马英杰	连代红	贺玉丽	张 力
高水英	许艳荣	高艳红	吴秀芹	贾 丽	陈 雨
赵金玲	陈杰超	张 丽	刘 福	王 枚	李晓波
王京祥	陈立珠	赵保国	徐晓娟	刘英杰	宋春迅
景海峰	周 宇	李 晖	张学军	黄少雅	褚心安
赵向成	赵 冰	薛艳菊	尤 文	邱彦辉	于来民
郭 荔	兰 云	韩树清	张军波	王燕宁	崔 玲
叶 湛	孟 芳	马腾远	苏红利	赵 慧	蔡 杰
任晓东	果丽娜	韩 笑	谢广艳	李坚韧	王 博
沈志玉	赵艳华	杨 东	董清涛	常月峰	付玉萍
陈雪梅	苏红伟	张丽洁	王 华	马巍巍	陈 丽
王耀辉	马建民	张峥嵘	李 萍	王庆贤	陈文龙

魏深华	刘 艳	郭 奕	赵菁丽	梁美珍	陈 颖
许海燕	石红玲	吕 静	席春峡	刘赋亮	郭晓霞
黄泽源	王雪梅	王 劲	李建兵	王文华	党玉庆
崔洪海	张 洁	景润华	秦卫红	李 伟	黄晓梅
计蕊丽	贾志红	侯晓红	商文金	石 猛	詹彦彤
蔡学芬	欧阳红	李艳红	桑春玉	张 研	管志水
杨秀春	邢秋红	闫进荣	薛 芬	高连胜	张 涛
万 晖	李秀斌	韩秀苓	王 雪	王凤莲	安全宇
闵志松	刘俊明	李 涛	石向华	刘 睿	李洪建
刘振兰	林 倩	黄东蓉	李 艳	程京艳	唐小安
刘晓明	白志杰	赵 莹	杨 静	郑德新	张文争
李红丽	王伏虎	白淑果	范逢时	郝优杰	陈静欣
邵 勤	刘志玉	张桂芳	李万革	宋 煜	韩艳冬
张 慧	贺卫国	冯亚明	刘 军	邢晔孺	陈苏皖
王冬梅	郭玉霞	刘兰英	马 良	田朝辉	刘 静
刘 苹	郑全永	李让荣	侯志华	李永丰	武延新
张力广	张雪梅	龚春梅	周一波	连斌昌	李金叶
张英杰	白文奎	乔学能	张瑞军	赵勇珉	张 钢
杨 婧	谢 静	刘金荣	杨 光	张汝辉	李文胜
马庆芬	张增旺	刘 琪	田肇隆	李淑青	阮志平
朱芳芳	贾伍平	刘 方	韩 蕊	李红军	任国庆
陈志宇	傅 青	许红涛	肖玉凤	赵洪霞	赵亚军
杨 毅	白秋菊	穆宏涛	凡 萌	王云雁	王丽华
赵致一	武 爽	孙 莉	何玥辉	韩 朵	张芙平
林 忠	陈建军	张 莉	闫海英	刘进学	程 旭
刘 颖	关 伟	张玉莲	刘 江	郑杨新	张 勇
吴 琳	马 莉	王广红	刘 东	韩雅琦	李 芸
盛昊燕	路 静	党 辉	段 勇	于文湘	郑海方
李 颖	富 强	吕 静	孙松涛	郭志强	吴 涛
刘 飞	毛文萍	孙际明	郑玉敏	吴 宁	刘国栋
罗 薇	刘 红	郭 海	赵 冰	杨 军	刘天凤
裴京明	刘 辉	苗瑞睿	尹文艳	邱健文	赵丽莉
张 烨	张巍巍	刘洪林	祁广义	张 岩	赵俊郁
班武娟	付春晖	叶 雪	孙艳霞	郑 伟	张 颖
翟冀方	康明娟	古 颖	庆欣燕	庄健美	孙志洁
李玉红	郑宏媛	孙 育	杜雪冰	成 瑶	张金树
段艳杰	唐凤琴	宋 敏	殷文静	何 璐	米 纪
王 晨	常 梅	高春辉	魏长林	谢 威	王 芊
赵志凤	范 维	杨 薇	丁雪辉	郭 盼	侯建辉
张桂红	郭燕玲	马 静	杜 红	邵希凤	刘 静
刁京晶	张晶明	单 茗	王鸿雁	钟 辉	谢少伟
董鸿蓉	李 燕	刘 威	何 泳	王红艳	张 京
王俊艳	苗翠华	王连华	王 伟	路 燕	肖秀娟
宿 颖	高 翔	王 平	晏翔宇	周 艳	张 洁
苏 猛	张 丽	云金凤	董辉苒	姚丽萍	杨 静
郑世斌	姚桂清	曲 平	马金波	孙晓杰	谭俊英
李 颖	梁 潇	李银露	岳秀琴	江 欣	崔玉贤

韦 玲	牛志兰	袁德红	蒋国红	刘惠丽	崔 文	杨广勇	朱德中	宋景红	闫丽艳	张艳明	贾先伟
王玉玲	杨幢舢	郭 立	杨美玲	包娜丹	吴秀芬	熊 鹏	李干玲	刘丰森	林 晖	陶雅莉	王 红
王东晖	李莉颖	李广玉	段志英	王 晶	陈瑞霞	刘光强	魏雪梅	惠新凤	雷汉强	李 静	康 杰
于秀敏	张丽荣	李 莉	郝惠娟	张晓杰	焦丽平	韩晓艳	张 静	刘 波	楚豫海	秦才珍	徐志鑫
胡春香	孟蓉晖	刘 军	李雪梅	吴爱华	高欣红	孙 东	陈兴忠	江光群	陈祖华	梁 钦	钱丽萍
赵艳涛	胡怀玉	王 群	马爱萍	贾晓君	罗永琳	朱继媛	武书彦	徐 芳	彭 劲	马华英	方治军
方 英	曾瑞雯	张明霞	张燕玲	孙 妍	张 京	丁 飞	李雪心	瞿秀芳	文晓敏	唐有智	张兵礼
李 娜	付 雷	康海华	杨学琴	刘 华	刘佩婷	徐崇霞	赵 扬	李 彦	张菊香	於新斌	谢明琴
郭 芳	陈雪清	王 琛	王燕庆	李 莉	赖南沙	汤为君	敖 军	张 频	安 玲	赵 莹	陈爱军
任 爽	黄 伟	杨云燕	张宇辉	蔡静怡	吕京生	黄 萍	蒋丽娟	雪立军	单丽丽	杨淑敏	孙小华
赵秀琴	石 敬	太善花	张 萍	张红英	王 悦	于 丽	余 军	李延凤	龚军强	王冀芳	高贵华
刘晓楠	于文博	孙贵红	谢 静	梁 涛	陈晓媛	郝奇星	龚 平	冉 容	李守印	庞 丽	闫 彦
赵 华	田小宁	黄颖秋	蒋冀岗	李红燕	闫志良	崔玉玲	李丽峰	黄 莹	张小会	王水霞	刘建辉
黄清泉	邝兰香	金海英	马 萍	赵京兰	陈威晔	刘明辉	赵志忠	闫永锋	韩业新	刘兴强	柏敬宾
温 宇	朱 梅	孙雪菊	赵立刚	赵春丽	董 琛	刘贤毅	俞海江	隋秀芳	武大洲	王雪竹	林 清
郭春蕾	张慧欣	王京平	陆 尤	张慧英	隗秀荣	李 凡	刘 涛	谢福生	冯友东	贾卫东	叶 颖
王 毅	孙丽君	王佳茜	任淑雅	刘秀艳	徐 森	尹丽华	王百锁	刘永峰	俞 芳	马英泽	张 勇
乔卫威	沈 倩	王向党	张晓昊	南 宇	林红侠	李宏刚	崔思芳	陶克孟	许 谌	王晓君	张 丹
孙建军	满 静	卞嘉茗	严 钧	于红云	王利英	焦 平	赵永安	张正琼	何 鑫	郭 峰	曾 红
平 江	王 岩	李英涛	李金娥	周 静	樊燕平	张龙连	吴树记	石瑞玲	张静敏	薛晓玲	张淑珍
孙秀娟	潘 磊	高 波	张素红	陈 颖	汪永莲	黄 丽	赵 馨	申梅梅	范永刚	魏洪槐	蔡正华
张金彦	钟 梅	贺颖平	刘晓华	成双双	宋彦君	贺 江	戴晓瑛	徐树旺	柴绍安	王招坤	羊小华
鲍维海	秦素萍	王 欣	李秋云	肖利力	靳秀宏	权秀丽	王 燕	戎存弟	朱 琳	卢 烨	严 伟
郝春芬	吴唤新	许文博	周 琨	张 颖	朱静怡	何 平	何慧蓉	胡国柱	郝畅翔	邢卫东	赵 葳
王旭东	宋桂宁	曾亚伟	张 英	郝洪军	张爱群	阳 裂	田孝学	陈文波	卫笑东	任晓明	王 丽
苏罗莉	王敏杰	谢宝芳	范 昳	乔彦云	高宇红	金常俭	李建国	段会恩	刘林涛	陈莺歌	骆 坤
陈 玲	江 岚	闫飞雪	张美荣	赵 佳	颜 滔	白云骅	程木江	卢方全	曾祥见	陈扬宝	周静娟
刘建伟	赵 洁	付 欣	肖明先	王翠明	高乃姝	束立军	李亚娟	沈红睿	高俊容	王泽君	董惠玲
谢 兰	吴红军	陈 新	林 静	杨慧萍	郭 磊	张凌燕	李春红	刘 颖	何 嘉	唐顺君	朱建宏
刘 彦	杜水果	郝丽霞	王 欧	王婉青	杨江颖	朱东升	李 萍	倪倬健	刘正东	王 冰	曹映东
孙 玲	杨 蓓	刘英杰	侯 平	包红芳	张宜苗	何建平	何耀时	张孝伟	沈 倩	卢晓华	韩树君
肖海娟	车 悦	何晓燕	陈 琳	王 忠	吕 平	蒋 峥	隆 旻	王二谋	程瑞琴	朱 兵	赵继海
李 冲	许国庆	张 颖	褚 娅	徐 杨	姚丽华	王丽娜	苏 燮	青 玲	李 巍	殷超法	薛 俊
袁再鲜	郑玉荣	赵书芳	邢新超	高秀菊	李广泽	苗 育	董立佳	李 静	王大华	王海珊	袁彩娣
邓玉萍	屠 静	章宏梅	张国立	王 新	刘 冬	张 进	弓叔英	李国军	张学军	朱正富	邓晓明
贾文杰	李纳新	谷 青	于 芳	张皛磊	李恩田	周洁梅	王 强	甄 媛	卢艳丽	刘晓华	敬 旭
池笑雨	张金莲	刘亚千	张东平	张瑞娟	王会娟	韩炳善	吴 飞	孙干银	毕 容	冯 贺	帅凌燕
刘秀峰	蒋东葵	王玉明	柯 薇	李亚萍	丁晓恺	周倩雯	李 彬	徐文斌	丁卫东	段卫清	曹红艳
朱卫京	高林豫	汤伟民	霍 东	刘 丁	牛雅娟	崔志伟	何小川	冯 韬	胡宏根	徐尧猛	刘继红
陈海红	李凤革	刘清华	董 君	孙爱荣	杜 敏	孙雪轩	易红彬	徐 红	彭 华	孙东如	吴 媛
汪 萍	章晓蓉	赵惠荣	禹冬梅	李庆凤	陈晓燕	郭 健	丛小红	唐朝辉	汪建成	李西宁	王远华
韩艳菊	黄燕波	兰素珍	王艳蕊	吕 蓉	李建菊	顾 群	张曙光	孙 莹	吴 悦	卫雅莉	张 睿
						武 燕	历 国	郭 薇	于 善	周家富	孟 红
函 授						陈 民	卞如新	潘祥华	赵国增	王 军	任瑞云
陈慧红	杜春芳	王艳清	周富昌	彭代勇	席昭雁	夏炜芳	申家运	杨以快	周天文	周燕平	朱 波
石 卉	刘振文	张 惠	魏 冰	周 强	方开翼	吴建方	董 峰	倪锦标	王峻涛		

毕 业 留 学 生

校本部

国籍	中文姓名	性别	系别	专业
新加坡	蔡美娥	女	中国语言文学系	汉语言文学
新加坡	吴兆华	男	中国语言文学系	汉语言文学
新加坡	莫洁瀛	女	中国语言文学系	汉语言文学
新加坡	李焕珍	女	中国语言文学系	汉语言文学
新加坡	刘雅琼	女	中国语言文学系	汉语言文学
新加坡	司徒莉明	女	中国语言文学系	汉语言文学
蒙古	奥云	女	地球物理学系	大气科学
蒙古	达瓦巴雅尔	男	地球物理学系	大气科学
日本	冈部姗娜	女	历史学系	中国历史
日本	佐佐木悠子	女	历史学系	中国历史
日本	丹羽健作	男	历史学系	中国历史
日本	中村遥	女	中国语言文学系	汉语言文学
日本	野村美穗子	女	中国语言文学系	汉语言文学
日本	门协麻维	女	中国语言文学系	汉语言文学
韩国	金洙荣	女	中国语言文学系	汉语言文学
韩国	吴浚焕	男	国际关系学院	国际政治
韩国	赵成桓	男	法律学系	经济法
韩国	李承贤	男	经济学院	国际经济
韩国	洪昶旭	男	光华管理学院	企业管理
韩国	梁在元	男	中国语言文学系	汉语言文学
韩国	李景镛	男	法律学系	经济法
赤道几内亚	帕科．布伊卡．弗鲁克托索	男	国际关系学院	国际政治
巴勒斯坦	亥以赛姆	男	光华管理学院	企业管理
巴勒斯坦	亥里勒	男	光华管理学院	企业管理
日本	青木隆一	男	法律学系	国际法
日本	村上香织	女	中国语言文学系	汉语言文学
日本	杉本伦美	女	经济学院	国际经济
日本	福田忠之	男	历史学系	中国历史
日本	中村悟	男	历史学系	中国历史
日本	古市雅子	女	中国语言文学系	汉语言文学

国籍	中文姓名	性　别	系　别	专　业
印度尼西亚	尤春惠	女	中国语言文学系	汉语言文学
韩国	李国美	女	国际关系学院	国际政治
日本	小林义信	男	经济学院	国际贸易
日本	山田泰史	男	法律学系	国际经济法
日本	铃木昌二	男	经济学院	国际金融
日本	原树绍	男	法律学系	国际经济法
日本	大和昭彦	男	国际关系学院	国际政治
日本	太田江美	女	法律学系	国际经济法
日本	长白清子	女	历史学系	世界历史
日本	伊藤久美	女	国际关系学院	国际政治
日本	长野微	女	中国语言文学系	汉语言文学
韩国	金荣麟	男	法律学系	国际法
韩国	金成泰	男	国际关系学院	国际政治
韩国	南仑秀	男	经济学院	国际经济
韩国	全俊河	男	法律学系	法律学
韩国	许仑哲	男	英语语言文学系	英语文学
韩国	朴恩美	女	中国语言文学系	汉语言文学
韩国	权国一	男	国际关系学院	国际政治
韩国	金相均	男	经济学院	国际经济
韩国	朴鸿硕	男	国际关系学院	国际政治
韩国	郑圣烨	男	国际关系学院	国际政治
韩国	徐勇俊	男	法律学系	国际经济法
韩国	姜秀润	女	国际关系学院	国际政治
韩国	朴素演	女	中国语言文学系	汉语言文学
韩国	林润定	女	法律学系	国际法
韩国	李才善	女	历史学系	中国历史
韩国	李在英	女	光华管理学院	企业管理
韩国	李孝珠	女	中国语言文学系	汉语言文学
韩国	李启先	女	中国语言文学系	汉语言文学
韩国	李银娥	女	国际关系学院	国际政治
韩国	薛熹祯	女	中国语言文学系	汉语言文学
韩国	李芝善	女	历史学系	中国历史
韩国	李惠林	女	中国语言文学系	汉语言文学

国籍	中文姓名	性别	系别	专业
韩国	郑素燕	女	中国语言文学系	汉语言文学
韩国	李光熙	女	历史学系	中国历史
韩国	吴熹衍	女	国际关系学院	国际政治
韩国	宋秀京	女	中国语言文学系	汉语言文学
韩国	赵惠允	女	法律学系	国际经济法
韩国	韩志旼	女	历史学系	中国历史
韩国	吴朱英	女	历史学系	中国历史
柬埔寨	江上西塔里	女	法律学系	国际法
新加坡	林兴利	男	中国语言文学系	汉语言文学
新加坡	黄浩威	男	中国语言文学系	汉语言文学
新加坡	王宗翰	男	国际关系学院	国际政治
新加坡	陈慧莲	女	中国语言文学系	汉语言文学
新加坡	冯丽珊	女	中国语言文学系	汉语言文学
印度尼西亚	法德兰	男	中国语言文学系	汉语言文学
印度尼西亚	梁志健	男	经济学院	国际贸易
赤道几内亚	(拉.思苏埃)阿曼多.埃兰舒尔	男	法律学系	法律学
尼日利亚	王安妮	女	法律学系	国际经济法
白俄罗斯	涅瓦尔.娜塔丽亚	女	中国语言文学系	汉语言文学
阿尔巴尼亚	美林达	女	法律学系	国际法
韩国	赵成珉	男	经济学院	国际经济
韩国	任现廷	女	历史学系	中国历史

医学部

国籍	中文姓名	性别	学生类别	专业
美国	高玉玲	女	本科	临床医学
尼泊尔	舒骏	男	本科	临床医学
尼泊尔	普德	男	本科	临床医学
巴勒斯坦	塔里格	男	本科	临床医学
塞拉利昂	阿玛杜	男	本科	临床医学
韩国	千晶慧	女	本科	临床医学
马来西亚	梅植平	男	本科	临床医学
马来西亚	郑旭为	男	本科	临床医学
美国	刘雅杰	男	本科	临床医学
韩国	申允祯	女	本科	口腔医学

2000年大事记

1 月

1月3日 北大召开校办产业系统春节团拜会,任彦申、迟惠生、赵存生、岳素兰、王登峰、陈文申、郝平等出席。

1月5日 国务院副总理钱其琛正式出任北大国际关系学院院长。钱副总理与北大领导任彦申、迟惠生、赵存生、何芳川、郝平等同志及国际关系学院的有关负责人在临湖轩进行了座谈。会后,钱副总理参观了国际关系学院办公场所,并在办公楼礼堂为国际关系学院全体师生作了国际形势报告。

由杨芙清、王阳元两院士和北大青鸟公司出资设立的"北京大学杨芙清王阳元院士奖励基金"签字仪式暨1999年度颁奖仪式在临湖轩举行。杨芙清、王阳元院士、青鸟集团刘永进副总裁与林钧敬副校长分别代表设奖方和学校在协议上签字。

1月6日 国家自然科学基金委王乃彦副主任一行在王义遒教授陪同下参观了北大电子学系激光捕获原子实验室。这个实验室取得了3微开的极低湿度,在原子频标、光学粘团捕获、原子喷泉和玻色—爱因斯坦凝聚方面取得重要进展,引起基金委领导的重视。

1月6-7日 校党委副书记赵存生、岳素兰等听取各基层党委(总支、直属支部)党员民主评议、教工支部评估及优秀党员评选等情况的汇报。

1月7日 全国人大常委会副委员长周光召在迟惠生副校长陪同下视察北大物理系。

1月8日 光华管理学院遇害博士生王淮学的遗体告别仪式在昌平举行,北大研究生院、光华管理学院的有关负责同志和师生代表参加。至此,光华管理学院两博士生死亡事件基本处理完毕。

1月9日 全国人大常委会副委员长许嘉璐来北大参加"汉语语言学研究中心"成立大会。

1月11日 "北京大学桐山教育基金"协议签字仪式在勺园举行。日本阿含宗财务局长和田尚子,北大吴树青、闵维方、何芳川、郝平等出席了协议签字仪式。桐山靖雄是日本宗教界名人,长期致力于中日友好事业,曾在北大设立"桐山奖教金"和"教师研修金",被授予"北京大学名誉教授"。此次,桐山靖雄再次捐资100万美元,设立"桐山教育基金",支持北大教育科研事业。

学校举行2000年七十岁离休老干部生日庆贺会。校党委副书记岳素兰到会代表学校向老同志们祝寿。

1月17至18日 国家重点基础研究发展规划项目("973"项目)"细胞重大生命活动的基础与应用研究"第一次实施工作会议在北京大学召开。该项目是第二批获国家科技部批准启动的34个"973"项目之一,也是北大专家作为首席科学家获批准的三个"973"项目之一。6位中科院院士和33名教授、专家、"长江学者"与会。迟惠生副校长到会祝贺并讲话。

1月20日 校外事工作委员会工作会议在临湖轩举行。迟惠生副校长向外事工作委员会委员颁发聘书并讲话。会议决定,由迟惠生担任外事工作委员会主任,闵维方任副主任,郝平任委员会秘书长。

北大微电子所"微米/纳米加工技术国防科技重点实验室"通过由总装备部主持的首次检查评估。

1月21日 北大举行后勤社会化改革研讨会,林钧敬副校长出席并讲话。

1月25日 以"牢记四个统一,争做世纪先锋"为主题,北大学子与国防大学教授许志功座谈交流会在办公楼举行,出席座谈会的有国防大学赵可铭中将、严庆生少将等,北大党委副书记赵存生到会并讲话。

1月27日 举行北京大学新闻与传播学院筹备组第一次全体会议。赵存生、何芳川、吴志攀及筹备组全体成员出席了会议,何芳川副校长通报了学校关于成立北京大学新闻与传播学院的决定,赵存生副书记讲话。学院筹备组成员就建院的具体问题进行了讨论。

1月28日 北京大学学生思想政治工作会议举行,党委书记任彦申,副书记岳素兰、王登峰,副校长林钧敬及校学工系统干部、学校有关部门及院系领导140多人出席了开幕式。

1月31日 任彦申、迟惠生、赵存生、岳素兰、陈章良、林钧敬、王登峰、鞠传进等校领导分两路看望了春节期间坚持工作的一线职工,带去了全校师生对他们的问候与感谢。

2 月

2月2日 中共中央政治局常委、国务院副总理李岚清来到北大,看望著名法学家萧蔚云教授。李副总理祝贺萧教授多年来取得的杰出成就,感谢他为国家做出的贡献,并祝他健康长寿、春节愉快。教育部部长陈至立、国务院副秘书长徐荣凯及北大常务副校长迟惠生等陪同看望。

2月15—17日 第八届中国大学生健美操、艺术体操锦标赛在北大举行,来自全国29所院校的32支运动队、300余名师生参加。

2月25日 由北大学生就业服务指导中心组织筹备的"北京大学2000年毕业生就业洽谈会"在理科楼群A座举行。国家教育部、北京市教委、市人事局及北大校领导出席了洽谈会。

2月26日 北大在深港产学研基地举行第二批产业发展签约及教育培训项目推介会,科技部副部长刘学勇、深圳市市长李子彬及北大党委书记任彦申、香港科技大学校长吴家玮出席会议。

2月28日 原民盟北京大学委员会副主委、化学与分子工程学院教授谢文蕙逝世,终年67岁。3月3日上午,在八宝山革命公墓举行告别仪式,党委副书记岳素兰等参加。

2月29日 "中国青年志愿者扶贫接力计划"的第一位国际志愿者、新加坡林贞吟女士到北大参观并与北大师生座谈。

3 月

3月1日 校领导任彦申、迟惠生等向北大的全国人大代表、全国政协委员通报北大人事制度改革、校级关键岗位聘任、学校建设用地、建设世界一流大学、北京医科大学与北大合并等事宜。代表和委员们就北大研究生培养、学术风气及境外办学等发表了意见,部分民主党派负责人参加了通报会。

3月2日 北大推出"新世纪之旅"主题讲座的第一讲"手性与生命起源",主讲人为北大技物系博士生导师、2000年美国夏威夷国际化学大会生命起源分会主席王文清教授。

3月4日 全校中层干部培训班在北大新图书馆北配楼报告厅举行,常务副校长迟惠生作了题为"转变高等教育观念,创建世界一流大学"的报告。

3月6日 北京大学现代公共管理研究生班开学典礼在图书馆报告厅举行,北大党委副书记岳素兰出席仪式并讲话。北京市海淀、朝阳、崇文、丰台四区主管书记、副区长、组织部长出席了开学典礼。本班学员来自上述四区,是由各区委组织部委托北大为其培训的干部。自1988年以来,北大每年都为上述几区培训干部。

3月8日 北大与中国工商银行签署了银校全面合作协议,双方建立起面向21世纪的长期稳定、优势互补的战略合作关系。此项合作对北大的发展和银行业务空间的拓宽以及中关村科技园区的建设都具有重要意义。中国工商银行总行行长姜建清以及北大校长许智宏、常务副校长闵维方出席签字仪式。

3月9日 学校召开中层干部会,任彦申、许智宏在会上对1999年的工作进行了总结,并重点对2000年的工作进行了安排和部署。

由北京大学与康佳集团有限公司联合举办的北京大学2000年"康佳学术节"开幕式在电教报告厅举行。康佳总裁陈伟荣、北大副校长林钧敬等出席开幕式。当天下午,校领导任彦申、王登峰、林钧敬等在办公楼贵宾室会见了康佳集团总裁陈伟荣先生。

3月10日 《北京大学学报》(哲学社会科学版)荣获首届国家期刊奖座谈会在图书馆会议室举行。北大党委副书记赵存生及中宣部、新闻出版署、教育部有关负责人出席会议。

3月10—12日 文化部市场司与北大艺术系举办"文化与经济研讨会"。文化部副部长孟晓驷、北大副校长何芳川、德国驻华大使出席开幕式并致辞。本次研讨会针对企业文化、文化管理、文化资助等问题,邀请中国及德国金融、文化、管理、法律等方面的专家学者作专题报告,对中国艺术产业的形势、问题及解决方法提出建设性意见,并通过这种研讨和信息渠道向世界介绍中国文化方面的改革开放政策。

3月12日 北大侨联举行换届大会,新老侨联委员、统战部干部参加。经协商确定,新一届校侨联主席为王德煌(归侨),副主席为王佩瑛(侨眷)、李安山(归侨),聘请苏志中(原主席)、王芸(原副主席)、施正才(原副主席)为顾问。

3月13日 北京大学中国人民保险公司高级管理人员研修班开学典礼在图书馆报告厅举行。校长许智宏、副校长何芳川、中国人民保险公司总经理孙希岳及相关部门领导出席了典礼。本期研修班有学员40名,基本为各省级人保公司的经理级高级管理人员。

授予饶宗颐先生北京大学客座教授仪式在赛克勒考古与艺术博物馆举行,副校长何芳川、著名学者季羡林、宿白、邹衡、袁行霈、裘锡圭出席了仪式。

澳大利亚墨尔本大学副校长佛兰克·赖根司教授一行访问北大。校长许智宏会见了来宾。

3月14日 张政烺先生捐书仪式在北大考古系会议室举行。张政烺曾任北大历史系教授,现任社科院历史所研究员、学术委员。此次他将自己3万多册藏书捐赠给北大,希望在培养历史学人才上继续发挥作用。

全国人大代表、香港立法会议员吴清辉教授访问北大,校党委副书记赵存生会见了来宾。

以马启智主席为团长的宁夏回族自治区代表团访问北大,校长许智宏、党委副书记赵存生、王登峰会见了来宾。代表团与北大各部门的负责人及部分师生就西部开发等话题进行了讨论。

3月15日 《光明日报》公布教育部1999年度"资助优秀年轻教师基金"获得者名单,北大有6位青年教师获得资助,他们是:数学学院的刘培东;技术物理系的班勇;化学学院的高松;城市与环境学系的柴彦威;文科彭小瑜和赵耀辉。在所有162名获资助者中,北大获得资助项目数名列榜首。

3月17日 许智宏校长会见摩洛哥大使米蒙·迈赫迪及文化参赞。双方就加强合作交换了意见。大使还参观了校园、博物馆及遥感所的实验室。

北京大学国防知识演讲决赛在电教报告厅举行。

3月18—19日 北大举行2000年博士生入学考试。

3月19日 北大"干部双休日培训系列知识讲座"第二讲在图书馆报告厅举行,国家审计署教育审计局局长赵耿为北大干部作了审计知识专题讲座。

北京市副市长刘志华及中关村科技园区管委会主任陆昊一行于3月20日到北大现场办公,听取北大科学园及中关村园区建设的工作汇报。副校长陈章良汇报了北大高科技产业的发展现状。

3月20日 日本关西学院大学校长金田博士访问北大,许智宏校长会见了来宾。双方介绍了各自大学的历史及发展现状,希望在不久的将来建立起正式的交流关系。会谈后,金田校长参观了北大校园。

3月21—22日 教育部、北京市委组织部和市教工委到北大访问60位中层干部,征求大家对北京医科大学与北京大学合并后领导班子的意见。

3月22日 "创业系列"讲座在电教报告厅拉开序幕,IT界评论家、"数字论坛"发起人方兴东博士作了题为"互联网的发展与传统产业命运"的第一讲。

3月23日 北京大学第四届教职工代表大会、第十六次工会代表大会开幕式在办公楼礼堂举行,全国教育工会主席蒋文良、北京市总工会副主席孙学才、北京市教育工会副主席刘祚屏、杜自中和清华大学、人民大学等兄弟院校领导及北大领导任彦申、许智宏等出席开幕式。许智宏校长作了学校工作报告。下午,常务副校长闵维方作了学校财务工作报告,校党委副书记兼工会主席赵存生作了教代会、工会工作报告。

副校长陈章良在临湖轩会见了叙利亚高教部副部长穆希丁·伊萨。陈副校长向来宾介绍了北大的历史和近年来的发展,穆希丁·伊萨表达了叙利亚十月大学拟与北大加强友好交流、签订合作协议的意愿。

德国"戴姆勒—奔驰基金会北京大学博士生海外研修奖学金协议"签字仪式在北大临湖轩举行。常务副校长闵维方和德国戴姆勒—奔驰基金会理事长普特里兹博士、理事会成员斯卡德博士分别代表北大和基金会在协议上签字。

3月25日 学校召开校长办公会。会议听取了北京医科大学与北京大学合并的进展情况、筹建"北大在线"的有关情况以及第四届教代会暨第十六次工会代表大会选举的结果,讨论了《北京大学"面向二十一世纪教育振兴行动计划"专项资金财务管理暂行办法》,同意调整治安综合治理、防火安全、交通安全、保密、外来人口、国家安全、爱国卫生、绿化、计划生育等委员会或领导小组的成员。会议还研究和讨论了其他事项。

首届北京大学广告文化节开幕。副校长林钧敬及艺术学系主任叶朗出席了开幕式。国家工商局广告司司长屈建民等到会祝贺。本次文化节计划历时12天,主要包括日本百年优秀平面广告作品展、专题讲座、获奖广告精品赏析和问卷调查等活动。

由常务副校长迟惠生率领的北京大学代表团于3月11至25日访问了南非的开普敦大学、比勒托利亚大学,坦桑尼亚的达累斯萨拉姆大学和埃及的开罗大学,并分别与上述四所大学签订了校际交流合作协议。

3月26日 北大第四届教代会和第十六次工会代表大会闭幕,大会选举产生新一届教代会和工会的领导班子。新一届教代会执委会主任为赵存生,副主任为陈淑敏、林钧敬,委员为王磊、朱庆之、刘永福、刘张炬、许保良、张宝岭、张彦、胡坚、梁燕、曾辉。新一届工会主席为赵存生,常务副主席为陈淑敏,副主席为刘永福、梁燕,兼职副主席为刘张炬、胡坚、张宝岭,委员为田敏月、李文胜、张黎明、廖陶琴。

3月29日 德国戴姆勒—克莱斯勒公司高级副总裁沃纳·保曼教授访问北大,并在光华管理学院作了以"戴姆勒—克莱斯勒公司的环境保护"为主题的演讲。会后,常务副校长闵维方及光华管理学院院长厉以宁会见并宴请了沃纳·保曼教授。

3月29—30日 由北京大学日本研究中心、北京大学经济学院、北京大学国际关系学院和卡乐B日本研究基金会共同主办的题为"21世纪中国、日本与亚洲"的国际学术讨论会在北京举行。副校长何芳川出席了开幕式,日本驻华大使谷野作太郎和中华日本学会会长刘德有分别致辞。前联合国副秘书长明石康和北大光华管理学院院长厉以宁等学者作了主题报告。本次讨论会从政治、经济、文化等多个视角探讨了全球化趋势下中国、日本乃至亚洲的应对措施,并对未来中日两国与亚洲的发展提出了一些积极的建议与设想。

3月30日 秘鲁外长费尔南多·德特拉塞格涅斯·格兰夫一行在秘鲁驻华大使萨纳布里亚的陪同下访问北大,何芳川副校长在图书馆贵宾室会见了来宾。随后,德特拉塞格涅斯外长与北大外语学院的师生进行了座谈。

3月31日 中国语言文学系举行建系90周年庆祝大会。许智宏校长、季羡林教授等著名专家学者及各部门领导同志出席了大会。南京大学、复旦大学、中国人民大学、北京师范大学、清华大学、首都师范大学等兄弟院校中文系也派代表到会祝贺。800余名师生、校友参加了大会。

第3届周培源基础教学奖颁奖大会在北大电教报告厅举行,全国人大副委员长丁石孙及北大党委副书记岳素兰出席会议,并为获奖个人和集体颁奖。周培源基础教学奖设在力学系,专门用于奖励在力学专业基础教学上有突出成绩的人员。

教育部部长陈至立与北京大学和北京医科大学合并后的新班子成员集体谈话。

学校召开全校中层干部会,许智宏校长就北京医科大学与北京大学合并组建新的北京大学的有关问题作了说明,并对全体党员干部提出要求。

4 月

4月1日 下午,国务院副总理李岚清与北京大学和北京医科大学合并后的新班子成员集体谈话。

五四文学社在勺园多功能厅举行了"未名湖"诗歌朗诵会,庆祝北大中文系建系90周年。

4月2日 台湾"新世纪青年学生大陆访问团"开营仪式在北大勺园多功能厅举行,林钧敬副校长出席仪式并讲话。该团计划进行为期8天的访问交流活动。此次活动是由台湾十大杰出青年基金会组织的,旨在促进两岸青年的沟通了解。

北大2000年法律文化节开幕,并推出"北京市首届十佳律师论坛",全国政协副主席、最高人民法院副院长罗豪才发来贺信,司法部律师公证司司长贾午光以及北京市司法局、全国律协、北京市律协海淀区人民法院和北大有关领导吴志攀等出席了开幕式。

4月3日 北京大学、北京医科大学合并大会在办公楼礼堂举行。中共中央政治局常委、国务院副总理李岚清,中共中央政治局委员、北京市委书记贾庆林,全国人大常委会副委员长吴阶平,全国政协副主席罗豪才,教育部部长陈至立,卫生部部长张文康,北京市市长刘淇,中组部副部长黄晴宜,国家科教领导小组办公室专职副主任李主其,教育部党组副书记、副部长吕福源,中科院副院长白春礼,北京市委副书记李志坚,北京市委常委、市委教育工委书记徐锡安,新任北京大学党委书记王德炳、北京大学校长许智宏等出席大会。北京大学前任党委书记任彦申以及清华大学、南开大学、天津大学、北京航空航天大学等兄弟院校的领导也到会表示祝贺。北京大学、北京医科大学的600余名师生代表参加了大会。中共中央总书记、国家主席江泽民专门为两校的合并发来贺信。大会由教育部副部长周远清主持。黄晴宜代表中组部宣布了两校合并后新领导班子成员名单,李岚清副总理在会上作了重要讲话,陈至立、张文康、刘淇、吕福源、王德炳、许智宏等也分别在会上讲话。

4月5日 北大在生命科学院报告厅召开了庆祝潘文石教授荣获世界大奖——J. P. Getty奖和欢迎长江学者舒红兵博士以及国家人类基因组北方中心总经理顾军博士到校任教大会。许智宏、陈文申等出席会议并讲话。

4月6日 北大召开2000年治安综合治理工作会议,校党委副书记王登峰、副校长林钧敬出席会议并讲话。

4月7日 北大"干部双休日培训系列知识讲座"第三讲在法学楼模拟法庭举行,经济学院胡坚教授作了题为"高科技产业的发展和风险融资机制的建立"的报告。

4月8日 中国传统文化中最重要的典籍《十三经注疏》出版座谈会在北大临湖轩举行。经过四年的整理校点,日前由北京大学出版社出版简体标点本。

由北大、清华团委、工会主办,中国棋院、中国桥牌协会协办的第十四届"京华杯"棋类、桥牌友谊赛在勺园多功能厅举行。校党委副书记赵存生出席了开幕式。本次比赛设中国象棋、围棋、国际象棋及桥牌4个项目。清华大学以12∶10的比分,获得了本届赛事的胜利。14届比赛中,北京大学为9胜5负。

北大国际MBA 98级学员与美国福坦莫大学商学院的学生通过会议电视系统,在北京和纽约进行了"创新与变革"课程的实时交互式教学与案例讨论,这标志着北大的远程教育平台全面开始运用。

澳大利亚大学校长代表团一行8人来北大访问,许智宏校长会见了客人。双方广泛交流了中澳大学的教育状况,并就双方高等教育的交流作了探讨。

4月9日 下午,北大2000年入党积极分子党性教育读书班开学典礼在办公楼举行,中央党校甄小英教授作了"如何加强党性修养"的专题报告,北大党委副书记岳素兰等出席了典礼。

4月10日 校党委常委会开会,会议通过了校长助理、医学部干部的任命;同意原北京大学的19个职能部门作为两校合并后的北京大学的19个过渡性部门;将北京大学医学部正式挂牌时间定在5月4日。

北大召开各部部长联席会议,许智宏校长宣布校党委常委会有关近期工作的若干决定,同时任命5位校长助理,他们是:陈文申、郝平、鞠传进、吴志攀、李立明。王德炳书记也讲了话。

许智宏校长在临湖轩会见了法国马塞普罗旺斯大学校长率领的代表团一行10人。双方表示将争取更广泛的接触,进一步促进两校的合作与交流。

4月11日 北大召开教代会执委会,赵存生、林钧敬等同志出席了会议。会议选举了房屋分配与改革审议工作委员会、提案审理委员会、生活服务与医疗保健委员会、教书育人工作委员会等四个委员会的主任、副主任。

4月12日 "北京大学见义勇为表彰会"在北大体育活动中心举行。大会表彰了11位见义勇为者。副校长林钧敬代表学校对受到表彰的11位同志表示热烈祝贺与衷心感谢。1996年12月北大设立了见义勇为基金,1998年、1999年已表彰奖励20人次,此次表彰奖励是第三次。

新华社副总编闵凡路在办公楼礼堂为北大学生作国际形势报告。闵副总编着重谈了当前国际形势、中俄关系、中美关系、中国加入WTO等问题。500余名学生听取了报告。

4月13日 校党委副书记赵存生在临湖轩会见越南和平委员会副主席阮文道一行8人。赵存生副书记向来宾介绍了自百年校庆以来北京大学发生的可喜变化和目前学校的发展状况。双方还就北京大学和胡志明大学的交流与合作等事宜进行了探讨。

"校内信息服务系统"鉴定会在图书馆报告厅举行。迟惠生副校长到会并讲话。计算中心黄达武教授对系统作了讲解。

北大在图书馆北配楼报告厅召开管理信息系统工作会议,学校各单位主管网络建设与管理信息工作的负责人及管理信息系统管理员参加了会议,迟惠生等出席并发表讲话。

越南河内国家大学校长阮文通一行4人访问北大。

北大昌平园区举行入党积极分子党性教育讨论班开学典礼,岳素兰等同志出席并讲话。

4月15日 "2000年世界地球日——中国大学生行动倡议"仪式在北大举行。林钧敬等校领导出席。来自首都20余所高校的学生代表参加了倡议仪式。

4月17日 学校领导前往北京大学医学部本部、三院和精神卫生研究所了解情况,并召开大会。大会由林久祥主持,韩启德对医学部的情况作了全面介绍,王德炳、许智宏发表讲话。学校领导闵维方、赵存生、岳素兰、迟惠生、陈章良、林钧敬、吕兆丰、王丽梅等出席了会议。

4月18日 数学科学学院第4届数学文化节在勺园多功能厅开幕。本届文化节的主题为"走进数学——数学年在北大",旨在借2000年世界数学年之机,向更多的人宣传数学,让更多的人了解数学。许智宏校长出席开幕式并致辞表示祝贺。

4月19日 北京大学重离子物理实验室评估会在勺园举行,实验室主任陈佳洱院士向国家自然科学基金委评估专家组汇报了1995至1999年实验室的工作。

北大2000年哲学文化节开幕式在勺园多功能厅举行,许智宏校长出席开幕式并就科学与人文话题作了讲话,校领导王登峰、林钧敬及哲学系主任叶朗出席会议。

北大奖励评审委员会召开评审会,评选出11名"学生五四奖章"获得者候选人(其中医学部3名)和6个"班级五四奖杯"获得者候选集体(其中医学部1个)。

4月20日 南斯拉夫贝尔格莱德大学代表团访问北大,许智宏校长在临湖轩会见了来宾,并与南斯拉夫驻华大使翁科维克、贝尔格莱德大学校长普里奇等进行了交谈,双方表达了加强合作交流的意愿。同日,俄罗斯托木斯克大学副校长杜尔森一行访问北大,校长助理郝平会见了来宾,并向客人们介绍了北大的改革和发展情况。

4月21日 北大召开两校合并后第一次校长办公会,讨论了北大102周年校庆的活动安排和北京大学医学部下属单位名称等事宜。

"21世纪生命科学展望"系列讲座在电教报告厅举行,许智宏院士为到会师生作了演讲。

4月24日 尼泊尔特里伯文大学高等教育代表团访问北大。闵维方副校长会见了代表团一行,向客人介绍了北大的历史和发展情况,双方就两校的交流与合作事宜进行了探讨。

4月25日 联合国教科文组织(UNESCO)驻北京代表野口瘴代表联合国教科文组织向北大考古文博院硕士生胡源和雷勇颁奖,以表彰他们为宣传《国际社会禁止文化财产走私、贩运条约》所作出的努力。为推行《国际社会禁止文化财产走私、贩运条约》的实施,联合国教科文组织举办了与之有关的国际宣传画设计大奖赛。胡源、雷勇两位同学共同合作创作的宣传画《Don't cry, Dragon》在大奖赛中被评为中国赛区最佳入选作品。

4月26日 "中国科学攀登奖学金"颁奖大会在北大现代物理中心报告厅举行。北京大学副校长林钧敬及中科院领导到会并讲话。2000年北大将有87名理科学生被免试推荐到中科院各研究所攻读硕士学位。

在天津中心医院的协助下,北京大学第一医院普通外科为一位65

岁晚期肝癌和一位37岁晚期肝硬变患者成功地施行了原位肝脏移植手术,挽救了患者的生命,填补了北京大学医学部系统肝脏移植的空白。

4月28日 北京市市长刘淇到北大视察,听取了蓝旗营工程建设情况的汇报,并对社区服务、医疗及绿化等工作做了指示,王德炳、林钧敬、鞠传进等同志参加了汇报。

王德炳、许智宏、岳素兰等召集会议,就北京大学医学部下属各单位的名称、地位等事宜进行了商讨。

"庆祝《俄汉文学翻译词典》出版暨恭贺龚人放教授八十五岁华诞"学术活动在北大举行。校党委副书记赵存生、俄罗斯驻华大使罗高寿、中俄友好协会会长陈昊苏等出席庆祝会并致辞。龚人放教授作了答谢发言。

"北大在线"新青年网站开通新闻发布会在百年纪念讲堂广场举行,校长许智宏、党委副书记王登峰、副校长陈章良等出席会议。新青年网站是"北大在线"的三大版块之一,作为门户网站将在北大五四校庆日零点正式开通,丰富多彩的频道将生动地展现新一代青年人的风采。

北大在办公楼礼堂召开全校学生干部大会,会议由王登峰主持,王德炳、许智宏、林钧敬等出席。王德炳、许智宏分别发表讲话,介绍了北大改革的情况,并对学生干部提出了工作要求。

北大有关部门召开青年教师座谈会,赵存生、迟惠生等出席会议。

瑞士集邮总公司总经理一行来访北大,校领导迟惠生、赵存生等接待了来宾,双方就合作出版北京大学纪念邮票事宜进行了商讨。

4月29日 北京大学召开表彰座谈会,对获得"学生五四奖章"和"班级五四奖杯"的学生个人和班级进行表彰。计算机系97级博士生万新恒等11位同学和北大第一临床医学院96级6班等6个班集体获得了这一殊荣。党委书记王德炳、校长许智宏、副校长林钧敬以及各院系师生代表共150余人出席会议。

校党委召开"学习江泽民关于教育的谈话的座谈会,全面推进素质教育"的座谈会。校党委书记王德炳、校长许智宏及有关学校领导,中科院院士甘子钊教授、北京大学"学生五四奖章"获得者和获得北京大学"班级五四奖杯"的班集体代表以及各院系师生100余人参加了座谈会。

4月30日 越南驻华使馆大使裴鸿福一行4人来访,并与北大外国语学院师生进行了座谈,许智宏校长会见了来宾。

"北京大学中国唐宋名篇音乐朗诵会"在百周年讲堂举行,濮存昕、肖雄、乔榛、丁建华等十多位著名艺术家和来自中国歌剧舞剧院的演奏者们同台为北大师生演出,使大家在艺术的熏陶中感触唐宋诗词的魂魄,领受到这些传唱千古的名篇的精神内核。王德炳、许智宏等校领导及上千名师生欣赏了演出。

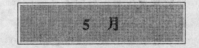

5月3日 首次五四交响音乐会在北大百周年纪念堂举行,中央交响乐团为北大师生作了精彩演出。

晚,北京大学五四交响音乐会在百周年纪念讲堂内举行,北京交响乐团在首席指挥谭利华的率领下应邀作了精彩演出。校党委书记王德炳、校长许智宏等出席了晚会并与艺术家们合影留念。

北大第一部《北京大学年鉴》(1999卷)出版,全书总计107万字。

5月4日 北大举行北京大学医学部成立大会,全国人大副委员长吴阶平、何鲁丽,北大王德炳、许智宏、闵维方、迟惠生、韩启德、赵存生、岳素兰、王登峰、陈章良、何芳川、林钧敬、林久祥、吕兆丰、陈文申、郝平、鞠传进、吴志攀、李立明等同志出席了大会。

"二十世纪北京大学著名学者墨迹展"在图书馆展览厅开幕,王德炳、许智宏、王学珍、陈佳洱、吴树青等同志出席了开幕式。

为庆祝北京大学成立102周年,北大在办公楼礼堂召开校友大会,大会改选产生了第五届校友会领导成员,许智宏等出席大会并讲话。

以美国商业联盟主席Roberts Jones为团长的亚洲社团一行4人来访,北大美国中心顾问张芝香女士和高教所的教授进行了会谈,闵维方副校长宴请了来宾。

5月5日 北京大学马克思主义文献研究中心在勺园多功能厅举行成立大会。赵存生副书记、何芳川副校长到会祝贺并讲话。中宣部、教育部的有关领导也先后在会上讲话。中央编译局、中国社科院、兄弟院校及北大研究马克思主义的著名专家学者50余人参加了大会。

5月8日 澳大利亚前教育部长一行4人来北大访问,何芳川副校长会见了来宾。

法国巴黎第十大学副校长Anne Degsine来北大访问,迟惠生副校长会见了来宾。

5月9日 以瑞典教育科学部副国务秘书Carl Lindberg为团长的瑞典大学校长代表团一行11人来北大访问,许智宏校长、迟惠生副校长会见了来宾,双方就共同感兴趣的问题进行了探讨。

5月10日 北大召开党政联席会,讨论了关于北大创建世界一流大学计划的修改和完善等事宜,并将方案上交教育部审定。

北大举行北大医院建院85周年庆祝活动及医学部住房楼改造工程奠基仪式。全国人大常委会副委员长彭珮云,国家计委、卫生部的部分领导,北大王德炳、闵维方、韩启德、吕兆丰等出席了仪式。

5月10—11日 大学生电脑节系列讲座在电教报告厅举行。招商银行行长马蔚华博士作了题为"网络时代的银行如何生存"的演讲；8848网站首席执行官谭智作了题为"电子商务在中国的实践"的演讲。校党委副书记王登峰出席讲座并讲话。

5月13日 "邓小平理论与21世纪中国"研讨会及邓小平理论征文颁奖仪式在办公楼103室举行，中宣部、教育部、北京市委的部分领导和社会理论界人士50余人出席。北大领导王德炳、赵存生、何芳川等出席并为获奖者颁奖。

5月17日 河南省张以祥副省长一行访问北大，许智宏、陈章良等会见了来宾，产业管理部、校办支柱企业的主要负责人也参加了会见，双方就开展省校合作交换了意见。

5月18日 理科教学楼群中的"交流中心"工程竣工验收，林钧敬、鞠传进和学校各职能单位负责人及基建工程部负责人参加了验收工作。

北大理论学习中心组学习关于成克杰问题的警示和江泽民关于教育问题的谈话。

5月18日 新任美国驻华大使普里赫来北大访问，迟惠生副校长会见了来宾。双方就中美教育及文化交流进行了深入的讨论。会见后，普里赫大使为北大学生作了题为"中美关系"的演讲。

5月19日 北京大学与国家行政学院举行互聘教授仪式，许智宏等出席。

北大教育工会召开房审委员会第一次会议，林钧敬等出席会议并就集体住宿职工要房、非卖区住房职工要房、特殊困难职工从高层向底层搬房、关于从福利分房向货币分房转化等四个问题讲话。

5月19日 北大举行北京大学第三届"箸政基金"颁发仪式，迟惠生副校长出席仪式并讲话。本届基金的遴选工作在全校理科院系和文、史、哲三系及外国语学院的本科二年级学生中进行，共有32名同学的研究项目获得"箸政基金"的资助。

北大政治学与行政管理学系99级本科生邱庆枫在从昌平镇回昌平校区途中不幸遇害。广大师生要求严惩凶手，并提出改善昌平校区学习、生活条件的要求。

5月20日 北大举行全校工会干部趣味运动会，有30多个代表队参加了运动会。

以色列交响乐团在百周年纪念讲堂为北大师生演出，校党委副书记赵存生等出席了音乐会。

5月21日 北大在办公楼礼堂举行北京大学新千年首届主持人大赛，赵存生、王登峰等出席并观看了北大学子的表演。

据京教产〔2000〕002号文《关于表彰北京市优秀校办企业和优秀校办企业厂长（经理）的决定》，北大方正集团、资源集团、未名生物集团获得"北京市优秀校办企业"称号，北大资源集团总裁叶丽宁、未名生物集团总裁潘爱华获得"北京市优秀校办企业厂长（经理）"称号。学校有关部门已将表彰决定文件、光荣册、获奖证书、铜牌和奖金送达获奖企业和个人，并代表学校表示祝贺。

5月23日 蓝旗营小区及北大清华学生公寓建设问题现场办公会在清华大学举行，汪光焘副市长出席。北大王德炳、林钧敬、鞠传进等参加了办公会。

受民建中央主席成思危委托，民建中央副主席冯克煦到北大拜会党委书记王德炳、副书记赵存生，通报民建中央聘请北大经济学院教授、民建中央常委肖灼基为民建中央特别顾问事宜。拜会后，冯克煦副主席向肖灼基教授颁发了聘书。

5月24日 由台湾亚陆投资股份有限公司万众先生捐资兴建的北京大学中国经济研究中心"万众苑"工程在经济中心举行开工典礼。何芳川副校长出席典礼并讲话，著名历史地理学家侯仁之教授等应邀参加了典礼。

5月26日 北大在办公楼召开"老中青三代党员共话'三个代表'座谈会"，王德炳、赵存生、王学珍、张学书、沙健孙、中科院院士石青云教授，学校部分院系教师党员代表及学生党员代表参加了座谈会。

北大国际关系学院在办公楼礼堂举行建系40周年和建院5周年庆祝大会，国务院副总理、北大国际关系学院院长钱其琛参加庆祝大会并作形势报告。

上午9:30左右，北大计算机系99级博士生赵旭晟在白颐路方正集团公司路口西侧横穿马路时，被汽车撞伤，当即送海淀医院检查。校领导林久祥等和系领导赴海淀医院处理相关事宜。6月14日晨，赵旭晟经抢救无效死亡。6月27日上午，在八宝山公墓举行赵旭晟同学的遗体告别仪式。王登峰、林钧敬，计算机系和计算机研究所的师生代表及赵旭晟同学的亲属等参加了告别仪式。

5月27日 清华赛艇队在北京大学与清华大学两校赛艇对抗赛中获胜。该项赛事已被确定为两校的百年赛事，今后逢偶数年在北大的校庆日举行，奇数年在清华的校庆日举行。

北京大学建筑学研究中心成立。

5月28日 "纪念蔡元培、萧友梅逝世六十周年专场义演音乐会"在北大办公楼礼堂举行。北大老校长严复、蔡元培、蒋梦麟的亲属与中国科学院、北京大学、中央音乐学院、清华大学、北京师范大学等校的师生共同观看了演出。

北大双休日干部培训班举行系列知识讲座第四讲，由北大管理干部赴美国高校考察团介绍访美心得。闵维方、岳素兰及校本部和医学部共100余人听了讲座。

为庆祝北京大学经济学院建院十五周年，北大举行了"21世纪经济学在中国的发展"研讨会。许智宏校长到会并讲话。

5月29日 北大在校图书馆对"信息网络建设"和"图书文献资料中心"两个公共服务体系建设项目进行了专家验收。许智宏校长、迟惠生副校长出席验收会。

北大第八届"挑战杯"五四青年科学奖终审问辩会在勺园正大国际会议中心301室（理科）、302室（文科）举行，各院、系、所、中心共有24件作品（文、理科各12件）入围终审问辩会，秦斐、马兆远等12名同学获得一等奖。

5月30日 教育部副部长韦钰来北京大学图书馆，听取"中国高等教育文献保障系统"项目进展情况的汇报，并观看了文献保障服务功能的演示。迟惠生副校长出席汇报演示会。

5月30日 印度总统科切里尔·拉曼·纳拉亚南对北大进行友好访问，纳拉亚南总统向北大赠送了泰戈尔铜像，并在北大发表了演讲。

5月31日 北大附小师生欢聚百周年纪念讲堂，以"唱京剧国粹生辉，诵诗文古韵新生"为主题，举行大型文艺演出，热烈庆祝"六一"国际儿童节。北京市副市长张茅、北大副校长闵维方与北大附小师生共同观看了演出。

5月 北大人才引进工作取得重要进展，中科院院士丁伟岳、朱作言、陈建生于近期应聘来北大工作。丁伟岳是中科院数学研究所研究员，来北大数学学院任数学研究所所长；朱作言由中科院武汉水生所来北大生命科学学院任教授；陈建生由中科院北京天文台来北大地球物理系，主持筹建天文系。

6月2日 学校召开校长办公会。会议主要就软件工程研究中心转制问题，《研究生管理条例》，组建第六届学位评定委员会，校内广告、书市摊位和冷饮摊位管理，毕业生离校安排，科学园建设，暑期研讨会日程安排，成立天文系等事宜进行了商讨并作出决定。

王德炳书记、许智宏校长邀请北大的全国和北京市人大代表、政协委员，以及民主党派负责人举行通报会。王德炳、许智宏和副书记赵存生分别通报了学校当前的工作情况。与会者就学校的教学、科研、管理、校办产业、附属医院和两校合并后的一些问题谈了自己的意见和建议。

北大召开99级本科生军训工作会议暨国防奖学金发放仪式，王登峰、林钧敬等出席并讲话。

6月6日 王德炳、赵存生、王登峰、林钧敬等召集党办校办、学工部、保卫部、团委等单位负责人，对邱庆枫同学遇害及由此引发的一系列事件进行总结。

6月7日 "靳羽西奖学金"颁奖会在临湖轩举行，闵维方、郝平等出席颁奖仪式。

6月8日 由校工会、燕园社区服务中心共同主办的"五月的鲜花"歌咏比赛在百周年纪念讲堂举行，来自学校机关和院系的15支代表队参加了比赛。

6月10日 北大第16期团校结业典礼在勺园举行，王德炳、林钧敬等出席并讲话，本期团校共有105名学员结业。

6月11日 由北京市学联主办、北大学生会承办的"首都高校学生会工作研讨会"在北大举行。来自清华、人大、北师大等30余所高校的学生会负责人参加了研讨会。

"2000年北京大学入党积极分子党性教育读书提高班系列讲座"第二讲在办公楼礼堂举行，中共中央"三讲教育"办公室地方组负责人王庭大同志为600余名积极分子作了题为"开展三讲教育与加强党性修养"的报告。校党委副书记岳素兰出席了报告会。

6月13日 河南省企业与北大合作洽谈会暨"十五"技术规划研究会在北大举行。会上，河南省经贸委主任沈秋萍介绍了河南省经济发展及对外合作情况。与会者就河南省经济发展战略、产业发展项目选择等问题作了探讨，并对适宜于河南省发展的北大科技成果转化项目作了推介。陈章良副校长出席会议。

6月19日 北京大学"校长信箱"在"北大在线·新青年"网站上开通。

北京大学2000年"康佳杯"学术节颁奖典礼在北大办公楼103室举行，王登峰等出席并向10位荣获北京大学研究生"学术十杰"和11位荣获北京大学本科生"学术希望之星"的同学颁发了获奖证书和奖金。

校党委常委开会，通过"七一"表彰名单和部分院系的人事任命。

6月23日 伊朗总统赛义德·穆罕默德·哈塔米访问北大，在办公楼礼堂为北大师生作了演讲。

6月26日 2000年本专科生毕业典礼在百周年纪念堂举行，典礼由王登峰主持。王德炳、闵维方、赵存生、岳素兰、陈章良、何芳川、林钧敬、韩启德、王丽梅、陈文申、杨芙清等出席了典礼。

6月27日 北大医学部召开优秀学生党员、先进学生党支部表彰大会，岳素兰、王登峰、林久祥等出席。

河南省副省长林炎志在勺园多功能厅就《笑迎挑战》一书作了报告。

6月28日 北大2000年优秀共产党员、先进党支部表彰暨新党员宣誓大会在办公楼礼堂举行，会议由闵维方主持，王德炳、王学珍、吴树青、赵存生、岳素兰、王登峰、林钧敬、王杰等出席。

下午，学校召开校长办公会。会议听取了校医院关于落实北京市提出的公费医疗改革方案、提高个人负担比例的情况汇报,和"校长信箱"开通以来的情况。

北大医学部举行本专科及硕士、博士生毕业典礼,闵维方、岳素兰、王登峰、林钧敬等出席了典礼。

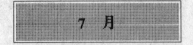

7月

7月4日 校长办公会开会。会议听取了关于蓝旗营教师住宅小区建设资金问题的汇报,关于北佳清盘和方正调整管理层的情况报告。会议原则同意设立中国科学院—北京大学可持续发展联合研究中心。

8月

8月5日 外国语学院教授、原第三至七届全国政协委员、九三学社中常委兼宣传部长金克木逝世,享年88岁。遵金先生遗言及家属意见,不举行遗体告别式。

8月13日 图书馆"北京大学文库"专题《纪念王力教授百年诞辰》展出。王力教授从事中国语言学研究逾半个多世纪。他在汉语语言学、音韵学、词汇学、汉语史、语言学史等方面出版专著40余种,发表论文200余篇,近千万字。

8月15—22日 校党委组织部组织学校中层干部赴井冈山学习考察,考察团由岳素兰副书记带队,在革命老区听取了老干部作的关于继承革命传统的报告,考察团的吴志攀、张国有教授也为老区人民作了专场报告。

8月18日 校团委在百周年纪念讲堂为成功横渡渤海海峡的张健举办报告会,王德炳书记出席了报告会。

8月23—25日 新到任教职工岗前培训会在昌平召开。陈文申在培训会开幕式上讲话,闵维方在总结报告会上讲话。

8月24日 召开校长办公会,主要内容为:(1)听取了关于校本部和医学部开学准备工作和今年招生工作的汇报;(2)确定了全校干部大会的时间和方式;(3)初步讨论了与青岛联合办学等问题。

8月29日 学校邀请部分知名教授在办公楼103会议室进行座谈。党委书记王德炳就暑期召开的校领导工作会议精神向大家作了简要通报,征求大家对学校发展的意见。各位教授从学科建设、人才引进和培养、教育教学改革及校园规划等多方面提出了意见和建议。副校长迟惠生,党委副书记赵存生、岳素兰等参加了座谈会。

8月31日 学校在办公楼礼堂召开全校干部会,党委书记王德炳、校长许智宏就学校发展以及下学期工作讲话。下午,各单位党政领导在交流中心会议室进行了分组讨论,就书记与校长的报告交流了看法,并对学校的发展规划提出意见和建议。9月2日上午,在图书馆报告厅举行总结大会,王德炳对会议讨论情况作了简要总结,许智宏对讨论中提出的重要问题发表了意见,并安排和部署了下学期的主要工作。

8月 校团委利用暑假组织95个学生社会实践团共七八百人到各地进行社会考察和实践。其中赴西藏考察的博士实践团于9月20日向李岚清副总理汇报了考察成果。

9月

9月2日 学生工作部组织新生班主任参加业务培训,校党委副书记王登峰、副校长林钧敬到会讲话。

9月4日 本年录取的新同学开始报到。本年北大校本部共招收本科生2420人,研究生3063人(其中,硕士研究生2233人,博士研究生830人)。

北大召开新闻发布会。会上,赵存生等学校领导与职能部门负责人就今年招生情况、困难生助学措施及有关后勤工作等问题作了介绍,并回答了记者的提问。20多家新闻媒体近40名记者到会采访。

党委常委举行扩大会议,就校领导暑期工作研讨会上确定的有关机构调整与人事任免事项进行了确认,并就本年机关机构改革和人事分配制度改革中的考核评聘等工作进行了研究。

9月5日 99级本科生军训结束,2433名本科生从训练基地返回校园。王登峰、林钧敬等分别参加了在昌平和大兴召开的军训结业典礼大会。

9月6日 北京大学2000年本科生开学典礼分两场在百周年纪念讲堂举行。许智宏校长讲话,林钧敬副校长主持典礼。王德炳、闵维方、迟惠生、韩启德、赵存生、岳素兰、王登峰、陈章良、何芳川、王丽梅、陈文申、鞠传进等校领导与教师代表黎乐民、陈来等出席了典礼。

9月7日 北京大学2000年研究生开学典礼分两场在百周年纪念讲堂举行。许智宏校长讲话,韩启德副校长主持典礼,闵维方、迟惠生、岳素兰、王登峰、林钧敬、郝平、鞠传进等校领导与教师代表叶朗、龚旗煌等出席了典礼。

9月8日 学校在办公楼礼堂召开庆祝2000年教师节表彰大会,对全国劳动模范、北京市先进工作者、北京市模范集体、北京大学教学优秀奖获得者、北京大学优秀德育奖获得者、优秀班主任奖获得者、第七届优秀科研成果奖获得者进行了表彰。有关校领导、各院系及职能部门的负责人、教师代表和近300名学生参加了大会。大会由赵存生主持,许智宏讲话,王德炳、闵维方、迟惠生、岳素兰、林钧敬等出席了会议。

9月9日 在图书馆报告厅召

开各院系党政一把手和校部机关、直属、附属单位负责人会议,布置了全校考核、定岗、职称评审等工作。闵维方、岳素兰、陈文申等出席了会议。

万柳北京大学学生公寓举行奠基开工典礼,汪光焘副市长及北大许智宏、林钧敬、鞠传进等出席了典礼,许智宏发表了即席讲话。

9月11日 北京大学与中国建设银行签署了贷款额度为30亿元的银校合作协议。许智宏、闵维方、陈文申、鞠传进等出席了签字仪式。

由北京大学历史系中外关系史研究所主办的中外关系史国际学术讨论会,在北大举行。来自法国、日本、波兰、澳大利亚、美国及中国的学者参加了会议。与会者围绕着近代留学、全球一体化、中国的近代化、中国人的世界观等问题进行了探讨。

学校举办的系列迎新报告会举行第一场和第二场报告。下午举行的第一场由许智宏校长作校情报告,晚上举行的第二场由王登峰副书记作"如何适应大学生活"的报告。第三场计划为2000级本科新生党员培训大会,由岳素兰同志作报告。第四、第五场将于9月17日举行,由马列学院钟哲明教授分别为文科和理科新生作有关北大历史和传统的报告。

9月12日 校长办公会开会,讨论了北大本科生和研究生招生规模问题,与深圳、青岛合作办学问题,讨论并通过了《北京大学公用房管理条例及实施细则》等四个文件。

英国皇家经济学会主席David Henry和英国南安普顿大学教授Mizon一行六人来北大参观访问。

9月15日 湛江市委市政府代表团一行15人在市委书记、市人大主任周明理的率领下访问北大。校党委书记王德炳,常务副书记、副校长闵维方,副书记赵存生会见了代表团。

中国工商银行海淀支行向北京大学首批29名经济贫困的同学发放了合同金额为38.6万元的国家助学贷款。

化学与分子工程学院教授、第七至九届北京市政协常委金声教授逝世,终年70岁。9月21日,北大化学学院为金声教授举行遗体告别仪式。

9月15日—18日 北大召开2000年招生工作总结会。会议总结了本年招生工作的经验,分析和讨论了今年招生工作中存在的问题。迟惠生在开幕式上作了报告,吕兆丰在闭幕式上作了讲话。

9月19日 学校召开校长办公会,主要内容有:(1)同意地热井工程开工,(2)原则通过《知识产权保护管理办法》,建议试行,(3)讨论了人事部提交的定编定岗方案,(4)听取了9月15-17日召开的招生工作总结会的情况报告。

在北京大学"211工程"办公室主持下,对"211工程"理科学科建设子项目——物理学进行了专家验收。验收会由校"211工程"办公室主任羌笛教授主持,常务副校长迟惠生出席了会议。

韩国新任驻华大使洪淳瑛来北大参观访问。

以色列新任驻华大使沙雷夫先生来北大参观访问。

9月20—21日 北大举行"奥运健儿,为你喝彩——北大学子支持中国奥运代表团签名活动"。签名达8000多人次,布长40余米。签名条幅与一封全体北大学生致中国奥运代表团的信,将一并寄给中国奥运代表团,以表达全体北大学生扬奥运精神,向奥运健儿学习的决心。

9月21日 泰州市领导到北大参观访问。北大常务副书记、副校长闵维方等会见了泰州市长丁解民一行。参观后,北大学生与泰州市的对口企业进行了交流。

北大召开综合治理委员会会议,有21个单位的25名委员参加会议。会议传达了北京市委及海淀区政府下达的高校周边整治及对周边综合治理的指示,讨论了校园环境整治的13个项目。林钧敬出席会议并讲话。

教育部、香港李嘉诚基金会在人民大会堂举行"长江学者奖励计划"第三批特聘教授、讲座教授暨第二届"长江学者成就奖"颁奖典礼。在第三批特聘教授、讲座教授当中北大共有13人。韩启德出席了典礼。

9月22日 马耳他前总统乌戈·米夫苏德·鲍尼其及夫人来北大参观访问。

北大素质教育委员会、社会科学部、学生工作部联合举办人文社会科学前沿系列首批讲座。由党委常务副书记、副校长闵维方作题为"高等教育经济学"的报告。

9月22—23日 "东亚研究的现状与展望"国际学术讨论会在北京举行。本次学术讨论会由北京大学东亚学研究中心主办,日本大阪经济法科大学亚洲研究所和北京大学亚非研究所协办。来自美国、加拿大、俄罗斯、日本、韩国、蒙古、新加坡、泰国、越南等国家的15位外国学者和中国社科院、北京大学等单位的20多位国内学者参加了会议。何芳川副校长在开幕式上致欢迎辞。

学校召开重点实验室主任工作会议。常务副校长迟惠生、韩启德,副校长陈章良,教育部有关领导以及各重点实验室主任、副主任、所在院系主任以及相关职能部门负责人出席了会议。

9月23日 方正控股有限公司与日本软库金融集团就该集团向方正控股公司方正日本株式会社注资签订协议,双方还同时签订了一项长期合作协议。方正集团董事长、北大党委常务副书记、副校长闵维方和日本软库金融集团总裁北尾吉孝出席签字仪式。

2000年北京大学电子商务双学位班开学典礼在交流中心举行。常务副校长迟惠生等及计算机科学技术系、经济学院、知识产权学院的有关教师和100多名双学位新生参加了典礼。

9月25日 德国慕尼黑大学副校长 Dr. Hans-Georg Liebich、国际办公室主任 Rainer Kohman 先生一行来北大参观访问。

德国柏林工业大学第一副校长 Kutzler 教授一行3人来北大参观访问。

瑞典皇家医学院儿科主任 Ange Larsson 教授在医学部作题为"诺贝尔奖的历史和现状"的报告。

由北京大学和奥地利维也纳大学联合举办的托马斯·伯恩哈德国际学术研讨会在北大交流中心举行。会议于28日结束。

9月26日 由北大艺术系、北大文化产业研究所主办的"二十一世纪的文化产业"研讨会在北大举行。北大副校长林钧敬，文化部、国家新闻出版总署、广电总局、北京市委宣传部等单位的领导以及文化产业界的企业家和专家学者、北大师生200人出席了开幕式。

壳牌国际勘探开发公司资深顾问 Ronald Hoogenboom 先生来北大参观访问。

9月27日 日本著名作家、诺贝尔文学奖获得者大江健三郎先生到北大参观访问。

9月28日 北京大学柯达奖学金协议续签仪式在临湖轩举行。北大副校长林钧敬和柯达（中国）有限公司中国区首席代表朱耀华分别代表北京大学和柯达公司在协议上签字。

9月29日 党委常委会开会，听取了机关干部考核测试情况的汇报，原则通过教育学院班子组成。会议决定成立"三讲"教育领导小组，组长由党委书记王德炳担任，副组长为许智宏、闵维方、岳素兰。领导小组办公室主任由岳素兰兼任，副主任为王丽梅，同时成立三个工作小组：文秘组、整改组、宣传和联络组。

北大与中国农业银行签订了银校合作协议，许智宏、闵维方、陈章良等出席了签字仪式。

意大利共和国众议院议长卢恰诺·维奥兰特来北大参观访问并发表演讲。

9月30日 首届北京市大学生创业方案竞赛颁奖典礼大会在北大举行。校党委副书记王登峰、日本通用技术公司社长河合光政等出席了大会。

德国莱法州音乐山庄铜管乐团一行12人在北大办公楼礼堂举行访问演出。中国人民对外友好协会的代表，北大常务副校长迟惠生及德国莱法州副议长及夫人观看了演出。

来京参加国庆观礼的香港社团骨干访京团一行30余人来北大参观访问，党委书记王德炳见了全体访京团成员。

北大在百周年纪念讲堂前广场举行"贺奥运，迎国庆"联欢晚会，祝贺我国奥运健儿在第27届奥运会上取得优异成绩，喜迎中华人民共和国成立51周年

10 月

10月4日 北大附中为庆祝校庆举办"世界著名中学校长论坛——21世纪中学教育国际研讨会"在北大国际交流中心举行开幕式。教育部基础教育司司长李连宁以及北京市教委、海淀区政府的有关领导到会。来自世界不同国家和地区的20多位中学校长、国内80多所著名中学的校长及教育界的专家学者100多人出席了开幕式。北大常务副校长迟惠生向研讨会的召开表示祝贺。

10月6日 我国著名翻译家、北京大学教授田德望因病医治无效在京逝世，享年91岁。

北大附中在北大百周年纪念讲堂举行建校40周年庆祝大会。全国人大常委会副委员长彭珮云，全国政协副主席王光英、万国全，北大副校长林钧敬以及北大附中的师生代表2000余人参加大会。

10月8—9日 校党委召开11个座谈会，征求学校各方面对北大开展"三讲"教育的意见和建议。

10月9日 学校召开校长办公会，研究讨论了成立教育学院和新闻与传播学院，以及科研机构设置及人事编制等问题。

"三讲"教育巡视组进驻北大。

由公共卫生学院劳动卫生与环境卫生学系、院中心仪器室卢国呈教授、刘君卓教授、王耐芬研究员和刘虎生研究员负责，国家地质实验测试中心、中国科学院生态环境研究中心、北京有色金属研究总院和中国原子能科学研究院等国家重点实验室及荷兰测试研究所参加的"小麦粉和人发国家标准物质中15种超痕量稀土元素定值研究"的科研成果通过国家级鉴定。

10月10日 校长办公会开会，听取教育学院、新闻与传播学院成立的筹备情况，决定教育学院于10月25日举行挂牌仪式，决定在原电教中心的基础上，组建"现代教育手段开发与服务中心"（暂名）。讨论了学工部提出的《关于院系学生工作干部定编问题的建议报告》，讨论并原则通过了《北京大学选留学生工作干部试行办法》和资产部提出的机关办公用房分配方案。

10月11日 台湾"振兴社会公德"基金会理事长、原台湾"省长"邱创焕来北大参观访问。迟惠生常务副校长会见了来宾。

联合国儿童基金会委派美国疾病控制中心 Jim Meadlein 博士、美国卫生部 Karen Becker 博士、联合国儿童基金会驻华代表处项目官员董胜利博士、卫生部疾病控制司综合处左竞进处长组成的专家组到北大公共卫生学院评估应用型公共卫

生硕士研究生项目。吕兆丰、李立明等参加了评估座谈会。

10月12日 北大外语学院田德望教授遗体告别仪式在人民医院告别室举行。校党委副书记赵存生代表学校参加。德国、意大利驻华使馆官员也参加了告别仪式。

10月13日 北大召开党委常委会，讨论研究北大"三讲"教育实施方案及第一段实施方案，参加测评的范围和名单。"三讲"教育巡视组全体成员出席会议，巡视组组长曾繁仁在会上讲话。

由北京大学素质教育委员会、社会科学部和学生工作部联合举办的"人文社会科学前沿首批系列讲座"在理科楼201室举行。人口所张纯元教授作了题为"人口学研究中的热门话题"的报告。

北京大学共青团网上新闻中心召开成立大会。赵存生、王登峰出席会议。建立网上新闻中心是为了落实团中央和团市委关于建立共青团系统"红色网站"的有关要求，贯彻北大思想政治工作的总体部署，适应新形势，解决新问题，主动占领网络阵地，利用互联网进行网上宣传报道和舆论引导工作，探索网络环境下进行思想政治工作的新思路。

10月14—15日 北京大学学生会和北京大学研究生会分别召开代表大会，王德炳、王登峰等出席大会并讲话。会议选举法学院97级本科生徐晴为新一届学生会主席，副主席依次为：田雨、高翔、丁鹏、杨弘博、赖晓东、孙源。选举国际关系学院98级硕士生胡九龙为研究生会主席，副主席分别为刘复兴、王耀宏、宋纯理、霍晓丹、岳光源、王永健。

10月15日 北京大学第13次党员积极分子培训班开班，有1495人参加，其中，预备党员219人，积极分子1276人。化学学院严纯华教授作了题为"青年知识分子的成长道路"的报告。

北大法学院教授、国际海洋法法庭法官赵理海遗体告别仪式在八宝山公墓大厅举行。王德炳、赵存生、何芳川等代表学校参加。全国政协副主席罗豪才也参加了告别仪式。

10月16日 学校聘请北大法学院的吴志攀、姜明安、陈兴良、钱明星四位教授为北京大学校长法律特别顾问。聘任仪式在办公楼103会议室隆重举行。仪式由闵维方主持，校长许智宏出席仪式并讲话。

由共青团中央主办、北京大学承办的"新世纪高科技与新经济研讨会"在北大举行。共青团中央书记处书记、全国青联副主席孙金龙、北大党委副书记王登峰等参加了研讨会。

10月17日 上午，学校领导参加了北京市第三批高等学校"三讲"教育动员大会。下午，召开北京大学"三讲"教育动员大会。校全体领导班子成员，各院系、各职能部门副处级以上干部及北京大学"三讲"教育巡视组的全体成员近500人参加了大会。大会由校长许智宏主持。党委书记王德炳作动员报告，北京大学"三讲"教育巡视组组长曾繁仁在会上讲话。

10月18日 纪检监察部召开岗位聘任申诉受理调查委员会会议。岗位聘任申诉受理调查工作正式启动。已接受投诉、申诉件22件。主要集中在外语学院、地球物理系和地质系等三个单位。

10月19日 校领导从本日开始用4天时间在达园宾馆集中进行"三讲"教育学习。

由党委宣传部、学生工作部及北大邓小平理论研究会联合举办的"北京大学'四个如何认识'学习报告会"在交流中心新闻发布厅举行。中央党校李忠杰教授、北大薛汉伟、李义虎教授分别就如何认识社会主义发展的历史进程、如何认识资本主义发展的历史进程和我国社会主义改革实践过程对人们思想的影响、如何认识当前国际环境和国际政治斗争等问题，为全校学生党支部骨干140余人作了精彩的报告。校党委副书记赵存生出席了报告会。

何梁何利基金2000年度"科学与技术进步奖"发奖大会在钓鱼台国宾馆举行。北大力学与工程科学系王仁院士、北大药学院王夔院士和北大三院运动医学研究所名誉所长曲绵域教授荣获此奖。

10月20日 由北京大学素质教育委员会、社会科学部、学生工作部联合举办的"人文社会科学前沿首批系列讲座"继续在理科楼201室举行。社会学系马戎教授作了题为"社会学与社会发展"的报告。

"首届中国优秀博士后"奖颁奖仪式在北京科技会堂举行。北大人口研究所所长郑晓瑛教授荣获此奖。

10月25日 北京大学举行教育学院成立大会，大会由常务副校长迟惠生主持，王德炳、许智宏、闵维方等出席。全国人大常委会副委员长丁石孙及国家计委、教育部、人事部、北京市教委等部门的有关领导出席了会议。教育部部长陈至立发来贺信。

10月25—26日 "第一届海峡两岸线粒体医学前沿研究学术研讨会"在北京大学医学部召开，京津地区从事线粒体基础和临床研究的70余名专家参加了会议。

10月26日 校领导王德炳、闵维方、迟惠生、林钧敬、鞠传进会同清华大学领导贺美英等听取了蓝旗营建设办公室的工作汇报，就蓝旗营住宅小区在设计、施工、组织、决策等方面存在的问题及整改措施和初步安排进行了讨论。两校领导要求蓝旗营建设办公室和施工单位要高度重视群众意见，尽快整改，并及时向群众通报情况，做好沟通工作。

10月27日 玫琳凯奖学金签字仪式在北大教育基金会举行。副校长林钧敬和玫琳凯化妆品有限公司大中国区总裁麦予甫(Paul Mak)

出席签字仪式。

由北京大学素质教育委员会、社会科学部、学生工作部联合主办的"人文社会科学前沿首批系列讲座"继续在理科楼201室举行。历史系阎步克教授作题为"南北朝发展的不同道路和历史出口"的报告。

北大举行纳米科学与技术研究中心成立三周年纪念会和学术讨论会。应邀参加会议的有"两弹一星"奖章获得者王大珩、彭桓武、陈能宽等3位老院士，和著名学者马大猷、陈佳洱、李林、王越、侯洵、李家明、周立伟、白春礼、王占国、朱静、徐光宪、周其凤等20多位院士和近百名教授、研究员以及科技部、教育部、自然科学、国防科工委基金委等部门的代表。常务副校长迟惠生致欢迎词，代表学校感谢上级领导和各位学者对北大的支持和关怀。新华社、中央电视台等多家单位到会采访。

10月28日 北大科技大楼开工典礼在新化学楼西侧建筑工地举行。校党委常务副书记、副校长闵维方，副校长林钧敬以及方正集团、中铁建筑公司、北京建筑设计研究院等单位的有关领导出席了奠基仪式。

第13期党的知识培训班第二讲"中国社会主义初级阶段理论专题"在百周年纪念讲堂举行。本专题讲座由马克思主义学院薛汉伟教授主讲。

10月29日 医学部研究生会举办"生物医学论坛"，陈佳洱、许智宏、韩启德、巴德年、郭应禄五位院士出席并作演讲。

10月31日 教育部部长陈至立、常务副部长吕福源、副部长周远清等一行12人来北大视察，检查自创建世界一流大学规划实施以来学校所取得的成果。王德炳、许智宏、闵维方、迟惠生、林钧敬、吕兆丰等陪同视察。许智宏校长从学科建设、人才引进、科研成果和园区建设等四个方面汇报了北京大学创建世界一流大学的构想。随后，陈至立部长作重要讲话。陈至立部长一行还视察了学四食堂，并在学四食堂与北大师生共进午餐。

10月31日 北京市委书记贾庆林视察北大未名生物工程集团。许智宏、陈章良陪同视察。

药学院国家重点实验室通过国家科委专家组对其承担的国家"九五"攻关课题"抗肿瘤及免疫调节化合物筛选"的评估验收，成为全国五个国家药物筛选实验室之一。

10月
2000年度国家自然科学基金重点项目、面上项目评审结果全部揭晓，北京大学共有143项获批准，获资助总经费2870万元。其中校本部获批准项目100项（97项面上项目和3项重点项目），获资助经费2108万元；医学部获批准项目43项（均为面上项目），获资助经费762万元。据悉，在2000年度国家自然科学基金资助的众多高校和科研院所中，居于前三位的单位依次为：浙江大学（157项；2883万元）、北京大学（143项；2870万元）和清华大学（118项；2135万元）。

根据校团委关于在全校范围内开展以"深刻理解'三个代表'重要思想、促进共青团理论学习"为主题的主题团日活动的要求，本月份已有12个院系的多个支部开展了此项活动。

11 月

11月2日 校党委常委会开会，讨论了《北京大学校级领导班子"三讲"教育剖析材料》（第一稿），通报了校部机关处级正副职考核的情况。

校长办公会开会，听取了关于筹备青岛分校意见征求情况的汇报；经过微调，原则通过了北京大学学术委员会暨教师职务评审委员会、北京大学四个学部（人文学部、社会科学学部、理学部、信息与工程学部）学术委员会、各学科评议组、北京大学专业技术职务评审委员会及其分会和学科评议组、北京大学中小学教师职务评审委员会组成人员名单；原则通过了2000年职务评审指标分配方案和《北京大学经济责任制条例》。会议讨论了《北京大学关于设立研究生助教、助研、助管岗位及实行岗位津贴制度的实施办法》。

学校召开校园规划委员会，讨论了保卫部选址、留学生及外国专家公寓建设招标等项目。许智宏、闵维方、迟惠生、林钧敬、鞠传进等出席。

由北京大学、香港作家联合会共同主办的"'2000北京金庸小说国际研讨会"在北大开幕。查良镛先生以及来自美国、英国、澳大利亚、以色列、日本、韩国、中国内地和香港台湾的学者近60人参加了会议。著名学者季羡林出席开幕式并任会议荣誉顾问。常务副校长迟惠生致开幕词。查良镛先生在开幕式上发表了讲话。会议于5日结束。

11月3日 李岚清副总理在教育部部长陈至立、科技部部长朱丽兰和有关部委、北京市委市政府领导陪同下，来北大视察工作。王德炳、许智宏、闵维方、迟惠生、何芳川等陪同李岚清副总理视察了纳米科技中心、信息工程学部、生命科学学院和医学部的科技成果展，听取了有关学科或项目负责人的成果汇报及北大、清华两校校长的总体介绍。在北大百周年纪念讲堂召开的座谈会上，李岚清副总理发表了重要讲话。

学校召开各学部学术委员会主任及各专业技术职务评审委员会主任、副主任会议。部署本年的职称评审工作。会议由许智宏主持，闵维方、迟惠生参加了会议。

由北京大学素质教育委员会、社会科学部、学生工作部联合举办的"人文社会科学前沿首批系列讲座"继续在理科楼201室举行。外国语学院赵震江教授作题为"帕斯与《太阳石》"的报告。

11月3—4日 由北大工会主办,教务部和原电教协办的"北京大学青年教师教学基本功和现代教育技术应用演示竞赛"在电教楼331室举行。经过激烈的比赛,从中选出了6位教师参加北京市青年教师业务大赛。

11月4日 医学部召开1999—2000学年度先进班集体、优秀学生奖学金颁奖大会,王德炳、韩启德、林久祥、吕兆丰等同志及在医学部设立"联邦医学教育奖学金"的联邦制药厂有限公司董事长蔡金乐出席了颁奖大会。

11月4—5日 东亚四国校长会议在北大交流中心举行。来自日本东京大学、韩国汉城国立大学、越南河内国立大学和北京大学的四个代表团在各自校长的亲自率领下出席了此次会议。会议就"西方文化对东方大学的影响"这一主题进行了研讨,并相互交流了各自学校的教学科研情况。北大许智宏、闵维方、何芳川等出席了此次会议。

11月5日 第13期党的知识培训班第三讲"关于'三个代表'重要思想专题"在百周年纪念讲堂举行。本专题讲座由中央党校王瑞璞教授主讲。

国家自然科学基金委化学部、北大化学学院联合祝贺徐光宪院士80寿辰。

11月6日 学校领导从本日起开始用三天时间在达园宾馆进行自我剖析。

11月7日 学生工作部为62名获得国家助学贷款的同学发放了存折。至此,北大共有354位同学拿到了中国工商银行的国家助学贷款存折。

11月8日 中国银行与北京大学签订了贷款额度为70亿元的贷款协议。许智宏、陈章良出席了签字仪式。

11月9日 校党委常委会讨论学校领导班子剖析材料。

11月10日 由北京大学素质教育委员会、社会科学部、学生工作部联合举办的"人文社会科学前沿首批系列讲座"继续在理科楼201举行。中文系葛晓音教授作题为"古代诗歌欣赏"的报告。

建立在北大的北京核磁中心800兆及500兆核磁共振谱仪项目正式发标,世界最著名的两大核磁生产厂商BRUKER、VARIAN公司分别派代表来北大资产管理部领取了招标文件。

11月10日 医学部教育处在平谷县召开了学生工作队伍研讨会,吕兆丰出席会议并讲话。会议于12日结束。

为改善北大教职工的住房条件,多渠道解决广大教职工的住房问题,资产部组织北大教职工以优惠价格购买魏公村韦伯豪小区4号楼。截至11月10日,首批130户教职工贷款手续已经办理完毕。第二批购房教职工的贷款手续正在审核。北大以优惠价格购买"怡美家园"二期商品房事宜,也已经达成了初步意向。

11月14日 2000年光华、安泰奖学金颁奖大会在办公楼礼堂举行。王德炳、韩启德、林钧敬等出席会议。

校长办公会开会,审议通过了《北京大学建设工程、修缮工程竣工项目结算审计规定》,听取了关于产业问题的汇报。

北京大学99级本科生军训总结表彰会在图书馆北配楼报告厅举行。林钧敬同志出席会议并讲话。

11月15日 泰国朱拉蓬公主一行28人在全国政协委员宦国英女士的陪同下,参观了北京大学中国药物依赖研究所。

"新世纪的高等教育与外版教材"座谈会在理科楼群交流中心举行。北大常务副校长迟惠生、中国图书进出口(集团)总公司总经理宋晓红及中国人民大学、北京航空航天大学等兄弟院校的代表、外国出版社驻华机构的代表与北大各院系、部门的代表数十人出席了座谈会。

11月15—17日 学校中层正职干部在颐泉宾馆利用三天时间进行"三讲"教育集中学习。会议期间,厉以宁作了关于"十五"计划的学习辅导报告。

11月16日 北京大学经济学院举行陈岱孙先生诞辰100周年纪念会,深切缅怀我国经济学界一代宗师、著名教育家陈岱孙先生。

北京市委教育工委在北大召开高校网络宣传教育工作会议,60余所高校的有关校领导、宣传部长、学生工作部长及网络中心主任共240人到会,对这一崭新的课题进行探讨。北大党委副书记王登峰在会上作了题为"互联网与高校思想政治工作:机遇、挑战、创新"的发言。

学生工作部为160余名获得国家助学贷款的同学发放了存折。至此,北大共有约510位同学拿到了中国工商银行的国家助学贷款存折。

11月17日 台湾劳动党中央副主席、台湾中国统一联盟前主席林书扬在北大三教107室举办题为"国民党50年代在台湾的白色恐怖"的讲座。

11月18日 北大在电教报告厅召开"三讲"教育民主评议与民主测评大会。会议由闵维方主持,王德炳作动员报告,曾繁仁发表讲话。迟惠生、韩启德、赵存生、岳素兰、王登峰、何芳川、林钧敬、林久祥、吕兆丰、王丽梅等出席大会。大会之后,参加民主评议和民主测评的同志分成12个组,在一天的时间内分别对学校领导班子剖析材料和校级领导个人剖析材料进行了评议和测评。

11月19日 北京大学中文系教授、著名文学史家、诗人陈贻焮先生因病在北京逝世,享年76岁。陈贻焮教授一生致力于中国古代文学的研究和教学，特别是在魏晋南北朝诗和唐诗研究等领域有重大贡献。11月23日上午，中文系在八宝山公墓第二告别室举行了陈贻焮先生的遗体告别仪式。

第五届"资源杯"教职工运动会在第一体育场举行。校党委副书记赵存生出席开幕式。

第13期党的知识培训班第四讲"共产党人的理想和信念专题"在百周年纪念讲堂举行。本专题由马克思主义学院钟哲明教授主讲。

党委组织部与学生工作部在图书馆报告厅联合举办"北京大学第三届党支部书记培训大会暨理论学习动员会"。200多名学生党支部书记和宣传委员参加了会议。党委副书记王登峰出席并讲话。晚上，学生工作部又邀请教育部社科发展研究中心田心铭教授和国防大学冯希明教授在电教318报告厅分别作了题为"如何正确认识'三个代表'与党的性质的关系"和"深入理解四个如何认识，认清国际环境与国际政治斗争"的讲座。

11月20日 2000年度奔驰奖学金颁奖会在交流中心举行。林钧敬副校长出席。

本日和24日下午，由北京大学素质教育委员会、社会科学部、学生工作部联合举办的"人文社会科学前沿首批系列讲座"分别在电教报告厅和理科楼201室举行。光华管理学院厉以宁教授和艺术学系丁宁教授分别作了题为"当代中国经济的热点问题"和"西方当代艺术心理学"的报告。

11月22日 全国MBA第一、二批试点院校合格评估组对北大的MBA工作进行评估。评估组对北大MBA教育的特色，包括教学设施、教师质量、招生面试、教学评估、就业指导、第二课堂等给了充分肯定，同时也指出了工作中的不足，提出了改进的意见和建议。

11月23日 国家重点基础研究规划项目（"973"项目）"系统芯片（System On A Chip）中新器件新工艺的基础研究"的第一次实施会议在北大召开。该项目是北大专家作为首席科学家的第五个"973"项目。来自中国科学院、清华大学、北京大学等承担单位的三位中科院院士（林兰英、李志坚、王阳元）和23名教授、专家与会。科技部领导和北大常务副校长迟惠生到会祝贺。

11月24日 学校召开校园规划委员会，会议审议和讨论了外国专家公寓设计方案、生命科学学院大楼设计方案以及保卫部等单位建办公用房等项目。

由北京大学资产管理部和计算中心共同举办的第一期全国"高校校园网络环境下的仪器设备与实验室管理系统"培训班结束。

11月24—25日 学校中层副职干部进行了"三讲"教育的集中学习和分组讨论，校领导分别参加了各组的学习交流。

11月26日 湖南卫视"新青年"栏目在北大交流中心阳光大厅举行"千年论坛"第一讲的现场直播。第一讲由北大光华管理学院曹凤岐教授主讲，演讲的题目为"中国资本市场热点问题"。

到本日为止，报考北大2001年硕士研究生的人数已达14062人，其中：校本部12321人，医学部1741人，是历年来报考人数最多的一年。

中国教育和科研计算机网CERNET北京大学主节点联网院校工作会议在计算中心举行。北京大学主节点负责天津、河北、北京（部分）地区大学及相关教育部门的Internet接入，目前已有70余所院校通过北京大学主节点接入CER-NET。

11月27日 学校召开校级领导班子、领导干部"三讲"教育第二阶段小结暨第三阶段动员会。校领导班子和巡视组成员参加了会议。王德炳和巡视组组长曾繁仁分别在会上讲话。按照学校"三讲"教育工作的统一部署，本周，校领导之间、校领导与分管部门的领导人分别进行谈心活动。

校长办公会开会，听取有关新闻与传播学院筹建工作的报告，审议了《北京大学关于设立助教、助研、助管岗位及实行岗位津贴的实施办法》，研究了成立编制委员会、聘请客座教授等事宜。

11月28日 资产管理部会同海淀区房屋土地管理局对北大北安河乡金山寺、寨口等三地进行了勘界划点。至此，北大在海淀区范围内占用的20余宗国有土地勘界划点工作已基本完成。

湖南电视台"新青年"栏目推出的"校长论坛"节目在北大办公楼西侧草坪进行了现场录制。闵维方出席论坛并就北大如何创建世界一流大学发表演讲。清华大学党委副书记胡显章也参加了该论坛节目。

11月29日 北大信息系统中人事、外事、学生工作以及信息服务等四个系统通过了教育部的技术鉴定。技术鉴定会在计算中心会议室举行。常务副校长迟惠生出席会议并讲话。

由药学院负责的"九五"国家重点科技攻关项目"中药质量标准规范化研究"中的6个子课题全部通过验收。

11月 由北京大学心血管研究所进行的血管内皮生长因子基因治疗肢体动脉梗塞病，经国家药品监督管理局批准进入特殊临床试验。这是我国第一个批准进入临床研究的心血管疾病基因治疗方案。这种被称为"分子搭桥术"或"基因搭桥术"的治疗方法进入临床研究，标志着北大基因治疗心血管疾病的研究取得了重大进展。

12 月

12月1日 由卫生部与北京大学共同举办的"关爱生命，挑战艾滋

——北京大学青年志愿者总队'关爱生命'分队"成立大会在北大举行。卫生部、团中央、中科院及演艺界的领导和代表出席大会。校党委副书记王登峰出席会议并讲话。

2000年度三和国际基金奖学金颁奖会在资源宾馆举行。林钧敬副校长出席并讲话。

12月4—5日 校级领导班子召开"三讲"教育民主生活会。

12月4—5日 由大气边界层物理与化学国家重点实验室、暴雨监测与预测国家重点实验室和中科院寒区旱区环境与工程研究所共同发起的"我国大气边界层领域研究发展研讨会"在北大暴雨监测与预测国家重点实验室举行。全国有关研究单位52位学者出席会议。

12月6日 学校召开中层干部情况通报会。会后,围绕民主生活会通报的情况及校级领导班子和领导干部"三讲"整改方案的制订进行了分组讨论。

北大举行"一二·九"运动65周年座谈会。北大参加过"一二·九"运动的老同志、教育部和北京市教工委的领导出席了座谈会。王登峰同志出席会议并讲话。

12月7日 国家科教领导小组办公室负责人廖晓琪等来北大调研,就助学贷款的有关问题召开座谈会,林钧敬副校长出席座谈会。

原校纪委副书记张起永同志遗体告别仪式在八宝山举行。赵存生、岳素兰参加。

国家机关人防办有关同志、人防工程专家,教育部办公厅巡视员、教育部人防办等有关领导对蓝旗营住宅小区人防地下室工程进行了第二次检查验收。

北京大学第五期高级团校结业暨第六期高级团校开学典礼在三教103室举行。王登峰出席并讲话。

12月8日 "实创杯"演示实验方案大赛颁奖仪式在理教217室举行。迟惠生常务副校长出席并讲话。

"人文社会科学前沿首批系列讲座"由法学院贺卫方教授作题为"法治的精神"的报告。

学校召开民主党派主委会议,共同学习全国统战工作会议精神。会上通报了校级领导班子和领导干部、学校处级"三讲"教育进展情况,并征求了与会党外人士的意见和建议。

12月9日 北大与北京市委宣传部、市文化局共同举办"纪念'一二·九'运动65周年朗诵音乐会"在百周年纪念讲堂举行。北京市有关领导龙新民、徐锡安,曾参加过"一二·九"运动的老同志及校领导王德炳、闵维方、赵存生等与广大师生出席观赏。

12月10日 第13期党的知识培训班为北大本科生新生预备党员在一教201室举办了题为"增强党员意识,加强党性修养"的专题讲座。本次专题讲座由北京市委党校姚桓教授主讲。

北京大学纪念"一二·九"运动歌咏比赛在百周年纪念讲堂举行。赵存生、王登峰出席。

12月12日 北京大学生物医学跨学科研究中心成立。这个研究中心是一个横贯生物医学、自然科学、应用科学和社会科学的交叉学科研究机构。王德炳、许智宏、迟惠生、韩启德出席了成立大会。

校长办公会开会。主要内容有:(1)听取人事部关于本年岗位考核续聘情况的汇报。(2)听取监察室关于本年岗位考核续聘中申诉投诉情况的汇报。(3)听取有关西二旗住宅分配购买机制;心理系科研用房;21届大学生运动会在北大采集火种;对双方去世的教职工子女发放产权证等情况的汇报。

12月13日 科技部公布1999年全国科技论文统计。北大被SCI收录的论文数量居全国高校第一。这是北大SCI论文数量自1992年起连续排名第二之后,第一次重新排名榜首。本次公布的数据是两校合并以前的资料,因此原北京大学和原北京医科大学是分开统计的。SCI论文的具体排名为:(1)北京大学(791);(2)清华大学(756);(3)南京大学(710);(4)中国科技大学(705);(5)浙江大学(625)。北京大学医学部(原北京医科大学)以179篇SCI论文排名第19位。校本部与医学部的SCI论文总数为970篇。北大化学与分子工程学院的许家喜副教授以22篇论文在个人排名中列第一位。北京大学第一医院、北京大学人民医院、北京大学第三医院等单位位列"论文数居前20个医疗机构"(SCI及国内论文)及"论文被引用次数最多的前20个医疗机构"排行榜之中。

北京大学和首钢总医院共建北京大学教学医院签字及揭牌仪式在首钢总公司红楼礼堂举行,首钢总公司董事长罗冰生,首钢总医院院长王楠及北大领导韩启德、吕兆丰等同志出席。

民进中央举行"纪念民进成立55周年暨研究马叙伦思想与实践座谈会"。马叙伦是30年代北大著名教授、民主人士。北大原党委书记王学珍等参加了座谈会。

12月14日 物理系超导电子学实验室承担的"九五"期间国家高技术研究发展计划"863"计划中的"超导技术"专项子课题"高温超导射频量子干涉仪及其应用"顺利完成,由教育部主持鉴定会通过鉴定。

12月15日 北大召开整改方案通报会,历时两个多月的校级领导班子和校级领导干部"三讲"教育活动告一段落。此前学校曾于13日、14日分别召开了各方面人员参加的9个座谈会,征求对学校整改方案的意见和建议。

北京大学和北京矿务局总医院共建教学医院、北京矿务局总医院加入北大医院医疗集团签字及揭幕仪式在北京矿务局礼堂举行。北京矿务局局长倪文驹,北京矿务局总医院院长张振伟,北大领导林久祥、吕兆丰等出席。

北京高校青年教师教学基本功比赛结束。北大共获一等奖2名、二等奖7名、三等奖2名。获得一等奖的是法学院汪劲、第一临床医学院高嵩;获得二等奖的是历史系颜海英、地球物理系王劲松、计算机科学技术系陈向群、第二临床医学院张海澄、基础医学院刘从容、第三临床医学院乔杰、第九临床医学院吕一平;获得三等奖的是信息科学中心吴玺宏、外国语学院吴杰伟。

信利"掌握未来"征文暨朗诵比赛全国总决赛在办公楼礼堂举行。北大雷蕾和左渝两位同学分获中、英文组第一名。

12月16日 北大团校成才论坛暨"大庆油田有限责任公司人才观北京高校巡回专场报告会"在勺园举行。校纪委书记王丽梅出席报告会。会前,许智宏校长会见了报告人中国石油天然气集团公司副总经理、大庆油田有限责任公司董事长苏树林。

12月17日 第13期入党积极分子和新生预备党员培训班结业考试在三教举行。

12月18日 学校召开校级领导班子、领导干部"三讲"教育总结座谈会。党委书记王德炳主持会议。巡视组组长曾繁仁发表讲话。北大领导班子和巡视组成员参加了会议。当晚,学校领导为巡视组举行了欢送仪式。

国家税务总局迎春文艺晚会在北大举行。国家税务总局局长金人庆及北大领导闵维方、迟惠生出席。

12月19日 长江证券有限责任公司捐助500万元人民币在光华管理学院设立"经济学讲座教授"签字仪式暨新闻发布会在光华管理学院举行。长江证券有限责任公司董事长明云成、总裁田丹等及北大常务副校长闵维方等出席了签字仪式。

12月20日 学校召开校园规划委员会办公室会议,就国际关系学院大楼的设计方案进行了论证。林钧敬副校长出席会议。

北京大学第三届学生演讲十佳大赛总决赛在电教报告厅举行。许智宏、迟惠生、王登峰等出席。

12月21日 北大召开2000年青年教师教学基本功竞赛表彰颁奖会。迟惠生、赵存生出席会议并向获奖者颁奖。

北京大学医学部中西医临床应用与研究中心主任竞聘答辩会在医学部会议中心205室举行,评委有北京大学副校长韩启德、林久祥,药学院副院长蔡少青等五人,北京大学化学院的徐筱杰,医学部药学院的车庆明、杨秀伟、果德安、屠鹏飞和来自第四军医大学的黄熙参加了此次竞聘。

12月22日 北京大学1999—2000学年度三好学生、先进集体表彰大会在办公楼礼堂举行。王德炳、赵存生、王登峰、林钧敬等出席了大会。

北京大学医学部2000年度教学工作会议在人民医院礼堂举行,常务副校长韩启德、副校长林久祥,教务部部长李克安及医学部的有关人员参加了会议,大会由吕兆丰副校长主持。在本次教学工作会上,各学院、附属医院的教学院长就现代教育技术和网络化教育、临床医学教育改革等问题作了报告。

凤凰卫视执行总裁王记言来北大参观访问,并就有关合作事宜与校党委副书记赵存生举行了会谈。

在团中央召开的十四届四中全会上,十家"全国五四红旗团委标兵"受到了表彰。北大团委获此殊荣。会后,胡锦涛同志接见了获奖单位的代表。

12月23日 由中央电视台、中国青年报、北京大学光华管理学院联合主办,中国经营报、《科学投资》杂志社等单位协办的"第三届北京大学光华新年论坛"在北大光华管理学院举行。全国人大财经委员会委员周道炯、信息产业部副部长吕新奎、美中网络集团董事长姚琮等以及北大领导闵维方出席了论坛。

12月27日 校长办公会开会,初步审议了"北京大学关于校属实体机构设置或调整申请与审批程序的规定";审议了"北京大学本科招生工作领导小组成员名单",并对名单作了个别调整后通过;听取了吕兆丰关于2001年招生工作安排的报告;审议并原则通过了《关于校外教授在北大兼任博士生指导教师的规定》、《北京大学中层领导干部经济责任审计规定》和《北京大学"人物档案"征集、归档暂行办法》;会议还听取了关于《北京大学青岛分校章程》(草稿)的报告。

本年重要科研成果及获奖情况

(1)基础医学院在"973"国家重点基础研究发展计划课题招标中共有8项课题中标,其中子课题(二级课题)5项,分课题(三级课题)3项。力学与工程科学系2000年基金申请喜获丰收,获批面上基金5项,重点基金2项,面上基金获批率达50%。该系袁明武教授因对有限元计算在中国的实践所做的杰出贡献,获2000年国际工程与科学计算大会T. H. H. Pian奖。

(2)物理系童玉珍副教授负责的"863"重大研究项目"氮化物蓝光、绿光LED的研究与开发技术研究"近期取得重大进展。该课题创造性地提出了一种GaN/Al_2O_3复合材料在III族氮化物外延生长中做衬底的方法,在此基础上生长出了高质量的GaN、$InGaN$、$AlGaN$和$InGaN/GaN$多量子阱。这一技术2000年被授权为国家发明专利,已进入世界先进水平行列。

(3)物理系杨志坚讲师负责的"GaN-基白光LED的研制"课题研制出量子转化效率达到90%的白光LED荧光粉,所研制的白光LED的发光强度大于1000mcd,在研制具有自然光特点的白光LED方面取得重要进展。

(4)物理系负责研制的BH-

3000型计算机直接制版系统于2000年11月21日通过了由信息产业部组织的科技成果鉴定。该系统是光机电一体化的高科技产品,扫描方式先进,制版精度高,市场覆盖面宽,适应性强,属国内首创,达到国外20世纪90年代末同类产品的水平。该系统是我国自己设计、自行研制的直接制版系统,对我国普及CTP技术,发展印前技术装备产业有重大意义。

(5) 2000年度北京市科技进步奖获奖结果揭晓。校本部共获得奖励40项,其中,一等奖2项,二等奖18项,三等奖20项。医学部获奖项目32项,其中,二等奖16项;三等奖16项。

(6) 根据国家自然科学基金委员会公布的结果,2000年度全国共有151人荣获国家杰出青年科学基金资助。其中,北大有11人。他们是:力学系的刘凯欣教授,物理系的马伯强和俞大鹏教授,技术物理系的孟杰教授,化学与分子工程学院的李星国和陈尔强教授,生命科学学院的苏都莫日根教授和程和平研究员,人口研究所的郑晓瑛教授,光华管理学院的张维迎教授,医学部的栗占国教授。

(7) 化学学院两项目取得重要进展高分子系丘坤元教授课题组在原子转移自由基聚合(ATRP)新引发体系和精致聚合物合成方面取得了重要成果。他们的研究拓宽和丰富了活性自由基聚合的研究。

(8) 化学学院高分子所客座教授危岩博士主持的国家杰出青年基金和丘坤元教授主持的国家自然科学基金项目在以非表面活性剂有机化合物为模板采用溶胶-凝胶法制备中孔SiO_2、TiO_2材料研究方面取得了重要进展。危岩课题组首次用非表面活性剂模板法合成了有机聚合物—无机杂化中孔材料。这类纳米材料将为主客体化学,酶的包封,催化反应等研究打下良好基础。

★本年霍英东教育基金会第七届青年教师基金、教师奖评选揭晓。北大有4位教师获得本届教师基金、教师奖,他们是:法学院的陈瑞华获研究一等奖;考古系的张弛获教学三等奖;经济研究中心的姚洋和哲学系的王博获基金资助。

★据北大学生就业指导服务中心统计,2000年本、专科毕业生的去向呈现出"读研"、"工作"、"出国"三足鼎立的形势;而硕士毕业研究生的去向则凸现"工作"独占半壁江山,"出国"和"读博"各偏居一隅的"一超两强"格局。2000年毕业的本、专科生共有2357人(本科2157人,专科200人),截至5月31日,其去向情况大致如下:参加工作699人,占总数的29.8%;读研764人(包括读双学士4人),占总数的32.4%;出国456人,占总数的19.3%;待分配373人,占总数的15.8%;不就业65人(包括1人病缓),占总数的2.7%。参加工作的699人中,80人去机关单位(占工作总人数的11.4%),138人去科研、高校以及其它事业单位(占工作总人数的19.7%),436人去国企、三资、金融等企业单位(占工作总人数的62.2%),其余人去其它单位(占工作总人数的6.7%)。

(党委办公室、校长办公室)

医学部2000年大事记

1月

1月27日 成立北京医科大学职业教育学院,吕兆丰兼任院长,高澍苹、刘俊义、高子芬兼任副院长,办公室设在教育处高等职业教育管理办公室。

1月 人民医院获1999年度"首都卫生系统先进集体"称号。

2月

1-2月 原北京医科大学内部机构改革全面启动,采取合并、脱钩、合署等办法,职能部门由27个减为18个。

2月 北京医科大学批准成立生育健康研究所。

2月21日 北大医院"健康快车"医疗队受卫生部委派,启程开赴四川宜宾、宁夏银川、山西临汾,进行为期9个月的白内障复明手术。

北大医院为北医97级学生举行隆重的授白大衣仪式,该仪式在北医尚属首次。

2月28日 北大医院成功抢救了81名亚硝酸盐中毒患者。北京市刘敬民副市长亲临抢救现场,对抢救工作给予高度评价及通报表扬。

3月

3月9—12日 澳大利亚Latrobe大学校长Michael Osborne一行3人前来北京医科大学签订两校合作协议,开展卫生事业管理培训合作项目。

3月21日 以叙利亚高教部副部长穆希丁·伊萨先生为团长的叙利亚高教代表团到访。

3月27日 校党委常委会研究同意,北京医科大学后勤实行甲乙方分开,组建北京医科大学北医后勤服务总公司,成立北京医科大学北医后勤服务总公司党委。

第三医院纪委监察室,校纪委赵卫华、第一医院监察室杨运泽分别被评为全国卫生系统纪检监察先进集体和先进个人;肿瘤医院、口腔医院纪委书记张瑞颖分别被评为全国卫生系统行业作风建设先进集体和先进个人。

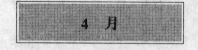

4月3日　原北京大学与原北京医科大学合并组建新北京大学。

4月21日　北京医科大学护理学院更名为北京大学护理学院。

4月21日　《北京医科大学学报》更名为《北京大学学报(医学版)》。

4月26日　北大医院举行国家药品临床研究基地挂牌仪式。

4月26—27日　北大医院普通外科成功完成两例肝移植手术。肝移植手术的成功在整个北医系统为首例。

4月27日　北大医院郭应禄教授被评为2000年北京市先进工作者。

4月28日　经北京大学党委常委会研究决定,成立北京大学医学部,在北京大学领导下,医学部负责原北京医科大学所属学院、附属医院、科研机构和直属单位的领导和管理工作。

经北京大学2000年第2次校长办公会研究讨论决定,医学部行政班子成员名单如下:主任:韩启德(兼),副主任:林久祥(兼)、吕兆丰(兼)、李立明、魏丽惠、王宇、史录文。

经北京大学党委常委会研究决定,北京大学医学部党委常委由以下9名同志组成(按姓氏笔画排列):马焕章、方伟岗、李立明、吕兆丰、吴建伟、林久祥、唐朝枢、韩启德、魏丽惠;书记:林久祥(兼),副记:吕兆丰(兼)、马焕章、吴建伟。

团委组建"舒翠兰重返社会"志愿扶助组,对毁容少女舒翠兰进行学习辅导和心理调适,此项工作持续了半年时间。

4月　设备处全面展开对医学部实验室基本情况的调查,结果显示,两校合并后医学部本部现有教学科研机构36个,实验技术人员399名,实验用房面积22030平方米,中心楼科研用房有效面积7323平方米。

药学院张礼和院士在旧金山召开的国际药学联盟FIP千禧年世界药学会上荣获国际药学会千禧年奖,是中国唯一的获奖者。

5月10日　北京大学医学部下发《北京大学医学部临床医学专业学位现行各渠道实行合轨培养的试行办法》,这对临床医学专业学位工作统一标准,加强管理,进一步提高培养质量具有重要意义。

5月　开始进行岗位设置与人员聘任工作。医学部本部共设岗位(A、B、C岗+职员岗)1189个,其中,A、B、C岗共910个(A岗106个、B岗221个、C岗583个);职员岗279个;普通岗97个。完成了受聘A、B、C岗位和职员岗位人员的岗位津贴兑现工作。

5月　医学部申报北京市教委组织的16项教学成果奖,共有9项获奖,一等奖5项(申报国家一等奖1项,国家二等奖4项),二等奖4项。

6月23日　国际护士会首席执行官Judith Oulton女士及中华护理学会王春生理事长参加了护理96级本科的授帽仪式。

6月26日　人民医院的手术"为了九亿农民的健康——骨关节置换术"首次在中央电视台现场直播。

6月27日　北大医院医疗集团成立。该医疗集团为北京首家跨区县、跨行业的医疗集团。成员单位有:北京大学第一医院、北京市第二医院、西城区厂桥医院、北京市护国寺中医医院、北京矿务局总医院、密云县医院、丰台区医院。

6月28日　由北京大学人民医院与北京市西城区妇婴医院、德外医院、丰盛医院、二龙路医院、平安医院、门头沟区医院、昌平区医院、怀柔县第一人民医院等9家医院组成的北京大学人民医院医疗服务集团成立。

6月30日　为支援西部开发,由20名副教授以上人员组成的北大医院专家医疗队,开赴宁夏银川进行医疗、讲学、义诊等活动。卫生部副部长朱庆生、北京大学副校长吕兆丰等为医疗队送行。

6月　基础医学院"国家理科基地创建名牌课程项目"基础医学专业在中期评估中,受到全国高等学校教学研究中心专家组的好评。

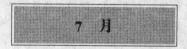

7月3日　北京市科委公布了1999年度北京市科技进步奖初评结果,北大医院申报的10项成果全部榜上有名。

7月4日　国家科技奖励办公室在《科技日报》公布2000年国家科技奖励初评结果,北大医院心外科张明礼教授的"自体血液回收系统"获国家科技进步二等奖。

7月下旬　北大医院骨科朱天岳教授带领助手成功完成我国首例计算机仿生人工半骨盆置换手术。这一治疗新技术采用完全个体化的设计,获得了满意的治疗效果。

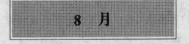
8 月

8月11日 北医三院派出运动医学专家田得祥教授赴27届奥运会,首次为奥运会提供医疗服务。

8月23日 北大医院心外科与泌尿外科联合为一例冠心病合并肾癌的患者成功施行了"小切口、不停跳的冠脉搭桥手术和右肾肾癌根治术"。该例手术为北大医院心外科近期完成的第三例小切口、不停跳的心脏搭桥手术,这样复杂的联合手术在国内尚属高新技术。

7—8月 研究生思想工作部会同团委及二级单位,组织了9支研究生社会实践活动队,共116人次参加,进行学习考察和医疗服务,收到较好效果。

医学部团委被团市委授予"2000年度首都高校社会实践先进单位";医学部"西部博士团"被授予"北京博士团西部行活动优秀组织奖"。

8月 北大医院泌尿外科护理组荣获第五届吴阶平泌尿外科集体奖,这是吴阶平泌尿外科基金颁发的第一个集体奖,同时也是第一个护理奖。

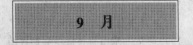
9 月

9月8日 召开教师节表彰大会,评选出10个教学优秀集体,10名优秀青年教师,221名优秀教师,并推荐其中5名为北京大学优秀教师。

9月15日 医学部与山东绿叶制药集团公司签订了联合招收培养企业博士后协议书,并招收第一位企业博士后进站工作。

北医三院成立"北京大学第三医院跨省市医疗协作网",有9个省市的12家医院和1个研究会参加。

9月 教育部"新世纪高等教育教学改革工程"本科教育教学改革立项项目中,医学部共有8个项目中标。

10 月

10月10日 国务院学位委员会下发学位办(2000)77号文件,批准北京大学为口腔医学博士、硕士专业学位首批试点单位,成为全国首批开展试点的6所院校之一。

10月19日 药学院王夔院士、北医三院曲绵域教授获第七届"何梁何利基金科学与技术进步奖"。

10月25—28日 高等学校大学外语教学指导委员会来医学部指导工作,对医学部外语教学尤其是专业外语教学情况进行了考察,并给予了充分肯定。

10月31日 国家新药筛选实验室通过国家科委验收,成为全国五个国家药物筛选实验室之一。

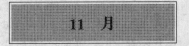
11 月

11月15日 泰国朱拉蓬公主一行对中国药物依赖研究所进行访问,双方签订了合作协议。

11月 国家"九五"攻关项目"妇女增叶酸预防神经管畸形推广研究"、"脑瘫的流行病及病因学研究"和"出生人口健康素质信息系统的建立及应用研究"等通过卫生部验收。

11月14日 北大医院"健康快车"医疗队载誉归来。在历时9个月的工作中,该成功地为3212例患者实施了白内障复明手术。

人民医院"健康快车"医疗队返回北京,全年完成手术4050例,创"健康快车"医疗队手术例数最多、平均日手术量最多(32例/天)、平均年龄最小3项记录。

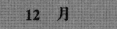
12 月

12月8日 北大医院召开"健康快车"医疗队总结汇报大会。卫生部国际交流中心发来表扬信,中央电视台《东方时空》以"健康快车,播洒光明"为题进行了专题报道。

12月 北京大学与北京首钢总医院、北京矿务局总医院、北京仁和医院确立了教学共建关系,并于12月13日、15日、19日分别举行了教学医院挂牌签字仪式。

经国务院学位委员会批准,医学部内科学、外科学、临床检验诊断学、社会医学与卫生事业管理4个二级学科为博士点,使医学部的二级学科博士点达38个。

医学部被卫生部授予"全国继续医学教育先进单位"荣誉称号,为13个全国先进单位之一;郭应禄院士、张成兰副院长分别获"全国继续医学教育先进工作者"荣誉称号。

★2000年,医学部全面完成了国家科技攻关任务。15项牵头、23项参加的"九五"攻关课题研究,全面通过专家验收。

★2000年,医学部共获得重大基础研究项目24项,获准经费1952.8万元。根据国家自然科学基金委公布的统计数字,医学部在百万元以上获得单位中,在医学院校排名第二,共获得资助项目44项,获得资助经费978万元,获准率为19.5%,与上年比较有所上升。

★"985"学科建设项目正式在医学部启动。2000年共资助40个项目,经费达4000余万元。主要包括:成立3个跨学科研究中心,即人类疾病基因研究中心、干细胞临床应用中心、中医药现代研究中心;对获国家级重点以上的科研项目负责人给予配套奖励基金;启动临床重大课题及基础与临床结合重大课题的研究。

★医学部共上报2000年北京市科技进步奖项目37项,获奖32项,获奖率达86.4%。其中二等奖16项;三等奖16项。

★根据国家信息分析研究中心提供的公告,医学部在国内、国际刊物上发表的论文和被引用的情况,在同类高校中排名第一位,被SCI收录的论文总数较1999年增加了19项。

★根据Chemical Abstracts Service Source Index 2000年资料,学报1999年进入美国化学文摘(CA)来源期刊被引频次最高的1000种期刊之列,居第837位。

根据2000年12月13日发布的科学技术部《1999年中国科技论文统计结果》和中国科学信息研究所《1999年度中国科技期刊引证报告》,1999年北京医科大学发表论文1485篇,其中169篇在学报发表,占11.38%;全校国内论文被引用2241次,其中446次为学报论文被引用,占19.9%。

根据中国科学信息研究所2000年12月13日发布的《1999年度中国科技期刊引证报告》:1999年《北京医科大学学报》总被引频次居医学类高等学校学报(共47份)第1名,全国科技期刊第100名。

★人民医院心脏外科2000年创立以下七项第一:(1)LVEF6%,全国首例,创国际水平;(2)非体外循环冠脉搭桥术180例,全国第一;(3)局麻清醒状态下小切口冠脉搭桥术,全国首例,世界第二例;(4)非体外循环冠脉搭桥术加激光打孔术40例,全国第一;(5)二次冠脉搭桥术4例,全国第一;(6)急症冠脉搭桥术25例,全国第一;(7)非体外循环冠脉搭桥术平均每例搭桥支数全国第一。

(医学部供稿)

附 录

北京大学聘请的名誉教授与客座教授

表 15-1　2000 年授予的名誉教授

姓 名	国 别	职 务	授予时间	备 注
顾毓琇	美国		2000.4.25	1973 年获"兰姆"金奖
平山郁夫	日本	中日友好协会会长、日本美术院评议员、东京艺术大学名誉教授	2000.10.10	

（佘浚）

表 15-2　2000 年聘请的客座教授

姓 名	职 务	授予时间	备 注
钟华楠	香港钟华楠建筑设计事务所	2000.3.25	聘期两年
丛京生	美国洛杉矶加州大学计算机科学系教授、VLSI CAD 实验室主任(计算机系)	2000.4.21	聘期两年
陈永昌	香港大学教授(心理学系)	2000.4.21	聘期两年
张伟仁	台湾中央研究院历史语言研究所研究员、美国纽约大学法学院"环球法学讲座教授"(法学院)	2000.4.21	聘期两年
筒井哲夫	日本九州大学研究生院教授、功能有机材料研究室主任(化学学院)	2000.4.21	聘期两年
山田辰雄	日本庆应大学教授、日本亚洲政治经济学会理事长(历史学系)	2000.4.21	聘期两年
埃里克·方纳	美国哥伦比亚大学教授(历史系)	2000.4.21	聘期两年
周敏民(女)	香港科技大学图书馆馆长(图书馆)	2000.4.21	聘期两年
李述汤	香港城市大学材料科学首席教授、"超金刚石和先进薄膜中心"主任(电子学系)	2000.4.21	聘期两年
陈正豪	香港科技大学电气、电子工程系主任、微电子制造实验室主任(微电子所)	2000.4.21	聘期两年
林国炯	联合国裁军事务首席执行官(国关学院)	2000.4.21	续聘、聘期两年
朱剑豪	香港城市大学物理与科学技术系教授(微电子所)	2000.4.21	聘期两年
石川真澄	日本九州工业大学(信息中心)	2000.9.12	聘期两年
杨小凯	澳大利亚莫纳什大学经济学教授(经济学院)	2000.9.12	聘期两年
吴天降	日本中央大学商学部教授(经济学院)	2000.9.12	聘期两年
饶余庆	香港大学经济金融学院教授(经济学院)	2000.9.12	聘期两年
黄有光	澳大利亚莫纳什大学经济学教授(经济学院)	2000.9.12	聘期两年
梁正荣	美国纽约州立大学石溪分校医学院放射系教授(重离子所)	2000.9.12	聘期两年
谢晓亮	哈佛大学化学与化学生物学系教授(化学学院)	2000.11.2	聘期两年
姜新立	台湾高雄中山大学只是学术研究所所长、教授(马克思主义学院)	2000.11.14	聘期两年
刘 军	哈佛大学统计系教授(数学学院)	2000.11.27	聘期两年
耿直伯 Gunzburger	美国爱荷华州立大学数学系主任、教授(数学学院)	2000.11.27	聘期两年
李中青 James Lee	美国加州理工大学历史系教授(李政道先生的长子)(历史系)	2000.12.27	聘期两年
欧玛丽 Mary O'hara Dwvereaux	美国未来研究所高级研究员和项目总监(社会学系)	2000.12.27	聘期两年

姓 名	职 务	授予时间	备注
阿曼特·查克麦 Amit Chakma	加拿大里贾纳大学副校长（环科中心）	2000.12.27	聘期两年
黄国和	加拿大里贾纳大学工程学院副院长、教授（环科中心）	2000.12.27	聘期两年
大为·伯纳德 (David Thomas Barnard)	加拿大里贾纳大学校长（计算机系）	2000.12.27	聘期两年

（余浚）

附 录

表15-3 原北京医科大学聘请的名誉教授

姓 名	国 籍	职 务	批准时间
白壁彦夫	日 本	早期胃癌检诊协会教授	1981.6.10
西冈久寿弥	日 本	北里研究所副所长、教授	1982.2.8
林宗义	加拿大	哥伦比亚大学精神科教授	1982.7.5
Ray Wu（吴瑞）	美 国	康奈尔大学生化与分子生物学系主任、教授	1983.6.19
H. T. Mahler（哈夫丹·马勒）	丹 麦	世界卫生组织总干事	1983.8.30
J. J. Pindborg（屏博）	丹 麦	丹麦哥本哈根皇家牙科医学院主任教授	1983.4.10
D. Ottoson（奥托逊）	瑞 典	瑞典卡罗林斯卡学院生理系主任	1984.4.24
T. Y. Shen（沈宗瀛）	美 国	弗吉尼亚大学化学系教授	1985.5.8
P. A. Miescher（米歇尔）	瑞 士	日内瓦大学医学院附属医院血液病科主任、教授	1985.5.21
J. D. Williams（威廉姆斯）	英 国	伦敦大学伦敦医院医学院医学微生物学系主任、教授	1985.6.28
D. W. King	（美 国）	美国芝加哥大学副校长、医学院院长、病理系教授	1985.8.26
G. Kohler（乔治·科勒）	德 国	马克思-泼兰因克免疫研究所所长、教授	1985.9.23
J. Cornforth（康福兹）	英 国	英国撒克斯大学分子生物学和化学学院教授	1985.11.13
W. C. Hsiao（肖庆伦）	美 国	哈佛大学公共卫生学院教授	1985.11.20
A. Goldstein（哥德斯坦）	美 国	斯坦福大学药物成瘾研究所所长、教授	1986.6.6
I. Khan（依纳亚特·汗）	巴基斯坦	日内瓦世界卫生组织精神卫生处高级医官	1986.8.13
R. J. Classock（格拉索克）	美 国	洛杉矶加州大学港口医院主任、教授	1986.10.9
J. S. Cameron（克马热）	英 国	伦敦GUY'S医院临床实验室主任、教授	1986.10.9
J. C. Brown（布朗）	加拿大	温哥华不列颠哥伦比亚大学教授	1986.12.12
D. C. Gajdusek（盖德石）	美 国	国立卫生研究院中枢神经系统实验室主任、教授	1987.3.20
管员努	日 本	国立京都病院名誉院长、教授	1987.4.22
Ken Shortman（肯因·肖特曼）	澳大利亚	瓦乐特和爱丽丝·霍尔医学研究所教授研究员	1987.6.22
中尾喜久	日 本	日本自治医科大学校长、教授	1987.7.24
H. Loe （劳）	美 国	NIH国家牙科研究所所长、教授	1987.8.26
L. L. Iversen（艾维森）	英 国	英国神经科学研究中心主任	1988.5.10
Erminio Costa（考斯塔）	美 国	GEORGETOWN神经科学研究所所长、教授	1988.7.11
C. Hansch（汉施）	美 国	波蒙拿学院化学系教授	1988.11.21
土屋健三郎	日 本	北九州市产业医科大学教授	1989.3.21
Gustav Nossal（诺赛尔）	澳大利亚	瓦乐特和爱丽丝.霍尔医学研究所所长、教授	1989.4.3
Thoodor M. Flielner（费利德勒）	德 国	乌尔姆大学校长、教授	1989.9.11
Liana Bolis（依·鲍丽丝）	意大利	瑞士日内瓦国际神经科学研究及教育协会主席、教授	1989.9.9
L. S. Harris（哈瑞斯）	美 国	弗吉尼亚大学医学院药理教研室主任、教授	1990.7.5
R. K. Chandra	加拿大	纽芬兰纪念大学教授	1990.11.12
S. Roseman	美 国	约翰·霍普金斯大学生物系主任、教授	1991.1.21
郑永奇	美 国	耶鲁大学药理学教授	1991.1.31
J. C. Thompson（汤普森）	美 国	得克萨斯州立大学Galveston分院外科教研室教授	1991.1.31
Norman Sartorius（萨托瑞斯）	南斯拉夫	瑞士日内瓦世界卫生组织总部精神卫生处主任、教授	1991.7.15
John Fraser（约翰·弗雷泽）	加拿大	众议院、下议院院长，中加儿童基金会主席	1992.10.24

姓 名	国 籍	职 务	批准时间
J. H. R Kägi	瑞 士	瑞士苏黎世大学医学院生化研究所教授	1993.5.10
R. W. Porter(波特)	英 国	英国阿伯丁大学医学院骨科教授	1993.9.23
E. Winterfeldt	德 国	德国汉诺威大学有机化学研究所所长、教授	1994.6.15
间藤方雄	日 本	日本自治医科大学解剖教研室主任、教授	1994.12.14
钱煦	美 国	美国圣地亚戈加州大学生物医学工程系系主任、教授	1995.9.1
佐川宽典	日 本	日本大阪齿科大学校长、教授	1997.5.13
Abdol-Hamid Ghodse	英 国	英国伦敦大学圣乔治医院成瘾行为精神病学系主任、教授	1997.8.27
高久史	日 本	日本自治医科大学校长	1997.10.21
内藤 次	日 本	日本卫材株式会社会长	1997.10.21
内藤晴夫	日 本	日本卫材株式会社 社长	1997.10.21
Ken-ichi Arai	日 本	日本东京大学医学科学研究所分子及发育生物学系系主任、教授	1997.11.4
Jin-Pok(金镇福)	韩 国	韩国汉城国立大学医院外科教授	1998.3.23
J. Robert Buchanan	美 国	美国中华医学基金会董事会主席	1998.9.17
M. Roy Schwarz	美 国	美国中华医学基金会主席	1998.9.17
高仓公朋	日 本	日本东京女子医科大学	
E. G. V. Evans	英 国	英国Leeds大学综合医院微生物系真菌鉴定实验室教授	1999.5.6
Sten Griller	瑞 典	瑞典卡罗琳斯卡研究院神经科学系系主任、教授,诺贝尔神经生理学研究所所长	1999.5.17
Tomas Hökfelt	瑞 典	瑞典卡罗琳斯卡研究院神经科学系副主任 组织学和生物细胞学教授	1999.5.17
Karl Tryggvason	冰 岛	瑞典卡罗琳斯卡研究所医学生化和生理系教授	1999.9.27
Hans G. Beger	德 国	德国乌尔姆大学委员会外科主席教授	1999.9.27
Pelayo Correa	美 国	美国路易斯安娜州立大学医学中心教授	2000.1.25
Thomas E. Andredi	美 国	美国阿肯色州小石城阿肯色大学教授	2000.3.7

(王普五)

表 15-4 原北京医科大学聘请的客座教授

姓 名	国家或地区	所在单位	职务职称	批准时间
Chou Lian Bin(周联彬)	美 国	美国约翰·霍普金斯大学	教授	1984.9.5
Yuen C. Liu(刘周婉)	美 国	美国乔治美森大学	副教授	1984.12.17
Chin-Long Chiang(蒋庆琅)	美 国	美国伯克利加州大学	教授,主任	1985.5.7
Garrett Lee(葛瑞特·李)	美 国	美国加州旧金山圣玛丽医院	M.D.主任	1985.7.13
Dean Towle Mason(登·梅森)	美 国	美国加州旧金山圣玛丽医院	教授,主任	1985.7.13
Hugh R. K. Barber(巴博胡)	美 国	美国纽约州立大学雷诺山医院	教授,主任	1985.9.12
Barbara Gastel(加斯泰尔)	美 国	美国旧金山加州大学	M.D.副院长	
Jamese Youker(约克)	美 国	美国威斯康星医院	教授,主任	1985.11.20
Chin Chang-chen(金长振)	美 国	美国圣路易华盛顿大学	教授	1986.1.13
Annick Pinet(比耐)	法 国	法国里昂医学中心赫里欧医院	教授,主任	1986.1.13
Lin Chi-wei(林齐伟)	美 国	美国哈佛大学医学院麻省总医院	副教授,主任	1986.3.15
Chu Nai-shin(朱乃欣)		台湾台北长庚医院	教授,主任	1986.3
Taw-Kang Chang(张肇康)	美 国	美国加州半岛肽类实验室	Ph.D.总裁	1986.6.6
Maw-Shung Liu(刘茂生)	美 国	美国圣路易斯大学医学院	教授	1986.6.6
Ira Greifer(葛瑞弗)	美 国	美国爱因斯坦医学院附属医院	教授,主任	1986.8.13
Alfred F. Michael(米歇尔)	美 国	美国明尼苏达大学	教授,主任	1986.8.13
CHAN Mankam, George(陈文岩)	中国香港	香港大学	内科博士	1986.9.5
Arthur S. M. Lim(林少明)	新加坡	新加坡国家大学医院	眼科主任	1986.9.5
Anne J. Davis(安妮·戴维斯)	美 国	美国旧金山加利福尼亚大学护理学院	教授	1986.11.3
P. C. Sizonenko(西泽尼库)	瑞 士	瑞士日内瓦大学	教授,主任	1987.2.9
永井恒司	日 本	日本东京星药科大学	教授,主任	1987.2.12
Tetusji Kametani(龟谷哲治)	日 本	日本星药科大学	教授,校长	1987.2.12

附录·2000年聘请的名誉教授与客座教授

姓　名	国家或地区	所在单位	职务职称	批准时间
Tadayoshi Takemoto(竹本忠良)	日　本	日本山口大学医院	教授	1987.5.26
Henry T. Keutmann(柯特曼)	美　国	美国哈佛医学院麻省总医院	副教授	1987.5.26
Mu-ming Poo(蒲慕明)	美　国	美国耶鲁大学	教授	1987.6.8
Wen-Shing Tseng(曾文星)	美　国	美国夏威夷大学医学院	教授	1987.6.17
Arthur. K. C. Li(李国章)	美　国	香港中文大学附属威尔斯亲王医院外科	教授	1987..7.13
Chap-yung Yeung(杨执庸)	中国香港	香港大学	教授,主任	1987.9.2
Yuan Chuan Lee(李远川)	美　国	美国约翰·霍普金斯大学	教授	1987.10.17
David Todd(达安辉)	中国香港	香港大学医学系玛丽医院	教授,主任	1987.11.16
Hideoki Ogawa	日　本	日本顺天堂大学医学部	教授,主任	1987.12.31
STEVEN How-yan Wong(黄孝欣)	美　国	美国康涅狄格大学医学院	副教授	1988.3.24
Hans. Joachim Reuter(汉斯·劳于特)	德　国	德国内腔镜博物馆	教授	1988.3.25
Ferdianand Eisenberger(艾森伯格)	德　国	德国斯图加特市 Katharinen 医院	教授,主任	1988.3.25
Yukio Fukuyama(福山幸夫)	日　本	日本东京女子医科大学	教授,主任	1988.3.25
Masataka Arima(有马正高)	日　本	日本国立神经、精神及肌病研究中心	教授,副院长	1988.3.25
John Heng Chen(陈享)	美　国	纽约大学	教授	1988.4.6
Hao-Chia Chen(陈浩佳)	美　国	美国国立卫生院	高级研究员,主任	1988.4.28
AaronJen-Wang Hsueh(薛仁望)	美　国	美国加利福尼亚大学	教授,主任	1988.4.28
Robert William Schrier(罗伯特·施里尔)	美　国	美国科罗拉多大学医学院	教授,主任	1988.5.23
Komachi Yoshio(小町喜男)	日　本	日本筑波大学	教授	1988.6.7
David Kindig(大卫·金迪格)	美　国	美国威斯康星州州立大学	教授,副校长	1988.7.16
Horst Peter Schmitt(史密特)	德　国	联邦德国海德堡大学	教授,主任	1988.9.3
Yoshio Mishima(三岛好雄)	日　本	日本东京医科齿科大学	教授,主任	1988.9.3
马钟可玑	英　国	香港大学	教授,主任	1988.9.16
Takashi Makinodan(木之段·隆)	美　国	美国洛杉矶加州大学	教授,主任	1988.9.28
Bruce I. Blum(伯莱姆)	美　国	美国约翰霍普金斯大学	教授	1988.10.10
Yoichi Ogino(荻野洋一)	日　本	日本横滨圣马利亚医科大学	教授	1988.10.21
Makato Miyaji(宫治诚)	日　本	日本千叶大学	教授,院长	1989.2.25
Laurence Y. Cheung(蒋永年)	美　国	美国堪萨斯医科大学	教授,主任	1989.2.25
列·欧·巴达连	俄罗斯	俄罗斯莫斯科第二医学院	教授,主任	1989.4.4
Kenneth F. Swaiman	美　国	美国明尼苏达大学	教授,主任	1989.4.4
Francis Johnson	美　国	美国纽约州立大学药理科学系	教授,副主任	1989.4.4
Makoto. Mayumi(真弓忠)	日　本	日本自治医科大学	教授	1989.4.11
E. M. Helveston	美　国	美国印第安纳大学医学院	教授,主任	1989.8.11
Jean-Claude Bystryn	美　国	美国纽约大学医学院	教授	1989.9.16
Klass de Groot	荷　兰	荷兰莱顿大学	教授,主任	1989.10.31
Hans J. F. Baltrusch	德　国	德国汉诺威医科大学	教授	1990.3.29
Christian G. Chaussy	德　国	德国慕尼黑市 Ludwig Maximitians 大学	教授	1990.4.4
Tzu-Wang Lang(郎祖望)	美　国	美国洛杉矶大学	教授	1990.7.5
竹内宏	日　本	日本朝日大学	教授,主任	1990.9.13
Fuchihata Hajime(端孟)	日　本	日本大阪大学齿学部	教授,主任	1990.9.13
Khoo Boo Chai(邱武才)	新加坡	新加坡大学医学院	教授	1990.10.22
John H. Menkes(孟科斯)	美　国	美国洛杉矶加利福尼亚大学	教授	1991.2.23
间藤方雄	日　本	日本自治医科大学	教授	1991.3.19
Jerrold M. Michael(迈克尔)	美　国	美国夏威夷大学	教授,院长	1991.4.5
Homer. We. Kwok Tso(左伟国)	中国香港	香港大学牙医学院	副教授	1991.4.12
Yoshio Ooi(大井淑雄)	日　本	日本自治医科大学	教授	1991.6.4
Toshio Fujita(藤田 念夫)	日　本	日本京都大学农学院	教授	1991.7.15

姓　名	国家或地区	所在单位	职务职称	批准时间
Minoru Nakata(中田 念)	日　本	日本九州大学齿学部附属病院	教授,院长	1991.7.12
Sanford H. Roth	美　国	美国亚利桑那州凤凰城骨关节中心	教授,主任	1991.7.18
Katayama. Ikuemon(片山伊九右卫门)	日　本	日本明海大学齿学部	教授,主任	1991.7.18
Eberhard Löhr(吕尔)	德　国	德国埃森大学	教授	1991.9.18
Huat-Seong Saw(苏发祥)	新加坡	新加坡伊丽莎白医疗中心	副教授	1991.9.18
Lee Chuenneng(李俊能)	新加坡	新加坡国立大学医院	副教授	1991.9.18
S. K. Lam(林兆鑫)	中国香港	香港大学玛丽皇后医院	副教授	1991.9.18
Tsuneo Namba(难波恒雄)	日　本	日本富山医科药科大学	教授	1991.12.9
椎名晋一	日　本	日本东京医科齿科大学	教授	1992.1.10
杨中枢	美　国	美国新泽西州州立大学	教授	1992.2.17
叶思仲	美　国	纽约 Monni Sini 大学	教授	1992.2.17
蔡逸周	美　国	美国密执安大学	教授	1992.4.20
William G. Couser	美　国	美国华盛顿大学	教授	1992.5.8
卢　丽	美　国	美国印第安纳大学医学院	研究员	1992.5.8
山田龙作	日　本	日本和歌山县立医科大学	教授,主任	1992.7.3
洪昭雄	美　国	美国 NIH, Duke 大学医学院	教授	1992.10.7
黑　格	美　国	美国俄亥俄克里夫兰西方储备大学	教授	1992.10.7
瞿寿傅	中国香港	香港"中华牙科"诊所		1992.10.7
大崎胜一郎	日　本	日本德岛大学医学部	教授	1992.10.29
林谦治	日　本	日本国立公众卫生院	教授	1992.11.12
太田和宏	日　本	日本医疗法人名古屋纪念财团	理事长	1993.3.4
钟维国	美　国	美国得克萨斯大学	教授	1993.3.5
田口铁南	日　本	日本大阪微生物研究所	教授	1993.3.5
李英雄	中国台湾	台湾长庚纪念医院	教授	1993.3.6
寺田弘	日　本	日本德岛大学	教授	1993.4.6
张惠华	美　国	美国阿肯色州大学	教授	1993.4.6
Arthur L. Frank	美　国	美国肯塔基大学	教授,主任	1993.5.13
Volker H. R. Höllt	德　国	德国慕尼黑大学	教授	1993.6.4
J. F. Redden	英　国	英国 Docaster 皇家医学院	主任,医师	1993.6.14
八尾恒良	日　本	日本福冈大学	教授	1993.7.9
M. Kabir Younoszal	美　国	美国路易斯维尔大学	教授	1993.7.9
叶鑫华	中国台湾	台湾台北荣民总医院	教授	1993.7
Andrew W. H. Wong	中国香港	香港议院医院		1993.10.4
于常海	美　国	美国斯坦福大学		1993.10.4
大原健士郎	日　本	日本浜松医科大学	教授	1993.10.15
关超然	中国香港	香港大学医学院	教授	1993.10.22
伊势龟富士郎	日　本	日本庆应大学医院	副院长,副教授	1993.10.22
卡特森	美　国	美国北卡罗来纳大学医学院	教授	1993.12.24
陈启明	中国香港	香港中文大学骨伤外科	主任,教授	1994.3.7
V. Hagg	瑞　典	香港大学牙医学院	教授	1994.3.7
H. Tideman	荷　兰	香港大学牙医学院	教授	1994.3.7
胡秉权	美　国	美国北卡罗来纳大学医学院	教授	1994.3.28
Philip D. Walson	美　国	俄亥俄州哥伦布市儿童医院	教授	1994.3.29
曹之宪	中国香港	香港大学药理系	教授	1994.4.16
F. S. Keller	美　国	Oregon 健康科技大学放射诊断科	教授	1994.5.17
B. H. Ruebner	美　国	加州大学 Davis 医学院	教授	1994.5.17
William J. Blot	美　国	国立癌症研究所	主任,教授	1994.6.27
丹羽滋郎	日　本	日本爱知医科大学整形外科	主任,教授	1994.7.14
苏国辉	中国香港	香港大学解剖系		1994.10.14

附录·2000年聘请的名誉教授与客座教授

姓 名	国家或地区	所在单位	职务职称	批准时间
陈朝元	新加坡	新加坡中心医院心内科	主任,高级主任医师	1994.12.31
小山勋男	日本	日本MEAW矫正技术研究会	会长	1995.6.15
浅井保彦	日本	日本亚历山大矫正技术研究会	主席,副教授	1995.6.15
王云川	中国香港	香港大学医学院	副院长,教授	1995.6.15
郑家骏	美国	堪萨斯大学医学中心药理系	主任,教授	1995.6.29
李伟联	中国香港	圣玛丽医院	教授	1995.9.4
邱殷庆	中国香港	中文大学解剖系	教授	1995.9.4
原田征行	日本	青森县弘前医科大学	教授,主任	1995.9.11
W. David Nes	美国	德州理工大学	教授	1995.10.11
Ted Chen	美国	杜兰大学公卫学院	教授,主任	1995.10.31
W. A Toscano	美国	杜兰大学公卫学院	教授,主任	1995.10.31
A. A. Abdelghani	美国	杜兰大学公卫学院	教授,主任	1995.10.31
Edwin H. Kolodny	美国	纽约大学医学院神经科	主任,教授	1995.11.27
Elisa T. Lee	美国	俄州大学公卫学院	院长,教授	1995.12.6
丰汉贤	中国香港	菲利浦王子牙科医院	院长,教授	1995.12.29
黄健灵	中国香港	Dept. of Surgery The Univ. of Hong Kong, Queen Mary H0spital, Hong Gong	主任、教授	1995.12.29
木村光孝	日本	日本九州齿科大学齿学研究部	部长、教授	1996.5.28
Jürgen Roth	瑞士	瑞士苏黎世大学病理系病理分子研究室	主任、教授	1996.6.19
Mary-Jeanne Kreek	美国	美国洛克菲勒大学美国NIH药物成瘾研究所(NIDA)顾问	教授	1996.8.29
黄宜定	中国香港	香港中文大学生理学系	主任、教授	1996.8.29
Lei Yu(于雷)	美国	美国印第安纳大学医学院医学和分子遗传学系	教授	1996.8.29
服部征雄	日本	日本富山医药科大学和汉药研究所细胞资源工学部	教授	1996.9.13
野板洋一郎	日本	日本岩手医科大学齿学部解剖学系	主任、教授	1996.9.13
Lloyd J. Kolbe(科比)	美国	美国疾病控制中心,全国慢性病预防和健康促进中心青少年与校卫生部	主任、兼职教授	1996.9.13
Peter T. Macklem	加拿大	加拿大麦吉尔大学医学院	教授	1996.9.13
町田幸福	日本	日本东京齿科大学副学长、小儿齿科	教授、副学长	1996.9.13
Christopher G. Proud	英国	英国Kent大学分子生物学与细胞生物学系	主任、教授	1996.12.19
Yoshiyuki Suzuki	日本	日本东京医学科学院	副院长、教授	1997.4.4
Roger P. Simon	美国	美国匹兹堡大学神经学系	主任、教授	1997.4.22
Ada Sue Hinshaw	美国	美国密执安大学护理学院	院长、教授	1997.5.23
Oakley Deborah J.	美国	美国密执安大学护理学院	教授	1997.5.23
James Edward Klaunig	美国	美国印第安纳大学医学院毒理学系	系主任、教授	1997.9.5
伊东一	日本	日本自治医科大学临床病理学系	教授	1997.9.25
Howard A. Fields	美国	美国疾病控制中心国家传染病中心	主任、博士	1997.9.29
Dennis Gillings	美国	美国昆泰有限公司董事长	教授	1997.10.21
张念光	英国	香港大学牙科学院口腔颌面外科	副教授	1998.3.31
外山雅章	日本	日本龟田综合医院心血管外科	主任、教授	1998.6.15
Paul Michel Georges Vanhoutte(瓦努特)	美国	法国施维雅研究院	副院长 教授	1998.6.15
宋正宇	中国台湾	克缇国际集团	董事和医学顾问、医师	1998.6.15

姓　名	国家或地区	所在单位	职务职称	批准时间
Robert Ian Lechler	英　国	伦敦皇家医学研究生院分子免疫学系	教授、系主任	1998.7.17
姚大为	中国香港	香港中文大学医学院	教授	1998.11.3
John Arthur Gosling	英　国	香港中文大学医学院	系主任、教授	1998.11.3
Robert Folberg	美　国	美国爱荷华大学医院布逻迪眼科病理室	主任、教授	1998.12.16
黄珍妮	中国香港	香港大学附属玛丽皇后医院儿科	教授、室主任	1999.1.26
P. E. Petersen	丹　麦	丹麦哥本哈根大学健康科学系、社会牙医学与研究生培养教研室	教授、室主任、院长	1999.1.20
刘俊平	澳大利亚	澳大利亚贝克医学研究所分子信号传递实验室	室主任、研究员	1999.5.19
申勇	美　国	美国凤凰城卫生研究所 Alzheimer 病研究中心	兼职教授、中心主任	1999.7.22
苏文博	美　国	梅育临床医学院	教授	1999.11.2
Lennart Hammarstrom	瑞　典	瑞典 Karolinska 研究所教授瑞典 Huddinge 医学院免疫学系	系主任，教授	1999.12.1
文英强	中国香港	香港大学医学院药理学系	主任、教授	2000.1.17
James Peter McDonald	英　国	英国皇家爱丁堡外科学院	副系主任	2000.3.8

报刊报道有关北大主要消息索引

校本部

【新闻】

北大出了颗中国芯 《科学时报》2000年1月5日第1版
钱其琛昨天出任北大"国关"院长 《北京晚报》2000年1月6日第1版
北大科技园成"科技源" 《北京青年报》2000年1月9日第2版
北大庆祝林庚教授九十华诞 《光明日报》2000年2月23日第A3版
北大毕业生就业形势看好 《中国教育报》2000年2月26日第1版
工行为北大提供10亿资金 《北京晚报》2000年3月8日第7版
方正电脑连续三季进入亚太十强 《科技日报》2000年3月8日第6版
三百留洋博士回到北大任教 《北京日报》2000年3月10日第1版
吴树青给国企支招儿 《北京晚报》2000年3月12日第3版
北大青鸟控股华光"扯"起广电网 《北京晚报》2000年3月13日第1版
参加"两会"报道的记者们在会场外"围堵"经济学家萧灼基 《新华每日电讯》2000年3月13日第9版
北大举办"康佳学术节" 《中国青年报》2000年3月18日第2版
北大MBA招生加大面试力度 《科学时报》2000年3月23日第B4版
北大广告文化节将举办 《光明日报》2000年3月23日第A3版
如何营造一流园区 中科院到北大取经 《科学时报》2000年3月27日第1版
北大有个"中华正气社" 《北京法制报》2000年4月1日第2版
北大中文系走过90年 《北京青年报》2000年4月1日第7版
江泽民致信祝贺新北京大学 《光明日报》2000年4月6日第1版
中国第一个诗歌节在北大开幕 《北京青年报》2000年4月6日第7版
北大青鸟与富士通结成战略伙伴 《科技日报》2000年4月6日第5版
北大学子周末冲向珠峰 《北京晨报》2000年4月12日第1版
汤一介倡导建立诠释学 《中华读书报》2000年4月12日第1版

北大新青年网站5月3日开通	《科技日报》2000年4月13日第5版
北京大学激光冷却铯原子研究获新突破	《科技日报》2000年4月13日第1版
网上搭建阳光地带	《北京晚报》2000年4月18日第1版
北大青鸟发布GIS新产品	《科技日报》2000年4月19日第5版
北大师生勇做好汉	《北京晚报》2000年4月23日第3版
北京大学举办"科学与人性"哲学文化节	《科学时报》2000年4月24日第B1版
西部优秀教师"留学"北大	《中国教育报》2000年4月25日第1版
校长亲自讲科普	《科学时报》2000年4月27日第B1版
北大建网"虚拟北大"	《中国教育报》2000年4月29日第1版
北京大学喜事多	《中国青年报》2000年5月5日第1版
北大：学子忙"充电""网桥"连四海	《人民日报》2000年5月5日第1版
北大哲学系副教授刘华杰提出：应推广"科学传播"概念	《光明日报》2000年5月8日第B1版
北大第一医院喜迎85周年华诞	《光明日报》2000年5月11日第A1版
方正电脑领唱中关村电脑节	《科技日报》2000年5月12日第12版
北京大学成立"马克思主义文献研究中心"	《人民日报(海外版)》2000年5月12日第3版
伪造北大证书网上将现原形	《中国青年报》2000年5月18日第5版
北大清华水上比高	《北京晨报》2000年5月24日第1版
北大国际关系学院40年硕果累累	《光明日报》2000年5月27日第A3版
"中芭"将芭蕾精粹送进北大	《北京晚报》2000年6月5日第14版
三代党员三个代表共话年高不弃职责	《北京晚报》2000年6月10日第1版
寻找城市发展与历史风貌保护共同点	《光明日报》2000年6月12日第A3版
北大博士生提出历史文化名城保护与发展新观念：	
数字经济论坛火北大	《科学时报》2000年6月15日第B1版
MBA正走进西部	《人民日报(海外版)》2000年6月15日第9版
学生校长网上直接对话	《北京晚报》2000年6月20日第16版
河南45家企业与北大成果对接	《科技日报》2000年6月21日第1版
金芒果集团与北大共建博士科技实践点	《光明日报》2000年6月21日第A4版
北大今颁发新毕业证书	《北京晚报》2000年6月26日第7版
北大学子信息"闹革命"	《科学时报》2000年6月26日第B1版
北大青鸟环宇叩开香港创业板	《北京晚报》2000年7月21日第16版
奔驰离北大 商海再搏击	《北京晨报》2000年7月23日第1版
北大在线登山形象大使归来	《科技日报》2000年8月31日第7版
方正"旗舰"整装待发	《北京晨报》2000年9月1日第9版
北大哈佛学生共议合作与沟通	《北京青年报》2000年9月5日第26版
认真落实三部门意见 北大承诺不让一个贫困生辍学	《光明日报》2000年9月5日第1版
北大说：今年招生我们没遭遇"小年"	《中国青年报》2000年9月5日第5版
燕园开启新学年	《北京晨报》2000年9月6日第2版
北大揭露胡长清"北大毕业"真相	《北京晚报》2000年9月7日第7版
建行30亿元贷款助推北京大学	《北京晚报》2000年9月12日第5版
教育研讨迎校庆	《北京晨报》2000年9月13日第2版
萧灼基指点西部财源	《人民日报(海外版)》2000年9月14日第9版
高能聚焦超声肿瘤治疗机	《市场报》2000年9月16日第8版
北京大学向老区、边疆、解放军捐赠	
高能聚焦超声肿瘤治疗机	《市场报》2000年9月16日第8版
到"北大"去看高雅艺术 "红楼"经典视听大宴	《北京晚报》2000年9月21日第14版
北大、名企携手打造博士后	《北京教育报》2000年9月23日第6版
方正打造国际IT巨舰	《北京青年报》2000年10月4日第12版

方正扫描仪百城巡展京城首演	《科技日报》2000年10月11日第5版
北大贫困生助学体系日趋成熟	《中国青年报》2000年10月13日第5版
北大开办"总裁教学"	《北京教育报》2000年10月24日第5版
北大讲堂低价演出场场火爆	《中国经济时报》2000年10月24日第3版
北京大学教育学院今日成立	《北京晚报》2000年10月25日第6版
北京大学庆祝纳米科技研究中心成立三周年	《科学时报》2000年11月2日第B1版
金庸做客北大	《北京青年报》2000年11月3日第8版
金庸小说国际研讨会在京举行	《新华每日电讯》2000年11月3日第5版
中外学者研讨金庸小说	《人民日报(海外版)》2000年11月3日第2版
北大天正革新互联网	《北京青年报》2000年11月4日第14版
脚尖上舞出洋《梁祝》 中芭北大本月再牵手	《北京青年报》2000年11月5日第12版
方正推出"礼SUN网来"促销活动	《科技日报》2000年11月5日第5版
北大优秀本科生直接读博士	《中国青年报》2000年11月8日第11版
北大钱包"装进"70亿	《北京日报》2000年11月9日第5版
方正数码推出网络安全解决方案	《科技日报》2000年11月9日第7版
中国银行和北京大学签署全面合作协议	《人民日报》2000年11月9日第2版
"阳光女孩"汪晨芳	《北京日报》2000年11月10日第11版
北大颁发第三届"联邦医学教育奖学金"	《科技日报》2000年11月10日第13版
方正推出信息商品在线服务	《人民日报(海外版)》2000年11月10日第9版
北大首推网上校园管理系统	《科技日报》2000年11月11日第2版
永泰方正连手开拓中国ASP市场	《科技日报》2000年11月12日第5版
北大天正推出ASP方式校园管理系统	《中国教育报》2000年11月12日第1版
北京沙尘暴的经济学分析	《北京日报》2000年11月13日第9版
中芭到北大找知音	《北京青年报》2000年11月13日第11版
北大天正首推ASP方式校园管理系统	《中国青年报》2000年11月13日第11版
银行纷纷"下注"高校北大中行签约合作协议总额度七十亿元	《人民日报(海外版)》2000年11月13日第2版
北大天正推出校园管理系统	《人民日报》2000年11月13日第5版
金庸做客北大文化书院	《中国教育报》2000年11月14日第5版
北大旋起芭蕾热风	《中国青年报》2000年11月14日第3版
方正数码瞄准媒体电子商务	《人民日报》2000年11月14日第5版
"北京大学《共产党宣言》与全球化"学术研讨会召开	《中国教育报》2000年11月15日第3版
方正电脑首创网站建设功能	《光明日报》2000年11月15日第C3版
北大承泽园西所修缮工程竣工	《光明日报》2000年11月15日第B1版
高雅艺术在北大	《光明日报》2000年11月16日第B1版
北大要打理科牌	《北京青年报》2000年11月17日第16版
北大纪念陈岱孙先生诞辰100周年	《中国教育报》2000年11月17日第1版
北大纪念陈岱孙诞辰100周年	《光明日报》2000年11月17日第A3版
厉以宁:分析关于"入关"的一种流行说法	《北京日报》2000年11月20日第11版
北大纪念陈岱孙诞辰百年	《中国青年报》2000年11月20日第5版
北大天正推出ASP方式管理信息系统	《光明日报》2000年11月20日第A4版
北大学子情系西部	《北京日报》2000年11月21日第1版
北大、科文联手引进名牌MBA教材	《中国教育报》2000年11月21日第6版
心理学家剖析北大高考"状元"	《中国青年报》2000年11月21日第5版
厉以宁说:这一条该改	《中国青年报》2000年11月21日第2版
语言学一代宗师——王力	《光明日报》2000年11月21日第B3版
北京大学参股梅州私营企业	《人民日报(海外版)》2000年11月21日第10版

方正签约代理海德堡印前产品	《科技日报》2000年11月22日第6版
北大方正全面推进网络出版(eBook)产业	《科技日报》2000年11月22日第6版
析方正电脑卓越Z系列	《科技日报》2000年11月22日第6版
中国基因 三个任务与一个事业	《光明日报》2000年11月22日第A3版
北大合成世界最小单壁碳纳米管	《光明日报》2000年11月22日第A1版
北大纪念陈岱孙诞辰一百周年	《人民日报(海外版)》2000年11月22日第3版
网上校园管理系统问世	《北京日报》2000年11月23日第7版
方正MP3随身听推陈出新	《科技日报》2000年11月24日第12版
	《科学时报》2000年11月25日第2版
方正数码开创客户服务新概念	《科技日报》2000年11月26日第5版
纳米争锋添加剂市场	《科技日报》2000年11月27日第7版
方正电子触网布下二连星	《北京青年报》2000年11月27日第42版
丁磊进北大谈阿甘	《北京青年报》2000年11月27日第16版
北大附中远程教育网正式开通	《中国教育报》2000年11月30日第2版
北大情系西部活动月拉开帷幕	《光明日报》2000年11月30日第A3版
联想、北大附中 共拓远程教育	《光明日报》2000年12月6日第C3版
方正颐和4100打破常规	《光明日报》2000年12月6日第C2版
北京大学启动人类疾病基因研究	《人民日报(海外版)》2000年12月6日第4版
北大教授讲经济	《海淀报》2000年12月7日第1版
瘫痪少年圆了参观北大梦	《北京晚报》2000年12月7日第7版
北大学子推出第二代电子邮件	《科技日报》2000年12月7日第2版
第三届"北大光华新年论坛"本月召开	《中国青年报》2000年12月8日第3版
一二·九精神薪火相传——《世纪放歌》情动北大	《北京青年报》2000年12月10日第11版
青年前途与祖国命运紧相连——北大举行纪念一二·九运动座谈会	《人民日报》2000年12月11日第5版
北大举办"新年丛书"出版座谈会	《中国教育报》2000年12月12日第2版
北京大学获"2000年欧莱雅校园企划大赛"冠军	《人民日报(海外版)》2000年12月12日第9版
方正电子进军广电领域	《科学时报》2000年12月13日第6版
健康环保的方正静音电脑	《科技日报》2000年12月13日第6版
MBA找工作 大腕教授来包装	《北京晚报》2000年12月18日第17版
北大建亚洲一流住院部	《北京晨报》2000年12月18日第2版
北大学子"掌握未来"得大奖	《北京青年报》2000年12月18日第16版
北大采火种 存放世纪坛	《北京青年报》2000年12月18日第3版
研究生:生活可以变样	《北京青年报》2000年12月19日第16版
长江证券捐资北大设立"经济学讲座教授"	《中国教育报》2000年12月20日第2版
学子告北大上诉被驳回——刘燕文诉北京大学一案裁决	《科学时报》2000年12月21日第B1版
北大与北京仁和医院结良缘	《光明日报》2000年12月21日第A3版
北大学子演讲未来	《北京青年报》2000年12月22日第16版
北大聘教授 起步二十万	《北京晨报》2000年12月23日第1版
北大开设"知本论坛"	《北京晚报》2000年12月24日第7版
北大开始实验电子商务	《北京晨报》2000年12月25日第6版
北大教育基金会今年获赠近半个亿	《中国教育报》2000年12月25日第1版
北大留学生欢度圣诞节	《人民日报(海外版)》2000年12月26日第9版
北大出台新举措:研究生教育要创世界一流	《北京晚报》2000年12月26日第7版
北大资源投资密云知识经济	《北京晚报》2000年12月26日第5版
北大"博导"有上有下	《北京日报》2000年12月26日第5版
北大重奖博士论文	《北京晨报》2000年12月27日第2版
方正让产品增值唱主角	《科技日报》2000年12月27日第12版

北京大学博士触摸科技尖端 ……………………………… 《北京青年报》2000年12月28日第16版
海淀区昨奔北大招公务员 ………………………………… 《北京日报》2000年12月28日第7版
北大武大合办英文学术期刊 ……………………………… 《中国教育报》2000年12月30日第2版

【人物】
高先生和他的四字歌 ……………………………………… 《中国青年报》2000年2月13日第3版
一代宗师——蔡元培 ……………………………………… 《光明日报》2000年4月18日第B3版
张继平:科研性格的北大人 ……………………………… 《北京青年报》2000年5月6日第2版
铮铮铁骨卫真理　浩然正气驻千秋——马寅初的非凡人生 …… 《中国青年报》2000年6月21日第13版
季羡林为什么研究糖史? …………………………………… 《北京日报》2000年6月26日第12版
纪念我的父亲王力 ………………………………………… 《中国青年报》2000年8月31日第9版
从哈佛走出来的"土人"设计师——记土人景观规划设计研究所创始人俞孔坚 ………………
　　　　　　　　　　　　　　　　　　　　　　　　　《人民日报(海外版)》2000年9月5日第3版
季羡林——他就是一棵大树 ……………………………… 《人民日报》2000年11月3日第8版
学界名家　荟萃燕园——季羡林教授九十年华诞庆祝会小记 …… 《中国教育报》2000年11月7日第5版
心系改革　心系百姓——记经济学家李庆云教授 ………… 《北京日报》2000年11月17日第11版
语言学一代宗师——王力 ………………………………… 《光明日报》2000年11月21日第B3版
读季羡林 …………………………………………………… 《中国教育报》2000年11月23日第5版
贾庆国:站在"第三者角度"研究国际问题 ……………… 《中华读书报》2000年12月6日第2版
经济学家的诗意人生 ……………………………………… 《北京青年报》2000年12月19日第25版
吕植:体味生命的美丽 ……………………………………… 《人民日报(海外版)》2000年12月20日第10版
轮椅老人　一号嘉宾 ……………………………………… 《北京青年报》2000年12月21日第1版
谦谦君子良师益友——记许大龄教授二、三事 ………… 《光明日报》2000年12月22日第C3版

【专题】
不拘一格降人才——北京大学建设跨世纪师资队伍纪实 …… 《光明日报》2000年1月19日第A1版
心灵的沟通　理想的升华——国防大学教授许志功与北大学生对话实录 ………………………
　　　　　　　　　　　　　　　　　　　　　　　　　《光明日报》2000年1月26日第A2版
"做中华正气热闹"——访北大学生中华正气社 ……… 《中国教育报》2000年3月10日第4版
国家重点实验室简介:北京大学天然药物及仿生药物国家重点实验室 …… 《科学时报》2000年9月21日第B4版
迈向新世纪的跨越——北大未名集团创建生物工程产业纪实 …… 《人民日报》2000年11月10日第8版
"赛若金"之歌——深圳科兴公司创业纪实 …………… 《光明日报》2000年11月14日第C1版
迎接生物经济时代 ………………………………………… 《光明日报》2000年11月28日第C1版
纳米时代的开拓者 ………………………………………… 《中国教育报》2000年11月29日第2版
筑知识乐园　引世纪人才——方正电子跨世纪人才全国招聘行动拉开序幕 ……………………
　　　　　　　　　　　　　　　　　　　　　　　　　《科技日报》2000年12月7日第8版
厉以宁解惑中国经济热点 ………………………………… 《科学时报》2000年12月11日第A1版
高校合并走向学科融合 …………………………………… 《科学时报》2000年12月14日第B1版
走进医学解剖 ……………………………………………… 《中国教育报》2000年12月17日第1版
"北大穷、燕大阔、清华俊、师大老"——老北大留学印象 …… 《中华读书报》2000年12月20日第11版

【学者论坛】
王　选:革命源于积累和创新 …………………………… 《科学时报》2000年1月5日第8版
潘爱华:迎接生物学世纪的到来 ………………………… 《光明日报》2000年1月7日第B1版
乐黛云:我们的书斋 ……………………………………… 《科学时报》2000年2月21日第B2版
叶　朗:重视和加强人文教育 …………………………… 《人民日报》2000年3月5日第5版
厉以宁:股市今年利好多 ………………………………… 《光明日报》2000年3月10日第B3版
萧灼基:加快西部开发的十点建议 ……………………… 《人民日报》2000年3月10日第6版
夏学銮:制度创新依靠全社会 …………………………… 《北京青年报》2000年3月16日第18版
厉以宁:经济、人权、人的全面发展 …………………… 《人民日报》2000年3月20日第7版

王　选:创业是需要拿命来拼的 …………………………………《中国青年报》2000年3月27日第9版
林　娅:先进的生产力　党的可靠保证 …………………………《北京青年报》2000年4月1日第10版
黄楠森:真理面前　人人平等 ……………………………………《北京日报》2000年4月3日第11版
吴小如:回忆安寿颐先生 ………………………………………《人民日报(海外版)》2000年4月4日第7版
乐黛云:我读季羡林散文 …………………………………………《光明日报》2000年5月4日第A4版
贾庆国:和平统一将给台湾带来巨大实惠 ………………………《北京青年报》2000年5月16日第22版
陈章良:北大校产——一路辉煌与苦涩 …………………………《北京教育报》2000年6月7日第7版
厉以宁:我对北大精神的认识 ……………………………………《北京晚报》2000年6月12日第21版
许渊冲:何谓一流 …………………………………………………《北京晚报》2000年6月13日第21版
温儒敏:传奇的失落 ………………………………………………《北京晚报》2000年6月14日第21版
曹文轩:说"学府" …………………………………………………《北京晚报》2000年6月15日第21版
乐黛云:反对经济全球化进程中的文化孤立主义 ………………《光明日报》2000年11月14日第B3版
厉以宁:让西部做东部做不了的事 ……………………………《人民日报(海外版)》2000年11月16日第9版
厉以宁:人文精神+科技背景=中国MBA …………………………《中国青年报》2000年11月19日第3版
吴国盛:听科学家作报告 …………………………………………《光明日报》2000年12月11日第B1版
季羡林:大放光明 …………………………………………………《人民日报》2000年12月30日第7版

【访谈】
北大四博导纵论知识经济 ………………………………………《北京教育报》2000年1月26日第7版
北大今年扩招多少人?——访北京大学招生办公室主任张彦 ……《科学时报》2000年4月13日第B1版
吴小如教授谈书法 ………………………………………………《中国教育报》2000年5月16日第8版
中国不应该选择过于尖端的高科技——访经济学家林毅夫 ……《南方周末》2000年5月19日第27版
张永和:北大不能没有建筑学 ……………………………………《北京青年报》2000年6月6日第32版
永争第一——访方正科技电脑公司副总经理周险峰 ……………《中国青年报》2000年11月20日第11版
中小企业融资的出路——访北大国际MBA项目部杨家文教授 ……《科学时报》2000年11月25日第2版
全球化:法学教育改革势在必行——访北京大学法学院院长吴志攀 …《光明日报》2000年12月26日第C2版
MAIL2G:卓越电来的烦恼——访北大天正科技发展有限公司总裁黄斌
　　　　　　　　　　　　　　　　　　　　　　　　　　……《科技日报》2000年12月29日第6版
教育:把活力带入新世纪——访北大教育学院常务副院长魏新教授 …《中国青年报》2000年12月31日第2版

(张琳)

医学部

送子观音是高学历 ………………………………………………《北京青年报》2000年1月5日第2版
99"中生杯"中国医药科技十大新闻揭晓 ………………………《健康报》2000年1月8日第1版
探讨与思考第271期 ……………………………………………《健康报》2000年1月8日第2版
吕有勇:有勇更有谋 ……………………………………………《健康报》2000年1月12日第3版
各届捐款超过100万,一年做了14次整容手术,毁容少女过年回家 ……《北京青年报》2000年1月21日第3版
一九九九年度国家科学技术奖励获奖项目目录 …………………《光明日报》2000年1月24日B1版
育龄妇女多有贫血 ………………………………………………《健康报》2000年1月24日第1版
理性头脑:成功的核心——访成功心理学家李树荫 ……………《生活时报》2000年1月24日第8版
1999年度国家科技奖励获奖项目(生物医药类项目71项) ……《健康报》2000年1月26日第3版
基因诊断来到身边 ………………………………………………《北京日报》2000年1月27日第12版
北医大引智工作经验受好评 ……………………………………《健康报》2000年1月27日第3版
北医大三院共青团青年志愿者为老专家进行体检 ……………《健康报》2000年1月29日第3版
北医三院开设化学中毒门诊 ……………………………………《北京青年报》2000年1月30日第13版
《吴阶平文集》出版 ……………………………………………《健康报》2000年2月1日第1版
第八届林宗扬医学教育奖颁奖 …………………………………《健康报》2000年2月2日第3版
难忘教诲,终生受益 ……………………………………………《健康报》2000年2月2日第7版

医药,百年健康的主力军——访北京医科大学教授程之范	《健康报》2000年2月3日第4版
针刺镇痛个体差异在哪里,韩济生院士等揭开谜底	《健康报》2000年2月3日第1版
恶性肿瘤细胞——人民医院战白血	《北京晚报》2000年2月13日第6版
采用新技术使我驻南使馆被炸受害者视力恢复人民医院治愈曹荣飞眼外伤	《北京晚报》2000年2月14日第11版
采用国际最新技术聘请国内一流专家,曹荣飞双眼复明	《北京青年报》2000年2月15日第1版
我国首次利用显微操纵仪制备成功转基因小鼠	《科技时报》2000年2月15日第4版
黎晓新挑战眼科疑难病	《健康报》2000年2月16日第5版
修补尿道上裂直肠替代膀胱,小塔依尔不再穿湿裤子了	《健康报》2000年2月16日第5版
曹荣飞的眼睛治好了,北京医生用高科技使他的视力逐渐恢复	《光明日报》2000年2月17日第3版
曹荣飞接受本报独家专访:"谢谢你们给了我光明"	《健康报》200年2月17日第1版
为了英雄的眼睛——北医大人民医院为曹荣飞手术纪实	《健康报》2000年2月17日第1版
肺动脉高压形成机制研究获重要突破,明星分子"NO"所扮角色更清晰	《健康报》2000年2月22日第1版
北京医科大学第一医院请郭应禄院士、严仁英等老专家、老教授亲手为85名医学生穿上了白大衣	《健康报》2000年2月23日第1版
自体免疫活性细胞治疗白血病及丙肝	《北京日报》2000年2月24日第12版
人民医院取消门诊午休	《北京日报》2000年3月1日第7版
北医大人民医院取消门诊午休	《健康报》2000年3月4日第3版
北医大一院以现代医学理论证实黄芪当归合剂治肾病水肿更佳	《健康报》2000年3月7日第1版
为科学大厦奠基——人大代表谈科学	《健康报》2000年3月7日第1版
病人"学治"慢性阻塞性肺病	《健康报》2000年3月8日第5版
神经内窥镜微创治脑病	《健康报》2000年3月8日第7版
北医大将与北大合并	《北京青年报》2000年3月9日第3版
高校委员亮出钱包	《北京青年报》2000年3月9日第2版
北大北医大近期将合并,五位政协委员谈高等教育改革与发展	《光明日报》2000年3月9日第2版
北医大一院妇儿医院举办迎"三八"妇女疾病及保健义务咨询活动	《健康报》2000年3月9日第1版
大医精湛贡献卓著——深切怀念黄树则同志	《健康报》2000年3月9日第3版
黄树则同志遗体告别仪式举行	《健康报》2000年3月9日第1版
爱的奉献	《健康报》2000年3月10日第5版
医改牵动委员心,曹荣桂王东进等与政协委员座谈	《健康报》2000年3月10日第1版
北大一院成立胸部会诊中心	《北京晚报》2000年3月11日第7版
强强联合打造巨舰,北医大与北大合并在即	《健康报》2000年3月11日第1版
留住人才	《健康报》2000年3月14日第1版
统一执行"3+2"模式,北医大试行临床专业学位合轨	《健康报》2000年3月18日第1版
确诊小儿β受体功能亢进有高招	《健康报》2000年3月21日第3版
首次成果大拍卖即将开锤,50项生物医药科技成果"整装待嫁"	《健康报》2000年3月21日第3版
新术式切除罕见耻骨恶性瘤	《健康报》2000年3月21日第3版
北医大一院研究表明CIK细胞可防肿瘤复发	《健康报》2000年3月22日第1版
苯丙酮尿症易被误诊,验血是早期诊断关键	《健康报》2000年3月22日第5版
新生儿脑损伤可无创检测	《健康报》2000年3月25日第1版
儿童不明原因晕厥难诊断,"直立倾斜试验"寻病因	《健康报》2000年3月29日第5版
生物医学科技成果拍卖槌音落定,19项成果仅一项拍出	《健康报》2000年3月29日第1版
北医大研制成功基因疫苗,根治淋巴瘤不再是梦想	《健康报》2000年4月1日第1版
向世界一流综合大学又迈进一步,北大北医大合并	《北京晚报》2000年4月3日第1版
北京大学、北京医科大学合并,江泽民致信祝贺新北大诞生	《北京青年报》2000年4月4日第1版
江泽民主席致信祝贺北大北医大合并并组建新北大,李岚清出席两校合并大会并发表讲话	《北京日报》2000年4月4日第1版

江泽民主席致信祝贺新北京大学,李岚清出席北大北医大合并大会并发表讲话 …………………………………………………………………………………………《光明日报》2000年4月4日第1版
北大北医大合并并组建新北大,江泽民致信祝贺,李岚清出席两校合并大会并讲话 ………………………………………………………………………………………《健康报》2000年4月4日第1版
目标:跻身世界一流——写在北大、北医大合并之际 ……………………《健康报》2000年4月4日第1版
江泽民致信祝贺新北京大学,李岚清出席北京大学和北京医科大学合并大会并发表讲话 …………………………………………………………………………………………《生活时报》2000年4月4日第2版
最安全的用血——自我输血 ……………………………………………《北京日报》2000年4月5日第10版
血液安全,全社会的责任——写在"世界卫生日" ………………………《健康报》2000年4月7日第1版
官移植基础研究步步深入,用人工诱导耐受方法防止排斥反应将成现实 …《健康报》2000年4月8日第1版
直肠癌复发可手术延续生命,北大医院率先开展盆腔脏器联合切除术 ……《北京晚报》2000年4月10日第7版
1加1大于2——北京大学北京医科大学合并侧记 ………………………《北京青年报》2000年4月13日第10版
皮肤活检能诊断中枢神经疾患,北医大一院引进微创伤性检查方法 ………《健康报》2000年4月13日第1版
人保北京分公司成立医学专家委员会 …………………………………《健康报》2000年4月15日第1版
吕厚山心系关节病患者 …………………………………………………《健康报》2000年4月19日第5版
天使往来结深情——记北大医院技术支援石河子人民医院 ………………《健康报》2000年4月19日第8版
厚情若山——记北京大学人民医院吕厚山院长及他领导的骨关节病中心 …《光明日报》2000年5月1日B2版
溥仪重孙今天出院 ………………………………………………………《北京晚报》2000年5月3日第2版
新北大今天喜事多 ………………………………………………………《北京晚报》2000年5月4日第4版
北大医学部正式挂牌 ……………………………………………………《北京青年报》2000年5月6日第8版
北京大学医学部正式挂牌 ………………………………………………《健康报》2000年5月9日第1版
北大医院喜迎八十五华诞,李岚清致信祝贺 ……………………………《北京日报》2000年5月11日第4版
北京大学一院喜庆85华诞,李岚清写信致贺,彭珮云为新病房楼奠基 ……《健康报》2000年5月11日第1版
寻找护理改革新"坐标" …………………………………………………《健康报》2000年5月13日第3版
一个刚刚走出实验室的新发现:小耗子有氧运动降血脂 …………………《北京晚报》2000年5月17日第30版
胸大肌补脸蛋巧夺天工,口咽癌切除术不伤面子与功能 ………………《健康报》2000年5月17日第5版
"无烟大学"创出成效 医学生吸烟明显减少 ……………………………《健康报》2000年5月24日第1版
北京大学医学部与法国南锡亨利庞卡莱大学在北大一院举行合作签字仪式 …………………………………………………………………………………………《健康报》2000年5月24日第1版
在更高的层次上加强中美合作,哈佛大学卫生考察团访华 ………………《健康报》2000年5月25日第1版
首届卫生管理研究生班结业 ……………………………………………《健康报》2000年5月27日第3版
卵巢癌疫苗有望进入临床 ………………………………………………《健康报》2000年6月1日第1版
北大一院调查发现北京地区尿失禁患病率高 ……………………………《健康报》2000年6月2日第1版
中国2000年抗衰老研讨会召开 …………………………………………《健康报》2000年6月2日第1版
原北京医科大学临床肿瘤学院举行挂牌仪式,更名为北京大学临床肿瘤学院 …………………………………………………………………………………………《健康报》2000年6月3日第1版
勇闯新路——记心内科专家陈明哲教授 …………………………………《光明日报》2000年6月6日C2版
利福平何以引起溶血和肾肝损害,北大一院查明原因 ……………………《健康报》2000年6月7日
前列腺疾患增加 …………………………………………………………《北京日报》2000年6月8日第12版
异基因骨髓移植成功 ……………………………………………………《北京日报》2000年6月8日第12版
新当选院士郭应禄呼请公众关注——环境污染影响男性生育能力 ………《健康报》2000年6月8日第1版
北大精神卫生研究所一项研究提示:多动障碍儿童脑自组织能力差 ………《健康报》2000年6月10日第1版
北大医学部调整技术创新思路 …………………………………………《健康报》2000年6月10日第3版
两院院士大会闭幕,新一届学部主席团成员、学部常委产生 ……………《健康报》2000年6月10日第1版
妊娠期糖尿病母儿预后改善 ……………………………………………《健康报》2000年6月10日第3版
糖尿病教育可改善妊娠结局 ……………………………………………《健康报》2000年6月10日第3版
本市医院接连抢救铊中毒者,专家呼吁规范化学药品管理 ………………《北京青年报》2000年6月13日第3版

北大三院引进激光脱毛技术	《健康报》2000年6月13日第3版
北大三院成功切除腹腔巨大肿瘤	《健康报》2000年6月14日第3版
生殖道感染与多种因素有关	《健康报》2000年6月14日第3版
中华口腔医学网在北京开通	《健康报》2000年6月15日第3版
北京医生要为陕北农民换关节,央视首次现场直播	《北京晚报》2000年6月20日第7版
北大医学部颁发克缇论文奖	《健康报》2000年6月21日第3版
激光医学显神威	《健康报》2000年6月21日第5版
西部走出疾病"沼泽地"	《北京青年报》2000年6月22日第33版
运动营养与健康国际会议召开	《健康报》2000年6月24日第3版
中国药物依赖研究所专家指出冰毒危害社会,"毒性"越来越大	《健康报》2000年6月24日第3版
后基因时代治病看基因	《北京青年报》2000年6月27日第28版
北大医院开设肝脏移植门诊	《北京晚报》2000年6月27日第7版
跨区县建绿色通道,北大医院医疗集团今天成立	《北京晚报》2000年6月27日第7版
北京完成两例高龄复杂肝移植	《健康报》2000年6月27日第3版
28岁的他死于小手术——手术治鼾请慎行	《健康报》2000年6月28日第5版
北大医院成立新型医疗集团	《健康报》2000年6月28日第1版
右室双部位同步起搏,治疗顽固性心力衰竭	《健康报》2000年6月28日第5版
北大人民医院组建医疗集团	《健康报》2000年6月29日第1版
综合治疗方案可解戒毒难点	《健康报》2000年7月1日第1版
抢医改先机 走"联合路线",北京医院"集团军"越来越多	《北京晚报》2000年7月2日第7版
北大医院昨天开出首张处方	《北京青年报》2000年7月5日第2版
《中国妇产科临床》创刊发行	《健康报》2000年7月6日第3版
心血管介入人才培养提速	《健康报》2000年7月6日第3版
北大一院成为"全国科普教育基地"	《健康报》2000年7月7日第3版
"生物导弹"再抖威风,膀胱癌免疫毒素灌注治疗获重要突破	《健康报》2000年7月8日第1版
社会青睐医学生	《健康报》2000年7月12日第1版
铁路总医院"加盟"北大	《北京青年报》2000年7月13日第3版
象牙塔里的人文氛围——北大医学部探索素质教育侧记	《健康报》2000年7月15日第3版
周总理的嘱托遭遇知识经济	《北京青年报》2000年7月17日第15版
北大庆贺王志均院士90华诞	《健康报》2000年7月19日第1版
七旬老翁走失六天,爱心凝聚北医三院	《北京晚报》2000年7月28日第4版
北京大学第三医院电凝法治下肢静脉曲张	《健康报》2000年8月2日第5版
局麻小切口也能冠脉搭桥	《健康报》2000年8月5日第1版
爱心凝聚北医三院	《健康报》2000年8月8日第2版
电脑仿生设计人工半骨盆,北大医院完成首例置换术	《健康报》2000年8月9日第5版
七家医院联手承诺血液透析限价410元	《北京日报》2000年8月12日第5版
漂浮疗法带给你身心健康	《健康报》2000年8月16日第5版
黄醒华:母婴平安是我最大的快乐	《北京青年报》2000年8月22日第5版
戊肝病人需隔离多久,研究表明病后4周	《健康报》2000年8月22日第1版
又一遗传病有了检测新方法,"Alport"可以产前诊断了	《健康报》2000年8月23日第5版
北大一院妇儿保健中心调查结果:生殖道感染是妇女常见病	《北京晚报》2000年8月28日第7版
北京大夫妙用仿生技术骨癌患者换上人工骨盆	《北京日报》2000年9月6日第5版
张齐联"镜"到病除	《健康报》2000年9月6日第5版
泌尿外科继续教育喜结硕果	《健康报》2000年9月7日第3版
让高新技术造福西部患者,北大捐赠千万元医疗设备	《健康报》2000年9月11日第3版
伍连德铜像在北大人民医院揭幕	《健康报》2000年9月12日第1版
北大三院组建跨省协作网	《健康报》2000年9月16日第1版

我国医药学界创新人才辈出,第六届吴杨奖颁发	《健康报》2000年9月16日第1版
北大人民医院开设绿色通道,心绞痛患者获及时救治	《健康报》2000年9月21日第3版
北大医学部有了首位企业博士后	《健康报》2000年9月22日第1版
胃癌研究出系列成果	《健康报》2000年9月23日第1版
乙肝丙肝为何久治不愈,原来是病毒准种演变在作祟	《健康报》2000年9月26日第1版
生物导弹治疗膀胱癌	《健康报》2000年9月27日第5版
"清查"血液擒原凶	《健康报》2000年10月4日第5版
DC和CIK法治肿瘤有效延长了患者生存期	《健康报》2000年10月4日第1版
明天更美好——韩启德院士谈北大医学部发展方略	《健康报》2000年10月5日第1版
呼吸道感染疗法调研显示"中西合璧"胜于单一疗法	《健康报》2000年10月6日第1版
全国眼科学术会高潮迭起,王文吉张惠蓉分获"金苹果""金钥匙"奖	《健康报》2000年10月6日第1版
肝移植挽救了晚期肝癌患者	《光明日报》2000年10月9日B2版
国家"九五"科技攻关结果显示高血压社区防治效果好	《健康报》2000年10月10日第1版
戊肝疫苗实验室研究完成	《健康报》2000年10月12日第1版
庚肝研究收获系列成果	《健康报》2000年10月14日第1版
无创性人体功能检查研究有突破	《健康报》2000年10月14日第3版
中关村有了首家医疗集团	《北京晚报》2000年10月18日第29版
北大一院心外科泌尿外科合作,一台手术治心又治肾	《健康报》2000年10月18日第5版
北京第六医院开展老年期疾病义诊	《健康报》2000年10月20日第3版
中美科学家联合研究17年,胃癌高发区流行病学研究获进展	《健康报》2000年10月20日第1版
第一届北京国际口腔种植会议在京召开	《保健时报》2000年10月20日第1版
第七届"何梁何利"奖在京颁发,11位生命科学界专家获奖	《健康报》2000年10月21日第1版
陆道培院士首次报告雄黄有望治愈白血病	《健康报》2000年10月25日第1版
北京大学关节病研究所成立	《健康报》2000年10月28日第4版
北大生物医学论坛精彩纷呈	《健康报》2000年11月1日第1版
久病女孩好幸运,摘了肿瘤又整容	《健康报》2000年11月4日第3版
食管胆管气管狭窄介入治疗帮您解忧	《健康报》2000年11月8日第5版
CT诊断肠胃病大有作为	《健康报》2000年11月10日第3版
"分子搭桥术"生成新血管,基因治疗心血管疾病研究获重大进展	《健康报》2000年11月11日第1版
支架+转基因可减少心脏介入术后血管再狭窄	《健康报》2000年11月11日第4版
享誉海内外的北大医院	《保健时报》2000年11月17日第5版
唾液代泪液,从此眼不干	《健康报》2000年11月22日第3版
患股骨头坏死32年,北大医院3个月治愈	《北京晚报》2000年11月25日第7版
读万卷书行万里路,不要忘记医学要服务于大众	《北京青年报》2000年11月28日
乳癌普查专家胡永升	《健康报》2000年11月29日第5版
慢性肺病全国患者3800万,纪念穆魁津教授逝世3周年及慢性阻塞性肺病研讨会在京举行	《健康报》2000年11月30日第1版
北京大学人类疾病基因研究中心今天成立,疾病基因研究获得成果	《北京晚报》2000年12月1日第7版
北大成立人类疾病基因研究中心	《健康报》2000年12月2日第1版
北大医院二部病房楼封顶	《北京青年报》2000年12月12日第4版
北京大学一院病房楼工程获奖	《健康报》2000年12月13日第3版
1999年科技论文排序揭榜,医科院协和医院被《SCI》收录论文最多	《健康报》2000年12月14日第1版
北大成立生物医学跨学科研究中心	《健康报》2000年12月14日第1版
北京大学与首钢总医院就联手建设教学医院举行签字揭牌仪式	《健康报》2000年12月15日第1版
北大成立生物医学跨学科研究中心	《光明日报》2000年12月15日A3版
TPO基因可治疗血小板减少症,有望提高癌症病人对化疗的耐受性	《健康报》2000年12月19日第1版
北大人民医院年内完成冠脉搭桥200例	《健康报》2000年12月23日第3版

北京仁和医院扛上两块"北大"牌子 …………………………《健康报》2000年12月23日第3版
北大人民医院设新的绿色通道 …………………………………《健康报》2000年12月26日第3版
京沪联手抗高血压,每投入一元综合防治,节约治疗费八点五九元 ………《健康报》2000年12月26日第3版
我国科学家完成医生物体完整基因组序列测定,痢疾杆菌基因组遗传密码破译 ……………………………
………………………………………………………………………《健康报》2000年12月26日第1版
微创术使自发性气胸去根儿 ……………………………………《健康报》2000年12月27日第5版
京城病房出现男陪护 ……………………………………………《北京日报》2000年12月29日第9版
王治均院士逝世 …………………………………………………《健康报》2000年12月29日第1版
"丽珠杯"2000年中国医药科技十大新闻揭晓 …………………《健康报》2000年12月30日第1版
戒毒从心开始 ……………………………………………………《北京晚报》2000年12月31日第58版
消化生理学奠基人王志均院士病逝 ……………………………《光明日报》2000年12月31日B2版

索引

使用说明

一、本索引采用内容分析索引法编制，并按照汉语拼音音序(同音字按声调)排列。

二、除"大事记"外，年鉴的各部分内容均列入索引范围，以便于检索使用。

三、索引标目后的数字表示内容所在的页码，数字后的英文字母a、b、c，代表年鉴正文自左至右的栏别。

四、年鉴中的文章篇名作为索引标目时，用黑体字标明；图表标目用楷体字标明；其它标目则以宋体字编排。

五、索引中遇有全称与简称、通称标目时，以"见"参照予以反映。一般是全称、简称见通称。

六、为反映索引款目间的上下级关系，对于二级标目，采取在上一级标目下缩二格的编排形式，之后再按汉语拼音音序排列。

0—9

1999年主要工作 35a
1—9级岗位分布情况(表) 374
2000年北京大学党发、校发文件 521
2000年北京金庸小说国际研讨会 290c
2000年大事记 587
2000年度通过鉴定、评审科技成果 271
2000年工作重点 37a
2000年教务工作数据 225
2000年聘请的客座教授 608
2000年秋季留学生招生统计(表) 263
2000年逝世人物 520
2000年授予的名誉教授 608
211 工程 21b、32a
"211工程"基础设施项目完成投资一览表(表) 430
"211工程"建设项目及成果 417a
"211工程"进口仪器设备一览表(表) 402
"211工程"投资完成统计(表) 430
"211工程"项目投资完成一览表(表) 430
"211工程"执行情况 397b

21世纪中国、日本与亚洲国际学术讨论会 290a
"973"国家重点基础研究发展计划课题 603c
985 工程 21b、60b、279b
"985"项目进口仪器设备一览表(表) 403
"985"项目执行情况 397b

A～Z

Apabi eBook 解决方案 138c
BH-3000型计算机直接制版系统 604a
EI 检索科技论文统计(表) 271
IET 奖学金 552a、562b
NKK 奖学金 550b
SCI 和 EI 检索科技论文统计(表) 271
SHARKS 鲨鱼群网站整体解决方案 139a

A

爱心社 487a
安泰奖教金获得者 528a
案件检查工作 462c
　责任制 463a
　情况自查 464a
案例教学 184a

奥德奖学金 553a
奥思多媒体创作工具 138b

B

百周年纪念讲堂 437c
班子换届 449c、450b
办理离退休手续情况(表) 378
办学经费筹措 387a
办学实力 23a
宝钢奖学金 549a
宝洁奖教金 529a
宝洁奖学金 548b
保持稳定 42a
保密工作 466c
保卫队伍建设 465b
保卫工作 465、468a
保卫内部建设 469a
保卫学术研究 469c
保卫研究活动 465b
报刊报道北大消息索引 614
　访谈 619a
　人物 618
　校本部 614
　新闻 614
　学者论坛 618
　医学部 619a
　专题 618
报纸排版系统 138b
北大毕业生就业形势特点 476c

北大超市发超市 440a
北大方正集团公司 见 方正集团
北大附小 445
　　爱国主义教育 446b
　　办学条件改善 446c
　　附小网站 445c
　　环保教育 446c
　　教科研成果 446b
　　教师教科研论文获奖情况统计（表） 447
　　教师参加区级以上教学评优课获奖情况统计（表） 447
　　教学改革 445c
　　教学研讨会 446a
　　科技教育 446c
　　科研课题 446a
　　课程设置 445c
　　民族传统文化教育 446c
　　手拉手心连心活动 446b
　　特色教育 46b
　　校园文化建设 445c
　　新的教学模式特点 446a
北大附中 444
　　岗级聘任制 444b
　　管乐团访美 444c
　　建校40周年 445c
　　交流与合作 444c
　　教学工作 445a
　　教学用品捐赠 445a
　　精品课展示会 445b
　　科技讲座 445a
　　日本早大本庄高等学院访问 445a
　　深圳南山分校 445a
　　师生献爱心 444c
　　世界著名中学校长论坛 445a
　　叔频奖学金 445b
　　体卫工作检查验收 444b
　　校园文化 444c
　　　校园文化建设检查验收 444c
　　迎接新世纪 444c
　　远程教育网 445c
北大富硒康 301a
北大教授宣讲团 453c

北大教育基金会建设 53a
北大蓝光 GaN-based 蓝光 LED 研究 300c
北大奇石研究会 486c
北大侨联会 457b
《北大青年》 485c
北大青鸟集团 见 青鸟集团
北大团校 485b
北大未名生物工程集团 见 未名集团
《北大新闻》 455a
北大主要消息索引 614
北大资源集团 见 资源集团
北京大学 1、3、58
北京大学北京矿务局总医院教学医院 355c
北京大学北京仁和医院教学医院 355c
北京大学出版社 325c、333a
　　北大印刷厂 326b
　　出版新书目录 327
　　第8届北京国际图书博览会 326c
　　对外版权贸易 326a
　　发行研讨会 326b
　　发展概况 325c
　　管理工作制度化规范化 326a
　　合并重组工作 326b
　　内部管理体制改革 326c
　　人事管理改革 326a
　　书号管理 326b
　　图书增长 326a
　　选题管理 326b
北京大学出访团 361a
北京大学创立 58a
北京大学党发、校发文件 521
　　北党发 522
　　党办发文 526
　　党发文 521
　　校办发文 526
　　校发文 522
北京大学档案馆 336a、338a
　　档案基础业务建设 336c
　　档案科学技术研究基地 337c
　　档案利用与服务 337b

　　档案收集与整理 337a
　　档案现代化管理 337a
　　发展概况 336a
　　馆藏档案 336a
　　馆藏与利用成果展 337b
　　青少年爱国主义教育基地 337c
　　学术交流与编研 337b
北京大学地坛医院教学医院 352c
北京大学第八临床医学院 351c
北京大学第九临床医学院 352a
北京大学第四临床医学院 349a
北京大学第五临床医学院 350b
北京大学第六医院 171
北京大学第三医院 163a
北京大学第一医院 152a
北京大学发展规划专家组成员名单 360b
北京大学辐射防护领导小组 360c
北京大学辐射防护专业小组 360c
北京大学附属小学 见 北大附小
北京大学附属中学 见 北大附中
北京大学肝病研究所 161b
北京大学关节病研究所 162b
北京大学关于校属实体机构设置或调整申请与审批程序的规定 359c
北京大学规划委员会工作章程 358b
北京大学规划委员会组成名单 358c
北京大学航天中心医院教学医院 353c
北京大学后勤社会化改革方案 427b
北京大学开展三讲教育 10
　　交流思想，开展批评阶段 11b
　　认真整改，巩固成果阶段 11b
　　思想发动，学习提高阶段 10b

索 引

自我剖析，听取意见阶段
　　11a
北京大学科技园　303a
　　成府片区　303a
　　挂甲屯片区　303b
　　篓斗桥片区　303b
　　南街片区　303a
北京大学口腔医院　165c
北京大学六所医院2000年主要指
　　标（表）　349
北京大学民航总医院教学医院
　　353a
北京大学名称使用问题　398c
北京大学聘请的名誉教授与客座
　　教授　608
北京大学人民医院　156c
北京大学赛克勒考古与艺术博物
　　馆　339a
**北京大学事业规划委员会工作章
　　程**　359a
北京大学事业规划委员会组成名
　　单　359a
北京大学首都儿科研究所教学医
　　院　354a
北京大学首钢总医院教学医院
　　354c
北京大学碎石技术应用研究所
　　162a
北京大学图书馆　320a
　　CALIS项目　323b
　　报刊经费使用（表）　321
　　编目情况月统计（表）　322
　　电子资源建设情况（表）　321
　　读者服务　320b
　　发展概况　320a
　　馆藏搬迁整理　321b
　　馆藏展览　322a
　　交流合作　323c
　　接待读者借阅咨询（表）
　　　　322
　　开馆时间延长　321a
　　联合目录数据库建设项目组
　　　　323b
　　热点话题查询服务　320c
　　人员培训　324a
　　书刊编目　320b
　　图书经费使用（表）　322

网上学科导航库建设　320c
文明服务月活动　321b
文献采访　320a
校外读者服务　321a
信息咨询部　320c
信息咨询部工作统计（表）
　　322
原文文献传递　321a
中文现刊目次库建设项目组
　　323c
重点学科导航库　320c
自动化网络化评估　322c
自建数据库系统　324a
北京大学图书馆古籍善本特藏精
　　华展　322a
北京大学团委　484a
北京大学校长科研基金　269c
北京大学校医院　443b
**北京大学校园规划委员会工作章
　　程**　359b
北京大学校园规划委员会组成名
　　单　359c
**北京大学学科规划委员会工作章
　　程**　358c
北京大学学科规划委员会组成名
　　单　359a
北京大学血管医学研究所　165c
北京大学血液病研究所　160c
北京大学医学部　3b，62a
　　2000年主要工作　64a
　　985规划　64a
　　985规划项目　64b
　　985资助项目　65a
　　曾任各民主党派中央、北京市
　　　　委负责人　497
　　创建世界一流大学　64a
　　党的建设　65b
　　党风廉政建设　66a
　　发展概况　62a
　　发展目标　64a
　　工会工作　66b
　　管理工作　65b
　　国际交流　64a
　　后勤管理改革　65b
　　基本建设　65b
　　教育教学工作　64a
　　教职工　63b

　　科研工作　65a
　　历届负责人　492
　　历届全国人民代表大会代表、
　　　　北京市人民代表大会代表
　　　　495
　　历届全国政协委员、北京市政
　　　　协委员　496
　　历史沿革　62a
　　临床教学　64a
　　内部机构精简　65b
　　设备与实验室管理　65b
　　思想政治工作　65b
　　外事工作　65b
　　学科及专业　63b
　　学科建设　64b
　　学生状况　63b
　　研究生培养　64b
　　医疗工作　65a
　　医学部建设项目　64b
　　医药卫生人才培养　63b
　　中国医学教育　63b
北京大学医学图书馆　324b
　　CALIS项目　325a
　　MARC培训班　325b
　　读者服务　324c
　　发展概况　324b
　　附属医院图书馆系统资源共
　　　　享工作　325b
　　合作协调　325b
　　教学工作　325b
　　科研成果　325c
　　培训工作　325b
　　书刊编目　324c
　　文献采访　324c
　　文献资源共享工作　325b
　　重大工作　324c
　　自身建设　325c
北京大学医学网络教育学院
　　341c
北京大学运动医学研究所　165b
北京大学中日友好临床医学院
　　351a
北京地坛医院　352c
北京国际图书博览会　326c
北京核磁共振中心建设　398b
北京积水潭医院　349a
北京矿务局总医院　355a

北京仁和医院　355c
北京市第六届哲学社会科学优秀
　成果获奖名单（表）　285
北京市第六届哲学社会科学优秀
　成果奖　282c
北京市科技进步奖　604a
北京市科研项目　269b
　　北京市科委项目　269b
　　北京市自然科学基金　269b
北京市三好学生　554b、561b
北京市实验动物培训机构　347a
北京市委党校北医分院工作
　451c
北京市优秀教师　553a
北京市优秀教育工作者　553a
北京市优秀青年教师　553b
北京市优秀学生干部　555a、561b
北京铁路总医院　352a
《北京医科大学》　456a
北京医科大学出版社　333a
　　2000年出书目录　334
　　编辑工作研讨会　333c
　　出版新书目录　334
　　发展概况　333a
北京医科大学实验药厂　306b
　　发展概况　306b
　　人员　306b
　　三苯氧胺缓释片开发　306c
　　设备　306c
　　生产能力　306c
　　斯利安　306c
　　新开发产品　306c
　　主要产品　306c
　　资产　306b
北京医科大学桃李奖　553b
北京邮电总医院　351c
北京肿瘤分子生物实验室　170a
北京肿瘤医院　168c
《北医》　456a
北医电视台　456c
本科毕业生　563
　　城市与环境学系　565b
　　地球物理学系　563b
　　地质学系　565a
　　电子学系　564a
　　法学学士　567a
　　法学院　567a

工学学士　565b
管理学学士　568b
光华管理学院　568b
国际关系学院　567b
化学与分子工程学院　564b
计算机科学技术系　564a
技术物理系　564a
经济学学士　568a
经济学院　568a
考古学系　566b
理学学士　563a
力学与工程科学系　563b、
　565b
历史学系　566b
历史学学士　566b
社会学系　567b
生命科学学院　565a
数学科学学院　563a
外国语学院　566a
文学学士　565b
物理学系　563b
心理学系　565b
信息管理系　565b、566a
医学学士　569b
艺术学系　566a
哲学系　567a
哲学学士　567a
政治学与行政管理系　567b
中国语言文学系　565b
本科毕业生就业　483a
本科课程目录（1999—2000）（表）
　192
本科课程目录（2000—2001）（表）
　207
本科生奖励名单　554b
本科生教育教学　181
本科生科研　181b
本科直攻博办法　233c
本科专业目录（表）　191
本专科毕业生就业指导　476b
本专科毕业生去向　604b
毕业鉴定工作　480a
毕业教育　480a
毕业留学生（表）　584
　　校本部　584
　　医学部　586
毕业生就业前期工作　477c、479b

毕业生就业信息发布和征集
　478a
毕业生就业指导　476b、478c
毕业生名单　563
毕业研究生就业分配　483b
毕业研究生就业工作规范化建设
　479c
毕业研究生就业前期准备工作
　479b
毕业研究生就业情况特点　478c
毕业研究生就业情况统计（表）
　479
毕业研究生就业市场　479b
毕业研究生就业指导　478c
毕业证书验证系统　183a
边学边改、边整边改　19a
编制核定　371c
表彰与奖励　528、553
病历检查工作　348c
博士毕业生　574
　　城市与环境学系　575a
　　地球物理学系　574a
　　地质学系　575a
　　第二临床医学院　576b
　　第三临床医学院　576b
　　第一临床医学院　576a
　　电子学系　574b
　　法学院　575b
　　公共卫生学院　576a
　　光华管理学院　575b
　　国际关系学院　575a
　　化学与分子工程学院　574b
　　环境科学中心　575b
　　基础医学院　576a
　　计算机科学技术系　574b
　　技术物理系　574a
　　教育学院　575b
　　经济学院　575a
　　精神卫生研究所　576b
　　考古文博院　575a
　　科学与社会研究中心　575b
　　口腔医学院　576b
　　力学与工程科学系　574a
　　历史学系　575a
　　马克思主义学院　575b
　　人口研究所　575b
　　社会学系　575b

索引

生命科学学院 574b
数学科学学院 574a
外国语学院 575b
物理学系 574a
心理学系 575a
信息管理系 575b
药学院 576a
哲学系 575a
政治学与行政管理系 575b
中国经济研究中心 575b
中国语言文学系 575a
肿瘤研究所 576b
博士后进出站情况统计(表) 378
博士后科研成果情况统计(表) 378
博士后科研工作 378c
博士后联谊活动 378b
博士后流动站 378a
博士后学术活动 378b
博士生培养管理规定 235b
博士生指导教师登录招生简章工作 236a
博士、硕士学位授予权学科专业目录 250
 法学 251a、254b
 工学 253a
 管理学 253a、254b
 教育学 251b、254b
 经济学 251a
 理学 252a、253b
 历史学 252a
 文学 251b
 校本部 250a
 医学 253b
 医学部 253b
 哲学 250a
 专业学 253a
博士团西部行社会实践活动 486b
博士研究生报考 234b
博物馆 339a

C

财务工作 387
财务管理 38a、388a、464b
财务监督 388b
财务审计 391c
财务问题 52b
财务状况评价指标 388a
财务状况专题分析 387c
财政管理 23a
蔡元培 58a
餐饮中心 420b
 多层次服务 420b
 副食品基地建设 420c
 管理岗位竞聘 420b
 基本服务 420b
 就餐和服务条件改善 420b
 与同学沟通 420c
产学研工作 36a
产业改制 52a
产业工作 56b
产业管理 298
产业管理委员会 301c
产业开发 265
昌平园区问题 34b
长江特聘教授岗位申请及审批情况(1997～2000)(表) 374
长江学者奖励计划 373a
长江学者聘任 373a
倡导心理健康 489c
陈波 289a
陈独秀 58a
陈佳洱 499b
陈建生 500c
陈慰峰 509a
陈兴良 289c
陈章良 53b
陈哲夫 289a
陈至立 2b、6a、38a、39b
成果转化 300b
成人高等学历教育毕业生 576
 财务会计专科 578b
 电子与计算机应用技术专业 577b
 法学(知识产权)专升本科 582a
 法学专升本 581a
 法语专科 577a
 房地产与物业管理专科 577a
 广告学专科 577a
 广告艺术设计专科 580a
 国际贸易专升本科 580a
 环境工程专升本 581a
 货币银行学专升本 580b
 计算机及应用专升本 580a
 计算机软件专科 577a
 计算机实用技术专科 577a
 计算机信息管理专科 579a
 建筑(结构)工程专科 577b
 金融与贸易专科 577b
 经济管理专科 579a
 理财学专升本 580b
 生物化学与分子生物学专科 577c
 市场分析与营销专科 576b
 图书馆学专升本 581a
 外事管理与涉外秘书专科 576a
 文化艺术管理专科 580a
 现代会计专科 577a
 行政管理学专升本科 581b
 行政管理专科 579b
 医学部 582a
 医学部函授 583a
 医学部夜大学 582a
 政治学干部专修科 576a
成人高等学历教育在校生统计(表) 260
成人教育 255a
 北大成人教育调研指导 256b
 北京市教委 256b
 成人高等教育 255a
 成人继续教育 258a
 成人教育学院建设与发展 257c
 成人教育研究与交流 258a
 发展概况 255a
 非学历培训 256c
 高层次继续教育 256c
 海峡两岸继续教育论坛 258a
 继续教育 256c
 普通层次非学历培训 256c
 现代远程教育 256c
 现代远程教育系统 257a
 现代远程教育新发展 257a
 现代远程教育招生工作

　　　　257b
　　学分制工作　255c
　　学籍管理　256b
　　远程教育管理工作　257b
　　自学考试工作　257a
成人学历教育招生录取人数统计
　（表）　261
成舍我奖学金　552a
成套家属房汇总统计（表）　401
承担《国家重点基础研究发展规
　划》项目统计（表）　268
城市与环境学系　103c
　　成人教育　104c
　　出版科技专著、教材情况（表）
　　　107
　　发展概况　103c
　　教育部重点实验室建设
　　　104a
　　科技成果获奖情况（表）　107
　　科研成果　104b
　　科研项目　104b
　　科研项目（表）　105
　　实验室研究方向　104b
　　图书资料　104c
　　学生活动　104c
　　学术活动　104c
　　中日水环境研讨会　104c
迟惠生　53b
出版社　见　北京大学出版社
出版新书目录　327
出国派出工作　374c
出售公有住宅楼房情况一览表
　（表）　402
雏鹰奖学金　553a
传统技术改造创新成果　138a
创建世界一流大学　8、21b、22a、
　25b、30b、31a、36a、37a、47a、48a、
　54b、59a、60a
创建世界一流大学规划　3b
　　修订　22b、54b、60a
创建世界一流大学实施步骤　36b
创新奖　532a
春季全校干部大会　29、34

D

大事记　587、604

大型仪器开放测试基金申报、评审
　工作　396c
大学科技园　302c
大学生书库　481a
氮化物蓝光、绿光LED研究与开
　发技术研究　603c
党的建设　30a、36a
党发文件　521
党风廉政建设　461a、464c
党风廉政建设责任制　461a、463c
　　检查　461a
　　修订　461a
党纪监督工作　461b
党建和思想政治工作　23b、42b、
　　43b、53a、448
　　优秀成果奖　457c
党建研究　451b
党外知识分子工作　459a
党校工作　451b
党员　448a、450a
党员教育和管理　448c
党支部建设　448c、450c
党支部设置问题　448b
档案馆　见　北京大学档案馆
德育工作　33a、480a、481a
德育工作体系　481a
邓小平理论研究中心　279c
地球物理学系　85b
　　毕业生就业　86b
　　发展概况　85b
　　岗位聘任　86b
　　科研情况　86a
　　离退休人员联络网　87a
　　评奖获奖情况　87a
　　清产核资　86c
　　清产核资情况（表）　87
　　学科建设　85c
　　在职研究生课程进修　86c
地质学系　101b
　　地质陈列馆　102a
　　地质档案馆　102a
　　对外交流　102b
　　发展概况　101b
　　教学改革　102b
　　科研成果　102c
　　科研活动　102c
　　实验室建设　103b

　　图书资料室　101c
　　学科建设　102a
　　学生工作　103c
　　学术报告会　102c
　　学术活动　102c
第12届亚太地区国际会计专题研
　讨会　291a
第二临床医学院　156c
　　发展概况　156c
　　肝病研究所　161b
　　关节病研究所　162b
　　国际交流　160c
　　继续医学教育　159c
　　健康快车医疗队　158b
　　教学改革　159b
　　教学工作　158
　　教学质量　159a
　　科研成果　160c
　　科研工作　160a
　　科研工作一览表（1996～
　　　2000）（表）　160
　　科研基金　160b
　　内外科课程融合　159b
　　器官移植　157b
　　人工关节置换　157c
　　人民医院医疗集团　158c
　　碎石技术应用研究所　162a
　　胸痛绿色通道开通　157c
　　血液病研究所　160c
　　研究生教育　159a
　　眼科　157c
　　医疗队组织选派　158b
　　医疗工作　157b
　　医疗质量　158a
　　医院管理　160a
　　肿瘤治疗新方法　158a
综合医疗指标完成情况（1996～
　2000）（表）　158
第六届教书育人研讨会　470a
第三临床医学院　163a
　　本科生教学任务表（1996～
　　　2000）（表）　164
　　对外交流　165b
　　发展概况　163a
　　教学改革　165a
　　教学工作　164c
　　精神文明建设　163c

索 引

科技成果统计表（1996～
　　1999）（表） 164
科技论文在全国医疗机构排名情
　　况（表） 164
　　科研工作 165b
　　科研基金申报、中标情况统计
　　　（1996～2000）（表） 164
　　血管医学研究所 165c
　　医疗改革 164a
　　医疗工作 163b
　　医疗业务工作统计（1996～
　　　2000）（表） 163
　　优秀学生奖学金评选情况
　　　（表） 164
　　运动医学研究所 165b
第十六次工代会 469c
第十四届京华杯棋牌赛 471a
第四届教代会 469c
　　执行委员会 71
第五届亚太地区韩国学国际学术
　　会议 291b
第一临床医学院 152a
　　85周年院庆 156b
　　北大医院赴西北医疗队
　　　154a
　　北大医院医疗集团 154a
　　成果统计表（1996～2000）
　　　（表） 155
　　二部扩建工程开工奠基
　　　156b
　　发展概况 152a
　　赴西北医疗队 154a
　　高难度手术 153c
　　规范化服务 153c
　　国际交流与合作 153a、155c
　　护理工作 154a
　　患者就医环境改善 153c
　　急诊科工作 153c
　　健康快车医疗队 154a
　　教学工作 154b
　　接待国境外来访情况（表）
　　　155
　　科技论文排行情况（表） 156
　　科学研究 152c
　　科研成果 153a
　　科研工作 155c
　　课题经费统计表（1996～

　　　2000）（表） 155
　　研究生教育 154c
　　医疗工作 153b
　　医疗工作完成数量指标（表）
　　　155
　　医疗工作质量指标（表） 155
　　医疗集团 154a
　　医疗设施 152b
　　医学教育 152c、154b
　　医院管理 156a
　　诊疗水平 153a
电教中心 339c
　　电教办公室 339c
　　电视共用天线 341a
　　多媒体技术实验室 340a
　　发展概况 339c
　　计算机基础与应用课 340b
　　技术室 340a
　　教学服务 340c
　　教学工作 340b
　　教育技术教研室 340a
　　科学研究与开发 340b
　　理论研究 340c
　　文科计算机教研室 340a
　　文科教师教育技术培训
　　　340b
　　下设机构 339c
　　校内新闻 341a
　　选修课 340b
　　音像教材制作 340c
电视台工作 456c
电视台数字化系统 138b
电子商务双学位 182b
电子学系 91a
　　电子信息科学基础实验中心
　　　组成（表） 92
　　对外交流 92c
　　发展概况 91a
　　教材建设 92b
　　教改项目 92b
　　教学队伍建设 91c
　　教学工作 91c
　　科研成果 92c
　　科研工作 92c
　　课程建设 92a
　　实验室建设 91b、91c
　　学科建设 91b

　　学生工作 93a
调查研究 454a、456a
丁伟岳 500b
定编定岗工作 56a
东宝奖教金 529a
东宝奖学金 549b
东方文学研究中心 280a
东京三菱银行奖学金 548a
东亚区域意识与和平发展国际学
　　术讨论会 291c
东亚研究的现状与展望国际学术
　　讨论会 290b
董申葆 502c
董氏东方奖学金 547a
杜邦奖学金 546b
段学复 498a
队伍建设问题 22a、33b
对社会经济发展有重大价值的开
　　发成果问题 36b
对外汉语教学 261c
　　对外交流 262c
　　发展概况 261c
　　教学工作 262a
　　科研工作 262b
对外交流与合作 61b、360、361c
对外交流中心 437a
多渠道筹措办学经费 30a

E

二级单位财务管理 388c
二级单位负责人综合查询系统研
　　制 388b
二级教代会 473a

F

发挥北大综合优势 55a
发扬党内民主 19a
发展党员工作 448c
发展规划部 356a
　　主要职责 356a
发展规划工作 356
发展规划贯彻 357b
发展规划专家组成员名单 360b
发展规模与条件 41b
发展思路 22a

索 引

法学院　126a
　　对外培训和教学活动　127b
　　对外学术交流　127a
　　发展概况　126a
　　科研与学术活动　126c
　　图书馆　126b
　　学科建设　126c
反腐败教育　464c
方正GB18030字库、超大字库
　　137c
方正集团　299a、309a
　　Apabi eBook解决方案　314a
　　RIP研究开发　312b
　　SHARKS鲨鱼群网站整体解
　　　决方案　314a
　　奥思多媒体创作工具　312c
　　报纸和书刊排版系统　312c
　　产品与技术　311b
　　常务工作小组　310a
　　传统技术改造创新　312b
　　电视台数字化系统　313a
　　方正GB18030字库、超大字
　　　库　312a
　　方正电脑公司　311a
　　方正电子公司　311b
　　方正控股有限公司　311a
　　方正翔宇ICS网站内容服务
　　　系统　310c
　　方正渊博报业信息仓储系统
　　　312a
　　广电领域开发　312c
　　基于INTERNET全数字化
　　　一体化的跨媒体新闻信息
　　　综合业务管理系统　311c
　　集团董事会调整　310a
　　精细化工产品　311c
　　《科技日报》计算机集成报业
　　　系统　312a
　　快速反应及灾难恢复研究课
　　　题　313c
　　领导层调整　310a
　　企业管理与发展　310b
　　企业名录（表）　313
　　软件产品　311b
　　书刊排版系统　312c
　　通过技术鉴定的软件产品
　　　311c

　　稀土材料产品　311c
　　系统集成产品　311c
　　新技术新产品　313c
　　虚拟演播室系统中的实用VR
　　　技术　313a
　　研究开发　310a
　　业务发展　310c
　　印前技术和产品　312b
　　硬件产品　311c
　　智绘地理信息系统　312b
　　总裁班子聘任　310a
房地产管理　393b、393c
房改工作　395a、472b
房屋产权管理　398c
房屋基本情况汇总（表）　400
非教师系列职务晋升通过人员统
　　计（表）　376
非离退减员工作岗位分布（表）
　　373
非离退减员学历分布（表）　373
非学历教育和高层次继续教育在
　　校学生统计（表）　261
　　校本部　261
　　医学部　261
冯奚乔奖学金　549b
冯新德　501b
冯友兰奖学金　550a
扶贫工作　473c
福利　377b
福利费支出情况统计（表）　378
辐射防护领导小组　360c
辐射防护专业小组　360c
附录　608
附属医院　347
副高级职称以上党外知识分子
　　458c
副教授评审通过结果统计（表）
　　376
富硒康　301a
覆盖全部经济活动审计工作格局
　　391a

G

改革、发展、稳定的关系　41a
改革要注意的问题　41b
改进工作作风　44a

改善办学条件　30a
改造工程　418b
干部　67
干部队伍建设　450b
干部流动　450a
干部培训　449a
干部选拔　449c
甘子钊　499c
岗松奖教金获得者　529b
岗松奖学金　546b
岗位聘任过程中的信访情况
　　462c
岗位聘任制　60b、371a
高等教育科学研究所　140a
　　发展概况　140a
　　获奖情况　141b
　　科研活动　140b
　　学科建设　140a
　　学术活动　141a
　　学术交流　140c
高等教育研究在改革中的作用国
　　际研讨会　141b、290b
高科技产业　38b、51b、301c
高科技企业　309a
高校教师滚动调查活动　454a
高雅艺术进校园工作　452b
工程审计　391c
工代会　469c
工会工作　469b、472c
工会先进称号评选表彰工作
　　470c
工会宣传工作培训班　470c
工会重大和带有创新性活动
　　469a
工会组织宣传工作　470c
工资　377b
工作回顾　29a
工作中的问题　31b
公共卫生学院　150a
　　对外交流　151a
　　发展概况　150a
　　科研工作　150c
　　学科建设　150b
公用房调配与管理　394a
公用房使用　51b
公用房验收情况一览表（表）　401
供暖中心　421b

索 引

　　岗位责任制　421b
　　工程维修　421c
　　供暖工作　421c
　　供气工作　421c
　　全员招聘　421b
共青团工作　484
　　爱心社　487a
　　北大奇石研究会　486c
　　《北大青年》　485c
　　北大团校　485b
　　博士团西部行社会实践活动
　　　486b
　　骨干培养　484c、485b
　　基层组织建设　484c
　　课外学生学术科研活动
　　　486a
　　理论研究　485c
　　三下乡活动　486b、486c
　　社会实践　486a、486b
　　社团建设　486c
　　文体工作　486c
　　校园文体活动　487b
　　宣传工作　485c
　　学术科技　486a
　　研究生干部学校　485b
共青团工作　488c
关于扩大高等教育规模对短期经
　济增长作用的研究报告　289c
管理工作　38a、42b、480b
管理体制　23a
　　改革　35b、43a
管理问题　37a
管理与后勤保障　356
光彩奖学金　539a
光华管理学院　124c
　　MBA职业服务中心　125c
　　发展概况　124c
　　交流与合作　125c
　　经济学讲座教授　125c
　　科研与教学获奖　125b
　　科研与学术活动　125b
　　学科建设　125a
光华奖学金　540b、562a
光华医学生奖　560a
广播电视台　455a
　　开创性工作　455b
　　日常工作　455a

　　重点工作　455a
　　规范服务达标检查　464b
规划工作　357a
　　规划委员会工作章程　358b
　　规划委员会组成名单　358c
规划问题　48a
规划修订　357a
贵重仪器设备使用情况及效益评
　价工作　396c
郭应禄　512a
国防定向奖学金　476b
国防教育　476b、482c
国防科研项目　269b
国防重点实验室（表）　270
国际奥林匹克竞赛金牌得主录取
　名单（表）　225
国际关系学院　119c
　　5周年院庆　121a
　　党的建设　120c
　　发展概况　119c
　　《海峡风云》　121b
　　教学工作　120a
　　科研活动　120b
　　外事活动　120c
　　学生工作　120c
　　学术会议　120b
国际会议　362c
国际交流与合作　35b、362b
　　突出形式　61b
国家工程研究中心（表）　271
国家杰出青年科学基金（表）　295
国家杰出青年科学基金资助
　604a
国家科学技术部科技计划　267c
　　863计划　268a
　　973项目　267c
　　国家高技术研究发展计划
　　　268a
　　国家重点科技攻关计划
　　　268a
　　重大基础研究计划　267c
国家社会科学规划基金资助名单
　（表）　283
国家重点实验室（表）　270、293b
国家助学贷款工作　481c
国家自然科学基金委员会资助项
　目　267a

　　创新研究群体科学基金
　　　267b
　　国际交流与合作项目　267b
　　国家杰出青年科学基金
　　　267b
　　基金委与香港研究资助局联
　　　合科研资助基金　267b
　　面上、重点项目　267a
国内合作　51b、298、303c

H

海外教育　261
　　合作办学　261c
　　留学生公寓项目　261c
　　留学生学习优秀奖　261b
　　预科项目招生　261b
韩国学研究基金获资助者（表）
　285
韩济生　510a
韩静远先生哲学教育奖助金教师
　获资助者（表）　284
韩启德　53b、508a
汉唐之间——文化互动与交融国
　际学术研讨会　290b
《汉语非线性音系学——汉语的音
　系格局与单字音》　288b
汉语语言学研究中心　281a
合并后任命的新北京大学校级领
　导班子　67
合并前北京大学校级领导班子
　67
何芳川　53b
恒生银行奖学金　542a
红楼艺术奖　539a、557a
侯仁之　503a
后勤保障　42a、356
后勤党委　423c
　　党支部建设　423c
　　发展党员工作　424b
　　后勤社会化改革　424a
　　后勤文化建设　424b
　　积极分子培养　424b
　　三讲教育　424a
　　宣传工作　424b
　　争优创先活动　424a
后勤工作　36a、56b、417

后勤社会化改革 34a、38b、40a、51a
　　方案 427b
后勤社会化改革工作会议 418c
后勤社会化过渡期内的财务管理 388b
后勤运行保障体系 419a
护理工作 349c
护理学院 151a
　　对外交流与合作 151c
　　发展概况 151a
　　护士节系列活动 152a
　　科研活动 151c
　　科研项目（表） 152
　　授帽仪式 152a
　　学科建设 151c
　　学院纪事 152a
花旗银行奖学金 549b
华为奖学金 547a
华夏英才基金出版资助 458a
化学与分子工程学院 94c
　　博士生学位授予专业设置及研究方向 96a
　　成果统计 96c
　　承担的主要科研项目（表） 97
　　出版著作情况 97a
　　发展概况 94c
　　获奖情况 96c
　　基础理论与应用基础理论研究 95b
　　教学工作 96a
　　科研工作 98a
　　申请专利 97c
　　硕士生学位授予专业设置及研究方向 95c
　　学科设置 95c
　　学生工作 96c
　　学术交流 98a
　　学院结构及研究机构（图） 95
　　研究生招生改革实验 96b
　　专业设置 95c
环保工作 358a
环境科学中心 145b
　　大气环境化学 145c
　　大气污染控制 145c

发展概况 145b
环境规划与管理学 145c
环境经济学 146a
环境社会系统发展学 146a
环境系统分析理论与技术 146a
环境与健康 146a
教学工作 146a
科研工作 146a
绿色科技公司 147a
水污染与控制 145c
水治理理论与技术 145c
研究方向 145c
黄楠森 289a
恢复设立社会科学部 50b
汇凯奖学金 548a
会议与学术交流部 437a
会议中心 436
惠特曼2000：全球化语境中的美国诗歌国际学术研讨会 290c
获北京市社会科学理论著作出版基金资助出版书目（表） 292
获奖成果 282c、288a
霍英东教育基金会 604a
霍铸安奖学金 550b

J

机构 67
机关改革问题 50b
机关干部考核 449a
　　结果 449c
　　特点 449
机关干部双休日培训班 449a
机关机构改革 40a
基层民主 462a
基层组织建设 448b
基础设施建设 23a
基础医学院 147b
　　发展概况 147b
　　获奖科研成果（表） 148
　　教学活动 148b
　　科研活动 148c
　　科研项目与经费情况（表） 147
　　主办国际学术会议（表） 149
基金会工作 36a

基建工作 36a、417
基建投资计划完成统计（表） 431
基于INTERNET全数字化一体化的跨媒体新闻信息综合业务管理系统 137b
集体户口管理 469a
计算机辅助管理系统开发 235c
计算机科学技术系 93b
　　承担科研项目（表） 94
　　发展概况 93b
　　教学工作 93b
　　科研工作 93c
　　聘任定岗情况（表） 94
　　行政工作 94c
　　学生工作 94c
　　学术外事活动 93c
　　著作出版情况（表） 94
计算机科学技术研究所 136b
　　传统技术改造创新成果 138a
　　发展概况 136b
　　方正研究生班 137a
　　科研成果及应用 137b
　　通过技术鉴定的软件产品 137b
　　新技术新产品 138c
　　学科建设 137a
计算中心 342a
　　CERNET八大地区主干网和重点学科信息服务体系建设项目 343a
　　发展概况 342a
　　管理信息系统建设 343b
　　管理信息系统研究室 343b
　　计算机教研室 344a
　　计算机运行室 344a
　　教学工作 344a
　　理科一号、二号楼联网 343a
　　网络用户管理系统 342c
　　微机实验室 344b
　　校园网建设 342b
　　新微机实验室特点 344b
　　燕北园宿舍区联网工程 342c
　　医学部及圆明园校区光缆联网工程 342c
　　中国高速互连实验网 NSFC-

Net建设　343a
　　主干网扩展　342c
　　主要工作　342b
纪检监察工作　460、463a
　　干部队伍建设　460c
　　机构建设　460a
　　纪检监察机关自身建设
　　　465a
　　临时纪律检查委员会　460b
　　临时纪委运行机制和工作原
　　　则　460b
　　信息工作　461a
纪念王力先生诞辰100周年语言
　学国际学术研讨会　110a、291a
纪委监察室　460a
技术合同项目　308
技术合作典范　300c
技术物理系　89a
　　党建工作　90a
　　第二届全国物理学研究生暑
　　　期学校　90b
　　发展概况　89a
　　岗位聘任情况一览表(表)　89
　　教学工作　89b
　　科研工作　89c
　　两岸大学生科技夏令营　90b
　　学科建设　89a
　　学生工作　90a
　　在研重大科研项目一览表
　　　(表)　90
　　职工分布一览表(表)　89
　　重要事项　90c
加强和改进思想政治工作问题
　32b
佳能奖学金　546a
《家与中国社会结构》　289c
监督保证工作　461c
减免学费工作　476a
减员情况　373a
建国以来北京大学医学部曾任各
　民主党派中央、北京市委负责人
　497
建家工作　473a
建设项目及成果　417b
健康快车　348a
健康咨询　489b
江泽民　2a、4a

江泽民总书记的贺信　4a
姜伯驹　498b
奖教金获得者　528
奖教金评审工作　374c
奖励先进　482a、528、553
奖学金、奖教金、助学金、研究基金
　概表(表)　433
　　奖教金　435
　　奖学金　433
　　研究资助项目　436
　　助学金　435
奖学金获得者　539
交叉学科建设　266b
交通安全管理　468b
交通工作　467b
教材建设　182c
教材中心　183a
教代会　469c
教改项目　181c
教工社团活动　471b
教工田径运动会　471a、473c
教师队伍年龄、学历、职称结构情
　况(表)　373
教师队伍学历状况(表)　372
教师队伍专业技术职务状况和年
　龄状况(表)　372
教师培训　33b、374c
教师思想政治工作　33a
教师职务评审委员会(表)　68
教授名录　513
　　北大三院　519a
　　北大医院　518b
　　城市与环境科学系　514a
　　出版社　517a
　　党政机关　518a
　　地球物理学系　514a
　　地质学系　514a
　　第二临床医学院　518b
　　第六医院　520a
　　第三临床医学院　519a
　　第一临床医学院　518b
　　电教中心　517a
　　电子学系　513b
　　对外汉语教学中心　516a
　　法学院　515b
　　方正集团　516b
　　高等教育研究所　516b

　　公共卫生学院　518a
　　光华管理学院　516a
　　国际关系学院　515b
　　后勤及直属单位　518a
　　护理学院　518a
　　化学与分子工程学院　513b
　　环境科学中心　516b
　　基础医学院　517b
　　计算机科学技术系　514b
　　计算机科学技术研究所
　　　516a
　　计算中心　516b
　　技术物理系　514b
　　经济学院　515b
　　精神卫生研究所　520a
　　考古学系　515a
　　口腔医学院　519b
　　力学与工程科学系　514b
　　历史学系　515a
　　临床肿瘤学院　519b
　　马克思主义学院　516a
　　青鸟公司　517a
　　人口研究所　516b
　　人民医院　518b
　　社会学系　515b
　　社区服务中心　517a
　　社文部　518a
　　生命科学学院　514a
　　数学科学学院　513a
　　体育教研部　516a
　　天文学系　514a
　　图书馆　517a
　　外国语学院　515b
　　未名集团　517a
　　物理学系　513a
　　校办产业　518a
　　校办公司　517a
　　校本部　513a
　　校部机关　517b
　　校医院　517a
　　心理学系　514b
　　信息管理系　515b
　　信息科学中心　516b
　　亚非研究所　516b
　　遥感与地理信息系统研究所
　　　516b
　　药学院　517b

医学部　517b
艺术学系　516a
哲学系　515a
政治学与行政管理系　516a
中国经济研究中心　516b
中国语言文学系　515a
资源集团　517a
教授评审通过结果统计（表）　376
教书育人研讨会　470a
教务工作数据　225
教务管理与服务　183a
教学成果奖　182c
教学改革　29b、181a
教学工作　35b、37a、480b
教学管理　184b
教学科研　22b
教学科研单位编制汇总（表）　372
教学科研服务设施　320
教学评估　182b
教学医院　347、349a
教学优秀奖　182c
教育部留学回国人员科研启动基金项目（表）　283
教育部优秀青年教师资助计划项目　530b
教育部重点实验室　265c
教育部重点实验室（表）　270
教育部重点研究基地　279b
教育部资助项目　268c
　　高等学校骨干教师资助计划　268c
　　高等学校理工科博士学科点专项基金　269b
　　教育部科学技术研究项目　269a
　　教育部网上合作研究中心　269b
　　教育部资助人才基金　268c
　　跨世纪优秀人才培养计划　269a
教育方面的挑战　36b
教育工作　480a
教育管理体制　481a
教育基金会　433
教育教学工作　181
教育经济研究所　282a
教育体制改革　35a、37a、49a

教育学院　132c
　　发展概况　132c
教育振兴行动计划基础设施建设计划完成统计（表）　431
教职工代表大会执行委员会　71
教职工队伍状况　372a
教职工分布情况（表）　373
教职工思想状况调查研究　454a
教职工体育文化节　471a
教职工住宅现状情况（表）　401
教职员工基本情况一览表（表）　372
接待与交流　304c
接受国外捐赠科教用品一览表（表）　408
节能办公室　423b
　　节能工程　423c
　　节能工作　423c
金融机构引进　388b
金山开发　472b
金仙庵　472b
经费投入问题　37a
经济学院　123b
　　发展概况　123b
　　国内合作与国际交流　124b
　　《经济科学》　124b
　　科研工作　124a
　　学科建设　123c
经济责任审计　391c
经济责任制制定　388b
精神卫生研究所　171b
　　发展概况　171b
　　规范化服务达标工作　172a
　　机构设置　171c
　　教学工作　172c
　　科研成果　172b
　　科研工作　172b
　　心理卫生服务　172b
　　信息管理网络　173a
　　医疗工作　171c
　　医疗质量　172a
　　医院管理　173a
精神文明建设　30a、62a
警示教育活动　462a、464c
警卫活动　468c
竞争上岗　450b
境外办学　182a

境外赠送接收　397c
"九五"期间"211工程"基础设施项目完成投资一览表（表）　430
"九五"期间"211工程"投资完成统计（表）　430
"九五"期间"211工程"项目投资完成一览表（表）　430
就业基础工作　478a
就业实践活动　478b
就业特点分析　476c
就业研讨会　478a
就业指导　478b、483b
就业指导与咨询服务　478b
具体整改措施　22a
竣工结算审计　391c

K

开门搞三讲　16a、26b
抗震加固工程及成果　417b
抗震加固及教育振兴行动计划专项资金（基础设施）完成投资统计（表）　431
考古文博院　113a
　　本科生、研究生教学的框架结构配置内容（表）　114
　　发展概况　113a
　　教学成果奖　113b
　　教学活动　113b
　　科研工作　113c
　　科研获奖　114a
　　夏商周断代工程　114b
　　新出简帛国际学术研讨会　115a
　　新石器时代考古　113b
　　学生学术研讨会　115a
　　学术会议　114c
　　学术交流　114c
　　在职人员在岗总体情况分布（表）　114
考试中心承担考试情况（表）　226
柯达奖教金获得者　528a
柯达奖学金　552a
科技产业化　36a、300b
科技成果　270c、271、293a
　　获奖情况（表）　295
　　转化　61a

科技开发　61a、293a、298、300a
　　成绩　299a
　　管理和联合　300a
　　总评与规划　301b
科技开发部合同到款额统计总表
　　307
科技开发部合同额统计总表(表)
　　307
《科技日报》计算机集成报业系统
　　137c
科教兴国　30b
科学研究　265
科学园建设　38b
科学专、译著作　274
科研成果　603c
　　宣传　456a
科研工作　35b、37a、37b
科研基地建设　265a
科研经费　266c
科研开发　51b
科研论文　269c
科研水平　61a
科研项目　266c、282c、292c
客座教授　608、610
课程建设　181c
课余体育活动(表)　231
口腔医学院　165c
　　发展概况　165c
　　国际交流与合作　166b、168c
　　国际学术会议　168c
　　教材建设　167c
　　教学工作　167b
　　科研工作　168a
　　课程设置　167b
　　课题研究　167a
　　口腔医学研究所　168a
　　美国微笑列车　168c
　　全国牙病防治指导组工作
　　　166b
　　研究生课程　168a
　　医疗工作　166b
　　专业医疗特色　166c
跨媒体新闻信息综合业务管理系
　统　137b
跨世纪人才工程　29b
快速反应及灾难恢复研究课题
　　138c

《奎因哲学研究——从逻辑和语言
　的观点看》　289a
困难和问题具体表现　36b

L

来信来访　464a
蓝旗营小区　395c
劳动计划执行情况　372a
老干部艺术活动　377c
离退休人员工作　377c
离退休人员技术岗位分布情况
　(表)　373
黎乐民　501c
李岚清　3a、4b、49a、49b
李宁　445b
李庆云　457a
理科毕业生就业去向构成(图)
　　477c
理科毕业生流向构成(图)　477b
理科出版的科学专、译著作　274
理科第一名录取名单(表)　224
理科各单位发表学术论文统计
　(表)　276
理科获奖情况　275
　　北京市科技进步奖项目
　　　276b
　　国防科学技术二等奖　276b
　　国家环境保护总局科技进步
　　　二等奖　276b
　　航空科技进步三等奖　276b
　　教育部中国高校科学技术奖
　　　275a
　　求是杰出青年学者奖　276b
理科教学楼群1号、2号工程
　　417a
理科科研　265
　　成果　61a
理科科研经费来源示意(图)
　　278b
理科科研经费统计(表)　278
理科在研项目来源示意(图)
　　278a
理科在研项目统计(表)　277
理论信息工作　458b
理论学习　15b、18b、24a、26a、
　　448a、452a、453b

理论研讨　453b
理学部学术委员会　70
力学攀登奖学金　550b
力学与工程科学系　80c
　　发展概况　80c
　　教学工作　81a
　　教学科研成果　81c
　　科研工作　81a
　　湍流及复杂系统研究国家重
　　　点实验室　82a
　　外事活动　81c
历年仪器设备增长情况示意(图)
　　410
历史学系　111a
　　党务工作　112b
　　发展概况　111a
　　国际学术交流　112a
　　科研工作　112c
　　世界史专业本科教学工作
　　　111c
　　学科建设　111c
　　学生工作　112b
　　研究生培养工作研讨会
　　　112a
联邦医学奖学金　562b
联邦医学教育奖　560a
联想奖学金　549b
廉洁自律教育　464c
两个工程　21b
两课教学　183b
两年制硕士生培养试点工作
　　234c
两校合并　1、4、5、6、7、8、9、32a、
　　39b、45a、54b、59b
疗养休养活动　472b
林超地理学奖学金　550b
林钧敬　53b
临床药理研究所　174a
　　承担的课题项目(表)　175
　　毒理研究室　175b
　　对外交流　174c
　　发展概况　174a
　　分子临床药理学　175b
　　抗生素研究室　175a
　　科研成果　174c
　　科研工作　175b
　　临床试验病房　175c

培训任务　176a
　　人才培养　175c
　　学术交流　175a
　　药代动力学研究室　175b
　　主要任务　174b
临床肿瘤学院　168c
　　北京肿瘤分子生物实验室
　　　170a
　　发展概况　168c
　　国际交流　171b
　　机构设置　169b
　　继续教育　171a
　　教学工作　170c
　　精神文明建设　170b
　　科研工作　170b
　　人员　169b
　　研究生教育　170c
　　医疗工作　170a
　　医疗设施　169b
　　医疗质量　170b
　　医院管理　171a
　　医院专长　169c
　　专业研究室　169c
领导班子存在的不足和问题　14a
领导班子建设　27a
领导班子整改方案　25b
领导干部廉洁自律　463c
领导干部廉洁自律民主生活会
　461b
领导干部住宅配备电脑情况调查
　461b
刘淇　2b、7b
刘元方　502b
流动编制　377a
留学生管理　183a
留学生和外国专家公寓改建　50a
留学生学习优秀奖情况统计(表)
　262
留学生招生统计(表)　263
陆道培　511c
绿色环保宣传　489c

M

麻国庆　289c
马克思主义文献研究中心　118c
　　任务　119a
　　宗旨　119a
马克思主义学院　132a
　　发展概况　132a
　　教学工作　132b
　　科研工作　132c
　　科研项目　132c
　　学科建设　132b
玫琳凯奖学金　561a
面对的问题和困难　47b
面临的问题和不足　40b
面临的形势　39a
面向21世纪的东南亚国际学术研
　讨会　291b
面向21世纪的研究生教育　233a
民主党派参政议政　459b
民主党派和归国华侨联合会负责
　人　78
民主党派思想建设和组织建设
　458c
民主党派组织发展工作　458a
民主党派组织机构状况(表)　457
民主生活会　27a
闵维方　53b
名牌课程项目　182a
名誉教授　608、609
明德奖学金　545b
摩托罗拉奖教金获得者　529c
摩托罗拉奖学金　544b
目标和信心问题　46a

N

内部管理体制改革　31a、32a
内部审计制度　391c
纳米科学技术研究　266b
女教职工工作　472a、474a
诺基亚奖学金　542a

O

欧阳爱伦奖学金　549b

P

派出工作　361b、362c
批评与自我批评　19b
平战结合　396a

Q

棋牌赛　471a
钱穆奖学金　552a
钱其琛　121a
侵犯财产案件　466b
勤工助学工作　476a、482c
青年工作　471c
青年教师教学基本功与现代教育
　技术应用演示竞赛　471c
青年教师流动公寓　375b
青年教师社会实践　472a
青年教师与素质教育座谈会
　471c
青年流动公寓使用情况(表)　374
青年文明号、青年岗位能手创建活
　动　490b
青年志愿者活动　487c、489b
青鸟集团　299b、314b
　　北大青鸟GIS5.0　315c
　　北大青鸟软件工程有限公司
　　　315a
　　北大青鸟医保信息管理系统
　　　316a
　　北大在线网络有限责任公司
　　　315a
　　北京阿博泰克北大青鸟信息
　　　技术有限公司　316b
　　北京金融区域网　315c
　　北京青鸟科联数码科技有限
　　　公司　315b
　　北京同仁堂药品管理系统
　　　316a
　　产品研发　316c
　　车载GPS系统　315c
　　发展概述　314b
　　高校信息化网络建设　316b
　　国际合作　316b
　　华光科技　314c
　　建行信贷支持　315b
　　辽宁师范大学校园网建设
　　　316b
　　青鸟华光　314c
　　青鸟华光光纤传输系统
　　　317a
　　青鸟环宇　316c

索引

青鸟环宇香港创业板上市 314c
青鸟天桥 316a
青鸟与农行合作 315b
融投资管理 314c
市场开拓 315c
网络信息安全 316c
芯片合资生产 316c
新建公司 315a
业界荣誉 316c
青鸟软件产品系列（表） 317
清产核资工作 388c、397a
丘坤元教授课题组 604a
邱庆枫事件 42a、45b
 事件处理 465c
秋季全校干部大会 39、45、54
全国高校党校工作研究联络组秘
 书处工作 449c
全国高校社科科研管理研究会常
 务理事扩大会议 279b
全国省级博物馆管理骨干高级研
 讨班 339b
全国药物依赖性学术交流大会
 177a
全国优秀博士学位论文（表） 254
《全球网络经济》 289b

R

热点问题 23b
人才工程建设 373a
人才培养 41a
人才问题 48b
人防工程（含普通地下室）统计
 （表） 402
人防工程管理 396a
人防工程建设 396a
人防工程维护管理 396a
人防经费物资管理 396b
人防宣传教育和培训 396b
人口研究所 141b
 发展概况 141b
 科研活动 142a
 人口科学硕士学位国际培训
  项目 142a
 学科建设 141c
 英语教学 142a

人生理论与实践课 475c
人事档案管理 378c
人事分配制度改革 37b、40a
人事干部交流会 374c
人事工作 56b
人事管理 371
人事体制改革 50a、55b、60b
人文科学与社会科学选修课程
 480c
人文社会科学重点研究基地建设
 计划 279a
人文学部学术委员会 70
人物 492
人员聘任 375c
任彦申 29
日照基地 440c

S

赛克勒 339a
三大功能 21b
三个代表重要思想学习 11a、
 448a、453a
三好学生 533a、554b、555b、561b
三好学生标兵 531a、555a
三和国际基金奖学金 544b
三讲教育 10、12、17、20、24、43b、
 57a、59b、450c、462b、463b
 成效 15a、24a、18b、60a
 动员大会 12b、17b
 领导小组 10a
 民主生活会 463c
 目标与要求 15a
 巡视组 10a、28b
 与日常工作的关系 16b
 指导思想 15a
 质量 18a
 总结大会 12a、24a
 组织领导 16b
 做法和体会 25b
上半年工作 45a
上半年工作日程 34b
勺园 436b
设备采购 397b
设备与实验室管理 393b
社会工作奖 536a、556b
社会科学部 50b

社会科学部学术委员会 70
社会实践活动 481a、490a
社会学人类学研究所 142b
 博士后流动站 143a
 发展概况 142c
 教学科研 143b
 课程与专业设置 143a
 历史沿革 142b
 图书资料室 143b
 信息分析室 143b
 学术交流 143b
 学术思路 143a
 《研究论文》 143c
社会学系 128b
 发展概况 128b
 思想政治工作 129a
 学科建设 128c
申请的专利项目（表） 273
深圳产学研基地 52a、304c
 基地产业 305b
 基地成立 304c
 教育培训项目 305b
 深圳校区前期筹建 306a
深圳长园奖学金 552a
深圳高交会 300c
沈渔邨 512b
审计工作 387、391a
审计队伍建设 392a
审计队伍结构 392a
审计机构恢复独立设置 391a
审计人员素质提高 392b
审计效果 391c
审计效率 391b
审计质量 391b
生活福利工作 472b
生命科学学院 98b
承担的重要科研项目（表） 99
出版专著和教材情况（表） 100
 发展概况 98b
 岗位聘任情况 98c
 科学研究 100c
科研成果获奖项目（表） 100
 实验室和仪器设备 98c
 学科建设 99a
 学生工作 101a
生物信息学 234c
生物医学跨学科研究中心 266b

生育健康研究所 177c
　　成果推广 180a
承担的主要科研项目（表） 179
　　出版 180c
　　出生缺陷监测 178c
　　发展概况 177c
　　机构设置 178a
　　科学研究 178c
　　全员聘任制 178b
　　学科建设 178b
　　学术交流 180b
省校合作 303c
失业保险 377b
失业保险缴费情况（表） 378
师资队伍建设 41b
石青云 505c
实验动物科学部 346c
　　部门设置 346c
　　动物监测 347a
　　动物设施 346c
　　发展概况 346c
　　培训机构 347a
　　人员状况 346c
　　实验动物监测研究室 347a
　　实验动物楼 346c
　　新实验动物楼 347b
　　学术交流 347a
实验室基本情况（表） 410
实验室建设与管理 397c
实验室科学管理 398b
实验室人员培训交流 398a
实验室设备招标采购 398a
实验室体制改革 398a
世行贷款高教发展项目 398b
世行贷款高教发展项目进口仪器
　　设备一览表（表） 405
世行贷款项目执行 397c
事业规划 49a
事业规划委员会工作章程 359a
事业规划委员会组成名单 359a
事业支出情况 387b
事业支出情况比较（图） 387b
试聘期满后的续聘工作 56a
试题管理和保密监销 466c
逝世人物 520
收入构成情况（图） 387a
收支状况 387a

收支总量 387c
首都儿科研究所 354a
首钢总医院 354c
授权的专利项目（表） 297
授权专利 273
书刊排版系统 138b
舒翠兰重返社会志愿扶助小组
　　490a
树仁奖教金获得者 529b
数学科学学院 79a
　　发展概况 79a
　　获奖情况（表） 80
　　教师队伍 79b
　　教学改革 80a
　　教学工作 79c
　　科研活动 80b
　　迁址新楼 79b
　　图书馆 79c
　　学生基本情况（表） 80
水电暖基础—热电工程及电增容
　　417b
水电问题 51a
水电中心 420c
　　发展概况 420c
　　全员聘任制 421a
　　生产完成情况 421a
硕士毕业生 570
　　城市与环境学系 571a
　　地球物理学系 570a
　　地质学系 571a
　　第二临床医学院 573b
　　第三临床医学院 573b
　　第一临床医学院 573b
　　电子学系 570b
　　对外汉语教学中心 573a
　　法学院 572b
　　公共卫生学院 573b
　　光华管理学院 572b
　　国际关系学院 571b
　　护理学院 574a
　　化学与分子工程学院 571c
　　环境科学中心 573b
　　基础医学院 573b
　　计算机科学技术系 570b
　　技术物理系 570b
　　教育学院 573a
　　经济学院 572a

　　精神卫生研究所 574a
　　考古文博院 571b
　　科学与社会研究中心 573a
　　口腔医学93级 574b
　　口腔医学院 574a
　　力学与工程科学系 570a
　　历史学系 571b
　　临床医学93级 574b
　　马克思主义学院 573a
　　人口研究所 573b
　　社会学系 572b
　　社文部 574a
　　生命科学学院 571a
　　数学科学学院 570a
　　外国语学院 573a
　　物理学系 570a
　　心理学系 571a
　　信息管理系 572b
　　信息科学中心 573b
　　药学院 573b
　　哲学系 571b
　　政治学与行政管理系 573a
　　中国经济研究中心 573a
　　中国语言文学系 571a
　　肿瘤学院 574a
硕士毕业研究生去向 604b
硕士研究生报考 233b、234a
硕士研究生报考情况（表） 234
硕士研究生报名特点 234a
思想道德修养课 183b
思想政治工作 23b、32b、36a、
　　42b、43a、53a、448、453b、455c、
　　489a
思想政治教育 474c
四个如何认识宣讲 453c
四个如何认识学习教育活动
　　453b
四项基本工作 21b
松下电器奖学金 542a
送医下乡 489b
素质教育 32a、474c、480b
宿白 288c
索尼奖学金 550a

T

汤尔和 62a

索 引

唐孝炎　511b
唐有祺　501a
桃李奖　553b
特等奖学金　561b
特邀监察员　457a
特约检察员　457a
特载　1
提高研究生培养质量新举措　235a
提租补贴　377b
体育教学　185a
　　对外交流　185c
　　发展概况　185a
　　教学工作　185a
　　科研工作　185b
　　课余体育锻炼　185c
　　师资建设　186a
　　素质考核　185a
　　体育场馆　186a
　　体育代表队　185b
　　体育理论课考核　185a
　　游泳特色教学　185a
　　中国大学生两操比赛　185c
　　珠穆朗玛峰攀登　186a
体育特长生管理　183a
体育运动成绩（表）　227
天文学系　87b
　　本科生培养　88b
　　博士研究生培养　88c
　　发展概况　87b
　　高能天体物理　88a
　　气体星云物理　87c
　　射电天体物理　88a
　　硕士研究生培养　88c
　　天文技术和方法　88b
　　学生培养　88b
　　研究领域　87c
　　宇宙学与星系物理　87c
田径记录（表）　229
　　男子　229b
　　女子　230
　　最好成绩　230
通过鉴定、评审科技成果　271
通选课　181a
通讯电台奖教金获得者　529b
通用电器奖学金　542b
桐山奖教金获得者　528b

童玉珍　603c
统战工作　456、458b
　　表彰　457c
　　活动　460a
　　基础建设　459c
图书馆　见　北京大学图书馆
土地登记工作　395a
十地及房屋产权档案资料管理　399a
土地使用权管理　398c
土地资源基本情况汇总（表）　400
湍流及复杂系统研究国家重点实验室　82a
团的干部队伍建设　489a
团的基层组织建设　489a
团的教育、引导、宣传工作　489a
团的阵地建设　489b
团组织建设　489a
推荐候选人及审批情况（1997～2000）（表）　374
推进后勤社会化改革大会　419c

W

外国语学院　129a
　　对外交流　131c
　　发展概况　129a
　　继续教育　131c
　　科研活动　129c
　　科研项目一览表（表）　130
　　外事活动一览表（表）　131
　　学科建设　129b
　　学生工作　132a
　　学术会议　130c
外国哲学研究所　280c
外来人口教育管理　466b、468b
晚清与晚明：历史传承与文化创新国际学术研讨会　291b
王德炳　8a、12b、24a、39、470a
王德煌　457a
王洪君　288b
王夒　509c
王仁　503c
王选　504a
王阳元　506c
王志均　511a
危岩课题组　604a

微软奖学金　552b
维护学校稳定　29a、468b
维修改造工程及成果　417c
卫生部北京医院　350b
卫生部开放实验室（表）　293a
未名集团　299c、318a
　　北京北大生物城　318b
　　创新与探索　318c
　　企业建设与经营　318a
　　三大生物工程产业化基地　318b
　　深圳北大生物谷　318b
　　厦门北大生物园　318b
魏公村售房模式　395c
魏新　289c
文科985学科建设　60b
文科毕业生就业去向构成（图）　477c
文科毕业生流向构成（图）　477b
文科第一名录取名单（表）　223
文科科研　279
文科优秀科研成果获奖名单　282c、286
　　论文二等奖　287
　　论文一等奖　287
　　著作二等奖　286
　　著作一等奖　286
文兰　500a
文体活动　471a、473b
稳定的环境和气氛　47b
无效资产清理　397a
无形资产管理　398c
吴阶平　508c
吴全德　505b
五方合作委员会　304b
五四奖学金　551a
五四奖章获奖者　555a
五四体育奖　537a、557a
五月的鲜花歌咏比赛　471b
物理学系　82b
　　BH-3000型计算机直接制版系统　83c
　　超导及纳米材料研制　83c
　　出版科学著作一览表（表）　84
　　党建工作　84c
　　第17届国际拉曼光谱学大会

　　　　84b
　电镜室　84c
　发展概况　82b
　非线性与生物技术实验室
　　　83b
　高温超导射频量子干涉仪及
　　其应用　83b
　光学微腔器件物理探索　83c
　国际会议　84b
　国家重点实验室评估　83a
　基础物理教学实验中心　82c
　基础物理实验中心　84a
　教学改革　82b
　教学工作　82b
　科技开发　85a
　科研工作　83a
　蓝光LED制备及研究成果转
　　化　83b
　实创杯演示实验方案设计大
　　赛　83c
　实验室建设　84a
　学生工作　84c

X

吸引优秀人才　37b、56b
希望工程活动　489c
系级财务管理系统研制　388c
细越奖学金　544a
下半年工作部署　48a
下一步主要工作　4a
《现代中国政治思想流派》　289a
现有人员编制构成（表）　373
相信和依靠广大群众　19b
香港城市大学校长奖学金　543b
象征性冬季长跑　471b
消防工作　466c、468b
消防检查　467a
消防设施和器材维护配备　467a
萧琛　289b
校办产业　51b
校办高科技产业业绩增长（图）
　　307
校本部校际交流学校一览表（表）
　　364
校发文件　521
校机关各部门、工会、团委负责人

　　　71
　校本部　71
　医学部　72
　医学部2000年2月前　73
　医学部2000年2月以后　72
校级领导班子自身建设　22a
校级领导干部　67
校际交流学校一览表（表）　364
校际交流与合作　361a
校刊工作　454a、456a
　参编工作　455a
　工作成果　454a
　通讯员队伍建设　455a
　新闻报道　454c
　学生记者队伍建设　455a
校内建筑维修问题　46b
校内开放大型仪器设备清单（表）
　　409
校企改制　61a、301b
**校属实体机构设置或调整申请与
审批程序的规定**　359c
校务公开　44a、462a
校医院　443
　岗位聘任　443a
　护理工作　443c
　精神文明建设　444a
　科研工作　444a
　人事制度改革　443a
　医疗工作　443b
　医学教育　444a
校友会工作　433
校园管理服务中心　421c
　保洁服务　422a
　茶饮服务部　422a
　环卫工作　421c
　救护车　422a
　绿化工作　421c
校园规划委员会工作章程　359b
校园规划委员会组成名单　359c
校园环境整治　467c
校园及周边家属园区治安防范工
　作　466b
校园及周边综合治理　468c
校园交通管理　467b
校园文化　62a、452b、455c、474c、
　481a、490c
校园文明建设　489c

校园稳定　465c
校园秩序　468c
校园综合育人环境改善　62a
校院两级管理体制　48b
校长分工问题　53b
校长论坛　61b、360c
谢培智奖学金　550b
心理健康教育　481a
心理学系　107a
　第16届国际行为发展学会双
　　年学术大会　108a
　教学工作　108b
　科研工作　107a
　人事工作　109a
　师资队伍建设　109a
　行政工作　109a
　学生工作　108b
　学术交流　107a
　中德认知神经科学及心理学
　　高级研讨会　108a
新北京大学　1、3b、8b、59b
新北京大学校级领导班子　67
新出简帛国际学术研讨会　290a
新到任教职工岗前培训会　374c
新建工程及成果　418b
新开工程　418b
新生奖学金　542b
新生入学教育　474c、482b
新闻宣传　452a
新兴交叉学科　234c
新兴学科建设　266b
新增人员技术岗位分布情况（表）
　　373
新增人员类别及学历分布（表）
　　373
信访工作　462c
信访涉及问题分类（表）　462
信息管理系　127b
　成人教育　128a
　发展概况　127b
　教学改革　127c
　科研工作　128a
　学科建设　127b
　学术交流　128a
信息科学中心　143c
　成果转化　145a
　发展概况　143c

索　引

　　科研工作　144c
　　课程建设　144c
　　视觉与听觉信息处理国家重
　　　点实验室　144a
　　体制改革　145a
　　信息科学中心　144a
　　学科基地建设　144c
　　学科建设　144b
　　重点建设学科方向　144b
信息与工程科学部学术委员会
　　70
信心问题　46a
《刑法的人性基础》　289c
刑事案件　466b
行动计划专项资金　387b、388a
邢其毅　501a
形势政策和主旋律教育　474c
虚拟演播室系统中的实用VR技
　　术　138b
徐光宪　501b
许智宏　9a、20b、34、45、54、507a
续聘工作　56a
宣传工作　452、455c、473a
　　指导思想　452a
宣传教育　33a、462a、464c
学部学术委员会　70
学科规划　48a、357a
学科规划委员会工作章程　358c
学科规划委员会组成名单　359a
学科建设　22b、29b、41a、48b、
　　54b、181
学科增列　236a
学生保险工作　482b
学生党支部　451a
　　建设　448c、475a
学生对外交流　361b
学生服务　183a
学生干部队伍建设　490c
学生工作　474、480a
　　调查研究　475b
　　队伍建设　475b、481b
　　格局调整　474b
学生工作部　474a
学生公寓建设　23b
学生骨干队伍建设　475a、481b
学生会　487c、490b
学生奖励获得者　531

学生就业　604b
学生日常管理　476a、482a
学生入党积极分子培训班　451c
学生社团　490c
学生生活、学习情况和思想动态掌
　　握　475b
学生收费系统完善　388b
学生素质教育专项基金　480c
学生素质综合测评　476b、482c
学生宿舍管理服务中心　422a
　　队伍建设　422a
　　木工厂工作　422c
　　暑期维修工作　422b
学生宿舍建设问题　49b
学生艺术总团　184c
学生助理管理　475a
学生自我管理委员会　490c
学术会议　290a
学术委员会（表）　68
学位工作　236a
学位评定委员会　69
学位评定委员会及其分会换届
　　236a
学位授予　236a
学位信息处理工作站　236c
学习优秀奖　537a、556a
学校产业工作会议　52a
学校发展总体思路　21a
学校改革工作　463b
学校总体发展目标　3b
学制改革问题　49a
巡视组作用　17a

Y

研究生导师上岗条件　235b
研究生调查研究　236c
研究生干部学校　485b
研究生会　487c、490b
研究生奖励名单　561b
研究生教务工作　235c
研究生教育　233
研究生课程建设工作　234c
研究生课程建设立项表（理科）
　　（表）　242
研究生课程建设立项表（文科）
　　（表）　244

研究生培养工作　234b
研究生学籍管理　235c
研究生院院长联席会　237a
研究生招生工作　233c
研究生指导教师　235a
研究生助管制度　475a
研究中心和研究所整顿　48b、55b
燕北园住宅　417b
燕园街道办事处　441
　　发展概况　441a
　　居（家）委会建设　442c
　　人口普查　442b
　　燕园地区居民民族构成（图）
　　　442a
　　燕园地区居民年龄结构（图）
　　　442c
　　燕园地区居民文化程度结构
　　　（图）　442b
　　重点工作　441c
燕园社区服务中心　438
　　产学研居基地　440b
　　发展概况　438a
　　居民最需要的服务　439b
　　全民健身运动　440b
　　社区服务　439a
　　社区建设　439a
　　社区经营　440b
　　现代化超市　440a
　　形象建设工程　439a
　　燕园社区标志设计　439a
　　燕园社区网络服务体系创建
　　　439b
　　园区服务设施建设　440b
　　园区建设　439b
　　园区健身、娱乐设施建设
　　　440b
燕园社区服务中心企业名录（表）
　　441
杨芙清　504c
杨芙清、王阳元院士奖励基金
　　543b
杨立铭　499a
杨乃英奖学金　550a
杨应昌　499a
杨志坚　603c
养老保险缴费情况（表）　376
　　药学院　149a

索 引

发展概况　149a
教学活动　149c
科技成果　149b
科研工作　150a
学科建设　149c
叶朗　116b
医德教育　480c
医德医风建设　349b
医管处　347b
医科科研　292
医疗活动乱收费治理　464c
医疗集团　348b
医疗卫生行业作风建设　464b
医疗指标　348a
医疗质量管理　348c
医学部2000年大事记　604
医学部2000年度副高级职务评审结果（表）　385
医学部2000年度正高级职务评审结果（表）　385
医学部211工程进口仪器设备一览表（1996～2000年）（表）　414
医学部985学科建设项目一览表（表）　297
医学部保卫工作　468a
医学部本科毕业生去向统计（表）　483
医学部本、专科生教育教学　186b
　本专科教学工作委员会　188c
　发展概况　186b
　教材建设　187c、189c
　教师队伍建设　189c
　教学法研究与实践　188c
　教学改革　187b、188c
　教学改革项目　189a
　教学工作会议　189b
　教学管理　187c、189b
　教学水平　187c
　教育教学工作　187b
　教育教学工作成果　187a、188a
　临床教学改革　189b
　临床教学基地　188a
　实验教学改革　189a
　实验教学条件建设　190a
　现代教育技术建设和使用

　　187c
　学籍管理　188c
　学位授予　188a
　医学高等职业教育　190a
　艺术教育　189b
　招生工作　188b
医学部毕业研究生去向统计（表）　484
医学部表彰与奖励　553
医学部财务工作　389a
　财务管理工作　389c
　财务状况　389b
　多渠道筹资　389b
　发展概况　389a
　附属医院社会保障费收支总量　389b
　教育事业费收支总量　389b
　接受外来检查　390a
　会计核算电算化　389c
　会计人员培训及队伍建设　390b
　新旧会计制度转化　389c
　学生学费银行网络化管理　389c
　预算指标实时控制　389c
　专项资金使用　389b
医学部产业管理　306a
　发展概况　306a
　校办企业　306b
医学部长江学者奖励计划特聘教授岗位申请及审批情况（表）　384
医学部成人教育　258b
　百千万人才高级研讨班　260a
　成人学历教育　258b
　发展概况　258b
　高层次继续教育　259b
　高级研讨班　259c
　国家级继续医学教育项目　259b
　国内访问学者　260a
　继续教育　258c
　继续医学教育工作复评　260b
　全国继续医学教育先进集体称号　260a

　卫生部继续医学教育评估专家组　260b
　卫生部继续医学教育委员会备案项目　259c
　学科骨干和学科带头人导师制培养形式　259c
　住院医师规范化培训　259a
　助教进修班　259c
医学部党校　451b
医学部党员　450a
医学部档案馆　338a
　档案管理　338c
　档案利用与服务　338c
　档案收集　338b
　发展概况　338a
　馆藏档案　338a
　学术交流与编研　339a
医学部电视台　341b
医学部对外交流与合作　361c
　发展概况　361c
　国际会议　362c
　国际交流　362b
　派出工作　362c
医学部房屋基本情况汇总（表）　399
医学部负责人　71
医学部赴港澳台情况（表）　370
医学部各单位发表论文及出版专著情况（表）　297
医学部各单位科研经费统计（表）　295
医学部各单位科研项目统计（表）　295
医学部工会工作　472c
医学部共青团工作　488c
医学部骨干教师队伍建设的历史轨迹（表）　384
医学部国际合作处　362a
医学部国家杰出青年科学基金（表）　295
医学部后勤工作　424b
　3号、4号学生宿舍加固及接层　425b
　5号学生宿舍　425b
　6号筒子楼异地新建工程　425a
　博士苑宾馆　425c

索引

城内学生服务中心　426c
发展概况　424b
公寓管理中心　426a
后勤服务总公司　425a
后勤改革　424c
基建工作　425a
节能工作　425b
居民管理委员会　425c
配电室改造工程　425c
热力供应中心　426a
社区服务中心　426b
生理教学楼、生化教学楼抗震
　加固工程　425b
校舍维护中心　426a
校医院库房　425b
医院　426c
饮食服务中心　426c
幼儿园　425c
运输服务中心　426c
医学部获得国家自然科学基金项
目情况(表)　293
医学部纪检监察工作　463a
医学部教师队伍中高级职务人员
年龄情况(表)　382
医学部教育处　186b、480a
医学部教育处(学工部)机构设置
情况(表)　186
医学部教育技术中心　341a
　发展概况　341a
　基础设施建设　341b
　教材建设　341b
　教学服务　341b
　医学部电视台　341b
　医学网络教育学院　341c
　远程教育　341c
医学部教育事业费 1999、2000 年
收入对比(表)　390
医学部教育事业费 1999、2000 年
支出对比(表)　390
医学部教职工基本情况一览表
(表)　381
医学部科技获奖情况(表)　295
　北京市科技进步奖　296a
　国家级奖励项目　295a
　国家科学技术进步奖　295a
　教育部中国高校科技奖
　295a

省部级科技进步奖　295a
医学部科技开发合同及经费情况
(表)　294
医学部科研机构情况(表)　294
医学部老干部工作　380a
　离退休人员办公室　380b
　两项待遇落实　380c
　文体活动　380c
　支部工作　380b
医学部历届负责人　492
医学部历届全国人民代表大会代
表、北京市人民代表大会代表
　495
医学部历届全国政协委员、北京市
政协委员　496
医学部留学生统计(表)　264
医学部玫琳凯奖学金　561a
医学部民主党派组织机构状况
(表)　459
医学部派出教师出国进修情况
(表)　384
医学部派出进修学习人员学历、专
业技术职务、年龄分布状况(表)
　384
医学部企业名录(表)　309
医学部人事管理　379a
　长江学者奖励计划　383b
　发展概述　379a
　房租补贴　386a
　福利　385b
　工人队伍建设　383c
　工资　385b
　管理干部建设　383c
　机构精简　379b
　教职工队伍状况　379c
　培训中心工作　386b
　青年教师培养　383b
　人才服务　386b
　人才交流与培训中心　386b
　人才梯队建设　379b
　人事代理　386c
　人事档案管理　386a
　人事制度改革　379b
　人员聘任　379c
　师资培养　383a
　吸引国内外优秀人才　384a
　选派优秀人才出国学习

　383c
　学术梯队建设　383a
　增员情况　380a
　专业技术职务评聘　384a
医学部社会保障费 1999、2000 年
收入对比(表)　390
医学部社会保障费 1999、2000 年
支出对比(表)　391b
医学部社会科学与人文科学教学
部　173b
　发展概况　173b
　教学工作　173c
　科研活动　174a
医学部审计工作　392b
　工程招投标　392c
　后勤部改革资金调查　393a
　科研经费审计　392c
　离任审计　392c
　清产核资　393a
　审计项目　392c
　审计协作与配合　393a
　审计业务培训　393a
　审签　392c
　修缮工程审计　392c
　专项调查　392c
医学部实验室基本情况(表)　411
医学部体育教学　190b
　发展概况　190b
　群体活动　190c
　体育代表队　190c
　体育教学　190c
医学部统战工作　458b
医学部推荐长江学者奖励计划特
聘教授候选人及审批情况(表)
　384
医学部外语教学部　173a
　发展概况　173a
　科研活动　173b
　学科建设　173b
医学部卫生部工程研究中心(表)
　293b
医学部卫生事业费 1999、2000 年
收入对比(表)　390
医学部卫生事业费 1999、2000 年
支出对比(表)　391b
医学部校际交流院校一览表(表)
　370

医学部新增人员来源及学历分布
 (表) 385
医学部新增人员技术岗位分布情
 况(表) 384
医学部信息中心 344c
 发展概况 344c
 科研工作 345a
 校园网建设 345a
 信息工作 345a
 学会工作 345a
医学部宣传工作 455c
医学部学生工作 480a
医学部学术委员会 70
医学部研究生教育 237a
 博士后流动站 242b
 博士生培养质量 239a
 导师队伍建设 240a
 发展概况 237a
 历史发展 237b
 临床医学专业学位研究生
  241a
 论文质量 239c
 培养工作 239a
 思想政治工作 241c
 吸引优秀生源 238c
 学籍管理 239a
 学位工作 239c
 学位授权点建设 239c
 学位授予 240b
 研究生教育管理机构演变
  238a
 研究生科研 237c
 研究生培养方案修订工作
  239b
 研究生院评估 238a
 医药科工作委员会 240c
 优秀博士学位论文评选
  241b
 在职人员申请学位 240b
 招生工作 237b、238b
 招生工作中的问题 239a
 招生管理 239a
 专业学位 240c
医学部研究生课程建设项目表
 (表) 245
 调整课程 245
 新开设课程 245

重点建设实验课程 247
医学部因公出国人员统计(表)
 369
医学部幼儿园 425c
医学部院士、博士生导师情况(表)
 382
医学部在职高级专业技术职务年
 龄情况(表) 382
医学部在职高级专业技术职务情
 况(表) 382
医学部在职教师职务结构情况
 (表) 382
医学部在职职工、教师队伍研究生
 比例情况(表) 382
医学部在职专业技术人员职务分
 布情况(表) 381
医学部曾任各民主党派中央、北京
 市委负责人 497
医学部曾宪梓奖学金 561a
医学部招生问题 46a、239a
医学部正常进口仪器设备一览表
 (1996~2000年)(表) 411
医学部中层干部 450a
医学部重点发展研究方向 292c
医学部资产管理 399a
 房地产工作 399a
 国有资产清查 399c
 设备采购 399c
 设备管理 399b
 实验室管理 400a
 世行贷款高等教育项目
  400c
 通讯技术中心 400b
 物资供应中心 400b
医学部组织工作 450a
医学图书馆 324b
医学专业导向奖 561a
医药奖 560b
医药卫生分析中心 345a
 "211工程"投资仪器工作
  345c
 测试服务 345b
 电镜室 346a
 发展概况 345a
 高档流式细胞仪 345c
 核磁室 346b
 激光共聚焦显微镜 345c

计量认证 346b
教学工作 345b
科研工作 345c
扫描电镜 346a
透射电镜 346a
图像分析仪 345c
图像与流式细胞室 345c
药学与化学分析 346b
 医学与生物分析室 345c、
  346a
医院改革 348b
医院管理 347b
医院管理委员会 347c
医院规范化服务达标工作 349b
医院科处室自管资金管理 464b
仪器设备管理 396b
仪器设备信息化网络化管理
 396c
仪器设备增长情况示意(图) 410
以案说纪说法 462b
以病人为中心 464c
艺术交流 361a
艺术教学 184c
艺术学系 133a
 发展概况 133a
 广告学 133b
 科研活动 134c
 学科建设 133b
 学生艺术团演出活动(表)
  134
 艺术教育 135a
 艺术学的人才培养与学科建
  设研讨会 134c
 艺术学辅修专业 133c
 影视编导本科专业 133c
因公出国(境)人员统计(表) 362
银校合作 61a、302b
印前技术和产品 138a
优秀班主任奖 530
优秀博士学位论文作者及导师表
 彰 236b
优秀党员和先进党支部评选和表
 彰 448c
优秀德育奖 530
优秀干部 556a
优秀奖学金 561b
优秀教师 553a

索 引

优秀教师获得者 553a
优秀教师奖 554a
优秀教育工作者 553a
优秀论文 270a
优秀青年教师 553b、554a
优秀软件产品(表) 317c
优秀学生干部 535a、555a、561b
优秀医学生单项奖 559b
优秀医学生二等奖 558a
优秀医学生三等奖 558b
优秀医学生特等奖 557a
优秀医学生一等奖 557b
优秀医学新生奖 560b
优秀组织活动设计、实施竞赛 451a
游泳记录(表) 231
有世界影响的一流学者问题 36b
《有中国特色社会主义文化研究》 288c
有重大创新的研究成果问题 36b
幼教中心 423a
　　办园条件改善 423b
　　教学工作 423b
　　科研工作 423b
　　全员聘任制 423a
　　燕东幼儿园 423b
余景山奖学金 550a
与地市合作 304b
与法轮功邪教组织的斗争 466a
与甘肃省合作 304b
与高校的合作 304c
与河南省合作 304b
与跨国企业合作 361a
与青岛市合作 304b
与香港树仁学院合作办学 235c
与新疆自治区合作 303c
与湛江市合作 304b
园区规划 49b
原北京大学与北京医科大学合并组建新的北京大学 1
原北京医科大学聘请的客座教授 610
原北京医科大学聘请的名誉教授 609
袁方 129a
袁行霈 288a、458a
院士 498

院、系、所合作签订的主要技术合同项目 308
院、系、所职员情况统计(表) 375
院、系、所、中心负责人 74
　　校本部 74
　　医学部 75
　　医学部2000年2月后 75
　　医学部2000年2月前 76
院系岗位设置 375c
院系情况 79
院系调整工作 55a
运输中心 422c
　　车辆更新 422c
　　发展情况 422c
　　服务创新 423a
　　管理制度规范 422c

Z

在北京大学与北京医科大学合并大会上的讲话(李岚清) 4b
在北京大学与北京医科大学合并大会上的讲话(陈至立) 6a
在北京大学与北京医科大学合并大会上的讲话(张文康) 7a
在北京大学与北京医科大学合并大会上的讲话(刘淇) 7b
在北京大学与北京医科大学合并大会上的讲话(王德炳) 8a
在北京大学与北京医科大学合并大会上的讲话(许智宏) 9a
在春季全校干部大会上的讲话(任彦申) 29
在春季全校干部大会上的讲话(许智宏) 34
在岗博士生指导教师(表) 247
　　校本部 247
　　医学部 250
在秋季全校干部大会上的讲话(王德炳) 39
在秋季全校干部大会上的讲话(许智宏) 45
在秋季全校干部大会上的总结讲话(许智宏) 54
在三讲教育动员大会上的讲话(王德炳) 12b
在三讲教育动员大会上的讲话(曾繁仁) 17b
在三讲教育整改方案通报会上的讲话(许智宏) 20b
在三讲教育总结大会上的讲话(王德炳) 24a
在校外国留学生统计(表) 262
　　按学生类别分 262
　　按院系分 262
　　主要国家留学生数 262
在校研究生统计(表) 254
在校院士 498
　　中国工程院农业轻纺与环境工程学部 511b
　　中国工程院生物医学学部 511c
　　中国工程院信息与电子工程学部 511a
　　中国科学院地学部 502c
　　中国科学院化学部 500c
　　中国科学院技术科学部 504a
　　中国科学院生物学部 507a
　　中国科学院数学物理学部 498a
《藏传佛教寺院考古》 288c
曾繁仁 17b
曾宪梓奖学金 561a
增强办学实力 22a
增员情况 372a
翟中和 507b
张岱年 117a
张恭庆 498c
张礼和 510b
张滂 501c
张青莲 500c
张文康 2b、7a
招生工作 46a、183a
　　存在的问题 234b
　　执法监察 464b
招生主页 233c
招投标管理审计 392a
赵柏林 503b
赵存生 470b
赵靖 289b
哲学系 115b
　　班级活动经费申请汇报制度 117c

第四届冯友兰学术思想研讨
会 116c
发展概况 115b
冯友兰学术思想研讨会
116c
辅修专业学生招收 115c
《共产党宣言》与全球化学术
研讨会 119a
国际学术会议 118a
加强博士研究生培养工作的
若干要求 119b
教学改革动态 115c
科技与人性文化节 117b
科研进展及成果 116a
马克思主义文献研究中心
118c
西方政治哲学研讨班 118c
学生工作 117c
学术交流 118a
《哲学门》杂志创刊 116b
哲学通选课 115c
争优创先活动 450c
整风精神 18b
整改措施 12a、22a
整改方案 11b、25b
　　制定 20b
整改工作 27b
正常进口仪器设备一览表(表)
407
正常设备进口采购 397c
正大奖教金获得者 528a
正视问题和困难 47a
政治发展与政府管理研究所
281b
政治学与行政管理系 121b
　　党团工作 123a
　　对外交流 122c
　　发展概况 121b
　　国家政治学研究基地申报
　　　122a
　　教学工作 122b
　　科学研究 122b
　　全国高校政治学科系主任联
　　　席会议 121c
　　学生工作 123a
支部生活杯优秀党日活动竞赛
451a

支柱企业改制 302a
芝生奖学金 550a
知识产权案例 301a
执法监察工作 461c、464b
《执业医师法》贯彻工作 349a
直属、附属单位负责人 77
　　校本部 77
　　医学部 77
　　医学部2000年2月后 77
　　医学部2000年2月前 77
职称评审工作 50a、56a
职工保险计划 472b
职工福利 473c
职工教育 473a
职工入党积极分子培训班 451c
治安防范工作 465c、466b、468b
智绘地理信息系统 138a
中关村高科技园区建设 32a、52a
中国大学生两操比赛 185c
中国—非洲关系论坛 291c
中国古代史研究中心 281c
中国古文献研究中心 282b
中国航天中心医院 353c
《中国经济思想史述要》 289b
中国经济研究中心 139a
　　发展概况 139a
　　科学研究 139c
　　培训项目 140a
　　学科建设 139b
　　学术交流 139c
中国考古学研究中心 279b
中国科学院奖学金 552b
中国民用航空总医院 353c
中国社会与发展研究中心 280b
《中国文学史》 288a
中国研究生院院长联席会秘书处
237a
中国药物依赖性研究所 176a
　　对外交流 177c
　　发展概况 176a
　　科研工作 176b
　　临床研究 177b
　　临床药理研究室 176c
　　流行病学研究 177b
　　全国药物依赖性学术交流大
　　　会 177a
　　神经药理研究室 176b

　　实验研究 177b
　　信息研究 177b
　　学术成果 177c
　　学术活动 177a
　　药物流行病学研究室 176c
　　药物依赖信息研究室 177a
　　《中国药物依赖性杂志》 177b
　　专业性学术交流会 177b
中国语言文学系 109b
　　90周年系庆活动 109c
　　毕业生就业 110c
　　发展概况 109b
　　纪念王力先生诞辰100周年
　　　语言学国际学术研讨会
　　　110a
　　建系90周年庆祝大会 109c
　　王力语言学奖颁奖仪式
　　　110b
　　新生入学教育 110c
　　学生工作 110c
　　学生获奖情况 111a
　　学生获资助情况 111a
中纪委四次全会精神贯彻 463b
中流文教奖助金教师获奖者(表)
284
中日医药奖学金 562a
中日友好医院 351a
中小企业改制 302a
重大警卫活动 465c
重大事件 45a
重点工作 31b
重点科研项目 55a
重点实验室 293b
　　访问学者计划 265c
　　管理委员会重新组建 266a
　　评估 265b
　　主任工作会议 265c
重离子物理研究所 135a
　　2001年工作重点 136a
　　超导加速器装置 135c
　　发展概况 135a
　　离子束材料物理研究 135c
　　理事会工作 135b
　　人事工作 135b
　　人员编制 135b
　　夏商周断代工程项目 135c
　　学科建设 136b

索 引

学术委员会工作　135b
学术研究和成果　135b
　医学物理研究　136a
　主要设备　136b
重要科研成果及获奖情况　603c
重要线索核查　464a
周末第二课堂　480c
周其凤　502c
朱作言　507c
主干基础课　182a
主题系列宣传　452a
主旋律教育　474c
住房分配审议　472b
住房改革　51a、395a
住房管理　394b
住房困难解决　394c
住房资源开拓　394c
住友商事奖学金　550b
住友银行奖学金　543b
助学贷款工作　475c
助学工作　476a
助学体系　475c、481c
抓住和利用重大机遇　29b
专家工作　361b
专利　273、297
专利项目　273
专题讲座　183c
专题研究　357c
专文　29

专业技术职务聘任　376c
专业技术职务评审委员会（表）
　69
专业学位硕士点申报评估　236b
转变和革新办学思想　29b
椎名医学奖　560a
资产管理　393
资产管理部　393b
资源集团　299c、318c
　北大科技发展中心　319c
　北大融通科技发展有限公司
　　319b
　北大西飞高新科技材料有限
　　责任公司　319c
　北大先锋科技有限公司
　　319b
　北大学园教育投资有限公司
　　319c
　北大正元科技有限公司
　　319b
　北京北大科技园建设开发有
　　限公司　319a
　北京大学科技园　319a
　北京世纪京华房地产开发有
　　限公司　319c
　发展概述　318c
　集团新发展　319a
　燕园教育培训中心　319c
资助出版　291c

自费出国（境）人员统计（表）　364
自我剖析　11a、15b
自由选课　181b
宗教学系　115b
总体办学效益　388a
总务部2000年基础设施改造工程
　一览表（表）　429
总务部工作　418c
　财务管理　419c
　分配制度改革　419c
　后勤社会化改革工作会议
　　418c
　后勤运行保障体系　419a
　全员招聘机制　419b
　人事管理　419a
　人员分流　419a
　水电费支出控制　420a
　推进后勤社会化改革大会
　　419a
　新的用人制度　419b
　行动计划专项预算执行情况
　　419c
　修缮费支出控制　420a
　预算收支情况　419c
　运行管理　420a
总务系统工作　418c
组织工作　448
最急迫的问题　40b

（肖东发　王彦祥）